춘추공양학사 상

This book is translated into Korean from the original 《春秋公羊学史》 with subsidy from the Chinese Fund for the Humanities and Social Sciences.

春秋公羊学史
曾亦 郭晓东 著
Copyright ⓒ 2017 by East China Normal University Press Ltd
The Korean Translation Copyright ⓒ 2022 by YEMOONSEOWON
All rights reserved.

중국학총서 3
춘추공양학사 상

지은이 曾亦 · 郭曉東
옮긴이 김동민
펴낸이 오정혜
펴낸곳 예문서원

편집 유미희
인쇄 및 제책 주) 상지사 P&B

초판 1쇄 2022년 4월 25일

출판등록 1993년 1월 7일(제307-2010-51호)
주소 서울시 성북구 안암로 9길 13, 4층
전화 925-5913~4 | 팩스 929-2285
전자우편 yemoonsw@empas.com

ISBN 978-89-7646-471-2 94150
ISBN 978-89-7646-470-5 (세트)
YEMOONSEOWON 13, Anam-ro 9-gil, Seongbuk-Gu, Seoul, KOREA 02857
Tel) 02-925-5913~4 | Fax) 02-929-2285

값 47,000원

중국학총서 3

춘추공양학사 상

曾亦 · 郭曉東 지음
김동민 옮김

예문서원

저자 서문

　중국 고대 사람들은 『시詩』·『서書』·『예禮』·『역易』과 『춘추春秋』를 '오경五經'이라고 했다. 오경은 본래 국가 기관으로부터 나왔지만, 춘추시대 이후로 왕실이 진작되지 못하자 오경이 점점 민간에 전파됨으로써 제자백가諸子百家의 학문이 출현하게 되었다. 오경은 진실로 중국 문명의 원천이며, 후세 2,000여 년의 학술은 오경에서 기원하지 않은 것이 없다.

　그런데 공자孔子 이전에는 본래 '경經'이라는 명칭이 없었다. 공자의 손질과 수정을 거침으로써 『시詩』·『서書』·『예禮』와 『춘추春秋』는 마침내 사람이 지켜야 할 떳떳한 도리가 되었고, 영원히 변하지 않는 지극한 도의 응결체로 여겨졌다. 공자 당시 주周나라의 문식(文)이 피폐해진 상황에서, 공자는 비록 그 문식의 아름다움과 흥성함에 감탄했지만, 오히려 은殷나라의 도를 빌어서 그 문식에 손익損益을 가했다. 이것이 공자가 추구한 제도개혁(改制)의 큰 요지이며, 오직 『춘추』만이 그것을 드러내 밝혔다.

　『춘추』는 본래 노나라의 옛 역사서인데, 혹자는 여러 나라의 역사 기록도 『춘추』라는 명칭으로 부를 수 있다고 생각했다. 이러한 역사 기록들은 모두 공자가 『춘추』를 손질할 때의 저본이다. 공자가 말했다. "내가 추상적인 말로 기재하고자 했지만, 실제 일을 통해 드러내는 것이 깊고 절실하고 분명하고 밝은 것만 못하였다."(『사기』, 「태사공자서」) 이것이 공자가 『춘추』에 가탁하여 왕법王法을 담아 놓은 이유이다. 공자는 덕은 있지만 지위가 없었고, 행동은 준엄하게 하되 말은 겸손하게 하였으며, 또 존귀한 이를 위해 숨겨 주고 은혜를 높였기 때문에 평소에 당시의 대인大人에 대해 곧바로 비판하고자 하지 않았다. 따라서 역사 사건을 빌어서 포폄褒貶을 담아 놓았기 때문에 "당사자가 자신과 관련된 기록을 보고 그 내용의 의미를 물으니, 자신에게 죄가 있다는 것을 모른 것이다."(『공양전』, 정공 원년) 이것도 또한 『춘추』가 왕을 가탁한 이유이며, 공자가 옛 역사서를 필삭한 이유이다.

한漢나라가 흥기하자, 진秦나라가 학문을 없애 버린 재앙을 경계로 삼아서 오경박사五經博士를 설치하였다. 이에 옛것을 좋아하고 문장을 상고할 줄 아는 선비들이 화려하게 조정에 진출하였다. 학자들은 진나라가 두 세대 만에 멸망한 것을 거울로 삼아서, 만세萬世를 위한 법도를 세우고자 하였다. 따라서 공자의『춘추』에 가탁하여 한나라를 위한 법도를 제정하였다. 이것이 한나라 시대에『춘추』가 존숭을 받았던 이유이다. 그런데『춘추』의 문장은 간략하면서도 심오하기 때문에 만약 전傳을 가지고 그 뜻을 소통하지 않으면 독해할 수가 없으니, 어찌 성인이 필삭한 요지를 이해할 수 있겠는가! 옛날 사람들 중에 경전을 해석한 전傳은 단지 공양씨公羊氏·곡량씨穀梁氏 및 추씨鄒氏·협씨夾氏 등의 몇 사람뿐이다. 그런데 추씨鄒氏는 스승이 없었고, 협씨夾氏는 책이 없었으며, 곡량씨穀梁氏는 단지 대의大義를 조금 밝혔을 뿐이다. 그 후에 또『좌씨전左氏傳』이 출현했는데, 이 책은 비록 전傳에는 속할 수 있지만, 단지 기사 기록이 상세하다는 장점이 있을 뿐이다. 오직 공양자公羊子가 전한 책만이 진정으로 성인의 미언대의微言大義를 이해하지 않았겠는가!

한대 학자들의『공양전』연구는 '삼과구지三科九旨'라는 조목을 세웠는데, 그것이『춘추』를 이해하는 사다리나 배와 같은 중간 매개라고 생각하였다. '삼과구지'는 곧 삼통의 소통(通三統)·삼세의 확장(張三世)·내외의 구별(異外內)이다. 삼통의 소통(通三統)은 새로운 왕조와 옛 왕조의 관계를 처리하는 방식이다. 새로운 왕이 천명天命을 받아서 제도를 개혁할 때는 여전히 앞선 두 왕조의 후예를 보존해 둠으로써 새로운 왕이 법도를 취할 대상을 갖추어 두는 것이다. 삼세의 확장(張三世)은 왕자王者 한 사람이 자신을 어떻게 혁신할 것인가의 문제를 처리하는 방식이다. 왕자 한 사람은 자신이 다스리는 다양한 대상에 대해 각각 은혜의 친함과 소원함이 있고, 다스리는 방법도 상세함과 간략함이 있다. 따라서 왕자가 난리를 바로잡아 올바른 데로 되돌릴 때, 그 다스림의 법도도 각각의 대상마다 자연히 서로 같지 않게 된다. 내외의 구별(異內外)은 사실상 고대 중국의 국제 관계와 관련된 학설이다.『춘추』는 천하를 중국中國·제하諸夏·이적夷狄으로 나눈다. 왕자는 중국에 거처하면서 제하를 끌어와서 왕실을 보호하는 울타리로 삼아서, 외부의 적이나 먼 지역에서 오는 사람들을 방어하고자 하였다. 한대 사람들은 난폭한 진나라의 뒤를 이어서 흥기했기 때문에 하늘을 받들지 않고 옛것을 본받지 않으며 오직 스스로를 종주로 삼았던 진나라의 정치를 크게 경계하였다. 따라서 삼통의 소통(通三統) 의리를 더욱 중시하여, 멀리는 오제五帝·삼왕三王에까지 미루어 올라갔고, 가까이는 현성玄聖, 즉 공자의 제도를 따랐다.

청대清代 말기에 국내의 혼란과 함께 외부의 환란까지 겹쳐서 발생하였다. 이러한 상황에서 공양학公羊學이 다시 흥기했는데, 그 요지는 왕의 정통성을 지키면서 새로운 변화를 시도하는 것이다. 강유위康有爲의 삼세의 확장(張三世) 이론은 변법變法의 의리를 밝히고, 또 공자가 제도를 개혁한 요지를 드러내 밝힌 것이다. 그는 『춘추』의 미언微言이 공자의 개제改制에 담겨 있다고 생각하고, 공자가 주나라의 문식을 덜어 내고 은나라의 질박함을 더한 뜻을 본받아서, 중국과 서양의 사이에서 절충하고자 하였다. 따라서 강유위가 추구했던 변법變法은 청대 왕조가 종주로 삼았던 법도를 바꾸는 데 그치지 않고, 중국에서 수천 년간 이어져 온 법도를 바꾸고자 한 것이다. 그것은 공자의 본래 마음을 추론하여, 만세를 위한 태평太平의 시대를 열고자 생각한 것이다.

옛날에 주공周公이 은나라와 주나라의 교체기에 임금의 자리를 자손에게 전하는 법도를 세웠는데, 주나라 왕조의 문물과 전장제도가 여기로부터 나오지 않은 것이 없었다. 공자는 그 도를 계승하여 친한 이를 친하게 대하는 의리(親親)의 큰 요지를 드러내 밝혔다. 그것은 주나라가 추구했던 존귀한 이를 존귀하게 대하는 의리(尊尊)를 조금씩 덜어 내거나 더하는 방식이다. 그 후의 중국의 역사는 2,000여 년 동안 이 길을 통해 전개되었다. 만청晩淸시기 이후에, 서방의 자유自由·평등平等과 민권民權 관념이 중국으로 전해져 들어오자, 전통적인 가정과 종족은 마침내 붕괴되었으며, 그 과정에서 인간 개체는 해방되어 순수하게 자유로운 존재가 되었다. 그런데 현대 국가는 이러한 자유 개체의 기초 위에서 형성됨으로써 '자유인의 연합체'가 되었으므로 이것은 사실상 현대 중국 건립의 기본 목표이다. 주나라와 공자 이래로 이것은 이전의 중국에는 없었던 대변혁이며, 중국은 새로운 길을 선택해야 하는 기로에 직면해 있다. 은나라와 주나라의 교체기에, 인간 개체는 씨족氏族으로부터 점점 해방되어 개체 가정을 구성하였고, 가정은 마침내 사회의 기본 단위가 되었다. 그런데 지금은 그와는 다르다. 개체는 다시 한 번 해방되어 국가의 공민公民이 되었지만, 가정은 마치 나그네의 숙소처럼 되어 버렸고, 가정의 해체는 한 가닥의 가는 선처럼 위태로운 상태이다. 주나라 이전의 개체는 단지 혈연血緣에 의거하여 씨족을 형성했지만, 지금은 지연地緣에 의지하여 국가를 형성하였다. 3,000년마다 인류의 역사는 크게 순환하는데, 강유위가 추진한 개제改制는 단지 그 단서를 열었을 뿐이다. 이후 강유위의 뜻을 계승한 사람 중에 혹 적임자가 있을 것이다. 이것으로 서문을 삼는다.

증역曾亦·곽효동郭曉東이 상해上海에서 쓰다

역자 서문

유교 경전 중에서 『춘추』는 책 자체의 학문적 성격뿐만 아니라 역사 무대에서의 전개 양상이 다른 경전에 비해 매우 독특하다. 학문 내적인 측면에서는 다양한 학파가 공존하면서 끊임없는 논쟁과 대립을 통해 학문의 변화와 성장이 진행되었고, 학문 외적인 측면에서는 각 시대의 정치와 사회문화의 변화에 민감하게 반응하면서 현실적 시대 요구에 적응하려는 모습을 보였다. 이러한 『춘추』 경전의 역사는 유교 경전의 성립과 전개 과정을 압축적으로 보여 주기 때문에 '춘추학사春秋學史'가 곧 중국경학사中國經學史를 이해하는 관건이라고 해도 과언이 아니다. 중국경학사를 관통하는 가장 핵심적인 주제 중의 하나가 한대漢代부터 청말민초淸末民初까지 이어진 경학금고문經學今古文 논쟁이며, 공양학公羊學과 좌씨학左氏學으로 대표되는 춘추학이 이 논쟁의 중심에 있었기 때문이다. 특히 이 논쟁은 단순한 이론상의 토론이라는 학술적 성격을 뛰어넘어, 학관學官의 설립을 둘러싼 정치적 갈등, 학문의 주도권 장악을 위한 학파 간의 대립, 시대적 요구에 대응하기 위한 학문의 현실적 변용과 굴절 등 학문 내외적 요소들이 복잡하게 얽혀서 전개되었다. 따라서 이 논쟁의 역사적 전개를 이해하기 위해서는 개별 인물이나 저서를 분석하는 미시적인 접근으로는 불가능하며, 학술과 정치, 사회문화 등 역사 현장 전체를 관통하는 거시적인 접근이 필요하다.

이 책은 거시적인 관점에서 '공양학公羊學'의 형성과 그 역사를 다룬 역작이다. 책의 제목은 '춘추공양학사春秋公羊學史'이지만, 공양학을 중심으로 전개된 춘추학의 전체 역사를 다루고 있기 때문에 넓은 의미에서의 '춘추학사春秋學史'라고 할 수 있다. 기존에 이미 '춘추학사'라는 이름으로 중국에서 몇 권의 책이 출판되었지만, 그 책들은 각 시대별 『춘추』 관련 주요 인물이나 저서, 그들의 이론이나 학문의 성격 등을 개별적으로 소개하는 형식이다. 그에 비해 이 책은 '공양학'이라는 하나의 일관된 시각을 가지고, 춘추학 내부에 존재하는 다양한 학문들이 상호 대립과 통합 등의 과정을 통해 그 이론이나 학문적 성격이 어떻게 변화되었는지, 그리고 역사 현장에서 각 학문들이 시대의 변화에 어떻게 대응했는지 등에 주목하였다. 다만 저자의 말처럼, 수천 년 역사의 학술사를 다루는 과정에서 그 넓이나 깊이에 한계가 있을 수밖에 없다. 그럼에도 불구하고, 이 책은 통사通史의 관점에서 춘추학의 전체 역사를 통찰할 수 있고, 나아가 '공양학'이라는 하나의 학술 사조를 통해 중국철학사 전체를 관망할 수 있는 시각을 마련해 준다는 점에서 일독의 가치가 있는 중요한 저술이다.

　이 책은 원래 총 3권으로 구성되어 있고, 1,600쪽에 달하는 방대한 분량의 저술이다. 책의 저자가 책 전체를 번역하는 것은 현실적으로 쉽지 않다고 판단하여 560쪽 분량의 요약본을 보내왔으며, 이 번역본은 그 요약본을 번역한 것이다. 그러므로 긴 역사 속의 수많은 인물과 저술, 역사적 사건 등을 다루고 있는 '학사學史'라는 책의 특성상 번역의 과정에서 특정 인물과 관련된 그 시대의 역사적 맥락이나 인용한 원문 자료의 전체 요지 등을 제대로 이해하지 못한 채 오역한 부분이 많을 것으로 염려된다. 이 점에 대해서는 독자들의 엄중한 지적과 질정을 부탁드린다. 다만 중국 경학에서 특히 춘추학 분야는 연구자가 거의 없고 연구 성과도 매우 드문 형편이기 때문에 이 책이 『춘추』에 대한 이해와 학문적 관심을 촉진하는 데 조그마한 도움이라도 될 수 있기를 기대한다.

　마지막으로 번역자의 게으름으로 인해 번역과 교정에 오랜 시간이 걸렸음에도 불구하고 끝까지 기다려 주신 예문서원 관계자분들께 고마운 마음을 전한다. 특히 인문학 분야의 열악한 출판 환경에도 항상 좋은 책의 발굴과 번역을 통해 학문의 발전에 일조하시는 오정혜 사장님의 노고에 깊은 감사를 드린다.

명륜동 성균관대에서
김동민

제1장 『춘추』의 경經과 전傳

 『춘추』는 경經이 있고 전傳이 있다. 경은 사건을 기록한 역사서가 아니지만, 공자가 옛날 역사서에 근거하여 『춘추』를 지으면서 혹은 기록하기도 하고 혹은 삭제하기도 했는데, 그 과정에 자신의 뜻을 은밀히 담아 놓았다.[1] 이러한 과정을 통해 경이 생겨나게 되었다. 그 후에 『공양전公羊傳』·『곡량전穀梁傳』·『추씨전鄒氏傳』·『협씨전夾氏傳』이 있었고, 다시 뒤에 『좌씨전左氏傳』이 있었다. 이 책들은 모두 스스로를 경의 해석서로 여김으로써 마침내 전傳이라는 이름을 차지하였다. 여러 전이 비록 서로 같지 않음에도 불구하고, 모두가 공자의 70명 제자의 후학임을 자처하여 성인의 경전에 담긴 요지를 이해했다고 생각했다. 한나라 무제武帝가 오경박사五經博士를 세울 때, 『공양전』·『곡량전』 및 엄팽조嚴彭祖와 안안락顔安樂 두 전문가의 학설이 차례대로 학관에 세워졌다. 이처럼 한대 사람들의 경전 연구는 실제로는 전傳을 연구한 것이다.

 위진시대 이후로 학자들은 삼전三傳을 함께 공부하였다. 송나라에 이르러서는 전傳을 버리고 경經을 연구하는 풍조가 있었고, 심지어 삼전이 성인의 뜻을 이해하지

---

1) 역자 주: 『孟子』「離婁下」에서 "왕자의 자취가 사라지자 『시』가 없어졌다. 『시』가 없어진 이후에 『춘추』가 지어졌다. 진나라의 『승』과 초나라의 『도올』과 노나라의 『춘추』는 모두 동일한 것이다. 거기에 기록된 일은 제나라 환공과 진나라 문공에 관한 것이며, 그 글은 사관의 기록이다. 공자가 '그 의리는 내가 잠시 취했다'라고 했다"(王者之迹熄而『詩』亡, 『詩』亡然後 『春秋』作. 晉之『乘』, 楚之『檮杌』, 魯之『春秋』, 一也. 其事則齊桓·晉文, 其文則史. 孔子曰, "其義則丘竊取之矣")라고 했다. 그리고 『史記』「孔子世家」에서 "『춘추』를 지을 때, 기록할 것은 기록하고 삭제할 것은 삭제하여, 자하의 무리들이 한마디도 거들지 못했다"(至於爲『春秋』, 筆則筆, 削則削, 子夏之徒, 不能贊一辭)라고 했다. 공자가 옛 역사서를 근거로 삼아서 『춘추』를 지었는데, 그 문장을 필삭하는 과정에서 역사적 사실에 대한 평가를 통해 『춘추』 속에 자신의 뜻을 은밀히 담아 두었다는 것이다.

못했다고 심하게 헐뜯으면서도 결국 자신들도 그처럼 『춘추』의 전을 지었다. 청나라 가경嘉慶·도광道光 연간(1796~1850)에 공양학이 발흥하여, 유봉록劉逢祿(1776~1829)과 송상봉宋翔鳳(1779~1860)의 무리들이 가법家法을 독실하게 숭상하고, 하나의 경전을 연구하는 전문가로서 서로를 높이면서, 전을 경과 통하는 중간 매개로 여겼다. 이때에 이르러 경과 전은 다시 한 번 하나로 합쳐졌다.

제1절 『춘추』 경經

살펴보건대, 『한서』 「예문지」에서 "『춘추고경春秋古經』 12편, 『경經』 11권"이라고 했으므로 『춘추고경』과 『경經』은 서로 같지 않다. 『경』은 곧 『공양전』·『곡량전』이 근거로 삼은 『춘추경春秋經』으로서 노나라 은공隱公 원년에서 애공哀公 14년까지 242년간의 사건을 기록한 책이다. 『춘추고경』은 아마도 『좌씨전』 학자가 말한 고문경전으로, 거기에 기록된 사건은 애공 16년 "공자가 죽었다"에서 끝나니, 모두 244년간의 일이다.

1. '춘추春秋'라는 명칭

공자가 『춘추』를 지었다고 전해진다. 그러나 공자 이전의 옛날에도 '춘추'라는 명칭이 있었다. 상고시대에 사건을 기록한 책은 모두 『춘추』라고 명명하였다.

공영달孔穎達의 『춘추좌전정의春秋左傳正義』에 의하면, 『좌씨전』·『국어』 및 『예기』에서 이미 '춘추'를 언급했다.[2] 이 외에도 『공양전』에서 "손질하지 않은 『춘추』에서 '별이 비처럼 내리다가 땅의 한 자쯤 떨어진 곳에 미치지 못해서 다시 위로 올라갔다'고 했다"라고 했다.[3] 그리고 『예기』에서 "『노춘추魯春秋』에는 여전히 부인

---

2) 『春秋左傳正義』, 「序」, 孔穎達 疏.
3) 『公羊傳』, 莊公 7년.

의 성姓을 제거하여 '오吳'라고 했는데, 그녀가 죽었을 때는 '맹자孟子가 죽었다'고 했다"라고 했다.4) 이것은 노나라에 『춘추』가 있었다는 것을 말한다. 또한 『묵자』에 의하면, 주周·연燕·송宋·제齊에는 모두 『춘추』가 있었다. 또 여러 학자들이 "내가 백국百國의 『춘추』를 보았다"는 『묵자』의 말을 많이 인용하였다.5) 이러한 내용들을 통해서 이 시기의 여러 나라들에 모두 『춘추』가 있었다는 것을 알 수 있다.

이 외에도 선진시기에 '춘추'라고 일반적으로 호칭하는 경우도 많았다. 『관자管子』에 "따라서 『춘추』의 기록에, 신하 중에 그 임금을 시해하는 자가 있고, 자식 중에 그 아비를 죽이는 자가 있었다"6)고 했고, 또 "『춘추』는 일의 성패를 기록한 것이다"7)라고 했다. 『한비자韓非子』에서 "『춘추』의 기록에 '겨울 12월에 서리가 내렸지만 콩잎은 죽지 않았다'고 했는데, 무엇 때문에 이것을 기록했는가?'8)라고 했다. 『전국책戰國策』에는 "지금 신이 연燕나라를 도망쳐서 제齊나라와 조趙나라에 분란이 일어나도록 하여야 비로소 『춘추』에 기록될 수 있습니다"라는 소대蘇代의 말이 실려 있고, "신이 들으니, 현명한 군주는 공적을 세우고서도 중간에 그만두지 않기 때문에 『춘추』에 기록됩니다"라는 악의樂毅의 말이 실려 있다.9) 『국어國語』에는 "태자에게 『춘추』를 가르쳐서, 선을 북돋우고 악을 억누름으로써 그 마음을 경계하고 권면해야 한다"라는 신숙시申叔時의 말이 실려 있고,10) 또한 "양설힐羊舌肹이 『춘추』를 익혔다"는 사마후司馬侯의 말이 실려 있다.11) 이것은 모두 공자 이전 시대의 기록이다. 이에 근거하면, 당시에 여러 나라의 역사기록을 언급할 경우에 모두 '춘추'라고 명명하였다.

'춘추'는 본래 국사國史의 명칭이지만, 그 시대의 개인 저술 내지 후세의 역사가들

---

4) 『禮記』, 「坊記」.
5) 『墨子』, 「明鬼下」.
6) 『管子』, 「法法」.
7) 『管子』, 「山權數」.
8) 『韓非子』, 「內儲說上」.
9) 『戰國策』, 「燕策」.
10) 『國語』, 「楚語上」.
11) 『國語』, 「晉語七」.

도 '춘추'라는 명칭을 가져다가 책의 이름을 짓는 경우가 많았다. 선진시기에 이미 『오씨춘추虞氏春秋』·『여씨춘추呂氏春秋』·『안자춘추晏子春秋』·『이씨춘추李氏春秋』 등이 있었고, 그 이후에도 전한시대 육가陸賈의 『초한춘추楚漢春秋』, 후한시대 조엽趙曄의 『오월춘추吳越春秋』, 진晉나라 사마표司馬彪의 『구주춘추九州春秋』와 습착치習鑿齒의 『한진양추漢晉陽秋』, 손성孫盛의 『진양추晉陽秋』12)와 『위씨춘추魏氏春秋』, 단도란檀道鸞의 『속진양추續晉陽秋』, 위魏나라 최홍崔鴻의 『십육국춘추十六國春秋』, 청나라 오임신吳任臣의 『십국춘추十國春秋』 등이 있다. 이처럼 후세의 학자들도 여전히 '춘추'를 가지고 여러 역사서의 이름을 명명하였다.

한편 선진시대 여러 나라의 역사 기록은 단지 '춘추'만을 공통의 명칭으로 삼은 것이 아니며, 이 외에도 별도의 전문적인 명칭이 있었다. 『맹자』에서 "진晉나라의 『승乘』, 초楚나라의 『도올檮杌』, 노나라의 『춘추』는 모두 한 가지이다"13)라고 했다. 위魏나라의 경우에는 『죽서기년竹書紀年』이 있었다. 두예杜預의 『춘추좌씨경전집해春秋左氏經傳集解』「서문」에서 "'춘추'라는 것은 노나라의 역사 기록의 명칭이다"라고 했으니, '춘추'라는 것은 또한 노나라 역사서만의 전문적인 명칭이었던 것 같다.

이로써 다음의 사실을 알 수 있다. 선진시대의 '춘추'라는 명칭은 실제로 두 가지의 의미를 가지고 있었다. 노나라의 역사 기록이라는 전문적인 이름일 뿐만 아니라, 또한 여러 나라 역사 기록의 공통 명칭이었다.

첫째, 노나라 역사 기록의 명칭. 공자는 노나라 역사에 근거하여 『춘추』를 지었으니, 그 명칭은 혹 옛날의 것을 그대로 따른 것이다. 『한서』에서 말했다. "공자는 노나라가 주공周公의 나라이므로 예의와 문물을 갖추고 있고, 사관史官은 법도가 있었다고 여겼다. 따라서 좌구명左丘明과 함께 그 역사 기록을 밝게 관찰하여, 일을 근거하고 인도人道를 그대로 따르며, 홍성한 것으로 인해 공적을 세우고, 패배에 입각하여 벌을 이루었다. 일월日月을 빌려 역수曆數를 정하고, 조빙朝聘의 예법을

---

12) 역자 주: 陽秋는 곧 春秋이다. 晉나라 簡文帝의 皇后 鄭春의 이름을 피해서 '春'자를 '陽'자로 고친 것이다.
13) 『孟子』, 「離婁下」.

빌려 예악禮樂을 바로잡았다. 칭찬하거나 숨기거나 비판하거나 폄하하는 경우는 책에 드러낼 수가 없어서 제자들에게 입으로 전수했는데, 제자들이 물러나와 서로 말을 다르게 하였다."14) 또 말했다. "공자가 노나라의 역사 기록에 근거하여 『춘추』를 지었는데, 좌구명이 그 본래의 일을 논의하고 편집하여 그 전傳을 만들었다."15) 이것은 모두 공자 이전에 본래 『노춘추魯春秋』가 있었고, 공자는 그것을 근거로 삼아 『춘추』를 지었다는 것을 말한 것이다.

둘째, 여러 나라 역사 기록의 명칭. 『공양전』의 서언徐彦 소疏에서 인용한 민인閔因의 「춘추서春秋敍」에서 말했다. "옛날에 공자가 단문端門의 명을 받고 『춘추』의 의리를 지을 때, 자하子夏 등 14인에게 주나라의 역사 기록을 구하도록 하고, 120개국의 귀중한 책을 얻었다. 9개월 이후에 경전이 완성되었다. 『감정부感精符』·『고이우考異郵』·『설제사說題辭』에 그 문장을 갖추고 있다."16) 공양가의 입장에서 말하면, 공자가 『춘추』를 손질하여, 요순堯舜을 근본으로 삼아 계승하고, 문무文武를 본보기로 삼아 밝혔으며, 사대四代의 제도를 덜어 내거나 보탬으로써 천하와 만세에 통용되는 새로운 제도를 만들었다. 따라서 단지 노나라의 역사에만 근거했을 리가 없으며, 여러 나라의 역사에 근거한 것이다. 이 때문에 『춘추』는 한 나라의 역사에 근거했지만, 또한 모든 나라에 시행될 수 있다. 비록 242년이라는 제한된 시대의 일을 가져다 놓았지만, 여전히 모든 시대에 통용될 수 있다.

그런데 『춘추』가 노나라의 역사 기록이든 여러 나라의 역사 기록이든 상관없이, 모두 사건을 기록한 책이다. 공자가 옛 역사 기록에 근거하여 『춘추』를 완성하자, 『춘추』는 마침내 하나의 전문적인 명칭이 되었다. 또 공자가 지은 『춘추』는 역사적인 사실에 근거하여 왕의 마음을 거기에 더했기 때문에 사건을 기록한 역사서와는 매우 다르다. 따라서 공양가는 『춘추』가 경이 되는 것은 사실 『춘추』가 단지 역사적 사실의 측면에서 역사서보다 상세하기 때문이 아니라, 실제로 미언대의微言大義가

---

14) 『漢書』, 「藝文志」.

15) 『漢書』, 「司馬遷傳」.

16) 『公羊傳』, 隱公 원년, 徐彦 疏.

별도로 존재하기 때문이라고 말한다.

그러므로 공자가 완성한 『춘추』는 본래 전문적인 명칭이다. 그러나 그것이 『춘추』로 명명될 수 있는 것은 당연히 역사 기록이 가지는 의미와는 다른 점이 있기 때문이다. 후세에 공자의 『춘추』라는 명칭이 만들어지는 과정에 대해 논의할 때, 크게 두 가지 이론이 있다. 첫째, 사시四時를 교차로 들어서 이름을 삼았다. 두예의 『춘추좌씨경전집해』 「서문」과 공영달孔穎達의 소疏에서 모두 이 이론을 주장했다. 둘째, 봄에 생겨나고 가을에 성장한다. 이 이론은 『공양전』 서언徐彦의 소疏에 보인다.[17]

만약 이 두 가지 이론과 같다면, 공자가 자신이 제작한 책의 이름을 '춘추'라고 짓는 과정에서 그 의미를 가져온 것이 여러 나라의 역사서와 거의 동일하기 때문에 별도로 존재하는 깊은 뜻이 드러나지 않는 것 같다. 따라서 후세에 학자들 중에 '춘추'의 깊은 뜻을 별도로 고찰한 사람이 많은데, 다음과 같은 몇 가지 주장이 있다.

첫째, 『춘추』를 왕의 법도에 해당시켜 그 명칭 부여에 상벌과 형벌, 칭찬과 비판의 뜻을 둔 것이다. 동중서董仲舒와 정초鄭樵가 모두 이 이론을 주장했는데,[18] 『좌씨전』 양공 20년과 『주례周禮』 「춘관春官」에서 나온 것이다.

둘째, 『춘추』라는 책이 만들어진 시간과 관계가 있으니, 곧 봄에 짓기 시작하여 가을에 완성된 것이다. 이 이론은 서언의 소에서 인용한 『춘추설春秋說』에 보인다.[19]

셋째, '처음을 받들고 끝을 기른다'(奉始養終)는 이론이다. 이 이론은 『논형論衡』 「정설편正說篇」에서 나온 것이다.

넷째, '일월과 함께 운행하여 쉬지 않는다'(與日月幷行而不息)는 뜻이다. 이 이론도 또한 서언의 소에 나온 것이다.[20]

---

17) 『公羊傳』, 隱公 원년, 徐彦 疏.
18) 『春秋繁露』, 「四時之副」 및 『六經奧論』, 권4, 「春秋經・春秋總辨」.
19) 『公羊傳』, 隱公 원년, 徐彦 疏.
20) 『公羊傳』, 哀公 14년, 徐彦 疏.

최근 우성오于省吾의 『세시기원초고歲時起源初考』에 별도의 이론이 한 가지 더 있다. 상고시대에는 단지 봄과 가을 두 계절이 있었을 뿐이며, 겨울과 여름 두 계절은 없었기 때문에 옛날 사람들은 춘추를 가지고 1년을 총괄하였다. 따라서 옛날 역사서가 '춘추'를 그 명칭으로 삼은 것은 바로 이러한 이유 때문이라고 하였다.

2. 공자孔子와 『춘추』

『춘추』는 본래 옛날 역사서로서 사건을 기록한 책에 지나지 않지만, 나중에 공자의 필삭을 거쳐서 마침내 경전이 될 수 있었다. 경전이 비록 옛날 역사서를 이어서 기록한 것이지만, 단지 사건을 기록하기 위해 지어진 것이 아니다. 그 속에는 성인의 의례義例가 별도로 존재하기 때문이다. 이 주장은 금문가와 고문가가 공통으로 인정하며, 예부터 지금까지 모두가 그렇게 여기고 있다. 오늘날 공자를 연구하는 자들이 오로지 『논어』만 근거로 삼고 『춘추』의 존재를 알지 못해서 스스로 협소하고 천박해지는 것과는 같지 않다.

『춘추』 장공 7년, 여름 4월 신묘일 저녁, 항성이 보이지 않았다. 한밤중에 별이 비처럼 떨어졌다.(夏, 四月, 辛卯, 夜, 恒星不見. 夜中, 星霣如雨) 『공양전』에서 말했다.

> 비처럼 떨어졌다는 것은 무엇인가? 비처럼 떨어졌다는 것은 비가 아니다. 비가 아닌데, 어째서 비처럼 떨어졌다고 말했는가? 손질하지 않은 『춘추』에서 "별이 비처럼 내리다가 땅의 한 자쯤 떨어진 곳에 미치지 못해서 다시 위로 올라갔다"고 했다. 군자가 그것을 손질하여 "별이 비처럼 떨어졌다"고 하였다.[21]

여기에서 알 수 있듯이, 『공양전』에서는 『춘추』가 '손질한 것'(修)과 '손질하지 않은 것'(不修)의 구별이 있다는 점을 명확하게 말했다. '손질하지 않은' 『춘추』는 바로 공자가 근거로 삼은 옛 역사서이다. 현행본 『춘추』에 보이는 '별이 비처럼

---

21) 『公羊傳』, 莊公 7년.

떨어졌다'는 말은 사실 공자의 손질을 거쳐서 나온 문장이다.

손질하지 않은『춘추』는 두 가지가 있다. 첫째, 노나라의 역사 기록이다.『춘추』는 위로 은공부터 아래로 애공의 획린獲麟까지 기록하고 있는데, 여기에 기록된 역사적 사실은 모두 노나라를 위주로 하였으므로『춘추』는 확실히 노나라의 역사 기록과 가장 큰 관계가 있다. 둘째, 120개국의 귀중한 책이다. 이 이론은 사마천의「십이제후년 표서十二諸侯年表序」및『공양전』의 서언 소에서 인용한 민인閔因의「춘추서春秋敍」에 보인다.22)

군자가『춘추』를 손질한 것에 대해서도 또한 두 가지 주장이 있다. 첫째, 공자가『춘추』를 지었다는 것이다. 이것은 가장 보편적인 주장으로, 금문가와 고문가를 막론하고 모두 이견이 없다. 둘째, 주공周公이『춘추』의 서법書法을 완성했다는 것이다. 금문가는 공자를 존숭하여『춘추』의 의례義例가 모두 공자에게서 나왔다고 주장한다. 그러나 고문가는『좌씨전』을 높이려고 했기 때문에 주공이 범례凡例를 만들었다고 주장하였다. 즉 의례 중의 중요한 부분을 주공에게 귀결시킨 것이다. 따라서 공자가 비록『춘추』를 손질했지만, 단지 "주공이 전한 법도와 역사서의 옛 전장제도"를 그대로 따른 것에 지나지 않는다.23)

삼전三傳 중에 오직『공양전』에만 "공자가『춘추』를 지었다"는 분명한 문장이 있다. 또한 기린을 잡은 사건을 기이한 일로 여겨서, 하늘이 주나라가 장차 망할 것을 보여 주었기 때문에 공자가 "나의 도가 다했다"고 상심하여 마침내『춘추』를 지었다고 말했다.24) 여기에 근거하면 공자가『춘추』를 지은 시간은 당연히 애공 14년이다.

---

22)『公羊傳』, 隱公 원년, 徐彦 疏.
23) 杜預,『春秋經傳集解』,「序」.
24)『公羊傳』, 哀公 14년.

3. 맹자孟子가 『춘추』에 대해 잘 말함

공자가 『춘추』를 지은 것에 대해 옛 사람들은 원래 이견이 없었는데, 공자의 언행을 전문적으로 기록한 『논어』에 『춘추』에 관한 언급이 한마디도 없기 때문에 근래의 사람들은 마침내 의문을 품기 시작하였다. 청대 중기 이후, 유봉록劉逢祿(1776~1829), 송상봉宋翔鳳(1779~1860), 대망戴望(1837~1873) 등 여러 사람이 처음으로 『논어』를 가지고 『공양전』의 뜻을 증명했는데, 앞 사람들이 드러내지 못했던 것을 많이 밝혔다. 그러나 『춘추』를 너무 지나치게 높였기 때문에 도리어 『춘추』의 작자와 관련된 문제를 야기했다. 중화민국 이래로 공자를 연구한 학자들은 증거가 없으면 믿지 않았기 때문에 오직 『논어』만을 근거로 삼고 『춘추』를 믿지 않았다. 이것이 바로 요즘 사람들의 병폐가 아니겠는가?

공자가 『춘추』를 지었다는 것을 가장 먼저 말한 것은 맹자이다. 맹자는 오경五經에 능통했는데, 『춘추』와 관련된 논의는 더욱 특별한 식견이 있다. 그는 『춘추』의 대의를 다음과 같이 말했다.

> 세상이 쇠퇴하고 도가 미미해져서 사악한 학설과 포악한 행실이 일어나, 신하로서 자기 임금을 시해하는 자가 있고, 자식으로서 자기 부모를 시해하는 자가 있었다. 공자가 이를 두려워하여 『춘추』를 지었다.…… 옛날에 우임금이 홍수를 억제하자 천하가 편안해졌고, 주공이 이적夷狄을 겸병하고 맹수를 몰아내자 백성이 편안해졌으며, 공자가 『춘추』를 완성하자 난신적자亂臣賊子가 두려워하였다.[25]

공자가 『춘추』에 가탁하여 착한 사람에게 상을 주고 악한 사람에게 벌을 주며, 난신적자를 토벌하니, 대의大義가 매우 큰 위엄이 있었다. 또 맹자는 소왕素王으로서의 공자의 공적은 비록 상고시대의 제왕이라고 하더라도 이보다 더 뛰어날 수는 없다고 판단했다.

---

25) 『孟子』, 「滕文公下」.

맹자는 『춘추』의 은미한 말에 대해서도 다음과 같이 논했다.

『춘추』는 천자의 일이다. 따라서 공자는 "나를 알아주는 것도 오직 『춘추』 때문일
것이며, 나를 죄주는 것도 오직 『춘추』 때문일 것이다"라고 했다.[26]

공자가 비록 지위는 없지만, 242년간 군주의 권위에 가탁하여 상벌을 내리는
천자의 일을 시행하였다. 이것은 천자의 일을 월권한 것이기 때문에 나를 알아주고
나를 죄주는 것은 모두 이 때문이다. 따라서 은미하게 그것을 말한 것이다.
맹자는 또한 『춘추』의 기록 방법을 다음과 같이 논했다.

왕자의 자취가 사라지자 『시詩』가 없어졌다. 『시』가 없어진 이후에 『춘추』가
지어졌다. 진晉나라의 『승乘』과 초楚나라의 『도올檮杌』과 노魯나라의 『춘추春秋』는
모두 동일한 것이다. 그곳에 기록된 일은 제齊나라 환공桓公과 진晉나라 문공文公에
관한 것이며, 그 글은 사관의 기록이다. 공자가 "그 의리는 내가 잠시 취했다"고
말했다.[27]

살펴보건대, 『공양전』에 다음과 같은 공자의 말이 기록되어 있다. "『춘추』는
믿을 만한 역사이다. 거기에 기록된 제후의 서열은 제나라 환공과 진나라 문공이
정했으며, 거기에 기록된 회합은 회합을 주관한 자가 했으며, 거기에 기록된 포폄의
말은 (내가 했으므로 만약 포폄에 잘못이 있다면) 나에게 죄가 있을 뿐이다."[28]
이것은 대체로 맹자의 말에 근본을 둔 것이다. 붓을 잡고 사실을 있는 그대로
기록하는 것이 진실로 좋은 역사서의 체제이니, 이것이 바로 『춘추』가 믿을 만한
역사로 남은 이유이다. 그러나 『춘추』는 역사서의 사실에 근거하여 왕자의 마음을
더하고, 혹은 기록하고 혹은 삭제함으로써 그 뜻을 펼친 것이다. 따라서 『춘추』의

---

26) 『孟子』, 「滕文公下」.
27) 『孟子』, 「離婁下」.
28) 『公羊傳』, 昭公 12년.

기사는 혹은 믿을 만하고 혹은 의심스러우며, 긴요한 일이 아닌 경우도 있다. 그러나 성인이 가탁하여 왕자가 일을 시행한 자취로 삼았고, 정도正道를 드러내고 권도權道를 숨김으로써 왕자의 뜻을 전달할 뿐이다. 이것이 바로 『춘추』 서법書法의 총체적인 강령이라고 할 수 있다.

맹자가 또 말했다.

『춘추』에는 의로운 전쟁이 없으니, 저것이 이것보다 나은 것은 있다. 정벌은 위에서 아래를 치는 것이니, 대등한 나라는 서로 정벌하지 못한다.[29]

『춘추』에서는 선한 사람을 좋게 여길 때는 최대한 길게 칭찬하고, 악한 사람을 미워할 때는 최대한 짧게 비판한다.[30] 왕법王法이라는 측면에서는 마땅히 주살해야 함을 밝혔을 뿐만 아니라, 또한 하늘의 마음이라는 측면에서는 널리 사랑하지 않음이 없다는 것을 보여 주었다. 법도를 세운 것은 엄중하지만 속마음은 너그럽기 때문에 항상 불의한 가운데에서 의리를 드러내고, 불가능한 상황에서 가능한 것을 드러내며, 혐의를 분별하고 은미한 것을 밝힌다. 따라서 도성을 쟁탈하고 땅을 빼앗는 악행에도 또한 의리가 존재한다. 이것도 『춘추』의 기록 방법이다.

하후씨夏后氏는 한 명의 가장에게 50무畝의 농지를 주고 공법貢法의 세금 제도를 시행했고, 은나라 사람은 한 명의 가장에게 70무의 농지를 주고 조법助法의 세금 제도를 시행했으며, 주나라 사람은 한 명의 가장에게 100무의 농지를 주고 철법徹法의 세금 제도를 시행했는데, 그 실상은 모두 수확량의 10분의 1을 세금으로 거두는 제도이다.[31]

요순堯舜의 방법보다 가벼운 세금 제도를 시행하고자 하는 자는 대맥大貉·소맥小貉

---

29) 『孟子』, 「盡心下」.
30) 『公羊傳』, 昭公 20년.
31) 『孟子』, 「滕文公上」.

과 같은 오랑캐이고, 요순의 방법보다 무거운 세금 제도를 시행하고자 하는 자는 대걸大桀·소걸小桀과 같은 폭군이다.[32)]

그리고 『공양전』에서 말했다. "옛날에 무엇 때문에 수확량의 10분의 1을 세금으로 거두었는가? 수확량의 10분의 1을 세금으로 거두는 것이 천하에서 가장 공평하고 정확하기 때문이다. 10분의 1의 세금보다 더 많이 거두는 것은 대걸大桀·소걸小桀과 같은 폭군이다. 10분의 1의 세금보다 더 적게 거두는 것은 대맥大貉·소맥小貉과 같은 오랑캐이다. 10분의 1의 세금은 가장 공평하고 정확한 제도이다. 10분의 1의 세금 제도가 시행되면 찬양하는 소리가 일어날 것이다."[33)]

또한 『맹자』에서 말했다.

오패五覇 중에 환공桓公이 강성했는데, 규구葵丘의 회맹에서 제후들이 희생犧牲을 묶어서 진열하고, 그 위에 맹세의 글을 올려놓을 뿐 희생의 피를 입에 바르지는 않았다. 첫 번째 맹세에서 "불효한 자를 주살하고, 세자를 바꾸지 않으며, 첩妾을 부인으로 삼지 말라"고 하였다.…… 다섯 번째 맹세에서 "제방을 함부로 쌓지 말고, 곡식의 이동을 막지 말라"고 하였다.[34)]

그리고 『공양전』에서 말했다. "이것은 큰 회합인데, 어째서 대수롭지 않게 기록했는가? 환공桓公이 '제방의 물길을 막지 말고, 곡식의 유통을 막지 말며, 세자를 바꾸지 말고, 첩을 부인으로 삼지 말라'고 했다."[35)]

『맹자』에서 말했다.

그곳에 기록된 일은 제齊나라 환공桓公과 진晉나라 문공文公에 관한 것이며, 그

---

32) 『孟子』, 「告子下」.
33) 『公羊傳』, 宣公 15년.
34) 『孟子』, 「告子下」.
35) 『公羊傳』, 僖公 3년.

글은 사관의 기록이다. 공자가 "그 의리는 내가 잠시 취했다"고 말했다.[36]

그리고 『공양전』에서 말했다. "『춘추』는 믿을 만한 역사이다. 거기에 기록된 제후의 서열은 제나라 환공과 진나라 문공이 정했으며, 거기에 기록된 회합은 회합을 주관한 자가 했으며, 거기에 기록된 포폄의 말은 (내가 했으므로 만약 포폄에 잘못이 있다면) 나에게 죄가 있을 뿐이다."[37]

이것은 모두 맹자가 『춘추』에 대해 잘 말했고, 공양가가 맹자를 스승으로 높인 것이 사실상 공연히 높인 것이 아님을 보여 준다.

4. 사마천司馬遷과 『춘추』

맹자 이후 『춘추』를 잘 말하면서도 근거가 있는 말을 한 사람은 당연히 사마천을 추천할 만하다. 사마천은 공자가 『춘추』를 지었다고 자주 말했는데, 『사기』에 대해서는 단지 "옛 일을 서술하고, 세상에 전한 것을 가지런하게 정리한 것이지, 이른바 저술은 아니다"[38]고 하여, 겸손하게 공자가 『춘추』를 지은 것과는 감히 비교하지 않았다. 『사기』라는 책은 공양가들의 비판이 없을 뿐만 아니라, 고문가들에 의해서도 증거로 인용되는 경우가 많았다. 사마천은 본래 순수한 유학자가 아니며, 반고班固도 "그 시비是非가 성인과 많은 차이가 나며, 대도大道를 논한 것은 황노학黃老學을 앞세우고 육경六經을 뒤로 했으며, 유협遊俠을 서술한 것은 처사處士를 물리치고 간웅姦雄을 나아가가 했으며, 화식貨殖을 서술한 것은 권세와 이익을 숭상하고 빈천貧賤을 부끄러워했다"[39]고 했다. 비록 그렇다고 하더라도, 사마천이 『춘추』의 요지를 논한 것은 진실로 계승한 것이 있는 것처럼 보이니, 동중서董仲舒에게 들었다는

---

36) 『孟子』, 「離婁下」.
37) 『公羊傳』, 昭公 12년.
38) 『史記』, 「太史公自序」.
39) 『漢書』, 「司馬遷傳」.

내용은 사실 유가의 주장과 어긋나는 것이 조금도 없다.

상대부上大夫 호수壺遂가 "옛날에 공자는 무엇 때문에 『춘추』를 지었습니까?'라고 물으니, 태사공이 대답하였다. "나는 동중서董仲舒로부터 다음과 같은 말을 들었다. '주나라의 도가 쇠퇴하자 공자는 노나라의 사구司寇가 되었는데, 제후들은 공자를 시기하고 대부들은 공자를 방해했다. 공자는 자신의 말이 사용되지 못하고 자신의 도가 행해지지 못할 것을 알고서, 242년 역사 속의 사건에 대해 시비를 따져서 천하의 본보기로 삼았다. 천자를 폄하하고 제후를 강등하고 대부를 토벌함으로써 왕의 일을 이루었을 뿐이다.' 공자가 말했다 '내가 추상적인 말로 기재하고자 했지만, 실제 일을 통해 드러내는 것이 깊고 절실하고 분명하고 밝은 것만 못하였다.' 『춘추』는 위로는 삼왕三王의 도를 밝히고, 아래로는 인간사의 기강을 변별하며, 혐의를 분별하고, 시비를 밝히며, 결정하지 못한 사안을 확정하고, 선한 사람을 좋게 대하고 악한 사람을 미워하며, 어진 사람을 어질게 대하고 불초한 사람을 천하게 대하며, 멸망한 나라를 보존하고, 끊어져 버린 세대를 이어 주며, 허물어진 것을 보충하고 폐기된 것은 일으키니, 왕도王道에서 중요한 일들이다.……『춘추』는 시비를 변별하기 때문에 사람을 다스리는 데 뛰어나다.……『춘추』는 의리를 말했으니, 어지러운 세상을 바로잡아서 올바른 데로 되돌려놓는 올바름은 『춘추』보다 더 가까운 것이 없다. 『춘추』의 문장은 수만 글자로 이루어져 있고, 그 요지는 수천 가지이다. 만물이 흩어지고 모이는 정황이 모두 『춘추』 속에 있다. 『춘추』 속에는 시해당한 군주가 36명이고, 멸망한 나라가 52개국이며, 제후들 중에 외국으로 망명하여 자기의 사직을 보존하지 못한 자들은 이루 다 헤아릴 수가 없다. 그 이유를 살펴보면, 모두가 그 근본을 잃어버렸기 때문이다. 따라서 『역』에는 '털끝만큼 틀린 것이 천리나 차이가 난다'고 했고, 또 '신하가 군주를 시해하고, 아들이 아버지를 시해하는 일은 결코 하루아침이나 하룻밤 사이의 일이 아니라 오랜 동안 점차적으로 쌓여서 일어난 것이다'고 하였다.

따라서 국가를 소유한 자는 『춘추』를 몰라서는 안 되니, 앞에 참소하는 자가 있어도 보지 못하고, 뒤에 도적이 있어도 알지 못하기 때문이다. 남의 신하가 된 자도 『춘추』를 몰라서는 안 되니, 일상적인 일을 처리할 때는 그 일의 올바른 방법을 알지 못하고, 변고를 만났을 때는 그에 맞는 권도를 알지 못하기 때문이다.

남의 군주나 아버지가 되어서 『춘추』의 의리를 통달하지 못한 자는 반드시 최고의 악명을 뒤집어쓰게 되고, 남의 신하나 자식이 되어서 『춘추』의 의리를 통달하지 못한 자는 반드시 찬탈과 시해를 저질러서 주살당하거나 죄를 저질러 죽임을 당하는 악명에 빠지게 된다. 사실 그들은 모두 자기가 한 일을 좋은 일로 여기지만, 그 일을 행하면서 의리를 알지 못했기 때문에 그들에게 추상적인 말로 덮어씌우더라도 감히 변명하지 못한다.

예의禮義의 요지를 통달하지 못하면, 군주는 군주답지 못하고 신하는 신하답지 못하며, 아비는 아비답지 못하고 자식은 자식답지 못한 상황에 이르게 된다. 군주가 군주답지 못하면 신하로부터 침범을 당하고, 신하가 신하답지 못하면 군주로부터 주살당하며, 아비가 아비답지 못하면 자식에게 무도한 짓을 하고, 자식이 자식답지 못하면 아비에게 불효한다. 이 네 가지 행위는 천하의 가장 큰 잘못이지만, 이러한 천하의 큰 잘못을 자신에게 부여하더라도 그대로 받아들일 뿐 감히 변명하지 못한다. 따라서 『춘추』는 예의禮義의 큰 핵심이다. 예의란 사건이 발생하기 전에 미연에 금지하는 것이고, 법은 사건이 발생한 이후에 시행하는 것이기 때문에 법이 사용되는 것은 보기가 쉽지만, 예의가 금지하는 것은 알기가 어렵다."[40]

이것은 『춘추』의 요지를 논한 것인데, 사실상 『공양전』의 이론과 합치되지 않는 말이 한마디도 없으며, 또한 대부분 동중서의 책에서 증명할 수 있는 내용이다. 그리고 사마천은 「진섭세가陳涉世家」에 대해 다음과 같이 서술하였다.

걸桀·주紂가 그 도를 잃어버리자 탕湯·무武가 일어났고, 주나라가 그 도를 잃어버리자 『춘추』가 지어졌으며, 진나라가 그 정치를 잃어버리자 진섭陳涉이 자취를 드러내었다.[41]

이어서 사마천은 『춘추』에 대해 다음과 같이 다양하게 진술하였다.

---

40) 『史記』, 「太史公自序」.
41) 『史記』, 「太史公自序」.

공자가 70여 명의 군주에게 요구했지만 등용되지 못하자, "만약 나를 써 주는 사람이 있다면 1년만 정치를 하더라도 그런대로 괜찮아질 것이다"라고 하였다. 서쪽에서 사냥을 하다가 기린을 잡자, "나의 도가 다했구나!"라고 말했다. 따라서 역사기록을 근거로 삼아 『춘추』를 지어 왕법王法에 해당시켰는데, 그 말이 은미하고 요지는 넓었기 때문에 후세의 학자들이 많이 기록하였다.[42]

옛날에 서백西伯이 유리羑里라는 감옥에 갇히자 『주역』을 연역하였고, 공자가 진陳 나라와 채蔡나라 사이에서 곤경에 처하자 『춘추』를 지었다.[43]

유왕幽王과 여왕厲王 이후에 왕도王道가 사라지고 예악禮樂이 쇠퇴하자, 공자가 옛것을 손질하고 폐기된 것을 일으켰으며, 『시詩』·『서書』를 논하고 『춘추』를 지었다.[44]

여기에서 제시한 몇 조목에서는 모두 공자가 『춘추』를 지은 이유에 대해 논했다. 또한 사마천은 『공양전』에 나오는 "나의 도가 다했구나!"[45]라는 공자의 말을 인용하여, 공자가 『춘추』를 왕법에 해당시켰다고 말했으니, 사마천의 이 주장도 공양가의 말에서 나온 것이다. 사마천은 또 말했다.

공자가 (노나라 司寇의) 자리에 있으면서 송사訟事를 판결할 때, 사람들과 공동으로 처리할 수 있는 사법 문서가 있으면 독자적으로 처리하지 않았다. 그런데 『춘추』를 지을 때는 기록할 것은 기록하고 삭제할 것은 삭제했기 때문에 자하子夏와 같은 제자들도 한마디도 관여할 수 없었다. 제자들이 『춘추』를 전수하자, 공자가 "후세에 나를 알아주는 것도 『춘추』 때문이며, 나를 죄주는 것도 『춘추』 때문일 것이다"라고 말했다.[46]

---

42) 『史記』, 「儒林列傳」.
43) 『史記』, 「太史公自序」.
44) 『史記』, 「太史公自序」.
45) 『公羊傳』, 哀公 14년.
46) 『史記』, 「孔子世家」.

이것은 『춘추』의 은미한 말을 논한 것이다. 나를 알아주고 나를 죄준다는 말은 『맹자』에서 나온 것이다. 사마천은 또 말했다.

공자가 역사서의 문장을 근거로 삼아서 『춘추』를 편찬했는데, 원년元年을 기록하고, 사시四時와 일월日月을 바로잡았으니, 상세하도다!『상서』의 서술은 간략하여 연월年月이 없는데, 혹 연월이 있더라도 빠진 곳이 많아서 기록할 수가 없었다. 따라서 의심스러운 것은 의심스러운대로 전했으니, 신중하구나!47)

이것은 『춘추』는 그 기록이 믿을 만한 역사서임을 말한 것이다. 사마천은 『춘추』의 기록 방법에 대해서도 다음과 같이 논했다.

이 때문에 공자는 왕도를 밝히기 위해 70여 명의 군주에게 요구했지만 등용되지 못했다. 따라서 서쪽으로 가서 주나라 왕실의 전적을 살펴보고, 역사기록과 전해들은 옛이야기를 논술했는데, 노나라에서 떨치고 일어나서 『춘추』를 편찬하였다. 위로는 노나라 은공隱公부터 기록하여, 아래로는 노나라 애공哀公 때의 기린을 잡은 사건에까지 이르렀다. 문사文辭를 간략하게 기록하고, 번잡하고 중복된 것을 삭제함으로써 의리와 법도를 제정하니, 왕도王道가 완비되고 인도人道가 갖추어졌다. 70명의 제자들이 공자가 전한 요지를 입으로 전수받았는데, 풍자하거나 비난한 글, 칭찬하거나 숨기는 글, 비판하거나 폄하하는 글이 있어서 기록해서 드러낼 수 없었기 때문이다.48)

공자가 『춘추』를 지었는데, 은공隱公과 환공桓公의 시대는 드러내어 기록하고, 정공定公과 애공哀公의 시대는 은미하게 기록했으니, 자신과 가까운 시대의 일을 글로 기록할 때는 칭찬하는 말이 없고, 꺼려서 피하고 숨기는 말로 기록했기 때문이다.49)

---

47) 『史記』, 「三代世表」.
48) 『史記』, 「十二諸侯年表」.
49) 『史記』, 「匈奴列傳·贊」.

이 두 조목은 『춘추』의 은미한 말을 논한 것이다.

이상에서 알 수 있듯이, 사마천은 대부분 공자와 동중서의 말에서 근본을 찾았기 때문에 『춘추』의 요지를 논한 것이 더욱 상세하다. 따라서 후세의 공양학파는 『사기』를 인용하여 자기 이론을 보완함으로써 좌씨학파의 이론에 대항하는 경우가 많았다.

제2절 『공양전公羊傳』

『춘추』는 문장이 매우 간략하기 때문에 만약 전傳을 가지고 이해하지 않으면, 단지 돈의 입출금만을 적은 구식 금전출납부처럼 사건을 단순하게 나열한 기록에 지나지 않는다. 만약 그 기록 속에 탐구할 만한 깊은 뜻이 별도로 없다면, 그것을 어찌 경전으로 볼 수 있겠는가! 경문經文을 해석한 전傳에는 『공양전公羊傳』·『곡량전穀梁傳』·『추씨전鄒氏傳』·『협씨전夾氏傳』 등이 있는데, 그 중에서도 『공양전』의 의리 진술이 가장 뛰어나고 기록 방법도 자세하며, 사유와 변별이 매우 치밀하기 때문에 결국 학관에 가장 먼저 세워질 수 있었다. 한나라의 정치 형태를 살펴보면, 비록 진나라의 옛것을 그대로 따른 것이 많지만, 그 대강은 결국 『공양전』에서 연역되어 나온 것이다. 한대 이후 2,000년간 『공양전』이 비록 완전한 독존獨尊의 지위를 차지하지도 못했고, 학자들이 모두 전문적인 전공 학문으로 삼지도 않았지만, 위로는 조정의 의론과 정치의 형식으로부터 아래로는 백성들의 일상생활에 이르기까지 대체로 『공양전』이 끼친 광범위한 영향이 보이지 않는 곳이 없다.

1. 입으로의 전수와 책으로의 기록

공자는 노나라 역사서의 옛 문장에 근거하여 『춘추』를 지었고, 그 미언대의微言大義는 입으로 전수하였다. 한나라 때에 이르러 책에 기록되었고, 그것이 바로 『공양전』

이다. 서언徐彦의 소疏에 의하면, 공자가 『춘추』를 자하子夏에게 전했고, 한나라 때에 이르러 책에 기록되었다. 공자가 입으로 전수하고 책에 기록하지 않은 것에 대해, 서언은 참위讖緯의 이론에 근거하여 공자가 진나라 분서焚書의 화를 피하려고 했기 때문이라고 하였다.[50] 그러나 이 주장은 사실 『공양전』의 주注에 나온다. "『춘추』에는 주나라를 개혁하여 천명을 받는 제도가 있는데, 공자는 시대를 두려워하여 화를 멀리하려고 했고, 또 진나라가 장차 『시』·『서』를 불태울 것을 알았다. 따라서 『춘추』의 이론이 입으로 전수되었다. 한나라 때 공양씨公羊氏와 그 제자 호무생胡毋生 등에 이르러, 처음으로 책에 기록되었기 때문에 없어진 내용이 있었다."[51] 또 "공자가 당시의 군주를 두려워하여, 위로는 존귀한 이를 위해 숨겨서 기록하고 은혜를 융성하게 드러냈으며, 아래로는 해를 피하고 몸을 보존했으니, 신중함이 지극하다."[52] 이 주장들에 의하면, 『춘추』가 입으로 전해진 까닭은 공자가 화를 피하려고 했기 때문이다.

『공양전』이라는 책을 살펴보면, 하휴가 '제齊나라 사람의 말'이라고 주를 단 것이 모두 24곳인데, 오직 '시월是月' 1조목만 '노魯나라 사람의 말'이라고 했다.[53] 이로써 알 수 있듯이, 한나라 때 사람들이 『공양전』을 제나라의 학문으로 여긴 것이 사실이다. 또한 입으로 전했기 때문에 제나라 사람들의 말이 섞여 있다. 예를 들어 은공 5년의 하휴 주에서 말했다. "등登은 득得이라고 읽는다. 득래지得來之는 제齊나라 사람의 말이다. 제나라 사람들은 무엇인가 구해서 얻는 것을 득래得來라고 발언하는데, 등래登來라고 쓴 것은 그들의 말소리가 크고 빠른 데다가, 입으로 전수되었기 때문이다."[54] 그리고 장공 28년의 하휴의 주에서 말했다. "남을 정벌하는

---

50) 『公羊傳』, 「序」, 徐彦 疏.
51) 『公羊傳』, 隱公 2년, 何休 注.
52) 『公羊傳』, 定公 원년, 何休 注.
53) 역자 주:『춘추』 희공 15년, "賈石于宋五. 是月, 六鶂退飛, 過末都"의 『공양전』에서 "是月者何? 僅逮是月也"라고 했는데, 하휴의 주에서 "是月邊也. 魯人語也"라고 했다.
54) 역자 주:『춘추』 은공 5년, "春, 公觀魚于棠"에 대해, 『공양전』에서 "公曷爲遠而觀魚? 登來之也"라고 했는데, 하휴가 '登來之'에 대해 주를 단 것이다.

자를 객체로 삼았다는 것은 벌伐자를 읽을 때 길게 발음한 것이니, 제나라 사람의 말이다. 정벌을 당한 자를 주체로 삼았다는 것은 벌伐자를 읽을 때 짧게 발언한 것이니, 제나라 사람의 말이다."55) 『공양전』이 만약 책에 일찍 기록되었다면, 이와 같은 제나라 사람의 말은 당연히 섞여 있지 않았을 것이다.

또한 『춘추』의 경문에는 궐문이 많은데, 『공양전』에서는 항상 "들은 것이 없다"고 해석하니,56) 이것도 또한 입으로 전수했다는 증거이다. 따라서 서언의 소에서 다음과 같이 말했다. "『공양전』의 뜻은 입으로 서로 전수했고, 다섯 세대 이후에 비로소 책에 기록되었다. 따라서 전수한 자들이 자주 '들은 것이 없다'고 말했다."57) 『공양전』의 문체가 문답 형식으로 된 것도 입으로 전수했다는 명확한 증거가 될 수 있으니, 그 중에 빠진 내용이 있는 것은 단지 제자가 스승에게 들은 것이 없었기 때문이다.

서언의 소에서는 또한 대굉戴宏의 「서序」를 인용하여 다음과 같이 말했다.

> 자하子夏가 공양고公羊高에게 전해 주었고, 공양고가 자기 아들 공양평公羊平에게 전해 주었으며, 공양평이 자기 아들 공양지公羊地에게 전해 주었고, 공양지가 자기 아들 공양감公羊敢에게 전해 주었으며, 공양감이 자기 아들 공양수公羊壽에게 전해 주었다. 한나라 경제景帝 때에 이르러, 공양수가 제齊나라 사람 호무자도胡毋子都와 함께 책에 기록했다.58)

『공양전』의 전수 과정은 대굉의 「서문」에 기록된 것이 가장 분명하다. 공양가들은 이 내용을 즐겨 인용했는데, 스승과 제자의 전수 관계가 확실하여 『공양전』의 진실성을 증명하기에 충분하기 때문이다. 『좌씨전』의 경우에는 "스승과 제자의 전수 과정에서 전수할 만한 사람이 없었기"59) 때문에 어쩔 수 없이 글자로 기록하는

---

55) 역자 주: 『춘추』 장공 28년, "齊人伐衛, 衛人及齊人戰, 衛人敗績"의 『공양전』에서 "『春秋』伐者爲客, 伐者爲主, 故使衛主之也"라고 했는데, 하휴가 '伐'에 대해 주를 단 것이다.
56) 역자 주: 예를 들어 『춘추』 은공 2년, "紀子伯·莒子盟于密"의 『공양전』에서 "紀子伯者何? 無聞焉爾"라고 했다.
57) 『公羊傳』, 襄公 2년, 徐彦 疏.
58) 『公羊傳』, 「序」, 徐彦 疏.

것을 우선할 수밖에 없었다.

『한서』「예문지」에는 『공양전』 11권이 수록되어 있는데, 반고의 자주自注에서 "공양자公羊子는 제나라 사람"이라고 했고, 안사고의 주에서는 "이름은 고高"라고 했다. 그리고 송나라 나벽羅璧에 이르러 처음으로 다른 주장이 나왔다. 나벽의 『지유識遺』에서 말했다. "공양公羊과 곡량穀梁이라는 두 성姓은 공양고公羊高와 곡량적穀梁赤이 『공양전』과 『곡량전』을 지었다고 풀이한 경우 이외에, 이러한 성은 있는 기록이 결코 보이지 않는다. 만견춘萬見春이 '공양과 곡량은 모두 강姜자의 반절反切 운자韻字이니, 아마도 강성姜姓의 가탁인 듯하다'고 했다."60) 그러나 『사고전서총목제요』에서 그 주장을 다음과 같이 반박했다. "추鄒는 주루邾婁의 반절反切이 되고, 피披는 발제勃鞮의 반절이 되며, 목木은 미모彌牟의 반절이 되고, 식殖은 설직舌職의 반절이 된다. 기록할 때 발음이 잘못되는 경우는 경전에 원래 그런 일이 있다. 그런데 제자가 자기 아버지의 학문을 기록하고 자손이 자기 조부의 학문을 기록할 때는 본래 글자가 헷갈려서 합성合聲된 글자를 따로 사용하는 데까지는 결코 이르지 않을 것이다. 나벽의 말은 기이한 것을 너무 좋아한 것이다."61) 또 말했다. "정단학程端學의 『춘추본의春秋本義』에서 마침내 고高를 한나라 초기의 인물이라고 지적했으니, 강학가의 억단을 다시 변론할 필요가 없을 것이다."62) 따라서 요평廖平은 공公·곡穀은 모두 복卜의 쌍성雙聲이고, 양羊·량梁은 또한 상商의 질운迭韻으로, 제齊·노魯의 동음이자同音異字이니, 실은 모두 자하子夏 한 사람이라고 했다.

『예기』「잡기雜記」에 '공양고公羊賈'라는 사람이 있는데, 혹자는 공양고公羊賈는 바로 『논어』에 나오는 공명고公明賈이고, 공양고公羊高는 『맹자』에 나오는 공명고公明高가 아닐까 생각하였다. 공명고公明高는 증자의 제자이므로 또한 자하로부터 경전을 전수받았다. 양羊과 명明은 음이 비슷하기 때문에 이 주장도 혹 통할 수 있다.

---

59) 『後漢書』, 「范升傳」.
60) 『識遺』, 권3, 「公羊穀梁」.
61) 『四庫全書總目提要』, 「春秋類 一」, '春秋公羊傳注疏' 조목.
62) 『四庫全書總目提要』, 「春秋類 一」, '春秋公羊傳注疏' 조목.

『한서』「고금인표古今人表」에 공양公羊·곡량穀梁이 네 번째 단계에 배치되어 있으니,[63] 그 사람들이 실제로 있었다는 것을 알 수 있다. 이로써 예전의 주장들을 가볍게 취급해서는 안 된다는 것을 알 수 있다.

구설口說이 책으로 기록된 것에 대해서는 서언이 대굉의 「서문」에 근거하여 경제景帝 시기에 처음으로 책에 기록되었다고 여겼다. 이 주장은 『공양전』의 문장에도 증거가 있다. 『공양전』애공 3년의 경문에는 "계손사와 숙손주구가 군대를 이끌고 개양에 성을 쌓았다"(季孫斯·叔孫州仇帥師城開陽)고 되어 있는데, 『좌씨전』에는 '개양開陽'이 '계양啓陽'으로 되어 있다. 이에 대해 서언의 소에는 "개開자는 한나라 경제의 이름을 피해서 기록한 것이다"라고 했다. 이로써 『공양전』이 책으로 기록된 것은 당연히 경제 시기 또는 경제 시기 이후라는 것을 알 수 있다. 또한 『한서』「외척전外戚傳」을 살펴보면, 경제 6년, 태자 영榮의 모친을 황후로 세웠는데, 대행大行의 주소奏疏에서 『공양전』을 인용하여, "'자식은 어머니 때문에 귀해지고, 어머니는 자식 때문에 귀해진다'고 하니, 지금 태자 어머니의 호칭은 마땅히 황후가 되어야 한다"고 했다.[64] 단희중段熙仲은 대행이 박사가 아니어서 입으로 전수하는 과정에 참여하지 않았기 때문에 그가 인용한 것은 반드시 책에 근거한 것이라고 주장했다.[65] 이로써 『공양전』이 책에 기록된 것이 당연히 경제 6년 이전임을 알 수 있다. 또한 『한시외전韓詩外傳』의 문장 중에 『공양전』과 같은 내용이 많은데, 한영韓嬰이 동중서와 동시대의 사람이므로 『공양전』이 책에 기록된 것이 당연히 한영의 문장이 작성된 시기보다 늦지 않음을 알 수 있다.

『사고전서총목제요』에서는 『공양전』이 모두 공양고公羊高에게서 나온 것은 아니라고 주장했으며, 책에 기록된 것에 대해서는 모두 주소注疏의 이론에 근본하여

---

63) 역자 주: 『한서』「古今人表」를 살펴보면, 고금의 인물을 총 9단계로 구분하고 있다. 上上(聖人)−上中(仁人)−上下(智人)−中上−中中−中下−下上−下中−下下(愚人), 예를 들어 仲尼는 上上, 顔淵과 孟子는 上中, 子貢은 上下이다. 公羊子와 穀梁子는 老子·告子 등과 함께 네 번째인 中上에 배치되어 있다.

64) 역자 주: 『공양전』은공 원년에 "母貴則子何以貴? 子以母貴, 母以子貴"라는 말이 보인다.

65) 段熙仲, 『春秋公羊學講疏』(南京師範大學出版社, 2003), 10쪽 참조.

"『공양전』은 확실히 공양수公羊壽가 지었지만, 호무자도胡毋子都가 도와서 완성한 것이다"라고 하였다.66)

2. 전수의 원류

『춘추』의 여러 전傳 중에서 『공양전』이 가장 먼저 세상에 유통되었다. 그 전수의 기원은 가장 먼저 자하子夏로부터 나왔다. 『사기』에서 말했다. "『춘추』를 지을 때는 기록할 것은 기록하고 삭제할 것은 삭제했기 때문에 자하子夏와 같은 제자들도 한마디도 관여할 수 없었다."67) 『효경孝經·구명결鉤命決』에서 "『춘추』를 상商에게 맡겼다'고 했는데, 상商은 자하의 자字이다. 동중서董仲舒의 『춘추번로春秋繁露』「유서兪序」에 "국가를 소유한 자는 『춘추』를 배우지 않아서는 안 된다"는 자하의 말이 실려 있고, 사마천의 「태사공자서太史公自序」에서도 자하의 이 말을 인용하였다. 서언은 공자가 『춘추』를 자하에게 입으로 전수하였다고 했고, 또 대굉의 「서문」을 인용하여 "자하가 공양고公羊高에게 전해 주었다"고 했다. 이로써 알 수 있듯이, 자하는 단지 『공양전』의 선사先師일 뿐만 아니라, 사실상 『공양전』을 전한 최초의 시조이다.

자하 이후, 『춘추』를 잘 말한 것은 맹자보다 더한 사람이 없다. 맹자 이후에 순자는 육경六經의 요지를 논하면서 또한 『춘추』를 언급했다. 유사배劉師培는 『춘추』와 『순자』의 공통점과 차이점을 고찰하여, "하휴가 지은 『춘추공양전해고』도 또한 『순자』의 문장을 많이 사용하였다"고 했다. 그리고 동중서의 『춘추번로』에도 『순자』와 동일한 문장이 매우 많이 있다. 예를 들어 「순천지도循天之道」에서 옛날 사람들은 "서리가 내리면 부인을 맞이하고, 얼음이 풀리면 혼사를 줄여서 중지한다"고 했고, 또 "청년은 열흘에 한 번 부인과 합방한다"고 했는데,68) 이것은 『순자』「대략大略」의

---

66) 『四庫全書總目提要』, 「春秋類 一」.
67) 『史記』, 「孔子世家」.
68) 『春秋繁露』, 「循天之道」, "古之人霜降而迎女, 在泮而殺內.……新牡十日而一遊於房."

"서리가 내리면 부인을 맞이하고, 얼음이 녹으면 혼례를 줄여서 중지한다. 열흘에 한 번 합방한다"[69]는 말과 합치된다. 「옥배玉杯」에서 삼년상을 25개월[70]이라고 말한 것은 『순자』「예론禮論」의 "삼년상은 25개월에 끝난다"[71]는 문장과 같다. 또한 「죽림竹林」에서 "선왕의 제도에 부모상이 있는 사람은 3년 동안 그의 집에 가서 불러내지 않으니, 그의 뜻이 일하는 데 있지 않은 것을 따르기 때문이다"[72]라고 말한 것은 또한 「대략」의 "부모상에 3년 동안 일하지 않는다"[73]라는 뜻과 합치한다. 동중서는 『공양전』의 선사先師이고, 그가 말한 상례와 혼례는 모두 순자와 부합한다. 순자의 학문은 자하로부터 나왔으니, 순자도 혹 『공양전』을 전수한 선사가 아닐까?

서언이 인용한 대굉의 『춘추설春秋說』「서문」에서 말했다. 자하子夏가 공양고公羊高에게 전해 주었고, 공양고가 자기 아들 공양평公羊平에게 전해 주었으며, 공양평이 자기 아들 공양지公羊地에게 전해 주었고, 공양지가 자기 아들 공양감公羊敢에게 전해 주었으며, 공양감이 자기 아들 공양수公羊壽에게 전해 주었다. 한나라 경제景帝 때에 이르러, 공양수가 제齊나라 사람 호무자도胡母子都와 함께 책에 기록했다.[74] 또 하휴의 주에서 말했다. "『춘추』에는 주나라를 개혁하여 천명을 받는 제도가 있는데, 공자는 시대를 두려워하여 화를 멀리하려고 했고, 또 진나라가 장차 『시』・『서』를 불태울 것을 알았다. 따라서 『춘추』의 이론이 입으로 전수되었다. 한나라 때 공양씨公羊氏와 그 제자 호무생胡母生 등에 이르러, 처음으로 책에 기록되었다"[75] 여기에서 알 수 있듯이, 선진시대에 『공양전』을 전한 것은 공양씨公羊氏 한 학파였다. 그런데 『공양전』 속에 또한 자심자子沈子・자사마자子司馬子・자여자子女子・자북궁자子北宮와 고자高子・노자魯子의 말을 기록한 것이 많이 있으니, 선진시대에 『공양전』을 전수한 것이

---

69) 『荀子』, 「大略」, "霜降逆女, 冰泮殺止. 十日一御."
70) 『春秋繁露』, 「玉杯」, "喪之法, 不過三年, 三年之喪, 二十五月."
71) 『荀子』, 「禮論」, "三年之喪, 二十五月而畢."
72) 『春秋繁露』, 「竹林」, "先王之制, 有大喪者, 三年不呼其門, 順其志之不在事也."
73) 『荀子』, 「大略」, "父母之喪. 三年不事."
74) 『公羊傳』, 「序」, 徐彦 疏, "戴宏「序」曰, 子夏傳與公羊高, 高傳與其子平, 平傳與其子地, 地傳與其子敢, 敢傳與其子壽. 至漢景帝時, 壽乃與齊人胡母子都著于竹帛."
75) 『公羊傳』, 隱公 2년, 何休 注.

반드시 모두가 공양씨 계열만은 아닌 것 같다.

한나라 경제 시기에 『공양전』은 공양수와 그의 제자인 호무자도에 의해서 책에 기록되었다. 그 시기에 『춘추』를 밝힌 사람 중에는 또한 동중서가 있다. 동중서는 조趙나라 사람이며, 젊었을 때 『춘추』를 공부하여 경제 때 박사가 되었다. "한나라가 흥기하자, 잔나라 때 끊어진 학문의 뒤를 계승했었고, 경제景帝와 무제武帝의 시대에 동중서가 『공양춘추』를 공부하여, 처음으로 음양陰陽을 추론하여 유학자들이 존경하여 받드는 대상이 되었다."76) 따라서 호무생과 동중서는 모두 『춘추』를 공부하여 박사가 되었는데, 동중서가 특히 유학자들이 존경하여 받드는 대상이 되었다.

그런데 동중서의 학문은 그 전수관계가 명확하지 않다. 한나라 사람들은 호무생과 동중서를 동렬로 두었는데, 예를 들어 『한서』「예문지」에서는 두 사람을 '동업同業'이라고 했고, 정현의 「육예론六藝論」에서도 호무생과 동중서를 함께 호칭하였다. 그런데 서언에 이르러 동중서를 호무생의 제자로 여겼고, "호무생은 본래 『공양전』의 경經과 전傳을 동중서에게 전수했지만, 스스로 별도의 『조례條例』를 지었다."77) 호무생의 책은 『공양장구公羊章句』와 『조례』가 있었는데, 동중서가 그에게 전수받은 것은 『공양장구』뿐이니, 『조례』는 멀리 한나라 말기에 이르러서야 하휴가 계승하였다. 동중서의 책을 살펴보면, "『춘추』에는 모든 일에 통용되는 말이 없다"78)는 주장이 있으니, 아마도 조례條例의 학문과는 거리가 먼 듯하다.

그 후에 『공양전』을 연구한 사람은 대부분 동중서의 문하에서 나왔다. 『한서』의 기록에 의하면, 동중서는 "휘장을 내려놓은 채 강론하고 암송했는데, 제자들은 수업한 지 오래된 순서에 따라 서로 수업하는 방법으로 전수했기 때문에 어떤 제자는 그의 얼굴을 보지도 못했다"79)고 하니, 그의 제자가 많았다는 것을 알

---

76) 『漢書』, 「五行志」.
77) 『公羊傳』, 「序」, 徐彦 疏.
78) 『春秋繁露』, 「精華」.
79) 『漢書』, 「董仲舒傳」.

수 있다. 그의 제자 중에 성공한 사람으로는 난릉蘭陵의 저대褚大, 동평東平의 영공嬴公, 광천廣川의 단중段仲과 온현溫縣의 여보서呂步舒가 있다. 그 중에서 오직 영공만이 "학문을 지키고 사법師法을 잃지 않았다." 영공은 맹경孟卿과 휴홍眭弘에게 전수하였다. 『한서』「유림전」에 의하면, 휴홍에게는 100여 명의 제자가 있었는데, 오직 엄팽조嚴彭祖와 안안락顏安樂만이 명석하여, 이해하기 어려운 도리를 질문할 때 각각 소견을 가지고 있었다. 휴홍은 "『춘추』의 뜻이 이 두 사람에게 있다!"고 말했다. 휴홍이 죽자, 엄팽조와 안안락은 각각 전문적으로 『공양전』을 가르쳤다. 이로부터 『공양전』에는 엄팽조와 안안락의 학파가 있게 되었고, 두 학파 모두 학관에 세워졌다. 그러나 오히려 그로 인해서 동중서의 학문도 두 개의 학파로 나누어졌으며, 이러한 국면은 후한 말까지 계속 이어졌다.

이 외에 후한시대에도 공양학자들이 있었지만, 사승관계가 명확하지 않다. 아마도 엄팽조와 안안락 두 학파에 속하지 않은 것 같은데, 예를 들어 이육李育·왕충王充·하휴何休와 같은 사람들이다.

3. 『공양전』의 의리

공자가 옛 역사서에 근거하여 『춘추』를 지을 때, 혹은 기록하고 혹은 삭제했는데, 거기에 의리가 존재한다. 애공 14년, 봄, 서쪽에서 사냥을 하다가 기린을 잡았다.(春, 西狩獲麟) 『공양전』에서 말했다. "『춘추』의 의리를 지어서 후세의 성왕이 그것을 법도로 삼기를 기다린 것이니, 군자가 『춘추』를 지은 이유는 또한 『춘추』의 도가 영원히 법도가 될 수 있음을 기뻐했기 때문이다." 그리고 맹자가 공자의 말을 서술하면서, "공자가 '그 의리는 내가 잠시 취했다'라고 했다."[80] 그리고 사마천은 동중서의 말을 계승하여 다음과 같이 말했다. "남의 신하가 된 자도 『춘추』를 몰라서는 안 되니, 일상적인 일을 처리할 때는 그 일의 올바른 방법을 알지 못하고,

---

80) 『孟子』, 「離婁下」.

변고를 만났을 때는 그에 맞는 권도를 알지 못하기 때문이다. 남의 군주나 아버지가 되어서 『춘추』의 의리를 통달하지 못한 자는 반드시 최고의 악명을 뒤집어쓰게 되고, 남의 신하나 자식이 되어서 『춘추』의 의리를 통달하지 못한 자는 반드시 찬탈과 시해를 저질러서 주살당하거나 죄를 저질러 죽임을 당하는 악명에 빠지게 된다. 사실 그들은 모두 자기가 한 일을 좋은 일로 여기지만, 그 일을 행하면서 의리를 알지 못했기 때문에 그들에게 추상적인 말로 덮어씌우더라도 감히 변명하지 못한다. 예의禮義의 요지를 통달하지 못하면, 군주는 군주답지 못하고 신하는 신하답지 못하며, 아비는 아비답지 못하고 자식은 자식답지 못한 상황에 이르게 된다. 군주가 군주답지 못하면 신하로부터 침범을 당하고, 신하가 신하답지 못하면 군주로부터 주살당하며, 아비가 아비답지 못하면 자식에게 무도한 짓을 하고, 자식이 자식답지 못하면 아비에게 불효한다. 이 네 가지 행위는 천하의 가장 큰 잘못이지만, 이러한 천하의 큰 잘못을 자신에게 부여하더라도 그대로 받아들일 뿐 감히 변명하지 못한다. 따라서 『춘추』는 예의禮義의 큰 핵심이다."[81] 따라서 『춘추』는 옛 역사서와 같지 않으며, 거기에는 의리를 담아 두었다. 그런데 『춘추』는 전傳에 능통하지 않으면 단지 구식 금전출납부에 지나지 않을 뿐이다. 『공양전』은 경전의 뜻을 많이 밝혔기 때문에 『곡량전』이나 『좌씨전』에 비할 바가 아니다. 사마천도 "『춘추』의 문장은 수만 글자로 이루어져 있고, 그 요지는 수천 가지이다"[82]라고 했으니, 대체로 『공양전』을 근거로 말한 것이다.

1) 대일통大一統

'하나로의 통일을 크게 여긴 것'(大一統)은 공양가의 중요한 이론이며, 『공양전』에 분명한 문장이 있다. 『춘추』 은공 '원년, 봄, 왕의 정월'(元年, 春, 王正月)에 대해 『공양전』에서 다음과 같이 해석했다.

---

81) 『史記』, 「太史公自序」.
82) 『史記』, 「太史公自序」.

원년元年은 무엇인가? 임금이 즉위한 첫 해다. 봄(春)은 무엇인가? 한 해의 시작이다. 왕王은 누구를 말하는가? 문왕文王을 말한다. 어째서 왕王을 먼저 말하고 정월正月을 뒤에 말했는가? 주나라 왕이 제정한 정월이기 때문이다. 무엇 때문에 왕의 정월(王正月)을 말했는가? 하나로의 통일을 크게 여긴 것(大一統)이다. 은공은 무엇 때문에 즉위했다고 말하지 않았는가? 은공의 뜻을 이루어 준 것이다.[83]

하휴는 '다섯 가지 시작을 바로잡는다'(正五始)는 것을 가지고 '대일통'의 뜻을 다음과 같이 밝혔다.

즉위를 항상 기록했기 때문에 임금이 즉위한 첫 해라는 것을 알 수 있다. 임금은 노나라 임금 은공隱公이다. 년年이라는 것은 12개월을 통틀어 부르는 호칭으로, 『춘추』에서 12개월을 기록할 때 년年이라고 호칭하는 것이 이것이다. 일一을 변형하여 원元으로 말했는데, 원元이라는 것은 기氣이다. 형체가 없는 것이 기氣에 의해 생겨나고, 형체가 있는 것이 기氣에 의해 나누어져서, 천지天地를 처음으로 만드니, 천지의 시작이다. 따라서 왕이 위로 하늘과 연결되지 않지만, 춘春을 먼저 진술하여 하늘과 연결시킨다. 공公이라고 말하지 않고 임금의 첫 해(君之始年)라고 말한 것은 왕자와 제후는 모두 군君이라고 호칭하기 때문에 『춘추』의 의리를 왕자에게 통하도록 한 것이다. 오직 왕자가 된 이후에만 연호를 고치고 원元이라는 호칭을 세울 수 있다. 『춘추』는 신왕新王이 천명을 받은 것을 노나라에 가탁하였기 때문에 즉위를 기록함으로써 왕자는 마땅히 하늘을 이어서 원元을 받들고, 만물을 양성해야 함을 밝힌 것이다.[84]

이것은 '원년元年'을 해석한 것이다. 하휴가 또 말했다.

위로 '왕정월王正月' 앞에 '원년元年'을 이어 놓았으니, (왕정월이) 한 해의 시작임을 알 수 있다. 춘春은 천지天地가 개벽開闢하는 시작이고, 만물을 양생하는 처음이며,

---

83) 『公羊傳』, 隱公 원년.
84) 『公羊傳』, 隱公 원년, 何休 注.

정치의 법령(治象)이 나오는 바이며,[85] 사시四時의 본래 이름이다.[86]

이것은 '춘春'을 해석한 것이다. 하휴가 또 말했다.

위로 '왕王' 앞에 '춘春'을 이어 놓았으니, (왕이) 문왕文王을 말함을 알 수 있다. 문왕은 주나라에서 처음으로 천명을 받은 왕으로, 하늘이 명한 사람이기 때문에 위로 하늘의 시작(春)에 이어 놓은 것이다. 천명을 받아 정월을 제정한 일을 막 진술했기 때문에 문왕이 법도를 처음으로 만든 것을 빌어서 왕법王法으로 삼은 것이다. 문왕의 시호諡號를 말하지 않은 것은 그가 살아 있을 때의 정치를 본받는 것이지 그가 죽은 이후의 정치를 본받는 것이 아니기 때문이다. 후왕後王과 그 정치를 공유하기 때문에 인도人道의 시작이다.[87]

이것은 '왕王'을 해석한 것이다. 하휴가 또 말했다.

위로 '정월正月' 앞에 '왕王'을 이어 놓았으니, (정월이) 왕자가 천명을 받아서, 정교政教를 시행할 때 제정한 달임을 알 수 있다. 왕자는 천명을 받으면 반드시 거처를 옮기고, 정삭正朔을 고치며, 복색服色을 바꾸고, 휘호徽號를 달리하며, 희생犧牲을 바꾸고, 예악의 기구와 병기를 달리하니, 하늘로부터 천명을 받은 것이지 사람으로부터 받은 것이 아님을 밝힌 것이다. 하나라는 북두칠성의 자루가 인방寅方을 가리키는 달(斗建寅之月)을 정월正月로 삼고, 날이 밝을 무렵(平旦)을 초하루(朔)로 삼으며, 사물의 맹아가 처음으로 드러나는 것을 본받고, 색은 흑색을 숭상한다. 은나라는 북두칠성의 자루가 축방丑方을 가리키는 달(斗建丑之月)을 정월로 삼고, 닭이 우는 시간을 초하루로 삼으며, 사물의 맹아가 생기는 것을 본받고, 색은 흰색을 숭상한다. 주나라는 북두칠성의 자루가 자방子方을 가리키는 달(斗建子之月)

---

85) 역자 주: 法象은 법령이나 법률을 말한다. 고대에 정월이 되면 象魏, 즉 궁궐의 성문에 법령을 높게 달아서 백성들이 그 내용을 알도록 게시하였다고 한다. 『주례』「大宰」에 "正月之吉, 始和, 布政于邦國都鄙, 縣治象之法于象魏, 挾日而斂之"라는 말이 보인다.
86) 『公羊傳』, 隱公 원년, 何休 注.
87) 『公羊傳』, 隱公 원년, 何休 注.

을 정월로 삼으며, 한밤중(夜半)을 초하루로 삼고, 사물의 맹아가 움직이는 것을
본받으며, 색은 적색을 숭상한다.88)

이것은 '정월正月'을 해석한 것이다. 하휴가 또 말했다.

통統은 시작(始)이라는 뜻이니, 모든 것을 총괄해서 정월正月에 매여 있다는 말이다.
대체로 왕자는 처음으로 천명을 받아 제도를 개혁하고, 천하에 정교政敎를 베푸니,
공후公侯로부터 서인庶人에 이르기까지, 산천山川으로부터 초목草木과 곤충昆蟲에
이르기까지 하나하나가 정월正月에 매여 있지 않는 것이 없다. 따라서 정교政敎의
시작이라고 말한 것이다.89)

이것은 '대일통'을 해석한 것이다. 하휴가 또 말했다.

즉위卽位라는 것은 한 나라의 시작이니, 정교政敎는 처음을 바로잡는 것보다 큰
것이 없다. 따라서 『춘추』에서는 원元의 기氣를 가지고 하늘의 시작(春)을 바로잡고,
하늘의 시작을 가지고 왕王의 정교를 바로잡으며, 왕의 정교를 가지고 제후의
즉위를 바로잡고, 제후의 즉위를 가지고 국경 안의 정치를 바로잡는다. 제후가
위로 왕의 정교를 받들지 않으면 즉위할 수 없다. 따라서 정월正月을 먼저 말하고
즉위를 뒤에 말한 것이다. 정교가 왕으로부터 나오지 않으면 정교가 될 수 없다.
따라서 왕王을 먼저 말하고 정월을 뒤에 말한 것이다. 왕자가 하늘을 받들어
정치 명령을 제정하지 않으면 법도가 없다. 따라서 춘春을 먼저 말하고 왕王을
뒤에 말한 것이다. 하늘이 그 원기元氣를 깊이 바로잡지 않으면 그 조화를 이룰
수 없다. 따라서 원元을 먼저 말하고 춘春을 뒤에 말한 것이다. 이 다섯 가지는
같은 날에 함께 세워지고 서로 의존하여 한 몸을 이루니, 하늘과 인간의 큰 근본(元
年 · 春, 王 · 正月 · 公卽位)이자 만물이 매여 있는 것을 살피지 않을 수 없다.90)

---

88) 『公羊傳』, 隱公 원년, 何休 注.
89) 『公羊傳』, 隱公 원년, 何休 注.
90) 『公羊傳』, 隱公 원년, 何休 注.

그리고 『춘추』 정공 원년, 봄, 왕(元年, 春, 王)의 『공양전』에서 "정월正月이라는 것은 즉위即位를 바로잡은 것이다"라고 했고, 하휴는 "본래 정월을 둔 것은 제후의 즉위를 바로잡은 것이다"라고 했다.[91] 그리고 『춘추』 정공 원년 6월 무진일에, 정공이 즉위하다(六月, 戊辰, 公即位)에 대해 하휴가 말했다.

공즉위公即位를 주요하게 기록한 것은 다섯 가지 시작(五始)을 중시했기 때문이다.[92]

이것은 '공즉위公即位'를 해석한 것이며, '다섯 가지 시작을 바로잡는다'(正五始)의 의미가 이로부터 분명해진다. 따라서 『춘추』 대일통의 의미는 천자天子로부터 서인庶人에 이르기까지 모두 근본을 바로잡도록 하는 것이다. 근본이라는 것은 시작이다. 천지天地에 시작이 있고, 한 해에 시작이 있으며, 인도人道에 시작이 있고, 정교政教에 시작이 있으며, 한 나라에 시작이 있으니, 이것이 다섯 가지 시작(五始)이다. 하늘은 원元을 시작으로 삼고, 왕은 하늘(春)을 시작으로 삼으며, 제후는 왕(正月)을 시작으로 삼고, 정교는 즉위를 시작으로 삼으니, 이것이 다섯 가지 시작의 올바름이다. 근본이 세워지면 도가 생기기 때문에 그 시작을 삼가지 않을 수 없다. 근본을 삼가는 것은 그 핵심이 하늘을 받드는 데 있다.

그런데 하휴의 '오시를 바로잡는다'(正五始)는 주장은 사실 동중서로부터 나왔다. 『한서』에서 동중서의 「거현량대책擧賢良對策」을 인용하여 다음과 같이 말했다.

신이 삼가 『춘추』의 문장을 살펴서 왕도王道의 단서를 탐구했는데, 올바름(正)에서 그 해답을 얻었습니다. 올바름(正)은 왕王의 다음에 있고, 왕은 춘春의 다음에 있습니다.(春, 王正月) 춘春은 하늘이 하는 것이고, 올바름(正)은 왕이 하는 것입니다. 그 의미는 위로는 하늘이 하는 것을 받들고 아래로는 자신이 하는 것을 바로잡는 것이니, 왕도의 시작을 바로잡는 것일 뿐입니다. 그렇다면 왕자가 큰일을 하고자

---

91) 『公羊傳』, 定公 원년, 何休 注.
92) 『公羊傳』, 定公 원년, 何休 注.

한다면 마땅히 하늘에서 단서를 탐구해야 합니다.[93]

또 말했다.

신이 삼가 『춘추』에서 첫해를 일一이라고 말하지 않고 원元이라고 말한 의미를
살펴보았습니다. 일一이라는 것은 만물이 거기로부터 나오는 시작이고, 원元이라는
것은 크다는 말입니다. 일一을 원元이라고 하는 이유는 크게 시작함을 보여서
근본을 바로잡고자 하는 것입니다. 『춘추』에서 그 근본에 대해 깊이 탐구해 보니,
고귀한 데로 되돌아가는 것에서 시작하였습니다. 따라서 임금이 된 자는 마음을
바로잡음으로써 조정을 바로잡고, 조정을 바로잡음으로써 백관을 바로잡으며,
백관을 바로잡음으로써 백성을 바로잡고, 백성을 바로잡음으로써 사방을 바로잡습
니다. 사방이 바로잡히면 멀고 가까움에 상관없이 모든 것이 감히 올바름으로
통일되지 않음이 없으며, 사악한 기운이 그 사이를 침범하는 일은 없을 것입니다.
그러므로 음양이 조화로워서 바람과 비가 제때에 이르고, 모든 생물이 조화롭고
백성이 번창하며, 오곡이 잘 익고 초목이 무성하며, 천지 사이의 만물이 윤택함을
입어서 큰 풍작이 아름다우며, 천하 안의 나라가 왕이 성대한 덕이 있다는 소문을
듣고 모두 와서 신하가 됩니다. 복이 되는 물건들과 불러들일 수 있는 상서로움이
모두 이르지 않음이 없어서, 왕도가 이루어질 것입니다.[94]

동중서의 『춘추번로』에서는 '다섯 가지 시작을 바로잡는다'의 뜻에 대해 더욱
많은 논의를 전개했다. 양한시대에 하늘을 받들어 시작을 바로잡는다는 뜻에 대해
말한 사람은 동중서 이후에도 계속 있었다. 예를 들어 『한서』에서 "삼가 생각건대,
『춘추』의 다섯 가지 시작(五始)의 요점은 임금이 자신을 살피고 통치를 올바르게
하는 데 있을 뿐이다"[95]라고 했고, 『후한서』에 명제明帝의 다음과 같은 조서가
실려 있다. "영평永平 3년 봄, 정월, 계사일에 조서를 내렸다. '짐이 교郊제사를

---

93) 『漢書』, 「董仲舒傳」.
94) 『漢書』, 「董仲舒傳」.
95) 『漢書』, 「王褒傳」.

봉행하고 영대靈臺에 올라가서, 천문관을 만나고 천체 운행을 재는 도구를 바로잡았다. 봄은 한 해의 시작이다. 시작이 그 바름을 얻으면 봄·여름·가을 세 계절이 이룸이 있다."96) 그리고 낭의郞顗가 순제順帝에게 상주한 말이 실려 있다. "공자가 『춘추』를 지을 때, 정월正月을 기록한 것은 한 해의 시작을 공경한 것이다."97) 이것은 모두 분명히 공양가의 말이다.

진한시대 이후 중국은 점점 군현제郡縣制의 형태로 되었고, 지방이 중앙의 명령을 받드는 것이 마치 팔이 손가락을 부리듯이 하니, 학자들은 대부분 그것을 '대일통大一統'이라고 여겼다. 왕길王吉이 "『춘추』가 대일통大一統이 되는 이유는 천하가 똑같이 천자의 교화를 받고, 구주九州에도 모두 관통되기 때문이다"98)라고 한 것은 바로 이 뜻을 취한 것이다. 그런데 만약 이 뜻에만 근거한다면, 천자와 제후는 단지 힘이 있는 자를 말할 뿐이며, 그들이 지방을 통치하고 제어하는 것은 자신들의 권위와 세력을 빌리는 것에 지나지 않는다. 그러나 공양가의 입장은 그와는 다르니, 천자가 아래로 제후들을 다스릴 수 있는 것은 위로 하늘의 시작을 받드는 데 달려 있다. 제후가 자신의 즉위를 바로잡을 수 있는 것은 위로 왕의 정교를 받드는 데 달려 있다. 한 나라의 정치가 바르게 되는 것은 제후가 올바름으로써 나라를 얻는 데 달려 있을 뿐이다.

대체로 중국 정치의 특징은 '올바름'(正)에 있다. 공자는 "정치는 올바름이다. 그대가 올바름으로써 솔선수범한다면 누가 감히 올바르지 않겠는가?'라고 했다.99) 공자는 또 임금을 북두칠성과 풀 위에 부는 바람에 비유했는데,100) 그 뜻은 모두 임금이 정교의 시작을 바르게 하여, 백성들이 우러러보도록 하고자 한 것이다. 임금에게는 하루의 시작이 있으니, "하루의 계획은 새벽에 달려 있다." 또 1년의 시작이 있으니, "1년의 계획은 봄에 달려 있다." 이것은 모두 스스로 근본을 바르게

---

96) 『後漢書』, 「明帝紀」.
97) 『後漢書』, 「郞顗傳」.
98) 『漢書』, 「王吉傳」.
99) 『論語』, 「顏淵」.
100) 『論語』, 「爲政」 및 「顏淵」.

하고 근원을 깨끗하게 하도록 한 것이다. 그 시작의 크기의 놓고 보면, 즉위를 바르게 하는 것보다 더 큰 것이 없다. 따라서 은공에 대해 『춘추』에서는 항상 그가 나라를 양보한 뜻을 이루어 주려고 했지만, 그의 즉위가 바르지 않았기 때문에, 즉 올바름에 거처하지 못했기 때문에 결국 시해를 당했다.

최근의 학자 조백웅趙伯雄은 다음과 같이 생각했다. '대일통'은 공자의 사상이 아닐 수도 있으며, 전국시대 유학자가 만든 것이다. 공자가 수호했던 주례周禮는 '한 층 한 층 분봉分封하는 정치형식'이지만, '대일통'은 강렬한 존왕尊王의 색채를 띠고 있다. 또한 공양가가 '대일통' 사상을 발휘한 것은 『춘추』의 경문인 '왕정월王正月' 이라는 조목에 대한 해석에 의거한 것이지만, 서주시대 및 춘추시대의 종묘 제기에 새겨진 명문銘文 중에는 '王X月'과 같이 시기를 기록하는 방법이 많이 있다. 그것은 단지 주나라의 역법曆法을 표기하고 있을 뿐이며, 또한 정월正月에만 한정되지 않는다. 그런데 이러한 조백웅의 주장은 사실상 공양가의 주장과는 통하지 않는다. 공양가가 밝힌 '대일통' 사상은 '존왕尊王'이 본래 그 의리 중의 하나이지만, 더욱 주요한 의리는 '처음을 바로잡는 것'(正始)과 '하늘을 받드는 것'(奉天)이다. 또한 공자가 노나라 삼가三家의 본분을 뛰어넘는 행동을 강하게 비판한 것에서 알 수 있듯이, 『논어』에는 '존왕' 의리가 매우 분명하게 드러나니, 그것이 반드시 전국시대의 사상이라고는 말할 수 없다. 이 외에도 『춘추』의 경문에 단지 '왕정월'이라는 말만 있는 것이 아니라 '왕이월王二月' · '왕삼월王三月'이라는 말도 있어서, 공양가는 이것을 빌어서 '삼통의 소통'(通三統) 이론을 드러내 밝혔다. 종묘 제기 명문의 '王X月'의 용법을 살펴보면, 정월正月 · 이월二月 · 삼월三月 이외에 다른 달에도 또한 왕王자를 함께 기록한 사례가 있기 때문에 주나라의 역법을 표기한 것으로 볼 수 있다. 그러나 비록 그렇다고 하더라도, 『춘추』의 경전을 살펴보면 단지 이 세 달에만 왕王자를 기록했으니, 혹 공자가 『춘추』를 손질하면서 나머지 다른 달 앞의 왕王자를 삭제함으로써 다시는 주나라를 따르지 않는다는 것을 보여 준 것일 수도 있다. 공양가는 이와 같이 '삼통의 소통'(通三統)의 새로운 뜻을 드러내 밝힌 것이다.

2) 임금을 높이고 신하를 낮춤

주나라 사람들은 문식을 숭상하고, 존귀한 이를 존중한다. 『춘추』는 비록 문식을 바꾸어서 질박함을 따르지만, 그것은 문식을 조금 덜어 내는 데 지나지 않고 문식과 질박함이 조화를 이룬다는 '문질빈빈文質彬彬'[101]의 의리를 취한다. 그리고 존귀한 이를 존중하는 존존尊尊의 의리를 『춘추』에서도 폐기하지는 않는다. 『춘추』에서 '왕정월王正月'을 가장 먼저 말한 것은 하늘을 받드는 것(奉天)을 존존尊尊의 첫 번째 의리로 삼았기 때문이다. 그 아래의 제후와 대부, 제후의 신하들도 또한 존귀한 이를 존중하지 않음이 없다.

'존왕尊王'의 의리는 『공양전』에 많이 보인다. 『춘추』 희공 28년, 희공이 진나라 임금 · 제나라 임금 · 송나라 임금 · 채나라 임금 · 정나라 임금 · 위나라 임금 · 거나라 임금과 회합하고, 천토에서 맹약하였다. 희공이 왕이 있는 곳에서 조회하였다.(公會晉侯 · 齊侯 · 宋公 · 蔡侯 · 鄭伯 · 衛子 · 莒子盟於踐土. 公朝於王所) 『공양전』에서 말했다.

어째서 희공이 천자가 있는 서울에 갔다고 말하지 않았는가? 천자가 여기 천토에 있었기 때문이다. 천자가 여기 천토에 있었다면 어째서 천자가 여기 천토에 있다고 말하지 않았는가? 제후가 천자를 불러서 오게 하는 것을 용납하지 않기 때문이다.[102]

『춘추』 희공 28년 겨울, 희공이 진나라 임금 · 제나라 임금 · 송나라 임금 · 채나라 임금 · 정나라 임금 · 진나라 임금 · 거나라 임금 · 주루나라 임금 · 진나라 임금과 회합하였다. 천자가 하양에서 사냥하였다.(公會晉侯 · 齊侯 · 宋公 · 蔡侯 · 鄭伯 · 陳子 · 莒子 · 邾婁子 · 秦人於溫. 天王狩於河陽) 『공양전』에서 말했다.

사냥은 기록하지 않는데, 여기에서는 무엇 때문에 기록했는가? 천자를 다시 불러서 오게 하는 것을 용납하지 않기 때문이다.[103]

---

101) 『論語』, 「雍也」.
102) 『公羊傳』, 僖公 28년.

제후들은 마땅히 천자의 서울에서 왕을 조회해야 하는데, 진나라 문공文公이 패자가 되기를 도모하였기 때문에 천자를 천토로 한 번 불러서 오도록 하고, 또 하양으로 다시 불러서 오도록 했으니, 너무 심하게 예법을 잃은 것이다. 그리고 이 일은 제후들이 천자와 연계되어 있지 않고 패자와 연계되어 있다. 따라서 하휴는 『춘추』에서 사냥하였다고 말한 것은 "그 의리를 깊이 바로잡은 것이니, 마치 천자가 스스로 사냥한 것이지 불러서 온 것이 아닌 것처럼 하였다"[104]고 하였다. 그 의미는 왕을 존중하는 데 있다.

『춘추』소공 25년, 제나라 임금이 야정에서 소공을 위로했다.(齊侯唁公於野井) 『공양전』에서 말했다.

> 노나라 소공昭公이 계씨季氏를 죽이고자 하여, 대부인 자가구子家駒에게 말했다. "계씨가 무도한 짓을 하고, 노나라 왕실의 권한을 침해한 것이 오래되었다. 내가 그를 죽이려고 하는데 어떻게 생각하는가?" 자가구가 대답했다. "제후들이 천자의 권한을 침해한 것이 오래되었고, 대부가 제후의 권한을 침해한 것이 오래되었습니다."[105]

당시에 "천자가 하늘의 권한을 침해하고, 대부가 임금의 권한을 침해하고, 제후가 천자의 권한을 침해했기"(『春秋緯·考異郵』) 때문에 계씨가 소공의 권한을 침해한 것은 윗사람이 행하고 아랫사람이 본받아서 그 유래가 오래되었다고 말할 수 있다.

『춘추』에서는 왕을 존중하기 때문에 그 자리를 계승한 왕세자도 당연히 존중해야 할 대상이다. 『춘추』 희공 5년에 희공이 제나라 임금·송나라 임금·진나라 임금·위 나라 임금·정나라 임금·허나라 임금·조나라 임금과 수대에서 왕세자와 회합했다.

---

103) 『公羊傳』, 僖公 28년.
104) 『公羊傳』, 僖公 28년, 何休 注.
105) 『公羊傳』, 昭公 25년.

(公及齊侯 · 宋公 · 陳侯 · 衛侯 · 鄭伯 · 許男 · 曹伯會王世子于首戴) 이것은 "특별히 세자와 회합한 것"인데, 『공양전』에는 "세자가 존귀하기" 때문에 그를 존중한다고 하였다. 왕의 신하의 경우에는 예를 들어 『춘추』 희공 9년에 희공이 천자의 총재 주공 · 제나라 임금 · 송나라 임금 · 위나라 임금 · 정나라 임금 · 허나라 임금 · 조나라 임금과 채구에서 회합하였다.(公會宰周公 · 齊侯 · 宋子 · 衛侯 · 鄭伯 · 許男 · 曹伯于葵丘) 비록 총재 주공과 특별히 회합한 것은 아니지만, 그래도 서열이 제후보다 앞에 배치되었다. 신분이 미천한 자라도 또한 '왕인王人'이라고 기록하여 제후보다 앞에 배치하니, 조洮에서의 맹약과 같은 것이 그것이다.[106]

또한 서주시기에 천자가 토지를 나누어 주어야만 제후는 나라를 세울 수 있었는데, 이것은 봉건封建의 옛 의미이다. 제후가 명령을 위반할 경우에는 오직 천자만이 토벌할 수 있고, 혹 패자에게 부절符節을 빌려주어 토벌하게 할 수 있다. 춘추시대 이후에는 천자의 위엄과 권위가 실추되어 패자가 제멋대로 토지를 나누어 주거나 토벌할 수 있었다. 따라서 『공양전』에는 그러한 행위를 자주 비판하였다. 『춘추』 희공 원년, 봄, 제나라 군대 · 송나라 군대 · 조나라 군대가 섭북에 주둔하여 형나라를 구원하였다.(齊師 · 宋師 · 曹師次于聶北, 救邢) 『공양전』에서 말했다.

어째서 제나라 환공桓公을 위해 (오랑캐가 형나라를 멸망시킨 것을) 숨겨서 기록하지 않았는가? 위로는 천자가 없고 아래로는 방백方伯이 없는데, 천하의 제후들 중에서로 멸망시키는 경우가 있었다. 환공은 그것을 구제하지 못하면 환공 자신의 치욕으로 여겼다. 어째서 주둔했다는 것을 먼저 말하고 구원했다는 것을 뒤에말했는가? 임금들이 출동했기 때문이다. 임금들이 출동했는데 군대(師)라고 말한것은 무엇 때문인가? 제후들이 제멋대로 토지를 나누어 주는 것을 용납하지 않기때문이다. 어째서 용납하지 않는가? 실제로는 용납하지만 문장으로는 용납하지않는다. 문장으로는 어째서 용납하지 않는가? 제후의 의리에서는 제멋대로 토지를

---

106) 역자 주: 『춘추』 희공 8년에 "公會王人 · 齊侯 · 宋公 · 衛侯 · 許男 · 曹伯 · 陳世子款 · 鄭世子華盟于洮"라는 기록이 보인다. 『공양전』에서 "王人者何? 微者也. 曷爲序乎諸侯之上? 先王命也"라고 했다.

나누어 줄 수 없기 때문이다. 제후의 의리에서는 제멋대로 토지를 나누어 줄 수 없다면 실제로는 용납한 것이라고 말한 것은 무엇 때문인가? 위로 천자가 없고 아래로 방백이 없는 상황에서 천하의 제후들 중에 서로 멸망시키는 자가 있으면, 힘으로 구제할 수 있다면 구제해도 괜찮기 때문이다.[107]

『춘추』에서 제후들이 제멋대로 토지를 나누어 주는 것을 "실제로는 용납하지만", "문장으로는 용납하지 않는 것"은 그 요지가 천자를 존중하는 데 있다.

또 『춘추』 선공 11년, 초나라 사람이 진나라 하징서를 죽였다.(楚人殺陳夏徵舒) 『공양전』에서 말했다.

이것은 초나라 임금(楚子)인데, 초나라 사람(楚人)이라고 말한 것은 무엇 때문인가? 비판한 것이다. 어째서 비판했는가? 외국에서 토벌하는 것을 용납하지 않기 때문이다. 외국에서 토벌하는 것을 용납하지 않는다는 것은 초나라 임금이 외국에 가서 토벌했기 때문에 인정하지 않는 것이다. 비록 국내에서의 토벌이라고 하더라도 역시 용납하지 않는다. 어째서 용납하지 않는가? 실제로는 용납하지만 문장으로는 용납하지 않는다. 문장으로는 어째서 용납하지 않는가? 제후의 의리에서는 제멋대로 토벌할 수 없기 때문이다. 제후의 의리에서는 제멋대로 토벌할 수 없다면 실제로는 용납한 것이라고 말한 것은 무엇 때문인가? 위로 천자가 없고 아래로 방백이 없는 상황에서 천하의 제후들 중에 무도한 짓을 하는 자가 있고, 신하가 임금을 죽이고 자식이 아버지를 죽이는 경우가 있으면, 힘으로 토벌할 수 있다면 토벌해도 괜찮기 때문이다.[108]

진陳나라 하징서夏徵舒는 자기 임금을 시해했으므로 그 죄는 주살을 당해야 마땅하다. 그러나 초나라는 제후로서 제멋대로 토벌해서는 안 되니, 또한 천자를 존중하기 때문이다.

---

107) 『公羊傳』, 僖公 원년.
108) 『公羊傳』, 宣公 11년.

또 『춘추』 환공 원년, 정나라 임금이 벽옥을 가지고 허땅을 빌렸다.(鄭伯以璧假許田)
『공양전』에서 말했다.

천자天子가 있으므로 제후는 제멋대로 땅을 처리할 수 없다.[109]

여기에서 제후가 제멋대로 땅을 처리할 수 없다고 말한 것은 천하의 모든
땅이 왕의 땅이 아닌 것이 없기 때문이니, 이것도 또한 천자를 존중한 것이다.

『춘추』는 군주를 높이고 신하를 낮추는데, 천자의 경우에는 대적할 수 있는
상대가 없으니, 이것이 바로 『공양전』에서 말한 '왕자는 대적할 상대가 없다'(王者無敵)
는 것이다. 따라서 왕의 군대가 무융에서 크게 패전한 일(王師敗績于貿戎)에 대해,
『공양전』에서 말했다. "어째서 진晉나라가 왕의 군대를 패배시켰다고 말하지 않았는
가? 왕자는 대적할 상대가 없으니, 누구도 감히 대적할 수 없기 때문이다."[110]
제후는 왕자와 대적할 수 없는데, 어찌 제후가 왕의 군대를 패배시킨 일을 논할
수 있겠는가! 따라서 제후가 천자를 정벌하는 것도 『춘추』에서는 용납하지 않는다.

『춘추』는 노나라를 왕으로 삼으니, 노나라에 대해서는 왕의 호칭을 빌려서
사용한다. 따라서 노나라와 제후가 전쟁했다는 표현을 사용하지 않는데, 만약 전쟁했
다고 말했다면 그것은 노나라가 패배했다는 의미이다. 이것도 또한 '왕자는 대적할
상대가 없다'는 뜻에 근본을 둔 것이다. 『춘추』 문공 11년, 숙손득신이 함땅에서
오랑캐를 패배시켰다.(叔孫得臣敗狄于鹹) 『공양전』에서 "패배시켰다고 말한 것은 무엇
때문인가? 그 일을 크게 여긴 것이다"[111]라고 했고, 서언의 소에서 다음과 같이
말했다.

『춘추』의 의리는 노나라를 안으로 여겨 왕으로 삼으니, 왕은 제후들에게 왕 노릇을

---

109) 『公羊傳』, 桓公 원년.
110) 『公羊傳』, 成公 원년.
111) 『公羊傳』, 文公 11년.

하여 제후들이 대적할 수 없는 것이 의리이다. 다만 노나라가 제후들과 전쟁을
할 경우, 전쟁했다고 기록하면 그것은 노나라가 패배했다는 의미의 문장이다.
모某 군대를 패배시켰다고 기록하면 그것은 노나라가 전쟁했다는 의미의 문장이다.
지금 숙손득신이 오랑캐 중의 한 사람만을 대적했는데, (마치 노나라가 오랑캐
전체를 대적한 것처럼) '함땅에서 오랑캐를 패배시켰다'고 말하여, 노나라가 전쟁했
다는 의미의 경문을 기록하였다. 따라서 질문한 것이다.[112]

『춘추』에서 노나라가 단독으로 패배시켰다고 말하지 않았으니, 노나라를 왕으로
삼아서 존중했기 때문이다.[113]

그러나 노나라는 실제로는 제후이기 때문에 『춘추』에서는 또한 노나라가 제공諸
公의 예로써 분수를 넘어 제사지낸 것을 비판했다. 『춘추』 은공 5년에 처음으로
육우六羽의 춤을 추었다.(初獻六羽) 『공양전』에서 말했다.

처음이라는 것은 무엇인가? 시작이다. 육우六羽는 무엇인가? 춤이다. 처음으로
육우를 올린 것을 무엇 때문에 기록했는가? 비판한 것이다. 무엇 때문에 비판했는가?
노나라가 처음으로 분수에 맞지 않게 제공諸公의 권한을 침해한 것을 비판한
것이다. 육우가 분수에 맞지 않는다는 것은 어째서인가? 천자는 가로 세로 여덟
줄(八佾), 제공諸公은 가로 세로 여섯 줄(六佾), 제후는 가로 세로 네 줄(四佾)의 격식을
갖추어 춤을 춘다. 제공은 무엇이고 제후는 무엇인가? 천자의 삼공三公을 공公이라고
부르고, 하나라와 은나라 왕의 후손을 공公이라고 부른다. 그 나머지 중에 큰
나라를 후작이라고 부르고 작은 나라를 백작·자작·남작이라고 부른다.…… 처음

---

112) 『公羊傳』, 文公 11년, 徐彦 疏.
113) 역자 주: 『공양전』의 기록에 의하면, 당시 張狄이라는 오랑캐에 세 명의 형제가 있었
   는데, 한 명은 제나라를 침입하고, 한 명은 노나라를 침입하고, 한 명은 진나라를
   침입하였다. 제나라를 침입한 자는 王子 成父가 죽였고, 노나라를 침입한 자는 숙손
   득신이 죽였고, 진나라를 침입한 자는 어떻게 되었는지 알 수 없었다. 이처럼 세
   나라가 세 명의 오랑캐를 패배시켰는데, 경문에서는 노나라가 오랑캐 전체를 패배
   시킨 것처럼 기록하였다. 이에 대해 『공양전』에서는 노나라가 오랑캐를 패배시킨
   일을 크게 여겼다고 해석했는데, 필자는 그것이 노나라를 왕으로 삼는 의리에 따른
   기록이라고 파악하였다.

으로 분수에 맞지 않게 제공의 권한을 침해한 것이 여기에서 처음인가? 이전에도 있었다. 이 이전에도 있었다면 어째서 여기에서 처음을 가탁했는가? 제공諸公의 권한을 침해한 것은 그래도 말할 수 있지만, 천자의 권한을 침해한 것은 말할 수 없기 때문이다.114)

이전에 혜공惠公의 사당에서 분수에 맞지 않게 천자의 팔일무八佾舞를 춘 적이 있는데, 큰 악을 말할 수가 없었다. 지금 여기에서 제공의 권한 침해를 비판한 것을 빌려서 존왕尊王의 의리를 밝혔다.

춘추시대에 단지 제후만이 천자의 권한을 침해한 것이 아니라, 대부도 항상 국가의 운명을 장악하여 "정권이 대부에게 있었다." 『춘추』 희공 30년, 공자 수가 주나라의 서울에 갔고, 제멋대로 결정하여 잔나라에 갔다.(公子遂如京師, 遂如晉) 『공양전』에서 말했다.

대부는 제멋대로 결정하여 일을 처리하지 못하는데, 여기에서 제멋대로 결정했다(遂)고 말한 것은 무엇 때문인가? 노나라 희공이 정치를 장악하지 못했기 때문이다.115)

'제멋대로 결정하다'(遂)는 것은 대부가 정치를 독단하여 임금의 명령을 따르지 않은 것을 비판한 것이다.

『춘추』 양공 30년, 잔나라 사람·제나라 사람·송나라 사람·위나라 사람·정나라 사람·조나라 사람·거나라 사람·주루나라 사람·등나라 사람·설나라 사람·기나라 사람·소주루나라 사람이 전연에서 회합했는데, 송나라의 화재 때문이었다.(晉人·齊人·宋人·衛人·鄭人·曹人·莒人·邾婁人·滕人·薛人·杞人·小邾婁人會于澶淵, 宋災故) 『공양전』에서 말했다.

---

114) 『公羊傳』, 文公 11년.
115) 『公羊傳』, 僖公 30년.

이것은 중대한 일인데, 어째서 미천한 자들을 시켜서 회합했는가? (미천한 자들이
아니라) 경卿이다. 경卿인데 사람(人)이라고 부른 것은 무엇 때문인가? 비판한
것이다. 어째서 비판했는가? 경卿은 제후의 일을 근심할 수 없기 때문이다.116)

하휴의 주에서 말했다. "당시에 비록 각 제후들이 사신을 보냈지만, 은혜는
사실상 경卿으로부터 베풀어진 것이다. 따라서 그 일을 시작한 것을 비판하여,
대부의 의리는 국내의 일을 근심할 수 있지 국외의 일을 근심할 수 없음을 밝힌
것이니, 신하의 도를 억누른 것이다. 송나라는 자국의 일을 근심했는데도 함께
비판한 것은 위망危亡을 구제하고 외국의 경卿의 권력 남용을 금지하지 못했기
때문이다."117) 이것은 대부가 제멋대로 권력을 부리는 것을 금지한 것이다.
『춘추』희공 28년, 진나라 임금 · 제나라 군대 · 송나라 군대 · 진나라 군대가
초나라 사람과 성복에서 전쟁했는데, 초나라 군대가 크게 패배하였다.(晉侯 · 齊師 · 宋
師 · 秦師及楚人戰于城濮, 楚師敗績)『공양전』에서 말했다.

이것은 큰 전쟁인데, 어째서 미천한 자를 시켰는가? (미천한 자가 아니라) 자옥득신子
玉得臣이다. 자옥득신인데 사람(人)이라고 부른 것은 무엇 때문인가? 비판한 것이다.
어째서 비판했는가? 대부는 군주와 대적할 수 없기 때문이다.118)

왕자는 대적할 수 있는 사람이 없으니, 대부도 임금과 대적할 수 없다. 『춘추』
선공 원년에, 송나라 임금 · 진나라 임금 · 위나라 임금 · 조나라 임금이 비림에서
진나라 군대와 회합했다.(宋公 · 陳侯 · 衛侯 · 曹伯會晉師于棐林)『공양전』에서 "임금은 대
부와 회합하지 않는다는 말이다"119)라고 했는데, 또한 이러한 의미이다.
대부가 제멋대로 명령을 내리는 경우, 처음에는 임금과 대적하고, 이어서 신표가

---

116) 『公羊傳』, 襄公 30년.
117) 『公羊傳』, 襄公 30년, 何休 注.
118) 『公羊傳』, 僖公 28년.
119) 『公羊傳』, 宣公 원년.

대부에게 있게 되고, 심지어 회맹과 정벌이 모두 대부로부터 나오는 데 이르게 된다. 『춘추』 양공 16년, 양공이 진나라 임금·송나라 임금·위나라 임금·정나라 임금·조나라 임금·거나라 임금·주루나라 임금·설나라 임금·기나라 임금·소주루나라 임금과 격량에서 회합하였다. 무인일, 대부들이 맹약하였다.(公會晉侯·宋公·衛侯·鄭伯·曹伯·莒子·邾婁子·薛伯·杞伯·小邾婁子于溴梁. 戊寅, 大夫盟) 『공양전』에서 말했다.

제후들이 모두 여기에 있는데, 대부가 맹약했다고 말한 것은 무엇 때문인가? 신표가 대부에게 있었기 때문이다. 어째서 신표가 대부에게 있다고 말했는가? 천하의 대부들을 두루 비판한 것이다. 어째서 천하의 대부들을 두루 비판했는가? 임금은 마치 장대 끝에 매달린 깃발처럼 실권이 없었기 때문이다.[120]

그 이후에 삼가三家가 진晉나라를 나누어 차지했고, 진씨陳氏가 제齊나라를 대신했으며, 삼환三桓이 노나라를 전횡했으니, 바로 여기에서 그 실마리가 시작된 것이다.

대부가 국가의 운명을 제멋대로 장악하니, 그 형세는 심지어 신하가 군주를 체포하는 지경에까지 이르렀다. 『춘추』 정공 8년, 도적이 보옥과 큰 활을 훔쳤다.(盜竊寶玉大弓) 『공양전』에서 말했다.

양호陽虎는 어찌된 자인가? 계씨季氏의 가신이다. 계씨의 가신이면 미천한 자인데, 어떻게 나라의 보물을 훔칠 수 있었는가? 양호가 계씨의 권력을 전횡하였고, 계씨가 노나라의 권력을 전횡하였기 때문이다.[121]

이상과 같은 사례에서 알 수 있듯이, 『춘추』가 비록 질박함을 숭상하지만, 또한 존귀한 사람을 존중하는 의리를 폐기하지 않았다.

---

120) 『公羊傳』, 襄公 16년.
121) 『公羊傳』, 定公 8년.

3) 이적夷狄과 제하諸夏의 변별

춘추시대에 남쪽 오랑캐와 북쪽 오랑캐가 번갈아 가면서 중국을 괴롭히니, 중국의 운명은 "가는 실이 끊어질 듯 위태로운 상태"라고 할 수 있었다.[122] 『춘추』의 기록을 살펴보면, 은공 7년에 융戎이 범백凡伯을 사로잡은 사건을 시작으로, 그 후에 노魯나라를 침략하고 형邢나라를 정벌하였다. 적狄의 경우에는 제齊나라와 위衛나라를 번갈아 침략했고, 노魯·진晉·송宋·거莒·정鄭나라 등의 여러 나라도 그 고통을 받지 않은 나라가 없었다. 그러나 융적戎狄은 여전히 작은 근심에 불과할 뿐이었으며, 초楚나라의 재앙이 더욱 급박하였다. 초나라는 18대 군주인 웅통熊通이 스스로를 무왕武王이라고 제멋대로 호칭한 이후, 제후들과 심록沈鹿에서 회합했으며, 황黃나라를 문책하고 수隨나라를 정벌했으며, 우鄅나라를 포위하고 등鄧나라를 패배시켰으며, 훈勳나라를 패배시키고 교絞나라를 전복시켰으며, 이貳나라·진軫나라와 맹약하여, "한수漢水 북쪽의 여러 희성姬姓의 나라들을 초나라가 모두 격멸하니",[123] 초나라가 마침내 점점 더 강해졌다.

따라서 소릉召陵의 맹약[124]에 대해, 『공양전』에서는 제나라 환공桓公이 초나라를 굴복시킨 공적을 크게 칭찬하였다.

> 굴완屈完은 누구인가? 초楚나라 대부이다. 무엇 때문에 사신이라고 부르지 않았는가? 굴완을 존중한 것이다. 어째서 굴완을 존중했는가? 제나라 환공桓公과 대등한 위치에서 맹약하도록 하기 위해서이다. 경문에서 '군대에서 맹약했다'·'소릉召陵에서 맹약했다고 말한 무엇 때문인가? 군대가 소릉에 있었기 때문이다. 군대가 소릉에 있는데, 어째서 맹약했다는 것을 두 번이나 말했는가? 초나라를 굴복시킨 것을 기뻐한 것이다. 초나라를 굴복시킨 것을 기뻐한 것을 무엇 때문에 말했는가? 초나라는 왕자가 있으면 가장 뒤에 굴복하고, 왕자가 없으면 가장 먼저 배반하였다. 이적이면서 자주 중국을 괴롭혔다. 남쪽 오랑캐와 북쪽 오랑캐가 번갈아 가면서

---

122) 『公羊傳』, 僖公 4년.
123) 『左氏傳』, 僖公 28년.
124) 『春秋』, 僖公 4년, "楚屈完來盟于師, 盟于召陵."

중국을 괴롭히니, 중국은 가는 실이 끊어질 듯 위태로운 상태였다. 환공이 중국을 구제하고 이적을 물리쳐서, 마침내 초나라를 굴복시켰다. 『춘추』에서는 이것을 왕자의 일로 여긴 것이다. '왔다'(來)고 말한 것은 무엇 때문인가? 환공이 패자가 된 것을 인정한 것이다.[125]

초나라가 대부 굴완을 사신으로 보내, 제후들의 군대가 있는 소릉으로 와서 맹약하도록 했다. 그런데 『춘추』의 의례義例에서는 대부가 군주와 상대할 수 없다. 따라서 여기에서는 굴완을 존중하여 제나라 환공桓公과 대등하게 대우한 것이지, 환공을 낮춘 것이 아니다. 그것은 하휴가 말한 "굴완의 지위를 그 임금처럼 높임으로써 환공이 온전히 패자의 덕을 실천하여 왕의 일을 이룬 것처럼 만든 것이다"[126]라는 의미와 같다. 이 기록 속의 서법을 살펴보면, 중국은 실제로 초나라를 굴복시킬 수 없었기 때문에 "맹약했다는 것을 두 번이나 말했고", 초나라가 이처럼 중국을 괴롭혔기 때문에 『춘추』에서 "초나라를 굴복시킨 것을 기뻐한 것"이다.

『논어』에서 공자는 관중管仲의 공적을 다음과 같이 칭찬하였다.

관중管仲이 환공桓公을 도와서 제후들의 패자가 되어, 천하를 한 번 바로잡으니, 백성들이 지금까지 그 혜택을 받고 있다. 관중이 없었다면 우리는 머리를 풀어헤치고 왼쪽으로 옷깃을 여미는 오랑캐가 되었을 것이다.[127]

공자가 관중을 칭찬한 것은 그가 오랑캐를 물리쳤기 때문이며, 또한 그로 인해서 다시는 임금을 죽이는 악행을 저지를 수 없었기 때문이다. 그리고 『춘추』에서는 환공桓公의 공적을 매우 크게 칭찬하였다. 희공 17년, 여름, 항나라를 멸망시켰다.(夏, 滅項) 『공양전』에서 말했다.

---

125) 『公羊傳』, 僖公 4년.
126) 『公羊傳』, 僖公 4년, 何休 注.
127) 『論語』, 「憲問」.

누가 항項나라를 멸망시켰는가? 제齊나라가 멸망시켰다. 어째서 제나라가 멸망시켰다고 말하지 않았는가? 환공을 위해 숨겨서 기록하지 않은 것이다. 『춘추』는 어진 자를 위해 숨겨서 기록하지 않지만, 이 경우는 다른 나라를 멸망시킨 것인데, 어째서 어질다고 여기는가? 군자가 악한 이를 미워한 것은 악한 행위의 시작을 미워한 것이며, 선한 이를 좋게 여기는 것은 좋은 행위의 끝을 기쁘게 여긴 것이다. 환공은 끊어진 세대를 이어주고 망한 나라를 보존시켜 준 공적이 있기 때문에 군자가 그를 위해 숨겨서 기록하지 않은 것이다.128)

제나라 환공이 담譚·수遂·항項 등의 나라를 멸망시켰지만, 끊어진 세대를 이어주고 망한 나라를 보존시켜 준 공적이 있었기 때문에 그를 위해 숨겨서 기록하지 않았다. 하휴는 더 나아가 다음과 같이 말했다. 제나라 환공이 끊어진 세대를 이어주고 망한 나라를 보존시켜 준 공적이 크기 때문에 단지 담·수·멸 등의 나라를 멸망시킨 악행만 면제해 준 것이 아니다. 심지어 그가 자규子糾를 죽여서 찬탈한 것을 포함하여 평생의 악행까지도 모두 덮어줄 수 있다. 이 외에도 또 초나라를 굴복시키고 오랑캐를 물리친 공적이 있기 때문에 그가 찬탈한 악행을 덮을 수 있다.129) 이것이 바로 『춘추』가 환공을 칭찬한 이유이다. 초나라가 이처럼 중국을 괴롭혔기 때문에 『춘추』에서는 제나라 환공과 관중을 깊이 인정한 것이다.

그 이후에 초나라의 세력이 더욱 팽창하여 중국과 다투었는데, 오직 성복城濮에서의 전투에 힘입어 그 기세를 다소 억누를 수 있었다.130) 따라서 『춘추』에서는 진晉나라 문공文公의 패업도 깊이 인정하였다. 희공 10년, 진晉나라가 그 대부 이극을 죽였다.(晉殺其大夫里克) 『공양전』에서 말했다.

진晉나라에서 누가 나가고 들어온 상황을 말하지 않은 것은 미리 진나라 문공文公을 위해 숨겨서 기록하지 않은 것이다. 제齊나라 소백小白이 제나라에 들어갈 때는

---

128) 『公羊傳』, 僖公 17년.
129) 『公羊傳』, 僖公 17년, 何休 注.
130) 『春秋』, 僖公 28년, "夏, 四月, 己巳, 晉侯·齊師·宋師·秦師及楚人戰于城濮, 楚師敗績."

어째서 제나라 환공桓公을 위해 숨기지 않고 기록했는가? 환공은 재위 기간이 길고, 아름다운 공적이 천하에 드러났기 때문에 그를 위해 본래 악행을 숨길 필요가 없어서 기록한 것이다. 문공은 재위 기간이 짧고, 아름다운 공적이 천하에 드러나지 않았기 때문에 그를 위해 본래의 악행을 숨기고 기록하지 않은 것이다.[131]

옛날에 진晉나라 헌공獻公이 태자 신생申生을 죽이자,[132] 문공文公과 혜공惠公은 화가 미칠까 두려워서 외국으로 도망하여, 자식으로서 부모와의 관계를 단절해야 하는데 하지 않았고, 다시 진나라에 들어와서 찬탈하였다. 그러나 문공은 오랑캐를 물리친 큰 공적이 있고, 또 재위 기간이 짧아서 아름다운 공적이 천하에 잘 드러나지 않았다. 따라서 『춘추』에서는 그가 찬탈한 악행을 숨겨서 기록하지 않았다. 심지어 혜공과 회공懷公이 찬탈한 악행까지도 함께 숨겨서 기록하지 않았으니, 뒷날 문공의 찬탈을 기록하지 않기 위해 미리 두 사람도 숨겨서 기록하지 않은 것이다.[133]

따라서 동중서는 다음과 같이 말했다. "제나라 환공이 중국을 구제하고 이적을 물리쳐서, 마침내 초나라를 복종시켜 오도록 하였으니, 왕자의 일을 한 것이다. 진나라 문공이 천자를 두 번이나 자신이 있는 곳으로 불러서 오도록 하였지만, 단지 필주하지 않았을 뿐만 아니라, 그가 제후를 잘 다스려서 천자를 받들고 주왕실을 회복시킨 것을 좋게 여겼다. 『춘추』에서 그들을 패자로 인정했다는 것은 그들의 뜻은 필주했지만 필주하는 글은 기록하지 않은 것을 말한다."[134] 동중서는 "노나라 희공이 천왕이 있는 곳에 가서 조회하였다"[135]거나, "천왕이 하양河陽에서 사냥하였다"[136]와 같은 말은 천자를 위해 숨겨서 기록하지 않은 것이 아니라, 실제로는 진나라 문공을 위해 숨겨서 기록하지 않음으로써 그의 패자로서의 공적을 이루어

---

131) 『公羊傳』, 僖公 10년.
132) 『公羊傳』, 僖公 5년, "春, 晉侯殺其世子申生."
133) 『公羊傳』, 僖公 10년, 何休 注.
134) 『春秋繁露』, 「王道」.
135) 『春秋』, 僖公 28년, "公朝于王所."
136) 『春秋』, 僖公 28년, "天王狩于河陽."

준 것이라고 여겼다.

『춘추』에서는 이처럼 제나라 환공과 진나라 문공을 칭찬했기 때문에 이적에 대해서는 항상 중국과는 다른 종족으로 구별하였다. 『춘추』 성공 15년, 숙손교여가 진나라 사섭·제나라 고무구·송나라 화원·위나라 손림보·정나라 공자추·주루나라 사람과 회합하고, 종리에서 오나라와 회합하였다.(叔孫僑如會晉士燮·齊高無咎·宋華元·衛孫林父·鄭公子鰍·邾婁人, 會吳于鍾離) 『공양전』에서 말했다.

> 어째서 오나라와의 회합을 구별했는가? 오나라를 밖으로 여긴 것이다. 어째서 밖으로 여겼는가? 『춘추』는 노나라를 안으로 여기고 제하諸夏를 밖으로 여기며, 제하를 안으로 여기고 이적夷狄을 밖으로 여긴다.[137]

이것은 전해들은 세대의 일로, 당시 오나라는 초나라를 이어서 일어났고, 진晉나라는 다소 쇠퇴했으니, 『춘추』에서는 중국의 제후를 끌어와서 가까이 대했다. 중국의 제후들을 뭉쳐야만 비로소 이적과 서로 대항할 수 있기 때문에 중국의 제후를 안으로 여기고 오나라를 밖으로 여긴 것이다. 따라서 오나라도 비록 함께 회합했지만, 제후들의 회합과는 구별한 것이다.

제후들의 회맹에 대해, 『춘추』에서는 여전히 제후와 이적의 회합을 구별하는 형식의 말을 빌어서 내외를 나누었고, 내외가 서로 다투는 경우에는 중국과 이적 중에서 이적을 더욱더 축출하였다. 『춘추』 은공 7년, 겨울, 융이 초구에서 범백을 정벌하여 데리고 돌아갔다.(戎伐凡伯于楚丘以歸) 『공양전』에서 말했다.

> 범백凡伯은 누구인가? 천자의 대부이다. 이 경우는 빙문이었는데 정벌했다고 말한 것은 무엇 때문인가? 그를 잡아갔기 때문이다. 그를 잡아갔는데 정벌했다고 말한 것은 무엇 때문인가? 이 일을 크게 여겼기 때문이다. 어째서 이 일을 크게 여겼는가? 이적이 중국의 대부를 잡아가는 것을 용납하지 않기 때문이다.[138]

---

137) 『公羊傳』, 成公 15년

이적이 중국의 대부를 잡아가는 것을 『춘추』에서는 크게 여겨서 정벌했다고 말하니, "이적이 중국의 대부를 잡아가는 것을 용납하지 않기" 때문이다.

또 『춘추』 장공 10년, 가을, 9월, 형나라가 신에서 채나라 군대를 패배시키고, 채나라 임금 헌무를 데리고 돌아갔다.(秋, 九月, 荊敗蔡師于莘, 以蔡侯獻舞歸)『공양전』에서 말했다.

> 채蔡나라 임금 헌무獻舞는 무엇 때문에 이름을 기록했는가? 지위를 박탈한 것이다. 어째서 지위를 박탈했는가? 사로잡혔기 때문이다. 어째서 그가 사로잡혔다고 말하지 않았는가? 이적이 중국의 임금을 사로잡는 것을 용납하지 않기 때문이다.[139]

중국 제후국의 임금이 이적에 의해 사로잡히면 그 수치가 더욱 심하기 때문에 『춘추』에서는 "이적이 중국의 임금을 사로잡는 것을 용납하지 않는다."

또 『춘추』 애공 13년, 애공이 황지에서 잔나라 임금 및 오나라 임금과 회합했다.(公會晉侯及吳子于黃池)『공양전』에서 말했다.

> 오吳나라는 무엇 때문에 자작(子)이라고 불렀는가? 오나라가 회합을 주관했기 때문이다. 오나라가 회합을 주관했다면 어째서 진晉나라 임금을 먼저 말했는가? 이적이 중국의 회합을 주관하는 것을 용납하지 않기 때문이다. '및 오나라 임금(及吳子)'이라고 말한 것은 무엇 때문인가? 잔나라와 오나라 두 명의 패자와 회합했다는 의미의 말이다. 이적이 중국의 회합을 주관하는 것을 용납하지 않는다면 어째서 두 명의 패자와 회합했다는 의미의 말을 했는가? 오나라를 중시했기 때문이다.[140]

여기에서는 이적이 단지 중국과 회합했을 뿐만 아니라, 심지어는 회합을 주도하였다. 그런데 중국은 오랑캐를 물리치지 못했을 뿐만 아니라, 도리어 서로 이끌고

---

138) 『公羊傳』, 隱公 7년.
139) 『公羊傳』, 莊公 10년.
140) 『公羊傳』, 哀公 13년.

몸을 낮추어서 그들을 섬겼으니, 진실로 위기가 심하고 수치가 극에 달한 것이다. 종족이 다른 이적이 중국의 회합을 주관하는 것은 마치 후세에 만주와 몽골 원나라가 중국으로 들어와서 중국을 주도하는 것과 같으니, 수치가 이보다 더 심할 수는 없다. 비록 그렇기는 하지만, 『춘추』에서는 초나라의 지위를 올려서 자작이라고 불렀고, 또 오나라의 지위도 올려서 자작이라고 불렀다. 만약 이적이 "예의禮義로써 천하의 제후들을 회합한다면",141) 만주와 몽골 원나라가 중국의 의관과 같은 문명을 사용하는 것을 용인하는 것과 마찬가지이니, 모두 깊이 숨겨서 기록하지 않는 형식의 말이다.

그런데 『춘추』는 중국과 이적을 이처럼 엄격하게 구분하면서도 또한 최종적으로는 '대일통大一統'이라는 높은 이상이 존재한다. 『공양전』에서 말했다.

왕자는 천하를 하나로 통일하고자 하는데, 어째서 안과 밖을 구분하는 말을 하는가? 가까운 곳에서부터 시작함을 말한 것이다.142)

'가까운 곳에서부터 시작한다'는 것은 이적과 중국을 구별하는 『공양전』 이론의 또 다른 하나의 의미이다. 『논어』에서 공자가 "가까이 있는 자가 기뻐하면 멀리 있는 자가 온다"143)거나, "당신이 올바름으로써 솔선수범하면 누가 감히 올바르지 않겠는가?"144)라고 말한 것이 바로 이것과 같은 뜻이다.

따라서 『춘추』에서 초나라를 낮추어서 형荊이라고 말했지만, 결국은 초나라의 지위를 올려서 자작이라고 불렀다. 그런데 『예기』에서 "그 나라가 동이東夷·북적北狄·서융西戎·남만南蠻일 경우에는 비록 나라가 크더라도 자작이라고 부른다"145)고 하여, 이적의 관작 호칭은 자작을 넘어서지 않으니, 이적을 자작이라고 부르는

---

141) 『公羊傳』, 哀公 13년, 何休 注.
142) 『公羊傳』, 成公 15년.
143) 『論語』, 「子路」.
144) 『論語』, 「顔淵」.
145) 『禮記』, 「曲禮下」.

것은 본래 이적을 배척하고 억누르는 형식의 말이다. 비록 그렇기는 하지만, 『춘추』에서는 그 호칭을 칭찬하는 말로 여겼다. 초나라가 『춘추』에 처음 보였을 때는 형荊이라는 주州의 명칭으로 불렸지만, 이후 초나라가 확연하게 군자의 행동을 보여 주자, '초나라 자작'(楚子)이라고 불러서 칭찬하였다.

이적에게 예의禮義가 있으면 『춘추』는 그 지위를 올려서 중국의 제후로 삼는다. 만약 중국의 제후가 예의가 없을 경우에는 『춘추』에서는 그 지위를 낮추어서 이적으로 삼는다. 『춘추』 소공 23년, 오나라가 계보에서 돈나라 · 호나라 · 삼나라 · 채나라 · 진나라 · 허나라의 군대를 패배시켰다.(吳敗頓 · 胡 · 沈 · 蔡 · 陳 · 許之師于雞父) 『공양전』에서 말했다.

> 이것은 정규 전쟁이었는데, 어째서 기습 전쟁의 형식으로 말했는가? 이적이 중국의 전쟁을 주관하는 것을 용납하지 않기 때문이다. 그렇다면 어째서 중국으로 하여금 전쟁을 주관하도록 기록하지 않았는가? 중국도 또한 새로운 이적이기 때문이다.[146]

이에 대해 하휴는 다음과 같이 말했다. "중국이 이적과 다른 까닭은 존귀한 자를 존중할 수 있기 때문이다. 왕실이 혼란한데도 구제하려고 하지 않고, 군신 상하의 질서가 무너져서, 또한 새롭게 이적과 같은 짓을 하였다. 따라서 그들에게 전쟁을 주관하도록 하지 않은 것이다."[147] 이것이 바로 『춘추』에서 중국의 지위를 낮추어서 이적으로 삼은 이유이다.

---

146) 『公羊傳』, 昭公 23년.
    역자 주: 서언의 소에서 "『춘추』의 범례에서 偏戰은 날짜를 기록하고, 詐戰은 달을 기록한다. 지금 여기에서는 날짜를 기록했기 때문에 偏戰이라고 말했다"고 풀이하였다. 偏戰은 날짜와 장소를 정해서 싸우는 정규 전쟁이다. 『공양전』 환공 10년, 하휴 주에서 "偏은 한쪽 방향(一面)이다. 날짜를 결정하고 장소를 확정하여, 각자가 한쪽 방향에 서서 북을 치면서 전쟁하는 것이니, 서로 속이지 않는 것이다"라고 하였다. 詐戰은 상대가 모르게 불의에 습격하는 기습 전쟁이다. 『공양전』 희공 33년, 하휴 주에서 "詐는 갑자기(卒)라는 의미이니, 제나라 사람들의 말이다"라고 했다.
147) 『公羊傳』, 昭公 23년, 何休 注.

4) 나라 양보를 현명하게 여김

군주의 지극한 덕 중에서 나라를 양보하는 것보다 더한 것이 없다. 공자는 태백泰伯을 칭찬하여, "태백은 지극한 덕을 가진 사람이라고 말할 수 있다. 세 번이나 천하를 양보했는데, 백성들이 칭송할 수 없었다"[148]고 했고, 또 "예의와 겸양을 가지고 한다면 나라를 다스리는데 무슨 어려움이 있겠는가?"[149]라고 하였다. 『대학』에서는 "한 집안이 어질면 한 나라에 어짊이 흥기되고, 한 집안이 양보하면 한 나라에 양보가 흥기된다. 한 사람이 탐욕하여 도리를 어기면 한 나라에 난리가 일어나니, 그 기틀이 이와 같다"[150]고 하였다. 『춘추』에서는 가장 앞부분에 은공이 나라를 양보한 사건을 게시하고, "은공이 즉위한 것은 환공을 위해서 임금이 되었다"[151]고 했다. 또한 『춘추』에서는 나라를 양보하려고 한 은공의 뜻을 이루어 주고자 했기 때문에 환공의 악행을 드러내지 않을 수 없었다. 이것은 모두 환공이 은공을 시해하여 은공이 뜻을 이루지 못하는 결과를 초래했기 때문이다. 따라서 『춘추』에서는 누차 사건을 빌어서 은공의 뜻을 이루어 주었다.

『춘추』 은공 원년, 천왕이 총재 훤을 노나라에 보내 혜공과 중자의 부의 물품을 보내주었다.(天王使宰咺來歸惠公仲子之賵) 『공양전』에서 말했다.

중자仲子는 누구인가? 환공의 어머니이다. 무엇 때문에 부인夫人이라고 부르지 않았는가? 환공이 아직 임금이 되지 않았기 때문이다.…… 환공이 아직 임금이 되지 않았는데, 제후들이 어째서 부의 물품을 보냈는가? 은공은 환공을 위해서 임금이 되었다. 따라서 환공의 어머니의 상을 제후들에게 알렸다. 그렇다면 무엇 때문에 이 일을 말했는가? 은공의 뜻을 이루어 준 것이다.[152]

---

148) 『論語』, 「泰伯.
149) 『論語』, 「里仁」.
150) 『大學』, 傳9章.
151) 『公羊傳』, 隱公 원년.
152) 『公羊傳』, 隱公 원년.

하휴가 말했다. "환공의 어머니를 존귀하게 여겨서, 천자와 제후들에게 부고하여, 환공이 마땅히 임금이 되어야 함을 드러냈으니, 일의 마땅함을 얻은 것이다. 따라서 좋게 여겨 중자仲子를 기록함으로써 은공의 뜻을 부각시키고 은공의 어짊을 이루어 준 것이다."153) 『곡량전』에 의하면, 중자는 실제로는 은공의 부친인 혜공惠公의 어머니이자 은공의 조부인 효공孝公의 첩이다.154) 그런데 만약 이 주장과 같다면, 은공이 나라를 양보하려고 한 뜻을 드러낼 수가 없다. 따라서 『공양전』에서는 첩에게는 부의 물품을 보내지 않는다는 예법에 근거하여,155) 환공의 어머니가 첩이지만 그녀를 존귀하여 대우함으로써 은공의 어짊을 이루어 주고자 했다고 풀이하였다.

『춘추』 은공 2년, 부인 자씨가 죽었다.(夫人子氏薨) 『공양전』에서 말했다.

부인 자씨子氏는 누구인가? 은공의 어머니이다. 무엇 때문에 장례를 지냈다고 기록하지 않았는가? 은공의 뜻을 이루어 준 것이다. 어떻게 은공의 뜻을 이루어 준 것인가? 자식이 장차 끝까지 임금이 되려고 하지 않았기 때문에 어머니도 또한 끝까지 부인이 될 수 없는 것이다.156)

은공은 이미 환공의 어머니를 존귀하게 대우했는데, 결국 자기 어머니를 낮추어 부인의 예법으로 장례를 지내지 않고 첩의 예법으로 장례를 지냈다. 또한 『춘추』에 장례를 기록하지 않은 것은 모두 은공이 끝까지 임금이 되려고 하지 않은 것을 드러낸 것이다. 그러나 『곡량전』에 의하면, 자씨子氏는 실제로 은공의 첩이고, 장례를 기록하지 않은 것은 은공이 시해된 이후에 그 도적이 토벌되지 않아서 은공의 장례를 기록하지 않았기 때문에 은공의 첩도 결국 장례를 기록하지 않은 것이다.157)

---

153) 『公羊傳』, 隱公 元年, 何休 注.
154) 『穀梁傳』, 隱公 원년.
155) 『公羊傳』, 隱公 元年, 何休 注.
156) 『公羊傳』, 隱公 2년.
157) 『穀梁傳』, 隱公 2년.

만약 『곡량전』의 주장과 같다면, 은공이 나라를 양보한 덕이 드러나지 않는다. 『곡량전』을 살펴보면, 『공양전』의 해석과는 다르다. 비록 은공이 나라를 양보한 것은 인정하지만, 환공이 임금이 되는 것은 부당하다고 여겼기 때문에 은공이 "아버지인 혜공惠公의 악을 이루어 주었다"고 비판하였다.158)

『춘추』 은공 5년, 중자의 사당을 준공하였다.(考仲子之宮) 『공양전』에서 말했다.

사당을 준공하였다는 것은 무엇인가? 고考는 집으로 들어가는 것과 같으며, 중자를 처음으로 제사지낸 것이다. 환공은 아직 임금이 되지 않았는데, 어째서 중자를 제사지내는가? 은공이 환공을 위해서 임금이 되었기 때문에 환공을 위해서 그 어머니를 제사지낸 것이다. 그렇다면 무엇 때문에 이 일을 말했는가? 은공의 뜻을 이루어 준 것이다.159)

예법에 의하면, 임금의 어머니가 첩일 경우에는 비록 신분이 미천하더라도 부인의 자격이 될 수 있어서 사당을 세우고 제사를 지낼 수는 있다. 그러나 첩의 사당은 자식이 죽으면 폐기되기 때문에 자식의 입장에서는 제사를 지내지만 손자의 입장에서는 제사를 그만둔다.160) 만약 자식이 아직 임금이 되지 않았다면, 사당을 지어서 제사를 지낼 수 없다. 지금 은공은 환공이 당연히 임금이 되어야 함을 드러내고자 했기 때문에 환공 어머니의 사당을 세워서 제사지낸 것이다.

『춘추』 은공 11년, 겨울, 11월, 임진일, 은공이 죽었다.(冬, 十有一月, 壬辰, 公薨) 『공양전』에서 말했다.

---

158) 『穀梁傳』, 隱公 원년.
   역자 주: 『곡량전』에 의하면, 혜공은 애초에 환공에게 자리를 물려주려고 했다. 그런데 은공이 형이고 환공이 동생이기 때문에 환공에게 물려주는 것은 바르지 못하고 잘못된 것이다. 이후에 혜공은 자신의 그릇된 마음을 극복하고 은공에게 자리를 물려주었다. 이처럼 은공은 임금이 되는 것이 당연한 일임에도 불구하고, 오히려 부친의 그릇된 마음을 찾아서 환공에게 자리를 양보하려고 했다. 따라서 『곡량전』에서는 은공의 양보는 부친의 악을 이루어 주는 것이라고 해석했다.
159) 『公羊傳』, 隱公 5년.
160) 『公羊傳』, 隱公 5년, 何休 注.

은공은 무엇 때문에 정월의 기록이 없는가? 은공이 장차 환공에게 자리를 양보하려
고 했기 때문에 정월을 기록하지 않았다.[161]

살펴보건대, 원년에 '은공이 즉위했다'(公卽位)고 기록하지 않고, 11년에 '정월正月'
을 기록하지 않은 것은 은공이 끝까지 나라를 소유할 마음이 없었음을 밝힌 것이다.
그러나 환공이 의심하여 그를 시해했으니, 이러한 기록 방식은 모두 환공의 악을
드러낸 것이다.
이상과 같은 사례를 통해서 『춘추』는 나라를 양보하는 것을 어질게 여긴다는
것을 알 수 있다. 이에 대해 동중서는 그 뜻을 더욱 상세하게 말했다. "지금 나라를
양보하는 것은 『춘추』에서 귀하게 여기는 것이다."[162] 송나라 선공宣公과 목공穆公이
나라를 양보한 것을 동중서는 매우 크게 칭찬하여, "비록 법도에 들어맞지는 않더라도,
모두 양보하려는 높은 뜻이 있으므로 버릴 수가 없다"[163]고 말했다.
노나라와 송나라의 일 이외에도 『춘추』에서는 나라를 양보한 것을 어질게
여기는 말을 자주 드러냈다. 희공 28년, 진나라 사람이 위나라 임금을 잡아서 천자의
서울로 돌려보냈다.(晉人執衛侯歸之于京師) 『공양전』에서 말했다.

위衛나라 임금의 죄는 무엇인가? 숙무叔武를 살해한 것이다. 무엇 때문에 기록하지
않았는가? 숙무를 위해 숨겨서 기록하지 않았다. 『춘추』는 어진 자를 위해 숨겨서
기록하지 않는다. 무엇 때문에 숙무를 어질다고 여겼는가? 나라를 양보했기 때문이
다.[164]

살펴보건대, 앞선 5월, 계축일에 노나라 희공이 진나라 임금·제나라 임금·송나
라 임금·채나라 임금·정나라 임금·위나라 임금·거나라 임금과 회합하여 천토에

---

161) 『公羊傳』, 隱公 11년.
162) 『春秋繁露』, 「竹林」.
163) 『春秋繁露』, 「玉英」.
164) 『公羊傳』, 僖公 28년.

서 맹약을 맺었다.(五月, 癸丑, 公會晉侯·齊侯·宋公·蔡侯·鄭伯·衛子·莒子, 盟于踐土) 위나라의 본래 작위는 후작(衛侯)인데, 여기에서 '위자衛子'라고 부른 것은 선친이 죽은지 1년이 지나지 않은 임금을 부를 때 사용하는 호칭인 자子를 기록하여, 숙무가 본래 즉위할 마음이 없었음을 부각시키고, 그로써 위나라 임금의 무도함을 드러낸 것이다.165)

이 외에도 『춘추』에서는 오吳나라 계찰季札, 조曹나라 공자 희시喜時, 주루邾婁나라 숙술叔術이 나라를 양보한 것을 모두 어질다고 여겼으니, 심지어 그들의 자손이 반란을 일으킨 경우를 제외하고는 그들이 국가를 소유하는 것을 인정하였다.

5) 복수復讐를 영예롭게 여김

동중서는 『춘추』가 "복수를 영예롭게 여긴다"고 했다.166) 그런데 복수는 한 명의 원수에 대한 복수도 있고, 한 국가의 원수에 대한 복수도 있다. 『춘추』 은공 11년, 은공이 죽었다.(公薨) 『공양전』에서 말했다.

> 무엇 때문에 장례를 기록하지 않았는가? 은공을 애통하게 여긴 것이다. 무엇 때문에 애통하게 여겼는가? 시해되었기 때문이다. 시해되었다면 무엇 때문에 장례를 기록하지 않았는가? 『춘추』에서는 임금이 시해되었는데 도적이 토벌되지 않으면 장례를 기록하지 않으니, 신자臣子가 없다고 여기기 때문이다. 자심자子沈子가 말했다. "임금이 시해되었는데, 신하가 도적을 토벌하지 않으면 신하가 아니다. 복수를 하지 않으면 자식이 아니다. 장례는 살아 있는 자의 일이다. 『춘추』에서 임금이 시해되었는데 도적이 토벌되지 않으면 장례를 기록하지 않는 것은 (복수를

---

165) 역자 주: 『공양전』에 의하면, 진나라 문공이 위나라 임금을 쫓아내고 숙무를 위나라 임금으로 세웠다. 그때 숙무는 자신이 만약 사양하면, 쫓겨난 임금이 다시는 위나라 임금이 되지 못하고 다른 사람이 위나라 임금이 될 수 있을 것을 걱정하여, 자신이 임금이 되어서 나중에 자리를 돌려주려고 하였다. 따라서 『춘추』에서는 그의 뜻을 어질게 여겨서 5월의 기록에서 숙무를 衛侯라고 하지 않고 衛子라고 기록한 것이다. 그런데 위나라 임금이 다시 돌아와서 숙무를 살해하였다.

166) 『春秋繁露』, 「竹林」.

하지 못한) 신자臣子와는 관계가 없는 일이라고 여기기 때문이다."167)

이것은 신자臣子는 마땅히 임금을 위해 복수해야 함을 말한 것이다.

『춘추』정공 4년, 채나라 임금이 오나라 임금을 데리고 초나라 사람과 백거에서 전쟁하여, 초나라 군대가 크게 패배했다.(蔡侯以吳子及楚人戰于伯莒, 楚師敗績)『공양전』에서 말했다.

오자서伍子胥의 부친이 초나라에서 주살을 당하자, 오자서는 활을 끼고 초나라를 떠나서, 오吳나라 합려闔廬에게 벼슬을 구했다. 합려는 "그대는 선비로서 매우 뛰어나고, 용기도 매우 뛰어나다"고 하고, 장차 오자서를 위해 군대를 일으켜 초나라에 복수하려고 하였다. 오자서가 아뢰었다. "제후는 평범한 일개 사내를 위해 군대를 일으켜서는 안 됩니다. 제가 듣기로는 임금을 섬기는 것은 부모를 섬기는 것과 같습니다. 임금에 대한 의리를 저버리고서 부친에 대한 원수를 갚는 것을 저는 할 수 없습니다." 이에 합려는 군대를 일으키는 것을 멈추었다.……
어떤 사람이 말했다. "그대는 임금을 섬기는 것이 부모를 섬기는 것과 같다고 말했다. 그런데 지금은 복수를 하는 것이 괜찮다고 하니, 어찌된 일인가?" 대답했다. "부친이 죄를 지어 주살된 경우가 아니면 자식이 복수하는 것이 옳다. 그러나 죄를 지어 주살되었는데도 자식이 복수하면 그것은 복수가 반복되는 길을 여는 것이다. 복수는 당사자에게 그쳐야지 자기에게 해가 될까 두려워서 그 자식까지 해쳐서는 안 된다. 친구는 서로 보호해 주어야 하지만, 친구가 당사자보다 먼저 앞서서 공격해서는 안 된다. 이것이 예부터 내려오는 도리이다."168)

이것은 자식이 부친을 위해 복수하는 것을 말한 것이다. 임금이 죄가 없는 신하를 죽이는 경우에 그 자식은 여전히 복수할 수 있으니, 『춘추』에서 복수를 영예롭게 여긴다는 것을 알 수 있다. 『예기』에서 "부친의 원수와는 같은 하늘

---

167)『公羊傳』, 隱公 11년.
168)『公羊傳』, 定公 4년.

아래 살지 않는다"¹⁶⁹⁾고 했으니, 진실로 그러하다. 그런데 오자서의 복수는 실제로 후세에 자주 볼 수 있는 것이 아니니, 『춘추』에서도 칭찬하거나 인정하는 문장은 없다. 그런데 『공양전』에서 유독 그것을 인정한 것은 바로 자사子思가 노나라 목공穆公에게 말한 것과 같으니,¹⁷⁰⁾ 오자서가 오나라를 가지고 초나라를 멸망시킨 것은 '적군의 우두머리'가 되었기 때문이다. 따라서 정현은 허신의 『오경이의五經異義』를 반박하면서 말했다.

지금의 군자(군주)는 사람을 물러나게 할 때에는 깊은 연못에 떨어뜨릴 듯이 하니, 물러난 신하가 적군의 우두머리가 되지 않은 것만도 또한 좋지 않겠는가? 오자서의 부형이 주살된 것은 연못에 떨어뜨리는 것으로는 비유할 수 없으니, 초나라를 정벌할 때 오나라를 군대의 가장 앞에 서게 한다면 자사子思의 말과 합치된다.

살펴보건대, 『예기』에 기록된 자사의 말은 단지 군왕이 예의로써 대신을 등용하거나 물러나게 하지 못하기 때문에 마침내 그 신하가 적국의 우두머리가 될 수 있는 것이다. 따라서 오자서가 부형의 원수를 복수하는 것에 대해 누가 옳지 않다고 말하겠는가!

국가나 민족 사이에도 복수를 할 수 있으며, 또한 영원토록 잊어서는 안 된다. 『춘추』 장공 4년, 기나라 임금이 자기 나라를 영원히 떠났다.(紀侯大去其國) 『공양전』에서 말했다.

---

169) 『禮記』, 「曲禮上」.
170) 『禮記』, 「檀弓下」.
　　　역자 주: 『예기』의 기록에 의하면, 목공이 자사에게 "옛 군주를 위해 돌아가 상복을 입는 것이 옛날의 도입니까?"라고 물으니, 자사가 다음과 같이 대답했다. "옛날의 군자는 사람을 등용할 때 禮로써 하고, 사람을 물러나게 할 때 禮로써 하였다. 따라서 옛 군주에게 돌아가 상복을 입는 예가 있었지만, 지금의 군주는 사람을 등용할 때는 무릎 위에 올려놓을 듯이 하고, 사람을 물러나게 할 때는 깊은 연못에 떨어뜨릴 듯이 하니, 적군의 우두머리가 되지 않는 것만도 또한 좋지 않습니까? 어찌 다시 돌아가 상복을 입는 예가 있겠습니까?"

영원히 떠났다는 것은 무슨 의미인가? 기紀나라가 멸망한 것이다. 누가 멸망시켰는가? 제나라가 멸망시켰다. 어째서 제나라가 멸망시켰다고 말하지 않았는가? 제나라 양공襄公을 위해 숨겨서 기록하지 않은 것이다. 『춘추』는 어진 사람을 위해 숨겨서 기록하지 않는다. 무엇 때문에 양공을 어질다고 여겼는가? 복수를 했기 때문이다. 무엇을 복수했는가? 먼 조상의 원수를 갚은 것이다. 제나라 애공哀公이 주周나라에 팽형烹刑을 당했는데, 기紀나라 임금이 참소했기 때문이다. 따라서 제나라 양공이 여기에서 기나라를 멸망시킨 것은 조상을 섬기는 마음을 다한 것이다. 마음을 다했다는 것은 무슨 의미인가? 제나라 양공이 기나라에 복수하려고 할 때 점을 쳤는데, '군대의 절반을 잃을 것이다'는 점괘가 나왔다. 그러자 양공이 "내가 전쟁에서 죽더라도 불길한 것은 아니다"라고 말했다. 먼 조상은 몇 세대의 조상인가? 아홉 세대이다. 아홉 세대가 지났는데도 여전히 복수할 수 있는가? 비록 백 세대가 지났어도 복수할 수 있다. 대부의 집안도 복수할 수 있는가? 복수할 수 없다. 나라의 임금은 무엇 때문에 복수할 수 있는가? 한 나라의 역대 임금은 한 몸이기 때문이다. 선대 임금의 치욕은 현재 임금의 치욕과 같다. 현재 임금의 치욕은 선대 임금의 치욕과 같다. 한 나라의 역대 임금은 무엇 때문에 한 몸이 되는가? 임금은 나라를 자신의 몸으로 삼고, 제후는 대대로 이어지기 때문에 한 나라의 역대 임금은 한 몸이 된다. 지금 기나라는 죄가 없는데, 이번 일은 노여움을 푼 것이 아닌가? 아니다. 옛날에 현명한 천자가 있었다면 기나라 임금은 반드시 주살을 당하고, 기나라는 결코 없었을 것이다. 그런데 기나라 임금이 주살당하지 않고, 지금까지 기나라가 남아 있었던 것은 여전히 현명한 천자가 없기 때문이다. 옛날 제후들은 반드시 회합하고 모이는 일과 서로 조회하고 빙문하는 도리가 있었는데, 서로 부르고 말할 때 반드시 선군을 언급하면서 서로 대접하였다. 그러므로 제나라와 기나라는 만나더라도 기쁨이 없고, 천하에 함께 설 수가 없다. 따라서 기나라 임금을 제거하려고 한다면 기나라를 없애지 않을 수 없다. 현명한 천자가 있었다면 양공이 이와 같은 행동을 할 수 있었겠는가? 할 수 없었을 것이다. 할 수 없다면 제나라 양공은 어째서 그러한 행동을 했는가? 위로 천자가 없고, 아래로 제후의 우두머리가 없었으니, 선군에게 깊은 은혜가 있었기 때문에 복수할 수 있었던 것이다.171)

제나라 양공은 본래 무도한 사람이다. 노나라 환공桓公을 시해하고, 자매와 음탕한 짓을 하였으며, 기나라를 멸망시킨 것은 또한 왕법을 어긴 행동이다. 그런데 『춘추』에서 그를 어질게 여긴 것은 바로 그가 복수를 했기 때문이다. 또한『공양전』에 서는 국가의 복수는 개인의 복수와는 같지 않아서, 백 세대가 지나더라도 복수할 수 있다고 여겼다.

『춘추』에서 이처럼 제나라 양공을 어질다고 여겼기 때문에 그가 노나라 환공을 시해했을 때 노나라의 상하 군신들이 복수하지 못했을 뿐만 아니라, 도리어 그를 위해 혼인을 주관하였고, 거기에다가 또 그 원수와 함께 사냥을 했으니, 수치가 이보다 더 심할 수는 없다고 할 수 있다. 따라서『춘추』에서 제나라 양공의 복수를 칭찬한 것은 바로 노나라의 군신이 복수하지 못한 것을 책망한 것이다. 같은 해인 장공 4년 겨울에 "장공이 제나라 사람과 곡에서 사냥하였다"(公及齊人狩于郜)고 기록되어 있는데,『공양전』에서 이 기록의 의미를 다음과 같이 해석하였다.

> 장공은 어째서 미천한 사람과 사냥했는가? 사냥한 사람은 제나라 임금이다. 제나라
> 임금인데, 제나라 사람이라고 말한 것은 무엇 때문인가? 원수와 함께 사냥한
> 것을 숨긴 것이다. 이전에도 이런 일이 있었고, 이후에도 이런 일이 있는데, 어째서
> 유독 여기에서만 비판했는가? 원수와 함께한 일은 한 번만 비판할 뿐이다. 그
> 일들 중에서 가장 엄중한 일을 선택하여 비판하는데, 원수와 함께 사냥하는 것보다
> 더 엄중한 일은 없기 때문이다. 원수와 함께한 일에 대해 어째서 한 번만 비판할
> 뿐인가? 원수와는 수시로 왕래할 수 있는데, 왕래할 때마다 크게 비판한다면
> 이루 다 비판할 수 없을 것이다. 따라서 한 번만 비판할 뿐이니, 그 나머지 가벼운
> 것은 의리를 따르는 것이 엄중한 것과 같아서 다시 비판하지 않는다.172)

제나라 양공은 아홉 세대 전의 원수에게 복수했는데, 노나라의 군신들은 몇 년이 지나지도 않아서 곧 그 원수를 잊어버리고, 도리어 원수와 함께 사냥을 했으니,

---

171)『公羊傳』, 莊公 4년.
172)『公羊傳』, 莊公 4년.

너무나 양심이 없다고 말할 수 있다.

비록 그렇지만, 복수는 역량을 가지고 실행하는 것이다. 따라서 『공양전』에서 말했다. "도적이 아직 토벌되지 않았는데, 무엇 때문에 장례를 기록했는가? 원수가 외국에 있었기 때문이다. 원수가 외국에 있으면 무엇 때문에 장례를 기록하는가? 군자가 부득이하여 기록한 말이다."[173] '군자가 부득이하여 기록한 말'(君子辭)은 노나라의 힘이 아직 부족하여 원수를 용서하는 경우가 있을 때 『춘추』에서 사용하는 말이다. 그렇다고 해서 도적을 토벌하는 책임은 사라질 수 없는데, 노나라는 도리어 원수와 사냥을 하면서 서로 즐겁게 대화하는 지경에 이르렀으니, 비록 비판하지는 않았지만 비판이 그 가운데에 있는 것이다.

그 후 장공 9년에 제나라 군대와 간시에서 전쟁하여, 우리 노나라 군대가 크게 패배하였다.(及齊師戰于乾時, 我師敗績) 『공양전』에서 말했다.

노나라에 대해서는 패배했다고 말하지 않는데, 여기에서 패배했다고 말한 것은 무엇 때문인가. 패배한 것을 크게 부풀리기 위해서이다. 어째서 패배한 것을 크게 부풀렸는가? 복수했기 때문이다. 여기에서는 대국에게 복수한 것인데, 어째서 미천한 자를 시켜서 전쟁했는가? 노나라 임금이다. 노나라 임금인데 어째서 임금이라고 말하지 않았는가? 임금이 직접 복수하는 것을 용납하지 않기 때문이다. 어째서 임금이 직접 복수하는 것을 용납하지 않는가? 복수는 아래에 있는 사람이 하는 것이기 때문이다.[174]

여기에서 노나라 장공은 제나라의 공자 규(糾)를 제나라로 들여보낼 수 없었기 때문에 복수를 명분으로 삼아서 제나라를 정벌하였다. 그런데 『춘추』에서 제나라 양공을 어질다고 여기고 노나라 장공을 용납하지 않는 것은 노나라 장공이 이전에 원수인 제나라 양공과 사냥을 했고, 지금은 이익을 탐하여 명분을 빌린 것이지

---

173) 『公羊傳』, 桓公 18년.
174) 『公羊傳』, 莊公 9년.

진심어린 마음에서 복수한 것이 아니었기 때문에 용납하지 않은 것이다. 만약 진심으로 복수했다면 비록 패배했더라도 또한 영광스러운 것이다.175)

6) 적자嫡子의 왕위 계승을 크게 여김(大居正)

주나라 사람들이 자식에게 자리를 물려주는 제도를 확립함으로써 만세의 훌륭한 법도가 되었는데, 지금까지도 여전히 다 변하지는 않았다. 아버지가 비록 자식에게 자리를 물려주더라도 여전히 분란이 그치지 않았기 때문에 또한 적자嫡子와 서자庶子를 구분하는 제도를 두었다. 『춘추』 은공 원년, 춘, 왕의 정월.(元年, 春, 王正月) 『공양전』에서 말했다.

> 은공은 나이가 더 많고 또한 현명한데, 무엇 때문에 임금이 되는 것이 마땅하지 않는가? 적자嫡子를 세울 때는 나이로써 하지 현명함으로써 하지 않고, 서자庶子를 세울 때는 존귀함으로써 하지 나이로써 하지 않는다. 환공은 무엇 때문에 존귀한가? 어머니가 존귀하기 때문이다. 어머니가 존귀하면 자식은 무엇 때문에 존귀한가? 자식은 어머니 때문에 존귀해지고, 어머니는 자식 때문에 존귀해지기 때문이다.176)

하휴가 말했다.

> 예법에 적부인嫡夫人이 자식이 없으면 우잉右媵의 자식을 세우고, 우잉이 자식이 없으면 좌잉左媵의 자식을 세운다. 좌잉이 자식이 없으면 적부인의 조카딸이나 여동생의 자식을 세우고, 적부인의 조카딸이나 여동생이 자식이 없으면 우잉의 조카딸이나 여동생의 자식을 세우고, 우잉의 조카딸이나 여동생이 자식이 없으면 좌잉의 조카딸이나 여동생의 자식을 세운다. 질박함을 중시하는 왕가는 친한 이를 친애하여, 먼저 조카딸의 자식을 세우며, 문식을 중시하는 왕가는 존귀한 이를 높여서, 먼저 여동생의 자식을 세운다. 적자嫡子가 손자를 두고서 죽으면,

---

175) 『公羊傳』, 莊公 9년, 何休 注.
176) 『公羊傳』, 隱公 원년.

질박함을 중시하는 왕가는 친한 이를 친애하여 동생의 자식을 먼저 세우고, 문식을 중시하는 왕가는 존귀한 이를 존중하여 손자를 먼저 세운다. 쌍둥이가 태어나면 질박함을 중시하는 왕가는 직접 본 사실에 근거하여 먼저 태어난 자를 세우고, 문식을 중시하는 왕가는 본래의 뜻에 근거하여 뒤에 태어난 자를 세우니, 모두 사랑에 의한 다툼을 방지하기 위해서이다.[177]

따라서 은공이 비록 나이가 더 많지만, 환공의 어머니가 존귀하기 때문에 환공이 임금에 오르는 것이 올바름을 얻은 것이다. 따라서 『춘추』에서 은공이 자리를 양보하려고 한 뜻을 드러낸 것은 사실상 올바름에 거하는 법도를 중시하고자 한 것이다.

그 이후 송나라 선공宣公이 목공穆公에게 자리를 양보하고, 목공이 자기 자식에게 물려주지 않고 여이與夷에게 자리를 양보하니, 모두 자리를 양보하는 높은 덕을 얻은 것이다.[178] 그러나 『춘추』에서는 이러한 자리 양보에 의해 송나라에서 난리가 난 것을 드러내어 기록했으니,[179] 자식에게 자리를 물려주는 제도가 만세의 변치 않는 법도임을 밝힌 것이다.

따라서 적자嫡子가 아니면, 비록 백성의 뜻을 얻었다고 하더라도 여전히 자리를 찬탈한 것이 된다. 『춘추』은공 4년, 위나라 사람들이 진을 임금으로 세웠다.(衛人立晉) 『공양전』에서 말했다.

진晉은 누구인가? 공자公子 진晉이다. 임금으로 세웠다는 것은 무슨 의미인가? 임금으로 세웠다는 것은 임금으로 세우는 것이 마땅하지 않다는 의미이다. 위나라 사람(人)이라고 말한 것은 무엇 때문인가? 대중들이 그를 임금으로 세웠다는 말이다. 그렇다면 누가 그를 임금으로 세웠는가? 석작石碏이 세웠다. 석작이 세웠는데 '사람'이라고 말한 것은 무엇 때문인가? 대중들이 세우기를 원했기 때문이다.

---

177) 『公羊傳』, 隱公 원년, 何休 注.
178) 『公羊傳』, 隱公 3년.
179) 『春秋』, 桓公 2년, "三月, 公會齊侯·陳侯·鄭伯于稷, 以成宋亂."

대중들이 비록 그를 세우고자 했지만, 그를 세우는 것은 잘못된 것이다.180)

위나라는 주우州吁의 난리 때문에 결국 진晉을 임금으로 세웠다. 그런데 진이
비록 대중들의 뜻을 얻었다고 하더라도 『공양전』에서는 오히려 찬탈했다고 풀이했으
니, 올바름에 거하지 않았다고 여겼기 때문이다. 하휴가 말했다. "대체로 임금을
세우는 것이 대중을 위해서이고 대중들도 모두 그를 세우고자 했다면, 임금이
된 것이 아무런 악함이 없을 것이라고 생각할 우려가 있다. 따라서 가령 인人이라고
말했다면 대중이 그렇게 했다는 것을 드러내면서 (세우는 것이 마땅하지 않다는
의미의) 세웠다(立)는 말을 함으로써, 아랫사람은 윗사람을 폐하는 의리가 없음을
밝힌 것이다. 대중의 뜻을 듣고서 임금을 세운 것은 임금이 된 것이 찬탈이라는
의미이다."181) 그 후에 위나라 선공宣公은 위로는 부친의 첩인 이강夷姜과 간음을
하였고, 아래로는 자식의 아내를 자기의 아내로 맞아들였으며, 심지어 두 아들을
참소하여 죽이는 지경에까지 이르렀다.182) 이것은 찬탈하여 즉위한 것에 의해
화가 초래되었다고 볼 수 있다.

이상의 내용을 통해서 다음과 같은 사실을 알 수 있다. 위나라 공자 진이
비록 대중의 마음을 얻었지만, 그래도 임금 자리를 찬탈한 것이다. 따라서 제나라
소백小白과 양생陽生이 제나라로 들어간 일183)과 초나라 사람이 돈자頓子를 돈頓나라로
들여보낸 일,184) 제나라 사람이 접치接菑를 주루邾婁나라로 들여보낸 일185)에 대해,

---

180) 『公羊傳』, 隱公 4년.
181) 『公羊傳』, 隱公 4년, 何休 注.
182) 『左氏傳』, 桓公 16년.
　　　역자 주: 두예의 주에 의하면, 夷姜은 선공의 庶母, 즉 부친의 첩이다. 손윗사람과
　　　간음하는 것을 烝이라고 한다. 선공은 이강과 간음하여 急子를 낳았는데, 나중에 급
　　　자가 제나라에서 아내를 맞이하려 했을 때, 그 여자의 미모가 뛰어나자 선공이 그
　　　여자를 자기의 아내로 맞이하여, 壽와 朔이라는 두 아들을 낳았다. 이후에 두 아들은
　　　참소를 받아서 선공에게 죽임을 당했다.
183) 『春秋』, 莊公 9년, "齊小白入于齊."; 哀公 6년, "齊陽生入于齊."
　　　역자 주: 장공 9년의 『공양전』에서 "入이라고 말한 것은 무엇 때문인가? 찬탈했다는
　　　말이다"(其言入何? 纂辭也)라고 했다.

『춘추』에서는 모두 찬탈했다는 의미의 말로 기록하였다.

그 후에 잔나라 임금이 세자 신자申子를 살해하자, 『춘추』에서는 '살해했다'(殺)라고 기록했으니,[186] 이것은 단지 잔나라 헌공獻公이 자식을 죽여서 친한 이를 친애하지 않은 잔인함을 보여 준 것일 뿐만 아니라, 또한 잔나라가 이 일로 인해서 내란이 일어난 것을 드러낸 것이다. 그 이후에 공자 중이重耳와 이오夷吾가 외국으로 도망쳤는데,[187] 『춘추』에서는 당연히 지위를 박탈해야 한다고 여겼기 때문에 그들이 다시 국내로 들어왔을 때 찬탈했다는 의미의 말을 기록했다. 그런데 혜공惠公이 국내로 들어오거나 회공懷公이 외국으로 나가거나 문공文公이 국내로 들어온 일을 『춘추』에서 모두 기록하지 않은 것은 문공文公의 패자로서의 공적을 온전히 드러내고자 하여, 그를 위해 숨겨서 기록하지 않은 것이다. 제나라 소백小白이 국내로 들어온 일을 기록한 경우는 소백小白, 즉 환공桓公의 공적이 커서 찬탈한 악행을 충분히 없앨 수 있다고 여겼기 때문에 숨기지 않고 기록한 것이다.

7) 다른 사람의 후계자가 되는 것은 그 사람의 아들이 되는 것

자식에게 자리를 물려주는 법도에 의하면, 적자嫡子를 세울 때는 나이를 기준으로 삼고, 서자庶子를 세울 때는 존귀함을 기준으로 삼는다. 만약 적손嫡孫이 없으면 가까운 혈육을 선택하여 후계자를 세운다. 대종大宗에게는 친족을 보존해야 할 의리가 있기 때문에 대를 끊어서는 안 된다. 따라서 소종小宗으로서 대종의 뒤를 잇게 하니, 이것이 바로 '다른 사람의 후계자가 되는 것'(爲人後者)이다. 『춘추』 성공 15년, 중영제가 죽었다.(仲嬰齊卒) 『공양전』에서 말했다.

---

184) 『春秋』, 僖公 25년, "楚人圍陳, 納頓子于頓."
185) 『春秋』, 文公 14년, "晉人納接菑于邾婁."
    역자 주: 『공양전』에서 "納이라는 것은 무엇을 말하는가? 들어갔다는 말이다"(納者何? 入辭也)라고 했다. 즉 『춘추』에서 納이라고 기록한 것은 入과 마찬가지로 찬탈했다는 의미의 말이라는 것이다.
186) 『春秋』, 僖公 5년, "晉侯殺其世子申生."
187) 『左氏傳』, 僖公 4년, "重耳奔蒲, 夷吾奔屈."

중영제仲嬰齊는 누구인가? 공손公孫 영제嬰齊이다. 공손 연제인데, 어째서 중영제라고 말했는가? 그가 맏형의 후계자가 되었기 때문이다. 맏형의 후계자가 되었는데, 어째서 중영제라고 말했는가? 다른 사람의 후계자가 되는 것은 그 사람의 아들이되는 것이다. 다른 사람의 후계자가 되는 것이 그의 아들이 되는 것이라면, 중仲이라고 말한 것은 무엇 때문인가? 손자는 조부의 자字를 씨氏로 삼기 때문이다. 그렇다면 영제를 누구를 계승했는가? 귀보歸父를 계승하였다.188)

옛날 노나라 공자 수遂가 자적子赤을 시해하고 선공宣公을 임금으로 세웠는데,189) 선공 8년에 수遂가 죽자 그의 아들 공손公孫 귀보歸父가 대를 이어 후계자가 되었다. 선공이 죽고 성공成公이 즉위하자, 귀보는 두려워하여 제나라로 도망치니, 노나라 사람들이 그의 동생인 영제를 귀보의 후계자로 삼았다. 영제가 귀보의 후계자가 된 것은 동생으로서 형의 후계자가 된 것이니, 그의 자식이 된 것이나 마찬가지이다. 따라서 자신의 아버지인 중수仲遂에 대해서는 손자가 되기 때문에 중영제라고 부른 것이다. 이것이 '다른 사람의 후계자가 되는 것은 그 사람의 아들이 되는 것이다.'

하휴는 다음과 같이 생각했다. "동생이 형의 후계자가 되는 의리는 없으니, 소목昭穆의 순서를 어지럽히고, 부자父子 사이의 친애를 상실한 것이다. 따라서 중손仲孫이라고 말하지 않은 것은 자식이 아버지의 손자가 되는 것을 용납하지 않음을 밝힌 것이다."190) 하휴의 주장에 의하면, 공자 수遂의 손자는 마땅히 '중손仲孫'을 씨氏로 삼아야 하니, 계우季友의 손자인 행보行父가 계손季孫을 씨로 삼은 것과 같다. 지금 『춘추』에서 '중영제仲嬰齊'라고 말하고 '중손영제仲孫嬰齊'라고 말하지 않은 것은 자식이 아버지의 손자가 되는 것을 용납하지 않음을 밝힌 것이다. 이 주장은 확실히 『공양전』과는 같지 않으니, 형제는 소목昭穆이 같기 때문에 서로 후계자가 되는 의리가 없다고 여긴 것이다.

---

188) 『公羊傳』, 成公 15년.
189) 『春秋』, 文公 18년, "秋, 公子遂 · 叔孫得臣如齊. 冬, 十月, 子卒." 『공양전』에서 "子卒者執謂? 謂子赤也"라고 했다.
190) 『公羊傳』, 成公 15년, 何休 注.

또 『춘추』 문공 2년, 태묘에서 큰 제사를 지내고, 희공僖公의 신주를 민공閔公의 신주 위로 올려서 모셨다.(大事于大廟, 躋僖公) 『공양전』에서 말했다.

큰 제사라는 것은 무엇인가? 대협大祫이다. 대협이라는 것은 무엇인가? 모든 조상의 위패를 태조묘太祖廟에 모아 놓고 올리는 합제合祭이다. 함께 제사를 지냈다는 것은 무슨 의미인가? 사당을 헌 조상의 신주를 태조묘에 모시고, 사당을 헐지 않은 조상의 신주를 옮겨 와서, 모두 올려서 태조묘에서 함께 제사를 지내는 것이다. 5년마다 한 번씩 이와 같은 성대한 제사를 지낸다. 제躋는 무엇인가? 올린다는 의미이다. 무엇 때문에 희공의 신주를 올렸다고 말했는가? 비판한 것이다. 무엇 때문에 비판했는가? 민공과 희공의 순서를 바꾸어 거꾸로 지낸 제사이기 때문이다. 순서를 바꾸어 거꾸로 지낸 제사라는 것은 무슨 뜻인가? 문공이 부친인 희공을 앞세우고 조부에 해당되는 민공을 뒤로 한 제사이다.[191]

살펴보건대, 희공이 민공에 대해 서형庶兄이 되지만, 민공이 먼저 임금이 되었고 희공은 민공의 뒤를 계승하였기 때문에 희공의 자리는 당연히 민공의 아래이다. 『공양전』에서는 문공이 제사를 거꾸로 지냈다고 말하니, 희공을 민공 위로 올린 것이 바로 제사를 거꾸로 지낸 것이다.

그런데 제사를 거꾸로 지냈다는 것은 두 가지 뜻이 있다. 하휴는 소목昭穆이 부자父子를 가리킨다고 여겼다. 지금 민공과 희공은 형제이므로 당연히 똑같이 북쪽 방향의 서쪽 위에 있고, 민공이 희공의 서쪽에 있을 뿐이다. 따라서 제사를 거꾸로 지냈다는 것은 희공을 민공보다 서쪽으로 올렸다는 의미이다. 그러나 『공양전』의 말을 근거로 하면, 희공이 민공을 계승한 것은 문공의 입장에서 보면 아버지인

---

191) 『公羊傳』, 閔公 2년.
　　역자 주: 노나라 僖公은 閔公의 서형이지만, 민공이 먼저 임금이 되고 희공이 나중에 임금이 되었다. 그런데 문공이 부친인 희공을 祖父에 해당되는 민공의 위에 올려서 제사지냈다. 희공이 비록 민공보다 형이기는 하지만, 민공이 먼저 왕이 되었기 때문에 희공을 민공의 위에 올려 제사지내는 것은 순서를 바꾸어서 거꾸로 지낸 제사이므로 예법에 어긋난다는 것이다.

희공이 할아버지인 민공을 계승한 것과 같기 때문에 그 소목의 자리가 본래 다른 것이다. 여기에서 제사를 거꾸로 지냈다는 것은 민공과 희공의 소목이 자리를 달리한 것이다. 이것은 『곡량전』의 해석과 동일하다. "제躋는 올린다는 의미이다. 아버지를 앞세우고 할아버지를 뒤로 한 것은 제사를 거꾸로 지낸 것이다. 제사를 거꾸로 지냈으니, 이것은 소목이 없는 것이다. 소목이 없으니, 이것은 조상이 없는 것이다. 조상이 없으니, 하늘이 없다. 따라서 문공은 하늘이 없다고 말한 것이다. 하늘이 없는 것은 하늘을 무시하고 행동하는 것이다. 군자는 친친親親으로써 존존尊尊을 해치지 않으니, 이것이 『춘추』의 의리이다."[192] 문공의 입장에서 보면, 희공은 아버지이고, 민공은 할아버지인데, 아버지를 앞세우고 할아버지를 뒤로 한 것, 즉 희공을 앞세우고 민공을 뒤로 한 것은 제사를 거꾸로 지낸 것이다. 『곡량전』의 말이 매우 정확하니, 『공양전』과 마찬가지이다.

'다른 사람의 후계자가 되는 것은 그 사람의 아들이 되는 것이라는 뜻에 근거하면, 희공은 민공을 계승하였으니, 비록 그가 민공의 서형이라고 하더라도 민공의 자식이나 마찬가지이다. 종묘의 엄중함은 사사로운 친분이 끼어들 수 없으니, 이것이 『곡량전』에서 말한 "친친親親으로 존존尊尊을 해쳐서는 안 된다"는 의미이다.

『좌씨전』의 주장도 또한 마찬가지이다.

이 당시에 하보불기夏父弗忌가 종백宗伯이었는데, 그는 희공僖公을 존경하였고, 또 자신이 신神을 분명히 보았다면서 다음과 같이 말했다. "내가 보기에 새로운 귀신인 희공은 크고, 옛 귀신인 민공은 작으니, 큰 귀신을 앞에 모시고 작은 귀신을 뒤에 모시는 것이 순리에 맞고, 성현聖賢을 위로 올리는 것이 이치에 밝은 것이니, 이치에 밝고 순리에 맞는 것이 예법이다." 군자는 이것이 예법을 잃은 것이라고 여겨서 다음과 같이 말했다. "예법은 순리에 맞지 않음이 없고, 제사는 국가의 큰일이다. 그런데 순서를 거꾸로 했으니, 예법이라고 할 수 있겠는가? 아들이 비록 공경스럽고 성스러운 성인이라고 하더라도 아버지보다 먼저 제사를 받지

---

192) 『穀梁傳』, 文公 2년.

않는 것이 오래된 예법이다. 따라서 우禹는 곤鯀보다 먼저 제사를 받지 않았고, 탕湯은 설契보다 먼저 제사를 받지 않았으며, 문왕과 무왕은 불줄不窋보다 먼저 제사를 받지 않았다. 송나라가 제을帝乙을 시조로 삼고, 정나라가 여왕厲王을 시조로 삼는 것은 제을과 여왕을 불초하게 여기지 않고 오히려 조상으로 존숭한 것이다."[193]

『좌씨전』은 부자父子의 관계로 민공과 희공을 제사지낸 일을 논했으니, 사실상 민공과 희공은 소목이 다르기 때문에 제사를 거꾸로 지낸 것임을 밝힌 것이다. 또 『춘추』 희공 원년, 봄, 왕의 정월.(元年, 春, 王正月) 『공양전』에서 말했다.

희공은 무엇 때문에 즉위했다고 말하지 않았는가? 시해된 임금의 뒤를 계승하면 자식은 즉위를 말하지 않기 때문이다. 여기에서는 자식이 아닌데, 자식이라고 말한 것은 무엇 때문인가? 신자臣子는 하나같이 모두 임금의 자식이기 때문이다.[194]

옛날에 민공이 임금이고 희공은 신하였는데, 신하가 임금의 자리를 계승하는 의리는 없다. 따라서 희공이 민공을 계승한 것은 자식이 아버지를 계승한 것과 같다.

청대 단옥재段玉裁는 『공양전』의 의리에 근거하여, '친아들'(眞子)이라는 이론을 제시했는데, 동생이 형을 계승하는 것은 자식이 아버지를 계승하는 것과 같으니, 자리를 계승한 '친아들'과 다름이 없다고 주장하였다.[195] 봉건시대에는 작읍爵邑을 중시하였기 때문에 작읍을 받는 자가 후계자가 되었고, 소목의 순서가 합당한지의 여부에 반드시 제한을 받지는 않았다. 후세에 대종大宗의 법도가 폐지되자, 가정의 혈속血屬 윤리가 마침내 천하에서 한계에 도달하였으니, 명나라 11대 황제인 세종世宗(嘉靖帝)이 10대 황제인 무종武宗(正德帝)의 후계자가 되지 못한 것이 사실상 근거가

---

193) 『左氏傳』, 文公 2년.
194) 『公羊傳』, 僖公 원년.
195) 段玉裁, 『經韻樓集』, 권10, 「明世宗非禮論二」, "孫後祖·弟後兄者, 皆是受重於此人, 卽爲此人後, 卽爲斬衰三年, 一切若眞子. 故『公羊傳』曰, '爲人後者, 爲之子也'."

있는 것이다.

8) 경대부의 세습(世卿)을 비판함

봉건의 법도는 천자나 제후만 세습되는 것이 아니라, 경대부卿大夫도 대대로 그 작읍爵邑이 세습되었다. 대종大宗은 친족을 보존하는 자인데, 조상을 존숭하기 때문에 대종을 공경한다. 또한 '다른 사람의 후계자가 되는' 법도가 더해져서 대종은 끊어져서는 안 되는 것이다. 대종이 끊어져서는 안 되기 때문에 경대부는 작읍을 반드시 세습하였다. 그렇다면『춘추』에서 경대부의 세습을 비판한 이유는 무엇인가? 봉건의 법도가 이미 사라졌는데, 세습한 경대부의 권한이 커서 천자와 제후를 위협하고, 천하 국가가 하나로 통일될 수 없도록 하기 때문이다.

『춘추』은공 3년, 윤씨가 죽었다.(尹氏卒)『공양전』에서 말했다.

> 윤씨尹氏는 누구인가? 천자의 대부이다. 윤씨라고 말한 것은 무엇 때문인가? 폄하한 것이다. 어째서 폄하했는가? 경대부의 세습을 비판한 것이다. 경대부의 세습은 예禮가 아니다.196)

천자의 대부는 혹은 자字를 부르고, 혹은 작위를 부르고, 혹은 이름을 부르는데, 이름을 없애고 씨氏를 불러서 비판한 경우는 없다. 그런데 이 경우에는 윤씨尹氏가 대대로 세습한 것을 비판하기 위해서 씨氏를 기록한 것이다.『공양전』에서 경대부의 세습은 예가 아니라고 한 것은 사실이 아니다. 그것은 단지 말세의 이해利害 관계를 가지고 말한 것일 뿐이다. 하휴도 다음과 같이 말했다.

> 예禮에 의하면, 공경대부公卿大夫나 사士는 모두 현명한 자를 선발하여 등용한다. 경대부卿大夫는 책임이 막중하고 직책이 크기 때문에 대대로 세습해서는 안 되니, 그가 오랫동안 정권을 잡고 있으면 은덕이 광대해지기 때문이다. 소인이 그 자리에

---

196)『公羊傳』, 隱公 3년.

있으면 반드시 임금의 위엄과 권위를 빼앗게 된다. 따라서 윤씨尹氏가 대대로 세습하여 왕자王子 조朝를 천자로 세웠고, 제齊나라 최씨崔氏도 대대로 세습하여 자기 임금인 광光을 시해했으니, 군자는 그 말단을 싫어하기 때문에 근본을 바로잡는 다.197)

세습 경대부가 재앙이 되는 것은 말세의 잘못이지 봉건시대의 실제 현상은 아니다. 그러나 공자는 그 말단을 싫어했기 때문에 그 근본을 깊이 바로잡지 않을 수 없었으니, 단지 그것이 예가 아니기 때문이다.

『춘추』 선공 10년, 제나라 최씨가 위나라로 도망쳤다.(齊崔氏出奔衛) 『공양전』에서 말했다.

최씨崔氏는 누구인가? 제나라의 대부이다. 최씨라고 말한 것은 무엇 때문인가? 비판한 것이다. 어째서 비판했는가? 경대부의 세습을 비판한 것이다. 경대부의 세습은 예가 아니다.198)

하휴가 말했다. "제나라와 같은 대국에서 경대부가 임금을 시해한 재앙이 드러났 기 때문에 이로써 법도와 경계를 삼을 수 있으니, 왕자는 그 존귀함이 왕실보다 더 큰 것이 없고 국토는 제나라보다 더 큰 것이 없지만, 세습 경대부가 오히려 그것을 위태롭게 할 수 있음을 밝힌 것이다."199) 임금을 시해한 최씨의 악행이 발생한 것은 경대부를 세습한 것에 의해 초래된 것이니, 이것이 또한 말단을 싫어하고 근본을 바로잡는 의리이다.

---

197) 『公羊傳』, 隱公 3년, 何休 注.
　　 역자 주: 윤씨와 관련된 일은 『춘추』 소공 23년에 "尹氏立王子朝"라는 말이 보인다. 최씨와 관련된 일은 『춘추』 선공 10년 "齊崔氏出奔衛"와 양공 25년 "齊崔杼弑其君光" 이라는 말이 보인다. 한편 선공 10년의 『공양전』에서 "崔氏者何? 齊大夫也. 其稱崔氏 何? 貶. 曷爲貶? 譏世卿. 世卿, 非禮也"라는 말이 보인다.
198) 『公羊傳』, 宣公 10년.
199) 『公羊傳』, 宣公 10년, 何休 注.

『춘추』환공 5년, 천왕이 잉숙의 아들에게 노나라를 빙문하도록 하였다.(天王使仍叔 之子來聘) 『공양전』에서 말했다.

잉숙(仍叔)의 아들은 누구인가? 천자의 대부이다. 그를 잉숙의 아들이라고 부른 것은 무엇 때문인가? 폄한 것이다. 무엇을 폄했는가? 아버지가 늙어서 관직을 그만두었는데도 자식이 대신하여 정치에 종사한 것을 비판한 것이다.[200]

아버지가 관직을 그만두었는데도 아들이 대신하여 정치에 종사하는 것도 또한 경대부의 자리를 세습하는 방법이기 때문에 『공양전』에서 비판한 것이다.

4. 『공양전』의 예例

『춘추』에는 의례義例도 있고 범례凡例도 있다. 양한시대 이후 『춘추』를 연구하는 자들은 대부분 범례를 중시하였다. 그렇다면 무엇을 범례라고 하는가? 『예기』에서 "문장을 모아서 연결하고 사례를 비교하는 형식(屬辭比事)은 『춘추』의 가르침이다"[201] 라는 공자의 말을 인용하였다. 하나의 일에 대해 논할 때, 여러 책에서 기록한 내용이 같지 않기 때문에 『춘추』에서는 여러 역사기록을 시간 순서에 따라 배열하니, 이것이 '속사비사'이다. 『예기』의 말이 비록 옳기는 하지만, 사실 그 뜻을 다하지는 못했다.

『춘추』의 기사를 살펴보면, 동일한 사건에 대해 같은 말을 기록한 경우도 있고, 동일한 사건에 대해 다른 말을 기록한 경우도 있다. 또한 하나의 말을 동일한

---

200) 『公羊傳』, 桓公 5년.
201) 『禮記』, 「經解」, "屬辭比事, 『春秋』敎也."
　　　역자 주: 『예기정의』에 의하면, "屬은 合의 의미로, 『춘추』에는 제후의 朝聘이나 會盟 등의 기록이 많은데, 서로 연결되어 있는 말이 있다"고 하였다. 즉 '事'는 『춘추』에 기록된 일이나 사건을 말하고, '辭'는 그러한 일이나 사건을 연결하는 기록법을 의미 한다. 따라서 '속사비사'는 『춘추』의 기록법을 모아서 일이나 사건을 비교하여 『춘추』의 의리를 밝히는 일종의 『춘추』 해석 방식이다.

사건에 기록한 경우도 있고, 하나의 말을 여러 가지 일에 기록한 경우도 있다. 예를 들면, 임금을 시해한 사건을 말할 때, 그 말이 같은 않은 경우가 있다. 혹은 나라 이름(國)을 말하고, 혹은 사람(人)이라고 말하며, 혹은 이름(名氏)을 말하고, 혹은 도적(盜)이라고 말해서, 그 뜻이 모두 같지 않다. 또한 "좋은 일과 나쁜 일에 대해 같은 표현을 쓰는 것을 꺼리지 않는다"[202]는 것은 그 말은 비록 같지만 일은 다르다. 살펴보건대, 예例는 비교하는 것(比)이다. 『한서』「형법지刑法志」의 안사고의 주에서 "비比는 예例로써 서로 비교하는 것이다"라고 했고, 『후한서』「진총전陳寵傳」의 주에서 "비比는 예例이다"라고 했다. 피석서皮錫瑞의 『경학통론經學通論 · 춘추통론春秋通論』에 서는 다음과 같이 말했다. "공자는 『춘추』를 제자들에게 입으로 전수했는데, 일을 서로 비교하는 말이 반드시 있었을 것이다. 따라서 속사비사가 『춘추』의 가르침이라 고 스스로 말한 것이다. 『춘추』는 문장은 간단하지만 뜻이 복잡하기 때문에 만약 일을 서로 비교하여 꿰뚫어서 통하지 않으면, 반드시 사람마다 각자 다른 주장을 하여, 큰 혼란을 해결할 수 없는 지경에 이를 것이다." 따라서 '속사비사'는 역사적 사실史事을 배열하여 문사文辭를 통하게 하는 것이니, 그것은 바로 『춘추』에서 말한 예例이다. 동중서가 초楚나라 장왕莊王이 진陳나라 하징서夏徵舒를 죽인 사건과 초나라 영공靈公이 제齊나라 경봉慶封을 죽인 사건, 봉축보逢丑父가 난리에서 죽은 사건, 채중祭仲이 권도權道를 행한 사건을 배열하면서, 혹은 일이 같은데 말이 다르고, 혹은 일이 다른데 말이 같은 것을 보면, 『춘추』의 기록 방법을 알 수 있다.

『공양전』에서는 범례를 중시한다. 하휴의 『춘추공양전해고春秋公羊傳解詁』「서문」 에서 "예전에 대략적으로 호무생胡毋生의 『조례條例』에 의거했는데, 대부분 올바름을 얻었다"고 했는데, 호무생은 『공양전』을 책에 기록하고, 또 별도로 『조례』를 지었다. 그런데 동중서는 "『춘추』에는 모든 일에 통용되는 말이 없다"[203]고 하였다. 이로써

---

202) 『公羊傳』, 隱公 7년.
　　　역자 주: 하휴의 주에서 "예를 들어 임금 자리를 정식으로 계승했을 때도 즉위했다 고 말하고, 시해당한 임금을 계승했을 때도 즉위했다고 말하는 것이다"라고 했다.
203) 『春秋繁露』, 「精華」.

한나라 초기에 『공양전』을 공부한 자들은 이미 범례를 매우 중시했다는 것을 알 수 있다. 그런데 호무생의 『조례』는 현재 전하지 않고, 하휴의 『춘추공양전해고』에 흩어져 보인다. 하휴는 또한 『문시례文諡例』를 지었는데, 다만 서언徐彦의 소에서 인용한 것만 보일 뿐이며, 현재 전하지 않는다. 청대 유봉록劉逢祿이 『춘추공양하씨석례春秋公羊何氏釋例』를 지었는데, 이 책에서 하휴의 범례를 드러내 밝힌 것은 매우 큰 공적이라고 할 수 있다. 『공양전』 외에 『곡량전』도 범례를 중시한다. 범녕范甯의 『춘추곡량전집해春秋穀梁傳集解』 「자서」에 "명례名例를 헤아려서 검토하였다"는 구절이 있는데, 양사훈楊士勛의 소에서 범녕이 별도로 지은 『약례略例』 100여 조목이 있다고 했고, 범녕의 주에서도 "『곡량전』의 예例에서 말하기를"(傳例曰)이라는 말이 있으니, 범녕도 『곡량전』을 공부하면서 조례條例를 중시하였다. 청대 허계림許桂林은 『곡량석례穀梁釋例』라는 책을 지었는데, 『곡량전』의 범례를 드러내 밝히는 데 실로 큰 공적이 있다. 단지 『공양전』과 『곡량전』만이 아니라, 『좌씨전』에서도 범례를 매우 중시하였다. 처음에는 정흥鄭興 · 가휘賈徽가 있었고, 그 이후에 그들의 자식인 정중鄭衆 · 가규賈逵가 있었는데, 각각 가학家學을 전수하였고 조례條例도 있었다. 또한 한대 영용潁容은 『춘추석례春秋釋例』라는 책을 지었는데, 이 책은 두예의 『춘추석례』보다 오히려 앞서 나온 것이다. 두예의 책이 나와서 한위漢魏시대의 책들을 집대성하였다.

두예는 또 범凡과 예例가 같지 않다고 구별하였다.

> 『좌씨전』에서 범凡자를 기록하여 예例를 말한 것은 모두 나라를 다스리는 일정한 제도와 주공周公이 남긴 법도, 사서史書의 옛 전장典章을 공자가 그대로 따라서 손질하여, 『춘추』라는 하나의 경전의 전체 체제로 삼은 것이다.[204]

한대 사람들이 예例를 말할 때는 그것이 모두 공자로부터 나왔다고 여겼다. 그런데 두예는 '50개의 범凡'을 주공의 작품으로 귀결시켰다. 또한 옛 역사서가

---

204) 『春秋左氏傳』, 「序」(杜預).

모두 그와 같으며, 공자는 단지 주공이 남긴 법도를 따랐을 뿐이라고 생각하였다. 두예는 또 말했다.

『좌씨전』에서 '서書' · '불서不書' · '선서先書' · '고서故書' · '불언不言' · '불칭不稱' · '서왈書曰'이라고 말한 것들은 모두 옛날의 예例와 새로운 예例를 세워서 대의大義를 드러낸 것이니, 이것을 변례變例라고 한다.[205]

즉 '범凡'은 정례正例이고 '예例'는 변례變例이다. '범凡'은 주공이 남긴 법도이고, '예例'는 공자가 새롭게 만든 것이다.

그런데 예例를 가지고 경전을 연구하는 것은 번거로운 폐단이 있다. 심지어 지리멸렬하다는 비판을 받기도 한다. 따라서 정초鄭樵는 『춘추』에는 본래 예例가 없고, 예例는 모두 후대 학자들의 견강부회에서 나왔다고 주장하였다. 그러나 옛 사람들의 저서에는 반드시 범례를 먼저 나열했으니, 공자가 지은 『춘추』도 또한 마찬가지이다. 예를 들어 후세의 법률에 법조문이 있는데, 이것은 정례正例에 해당된다. 또한 고사故事와 안례案例[206]가 있으니, 이것이 변례變例에 해당된다. 이로써 『춘추』의 예例는 실제로 공자로부터 나왔으며, 후인들이 견강부회한 것이 아님을 알 수 있다.

또한 『공양전』의 경우에는 본래 예例가 있었고, 후대 학자들에 의해 만들어진 것이 아니다. 『춘추』 희공 원년, "봄, 왕의 정월"(春, 王正月)에 대해 『공양전』에서 다음과 같이 말했다. "희공은 무엇 때문에 즉위했다고 말하지 않았는가? 시해된 임금의 뒤를 계승하면 자식은 즉위를 말하지 않기 때문이다. 여기에서는 자식이 아닌데, 자식이라고 말한 것은 무엇 때문인가? 신자臣子는 하나같이 모두 임금의 자식이기 때문이다."[207] 『공양전』의 이 문장은 몇 가지 예例를 포함하고 있다.

---

205) 『春秋左氏傳』, 「序」(杜預).
206) 역자 주: 故事는 특정한 주제나 인물 등과 관련된 역사적 사실을 발췌하여 기록한 글을 말하고, 案例는 과거의 사례를 살펴본다는 의미로, 과거의 사례를 말한다.
207) 『公羊傳』, 僖公 원년.

첫째, '희공은 무엇 때문에 즉위했다고 말하지 않았는가?'라는 것은 원년에 '공이 즉위했다'(公卽位)고 기록하는 것이 『춘추』의 정례임을 알 수 있다. 둘째, '시해된 임금의 뒤를 계승하면 자식은 즉위를 말하지 않는다'라는 것은 변례이다. 셋째, '여기에서는 자식이 아닌데, 자식이라고 말한 것은 무엇 때문인가? 신자臣子는 하나같이 모두 임금의 자식이기 때문이다'는 것은 변례 가운데에서 정례를 드러낸 것이다. 이것은 단지 하나의 단서를 거론한 것일 뿐이니, 『춘추』를 밝게 연구하는 자가 만약 조례를 폐기한다면 공자가 '단란조보斷爛朝報'에 기록한 것과 거의 같을 것이니, 또한 『춘추』를 귀하게 여길 것이 무엇이 있겠는가!

1) 내외內外의 예例

내외內外는 중국中國 · 제하諸夏 · 이적夷狄에 근거하여 내외를 구별한 것이다. 『춘추』 성공 15년, 숙손교여가 진나라 사섭 · 제나라 고무구 · 송나라 화원 · 위나라 손림보 · 정나라 공자 추 · 주루나라 사람과 종리에서 회합하고, 또 오나라와 종리에서 회합하였다.(叔孫僑如會晉士燮 · 齊高無咎 · 宋華元 · 衛孫林父 · 鄭公子鰌 · 邾婁人, 會吳于鍾離) 『공양전』에서 말했다.

> 어째서 오나라와 회합한 것을 따로 구별했는가? 오나라를 밖으로 여겼기 때문이다. 어째서 밖으로 여겼는가? 『춘추』는 자기 나라를 안으로 여기고 제하諸夏를 밖으로 여기며, 제하를 안으로 여기고 이적夷狄을 밖으로 여긴다.[208]

자기 나라를 안으로 여긴다는 것은 노나라를 빌어서 천자의 서울로 삼은 것이다. 제하諸夏라는 것은 서울 이외의 제후들이다. 이적夷狄은 초楚 · 진秦 · 오吳 · 월越 및 융戎 · 적狄의 부류가 그것이다. 따라서 『춘추』는 내외內外의 예例가 있어서, 혹은 노나라를 안으로 여기고 제후를 밖으로 여기며, 혹은 제후를 안으로 여기고 이적을

---

208) 『公羊傳』, 成公 15년.

밖으로 여기니, 내외內外라는 말이 각각의 경우마다 같지 않다.

먼저 노나라를 안으로 여기고 제하를 밖으로 여기는 것은 그 의미가 매우 많다. 첫째, 노나라의 큰 악은 숨겨서 기록하지 않는다. 『춘추』은공 10년, 6월, 임술일, 은공이 송나라 군대를 관에서 패배시켰다. 신미일, 고읍을 탈취했다. 신사일, 방읍을 탈취했다.(六月, 壬戌, 公敗宋師于菅. 辛未, 取郜. 辛巳, 取防) 『공양전』에서 말했다. "읍을 탈취한 것은 날짜를 기록하지 않는데, 여기에서는 무엇 때문에 날짜를 기록했는가? 한 달에 두 번 읍을 탈취했기 때문이다. 무엇 때문에 한 달에 두 번 읍을 탈취했다고 말했는가? 심하다고 여긴 것이다. 노나라의 큰 악은 숨겨서 기록하지 않는데, 여기에서는 심하게 여겼다고 말한 것은 무엇 때문인가? 『춘추』는 노나라의 일을 자세하게 기록하고 외국의 일을 간략하게 기록한다. 외국의 큰 악에 대해서는 기록하고, 작은 악에 대해서는 기록하지 않는다. 노나라의 큰 악에 대해서는 숨겨서 기록하지 않고, 작은 악에 대해서는 기록한다."209) 노나라가 고郜읍을 탈취하고 또 방防읍을 탈취한 것은 비록 심한 일이기는 하지만 작은 악이기 때문에 기록한 것이다. 그러나 『춘추』는 노나라를 안으로 여기기 때문에 큰 악은 숨겨서 기록하지 않는다.

둘째, 노나라 사람이 외국으로 도망갈 경우 숨겨서 기록하지 않는다. 『춘추』 장공 원년, 부인이 제나라로 도망갔다.(夫人孫於齊) 『공양전』에서 말했다. "노나라 사람이 외국으로 도망갈 경우 숨겨서 기록하지 않고 손孫이라고 말한다." 만약 외국의 제후가 도망가면 있는 그대로 기록하니, 예를 들어 제나라 경봉慶封·성백盛伯이 노나라로 도망쳐 온 것이 그것이다. 천왕이 도망갈 경우에는 "나가서 정나라에 거처했다"210)와 같이 말해서, 노나라와 같은 기록의 예例를 따르지 않는다.

셋째, 노나라에 대해서는 전쟁했다(戰)고 말하지 않고 패배했다(敗)고 말한다. 『춘추』환공 10년, 제나라 임금·위나라 임금·정나라 임금이 군대를 이끌고 와서

---

209) 『公羊傳』, 隱公 10년.
210) 『春秋』, 僖公 24년.

낭에서 전쟁했다.(齊侯·衛侯·鄭伯來戰於郎) 『공양전』에서 말했다. "이것은 정규 전쟁이었는데, 무엇 때문에 군대가 크게 패배했다고 말하지 않았는가? 노나라에 대해서는 전쟁했다고 말하지 않는다. 전쟁했다고 말하면 패배한 것을 의미한다."[211] 환공 12년, 12월, 정나라 군대와 송나라를 정벌했다. 정미일, 송나라에서 전쟁했다.(十有二月, 及鄭師伐宋. 丁未, 戰于宋) 『공양전』에서 말했다. "전쟁(戰)을 기록할 경우에는 정벌(伐)을 말하지 않는데, 여기에서 정벌했다고 말한 것은 무엇 때문인가? 의심을 피한 것이다. 어떤 의심이 있는가? 정나라 사람과 전쟁한 것으로 의심할 수 있다. 이것은 정규 전쟁인데, 무엇 때문에 군대가 패배했다고 말하지 않았는가? 노나라에 대해서는 전쟁했다고 말하지 않는다. 전쟁했다고 말하면 패배한 것을 의미한다."[212] 『춘추』는 노나라를 안으로 여기기 때문에 패배한 사실을 숨겨서 기록하지 않는다.

넷째, 노나라에 대해서는 대부를 죽인 사건을 숨겨서 기록하지 않는다. 『춘추』 희공 28년, 공자 매가 위나라의 국경을 지켰다. 국경 수비를 끝내지 못해서 그를 죽였다.(公子買戍衛. 不卒戍, 刺之) 『공양전』에서 말했다. "노나라에 대해 대부를 죽인 것을 숨겨서 기록하지 않고, 그를 꾸짖었다(刺之)고 말했다."[213] 『춘추』의 의리에서는 제후는 대부를 제멋대로 죽일 수 없다. 죄가 있는 대부를 죽인 것을 『춘추』에서 기록한 경우는 군주가 제멋대로 죽인 것을 책망한 것이다. 그 외에 죄가 없는데도 임금이 잘못 죽인 것을 기록한 경우는 군주에게 죄를 주고자 거론한 것이다.

다섯째, 노나라의 부인夫人은 죽음을 기록하고 장례를 기록한다. 예를 들면 "부인 자씨가 죽었다"(夫人子氏薨, 은공 2년), "사씨가 죽었다"(姒氏卒, 정공 15년), "정사를 장례지냈다"(葬定姒, 정공 15년), "부인 익씨가 죽었다"(夫人弋氏薨, 양공 4년), "우리 소군 정익을 장례지냈다"(葬我小君定弋, 양공 4년) 등의 사례이다. 외국의 부인에 대해서는 죽음과 장례를 기록하지 않는다.

여섯째, 노나라의 대부大夫는 죽음을 기록한다. 그러나 날짜의 기록 여부에

---

211) 『公羊傳』, 桓公 10년.
212) 『公羊傳』, 桓公 12년.
213) 『公羊傳』, 僖公 28년.

차이가 있을 뿐이다. 예를 들어 공자公子 익사益師가 죽었을 때는 날짜를 기록하지 않았고,214) 공자公子 계우季友는 죽은 날짜를 기록했다.215) 외국의 대부는 죽음을 기록하지 않는데, 죽은 날짜를 기록한 경우는 변례變例이다.

일곱째, 노나라가 여인을 맞이하는 것(逆女)은 기록한다. 예를 들어 "공자 휘가 제나라에 가서 여인을 맞이한 것"(公子翬如齊逆女, 환공 5년)과 "공자 수가 제나라에 가서 여인을 맞이한 것"(公子遂如齊逆女, 선공 원년)이 그것이다. 외국에서 여인을 맞이할 경우는 기록하지 않는다. 예를 들어 "유하가 제나라에서 왕후를 맞이하였다"(劉夏逆王后於齊, 양공 15년)에 대해, 『공양전』에서 "외국에서 여인을 맞이하는 경우에는 기록하지 않는데, 여기에서는 무엇 때문에 기록했는가? 우리나라를 지나갔기 때문이다"216)라고 했다.

여덟째, 노나라가 다른 나라와 서로 왕래하는 것은 기록한다. 외국의 나라들이 서로 왕래하는 경우는 기록하지 않는다. "숙손표와 증나라 세자 무가 진나라에 갔다"(叔孫豹·鄫世子巫如晉, 양공 5년)에 대해, 『공양전』에서 말했다. "외국의 나라들이 서로 왕래하는 것은 기록하지 않는데, 여기에서는 무엇 때문에 기록했는가? 숙손표가 증나라 세자를 이끌고 함께 갔기 때문이다."217)

아홉째, 외국 나라 사이의 화평(外平)은 기록하지 않는다. "송나라 사람이 초나라 사람과 화평하였다"(宋人及楚人平, 선공 15년)에 대해, 『공양전』에서 말했다. "외국 나라 사이의 화평은 기록하지 않는데, 여기에서는 무엇 때문에 기록했는가? 두 명의 대부에 의해 화평이 맺어진 것을 크게 여긴 것이다."218)

열 번째, 외국이 읍을 탈취한 것(取邑)은 기록하지 않는다. "거나라 사람이 기나라를 정벌하여, 모루읍을 탈취했다"(莒人伐杞, 取牟婁, 은공 4년)에 대해, 『공양전』에서 말했다. "외국이 읍을 탈취한 것은 기록하지 않는데, 여기에서는 무엇 때문에 기록했는가?

---

214) 『春秋』, 隱公 원년, "公子益師卒."
215) 『春秋』, 僖公 16년, "三月, 壬申, 公子季友卒."
216) 『公羊傳』, 襄公 15년.
217) 『公羊傳』, 襄公 5년.
218) 『公羊傳』, 宣公 15년.

처음으로 읍을 탈취한 것을 미워했기 때문이다."[219] 대체로 처음으로 그 일을 한 것을 미워했기 때문에 외국에서 읍을 탈취한 것을 기록한 것이다. 노나라가 읍을 탈취했거나 혹은 외국에서 우리 노나라의 읍을 탈취한 경우는 항상 기록한다. "곡읍과 방읍을 탈취한 것"(取郜與防, 은공 10년)과 "감읍을 탈취한 것"(取闞, 소공 32년)이 모두 그것이다.

이상에서 말한 내외內外의 예例는 모두 노나라를 안으로 여기고 제후를 밖으로 여긴 것이다.

제하를 안으로 여기고 이적을 밖으로 여긴 경우는 그 사례가 세 가지이다.

첫째, 이적과 특별히 회합한 경우이다. "숙손교여가 진나라 사섭·제나라 고무구·송나라 화원·위나라 손림보·정나라 공자 추·주루나라 사람과 종리에서 회합하고, 또 오나라와 종리에서 회합하였다"(叔孫僑如會晉士燮·齊高無咎·宋華元·衛孫林父·鄭公子鰍·邾婁人, 會吳于鍾離, 성공 15년)에 대해, 『공양전』에서 말했다. "어째서 오나라와 회합한 것을 따로 구별했는가? 오나라를 밖으로 여겼기 때문이다. 어째서 밖으로 여겼는가? 『춘추』는 자기 나라를 안으로 여기고 제하를 밖으로 여기며, 제하를 안으로 여기고 이적을 밖으로 여긴다."[220] 이것은 이적이 『춘추』에 처음 보인 때인데, 그 세력이 아직 강하지 않았기 때문에 억눌러서 그들로 하여금 제하의 회맹에 참여하지 못하도록 한 것이다.

둘째, 이적이 중국의 회맹을 주관하는 것을 용납하지 않는다. 이적이 점점 강해서서 중국을 자주 괴롭히자, 그들을 억눌러서 그들로 하여금 중국의 회맹을 주관하지 못하도록 하였다. "초나라 굴완이 군대가 있는 곳으로 와서 맹약을 맺고, 소릉에서 맹약을 맺었다"(楚屈完來盟於師, 盟於召陵, 희공 4년)에 대해, 『공양전』에서 말했다. "환공이 중국을 구제하고 이적을 물리쳐서, 마침내 초나라를 굴복시켰다. 『춘추』에서는 이것을 왕자의 일로 여긴 것이다. '왔다'(來)고 말한 것은 무엇 때문인가?

---

219) 『公羊傳』, 隱公 4년.
220) 『公羊傳』, 成公 15년.

환공이 패자가 된 것을 인정한 것이다."[221] 환공을 회맹의 주인으로 삼은 것은 노나라를 안으로 삼는 것과 마찬가지이다. "애공이 진나라 임금 및 오나라 임금과 황지에서 회합하였다"(公會晉侯及吳子於黃池, 애공 13년)에 대해, 『공양전』에서 말했다. "오나라는 무엇 때문에 임금(子)이라고 불렀는가? 오나라가 회합을 주관했기 때문이다. 오나라가 회합을 주관했다면 어째서 진나라 임금을 먼저 말했는가? 이적이 중국의 회합을 주관하는 것을 용납하지 않기 때문이다."[222] 여기에서는 오나라가 중국의 회합을 주관했다고 여겼다. 비록 그렇기는 하지만, 여전히 두 명의 패자와 회합했다는 의미로 말했으니, 오나라를 억누른 것이다.[223]

『공양전』에서는 또한 이적이 중국의 사람을 사로잡는 것을 용납하지 않는 문장이 있다. 예를 들어 "융이 범백을 정벌한 것"(戎伐凡伯, 은공 7년), "형나라가 채나라 임금 헌무를 데리고 돌아간 것"(荊歸蔡侯獻舞, 장공 10년)과 같은 부류이다. 그 의리는 서로 통하니, 모두 이적을 축출한 것이다.

셋째, 이적의 지위를 올려 주거나 낮춘다. "진晉나라 사람 및 강융이 효에서 진秦나라를 패배시켰다"(晉人及姜戎敗秦於殽, 희공 33년)에 대해, 『공양전』에서 말했다. "진秦이라고 말한 것은 무엇 때문인가? 이적으로 여긴 것이다."[224] 이적은 중국과 대적할 수 있는 상대가 아니니, 그들을 가리켜 곧바로 이적이라고 해도 괜찮다. 만약 이적의 세력이 중국을 능멸하면 회유의 기술로 대우한다. "형나라가 신에서 채나라 군대를 패배시키고, 채나라 임금 헌무를 데리고 돌아갔다."(荊敗蔡師於莘, 以蔡侯獻舞歸, 장공 10년) 『춘추』에서는 7등급의 법칙을 펼쳐서, 그들을 형荊이라는 주州의 이름으로 폄하했지만, 실제로는 그들의 지위를 점진적으로 올려서, 예의禮義로

---

221) 『公羊傳』, 僖公 4년.
222) 『公羊傳』, 哀公 13년.
223) 역자 주: 『공양전』에 의하면, 경문에서 '진나라 임금 및 오나라 임금'(晉侯及吳子)이라고 해서, '및'(及)이라는 표현을 사용한 것은 두 명의 패자와 회합했다는 의미이다. 즉 오나라가 중국의 회합을 주관한 것을 어쩔 수 없이 인정하지만, 원칙적으로 오랑캐가 중국의 회합을 주관하는 것을 용납하지 않기 때문에 오나라를 단독으로 회합의 주관자로 기록하지 않고, 중국의 패자인 진나라와 함께 기록했다는 것이다.
224) 『公羊傳』, 僖公 33년.

써 구슬리고자 기대한 것이다. "진나라 순림보가 군대를 거느리고 초나라 임금과 필에서 전쟁했다. 진나라 군대가 크게 패배하였다."(晉荀林父帥師, 及楚子戰于邲, 晉師敗績, 선공 12년) 여기에서 『춘추』는 마침내 "진나라를 인정하지 않고, 초나라 임금이 예의禮義에 맞게 행동한 것을 인정하였다."[225] 예의禮義를 가지고 초나라 장왕莊王을 책망했었는데, 여기에서는 마침내 예의로써 인정하고 중국의 우두머리로 여긴 것이다.

2) 시월일時月日의 예例

시월일의 예는 후인들에 의해 많은 비판을 받았다. 그러나 시월일의 예는 실제로 『공양전』의 문장에 근본을 둔 것이지 전체가 모두 한대 학자들의 이론에서 나온 것은 아니다. 『공양전』에 기록된 시월일의 예는 모두 23조목이다. 사계절의 첫 달을 기록하는 예(書首時) 1조목, 정월에 즉위하는 예(正月卽位) 2조목, 날짜를 기록하거나 기록하지 않는 예(日或不日例) 2조목(日食과 장례일[葬事]), 날짜를 기록하는 예(書日例) 7조목(군대가 국경에 도착한 날 바로 정벌한 경우[至之日], 그 일을 크게 여기는 경우[大其事], 노나라의 일을 기록할 경우[錄內事], 공자가 죽은 경우[公子卒], 그 일이 어려움을 보여 주는 경우[示其難], 정규 전쟁의 경우[偏戰]), 날짜를 기록하지 않는 예(不書日例) 10조목(卽位, 정벌[伐], 기습 전쟁[詐戰], 읍을 탈취할 경우[取邑], 제나라 환공의 맹약[齊桓之盟], 미유년의 임금이 시해된 경우[未踰年君弑], 그믐[晦])이다.

먼저 계절을 기록하는 예(時例)에 관해서는 『춘추』 은공 6년, "가을, 7월"(秋, 七月)의 『공양전』에서 말했다. "여기에서는 일이 없는데, 무엇 때문에 기록했는가? 『춘추』는 비록 일이 없더라도, 한 계절이 지나가면 그 첫 달을 기록한다. 한 계절이 지나가면 그 첫 달은 무엇 때문에 기록하는가? 『춘추』는 연대 순서에 따라 기록하기 때문에 사계절이 갖추어진 이후에야 한 해가 된다."[226] 단희중段熙仲은 『춘추』에서

---

225) 『公羊傳』, 宣公 12년.
226) 『公羊傳』, 隱公 6년.
역자 주: 하휴의 주에 의하면, 봄은 정월, 여름은 4월, 가을은 7월, 겨울은 10월을 시작으로 삼는다. 한 계절이 아무런 일이 없이 지나가더라도 각 계절의 첫 달은

계절을 기록하는 것이 정례正例인데, 만약 계절이 지나도 기록하지 않았다면 변례變例라고 하였다.

달을 기록하는 예(月例)에 관해서는 『춘추』 은공 원년, "봄, 왕의 정월"(春, 王正月)의 『공양전』에서 말했다. "어째서 왕王을 먼저 말하고 정월正月을 뒤에 말했는가? 주나라 왕이 제정한 정월이기 때문이다. 무엇 때문에 왕의 정월(王正月)을 말했는가? 하나로의 통일을 크게 여긴 것이다."[227] 단희중은 이것이 『춘추』에서 달을 기록하는 정례이며, 왕이월王二月과 왕삼월王三月의 경우도 또한 마찬가지인데, 왕王을 기록하지 않고 단지 달(月)만을 말한 것은 변례라고 했다. 또 『춘추』 은공 11년, "은공이 죽었다"(公薨)의 『공양전』에서 말했다. "은공은 무엇 때문에 (원년을 제외하고) 정월正月이 없는가? 은공은 장차 환공에게 자리를 양보하려고 했기 때문에 자신의 정월을 두지 않았다."[228] 정공 원년, "봄, 왕"(春, 王)의 『공양전』에서 말했다. "정공은 무엇 때문에 정월이 없는가? 정월은 즉위를 올바르게 했다는 의미이다. 정공이 원년에 정월이 없는 것은 즉위가 정월 이후(6월)에 있었기 때문이다."[229] 따라서 정월을 기록하지 않은 것도 또한 변례이다.

날짜를 기록하는 예(日例)에 관해서도 『공양전』에 많이 보인다. 『춘추』 희공 16년, "봄, 왕의 정월, 무신일 초하루, 운석이 송나라에 다섯 개 떨어졌다. 이 달에 여섯 마리 물새가 뒤로 날아서 송나라 수도를 지나갔다"(春, 王正月, 戊申朔, 隕石於宋五. 是月, 六鷁退飛過宋都)의 『공양전』에서 말했다. "이 달(是月)이라는 것은 무엇인가? 이 달이 거의 끝나는 시점이다. 무엇 때문에 날짜를 기록하지 않는가? 그믐날이기 때문이다. 그믐날이면 무엇 때문에 그믐날이라고 말하지 않았는가? 『춘추』는 그믐날을 기록하지 않는다. 초하루에 일이 있으면 기록하지만 그믐날에는 비록 일이 있더라도 기록하지 않는다."[230] 따라서 『춘추』에서 초하루(朔)를 기록하고 그믐(晦)을

반드시 기록한다.

227) 『公羊傳』, 隱公 원년.
228) 『公羊傳』, 隱公 11년.
229) 『公羊傳』, 定公 원년.
230) 『公羊傳』, 僖公 16년.

기록하지 않는 것이 정례이니, 『춘추』는 시작을 바로잡기 때문이다.

이상이 『춘추』의 시時·월月·일日의 통상적인 예이다. 『공양전』에서 시·월·일을 기록한 것은 그 내용적인 측면에서 말하면 또한 다음과 같이 여러 종류로 상세하게 분류할 수 있다.

조회와 빙문(朝聘). 『춘추』 희공 28년, "임신일, 희공이 왕이 머무는 곳에서 조회하였다."(壬申, 公朝於王所) 『공양전』에서 말했다. "날짜를 기록한 것은 무엇 때문인가? 노나라의 잘못을 기록한 것이다."[231] 조회의 예는 날짜를 기록하지 않고, 오직 노나라의 조회에 대해서만 날짜를 기록하였다.

죽음과 장례(卒葬). 『춘추』 은공 3년, "계미일, 송나라 목공을 장례지냈다."(癸未, 葬宋繆公) 『공양전』에서 말했다. "장례지낸 것을 어째서 혹은 날짜를 기록하고 혹은 날짜를 기록하지 않는가? 정해진 날에 미치지 않았는데 장례를 지내고 날짜를 기록한 것은 장례를 서둘러 지낸 것이다. 정해진 날에 미치지 않았는데 장례를 지내고 날짜를 기록하지 않은 것은 장례를 소홀히 지낸 것이다. 정해진 날을 지나서 장례를 지내고 날짜를 기록한 것은 애통하게 여긴 것이다. 정해진 날을 지나서 장례를 지내고 날짜를 기록하지 않은 것은 장례를 지내지 못한 것이다. 날짜에 맞추어 장례를 지내고 날짜를 기록하지 않은 것은 올바른 것이다. 날짜에 맞추어 장례를 지내고 날짜를 기록한 것은 위험해서 장례를 제대로 지내지 못한 것이다."[232] 또 은공 원년, "공자 익사가 죽었다."(公子益師卒) 『공양전』에서 말했다. "무엇 때문에 날짜를 기록하지 않았는가? 시대가 멀기 때문이다. 직접 본 시대에 대해 말을 달리하고, 직접 들은 시대에 대해 말을 달리하며, 전해들은 시대에 대해 말을 달리한다."[233]

---

231) 『公羊傳』, 僖公 28년.
　　역자 주: 같은 해 5월에도 "公朝于王所"라는 기록이 보이는데, 여기에는 날짜를 기록하지 않았다. 희공이 주나라의 서울이 아니라 외부에서 같은 해에 두 번씩이나 왕을 조회한 것이다. 이에 대해 하휴는 날짜를 기록함으로써 노나라가 올바르지 않은 장소에서 두 번씩이나 예법을 잃은 잘못을 드러낸 것이라고 해석하였다.
232) 『公羊傳』, 隱公 3년.

회합과 맹약(會盟). 『춘추』 장공 13년, "장공이 제나라 임금과 회합하여 가에서 맹약했다."(公會齊侯, 盟於柯) 『공양전』에서 말했다. "무엇 때문에 날짜를 기록하지 않았는가? 서로 믿어서 걱정이 없었기 때문이다. 서로 믿어서 걱정이 없었다는 것은 무슨 의미인가? 제나라 환공과의 맹약은 날짜를 기록하지 않고, 제나라 환공과의 회합은 돌아온 날짜도 기록하지 않으니, 그를 신뢰하기 때문이다. 환공과의 맹약에 대해 날짜를 기록하지 않는 것은 무엇 때문에 여기에서 시작되었는가?…… 환공에 대한 신뢰가 천하에 드러난 것은 가柯의 맹약에서 시작되었다."[234] 또 장공 23년, "봄, 장공이 제나라에서 돌아왔다."(春, 公至自齊) 『공양전』에서 말했다. "제나라 환공과의 맹약은 날짜를 기록하지 않고, 제나라 환공과의 회합은 돌아온 날짜도 기록하지 않으니, 그를 신뢰하기 때문이다. 그런데 여기에서는 환공의 나라에 갔는데, 무엇 때문에 돌아왔다고 기록했는가? 위험하게 여긴 것이다."[235] 맹약에 날짜를 기록하는 것은 정례이니, 위험하게 여기기 때문이다. 환공과의 맹약에 날짜를 기록하지 않은 것은 변례이다. 그러나 환공에 대한 신뢰가 천하에 드러난 상황에서는 맹약에 날짜를 기록하지 않는 것이 정례가 된다. 지금 환공과의 맹약에 날짜를 기록하여 위험하게 여긴 것은 도리어 변례가 된다.

전쟁과 정벌(戰伐). 『춘추』 장공 28년, "봄, 왕의 3월, 갑인일, 제나라 사람이 위나라를 정벌했다. 위나라 사람이 제나라 사람과 전쟁했는데, 위나라 사람이 크게 패배하였다."(春, 王三月, 甲寅, 齊人伐衛. 衛人及齊人戰, 衛人敗績) 『공양전』에서 말했다. "정벌은 날짜를 기록하지 않는데, 여기에서는 무엇 때문에 날짜를 기록했는가? 군대가 국경에 도착한 날 바로 정벌했기 때문이다. 전쟁했을 경우에는 정벌했다고 말하지 않는데, 여기에서 정벌했다고 말한 것은 무엇 때문인가? 군대가 국경에 도착한 날 바로 정벌했기 때문이다."[236] 또 희공 22년, "겨울, 11월, 기사일 초하루, 송나라

---

233) 『公羊傳』, 隱公 원년.
234) 『公羊傳』, 莊公 13년.
235) 『公羊傳』, 莊公 23년.
236) 『公羊傳』, 莊公 28년.
　　역자 주: 하휴의 주에 의하면, 전쟁하는 방법은 마땅히 먼저 상대의 국경 지역에

임금이 초나라 사람과 홍에서 전쟁했는데, 송나라 군대가 크게 패배했다."(冬, 十有一月, 己巳朔, 宋公及楚人戰於泓, 宋師敗績) 『공양전』에서 말했다. "정규 전쟁은 날짜만 기록하는데, 여기에서 초하루를 말한 것은 무엇 때문인가? 『춘추』에서 문장이 번잡하더라도 줄이지 않는 것은 올바른 도를 얻는 것이 더욱 좋기 때문이다."[237] 정벌에 대해 날짜를 기록하지 않고, 기습 전쟁(詐戰)에 대해 날짜를 기록하지 않고, 읍을 탈취한 것(取邑)에 대해 날짜를 기록하지 않는 것은 모두 정례이다. 그와 반대는 변례이다.

『공양전』에서 말한 시월일時月日의 예例는 이상과 같다. 송대 최자방崔子方이 지은 『춘추본례春秋本例』에서는 시월일의 예를 더욱 중시했는데, 그 책의 「서문」에서 다음과 같이 말했다.

> 성인의 책을 논해 보면, 연대 순서에 따라 기록하는 것(編年)을 체제로 삼고, 사시四時를 들어서 기록하는 것을 명분으로 삼으며, 일월日月을 드러내는 것을 예例로 삼았다. 『춘추』는 본래 예가 있는데, 일월의 예는 그 근본이 된다.

최자방은 시월일의 예를 높이 평가하였고, 또한 『춘추』에 있는 모든 예例의 근본이라고 여겼다.

3) 명칭(名)의 예例

『논어』에는 공자가 '정명正名'을 예악禮樂과 형정刑政의 시작으로 여긴 내용을 기록하고 있고,[238] 『장자』에는 "『춘추』는 명분을 말했다"[239]는 기록이 있으니, 이것이 바로 『춘추』에 명례名例가 있는 까닭이다. 천자와 제후로부터 경·대부·사에 이르기까지 그 이름이 있지 않은 경우가 없는데, 『춘추』는 천자를 폄하하고 제후를

이르러, 가볍게 침략하여 책망한다. 그런데도 만약 상대가 굴복하지 않으면 그때서야 정벌한다. 그런데 여기에서는 오늘 국경에 이르러서 바로 정벌한 것이다.
237) 『公羊傳』, 僖公 22년.
238) 『論語』, 「子路」.
239) 『莊子』, 「天下」.

강등하고 대부를 토벌하니, 그 포폄褒貶과 진퇴進退의 의리는 항상 명례를 빌어서 드러냈다. 후세에 명분을 가지로 가르침을 삼는 것은 그 의미가 실제로『춘추』의 명례에서 나온 것이다.

왕자王者의 호칭은 세 가지가 있는데, 왕王·천왕天王·천자天子이다.『춘추』성공 8년 "가을, 7월, 천자가 소백을 보내 와서 성공의 작명爵命을 하사하였다."(秋, 七月, 天子使召伯來錫公命)『공양전』에서 말했다. "천자라고 말한 것은 무엇 때문인가? '원년, 춘, 왕의 정월'(元年, 春, 王正月)(과 같이 王이라고) 기록하는 것이 올바르며, 그 나머지 해에 (王이라고 말하거나 天王이라고 말하거나 天子라고 말하거나) 모두 통용된다."[240] 왕王이라고 호칭하는 것이 정식이고, 천왕天王과 천자天子는 통용되는 호칭인 것 같다. 그런데 서언의 소에서는 하휴의 주에 근거하여 다음과 같이 말했다. "왕王은 옛날의 명칭이고, 천왕天王은『춘추』기록 시기의 명칭일 뿐이다. 단지 당시에 왕王자가 천天자와 연계되어 있었다는 것을 드러낸 것을 뿐이니, 본래의 호칭을 쫓은 것이지 올바름을 따른 것이 아니다. 그렇다면 (하휴가 그 호칭으로써) 옳고 그름을 드러냈다고 한 것은 무슨 의미인가? 왕王이라는 한 글자로 호칭하는 것은 옛날의 호칭이다. 천天과 연계되어 있는 경우는 분명히 옛날의 예법은 아니다. 『춘추』를 지을 때 이미 올바름을 따른 것이 아니기 때문에 마침내 천왕天王이라는 호칭을 일상적인 호칭으로 간주하였다. 따라서『춘추』안에서 천天자를 말하지 않은 경우는 모두 다 그 이유를 해석하여, 잘못된 점을 드러내었다.…… 이 세 가지 호칭은 모두 윗사람에 대한 통칭이다. 다만 천왕天王이라는 호칭이 당시에 사용하던 말이기 때문에 왕王과 천자天子는 모두 비판의 의미가 있다." 왕王·천왕天王·천자天子는 모두 통용되는 명칭인데, 왕은 옛날의 명칭이다. 그런데『춘추』의 입장에서 말한다면, 천왕을 일상적인 호칭으로 여기고, 왕과 천자는 모두 비판의 의미가 있고, 또한 특별한 일이 있어서 말한 것이다. 따라서『춘추』성공 원년 "왕이 영숙을 보내 와서 환공의 작명爵命을 하사하였다."(王使榮叔來錫桓公命) 하휴가

---

240)『公羊傳』, 成公 8년.

말했다. "천왕天王이라고 말하지 않은 것은 환공의 행실이 실제로 악했는데도 추급하여 작명을 하사하니, 더욱더 천도天道에 어긋나기 때문에 그렇게 말한 것이다."241) 이것은 분명히 천왕을 정식적인 말로 여기고 왕이라고 말한 것을 변례로 여긴 것이다. 『춘추』 은공 원년의 『공양전』에서 "왕자王者는 누구를 말하는가? 문왕文王을 말한다"고 한 것은 왕을 주나라에서 처음 천명을 받는 왕으로 지칭한 것이다. 그리고 왕이월王二月과 왕삼월王三月의 경우는 삼통의 소통(通三統) 의리에 근거해서 보면, 모두 하夏나라와 은殷나라에서 처음으로 천명을 받은 왕이며, 각각의 왕조에서 왕법王法이 나온 왕을 의미한다.

천자의 부인은 당연히 왕후王后라고 호칭한다. 왕후라는 호칭이 이미 부여된 경우라면, 비록 부모의 나라에 있더라도 여전히 왕후라고 호칭할 수 있다. 『춘추』 환공 8년, "채공이 노나라에 왔다가, 마침내 기나라에 가서 왕후를 맞이하였다."(祭公來, 遂逆王后於紀) 『공양전』에서 말했다. "여인은 자기 나라에 있을 때는 여인(女)이라고 부르는데, 여기에서 왕후王后라고 부른 것은 무엇 때문인가? 왕자는 나라 밖이 없고, 왕후라는 말이 이미 부여되었기 때문이다."242) 유하劉夏가 제나라에서 왕후를 맞이한 것도 또한 이러한 의리이다. 그런데 환공 9년, "봄, 기나라 계강이 천자의 서울로 시집갔다."(春, 季姜歸於京師) 『공양전』에서 말했다. "왕후라는 말이 이미 부여되었는데, 기나라 계강이라고 말한 것은 무엇 때문인가? 우리 부모의 입장에서 기나라라고 말한 것이다. 부모는 자식에 대해, 비록 천왕의 부인이 되었더라도 여전히 '우리 계강'이라고 말한다."243) 이것은 친친親親을 높이는 『공양전』의 의리에 근거하여, 자식이 존귀하더라도 부모보다 더할 수는 없음을 밝힌 것이다.

제후의 호칭도 또한 세 가지가 있는데, 공公·자子·자모子某이다. 『춘추』 장공 32년, "겨울, 11월, 을미일, 자반이 죽었다."(冬, 十月, 乙未, 子般卒) 『공양전』에서 말했다. "임금이 살아 있을 때는 아들을 세자世子라고 부르고, 임금이 죽었을 때는 아들을

---

241) 『公羊傳』, 成公 원년, 何休 注.
242) 『公羊傳』, 桓公 8년.
243) 『公羊傳』, 桓公 9년.

아들 아무개(子某)라고 부르며, 장례를 지낸 뒤에는 아들(子)이라고 부르고, 1년이 지나면 임금(公)이라고 부른다."[244] 이것이 그 사례이다. 제후는 또한 자字를 부를 수도 있다. 『춘추』 은공 원년, "은공이 주루나라 의보와 멸에서 맹약을 맺었다."(公及邾 婁儀父盟於眛) 『공양전』에서 말했다. "의보는 누구인가? 주루나라의 임금이다. 무엇 때문에 이름을 불렀는가? 자字이다. 어째서 자字를 불렀는가? 그를 칭찬한 것이다. 어째서 그를 칭찬했는가? 그가 은공과 맹약을 맺었기 때문이다."[245] 주루나라의 의보는 『춘추』 기록 이전에 작위를 잃었는데, 지금 자字를 부른 것은 그를 칭찬한 것이다.

또 제후는 살아 있을 때는 이름을 기록하지 않는 것이 정례이다. 살아 있을 때 이름을 기록하는 것은 세 가지 경우가 있다. 지위를 박탈할 경우 이름을 기록하고, 땅을 잃어버릴 경우 이름을 기록하며, 적장자의 자리를 빼앗을 경우 이름을 기록한다. 『춘추』 환공 6년, "채나라 사람이 진나라의 타를 죽였다."(蔡人殺陳佗) 『공양전』에서 말했다. "진나라의 타는 누구인가? 진나라 임금이다. 진나라 임금인데 어째서 진나라의 타라고 말하는가? 지위를 박탈했기 때문이다. 어째서 지위를 박탈했는가? 천박했기 때문이다."[246] 장공 6년, "여름, 6월, 위나라 임금 삭이 위나라로 들어갔다."(衛侯朔入於衛) 『공양전』에서 말했다. "위나라 임금 삭은 무엇 때문에 이름을 기록했는가? 지위를 박탈했기 때문이다. 어째서 지위를 박탈했는가? 천자의 명령을 어겼기 때문이다."[247] 이것은 지위를 박탈할 경우 이름을 기록하는 것이다. 『춘추』 환공 7년, "여름, 곡나라 임금 수가 노나라에 와서 조회했다. 등나라 임금 오리가 노나라에 와서 조회했다."(夏, 穀伯綏來朝, 鄧侯吾離來朝) 『공양전』에서 말했다. "두 사람 모두 무엇 때문에 이름을 기록했는가? 땅을 잃어버린 임금이기 때문이다."[248] 이것은 땅을 잃어버릴 경우 이름을 기록한 것이다. 『춘추』 환공 15년, "정나라 임금 돌이

---

244) 『公羊傳』, 莊公 32년.
245) 『公羊傳』, 隱公 원년.
246) 『公羊傳』, 桓公 6년.
247) 『公羊傳』, 莊公 6년.
248) 『公羊傳』, 桓公 7년.

채나라로 도망쳤다."(鄭伯突出奔蔡) 『공양전』에서 말했다. "돌은 무엇 때문에 이름을 기록했는가? 적장자의 자리를 빼앗았기 때문이다."[249] 이것은 적장자의 자리를 빼앗을 경우 이름을 기록한 것이다. 『춘추』 환공 11년, "정나라 홀이 위나라로 도망쳤다."(鄭忽出奔衛) 『공양전』에서 말했다. "홀은 무엇 때문에 이름을 기록했는가? 『춘추』는 백伯·자子·남男이 같은 호칭이며, 그 말을 기록할 때 비판의 의미가 없다."[250] 살펴보건대, 홀忽은 외국으로 도망쳤기 때문에 마땅히 지위를 박탈할 경우 이름을 기록하는 경우에 해당된다. 그러나 홀은 죄가 없는데도 지금 이름을 불렀으므로 죄 때문에 비판한 것이 아니다. 즉 임금이 죽으면 그 아들에 대해서는 이름을 부르는 의리가 있기 때문이다. 또 홀이 비록 외국으로 도망쳤지만, 여전히 죽은 선군의 아들이라는 점은 달라지지 않음을 밝힌 것이다. 따라서 정나라 홀에 대해 이름을 부른 것은 또한 변례이다.

또한 제후를 사람(人)이라고 부르는 것도 비판하는 말이다. 『춘추』 장공 30년, "제나라 사람이 산융을 정벌했다."(齊人伐山戎) 『공양전』에서 말했다. "이것은 제나라 임금이다. 사람이라고 부른 것은 무엇 때문인가? 폄하한 것이다. 어째서 폄하했는가? 자사마자子司馬子가 '그들을 핍박해서 죽인 것이 너무 심했다'고 했다."[251] 희공 21년, "초나라 사람이 의신을 노나라에 보내 포획물을 바쳤다."(楚人使宜申來獻捷) 『공양전』에서 말했다. "이것은 초나라 임금인데, 사람이라고 말한 것은 무엇 때문인가? 폄하한 것이다. 어째서 폄하했는가? 송나라 임금을 붙잡았기 때문에 비판한 것이다."[252]

제후가 죽었을 때 이름을 부르는 것은 정례이다. 변례는 두 가지가 있다. 작은 나라는 이름을 기록하지 않는데, 예를 들어 『춘추』 은공 7년의 "등후가 죽었다"(滕侯卒) 는 기록이 그것이다. 이적夷狄은 적자嫡子의 이름을 감추는 풍속이 있기 때문에

---

249) 『公羊傳』, 桓公 15년.
250) 『公羊傳』, 桓公 11년.
251) 『公羊傳』, 莊公 30년.
252) 『公羊傳』, 僖公 21년.

이름을 기록하지 않는데, 예를 들어 『춘추』 소공 5년의 "태백이 죽었다"(秦伯卒)는 기록이 그것이다. 제후가 죽었을 때 공公이라고 부르는 경우는 신자臣子와 연계한 말이니, 신자가 자기 임금을 존중하지 않음이 없기 때문이다. 그런데 죽거나 장례를 지내는 경우가 아니라면, 모두 본래의 작위를 부르는 것을 정례로 삼으니, 예를 들어 송공宋公·제후齊侯·진후晉侯·정백鄭伯과 같은 종류가 그것이다.

임금의 부인(君夫人)은 부인夫人 모씨某氏라고 부른다. 신자臣子의 입장에서 말할 때는 아소군我小君이라고 부른다. 『춘추』 은공 2년, "부인 자씨가 죽었다."(夫人子氏薨) 『공양전』에서 말했다. "부인 자씨는 누구인가? 은공隱公의 어머니이다."[253] 『춘추』는 비록 은공이 임금 자리를 환공에게 양보하려고 한 뜻을 이루어 주었지만, 어머니는 자식 때문에 귀해지기 때문에 은공의 어머니를 여전히 군부인君夫人으로 여긴 것이다. 이것이 여인이 시집을 와서 그 나라에 이미 들어왔을 때의 올바른 기록이다. 친영親迎의 경우에는 여인을 맞이할 때는 여자(女)라고 하고, 처음으로 그 나라에 왔을 때는 부인(婦)이라고 한다. 『춘추』 은공 2년, "9월, 기나라 이수가 노나라에 와서 여인을 맞이하였다."(九月, 紀履緰來逆女) 『공양전』에서 말했다. "여인은 어째서 혹은 여인(女)이라고 부르고, 혹은 부인(婦)이라고 부르고, 혹은 부인夫人이라고 부르는가? 여인이 자기 나라에 있을 때는 여인(女)이라고 부르고, 시집가는 길에 있으면 부인(婦)이라고 부르고, 남편의 나라에 들어가면 부인夫人이라고 부른다."[254] 선공 원년, "3월, 수가 부인夫人 부강婦姜을 모시고 제나라로부터 왔다."(三月, 遂以夫人婦姜至自齊) 『공양전』에서 말했다. "부인(婦)이라고 부른 것은 무엇 때문인가? 시어머니가 살아 있다는 의미의 말이다."[255] 여자가 남편의 집에 올 경우에는 부인(婦)이라고 부르니, 시어머니가 살아 있다는 의미의 말이다. 남편의 나라에 들어와야만 부인夫人이라고 부르지만, 변례의 사례도 있다. 『춘추』 희공 원년, "부인씨의 상구喪柩가 제나라로부터 왔다."(夫人氏之喪至自齊) 『공양전』에서 말했다. "부인은 무엇 때문에 강씨姜氏라고 부르지 않는

---

253) 『公羊傳』, 隱公 2년.
254) 『公羊傳』, 隱公 2년.
255) 『公羊傳』, 宣公 원년.

가? 폄하한 것이다. 민공을 시해하는 데 참여했기 때문이다."256) 환공 3년, "9월, 제나라 임금이 강씨를 환에서 전송했다."(齊侯送姜氏於讙)『공양전』에서 말했다. "이것은 남편의 나라로 들어온 것인데, 무엇 때문에 부인이라고 부르지 않았는가? 우리 제나라의 입장에서 말한 것이다. 제나라의 부모는 자식에 대해, 비록 이웃 나라의 부인이 되었더라도, 여전히 '우리 강씨'라고 한다."257) 이것은 모두 변례이다.

이적夷狄의 경우에는 비록 나라가 크더라도 자子라고 하니, 이것이 당연히 정례이다. 『춘추』에는 또한 제후의 지위를 올리고 내리는 7등급의 법도를 둠으로써 내외內外를 구별하는 미언微言을 담아 놓았다. 『춘추』 장공 10년, "가을, 9월, 형나라가 신에서 채나라 군대를 패배시키고, 채나라 임금 헌무를 데리고 돌아갔다."(秋, 九月, 荊敗蔡師于莘, 以蔡侯獻舞歸)『공양전』에서 말했다. "형荊나라는 무엇인가? 주州의 이름이다. 주州의 이름을 부르는 것은 나라(國) 이름을 부르는 것만 못하고, 나라 이름을 부르는 것은 성씨姓氏를 부르는 것만 못하며, 성씨를 부르는 것은 사람(人)이라고 부르는 것만 못하고, 사람이라고 부르는 것은 이름을 부르는 것만 못하며, 이름을 부르는 것은 자字를 부르는 것만 못하고, 자를 부르는 것은 자子라고 부르는 것만 못하다."258) 『춘추』에서는 작위를 4등급으로 만들었는데, 왕王이 한 등급, 공公이 한 등급, 후侯가 한 등급, 백伯·자子·남男이 한 등급이다. 그 아래에 또 6등급이 있으니, 예를 들어 주루邾婁·모牟·갈葛 및 이적夷狄은 인人이라고 부른다. 개介나라 임금 갈로葛盧는 중국에 조회하고 어진 임금을 사모했기 때문에 이름을 기록하였다. 주루邾婁나라의 의보儀父는 처음으로 노나라 은공과 맹약을 맺었기 때문에 지위를 올려서 자字를 불렀다. 또한 영씨英氏·로씨潞氏가 있는데, 이들은 이적이다. 진秦·초楚·오吳·월越의 경우는 항상 나라(國) 이름으로 불렀는데, 폄하한 것이다. 또한 형荊이나 서徐 등은 주州의 이름이다.

이상이 천자와 제후의 명례名例이며, 경·대부와 같은 경우는 그 명칭이 더욱

---

256) 『公羊傳』, 僖公 원년.
257) 『公羊傳』, 桓公 3년.
258) 『公羊傳』, 莊公 10년.

복잡하다.

천자의 삼공三公은 채읍采邑을 씨氏로 삼고 공公이라고 부른다. 『춘추』 은공 5년, "처음으로 육우六羽의 춤을 추었다."(初獻六羽) 『공양전』에서 말했다. "천자의 삼공三公을 공公이라고 부르고, 하나라와 은나라 왕의 후손을 공公이라고 부른다. 그 나머지 중에 큰 나라를 후작(侯)이라고 부르고 작은 나라를 백작(伯)·자작(子)·남작(男)이라고 부른다. 천자의 삼공三公은 누구인가? 천자의 재상이다. 천자의 삼공은 무엇 때문에 세 명인가? 성왕成王의 때부터 섬陝으로부터 동쪽은 주공周公이 주관하고, 섬으로부터 서쪽은 소공召公이 주관했으며, 나머지 한 명의 재상은 조정 내부에 거처했다."[259]

천자의 상대부上大夫는 채읍采邑을 씨氏로 삼고 자字를 불렀다. 『춘추』 은공 원년, "채백이 왔다."(祭伯來) 『공양전』에서 말했다. "천자의 대부이다."[260] 하휴는 여기에서의 대부는 상대부上大夫라고 하였다. 하대부下大夫는 관직 명칭을 씨氏로 삼고, 또한 자字를 불렀다. 『춘추』 환공 4년, "천왕이 총재 거백규를 노나라에 보내 빙문하도록 하였다."(天王使宰渠伯糾來聘) 『공양전』에서 말했다. "하대부下大夫이다."[261] 제후가 천자의 대부로 들어갈 경우에도 또한 채읍을 씨로 삼으니, 유하劉夏·유권劉卷이 그것이다. 또한 채읍을 씨로 삼는데도 이름이나 자字를 기록하지 않는 경우가 있는데, 예를 들어 윤씨尹氏와 같은 경우는 대대로 경대부卿大夫의 자리를 세습한 것을 비판했기 때문이며, 일상적인 명례名例는 아니다.

천자의 상사上士는 씨氏를 이름으로 삼는 것으로써 통용된다. 『춘추』 정공 14년, "천왕이 석상을 보내서 제사에 쓸 고기를 보냈다."(王使石尙來歸脤) 『공양전』에서 말했다. "천자의 사士이다."[262] 하사下士는 관직을 씨氏로 삼고 이름을 부른다. 『춘추』 은공 원년, "천왕이 총재 훤을 보냈다."(天王使宰咺) 『공양전』에서 말했다. "총재는

---

259) 『公羊傳』, 文公 11년.
260) 『公羊傳』, 隱公 원년.
261) 『公羊傳』, 桓公 4년.
262) 『公羊傳』, 定公 14년.

무엇인가? 관직이다. 휘은 무엇인가? 이름이다. 어째서 관직을 씨로 삼았는가? 총재는 천자의 사士이기 때문이다."263) 하휴의 주에서 말했다. "천자의 상사上士는 씨氏를 이름으로 삼는 것으로써 통용된다. 중사中士는 관직으로써 기록하고, 하사下士는 인人이라고 약칭한다."

천자의 세자世子는 왕세자王世子라고 부른다. 나머지 자식들은 왕자 아무개(王子某)라고 부르고, 모든 손자는 왕손 아무개(王孫某)라고 부른다. 예를 들어 왕자조王子朝·왕자하王子瑕·왕손만王孫滿과 같은 경우이다. 그런데 숙복叔服에 대해 왕자王子라고 부르지 않은 것은 비판한 것이다. 어머니가 같은 형은 형兄이라고 부르고, 어머니가 같은 동생은 제弟라고 부르니, 『춘추』 양공 33년, "천왕이 그 아우 연부를 죽였다"(天王殺其弟年夫)는 것이 그것이다. 어머니가 같은 동생으로서 존귀하고 천자의 대부가된 자는 위로 선왕과 연결되니, 왕계자王季子와 같은 경우이다. 서자庶子는 백중伯仲이라고 부르지 않으니, 왕찰자王札子와 같은 경우이다.

『춘추』는 내외內外를 구별하는데, 노나라의 대부로서 천자에게 명을 받는 자에 대해서는 자字를 부르니, 선백單伯과 같은 경우이다. 만약 천자에게 명을 받지 않았다면 씨氏가 없으니, "협이 죽었다"(俠卒, 은공 9년)와 같은 경우이다. 사士의 경우에는 미천하기 때문에 인人이라고 부른다. 제후의 외대부外大夫는 항상 이름을 부르니, 자字를 부른 경우는 칭찬한 것이다. 『춘추』 장공 3년, "기계가 휴 땅을 가지고 제나라로 들어갔다."(紀季以酅入於齊) 『공양전』에서 말했다. "기계는 누구인가? 기紀나라 임금의 동생이다. 무엇 때문에 이름을 기록하지 않았는가? 어질게 여긴 것이다."264) 이처럼 이름을 부르지 않은 것은 그 사람을 칭찬한 것이며, 만약 자字를 불렀다면 더욱 크게 칭찬한 경우이다. 또한 대국에는 대부가 있고 소국에는 대부가 없는데, 초楚·진秦·오吳의 경우에는 나라의 크기와는 상관없이 이적이기 때문에 대부가 없다. 만약 이적의 대부를 기록한 경우가 있다면 그것은 변례에 해당되며, 『공양전』에서는

---

263) 『公羊傳』, 隱公 원년.
264) 『公羊傳』, 莊公 3년.

반드시 그 이유를 드러내 밝혔다.

제후의 사士는 상사上士·중사中士·하사下士를 구별하지 않는다. 모두 미천하기 때문에 일률적으로 인人이라고 부른다. 『춘추』은공 원년, "송나라 사람과 숙에서 맹약을 맺었다."(及宋人盟於宿)『공양전』에서 말했다. "누가 송나라 사람과 맹약을 맺었는가? 노나라의 지위가 낮은 자이다."265) 노나라와 송나라 모두 지위가 낮은 자들이 회합하여 맹약을 맺은 것이다.

제후의 적자嫡子는 세자世子라고 부르니, 허나라 세자 지(許世子止)·조나라 세자 사고(曹世子射姑)와 같은 경우이다. 서자庶子는 선군과 연계시켜서, 공자公子·공손公孫이라고 부른다. 동생도 어머니가 같은 동생은 제弟라고 부르고, 어머니가 같은 형은 형兄이라고 부른다. 만약 어머니가 같은 동생인데 제弟라고 부르지 않는 경우는 비판한 것이다. 은공 원년, "정나라 임금이 언에서 단을 이겼다."(鄭伯克段於鄢)『공양전』에서 말했다. "단段은 누구인가? 정나라 임금의 동생이다. 무엇 때문에 동생이라고 부르지 않았는가? 나라를 차지하려고 했기 때문이다."266)

또한 시호諡號를 기록한 경우가 있는데, 그것은 『춘추』에서 칭찬한 것이다. 『춘추』양공 30년, "가을, 7월, 숙궁이 송나라에 가서, 송나라 공희를 장례지냈다."(秋, 七月, 叔弓如宋, 葬宋共姬)『공양전』에서 말했다. "외국의 부인에 대해서는 장례를 기록하지 않는데, 여기에서는 무엇 때문에 기록했는가? 측은하게 여겼기 때문이다. 무엇 때문에 측은하게 여겼는가? 송나라에 화재가 났는데, 백희伯姬가 그 화재로 죽었기 때문이다. 시호를 말한 것은 무엇 때문인가? 어질게 여겼기 때문이다."267)

성씨姓氏를 삭제한 경우는 비판한 것이다. 『춘추』은공 2년, "무해가 군대를 이끌고 극나라로 들어갔다."(無駭帥師入極)『공양전』에서 말했다. "무해는 누구인가? 전무해展無駭이다. 무엇 때문에 성씨를 기록하지 않았는가? 폄하한 것이다."268)

---

265) 『公羊傳』, 隱公 원년.
266) 『公羊傳』, 隱公 원년.
267) 『公羊傳』, 襄公 30년.
268) 『公羊傳』, 隱公 2년.

은공 4년, "휘가 군대를 이끌고 송나라 임금·진나라 임금·채나라 사람·위나라 사람과 회합하여 정나라를 정벌했다."(翬帥師會宋公·陳侯·蔡人·衛人伐鄭) 『공양전』에서 말했다. "휘는 누구인가? 공자公子 휘翬이다. 무엇 때문에 공자公子라고 부르지 않았는가? 폄하한 것이다."269) 성씨를 기록한 경우, 예를 들어 윤씨尹氏·최씨崔氏와 같은 경우는 대대로 경대부卿大夫의 자리를 세습한 것을 비판하기 위해 기록한 것이기 때문에 비판의 의미가 담긴 말이다.

4) 칭찬(襃)·비판(譏)·폄하(貶)·지위박탈(絶)의 예例

『춘추』에는 칭찬하는 예(襃例)가 있다. 『춘추』 은공 원년, "은공이 주루나라 의보와 멸에서 맹약을 맺었다."(公及邾婁儀父盟於眛) 『공양전』에서 말했다. "의보는 누구인가? 주루나라의 임금이다. 무엇 때문에 이름을 불렀는가? 자字이다. 어째서 자字를 불렀는가? 그를 칭찬한 것이다. 어째서 그를 칭찬했는가? 그가 은공과 맹약을 맺었기 때문이다. 은공과 맹약을 맺은 사람은 많은데, 어째서 유독 그를 칭찬했는가? 칭찬할 만하기 때문에 칭찬한 것이다. 그가 칭찬할 만하다는 것은 어째서인가? 점차 선善으로 나아갔기 때문이다."270) 『춘추』는 노나라를 안으로 여기는데, 주루邾婁가 비록 『춘추』 기록 이전에 관작을 잃었지만, 그래도 칭찬하여 자字를 불렀다.

이적의 경우는 7등급을 설정하여 지위를 올려 준다. 『춘추』 정공 4년, "채나라 임금이 오나라 임금을 데리고 초나라 사람과 전쟁했는데, 초나라 군대가 크게 패배하였다."(蔡侯以吳子及楚人戰於伯莒, 楚師敗績) 『공양전』에서 말했다. "오나라는 무엇 때문에 임금(子)이라고 불렀는가? 이적이면서 중국을 걱정했기 때문이다."271) 『춘추』에서는 경대부가 제후를 걱정할 수 없고, 이적은 중국을 걱정할 수 없다고 여기니, 생각이 자기의 지위를 벗어나서는 안 된다고 생각하기 때문이다. 오吳·초楚는 본래 대를 이어 내려오는 원수인데, 『춘추』는 그 말을 올바르게 기록하여 채후蔡侯를

---

269) 『公羊傳』, 隱公 4년.
270) 『公羊傳』, 隱公 원년.
271) 『公羊傳』, 定公 4년.

두 나라의 앞에 배열했으니, 오나라가 초나라와 전쟁한 것이 채나라를 근심했기 때문임을 밝혔다.

　제齊나라 환공桓公과 진晉나라 문공文公의 경우에는 이적을 물리친 큰 공적이 있기 때문에 『춘추』에서는 항상 그들을 위해 숨겨서 기록하지 않는다. 『춘추』 장공 13년, "장공이 제나라 임금과 회합하여 가에서 맹약했다."(公會齊侯, 盟於柯) 『공양전』에서 말했다. "제나라 환공과의 맹약은 날짜를 기록하지 않고, 제나라 환공과의 회합은 돌아온 날짜도 기록하지 않으니, 그를 신뢰하기 때문이다.…… 환공에 대한 신뢰가 천하에 드러난 것은 가柯의 맹약에서 시작되었다."[272] 환공이 맹약이나 회합할 때 날짜를 기록하지 않은 것은 환공의 신의를 칭찬한 것이다. 『춘추』 희공 4년, "초나라 굴완이 군대가 있는 곳으로 와서 맹약을 맺고, 소릉에서 맹약을 맺었다." (楚屈完來盟於師, 盟於召陵) 『공양전』에서 말했다. "무엇 때문에 사신이라고 부르지 않았는가? 굴완을 존중한 것이다.…… 군대가 소릉에 있는데, 어째서 맹약했다는 것을 두 번이나 말했는가? 초나라를 굴복시킨 것을 기뻐한 것이다.…… 환공이 중국을 구제하고 이적을 물리쳐서, 마침내 초나라를 굴복시켰다. 『춘추』에서는 이것을 왕자의 일로 여긴 것이다. '왔다'(來)고 말한 것은 무엇 때문인가? 환공이 패자가 된 것을 인정한 것이다.…… 환공의 여러 차례의 공적 중에서 초나라를 굴복시킨 것보다 더 큰 것이 없다."[273] 『춘추』는 초나라를 굴복시킨 것을 기뻐했기 때문에 굴완을 높여서 환공과 대등하게 취급했고, 심지어 그 공적을 칭찬하여 왕자의 일로 여겼다. 희공 17년, "여름, 항나라를 멸망시켰다."(夏, 滅項) 『공양전』에서 말했다. "누가 항項나라를 멸망시켰는가? 제齊나라가 멸망시켰다. 어째서 제나라가 멸망시켰다고 말하지 않았는가? 환공을 위해 숨겨서 기록하지 않은 것이다. 『춘추』는 어진 자를 위해 숨겨서 기록하지 않지만, 이 경우는 다른 나라를 멸망시킨 것인데, 어째서 어질다고 여기는가? 군자는 악한 이를 미워한 것은 악한 행위의 시작을 미워한

---

272) 『公羊傳』, 莊公 13년.
273) 『公羊傳』, 僖公 4년.

것이며, 선한 이를 좋게 여기는 것은 좋은 행위의 끝을 기쁘게 여긴 것이다. 환공은 끊어진 세대를 이어주고 망한 나라를 보존시켜 준 공적이 있기 때문에 군자가 그를 위해 숨겨서 기록하지 않은 것이다."274) 나라를 멸망시킨 것은 본래 큰 죄악인데, 지금 제나라가 멸망시켰다고 말하지 않았으니, 『춘추』에서 어진 자를 위해 숨겨서 기록하지 않은 것이다.

그러나 진나라 문공은 재위 기간도 짧고, 그 선행도 환공만큼 천하에 드러나지 않았다. 따라서 진나라 혜공惠公·회공懷公의 찬탈에 대해서도 또한 숨기고 기록하지 않았으니, 문공을 위해 숨기고 기록하지 않기 위해 미리 그렇게 한 것이다. 『춘추』 희공 10년, 진晉나라가 그 대부 이극을 죽였다.(晉殺其大夫里克) 『공양전』에서 말했다. "그렇다면 어째서 혜공惠公이 진나라로 들어온 것을 말하지 않았는가? 진나라에서 누가 나가고 들어온 것을 말하지 않은 것은 문공을 위해 숨기고 기록하지 않기 위해서 미리 그렇게 한 것이다."275) 살펴보건대, 제나라 소백小白이 제나라로 들어간 것을 기록한 것은 그의 찬탈을 드러낸 것이다. 그러나 중이重耳가 진나라로 들어간 것을 기록하지 않은 것은 그의 공적이 적어서 그가 찬탈한 악행을 없애주기에는 부족할까 염려가 되었기 때문에 숨겨서 기록하지 않은 것이다.

또한 송나라 양공襄公은 중국을 근심하는 마음이 있었기 때문에 『춘추』에서는 항상 칭찬하였다. 『춘추』 희공 22년, "송나라 임금이 초나라 사람과 홍에서 전쟁했는데, 송나라 군대가 크게 패배했다."(宋公及楚人戰於泓, 宋師敗績) 『공양전』에서 말했다. "정규 전쟁은 날짜만 기록하는데, 여기에서 초하루를 말한 것은 무엇 때문인가? 『춘추』에서 문장이 번잡하더라도 줄이지 않는 것은 올바른 도를 얻는 것이 더욱 좋기 때문이다.…… 군자는 송나라 임금이 전열을 갖추지 않은 적을 북을 울려 공격하지 않고, 큰일에 임해서 큰 예를 잊지 않은 것을 크게 여겼다. 훌륭한 임금은 있지만 뛰어난 신하는 없었으니, 비록 문왕의 전쟁이라고 하더라도 이 전쟁보다

---

274) 『公羊傳』, 僖公 17년.
275) 『公羊傳』, 僖公 10년.

더 낮지는 않을 것이라고 여겼다."276) 홍泓에서의 전쟁을 숨기지 않고 기록한 것은 송나라 양공이 예의를 지켰기 때문에 비록 패배했더라도 오히려 영예롭게 여긴 것이다. 그 이전에 송나라 양공이 포로로 잡혔을 때에도 숨기지 않고 기록했으니, 신의를 지켜서 부끄럽게 여길 것이 없었기 때문이다.

현명한 대부도 칭찬의 대상이다. 예를 들어, 공보孔父의 의리가 얼굴색에 드러난 것을 칭찬했고,277) 순식荀息이 식언食言하지 않은 것을 칭찬했다.278) 또한 노나라 계우季友가 공자公子 아牙의 악행을 막고 나라를 보존한 것을 칭찬하였고,279) 오吳나라 계찰季札280)과 조曹 공자公子 희시喜時281), 주루邾婁나라 숙술叔術이 나라를 양보한 것282)을 칭찬하였다. 그리고 채중祭仲이 권도權道를 실천한 것283)과 기계紀季가 종묘宗廟를 보존한 것284)도 칭찬하였다.

『춘추』는 난리를 바로잡는 책이니, 천자를 폄하하고 제후를 강등하고 대부를 토벌한다. 비판하는 것이 매우 폭넓기 때문에 송나라 손복孫復은 마침내 『춘추』가 "비판만 있고 칭찬이 없다"는 이론을 가지고 『춘추』를 논했다. 그러나 책에 기록할 때는 비판(譏)·폄하(貶)·지위박탈(絶)의 문장이 서로 같지 않다.

비판(譏)의 예例. 『춘추』 장공 23년, "장공이 제나라에 가서 토지신에게 지내는 제사를 참관한다."(公如齊觀社) 『공양전』에서 말했다. "무엇 때문에 기록했는가? 비판한 것이다. 무엇을 비판했는가? 제후가 국경을 넘어서 토지신에게 지내는 제사를 참관하는 것은 예가 아니기 때문이다."285) 문공 11년, "처음으로 육우六羽의 춤을

---

276) 『公羊傳』, 僖公 22년.
277) 『公羊傳』, 桓公 2년.
278) 『公羊傳』, 僖公 10년.
279) 『公羊傳』, 莊公 32년.
280) 『公羊傳』, 襄公 29년.
281) 『公羊傳』, 昭公 20년.
282) 『公羊傳』, 昭公 31년.
283) 『公羊傳』, 桓公 11년.
284) 『公羊傳』, 莊公 3년.
285) 『公羊傳』, 莊公 23년.

추었다."(初獻六羽)『공양전』에서 말했다. "처음으로 육우를 올린 것을 무엇 때문에 기록했는가? 비판한 것이다. 무엇 때문에 비판했는가? 노나라가 처음으로 분수에 맞지 않게 제공諸公의 권한을 침해한 것을 비판한 것이다."286)

그런데 비판한 것은 단지 작은 악행에 지나지 않을 뿐이며, 폄하(貶)의 경우에는 반드시 엄중한 사건이다. 따라서 노나라에 대해서 그 임금을 폄하하는 경우는 없고 오직 비판만 할 뿐이다. 부인夫人 이하의 경우에는 폄하할 수 있다. '제나라 사람이 진나라 원도도를 붙잡은 사건'(齊人執陳袁濤塗, 희공 4년), '송나라 사람이 등나라 임금 영제를 붙잡은 사건'(宋人執滕子嬰齊, 희공 19년), '진나라 사람이 위나라 임금을 붙잡은 사건'(晉人執衛侯, 희공 28년)과 같은 경우, 나라의 임금인데도 사람(人)이라고 불렀으니, 폄하하는 말에 속하는 것처럼 보이지만, 이것은 사실『춘추』에서 패자가 다른 나라를 토벌하는 것을 용납하지 않는다는 의미의 말이지, 정식으로 폄하한 것이 아니다. 『춘추』 장공 원년, "부인이 제나라로 도망갔다."(夫人孫於齊)『공양전』에서 말했다. "부인은 무엇 때문에 강씨姜氏라고 부르지 않았는가? 폄하한 것이다. 어째서 폄하했는가? 환공을 시해하는 데 참여했기 때문이다."287) 희공 원년, "부인씨의 상구喪柩가 제나라로부터 왔다."(夫人氏之喪至自齊)『공양전』에서 말했다. "부인은 무엇 때문에 강씨姜氏라고 부르지 않았는가? 폄하한 것이다. 민공을 시해하는 데 참여했기 때문이다. 그렇다면 어째서 민공을 시해했을 때는 폄하하지 않았는가? 폄하하는 것은 반드시 가장 중요한 시점에 하는 것이니, 그녀의 상구가 오는 것보다 더 중요한 시점은 없다."288) 이것은 부인을 폄하한 것이다. 대부 이하의 경우에는 폄하하지 않음이 없으나, 폄하하는 말이 서로 같지 않다. 먼저 폄하하여 그 성씨姓氏를 없애 버리는 경우가 있으니, 예를 들어 무해無駭가 다른 나라를 처음으로 멸망시켰기 때문에 종신토록 폄하하여 그의 성씨를 없애 버렸다.289) 그리고 휘翬가 은공을

---

286)『公羊傳』, 文公 11년.
287)『公羊傳』, 莊公 원년.
288)『公羊傳』, 僖公 원년.
289)『公羊傳』, 隱公 2년.

시해했기 때문에 「은공」편이 끝날 때까지 폄하하여 공자公子라는 호칭을 없애 버렸다.290) 다음으로 폄하하여 사람(人)이라고 부르는 경우가 있으니, 예를 들어 진晉나라 선멸(先蔑)이 진秦나라로 도망쳤기 때문에 그를 폄하하여 진인晉人이라고 불렀고,291) 진晉나라 극결郤缺이 접치接菑를 주루邾婁나라에 들여보내 임금으로 세우려고 했기 때문에 그를 폄하하여 진인晉人이라고 불렀다.292)

지위박탈(絶)의 경우에는 죄가 더욱 막중하다. 지위를 박탈하는 경우는 다섯 가지가 있다. 찬탈과 시해, 무도한 짓, 천자의 명령을 어기는 것, 동성同姓의 나라를 멸망시키는 것, 임금이 생포되어 자기 자리에서 죽지 못하는 것이다.

찬탈과 시해는 지위를 박탈한다. 『춘추』 은공 4년, "무신일, 위나라 주우가 자기 임금 완을 시해하였다."(戊申, 衛州吁弑其君完) 『공양전』에서 말했다. "어째서 나라 이름으로 성씨를 삼았는가? 나라를 차지하려고 했기 때문이다."293) "9월, 위나라 사람이 복에서 주우를 죽였다."(九月, 衛人殺州吁於濮) 『공양전』에서 말했다. "사람이라고 말한 것은 무엇 때문인가? 도적을 토벌했다는 의미의 말이다."294) 주우州吁는 임금을 시해했기 때문에 지위를 박탈하는 것이 마땅하다. 따라서 도적을 토벌했다는 의미의 말을 드러내 사용한 것이다. 『춘추』 선공 2년, "진나라 조순이 자기 임금 이호를 시해했다."(晉趙盾弑其君夷獋) 그리고 6년, "진나라 조순·위나라 손면이 진나라를 침략했다."(晉趙盾·衛孫免侵陳) 『공양전』에서 말했다. "조순은 임금을 시해했는데, 여기에서 다시 보이는 것은 무엇 때문인가? 임금을 직접 시해한 것은 조천趙穿이기 때문이다. 임금을 직접 시해한 것이 조천인데, 어째서 조순에게 그 죄를 씌웠는가? 그가 임금을 시해한 도적을 토벌하지 않았기 때문이다."295) 살펴보건대, 군주를 시해하면 지위를 박탈하는 것이 마땅하다. 따라서 군주를 시해한 도적이

---

290) 『公羊傳』, 隱公 4년.
291) 『公羊傳』, 文公 7년.
292) 『公羊傳』, 文公 14년.
293) 『公羊傳』, 隱公 4년.
294) 『公羊傳』, 隱公 4년.
295) 『公羊傳』, 宣公 6년.

경문에 다시 보이지 않는 것은 마땅히 오래 전에 죽어야 함을 밝힌 것이다. 그런데 지금 조순이 경문에 다시 보이는 것은 하늘이 그의 마음을 살펴서 용서한 것이다.

무도한 짓을 하면 지위를 박탈한다. 『춘추』 환공 6년, "채나라 사람이 진나라의 타를 죽였다."(蔡人殺陳佗) 『공양전』에서 말했다. "진陳나라 임금인데, 어째서 진나라의 타라고 말했는가? 지위를 박탈한 것이다. 어째서 지위를 박탈했는가? 행실이 천박했기 때문이다. 행실이 천박했다는 것은 무슨 뜻인가? 다른 나라에서 음란한 짓을 했기 때문이다. 어디에서 음란한 짓을 했는가? 채나라에서 음란한 짓을 하여, 채나라 사람이 그를 죽인 것이다."[296] 임금의 악행이 이와 같으면 누구든지 그를 죽일 수 있다. 소공 11년, "초나라 임금 건이 채나라 임금 반을 유인하여, 신에서 그를 죽였다."(楚子虔誘蔡侯般, 殺之於申) 『공양전』에서 말했다. "초나라 임금 건은 무엇 때문에 이름을 말했는가? 지위를 박탈한 것이다. 어째서 지위를 박탈했는가? 그가 채나라 영공을 유인하여 죽었기 때문이다. 여기에서는 자기의 부친을 시해하고 임금이 된 역적 채나라 영공을 토벌한 것이므로 비록 유인했지만 어째서 지위를 박탈했는가? 초나라 임금이 악한 마음을 품고 불의를 토벌했기 때문에 군자는 인정하지 않는다."[297] 이것은 영공이 악한 마음을 품었기 때문에 지위를 박탈하는 것이 마땅함을 말한 것이다.

천자의 명령을 어기면 지위를 박탈한다. 『춘추』 환공 16년, "11월, 위나라 임금 삭이 채나라로 도망쳤다."(十有一月, 衛侯朔出奔齊) 『공양전』에서 말했다. "위나라 임금 삭은 무엇 때문에 이름을 말했는가? 지위를 박탈한 것이다. 어째서 지위를 박탈했는 가? 천자에게 죄를 지었기 때문이다."[298] 장공 6년, "위나라 임금 삭이 위나라로 들어갔다."(衛侯朔入於衛) 『공양전』에서 말했다. "위나라 임금 삭은 무엇 때문에 이름을 말했는가? 지위를 박탈한 것이다. 어째서 지위를 박탈했는가? 천자의 명령을 어겼기 때문이다."[299]

---

296) 『公羊傳』, 桓公 6년.
297) 『公羊傳』, 昭公 11년.
298) 『公羊傳』, 桓公 16년.

동성同姓의 나라를 멸망시키면 지위를 박탈한다. 『춘추』 희공 25년, "위나라 임금 훼가 형나라를 멸망시켰다."(衛侯毀滅邢) 『공양전』에서 말했다. "위나라 임금 훼는 무엇 때문에 이름을 말했는가? 지위를 박탈한 것이다. 어째서 지위를 박탈했는가? 동성의 나라를 멸망시켰기 때문이다."[300]

임금이 생포되면 지위를 박탈한다. 『춘추』 애공 7년, "은공이 주루나라를 정벌했다. 8월, 기유일, 주루나라 도성으로 진입하여, 주루나라 임금 익을 데리고 왔다."(公伐邾婁. 八月, 己酉, 入邾婁, 以邾婁之益來) 『공양전』에서 말했다. "주루나라 임금 익은 무엇 때문에 이름을 불렀는가? 지위를 박탈한 것이다. 어째서 지위를 박탈했는가? 생포되었기 때문이다."[301]

5) 임금의 시작과 끝(君終始)의 예例

원년 즉위가 임금의 시작이고, 붕崩·훙薨·졸卒·장葬이 임금의 끝이다. 『춘추』는 노나라를 안으로 여기기 때문에 오직 노나라 군주의 즉위만 기록하며, 천자의 경우에도 기록한 적이 없다.

'공이 즉위하다'(公卽位)라고 기록한 것은 군주의 시작을 바로잡는 것이다. 하휴가 말했다. "즉위라는 것은 한 나라의 시작이다. 정치는 시작을 바로잡는 것보다 더 큰 것이 없다. 따라서 『춘추』는 원元의 기氣로써 하늘의 시작을 바로잡고, 하늘의 시작으로써 왕의 정치를 바로잡으며, 왕의 정치로써 제후의 즉위를 바로잡고, 제후의 즉위로써 중국의 정치를 바로잡는다. 제후는 위로 왕의 정치를 받들지 않으면 즉위할 수 없다. 따라서 왕의 정월을 먼저 말한 이후에 즉위를 말한 것이다."[302] 시작을 바로잡는 의리는 바로 여기에 있다. 그 예例는 '원년, 봄, 왕의 정월, 공이 즉위하다'(元年, 春, 王正月, 公卽位)로 기록하는 것을 올바름으로 삼는다. 예를 들어

---

299) 『公羊傳』, 莊公 6년.
300) 『公羊傳』, 僖公 25년.
301) 『公羊傳』, 哀公 7년.
302) 『公羊傳』, 隱公 원년, 何休 注.

문공·성공·양공·소공·애공의 즉위가 그것이다. 『춘추』 정공 원년, "봄, 왕"(春, 王)의 『공양전』에서 말했다. "정공은 무엇 때문에 정월이 없는가? 정월은 즉위를 올바르게 했다는 의미이다. 정공이 원년에 정월이 없는 것은 즉위가 정월 이후(6월)에 있었기 때문이다."303) 소공昭公이 외국으로 도망쳐서, 정공定公이 적장자의 지위를 계승하여 정통正統을 받들 수가 없었기 때문에 그의 즉위는 올바르지 않다.

시해된 임금을 계승할 경우에는 즉위를 기록하지 않는다. 『춘추』 장공 원년, "봄, 왕의 정월."(春, 王正月) 『공양전』에서 말했다. "장공은 무엇 때문에 즉위했다고 말하지 않았는가? 『춘추』에서는 임금이 시해되었으면 자식은 즉위했다고 말하지 않는다. 임금이 시해되었으면 자식은 무엇 때문에 즉위했다고 말하지 않는가? 측은하게 여긴 것이다. 누구를 측은하게 여겼는가? 자식을 측은하게 여긴 것이다."304) 민공 원년, "봄, 왕의 정월."(春, 王正月) 『공양전』에서 말했다. "시해당한 임금을 계승하면 즉위했다고 말하지 않는다."305) 희공 원년, "봄, 왕의 정월."(春, 王正月) 『공양전』에서 말했다. "희공은 무엇 때문에 즉위했다고 말하지 않았는가? 시해된 임금의 뒤를 계승하면 자식은 즉위를 말하지 않기 때문이다. 여기에서는 자식이 아닌데, 자식이라고 말한 것은 무엇 때문인가? 신자臣子는 하나같이 모두 임금의 자식이기 때문이다."306) 그런데 환공·선공은 시해된 임금을 계승했는데도 즉위를 기록하였으니, 변례이면서 그들의 뜻을 비난한 것이다.

임금의 끝은 『공양전』에서 "천자가 죽었을 때는 붕崩이라고 하고, 제후가 죽었을 때는 훙薨이라고 하며, 대부가 죽었을 때는 졸卒이라고 한다"307)고 했다. 『춘추』는 오직 노나라 임금과 임금의 부인에 대해서만 훙薨이라고 기록하고, 나머지 제후들은 모두 졸卒이라고 기록함으로써 노나라를 높였다.

노나라 군주의 끝은 죽은 날과 장례지낸 날을 모두 기록하니, 예를 들어 환공·장

---

303) 『公羊傳』, 定公 원년.
304) 『公羊傳』, 莊公 원년.
305) 『公羊傳』, 閔公 원년.
306) 『公羊傳』, 僖公 원년.
307) 『公羊傳』, 隱公 3년.

공·희공·문공·선공·성공·양공·소공·정공의 사례가 그것이다. 그런데 임금이 시해를 당했는데도 도적이 토벌되지 않았으면 장례를 기록하지 않으니, 은공·민공과 같은 경우이다. 『춘추』은공 11년, "겨울, 11월, 임신일, 은공이 죽었다."(冬, 十有一月, 壬辰, 公薨) 『공양전』에서 말했다. "『춘추』에서는 임금이 시해되었는데 도적이 토벌되지 않았으면 장례를 기록하지 않는다. 신자臣子가 없다고 여기기 때문이다. 은공의 죽음에 무엇 때문에 죽은 장소를 기록하지 않았는가? 차마 말할 수 없기 때문이다."[308] 환공 18년, "여름, 4월, 병자일, 환공이 제나라에서 죽었다."(夏, 四月, 丙子, 公薨于齊) 은공이 죽었을 때는 죽은 장소를 기록하지 않았고, 민공도 마찬가지이다. 그런데 환공이 죽었을 때는 죽은 장소를 기록하였으니, 외국에서 대국에 의해 살해되었기 때문이다. 환공 18년, "겨울, 12월, 기축일, 우리 임금 환공을 장례지냈다."(冬, 十有二月, 己丑, 葬我君桓公) 『공양전』에서 말했다. "도적이 토벌되지 않았는데, 무엇 때문에 장례를 기록했는가? 원수가 외국에 있기 때문이다. 원수가 외국에 있으면 무엇 때문에 장례를 기록하는가? 군자가 부득이하여 기록한 말이다."[309] 환공이 시해된 상황에서 비록 도적이 토벌되지 않았지만 장례를 기록한 것은 제나라와 노나라의 힘을 헤아려 보면 신자臣子에게 도적을 토벌하지 못한 책임을 책망할 수 없기 때문이다. 이것은 진실로 변례에 해당된다.

천왕天王의 끝에 대해, 죽음은 기록하고 장례는 기록하지 않는다. 『춘추』은공 3년, "천왕이 죽었다."(天王崩) 『공양전』에서 말했다. "무엇 때문에 장례를 기록하지 않는가? 천자는 죽음을 기록하고 장례를 기록하지 않으니, 장례는 반드시 정해진 때가 있어서 기록하지 않아도 알 수 있기 때문이다. 제후는 죽음을 기록하고 장례를 기록하니, 천자가 있어서 (천자가 사정이 생기면) 장례를 정해진 때에 반드시 지내지 못할 수도 있기 때문이다."[310] 천자인 환왕桓王·양왕襄王·광왕匡王·간왕簡王의 장례

---

308) 『公羊傳』, 隱公 11년.
309) 『公羊傳』, 桓公 18년.
　　역자 주: 하휴의 주에 의하면, 당시에 환공을 죽인 제나라는 강하고 노나라는 약했기 때문에 바로 보복할 수가 없었다. 따라서 군자가 힘을 헤아려서, 장례를 지낸 것으로 가정하여 기록한 것이다.

를 기록한 것은 변례이다.

외국의 제후는 만약 자기 나라에서 죽으면 죽은 지역을 기록하지 않는다. 『춘추』 선공 9년, "진나라 임금 흑둔이 호에서 죽었다."(晉侯黑臀卒於扈) 『공양전』에서 말했다. "제후가 자신의 봉토 안에서 죽으면 죽은 장소를 기록하지 않는데, 여기에서는 무엇 때문에 죽은 장소를 기록했는가? 다른 나라와 회합하는 곳에서 죽었기 때문에 죽은 장소를 기록한 것이다. 회합한 곳이 자신의 봉지를 벗어나지 않았기 때문에 회합에서 죽었다고는 말하지 않았다."[311] 양공 7년, "12월, 양공이 진나라 임금·송나라 임금·진나라 임금·위나라 임금·조나라 임금·거나라 임금·주루나라 임금과 위에서 회합하였다. 정나라 임금 곤원이 회합에 갔지만, 제후들을 만나지 못했다. 병술일, 조에서 죽었다."(十有二月, 公會晉侯·宋公·陳侯·衛侯·曹伯·莒子·邾婁子于鄬. 鄭伯髡原如會, 未見諸侯. 丙戌, 卒於操) 『공양전』에서 말했다. "제후가 자기 봉토 안에서 죽으면 죽은 장소를 기록하지 않는데, 여기에서는 무엇 때문에 죽은 장소를 기록했는가? 측은하게 여긴 것이다."[312] 따라서 외국의 제후는 자기 나라에서 죽으면 죽은 장소를 기록하지 않는데, 만약 죽은 장소를 기록했다면 변례이다.

외국의 제후가 죽었을 때 혹은 날짜를 기록하고 혹은 날짜를 기록하지 않으니, 각각 담긴 의미가 있다. 『춘추』 은공 3년, "8월, 경진일, 송나라 임금 화가 죽었다. 겨울, 12월, 제나라 임금과 정나라 임금이 석문에서 맹약했다. 계미일, 송나라 목공을 장례지냈다."(八月, 庚辰, 宋公和卒. 冬, 十有二月, 癸未, 葬宋繆公) 『공양전』에서 말했다. "장례 지낸 것은 어째서 혹은 날짜를 기록하고 혹은 날짜를 기록하지 않는가? 정해진 날에 미치지 않았는데 장례를 지내고 날짜를 기록한 것은 장례를 서둘러 지낸 것이다. 정해진 날에 미치지 않았는데 장례를 지내고 날짜를 기록하지 않은 것은 장례를 소홀히 지낸 것이다. 정해진 날을 지나서 장례를 지내고 날짜를 기록한 것은 애통하게 여긴 것이다. 정해진 날을 지나서 장례를 지내고 날짜를 기록하지

---

310) 『公羊傳』, 隱公 3년.
311) 『公羊傳』, 宣公 9년.
312) 『公羊傳』, 襄公 7년.

않은 것은 장례를 지내지 못한 것이다. 날짜에 맞추어 장례를 지내고 날짜를 기록하지 않은 것은 올바른 것이다. 날짜에 맞추어 장례를 지내고 날짜를 기록한 것은 위험해서 장례를 제대로 지내지 못한 것이다."[313] 외국의 제후가 죽었을 때는 날짜를 기록했다. 그런데 장례의 경우는 혹은 날짜를 기록하고 혹은 날짜를 기록하지 않으니, 여기에서 날짜를 기록한 것은 목공이 임금 자리를 얻은 것과 임금 자리를 물려준 것이 모두 올바르지 못했고, 또한 죽은 이후에 나라로 돌아왔기 때문에 위험해서 장례를 제대로 지내지 못한 것이다. 또 은공 8년, "8월, 채나라 선공을 장례지냈다."(八月, 葬蔡宣公) 『공양전』에서 말했다. "제후가 죽었을 때는 무엇 때문에 날짜를 기록하고 장례지낼 때는 날짜를 기록하지 않는가? 죽었을 때는 부고를 알리지만, 장례지낼 때는 알리지 않기 때문이다."[314] 죽은 날짜는 기록하고, 장례지낸 날짜는 기록하지 않은 것은 부고를 따른 것이니, 이것이 정례이다. 장례지낸 날짜를 기록하는 것은 변례이다.

제후의 장례는 그 예(例)가 두 가지 있다. 첫째, 장례에 이름을 기록하지 않은 것은 신자(臣子)의 입장에서 하는 말을 따르는 것으로, 죽었을 때 이름을 기록하는 것과는 같지 않다. 『춘추』 은공 8년, "8월, 채나라 선공을 장례지냈다."(八月, 葬蔡宣公) 『공양전』에서 말했다. "제후가 죽었을 때는 무엇 때문에 이름을 부르고 장례지낼 때는 이름을 부르지 않는가? 죽었을 때는 각 나라에 부고하는 올바른 절차에 따라 이름을 부르지만, 장례지낼 때는 주인인 상주의 입장에 따라 이름을 부르지 않는다."[315] 신자(臣子)의 입장에서 하는 말을 따른다는 것은 공(公)이라고 기록하는 것이다. 둘째, 장례를 기록하는 경우이다. 장례를 기록하지 않는 경우는 혹은 도적이 토벌되지

---

313) 『公羊傳』, 隱公 3년.
314) 『公羊傳』, 隱公 8년.
315) 『公羊傳』, 隱公 8년.
　　역자 주: 하휴의 주에 의하면, 제후가 죽었을 때는 마땅히 천자에게 부고를 알려야 하는데, 그때는 임금 앞의 신하의 이름을 기록해야 한다. 따라서 올바른 절차를 따라야 한다는 것은 군신의 올바른 의리라는 측면에서 말한 것이다. 그런데 장례의 경우는 일정하게 정해진 시간이 있기 때문에 천자에게 알리지 않는다. 따라서 상주인 臣子의 입장에 따라서 이름을 부르지 않고 公이라고 부른다.

않았기 때문인데, 예를 들어 허許나라 도공悼公의 장례를 기록한 것은 그 자식의 죄를 사면해 주었기 때문이다. 혹은 별도의 이유가 있기 때문이니, 예를 들어 송나라 양공襄公을 위해 숨겨서 장례를 기록하지 않거나, 초나라 장왕莊王의 왕호王號를 피하여 장례를 기록하지 않는 경우이다. 따라서 외국 제후에 대해 장례를 기록하지 않는 것은 변례이다.

6) 침략(侵)·정벌(伐)·전쟁(戰)·포위(圍)·진입(入)·멸망(滅)·읍의 탈취(取邑)의 예例

『춘추』에 비록 의로운 전쟁은 없지만, 전쟁의 사례는 매우 복잡하다. 침략(侵), 정벌(伐), 전쟁(戰), 포위(圍), 진입(入), 멸망(滅), 읍의 탈취(取邑)가 같지 않다. 이에 대해 칭찬이나 비판을 할 경우에는 항상 특별한 이유가 있다. 각각을 분석해 보면 다음과 같다.

첫째, 전쟁의 가벼움과 무거움의 예例. 『춘추』 장공 10년, "2월, 장공이 송나라를 침략했다."(二月, 公侵宋) 『공양전』에서 말했다. "전쟁의 거친 형태를 침략(侵)이라고 하고, 전쟁의 정밀한 형태를 정벌(伐)이라고 한다. 전쟁(戰)을 기록할 경우에는 정벌(伐)을 말하지 않고, 포위(圍)를 기록할 경우에는 전쟁(戰)을 말하지 않으며, 진입(入)을 기록할 경우에는 포위(圍)를 말하지 않고, 멸망(滅)을 기록할 경우 진입(入)을 말하지 않으니, 그 중의 무거운 것을 기록한다."[316] 침략(侵)이 가장 가볍고, 다음으로 정벌(伐), 전쟁(戰), 포위(圍), 진입(入), 멸망(滅)의 순서이다.

둘째, 전쟁은 주체와 객체를 구별한다. 『춘추』 장공 28년, "제나라 사람이 위나라

---

316) 『公羊傳』, 莊公 10년.
　　역자 주: 하휴의 주에 의하면, 침략(侵)은 군대가 국경에 이르러, 상대의 잘못에 대해 책임을 추궁하고, 복종하면 군대를 철수하여 떠나니, 전쟁의 의도가 다소 거친 형태이다. 그리고 정벌(伐)은 책임을 추궁했는데도 복종하지 않으면 군대를 출동하여 국경으로 들어가니, 정벌하여 공격하는 것이 더욱 깊고, 전쟁의 의도가 다소 정밀한 형태이다. 그리고 군대가 맞붙어서 칼에 피를 묻히는 것이 전쟁(戰)이고, 군대로써 성을 둘러싸고 지키는 것이 포위(圍)이다. 그리고 땅을 얻었지만 거기에 머무르지 않는 것이 진입(入)이고, 그 나라를 취하는 것이 멸망(滅)이다.

를 정벌했다. 위나라 사람이 제나라 사람과 전쟁했는데, 위나라 사람이 크게 패배했다."(齊人伐衛, 衛人及齊人戰, 衛人敗績) 『공양전』에서 말했다. "『춘추』에서는 다른 나라를 정벌한 자를 객체로 삼고, 정벌을 당한 자를 주체로 삼는다. 따라서 위나라가 전쟁의 주체가 되도록 하였다. 어째서 위나라가 전쟁의 주체가 되도록 했는가? 위나라는 죄가 없기 때문이다."[317] 여기에서 제나라는 객체이고, 위나라는 주체이다. 그런데 위나라 사람을 제나라 사람의 앞에 배치한 것은 제나라 사람을 인정하지 않았기 때문이다. 희공 18년, "송나라 임금이 조나라 임금·위나라 사람·주루나라 사람과 회합하여, 제나라를 정벌했다.…… 5월, 무인일, 송나라 군대가 제나라 군대와 언에서 전쟁했는데, 제나라 군대가 크게 패배했다."(宋公會曹伯·衛人·邾婁人伐齊.……五月, 戊寅, 宋師及齊師戰於甗, 齊師敗績) 『공양전』에서 말했다. "전쟁을 기록할 때는 정벌을 말하지 않는데, 여기에서는 정벌을 말한 것은 무엇 때문인가? 송나라 임금은 정벌에 참여했지 전쟁에 참여하지 않았기 때문이다. 『춘추』는 다른 나라를 정벌한 자를 객체로 삼고, 정벌을 당한 자를 주체로 삼는다. 어째서 제나라가 전쟁의 주체가 되도록 하지 않았는가? 송나라 양공襄公이 제나라를 정벌한 것을 인정했기 때문이다."[318] 여기에서 송나라는 객체이고 제나라는 주체지만, 송나라 군대를 제나라 앞에 배치한 것은 송나라 양공이 제나라를 정벌한 것을 인정했기 때문이다.

셋째, 정규 전쟁(偏戰)과 기습 전쟁(詐戰)을 구별한다. 『춘추』는 정규 전쟁을 좋게 여기니, 불의不義 가운데에서도 그나마 의리가 있다고 여기기 때문이다. 그 전쟁의 방법은 각자가 한쪽 방향에 서서 북을 치면서 전쟁하는 것이다. 송나라 양공襄公의 전쟁과 같은 것이 그것이다. 단지 송나라 양공뿐만 아니라, 춘추시대에 많은 나라들이 정규 전쟁을 실행했다. 『춘추』 환공 10년, "겨울, 12월, 병오일, 제나라 임금·위나라 임금·정나라 임금이 군대를 이끌고 와서 낭에서 전쟁했다."(冬, 十有二月, 丙午, 齊侯·衛侯·鄭伯來戰於郎) 그리고 환공 12년, "12월, 정나라 군대와 송나라를

---

317) 『公羊傳』, 莊公 28년.
318) 『公羊傳』, 僖公 18년.

정벌했다. 정미일, 송나라에서 전쟁했다."(十有二月, 及鄭師伐宋. 丁未, 戰于宋) 이것은
모두 정규 전쟁이다. 대체로 "아무개가 아무개와 전쟁했다"(某與某戰)고 말하면 모두
정규 전쟁이다. 만약 "아무개가 아무개를 패배시켰다"(某敗某)고 바로 말하면 기습
전쟁을 의미하는 말이다. 희공 33년, "여름, 4월, 신사일, 진나라 사람 및 강융이
효에서 진나라를 패배시켰다."(夏, 四月, 辛巳, 晉人及姜戎敗秦於殽) 이것은 기습 전쟁이다.
전쟁은 날짜를 기록하니, 그것은 정규 전쟁의 예例이다.

또한 소공 17년, "겨울, 초나라 사람이 오나라와 자안에서 전쟁했다."(冬, 楚人及吳戰
於長岸)『공양전』에서 말했다. "기습 전쟁은 전쟁했다고 말하지 않는데, 여기에서
전쟁했다고 말한 것은 무엇 때문인가? 대등했기 때문이다."319) 소공 23년, "가을,
7월, 무진일, 오나라가 돈나라 · 호나라 · 심나라 · 채나라 · 진나라 · 허나라의 군대를
계보에서 패배시켰다. 호나라 임금 곤과 심나라 임금 영이 죽었고, 진나라 하열을
사로잡았다."(秋, 七月, 戊辰, 吳敗頓 · 胡 · 沈 · 蔡 · 陳 · 許之師於雞父. 胡子髡 · 沈子楹滅, 獲陳夏齧)
『공양전』에서 말했다. "이것은 정규 전쟁인데, 어째서 기습 전쟁을 의미하는 말로
말했는가?"320) 달을 기록한 것은 변례이다. 또 초楚나라와 오吳나라는 모두 이적으로,
두 나라의 전쟁에는 기습 전쟁이 많다. 그런데 오나라도 또한 정규 전쟁을 한
경우가 있으니, 계보雞父의 전쟁과 같은 경우이다. 그러나『춘추』는 오나라가 이적이
라는 이유로 인정하지 않는다.

넷째, 임금(君) · 장수(將) · 군대(師) · 사람(人)을 구별한다.『춘추』은공 5년, "가을,
위나라 군대가 성에 진입했다."(秋, 衛師入盛)『공양전』에서 말했다. "어째서 혹은
'군대를 거느렸다'(率師)고 말하고, 혹은 '군대를 거느렸다'고 말하지 않는가? 장수가

---

319)『公羊傳』, 昭公 17년.
　　역자 주: 하휴 주에 의하면, 양쪽이 모두 승부를 내지 못하여 패배했다고 말할 수
　　없기 때문에 전쟁했다고 말한 것이다.
320)『公羊傳』, 昭公 23년.
　　역자 주: 서언의 소에 의하면,『춘추』의 例에서는 정규 전쟁은 날짜를 기록하고, 기
　　습 전쟁은 달을 기록한다. 그런데 지금 여기에서는 날짜를 기록했기 때문에 정규
　　전쟁이라고 말한 것이다.

존귀하고 군대가 많으면 '아무개가 군대를 거느렸다'(某率師)고 말하고, 장수가 존귀하고 군대가 적으면 '장수'(將)만 말한다. 장수가 비천하고 군대가 많으면 '군대'(師)라고 말하고, 장수가 비천하고 군대가 적으면 '사람'(人)이라고 말한다. 임금이 장수가 되면 '군대를 거느렸다'고 말하지 않으니, 그 중의 무거운 것을 기록하기 때문이다."321)

다섯째, 읍邑은 포위했다(圍)고 말하지 않는다. 『춘추』 은공 5년, "송나라 사람이 정나라를 정벌하고, 장갈을 포위했다."(宋人伐鄭, 圍長葛) 『공양전』에서 말했다. "읍은 포위했다고 말하지 않는데, 여기에서 포위했다고 말한 것은 무엇 때문인가? 송나라가 강했기 때문이다."322) 읍은 포위했다고 말하지 않는 것이 정례이다. 그런데 여기에서 포위했다고 말한 것은 송나라가 강하면서도 의리가 없음을 미워한 것이다. 또 희공 6년에 신성新城을 포위한 것(公會齊侯・宋公・陳侯・衛侯・曹伯伐鄭, 圍新城)과 23년에 민을 포위한 것(齊侯伐宋, 圍緡), 성공 3년에 극을 포위한 것(叔孫僑如率師圍棘), 양공 원년에 송나라 팽성을 포위한 것(仲孫蔑會晉欒黶・宋華元・衛甯殖・曹人・莒人・邾婁人・滕人・薛人圍宋彭城)과 12년에 태를 포위한 것(莒人伐我東鄙, 圍台), 애공 3년에 척을 포위한 것(齊國夏・衛石曼姑帥師圍戚) 등에서 포위했다고 말한 것은 모두 변례이며, 각각 특별한 의미가 있다.

여섯째, 전쟁(戰)과 정벌(伐)을 구별한다. 『춘추』 환공 12년, "12월, 정나라 군대와 송나라를 정벌했다. 정미일, 송나라에서 전쟁했다."(十有二月, 及鄭師伐宋. 丁未, 戰於宋) 『공양전』에서 말했다. "전쟁(戰)을 기록할 경우에는 정벌(伐)을 말하지 않는데, 여기에서 정벌했다고 말한 것은 무엇 때문인가? 의심을 피한 것이다. 어떤 의심이 있는가? 정나라 사람과 전쟁한 것으로 의심할 수 있다."323) 이것은 전쟁을 기록할 때는 정벌을 말하지 않는 경우이다. 장공 30년, "제나라 사람이 산융을 정벌했다."(齊人伐山

---

321) 『公羊傳』, 隱公 5년.
322) 『公羊傳』, 隱公 5년.
  역자 주: 하휴 주에 의하면, 읍에 이르러서 비록 포위했더라도 마땅히 정벌했다고 말해야 한다. 그런데 송나라가 강하면서도 의리가 없는 것을 미워하였다. 송나라는 기어코 읍을 얻으려고 했기 때문에 그들의 뜻대로 포위했다고 말한 것이다.
323) 『公羊傳』, 桓公 12년.

戎) 그리고 31년, "제나라 임금이 노나라에 와서 산융의 전리품을 바쳤다."(齊侯來獻戎捷)
『공양전』에서 말했다. "이것은 전쟁한 것인데, 무엇 때문에 전쟁했다고 말하지
않았는가?『춘추』에서는 대등한 세력이 싸울 때 전쟁했다고 말하는데, 제나라 환공과
융적의 관계는 환공이 융적을 쫓아낸 것이다.324) 이것은 정벌을 기록할 때는 전쟁을
말하지 않는 경우이다. 장공 28년, "봄, 왕의 3월, 갑인일, 제나라 사람이 위나라를
정벌했다. 위나라 사람이 제나라 사람과 전쟁했는데, 위나라 사람이 크게 패배하였
다."(春, 王三月, 甲寅, 齊人伐衛, 衛人及齊人戰, 衛人敗績) 『공양전』에서 말했다. "정벌은 날짜를
기록하지 않는데, 여기에서는 무엇 때문에 날짜를 기록했는가? 군대가 국경에 도착한
날 바로 정벌했기 때문이다. 전쟁했을 경우에는 정벌했다고 말하지 않는데, 여기에서
는 정벌했다고 말한 것은 무엇 때문인가? 군대가 국경에 도착한 날 바로 정벌했기
때문이다."325) 이것은 전쟁을 기록하면서 정벌을 말한 경우이다.

일곱째, 전쟁(戰)과 패배(敗)를 구별한다. 외국의 제후에 대해 전쟁했다고 말한
경우는 정규 전쟁이다. 패배하였다고 말한 경우는 기습 전쟁이다. 노나라의 경우에는
전쟁했다고 말하지 않으니, 『춘추』는 노나라를 안으로 여기므로 제후가 노나라에
대적하는 것을 인정하지 않기 때문이다. 그런데 만약 전쟁했다고 말하는 경우는
패배한 것을 숨긴 말이다. 『춘추』 환공 10년, "제나라 임금·위나라 임금·정나라
임금이 군대를 이끌고 와서 낭에서 전쟁했다."(齊侯·衛侯·鄭伯來戰於郎) 『공양전』에서
말했다. "이것은 정규 전쟁이었는데, 무엇 때문에 군대가 크게 패배했다고 말하지
않았는가? 노나라에 대해서는 전쟁했다고 말하지 않는다. 전쟁했다고 말하면 패배한
것을 의미한다."326) 하휴는 이 내용에 근거하여 왕노王魯의 의리를 드러냈다.327)

---

324) 『公羊傳』, 莊公 30년.
325) 『公羊傳』, 莊公 28년.
  역자 주: 하휴의 주에 의하면, 전쟁하는 방법은 마땅히 먼저 상대의 국경 지역에
  이르러, 가볍게 침략하여 책망한다. 그런데도 만약 상대가 굴복하지 않으면 그때서
  야 정벌한다. 그런데 여기에서는 오늘 국경에 이르러서 바로 정벌한 것이다.
326) 『公羊傳』, 桓公 10년.
327) 역자 주: 하휴의 주에서 다음과 같이 말했다. "『춘추』는 노나라에 왕을 가탁했다.
  전쟁했다는 것은 서로 대등하게 싸웠다는 의미의 문장이다. 왕자의 군대는 제후와

7) 재이災異의 예例

상고시대에 하늘과 사람은 본래 서로 멀리 떨어져 있는 관계가 아니었다. "인간의 행위 중에 아름다움과 악함의 극단에 이른 것은 천지와 서로 소통하여, 왕래하면서 서로 감응하는 것이다."[328] 따라서 사람의 일이 하늘을 감동시키는 것은 항상 분명하게 어긋남이 없으니, 실로 삼가지 않을 수 없었다. 한대 사람들은 그 이론을 받아들여 크게 확장했으니, 그 뜻은 임금을 경계시키고 두렵게 함으로써 그가 천도天道를 존중하여 받들게 하고자 하는 데 있었을 뿐이다. 이러한 학술은 백성들의 소박한 경험에 근본을 둔 것이며, 단지 공양가들의 공허한 말은 아니다.

재해(災)와 이변(異)은 같지 않다. 재해는 백성들의 생활과 생명에 해를 끼치는 것이다. 이변은 비록 백성의 생활과 생명에 반드시 해를 끼치는 것은 아니지만, 재해에 비해 더욱 위중한 것이다. 따라서 동중서는 「거현량대책擧賢良對策」에서 말했다. "『춘추』에서 비난한 일은 재해가 발생했고, 『춘추』에서 미워한 일은 이변이 일어났다." 또 말했다. "국가가 장차 도리를 잃어 패망하려고 하면 하늘은 먼저 재해를 내보내어 꾸짖고 경고한다. 스스로 반성할 줄 모르면 또 괴이함을 내보내어 놀라고 두렵게 한다. 그래도 여전히 바뀔 줄 모르면 피해와 패망이 이른다."[329] 그리고 『춘추번로』에서 말했다. "천지의 사물 가운데에서 이상한 변괴가 있는 것을 이변(異)이라고 하고, 규모가 작은 것을 재해(災)라고 한다. 재해가 항상 먼저 이르고 이변은 그것을 따라서 이른다."[330] 이로써 알 수 있듯이, 이변은 옛것을 바꾸고 일상을 혼란스럽게 만든다는 뜻이 있기 때문에 그 경고의 의미가 재해보다 훨씬 더 심하다.

청대 유봉록劉逢祿이 지은 『춘추공양하씨석례春秋公羊何氏釋例』에 '재이례災異例'가

대등하게 싸우지 않으니, 전쟁했다고 말하면 이미 패배했다는 의미의 문장이다. 따라서 노나라의 군대가 크게 패배했다고 결코 말하지 않는다."

328) 『漢書』, 「董仲舒傳」.
329) 『漢書』, 「董仲舒傳」.
330) 『春秋繁露』, 「必仁且智」.

있다. 여기에 근거하여 살펴보면 다음과 같다.

일식日食. 『춘추』 은공 3년, "봄, 왕의 2월, 기사일, 일식이 있었다."(春, 王二月, 己巳, 日有食之) 『공양전』에서 말했다. "무엇 때문에 기록했는가? 이변을 기록한 것이다. 일식은 어째서 혹은 날짜를 기록하고 혹은 날짜를 기록하지 않는가? 혹은 초하루를 기록하고 혹은 초하루를 기록하지 않는가? '모월 모일 초하루에 일식이 있었다'고 기록한 것은 초하루에 일식이 있었다는 것이다. 혹은 날짜를 기록하고 혹은 날짜를 기록하지 않으며, 혹은 초하루가 일식과 맞지 않고 앞에 있으며, 혹은 초하루가 일식과 맞지 않고 뒤에 있다. 맞지 않는 것이 앞에 있으면 초하루가 일식 전에 있는 것이고, 맞지 않는 것이 뒤에 있으면 초하루가 일식 뒤에 있는 것이다."331) 해는 군주를 상징하고, 달은 신하를 상징한다. 일식은 해와 달의 운행이 느리거나 빨라서 초래되기 때문에 『춘추』에서는 이것을 빌어서 군신간의 관계를 논했다. 하휴는 다음과 같이 생각했다. 해와 달의 운행이 느리고 빠름이 없다면 일식이 초하루와 맞지 않는 현상이 없을 것이다. 초이틀에 발생하는 일식은 군주의 행동이 폭압적이고 조급함을 상징한다. 따라서 해의 운행이 빨라지고 달의 운행이 느려짐으로써 초하루를 지나서 일식이 일어나니, 초하루 전에 정삭正朔의 불일치 현상이 일어난다. 그믐에 발생하는 일식은 군주의 행동이 유약하고 능멸당하는 것을 상징한다. 따라서 해의 운행이 느려지고 달의 운행이 빨라짐으로써 초하루에 이르지 않아서 일식이 일어나니, 초하루 이후에 정삭의 불일치 현상이 일어난다. 일식과 군신관계의 밀접함이 이와 같으니, 이변 중의 큰 것이라고 말할 수 있다. 따라서 『춘추』에서는 일일이 일식을 기록하였다.

별(星)의 변화. 『춘추』 장공 7년, "여름, 4월, 신묘일, 저녁, 항성이 보이지 않았다. 한밤중에 별이 비처럼 쏟아졌다."(夏, 四月, 辛卯, 夜, 恒星不見. 夜中, 星實如雨) 『공양전』에서 말했다. "항성恒星은 무엇인가? 항상 일정한 시간에 늘어서 있어서 보이는 열성列星이다. 열성이 보이지 않는데, 한밤중에 별이 비처럼 쏟아진 것을 어떻게 알았는가?

---

331) 『公羊傳』, 隱公 3년.

별들이 자기 자리로 돌아왔기 때문이다."332) 문공 14년, "가을, 7월, 혜성이 북두칠성으로 들어갔다."(秋, 七月, 有星孛入於北斗) 『공양전』에서 말했다. "성패星孛는 무엇인가? 혜성彗星이다. 북두칠성으로 들어갔다는 것은 무엇인가? 북두칠성에 국자 모양이 있는 곳으로 지나갔다는 것이다."333)

비·눈·얼음·서리(雨·雪·冰·霜)의 이변.『춘추』은공 9년, "3월, 계유일, 크게 비가 내리며 천둥과 번개가 쳤다."(三月, 癸酉, 大雨震電) 『공양전』에서 말했다. "때에 맞지 않다." "경신일, 큰 눈이 내렸다"(庚辰, 大雨雪) 『공양전』에서 말했다. "너무 많이 내렸다."334) 정공 원년, "겨울, 10월, 서리가 내려 콩잎을 죽였다."(冬, 十月, 霣霜殺菽) 『공양전』에서 말했다. "이것은 콩잎에 재해가 난 것인데, 어째서 이변이라고 했는가? 이변이 재해보다 더 크기 때문이다."335)

산의 붕괴와 땅의 지진.『춘추』문공 9년, "9월, 계유일, 지진이 발생했다."(九月, 癸酉, 地震) 『공양전』에서 말했다. "지진은 무엇인가? 땅이 움직인 것이다. 어째서 기록했는가? 이변을 기록한 것이다."336) 희공 14년, "가을, 8월, 신묘일, 사록이 붕괴했다."(秋, 八月, 辛卯, 沙鹿崩) 『공양전』에서 말했다. "사록沙鹿은 무엇인가? 황하黃河 가의 읍이다. 이것은 읍인데 붕괴했다고 말한 것은 무엇 때문인가? 땅속으로 갑자기 무너졌기 때문이다.…… 외국의 이변은 기록하지 않는데, 여기에서 무엇 때문에 기록했는가? 천하의 이변을 기록한 것이다."337)

금수·초목·곤충의 이변.『춘추』장공 17년, "겨울, 큰 사슴이 많았다."(冬, 多麋) 18년, "가을, 곡식의 싹을 갉아먹는 해충이 있었다."(秋, 有蜮) 29년, "가을, 볏잎을 갉아먹는 해충이 있었다."(秋, 有蜚) 『공양전』에서 모두 말했다. "이변을 기록한 것이다."338) 소공 25년, "구욕새가 와서 둥지를 틀었다."(有鸜鵒來巢) 『공양전』에서

---

332) 『公羊傳』, 莊公 7년.
333) 『公羊傳』, 文公 14년.
334) 『公羊傳』, 隱公 9년.
335) 『公羊傳』, 定公 원년.
336) 『公羊傳』, 文公 9년.
337) 『公羊傳』, 僖公 14년.

말했다. "무엇 때문에 기록했는가? 이변을 기록한 것이다. 어째서 이변인가? 중국에 사는 새가 아니기 때문이다. 마땅히 구멍 속에 살아야 하는데, 또한 둥지를 틀었다."339)

이상은 모두 이변(異)을 기록한 것이다. 재해(災)에 속하는 것은 먼저 가뭄의 재해가 있다. 예를 들어 『춘추』 회공 21년, "여름, 크게 가뭄이 들었다."(夏, 大旱) 『공양전』에서 말했다. "재해를 기록한 것이다."340) 환공 5년, "크게 기우제를 지냈다."(大雩) 『공양전』에서 말했다. "크게 기우제를 지냈다는 것은 무엇인가? 가뭄이 들어서 제사를 지낸 것이다. 그렇다면 무엇 때문에 가뭄이 들었다고 말하지 않았는가? 기우제를 지냈다고 말하면 가뭄이 든 것이 드러나지만, 가뭄이 든 것을 말하면 기우제를 지낸 것이 드러나지 않기 때문이다. 무엇 때문에 기록했는가? 재해를 기록한 것이다."341) 또한 홍수의 재해가 있다. 예를 들어 『춘추』 장공 11년, "가을, 송나라에 큰 물난리가 났다."(秋, 宋大水) 『공양전』에서 말했다. "외국의 재해는 기록하지 않는데, 여기에서 무엇 때문에 기록했는가? 우리 노나라에 영향을 미쳤기 때문이다."342) 곤충의 재해가 있다. 예를 들어 『춘추』 은공 5년, "명충이 발생했다."(螟) 『공양전』에서 말했다. "재해를 기록한 것이다."343) 환공 5년, "메뚜기가 발생했다." (螽) 『공양전』에서 말했다. "재해를 기록한 것이다."344) 선공 15년, "겨울, 메뚜기 유충이 발생했다."(冬, 蝝生) 『공양전』에서 말했다. "메뚜기 유충이 발생한 것은 기록하지 않는데, 여기에서 무엇 때문에 기록했는가? 다행이라고 여겼기 때문이다. 다행이라고 여긴 것은 무엇 때문인가? 이 재해를 받아들일 뿐이라고 말하는 것과 같다. 이 재해를 받아들일 뿐이라고 말한 것은 무슨 의미인가? 선공이 옛것을 바꾸고 일상적인 것을 고치니, 이에 호응하여 하늘의 재해가 발생했다. 선공은 이러한

---

338) 『公羊傳』, 莊公 17 · 18 · 29년.
339) 『公羊傳』, 昭公 25년.
340) 『公羊傳』, 僖公 21년.
341) 『公羊傳』, 桓公 5년.
342) 『公羊傳』, 莊公 11년.
343) 『公羊傳』, 隱公 5년.
344) 『公羊傳』, 桓公 5년.

재해에서 잘못을 깨닫고 변해야 한다."345) 화재의 재해가 있다. 예를 들어 환공 14년, "가을, 8월, 임신일, 제사 곡식 창고에 화재가 발생했다."(秋, 八月, 壬申, 禦廩災) 『공양전』에서 말했다. "재해를 기록한 것이다."346) 정공 2년, "여름, 5월, 임진일, 치문 및 양관에 화재가 발생했다."(夏, 五月, 壬辰, 雉門及兩觀災) 『공양전』에서 말했다. "치문 및 양관에 화재가 발생했다고 말한 것은 무엇 때문인가? 양관이 치문보다 덜 중요하기 때문이다. 그렇다면 어째서 치문에서 화재가 발생하여 양관에 미쳤다고 말하지 않았는가? 화재가 양관으로부터 일어났기 때문이다. 화재가 양관으로부터 일어났다면 어째서 양관을 뒤에 말했는가? 덜 중요한 것으로부터 큰 것에 미쳤다고 말해서는 안 되기 때문이다. 무엇 때문에 기록했는가? 재해를 기록한 것이다."347) 선공 16년, "주나라 수도의 동쪽에 있는 성주의 선사에 화재가 발생했다."(成周宣謝災) 『공양전』에서 말했다. "외국의 재해는 기록하지 않는데, 여기에서 무엇 때문에 기록했는가? 주周나라를 새로운 나라로 여겼기 때문이다."348) 양공 9년, "봄, 송나라에 불이 났다."(春, 宋火) 『공양전』에서 말했다. "큰 건물에 발생한 것을 화재(災)라고 하고, 작은 건물에 발생한 것을 불(火)이라고 한다. …… 외국의 재해는 기록하지 않는데, 여기에서 무엇 때문에 기록했는가? 송나라가 왕자의 후예이기 때문에 재해를 기록한 것이다."349) 전염병의 재해가 있다. 예를 들어 『춘추』 장공 20년, "여름, 제나라에 큰 재해가 발생했다."(夏, 齊大災) 『공양전』에서 말했다. "역병이다. …… 외국의 재해는 기록하지 않는데, 여기에서 무엇 때문에 기록했는가? 우리 노나라에 영향을 미쳤기 때문이다."350)

---

345) 『公羊傳』, 宣公 15년.
346) 『公羊傳』, 桓公 14년.
347) 『公羊傳』, 定公 2년.
348) 『公羊傳』, 宣公 16년.
349) 『公羊傳』, 襄公 9년.
350) 『公羊傳』, 莊公 20년.

5. 대의大義와 미언微言

은미한 말(微言)과 큰 의리(大義)라는 말은 유흠劉歆의 「이양태상박사서移讓太常博士書」에 최초로 보인다. 그 말은 다음과 같다.

공자가 죽자 미언微言이 끊어졌고, 70여 명의 제자가 죽자 대의大義가 어그러졌다.[351]

이후에 『한서』 「예문지藝文志」에서도 "옛날에 공자가 죽자 미언이 끊어졌고, 70여 명의 제자가 죽자 대의가 어그러졌다"고 했는데, 이것은 유흠의 주장을 따른 것이다. 이로써 미언과 대의라는 두 개념은 본래 고문가의 말에서 나온 것임을 알 수 있다. 『곡량전』에서 범녕范甯은 "대체로 9개의 유파로 나누어져서 미언이 감추어졌고, 이단이 일어나서 대의가 어그러졌다"고 하니,[352] 그 주장은 조금 다르지만 모두 미언과 대의가 같지 않다고 생각하였다.

또한 유흠이 주장에 근거하면, 오직 공자가 살아 있을 때 처음으로 미언이 있었고, 공자가 죽자 미언이 마침내 끊어져 버렸다. 70여 명의 제자는 단지 공자의 대의를 전할 수 있을 뿐이었으며, 그들이 죽은 이후에는 대의도 또한 사라져 버렸다. 이로써 미언이 대의보다 높은 수준임을 알 수 있다. 따라서 후세의 공양가는 미언과 대의를 가지고 삼전三傳의 고하를 구별하였으니, 유흠의 말에서 벗어난 적이 없다.

그런데 미언과 대의가 내포한 뜻은 청대 학자들에 이르러서야 명확하게 정의되었다. 피석서皮錫瑞는 『춘추』의 대의는 "난신적자를 토벌하여 후세를 경계하는 것"이며, 미언은 "법제를 다시 세워서 태평을 이루는 것"이라고 말했다. 단지 이와 같을

---

351) 『漢書』, 「楚元王傳」.
352) 『穀梁傳』, 「序」(范甯).
    역자 주: 『한서』 「예문지」에 의하면, 공자가 죽은 이후, 제자들이 각각 전문 분야를 형성했는데, 그것이 모두 9개의 학파이다. 유가 부류(儒家流), 도가 부류(道家流), 음양가 부류(陰陽家流), 법가 부류(法家流), 명가 부류(名家流), 묵가 부류(墨家流), 종횡가 부류(縱橫家流), 잡가 부류(雜家流), 농가 부류(農家流)이다.

뿐만 아니라, 공양가는 또는 이에 근거하여 삼가三家의 우열을 구분했는데, 피석서는 다음과 같이 말했다. "오직『공양전』만이 대의와 미언을 함께 전했고,『곡량전』은 미언을 전하지 않고 단지 대의만을 전했다. 그리고『좌씨전』은 결코 대의를 전하지 않았고, 단지 상세하고 풍부한 기사로써『춘추』의 의리를 증명한 경우는 있다. 따라서 삼전三傳은 함께 통행되면서 폐기되지 않았다."353)

미언과 대의에 내포된 이러한 뜻은 혹 맹자로 그 근원을 거슬러 올라갈 수 있다.

> 왕자의 자취가 사라지자『시詩』가 없어졌다.『시』가 없어진 이후에『춘추』가 지어졌다. 진晉나라의『승乘』과 초楚나라의『도올檮杌』과 노魯나라의『춘추春秋』는 모두 동일한 것이다. 그곳에 기록된 일은 제齊나라 환공桓公과 진晉나라 문공文公에 관한 것이며, 그 글은 사관의 기록이다. 공자가 "그 의리는 내가 잠시 취했다"고 말했다.354)

『춘추』는 제齊나라 환공桓公과 진晉나라 문공文公의 일만을 전문적으로 기록한 것이 아니라, 또한 별도로 의리가 있다. 즉 공자가 왕의 마음을 가지고 더해서 기록한 것에서 나온 것이다. 맹자가 또 말했다.

> 세상이 쇠퇴하고 도가 미미해져서 사악한 학설과 포악한 행실이 일어나, 신하로서 자기 임금을 시해하는 자가 있고, 자식으로서 자기 부모를 시해하는 자가 있었다. 공자가 이를 두려워하여『춘추』를 지었다.『춘추』는 천자의 일이다. 따라서 공자는 "나를 알아주는 것도 오직『춘추』때문일 것이며, 나를 죄주는 것도 오직『춘추』때문일 것이다"라고 했다.355)

---

353) 皮錫瑞,『經學通論‧春秋通論』.
354) 『孟子』,「離婁下」.
355) 『孟子』,「滕文公下」.

공양가의 옛 이론을 살펴보면, '나를 죄주는 것'은 공자가 지위가 없음에도 불구하고, 242년간의 군주의 권력에 가탁하여 천자의 포폄褒貶과 진퇴進退의 일을 시행했기 때문이다. 이것이 이른바 미언이다. '나를 알아주는 것'은 『춘추』가 난신적자를 토벌하여, 늠름한 대의를 사람들이 모두 함께 보는 것이다. 이것이 이른바 대의이다.

대의라는 것은 지금 사람들이 말하는 '세상의 가치'와 같은 말이다. 하늘은 변하지 않고 도道도 변하지 않으며, 군신君臣과 부자父子의 기강은 수천 년 동안 바꿀 수 없으니, 이것이 곧 대의이다. 따라서 그 대의를 가지고 당대의 대인들을 칭찬하고 비판하거나 지위를 올려 주거나 낮추면서, 그 일을 곧바로 진술하고 그 대의를 크게 펼쳤을 뿐이다. 오직 존귀한 자를 위해 숨겨서 기록하지 않고 은혜로운 자를 높이 대접하며, 해로움을 피하고 몸을 보전하려고 했기 때문에 이러한 '은미한 말을 할 수밖에 없었다. 『춘추』는 노나라를 근거로 삼아서 제나라 환공과 진나라 문공의 일을 진술했지만, "은공隱公은 천자의 신하이면서 헛되이 왕王이라고 부르고, 주나라 천자는 윗자리에 있으면서 공후公侯로 축출되었다."[356] 이것은 노나라를 왕으로 삼는 '왕노王魯' 이론인데, 서법書法 중에서도 가장 괴이하게 여길 만한 것이다. 이것이 두 번째 미언이다. 공자는 주나라 말기의 쇠퇴한 시기에 난리를 바로잡아서 올바른 데로 되돌리려고 하였다. 그래서 마침내 주나라의 문식(文)을 덜어 내고 은나라의 질박함(質)을 사용하였다. 그러나 그것을 시행할 수 있는 지위가 없었기 때문에 어쩔 수 없이 『춘추』에 가탁하여 제도개혁의 본의를 밝혔고, 또한 후세에 법도를 드리웠다. 이러한 '소왕의 제도개혁'(素王改制)이 세 번째 미언이다. 하휴의 '세 가지 조목과 아홉 가지 뜻'(三科九旨) 이론은 오직 『공양전』만이 드러내 밝혔고, 『곡량전』과 『좌씨전』은 대의만을 밝혔을 뿐 그 요지를 이해하지 못했다. 따라서 '삼과구지'도 또한 네 번째 미언이다.

---

356) 『公羊傳』, 隱公 원년, 徐彦 疏.
　　　역자 주: 이 내용은 「은공」 조목을 시작하면서 서언이 문답을 가설하여 『공양전』의 의리에 대해 질문한 내용 중의 하나이다. 『공양전』에서 노나라 은공을 천명을 받은 왕으로 삼고, 주나라를 축출하여 앞선 두 왕조의 후예로 삼았는데, 그것은 공자가 말한 正名이 아니라는 요지의 질문이다.

이상의 여러 항목은 모두 공양가의 옛 이론이다. 이것 이외에 청대 공광삼孔廣森이 또 다른 하나의 이론을 주장했다. 그는 『춘추』의 의리를 한 가지로 여겼는데, 바로 명분을 바로잡고 난신적자를 토벌하는 것(正名分·誅亂賊)이다. 그런데 은혜는 후함과 박함이 있고 존중함은 멂과 가까움이 있기 때문에 삼세三世에 당연히 말을 달리하게 된다.(三世異辭) 따라서 이 의리는 전해들은 시대(所傳聞世)에 진술될 수 있는 내용이며, 꺼리거나 숨기는 내용이 없으니, 이것은 대의이다. 그런데 직접 본 시대(所見世)에는 움츠려져서 "찬탈을 감히 밝히지 못하고", "악행을 차마 지적하지 못하니", 이것은 미언이다. 『춘추』가 한 왕자의 법도에 해당되기 때문에 비록 직접 본 시대에 대해서는 말이 위축될 수밖에 없었지만, 그래도 전해들은 시대에 대해서는 진술될 수 있었다.

소여蘇輿의 『춘추번로의증春秋繁露義證』「옥배玉杯」편에서 '미微'의 뜻을 두 가지로 해석했다. 첫째는 은미한 말(微言)이다. 예를 들어 노나라 계씨季氏를 축출하려고 했을 때 '또 기우제를 지냈다'(又雩)고 말한 것,357) 봉축보逢丑父는 주살되어야 마땅하다는 것,358) 기계紀季를 어질게 여길 수 있는 것,359) 그리고 숨기는 말(詭詞)이나 문장을 바꾼 말(移詞)과 같은 부류이다. 즉 사마천이 말한 '꺼리거나 숨기는 말'(忌諱之辭)이다. 다른 하나는 은미한 뜻(微旨)이다. 예를 들어 충성을 권면하면서 진晉나라 조순趙盾을 죄주고,360) 효도를 권면하면서 허許나라 세자世子 지止를 죄준 것361)과 같은 부류이다. 사건에 대해서는 선악善惡의 미세한 부분을 구별하고, 행위에 대해서는 작은 맹아를 방지한다. 뜻을 담아 놓은 것이 매우 미묘하여, 사람들에게 깊이 사고하고 도리를 되돌아보도록 한다. 그리고 비교하여 관통하고 종류별로 연결하여, 그 뜻을 이해하도록 함으로써 사람을 다스리는 것이다. 『순자』 양경楊倞의 주에서 말했다. "미微는 학자의 은미한 뜻이다. 한 글자가 칭찬이나 비판이 되니, 그 문장을 은미하게 기록하고

---

357) 『公羊傳』, 昭公 25년.
358) 『公羊傳』, 成公 2년.
359) 『公羊傳』, 莊公 3년.
360) 『公羊傳』, 宣公 6년.
361) 『公羊傳』, 昭公 19년.

그 뜻을 감추는 것이다."362) 은미한 뜻은 곧 '일자포폄一字褒貶'의 방법이다. 소여는 청나라 말기 학자들이 '미언'에 대해 말한 것을 매우 싫어하여 다음과 같이 말했다. "최근 사람들은 미언을 과장되게 말하기를 좋아한다. 그러나 미언이 성인으로부터 비롯된 것이지만, 성인이 직접 전수한 것이 아니면 쉽게 들을 수 없는 것임을 모른 것이다. 따라서 '공자가 죽자 미언이 끊어졌다'고 말한 것이다. 미언의 경우는 추론하여 이해할 수 있는데, 한결같이 선을 진작하고 악을 차단하는 것을 위주로 한 것이며, 반드시 장황하고 아득하여, 그것을 감추어지고 괴이한 것에서 찾는 것이 아니다." 소여는 후세에 『춘추』를 연구하는 자들은 단지 은미한 뜻(微旨)을 추론하여 찾아야지, 은미한 말(微言)을 제멋대로 말해서는 안 된다고 여겼다.

제3절 『곡량전穀梁傳』

『곡량전穀梁傳』은 본래 고립되고 미약하다고 일컬어졌으며, 『공양전』과 『좌씨전』이 성행했던 것과는 거리가 멀다. 황제의 세력에 기대어 잠시 학관에 세워졌지만, 광무제光武帝 때의 14박사에 이르러서 이미 그 자취가 보이지 않았다. 조위曹魏시대에 10박사를 증설할 때 『곡량전』은 그나마 거기에 포함되었지만, 이후 진晉 원제元帝 때 박사를 줄이자 『곡량전』은 그 깊이가 얕다는 이유로 마침내 퇴출되었다. 이때 이후로 『곡량전』은 더욱 쇠미해졌다. 청나라 이후, 지금까지 보존된 『곡량전』 저술은 오직 진晉나라 범녕范甯의 『춘추곡량전집주春秋穀梁傳集注』와 당唐나라 양사훈楊士勛의 『춘추곡량전주소春秋穀梁傳註疏』가 있을 뿐이다.

청나라 유봉록劉逢祿은 비록 『공양전』의 전문 학자라고 불렸지만, 『곡량전』의 이론을 많이 채용하여 두 전의 잘못을 바로잡았다. 이에 이르러 『곡량전』의 가치는 청나라 학자들에 의해 점점 중시되었다.

---

362) 역자 주: 『순자』 「儒效」 편의 "『春秋』言是其微也"라는 글에 대한 楊倞의 주이다.

1. 『곡량전』의 선사先師 및 그 전수

『효경위孝經緯·구명결鉤命訣』에 "나의 뜻은 『춘추』에 있고, 행동은 『효경』에 있다. 『춘추』를 자하子夏에게 맡기고, 『효경』을 증삼曾參에게 맡겼다"는 공자의 말을 기록하고 있다. 이로써 한대 사람들이 실제로 자하가 『춘추』를 전수했다고 생각했다는 것을 알 수 있다. 육덕명陸德明의 『경전석문經典釋文』에서 말했다. "좌구명左丘明이 공자에게 전수받았고, 공양고公羊高가 자하子夏에게 전수받았으며, 곡량적穀梁赤은 후세에 전해 들었다." 『춘추』 삼전 중에 오직 『공양전』만이 자하로부터 나왔고, 『곡량전』은 단지 후세에 전해 들었을 뿐이며, 또한 가장 뒤에 나왔다고 여긴 것이다.

『곡량전』의 작자에 대해, 『한서』 「예문지」에는 '곡량자穀梁子'라고 기록되어 있다. 그런데 '곡량자'라는 이름에 대해서는 서로 다른 다양한 주장이 있다. 환담桓譚의 『신론新論』, 채옹蔡邕의 『정교론正交論』, 응소應劭의 『풍속통의風俗通義』는 모두 '곡량적穀梁赤'이라고 했다. 왕충王充의 『논형論衡』 「안서案書」 편에는 '곡량치穀梁寘'로 되어 있고, 완효서阮孝緖의 『칠록七錄』에는 '곡량숙穀梁俶'으로 되어 있다. 당나라 안사고顏師古의 『한서』 「예문지」 주에서는 "이름은 희喜"라고 했다. 전대소錢大昭의 『한서변의漢書辨疑』에서는 '희喜'는 당연히 '가嘉'가 되어야 한다고 했다. 양사훈楊士勛의 소에서는 "곡량자穀梁子의 이름은 숙淑이고, 자는 원시元始이며, 노나라 사람이다. 또 다른 이름은 적赤이다"라고 했다. 완원阮元의 『교감기校勘記』에서는 "숙淑은 마땅히 숙俶이 되어야 한다"고 했다. 이처럼 곡량자는 한 사람인데, 여러 가지의 이름이 있다. 피석서의 『경학통론·춘추통론』에서는 "또한 『공양전』이 집안에서 할아버지와 손자, 아버지와 아들이 서로 전수하여, 한 사람이 아닌 것과 같지 않을까?"라고 했다. 아마도 피석서는 한 사람에게 여러 이름이 있는 것이 아니라, 실제로 곡량씨穀梁氏 한 가문의 여러 사람이 함께 『곡량전』을 전수한 것이라고 여긴 것 같다.

『곡량전』의 스승은 곡량씨 가문의 사람 이외에 또 시자尸子·심자沈子의 말이 실려 있으니, 아마도 모두 『곡량전』의 스승일 것이다. 심지어 순자도 『곡량전』을 전수받았으니, 순자도 『곡량전』의 스승이다. 후대 사람들 중에는 심지어 순자를

『곡량전』의 태조로 여기는 자도 있다. 이러한 여러 사람들은 모두 고증할 만한 전적이 있기 때문에 또한 『곡량전』을 전수한 스승에 속한다.

한나라 초기에 『곡량전』을 연구한 자들은 대체로 노나라 신공申公으로부터 나왔다. 신공은 본래 『노시魯詩』를 전공했고, 사마천도 신공이 『곡량전』을 연구했다고 말한 적이 없다. 오직 신공이 "『시경』을 가르침으로 삼아서 가르쳤다"고 말했고, 또 그의 제자 중에 박사가 된 자가 10여 사람이라고 하면서, "그들이 『시』를 해석한 것이 비록 다르지만, 대부분 신공에 근본을 두고 있다"고 했다. 『곡량춘추』를 연구한 자에 대해서는 오직 하구瑕丘의 강생江生만을 언급했을 뿐이다.363)

『한서』에서는 유교劉交가 "젊었을 때 노나라 목생穆生·백생白生·신공申公과 함께 모두 부구백浮丘伯으로부터 『시』를 전수받았다. 부구백은 손경孫卿의 문인이다"364)라고 했다. 또 신공申公이 "젊었을 때 초원왕楚元王 유교劉交와 함께 제나라 사람 부구백浮丘伯을 섬겨서 『시』를 전수받았다"고 했고, 그 이후 신공은 노나라로 돌아가서 집안에서 가르치면서, "오직 『시경』의 뜻을 풀이하여 가르쳤을 뿐 전수한 것은 없었다."365) 이것은 '순자荀子─부구백浮丘伯─신공申公'의 계열로 『시』를 전수한 것이다. 그런데 또 "신공申公이 죽은 이후에 『시』와 『춘추』를 전수했는데, 하구瑕丘의 강공江公이 그것을 모두 잘 전수받았다"366)고 말하니, 이 기록에서 『사기』에서 말한 두 가지 주장, 즉 신공申公이 『시』를 연구했다는 것과 하구瑕丘의 강공江公이 『곡량전』을 연구했다는 것이 합쳐져서 하나가 된다. 양사훈은 또한 『한서』의 기록을 연역하여, '자하子夏─곡량자穀梁子─순자荀子─신공申公─하구강공瑕丘江公'의 계통을 세우니, 이것이 『곡량전』의 전수 계통이다.

강옹江翁은 곧 하구瑕丘의 강공江公이다. 『사기』에서 말했다. "하구瑕丘의 강생江生은 『곡량춘추』를 연구했다. 공손홍公孫弘에 의해 등용되었는데, 강생이 일찍이 공손홍

---

363) 『史記』, 「儒林列傳」.
364) 『漢書』, 「楚元王傳」.
365) 『漢書』, 「儒林傳」.
366) 『漢書』, 「儒林傳」.

과 동중서의 의론을 모아서 비교하여, 결국 동중서의 이론을 채용하였다."367) 그리고
『한서』에서 말했다. "무제武帝 때, 강공江公은 동중서와 필적하였다. 동중서는 오경에
능통하였고, 논의를 잘 펼쳤으며, 문장을 잘 지었다. 강공은 말이 어눌하여, 무제가
그에게 동중서와 토론하도록 시키면 동중서만 못했다. 그리고 승상丞相 공손홍公孫弘
은 본래 공양학을 연구했는데, 강공이 공손홍과 동중서의 의론을 모아서 비교하여,
결국 동중서의 이론을 채용하였다. 이에 무제는 공양가를 존중하여, 조서를 내려
태자에게 『공양춘추』를 배우게 하였다. 이로 말미암아서 『공양전』이 크게 흥성하였
다."368) 이로써 알 수 있듯이, 강공이 동중서와 논변한 것이 사실상 『공양전』과
『곡량전』이 흥성하고 쇠퇴하게 된 관건이 되었다.

또한 『한서』 「유림전」의 의하면, 선제宣帝 시기에 (祖父인) 위태자衛太子, 즉
여태자戾太子가 『곡량춘추』를 좋아했다는 말을 듣고서 선제는 『곡량전』을 일으켰고
강공손江公孫을 박사로 세웠다. 『곡량전』이 학관에 세워진 것은 이때부터 시작한다.

후한시대에 이르러, 광무제 때의 14박사 중에 『곡량전』은 없었고, 『곡량전』을
공부하는 자도 점점 줄어들었다. 위진시대에는 곡량학이 다소 성행했는데, 『곡량전』
이 다시 학관에 세워졌기 때문이다. 그 시기에 『곡량전』을 전문적으로 연구한
학자는 거의 10여 명이 있었는데, 양사훈은 윤경시尹更始·당고唐固·미신糜信·공연孔
演·강희江熙·정천程闡·서선민徐仙民·유요劉瑤·호눌胡訥 등을 거론했다. 이것을 통
해서 그 당시 『곡량전』을 연구하는 것이 확실히 흥성하였다는 것을 알 수 있다.

동진東晉시대 초기에, 학교를 재정비하면서 박사를 줄여 9박사만을 두었는데,
『의례』·『공양전』·『곡량전』 및 정현鄭玄의 『역』이 모두 빠져서 박사에 세워지지
않았다. 순숭荀崧은 그렇게 해서는 안 된다고 상주하였고, 이후에 조정에서 그의
상주를 따르는 자들이 비록 많았지만, 그래도 "『곡량전』은 그 깊이가 얕아서 박사를
두기에는 부족하며, 나머지는 상주한 대로 하라"는 조칙이 내려졌다.369) 당시 사람들

---

367) 『史記』, 「儒林列傳」.
368) 『漢書』, 「儒林傳」.
369) 『晉書』, 「荀崧傳」.

의 『곡량전』에 대한 시각이 이와 같았으니, 『곡량전』이 그 이후에 쇠퇴한 것은 필연적이었다.

비록 그렇기는 하지만, 유송劉宋 시기에 여전히 국자조교國子助教가 『곡량전』 등의 10가지 경전을 나누어 관장하였다.[370] 소제蕭齊 시기에는 『곡량전』의 미신麋信의 주注를 국학國學으로 세웠다.[371] 당대에 과거제를 시행할 때, 국자학國子學에서 『곡량전』을 가르쳤고, 『곡량전』을 소경小經으로 삼았다. 경생經生들은 1년 반의 과정으로 『곡량전』을 공부했고, 시험을 칠 때는 '삼전과三傳科'에 속했다. 『곡량전』은 대의大義를 묻는 것이 30조목, 책策은 모두 3문제이다. 대의 합격(義通)은 7조목 이상, 책 합격(策通)은 2문제 이상이 되어야 급제했다.[372] 이러한 사실을 통해서 당시에 『곡량전』이 학관에서의 지위가 더욱 낮아졌다는 것을 알 수 있다.

청대 중기 이후, 『곡량전』은 『공양전』이 부흥한 형세에 기대어 또한 다소 성행하였다. 그 시기에 진수기陳壽祺 · 이부손李富孫 · 소진함邵晉涵 · 홍량길洪亮吉 · 유흥은柳興恩 · 요내姚鼐 · 마종련馬宗槤 · 매육梅毓 · 후강侯康 · 허계림許桂林 · 강신중江愼中 · 요평廖平 · 감붕운甘鵬雲 · 가소민柯劭忞 등의 학자들이 『곡량전』을 연구했다. 이 사람들 중에서도 가장 두드러진 것은 유흥은柳興恩의 『곡량춘추대의술穀梁春秋大義述』 30권, 허계림許桂林의 『춘추곡량전시월일서법석례春秋穀梁傳時月日書法釋例』 1권, 후강侯康의 『곡량예정穀梁禮征』 2권, 종문증鍾文烝의 『춘추곡량경전보주春秋穀梁經傳補注』 24권, 강신중江愼中의 『춘추곡량전조지春秋穀梁傳條指』와 『춘추곡량전조례春秋穀梁傳條例』이다. 또한 요평廖平의 『곡량전』 관련 저술은 이들에 비해 더욱 많다. 요평은 스스로 『곡량전』 관련 저술을 모아서 『곡량춘추내외편목록穀梁春秋內外編目錄』을 지었는데, 전체 저술이 39종이고 모두 50권이다. 그 중에서도 『곡량고의소穀梁古義疏』를 가장 중요하게 여겼다.

---

370) 『宋書』, 「百官志上」.
371) 『南齊書』, 「陸澄傳」.
372) 『新唐書』, 「選擧志」.

2. 『곡량전』의 주注와 소疏

한대 학자들 중에서 『곡량전』을 해석한 것은 윤경시尹更始가 지은 장구章句가 유일하며, 위진시대 이후로 많은 학자들이 주注를 지었다. 현재 『수서隋書』 「경적지經籍志」를 살펴보면, 미신糜信・당고唐固・장정張靖・서건徐乾・정천程闡・손육孫毓・공연孔衍・범녕范甯・유조劉兆・강희江熙・호눌胡訥・유요劉瑤 등이 있다. 이들은 모두 『곡량전』에 주석을 달았는데, 그 중에서도 미신・범녕의 주석이 가장 뛰어났기 때문에 앞뒤로 학관에 세워졌다. 그러나 지금 남아 있는 것은 범녕의 주가 유일하다.

범녕范甯(339~401)은 동진東晉시대 사람으로, 자字가 무자武子이고, 남양南陽 순양順陽 사람이다. 그는 어려서부터 학문을 독실하게 하였고, 많은 책을 폭넓게 읽었다. 관직은 여항령餘杭令・임회태수臨淮太守・중서시랑中書侍郎・예장태수豫章太守 등을 두루 역임하였다. 일찍이 하안何晏과 왕필王弼의 죄가 걸주桀紂보다 더 심하다는 글을 쓴 적도 있다. 범녕은 『곡량전』에 대한 좋은 해석이 없다고 여겨서, 마침내 오랜 기간 깊이 사고하여 『춘추곡량전집해春秋穀梁傳集解』를 지었다. 그 의리가 정밀하고 자세하여 세상의 중시를 받았다. 이 책은 『수서』 「경적지」와 『구당서』・『신당서』 「경적지」에 모두 12권으로 기록되어 있다. 범녕은 「자서自序」에서 말했다. "이에 명례名例를 헤아리고 검토하고, 의심스럽고 막힌 내용을 상세하게 진술했으며, 여러 학자들의 같거나 다른 이론을 널리 제시하였다." 이 말을 통해서 그가 예例를 중시했다는 것을 알 수 있다. 이와 관련해서는 『춘추곡량전례春秋穀梁傳例』 1권이 『수서』 「경적지」에 수록되어 있다. 또 『박숙원문곡량의薄叔元問穀梁義』가 『수서』 「경적지」에 2권, 『양서』 「경적지」에 4권이 수록되어 있다. 그런데 『당서』 「경적지」에는 수록되어 있지 않고, 지금은 이미 없어졌다. 이 책은 『춘추곡량전집해』 이후에 나왔는데, 당시에 숙원叔元도 『곡량전』을 연구하여 범녕에게 반박하여 질문한 것이 있었고, 범녕이 그 질문에 따라 조목조목 대답한 것이다. 이 책은 하휴의 『곡량폐질穀梁廢疾』을 반박한 정현의 『석폐질釋廢疾』의 체례를 모방한 것이다. 범녕은 『곡량전』에 주석을 단 자신의 책을 '집해集解'라고 명명했지만, 이 책은 두예杜預의 『춘추좌씨전집해』와는 같지 않다. 이 책은 여러 학자들의 이론을 모아서 『곡량전』의 주석을 단 것이며, 그 이후에 서막徐邈이 또한 주석을 달았는데, 서막의 주석은 별도의 책인 것 같다.

『한서』「예문지」에 『곡량전』 경經 11권을 수록하고 있는데, 전傳도 또한 11권이므로 『곡량전』의 경經과 전傳이 처음에는 별도로 통행되었다. 『사고전서』에서는 범녕이 경과 전에 함께 주석을 달았다고 했는데, 아마도 범녕이 경과 전을 합친 것 같다. 또 말했다. "아마도 범녕이 전傳을 경經에 붙일 때, 경문의 모든 조목마다 모두 '전왈傳曰'이라는 두 글자를 가장 앞에 기록해 넣은 듯하다. 그것은 정현鄭玄과 왕필王弼의 『역』에 '단왈彖曰'·'상왈象曰'이 있는 사례와 같다. 이후에 옮겨 적는 자들이 그것을 모두 삭제했는데, 이 다섯 조목은 미처 다 삭제하지 못한 것이다."373) 범녕이 경과 전을 합칠 때, '전왈傳曰' 두 글자를 모든 경문 조목의 전문傳文 앞에 더해서 기록했는데, 뒤에 옮겨 적는 자들이 그것을 모두 삭제하고, 단지 5조목만 남아 있을 뿐이다.

범녕의 『곡량전』 주석은 비록 복건服虔과 두예杜預의 『좌씨전』 주석, 하휴何休와 엄팽조嚴彭祖의 『공양전』 해석을 본받으려고 했지만, 또한 한위漢魏시대 학자들이 『좌씨전』과 『공양전』을 끌어와서 『곡량전』을 해석한 것을 비판했으니, 전문적인 『곡량전』의 학문을 만들려고 한 것 같다. 그러나 범녕은 또한 다음과 같이 말했다.

『좌씨전』은 문장이 화려하면서 풍부하지만, 그 단점은 내용이 터무니없다는 데 있다. 『곡량전』은 문장이 깨끗하고 완곡하지만, 그 단점은 내용이 단편적이라는 데 있다. 『공양전』은 문장이 분별과 결단이 뛰어나지만, 그 단점은 내용이 비속하다는 데 있다.374)

---

373) 『四庫全書總目提要』, 「經部·春秋類 一」, 「『春秋穀梁傳註疏』.
역자 주: 『사고전서총목제요』에 의하면, 다섯 조목은 '公觀魚于棠', '葬桓王', '杞伯來', 逆叔姬之喪以歸', '曹伯廬卒于師', '天王殺其弟佞夫'이다. 이 다섯 조목에서는 經文 다음에 '傳曰'이라는 두 글자를 가장 앞에 기록하고 있다. 예를 들어 『곡량전』 은공 5년에 "五年, 春, 公觀魚于棠. 傳曰, 常事曰視, 非常曰觀……公觀之, 非鄭也"라고 되어 있다.
374) 『穀梁傳』, 「序」(范甯).

삼전三傳은 각각 장단점이 있는데, 범녕은 삼전을 함께 채용하고자 했기 때문에 그「서문」에서 다음과 같이 말했다. "만약 문장이 풍부하면서도 터무니없지 않고, 깨끗하면서도 짧지 않으며, 결단하면서도 비속하지 않다면, 『춘추』의 도를 깊이 터득한 자이다. 따라서 군자는 『춘추』에 대해 죽고 나서야 그만둔다." 여기에서 범녕의 뜻을 엿볼 수 있다. 이와 같이 범녕은 하휴나 두예의 문호 의식과는 결코 같지 않은 점이 있지만, 후세에 범녕의 주석을 비난하는 자들도 비난의 초점이 항상 거기에 있었다.

그 이후 『곡량전』은 육조시대에 비록 학관에 세워졌지만 박사에 의해 관장되지 않았기 때문에 점점 쇠퇴하였고, 수당시대에는 『곡량전』을 연구하는 학자도 없었다. 당나라 초기에 『오경정의五經正義』를 지었는데, 『춘추』 삼전은 국자좨주國子祭酒 공영달孔穎達과 사문박사四門博士 양사훈楊士勛·주장재朱長才가 나누어서 편찬을 맡았다. 공영달이 직접 『좌전정의左傳正義』를 맡았고, 양사훈 등이 함께 참여하여 바로잡았으며, 태학박사太學博士 마가원馬嘉遠·왕덕소王德韶, 사문박사四門博士 소덕융蘇德融, 태학조교太學助敎 수덕소隋德素가 다시 심의하였다. 이 책은 두예의 주를 존경하여 받드는 대상으로 삼았고, 유현劉炫의 책을 가지고 가감했으며, 또 심문아沈文阿의 『좌씨경전의략左氏經傳義略』 등의 여러 책을 가지고 빠진 부분을 보완했다. 『곡량전』의 경우는 단지 양사훈 한 사람이 혼자서 그 일을 전담했다. 범녕은 『춘추곡량전집해』 이외에 또 조례條例를 연구했다. 지금 양사훈의 소에서 인용한 내용을 고찰해 보면, 「범례范例」라고 부른 것도 있고, 「범씨약례范氏略例」라고 부른 것도 있으며, 「범씨별례范氏別例」라고 부른 것도 있다. 모두 합쳐서 20여 조목인데, 대부분 『춘추곡량전집해』에 포함되지 않은 내용이다.

후세에 범녕의 주석에 문제가 있다고 여겨서, 마침내 양사훈의 소까지도 문제 삼았다. 청대 종문증鍾文烝이 말했다.

범녕의 주는 간략하면서 어긋나고, 양사훈의 소는 깊이가 얕으면서 난잡하기 때문에 만약 잘 갖추어서 보완하고 바로잡지 않으면, 장차 곡량씨의 훌륭한 진면목을 좌씨와 공양씨에 의해 영원히 가려지도록 할 것이니, 사문斯文의 흠결이 되는 일이 아니라고 말하겠는가?[375]

청대 학자들의 『곡량전』 연구는 바로 범녕 주와 양사훈 소의 잘못을 겨냥한 것이다.

3. 『공양전』·『곡량전』 이론 성립의 선후 관계

『공양전』이 책으로 기록된 것은 경제景帝 시기인데, 그 이전에는 단지 스승이 말하고 제자가 듣는 형태로 서로 전했을 뿐이었다. 후대 사람들은 또한 『공양전』 이론의 출발을 위로 자하子夏까지 거슬러 올라갔고, 심지어는 공자로부터 나왔다고 여기기도 했다. 또한 『공양전』을 전수한 스승은 한 명만이 아니기 때문에 스승과 제자가 전수하는 과정에서 그 내용이 가감되는 것은 매우 자연스러운 현상이다. 이러한 사정은 『곡량전』도 마찬가지이다. 『공양전』과 『곡량전』의 선후 관계는 본래 고찰해서 논의할 만한 것이 없다. 그런데 후대 학자들이 논쟁을 벌인 것은 단지 문호간의 논쟁에서 나온 것에 지나지 않으며, 더욱이 좌씨학자가 『공양전』을 비난하기 위한 술수에서 나온 것일 뿐이다.

환담桓譚의 『신론新論』에서 말했다.

『좌씨전』은 전국시대에 점점 감추어졌다. 그 이후 백여 년 뒤에 노나라 사람인 곡량적穀梁赤이 『춘추』를 지었는데, 누락되고 소략하여 빠진 문장이 많았다. 또 제나라 사람인 공양고公羊高가 경문經文에 의거하여 전傳을 지었는데, 『춘추』에 기록된 본래의 사실을 더욱 잃어버렸다.

이 글을 자세히 따져 보면, 『곡량전』이 『공양전』보다 앞서고, 『좌씨전』이 가장

---

375) 鍾文烝, 『春秋穀梁經傳補注』, 「序」.

일찍 책으로 만들어진 것 같은데, 공양씨와 곡량씨는 모두 보이지 않는다.

그 후에 정현은 『곡량전』이 책으로 만들어진 것이 『공양전』보다 앞이라고 여겼다. 『예기』 「왕제王制」편의 소에서 인용한 정현의 『석폐질釋廢疾』에 의하면, 『곡량전』에서는 천자와 제후가 '사계절에 모두 사냥하는'(四時田) 예법을 위주로 해석했는데, 그것은 하夏·은殷의 옛 제도를 근본으로 삼은 것이며, 공자의 시대에도 여전히 그랬다. 그런데 『공양전』에서는 여름을 제외한 '세 계절에만 사냥하는'(三時田) 예법을 위주로 해석했다. 이것은 공자가 고친 제도이며, 위서緯書에 은밀하게 기록된 내용을 『공양전』에서 따른 것이다. 그리고 그 시대는 육국六國의 말기에 해당된다.[376] 이를 통해서 『곡량전』이 당연히 『공양전』보다 앞선다는 것을 알 수 있다.

그런데 후세에 정현의 주장을 비판하는 자들이 많았다. 육덕명陸德明은 다음과 같이 말했다.

> 좌구명左丘明은 중니仲尼로부터 경전을 전수받았고, 공양고公羊高는 자하子夏로부터 전수받았으며, 곡량적穀梁赤은 후대에 전해 들었으니, 삼전三傳의 차례는 자연스럽게 드러난다.[377]

육덕명은 분명히 『공양전』이 『곡량전』보다 앞선다고 주장하였다. 그리고 송대 유창劉敞의 『춘추권형春秋權衡』에서는 『곡량전』의 문장을 인용하여 『공양전』과 비교

---

376) 역자 주: 『예기』 「왕제」의 "天子諸侯無事, 則歲三田, 一爲乾豆, 二爲賓客, 三爲充君之庖"에 대한 정현의 주를 살펴보면, 천자와 제후가 사계절에 모두 사냥하는 것은 하나라와 은나라의 예법인데, 『곡량전』에서 사계절에 모두 사냥을 한다고 말한 것은 공자와의 시대가 가까워서 하나라와 은나라의 예법을 따른 것이다. 그런데 『공양전』은 공자와는 거리가 먼 六國시대의 책이다. 이 시기에는 緯書가 세상에 드러나 통행되었는데, 『공양전』에서는 위서에 기록된 문장을 보고서 천자와 제후는 세 계절에만 사냥한다고 해석하였다. 즉 『춘추』 환공 4년의 "公狩于郎"의 『곡량전』에서 "春曰田, 夏曰苗, 秋曰蒐, 冬曰狩"라고 하여, 사계절에 모두 사냥을 한다고 풀이했다. 그런데 『공양전』의 하휴의 주에서는 『위서』인 『運斗樞』를 인용하여 "여름에는 사냥을 하지 않는다"(夏不田)고 하였다.

377) 『經典釋文』, 「序錄」.

하여, 『곡량전』이 『공양전』보다 뒤라고 주장하였다. 청대의 진례陳澧는 유창의 주장을 강하게 긍정했는데, 그 논증 방식이 유창과 비슷하다. 이처럼 두 사람은 모두 『곡량전』의 내용이 『공양전』보다 더욱 상세하게 갖추어져 있기 때문에 『곡량전』이 뒤에 나온 것이라고 여겼다. 이에 비해 송대 조열지晁說之는 다음과 같이 주장했다.

> 『곡량전』은 가장 늦은 한나라 때 나왔기 때문에 『좌씨전』·『공양전』의 오류를 살펴서 바로잡을 수 있었다. 『곡량전』의 정밀하고 깊으며 원대한 내용은 진실로 자하가 전수한 것을 얻은 것이다. 범녕은 또한 여러 학자들의 이론에 근거하여 그것을 폭넓게 변론하여 『곡량전』의 뜻을 펼쳤으니, 옳고 그름에 대해서도 다소간 공평하다. 두예杜預가 오로지 『좌씨전』의 뜻만을 펼쳐서, 불안하게 그 해석의 동이同異를 감히 변론하지 못한 것과는 같지 않다.378)

『곡량전』은 『좌씨전』·『공양전』에 비해 늦게 나왔으므로 두 전의 잘못된 부분을 살펴서 바로잡았기 때문에 두 전에 비해 상세하게 갖추어진 것이다.

그런데 『공양전』과 『곡량전』이 선진시기에 모두 구설口說를 통해 전해졌다면, 『곡량전』이 『공양전』에서 취한 내용이 있다는 것은 이상게 여길 만한 일이다. 그렇지 않다면 곡량자穀梁子가 공양씨公羊氏의 문인이었다는 것인가? 혹은 두 전이 모두 자하子夏로부터 함께 나왔는데, 곡량자와 공양씨가 각각 자하의 구설口說 중에서 한 부분만을 전수했기 때문에 혹은 같기도 하고 혹은 다르기도 하다는 것인가? 실제로 송대 학자들의 문하 제자들이 기록한 스승의 어록을 살펴보면, 각각의 기록이 상세하거나 간략함, 같거나 다름의 구별이 있는 것과 같다.

4. 『공양전』·『곡량전』의 논쟁과 『곡량전』 박사博士의 존폐

『공양전』과 『곡량전』은 내용과 형식이 매우 비슷하다. 따라서 후세에 많은

---

378) 皮錫瑞의 『經學通論·春秋通論』에서 재인용.

사람들이『공양전』과『곡량전』이『춘추』에 전을 단 것이 모두 성인의 요지를 이해했다고 평가하였다.

비록 그렇기는 하지만, 한나라 초기에 여러 경전이 번갈아 나왔는데, 학자들은 각각 하나의 경전만을 연구했고, 조정에서도 경전 연구를 통한 이록利祿의 추구를 권유했기 때문에『공양전』과『곡량전』도 서로 다투지 않을 수 없었다. 대체적으로 말한다면,『공양전』과『곡량전』의 논쟁은 두 차례 있었고, 모두 전한 시기에 발생했다.

제1차 논쟁은 동중서董仲舒와 하구瑕丘의 강공江公의 논쟁이다.『한서』에 의하면, 원수元狩 연간 초에, 무제武帝가 조칙을 내려 하구의 강공과 동중서에게『공양전』과『곡량전』의 우열을 논변하도록 했다. 그런데『곡량전』을 연구했던 하구의 강공은 "말이 어눌했고", 승상인 공손홍公孫弘도『공양전』을 연구했기 때문에 마침내『공양전』을 존숭하게 되었다. 따라서 무제는 조칙을 내려 여태자戾太子에게『공양춘추』를 전수받도록 했다. 그런데 여태자는 개인적으로 하구의 강공으로부터『곡량전』을 전수받았고, 또한『곡량전』을 좋다고 여겼다.[379]

제2차 논쟁은 채천추蔡千秋와 공양가公羊家의 논쟁이다.『한서』에 의하면, 선제宣帝가 즉위한 후, (祖父인) 위태자衛太子, 즉 여태자戾太子가『곡량춘추』를 좋아했다는 소리를 듣고, 승상丞相 위현韋賢・장신소부長信少府 하후승夏侯勝 및 시중악릉후侍中樂陵侯 사고史高에게『곡량춘추』에 대해 물었다. 이들은 곡량자는 본래 노학魯學이고, 공양씨는 제학齊學이므로 마땅히『곡량전』을 흥기시켜야 한다고 대답했다. 선제는 또 조칙을 내려 채천추와 공양가에게 두 전에 대해 토론하도록 했는데, "황제가『곡량전』의 이론을 좋다고 여겼다." 이후 채천추를 낭중호장郎中戶將으로 발탁하고, 인재 10명을 선발하여『곡량전』을 전수받도록 했다.[380]

제3차 논쟁은 석거각石渠閣 회의이다.『한서』에 의하면, 감로甘露 3년(B.C.49), 선제가 조칙을 내려 학자들에게 오경五經의 같고 다름을 강론하도록 했는데, 태자태부

---

379)『漢書』,「儒林傳」 및「武五子傳」.
380)『漢書』,「儒林傳」.

太子太傅 소망지蕭望之 등이 그 강론을 평의하여 상주하고, 황제가 직접 결재하였다. 이에 양구梁丘의 『역』, 대소하후大小夏侯의 『상서』, 그리고 『곡량춘추』의 박사를 세웠다.[381] 또 『공양전』 분야에는 박사 엄팽조嚴彭祖와 시랑侍郎 신만申輓·이추伊推·송현宋顯, 그리고 내시랑內侍郎 허광許廣이 있었고, 『곡량전』 분야에는 의랑議郎 윤경시尹更始, 대조待詔 유향劉向과 주경周慶, 정성丁姓 및 중랑中郎 왕해王亥가 있었다. 30여 가지 사안을 토론하면서, 쌍방이 각각 경전의 의리를 가지고 응대했는데, 대부분 『곡량전』의 이론을 따랐다. 이 토론으로 말미암아 『곡량전』이 크게 성행하였다.[382] 『한서』 「예문지」에는 『석거의주石渠議奏』 42편이 수록되어 있다.

이상에서 알 수 있듯이, 『곡량전』은 선제라는 세력에 힘입어 박사로 세워졌다. 그러나 후한시대에 이르러, 광무제의 14박사 중에 오직 『공양전』의 엄팽조嚴彭祖와 안안락顏安樂 두 박사만 있었고, 『곡량전』은 결국 세워지지 않았다. 영제靈帝 시기에 세워진 희평석경熹平石經에도 『곡량전』은 보이지 않는다.

조위曹魏시대에 『곡량전』은 다시 박사에 세워졌다. 『삼국지三國志』에 의하면, 황초黃初 5년, "여름, 4월, 태학太學을 세우고, 오경五經의 정기시험 방법을 제정했으며, 『곡량춘추』의 박사를 설치했다."[383] 이때의 『춘추』 박사는 당연히 『공양전』의 엄팽조와 안안락, 그리고 『곡량전』 등의 삼가三家가 있었다. 그리고 정시正始 연간에 『좌씨춘추』의 왕씨王氏 박사를 추가로 설치했다. 위魏나라 말기에는 박사가 더욱 늘어서 19가에 이르렀다. 『송서宋書』에서 말했다. "위魏나라 및 서진西晉의 조정에서 19명을 설치했다."[384] 그리고 『진서晉書』에서도 말했다. "가규賈逵·마융馬融·정현鄭玄·두예杜預·복건服虔·공안국孔安國·왕숙王肅·하휴何休·안안락顏安樂·윤경시尹更始의 무리는 장구章句와 전주傳注 형태의 전문적인 학문들이며, 박사 19인을 두었다."[385] 왕국유王國維의 『한위박사고漢魏博士考』에 의하면, 위나라 시기의 『춘추』 박사는 "『춘

---

381) 『漢書』, 「宣帝紀」.
382) 『漢書』, 「儒林傳」.
383) 『三國志·魏書』, 「文帝紀」.
384) 『宋書』, 「百官志」.
385) 『晉書』, 「荀崧傳」.

추좌씨전』의 복건과 왕숙, 『공양전』의 안안락과 하휴, 『곡량전』의 윤경시"가 있었으니, 『춘추』 박사는 모두 5명이었다.

동진東晉 원제元帝 시기에, 박사를 줄이고 오직 『주역』의 왕필王弼, 『상서』의 정현, 『고문상서』의 공안국, 『모시』의 정현, 『주관』·『예기』의 정현, 『춘추좌전』의 두예와 복건, 『논어』·『효경』의 정현 등 9박사만을 두었고, 『의례』·『공양전』·『곡량전』 및 정현의 『역』은 모두 두지 않았다. 순숭荀崧이 그것이 불가하다고 여겨서 다음과 같이 상소하였다.

신이 삼가 듣건대, 박사를 축소한 제도는 모두 셋으로 나누어 둘만 두었습니다. 박사는 예전에는 19명을 두었는데, 지금은 오경을 모두 합쳐서 9명입니다. 옛날을 기준으로 지금을 따져 보면 오히려 반도 되지 않으니, 박사를 축소하는 제도는 마땅히 시의에 맞게 시행해야 합니다. 지금 9명 이외에 여전히 4명을 더 두어야 합니다. 원컨대 폐하의 바쁜 정무 사이에 여가가 생기면 잠시 살펴봐 주십시오. 마땅히 정현 『역』의 박사 한 사람을 두고, 정현 『의례』의 박사 한 사람, 『춘추공양』의 박사 한 사람, 『곡량전』의 박사 한 사람을 두어야 합니다.386)

그 이후에 조정에서 그의 상주를 따르는 자들이 비록 많았지만, 그래도 "『곡량전』은 그 깊이가 얕아서 박사를 두기에는 부족하며, 나머지는 상주한 대로 하라"387)는 조칙이 내려졌다. 따라서 『곡량전』이 쇠퇴한 것은 그 원인이 『곡량전』 자체에 있었던 것이다.

이를 통해서 『곡량전』의 폐기는 실제로 그 경전 의리 자체에 내재적인 원인이 있었다는 것을 알 수 있다. 이에 대해, 피석서의 다음과 같이 말했다.

『곡량전』은 비록 선제宣帝 시대에 잠시 성행했지만, 한대 이전에 성행한 것은

---

386) 『晉書』, 「荀崧傳」.
387) 『晉書』, 「荀崧傳」.

『공양전』이고 한대 이후에 성행한 것은 『좌씨전』이다. 『곡량전』의 의리는 『공양전』의 광대함에는 미치지 못하고, 역사 기록은 『좌씨전』의 상세함에는 미치지 못한다. 따라서 (『곡량전』이) 비록 『좌씨전』과 『공양전』을 살펴보고서 이론을 세워서 두 학파에 비해 공평하고 올바르기는 하지만, 끝내 두 학파와 나란히 정립되지는 못했다.[388)]

또한 『곡량전』의 사설師說도 사람이 부족하여 다른 두 전과 대등할 수가 없었다. 정초鄭樵가 말했다. "유림儒林이 학문을 전수하는 과정에서, 『공양전』을 전수한 사람은 9명인데, 『곡량전』은 유독 그 학문을 전수한 유명한 전문가가 없다. 이것이 이른바 사설師說이 오랫동안 쇠퇴했다는 것이다." 하구瑕丘의 강공江公은 물론이고, 윤경시尹更始·호상胡常·신장申章·방봉房鳳의 학문이라고 할지라도,[389)] 진나라 이후에는 모두 남아 있지 못했다. 지금 범녕의 『춘추곡량전집해』에서 인용한 사람에 의하면, 오직 당시의 사람인 강희江熙·서막徐邈, 그리고 형제와 자식, 조카 등의 여러 사람이 있을 뿐이며, 옛 뜻은 사라져서 탐색할 만한 것이 없으니, 『곡량전』이 쇠퇴한 것은 마땅하다고 할 수 있다.

제4절 『좌씨전左氏傳』

『좌씨전左氏傳』은 『춘추』 경전에 전傳을 단 것인가, 그렇지 않으면 별도의 역사서인가? 이에 대해 수천 년 동안 금문가와 고문가는 논쟁을 벌이면서 끊임없이 다투었다. 고문가의 시각에서 보면, 『좌씨전』은 공자와 동시대의 사람인 좌구명左丘明의 작품으로, 공자의 경전을 해석한 전傳이기 때문에 당연히 『춘추좌씨전春秋左氏傳』이라고 불렸다. 그런데 금문가는 『좌씨전』이 단지 역사적 사실을 기술한 책에 지나지

---

388) 皮錫瑞, 『經學通論·春秋通論』.
389) 역자 주: 『한서』 「유림전」에 "『穀梁春秋』, 有尹胡申章房氏之學"이라는 말이 보인다.

않으며, 『여씨춘추呂氏春秋』· 『우씨춘추虞氏春秋』와 성격이 같기 때문에 당연히 『좌씨춘추左氏春秋』라는 옛날의 이름으로 돌아가야 한다고 주장하였다. 더욱 과격한 금문학자들은 『좌씨전』이 선진시대의 옛 서적이 아니라 유흠劉歆이 위조한 책에 불과할 뿐이라고 대놓고 지적하였다. 이와 같은 모든 논쟁은 유흠이 태상박사太常博士를 질책한 것으로부터 시작되며, 청말민초에 이르기까지 정론이 확정되지 않았다.

1. 『좌씨전』의 출현

한나라 초기에 장창張蒼·가의賈誼·장창張敞 등이 모두 『좌씨전』을 연구했다. 그런데 『좌씨전』은 학관에 세워지지 못하고, 오직 민간에서만 통행되었을 뿐이다. 애제哀帝 시기에 이르러, 윤함尹咸·적방진翟方進이 『좌씨전』을 깊이 연구했고, 유흠은 그것을 대략적으로 전수했다. 그 당시 유흠은 또한 궁중의 비장도서를 관리하고 교정했는데, 고문古文으로 된 『좌씨전』을 보고 크게 좋아하여, 마침내 『좌씨전』을 학관에 세우려고 하였다. 이로부터 『좌씨전』의 학문은 세상에 점차 알려졌지만, 또한 그로 인해서 『좌씨전』의 진위도 영원한 의문의 대상이 되었다.

대략적으로 말하면, 『좌씨전』의 출현에 관해서는 세 가지 주장이 있다.

첫째, 북평후北平侯 장창張蒼이 헌상했다는 주장이다. 이 주장은 『한서』 「유림전」에 근원하는데, 장창張蒼·가의賈誼·장창張敞 등이 모두 『춘추좌씨전』을 연구했다고 말했다. 그리고 후한 말기 허신許愼의 『설문해자』 「서문」에서 "북평후北平侯 장창張蒼이 『춘추좌씨전』을 헌상했다"고 분명하게 언급했다. 그 후에 『수서』 「경적지」에서는 이 주장을 따라서 "『좌씨전』은 한나라 초기 장창의 집안에서 나왔다"고 했다. 즉 유흠이 발견했던 황실 창고의 『좌씨전』이 혹 장창이 헌상했던 책이었을 가능성이 있다.

둘째, 노공왕魯恭王이 공자의 저택을 허물다가 입수했다는 주장이다. 이 주장은 유흠의 「이양태상박사서移讓太常博士書」에 근본을 둔 것이다. 그러나 노공왕이 『좌씨전』을 입수했다고 명확하게 말한 적이 없고, 오직 그것을 황실 창고에 보관했다고 말했을 뿐이다. 후한시기에 왕충王充이 『논형論衡』 「안서案書」·「일문佚文」 등의 편에서 처음으로 『좌씨전』이 노공왕이 공자 저택의 벽을 허물다가 입수했다고 분명하게 말했다.

셋째, 황실 창고에 보관되어 있다가 유흠에 의해 발견되었다는 주장이다. 한대 혜제惠帝 때 협서율挾書律을 폐지하고, 널리 책을 헌상하는 길을 열어 놓았는데, 진한시기의 고서古書도 차례로 세상에 나왔다. 『한서』 「경십삼왕전景十三王傳」에서 하간헌왕河間獻王이 황실 창고에 책을 헌상했다고 했고, 「이양태상박사서」에서 유흠은 자신이 궁중의 비장도서를 관리하고 교정할 때 고문으로 된 『춘추좌씨전』을 입수했다고 스스로 말했다. 그런데 그 글에서 유흠은 『좌씨전』이 본래 두 가지 종류가 있다고 말했다. 하나는 유흠이 교중비서로 있을 때 입수한 것이다. 다른 하나는 일찍부터 이미 민간에서 통행되었지만, 제지를 받아서 유통되지 못했던 것이다. 그런데 황실 창고에서 발견된 고문 『좌씨전』은 유흠이 비교하고 대조하는 과정을 거쳤는데, 민간에서 전해지던 금문으로 기록된 『좌씨전』과 전혀 다르지 않았다.

그런데 이상에서 서술한 세 가지 주장은 모두 깊이 믿을 만한 것이 못 된다. 지금 전해지는 『좌씨전』 판본은 실제로 유흠이 궁중의 비장도서를 관리하고 교정한 것에서 시작되었다는 것은 결코 의심할 여지가 없다. 유흠이 책을 발견한 것이 그의 조작인지, 아니면 혹 한나라 때 유통되던 판본이 별도로 있는지에 대해서는 아마도 알 수가 없을 것이다.

2. 좌씨左氏와 좌구명左丘明

『좌씨전』은 좌구명이 지은 것이라고 전해진다. 좌구명이라는 사람에 대해서는 『논어』에 가장 먼저 보인다. "말을 교묘하게 하고 얼굴빛을 잘 꾸미며, 공손함을 지나치게 차리는 것을 좌구명左丘明이 부끄러워했는데, 나도 또한 부끄러워한다."[390]

---

390) 『論語』, 「公冶長」.

다음으로 『사기』에 보인다. "옛날에 서백西伯 문왕文王은 유리羑里라는 감옥에 갇혀 있으면서 『주역』을 부연하였다. 공자는 진陳나라와 채蔡나라 사이에서 곤란을 겪으면서 『춘추』를 지었다. 굴원屈原은 추방되자 「이소離騷」를 지었다. 좌구명左丘明은 실명하자 『국어國語』를 지었다."391) 또 말했다. "노나라의 군자 좌구명이 공자의 제자들마다 다른 이론을 제기하고, 제각기 자신의 생각에 안주하여 진실을 잃어버릴까 염려하였다. 따라서 공자의 역사 기록을 근거로 삼아서, 그 말을 갖추어 기록하여 『좌씨춘추』를 지었다."392) 『논어』와 『사기』에 의하면, 좌구명은 공자와 거의 동시대 사람이며, 『국어』와 『좌씨춘추』를 지었다.

좌구명이라는 사람에 대해, 『논어』의 주에서는 노나라 태사太史로 여겼는데, 후세에 『좌씨전』을 받드는 자들은 대부분 이 주장을 받아들였다. 좌구명이 『좌씨전』을 지은 것에 관해서, 현존하는 가장 오래된 자료는 사마천의 「십이제후연표서十二諸侯年表序」인데, 거기에서 다음과 같이 말했다. "노나라의 군자 좌구명은 공자의 제자들마다 서로 다른 이론을 제기하고, 제각기 자신의 생각에 안주하여 진실을 잃어버릴까 염려하였다. 따라서 공자의 역사 기록을 근거로 삼아서, 그 말을 갖추어 기록하여 『좌씨춘추』를 지었다."

사마천의 책은 금문가와 고문가를 막론하고, 모두 자기주장의 근거로 삼기를 좋아하였다. 그런데 이 단락을 가지고 논한다면, 고문가는 좌구명이 공자 『춘추』의 전傳을 지은 것은 전혀 의심할 여지가 없다고 여긴다. 그런데 금문가는 그 내용 중에서 『좌씨춘추』라는 말을 별도의 근거로 삼았는데, 청대 유봉록劉逢祿은 이 말을 근거로 삼아서 다음과 같이 생각했다. 즉 좌구명은 공자의 제자에 배열되지 않았기 때문에 "입으로 전한 은미한 뜻을 전수받지" 못했다. 따라서 좌구명의 책이 『좌씨춘추』인 것은 『여씨춘추呂氏春秋』・『우씨춘추虞氏春秋』 등의 부류와 마찬가지이며, 『춘추좌씨전』이 아니다. 만약 이와 같다면, 좌씨가 비록 국사國史였더라도, 그 책은 또한

---

391) 『史記』, 「太史公自序」.
392) 『史記』, 「十二諸侯年表序」.

역사적 사실을 기록한 책에 지나지 않는다. 최근 사람인 최적崔適의 『사기탐원史記探原』에서는 심지어 『사기』의 이 단락의 말은 후대 사람들이 유흠의 『칠략』에 의거하여 제멋대로 집어넣은 것이기 때문에 당연히 삭제해야 한다고 주장하였다.

또한 공영달孔穎達의 『춘추좌전정의』에서 진陳나라 심문아沈文阿의 말을 인용했는데, 그는 『엄씨춘추嚴氏春秋』에서 인용한 「관주편觀周篇」을 근거로 다음과 같이 말했다. "공자가 『춘추』를 손질하려고 할 때, 좌구명과 함께 수레를 타고 주나라로 가서, 주나라 사관에게서 책을 보았다. 돌아와서 『춘추』의 경經을 손질했고, 좌구명은 그 전傳을 지었으니, 두 가지가 서로 표리가 된다."393) 여기에서 엄씨嚴氏는 곧 엄팽조嚴彭祖이고 「관주편觀周篇」은 『공자가어孔子家語』의 편명이다. 살펴보건대, 엄팽조는 『공양전』의 박사로서 당연히 『좌씨전』을 펀드는 말을 하지 않았을 것이기 때문에 그 말은 믿을 만하다. 그런데 금문가들 중에 혹자는 『공자가어』가 왕숙王肅의 위서僞書이기 때문에 믿을 수 없다고 하고, 혹자는 진짜 엄팽조의 말이 아니라고 여기기도 한다. 예를 들어 피석서皮錫瑞는 다음과 같이 말했다. "『엄씨춘추』는 오랫동안 학문이 끊어졌기 때문에 진陳나라 때 여전히 남아 있었다고 보기는 어렵다. 한대 박사 중에서 『춘추』를 연구한 자는 오직 엄팽조와 안안락 두 사람뿐인데, 엄팽조가 만약 『엄씨춘추』를 가지고 있었다면 박사들이 몰랐을 리가 없다. 만약 『좌씨전』과 『춘추경』이 서로 표리가 된다면, 무엇 때문에 좌구명이 『춘추』에 전傳을 달지 않았다는 말이 있겠는가? 유흠은 수많은 책을 매우 폭넓게 보았는데, 또한 어째서 『엄씨춘추』를 인용하여 태상박사에게 반박하지 않았는가? 그러므로 심문아가 인용한 『엄씨춘추』는 위서僞書가 분명하다."394)

그 후에 반고의 『한서』에서 좌구명이 『춘추』의 전을 지었다고 분명하게 말했다. "좌구명은 공자의 제자들이 제각기 자신의 생각에 안주하여 진실을 잃어버릴까 염려하였다. 따라서 『춘추』에 기록된 본래의 일을 논해서 전傳을 지어서, 공자가

---

393) 『左氏傳』, 「序」, 孔穎達 疏.
394) 皮錫瑞, 『經學通論・春秋通論』.

공허한 말로 경전을 말한 것이 아님을 밝혔다."395) 그리고 "유흠은 생각하기에, 좌구명이 좋아하고 싫어하는 것이 성인과 같았고 공자를 직접 보았지만, 공양公羊과 곡량穀梁은 공자의 70명의 제자의 후학이기 때문에 전해들은 것과 직접 본 것에서 좌구명과 공양·곡량의 상세함과 간략함이 같지 않다고 여겼다."396) 그러나 『한서』 「예문지」는 유흠의 『칠략七略』을 초록한 것이기 때문에 반고가 주장한 것은 사실상 금문가의 마음을 설득하기에는 부족하다.

그리고 이후에 두예의 『춘추좌씨경전집해』에서 말했다. "좌구명은 공자로부터 경전을 전수받았다.…… 노나라의 사관의 신분으로서 직접 많은 서적들을 보고서, 반드시 널리 기록하고 자세하게 갖추어 말했다."397) 이 말에서 알 수 있듯이, 두예는 좌구명을 공자의 문하에 배치하였다. 그는 『좌씨전』의 전문가로서 문호 의식이 강하여 『좌씨전』의 입장을 매우 심하게 대변했기 때문에 또한 다소 믿기 힘들다.

금문가의 입장에서 말하면, 전한시대의 박사들은 "『좌씨전』은 『춘추』에 전傳을 단 책이 아니다"라고 주장했다. 그리고 후한시대의 박사 범승范升도 비슷한 말을 했는데, "『좌씨전』은 공자를 존경하여 받드는 대상으로 삼지 않았고, 좌구명으로부터 나왔다"398)고 했다. 또한 진晉나라 왕접王接도 "『좌씨전』의 언사와 의리는 매우 풍부하여, 그 자체로 일가一家의 책이니, 『춘추』 경전을 드러내는 것을 위주로 하지 않았다"399)고 했다. 그 당시에는 여전히 『좌씨전』은 좌구명의 작품이며, 『춘추』에 전을 단 것이 아니라고 생각하였다. 당나라 조광趙匡에 이르러서 처음으로 『좌씨춘추』의 작자인 '좌씨左氏'와 『논어』에 보이는 '좌구명左丘明'이 동일한 사람이 아님을 변론했고, 그 이후에 송나라 왕안석王安石·진진손陳振孫·정초鄭樵 등이 모두 이 주장을 따랐다. 이것은 모두 청대 학자들이 고학古學을 연 복선이 된다.

---

395) 『漢書』, 「藝文志」.
396) 『漢書』, 「楚元王傳」.
397) 『左氏傳』, 「序」(杜預).
398) 『後漢書』, 「范升傳」.
399) 『晉書』, 「王接傳」.

3. 『좌씨전』 경사經師의 전수 과정

『좌씨전』이 좌구명으로부터 나왔다는 것은 혹 근거가 있는 주장이다. 그러나 그 이후의 전수 과정이 분명하지 않기 때문에 후한의 범승范升은 『좌씨전』이 "스승과 제자가 서로 전수했지만, 그 학문을 전수한 전문가가 없었다"400)고 하였다. 이것은 전한시대 박사들의 공통된 의견이었는데, 고문가들도 어떻게 반박할 방법이 없었다.

『한서』「유림전」에서는 『좌씨전』의 원류를 위로 한나라 초기의 북평후北平侯 장창張蒼으로 거슬러 올라간다. 살펴보건대, 그 주장은 한대의 좌씨학이 모두 장창張蒼과 가의賈誼로부터 나왔다고 여기는 것이다. 그 후에 가의는 관공貫公에게 전수했고, 관공은 자기 아들 장경長卿에게 전수했으며, 장경은 장우張禹에게 전수했고, 장우는 윤경시尹更始에게 전수했다. 윤경시 이후 『좌씨전』의 전수는 두 가지 지류가 있다. 윤경시가 자기 아들 윤함尹咸 및 적방진翟方進·호상胡常에게 전수했는데, 호상의 지류는 가호賈護에게 전수했고, 가호는 진흠陳欽에게 전수했으며, 진흠은 자기 아들 진원陳元 및 왕망王莽에게 전수했다. 그리고 윤함·적방진의 지류는 유흠劉歆에게 전수했다. 이로써 전한시대 말기에 『좌씨전』을 말하는 자들은 모두 가호와 유흠에 근본을 두고 있다는 것을 알 수 있다.

육덕명陸德明은 그 전수의 원류를 다시 춘추시대의 증신曾申·오기吳起로 거슬러 올라갔는데, 그의 주장은 다음과 같다.

좌구명左邱明이 전傳을 지어서 증신曾申에게 전수했고, 증신은 위衛나라 사람 오기吳起에게 전수했다. 오기는 자기 아들 오기吳期에게 전수했고, 오기는 초楚나라 사람 탁초鐸椒에게 전수했다. 탁초는 조趙나라 사람 우경虞卿에게 전수했고, 우경은 같은 군郡의 이름이 황況인 순경荀卿에게 전수했다. 순황은 무위武威의 장창張蒼에게 전수했고, 장창은 낙양洛陽의 가의賈誼에게 전수했다. 가의는 자기의 손자인 가가賈嘉에게 전수했고, 가가는 조趙나라 사람 관공貫公에게 전수했다. 관공은 자기의

---

400) 『後漢書』, 「范升傳」.

막내아들 장경長卿에게 전수했고, 장경은 경조윤京兆尹 장창張敞 및 시어사侍御史 장우張禹에게 전수했다.401)

그런데 이에 앞서 유향劉向의 『별록別錄』에서는 다음과 같이 말했다. "좌구명左邱明은 증신曾申에게 전수했고, 증신은 오기吳起에게 전수했다. 오기는 자기 아들 오기吳期에게 전수했고, 오기는 초楚나라 사람 탁초鐸椒에게 전수했다. 탁초는 『초촬抄撮』 8권을 지어서 우경虞卿에게 전수했고, 우경은 『초촬』 9권을 지어서 순경荀卿에게 전수했다. 순경은 장창張蒼에게 전수했다." 이 주장은 당연히 거짓이기 때문에 이후 고문가들 중에 『좌씨전』을 말하는 자들은 모두 이 주장을 끌어다 근거로 삼는 경우는 없었다. 이로써 알 수 있듯이, 육덕명의 주장은 사실상 유향 『별록』의 거짓 주장과 『한서』 「유림전」의 내용을 함께 가져다 만든 것이다. 이처럼 좌씨학의 전수 과정은 유흠 이전의 전수는 대부분 믿기 어렵다.

유흠 이후, 『좌씨전』의 전수 과정은 비로소 분명하게 근거로 삼을 만한 내용이 있다. 먼저 유흠은 가휘賈徽와 정흥鄭興에게 전수했고, 가휘는 자기 아들 가규賈逵에게 전수했으며, 정흥은 자기 아들 정중鄭衆에게 전수했다. 세상에서는 이 계통을 '정가지학鄭賈之學'이라고 불렀고, 그 이후에도 수백 년 동안 통행되었다.402)

가휘賈徽는 자가 원백元伯이고 부풍扶風 평릉平陵 사람이다. 가휘는 "유흠으로부터 『좌씨춘추』를 전수받았고, 『국어國語』와 『주관周官』을 함께 익혔다. 또한 『고문상서』를 도운徐惲으로부터 전수받았고, 『모시』를 사만경謝曼卿에게 배웠다. 『좌씨조례左氏條例』 21편을 저술했다."403) 『좌씨조례』는 『수서』 「경적지」와 『당서』 「경적지」에 모두 실려 있지 않다. 이미 없어진 지 오래되었고, 후세에도 집일본輯佚本이 없다. 가휘는 자기 아들 가규賈逵에게 전수했다.

가규賈逵(30~101)는 자가 경백景伯이다. "9세대 선조 가의賈誼는 문제文帝 때 양왕梁

---

401) 『經典釋文』, 「敍錄」.
402) 『後漢書』, 「鄭興傳」.
403) 『後漢書』, 「賈徽傳」.

王의 태부太傅였다. 증조부 가광賈光은 상산군常山郡 태수太守였는데, 선제宣帝 때 이천석
二千石 관리로 낙양洛陽에서 장안長安으로 이사했다."[404] 그의 선조는 본래 낙양洛陽
사람인데, 증조부 가광賈光이 상산태수常山太守가 된 이후 마침내 부풍군 평릉현에
대대로 거처하였다. 화제和帝 영원永元 3년(91), 가규는 좌중랑장左中郎將이 되었다.
8년에 다시 시중侍中이 되었고, 기도위騎都尉를 겸임하였다. 궁중의 비서秘書를 직접
관리하면서 황제의 큰 신임을 얻었다. 가규는 세상 사람들에게 통유通儒로 여겨졌지만,
작은 절개를 실천하지 못했다는 이유로 당대에 비판을 받았기 때문에 높은 관직에
오르지 못했다.

당시 장제章帝가 유학에 마음을 두었는데, 특히 『고문상서』와 『좌씨전』을 좋아하
였다. 이에 가규를 불러 북궁北宮의 백호관白虎觀과 남궁南宮의 운대雲臺에서 강론하도
록 했다. 장제는 가규의 이론을 좋아하여, 그에게 『좌씨전』의 대의大義 중에서
『공양전』·『곡량전』보다 뛰어난 것을 찾아내도록 지시하였다. 이에 대해 육덕명이
말했다. "가규가 황제의 조칙을 받고서 『공양전』·『곡량전』이 『좌씨전』보다 못한
40가지 일을 나열하여 상주하고, 『좌씨장의左氏長義』라고 명명했는데, 장제가 좋게
여겼다."[405] 『후한서』에서 가규가 논한 『좌씨전』의 뛰어난 의리를 다음과 같이
기록하고 있다. "오경五經 학파 중에 도참圖讖의 내용을 증명하여 한나라 유씨劉氏가
요임금의 후예라는 것을 밝힌 학파가 없지만, 『좌씨전』에만 유독 확실한 문장이
있습니다. 오경 학파는 모두 전욱顓頊이 황제黃帝의 뒤를 이었고, 요임금은 화덕火德을
받지 못했다고 말했는데, 『좌씨전』에서는 소호少昊가 황제의 뒤를 이었다고 했으니,
이것이 곧 도참圖讖에서 말한 제선帝宣입니다. 만약 요임금이 화덕을 받지 않았다면
한나라도 적덕赤德을 받지 못했을 것입니다. 『좌씨전』에서 드러내 밝힌 것이 한나라에
보탬이 되는 것이 실로 많습니다."[406] 그 당시 정흥鄭興은 참위讖緯를 좋아하지
않았기 때문에 참위를 배우지 않았다는 겸손한 말로 겨우 화를 모면하였다.[407]

---

404) 『後漢書』, 「賈逵傳」.
405) 『經典釋文』, 「序錄」.
406) 『後漢書』, 「賈逵傳」.

그런데 가규는 참위를 가지고 경전을 설명함으로써 참위를 좋아하는 한나라 황제의 습속에 맞추어 영합했으니, 『좌씨전』이 세상에 크게 드러나는 데 가규는 큰 역할을 하였다.

가규는 다방면으로 공부했는데, 그는 "부친의 학문을 모두 전수받아서, 젊은 나이에 『좌씨전』 및 오경의 본문을 외웠고, 대하후大夏侯의 『상서』를 가르쳤다. 비록 고문경학을 전공했지만, 오가五家의 『곡량전』 학설에도 두루 능통했다."[408] 그리고 『좌씨전』과 『국어』에 정통하여, 『춘추좌씨해고春秋左氏解詁』 51편을 저술하였다. 명제明帝 영평永平 연간에 상소를 하면서 이 책을 헌상했는데, 명제는 이 책을 귀중하게 여겨서, 옮겨 적어서 궁중의 비관秘官에 보관하도록 명령했다. 명제는 가규를 반고班固와 함께 궁중의 비서를 교정하면서 가까이서 응대하도록 하였다. 그는 또한 역률曆律 및 참위의 학술에 정통하였고, 그가 저술한 경전의 훈고 및 논의와 변난辯難 등의 글이 1백여 만 자나 되었으며, 후세에는 통유通儒라는 칭송을 들었다. 『수서』「경적지」에는 가규의 『춘추』 저술 중에 『춘추좌씨장경春秋左氏長經』 20권, 『춘추좌씨해고春秋左氏解詁』 30권, 『춘추석훈春秋釋訓』 1권, 『춘추좌씨경전주묵열春秋左氏經傳朱墨列』 1권, 『춘추삼가경본훈고春秋三家經本訓詁』 12권이 수록되어 있고, 또한 『춘추외전국어春秋外傳國語』 주석서 20권이 있다. 『구당서』와 『신당서』「경적지」에는 『춘추삼가경훈고』 12권, 『춘추좌씨전해고』 30권, 『춘추좌씨장경장구』 30권(『구당서』「경적지」에는 20권으로 되어 있다.)이 수록되어 있다. 그러나 이 책들은 송대 이후 모두 사라져서 현재 남아 있지 않다. 가규가 비록 『좌씨전』을 존중했지만, 여전히 『공양전』과 『곡량전』의 이론을 간간히 취했다. 따라서 공영달은 그가 『공양전』·『곡

---

407) 역자 주: 『후한서』「정흥전」에 의하면, 광무제는 평소에 정흥의 의견을 많이 수용하였다. 그런데 어느 날 광무제는 참위에 의거하여 郊祀를 중단하려고 하면서, 정흥에게 의견을 물었다. 정흥은 참위를 공부한 적이 없다고 대답하자, 광무제는 참위가 틀렸다고 비판한 것인지 질책하면서 화를 냈다. 그러자 정흥은 자신은 단지 참위를 배우지 않을 뿐, 그 이론이 틀렸다고 말한 것은 아니라고 대답함으로써 겨우 화를 모면했다고 한다.
408) 『後漢書』, 「賈逵傳」.

량전』을 잡다하게 사용하여 『좌씨전』을 해석한 것이 마치 "신발을 머리에 쓰고, 명주실을 삼베 실패에 둘둘 감아 놓은 것"[409]과 같다고 했다. 또한 "정흥과 가규의 학문은 수백 년간 통용되어 마침내 학자들이 존경하여 받드는 대상이 되었다"[410]고 했고, "세상에서 『좌씨전』을 말하는 자들은 대부분 정흥을 존경하여 받드는 대상으로 삼았으며, 가규는 부친의 학통을 계승하였기 때문에 '정가지학鄭賈之學'이 있게 되었다"[411]고 했다.

정흥은 자가 소공少贛이고, 하남河南 개봉開封 사람이다. 『후한서』의 기록에 의하면, "하남河南의 정흥과 동해東海의 위굉衛宏 등이 모두 고학古學에 뛰어났다."[412] 그리고 위굉은 "젊었을 때부터 하남河南의 정흥과 함께 고학古學을 좋아하였다."[413] 또한 정흥은 "젊을 때는 『공양춘추』를 배웠고, 만년에는 『좌씨전』을 좋아하여, 마침내 집중적으로 연구하고 깊이 사고하여 그 요지를 통달했는데, 동학들이 모두 그를 스승으로 여겼다. 왕망王莽 천봉天鳳 연간에 문인을 거느리고 가서 유흠에게 『좌씨전』의 대의大義에 대한 강론을 들었는데, 유흠이 정흥의 재능을 아름답게 여겨서, 그에게 『좌씨전』의 조례條例와 장구章句, 전고傳詁를 짓고, 『삼통력三統曆』을 교정하도록 하였다."[414] 그런데 『당서』 「경적지」에는 이 책이 수록되어 있지 않다. 이현李賢의 주에서 『동관한기東觀漢記』를 인용하여, "정흥이 박사 금자엄金子嚴에게 『좌씨춘추』를 배웠다"고 했다. 정흥이 본래는 『공양전』을 공부했는데, 나중에 금자엄에게 『좌씨춘추』를 배웠고, 왕망 시기에 또한 유흠에게 『좌씨전』의 대의에 대한 강론을 들었다. 유흠과 정흥은 모두 『좌씨전』을 『춘추』의 전傳으로 확립하는 데 온 힘을 기울였기 때문에 『좌씨전』의 장구章句와 조례條例와 관련된 학문을 하였다. 또한 "정흥이 고학古學을 좋아했고, 특히 『좌씨전』・『주관』에 밝았으며, 역수曆數에도

---

409) 『春秋正義』, 「序」(孔穎達).
410) 『後漢書』, 「賈逵傳」.
411) 『後漢書』, 「鄭興傳」.
412) 『後漢書』, 「杜林傳」.
413) 『後漢書』, 「儒林傳」.
414) 『後漢書』, 「鄭興傳」.

뛰어났다. 두림杜林·환담桓譚·위굉衛宏 등의 무리들이 그를 이해한 이후로 세상에서 『좌씨전』을 말하는 자들은 대부분 정흥을 존경하여 받드는 대상으로 여겼으며, 가규는 부친의 학통을 계승하였기 때문에 '정가지학鄭賈之學'이 있게 되었다."415) 그런데 정흥은 본래 참위讖緯를 좋아하지 않았기 때문에 비록 학자들에 의해 존경하여 받드는 대상이 되었지만, 오히려 이로 인해서 높게 출세하지는 못했다. 이에 대해 『후한서』에서 다음과 같이 기록하고 있다.

> 광무제光武帝가 정흥에게 교사郊祀와 관련된 일을 물으면서 말했다. "나는 참위讖緯에 의거하여 교사를 중단하려 하는데 어떠한가?" 정흥이 "신은 참위를 공부하지 않았습니다"라고 대답했다. 그러자 광무제가 화를 내면서 말했다. "그대가 참위를 공부하지 않은 것은 그것이 틀렸다고 여겼기 때문인가?" 정흥은 놀라고 두려워하면서 대답했다. "신은 참위 서적에 대해 배우지 않은 것이지, 틀렸다고 여긴 것은 아닙니다." 광무제의 화가 이에 풀어졌다. 정흥은 정사에 대해 자주 말했는데, 경전에 의거하여 의리를 지켰고, 문장은 온건하고 우아했다. 그러나 참위를 좋게 여기지지 않았기 때문에 관직에 임용되지는 못했다.416)

이상과 같은 상황으로 인해서 범엽范曄은 정흥과 가규의 학문에 대해 다음과 같이 논했다. "정흥과 가규의 학문은 수백 년간 통용되어 마침내 학자들이 존경하여 받드는 대상이 되었지만, 그것도 또한 이유가 있었다. 환담桓譚은 참위를 좋아하지 않는다는 이유로 정처 없이 떠돌았고, 정흥鄭興은 참위를 배우지 않았다는 겸손한 말로 겨우 화를 모면했으며, 가규는 참위를 견강부회하여 꾸밈으로써 부귀와 현달을 가장 크게 누렸다. 황제가 참위로써 학문을 논했으니, 슬프도다!"417)

그 후에 정흥은 자기 자식인 정중鄭衆에게 학문을 전수하였다. 정중은 자字가 중사仲師이다. 명제明帝 때 흉노에 사신으로 파견된 적이 있다. 장제章帝 건초建初

---

415) 『後漢書』, 「鄭興傳」.
416) 『後漢書』, 「鄭興傳」.
417) 『後漢書』, 「賈逵傳」.

6년(81)에 대사농大司農이 되었는데, 재직하는 동안 청렴하고 정직하다는 명성을 얻었다. 정중은 자기 부친의 학문을 전수받았는데, "12살 때 부친에게『좌씨춘추』를 배웠고, 학문에 온 힘을 쏟았다.『삼통력三統曆』에 밝았고,『춘추난기조례春秋難記條例』를 저술했다.『역』과『시』에도 능통하여 세상에 이름이 알려졌다."[418] 또한 두자춘杜子春에게도 수업을 받았는데, "두자춘은 하남河南 유씨維氏 사람이다. 영평永平 초에 나이가 또한 90세였는데, 그 책(살펴보건대,『주례』를 가리킨다.)의 강독에 능통했고, 그 책의 이론에 해박했다. 정중과 가규가 그에게 가서 수업하였다."[419] 두자춘은 유흠의 문인으로서『주례』의 정음正音을 능통하게 읽었고, 정중도『주례』에 정통했는데, 마국한馬國翰의 집일서輯佚書에『주례정사농해고周禮鄭司農解詁』6권이 있다. 장제 때, 정중은 조서를 받고서『춘추산春秋刪』19권을 지었다. 그리고 "정중은『장의長義』19조목 17가지 일을 지어서,『공양전』의 단점과『좌씨전』의 장점을 전문적으로 논했다."[420] 이처럼 그가『공양전』을 비판한 것은 가규보다 이전이다. 이에 근거하면, 정중에게는『조례條例』·『춘추산春秋刪』·『장의長義』등의 춘추학 저술이 있다. 또한 혼례알문婚禮謁文과『국어장구國語章句』도 있는데, 마국한의 집일서에 수록되어 있다. 정중에게 정안세鄭安世라는 아들이 있었는데, 그도 또한 가학을 전수하였다.

정흥과 가규 이후에 좌씨학은 점점 성행하여 학자가 적지 않았는데, 두림杜林·환담桓譚·진원陳元·한흠韓歆·허숙許淑·허신許慎·마융馬融·노식盧植·영용穎容 등이 유명한 학자들이다. 한나라 말기에『좌씨전』의 학문을 연구한 학자 중에서 후세에 가장 영향력이 컸던 학자는 복건服虔과 정현鄭玄이다.

복건服虔은 자가 자신子愼이고, 처음 이름은 중重, 다른 이름은 기祇이며, 나중에 건虔으로 이름을 고쳤다. 하남河南 형양滎陽 사람이다. 영제靈帝 중평中平 말년에 구강태수九江太守를 역임했다. 복건은 "젊었을 때 청빈한 생활을 하면서 큰 뜻을 세워서, 태학에 들어가 공부했다. 뛰어난 재능이 있었고, 글솜씨가 뛰어나서『춘추좌

---

418)『後漢書』,「鄭衆傳」.
419) 唐晏,『兩漢三國學案』.
420)『公羊傳』,「序」, 徐彦 疏.

씨전해春秋左氏傳解』를 저술했는데, 지금까지 통행되고 있다. 또한 『좌씨전』을 가지고 하휴가 한사漢事를 반박한 60개 조목을 다시 반박하였다."421) 그리고 『경전석문』에서 "구강태수九江太守 복건이 『좌씨전』을 주해하였다"고 했다. 『수서』 「경적지」에 그가 주석을 단 『춘추좌씨전해의春秋左氏傳解詁』 31권(『구당서』 「경적지」에는 30권으로 되어 있다.) 이 수록되어 있고, 또 『춘추좌씨전음春秋左氏傳音』 2권, 『춘추성장설春秋成長說』 9권, 『춘추색난春秋塞難』 3권, 『춘추좌씨고황석아春秋左氏膏肓釋痾』 10권, 『춘추한의박春秋漢 議駁』 2권이 수록되어 있다. 이 외에 『복건주춘추좌전服氏注春秋左傳』 10권이 수록되어 있는데, 『수서』의 원주原注에는 없어졌다고 주석이 달려 있다. 『구당서』 「경적지」에 는 『춘추좌씨전해의』 30권, 『춘추좌씨음은春秋左氏音隱』 1권, 『춘추성장설』 7권, 『춘추 좌씨고황석아』 5권, 『춘추색난』 3권, 『하씨춘추한기何氏春秋漢記』(『신당서』 「경적지」에는 『駁何氏春秋漢議』로 되어 있다.) 11권, 『춘추음은春秋音隱』 1권이 수록되어 있다. 『칠록七錄』 에는 『춘추한의박春秋漢議駁』 2권이 수록되어 있다. 공영달이 『좌전정의』를 지을 때 오로지 두예의 주석만 취한 이후로, 복건의 책은 점점 없어져 버렸다. 마국한의 『옥함산방집일서玉函山房輯佚書』에 『춘추좌씨전해의』 4권, 『춘추성장설』 1권(단 1조목), 『춘추좌씨고황석아』 1권(단 1조목)이 수록되어 있다. 그리고 원균袁鈞의 『정씨일서鄭氏 佚書』에 『춘추전복씨주春秋傳服氏注』 11권이 집일되어 있고, 황석의黃奭의 『황씨일서고黃 氏逸書考』에 『춘추좌씨전해의』 1권이 수록되어 있으며, 왕모王謨의 『한위유서초漢魏遺 書鈔』에 『좌씨전해의』 4권이 수록되어 있다.

진晉나라 두예는 가규와 복건의 옛 주석을 계승하여 『춘추좌전경전집해春秋左傳經 傳集解』를 저술했고, 또 『춘추석례春秋釋例』를 지었다. 진나라 때, 복건의 주석과 두예의 주석은 모두 학관에 세워졌다. 그 이후로 좌씨학은 마침내 두 갈래로 나누어졌 고, 남북조시대에 이르러 혹은 두예의 주석을 존중하고, 혹은 복건의 주석을 따르면서 서로 배격하였다. 수나라 때에는 두예의 주석이 성행하였고, 복건의 주석은 점점 쇠퇴하였다. 당나라 초기에 공영달이 『좌전정의』를 지을 때, 오로지 두예의 주석만을

---

421) 『後漢書』, 「儒林傳」.

취하자 복건의 주석은 마침내 사라져 버렸다. 송나라 때 이르러서는 복건의 책도 찾아볼 수가 없었다. 청대 학자들이 『좌씨전』을 연구할 때는 두예의 주석을 강하게 반대했고, 가규와 복건의 옛 주석이 점점 사람들의 중시를 받았다. 예를 들어 청대 홍량길洪亮吉의 『춘추좌전고春秋左傳詁』, 이이덕李貽德의 『좌전가복주집술左傳賈服注輯述』, 유문기劉文淇의 『춘추좌씨전구주소증春秋左氏傳舊注疏證』 등은 복건의 주석이 지닌 의미를 크게 밝힌 책들이다.

정현鄭玄(127~200)은 자가 강성康成이고, 북해北海 고밀高密 사람이다. 영제靈帝 때, 당고黨錮에 의해 금고禁錮를 당했다. 당인黨人에 대한 금고가 풀리자 정현은 자주 초빙을 받았지만, 모두 나가지 않았다. 헌제獻帝 때, 대사농大司農에 천거되었으나, 병을 이유로 귀향을 요청하였다. 정현은 젊었을 때 오경을 암송하여 신동으로 불렸다. 그는 태학에 들어가서 수업을 받았는데, 경조京兆 사람 제오원선第五元先을 스승으로 모셨고, 『경씨역京氏易』·『공양춘추公羊春秋』·『삼통력三統曆』·『구장산술九章算術』 등에 능통하였다. 또한 동군東郡의 장공조張恭祖로부터 『주관』·『예기』·『좌씨춘추』·『한시韓詩』·『고문상서』를 배웠다. 나중에 산동山東에서는 더 이상 배울 사람이 없다고 여겨서, 서쪽의 관중關中으로 들어가서 부풍扶風의 마융馬融을 스승으로 삼았다.[422] 『세설신어世說新語』에서 말했다.

정현이 『춘추전春秋傳』에 주석을 달고자 했지만, 아직 완성하지 못했다. 그때 밖에 나갔다가 복건과 우연히 객사에서 함께 머물렀는데, 이전에 서로 모르는 사이였다. 복건이 바깥의 수레 위에서 다른 사람과 자신이 주석을 단 『춘추전』의 뜻을 이야기하고 있었다. 정현은 오랜 시간 동안 그 이야기를 들었는데, 대부분 자기의 주석과 같은 내용이었다. 정현은 수레가 있는 곳으로 가서 말했다. "나는 오랫동안 『춘추전』에 주석을 달고자 했는데, 아직까지 끝내지 못했소. 그대가 방금 한 말을 들어 보니, 대부분 나의 주석과 같소. 지금 내가 주석한 내용을 모두 그대에게 주겠소." 마침내 복건의 주석이 만들어졌다.[423]

---

422) 『後漢書』, 「鄭玄傳」.

이 내용에 근거하면, 복건의 『좌씨전』 주석은 당연히 정현의 견해를 포함하고 있다. 정현이 비록 『좌씨전』의 주석을 달지는 않았지만, 그가 하휴와 논쟁할 때, 『잠고황歲膏肓』·『발묵수發墨守』·『기폐질起廢疾』을 지었고, 하휴가 "정현이 나의 집으로 들어와서, 나의 창을 가지고 나를 공격하는구나!"[424]라고 말했으니, 정현도 또한 『춘추』에 깊은 조예가 있었던 사람이다. 그런데 『수서』 「경적지」에서는 이세 책이 수록되어 있지 않고, 오직 『박하씨한의駁何氏漢議』 2권만을 수록하고 있고, 『당서』 「경적지」에는 이 책이 10권이라고 기록되어 있어서 『수서』 「경적지」에 비해 9권이 더 많다. 『당서』 「경적지」에는 또 『잠고황』 10권, 『발묵수』 1권(『구당서』에는 2권, 『신당서』에는 1권으로 되어 있다.), 『기폐질』 3권을 수록하고 있는데, 송나라 때에는 모두 없어졌다. 후세에 왕복王復 · 원균袁鈞 · 황석黃奭 등의 집일본이 있다. 『수서』 「경적지」에는 또한 『춘추좌씨분야春秋左氏分野』 1권과 『춘추십이공명春秋十二公名』 1권이 수록되어 있는데, 모두 없어졌다.

4. 『좌씨전』과 『춘추』

『좌씨전』은 『춘추』에 전傳을 단 것이 아니었는데, 유흠 이후에 『좌씨전』을 학관에 세우고자 하여, 『좌씨전』의 문장을 끌어와서 경문을 해석하고, 경문과 전문을 서로 드러내 밝힌 것이다. 그 의도는 『좌씨전』을 『춘추』의 전으로 만드는 데 있었다. 『좌씨전』의 경전 해석을 부정하는 한대 학자들의 의견을 살펴보면, 대체로 아래와 같은 몇 가지 항목이 있다.

1) 경문經文과 전문傳文의 시작과 끝의 차이

범승范升이 『좌씨전』을 학관에 세워서는 안 된다고 주장하면서 제시한 『좌씨전』

---

423) 『世說新語』, 「文學」.
424) 『後漢書』, 「鄭玄傳」.

의 14개의 잘못된 일, 그리고 태사공이 『사기』에서 오경과 어긋나거나 공자의 말을 잘못 인용한 31개의 일 등 모두 45가지 일을 상주했는데,[425] 그 구체적인 내용은 알 수가 없다. 지금 진원陳元의 상소문을 살펴보면, "연수年數와 같은 작은 차이를 모아서 큰 잘못으로 삼았다"는 말이 있으니,[426] 이것은 범승이 『좌씨전』과 『춘추』 경문經文이 서로 합치되지 않는 부분이 있다고 지적한 내용이다.

삼전三傳의 경문은 모두 같지는 않는데, 특히 『좌씨전』과 『공양전』·『곡량전』 두 전의 경문의 차이는 크다고 여겨진다. 『공양전』·『곡량전』과 비교해 보면, 『좌씨전』은 두 전보다 더 이어진 경문도 있고 전문傳文도 있다. 『공양전』과 『곡량전』의 경문과 전문은 모두 노나라 애공 14년으로 끝이 나며, 모두 242년이다. 그런데 『좌씨전』에서는 더 이어진 경문이 노나라 애공 16년까지로 2년이 더 많다. 더 이어진 전문은 노나라 애공 27년까지 이르고, 또한 도공悼公 4년까지 이어지니, 『춘추』의 본래 경문에 비해 17년이 더 많다. 『좌씨전』과 『공양전』·『곡량전』의 기사 연수의 차이는 금문가들이 『좌씨전』은 경문을 해석하지 않았다고 비판한 중요한 이유가 된다.

2) 『좌씨전』은 경문을 해석하지 않았음

『좌씨전』은 자체적으로 통행되어서 본래 『춘추』와는 관련이 없다. 먼저 『사기』에서 말했다. "노나라의 군자 좌구명은 공자의 제자들마다 서로 다른 이론을 제기하고, 제각기 자신의 생각에 안주하여 진실을 잃어버릴까 염려하였다. 따라서 공자의 역사 기록을 근거로 삼아서, 그 말을 갖추어 기록하여 『좌씨춘추』를 지었다."[427] 여기에서는 『좌씨전』이 공자의 『춘추』를 근거로 삼아서 지어졌다고 여긴 것이다. 이후 『한서』에서는 다음과 같이 말했다. "공자가 노나라의 역사 기록을 근거로 삼아서 『춘추』를 지었는데, 좌구명은 『춘추』에 실려 있는 본래의 일을 논하고

---

425) 『後漢書』, 「范升傳」 및 「陳元傳」.
426) 『後漢書』, 「陳元傳」.
427) 『史記』, 「十二諸侯年表序」.

편집하여『춘추』의 전傳을 지었고, 또 그것과 같거나 다른 일을 모아서『국어』를 지었다."428) 여기에서도『좌씨전』이『춘추』의 전傳이라고 여긴 것이다. 또한 이후 공영달의『춘추좌전정의』에서는『엄씨춘추嚴氏春秋』에서 인용한「관주편觀周篇」을 근거로 다음과 같이 말했다. "공자가『춘추』를 손질하려고 할 때, 좌구명과 함께 수레를 타고 주나라로 가서, 주나라 사관에게서 책을 보았다. 돌아와서『춘추』의 경經을 손질했고, 좌구명은 그 전傳을 지었으니, 두 가지가 서로 표리가 된다."429) 이 주장은『좌씨전』의 지위를『공양전』·『곡량전』보다 더욱 높이 끌어올리는 역할을 했다.

또한『한서』에 의하면, 유흠이 "『좌씨전』을 연구하면서『좌씨전』의 문장을 끌어와 서『춘추』의 경문을 해석하고, 경문과 전문을 서로 드러내 밝힘으로써 장구章句의 의리가 갖추어졌다. 유흠은 또한 맑고 편안하면서도 지모가 있었고, 아버지인 유향劉向 과 함께 옛것을 좋아했으며, 폭넓은 견식과 강한 의지는 남들을 크게 뛰어넘었다. 유흠이 생각하기에, 좌구명은 좋아하고 싫어하는 것이 성인과 같았고, 공자를 직접 보았지만, 공양公羊과 곡량穀梁은 공자의 70명 제자의 후학이기 때문에 전해들은 것과 직접 본 것에서 좌구명과 공양·곡량의 상세함과 간략함이 같지 않다고 여겼다."430) 이 단락의 내용을 통해서 유흠이 지모가 있어서, "『좌씨전』의 문장을 끌어와서 『춘추』경문을 해석하여" 경문과 전문의 차이를 조화시키려고 했음을 알 수 있다. 이것이 또한 나중에 공양가가『좌씨전』을 공격하는 확실한 증거가 되었다. 그런데 진원陳元은 범승이 상주한『좌씨전』의 45가지 일 중에서, 범승이『좌씨전』의 "글자가 빠진 것이나 미세한 잘못을 큰 허물로 지적하였다"431)고 했는데, 아마도 이것을 가리켜서 말한 것이다.

『좌씨전』이『춘추』경문을 해석한 것을 부정하는 주장은 유흠의「이양태상박사

---

428)『漢書』,「司馬遷傳·贊」.
429)『左氏傳』,「序」, 孔穎達 疏.
430)『漢書』,「楚元王傳」.
431)『後漢書』,「陳元傳」.

서」에 의하면 아마도 전한 박사들의 "『좌씨전』은 『춘추』에 전을 달지 않았다"는 주장에서 시작된 것이다. 그리고 후한의 범승이 "『좌씨전』은 공자를 조술하지 않았다"고 말한 것도 또한 같은 의미이다. 그 이후 금문학에서 고문학을 배척한 것은 모두 이 주장을 확대한 것이다. 또한 『진서晉書』에 의하면, 왕접은 "항상 말하기를, 『좌씨전』의 언사와 의리는 매우 풍부하여, 그 자체로 일가一家의 책이니, 『춘추』 경전을 드러내는 것을 위주로 하지 않았다. 『공양전』은 경문에 의지하여 전傳을 세우니, 경문에서 기록하지 않은 것을 전문에서 제멋대로 제기하지 않았다. 문장 기록의 측면에서는 절제되어 있고, 경문 소통의 측면에서는 뛰어나다"432)고 했다. 이 말은 『좌씨전』과 『춘추』를 서로 무관한 두 책으로 여긴 것이며, 청대 금문가들은 대부분을 이 내용을 근거로 『좌씨전』이 『춘추』 경문을 해석하지 않았다는 주장을 펼쳤다.

그 이후, 당대 육순陸淳의 『춘추찬례春秋纂例』에서는 『좌씨전』은 역사서이며, 『춘추』 경문을 해석한 전이 될 수 없다고 말했다. 이 주장은 『춘추』와 『좌씨전』을 경經과 사史로 구분한 것이니, 또한 왕접의 주장에 비해 한 층 더 나아간 것이다.

송대에 이르러, 왕안석王安石은 좌씨左氏가 육국六國시대의 사람이라는 11가지 일을 거론했는데, 지금은 없어졌다.433) 임률林栗은 "『좌씨전』의 '군자왈君子曰'이라는 말은 모두 유흠의 말이다"434)라고 곧바로 지적했고, 나벽羅璧의 『지유識遺』에서도 "『좌씨전』과 『춘추』는 애초에 각각 별도의 책이었는데, 뒤에 유흠이 『좌씨전』을 연구하면서 처음으로 『좌씨전』의 문장을 취하여 『춘추』의 경문을 해석했다"고 하였다. 『좌씨전』 속에 이미 유흠이 거짓으로 끼워 넣은 내용이 있으니, 『좌씨전』이 본래 경문을 해석하지 않다는 것은 말할 필요도 없는 것이다.

만청시기 이후, 유봉록劉逢祿·강유위康有爲·피석서皮錫瑞 등이 모두 『좌씨전』이

---

432) 『晉書』, 「王接傳」.

433) 역자 주: 송대 王應麟의 『困學紀聞』 권6 「春秋」에 "王介甫疑左氏爲六國時人者十一事"라는 말이 보이는데, 11가지 일이 무엇인지는 구체적으로 언급하지 않았다.

434) 역자 주: 『주자어류』 권83 「春秋·綱領」에 "林黃中謂, 『左傳』'君子曰', 是劉歆之辭"라는 말이 보인다.

『춘추』에 전을 달았다는 주장을 의심했고, 심지어 유흠이 『좌씨전』을 위조했다고 대놓고 지적했다. 특히 강유위는 유흠이 『좌씨전』에 필요한 증거를 제공할 수 있도록 여러 경전을 두루 위조하였다고 주장하였다. 그 이후에 최적崔適은 강유위의 주장을 더욱 부연하고 확장시켰다.

3) 삼전三傳 및 경經·전傳의 분리와 결합

『춘추』의 경문은 현재 단독으로 통행되지 않고 경문을 나누어서 전문에 붙였는데, 각 경문은 『공양전』·『곡량전』·『좌씨전』의 앞에 붙어 있다. 그런데 공영달의 『춘추좌전정의』에 의하면, 처음에는 『춘추』의 경문과 전문이 분리되어 통행되었고, 삼전이 모두 그러했다. 『한서』 「예문지」에 『춘추고경春秋古經』 12편과 『춘추경春秋經』 11권이 수록되어 있다. 『춘추고경』은 고문古文으로 된 『춘추』 경전으로, 『좌씨전』이 의거한 고문 경전이다. 『춘추경』은 금문今文으로 된 『춘추』 경전으로, 『공양전』·『곡량전』이 근거로 삼는 금문 경전이다. 서언徐彦이 "『좌씨전』이 가장 먼저 책에 기록되었기 때문에 한나라 때에는 그것을 고학古學이라고 했다"[435]고 했으니, '『춘추고경春秋古經』 12편'이라는 것은 곧 『좌씨전』의 경문이기 때문에 그것을 고古라고 했다. 또한 금문 경전과 고문 경전이 같지 않은데, 『사고전서총목제요』에서는 "『좌씨전』의 경문을 가지고 『공양전』·『곡량전』을 교감해 보면, 모두 『좌씨전』의 의리가 뛰어나니, 손으로 기록한 책이 입으로 전수한 경문보다 확실하다는 것을 알 수 있다"고 했다.[436]

『공양전』·『곡량전』의 경문과 전문의 결합은 어떤 사람이 처음으로 만들었는지 알 수 없다. 『사고전서총목제요』에서는 『공양전』의 경문과 전문의 결합은 서언에서 시작되었고, 『곡량전』은 범녕에서 시작되었다고 했다. 그러나 단희중段熙仲은 하휴 때에 이르러 『춘추경』과 『공양전』이 이미 별도로 통행되지 않았다고 주장하였다.

---

435) 『公羊傳』, 「序」, 徐彦 疏.
436) 『四庫全書總目提要』, 「經部·春秋類 一」, '春秋左傳正義' 조목.

그런데 그보다 조금 이른 시기인 채옹蔡邕의 석경石經에 남아 있는 글자에 의하면, 그 시대에 경문과 전문이 여전히 결합되지 않았으니, 『공양전』의 경문과 전문이 결합된 것은 아마도 후한시대 말기였을 것이다.

『좌씨전』의 경문과 전문의 결합은 가장 빠르게는 혹 유흠에까지 거슬러 올라갈 수 있다. 『한서』에 의하면, 유흠이 "『좌씨전』을 연구하면서 『좌씨전』의 문장을 끌어와서 『춘추』 경문을 해석하여, 경문과 전문을 서로 드러내 밝힘으로써 장구章句의 의리가 갖추어졌다"437)고 했으니, 경문과 전문의 결합이 혹 유흠으로부터 시작되었다는 것을 알 수 있다. 그 당시 학자들은 유흠을 강하게 공격했는데, 예를 들어 사단師丹은 "유흠이 옛 전장제도를 고쳐서 혼란스럽게 했다"438)고 했고, 공손록公孫祿은 "국사國師 가신공嘉新公 유흠이 오경五經을 뒤집어 놓고 스승의 법도를 허물었다"439)고 했다. 유흠이 옛 전장제도를 고쳐서 혼란스럽게 한 것과 오경을 뒤집어 놓은 것은 모두 경문과 전문을 결합하는 작업을 했기 때문에 발생한 일이다. 『공양전』과 『곡량전』은 전문의 경문 해석이 분명하고, 오직 읽는 데 불편했을 뿐이다. 따라서 도리어 경문과 전문을 결합할 필요가 없었기 때문에 그 결합이 더욱 늦게 나왔을 가능성이 있다.

전문을 끌어와서 경문을 해석한 유흠의 이러한 사고방식은 사실상 두예의 『춘추좌씨경전집해春秋左氏經傳集解』에서 최종적으로 완성되었다. 두예는 경문을 나누어서 전문에 붙였는데, 그 의도는 아마도 유흠의 방식을 쫓아서 『좌씨전』을 경전을 해석한 전으로 만들려고 한 것일 뿐이다. 그런데 『좌씨전』에서의 경문과 전문의 결합은 오히려 그다지 엄밀하지 못했고, 때대로 궐문도 있었다. 또한 『좌씨전』의 경문은 12편으로 구성되어 있는데, 그것은 노나라의 12명의 임금이 각각 1편이 되기 때문이다. 그러나 『공양전』과 『곡량전』의 경문은 모두 11권으로 되어 있는데, 「민공」편을 「장공」편에 합쳐서 1권으로 만들었기 때문이다. 하휴의 말에 근거하면,

---

437) 『漢書』, 「楚元王傳」.
438) 『漢書』, 「楚元王傳」.
439) 『漢書』, 「王莽傳」.

「민공」편을 「장공」편 뒤에 연결한 것은 "자식(민공)은 3년이 지나지 않으면 부친(장공)의 도를 고치지 않기" 때문이다. 청나라 때의 심흠한沈欽韓은 "저들 스승은 당연히 「민공」편의 기사가 짧아서 한 편이 될 수 없었기 때문에 「장공」편에 함께 합친 것일 뿐이다"라고 주장했다. 또한 『한서』「예문지」에 근거하면, 『공양전』·『곡량전』·『추씨전』·『협씨전』 등의 모든 전이 11권이고, 오직 『좌씨전』만이 30권이니, 『좌씨전』이 『춘추』에 전을 달았다는 것은 진실로 의심할 만한 것이다.

제2장 춘추학과 양한兩漢시대의 금고문今古文 논쟁

제1절 사법師法과 가법家法—오경박사五經博士와 그 증설

　한대 경학의 흥성은 오경박사五經博士의 설치와 막대한 관계가 있다. 그런데 '박사博士'가 학관學官으로 된 것은 최초로 전국시대까지 거슬러 올라갈 수 있는데, 당시의 제후들이 어질고 현명한 인재를 초빙하기 위해 설치한 것으로 보인다.

　'박사博士'라는 명칭은 『사기』 「순리전循吏傳」에 가장 먼저 보인다. "공의휴公儀休는 노魯나라의 박사였으며, 뛰어난 능력으로 노나라의 재상이 되었다." 그리고 저소손褚少孫이 보완한 『사기』 「귀책전龜策傳」에서 "송宋나라 원왕元王이 박사 위평衛平을 불러서 자신의 꿈에 대해 물었다"고 했고, 『한서』 「가산전賈山傳」에서 가산이 "조부祖父 가거賈祛는 옛날 육국六國시대 위왕魏王 때의 박사제자博士弟子였다"고 했는데, 모두 전국시대의 박사들이다. 공의휴公儀休는 일찍이 노나라 목공繆公의 재상이 되었는데, 목공은 증신曾申과 자사子思의 무리들을 높여서 양성했고, 위문후魏文侯는 자하子夏를 스승으로 섬겼으며, 전자방田子方·단간목段幹木과 교유하였다. 이에 근거하면, 박사관의 설치는 실제로 유가와 비교적 관계가 깊다. 또한 전국시대에 선비의 양성이 흥성했던 것은 제나라 선공宣公·혼왕湣王 때의 '직하稷下'보다 더한 것이 없으며, '직하선생稷下先生'과 '박사'는 이름만 다를 뿐 실질은 같은 것이다. 허신許愼은 "전국시대에 제齊에서 박사의 관직을 두었다"고 했는데, 아마도 직하선생을 가리키는 것 같다. 따라서 양한兩漢시대에 이르러서도 박사를 여전히 '직하생稷下生'이라고 불렀다. 예를 들어 한고조는 숙손통叔孫通을 박사로 제수하고 '직사군稷嗣君'이라고 불렀고, 정현鄭玄도 공안국孔安國을 '직하생稷下生'이라고 불렀다. 이에 근거하면, 전국시대의 제나라에 박사가 있었다는 것은 거의 의심할 여지가 없다. 따라서 심약沈約이 "육국六國시대에 종종 박사가 있었다"[1]고 한 것은 진실로 사실이다.

진秦나라 때 이르러 비록 "『시』·『서』를 불태우고 술사術士를 매장하여, 육예六藝가 이로부터 사라졌지만"[2], 그래도 여전히 육국六國의 옛것을 그대로 이어받아 박사를 설치하였다. 진나라 때의 박사 중에 살펴볼만한 사람은 박사복야博士僕射 주청신周青臣, 박사 순우월淳於越·복생伏生·숙손통叔孫通·양자羊子·황자黃疵·정선正先 등의 7명이 있다. 『한서』에 의하면, 진나라 박사는 학관이었지만, 그 직무는 후세와는 크게 달랐다. 단지 "고금古今의 일을 널리 통달하는 일을 맡았고"[3] "임금의 물음에 대답하는 알"을 할 뿐이었으니, 이른바 "직무는 맡지 않고 의론만 하였다."[4]

한나라는 잔나라의 제도를 이어서 박사를 그대로 설치하였다. 그 인원은 잔나라와 거의 같았으며, 대략 70명이었다. 그 학문은 전국시대의 옛것을 답습했는데, "박사관을 두어, 학문이 통달하고 행실이 잘 수행되어 있으며, 학식이 넓고 기예가 많으며, 고문古文과 『이아爾雅』를 이해하며, 글을 잘 짓는 자를 취하여, 최고 우등의 합격자(高第)로 선발하였다." 그리고 "제자諸子와 시부詩賦, 술수術數와 방기方伎 등 거의 모두 박사로 세웠으니, 단지 육예六藝만이 아니었다." 이때의 박사는 이후의 '오경박사'와는 같지 않았다. 따라서 서복관徐復觀은 그것을 '잡학박사雜學博士'라고 불렀는데, 그 당시의 실정을 제대로 이해한 것이다. 그 당시에 비록 숙손통叔孫通이 한나라의 예의禮儀를 제작한 일이 있었지만, 전쟁이 아직 끝나지 않아서 천하가 안정되지 않았기 때문에 학교의 일을 돌볼 겨를이 없었다. 효혜제孝惠帝와 여후呂后 시대에 이르러, 비록 협서율挾書律이 없어졌지만, 공경公卿 대신들이 모두 무력으로 공적을 세운 신하였기 때문에 항상 문학文學의 선비를 경시하였다.

한편 "효문황제孝文皇帝 때 처음으로 하나의 경전마다 박사를 두었다."[5] 경제景帝

---

1) 『宋書』, 「百官志」.
2) 『史記』, 「儒林列傳」.
3) 『漢書』, 「百官公卿表」.
4) 『史記』, 「田敬仲完世家」.
5) 『後漢書』, 「翟酺傳」.

때 신공中公 · 원고생轅固生 · 한영韓嬰이『시詩』박사가 되었고, 장생張生 · 조조晁錯가
『서書』박사가 되었으며, 호무생胡毋生 · 동중서董仲舒가『춘추』박사가 되었는데,
모두 하나의 경전에 정통하여 박사가 되었다. 이 당시에 오경五經은 제자諸子 · 전기傳記
와 동등하게 배열되었으며, 여기에서 거론한 몇 사람의 전문적인 경전 박사 이외에
그 나머지는 '제자전기박사諸子傳記博士'에 지나지 않았다. 또 당시의 박사는 "형식적인
관직을 갖추고서 대기하고 있을 뿐 관직에 나아가는 자는 없었다."[6] 문제가 비록
문학의 선비를 많이 등용했지만, 본래부터 형명刑名의 학설을 좋아했고, 경제도
유학자를 임용하지 않았으며, 두태후竇太后는 황노술黃老術을 좋아했을 뿐이다.

무제武帝가 처음 즉위했을 때, 품행이 단정한 현량賢良과 문학文學의 선비를
초빙하고, 황노黃老 · 형명刑名 등의 제자백가의 학설을 축출했으며, 박사관의 설립에
도 근본적인 변화가 생겼다. 오경박사의 설립은 동중서의 「거현량대책擧賢良對策」이
거의 직접적인 요인으로 작용했다.

> 『춘추』에서 하나로의 통일을 중시한 것은 그것이 천지天地의 변함없는 법칙이요
> 고금古今에 통용되는 올바른 법도이기 때문입니다. 현재는 스승마다 추구하는
> 도를 달리하고 사람마다 논의를 달리하여, 백가百家가 방향을 달리하고 지향하는
> 뜻이 같지 않습니다. 이러한 요인으로 인해 위에서는 통일을 유지하는 대책을
> 세우지 못하고 있습니다. 법제가 자주 변하기 때문에 아래에서는 무엇을 지켜야
> 할지 알지 못하고 있습니다. 어리석은 신이 생각하기로는, 육예六藝의 학과에
> 속하지 않는 것과 공자의 학술에 속하지 않는 여러 가지 모든 학술은 그 길을
> 끊어 버림으로써 나란히 함께 나아가지 못하게 해야 합니다. 사악하고 편벽된
> 학설이 사라진 이후에야 통치의 기강이 통일될 수 있고 법도가 밝혀질 수 있으니,
> 그렇게 되면 백성들도 따라야 할 도리를 알게 될 것입니다.[7]

『한서』「무제기武帝紀」에 의하면, 건원建元 5년, 처음으로 오경박사를 세웠다.

---

6)『史記』,「儒林傳」.
7)『漢書』,「董仲舒傳」.

박사는 처음에는 『시』·『서』·『예』·『역』·『춘추』오경에 능통한 유생으로 제한되었다. 그 당시 『시』박사는 이미 문제 때 세워졌고, 경제 때 『춘추』박사가 더해서 세워졌다. 무제 때에 이르러, 또 구양생歐陽生의 『상서』와 후창后蒼의 『예』, 양하楊何의 『역』이 세워짐으로써 비로소 오경박사가 완전하게 갖추어졌다.

오경박사의 설립은 고대 정치에 끼친 영향이 매우 깊었으며, 이를 통해 마침내 중국의 이천 년 문교文敎의 전통을 열게 되었다.

이때부터 공경公卿과 대부大夫, 선비와 관리 중에 문질文質을 겸비한 문학文學의 선비가 많아졌다.[8]

그런데 근대 이후 과거제도가 폐지됨으로써 마침내 조정에 진출하는 자들은 비천하고 수준이 낮지 않은 자가 없었다.

지금 사람들은 "제자백가를 축출하고, 오직 유술儒術만을 존중한다"(罷黜百家, 獨尊儒術)는 것이 잘못되었다고 생각하고, 심지어 서양 사람들의 사상思想 전제專制에 비유하니, 이러한 주장은 사실상 잘못된 것이다. 당시의 조정에서 제자백가의 학문을 결코 금지하지 않았으며, 다만 장려하거나 육성하지 않았을 뿐이다. 조정에 오경박사를 둔 것은 오늘날 대학에 핵심 학과를 설치하거나 과학연구 분야를 지원하는 것과 같을 뿐이다. 이러한 학술 정책은 혜택을 보는 사람이 적고 관직에 나아가지 못하고 재야에 남아 있는 자들이 많아서, 학관의 학문으로 세워지지 못한 학자들이 결국 그 정책에 원망을 품는 폐단이 있으니, 지금 사람들도 가지고 있는 공통된 견해이다. 그 이후에 금고문今古文 논쟁이 발생했는데, 명리名利를 추구하는 다양한 일들이 이것과 관계되지 않는 것이 없었다. 그러나 오경이 독존獨尊의 지위를 얻자 제자백가의 학문은 마침내 민간의 학문으로 전락하여 점점 쇠퇴했으니, 참으로 애석한 일이다.

---

8) 『漢書』, 「儒林傳」.

원삭元朔 5년(B.C.124), 무제는 또 공손홍公孫弘의 건의에 따라 박사관博士官에 제자弟子를 두었으며, "박사관에 제자 50명을 두고 그들의 요역을 면제시켜 주었다."[9] 소제昭帝 때에 이르러 박사의 제자 정원이 100명으로 늘어났다. 선제宣帝 말기에 또 두 배로 늘어났다. 원제元帝는 유학을 좋아하여 제자 인원을 1,000명으로 늘리고, 군국郡國에는 오경에 밝은 100석石 졸사卒史를 두었다. 성제成帝 말기에는 또 제자 인원을 3,000명으로 늘렸다. 평제平帝 때에는 왕망이 정권을 잡았는데, 일정한 정원 이외에 다시 원사元士의 자제들 중에 박사의 제자처럼 수업을 받는 자의 정원을 늘렸다.[10] 당시 조정에서는 이처럼 학문을 중시하였고, 문학의 선비도 천하에 두루 퍼져 있었다.

박사는 진秦나라의 관직인데, 고금古今의 일을 널리 통달하는 일을 맡았고, 봉록은 600석과 동일하게 하였다. 정원은 많게는 수십 명에 이르렀다. 무제武帝 건원建元 5년에 처음으로 오경박사를 두었고, 선제宣帝 황룡黃龍 원년에 정원을 점차 늘려서 12명에 이르렀다.[11]

이 기록에 의하면, 무제 초기에 오경박사를 설치했고, 정원의 숫자는 5명 안팎이었을 뿐이다. 즉 "처음에 『서』에는 구양생歐陽生, 『예』에는 후창后蒼, 『역』에는 양하楊何, 『춘추』에는 공양고公羊高가 있었을 뿐이다."[12] 당시 『시』에 비록 제齊·노魯·한韓의 삼가가 있었지만, 처음에는 오직 『노시魯詩』만 박사에 세워졌고, 그 후에 삼가로 늘어났다. 이에 근거하면, 오경박사는 마땅히 7명이 있었다. 선제 황룡黃龍 원년(B.C.49)에 12박사를 두었으니, 그 정원의 숫자는 12명으로 늘어났다.

신臣 양창楊敞 등은 박사博士 신 공패孔霸, 신 준사儁舍, 신 덕德, 신 우사虞舍, 신

---

9) 『漢書』, 「儒林傳」.
10) 『漢書』, 「儒林傳」.
11) 『漢書』, 「百官公卿表」.
12) 『漢書』, 「儒林傳·贊」.

야射, 신 후창后倉 등과 토의하였습니다.13)

이것은 소제昭帝 원평元平 원년(B.C.74)의 일이다. 이 기록에 근거하면, 소제 말기에 박사 인원의 숫자가 적어도 6명이었다. 그리고 유흠의 「이양태상박사서移讓太常博士書」에서 말했다.

옛날에 박사는 『서』에 구양생歐陽生이 있었고, 『춘추』에 공양고公羊高가 있었고, 『역』에 시수施讎 · 맹희孟喜가 있었다. 그런데 선제宣帝 때 오히려 곡량穀梁의 『춘추』, 양구하梁丘賀의 『역』, 대소하후씨大小夏侯氏의 『상서』를 확대하여 학관에 세웠다.14)

이 기록에 의하면, 선제의 석거각의주石渠閣議奏 이전에 『역』에는 이미 시수施讎와 맹희孟喜 두 명의 박사가 있었다. 그러므로 오경박사는 이 시기에 이르러 8명이 있었다.

감로甘露 3년 3월, 조서를 내려 학자들에게 오경의 같고 다름을 강론하도록 했다. 태자태부太子太傅 소망지蕭望之 등이 그 의론을 평의해서 상주하였고, 황제가 직접 임석하여 그 의론을 보고 결정을 내렸다 이에 양구하梁丘賀의 『역』과 대소하후씨大小夏侯氏의 『상서』, 곡량穀梁의 『춘추』 박사를 세웠다.15)

이 기록에 의하면, 선제 감로甘露 3년(B.C.51)에 석거각의주石渠閣議奏가 있은 이후에 양구하의 『역』이 박사로 세워졌고, 또한 대 · 소하후씨의 『상서』 및 곡량의 『춘추』가 증설되었다. 이 시기에 박사는 12명이 있었으니, 『한서』 「백관공경표」의 숫자와 합치한다. 따라서 왕국유王國維는 『한위박사고漢魏博士考』에서 다음과 같이 말했다.

---

13) 『漢書』, 「霍光傳」.
14) 『漢書』, 「楚元王傳」.
15) 『漢書』, 「宣帝紀」.

선제宣帝 말기에 있었던 박사는 『역』에는 시수·맹희·양구하, 『서』에는 구양생과 대·소하후씨, 『시』에는 노시魯詩·제시齊詩·한시韓詩, 『예』에는 후창后蒼, 『춘추』에는 공양公羊·곡량穀梁이니, 딱 12명이 된다.16)

또한 『후한서』와 『한서』에 박사의 설립과 관련된 다양한 기록이 보인다.

선제宣帝는 성인과의 거리가 매우 멀어졌지만 학문은 폭넓게 하는 것을 마다하지 않는 것이라고 여겼다. 따라서 대·소하후씨의 『상서』를 학관에 세웠다. 뒤에 또 경방京房의 『역』을 세웠다. 건무建武 연간에 다시 안안락顔安樂·엄팽조嚴彭祖의 『춘추』와 대대大戴·소대小戴의 『예』 박사를 설치하였다.17)

원제元帝 시대에 다시 경방京房의 『역』을 세웠다.18)

선제(宣)·원제(元) 시대에 이르러, 시수·맹희·양구하·경방이 학관에 배열되었다.19)

선제가 황룡 원년(B.C.49)에 죽었고, 감로 3년(B.C.51)에 석거의주를 통해 4박사를 증설했으므로 마침내 12박사의 숫자가 갖추어졌다. 원제 때 또 경방京房의 『역』을 세웠으므로 원제 때에는 13박사가 있었다. 그런데 경방의 『역』은 곧바로 폐지되었기 때문에 평제 이전에는 금문학 박사 12명뿐이었다. 광무제 건무建武 연간에 『예』를 대대大戴와 소대小戴로 나누었고, 『공양전』을 엄팽조嚴彭祖와 안안락顔安樂으로 나누어서 마침내 14박사가 되었다. 그런데 『한서』 「유림전」에서 말했다.

선제宣帝 시대에 다시 대·소하후씨의 『상서』와 대대大戴·소대小戴의 『예』를 세웠다.

---

16) 王國維, 『觀堂集林』, 권4.
17) 『後漢書』, 「章帝紀」.
18) 『漢書』, 「儒林傳」.
19) 『漢書』, 「藝文志」.

여기에서는 대대와 소대의 『예』를 선제 때 세운 것이라고 했는데, 『후한서』에 기록된 장제章帝의 조서詔書와는 같지 않다. 또한 『한서』「예문지」에서 말했다.

선제 시대에 후창后蒼이 『예』에 가장 밝았다. 대덕戴德·대성戴聖·경보慶普가 모두 그의 제자이다. 세 사람은 모두 학관에 세워졌다.

이 기록에 근거하면, 선제 때 『예』에는 3명의 박사가 있었다. 만약 이와 같다면, 전한시기에도 또한 14박사의 숫자가 갖추어져 있었다.

평제 시기에 왕망이 정권을 장악하자 마침내 여러 경전의 박사를 널리 세웠으며, 정원도 30명으로 증원하였다. 즉 "평제 때 또한 『좌씨춘추左氏春秋』·『모시毛詩』·『일례逸禮』·『고문상서古文尙書』를 세웠다."[20] 그리고 평제 "원시元始 4년, 『악경樂經』을 세웠다. 박사의 정원은 경전마다 각각 5명이었다"[21]고 하니, 이 당시에 육경六經이 있었으므로 경전마다 각각 5명이면 박사 정원 숫자는 30명이다. 또한 "『주관경周官經』 6편은 왕망 시기에 유흠이 박사를 두었다"[22]고 한다.

광무제의 중흥 시기에는 오직 14박사만을 세웠다. 당시의 박사 14명은 다음과 같다.

『역』 4명, 시수·맹희·양구하·경방. 『상서』 3명, 구양생과 대·소하후씨. 『시』 3명, 노씨魯氏·제씨齊氏·한씨韓氏. 『예』 2명, 대·소대씨. 『춘추』 2명, 『공양전』의 엄팽조·안안락.[23]

원제와 성제 때의 13박사와 비교해 보면, 『춘추』는 『곡량전』 박사를 없앴고, 『예』는 대대와 소대를 후창으로 바꾸어서 마침내 14박사로 구성되었다.

---

20) 『漢書』, 「儒林傳」.
21) 『漢書』, 「王莽傳」.
22) 『漢書』, 「藝文志」.
23) 『後漢書』, 「百官志」.

또한 『후한서』「진원전陳元傳」과 「가규전賈逵傳」에 의하면, 광무제 때 『좌씨전』과 『곡량전』 박사를 한 차례 세웠는데, 얼마 가지 않아서 폐지되었다. 이때부터 후한 말기에 이르기까지 14박사의 구성은 줄곧 변하지 않았다.

양한시대의 금고문 논쟁은 외면적으로는 비록 박사의 폐지와 설립으로 드러나지만, 내면적인 측면에서 말하면 실제로는 사법師法과 가법家法의 분립과 큰 관계가 있다.

무제 이전에는 비록 하나의 경전마다 박사를 설치했지만, 그 경전만의 전문적인 박사는 아니었다. 예를 들어 동중서董仲舒는 『춘추』 박사였지만 오경에 능통했다. 하구瑕丘의 강공江公은 『곡량전』을 전공했지만 노魯 『시』의 박사였다. 후창后蒼은 『예』 박사였지만 『시』에도 능통하여, 『시제후씨고詩齊后氏故』 20권과 『제후씨전齊后氏傳』 30권, 그리고 『예곡대후창禮曲台后蒼』 9편 등의 저작이 있다. 전목錢穆은 다음과 같이 주장했다. "그 당시의 박사는 경전을 공부하는 경생經生에만 한정되지 않았고, 경전에 능통하여 박사가 된 자들도 또한 하나의 경전만을 전문적으로 연구하지는 않았다. 이른바 사법가파師法家派라는 것이 결코 없었다."[24] 그런데 무제가 오경박사를 설립한 것은 실제로 하나의 경전만을 전문적으로 연구하기 위해 박사를 세운 것이다. 그리고 그 이후에 또한 박사의 제자를 두었는데, 여러 박사들은 점점 전문적으로 하나의 경전만을 제자들에게 가르쳤다. 사법師法이 일어난 이유는 바로 여기에 있다. 이전에는 학문에 일정하게 정해진 스승이 없었고, 스스로 여러 경전에 능통하였기 때문에 사법이 없었다. 그런데 이후에 각 경전을 전문적으로 연구하는 박사를 두었고, 그 제자도 또한 그 경전의 연구를 통해 출세했기 때문에 하나의 경전에 전문적으로 능통하지 않으면 안 되었다. 따라서 제자들은 박사를 선택하여 스승으로 삼았으니, 이것이 바로 사법이 있게 된 이유이다.

이상에서 알 수 있듯이, 무제 시대에 세운 오경박사, 예를 들어 공양의 『춘추』, 노·한·제의 『시』, 후창의 『예』, 구양생의 『상서』, 양하의 『역』이 모두 사법이다.

---

24) 錢穆, 「兩漢博士家法考」(『兩漢經學今古文平議』, 216쪽).

한편 가법家法의 경우에는 사법의 분파와 관련이 있다.

한나라가 포악한 진나라를 이어받아서, 유교 학술을 장려하여 크게 드러내고, 오경五經을 세우고 박사를 설치했다. 그 후에 학자들은 학문에 정진하여 비록 스승을 받든다고 말했지만, 또한 별도로 이름을 떨친 사람도 있었다.[25)]

이 기록에 의하면, 오경박사가 처음 세워졌을 때에는 사법이었다. 그 이후에 "학자들이 학문에 정진하였기" 때문에 가법으로 나누어졌다. 선제 이후부터 구양생의 『서』이외에 대·소하후씨의 『서』가 설치되었고, 시수施讐의 『역』이외에 맹희·양구하·경방의 『역』이 설치되었다. 후창의 『예』이외에 대덕戴德·대성戴聖·경보慶普의 『예』가 모두 가법이다. 『춘추』는 공양의 『춘추』가 사법이 되고, 곡량의 『춘추』는 공양의 『춘추』와 차이가 매우 컸기 때문에 또한 별도의 사법이 될 수 있었다. 그런데 휴맹眭孟으로부터 배출된 엄팽조·안안락 두 사람은 각각 별도의 장구章句가 있었기 때문에 실제로는 가법이다. 이로써 알 수 있듯이, 사법과 가법은 사실상 같지 않다.

그런데 사법의 설립과 가법으로의 분리는 모두 오경박사의 건립과 관계가 있다. 스승과 제자가 학문을 전수하는 과정에서 제자들의 갈래가 나누어지는 것은 본래 일상적인 일이다. 그런데 조정에서 박사 및 제자를 설치하여, 경전의 과목을 두고 인재를 선발하니, 이것은 또한 학자들이 공명功名과 이록利祿을 쫓도록 경쟁하는 계기를 연 것이다. 결국 학자들은 각자가 자신들의 견해를 고집하여, 자기가 옳다고 여긴 것은 옳다고 여기고 그르다고 여긴 것은 그르다고 여겼으니, 문호의 견해가 특히 깊이 반영된 것이다. 따라서 앞서는 석거각회의가 열렸고, 뒤에는 백호관회의가 개최되었는데, 그 출발은 모두 서로 다른 주장을 조화시키고 선입견을 없애는 것에서 시작되었지만, 그 마지막은 박사의 증설로 끝을 맺었다.

---

25) 『後漢書』, 「章帝紀」.

제2절 금고문今古文과 금고학今古學

『한서』「예문지」에서 말했다.

> 옛날에 공자가 죽자 은미한 말(微言)이 끊어졌고, 70명의 제자가 사라지자 큰 의리(大義)가 어그러졌다. 따라서 『춘추』는 5개의 학파로 나누어졌고, 『시』는 4개의 학파로 나누어졌으며, 『역』은 여러 사람의 전傳이 있었다. 전국시대에는 학문이 마구 뒤섞여서, 진짜와 가짜가 나누어져서 다투었으며, 제자백가의 말은 어지럽게 뒤섞여서 혼란스러웠다. 진나라에 이르러 그러한 상황을 걱정하여, 책을 불태워서 백성들을 우둔하게 만들었다.

이 기록을 통해서 경학의 분쟁이 본래 학술의 전승 과정에서 나온 것임을 알 수 있다. 고대의 학술은 모두 오경을 근본으로 삼았고, 오경은 또한 공자의 손질과 서술을 거쳐 전해진 것이 이미 오래되었다. 그런데 "공자가 죽자 은미한 말이 끊어졌고, 70명의 제자가 사라지자 큰 의리가 어그러지는" 상황을 면치 못했다. 사실상 이러한 결과는 일반적으로 발생하는 일이다. 그런데 그 사이에 또한 진秦나라와 항우項羽의 재난을 거치면서 경적經籍은 흩어지거나 사라졌으며, 여러 가지 내용들이 뒤섞이고 잘못되어 마침내 금문과 고문의 차이가 생겨나게 되었다. 한나라 무제가 오경박사를 건립하자, 학자들은 다시 무리를 지어 다른 쪽을 공격하고, 각자가 자기의 견해만을 고집함으로써 마침내 금고문今古文의 논쟁이 물과 불처럼 대립하는 형세를 형성하여 다툼이 그치지 않았다. 오늘날 현대의 학자들도 비록 경학의 짙은 안개에서는 벗어났지만, 금고문의 논쟁에서는 여전히 일치된 결론을 내리지 못하고 있다.

　이전 학자들의 논의에 근거하여, 금고문 논쟁과 관련된 학자들의 관점을 종합적으로 서술해 보면 다음과 같다.

1. 고문가古文家

고문가古文家의 주장에 의하면, 진나라의 분서焚書 이후에 육경은 대부분 사라졌다. 한나라 때 통행되던 경적은 대부분 불완전한 형태였고, 또한 당시의 문자인 예서隷書로 기록되어 있었는데, 이것이 '금문今文'이다. 그 후에 협서율挾書律이 폐지되고 책을 조정에 바치는 길이 크게 열리자, 민간에서 개인적으로 보관하고 있던 고서들이 세상에 많이 출현했다. 이런 종류의 고서는 금문 경전에 비해 상대적으로 완비되어 있었고, 또한 전국시대의 문자로 기록되어 있었기 때문에 '고문古文'이라고 불렸다. 이 주장에 근거하면, 금고문 경전은 애초에 서적에 기록할 때 사용한 문자의 차이에 지나지 않는다.

무제武帝 때, 조정에서 세운 오경박사, 예를 들면 구양생의 『서』, 후창의 『예』, 양구하의 『역』, 공양의 『춘추』 및 삼가三家의 『시』는 모두 금문 경전이다. 선제宣帝 때 다시 대·소하후의 『상서』, 대·소대의 『예』, 시수·맹희·양구하의 『역』, 곡량의 『춘추』를 세웠고, 원제 때 경방의 『역』을 세웠는데, 이것도 모두 금문 박사였다.

금고문 논쟁을 촉발한 핵심 인물은 사실상 유흠劉歆이다. 애제哀帝 때, 유흠은 궁중의 비장도서를 관리하고 교정했는데, 고문으로 된 『춘추좌씨전』을 발견하고 크게 좋아하였다. 그래서 마침내 『좌씨춘추』 및 『모시』·『일례』·『고문상서』를 학관에 건립하고자 했다. 이에 유흠은 태상박사에게 편지를 보내 금문 경전이 "글자가 누락되고 간책簡冊이 빠져 있다"고 말하고, 또 박사들이 "빠지고 누락된 것을 끌어안고 고수한다"고 책망하였다.26) 따라서 그가 고문 경전을 박사관에 세우고자 한 것은 단지 진나라 말기에 도술道術이 끊어진 것을 안타까워한 것일 뿐이다.

유흠 이전에 『일례』와 『고문상서』는 모두 비부秘府에 보관되어 발견되지 않았고, 『모시』와 『좌씨전』은 실제로 이미 세상에 오래 동안 통행되었다. 예를 들어 모공毛公은

---

26) 『漢書』, 「楚元王傳」.

하간헌왕河間獻王의 박사였고, 장창張蒼과 가의賈誼는 모두 『좌씨전』을 공부했다. 이 두 경전은 당연히 금문으로 기록되어 있었는데, 단지 박사관에 세워지지 않았다는 이유로 금문학에 속하지 못했던 것이다. 따라서 유흠이 『좌씨춘추』·『모시』·『일례』·『고문상서』 등의 네 가지 경전을 학관에 세우고자 한 것은 그것이 모두 '옛 글자와 옛말'이기 때문이 아니라, 박사관의 경전이 완비되지 않은 것을 보완하고자 했기 때문이다. 평제 시기에 이르러 왕망이 정권을 잡자, 네 경전은 마침내 학관에 세워질 수 있었다.

2. 금문가今文家

고문경학이 흥기하기 이전에 경학 논쟁은 금문학 내부의 『공양전』과 『곡량전』의 논쟁에 지나지 않았으며, 결국 선제 시기에 『곡량전』 박사가 증설되었다. 확실히 이 시기의 박사는 아직까지 금문학이라는 하나의 통일된 의식을 형성하지는 않았으며, 더욱이 청나라 사람들이 주장하듯이 14박사가 "지향하는 도가 일치하고 풍격이 동일한" 학문이라고까지 말할 수는 없었다. 애제와 평제 이후에 유흠이 고문 경전을 학관에 세우려고 함으로써 마침내 금고문 사이의 간극이 생겼으며, 금문가今文家들은 공동의 적에 맞서서 함께 적개심을 품었고, 『공양전』과 『좌씨전』의 차이점을 적극적으로 강조함으로써 후세에서 말하는 금문학이라는 학문 풍토를 형성하였다.

종합적으로 말하면, 금문학의 주장은 대체로 네 가지이다.

첫째, 금문 경전은 사라졌거나 불완전하지 않다. 이것은 유흠의 날조를 겨냥한 주장이다.

둘째, 금문 경전은 스승과 제자가 입과 귀로 서로 전수하였다. 범승范升이 진원陳元과 논쟁할 때 처음으로 이 주장을 진술했다.

셋째, 금문가는 『좌씨전』이 『춘추』에 전傳을 단 책이 아니며, 좌구명은 단지 한 명의 좋은 사관에 지나지 않을 뿐이라고 주장했다. 이 주장은 전한시대의 박사로부터 나왔으며, 이후 진晉나라의 왕접王接, 당唐나라의 조광趙匡, 원元나라의 조방趙汸

등이 모두 이 주장을 펼쳤다. 그리고 청대 금문학자들은 다시 이 주장을 근거로 『좌씨전』을 비판하였다.

넷째, 유흠이 고문 경전을 거짓으로 날조하였다. 이 주장은 전한시대 사단師丹의 "옛 전장제도를 고쳐서 혼란스럽게 했다"는 주장[27]과 공손록公孫祿의 "오경을 뒤집어 놓았다"는 주장[28]에서 나왔다. 그리고 청대 말기에 금문학의 문호 의식이 발흥했을 때 유봉록劉逢祿 · 강유위康有爲 등은 유흠이 거짓으로 『좌씨전』을 조작하고, 더 나아가 여러 경전도 날조했다고 공격하였다.

3. 요평廖平

요평廖平(1852~1932)의 학술은 앞뒤로 여섯 차례 정도 바뀌었는데, 특히 처음 변화되었을 때 금문학과 고문학의 주장을 균등하게 분류한 것에 대해 학자들은 가장 중요하게 생각했다. 요평은 허신許愼의 『오경이의五經異義』를 통해서 금문과 고문의 분류가 문자文字가 아니라 예제禮制의 차이에 있다는 것을 깨달았고, 마침내 『금고학고今古學考』라는 책을 저술하여 그 뜻을 전문적으로 밝혔다. 이 주장이 나오자 청대 말기 학술계에 매우 큰 영향을 끼쳤으며, 단지 강유위 · 피석서 등의 학자들뿐만 아니라 그 외의 많은 학자들도 이 이론을 근거로 삼아서 자기주장을 펼쳤다. 유봉록劉逢祿 · 장태염章太炎의 경우에는 그 중에서도 특히 이 이론을 더욱 많이 인용하여 진술하였다. 요평의 제자인 몽문통蒙文通은 『금고학고』에 대해 논하면서, "진실로 천하를 균등하게 나누어, 마치 홍구鴻溝처럼 경계선을 그었으니,[29] 진실로 이전에도 이후에도 따라올 사람이 없는 금고문학에 대한 독보적인 저작"이라고 말했다. 심지어 "선제宣帝

---

27) 『漢書』, 「楚元王傳」.

28) 『漢書』, 「王莽傳」.

29) 역자 주: 鴻溝는 옛날 중국에 있던 運河의 명칭인데, 한나라와 초나라가 패권을 다툴 때 서로의 경계선으로 삼았던 곳이다. 『사기』 「高祖本紀」에 의하면, 項羽와 劉邦이 천하를 나누기로 약속하고, 홍구를 경계로 그 서쪽은 한나라가, 그 동쪽은 초나라가 차지하기로 약속했다고 한다.

때의 석거각石渠閣 회의 이후로 이 책과 비교할 수 있는 것이 없다"[30]고까지 주장하였다. 다소 지나친 주장이기는 하지만, 요평의 탁월한 식견은 진실로 가릴 수가 없을 것이다.

한나라 초기에 비록 금문과 고문의 차이는 있었지만, 금문·고문의 논쟁은 결코 없었다. 또한 고학古學에 속하는 『모시』·『좌씨전』 등도 세상에 오래 동안 유통되면서 모두 금문으로 기록되었다. 이로써 후세의 금고문 논쟁을 문자에 근거해서 논의해서는 결코 안 된다는 것을 알 수 있다. 몽문통은 스승인 요평의 주장을 다음과 같이 서술하였다.

> 고문古文은 그 자체로 고문이고, 고학古學은 그 자체로 고학이다. 고학은 실제로 공자 집안의 벽 속에서 나온 책이 전해졌다는 사실은 없으며, 다만 벽 속에서 나온 책이라는 명분만을 빌렸을 뿐이다.…… 금문·고문 두 학파의 분리는 예제禮制의 차이에 있는 것이지, 단지 문자의 차이나 책이 없어졌는지의 여부로 구별하지 않는다.[31]

이후에 전목錢穆도 대체로 이 주장을 견지하면서, '고문학古文學'·'금문학今文學'이라는 명칭의 사용을 부정하면서, "한대 사람들은 단지 '고학古學'이라고 말했지 '고문학古文學'의 존재를 말하지 않았고, 단지 '고문古文'이라고 말했지 '금문今文'의 존재를 말하지 않았다. 이른바 '금문학今文學'이라는 존재는 더욱 말할 필요도 없다"[32]고 하였다. 또 "문자文字가 금문인지 고문인지를 아는 것은 본래 당시에는 중요한 문제가 아니었다. 당시 학술의 분야를 분별할 때는 반드시 '고학古學'·'금학今學'이라고 했지, '고문古文'·'금문今文'이라고 부르지 않았으니, 대체로 모두 이와 같다"[33]고 했다.

---

30) 蒙文通, 『經學導言』. 이 내용은 『蒙文通文集』 권3, 12~13쪽에 실려 있다.
31) 蒙文通, 『井硏廖季平師與近代今文學』(『蒙文通文集』, 권3), 113쪽.
32) 錢穆, 『兩漢博士家法考』, 258쪽.
33) 錢穆, 『兩漢博士家法考』, 254쪽.

금고문의 논쟁은 본래 한나라 때 발생했고, 조정에 오경박사를 건립하는 것과 관계가 있다. 요평은 또한 위로 선진시대의 경적의 분파로까지 거슬러 올라갔으니, 금학今學·고학古學의 논쟁은 사실상 선진시기에 두 학파가 근거로 삼았던 경전이 서로 달랐기 때문에 발생하게 된 것이다. 간단하게 요약하면, 금학今學과 고학古學의 차이점은 세 가지가 있다.

첫째, 금학은 제齊·노魯 지역에서 유행하였고 공자孔子를 존중했다. 고학은 연燕·조趙 지역에서 유행하였고 주공周公을 존중하였다. 나중에 몽문통은 이 주장을 연역하여, 고학은 곧 삼진三晉의 학문이고 금학은 곧 제·노의 학문이라고 말했다.[34]

둘째, 금학과 고학이 근거로 삼았던 경전이 같지 않았고, 근본적인 차이는 예제禮制에 있었다. 대체로 금학은 「왕제王制」를 존경하여 받드는 대상으로 삼았고, 고학은 『주례周禮』를 존경하여 받드는 대상으로 삼았다.

셋째, 금학과 고학은 공자의 초년과 말년의 서로 다른 주장을 따른다. 고학은 거의 공자 초년의 이론을 따르는데, 그 요지가 '주나라를 따르는 것'(從周)에 있었기 때문에 주공을 높인다. 금학은 공자 말년의 이론에 따라서 오로지 '소왕의 제도개혁'(素王改制)만을 밝히기 때문에 공자를 존숭한다.

몽문통은 또한 다음과 같이 생각했다. 금·고학이 근거로 삼은 경전이 비록 다르기는 했지만, 예를 들어 『일서逸書』 16편, 『일례逸禮』 39편 등과 같은 고문 경전들을 금문가들도 또한 기록의 대상으로 삼았다. 다만 스승의 이론이 없었기 때문에 금문가들은 어쩔 수 없이 경經이 아닌 전기傳記로 간주했을 뿐이다.[35]

4. 전목錢穆

전목錢穆(1895~1990)은 다음과 같이 주장했다. 고대 국가의 관학인 육예六藝가 고학古學이고, 새롭게 흥기한 제자백가의 학문이 금학今學이다. 금문과 고문의 논쟁은

---

34) 蒙文通, 『經學導言』(『蒙文通文集』, 권3), 16~32쪽 참조.
35) 李源澄, 『經學通論』, 25~28쪽 참조.

본래 선진시기에 발생하였고, 한나라 때의 금·고문 문자의 차이와는 관계가 없다. 동주시대 이후 사관史官의 직책이 사라지자 제후들은 박사博士의 관직을 두었다. 그런데 이 당시의 박사관은 옛날의 사관과는 크게 달랐는데, 오로지 제자백가의 이론에 의해 설립된 것이다. 이처럼 당시에 민간의 제자백가 이론이 마침내 관학이 된 것이다. 진나라가 천하를 통일한 후『시』·『서』를 폐기하자, 고학이 모두 사라지고 금학이 흥기하였다.

한나라 무제는 오경박사를 세우고 육예를 높였는데, 이것은 고대 시기 국가의 관학이 부흥한 것이기 때문에 전한시대의 금학은 실제로 선진시대 이전의 고학이다. 그 후에 유흠劉歆과 가의賈誼 등의 무리가 고학이라고 부르면서 금학과의 차이를 표방했지만, 진나라 때 제자백가의 이론과는 전혀 같지 않았다. 그것은 실제로는 금학과 근원을 같이하며, 모두 국가 관학의 학문에서 나온 것이다. 이러한 점에 근거하여, 전목은 한나라 때의 금·고 논쟁은 선진시대의 금·고학과는 같지 않으며, 실제로는 선제·원제 이후의 가법의 흥기 및 장구章句의 출현과 관련이 있다고 주장하였다.

무제 때 오경박사는 오직『시』의 삼가三家,『서』의 구양생,『예』의 후창,『역』의 양구하,『춘추』의 공양뿐이었다. 선제 때 이르러『서』는 구양생과 대·소하후로 나누어졌고,『예』는 대·소대로 나누어졌으며,『역』은 시수·맹희·양구하로 나누어졌다. 원제 때『역』은 또 경방이 있었다. 경학의 분파와 박사의 추가 설립은 모두 이록利祿의 소치이다. 따라서『한서』에서는 다음과 같이 말했다.

> 무제가 오경박사를 세우고, 제자원弟子員을 설치하여, 경전의 과목을 두고 인재를 선발하여, 관직과 봉록을 권장한 이후로, 원시元始 연간에 이르기까지 100여 년 동안, 학업에 전념한 자들이 점점 많아졌고, 지엽적인 공부가 크게 번성하였다. 하나의 경전과 관련된 이론이 100여만 자에 이르렀고, 큰 스승을 따르는 무리가 1,000여 명에 이르렀으니, 봉록의 이익을 얻는 길이 그렇게 만든 것이다.[36]

---

36)『漢書』,「儒林傳」.

이후에 전목도 이 논의를 견지하면서 다음과 같이 말했다.

경전을 말하는 자들이 날로 많아지고, 경전의 이론이 더욱 상세하고 엄밀해졌지만, 경전에 대한 서로 이론도 더욱더 갈래가 나누어졌다. 경전에 대한 서로 다른 이론이 더욱 나누어지자, 그것을 정돈하여 하나로 통일시키는 것을 도모하지 않을 수 없었다. 따라서 선제宣帝가 석거각石渠閣에 학자들을 모아서 오경의 같고 다름을 토론하도록 한 일이 있었던 것이다. 그런데 하나의 이론으로 통일시키지 못한 경우에는 하나의 경전에 대해 여러 사람을 나누어서 각각 박사를 세웠다. 그 의도는 사실 정해진 제도를 영구히 만들어서 그 이후에 경전을 말하는 자들이 여기에서 박사로 세운 사람에 한정해서 이론을 세우고, 다시는 분파를 만들지 못하도록 하고자 한 것이다.[37]

이상을 통해서 알 수 있듯이, 금·고문 논쟁의 근원은 실제로 박사의 경전 강의와 전수, 조정의 경전 과목 설치와 시험을 통한 선발에서 나온 것이다.

5. 주여동周予同

최근 인물인 주여동周予同(1898~1981)은 금·고학의 차이를 다음과 같이 개괄하였다. "자구字句의 차이가 있고, 편장篇章의 차이가 있으며, 서적書籍의 차이가 있는데, 서적 속의 뜻은 크게 다른 점이 있다. 이 때문에 학통學統이 같지 않고, 종파宗派가 같지 않으며, 고대 제도 및 인물 비평에 대해 각각 같지 않다. 또한 경서의 중심인물인 공자에 대해서도 각각 전혀 다른 관념을 가지고 있다."[38] 이 주장이 대체로 무난하면서도 이치에 가깝다.

주여동은 또한 육경의 배열 순서에 대해 금문가와 고문가가 서로 다르게 처리한다고 주장하였다. 대체로 금문가의 순서는 ①『시』, ②『서』, ③『예』, ④『악』, ⑤『역』,

---

37) 錢穆, 『兩漢博士家法考』(『兩漢經學今古文平議』, 128쪽에 실려 있음).
38) 周予同, 『經今古文學』(朱維錚 編, 『周予同經學史論著選集』, 2쪽에 실려 있음).

⑥『춘추』이다. 그런데 고문가의 순서는 ①『역』, ②『서』, ③『시』, ④『예』, ⑤『악』, ⑥『춘추』이다. 육경 배열 순서의 차이는 실제로 큰 의미가 있으니, 금문가와 고문가의 공자에 대한 서로 다른 이해를 드러낸다.

이에 대해 그는 다음과 같이 주장했다. "고문가의 배열 순서는 육경이 출현한 시대의 선후에 따른 것이고, 금문가는 육경의 내용의 깊이에 따른 것이다."[39] 고문가는 시대의 선후에 따라서 육경의 순서를 배열했는데, 그것은 그들이 육경을 역사서로 여기기 때문이다. 이처럼 공자는 단지 "옛것을 전하여 서술하기만 하지 새롭게 창작하지는 않으며, 옛것을 믿고서 좋아한" 성인에 지나지 않으며, 단지 역사 사료를 정리하여 후대 사람들에게 전수했을 뿐이다. 이 때문에 고문가의 입장에서 공자는 단지 사학가史學家이자 고대 문화의 보존자일 뿐이다. 그런데 금문가는 이 주장을 근본적으로 반대하고, 공자는 고대 경적에 대해 많은 부분을 가감하여 손질했으며, 심지어는 "옛것에 가탁하여 제도를 개혁한 탁고개제託古改制"의 소왕素王으로 여겨진다. 이 때문에 육경의 문자에 비해 그 배후에 감추어진 미언대의微言大義를 더욱 중요하게 여긴다. 금문가의 입장에서 공자는 정치가·철학가·교육가이기 때문에 육경의 배열은 사실상 교육가가 교과 과정에 따라 경전을 배열했다는 의미가 담겨 있다.

제3절 4차 금고문今古文 논쟁

금고문今古文 논쟁에 대해, 애제 시대에 유흠이 『춘추좌씨전』·『모시』·『일례』·『고문상서』를 박사관에 세울 것을 건의함으로써 금고문 논쟁이 처음으로 시작되었다는 것이 학계의 일반적인 시각이다. 유흠 이후에 또 범승과 진원, 가규와 이육, 하휴와 정현의 논쟁이 있었는데, 앞뒤로 모두 4차례이다.

---

39) 周予同, 『經今古文學』(朱維錚 編, 『周予同經學史論著選集』, 6쪽에 실려 있음).

유흠 이전에도 고문 경전이 이미 세상에 많이 통행되고 있었다. 그렇다면 무엇 때문에 유흠 이후가 되어서야 처음으로 금고문 논쟁이 발생하게 되었는가?

『한서』에 의하면 "헌왕獻王이 입수한 책은 모두 고문으로 기록된 선진시대의 옛 책이었다. 『주관』·『상서』·『예』·『예기』·『맹자』·『노자』 등의 부류로, 모두 경전經傳과 설기說記, 공자의 70명의 제자들이 논한 것이다. 그 학문은 육예에 관한 것이며, 『모시전』와 『좌씨춘추』의 박사를 세웠다."40) 또한 정현이 말했다. "나중에 공씨孔氏 집안의 벽 속의 책, 그리고 하간헌왕河間獻王의 『고문례古文禮』 56편, 『예』 131편, 『주례』 6편을 입수했다."41) 그리고 『모시정의』에서 인용한 정현의 『시보詩譜』에서 말했다. "노나라 사람 대모공大毛公이 자신의 집에서 『고훈전故訓傳』을 지었는데, 하간헌왕이 그것을 입수하여 바쳤다." 또한 육덕명陸德明이 "하간헌왕이 옛것을 좋아했는데, 『고례古禮』를 입수하여 바쳤다"42)고 했고, 『수서』「경적지」에서 다음과 같이 말했다. "『주관周官』은 주공周公이 지은 관정官政의 법도로 하간헌왕에 의해 상주되었는데, 유독 「동관冬官」 1편만 빠져 있었다. 헌왕은 천금을 주고도 그것을 입수하지 못하자, 마침내 「고공기考工記」를 가져다가 그 빠진 부분을 보완하고, 그것을 합쳐서 6편을 만들어서 상주하였다." 이와 같은 기록에 근거하면, 후세의 고문 경적은 모두 하간헌왕이 입수한 책에 보이고, 또 『모시』·『좌씨전』은 하간헌왕의 박사관에 세워졌으니, 헌왕의 학문적 기호가 조정에서 금문 경전을 높이는 것과는 같지 않았음을 알 수 있다.

유흠의 「이양태상박사서移讓太常博士書」에 의하면, 『모시』·『좌씨전』이 비록 무제 때 박사관에서는 축출되었지만, 민간에서는 계속 통용되었으므로 애제 이전에는 관방의 금문학과 민간의 고문학이 서로 논쟁하는 일이 없었다. 그런데 그 이전에 제학齊學과 노학魯學의 논쟁이 있었기 때문에 결국 선제宣帝가 박사를 증설하는 결과를 초래했다. 그리고 그것이 마침내 유흠이 민간의 고문학을 조정으로 들여놓으려는

---

40) 『漢書』, 「景十三王傳」.
41) 鄭玄, 『六藝論』.
42) 『經典釋文』, 「敍錄」.

계략을 세우는 계기를 만들었다.

1. 유흠劉歆과 태상박사太常博士

유흠劉歆은 자가 자준子駿이다. 성제成帝 하평河平 연간에 조서를 받아 부친 유향劉向과 함께 궁중의 비장도서를 관리하고 교정했으며, 육예를 강론하고 해설했는데, 제자諸子·시부詩賦·술수數術·방기方技 등 연구하지 않은 분야가 없었다. 애제哀帝 초기에 왕망王莽이 유흠을 종실이면서 재주와 행실이 뛰어나다고 천거하여, 황제의 신임을 받았다. 그 후에 다시 임금의 명령으로 오경五經을 관리하면서 부친의 이전 과업을 완수하였다. 『수서』「경적지」에 『춘추좌씨전조례春秋左氏傳條例』 25권이 수록되어 있는데, 저자의 이름을 밝히지 않았다. 그런데 『구당서』「경적지」에 "『춘추좌씨전조례』 21권, 유흠이 지었다"고 기록되어 있고, 『신당서』「경적지」에는 이 책을 수록하지 않았다. 또한 마국한馬國翰이 유흠의 글 20조목을 집록했는데, 거기에 『춘추좌씨전장구春秋左氏傳章句』라는 제목이 달려 있다.

애제 건평建平 원년(B.C.6), 유흠이 글을 올려서 『좌씨전』 등을 박사관에 세우고자 하였다. 이에 대해 『한서』에서 다음과 같이 기록되어 있다.

유흠이 궁중의 비장도서를 교정하면서, 고문으로 된 『춘추좌씨전』을 발견하고서 그 책을 매우 좋아하였다. 당시에 승상사丞相史 윤함尹咸이 『좌씨전』 연구에 뛰어나서, 유흠과 함께 경전經傳을 교정하고 있었다. 유흠은 윤함과 승상丞相 적방진翟方進에게 나아가 배우면서 『좌씨전』의 대의大義에 대해 질문하였다. 원래 『좌씨전』에는 옛 글자와 옛말이 많아서 학자들은 그 훈고訓詁만을 전할 뿐이었다. 그런데 유흠이 『좌씨전』을 연구하면서 『좌씨전』의 문장을 끌어와서 『춘추』의 경문을 해석하고, 경문과 전문을 서로 드러내 밝힘으로써 장구章句의 의리가 갖추어졌다. 유흠은 또한 맑고 편안하면서도 지모가 있었고, 아버지인 유향劉向과 함께 옛것을 좋아했으며, 폭넓은 견식과 강한 의지는 남들을 크게 뛰어넘었다. 유흠은 생각하기에, 좌구명은 좋아하고 싫어하는 것이 성인과 같았고, 공자를 직접 보았지만, 공양公羊과 곡량穀梁은 공자의 70명 제자의 후학이기 때문에 전해들은 것과 직접 본 것에서 좌구명과 공양·곡량의 상세함과 간략함이 같지 않다고 여겼다. 유흠은 자주 그 문제를 가지고 유향에게 질문했는데, 유향은 반박할 수 없었다. 그러나 유향은 여전히 『곡량전』의 의리를 스스로 견지하였다. 유흠은 임금과 가까워지자, 『좌씨춘추』 및 『모시』·『일례』·『고문상서』를 모두 학관에 세우고자 하였다.[43]

이 내용에 관해서는 몇 가지 눈여겨볼 만한 점이 있다.

첫째, 유흠 이전에 『좌씨전』은 이미 세상에 통용되었다. 『좌씨전』이 비록 박사에는 세워지지 않았지만, 조정에서 승상의 지위에 있던 사람도 이 책을 연구했을 정도이므로 『좌씨전』의 영향력을 알 수 있다.

둘째, 옛날에 『좌씨전』을 연구한 자들은 단지 훈고訓詁를 전할 뿐이었는데, 현재 유흠은 "『좌씨전』의 문장을 인용하여 『춘추』의 경문을 해석하고, 경문과 전문을 서로 드러내 밝힘으로써 장구章句의 의리가 갖추어졌다." 이를 통해서 『좌씨전』이 본래 『춘추』에 전傳을 단 책이 아니라는 것을 알 수 있다.

셋째, 유흠이 네 종류의 고문 경전을 학관에 세우고자 했는데, 사실은 『좌씨전』을 가지고 박사에 먼저 세워져 있던 『공양전』·『곡량전』에 대항하고자 한 것일 뿐이다.

그 이후 애제는 유흠에게 오경박사와 함께 경전의 뜻을 강론하도록 시켰는데, 박사들이 유흠과 상대하여 논의하는 것을 꺼리는 자들이 있었다. 그래서 유흠은 태상박사太常博士에게 편지를 보내어 비판했으며, 그 편지 속에는 이후 고문가들의 기본 주장이 담겨 있다.

첫째, "공자가 죽자 미언微言이 끊어졌고, 70여 명의 제자가 죽자 대의大義가 어그러졌다." 『공양전』과 『곡량전』은 70명 제자의 후학이 쓴 책이기 때문에 본래 "좋아하고 싫어하는 것이 성인과 같았고, 공자를 직접 보았던" 좌구명의 책과는 같지 않다. 이 주장은 "좌씨는 『춘추』의 전傳을 짓지 않았다"는 박사들의 주장을 겨냥한 것이다.

---

43) 『漢書』, 「楚元王傳」.

둘째, 육경은 진나라 때의 분서갱유 때문에 "경문은 혹 죽간이 빠져 있고, 전문은 혹 편차編次가 빠진 것이 있으니", 만약 이와 같다면 박사들이 근거로 삼은 금문경전은 자연히 믿을 수가 없으며, 그 "학문은 불완전하고 문장도 손상되어, 그 진실된 모습과는 다소 멀어질" 수밖에 없다.

셋째, 선제宣帝가 이미 곡량의 『춘추』와 양구하의 『역』, 대·소하후의 『상서』를 박사로 증설했으니, 『좌씨전』 등의 고문경전을 확대하여 세우는 것은 사실상 선례가 있다.

이에 대해 전목錢穆은 다음과 같이 주장했다. 유흠이 고문경전을 흥기시킨 것은 그 의도가 당시의 장구章句를 위주로 하는 학문을 비판하는 데 있었다. "과거에 옛 학문만을 고수하는 선비들은 경전의 내용이 폐기되거나 없어져서 결함이 있다는 것을 생각하지 못하고서, 구차하게 천박하고 좁은 지식으로 문장을 나누거나 글자를 분석하고, 번잡하고 자질구레한 말로 풀이하니, 배우는 자들이 지치고 늙을 때까지 또한 하나의 경전도 제대로 연구하지 못한다. 입으로 전한 내용만을 믿고 전기傳記의 기록을 외면하며, 말단적인 학문을 하는 스승만을 옳다고 여기고 옛날의 기록을 비난한다."[44] 다만 유흠은 박사들이 "문장을 나누거나 글자를 분석하고, 번잡하고 자질구레한 말로 풀이한 것"을 비방했을 뿐, 사실 장구의 학문을 비난한 것은 아니다. 그것은 금문 경전이 "책이 결함이 있거나 내용이 빠진 것"에 의해 초래된 결과이며, 그로 인해서 "지식이 천박하고 좁을" 수밖에 없었던 것이다. 그 후에 유흠과 가규 등이 금문학에 대항하고자 할 때도 또한 이 방법을 따라 '훈고訓詁'의 전통을 버리고, "『좌씨전』의 문장을 인용하여 『춘추』의 경문을 해석하고, 경문과 전문을 서로 드러내 밝힘으로써 장구章句의 의리가 갖추어지도록" 하였다. 이를 통해서 후한시대의 고문가도 또한 장구의 학문을 높였다는 것을 알 수 있다.

대체로 유흠의 말이 매우 격렬했기 때문에 많은 학자들이 그를 원망했고, "저명한 학자인 광록대부光祿大夫 공승龔勝은 유흠이 보낸 글로 인해 깊이 자책하는 상주문을

---

44) 『漢書』, 「楚元王傳」.

올리고 자신을 파직해 줄 것을 요청하였다. 그리고 학자였던 사단師丹은 대사공大司空의 자리에 있었는데, 그도 역시 크게 화를 내면서 유흠이 옛 전장제도를 고쳐서 혼란스럽게 하고, 앞선 황제가 세운 원칙을 비난하고 훼손했다는 상주문을 올렸다."45) 왕망의 신新나라 때 좌장군左將軍 공손록公孫祿도 상주문을 올려서 다음과 같이 말했다. "국사國師 가신공嘉新公 유흠이 오경五經을 뒤집어 놓고 스승의 법도를 허물어서 학사學士들이 의혹을 품도록 했다.…… 마땅히 이 몇 사람을 주살하여 천하를 위로해야 한다."46) 이를 통해서 당시 학자들의 유흠에 대한 반감을 엿볼 수 있다. 유흠은 본인이 주살을 당할까 두려워하여 지방관을 자처하여 자리를 옮겼다.

평제平帝 때에 이르러 왕망이 정권을 잡자, 왕망은 유흠과 좋은 관계였기 때문에 『좌씨춘추』·『모시』·『일례』·『고문상서』를 학관에 세웠다. 광무제의 중흥기에 이르러는 고문경전의 학관 설립이 왕망과 유흠이 한 일이라고 여겨서, 모두 학관에서 퇴출시켰다.

2. 범승范升과 한흠韓歆·진원陳元

『후한서』「유림전」에 의하면, 건무建武 초에, 광무제는 전한시대의 14박사를 회복시켜서, "이에 오경박사를 세우고, 각각 가법家法으로 가르치도록 했다. 『역』은 시수施讐·맹희孟喜·양구하梁丘賀·경방京房이 있었고, 『상서』는 구양생歐陽生·대소하후씨大小夏侯氏, 『시』는 제시齊詩·노시魯詩·한시韓詩, 『예』는 대대大戴·소대小戴, 『춘추』는 엄팽조嚴彭祖·안안락顏安樂 등 총 14박사를 두었다." 「범승전」에 의하면, 상서령尙書令 한흠韓歆이 상소를 올려서, 『비씨역費氏易』·『좌씨춘추』를 박사에 세우고자 하였다. 건무 4년(B.C.28), 광무제는 신하들을 운대雲臺에 소집하여 이 일에 대해 토론하도록 지시하였다. 범승范升은 두 경전의 박사 건립을 반대하면서 다음과 같이 말했다.

---

45) 『漢書』, 「楚元王傳」.
46) 『漢書』, 「王莽傳」.

『좌씨전』은 공자를 존경하여 받드는 대상으로 삼지 않았고 좌구명으로부터 나왔으며, 스승과 제자가 서로 전수했지만 그 학문을 전수한 전문가가 없었다. 또한 선대 임금 때 박사관에 있었던 경전도 아니기 때문에 박사관에 세울 수 있는 근거가 없다.[47]

범승의 이 말은 단지 전한시대 박사들의 주장을 반복한 것에 지나지 않는다. 범승과 한흠韓歆 및 태중대부太中大夫 허숙許淑 등은 서로 변론을 주고받으면서 한낮이 되어서야 토론이 끝이 났다.

그 후에 범승은 재차 상주하여, 한편으로는 지난번의 이유를 견지하면서 "지금 『비씨역』과 『좌씨전』 두 학문은 본래의 스승이 없는 데다가 반대되거나 다른 이론이 많아서, 앞선 임금의 시대에도 이 점에 대해 의문을 가졌다"고 말했다. 그리고 다른 한편으로는 금·고문이 서로 논쟁하는 이유를 다음과 같이 명확하게 설명했다.

폐하께서는 학문의 쇠퇴를 근심하여, 경학에 마음을 기울이고, 폭넓게 들어서 아는 데 뜻을 두었기 때문에 이단의 학문도 앞 다투어 나아갔습니다. 최근에 학문을 담당하는 관리가 『경씨역京氏易』의 박사 설치를 요청했는데, 일을 맡아보는 많은 신하들 중에 근거를 들어 바로잡는 사람이 없었습니다. 『경씨역』이 이미 박사에 세워져 있지만, 『비씨역』이 원망을 하고, 『좌씨춘추』도 다시 비슷한 학문으로서 또한 박사 설치를 희망하고 있습니다. 『경씨역』과 『비씨역』이 이미 통행되고 있는데, 그 다음으로 다시 『고씨역高氏易』도 있습니다. 『춘추』의 학문은 또 『추씨전鄒氏傳』과 『협씨전夾氏傳』도 있습니다. 만약 『좌씨전』과 『비씨역』을 박사관에 설치한다면, 『고씨역』·『추씨전』·『협씨전』, 그리고 오경五經 중의 기이한 학문들이 모두 박사 설립을 요구할 것이며, 각각의 주장이 서로 배치되어 분쟁이 일어날 것입니다. 그들의 주장을 그대로 따르면 학문의 도리를 잃게 되고, 따르지 않으면 학문의 인재를 잃게 될 것이니, 폐하가 그 주장들을 듣는 것을 싫어하고 피곤해 할까 염려가 됩니다.…… 지금 『비씨역』과 『좌씨전』 두 학문은 본래의 스승이

47) 『後漢書』, 「范升傳」.

없는 데다가 반대되거나 다른 이론이 많아서, 앞선 임금의 시대에도 이 점에 대해 의문을 가졌다. 따라서 『경씨역』이 비록 박사관에 세워지기는 했지만, 곧바로 다시 폐지되었습니다.…… 원컨대 폐하께서는 앞선 임금이 의심했던 것을 의심하고 앞선 임금이 믿었던 것을 믿음으로써 근본으로 되돌아감을 보여 주시고, 폐하가 독단한 것이 아님을 밝게 드러내시길 바랍니다.[48]

옛날 선제宣帝가 『곡량전』 등 4박사를 증설함으로써 마침내 유흠이 『좌씨전』을 끌어다가 세우려는 분쟁의 발단을 열었는데, 범승은 그 사실을 가지고 임금을 각성시켰을 뿐이다. 이로 인해 범승은 『좌씨전』・『비씨역』의 박사 건립을 반대했을 뿐만 아니라, 또한 『경씨역』・『고씨역』・『추씨전』・『협씨전』 등 금문경전의 박사 건립도 반대했다. 이로써 금고문 논쟁이 사실상 이록利祿이라는 사사로운 이익 추구와도 무관하지 않다는 것을 알 수 있다.

이후 범승은 다시 『좌씨전』의 14가지 잘못된 점을 발췌하여 상주하였다. 당시 반대편에 선 자들이 태사공도 『좌씨전』에 기록된 일을 많이 인용했다는 근거를 가지고 반박하자, 범승은 태사공이 오경과 어긋나게 기록한 것과 공자의 말을 잘못 기록한 것, 『좌씨춘추』에 기록되어서는 안 될 31가지의 일을 상주하였다. 앞뒤로 올린 내용이 모두 45가지의 일인데, 지금은 모두 전하지 않는다.

또한 『후한서』「진원전」에 의하면, "범승은 『좌씨전』이 비천하고 수준이 낮기 때문에 박사관에 세워서는 안 된다고 상주하였다." 이에 대해 진원陳元이 다음과 같이 상주하였다.

폐하께서는 난리를 바로잡아 올바른 데 되돌리고, 문무文武를 함께 사용했는데, 경학이 잘못되고 뒤섞여서 진위眞僞가 혼란스럽게 된 것을 크게 염려하여, 매번 조회할 때마다 조정의 여러 신하들에게 성인의 도를 강론하도록 했습니다. 폐하께서는 좌구명이 지극한 현인으로서 공자로부터 직접 전수받았고, 『공양전』・『곡량전』

---

48) 『後漢書』, 「范升傳」.

이 『좌씨전』보다 더 늦게 세상에 전해졌다는 것을 알고 계셨습니다. 따라서 조서를 내려서 『좌씨전』의 박사 설립이 옳은지의 여부를 널리 자문함으로써 폐하가 독단한 것이 아님을 보여 주고, 모든 것을 신하들이 토론하여 결정하도록 했습니다. 그런데 지금 토론하는 자들은 자신이 배운 것에 매몰되어 옛 지식만을 익숙하게 여겨 고수하면서, 자신이 전수받은 실속 없는 이론만을 굳게 집착함으로써 직접 본 실제의 도리를 비난합니다. 『좌씨전』은 고립된 학문으로서 연구에 참여하는 사람이 적기 때문에 마침내 다른 학파의 모함을 받게 되었습니다.…… 신은 박사 범승 등이 『좌씨춘추』를 박사에 세울 수 없는 이유 및 태사공의 잘못 등 45가지 일을 토론하여 상주한 것을 살펴보았습니다. 범승 등의 말을 살펴보면, 앞뒤가 서로 맞지 않는데, 그 주장 전체가 짧은 문장을 제멋대로 재단하고, 은미한 말을 깔보고 무시했으며, 연수年數와 같은 작은 차이를 모아서 큰 잘못으로 삼고, 글자가 빠진 것이나 미세한 잘못을 큰 허물로 지적했습니다. 그리고 작은 하나나 오류를 들추어 내고, 큰 장점을 가려버렸으니, 이것은 '작은 변론이 말을 망치고, 작은 말이 도를 망친다'는 말입니다. 범승 등은 또 '앞선 임금이 『좌씨전』을 경전으로 여기지 않았기 때문에 박사를 설치하지 않았고, 뒤를 이은 임금도 마땅히 그대로 따라야 한다고 말했습니다. 그런데 신은 어리석게도 다음과 같이 생각합니다. 만약 앞선 임금이 시행했던 것을 뒤를 이은 임금이 반드시 시행해야 한다면, 반경盤庚은 은殷으로 수도를 옮겨서는 안 되고, 주공周公은 낙읍洛邑을 운영해서는 안 되며, 폐하도 산동山東에 도읍해서는 안 됩니다. 예전에 효무황제는 『공양전』을 좋아하고, 위태자衛太子는 『곡량전』을 좋아했는데, 조서를 내려 태자가 『공양전』을 공부하고 『곡량전』을 공부하지 못하도록 했습니다. 효선황제는 민간에 살고 있을 때 (祖父인) 위태자가 『곡량전』을 좋아했다는 말을 들었기 때문에 혼자서 『곡량전』을 공부했습니다. 그래서 즉위하자 석거각石渠閣에서의 토론을 주관했는데, 『곡량전』이 흥성하여 지금까지 『공양전』과 함께 남아 있습니다. 이처럼 앞선 임금과 뒤를 이은 임금은 각자가 세운 박사가 있으니, 반드시 서로 따를 필요는 없습니다.[49]

『한서』에 의하면, 유흠은 "좌구명은 좋아하고 싫어하는 것이 성인과 같았고,

---

49) 『後漢書』, 「陳元傳」.

공자를 직접 보았지만, 공양公羊과 곡량穀梁은 공자의 70명의 제자의 후학이기 때문에 전해들은 것과 직접 본 것에서 좌구명과 공양·곡량의 상세함과 간략함이 같지 않다"50)고 여겼다. 또한 박사들은 "입으로 전한 내용만을 믿고 전기傳記의 기록을 외면하며, 말단적인 학문을 하는 스승만을 옳다고 여기고 옛날의 기록을 비난한다"51)고 공격하였다. 그런데 범승은 『좌씨전』이 "스승과 제자가 서로 전수했지만, 그 학문을 전수한 전문가가 없었다"52)고 공격함으로써 전한시대 박사들의 의견을 그대로 반복하였다. 이에 대해 진원은 "좌구명이 지극한 현인으로서 공자로부터 직접 전수받고, 『공양전』·『곡량전』이 『좌씨전』보다 더 늦게 세상에 전해졌다"고 말하고, 또 "지금 토론하는 자들은 자신이 배운 것에 매몰되어 옛 지식만을 익숙하게 여겨 고수하면서, 자신이 전수받은 실속 없는 이론만을 굳게 집착함으로써 직접 본 실제의 도리를 비난한다"고 주장했다. 진원도 사실은 유흠의 말을 반복한 것일 뿐이다. 이처럼 논쟁의 내용면에서 본다면, 범승과 진원의 논쟁은 결코 새롭게 더해진 내용이 없다.

그렇지만 범승이 문제로 제기한 또 다른 이유는 만약 『좌씨전』·『비씨역』을 추가로 박사관에 세우면, 그 결과는 "『고씨역』·『추씨전』·『협씨전』, 그리고 오경五經 중의 기이한 학문들이 모두 박사 설립을 요구할 것이며, 각각의 주장이 서로 배치되어 분쟁이 일어난 것"을 면치 못하기 때문이다. 이후 후한시대가 끝날 때까지 비록 고문학의 세력이 흥성했지만 조정에서는 여전히 박사가 증설되지 않았으니, 그 이유가 혹 여기에 있었을 것이다.

이 외에 범승은 『좌씨전』의 45가지 잘못된 점을 상주했는데, 그 중에서 『좌씨전』과 관련된 구체적인 내용은 애석하게도 지금은 살펴볼 수 없다. 그러나 진원의 상주문을 살펴보면, 그 중에 "연수年數와 같은 작은 차이를 모아서 큰 잘못으로 삼았다"고 말했으니, 아마도 『좌씨전』이 경문과 전문을 함께 붙여 놓은 것을 지적한

---

50) 『漢書』, 「楚元王傳」.
51) 『漢書』, 「楚元王傳」.
52) 『後漢書』, 「范升傳」.

것 같다. 그리고 "글자가 빠진 것이나 미세한 잘못을 큰 허물로 지적했다"고 말한 경우는 『좌씨전』이 『춘추』와 서로 배합될 수 없음을 말한 것이다.

또한 『후한서』 「진원전」과 「유림전」에 의하면, 범승이 다시 진원과 10여 차례 서로 논쟁하고 그 내용을 상주하였다. 그런데 광무제가 결국은 『좌씨전』의 박사를 세웠고, 태상太常이 박사 4명을 선발했는데, 진원이 첫 번째로 추천되었다. 광무제는 진원이 지금 막 화를 내면서 다투었다는 이유로 두 번째 추천자인 사예종사司隷從事 이봉李封을 등용했다. 그 결과 여러 학자들이 『좌씨전』의 박사 설치를 놓고 시끄럽게 토론했으며, 공경公卿 이하의 신하들이 조정에서 자주 논쟁하였다. 그러나 때마침 이봉이 병으로 죽자, 『좌씨전』의 박사는 다시 폐지되었다.

3. 가규賈逵와 이육李育

가규賈逵와 이육李育의 논쟁은 사실상 가규가 황제의 지지를 얻어서 『공양전』을 비난한 일로 인해 초래된 것이다. 『후한서』 「가규전」에 의하면, 명제明帝 영평永平 연간에 가규가 "『좌씨전』에서 도참圖讖과 부합하는 내용을 상주했는데", 명제가 "(상주하면서 함께 헌상한) 가규의 책(『春秋左氏解詁』 51편)을 귀중하게 여겨서, 옮겨 적어서 궁중의 비관秘官에 보관하도록 명령했다." 장제章帝가 즉위하자 유학에 큰 관심을 보였으며, 특히 『고문상서』・『좌씨전』을 좋아하였다. 건초建初 원년(76), 장제 는 가규를 궁중으로 불러서 경전을 강론하도록 하고, 가규의 주장을 좋아하여, 가규에게 『좌씨전』의 대의大義 중에서 『공양전』・『곡량전』보다 뛰어난 것을 발췌하 여 정리하도록 지시하였다. 이에 가규는 조목별로 나누어 다음과 같이 상주하였다.

신이 삼가 『좌씨전』에서 가장 드러난 30가지 일을 발췌했는데, 그것은 모두 군신의 올바른 의리와 부자의 기강입니다. 그 나머지는 『공양전』과 6~7할이 같고, 혹 문장이 조금 다르기는 하지만 전체적인 의미에는 해가 되지 않습니다. 채중祭仲・기 계紀季・오자서伍子胥・숙술叔術과 같은 부류의 경우, 『좌씨전』은 군부君父에 대해 의리가 깊고, 『공양전』은 대부분 임기응변의 권도權道에 치중하고 있습니다. 서로간의 차이가 본래 매우 크지만, 비슷하다는 누명이 오래 누적되어 구별하려고 하지 않습니다.53)

신이 영평永平 연간에 『좌씨전』에서 도참圖讖과 부합하는 내용을 상주했는데, 앞선 임금인 명제明帝께서는 미천한 사람을 버리지 않으시고 신의 말을 살펴 받아주셨고,54) 제가 『좌씨전』을 훈고訓詁한 책을 옮겨 적어서 궁중의 비관秘官에 보관하셨습니다. 애제哀帝 건평建平 연간에 시중侍中 유흠은 『좌씨전』을 박사관에 세우려고 하면서, 『좌씨전』의 대의大義를 먼저 강렬하게 논하지 않고, 태상박사太常博士에게 경박하게 편지를 보냈으며, 『좌씨전』의 의리가 뛰어나다는 것을 믿고서 많은 학자들을 꾸짖고 욕보이니, 많은 학자들이 속으로 불복하는 마음을 품고서 서로 함께 유흠을 배척했습니다. 애제께서도 많은 학자들의 마음을 거슬린 것을 엄중하게 여겼기 때문에 유흠을 하내태수河內太守로 내보냈습니다. 이로부터 『좌씨전』을 공격하는 자들이 결국 더욱더 많아졌습니다. 광무제에 이르러, 뛰어난 독자 견해를 펼쳐서 『좌씨전』과 『곡량전』의 학관 설립을 흥기시켰지만, 두 학문의 선사先師들이 도참圖讖을 알지 못했기 때문에 두 학문이 중도에서 폐지되게 만들어 버렸습니다. 대체로 선왕의 도를 보존하는 이유는 그 요점이 윗사람을 편안하게 하고 백성을 다스리는 데 있습니다. 지금 『좌씨전』은 군부君父를 숭상하고 신자臣子를 낮추어 보며, 줄기를 강하게 하고 지엽을 약하게 하며, 선을 권장하고 악을 경계하며, 지극히 밝고 지극히 절실하며, 지극히 곧고 지극히 이치에 맞습니다. 또 삼대三代가 제도를 달리하는 것은 제도를 더하거나 빼서 시대에 맞게 시행했기 때문입니다. 따라서 앞선 임금께서는 여러 다른 학파를 널리 살펴서, 각각마다 채택한 것이 있습니다. 『역』은 시수·맹희가 있는데, 다시 양구하를 학관에 세웠습니다. 『상서』는 구양생이 있는데, 다시 대·소하후를 두었습니다. 지금 『춘추』 삼전의 차이도 또한 이와 같습니다. 또한 오경의 학문에서는 모두 도참圖讖을 가지고 유씨劉氏가

---

53) 『後漢書』, 「賈逵傳」.
54) 역자 주: 蒭蕘는 꼴을 베고 나무를 하는 사람으로, 보잘것없고 미천한 사람을 말한다. 『시경』 「板」편에 "先賢들이 '꼴 베고 나무하는 사람에게도 물어 보라'고 말했다"는 구절이 보인다.

요堯의 후예라는 것을 증명한 내용이 없지만, 『좌씨전』에는 유독 분명한 문장이 있습니다. 오경의 학문에서는 모두 전욱顓頊이 황제黃帝의 뒤를 이었고, 요堯는 화덕火德이 될 수 없다고 말했습니다. 그런데 『좌씨전』에서는 소호少昊가 황제의 뒤를 이었다고 했으니, 그것은 곧 도참에서 말한 제선帝宣입니다. 만약 요가 화덕이 될 수 없다면, 한나라도 적덕赤德이 될 수 없습니다. 『좌씨전』에서 드러내 밝힌 것이 한나라에 보탬이 되는 것이 실로 많습니다.[55]

예전에 범승이 "『좌씨전』은 비천하고 수준이 낮다"고 공격한 것은 『좌씨전』의 구체적인 내용과 관련된 것이다. 그런데 가규는 "『좌씨전』의 대의大義를 먼저 강렬하게 논하지 않은" 유흠의 실수를 징계하고, 또한 "『좌씨전』은 비천하고 수준이 낮다"는 범승의 비난에 분개하였다. 따라서 『좌씨전』의 뛰어난 의리를 드러내고, "『좌씨전』은 군부君父에 대해 의리가 깊고, 『공양전』은 대부분 임기응변의 권도權道에 치중하고 있다"고 주장했으니, 금고문 논쟁이 의리의 측면으로 깊이 들어간 것이다.

가규가 도참을 끌어들여 『좌씨전』의 장점을 설명한 것에 대해, 범엽范曄은 다음과 같이 논평했다.

정흥鄭興·가규賈逵의 학문은 수백 년간 통용되어 마침내 학자들이 존경하여 받드는 대상이 되었지만, 그것도 또한 이유가 있었다. 환담桓譚은 참위를 좋아하지 않는다는 이유로 정처 없이 떠돌았고, 정흥鄭興은 참위를 배우지 않았다는 겸손한 말로 겨우 화를 모면했으며, 가규는 참위를 견강부회하여 꾸밈으로써 부귀와 현달을 가장 크게 누렸다. 황제가 참위로써 학문을 논했으니, 슬프도다!.[56]

범엽이 가규가 부귀와 현달을 가장 크게 누렸던 이유를 단지 참위만 가지고 논한 것은 사실 너무 지나친 측면이 있다. 유흠이 『좌씨전』의 전문을 인용하여 경문을 해석한 것으로부터 시작해서, 두예가 『춘추좌씨경전집해』·『춘추석례』를

---

55) 『後漢書』, 「賈逵傳」.
56) 『後漢書』, 「賈逵傳」.

지은 것에 이르러서, 『좌씨전』은 마침내 성인의 경전을 보좌하는 전傳의 자리에 끼어들 수 있었다. 그것은 사실상 수백 년 간의 학자들의 노력 덕분이지, 어느 한 시점에서 당대의 임금과 영합한 결과는 아니다.

『좌씨전』의 의리에 대해, 가규는 "군부君父를 숭상하고 신자臣子를 낮추어 보며, 줄기를 강하게 하고 지엽을 약하게 하며, 선을 권장하고 악을 경계한 것"을 전문적으로 거론하여 논의하였다. 그리고 채중祭仲·기계紀季·오자서伍子胥·숙술叔術 등의 여러 사건을 거론하여 『좌씨전』의 의리가 지닌 장점은 『공양전』이 비할 바가 아님을 밝혔다. 또한 "그 나머지는 『공양전』과 6~7할이 같고, 혹 문장이 조금 다르기는 하지만 전체적인 의미에는 해가 되지 않는다"고 말했다. 만약 이와 같으면 『좌씨전』의 가치는 자연스럽게 『공양전』보다 위에 있게 된다. 이상과 같은 내용을 통해서 보면, 가규는 지모가 대단히 뛰어난 인물이라는 것을 알 수 있다.

한편 황제는 가규의 상주문을 좋다고 여겨서, "가규에게 『공양전』의 엄팽조·안안락 학파의 학생들 중에서 우수한 자 20명을 직접 선발하여, 『좌씨전』을 가르치라고 명령하였다." 건초建初 8년에 또 조서를 내려, "박사들이 각각 우수한 학생을 선발하여 『좌씨전』·『곡량춘추』·『고문상서』·『모시』를 교육하도록 하였다."[57] 이로써 알 수 있듯이, 고문경전은 비록 학관에 세워지지는 않았지만, 태학에서 학생들을 가르칠 수 있는 학문이 되었다. 또한 고문경전을 익힌 자들은 "모두 뛰어난 인재로 발탁되어 강랑講郎이 되었고, 황제 측근의 부서에 근무하였다."[58] 따라서 이록利祿의 길이라는 측면에서 말하면, 고문경전을 연구하는 것이 이미 박사 제자보다 못한 것이 아니었다.

그런데 가규가 『공양전』을 비판한 것에 대해, 반격을 받지는 않은 것 같다. 『후한서』「유림전」에 의하면, 오직 건초建初 4년의 백호관白虎觀 회의에서만 박사 이육李育이 "『공양전』의 의리로써 가규를 비판했고, 서로 오고간 토론이 모두 합리적인 증거가 있었다." 그 외에 이육은 "앞 시대의 진원陳元과 범승范升의 무리가 서로

---

57) 『後漢書』, 「章帝紀」.
58) 『後漢書』, 「儒林傳」.

비난하고 공격했는데, 대부분 도참을 인용하고 이치의 본체에 근거하지 않았다고 주장하였다. 따라서 『난좌씨의難左氏義』 41가지 일을 저술하였다." 가규는 『좌씨전』의 의리가 가진 장점을 말했는데, 이육은 합리적인 증거를 근거로 삼아서 『좌씨전』을 비난했다. 이를 통해 그 시대의 금고문 논쟁은 이미 순수한 학술 논쟁의 단계로 진입했다는 것을 알 수 있다. 그러나 애석하게도 이육의 의론에 대해서는 지금 상세하게 알 수가 없으며, 후한 말기에 하휴가 이육의 뜻을 미루어서 『춘추공양전해고』를 지어서 가규에 대항하였다.

4. 하휴何休와 정현鄭玄

환제桓帝와 영제靈帝 사이에 하휴何休는 "그의 스승인 박사 양필羊弼과 함께 이육의 뜻을 미루어 서술하여 『좌씨전』과 『곡량전』을 비판하고, 『공양묵수公羊墨守』·『좌씨고황左氏膏肓』·『곡량폐질穀梁廢疾』을 지었다."[59] 또한 정현鄭玄은 하휴의 책에 대해서, 『발묵수發墨守』·『잠고황箴膏肓』·『기폐질起廢疾』세 책을 지었는데, 하휴가 그 책을 보고 탄식하면서, "정현이 나의 방으로 들어와서, 나의 창을 들고 나를 공격하는구나!"라고 탄식하였다.[60] 하휴와 정현의 논쟁은 주로 『춘추』의 의례義例·예제禮制와 사실史實 등의 방면에 집중되었고, 논쟁은 이전보다는 더욱더 학술적인 성격을 띠고 있었다. 그런데 정현과 하휴가 지은 책들은 후세에 모두 사라졌고, 송나라 진진손陳振孫이 『좌씨고황』만을 보았는데, 그것도 이미 빠지거나 없어진 부분이 있었다. 지금 『사고전서』에는 집일서輯佚書가 남아 있다.

이 외에 하휴는 또한 『춘추한의春秋漢議』도 지었는데, 『공양전』에 근거하여 한나라의 일을 논한 것으로, 모두 600여 조목이다. 정현은 『박하씨한의駁何氏漢議』2권을 지었으며, 『수서』「경적지」에 수록되어 있다. 이 외에 복건服虔도 『박하씨춘추한의駁何氏春秋漢議』 11권을 지었는데, 이것을 통해 또한 한대 말기 금고문 논쟁의

---

59) 『後漢書』, 「儒林傳」.
60) 『後漢書』, 「鄭玄傳」.

한 단면을 살펴볼 수 있다. 그렇지만 이 책들도 모두 이미 남아 있지 않다.

하휴와 정현의 논쟁은 단지 "방으로 들어와서 창을 들었다"는 하휴의 말에 근거해서 보면, 정현이 우위를 점한 것 같다. 그러나 관련된 책들이 모두 없어졌기 때문에 쌍방의 논쟁이 어떻게 전개되었는지 그 구체적인 상황을 알 수 없다. 청대 중기에 유봉록·진립 등이 이 안건을 다시 들추어내어, 하휴와 정현이 논쟁한 내용에 대해 많은 분석과 논의를 전개하였다.

후한시대 광무제光武帝 · 명제明帝 · 장제章帝 등의 황제는 경학을 매우 좋아하였다. "광무제는 중흥 이후에 경학을 좋아했는데, 정식으로 즉위하기 전부터 뛰어난 학자들을 먼저 방문하고, 경전에서 빠진 글을 찾아서 그 누락되거나 없어진 부분을 보완하였다."[61] 이에 오경박사를 다시 세웠고, 박사들은 각각 가법家法으로 가르쳤다. 『역』에는 시수 · 맹희 · 양구하 · 경방의 학문이 있었고, 『상서』에는 구양생 · 대소하 후씨의 학문이 있었으며, 『시』에는 제시 · 노시 · 한시가 있었고, 『예』에는 대대와 소대가 있었고, 『춘추』에는 엄팽조 · 안안락이 있었는데, 모두 14박사이다. 장제 건초 4년(79)에 이르러, 백호관白虎觀에 학자들을 대규모로 소집하여 오경의 같고 다름을 토론하도록 했는데, 몇 달이 지나서야 끝이 났다. 장제가 직접 조서를 내려 토론의 결과를 결정했으며, 그것은 선제宣帝의 석거각石渠閣에서 했던 전례와 동일하게 한 것이다.

백호관회의에 관해서는 그 최초의 근원은 장제 때 양종楊終의 상주문으로 거슬러 올라갈 수 있다. 양종은 『춘추』를 연구하여 『춘추외전春秋外傳』 12편을 저술했다. 그리고 장구章句 15만 마디의 말을 고쳐서 바로잡았으며, 그 후에는 황제의 조서를 받고 태사공의 책을 손질하여 10여만 마디의 말을 손질하였다. 이를 통해서 양종의 상주문이 실제로 그의 학술 지향과 관계가 있다는 것을 알 수 있는데, 그는 금문경학의 번잡함을 싫어하였다. 양종이 상주문을 올린 이후에, 장제는 "조서를 내려 학자들에게 백호관에서 경전의 같고 다름을 토론하고 고찰하도록 했으니"[62], 백호관회의가 개최된 동기를 알 수 있다.

---

61) 『後漢書』, 「儒林傳」.
62) 『後漢書』, 「楊終傳」.

건초建初 4년, 장제가 조서를 내려, 학자들을 백호관에 소집하여 오경의 같고 다름을 토론하도록 했다. 오관중랑장五官中郎將 위응魏應에게 명하여 황제의 질문을 대신 받들도록 하고, 시중侍中 순우공淳于恭에게 토론한 내용을 상주하도록 하고, 황제가 직접 임석하여 그 이론을 보고 결정을 내렸다. 이것은 선제의 석거각회의의 전례를 따른 것이며, 『백호의주白虎議奏』를 지었다.[63] 역사서에서 전하는 기록에 의하면, 그 당시 백호관회의에 참석한 학자는 광평왕廣平王 유선劉羨, 노공魯恭, 위응魏應, 정홍丁鴻, 누망樓望, 성도成都, 성봉成封, 환욱桓郁, 조박趙博, 가규賈逵, 이육李育, 순우공淳于恭, 양종楊終, 반고班固 등 10여 명이다. 이들 중 대부분이 금문 학자였지만, 그 중에는 고문 학자도 있었다. 그런데 『백호통』에 포함된 내용 중에 『춘추』와 관련된 것은 모두 『공양전』의 의리를 사용했고, 단지 몇 곳에서만 간간이 『곡량전』의 이론을 채용했으며, 『좌씨전』의 의리는 전혀 사용하지 않았다.

백호관회의 이후, 반고班固는 조서를 받들어 그 내용을 편집했는데, 이것이 바로 『백호통白虎通』이다. 『백호통』은 『백호통의白虎通義』 또는 『백호의주白虎議奏』라고 부르기도 한다. 『수서』 「경적지」 및 『구당서』 「경적지」, 『신당서』 「예문지」, 『통지通志』 「예문지」에서는 모두 이 책 6권을 수록하고 있다. 그런데 『숭문총목崇文總目』·『군재독서지郡齋讀書志』·『직재서록해제直齋書錄解題』·『중흥서목中興書目』에는 10권으로 되어 있다. 책의 편수를 나눈 것이 서로 다르다는 것을 알 수 있다. 또 『숭문총목』과 『중흥서목』에서는 책 전체가 14편이라고 했고, 『직재서록해제』에서는 44개의 분야가 있다고 했는데, 지금의 판본은 43편으로 되어 있다. 『백호통』의 내용 중에 빠진 부분이 있는 것은 북송시대에 시작되었다. 청대의 장술조莊述祖는 이 책에서 빠진 내용을 모아서 편집했고, 그 후에 노문초盧文弨의 교감과 진립陳立의 소증疏證에서는 모두 그것을 인용하여 근거로 삼았고, 그 사이에 내용을 더하거나 보완한 것이 있지만 매우 적은 부분에 지나지 않는다. 청대 말기에 유사배劉師培가 『백호통의각보白虎通義斠補』 2권을 저술했고, 장술조가 모은 일문逸文을 다시 정리하고 교정하여

---

63) 『後漢書』, 「章帝紀」.

『궐문보정闕文補訂』 1권을 지었다.

『백호통』은 내용별로 다음과 같이 편을 나누었다. 「작爵」, 「호號」, 「시諡」, 「오사五祀」, 「사직社稷」, 「예악禮樂」, 「봉공후封公侯」, 「경사京師」, 「오행五行」, 「삼군三軍」, 「주벌誅伐」, 「간쟁諫諍」, 「향사鄕射」, 「치사致仕」, 「벽옹辟雍」, 「재변災變」, 「경상耕桑」, 「봉선封禪」, 「순수巡狩」, 「고출考黜」, 「왕자불신王者不臣」, 「시구蓍龜」, 「성인聖人」, 「팔풍八風」, 「상고商賈」, 「서지瑞贄」, 「삼왕三正」, 「삼교三敎」, 「삼강육기三綱六紀」, 「성정情性」, 「수명壽命」, 「종족宗族」, 「성명姓名」, 「천지天地」, 「일월日月」, 「사시四時」, 「상의衣裳」, 「오형五刑」, 「오경五經」, 「가취嫁娶」, 「불면紱冕」, 「상복喪服」, 「붕훙崩薨」 등 모두 43편이다. 각각의 편마다 또 약간의 세부 조목을 나누었다.

이 책은 한대 박사들의 의론을 모아 놓은 것이기 때문에 피석서는 "금문경학의 집대성이다. 14박사가 전수한 경전은 이 책에 힘입어 그 대략적인 모습을 엿볼 수 있다"고 말했다. 또한 이 책에서 "고문경학의 이론을 채용한 것이 매우 적은 이유는 참가한 학자들 중에 양종楊終·노공魯恭·이육李育·위응魏應 등이 모두 금문학의 대사大師이기 때문이다"라고 했다. 이 책에서『춘추』를 인용할 때 간간이『곡량전』의 이론을 채용한 경우도 있다. 예를 들어 「작爵」편에 "『춘추곡량전』에서 '죽은 자에게 명복命服을 하사하는 것은 예법이 아니다'고 했다"는 기록이 보이고[64) 「삼군三軍」편에 "『곡량전』에서 '천자는 6군軍이 있고, 제후 중의 상국上國은 3군, 그 다음 나라는 2군, 하국下國은 1군이 있다'고 했다"[65)는 기록이 보인다. 이 이외에는 모두 『공양전』의 문장을 인용하였고, 『좌씨전』의 기록은 전혀 보이지 않는다. 이를 통해 『좌씨전』이 비록 당시 황제의 기호에는 맞았지만, 여전히 조정의 전제典制에는

---

64) 역자 주:『춘추』 장공 원년에 "왕이 영숙을 노나라에 보내 환공에게 命服을 하사했다"(王使榮叔來錫桓公命)는 기사에 대해, 『곡량전』에서 다음과 같이 해석했다. "예법에 제후는 천자에게 가서 명복을 받지, 천자가 사람을 보내서 명복을 내리는 경우는 없다. 사람을 보내 명복을 내리는 것은 올바른 것이 아니다. 제후는 살아서는 천자가 내린 예복을 입고, 죽어서는 그 예복에 맞게 장례를 치르는 것이 예법이다. 죽은 이후에 명복을 내리는 것은 올바르지 않음이 너무 심하다."(禮有受命, 無來錫命. 錫命, 非正也. 生服之, 死行之, 禮也. 生不服, 死追錫之, 不正甚矣)

65) 역자 주: 현행본 『곡량전』에는 이 내용이 보이지 않는다.

참여할 수 없었다는 것을 알 수 있다.

『백호통』의 내용 중에 제도와 관련된 것은 대부분 『예기』 「왕제王制」편의 문장을 인용했는데, 한대의 박사들이 이미 「왕제」를 매우 중시했다는 것을 알 수 있다. 청대 학자들이 「왕제」편에 근거하여 공자의 제도개혁을 논한 것이 진실로 그럴 만한 이유가 있는 것이다. 그 내용 중에는 또한 간간이 『주관周官』의 이론을 채용했는데, 예를 들어 중춘仲春에 시집가고 장가든다는 것(「嫁娶」편)은 『주례周禮』 「매씨媒氏」와 『대대례기』에 나온다. 사직社稷에 나무를 심는 것(「社稷」편)은 『주관周官』 「대사도大司徒」에 나온다. 길사吉事와 흉사凶事가 서로 간여할 수 없다(「喪服」편)는 것은 『주관』에서도 말했는데, 그 뜻은 『예기』 「곡례曲禮」·『논어』 「술이述而」에 기록된 것과 같다. 이를 통해서 당시 사람들이 여전히 『주관』을 위서僞書로 여기지 않았고, 또한 그 내용이 대부분 금문경학과 서로 부합된다고 여겼음을 알 수 있다. 『백호통』에서는 육경六經이나 전기傳記를 인용한 것 이외에, 또한 참위讖緯를 많이 인용했다. 이에 대해 『사고전서총목제요』에서는 "후한시대의 습관이 그렇게 인용하도록 만들었다"[66]고 말했으니, 사실상 크게 책망할 만한 것이 못 된다.

---

66) 『사고전서총목제요』, 「子部·雜家類二」, '白虎通義' 조목.

제3장 동중서董仲舒와 공양학公羊學

제1절 동중서董仲舒의 일생 및 학술

동중서董仲舒(약 B.C.179~104)는 광천廣川 사람이다. 젊은 시절부터 『춘추』를 공부하여 경제景帝 때 박사가 되었다. "휘장을 내려놓은 채 강론하고 암송했는데, 제자들은 수업한 지 오래된 순서에 따라 서로 수업하는 방법으로 전수했기 때문에 어떤 제자는 그의 얼굴을 보지도 못했다"[1]고 한다. 『사기』 「유림열전」에 의하면, 동중서는 3년 동안 집안의 정원을 돌보지 않았고, 나아가고 물러나는 행동거지가 예법에 맞지 않으면 행하지 않았으며, 학사學士들이 모두 그를 스승으로 존경하였다고 한다.

무제武帝가 즉위한 이후, 동중서는 현량賢良으로서 황제의 책문策文에 응하여, "공자의 학문을 미루어 밝히고, 제자백가를 억누르고 축출함"으로써 강도국江都國의 재상이 되었다. 중간에 재상에서 물러나 중대부中大夫가 되었고, 이후에 교서왕膠西王의 재상이 되었다. 동중서는 음양의 학술에 능통했는데, 일찍이 재이災異 이론을 가지고 요동遼東의 고조高祖 묘에서 발생한 화재에 대해 논의했다가 하옥되어 거의 죽을 뻔한 일이 있었다. 그 이후로 다시는 재이에 대해 말하지 않았다고 한다. 동중서는 벼슬을 그만두고 집안에 머문 이후로는 집안의 생업을 돌보지 않고, 오직 학문을 닦고 책을 저술하는 것을 평생의 일로 삼았다. 그가 집에 머물고 있을 때도 조정에서 만약 중대한 논의가 있으면 사신과 정위廷尉 장탕張湯을 그의 집으로 파견하여 자문하도록 했는데, 그의 대답은 모두 분명한 법도가 있었다.

---

1) 『漢書』, 「董仲舒傳」.

"한나라가 흥성한 이후 다섯 세대에 이르는 동안, 오직 동중서만이 『춘추』에 밝다고 이름을 떨쳤는데, 그는 공양씨公羊氏를 전수하였다."[2] 또 "경제景帝와 무제武帝의 시대에 동중서가 『공양춘추』를 공부하여, 처음으로 음양陰陽을 추론하여 유학자들이 존경하여 받드는 대상이 되었다."[3] 그리고 "무제가 천자의 자리에 오른 이래로 위기후魏其侯와 무안후武安侯가 승상이 되어 유학자들을 존중하였다. 동중서는 대책을 올려서, 공자의 학문을 미루어 밝히고 제자백가를 억누르고 축출했다. 학교의 관직을 세운 일, 주군州郡에서 무재茂材와 효렴孝廉을 천거하게 한 일은 모두 동중서가 실행한 것이다."[4] 이로써 알 수 있듯이, 양한시대의 정치와 학술에 끼친 동중서의 영향은 실로 매우 깊고도 크다.

동중서의 제자 중에서 성공한 사람으로는 난릉蘭陵의 저대褚大, 광천廣川의 은충殷忠, 온현溫縣의 여보서呂步舒 등이 있다. 저대는 양梁나라의 재상에까지 올랐고, 여보서는 장사長史의 지위에 올라서 부절을 지니고 회남淮南의 의혹을 판결하기 위해 파견되었는데, 천자는 그의 판결이 모두 옳다고 여겼다. 제자들 중에 뛰어난 자는 명대부命大夫까지 올랐고, 주랑主郎·알자謁者·장고掌故가 된 자는 100여 명이 된다. 그의 아들과 손자는 모두 학문으로써 큰 관직에 올랐다. 동중서는 한나라 유학자들이 받들어 존중하는 대상이 되었고, 그 이후에 『춘추』 연구로 박사가 된 자들은 모두 동중서의 학문 계통으로부터 나온 자들이다.

동중서의 저술에 관해서는 『한서』 「유림전」 및 「예문지」에 의하면, 『춘추번로春秋繁露』 123편 및 『공양동중서치옥公羊董仲舒治獄』 16편이 있고, 「동중서전」에 그의 현량대책賢良對策, 즉 「천인삼책天人三策」이 실려 있다. 「오행지」·「식화지」·「흉노전」 등의 지志와 전傳 속에 그의 의론이 여전히 산발적으로 보인다. 『수서』 「경적지」에 처음으로 『춘추번로』 17권과 『춘추결사春秋決事』 10권이 수록되어 있고, 또 집부류集部類에 『한교서상동중서집漢膠西相董仲舒集』 1권이 수록되어 있다. 그 중에 『춘추번로』는

---

2) 『史記』, 「儒林傳」.
3) 『漢書』, 「五行志」.
4) 『漢書』, 「董仲舒傳」.

그의 대표적인 저작이다. 송나라 때 이미 4종류의 간행본이 있었지만, 잘못되거나 빠진 내용이 많았다. 누약樓鑰(1137~1213)이 교정하여 정본을 만들어서 모두 17권, 82편, 궐문 3편인데, 실제로는 79편이다. 명대에 판각된 누약본은 잘못되고 빠진 내용이 너무 많았다. 건륭 연간에 사고관신四庫館臣이 『영락대전永樂大典』에 수록된 누약본에 의거하여 대조와 교감, 그리고 보완과 수정 작업을 거쳐서 다시 완질본을 완성하였다. 이 책은 후세의 평가가 상반되는데, 예를 들어 송대 구양수歐陽修는 일찍이 이 책을 읽고서, "동중서는 『춘추』의 요지를 깊이 있게 논했다. 그러나 정삭正朔을 고친다는 이론에 빠져서 '왕자는 일원을 크게 여긴다'(王者大一元)고 말한 것은 자기 스승의 이론에 이끌려서 그 논의의 수준을 높임으로써 성인의 도를 밝히지 못했다"[5]고 했다. 누욱樓郁의 「서문」에서는 한나라 학자들의 경전 공부에 대해, "대부분 경전에 대한 전문적인 견해를 비난하면서 각자 뛰어난 스승을 말만을 연구하는 데 힘썼다"고 여긴 반면, 이 책은 "다른 학자들과 비교해 보면 지극히 넓고 깊다"[6]고 말했다. 사고관신은 이 책에 대해, "『춘추번로』가 비록 『춘추』에 근본을 두고 논의를 세우기는 했지만, 경문의 뜻과는 무관한 것이 많으니, 사실상 『상서대전尙書大傳』이나 『시외전詩外傳』과 같은 부류이다"[7]고 평가했다. 능서凌曙의 『춘추번로주春秋繁露注』 「서문」에서 이 책은 "예의禮義의 핵심을 알고, 경도經道와 권도權道의 쓰임을 깨달았다. 인仁을 실천하는 것을 근본으로 삼고, 명분을 바로잡는 것을 우선으로 삼았다. 음양오행의 변화를 헤아리고, 예악禮樂 제작의 원리를 밝혔다"고 했고, 또 "지식이 얕은 사람들이 함부로 비판한다"고 했다. 피석서는 다음과 같이 말했다. "한대 학자들의 『춘추』 해설 중에 이 책보다 더 오래된 것이 없는데, 그 내용이 광대하고 정미하여 복생伏生의 『상서대전尙書大傳』・『한시외전韓詩外傳』에 비해 더욱 절실하고 긴요하다."

그런데 후세에 『춘추번로』를 위서僞書로 생각한 사람이 많았는데, 그 근거는

---

5) 朱彝尊, 『經義考』, 권171, 3115쪽에서 인용.
6) 朱彝尊, 『經義考』, 권171, 3115쪽에서 인용.
7) 『四庫全書總目提要』, 「春秋類 四・附錄」, '春秋繁露' 조목.

다섯 가지이다. 첫째, 이 책은 『수서』 「경적지」에 가장 먼저 보이며, 제목이 『춘추번로』로 되어 있다. 그것은 『한서』에서 "『문거聞擧』·『옥배玉杯』·『번로蕃露』·『청명淸明』·『죽림竹林』의 부류"라고 말한 것과 부합되지 않는다. 둘째, 『춘추번로』는 "글의 뜻이 천박하다." 셋째, 다른 책에 산재해 있는 일부 일문逸文들이 『춘추번로』에는 보이지 않는다. 넷째, 『춘추번로』에는 의리와 크게 어긋나는 곳이 있다. 다섯 째, 『춘추번로』 속의 일부 내용이 『한서』 「동중서전」에 보이는 현량대책賢良對策과 부합되지 않는다. 이상의 근거 중에서 앞의 세 가지 주장은 정대창程大昌이 제기한 것이고, 네 번째 주장은 황진黃震의 견해이며, 마지막 주장은 대군인戴君仁의 관점이다. 사고관신이 "지금 그 문장을 살펴보면, 비록 책 전체가 동중서로부터 나오지는 않았지만, 그 내용 중에 근본과 조리가 있는 대부분의 말은 후인들이 동중서의 이름에 가탁하여 할 수 있는 말이 아니다"[8]고 한 것은 다양한 주장들을 절충한 논의라고 할 수 있다.

　　『춘추번로』의 내용에 대해, 사고관신은 "이 책에서 『춘추』의 요지를 밝힌 것은 대부분 『공양전』을 위주로 하였고, 종종 음양오행을 언급하였다"[9]고 했고, 왕오王鏊는 "『춘추번로』에서 『춘추』를 설명한 것은 매우 분명하게 『공양전』의 의리와 『공양전』의 문장이다. 비록 잘못된 내용이 간혹 있지만, 스승의 이론을 독실하게 믿었으니, 『춘추』에 조예가 깊은 자라고 할 수 있다"[10]고 했다. 그런데 이 책 전체가 『춘추』에 대해 논한 것은 아니다. 호응린胡應麟은 "지금 이 책을 읽어 보면, 『춘추』에 대해 드러내 밝힌 것은 단지 10 중의 4~5 정도이다"[11]라고 했고, 소여蘇輿도 "『춘추번로』는 완전한 책이 아니며, 『춘추』를 해설한 것도 단지 10 중의 5~6에 지나지 않는다"[12]고 했다. 이것은 『춘추번로』의 내용을 『춘추』와 관련된 부류와 관련이 없는 부류 두 부분으로 나눈 것이다.

---

8) 『四庫全書總目提要』, 「春秋類 四·附錄」, '春秋繁露' 조목.
9) 『四庫全書總目提要』, 「春秋類 四·附錄」, '春秋繁露' 조목.
10) 朱彝尊, 『經義考』, 권171, 3119쪽에서 인용.
11) 胡應麟, 『少室山房笔叢』, 361쪽에서 인용.
12) 蘇輿, 『春秋繁露義證』, 「自序」, 1쪽.

동중서는 한나라 유학을 대표하는 인물로서 한대 사람들로부터 크게 존중을 받았다. 사마천의 「태사공자서太史公自序」에서는 동중서의 학문을 크게 칭송했고, 유향劉向은 "동중서는 임금을 보필할 만한 재주가 있으니, 비록 이윤伊尹과 여상呂尚이라도 그보다 더할 수가 없다. 관중管仲과 안영晏嬰의 무리는 패자를 보좌했으니, 동중서에게 미치지 못할 것이다"[13]고 하여, 동중서를 추앙하고 존숭하는 뜻이 이와 같았다. 유향의 아들인 유흠劉歆은 고문경학을 종주로 삼아서, 유향의 이론이 잘못되었다고 여겼지만, 그래도 동중서에 대해서는 다음과 같이 말했다. "동중서는 학문을 없애 버린 진나라의 뒤를 이은 한나라 때 육경이 흩어져서 사라져 버린 시대를 만나서, 휘장을 내린 채 열정적으로 공부하고, 국가의 큰 사업에 깊이 마음을 두었으니, 후세의 학자들이 통일된 이론을 가질 수 있도록 함으로써 수많은 유학자들의 우두머리가 되었다."[14] 『후한서』에서는 동중서가 "곧은 말로 황제와 묻고 대답하여, 세상에서 순수한 유학자가 되었다"고 했다.

한나라 이후 동중서의 학문을 연구하는 학자들이 적어졌고, 그의 책도 점점 사라져 버렸다. 그가 공묘孔廟에 종사된 것도 한참 뒤였는데, 지순至順 원년(1330) 때이다. 비록 그렇지만, 송대의 정자程子는 "한대 학자들 중에서 예를 들어 모장毛萇과 동중서董仲舒가 성현의 뜻을 가장 잘 터득하였다"[15]고 했다. 그리고 주자는 "한대 학자들 중에서 오직 동중서가 가장 순수하고, 그의 학문은 매우 올바르다"고 했고, 또 다음과 같이 말했다. "동중서는 근본이 순수하고 올바르니, 예를 들어 마음을 바로잡음으로써 조정을 바르게 한다고 말한 것과 명命은 하늘의 명령이라고 말한 것, 그리고 그 이하 여러 가지 말들이 모두 좋다. 반고가 순수한 유학자라고 말한 것은 지극히 옳다."[16] 이것은 '도리를 밝히고 의리를 바로잡는다(明道正誼[17])'는 동중서

---

13) 『漢書』, 「董仲舒傳·贊」.
14) 『漢書』, 「董仲舒傳·贊」.
15) 『二程遺書』, 권1, 「端伯傳師說」.
16) 『朱子語類』, 권137, 「戰國漢唐諸子」.
17) 역자 주: 明道正誼는 『한서』 「동중서전」의 "어진 사람은 의리를 바로잡을 뿐 이익을 도모하지 않으며, 도리를 밝힐 뿐 성공을 따지지 않는다"(夫仁人者, 正其誼, 不謀其利,

의 주장이 '뜻을 성실하게 하고 마음을 바로잡는다'(誠意正心)는 송대 학자들의 학문과 부합된다고 여긴 것이다. 청대 중엽 이후에 공양학이 다시 흥기하자, 능서凌曙·공자진龔自珍·위원魏源·강유위康有爲 등 동중서를 연구하지 않는 학자가 없었다. 또한 동중서의『춘추번로』가 하휴의『춘추공양전해고』를 능가한다고 여겼으니, 동중서에 대한 존중이 최고조에 달하였다.

제2절 『춘추』의 의리 및 동중서의 천인天人사상

동중서의 천인天人사상은 그의 춘추학 의리의 기초가 된다. "『춘추』의 도는 하늘을 받들고 옛것을 본받는 것이다"[18]는 것이 바로 그 의리이다. 『춘추번로』에서 천명한『춘추』의 모든 의리, 즉 대일통大一統·통삼통通三統·재이설災異說 등은 모두 그의 천인 사상과 관련이 있다.

1. 대일통大一統

'대일통大一統' 이론은『공양전』에서 이미 분명하게 말했다.『춘추』은공 원년 "봄, 왕의 정월"(春, 王正月)에 대해『공양전』에서 말했다.

> 원년元年은 무엇인가? 임금이 즉위한 첫 해이다. 봄(春)은 무엇인가? 한 해의 시작이
> 다. 왕王은 누구를 말하는가? 문왕文王을 말한다. 어째서 왕王을 먼저 말하고 정월正月
> 을 뒤에 말했는가? 주나라 왕이 제정한 정월이기 때문이다. 무엇 때문에 왕의
> 정월(王正月)을 말했는가? 하나로의 통일을 크게 여긴 것(大一統)이다.[19]

明其道, 不計其功)는 말에 나온 것이다.
18)『春秋繁露』,「楚莊王」.
19)『公羊傳』, 隱公 원년.

'대大'는 동사로서 넓히거나 펴서 크게 한다는 뜻이다. '통統'은 『설문해자』에서 "통統은 기강(紀)"이라고 했고, 단옥재의 주에서 "모든 기강(綱紀)이라는 말로 뜻이 확대되었다"고 했다. 여기에 근거하면, 『공양전』은 '왕정월王正月'에 근거하여 '대일통大一統' 이론을 드러낸 것이니, 왕자의 기강을 확장하여 크게 하고자 한 것이다. 즉 위로는 제후와 대부로부터, 아래로는 서민에 이르기까지, 모두 마땅히 주나라의 정삭正朔을 받들어서 천자에 의해 하나로 통일되는 것을 의미한다.

『공양전』에서 드러낸 '대일통' 이론은 그 의도가 존왕尊王에 있다. 동중서는 '원년춘元年春'과 '왕정월王正月'을 결합해서, '대일통大一統' 이론의 '하늘을 받든다'(奉天)는 뜻을 부각시켰다. 이에 대해 유가화劉家和는 다음과 같이 논했다. "『공양전』은 '왕정월'로부터 곧바로 '대일통'으로 이르며, 그 사이에 천명天命을 언급하지 않았다. 그런데 동중서는 '왕정월'이 왕자가 천명天命을 받아서 반드시 정삭正朔을 개정함으로써 변화에 호응하고 천지天地를 받드는 결과라고 생각했다. 따라서 정삭을 고쳐서 '천하를 하나로 통일하는' 것은 단지 천자天子와 신민臣民의 관계일 뿐만 아니라, 그보다 앞서 천자와 하늘의 (천명을 받는) 관계이다. 이처럼 동중서는 공양가의 일통一統 이론을 그의 천인합일天人合一의 사상체계 속으로 들여 놓았다."[20] 유가화의 이 주장은 상당히 일리가 있다.

> 그러므로 『춘추』의 도는 원元의 깊은 도리로써 하늘의 시작을 바로잡았고, 하늘의 시작으로써 왕의 정치를 바로잡았으며, 왕의 정치로써 제후의 즉위를 바로잡았고, 제후의 즉위로써 나라 안의 정치를 바로잡았다. 이상의 다섯 가지가 모두 바르게 되면 교화가 크게 행해진다.[21]

동중서의 이론에 의하면, '대일통'은 원년元年·춘春·정월正月·공즉위公卽位를 포괄한다. 나중에 하휴는 그것을 '다섯 가지 시작'(五始)으로 총결했는데, 원元은

---

20) 劉家和, 『史學·經學與思想』, 373쪽 및 374쪽.
21) 『春秋繁露』, 「玉英」.

천지天地의 시작, 춘春은 한 해의 시작, 왕王은 인도人道의 시작, 정월正月은 정교政敎의 시작, 공즉위公卽位는 한 나라의 시작이다. 오시의 관계에 대해, 동중서는 '원元'으로써 '춘春'을 바로잡고, '춘'으로써 '왕'을 바로잡으며, '정월'로써 '제후의 즉위'를 바로잡는다고 했다. 그 중에 '왕'과 '제후의 즉위'는 인간의 정치 질서로써, '원'과 '춘'에 의해 규범화된다. 이를 통해 알 수 있듯이, 동중서는 『공양전』의 '대일통' 이론을 사실상 한층 더 발전시켰다. 곧 하늘로써 인간의 정치 윤리를 규범화하여, 왕자는 위로 천도天道를 받들고, 천시天時에 의거하여 정치를 베풀며, 제후 이하는 각각 스스로가 왕의 정치를 준수해야 함을 강조하였다. 이와 같이 동중서는 상하로 천도天道를 따르는 하나의 정치 체제를 구성하였다. 이에 대해 하휴는 더욱 분명하게 다음과 같이 말했다.

> 『춘추』는 원元의 기氣로써 하늘의 시작을 바로잡고, 하늘의 시작으로써 왕의 정치를 바로잡으며, 왕의 정치로써 제후의 즉위를 바로잡고, 제후의 즉위로써 국가 내의 정치를 바로잡는다. 제후가 위로 왕의 정치를 받들지 않으면 즉위를 할 수 없다. 따라서 정월正月을 먼저 말하고, 즉위卽位를 뒤에 말했다. 정치가 왕으로부터 나오지 않으면 정치를 할 수가 없다. 따라서 왕王을 먼저 말하고, 정월正月을 뒤에 말했다. 왕자가 하늘을 계승하여 호령을 제작하지 않으면 법도가 없게 된다. 따라서 춘春을 먼저 말하고, 왕王을 뒤에 말했다. 하늘이 그 원元을 깊이 바로잡지 않으면 그 교화를 이룰 수 없다. 따라서 원元을 먼저 말하고, 춘春을 뒤에 말했다. 이상의 다섯 가지는 같은 날에 함께 드러나고, 서로 하나의 몸통을 이루어야 하니, 천인天人의 큰 근본과 만물이 연계되어 있는 것을 살피지 않을 수 없다.[22]

이로써 알 수 있듯이, 동중서와 하휴가 말한 '대일통'은 반드시 '다섯 가지 시작을 세우는 것(建五始)과 결합되니, 현실정치는 반드시 하늘의 규범 안에서 건립되어야만 비로소 법도에 맞게 된다. 다시 말해서, 오직 '천天'으로써 '왕王'을 바로잡아야

---

22) 『公羊傳』, 隱公 원년, 何休 注.

하니, 『춘추』의 '대일통大一統'은 현실정치에서의 '통일統一'과는 구별된다. 따라서 '대일통'은 왕도정치의 건립을 이상으로 삼고, 왕도정치의 근거는 천도天道가 된다. 『춘추번로』에서 또 말했다.

『춘추』에서 글을 서술할 때, 왕王자를 춘春자와 정正자 사이에 두었다. 이것은 "위로는 하늘이 베푼 것을 받들고 아래로는 사람을 바로잡은 이후에 왕이 될 수 있다"는 것을 말하는 것이 아니겠는가[23]

『춘추』에서 글을 서술한 것은 곧 '원년元年, 춘春, 왕정월王正月'이니, 또한 '대일통 大一統'이라는 말이다. '대일통'의 정치 구조 속에서 '왕王'은 '춘春'과 '정正'의 사이에 처해 있으니, 오직 "위로는 하늘이 베푼 것을 받들고 아래로는 사람을 바로잡아야"만 비로소 왕이 될 수 있다고 여긴 것이다. 이로써 동중서가 천도天道를 가지고 왕자王者를 제약하려고 한 의도가 매우 명료함을 알 수 있다.

이에 대해, 동중서는 또한 '임금을 굽혀서 하늘을 편다'(屈君而伸天)는 이론을 제시하였다. 『춘추번로』에서 말했다.

『춘추』의 법은 사람으로서 군주를 따르고 군주로서 하늘을 따른다. 따라서 "신민臣 民의 마음을 따른다면 하루라도 임금이 없어서는 안 된다."[24] 하루라도 임금이 없어서는 안 되는데, 그래도 삼년상을 치르는 동안 뒤를 이은 임금을 '자삭(子)이라고 부르는 것은 뒤를 이은 임금의 마음에서 보면 자리에 오르는 것이 마땅하지 않기 때문이다. 이것이 사람으로서 군주를 따르는 것이 아니겠는가? 효자의 마음으로는 삼년상을 치르는 동안 자리에 오르는 것이 마땅하지 않다. 삼년상을 치르는 동안 자리에 오르는 것이 마땅하지 않은데도 1년이 지나서 즉위하는 것은 하늘의 도와 시작과 끝을 함께하기 때문이다. 이것이 임금으로서 하늘을 따르는 것이 아니겠는 가? 따라서 백성을 굽혀서 임금을 펴고, 임금을 굽혀서 하늘을 펴는 것이 『춘추』의

---

23) 『春秋繁露』,「竹林」.
24) 『公羊傳』, 文公 9년.

큰 의리이다.25)

　　"백성을 굽혀서 임금을 펴고, 임금을 굽혀서 하늘을 편다"는 이론은 동중서의
뜻이 군주의 전제專制를 변호하는 데 있다는 후대 사람들의 오해를 불러 일으켰다.
그러나 이 문장을 살펴보면, 단지 '삼년상'이라는 상황에서의 인정人情의 문제와
관련되어 있을 뿐이다. 상례喪禮에서 요구하는 절차에 의하면, 자식은 부모를 위해
3년간 복상하여 부모에 대한 사모의 정을 다하니, 이것은 상하에 통용되는 예법이다.
그런데 뒤를 이은 임금의 입장에서 말하면, 그는 단지 죽은 임금의 자식일 뿐만
아니라, 또한 한 나라의 새로운 왕이다. 따라서 그의 감정이라는 측면에서 말하면,
마땅히 삼년상을 치러야 하지만, 1년이 지나서 즉위하는 것은 "하늘의 도와 시작과
끝을 함께하기" 때문이다. 이것이 바로 "임금을 굽혀서 하늘을 펴는 것"이다. 그런데
신민의 입장에서 말하면, 하루라도 임금이 없어서는 안 되지만, 뒤를 이은 임금을
그래도 3년 동안 자식이라는 부르는 것은 임금의 마음을 이루어 준 것이다. 이것이
바로 "백성을 굽혀 임금을 펴는 것"이다.

　　이로써 알 수 있듯이, 임금은 단지 자식으로서의 자기감정만을 생각해서는
안 되며, 자신의 정치적 책임을 고려해야 한다. "하늘의 도와 시작과 끝을 함께
한다"는 것은 천도天道에 따라 교화를 펼쳐야 함을 강조한 것이니, 그 말 속에는
친친親親의 감정에 대한 억제를 포함하고 있다. 친친의 감정은 인仁임에도 불구하고,
그래도 하늘에 굽혀야 한다. 하물며 군주의 예의에 맞지 않는 다양한 관념이나
행위도 더욱 천도天道의 속박을 받는 것이 마땅하다. 『한서』에서 또 다음과 같이
말했다.

　　신이 삼가 『춘추』에서 말한 일一과 원元의 뜻을 살펴보았습니다.26) 일一이라는

---

25) 『春秋繁露』, 「玉杯」.
26) 역자 주: 『춘추』에서 새로운 임금이 즉위한 첫해를 一年이라고 말하지 않고, 元年이
　　라고 말한 의미를 풀이한 것이다.

것은 만물이 시작되는 근원이며, 원元이라는 것은 크다(大)는 말입니다. 일一을 원元이라고 말한 것은 (즉위한 첫해를) 크게 시작하여, 근본을 바로잡고자 함을 보여 주려고 한 것입니다. 『춘추』에서는 그 근본을 깊이 탐색하여, 스스로를 귀하게 여기는 것으로 되돌아가서 시작합니다. 따라서 임금이 된 사람은 마음을 바로잡음으로써 조정을 바로잡고, 조정을 바로잡음으로써 수많은 관료들을 바로잡으며, 수많은 관료들을 바로잡음으로써 백성들을 바로잡고, 백성들을 바로잡음으로써 천하의 사방을 바로잡아야 합니다. 천하의 사방이 바로잡히면, 멀고 가까운 곳 어디에서나 감히 바름에서 하나가 되지 않음이 없으며, 사악한 기운이 그 사이에 침범하지 못합니다. 그러므로 음양이 조화를 이루어 바람과 비가 제때에 이르게 되고, 모든 생물이 조화롭게 살아서 백성들이 번창하게 되며, 오곡이 잘 익어서 초목이 무성하게 되고, 천지 사이의 만물이 은택을 입어서 크게 풍요롭고 아름답게 되며, 천하 안의 나라가 천자의 성대한 덕에 대해 듣고서 모두 와서 신하가 되고, 복이 있는 모든 사물과 불러들일 수 있는 상서로움이 모두 오지 않음이 없으니, 왕도王道가 최종적으로 이루어집니다.[27]

이로써 알 수 있듯이, 동중서는 천도天道를 『공양전』의 '대일통' 이론 속에 녹여 넣었으니, 그 의도는 군주의 권한을 제약하는 것이다. 청대 말기에 강유위는 변법變法을 외치면서 군주입헌君主立憲을 실행했는데, 동중서의 이 뜻을 미루어 밝힌 것이다.

2. 재이설災異說

『춘추』 '대일통大一統' 이론은 '천도天道'를 빌어서 임금을 제약하지만, '천도'는 어렴풋하여 알기 어렵다. 따라서 동중서는 또한 재이災異의 자취를 빌어서 '하늘의 현상(天象)'으로 삼고, 거기에 인간의 길흉화복이 있다고 여김으로써 임금을 경계하고자 했다.

---

27) 『漢書』, 「董仲舒傳」.

『춘추』와『공양전』에는 이미 재이와 관련된 일을 많이 기록하고 있는데, 그것은 공자가 '천명을 두려워했기'(畏天命) 때문이다. 『춘추』에는 오직 재이만을 기록했는데, 『공양전』은 재災와 이異를 구분하였다. 예를 들면『춘추』환공 원년 "가을, 큰물이 났다"(秋, 大水)의『공양전』에서 "무엇 때문에 기록했는가? 재해(災)를 기록한 것이다"라고 했다. 은공 9년 "큰 비가 내리고 천둥과 번개가 쳤다"(大雨震電)의『공양전』에서 "무엇 때문에 기록했는가? 이변(異)을 기록한 것이다"라고 했다. 이에 대해 하휴는 "재해(災)는 사람과 사물에 해를 끼치는 것이며, 일에 수반해서 이르는 것이다"[28]라고 했고, 또 "이변(異)은 일상적이지 않고 괴이한 것이며, 일에 앞서서 이르는 것이다"[29]라고 했다. 이로써 알 수 있듯이, 재해(災)는 사람과 사물에 해를 끼치는 것이고, 이변(異)은 일상적이지 않은 자연재해로, 반드시 직접적인 상해를 끼치는 것은 결코 아니다.

『공양전』에서는 또한 "이변이 재해보다 크다"고 여겼다. 『춘추』정공 원년 "서리가 내려 콩이 죽었다"(賈霜殺菽)의『공양전』에서 말했다. "무엇 때문에 기록했는가? 이변을 기록한 것. 이것은 콩에 재해가 난 것인데, 어째서 이변이라고 기록했는가? 이변이 재해보다 크기 때문이다." 하휴의 주에서 말했다. "숙菽은 콩이다. 당시에 콩만 죽이고 다른 작물은 죽이지 않았기 때문에 이변이 된다." 살펴보건대, 서리는 당연히 곡물을 모두 죽이는데, 유독 콩만 죽였으니, 상해가 비록 작지만 이변이 된다. 이로써 알 수 있듯이, 『공양전』은 이변이 재해보다 크다고 여겼으니, 그것은 인간에게 끼치는 재해의 크기와는 무관하며, 그 배후의 의미에 무게를 둔 것이다.

또한 『춘추』선공 15년 "겨울, 풀무치의 유충이 발생했다"(冬, 蝝生)의『공양전』에서 말했다. "풀무치의 유충이 발생한 것을 말한 적이 없는데, 여기에서 풀무치의 유충이 발생했다고 말한 것은 무엇 때문인가? 또 풀무치의 유생이 발생한 것은 기록하지 않는데, 여기서는 무엇 때문에 기록했는가? 다행이라고 여겼기 때문이다.

---

28) 『公羊傳』, 隱公 5년, 何休 注.
29) 『公羊傳』, 隱公 3년, 何休 注.

다행이라고 여긴 것은 무엇 때문인가? 그 일을 받아들인 것일 뿐이라고 말한 것과 같다. 받아들인 것일 뿐이라고 말한 것은 무슨 의미인가? 임금이 옛것을 변화시키고 일상적인 것을 바꾸자, 여기에 호응하여 하늘의 재해가 있었으니, 선공宣公은 마땅히 이 상황에서 옛것과 일상적인 것으로 바꾸어야 한다." 풀무치의 유충이 발생한 것은 곧 메뚜기의 재해이다. 이 당시에 풀무치의 유생이 발생하자, 『공양전』은 그 원인이 "옛것을 변화시키고 일상적인 것을 바꾼 것"(變古易常)에 있다고 했다. 이것은 노나라 선공이 "처음으로 밭이랑에 세금을 부과한 것"(初稅畝)30)에 대해 하늘이 불만을 표출한 것으로 여긴 것이다. 이로써 『공양전』에서는 재이와 인간의 정치를 연계시켰다는 것을 알 수 있다.

이에 대해 동중서는 한 단계 더 나아간 논의를 전개함으로써 더욱 복잡한 재이 이론을 세웠다. 「천인삼책天人三策」에서 말했다.

신이 삼가 『춘추』의 내용을 검토하여, 이전 세상에서 이미 행해진 일을 살펴서 하늘과 인간의 관계를 관찰했는데, 매우 두려워할 만한 것이었습니다. 국가가 장차 도리를 잃어 패망하려고 하면 하늘은 먼저 재해를 내보내어 꾸짖고 경고합니다. 스스로 반성할 줄 모르면 또 괴이함을 내보내어 놀라고 두렵게 합니다. 그래도 여전히 바뀔 줄 모르면 피해와 패망이 이릅니다. 이로써 하늘의 마음은 군주를 사랑하여 그 혼란을 그치게 하고 싶어 한다는 것을 볼 수가 있습니다. 스스로 크게 도리를 잃은 세상이 아니라면, 하늘은 지탱시켜서 온전히 안정시켜 주려고 진정으로 원하니, 군주가 할 일은 열심히 노력하는 데 있을 뿐입니다.31)

확실히 재이災異와 인사人事의 관계에 대해, 동중서가 드러내 밝힌 것이 『공양전』에 비해 더욱 치밀하고 분명하며, 또한 천의天意라는 존재가 더욱 두드러진다. 동중서의 입장에서 하늘은 결코 허무맹랑하지 않으며, 의지를 가지고 인간의 길흉화복을

---

30) 『春秋』, 宣公 15년.
31) 『漢書』, 「董仲舒傳」.

좌지우지하는 존재이다.

재이가 하늘에서 내린 현상이며,『춘추』에서는 그것을 하늘의 뜻이 담겨 있는 것으로 여겼다. 따라서 동중서는 임금이 덕을 닦고 재앙을 제거함으로써 하늘의 현상에 호응할 것을 독려하였다. 이러한 측면에서 말하면, 재이 이론은 결국『춘추』 '대일통' 이론으로의 회귀에 지나지 않는다.『춘추』에서는 은미한 것을 보고 드러난 것을 아는데, 재이라는 것은 곧 천의天意의 은미함이지만 패란敗亂의 기미도 또한 여기에 잠복해 있다고 여긴 것이다. 하늘은 그 임금을 사랑하지 않음이 없기 때문에 "하늘은 현상을 내려서 길흉을 드러낸다." 따라서 하늘은 재이를 보여 줌으로써 임금이 스스로 경계하고 두려워하여, 재앙이 시작되는 발단에서 혼란을 경계하기를 원한 것이다. 이로써 알 수 있듯이,『춘추』에서 재이를 말한 것은 그 요지가 사실상 '대일통'과 같으며, 모두 임금이 '하늘을 받들도록' 하고자 한 것이다.

3. 적자嫡子의 왕위 계승(居正)과 나라 양보(讓國)

『춘추』는 '혼란을 바로잡아 올바른 데로 되돌리는'(撥亂反正) 책이다. 혼란이 싹트는 것은 항상 군왕의 즉위가 바르지 않은 데에서 시작한다. 따라서『춘추』에서 은공이 즉위한 첫해에 '원년元年, 춘春, 왕정월王正月'을 기록하면서, '공즉위公卽位'라고 기록하지 않은 것은 노나라 국내의 혼란이 실제로 여기에서 시작되었음을 밝히고자 한 것이다. 여기에서『춘추』는 '대일통'의 의미를 드러냈는데, 그 중에 '제후의 즉위를 바로잡는다'(正諸侯之卽位)는 한 조목을 두었다.[32] 이것은 군왕을 한 나라 정교政敎의 시작으로 삼은 것이니, 제후의 즉위는 마땅히 '적자嫡子의 왕위 계승'(居正)을 준수해야 한다.『공양전』에서 "적자嫡子를 세울 때(立適)는 나이로써 하지 현명함으로

---

32) 역자 주:『공양전』은공 원년의 '大一統'에 대해, 하휴 주에서, '원년, 춘, 왕정월, 공즉위'를 대일통의 측면에서 다음과 같이 단계적으로 해석했다. "『춘추』에서는 元의 氣를 가지고 하늘의 시작(春)을 바로잡고, 하늘의 시작을 가지고 王의 政敎를 바로잡으며, 왕의 정교를 가지고 제후의 卽位를 바로잡고, 제후의 즉위를 가지고 국경 안의 정치를 바로잡는다." '제후의 즉위', 즉 '公卽位'는 대일통의 한 조목에 해당된다.

써 하지 않고, 서자庶子를 세울 때(立子)는 존귀함으로써 하지 나이로써 하지 않는다"[33] 고 했다. 만약 이와 같이 할 수 있다면, 군왕은 '적자嫡子의 왕위 계승'을 준수할 수 있고, 이를 통해 정치의 합법성도 세워진다. 따라서 노나라 은공은 나이가 많은 서자庶子로서 임금의 자리를 섭정한 채, 환공에게 오랫동안 자기 자리를 바로잡지 못하도록 함으로써 결국 틈이 생겨서 찬탈과 시해의 화를 초래한 것이다.

은나라 사람들은 질박함을 숭상하여 형이 죽으면 동생이 계승한다. 주나라 사람들은 문식을 숭상하여 아버지가 죽으면 자식이 계승한다. 『춘추』는 여기에서 '주나라를 따르기' 때문에 '적자嫡子의 왕위 계승'(居正)은 '서자를 세우거나 적자를 세우는'(立子立適) 법도를 가지고 말한 것이다. 이에 대해 하휴는 다음과 같이 구체적으로 풀이하였다.

예법에 적부인嫡夫人이 자식이 없으면 우잉右媵의 자식을 세우고, 우잉이 자식이 없으면 좌잉左媵의 자식을 세운다. 좌잉이 자식이 없으면 적부인의 조카딸이나 여동생의 자식을 세우고, 적부인의 조카딸이나 여동생이 자식이 없으면 우잉의 조카딸이나 여동생의 자식을 세우고, 우잉의 조카딸이나 여동생이 자식이 없으면 좌잉의 조카딸이나 여동생의 자식을 세운다. 질박함을 중시하는 왕가는 친한 이를 친애하여, 먼저 조카딸의 자식을 세우며, 문식을 중시하는 왕가는 존귀한 이를 높여서, 먼저 여동생의 자식을 세운다. 적자嫡子가 손자를 두고서 죽으면, 질박함을 중시하는 왕가는 친한 이를 친애하여 동생의 자식을 먼저 세우고, 문식을 중시하는 왕가는 존귀한 이를 높여서 손자를 먼저 세운다. 쌍둥이가 태어나면 질박함을 중시하는 왕가는 직접 본 사실에 근거하여 먼저 태어난 자를 세우고, 문식을 중시하는 왕가는 본래의 뜻에 근거하여 뒤에 태어난 자를 세우니, 모두 사랑에 의한 다툼을 방지하기 위해서이다.[34]

여기에서 하휴가 말한 것은 '자식은 어머니 때문에 귀해진다'(子以母貴)[35]는 원칙에

---

33) 『公羊傳』, 隱公 원년.
34) 『公羊傳』, 隱公 원년, 何休 注.

의거하여, 적부인의 자식, 좌우 잉첩의 자식, 조카딸과 여동생의 자식 사이의 선후 관계와 계승 순서를 확립하였다. 그 근본 목적은 바로 "사랑에 의한 다툼을 방지하여" 정치 질서의 안정을 지키기 위해서이다.

만약 앞에서 서술한 즉위의 순서에 부합하지 않으면, 『춘추』에서는 찬탈로 간주했다. 다만 현실 정치에서는 항상 두 종류의 사이비 방법이 있다. 첫째, 선군先君 개인의 편애에서 나온 것으로, 이것은 '선군의 명령을 얻은 것'이 된다. 둘째, 신민臣民의 옹호와 추대를 얻은 것으로, 이것은 '대중을 얻은 것'이 된다. 후대 정치의 측면에서 말하면, 이 두 종류의 상황은 모두 모종의 정치적 합법성을 갖추고 있다. 그러나 동중서는 이것이 모두 잘못된 것이라고 주장했다. 동중서의 입장에서 적자嫡子의 왕위 계승을 준수하여 임금이 되는 것이 마땅한 경우는 그 자체로 언급할 만한 위태로움이 없다. 그러나 만약 임금이 되는 것이 마땅하지 않으면, 비록 "선군에게 자리를 물려받더라도" 『춘추』에서는 또한 위태롭게 여긴다. 따라서 송나라 목공繆公 이 동생으로서 형의 뒤를 계승했기 때문에 "위태로워서 장례를 지내지 못한 것"이 다.[36] 그렇지만 위衛나라 임금 진晉과 제齊나라 환공桓公과 같은 경우는 비록 "선군에게 자리를 물려받지" 않았지만, "대중을 얻었기" 때문에 위태로움을 편안함으로 전환하 였다. 가장 위태로운 경우는 오왕吳王 요僚처럼 "선군에게 자리를 물려받지" 않았을 뿐만 아니라, "대중을 얻지" 못한 것이니, 화를 당하는 지경에 이르게 된다.

『춘추』의 '적자嫡子의 왕위 계승을 크게 여긴 것'(大居正)은 『춘추』 은공 3년 "계미일, 송나라 목공을 장례지냈다"(癸未, 葬宋繆公)는 기록에 그 의미가 드러난다. 이에 대해 『공양전』에서 다음과 같이 말했다.

장례지낸 것을 어째서 혹은 날짜를 기록하고 혹은 날짜를 기록하지 않는가? 정해진 날에 미치지 않았는데 장례를 지내고 날짜를 기록한 것은 장례를 서둘러 지낸 것이다. 정해진 날에 미치지 않았는데 장례를 지내고 날짜를 기록하지 않은 것은

---

35) 『公羊傳』, 隱公 원년.
36) 『公羊傳』, 隱公 3년.

장례를 소홀히 지낸 것이다. 정해진 날을 지나서 장례를 지내고 날짜를 기록한 것은 애통하게 여긴 것이다. 정해진 날을 지나서 장례를 지내고 날짜를 기록하지 않은 것은 장례를 지내지 못한 것이다. 날짜에 맞추어 장례를 지내고 날짜를 기록하지 않은 것은 올바른 것이다. 날짜에 맞추어 장례를 지내고 날짜를 기록한 것은 위험해서 장례를 제대로 지내지 못한 것이다. 송 목공의 경우는 때에 맞추어 장례를 지냈는데, 무엇이 위험한 것인가? 선공宣公이 목공에게 말했다. "나는 아들인 여이與夷를 동생인 너보다 더 사랑한다. 그러나 사직과 종묘의 주인인 임금은 여이가 너보다 못하다. 너는 어째서 끝내 송나라의 임금이 되지 않으려고 하는가?" 선공이 죽자 목공이 즉위하였다. 목공은 자신의 두 아들인 장공莊公 풍馮과 좌사左師 발勃을 송나라에서 쫓아내면서 말했다. "너희들은 나의 아들이지만, 살아 있을 때는 서로 보지 말고, 죽었을 때는 서로 곡하지 말라." 여이가 대답했다. "선군께서 저에게 나라를 넘겨주지 않고, 임금께 나라를 준 것은 임금께서 사직과 종묘의 주인이 될 만한 사람이었기 때문입니다. 그런데 지금 임금께서는 당신의 두 아들을 쫓아내고, 장차 저에게 나라를 돌려주려고 하시니, 이것은 선군의 뜻이 아닙니다. 또 만약 임금께서 자식들을 쫓아낼 수 있다면, 선군께서도 저를 쫓아내셨을 것입니다." 목공이 말했다. "선군께서 그대를 쫓아내지 않은 이유를 알 수 있겠구나. 내가 여기 임금 자리에 선 것은 섭정한 것이다." 결국 여이에게 나라를 돌려주었다. 장공 풍이 여이를 시해하였다. 따라서 군자는 적자嫡子의 왕위 계승을 크게 여긴다. 송나라의 화는 선공이 만든 것이다.[37)]

살펴보건대, 제후는 5개월 만에 장례를 지내는데, 대국의 임금은 달을 기록한다. 날짜를 기록하는 경우는 "날짜에 맞추어 장례를 지내고 날짜를 기록한 것"인데, 이 경우가 해당된다. 즉 송나라 목공이 동생으로서 형의 뒤를 계승하여, 비록 나라를 형의 아들에게 돌려주려고 한 양보의 덕이 있었지만, 결국 후세의 난리를 열었기 때문에 날짜까지 기록한 것이다. 따라서 『춘추』에서는 "위험해서 장례를 제대로 지내지 못한 것"이라고 여겼다. 이로써 알 수 있듯이, 송나라의 화는 송나라 선공이

---

37) 『公羊傳』, 隱公 3년.

동생인 목공에게 자리를 양보함으로써 '적자嫡子의 왕위 계승'(居正)을 준수하지 못한데서 기인한 것이다. 또한 목공이 형의 아들인 여이에게 나라를 양보한 것도 모두 '선군의 명령을 받은 것'이지만, 찬탈과 시해의 화가 바로 여기에 잠복해 있는 것이다.

그런데 『춘추』가 비록 '적자嫡子의 왕위 계승'(居正)을 인정하지만, '마땅히 임금이 되어야 할 사람인데도 나라를 양보한 경우에는 『춘추』에서 그 덕을 어질게 여기지 않음이 없다. 『논어』에는 이미 그와 관련된 일을 기록하고 있는데, 예를 들어 공자가 "예의禮義와 양보를 할 수 있다면 나라를 다스리는 데 무슨 어려움이 있으며, 예의와 양보로 나라를 다스리지 못하면 예의를 어찌하겠는가?"38)라고 했다. 또한 오吳나라 태백泰伯의 나라 양보를 어질게 여겨서, "태백은 지극한 덕을 가진 사람이라고 말할 만하다. 세 번 천하를 양보했지만 백성들이 칭송할 수 없었다"39)고 했다.

『춘추』에서 나라를 양보한 것을 칭찬한 경우는 주루邾婁나라의 숙술叔術, 송宋나라의 목이目夷, 조曹나라의 희시喜時, 위衛나라의 숙무叔武, 오吳나라의 계찰季札이 있다. 이 다섯 사람은 모두 '마땅히 임금이 되어야 할 사람'인데, 다른 사람에게 나라를 양보했기 때문에 『춘추』에서는 칭찬하여 그들의 작위를 올려 주고, 혹은 나라를 봉해 주는 방식으로 칭찬하고, 혹은 그 자손의 악을 없애 주었다.

비록 나라의 양보가 이루어지지 않은 경우라도 『춘추』에서는 크게 칭찬하였다. 예를 들어 노나라 은공은 시해를 당했지만, 『공양전』에서는 처음부터 끝까지 "은공은 환공을 위해 즉위하였다"는 뜻을 드러냈고, 동중서는 "비록 뜻을 이루지는 못했지만, 『춘추』에서 좋게 여겼다"고 분명하게 말했다. 이것은 은공이 '나라를 양보하고자 한 뜻'을 귀중하게 여긴 것이다. 송나라 선공과 목공의 양보는 결과적으로 그들이 죽은 이후에 국난을 초래한 경우이다. 『공양전』에서는 그들의 양보를 인정하지 않았지만, 동중서는 그 뜻을 매우 가상하게 여겼다. 이처럼 동중서와 『공양전』은

---

38) 『論語』, 「里仁」.
39) 『論語』, 「泰伯」.

선공과 목공의 양보에 대해 서로 다른 태도를 취했다. 『공양전』은 "송나라의 화는 선공이 만든 것이다"라고 하여, 적자嫡子의 왕위 계승(居正)을 준수하지 않아서 화가 초래되었다고 곧바로 지적하였다. 그런데 동중서는 『춘추』에서 사실상 송나라 환공과 목공을 위해 숨겨서 기록하지 않았고, 송나라 난리의 책임을 송독宋督에게 돌렸다고 여겼다. 이것은 선공과 목공이 나라를 양보하려고 한 '선한 뜻'을 온전히 드러내고자 한 것이다.

사실상 『춘추』가 '적자嫡子의 왕위 계승'(居正)을 긍정할 뿐만 아니라 '나라 양보'도 긍정하는 것은 모두 정치적 안정을 위한 고려에서 나온 것이다. 『춘추』의 '적자嫡子의 왕위 계승을 크게 여긴 것'(大居正)은 단지 제도의 측면에서 화란의 근원을 차단한 것이고, '나라 양보를 현명하게 여긴 것'(賢讓國)은 덕성의 측면에서 나라를 두고 다툴 수 있는 가능성을 방지한 것이다.

4. 정도正道(經)와 권도權道(權)의 의미

경經은 본래 직물의 날줄을 가리키며, 뒤에는 '떳떳함'(常)으로 많이 풀이된다. 권權은 본래 황화목黃花木을 가리키며, 『설문해자』에서는 '떳떳함에 위배됨'(反常)으로 확대해서 풀이했다. 유가의 경經과 권權에 대한 토론은 모두 두 글자가 내포한 뜻에 기초하여 벌어진 것이다. 공자가 말했다. "함께 배울 수는 있어도 함께 도에 나아갈 수는 없으며, 함께 도에 나아갈 수는 있어도 함께 설 수는 없으며, 함께 설 수는 있어도 함께 저울질할(權) 수는 없다."[40] 맹자가 말했다. "남녀가 직접 주고받지 않는 것이 예법이고, 형수가 물에 빠졌을 때 손으로 구하는 것이 권도(權)이다."[41] 또 말했다. "중中을 잡고 권도(權)가 없는 것이 오히려 하나를 고집하는 것이다."[42] 이것이 모두 이러한 종류의 용법이다.

---

40) 『論語』, 「子罕」.
41) 『孟子』, 「離婁上」.
42) 『孟子』, 「盡心上」.

『공양전』의 정도(經)와 권도(權)에 관한 논의는 『춘추』환공 11년, '송나라 사람이 정나라 채중을 사로잡았다'(宋人執鄭祭仲)는 조목에 대한 해석에 주요하게 보인다. 『공양전』에서 다음과 같이 말했다.

채중은 누구인가? 정나라의 재상이다. 무엇 때문에 이름을 기록하지 않았는가? 현명하게 여긴 것이다. 무엇 때문에 채중을 현명하게 여겼는가? 그가 권도(權道)를 안다고 여긴 것이다. 그가 권도를 안다는 것은 어째서인가? 옛날에 정나라는 류(留)에 자리 잡고 있었다. 선조인 정나라 임금이 회(鄶)나라 임금과 좋은 관계를 맺고 있었는데, 회나라 임금의 부인과 사통하고, 회나라를 취하여 거기로 정나라의 수도를 옮기고, 류땅을 교외의 땅으로 삼았다. 정나라 장공(莊公)이 죽어서 장례를 치르고 나서, 채중이 류땅에 가서 시찰하려고 했다. 송나라를 거쳐서 가려고 했는데, 송나라 사람이 그를 체포하고서, "우리나라를 위해서 홀(忽)을 축출하고 돌(突)을 세우라"고 하였다. 채중이 그 말을 따르지 않으면 정나라 임금은 반드시 죽게 되고 나라는 반드시 망하게 되며, 그 말을 따르면 임금은 죽지 않고 살 수 있고, 나라는 망하지 않고 보존될 수 있다. 그 시기를 조금 늦추면 돌(突)을 본래대로 쫓아낼 수 있고, 홀(忽)을 본래대로 돌아오게 할 수 있다. 이 계책을 실행하지 못하면 자신은 임금을 축출한 죄로 고통을 받게 되지만, 돌을 쫓아낸 이후에 정나라를 보존할 수 있다. 옛날 사람 중에 권도를 아는 자가 있었으니, 채중의 권도가 이것이다. 권도(權)라는 것은 무엇인가? 권도라는 것은 일반적인 법도에는 위배되지만, 나중에는 좋은 결과가 있는 것이다. 권도가 시행되는 것은 임금이 죽고 나라가 망하는 경우 이외에는 시행되지 않는다. 권도를 시행하는 데에는 방법이 있으니, 스스로를 깎아 내리면서 권도를 시행하지, 다른 사람에게 해를 입히면서 권도를 시행하지 않는다. 다른 사람을 죽여서 스스로를 살리고, 다른 나라를 망하게 해서 자신의 나라를 보존케 하는 짓을 군자는 하지 않는다.[43]

살펴보건대, 채중은 정나라의 집정대부인데, 송나라의 협박을 받고서 정나라 태자 홀(忽)을 쫓아내고 공자 돌(突)을 별도로 세워서 임금으로 삼았다. 『공양전』은

---

43) 『公羊傳』, 桓公 11년.

채중이 한 행위를 '권도를 시행한 것'(行權)이라고 긍정했다. 만약 그렇게 하지 않았다면, 임금이 죽고 국가가 멸망하는 사태를 면치 못했기 때문이다. 그런데 채중의 이러한 행위는 유가의 윤리와 크게 부합되지 않기 때문에『공양전』은 그 때문에 후인들의 비판을 자주 받았다. 청대 공양가들은 '일을 빌어서 의리를 세운다'(借事明義)는 관점에서『공양전』의 이 주장을 긍정했다. 예를 들어 공광삼孔廣森의『공양통의公羊通義』에서는 다음과 같이 주장했다. "채중을 빌어서 권도를 시행하는 도리를 드러낸 것은 제나라 양공襄公이 기紀나라를 이롭게 여겨서 멸망시킨 것일 수도 있지만, 『공양전』에서 이 일을 빌어서 복수의 표준을 세운 것과 같다.44)『춘추』는 일을 기록하는 책이 아니라 의리를 밝히는 책이다. 만약 그 의리를 밝혔다면, 그 일을 간략하게 기록해도 된다." 그런데 공광삼이 사실상 채중이 권도를 시행한 구체적인 방법에는 찬동하지 않는다는 것도 또한 알 수 있다.

뒤이어『공양전』에서는 권도를 시행하는 세 가지 원칙을 제시하였다. 첫째, "일반적인 법도에는 위배되지만 나중에는 좋은 결과가 있는 것", 둘째, "임금이 죽고 나라가 망하는 경우 이외에는 시행되지 않는 것", 셋째, "스스로를 깎아 내리면서 권도를 시행하지 다른 사람에게 해를 입히면서 권도를 시행하지 않는 것"이다. 이로써 알 수 있듯이,『공양전』의 입장에서 채중의 행위는 이 세 조목의 원칙에 딱 부합된다. 환언하면, 채중에 대한『공양전』의 긍정은 결코 '일을 빌어서 의리를 세우는 것'에서 벗어나지 않으며, 사실상 채중이 국가와 임금의 경중을 저울질함으로써 마침내 이와 같은 정확한 선택을 하였다고 깊이 인정한 것이다.

그렇지만 '권도'(權)와 관련된『공양전』의 문장은 단지 채중 사건 하나의 사례만 보인다. 동중서는 서로 다른 사건의 비교를 통해 '권도 시행'(行權)의 의미를 밝혔는데, 『춘추번로』에서 다음과 같이 말했다. "『춘추』를 논하는 자는 합쳐서 소통시키고,

---

44) 역자 주:『춘추』장공 4년에 "기나라 임금이 자기 나라를 영원히 떠났다"(紀侯大去其國)는 기록이 보인다. 이것은 제나라 양공이 기나라를 멸망시킨 사건인데, 제나라 양공이 먼 조상의 원수인 기나라에 복수한 것이다. 이에 대해『공양전』에서는 제나라가 멸망시킨 사실을 숨겨서 기록하지 않은 것은 먼 조상을 위해 복수한 제나라 양공을 현명하게 여겼기 때문이라고 해석했다.

의례義例에 연유해서 구하며, 비교하여 참고하고, 종류별로 취합하며, 그 단서를 가져와 살피고, 남겨진 이야기를 분석한다."45) 여기에서 논한 정도와 권도도 또한 이러한 용법을 사용한 것이다.

동중서는 채중과 봉축보의 비교를 통해서 정도와 권도의 관계를 드러내 밝혔다. 『춘추』 성공 2년, "6월, 계유일, 계손행보 · 장손허 · 숙손교여 · 공손영제가 군대를 이끌고 진나라 극극 · 위나라 손양부 · 조나라 공자수와 회합하여, 제나라 임금과 안鞌 땅에서 싸웠는데, 제나라 군대가 크게 패배하였다. 가을, 7월, 제나라 임금이 국좌를 연합군의 진영으로 사신을 보냈다. 기유일, 국좌와 원루에서 맹약했다."(六月, 癸酉, 季孫行父 · 臧孫許 · 叔孫僑如 · 公孫嬰齊帥師, 會晉郤克 · 衛孫良夫 · 曹公子手, 及齊侯戰于鞍, 齊師 敗績. 秋, 七月, 齊侯使國佐如師. 己酉, 及國佐盟于袁婁) 『공양전』에서 말했다.

임금은 다른 나라의 대부에게 자기 나라의 사신을 보내지 않는데, 여기에서 제나라 임금이 다른 나라의 대부에게 사신을 보낸 것은 무엇 때문인가? 제나라 임금이 포로로 잡혔다가 도망쳤기 때문이다. 포로로 잡혔다가 도망쳤다는 것은 무슨 말인가? 연합군의 군대가 제나라 임금을 포위해서 붙잡았다. 진晉나라 극극郤克이 창을 던져 놓고, 뒷걸음질을 친 뒤에 제나라 임금의 말 앞에서 한 바퀴를 돌고 두 번 절을 했다. 봉축보逢丑父는 제나라 경공頃公의 수레 오른쪽에 탄 병사인데, 얼굴이 경공과 닮았고, 의복도 경공과 비슷하였다. 그는 경공을 대신하여 임금의 자리인 수레 왼쪽에 서서, 경공에게 마실 물을 가지고 오도록 시켰다. 경공이 마실 물을 가지고 오자, 봉축보가 "깨끗한 물을 다시 가지고 오라"고 했다. 경공은 그 틈을 이용하여 도망쳐서 돌아오지 않았다. 봉축보가 말했다. "내가 제나라 사직의 신령에게 도움을 받아서, 우리 임금이 이미 포위에서 벗어났다." 극극이 말했다. "삼군三軍을 기만한 자는 그 군법이 어찌 되는가?" 대답하기를, "군법에 따라 참수합니다." 이에 봉축보를 참수했다.46)

---

45) 『春秋繁露』, 「玉杯」.
46) 『公羊傳』, 成公 2년.

이 내용에 근거하면, 『공양전』은 봉축보의 행위에 대해 명확한 포폄褒貶이 없는 것 같다. 그런데 동중서는 "봉축보는 마땅히 참수되어야 한다"[47]고 말했다. 이에 대한 동중서의 생각은 『춘추번로』에 대략적인 내용이 보인다.[48] 동중서의 입장에서 보면, 봉축보의 행위는 "자신을 죽여서 자기 임금을 살린 것"이라고 말할 수 있기 때문에 사실은 실행하기 힘든 일에 속한다. 그러나 동중서가 그를 '권도를 아는 것'(知權)으로 인정하지 않은 것은 봉축보가 자기 임금을 '포로로 잡혔다가 도망친 사람'의 위치에 둠으로써 너무나 큰 치욕을 안겨서, '나라가 멸망하고 군주가 죽는 상황'에서 시행하는 권도의 대의에 부합되지 않기 때문이다. 맹자가 "사는 것을 버려서 의리를 취한다"(舍生取義)고 말했으니,[49] 의리를 생명보다 귀중하게 여겼기 때문이다. 지금 봉축보는 비록 자기 임금을 살렸지만, 임금을 의리가 없는 지경에 두었기 때문에 권도를 모른다고 말할 수 있다. 채중의 경우는 그렇지 않다. 자신이 직접 임금을 쫓아내고 새로운 임금을 세우는 악행을 무릅씀으로써 자기를 더럽혀서 임금을 살렸는데, 임금은 오히려 나라를 양보했다는 어진 명성을 누릴 수 있었다. 임금이 살았을 뿐만 아니라 또한 의리도 있었기 때문에 권도를 아는 것이 된다. 동중서의 입장에서 보면, 봉축보가 마땅히 해야 할 것은 자기 임금이 "사는 것을 버리고 의리를 취하도록" 권면하는 것뿐이다.

그러나 봉충보에 대한 평가는 역대로 많은 이견이 있다. 『좌씨전』에서는 진晉나라 사람들이 봉축보를 현명하게 여겼다고 말했고, 하휴도 임금을 위해 죽은 봉축보를 현명하게 여겼다. 다만 『춘추』를 한 왕자의 큰 법도로 여기기 때문에 그를 귀하게 여기지 못했을 뿐이다. 후한의 풍연馮衍은 채중과 봉축보를 완전히 동등하게 여기면서 다음과 같이 말했다.

내가 듣기에, 순리에 따라 일을 이루는 것은 정도正道에서 크게 여기는 것이고,

---

47) 『春秋繁露』, 「精華」.
48) 『春秋繁露』, 「竹林」.
49) 『孟子』, 「告子上」.

순리에 어긋나지만 공적이 있는 것은 권도權道에서 귀하게 여기는 것이다. 따라서 일을 이루는 것에만 기대를 걸 경우에는 시행하는 방법은 따지지 않는다. 큰 줄거리만을 논할 경우에는 작은 절도를 지키지 않는다. 옛날에 제나라 봉축보逢丑父는 수레 앞의 가로댄 나무를 붙잡고 서서, 자기 임금에게 마실 물을 가지고 오도록 시켰는데, 제후들에서 칭찬을 받았다. 정나라 채중祭仲은 돌突을 세우고 홀忽을 축출했지만, 결국은 홀이 다시 임금 자리에 오를 수 있었으며, 『춘추』에서 찬미하였다. 대체로 임금이 죽지 않고 살 수 있고, 나라가 망하지 않고 보존될 수 있는 것이 군자의 도이다. 대다수의 뜻에 어긋나더라도 나라를 평안하게 하고 몸을 보존하는 것은 현명하고 지혜로운 자의 사려이다.[50]

여기에서 알 수 있듯이, 풍연은 채중과 봉축보 두 사람 모두 권도를 아는 사람이라고 여겼다. 그런데 이보다 더욱 심한 경우는 청대의 초순焦循인데, 그는 동중서 그 자신이 '권도를 모른다'고 직접적으로 비평하였다.

『공양전』에서 제나라 봉축보가 "삼군三軍을 기만한 자"라고 한 말은 진晉나라 극극郤克으로부터 나온 말이고, 진나라가 봉축보를 참수한 것은 본래 마땅한 처사이다. 또한 봉축보가 그릇된 도를 행하여, 권도를 알지 못했다고 비난한 적이 없다. 동중서는 진나라 사람의 말을 근거로 삼아서, 봉축보가 "삼군을 기만한 자"라고 여겼으니, 이것은 형벌을 주관하는 사구司寇가 원수나 적의 말 한마디를 근거로 삼아서, 무고를 당한 사람에게 죄를 주는 것이다. 만약 봉축보가 그 당시에 제나라 경공頃公과 함께 사직을 위해 죽는 것이 마땅하다고 말한다면, 그것은 더욱더 실정에 맞지 않는 논리이다. 경공은 돌아가서 빈미인賓媚人, 즉 국좌國佐를 진나라에 보내서 맹약을 이루자, 진나라 군대가 물러났다. 그 후에 경공은 발분하여 큰일을 하여, 제나라는 또 크게 위세를 떨쳤다. 진나라 임금도 제나라 경공의 의리를 높게 여기고, 그의 덕을 두려워하여, 제후들에게 제나라를 침략해서 빼앗은 땅을 다시 돌려주도록 했다.[51] 만약 제나라 경공이 봉축보와 함께 미계산靡笄山 아래에서

---

50) 『後漢書』, 「馮衍傳」.
51) 역자 주: 이상의 제나라 경공과 관련된 내용은 『좌씨전』 성공 2년 이후의 기록에

죽었다면, 진나라는 노魯나라와 위衛나라 군대를 이끌고, 곧바로 서관徐關으로 들어갔을 것이니, 제나라에 이미 임금이 없는 상황에서 그들을 물리칠 수 있었을지는 더욱 예측할 수가 없다. 경공이 도망친 것은 공자가 초라한 복장으로 변복하고 송宋나라를 지나간 것과 다름이 없다.[52] 공자가 초라한 복장으로 변복한 것이 욕됨이 되지 않는데, 경공에게 무슨 욕됨이 있겠는가?······ 나는 다음과 같이 생각한다. 봉축보는 천고千古의 큰 충신이니, 나라가 망하고 일이 잘못된 이후에 목숨을 바쳐서 군부君父에게 아무런 도움도 되지 않는 자들과 비교할 수 있는 대상이 아니다. 군자가 권도를 아는 것이 봉축보의 경우보다 더한 것이 없는데, 동중서는 채중보다 못하다고 여겼으니, 실수가 너무 심한 것이다. 하물며『좌씨전』에서는 봉축보의 말을 기록하고서 진나라 사람들이 실제로 그를 사면하였다고 했다.[53] 진나라 사람들은 본래부터 봉축보의 충성을 인정했는데, 어찌 임금을 섬기는 데 충성하면서 의리를 굽혀서 그릇된 도리를 행하는 경우가 있겠는가? 공양씨公羊氏에서 채중이 권도를 알았다고 말한 것은 잠시 제쳐 두고 논하지 않더라도, 봉축보가 권도를 몰랐다고 동중서가 지적하니, 동중서는 본래 권도를 모르는 것인가?[54]

진실로 이 말과 같다면, 봉축보가 권도를 모른 것이 아니라, 사실은 동중서 본인이 권도를 모른 것이다.

보인다.

52) 역자 주:『맹자』「萬章上」의 기록에 의하면, 공자가 魯나라와 衛나라를 떠나 宋나라로 갈 때, 송나라 桓司馬가 그 길목에서 공자를 죽이려고 하였다. 그러자 공자는 초라한 복장으로 변복하고 송나라를 지나가서 화를 면했다고 한다.

53) 역자 주:『좌씨전』 성공 2년의 기록에 의하면, 봉축보는 진나라에 사로잡히자, "지금까지 임금을 대신하여 환난을 책임지는 자들이 없었고, 겨우 나 한 사람이 있을 뿐인데, 이런 나를 어찌 죽이려고 하는가?"라고 큰 소리가 외쳤다. 그러자 郤克이 "저 사람은 죽음으로써 자기 임금을 환난에서 벗어나게 하는 일을 어렵게 여기지 않으니, 내가 만약 그를 죽인다면 상서롭지 못하므로 그를 사면하여 임금을 섬기는 신하들을 권면하겠다"고 하고, 봉축보를 사면하였다고 한다.

54) 蘇與,『春秋繁露義證』, 59~63쪽에서 인용.

제3절 공자의 제도개혁(改制)과 『춘추』의 은미한 말(微言)

『춘추』는 큰 의리(大義)가 있고 은미한 말(微言)이 있다. 청대 사람들은 난신적자亂臣賊子의 토벌을 대의로 여기고, '삼과구지三科九旨'를 미언으로 여겼는데, 심지어 '공자의 제도개혁'이 첫 번째 미언이라고까지 말했다. 『춘추번로』라는 책을 살펴보면, 제도를 개혁하고 법도를 세우는 것과 관련된 이론이 매우 많다. 예를 들어 '육과십지六科十指' 중에 '주나라의 문식을 이어받아서 질박함으로 되돌린다'(承周文而反之質)는 조목이 있고, 또 「삼대개제질문三代改制質文」이라는 편을 두어서 제도개혁의 의미를 더욱 자세히 논의하였다.

동중서의 제도개혁 사상에 관해, 청대 학자들은 서로 다른 견해를 많이 제시하였다. 강유위康有爲 등의 유신파維新派는 동중서의 개제 이론을 매우 존중하여, "『춘추』는 오로지 개제改制를 위해 지어진 것이다. 하휴에게 비록 이 이론이 있지만, 또한 입증하여 밝히기는 어려웠다. 그런데 다행히 동중서의 이론이 있어서 그 뜻을 드러내 밝혔다"[55]고 했다. 이 외에 또 다른 학파가 있는데, 주일신朱一新과 소여蘇興를 대표로 하는 보수파保守派 학자들은 오히려 청대 말기의 개제改制 사조와 동중서의 관계를 분리하려고 시도하였다. 소여는 심지어 「삼대개제질문」이 "단지 스승의 이론을 서술한 것"에 지나지 않으며, 결코 『공양전』 혹은 동중서 본인의 사상이 아니라고 주장하였다. 그와 동시에 그는 또한 개제改制 및 출주黜周·왕노王魯 등의 여러 이론이 모두 하휴의 '일상적이지 않은 이상한 의리와 괴이하게 여길 만한 논의'(非常異義可怪之論)[56]라고 하여, 하휴에게 그 잘못을 돌려 버렸다.

---

55) 康有爲, 『春秋董氏學』(『康有爲全集』 2책, 773쪽).

56) 역자 주: 이 말은 『공양전』의 하휴 「서문」에 보인다. 하휴의 「서문」에 의하면, 『춘추』는 혼란한 세상의 역사를 근거로 삼아서 지어졌기 때문에 그 내용 중에는 일상적이지 않은 이상한 뜻과 괴상하게 여길 만한 논의가 많다고 지적했다. 이것은 하휴가 기존의 『춘추』 해석에 대해 비판한 내용이다. 그런데 후대의 학자들 중에는 공양학의 이론 중에서 많은 비판을 받는 이론들이 모두 하휴가 만든 "일상적이지 않은 이상한 의리와 괴이하게 여길 만한 논의"(非常異義可怪之論)라고 하여, 하휴를 비판하였다.

사실 『공양전』에는 '공자개제'와 관련된 분명한 문장이 없고, 오직 애공 14년의 『공양전』에서 공자가 "『춘추』의 뜻을 제정했다"(制春秋之義)고 말한 것이 있을 뿐이다. 후세에 개제를 말한 것은 단지 『공양전』의 문장을 연역한 동중서에 의해 나온 것에 지나지 않는다. 예를 들어 『춘추』 환공 11년의 "정나라 돌이 위나라로 도망쳤다"(鄭忽出奔衛)의 『공양전』에서 "홀忽은 무엇 때문에 (작위를 기록하지 않고) 이름을 기록했는가? 『춘추』에서는 백작·자작·남작(伯·子·男)을 동일하게 사용하기 때문에 경문의 말에는 비난하는 의미가 없다"고 했다.[57] 그 뜻은 본래 명확하게 드러나는 것이 없다. 그런데 동중서는 이것을 다음과 같이 풀이했다. "『춘추』에서 '백작·자작·남작을 동일하게 사용하기 때문에 경문의 말에는 비난하는 의미가 없다'고 했다. 무엇 때문에 동일하게 사용한다고 여겼는가? 주나라의 작위는 5등급이고, 『춘추』는 3등급이기 때문이다."[58] 이와 같이 동중서는 『춘추』가 3등급의 작위를 제도로 삼은 것이 주나라의 제도와는 같지 않기 때문에 공자가 제도를 개혁했다는 것을 알 수 있다고 분명하게 말했다.

또한 『춘추』에서는 하夏나라의 후손인 기杞나라 임금에 대해, 혹은 자작(子)이라고 부르고, 혹은 백작(伯)이라고 부른다. 그 의미가 명확하지 않는데, 『공양전』에서도 그와 관련된 이론이 보이지 않는다. 그런데 동중서는 '하나라를 축출하였다'(紐夏)는 이론을 제시하여 다음과 같이 말한다. "『춘추』에서 신왕新王의 일을 제정할 때는 주周나라의 제도를 바꾸어서 마땅히 흑통黑統으로 바로잡으니, 은殷나라와 주周나라는 왕자의 후손이 되고, 하夏나라를 (왕조의 계열에서) 축출하여 시대가 먼 나라로 취급하여, 우禹임금의 호칭을 고쳐서 '제우帝禹'라고 호칭하고, 그 후손들에게는 작은 나라를 봉해 준다. 따라서 하夏나라를 (왕조의 계열에서) 축출하여 시대가 먼 나라로 취급하고, 주周나라를 (왕조의 계열에) 보존해 두며, 『춘추』를 신왕에

---

57) 역자 주: 하휴의 주에서 "『춘추』는 주나라의 문식을 고쳐서 은나라의 질박함을 따랐으니, 伯·子·男을 합쳐서 하나로 만들었다"고 했다. 즉 주나라의 公·侯·伯·子·男 5등급의 작위 제도를 은나라의 3등급의 작위 제도로 바꾸었다는 것이다.
58) 『春秋繁露』, 「三代改制質文」.

해당시킨다고 한다. 기杞나라를 후작侯이라고 호칭하지 않은 것은 왕자의 후손과 동일하게 취급하지 않은 것이다.59) '자작子이라고 호칭하거나 또는 '백작伯이라고 호칭한 것은 무엇 때문인가? 그 나라를 이전과는 다른 소국小國으로 취급했음을 드러낸 것이다."60) '주나라를 새로운 나라로 여긴다'新周거나, '송나라를 옛 나라로 여긴다'故宋거나, '『춘추』를 신왕에 해당시킨다'(『春秋』當新王) 등의 여러 가지 이론61) 은 모두 동중서가 확대해서 말한 것이다. 이로써 후대의 학자들이 '일상적이지 않은 이상한 의리와 괴이하게 여길 만한 논의'非常異義可怪之論라고 비판한 하휴의 이론은 대부분이 동중서에게로 그 연원을 거슬러 올라갈 수 있으며, 하휴는 단지 앞선 스승의 이론을 서술했을 뿐이다.

1. 개제改制의 여러 가지 의미

동중서가 개제改制를 말한 것은 『춘추번로』 「초장왕楚莊王」편에 가장 먼저 보인다. 여기에서 말한 것에 근거하면, 개제는 3단계로 구분된다.

---

59) 역자 주: 『춘추』의 신왕의 입장에서 앞의 두 왕조인 은나라와 주나라의 후손만을 왕자의 후손으로 취급하고, 하나라는 왕조의 계열에서 축출되어 시대가 먼 나라로 취급되어 帝라고 호칭했기 때문에 하나라의 후손인 杞나라는 다른 왕자의 후손들과 는 함께할 수가 없다.

60) 『春秋繁露』, 「三代改制質文」.
역자 주: 동중서로 대표되는 공양학의 개제의 논리는 三統說을 기본으로 한다. 이것 은 夏·殷·周 삼대의 曆法의 차이를 설명한 개념으로, 삼대의 역법과 마찬가지로 세 왕조 또한 법칙적으로 순환한다는 논리이다. 역사순환론에서는 그 의미를 黑統· 白統·赤統이라는 개제의 원리로까지 확대하여 삼통의 순환에 의한 왕조의 교체를 설명한다. 삼통의 순환은 하·은·주 삼대의 역법인 '三正'을 기준으로 하면, 建寅(歲 首 1월, 夏)—建丑(歲首 12월, 殷)—建子(歲首 11월, 周)의 순서이다. 이 세 가지 역법이 순환 반복되면서 역사가 진행되기 때문에 왕자는 이 세 가지 역법 중 하나를 채용하 여 개제의 기준으로 삼는다. 그리고 각 왕조는 삼통의 순환에 의해 정해진 역법에 따라서 각각 문물제도의 개혁을 단행한다. 이와 같이 하(흑통)—은(백통)—주(적통) 로 이어지는 역사 순환의 기본 구조에서 주나라의 뒤를 계승한 『춘추』는 다시 흑통 으로 개제의 기준을 삼는다. 『춘추』를 기준으로 하면, 전대 왕조인 殷나라와 周나라 는 두 왕조(二王)에, 夏나라 이하의 五帝에 해당하는 호칭과 대우를 해 주어야 한다.

61) 『公羊傳』, 莊公 17년, 何休 注.

첫째, 신왕新王의 수명개제受命改制, 즉 천명天命을 받은 새로운 왕이 진행하는 제도개혁이다. 구체적인 개제의 내용은 거처, 즉 도읍을 옮기고 칭호稱號를 고치며, 정삭正朔을 개정하고 복색服色을 바꾸는 것 등으로 체현된다. 그 목적은 "하늘의 뜻에 순종하여 자기 스스로가 앞선 왕조와 같지 않다는 것을 드러내 밝히는 것"에 있다. 즉 하늘에서 명을 받았기 때문에 그 정치가 합법성이 있다는 것을 표명하는 것이다. 확실히 이러한 개제의 목적은 단지 "백성들의 이목耳目을 새롭게 해 주는 것"에 지나지 않으며, 실질적인 변혁과는 관련이 없다. 이 외에 새로운 왕의 천명을 받는 것은 요순堯舜과 같이 선양禪讓을 통해 천명을 받는 경우도 있고, 또한 탕무湯武와 같이 혁명革命을 통해 천명을 받는 경우도 있다. 그 방법은 다르지만, 두 경우 모두 개제를 시행함으로써 위로 하늘의 뜻에 호응한다. 따라서 동중서의 「현량대책」에서 다음과 같이 말했다. "공자가 '아무런 일을 하지 않고도 잘 다스린 사람은 순舜임금일 것이다'고 하였다. 순임금은 정삭을 바꾸고 복색을 고침으로써 하늘의 명령에 순응하였을 뿐이다."[62] 그 뜻은 요순堯舜이 선양禪讓을 통해 비록 실질적으로 도道를 바꾸지는 않았지만, 그래도 제도를 바꾸는 일은 있었다고 여긴 것이다.

둘째, 개제는 쇠퇴한 것을 구제하고 폐단을 보완하는 것이니, 문식과 질박함(文質)을 반복하는 개제이다. 동중서의 「현량대책」에서 말했다.

> 도道라는 것은 만 세대를 지나더라도 폐단이 없는 것이며, 폐단이라는 것은 도를 잃었을 때 발생하는 것입니다. 선왕의 도는 한쪽으로 치우쳐 떨쳐 시행되지 못한 부분이 반드시 있습니다. 따라서 정치에서도 어둡게 가려져서 시행되지 못한 부분이 있으니, 그 치우친 부분을 부각시켜서 그 폐단을 보완할 따름입니다. 삼왕三王의 도가 시작으로 삼은 것은 같지 않지만, 그 도가 상반된 것은 아닙니다. 삼왕은 장차 지나친 부분을 바로잡고 쇠퇴한 부분을 북돋으려고 했는데, 그들이 마주한 상황의 변화가 그렇게 만든 것입니다. 따라서 공자가 "아무런 일을 하지 않고도 잘 다스린 사람은 순舜임금일 것이다"라고 했습니다. 순임금은 정삭을 바꾸고

---

62) 『漢書』,「董仲舒傳」.

복색을 고침으로써 하늘의 명령에 순응하였을 뿐입니다. 그 외의 나머지는 모두 요임금의 도를 그대로 따랐으니, 어찌 다시 할 일이 있겠습니까! 따라서 왕자는 명분상으로는 제도를 고치지만, 실제로는 도를 바꾸지 않습니다. 그런데 하夏나라는 충심(忠)을 숭상했고, 은殷나라는 공경함(敬)을 숭상했으며, 주周나라는 문식(文)을 숭상했던 것은 전 왕조를 계승한 나라가 전 왕조의 폐단을 바로잡기 위해서 이러한 정치 방향을 마땅히 시행해야 했기 때문입니다. 공자가 "은殷나라는 하夏나라의 예법을 따랐으니, 덜어 내거나 더한 내용을 알 수 있고, 주周나라는 은나라의 예법을 따랐으니, 덜어 내거나 더한 내용을 알 수 있다. 혹시 주나라를 계승하는 나라가 있으면 비록 100세대가 지난 이후에도 알 수 있다"[63]고 했습니다. 이 말은 수많은 왕들이 사용하는 예법은 이 세 가지를 가지고 시행한다는 것입니다. 하나라는 우虞나라, 즉 순임금의 예법을 따랐지만, 유독 덜어 내거나 더한 내용을 말하지 않은 것은 그 도가 하나 같이 똑같아서 숭상했던 것이 동일했기 때문입니다. 도의 큰 근원은 하늘로부터 나오는데, 하늘이 변하지 않으므로 도 또한 변하지 않습니다. 그러므로 우임금은 순임금을 계승하고, 순임금은 요임금을 계승하여, 세 성인은 서로 왕조를 전하면서 하나의 도를 지켰을 뿐, 폐단을 바로잡는 정치가 없었습니다. 따라서 덜어 내거나 더한 내용을 말하지 않았던 것입니다. 이를 통해 살펴보건대, 잘 다스려진 세상을 계승한 왕조는 그 도가 같았고, 어지러운 세상을 계승한 왕조는 그 도가 변했습니다.[64]

하夏나라는 충심(忠)을 숭상했고, 은殷나라는 공경함(敬)을 숭상했으며, 주周나라는 문식(文)을 숭상했는데, 각 왕조의 도道가 같지 않았던 것은 앞 왕조의 폐단을 바로잡는 정치를 했기 때문이다. 따라서 앞 왕조의 폐단을 계승하여 왕이 된 자는 반드시 옛 제도에 따라서 덜어 내거나 더하는 내용이 있어야 하니, 이것이 바로

---

63) 역자 주: 이 말은 『논어』「위정」편에 보인다. 損益은 문화나 제도 등의 단점을 덜어 내고 장점을 더한다는 말로, 공자의 제도개혁의 방법론을 말한다. 공자는 夏-殷-周 세 왕조가 교체되는 법칙이 문식(文)과 질박함(質)이라는 문화적 특징, 그리고 三統 이라는 역법이 순환 반복한다는 점에 착안하여, 각 왕조의 損益을 따져 보면 비록 100세대 이후의 왕조라도 그 제도개혁의 방향이나 내용을 알 수 있다고 했다.
64) 『漢書』,「董仲舒傳」.

세 왕조의 세 가지 가르침이 있었던 이유이다. 『춘추』가 주나라를 계승할 때, 주나라는 문식의 폐단이 있었기 때문에 주나라의 문식을 덜어 내고 은나라의 질박함을 더한 것이다. 우임금이 순임금을 계승하고 순임금이 요임금을 계승할 때는 그 도가 다르지 않아서 폐단을 바로잡는 정치가 없었기 때문에 덜어 내거나 더한 내용이 없는 것이다.

2. 삼통의 소통(通三統)

하夏나라 역법의 정월·2월·3월은 각각 하夏·은殷·주周 세 왕조의 정월로 나누어지는데, 『춘추』는 오직 정월·2월·3월 앞에만 '왕王'이라고 기록했으니, '삼왕의 보존'(存三王)이라는 뜻을 볼 수 있다. 한대 사람들의 '삼통의 소통'(通三統) 이론은 이로부터 미루어 연역한 것이다. 그런데 『공양전』은 '삼왕三王'에 대해 특별한 문장이 없으니, 사실은 동중서가 이 뜻을 가장 먼저 제시하였다.

살펴보건대, 『공양전』에서는 '왕정월王正月'을 다음과 같이 해석했다. "어째서 왕王을 먼저 말하고 정월正月을 뒤에 말했는가? 주나라 왕이 제정한 정월이기 때문이다. 무엇 때문에 왕의 정월(王正月)을 말했는가? 하나로의 통일을 크게 여긴 것이다."[65] 이에 대해 동중서는 다음과 같이 말했다.

『춘추』에서 '왕의 정월'(王正月)이라고 말했는데, 『공양전』에서 말했다. "왕은 누구인가? 문왕文王이다. 어째서 왕을 먼저 말하고 정월을 뒤에 말했는가? 주나라 왕이 제정한 정월이기 때문이다." 무엇 때문에 '왕의 정월'이라고 말했는가? 대답했다. 왕자는 반드시 천명을 받은 뒤에야 왕이 된다. 왕자는 반드시 정삭正朔을 고치고 복색服色을 바꾸며 예악禮樂을 제정하여 천하를 하나로 통일하니, 이로써 역성易姓에 의한 왕조 교체이지 전대의 왕위를 계승한 것이 아니며, 모두가 자신이 하늘에서 받은 것임을 밝힌다. 왕자가 천명을 받아서 왕이 되면, 정월을 제정하여

---

65) 『公羊傳』, 隱公 원년.

천명의 변화에 호응한다. 따라서 여러 가지 법령을 만들어 천지天地를 받들기 때문에 '왕의 정월'이라고 말한다.[66]

동중서는『공양전』보다 더욱 상세하게 해석했을 뿐만 아니라,『공양전』으로부터 삼정三正과 개제改制의 이론을 연역하였다. 그의 해석에 의하면, 이른바 '삼정三正'은 하·은·주 삼대의 서로 다른 역법을 가리키며, 세 왕조는 각각 건인지월建寅之月(夏曆 1월)·건축지월建丑之月(하력 12월)·건자지월建子之月(하력 11월)을 정월正月로 삼는다. 그와 동시에 평명平明·명신鳴晨·야반夜半을 하루의 시작으로 삼는다. 동중서가 입장에서 보면, 왕자의 정삭 개정은 천명에 순응하기 위해서이며, 그 목적은 단지 "백성들의 이목耳目을 새롭게 하는 것"일 뿐이다. 다만 아무리 그렇다고 하더라도 천도天道를 받들어서 그에 따라 시행해야지, 자기 마음대로 정삭을 개정해서는 안 된다. '삼정'의 이론은 바로 천도의 체현이기 때문에 건자·건축·건인의 세 달은 바로 만물이 최초로 생장하는 단계이다. 즉 '만물이 처음 움직일 때'(始動)·'만물이 처음 싹터 나올 때'(始芽)로부터 '만물이 싹을 보일 때'(萌達)에 이르기까지 그 색깔도 또한 적赤·백白·흑黑세 단계를 거치며, 이 세 달이 지난 이후에 만물은 마침내 '같지 않게'(不齊) 된다. 이 때문에 옛 사람들은 이 세 달을 '삼미의 달'(三微之月)이라고 부른다.[67]

정월正月은 1년의 시작이므로 새로운 왕이 천명을 받아서 정삭을 개정하는 것은 '정시正始'라는 의미가 있다. 이에 대해 동중서는 다음과 같이 말했다.

삼정三正을 통합한다는 것은 다음과 같은 의미이다. 정正은 바로잡는다(正)는 뜻이다. 천지天地의 기운을 통합하면 만물이 모두 호응하여 바르게 되니, 삼정三正을

---

66)『春秋繁露』,「三代改制質文」.

67) 역자 주: 三微之月은 하·은·주 삼대의 歲首인 子月·丑月·寅月, 즉 동짓달·섣달·정월을 말한다. 세 달을 三微라고 부르는 것은 세 달이 天·地·人 三正의 시초인데, 이달에는 만물이 모두 아주 희미한 상태이기 때문이다.『한서』「陳寵傳」에 "三微成著, 以通三統"이라는 말이 보이고, 그 주에서 다음과 같이 풀이했다. "十一月, 陽氣始動, 微而未著. 故周以天正爲歲. 十二月, 萬物始芽, 故殷以地正爲歲. 十三月, 萬物始達, 人得加功, 以展其業. 故夏以人正爲歲."

통합하면 그 나머지는 모두 바르게 된다. 한 해의 핵심은 정월에 있으니, 정월을 법으로 제정하는 도는 근본을 바르게 하면 말단이 호응하고, 안을 바르게 하면 밖이 호응하여, 모든 행동거지가 변화하여 정월의 도를 따르지 않음이 없는 것이니, 이것을 일러 정월을 법으로 제정한다고 한다.[68]

정월은 한 해의 핵심이므로 "삼정三正을 통합하면 그 나머지는 모두 바르게 되는" 효과가 있다. 따라서 정삭의 개정은 천도天道에 순응해야 하며, 오직 만물이 처음 시작되는 '삼미지월三微之月'을 정삭의 대상으로 삼을 수 있고, 하력夏曆 2월 이후의 달은 정월이 될 수 없다.

이미 '삼정三正'을 하·은·주의 정삭正朔으로 삼았으므로 이 이론에는 자연스럽게 앞 두 왕조의 정치적 합법성을 승인한다는 의미가 포함되어 있다. 따라서 동중서는 더 나아가 '두 왕의 후손을 보존한다'(存二王後)는 이론을 제시했는데, 이것은 '삼통의 소통'(通三統)을 구성하는 가장 중요한 내용이다. 구체적으로 말하면, 새로운 왕은 천명을 받은 이후에, 그와 동시에 앞 두 왕조의 후손을 대국大國에 책봉하고, 그들을 빈객으로 부르고 왕에게 조회하지 않도록 한다. 또한 두 왕의 후손이 자기 나라 안에서 옛날부터 사용하던 정삭과 제도를 그대로 유지할 수 있도록 인정함으로써 새로운 왕이 본받아야 할 법도를 갖추어 둔다. 이러한 방법은 사실상 고대 정치사상의 천도관天道觀을 체현한 것이다. 천명은 바뀌면서 일정하지 않으며, 인간인 왕자가 제멋대로 할 수 있는 것이 아니다. 따라서 왕자는 마땅히 자신의 덕을 닦아서 하늘의 운행을 받들어야 한다.

동중서는 단지 '앞선 두 왕조의 후손을 보존한다'(存二王後)는 것만 주장한 것이 아니라, 더욱 오래된 왕조의 경우에도 오제五帝·구황九皇 및 육십사민六十四民으로 간주하고, 마땅히 우대해야 할 대상으로 여겼다. 동중서에 의하면, 왕자가 흥기하면 마땅히 앞선 두 왕조의 후예를 대국大國으로 책봉하고, 일통一統인 자기 자신과 합쳐서 삼통三統으로 삼는다. 두 왕조 이전의 5대 왕조는 '오제五帝'로 강등하여

---

68) 『春秋繁露』, 「三代改制質文」.

소국小國으로 책봉한다. '오제' 이전의 왕조는 '구황九皇'으로 밀어내어 부용국附庸國으로 책봉한다. 구황 이전은 민民으로 강등하고 봉지封地를 책봉하지는 않는다. 이로써 알 수 있듯이, 삼통·오제·구황은 가리키는 대상이 결코 분명하게 있는 것이 아니다. 그 순서가 끊임없이 변동하는 것이며, 그것은 천명天命이 바뀌면서 일정하지 않다는 고대인들의 천명 관념을 체현한 것이다.

또 다른 측면에서, 천도天道는 그 자체로 '바뀌지 않는 것'이기 때문에 역대 왕자의 후예들을 마땅히 우대하여 대국·소국·부용국으로 책봉해 주어야 한다. 설령 "아래로 지극히 멀어져서 백성이 된다"고 하더라도 여전히 "태산泰山의 봉선제封禪祭에서 높이 숭상을 받는" 대상이 될 수 있으니, 곧 이전의 왕자로서 제사를 받을 수 있는 것이다. 따라서 '오제'·'구황'의 이론은 바로 '삼통의 소통'(通三統) 사상의 확대라고 말할 수 있다.

동중서는 삼통三統 이론을 매우 중시하여, 다음과 같이 말했다. "삼대三代의 정삭인 삼통三統을 바꾸는 것은 가까이 있는 오랑캐나 멀리 떨어진 변방 지역에는 없는 것이니, 제도를 더하거나 빼서 바꾸는 곳은 오직 중국뿐이다. 그래서 하·은·주 삼대는 정삭을 고쳐서, 반드시 천天·지地·인人 삼통三統으로 천하를 다스렸다."[69] 이로써 알 수 있듯이, '삼통의 소통'(通三統)은 바로 중국 고대정치의 기본정신이며, 이민족이 말할 수 있는 이론이 아니다. 진나라가 힘으로 천하를 겸병하고 선왕의 법제를 가볍게 버린 경우는 '제도를 고치고 도를 바꾼 것'(改制而易道)이라고 말할 수 있다. 진나라는 선왕의 후손을 존중하지 않았으며, 후세에서도 진나라를 정통 왕조의 계통이 아닌 것으로 간주하여, 일왕一王의 법도로 여기지 않았다.

3. 문식(文)과 질박함(質)의 순환

'삼정三正' 이론은 단지 형식상의 개제改制에 지나지 않으며, 그 목적은 왕조

---

69) 『春秋繁露』, 「三代改制質文」.

교체의 합법성 문제를 설명하는 데 있다. 그런데 세상이 혼란하고 시대가 바뀌어 왕조가 번갈아 교체되자, 조정에서 실제로 옛 제도를 개혁해야 한다는 실질적인 요구가 나왔다. 이로 인해서 동중서의 개제는 또한 '두 가지를 번갈아 순환'하거나 '세 가지를 번갈아 순환'하거나, 또는 '네 가지를 번갈아 순환'하는 문질文質이 있게 되었다. 이것은 모두 실질적인 개제를 가리킨다.

문질 이론은 『논어』까지 그 근원을 거슬러 올라갈 수 있다. "질박함이 문식을 이기면 거칠고, 문식이 질박함을 이기면 호화로우니, 문식과 질박함이 어우러져 조화를 이룬 이후에야 군자이다."[70] 또한 "문식은 질박함과 같고, 질박함은 문식과 같다."[71] 그렇지만 『논어』에 보이는 문질文質의 함의는 아직까지는 분명하게 드러나지 않는데, 대체로 개인 성정性情의 측면에서 논한 것일 뿐이다.

그 후에 한대 사람들은 문질文質을 취하여 삼대三代의 제도가 같지 않다는 것을 논했다. 『사기』에 다음과 같은 원앙袁盎의 말이 실려 있다. "은殷나라의 도는 친한 이를 친애하는 것이라는 말은 동생을 임금으로 세우는 것이다. 주周나라의 도는 존귀한 이를 존중한다는 말은 자식을 임금으로 세우는 것이다. 은나라의 도는 질박함이며, 질박함이란 하늘을 본받는 것이다. 친한 이를 친애하기 때문에 동생을 임금으로 세운다. 주나라의 도는 문식이며, 문식이란 땅을 본받는 것이다. 존중한다는 것은 공경하는 것이며, 그 근본과 시작을 공경하기 때문에 장자長子를 임금으로 세운다. 주나라의 도는 태자太子가 죽으면 적손適孫을 임금으로 세우고, 은나라의 도는 태자가 죽으면 자기의 아우를 임금으로 세운다."[72] 이 주장은 『공양전』의 이론과 동일하다.

동중서에 이르러서야 문질의 이치를 제대로 갖추어 말했다. 먼저 동중서는 문질을 가지고 예禮의 함의와 의절儀節을 구별하였다. "예禮의 소중함은 당사자의 뜻에 있다. …… 뜻은 질박함(質)이고, 사물은 문식(文)이다. 문식은 질박함에서 드러나

---

70) 『論語』, 「雍也」.
71) 『論語』, 「顏淵」.
72) 『史記』, 「梁孝王世家」.

니, 질박함이 문식에 포함되어 있지 않다면 문식이 어찌 질박함을 베풀 수 있겠는가? 질박함과 문식 두 가지가 갖추어진 이후에 그 예禮가 이루어진다."73) 질質을 예禮의 함의, 문文을 외재적인 의절儀節로 여겼다. 다음으로 동중서는 한층 더 나아가 예의 내재적 가치는 또한 문질文質의 차이에 있고, 그것은 곧 '존귀한 이를 존중하는 것'(尊尊)과 '친한 이를 친애하는 것'(親親)의 차이라고 말했다.

'친친親親'과 '존존尊尊'은 사실 고대 제도의 두 가지 기본적인 측면이며, 둘 중의 하나라도 없어서는 안 된다. 그런데 구체적으로 어떤 특수한 왕조에 이르면, 그 도는 서로 다른데, 혹은 '친친'에 치우치고 혹은 '존존'에 치우친다. 일반적으로 말하면, 왕조가 번갈아 교체되는 것은 사실상 제도에 내재된 정신이 변화하는 것이며, 그것이 혹은 문식(文)으로 변하고 혹은 질박함(質)으로 변한다. 그것을 동중서는 "문질文質이 번갈아 순환한다"고 했다. 문질의 차이는 실로 천지天地 음양陰陽에서 그 법칙을 취하며, 예제禮制 측면에서의 정신 차이로 표현된다. 질박함을 중시하는 왕가(質家)는 '친친'을 숭상하고, 문식을 중시하는 왕가(文家)는 '존존'을 숭상한다. 두 왕가는 예제禮制 정신의 지향이 서로 다른데, 그것은 구체적인 정치와 윤리에서도 직접적인 영향을 끼침으로써 서로 다른 경향을 드러내게 된다. 예를 들어 후계자 계승의 순서, 모자母子 관계, 부부夫婦 존비尊卑 및 친속親屬 범죄 등의 문제이다. 지금 『춘추번로』 「삼대개제질문」에 기록된 글을 근거로 간략하게 분석해 보면 다음과 같다.

후계자 계승의 순서와 관련된 내용이다. 먼저 임금의 자리를 계승하는 원래의 순서와 관련된 문제이다. 질가質家는 "나의 손자를 후계자로 세우고", 문가文家는 "나의 자식을 후계자로 세우니", 이것은 곧 은·주의 후계자 계승 방법이 서로 다른 것이다. 이에 대해 하휴는 다음과 같이 매우 분명하게 말했다. "적자嫡子가 손자를 두고서 죽으면, 질박함을 중시하는 왕가는 친한 이를 친애하여 동생의 자식을 먼저 세우고, 문식을 중시하는 왕가는 존귀한 이를 존중하여 손자를 먼저

---

73) 『春秋繁露』, 「玉杯」.

세운다."74) 이것은 서자를 임금으로 세우거나 적자를 임금으로 세우는(立子立嫡)75) 제도와 관련된 특수한 상황을 말한 것이다. 적자가 왕위를 계승하지 못하고 먼저 죽으면, 질가는 '친친'을 중시하기 때문에 혈연관계에서 가장 가까운 서자庶子를 후계자로 세워야 한다고 주장한다. 그러나 문가는 '존존'을 중시하기 때문에 나이가 어리더라도 적손嫡孫을 후계자로 세워야 한다고 주장한다.

다음으로 모자母子의 관계와 관련된 내용이다. 주나라 사람들은 후계자 계승의 선후를 확정할 때, '자식은 어머니 때문에 존귀해진다'(子以母貴)는 원칙에 따르니, 곧 모친의 지위가 존귀하면 그 자식이 우선적으로 자리를 계승한다. 만약 적부인嫡夫人이 자식이 없으면 첩의 자식이 자리를 계승하니, 그 생모를 추존하는 문제와 관련이 된다. 질가는 '친친'을 숭상하여, '어머니는 자식 때문에 존귀해진다'(母以子貴)고 주장하기 때문에 그 생모를 추존할 수 있다. 문가는 '존존'을 숭상하기 때문에 남편에 짝하는 의리에 근거하여 오직 적모嫡母라야 부인夫人이라고 부를 수 있다. 심지어는 "적모嫡母를 어머니로 삼아야" 하며, 만약 첩의 자식이 생모를 추존하면 그것은 "자식의 존귀함이 어머니에게 더해지는 것"이 되니, 또한 존존의 뜻과는 부합되지 않는다. 따라서 문가는 "첩은 자식 때문에 존귀한 칭호를 부르지 않는다"고 주장한다.

부부夫婦의 존비尊卑와 관련된 내용이다. 부부 사이는 존존과 친친 두 가지 뜻을 함께 겸하고 있다. 존존의 측면에서 말하면, 하늘에는 두 개의 태양이 없고, 집에는 두 명의 주인이 없다. 남편은 부인의 벼리가 되고, 남편은 존귀하고 부인은 비천하니, 이것은 자연의 이치에 속한다. 그런데 친친의 측면에서 말하면, 양陽은 베풀고 음陰은 변화하며, 양陽 하나만으로 만물을 낳지 못하고, 음陰 하나만으로 만물을 이루지 못한다. 따라서 부부는 "반쪽과 반쪽이 합쳐서 결혼하니",76) 사실상

---

74) 『公羊傳』, 隱公 원년, 何休 注.
75) 『公羊傳』, 隱公 원년, "立適以長不以賢, 立子以貴不以長."
76) 역자 주: 牉合은 반쪽과 반쪽이 서로 합한다는 뜻으로, 남녀가 결혼하여 부부가 되는 것을 말한다. 『儀禮』「喪服傳」에 "夫婦牉合也"라는 말이 보인다.

"지극히 친한 사이"(至親)에 속한다. 이로써 알 수 있듯이, 한 집안이라는 측면에서 말하면 남편은 지극히 존귀하지만, 남녀라는 측면에서 말하면 피차는 서로 대등하고 평등하다. 부부 사이는 이러한 두 가지 뜻을 겸하고 있기 때문에 예제禮制의 측면에서 구현될 때 부부의 방위方位가 서로 같지 않다. 「삼대개제질문」에 의하면, 부부는 "마주 앉아서 밥을 먹으며, 상례喪禮에서 따로 장례를 지내며, 소목昭穆에 따라 자리를 구별한다." 이것은 질가에서 부부를 안배한 것이며, 그 속에 평등平等의 원칙을 구현하고 있다. 한편 부부는 "함께 앉아서 밥을 먹으며, 상례에서 부부를 합장하며, 부인은 남편을 따라서 소목의 자리를 정한다." 이것은 문가에서 부부를 안배한 것이며, 그 속에 존비尊卑의 원칙을 구현하고 있다.

친속親屬 범죄와 관련된 내용이다. 현대 법률에서는 대부분 "법률 앞에 모든 사람이 평등하다"고 주장한다. 그러나 중국 고대의 법률에서는 "친속은 서로 숨겨 준다"고 주장한다. 고금의 법률 원칙의 이러한 차이는 또한 문가와 질가의 차이에서 나온 것이다. 문가는 '존존'의 의리에 근거하여, 친속 범죄도 마땅히 "형법을 집행할 때는 하늘의 법도에 따라 시행한다"고 주장한다. 소여의 주에서 "형법을 집행할 때 하늘을 거론하여 시행하니, 친척도 예외가 아니다.……『좌씨전』에서 '대의를 위해서는 친자식도 죽인다'(大義滅親)고 말한 것이 모두 이것이다"[77]라고 했다. 이것은 법률 그 자체를 중시하여, 혈육 간의 감정이라는 요소를 돌아보지 않는 것이다. 질가는 '친친'의 감정에 근거하여, "형법을 집행할 때 대부분 은밀한 장소에서 진행하고, 친척은 대부분 용서한다"고 주장한다. '은隱'은 드러나지 않는 장소에서 형벌을 집행하는 것을 의미하고, '사赦'는 임금이 혈육의 감정을 드러내어 그 죄를 면죄하는 것을 의미한다.[78] 이로써 알 수 있듯이, "형법을 집행할 때 대부분 은밀한 장소에서 진행하고, 친척은 대부분 용서한다"는 것은 친족 범죄에 대해 그 책임을 추궁하지 않는 것이 결코 아니며, 단지 일정 정도의 인정人情을 함께 고려해야

---

77) 蘇輿, 『春秋繁露義證』, 209쪽.
78) 『禮記』, 「文王世子」.

한다고 주장하는 것일 뿐이다.

이상의 내용을 통해서 다음의 사실을 알 수 있다. 문질文質은 사실상 두 가지의 서로 다른 치국治國의 도이다. 그러나 각각 한쪽으로 치우친 점이 있기 때문에 앞의 왕조를 이어서 흥기한 새로운 왕은 그 치우친 것을 바로잡지 않을 수 없다. 따라서 문식을 중시하는 왕가를 이었을 경우에는 질박함을 가지고 나라를 다스리고, 질박함을 중시하는 왕가를 이었을 경우에는 문식을 가지고 나라를 다스린다. 이것이 바로 동중서가 말한 "문질文質이 번갈아 순환한다"는 것이다.

동중서는 또한 "상商·하夏·문文·질質 네 가지를 번갈아 순환한다"는 이론을 제시하였다. 이 이론도 또한 「삼대개제질문」에 보인다. "네 가지를 번갈아 순환한다"에서 '상商'·'하夏'는 결코 구체적인 왕조를 가리키는 것이 아니며, 문文·질質과 마찬가지로 모두 제도의 명칭이다. 다만 상商·하夏와 관련된 구체적인 제도 및 그 배후의 존존과 친친의 원칙은 대체로 "문질文質이 번갈아 순환한다"는 것과 서로 같다. 이에 대해 유향劉向은 다음과 같이 말했다. "상商은 일정하다(常)는 의미이다. 일정함은 질박함(質)이니, 질박함은 하늘을 위주로 한다. 하夏는 크다(大)는 의미이다. 큼은 문식(文)이니, 문식은 땅을 위주로 한다."[79] 이로써 상·하는 질·문과 같다는 것을 알 수 있다. 『논어』에 "하夏나라의 역법을 시행하고, 은殷나라의 수레를 타며, 주周나라의 면류관을 착용하고, 음악은 순임금의 소무韶舞를 사용한다"[80]는 말이 보인다. 여기에서 네 왕조의 제도를 언급했는데, 동중서의 "네 가지를 번갈아 순환한다"는 이론은 거의 이 말에 근본을 둔 것이다.

또한 『예기』에서 공영달은 다음과 같이 말했다.

하夏나라 왕가는 비록 문식을 중시하지만, 은殷나라 왕가의 문식에 비해서는 그래도 질박하다. 은나라 왕가는 비록 질박함을 중시하지만, 하나라 왕가의 질박함에 비해서는 그래도 하나라보다 문식을 중시한다. 따라서 하나라가 비록 문식이

---

79) 『說苑』, 「修文」.
80) 『論語』, 「衛靈公」.

있지만 우虞나라의 질박함과 같고, 은나라가 비록 질박함이 있지만 주나라의 문식과 같다.[81)

우虞·하夏와 은殷·주周는 문文·질質과 같다. 그 후에 강유위는 이 이론을 사용하여, "천하의 도는 문질文質을 모두 극진하게 하는 것이다. 그러나 사람의 지혜가 날마다 열리니, 날마다 문文으로 향해 갔다"[82)고 했다. 이것은 인류 문명의 진보라는 측면에서 문질을 논한 것이다.

인류 문명의 추세는 '질質'로부터 '문文'으로 향해 간다. 따라서 후세에 어떠한 방식으로 개제를 시행하든 상관없이, 사실상 우虞·하夏의 제도를 사용할 수는 없다. 따라서 『예기』에서 말했다.

공자가 말했다. "후세에 비록 큰일을 하는 왕이 나온다고 하더라도, 우제虞帝 순舜에는 미칠 수 없을 것이다."[83)

이에 대해 단희중段熙仲은 "옛날은 질質을 숭상했는데 지금은 문文을 숭상하니, 공자가 우제虞帝에 미칠 수 없을 것이라고 탄식하였다. 이것은 『춘추』가 문文을 고쳐서 질質을 따른다는 이론과 부합될 수 있다"[84)고 했다. 가장 질박한 왕조인 "우제에 미칠 수 없는" 상태인 데다가, 후세에 "점점 문식을 중시하였기" 때문에 새로운 왕의 개제는 단지 "문질文質이 번갈아 순환하는" 형태가 될 수밖에 없었다.

강유위는 또 다른 주장을 펼쳤는데, 이 주장을 바탕으로 '네 가지를 번갈아 순환하는 개제'를 설명할 수 있다. 그는 다음과 같이 말했다.

천하의 도는 문질文質을 모두 극진하게 하는 것이다. 그러나 사람의 지혜가 날마다

---

81) 『禮記』, 「表記」, 孔穎達 疏.
82) 康有爲, 『春秋董氏學』(『康有爲全集』 2책, 786쪽).
83) 『禮記』, 「表記」.
84) 段熙仲, 『春秋公羊學講疏』, 458쪽.

열리니, 날마다 문文으로 향해 갔다. 삼대三代 이전에는 난리에 근거하여 제도를 만들었으니, 질質이다. 『춘추』가 제도를 개혁한 것은 문文이다. 따라서 『춘추』는 처음에 문왕文王을 법도로 삼을 것을 의론했으니, 『춘추』는 사실상 문통文統이다. 다만 문文 중에 질質이 있고, 질質 중에 문文이 있으니, 그 도는 번갈아 가면서 바뀔 뿐이다. 한나라는 문을 중시했고 진晉나라는 질을 중시했으며, 당나라는 문을 중시했고 송나라는 질을 중시했으며, 명나라는 문을 중시했고 청나라는 질을 중시하였다. 그런데 모든 승평세升平世는 질을 중시하는 왕가이고, 태평세太平世에 이르러서야 문을 크게 여길 뿐이다. 이후 만년 동안에도 공자의 이 도를 가지고 추론할 수 있을 것이다.[85]

강유위는 다음과 같이 생각했다. 『춘추』는 문文을 숭상하였고, 그 이후 2천여 년 동안이 대체로 이와 같았다. 그렇지만 그런 중에도 또한 문질文質의 순환이 있었다. 예를 들면 한나라는 문을 중시했고 진나라는 질을 중시했으며, 당나라는 문을 중시했고 송나라는 질을 중시한 것과 같은 사례이다. 이로 인해서, 『춘추』 이전에는 비록 대체로 질을 숭상했지만, 그런 중에도 또한 문질의 순환이 있었다. 그것은 곧 '상商·하夏·질質·문文'의 차이일 뿐이다.

이 외에 동중서는 또한 '세 가지를 번갈아 순환하는' 이론을 제시했다. 이 이론도 또한 공자로까지 거슬러 올라갈 수 있다. "10세대 이후의 왕조를 알 수 있는가?"라는 자장子張의 질문에 공자는 다음과 같이 대답했다.

은殷나라는 하夏나라의 예법을 따랐으니, 덜어 내거나 더한 내용을 알 수 있고, 주周나라는 은나라의 예법을 따랐으니, 덜어 내거나 더한 내용을 알 수 있다. 혹시 주나라를 계승하는 나라가 있으면 비록 100세대가 지난 이후에도 알 수 있다.[86]

삼대의 예제禮制가 같지 않지만, 공자는 삼대 이후의 "100세대가 지난 이후에도

---

85) 康有爲, 『春秋董氏學』(『康有爲全集』 2책, 786쪽).
86) 『論語』, 「爲政」.

알 수 있다"고 했으니, 이것이 바로 '세 가지를 번갈아 순환하는 것'이다. '세 가지를 번갈아 순환하는 것'은 두 종류가 있다. 하나는 '세 가지 역법'(三正)의 순환이고, 다른 하나는 '세 가지 교화'(三敎)의 순환이다. 삼정의 순환은 형식상의 개제이고, 삼교의 순환은 실질상의 개제이다. 삼교三敎 이론은 이보다 앞서 『예기』에 보인다.

공자가 말했다. "하夏나라의 도는 명령을 존중하고, 귀신鬼神을 섬기고 공경하면서 멀리했으며, 사람을 가까이 대하면서 충심을 다한다. 봉록을 앞세우고 위엄을 뒤로 하며, 상을 앞세우고 벌을 뒤로 하며, 친애하되 존중하지 않는다. 그 백성의 폐단은 둔하면서 어리석고, 무례하면서 거칠며, 소박하면서 문식을 꾸미지 않는다. 은殷나라 사람은 귀신을 존중하여 백성들을 이끌어서 귀신을 섬겼으며, 귀신을 앞세우고 예禮를 뒤로하고, 벌을 앞세우고 상을 뒤로 하며, 존경하되 친애하지 않는다. 그 백성의 폐단은 방탕하면서 조용하지 않고, 왕성하면서 부끄러움이 없다. 주周나라 사람은 예禮를 존중하고 베푸는 것을 숭상했으며, 귀신을 섬기고 공경하면서 멀리했으며, 사람을 가까이 대하면서 충심을 다했으며, 그 상벌賞罰은 관직의 반열에 따라 정하며, 친애하되 존중하지 않았다. 그 백성의 폐단은 재빠르면서 교묘하며, 문식을 꾸미면서 부끄러워하지 않으며, 사악하면서 음흉하였다."[87]

그리고 이후에 『백호통』에서는 삼정三正과 삼교三敎 이론을 함께 사용하였다.

왕자가 삼교三敎를 설치한 것은 무엇 때문인가? 쇠퇴한 시대를 이어받아 폐단을 구제하여, 백성들이 올바른 도로 되돌아가기를 바란 것이다. 삼정三正[88]에 잘못이 있기 때문에 삼교三敎를 세움으로써 서로 지도하여 전수하였다. 하나라 사람들의 왕은 충심(忠)으로써 교화했는데, 그 잘못은 거친 것이다. 거친 폐단을 구제하는 것은 공경함보다 나은 것이 없다. 은나라 사람들의 왕은 공경함으로써 교화했는데,

---

87) 『禮記』, 「表記」.
88) 역자 주: 三正은 陳立의 『白虎通疏證』에서 『鹽鐵論』・『說苑』 등의 여러 가지 전거에 근거하여, '三王'으로 고쳐야 한다고 했다. 여기에서는 필자가 三正의 의미로 사용하고 있기 때문에 글자 그대로 해석했다.

그 잘못은 귀신을 숭상하는 것이다. 귀신을 숭상하는 폐단을 구제하는 것은 문식보다 나은 것이 없다. 주나라 사람들의 왕은 문식으로써 교화했는데, 그 잘못은 각박한 것이다. 각박한 폐단을 구제하는 것은 충심보다 나은 것이 없다. 주나라를 계승한 왕조는 검은 색을 숭상하고, 제도는 하나라와 동일하게 한다. 세 가지는 마치 고리를 따라서 도는 것과 같이, 한 바퀴를 돌아서 다시 시작하니, 궁극에 도달하면 근본으로 되돌아온다.[89]

『백호통』에서는 또 삼교三教 각각에 방법이 있다고 말한다.

교화(教)가 세 가지인 것은 무엇 때문인가? 천天·지地·인人을 본받기 때문이다. 안으로는 충심을 다하고, 밖으로는 공경하며, 문식으로 그것을 꾸미기 때문에 세 가지라야만 완전하게 갖추어진다. 그렇다면 천·지·인은 각각 어떻게 베풀어지는가? 충심은 인人을 본받고, 공경은 지地를 본받으며, 문식은 천天을 본받는다. 인도人道는 충심을 위주로 하니, 사람은 지극한 도로써 사람을 교화하므로 충심의 지극함이다. 사람은 충심으로써 교화하기 때문에 충심은 인人의 교화 방법이 된다. 지도地道는 겸손하고 자신을 낮추니, 하늘이 낳고 땅이 공경스럽게 기르기 때문에 공경을 지地의 교화 방법으로 삼는다.[90]

충심(忠)·공경(敬)·문식(文) 세 가지는 천天·지地·인人에서 본떠서, "세 가지라야만 완전하게 갖추어지기" 때문에 서로 번갈아 순환될 수 있다.

동중서는 또 '문질文質'과 '삼교三教'를 서로 배합하여 다음과 같이 말했다.

왕자의 제도는 한 번은 상商을 숭상하고 한 번은 하夏를 숭상하며, 한 번은 질質을 숭상하고 한 번은 문文을 숭상한다. 상商과 질質을 숭상하는 것은 하늘을 위주로 하고, 하夏와 문文을 숭상하는 것은 땅을 위주로 하며, 『춘추』는 사람을 위주로 한다.[91]

---

89) 『白虎通』, 「三教」.
90) 『白虎通』, 「三教」.

이 이론의 의문점은 '하충夏忠'을 어떻게 처리하느냐가 관건이다. 후세에 혹은 하충夏忠을 질質로 여기는 경우도 있고, 혹은 문文으로 여기는 경우도 있는데, 이와 관련된 다양한 이론이 존재한다.

4. 노나라를 왕으로 삼음(王魯)과 『춘추』를 새로운 왕에 해당시킴(『春秋』當新王)

한대 사람들은 공자의 개제改制를 주장했다. 그런데 거기에서 어떠한 함의를 취하든지 상관없이, 그 주장 속에는 반드시 『춘추』를 새로운 왕에 해당시킨다.(以『春秋』當新王) 또한 공자가 노나라의 일에 근거하여 왕법王法을 가탁했기 때문에 『춘추』의 서법書法에는 반드시 '왕노王魯'라는 말이 있다. 비록 그렇기는 하지만, 『공양전』에서는 이 두 가지 의리와 관련된 분명한 문장이 없다. 현재 보이는 옛 책을 살펴보면, 동중서가 『공양전』으로부터 이 두 가지 의리를 미루어 연역한 것이다.

『춘추』 선공 16년, "주나라 수도의 동쪽에 있는 성주의 선사에 화재가 발생했다." (成周宣謝災) 『공양전』에서 말했다. "성주成周는 무엇인가? 주나라 왕도의 동쪽에 있는 동주東周이다. 선사宣謝는 무엇인가? 주나라 선왕宣王의 사당 안에 있는 사방이 트인 건물이다. 무엇 때문에 성주의 선사에 화재가 발생했다고 말했는가? 선왕이 주나라의 중흥을 이루었을 때 만든 악기들이 그곳에 보관되어 있었기 때문이다. 이 사건을 무엇 때문에 기록했는가? 재해를 기록한 것이다. 외국의 재해는 기록하지 않는데, 여기에서는 무엇 때문에 기록했는가? 주周나라를 새로운 나라로 여겼기 때문이다."92) 선왕宣王은 서주西周의 중흥의 군주인데, 그의 사당에 화재가 발생했다. 옛날 사람들의 천인天人 관념의 측면에서 말하면, 화재의 발생에는 별도로 깊은 뜻이 있다고 여겼다. 그런데 『공양전』에서 '신주新周'로 해석한 것은 그 뜻이 결코 명료하지 않다. 이에 대해 하휴는 다음과 같이 해석했다. "중흥을 이루었을 때 만든 악기에 천재天災가 발생했기 때문에 주나라가 다시는 중흥하지 못함을 보여

---

91) 『春秋繁露』, 「三代改制質文」.
92) 『公羊傳』, 宣公 16년.

준 것이다. 따라서 중흥을 표시하는 선사宣謝를 성주成周와 연결시켜서, 마치 다른 제후국들을 처우할 때와 마찬가지의 문장을 기록하여, 주나라를 축출하여 새로운 나라로 여겼으니, 왕자가 된 이후에 재난을 기록하는 방식을 따른 것이다."93) 하휴는 '신주新周'라는 것이 주나라를 축출하여 제후국으로 삼았다고 해석했는데, 그 뜻이 처음으로 분명하게 드러난다.

또한 장공 27년, 기杞나라 임금이 노나라에 와서 조회하였다.(杞伯來朝)『공양전』의 문장에는 별다른 이론이 없다. 그런데 하휴는 다음과 같이 해석했다. "기杞나라는 하夏나라의 후예인데도 공公이라고 말하지 않은 것은『춘추』가 기杞나라를 축출하고, 주周나라를 새로운 나라로 여기며, 송나라를 옛 나라로 여기고,『춘추』를 새로운 왕에 해당시킨 것이다. 기나라를 축출했는데 후侯라고 부르지 않은 것은 이후에 기자杞子라고 부르는 것이 폄하가 된다고 말하기 전에 미리 기백杞伯이라고 부르는 것이 축출한다는 의미라는 것을 제기한 것이다."94) 이미『춘추』를 새로운 왕에 해당시켰기 때문에 반드시 주나라를 새로운 나라로 여기고 송나라를 옛 나라로 여기며, 위로 기나라를 축출해야 한다.

하휴의 이론은 매우 분명하지만, 사실은 그만의 독창적인 이론은 아니다. 스승의 이론을 근본으로 삼았으며, 그것은 동중서의 이론으로 거슬러 올라갈 수 있다. 동중서의 표현을 보면, '왕노王魯'와 '『춘추』를 신왕에 해당시킨다'(『春秋』當新王)는

---

93)『公羊傳』, 宣公 16년, 何休 注.
94)『公羊傳』, 莊公 27년, 何休 注.
역자 주:『공양전』은공 5년에 "천자의 삼공은 公이라고 부르고, 왕자의 후예는 公이르고 부르며, 그 나머지 대국은 侯라고 부르고, 소국은 伯·子·男이라고 부른다"(天子三公稱公, 王者之後稱公, 其餘大國稱侯. 小國稱伯子男)는 내용이 보인다. 기나라는 하나라 왕조의 후예이기 때문에 당연히 杞公이라고 불러야 되지만, 기나라를 축출하여 그 작위를 강등했다. 그리고 公을 강등하면 그보다 한 단계 아래인 侯라고 불러야 되는데, 여기에서는 두 단계 아래인 伯이라고 불렀다. 또한 희공 23년에는 "杞子卒"이라고 하여, 伯보다 한 단계 더 아래인 子라고 불렀다. 서언의 소에 의하면, 기나라 임금은 본래 杞公이었는데,『춘추』의 기록 이전에 주나라 천자에 의해 杞侯로 강등되었고,『춘추』에 의해 다시 杞伯으로 강등되었다. 그리고『춘추』에서는 伯·子·男은 등급의 차별이 없이 하나의 등급으로 여기기 때문에 杞伯과 杞子는 동일한 의미로 사용되었다.

것은 그 의미가 서로 비슷하며, 또한 진정으로 노나라를 왕으로 삼는 것 같다. 이에 대해 『춘추번로』에서 다음과 같이 말했다.

지금 『춘추』는 노나라에 의거하여 왕의 의리를 말했다. 은공隱公·환공桓公에 대한 대우를 줄여서 먼 조상으로 삼고, 정공定公·애공哀公을 높여 부모로 삼아서 지극히 존중하고 높였으며, 지극히 드러내고 밝혔다. 그들이 다스린 대지에 은택이 더해져서, 만물이 끝도 없이 자라난다. 노나라 임금은 앞에서 일정한 법도가 되니, 10년을 이들과 이웃하면, 숨어서 살던 사람도 그들의 묘에만 가까이 가더라도 고명하게 된다. 대국인 제齊나라와 송宋나라에 대해 그들이 서로 만났을 때는 회합했다(會)고 말하지 않았으며, 미약한 나라의 군주에 대해 그 죽음과 장례의 예법을 모두 기록하되 말이 매우 자세하였다. 먼 지역 오랑캐의 임금에 대해 안으로 여기면서 밖으로 여기지 않았다. 이 당시에 노나라는 변경이나 국경이 없었으며, 제후들이 애공을 정벌했을 경우에 모두 우리(我)를 정벌했다고 말했다.[95] 주루邾婁나라의 서기庶其·비아鼻我는 주루나라의 대부이다. 그들은 우리 노나라에 대해 친족의 관계가 없지만, 『춘추』가 지어진 것과 가까운 시대이기 때문에 그들의 이름이 드러나 밝혀질 수 있었다.[96] 은공·환공은 『춘추』가 기록의 대상으로 삼은 노나라의 친숙한 선인先人인데, 그 시대에 공자 익사益師가 죽었을 때 날짜를 기록하지 않았다.[97] 직稷 땅에서의 회합에 대해, 송나라의 난리를 이루어 주었다고 말했으니, 시대가 멀어서 밖으로 여겼기 때문이다.[98] 황지黃池의 회합에 대해, 두 명의 패자와

---

95) 역자 주: 예를 들어 애공 8년에 오나라가 정벌했을 때 "吳伐我"라고 기록했고, 11년 제나라가 정벌했을 때도 "齊國書帥師伐我"라고 기록했다.

96) 역자 주: 『춘추』 양공 21년 주루나라의 서기가 노나라에 망명한 사건(邾婁庶其以漆閭丘來奔)과 23년 비아가 망명한 사건(邾婁鼻我來奔)이 있었다. 『공양전』의 해석에 의하면, 두 사람 모두 주루나라의 대부에 지나지 않지만, 공자와 가까운 시대의 일이기 때문에 기록한 것이다.

97) 역자 주: 『춘추』 은공 원년에 "공자 익사가 죽었다"(公子益師卒)는 기록이 보인다. 『공양전』에서 "무엇 때문에 날짜를 기록하지 않았는가? 시대가 멀기 때문이다"(何以不日? 遠也)고 했다.

98) 역자 주: 『춘추』 환공 2년에 "환공이 제나라 임금·진나라 임금·정나라 임금과 직 땅에서 회합하여, 송나라의 난리를 이루어 주었다"(公會齊侯·陳侯·鄭伯于稷, 以成宋亂)는 기록이 보인다. 『공양전』에서, "노나라의 큰 악은 숨겨서 기록하지 않는데,

회합할 때 기록하는 형식의 말을 사용한 것은 오랑캐인 오나라를 밖으로 여기지 않는다는 말이니,[99] 시대가 가까워서 안으로 여긴 것이다.[100]

공자가 말했다. "내가 지난 일에 의거하여, 거기에 우리 왕자의 마음을 더해 놓았다." 왕자의 지위와 호칭을 빌어서 인륜을 바로잡았다.[101]

동중서의 주장에 근거하면, 왕노王魯라는 것은 곧 '노나라에 의거하여 왕의 의리를 말한 것'이며, 그 의미는 노나라의 일을 빌어서 왕의 뜻을 말하고 왕의 마음을 더하는 데 있을 뿐이다. 이로써 알 수 있듯이, 동중서의 입장에서 노나라는 단지 가탁한 왕자이지 진짜 왕자는 아니다.

그 후에 강유위는 이 뜻을 더욱 분명하게 말했다.

"노나라에 의거하여 왕의 의리를 말했다"는 것은 공자의 뜻이 전적으로 왕자의 의리를 밝히는 데 있으며, 단지 노나라에 왕을 가탁하여 글을 기록한 것에 지나지 않는다. 즉 예를 들어 은공·환공은 단지 왕자 중에서 먼 조상과 같은 존재로 삼았고, 정공·애공은 왕자 중에서 부모와 같은 존재로 삼았을 뿐이다. 제나라와 송나라는 단지 대국을 비유한 것이며, 주루邾婁나라·등滕나라·설薛나라도 단지 소국 중의 앞선 왕조의 조상일 뿐이니, 이른바 "그 의리는 내가 잠시 취했다"는 것이다. 위서僞書『좌씨전』이 나온 이후로, 사람들은 그 당시의 일을 가지고 경문經文을 설명하였다. 이에 주周나라와 노魯나라, 은공·환공·정공·애공, 주邾나라·등滕나라에 대해, 모두 고증의 방법으로 탐구하여, 어리석은 사람이 꿈을 풀이하여

여기에서는 지목하여 말한 것은 무엇 때문인가? 시대가 멀기 때문이다"라고 했다.
99) 역자 주:『춘추』애공 13년에 "애공이 잔나라 임금 및 오나라 임금과 황지에서 회합하였다"(公會晉侯及吳子于黃池)는 기록이 보인다.『공양전』에서 다음과 같이 해석했다. "오나라에 대해 무엇 때문에 자작(子)이라고 불렀는가? 오나라가 회합을 주도했기 때문이다.…… '및 오나라 임금'(及吳子)이라고 말한 것은 무엇 때문인가? 두 명의 패자와 회합할 때 기록하는 형식의 말을 사용한 것이다.…… 오나라를 중시했기 때문이다."(吳何以稱子? 吳主會也.……其言及吳子何? 會兩伯之辭也.……重吳也)
100)『春秋繁露』,「奉本」.
101)『春秋繁露』,「兪序」.

오히려 의혹이 더해졌으니, 사건 기록이 있다는 것만 알고 의리가 있다는 것을 모른다. 이에 공자의 은미한 말이 사라져서 『춘추』를 이해할 수 없게 되었다. 그나마 동중서의 이론이 있는 덕분에 그것을 밝힐 수가 있다.[102]

강유위의 논의는 매우 정밀하고 분명하다. 단지 노나라의 12명의 임금뿐만 아니라, 『춘추』에 기록된 송나라·등나라·설나라의 일도 모두 공자가 가탁한 것이니, 그 의도는 그 임금이나 국가의 일을 빌어서 '왕의 의리를 말한 것'일 뿐이다.

동중서는 『공양전』에 대한 해석을 통해 공자 개제의 이론을 드러내 밝혔다. 그런데 이것은 사실상 현실정치에 대한 고려가 강렬하게 작용했으며, 한나라 왕조가 "옛것을 회복하여 개혁하는 것"을 추동하였다. 당시의 유학자가 보기에, 한나라는 진나라의 제도를 계승하여 그것을 그대로 따라서 고치지 않았기 때문에 마땅히 "옛것을 회복하여 개혁해야" 한다. 이러한 정치의식에 기초하여, 한초漢初 이래로 진나라의 정치에 대해 비판하는 사람이 많았다. 그것은 진나라의 제도를 버리고 선왕의 도를 회복하는 것이며, 실로 한대 유학자들의 보편적인 견해라고 할 수 있다. 한대 유학자들은 진나라의 제도를 개혁하고자 했기 때문에 공자의 『춘추』에 가탁하였으며, 공자가 "한나라를 위해 법도를 제정했다"고 여겼다. 따라서 한대 사람들은 "옛것을 회복하여 개혁하는" 과정에서 『춘추』를 근본으로 삼은 것이다.

제4절 『춘추』 결옥春秋決獄

『춘추』는 경세經世의 책이다. 동중서는 당대 유학의 종주로서 양한시대 및 후세 중국 사회와 정치에 끼친 영향은 단지 "제자백가를 축출하고, 오직 유술儒術만을 존중한다"(罷黜百家, 獨尊儒術)는 건의를 무제에게 올린 것만으로 구현된 것이 아니다.

---

102) 康有爲, 『春秋董氏學』(『康有爲全集』 2책, 778쪽).

그는 또한『춘추』에 포함된 경전의 뜻을 현실의 정치와 법률에서 구체적으로 실천하고 운용하였는데, 그것이 곧『춘추』 결옥決獄이다.

『한서』「예문지」에『공양동중서치옥公羊董仲舒治獄』16편이 수록되어 있다. 또한 『후한서』에 응소應劭의 다음과 같은 상주문이 실려 있다. "따라서 교서국膠西國의 재상이었던 동중서는 늙어 병이 들어서 벼슬을 그만두었는데, 조정에서 매번 정치 논의가 있을 때마다 정위廷尉 장탕張湯을 자주 파견하여 동중서의 거처에 직접 가서 그 득실을 물었습니다. 이에『춘추결옥春秋決獄』232개의 일을 지어서, 경문을 가지고 대답하는 경우가 많았는데, 말한 것이 매우 상세했습니다."103) 여기에서 말한『춘추결 옥』232개의 일은 대체로『한서』「예문지」에 수록된『공양동중서치옥』16편에 포함된 내용이다. 그러나 이 책은 이미 없어졌고, 현존하는『춘추』결옥의 자료는 단지 6개 조목뿐이다.

『춘추』 결옥은 법률法律 유가화儒家化의 발단으로 여겨진다. 그 중에는 두 가지의 중요한 원칙을 확정했는데, 그것은 바로 '혈육 사이에는 서로 숨겨 준다'(親親相隱)와 '마음을 따져서 죄를 결정한다'(原心定罪)104)이다. 현재 남아 있는 자료 중에서 한 조목을 소개하면 다음과 같다.

> 당시에 다음과 같이 판결하기 어려운 옥사가 있었다. 갑甲은 아들이 없었는데, 길가에 버려진 아이 을乙을 거두어서 양육하여 아들로 삼았다. 을이 장성하여 살인의 죄를 저질렀는데, 그 사실을 갑에게 말했고, 갑은 을을 숨겨 주었다. 갑은 마땅히 어떻게 논죄해야 하는가? 동중서가 판결하였다. 갑은 아들이 없어서 을을 거두어서 양육했다. 비록 자신이 직접 낳은 자식은 아니지만 그를 누구와 바꿀 수 있겠는가?『시』에서 "뽕나무벌레가 새끼를 낳았는데, 나나니 벌이 업고 다니네"

---

103)『後漢書』,「應劭傳」.
104) 역자 주:『한서』「王嘉傳」에 "聖王斷獄, 必先原心定罪, 探意立情"이라는 기록이 보이고, 『후한서』「應劭傳」에 "若乃小大以情, 原心定罪"라는 기록이 보인다. 그리고『한서』「薛宣傳」의 "春秋之義, 原心定罪"에 대한 안사고의 주에서는 '原은 그 근본을 찾는 것을 말한다'고 풀이하였다. '원심정좌'는 '論心定罪'라고도 하는데,『鹽鐵論』「刑德」편에서 "春秋之治獄, 論心定罪"라고 했다.

(「小宛」)라고 했고, 『춘추』의 의리는 아버지가 자식을 위해 숨겨 주는 것이다.(『논어』, 「자로」) 갑은 마땅히 을을 숨겨 주어야 하며, 죄를 물어서는 안 된다.(東晉 成帝 咸和 5년 散騎侍郎 喬賀의 부인 于氏가 임금에게 올린 상주문에서 인용)[105]

『춘추』는 질박함(質)을 숭상하기 때문에 "아버지는 자식을 위해 숨겨 준다"(父爲子隱)는 것을 주장한다. 이것이 동중서가 사건을 판단할 때 근거로 삼은 것이다. 『논어』에도 또한 "아버지는 자식을 위해 숨겨 주고, 자식은 아버지를 위해 숨겨 주니, 정직함은 그 가운데에 있다"[106]는 말이 있으니, 이것이 유가의 일관된 입장이라는 것을 알 수 있다. 그 당시 한나라의 법률에는 본래 "주동하여 죄인을 은닉하는 죄에 대한 규정은 사정을 알고 죄인을 숨겨 주는 자는 모두 죄에 따라 처리한다"는 조항이 있었는데, 선제宣帝 지절地節 4년(B.C.66)에 처음으로 다음과 같이 조서를 내렸다. "부자父子의 친함과 부부夫婦의 도리는 천성天性이다. 비록 근심과 재앙이 있다고 하더라도 오히려 죽음을 무릅쓰고 지켜야 한다. 진실로 마음에서 사랑으로 맺어진 것은 어질고 온후함이 지극한 것이니, 어찌 어길 수 있겠는가! 지금부터 자식이 부모의 죄를 숨겨 주고, 아내가 남편의 죄를 숨겨 주고, 손자가 조부모의 죄를 숨겨 준 것은 모두 죄를 묻지 말라. 그리고 부모가 자식의 죄를 숨겨 주고, 남편이 아내의 죄를 숨겨 주고, 조부모가 손자의 죄를 숨겨 준 것 중에 그 죄가 사형에 해당될 경우에는 모두 위로 정위廷尉에게 요청하여 보고하라."[107] 이로써 알 수 있듯이, 동중서가 활동하던 당시에는 여전히 '주동하여 죄인을 은닉하는 죄'에 대한 규정이 있었으며, 몇 세대에 걸친 유가의 노력을 통해 '친친상은親親相隱'의 윤리 원칙이 비로소 법률 속으로 들어가게 되었다. 그 후에 법률의 성격은 단지 징벌의 도구일 뿐만 아니라, 또한 교화의 기능도 갖추게 되었다.

또 다른 『춘추』 결옥 자료 중에 다음과 같은 내용이 보인다.

---

105) 杜佑, 『通典』, 권69.
106) 『論語』, 「子路」.
107) 『漢書』, 「宣帝紀」.

갑甲의 아버지인 을乙이 병丙과 언쟁하면서 서로 다투었다. 병이 차고 있던 칼로 을을 찌르자, 갑이 곧바로 몽둥이로 병을 때리다가 잘못하여 을에게 상해를 입혔다. 갑은 마땅히 어떻게 논죄해야 하는가? 어떤 사람이 말하기를, 아버지를 구타했으니, 마땅히 효수형에 처해야 한다고 했다. 동중서가 판결하였다. 신이 생각건대, 부자 관계는 지극히 친한 사이이니, 아버지가 싸운다는 소식을 듣고서 놀라서 두려워하는 마음이 없을 수 없다. 몽둥이를 들고 아버지를 구해 주려고 한 것이지, 아버지를 욕보이고자 한 것이 아니다. 『춘추』의 의리는 허許나라 세자 지止가 부친이 병이 들자, 자기 아버지에게 약을 올렸다가 아버지가 약을 먹고 죽은 사건에 대해, 군자는 그 마음을 따져서, 사면하고 벌을 주지 않았다. 갑은 법률에서 말한 아버지를 구타한 죄가 아니니, 죄를 물어서는 안 된다.108)

이 안건에서 갑의 본래 의도는 부친을 도와주는 것이었지 부친을 구타하려는 동기는 전혀 없었다. 그러나 사정이 급한 나머지 자기 부친을 잘못하여 상해하였다. 동중서는 『춘추』에서 허許나라 세자 지止의 사례를 인용하였다. 허나라 세자 지는 부주의하게 약을 미리 맛보지 않아서 그 부친을 약으로 죽이는 사건을 초래하였다. 그런데 『춘추』에서는 그 마음을 따져서 죄를 사면했으니, 그가 본래 부친을 살해하려는 마음이 없었다는 것을 인정한 것이다.109) 이와 동일한 이치로, 갑도 또한 부친을 상해하려는 마음이 없었기 때문에 한나라 법률 중에서 부모를 구타한 조항을 적용해서는 안 된다고 여긴 것이다.

그 당시 한나라는 진나라의 제도를 계승했는데, 법률도 여전히 엄격하고 가혹했기 때문에 그 법률이 사법 현장에 구현되는 과정에서 혹리酷吏가 매우 많았다. 가령 공손홍公孫弘과 동중서는 모두 『공양전』을 연구했다고 일컬어지지만, 형옥刑獄을 대하는 태도는 결코 서로 같지 않았다. "공손홍公孫弘은 『춘추』의 의리로써 신하들을

---

108) 李昉, 『太平御覽』, 권64.
109) 역자 주: 『춘추』 소공 19년에 "허나라 세자 지가 그 임금 매를 시해했다"(許世子止弑 其君買)는 사건에 대해, 하휴의 주에서 다음과 같이 해석했다. "세자 지가 약을 올린 마음을 따져 보면, 본래 아버지의 병을 낫게 하려고 하고, 아버지를 해칠 의도가 없었다. 따라서 사면해 주었다."(原止進藥, 本欲愈父之病, 無害父之意. 故赦之)

제어하여 한나라의 승상이 되었고, 장탕張湯은 법조문을 엄격하게 해석하여 옥사를 잘 처리함으로써 정위廷尉가 되었다. 이로부터 다른 사람의 죄를 알고도 고발하지 않으면 처벌하는 법이 생겨나고, 국법이나 황제의 명이 실시되지 못하도록 방해하거나 비방하는 죄를 끝까지 다스리는 옥사가 적용되었다."110) 공손홍은 유가 학술을 가지고 관리의 일을 겉으로 치장했는데, 그의 『춘추』 해석은 엄격하고 가혹한 한나라 법률과 서로 합치했고, 동중서가 주장한 '원심논죄原心論罪'와는 같지 않았다.

또한 『한서』의 기록에 의하면, 공손홍은 백성들이 활과 쇠뇌를 소지하는 것을 금지해야 한다고 주장했는데, 오구수왕吾丘壽王이 상소문을 올려 반대하고, "교화에 힘써야 하고, 금지하거나 막는 조치를 줄여야 한다"고 주장하였다.111) 오구수왕은 동중서의 제자이므로 또한 두 사람의 학술적 차이를 알 수 있다.

---

110) 『漢書』, 「食貨志」.
111) 『漢書』, 「吾丘壽王傳」.
　　역자 주: 「오구수왕전」의 기록에 의하면, 공손홍은 백성들이 활과 쇠뇌를 소지하면 도적이 많아질 것이라고 주장했다. 그러나 오수구왕은 나라에 도적떼가 사라지지 않는 것은 郡國을 다스리는 2,000석 관리들의 죄이지 백성들에게 활과 쇠뇌의 소지를 허락해서 발생한 문제가 아니라고 반박했다.

제4장 하휴何休와 『공양전』 주注

하휴何休(129~182)의 자는 소공邵公이고, 임성국任城國 번현樊縣 사람이다. 『후한서』에 의하면, 하휴는 사람됨이 질박하고 말을 잘하지 못했지만, 평소에 생각이 깊고 육경六經을 깊이 연구하여 당시 학자들 중에 그보다 뛰어난 자가 없었다. 태부太傅 진번陳蕃의 부름을 받아 정치에 참여했지만, 진번이 패망하면서 하휴는 연좌되어 금고禁錮에 처해졌다. 그때 『춘추공양전해고春秋公羊傳解詁』를 지었고, 깊이 생각에 몰두하여 17년 동안 문밖으로 나가지 않았다. 또한 『효경』·『논어』와 풍각風角과 칠분七分 등의 점술에 주석을 달고 해석했는데, 모두 경전을 경위經緯로 삼아서 기존의 글이나 이론을 그대로 따르거나 고수하지 않았다. 또한 『춘추』로써 한나라의 일 600여 조목을 반박했는데, 『공양전』의 본의를 정확하게 잘 파악하였다. 하휴는 역법曆法과 산술算術에도 뛰어났고, 스승인 박사 양필羊弼과 함께 이육李育의 뜻을 미루어 서술함으로써 엄팽조와 안안락이 전수한 학문을 비판하였다. 『공양묵수公羊墨守』 14권, 『좌씨고황左氏膏肓』 10권, 『곡량폐질穀梁廢疾』 2권을 저술하였다.[1]

『수서』「경적지」에 그의 책이 수록되어 있는데, 『춘추공양해고』 11권, 『춘추좌씨고황』 10권, 『춘추곡량폐질』 3권, 『춘추공양묵수』 14권, 『춘추한의春秋漢議』 13권, 『춘추공양시례春秋公羊諡例』 1권, 『춘추의春秋議』 10권이다. 『구당서』와 『신당서』「경적지」에는 다음과 같은 책이 수록되어 있다. 『춘추좌씨고황』 10권(부록: 鄭玄의 『箴膏肓』), 『공양해고』 13권(『구당서』에는 『春秋公羊經傳注』로 되어 있음), 『하씨춘추한의何氏春秋漢議』 10권(부록: 정현의 『駁何氏春秋漢議』 및 糜信의 注, 『신당서』에는 10권으로 되어 있음), 『춘추공양조전春秋公羊條傳』 1권, 『춘추공양묵수』 2권(부록: 정현의 『發墨守』, 『신당서』에는 1권으로 되어

---

1) 『後漢書』, 「儒林傳」.

있음),『춘추곡량폐질』3권(부록: 정현의『釋廢疾』및 張靖의『箴廢疾』). 그런데『춘추공양해고』
를 제외한 나머지 책들을 모두 전하지 않고, 청대 학자의 집일본이 있다.

하휴의『춘추공양전해고』및『한서』「유림전」에 의하면, 하휴는 "기존의 글이나
이론을 그대로 따르거나 고수하지 않았으니", 엄팽조嚴彭祖와 안안락顔安樂의 학문을
취하지 않은 것이다. 또한 서언徐彦의 소疏에 의하면, 하휴는 엄팽조와 안안락의
학문을 비판했기 때문에 호무생胡毋生의『조례條例』를 근본으로 삼아서『춘추공양해
고』를 지어서『공양전』의 주석을 달았다. 이로써 알 수 있듯이, 엄팽조·안안락
두 학자와 비교해 보면, 하휴의 학문은 사실 기존과는 다른 새로운 논의이다.

살펴보건대, 한나라 초기에『공양전』의 스승은 오직 호무생과 동중서뿐이었다.
두 사람은 함께 공부하여, 모두 경제景帝 시기에 박사가 되었다. 그 후에 각자가
전수한 것이 달랐는데, 동중서의 학문은 관부官府에서 전해져서 박사로 세워졌다.
그러나 호무생의 학문은 전수된 내용을 알 수가 없으며, 고문의 학문과 마찬가지로
혹 민간에 전해져서 연구되었을 가능성이 있다. 하휴는 박사인 양필을 스승으로
삼았고, 또한 이육의 뜻을 미루어 서술함으로써 엄팽조와 안안락이 전수한 학문을
비판하였다. 이육은 "젊은 시절부터『공양춘추』를 익혀서" 또한 박사가 되었으며,
하휴의 학문은 엄팽조·안안락의 학문에서 나온 것이 아니라, 멀리 동중서로부터
계승한 것으로 보인다.

그런데 강번江藩의『공양선사고公羊先師考』에서는 "하휴의 학문이 이육으로부터
나왔고, 이육의 학문은 호무자도胡毋子都에 근본을 두고 있다"고 하였다. 또 "동중서는
오행五行과 재이災異의 이론을 추론하고 경방京房의 점술占術을 취했으니, 하휴가
동중서를 스승으로 삼지 않았다는 것을 알 수 있고", "지금의 공양학은 제齊의
공양公羊이지 조趙의 공양이 아니다"라고 주장했다. 그 후에 강유위도 호무생이
하휴에게 전수했다고 말했다. 만약 이 주장과 같다면, 하휴의 학문이 호무생을
근본으로 삼았으니, 효종孝宗이 왕조의 정통을 이어서 반정反正한 것과 같다. 단희중段
熙仲이「『춘추공양전해고』소거본고『春秋公羊傳解詁』所據本考」를 쓸 때, 강번의 논의를
취한 것이 많고, 고증도 매우 상세하다. 그의 책에서는 하휴의『춘추공양전해고』가

대부분 호무생의 『조례』를 근거로 삼았으며, 동중서의 『춘추번로』와는 같지 않다고 단언하였다.[2] 따라서 단희중은 하휴가 "전한시대 박사의 가르침 밖의 다른 이론을 전했으며, 호무생과 동중서의 스승의 이론을 곧바로 전수한 자"[3]라고 말했다. 또한 서언의 주장을 살펴보면, 하휴는 단지 엄팽조·안안락 두 학자만을 비판한 것이 아니라, 심지어 동중서를 비판한 경우도 있다. 서언은 "봉축보逢丑父는 제齊나라 임금을 대신하여 임금의 자리인 수레 왼쪽에 서서, 자기 임금이 화를 면하게 해 주었다. 『춘추』에서는 그 행동이 그르다고 여기지 않았는데, 해석하는 자들이 그의 행동을 비난했으니, 경經과 위배되는 것이다"라고 했다. 그런데 봉축보를 비난한 주장은 사실상 동중서로부터 나온 것이다.[4] 하휴의 『춘추공양전해고』에서는 비록 봉축보를 왕법의 측면에서는 귀하게 여길 대상이 아니라고 여겼지만, 그래도 좋은 말로 그의 행동을 인정하였다. 이에 근거하면, 하휴의 학문은 호무생으로부터 전해진 것이다. 아니면 혹 이육과 양필이 비록 박사였지만, 그래도 호무생의 『공양춘추』를 함께 공부했기 때문에 하휴도 호무생과 동중서의 사이에서 절충할 수 있었을 것이다.

따라서 하휴의 학술 연원은 대체로 네 가지가 있다. 첫째, 이육과 양필의 학문이 모두 박사로 세워졌던 점에서 말하면, 당연히 그 연원은 엄팽조·안안락 두 학자의 학문이다. 둘째, 하휴가 엄팽조·안안락의 학문에 만족하지 않은 점에서 말하면, 마땅히 호무생과 동중서에게로 그 근본이 돌아간다. 셋째, 호무자도胡毋子都의 『조례』에 근거하여 『춘추공양전해고』를 지었으므로 마땅히 위로 호무생을 계승한 것이다. 넷째, 호무생과 동중서의 학문을 함께 전수했다.

그런데 하휴의 학문은 당시의 정현鄭玄·복건服虔에게 공격을 받은 이외에도, 후대 사람들의 비판을 많이 받았다. 그의 『춘추공양전해고』에서는 참위讖緯를 많이

---

2) 段熙仲, 『春秋公羊學講疏』, 14~23쪽 참조.
3) 段熙仲, 『春秋公羊學講疏』, 13쪽.
4) 역자 주: 『춘추번로』 「竹林」 편에 의하면, 동중서는 봉축보가 마땅히 참수되어야 한다고 주장했다. 왜냐하면 봉축보가 비록 자기 임금을 살리기는 했지만, 자기 임금에게 의리가 없이 도망친 임금이라는 치욕을 받도록 했기 때문에 그의 행동은 권도를 모른 것이라고 비판하였다.

인용했는데, 『서위書緯』 1조목, 『예위禮緯』 5조목, 『악위樂緯』 2조목, 『역위易緯』 2조목, 『춘추위春秋緯』 44조목, 『효경위孝經緯』 4조목 등 모두 54조목이다. 그 중에는 특히 애공 14년의 '서수획린西狩獲麟' 조목은 참위 이론을 가장 많이 인용했다고 말할 수 있다.

제1절 삼통의 소통(通三統)

'삼통의 소통'(通三統)은 "주나라를 새로운 나라로 여기고, 송나라를 옛 나라로 여기고, 『춘추』를 신왕에 해당시킨다"(新周, 故宋, 以『春秋』當新王)[5]이다. 이 이론은 『공양전』의 문장에는 없으며, 오직 선공 16년의 『공양전』에 '신주新周'라는 말만 보인다. '송나라를 옛나라로 여긴다'(故宋)는 말은 환공 2년 『곡량전』의 문장에 보인다. 따라서 신주新周·고송故宋의 뜻은 공양가가 말하는 '삼통의 소통'(通三統)과는 서로 관계가 없는 듯하다.

하휴가 '삼통의 소통'(通三統)의 뜻을 드러낸 것은 다음과 같은 몇 개의 조목이 있다.

『춘추』: 기나라 임금이 노나라에 와서 조회하였다.(杞伯來朝)[6]
『춘추공양전해고』: 기杞나라는 하夏나라의 후예인데도 공公이라고 말하지 않은 것은 『춘추』가 기杞나라를 축출하며, 주周나라를 새로운 나라로 여기고 송宋나라를 옛 나라로 여기며, 『춘추』를 새로운 왕에 해당시킨 것이다.[7]

『춘추』: 기나라 임금이 죽었다.(杞子卒)[8]

---

5) 『公羊傳』, 莊公 27년, 何休 注.
6) 『春秋』, 莊公 27년.
7) 『公羊傳』, 莊公 17년, 何休 注, "杞, 夏後, 不稱公者, 『春秋』黜杞, 新周而故宋, 以『春秋』當新王."

『춘추공양전해고』: 기杞나라 임금이 처음 보였을 때는 백伯이라고 불렀는데, 마지막에는 유독 자子라고 부른 것은 미약해져서 서徐나라와 거莒나라의 위협을 받고, 죽으면서 자리를 지키지 못했기 때문이다.『춘추』에서는 백伯·자子·남南을 동일하게 사용하기 때문에 경문의 말에는 비난하는 의미가 없다. 그런데 자子라고 낮추어서 부른 것은『춘추』에 기杞나라를 축출한 것이 분명하지 않기 때문에 그 한 등급을 가지고 기나라를 폄하한 것이니, 기나라는 본래 백伯이 아니라 공公임을 밝힌 것이다.[9]

『춘추』: 주나라 수도의 동쪽에 있는 성주의 선사에 화재가 발생했다.(成周宣謝災)[10]
『공양전』: 주나라를 새로운 나라로 여겼다.(新周也)
『춘추공양전해고』: 주周나라를 새로운 나라로 여겼기 때문에 화재가 있었다고 구별하여 기록했으니, 송宋나라와는 같지 않다. 공자는『춘추』를 새로운 왕에 해당시키고, 위로는 기杞나라를 축출하며, 아래로는 주周나라를 새로운 나라로 여기고 송宋나라를 옛 나라로 여겼다. 중흥을 이루었을 때 만든 악기에 천재天災가 발생했기 때문에 주나라가 다시는 중흥하지 못함을 보여 준 것이다. 따라서 중흥을 표시하는 선사宣謝를 성주成周와 연결시켜서, 마치 다른 제후국들을 처우할 때와 마찬가지의 문장을 기록하여, 주나라를 축출하여 새로운 나라로 여겼으니, 왕자가 된 이후에 재난을 기록하는 방식을 따른 것이다."[11]

이와 같이 하휴가 언급하기는 했지만, '삼통의 소통'(通三統) 이론은 현재의 드물게 보이는 사료에 근거하면, 아마도 동중서의 책에서 가장 먼저 나온 것이다. 그 후에 한대 학자들이 그 이론을 폭넓게 확대하였다.『백호통』에서 다음과 같이 말했다.

---

8)『春秋』, 僖公 23년.
9)『公羊傳』, 僖公 23년, 何休 注, "始見稱伯, 卒獨稱子者, 微弱爲徐莒脅, 不能死位.『春秋』伯·子·男一也. 辭無所貶, 貶稱子者,『春秋』黜杞不明, 故以其一等貶之, 明本非伯, 乃公也."
10)『春秋』, 宣公 16년.
11)『公羊傳』, 宣公 16년, 何休 注, "新周, 故分別有災, 不與宋同也. 孔子以『春秋』當新王, 上黜杞, 下新周而故宋. 因天災中興之樂器, 示周不復興. 故繫宣謝於成周, 使若國文, 黜而新之, 從爲王者後記災也."

왕자가 앞선 두 왕조의 후예를 보존하는 이유는 무엇인가? 선왕을 높이고 천하에 삼통三統을 소통하게 하기 위해서이다. 그리고 천하는 한 왕가의 소유가 아니므로 앞선 두 왕조의 후예들에 대한 지극한 공경과 겸양을 밝히기 위해서이다.12)

왕자가 천명을 받으면 반드시 역법을 고치는 것은 무엇 때문인가? 역성易姓에 의한 왕조 교체임을 밝히고, 전대의 왕위를 계승한 것이 아님을 보여 주기 위해서이다. 그리고 왕조를 하늘로부터 받았지 사람으로부터 받은 것이 아님을 밝히기 위해서이다. 이로써 백성들의 마음을 바꾸고, 그들의 이목을 쇄신함으로써 교화를 돕는다.13)

'삼통의 소통'(通三統)은 단지 공양가가 드러낸 이론이 아니라, 사실상 왕조의 옛 제도이다. 매번 왕조가 바뀔 때마다, 새로운 왕은 이전 왕조에 대해 혹은 축출하고 혹은 보존하며, 혹은 새롭게 여기고 혹은 옛 나라로 여긴다. 그것은 이 나라들을 모두 대국이면서 앞선 두 왕조의 후예로 여긴 것이며, 새로운 왕이 하늘로부터 천명을 받아서, 위로 선성先聖을 본받음을 밝힌 것이다.

따라서 한나라 조정에서는 '삼통의 소통'(通三統) 이론을 많이 사용했다. 『한서』에 의하면, 무제武帝 때 주周의 후손인 희가姬嘉를 주자남군周子南君에 봉했는데, 원제元帝 때는 주자남군을 주승휴후周承休侯로 삼아서, 그 서열을 제후왕諸侯王 다음으로 높여주었다. 또한 여러 대부와 박사들에게 은나라의 후손을 찾게 하였고, 광형匡衡은 공자의 혈통을 은나라의 후손으로 삼을 것을 의논하였다. 성제 때에 매복梅福은 다시 공자의 후손을 봉하여 탕왕湯王의 제사를 받들게 해야 한다고 건의하였다.14) 따라서 수화綏和 원년 2월에 다음과 같이 조서를 내렸다. "듣자하니, 왕자는 반드시 앞선 두 왕조의 후예를 보존해 줌으로써 삼통三統을 소통하게 한다고 한다. 옛날에 성탕成湯이 천명을 받아서 삼대三代의 대열에 나열되었지만, 그의 제사가 끊어져 버렸다. 그의 후예를

---

12) 『白虎通』, 「三正」.
13) 『白虎通』, 「三正」.
14) 『漢書』, 「梅福傳」.

찾아서 공길孔吉을 정통으로 정하고, 공길을 은소가후殷紹嘉侯로 봉한다." 3월에 또 은소가후와 주승휴후를 모두 공公의 작위를 주고, 봉지는 각각 사방 1백리로 하였다.[15] 후한에 이르러, 은소가후를 송공宋公으로 봉하고, 주승휴공周承休公 희무姬武를 위공衛 公으로 봉했다.[16]

그런데 '삼통의 소통'(通三統)의 뜻은 『공양전』의 여러 의리 중에서 가장 복잡하다. 지금 그 내용을 세부적으로 분석해 보자.

1. 삼정=正과 삼통=統

'삼통의 소통'(通三統)의 뜻은 본래 '삼정三正' 이론에서 나온다. 정正은 시작(始)이라 는 의미이다. 한 해의 시작이 정正이고, 한 달의 시작이 삭朔이다.

> 2월과 3월에 모두 왕王자가 있는 것은 2월은 은殷나라의 정월이고, 3월은 하夏나라의
> 정월이기 때문이다. 왕자는 앞선 두 왕조의 후예를 보존하여, 그들이 자신들의
> 정삭正朔을 통일하고, 자신들의 복색服色을 입고, 자신들의 예악禮樂을 시행함으로써
> 선성先聖을 높이고 삼통三統을 소통하도록 하였다. 사법師法의 의리와 공경·겸양의
> 예의를 여기에서 볼 수 있다.[17]

서언의 소에서 말했다. "통統은 시작이니, 각각 두 왕조 시대의 정삭正朔으로 시작을 삼도록 한 것을 말한다." 삼정三正은 곧 삼왕三王의 세수歲首이니, 삼통三統이 곧 삼정三正이다. 하나라는 주나라의 11월을 정월로 삼고, 은나라는 주나라의 12월을 정월로 삼는다. 한 해를 정월에서 시작하는 것은 왕자의 정교政教의 시작도 또한 하늘에 근본을 둔 것임을 밝힌 것이다. 따라서 왕자는 천명을 받으면 반드시 정삭을 고침으로써 천명을 하늘에서 받은 것이지 사람에게 받은 것이 아님을 밝혔다.

---

15) 『漢書』, 「成帝紀」.
16) 『後漢書』, 「光武帝紀」.
17) 『公羊傳』, 隱公 3년, 何休 注.

이로써 알 수 있듯이, 하휴는 『춘추』에서 정월·2월·3월에 '왕王'이라고 기록한 것을 근거로 삼아서, '삼통의 소통'(通三統) 의리를 드러내 밝혔다.

그러나 '삼통의 소통'(通三統)은 『공양전』에 분명한 문장이 보이지 않고, 이 이론은 본래 동중서로부터 나온 것이다. 동중서는 흑통黑統·백통白統·적통赤統과 삼정三正의 관계를 상세하게 말했고, 더 나아가 "하나라를 축출하고, 주나라를 새로운 나라로 여기고, 송나라를 옛 나라로 여기고, 『춘추』를 새로운 왕에 해당시킨다"는 이론을 갖추어 말했다.[18] 이로써 다음의 사실을 알 수 있다. 이 이론은 동중서로부터 나왔기 때문에 당시의 박사들은 반드시 그 이론을 공부했을 것이며, 하휴도 또한 박사를 스승으로 삼았기 때문에 그의 삼통三統·삼정三正 이론은 사실상 박사들의 옛 이론이지 하휴의 독창적인 이론은 아니다.

하휴의 『춘추공양전해고』를 살펴보면, 삼정三正 이론을 말한 곳이 매우 많다. 그는 『공양전』 은공 원년의 '왕정월王正月'을 해석하면서 다음과 같이 말했다. 천지天地의 만물은 시작이 있지 않은 것이 없다. 그러나 그 시작은 사물의 맹아가 움직이는 것(萌)·사물의 맹아가 생기는 것(牙)·사물의 맹아가 처음으로 드러나는 것(見)의 차이가 있다. 이 때문에 왕자는 정교政教를 베풀 때 각각 그것을 취하여 법도로 삼았다. 하나라 사람은 사물의 맹아가 처음으로 드러나는 것을 취하여 법도로 삼았고, 은나라 사람은 사물의 맹아가 생기는 것을 취하여 법도로 삼았으며, 주나라 사람은 사물의 맹아가 움직이는 것을 취하여 법도로 삼았다. 그것을 근거로 삼아서, 정삭正朔·복색服色·휘호徽號·희생犧牲·기계器械 등에 시행하니, 각 왕조가 숭상하는 바가 있다. 이것은 모두 삼정三正과 삼통三統 이론의 요지를 드러낸 것이며, 단지 위로 하늘의 도를 본받는 것일 뿐이다.

하휴는 『춘추공양전해고』에서 삼대三代의 정월正月이 같지 않다는 것을 자주 말했다. 예를 들어 은공 9년, 3월, 계유일, 큰 비가 내리고 천둥과 번개가 쳤다.(三月, 癸酉, 大雨震電) 하휴가 말했다. "주나라의 3월은 하나라의 정월이다." 장공 7년, 여름,

---

18) 『春秋繁露』, 「三代改制質文」.

4월, 신묘일, 한밤에 별이 비처럼 쏟아졌다.(夏, 四月, 辛卯, 夜, 恒星不見) 하휴가 말했다. "주나라의 4월은 하나라의 2월이다. 어두워졌을 때, 삼벌參伐·랑주狼注의 별자리가 당연히 보인다." 서언의 소에서는 더욱 상세하게 삼정三正에 대해 말했다. 예를 들어 환공 4년, 봄, 정월, 환공이 랑에서 사냥했다.(春, 正月, 公狩于郎) 서언이 말했다. "주나라의 정월은 하나라의 11월이다. 양기陽氣가 처음으로 베풀어져서, 금수가 회임하고 초목이 싹트니, 미미한 양기를 기르는 바가 아니다." 8년, 겨울, 10월, 눈이 내렸다.(十月, 雨雪) 서언이 말했다. "주나라의 10월은 하나라의 8월이다." 14년, 봄, 정월, 얼음이 없었다.(春, 正月, 無冰) 서언이 말했다. "주나라의 정월은 하나라의 11월이다. 자연의 법칙상 당연히 얼음이 두껍게 어는데, 얼음이 없는 것은 기온이 높았기 때문이다." 이것은 모두 『춘추』에서는 당시의 왕의 제도, 즉 주나라의 역법을 사용했다고 여긴 것이다.

그런데 송나라 호안국의 『춘추전』을 시작으로 '하나라의 역법을 시행하겠다'(行夏之時)는 공자의 말을 추론하여, 처음으로 '하나라의 계절(春)을 주나라의 달(正月) 앞에 두었다'(以夏時冠周月)는 이론이 생겼다. "하나라의 계절을 주나라의 달 앞에 두어서 후세에 법도를 남기고, 주나라의 역법으로 일을 기록하여 공자는 지위가 없어서 감히 자기 마음대로 할 수 없다는 것을 보여 주었다"[19]고 하였다. 만약 호안국의 주장과 같다면, 주나라는 비록 정월을 개정했지만, 사시四時는 여전히 하나라의 역법을 그대로 사용한 것이다.

하휴는 또 '『춘추』의 제도'(『春秋』之制)라는 이론을 주장하였다. 성공 17년, 9월, 신축일, 교郊 제사를 지냈다.(九月, 辛丑, 用郊) 하휴가 말했다. "주나라의 9월은 하나라의 7월이다. 하늘의 기운이 위로 올라가고, 땅의 기운이 아래로 내려오니, 또한 교제사를 지낼 때가 아니다. 따라서 (하지 말아야 한다는 의미의) 용用자를 더해서 기록했다."[20] 또 말했다. "노나라의 교제사는 봄 3월에 여러 번 점을 치는데, 정월이라고 말한

---

19) 『春秋胡氏傳』, 隱公 원년.
20) 『公羊傳』, 成公 17년, 何休 注.

것은 이를 통해 후대의 왕들이 마땅히 교제사를 지내야 할 달을 바로잡아야 함을
보여 준 것이다. 삼왕의 교제사는 한결같이 하나라의 역법을 사용한다. 정월이라고
말한 것은『춘추』의 제도이다."21) 애공 14년, 봄, 서쪽에서 사냥을 하다가 기린을
잡았다.(春, 西狩獲麟) 하휴가 말했다. "하양河陽에서 사냥할 때는 겨울 사냥을 수狩라고
했는데,22) 기린을 잡았을 때는 봄 사냥을 수狩라고 한 것은 노나라가 주나라의
봄을 바꾸어 겨울로 삼은 것에 의거한 것이니, 주나라의 정삭을 제거하고 하나라의
역법을 시행한 것이다." 서언의 소에서 말했다. "지금 기린을 잡았다는 경문에서는
봄인데도 수狩라는 사냥 명칭을 사용한 것은 노나라가 왕이 되어 정삭을 고쳐서,
주나라의 봄을 바꾸어 겨울로 삼은 것에 의거한 것이니, 주나라의 정삭을 제거하고
하나라의 역법을 시행한 것이다. 이러한 이유로 봄인데도 수狩라고 말한 것이다."
『춘추』는 당시 왕자의 예법을 존중했을 뿐만 아니라, 또한 개제改制의 이론이 있었기
때문에 마침내 후인들이 다른 주장을 펼치는 길을 연 것이다.

　　삼통 이론은 그 유래가 이미 오래되었다.『논어』속에 '사법師法의 뜻(師法之義)'을
논한 것이 많이 있다. "은殷나라는 하夏나라의 예법을 따랐으니, 덜어 내거나 더한
내용을 알 수 있고, 주周나라는 은나라의 예법을 따랐으니, 덜어 내거나 더한 내용을
알 수 있다. 혹시 주나라를 계승하는 나라가 있으면 비록 100세대가 지난 이후에도
알 수 있다"23) 또 말했다. "하夏나라의 예禮는 내가 말할 수 있지만 기杞나라에서
충분히 증명하지 못하며, 은殷나라의 예는 내가 말할 수 있지만 송宋나라에서 충분히
증명하지 못하는 것은 문헌이 충분하지 않기 때문이다. 충분하다면 내가 증명할
수 있다."24) 그리고 애공哀公이 재아宰我에게 토지신(社)에 대해 묻자, 재아가 다음과
같이 대답했다. "하후씨夏后氏는 소나무로 하고, 은殷나라 사람은 잣나무로 하고,

---

21)『公羊傳』, 成公 17년, 何休 注.
22) 역자 주:『춘추』회공 28년에 "冬, 天王狩于河陽"이라는 기록이 보인다. 두 경우 모두
　　狩라는 사냥 명칭을 사용했는데, 계절이 서로 다른 것은 사용한 역법이 다르다는
　　의미이다.
23)『論語』,「爲政」.
24)『論語』,「八佾」.

주周나라 사람은 밤나무로 하였으니, 이른바 백성들로 하여금 두렵게 한 것입니다." 또 말했다. "하夏나라의 역법을 시행하고, 은殷나라의 수레를 타며, 주周나라의 면류관 을 착용하고, 음악은 순임금의 소무韶舞를 사용한다."25) 이로써 알 수 있듯이, 천자의 조정에서는 앞 두 왕조의 후예를 보존해 주는 옛 제도가 있었기 때문에 후인들이 하·은·주 삼대의 서로 다른 제도를 볼 수 있었고, 공자의 『춘추』에서 새로운 제도를 세울 때 그것을 함께 취할 수 있었던 것이다.

그 후에 동중서가 이 뜻을 드러내 밝혔는데, 공적이 매우 크다고 할 수 있다. 동중서의 「거현량대책擧賢良對策」에서 『논어』를 인용하여 그 뜻을 다음과 같이 밝혔다.

따라서 『춘추』가 천명을 받고 가장 먼저 제정한 것은 정삭을 바꾸고 복색을 고친 것이니, 이로써 하늘의 뜻에 호응하였습니다. 궁궐이나 깃발의 제도는 법제가 있어서 그렇게 했던 것입니다.26)

또 말했다.

순임금은 정삭을 바꾸고 복색을 고침으로써 하늘의 명령에 순응하였을 뿐입니다. 그 외의 나머지는 모두 요임금의 도를 그대로 따랐으니, 어찌 다시 할 일이 있겠습니 까! 따라서 왕자는 명분상으로는 제도를 고치지만, 실제로는 도를 바꾸지 않습니다. 그런데 하夏나라는 충심(忠)을 숭상했고, 은殷나라는 공경함(敬)을 숭상했으며, 주周나 라는 문식(文)을 숭상했던 것은 전 왕조를 계승한 나라가 전 왕조의 폐단을 바로잡기 위해서 이러한 정치 방향을 마땅히 시행해야 했기 때문입니다. 공자가 "은殷나라는 하夏나라의 예법을 따랐으니, 덜어 내거나 더한 내용을 알 수 있고, 주周나라는 은나라의 예법을 따랐으니, 덜어 내거나 더한 내용을 알 수 있다. 혹시 주나라를 계승하는 나라가 있으면 비록 100세대가 지난 이후에도 알 수 있다"고 했습니다. 이 말은 수많은 왕들이 사용하는 예법은 이 세 가지를 가지고 시행한다는 것입니다.27)

---

25) 『論語』, 「衛靈公」.
26) 『漢書』, 「董仲舒傳」.

그런데 동중서의 「삼대개제질문」편에서 논한 것이 「거현량대책」보다 더욱 상세하다. 이로써 알 수 있듯이, 매번 새로운 왕이 천명을 받을 때마다 반드시 제도를 개혁해야 하니, 그 일은 정삭을 고치고 복색을 바꾸며 예악을 제정하는 종류의 일일 뿐이다.

새로운 왕이 무엇을 근거로 삼아서 제도를 개혁해야 하는가에 대해서, 동중서는 다음과 같이 말했다.

> 지금 새로운 왕은 반드시 제도를 바꾸어야 한다는 것은 그 도를 바꾸는 것도 아니고 그 이치를 바꾸는 것도 아니다. 하늘에서 천명을 받아 성姓을 바꾸어 다시 왕 노릇하는 것이니, 앞의 왕을 계승하여 왕 노릇하는 것이 아님을 말하는 것이다. 만약 한결같이 앞 왕조의 제도를 그대로 따르고 옛 왕업을 닦아서 고치는 것이 없다면, 이것은 앞의 왕을 계승하여 왕 노릇하는 것과 차별이 없는 것이다. 천명을 받은 임금은 하늘이 크게 드러내는 자이다. 부모를 섬기는 자는 부모의 뜻을 받들고, 임금을 섬기는 자는 임금의 의지를 본받으니, 하늘을 섬기는 것도 또한 마찬가지이다. 지금 하늘이 자기를 크게 드러냈는데도 문물이 앞 왕조에서 전해온 것을 그대로 답습하여 대체로 서로 같다면, 드러나지도 않고 밝혀지지도 않은 것이니, 하늘의 의지가 아니다. 따라서 반드시 거처를 옮기고, 칭호를 바꾸며, 역법을 고치고, 예복의 색깔을 바꾸는 것은 다른 이유가 아니라, 감히 하늘의 의지에 순종하여 스스로 드러남을 밝히지 않을 수 없기 때문이다. 큰 법칙, 즉 인륜과 도리, 정치와 교화, 습속과 문의文義와 같은 경우는 모두 옛날 그대로 해야 하니, 또한 어떻게 고칠 수 있겠는가? 따라서 왕자는 명분상으로는 제도를 고치지만, 실제로는 도를 바꾸지 않는다.[28]

이로써 알 수 있듯이, 새로운 왕의 제도개혁은 천명이 자기에게 있음을 보여주는 데 의미가 있는 것이지, 폭력으로 폭력을 바꾸는 것이 아니다. 새로운 왕조의

---

27) 『漢書』, 「董仲舒傳」.
28) 『春秋繁露』, 「楚莊王」.

정치 합법성이 이로 말미암아서 확립되는 것이다.

2. 개제改制와 적제赤帝의 제도(赤制)

전목錢穆의 「공자와 『춘추』」에서 다음과 같이 말했다.

한나라 조정의 오경박사는 한편으로는 진나라의 옛것을 개혁하고, 제자백가를
배제했으며, 다른 한편으로는 옛날의 정통을 회복하여, 육예만을 오로지 존숭하고,
고대의 국가 관학만을 오로지 존숭했다. 그런데 동시에 또한 한대 신왕新王의
새로운 법도는 고대의 국가 관학과는 그 성격이 같지 않았다. 다만 실제로는
단지 공자의 『춘추』만이 새롭게 만들어진 것인데, 『춘추』라는 책은 옛날의 관학이
결코 아니며, 한나라를 위해 제도를 세운 새로운 관학이었다.29)

한대 사람들이 『춘추』를 존중한 이유는 단지 이 책이 상고시대 왕의 관학과
필적할 만하기 때문만이 아니라, 이 책 속에 포함된 다양한 제도를 한나라에 시행하여
한 시대 정치의 법도에 해당시킬 수 있기 때문이다.

『춘추』를 한 명의 왕자의 법도에 해당시킨다는 뜻은 맹자로부터 나온 것이다.
맹자는 『춘추』를 한 명의 왕자의 법도에 해당시켜서 난신적자를 두렵게 할 수
있다고 여겼는데, 심지어 우임금이 홍수를 막은 것과 주공이 이적夷狄을 겸병하고
사나운 맹수를 몰아낸 것도 이것보다 더 뛰어나지 않다고 말했다.30) 그 후에 동중서와
사마천이 공자를 말할 때는 모두 이 내용을 언급했다.

『춘추』가 한나라 때 존중을 받았고, 그 이후 학자 중에는 또한 『춘추』가 '한나라를
위해 법도를 제정했다'(爲漢制法)는 이론을 주장했다. 이 이론은 본래 위서緯書에
나온다. 서언의 소에서 인용한 『춘추설春秋說』에서 말했다.31) "복희伏羲가 팔괘八卦를

---

29) 錢穆, 『兩漢經學今古文平議』, 281쪽.
30) 『孟子』, 「滕文公下」.
31) 『公羊傳』, 隱公 원년, 徐彦 疏.

지었는데, 공구孔丘가 거기에 맞추어서 그 문장을 연역하고, 그것을 고쳐서 그 신묘함을 드러냈으니, 『춘추』를 지어서 어지러운 제도를 고쳤다." 또 말했다. "공구가 역사기록을 가려서 뽑고, 옛 도서圖書를 끌어서 인용하고, 하늘의 변화를 미루어 모아서, 한나라의 황제를 위해 법도를 제정하고, 도록圖錄을 차례대로 진술하였다." 또 말했다. "공구가 수水의 정기精氣로 다스린 법도는 적제赤帝의 제도를 만든 공적이다." 또 말했다. "흑룡黑龍이 살아서 적제赤帝가 되니, 반드시 고하기를, 형상은 천명을 알도록 하라." 또 말했다. "「애공」 경문 14년, 봄에 서쪽에서 사냥하다가 기린을 잡았다. 적제赤帝가 천명을 받고, 창제蒼帝가 권력을 잃으니, 주나라가 사라지고 화기火氣가 일어나니, 나무꾼이 기린을 잡았다."

하휴는 위서緯書의 내용을 크게 받들었으며, 공자가 미래를 미리 예측한 것과 관련된 논의도 보인다.

공자가 평소에 도록圖錄을 살펴보고서 일반 성씨인 유계劉季(劉邦)가 마땅히 주나라를 대신할 것임을 알았고, 나무꾼이 기린을 잡은 것을 보고서 그가 출현할 것을 알았다. 어째서인가? 기린은 목木의 정기精氣이고, 나무꾼은 일반 사람이 불을 피운다는 의미이다. 이것은 적제赤帝가 장차 주나라를 대신하여 그 자리에 거하는 것이기 때문에 기린이 나무꾼에게 포획된 것이다. 서쪽으로 사냥하다가 기린을 잡은 것은 동방東方으로부터 가서 서방西方에서 왕 노릇하는 것이다. 동방이 묘卯이고 서방이 금金인 형상이다. 잡았다(獲)고 말한 것은 병과兵戈, 즉 도刀의 의미가 있는 글자이다. 한나라의 성인 묘금도卯金刀가 군대로써 천하를 얻는다는 말이다. 기린을 잡은 땅을 기록하지 않은 것은 천하의 기이한 일이기 때문이다. 또한 이에 앞서 메뚜기가 겨울에 뛰어다녔고(애공 12년: 冬, 十有二月, 螽. / 13년: 十有二月, 螽), 혜성彗星의 금金의 정기精氣가 (새벽에 보여서) 아침을 쓸어 제거하여 새로운 것을 두는 형상이다(애공 13년: 冬, 十有一月, 有星孛于東方). 공자는 장차 육국六國이 다투어서 종횡으로 서로 멸망하는 재앙이 있고, 유씨劉氏가 해골이 산처럼 쌓이고 피가 바다처럼 흐르는 진秦나라와 항우項羽의 학대를 몰아내는 일이 있은 이후에야 유씨가 황제가 된다는 것을 알았기 때문에 백성들이 너무 오랫동안 해를 당하는

것을 깊이 근심하였다. 따라서 미리 눈물을 흘린 것이다.[32]

이 서술은 매우 신비롭고 괴이한데, 공자가 유계劉季, 즉 유방이 주나라를 대신할 것을 미리 예측하여, 마침내 『춘추』를 지어서 한나라의 제도를 만들었다고 말한다.

또 하휴는 "성인이 한나라를 위해 법도를 제작했다"(聖人爲漢制法)[33]고 했고, 또한 "『춘추』의 도는 또한 삼왕三王을 통하게 하니, 주나라를 빌어서 한나라의 제도를 만든 것만을 위주로 한 것이 아니다"[34]라고 했다. 하휴가 참위讖緯를 끌어들여서 경전을 해석한 것은 후한시대 경학의 습속이므로 여기에서 이것을 자세히 따져서 논할 필요는 없을 것이다. 그러나 그 이론 속에 들어 있는 정신은 합리적인 측면이 있다. 한대 사람들의 견해에 의하면, 새로운 왕이 앞 왕조를 대신하여 흥기하면, 반드시 성인이 그를 위해 법도를 만들고 제도를 제정함이 있으니, 요·순이나 우·탕, 문·무·주공과 같은 경우가 모두 그 사례이다. 왕업王業이 오랫동안 멀리까지 전해질 수 있었던 이유가 바로 여기에 있다. 그런데 공자는 성인이면서 왕자가 아니며, 진시황은 왕이면서 성인이 아니다. 한나라 왕실의 부흥이 비록 난폭한 진나라를 제거하고 이룩한 것이지만, 다양한 제도와 문물은 진나라의 옛것을 그대로 따르지 않은 것이 없다. 이 때문에 한나라 학자들은 공자의 『춘추』를 높여서, 『춘추』가 한나라를 위해 법도를 제정했다고 여겼다. 그런데 그 실질적인 내용을 따져 보면, 단지 간절하게 인덕仁德으로 서로 권면한 것에 지나지 않는다. 따라서 한대 사람들이 공자를 소왕素王으로 높이고, 공자의 개제를 '적제赤帝의 제도'(赤制)로 신격화한 것은 그 자체로 사리에 맞는 것이다.[35] 이로써 알 수 있듯이, 『춘추』가 한나라에 유행할 수 있었던 것은 바로 한나라를 위해 법도를 제정했기 때문이다.

그런데 동중서와 사마천의 책을 살펴보면, '한나라를 위해 법도를 제정했다'는

---

32) 『公羊傳』, 哀公 14년, 何休 注.
33) 『公羊傳』, 襄公 14년, 何休 注.
34) 『公羊傳』, 桓公 3년, 何休 注.
35) 錢穆, 「孔子與春秋」(『兩漢經學今古文平議』, 276~277쪽) 참조.

내용이 보이지 않기 때문에 후대 사람들은 이 주장을 믿지 않았다. 구양수歐陽修는 한나라 학자들을 비난하면서, "심하구나, 한나라 학자들의 치우치고 비루함이여! 공자가 『춘추』를 지은 것이 어찌 구구하게 한나라를 위해서일 뿐이겠는가?"36) 사실 공자가 살았던 시대는 주나라의 문식(文)이 피폐했을 때이므로, 주나라를 계승한 자는 마땅히 주나라의 문식을 다소 덜어 내고 은나라의 질박함(質)을 더해야 한다. 공자가 지은『춘추』는 개제改制의 책이지 주나라를 따르는 책이 아니다. 이것이 바로 후왕後王이 거기에서 법도를 취할 수 있었던 까닭이다. 한대 사람들이 『춘추』를 본받았으므로『춘추』는 자연히 한나라의 법도가 되었으며, 후세 사람들이『춘추』를 그대로 따라서 사용했으므로『춘추』는 만세의 법도가 된 것이다.

경학은 금고문의 논쟁이 있었는데, 고문학은 주공을 존중하기 때문에 후세의 2천 여 년의 제도는 주공으로부터 나왔고, 공자는 단지 주나라의 제도를 기록한 선사先師에 지나지 않을 뿐이다. 이에 대해 요평廖平은 일찍이 다음과 같이 말했다.

> 전한시대 이전에 경학을 말한 자들은 모두 공자를 위주로 삼고, 주공과 연계하지 않았다. 한나라 명제明帝가 학교에서 주공과 공자를 함께 제사지냈다. 정현鄭玄은 선성先聖을 주공으로 삼고, 선사先師를 공자로 삼았다. 논자들은 주공이 선성으로서 경전을 지었고, 공자는 선사로서 경전을 전했다고 여겼다. 이것은 고문학이 성행한 이후에 주공을 끌어와서 공자와 맞수로 삼은 것이니, 그 의도는 주공을 옛날로 삼고 공자를 지금으로 삼아서 옛날이 지금보다 (시간적으로) 더 빠르다고 주장하는 것이다.37)

그런데 금문학은 공자를 존숭하기 때문에 공자의 『춘추』가 주나라만을 온전히 따르지 않았고 제도를 개혁한 소왕이라고 말했다. 한나라 이후의 제도는 공자로부터 나왔다고 여긴 것이다. 주공의 경우는 본래 제도를 만들고 법도를 남긴 공적이

---

36) 歐陽修, 『集古錄跋尾』, 권2, 「後漢魯相晨孔子廟跋尾」.
37) 廖平, 『經話』, 甲篇卷一(李耀仙 編, 『廖平選集』, 卷下, 406쪽에 실려 있음).

있지만, 공자가 문식을 덜어 내고 질박함을 사용했으니, 사실상 주나라의 옛 제도를 개혁하고 새로운 제도를 세운 것이다. 고문학에서는 공자가 주공을 계승하여 진술했을 뿐 책을 짓지 않았으므로 『춘추』는 단지 '역사'에 지나지 않는다고 주장했다. 금문학에서는 주나라 제도가 진한시대 이후의 중국 사회에 온전히 모두 통하지는 않는다는 점을 감안하여, 공자는 성인 중에서 때에 맞게 행한 분으로서 그의 개제는 때와 함께 나아간 것이지 옛 제도를 굳게 지킨 것이 아니라고 주장했다. 이러한 측면에서 말한다면, 금문학의 견식이 탁월하여, 진실로 고문학이 미칠 바가 아니다. 이로 인해서 금고문 논쟁은 고문학이 은나라와 주나라 사이의 변혁과 주공이 제도를 만든 창제創制의 공적에 착안한 점, 금문학이 주나라와 잔나라 사이의 변혁과 공자가 제도를 개혁한 개제改制의 공적에 주목한 점에 그 실질이 있다. 주공과 공자의 관계는, 앞 왕조를 이어서 서술한 측면에서 말하면 '술述'이 되고, 후세에 법도를 남긴 측면에서 말하면 '작作'이 된다.

청대 장학성章學誠은 '육경은 모두 역사이다'(六經皆史)라고 말했는데, 이 주장은 그 의미를 두 가지로 나누어 볼 수 있다. 후세의 시각으로 보면, 육경은 단지 상고시대 국가의 '관서官書'에 지나지 않으므로 옛날의 역사서라고 볼 수 있다. 그런데 그 이후의 세상에서 보면, 육경이 관서라면 천자로부터 일반 백성에 이르기까지 모두 준수하여 어기지 않으므로 경經이 되는 것이다. 금문학이 『춘추』를 높여서 경으로 삼은 것은 본래 고원한 이상을 품고 있었기 때문인데, 그것은 바로 『춘추』에 기록된 새로운 제도를 만세에 시행하고자 한 것이다. 공자가 『춘추』를 지어서 당시에 그것을 시험하고자 했지만, 천하를 방랑하면서 등용되지 못했기 때문에 공자의 세상이 끝날 때까지 『춘추』는 단지 일개 학자의 의론에 지나지 않았을 뿐이었다. 그런데 한대 유학자들의 시각에서 보면, 스스로를 목탁으로 자부하여 『춘추』로써 태평을 이루려고 하였다. 한대 학자들이 『춘추』를 적제赤帝의 제도로 여긴 것은 사실상 그것을 통해 공자의 도를 실천하고자 한 것에 지나지 않는다.

3. 삼교三敎와 문질文質

공양가가 말한 개제에는 당연히 두 가지 뜻이 있다. 첫째, '삼정三正'의 순환이다. 동중서가 말했다. "왕자는 반드시 천명을 받은 뒤에야 왕이 된다. 왕자는 반드시 정삭正朔을 고치고 복색服色을 바꾸며 예악禮樂을 제정하여 천하를 하나로 통일하니, 이로써 역성易姓에 의한 왕조 교체이지 전대의 왕위를 계승한 것이 아니며, 모두가 자신이 하늘에서 받은 것임을 밝힌다."38) 하휴도 또한 말했다. "왕자는 천명을 받으면 반드시 거처를 옮기고, 정삭正朔을 고치며, 복색服色을 바꾸고, 휘호徽號를 달리하며, 희생犧牲을 바꾸고, 예악의 기구와 병기를 달리하니, 하늘로부터 천명을 받은 것이지 사람으로부터 받은 것이 아님을 밝힌 것이다.39) 그 의미는 단지 새로운 왕조가 하늘로부터 천명을 받은 것을 밝힌 것에 지나지 않으니, 또한 새롭게 사람들의 이목을 끈 것이다. '사법師法의 의리와 공경·겸양의 예의'40)는 또한 그 다음이다. 이것은 겉으로 드러난 개제의 의미를 말한 것이다. 둘째, '삼교三敎'의 순환이다. 그 내면적인 측면에서 말하면, 삼대三代는 또한 문질文質이 서로 반복되어 덜어내거나 더하는 것이 있을 뿐이다.

동중서의 「거현량대책擧賢良對策」에서 말했다.

> 책문策文에서 "삼왕三王의 가르침이 시작으로 삼은 것이 같지 않고, 모두 잘못된 것이 있는데, 어떤 사람들은 오래되어도 바뀌지 않는 것이 도道라고 말하니, 의미가 어찌 다른 것인가?'라고 했습니다. 신이 듣기에, 즐기되 문란하지 않고, 반복해서 실행하되 싫증나지 않는 것을 도라고 합니다. 도道라는 것은 만 세대를 지나더라도 폐단이 없는 것이며, 폐단이라는 것은 도를 잃었을 때 발생하는 것입니다. 선왕의 도도 한쪽으로 치우쳐 떨쳐 시행되지 못한 부분이 반드시 있습니다. 따라서 정치에서도 어둡게 가려져서 시행되지 못한 부분이 있으니, 그 치우친 부분을 부각시켜서

---

38) 『春秋繁露』, 「三代改制質文」.
39) 『公羊傳』, 隱公 원년, 何休 注.
40) 『公羊傳』, 隱公 3년, 何休 注.

그 폐단을 보완할 따름입니다. 삼왕三王의 도가 시작으로 삼은 것은 같지 않지만, 그 도가 상반된 것은 아닙니다. 삼왕은 장차 지나친 부분을 바로잡고 쇠퇴한 부분을 북돋으려고 했는데, 그들이 마주한 상황의 변화가 그렇게 만든 것입니다. 따라서 공자가 "아무런 일을 하지 않고도 잘 다스린 사람은 순舜임금일 것이다"라고 했습니다. 순임금은 정삭을 바꾸고 복색을 고침으로써 하늘의 명령에 순응하였을 뿐입니다. 그 외의 나머지는 모두 요임금의 도를 그대로 따랐으니, 어찌 다시 할 일이 있겠습니까! 따라서 왕자는 명분상으로는 제도를 고치지만, 실제로는 도를 바꾸지 않습니다. 그런데 하夏나라는 충심(忠)을 숭상했고, 은殷나라는 공경함(敬)을 숭상했으며, 주周나라는 문식(文)을 숭상했던 것은 전 왕조를 계승한 나라가 전 왕조의 폐단을 바로잡기 위해서 이러한 정치 방향을 마땅히 시행해야 했기 때문입니다. 공자가 "은殷나라는 하夏나라의 예법을 따랐으니, 덜어 내거나 더한 내용을 알 수 있고, 주周나라는 은나라의 예법을 따랐으니, 덜어 내거나 더한 내용을 알 수 있다. 혹시 주나라를 계승하는 나라가 있으면 비록 100세대가 지난 이후에도 알 수 있다"고 했습니다. 이 말은 수많은 왕들이 사용하는 예법은 이 세 가지를 가지고 시행한다는 것입니다. 하나라는 우虞나라, 즉 순임금의 예법을 따랐지만, 유독 덜어 내거나 더한 내용을 말하지 않은 것은 그 도가 하나 같이 똑같아서 숭상했던 것이 동일했기 때문입니다. 도의 큰 근원은 하늘로부터 나오는데, 하늘이 변하지 않으므로 도 또한 변하지 않습니다. 그러므로 우임금은 순임금을 계승하고, 순임금은 요임금을 계승하여, 세 성인은 서로 왕조를 전하면서 하나의 도를 지켰을 뿐, 폐단을 바로잡는 정치가 없었습니다. 따라서 덜어 내거나 더한 내용을 말하지 않았던 것입니다. 이를 통해 살펴보건대, 잘 다스려진 세상을 계승한 왕조는 그 도가 같았고, 어지러운 세상을 계승한 왕조는 그 도가 변했습니다. 지금 한나라는 크게 혼란한 왕조의 뒤를 계승했으니, 마땅히 주나라의 너무 지나친 문식을 조금 덜어 내고, 하나라의 충심을 사용해야 합니다.[41]

여기에서 동중서는 두 종류의 개제를 분명하게 구분하였다. 첫째, 정삭을 바꾸고 복색을 고치는 것은 그 뜻이 "천명에 순응하는" 데 있다. 요·순이 서로 선양한

<hr />

41) 『漢書』, 「董仲舒傳」.

경우는 그 도가 폐단이 없었기 때문에 제도개혁은 단지 여기에 한정된 것이니, "하늘이 변하지 않으면 도도 또한 변하지 않는 것"이다. 둘째, "선왕의 도도 한쪽으로 치우쳐 떨쳐 시행되지 못한 부분이 반드시 있기" 때문에 그 뒤에 흥기한 왕은 반드시 그 폐단을 구제하는 정치를 실시해야 한다. 하·은·주 삼왕의 혁명은 혼란한 세상을 서로 계승했기 때문에 문질文質을 덜어 내거나 더하는 개제改制가 있었던 것이다. 『춘추』는 주나라의 혼란을 계승하였고, 또 본래 난리를 바로잡는 책이기 때문에 개제의 뜻은 실제로 문질文質의 손익損益이라는 방면에 있다. 동중서의 이 논의는 충분히 후세의 변법과 혁명의 복선이 될 수 있는 것이다.

청대 말기의 소여蘇輿는 강유위가 개제를 경솔하게 말하여 청대 사회를 전복시키는 화를 초래한 것에 유감이 있었기 때문에 『춘추번로의증』을 지어서 개제의 요지가 단지 정삭의 개정에 그칠 뿐, 난세의 폐단을 구제하는 뜻은 취하지 않았음을 전문적으로 밝혔다. 소여는 청대 유학자들이 경전을 잘못 해석하는 것을 애석하게 여겨서 그렇게 한 것이다. 그런데 심지어 그 병의 원인을 하휴로까지 거슬러 올라가서, 동중서의 이론으로 공양학의 본래 면목을 바로잡으려고 한 것은 합당한 논의가 아니다.

동중서는 본래 "하나라는 충심(忠)을 숭상했고, 은나라는 공경(敬)을 숭상했으며, 주나라는 문식(文)을 숭상했다"는 이론이 주장했다. 한대 학자들은 그것을 삼교三敎라고 했고, 나라를 통치하고 백성을 다스리는 도로 삼았다. 『춘추원명포春秋元命苞』에서 말했다.

삼왕三王은 잘못된 부분, 즉 폐단이 있기 때문에 삼교三敎를 세워서 앞 왕조와 다르게 바꾸었다. 하나라 사람은 충심(忠)으로써 가르침을 세웠는데, 그 폐단이 거칢(野)에 있기 때문에 거칢을 구제하는 것은 공경(敬)보다 더한 것이 없다. 은나라 사람은 공경(敬)으로 가르침을 세웠는데, 그 폐단이 교활함(鬼)에 있기 때문에 교활함을 구제하는 것은 문식(文)보다 더한 것이 없다. 주나라 사람은 문식(文)으로 가르침을 세웠는데, 그 폐단이 방탕함(薄)에 있기 때문에 방탕함을 구제하는 것은 충심(忠)보다

더한 것이 없다. 이와 같이 순환하여, 한 바퀴를 돌아서 다시 시작되니, 끝까지
가면 서로 이어간다.42)

『백호통白虎通』에서 말했다.

왕자가 삼교三教를 설치하는 것은 무엇 때문인가? 쇠퇴한 시대를 이어받아 폐단을
구제하여, 백성들이 올바른 도로 되돌아가기를 원했기 때문이다. 삼왕의 도는
잘못된 부분, 즉 폐단이 있기 때문에 삼교를 세워서 서로 지도하여 전수한다.
하나라의 왕은 충심으로써 가르쳤는데, 그 폐단이 거칢이기 때문에 거친 폐단을
구제하는 것은 공경보다 더한 것이 없다. 은나라의 왕은 공경으로써 가르쳤는데,
그 폐단이 교활함이기 때문에 교활한 폐단을 구제하는 것은 문식보다 더한 것이
없다. 주나라의 왕은 문식으로써 가르쳤는데, 그 폐단은 방탕함이기 때문에 방탕한
폐단을 구제하는 것은 충심보다 더한 것이 없다. 주나라를 계승한 왕조는 흑색을
숭상하고, 제도는 하나라와 동일하게 시행한다. 세 가지가 서로 연결된 고리를
따라서 도는 것과 같이 한 바퀴를 돌아서 다시 시작되니, 끝까지 가면 근본으로
되돌아간다.43)

이로써 알 수 있듯이, 『백호통』의 이 이론은 거의 위서緯書에서 나온 것이다.
『백호통』에서 또 말했다.

가르침이 세 가지인 것은 무엇 때문인가? 하늘(天)·땅(地)·사람(人)을 본받기 때문이
다. 안으로는 충심을 다하고 밖으로는 공경하며, 그것을 문식으로 꾸미기 때문에
세 가지로 갖추어지는 것이다. 그렇다면 하늘·땅·사람을 본받아서, 각각 어떻게
시행하는가? 충심은 사람을 본받고, 공경은 땅을 본받으며, 문식은 하늘을 본받는다.
사람의 도는 충심을 위주로 하니, 사람은 지극한 도로써 사람을 가르치므로 충심의
지극함이다. 사람은 충심으로써 가르치기 때문에 충심은 사람의 가르침이 된다.

---

42) 역자 주: 이 내용은 『예기』「表記」공영달의 疏에 보인다.
43) 『白虎通』,「三教」.

땅의 도는 겸손하면서 스스로 낮추니, 하늘이 낳은 것을 땅은 공경스럽게 기르니, 공경으로 땅의 가르침을 삼은 것이다.[44]

또 말했다.

하후씨夏后氏는 명기明器를 사용했고, 은나라 사람은 제기祭器를 사용했는데, 주나라 사람은 두 가지를 함께 사용한 것은 무엇 때문인가? 대답했다. 하후씨는 충심으로써 가르쳤기 때문에 명기를 앞세움으로써 효자의 마음을 (죽은 자로부터) 빼앗은 것이다. 은나라 사람은 공경으로써 가르쳤기 때문에 제기를 앞세웠으니, 공경의 지극함이다. 주나라 사람은 문식으로써 가르쳤기 때문에 두 가지를 함께 사용하였으니, 주나라 사람은 지극한 문식에 뜻을 두었다.[45]

동중서의 이론과 비교하면, 『백호통』에서 말한 것이 더욱 상세하다. 삼교三敎의 이론에 의하면, 삼왕三王의 정교政敎에 충심(忠)·공경(敬)·문식(文)의 차이가 있는데, 각각은 오랫동안 시행하면 폐단이 있을 수밖에 없다. 따라서 하나라의 충심은 거친 폐단이 있고, 은나라의 공경은 교활한 폐단이 있으며, 주나라의 문식은 방탕한 폐단이 있다. 이와 같이 공경으로써 거칢을 구제하고, 문식으로써 교활함을 구제하며, 충심으로써 방탕함을 구제한다. 이로써 선왕의 도가 사실은 서로 같지 않음이 있다는 것을 알 수 있다.

삼교 이론은 공자의 『논어』에서 나왔다. "질박함이 문식을 이기면 거칠고, 문식이 질박함을 이기면 호화로우니, 문식과 질박함이 어우러져 조화를 이룬 이후에야 군자이다."[46] 그리고 "은殷나라는 하夏나라의 예법을 따랐으니, 덜어 내거나 더한 내용을 알 수 있고, 주周나라는 은나라의 예법을 따랐으니, 덜어 내거나 더한 내용을 알 수 있다."[47] 또 말했다. "주나라는 하나라와 은나라를 거울로 삼았으니,

---

44) 『白虎通』, 「三敎」.
45) 『白虎通』, 「三敎」.
46) 『論語』, 「雍也」.

찬란하게 빛나기 때문에 나는 주나라를 따르겠다."[48] 이로써 알 수 있듯이, 삼대三代의 차이는 혹 문文·질質을 가지고 논의할 수도 있을 것이다.

그 후에 한대 사람들은 확실히 문·질을 가지고 삼대의 차이를 구별했다. 『사기』에 다음과 같은 원앙袁盎의 말이 실려 있다. "은殷나라의 도는 친한 이를 친애하는 것이라는 말은 동생을 임금으로 세우는 것이다. 주周나라의 도는 존귀한 이를 존중한다는 말은 자식을 임금으로 세우는 것이다. 은나라의 도는 질박함이며, 질박함이란 하늘을 본받는 것이다. 친한 이를 친애하기 때문에 동생을 임금으로 세운다. 주나라의 도는 문식이며, 문식이란 땅을 본받는 것이다. 존중한다는 것은 공경하는 것이며, 그 근본과 시작을 공경하기 때문에 장자長子를 임금으로 세운다. 주나라의 도는 태자太子가 죽으면 적손適孫을 임금으로 세우고, 은나라의 도는 태자가 죽으면 자기의 아우를 임금으로 세운다."[49] 이 주장은 『공양전』의 이론을 사용한 것이다.

동중서에 이르러서야 이 이론을 제대로 갖추어 말했는데, 하·은·주 삼대가 모두 문질文質로써 서로 덜어 내거나 더했다고 주장했다.

뜻은 질박함(質)이고, 사물은 문식(文)이다. 문식은 질박함에서 드러나니, 질박함이 문식에 포함되어 있지 않다면 문식이 어찌 질박함을 베풀 수 있겠는가? 질박함과 문식 두 가지가 갖추어진 이후에 그 예禮가 이루어진다. 문식과 질박함이 한쪽만 행해진다면 나와 너라는 이름이 있을 수가 없다. 두 가지를 모두 갖추지 못하고 한쪽만 행해진다면, 차라리 질박함이 있고 문식이 없는 것이 낫다. 비록 예를 행한다고 인정할 수는 없지만, 그래도 조금 좋게 여기기 때문이니, 개介나라 임금 갈로葛盧(희공 29년)가 그런 경우이다. 문식이 있고 질박함이 없는 경우는 단지 인정하지 않을 뿐만 아니라 조금 미워하니, 주州나라 임금 식寔이 노나라에 온 것(환공 6년)이 그런 경우이다. 그러므로 『춘추』에서 도道를 배열할 때, 질박함을 먼저하고 문식을 뒤로하며, 뜻을 중시하고 사물을 경시하였다. 따라서 "'예禮로다,

---

47) 『論語』, 「爲政」.
48) 『論語』, 「八佾」.
49) 『史記』, 「梁孝王世家」.

예로다라고 말하지만, 그것이 옥이나 비단을 말하는 것이겠는가!"라고 했다. 이것을 미루어 살펴보면, 또한 마땅히 "'조회하다, 조회하다라고 말하지만, 그것이 외교상의 형식적인 말을 말하는 것이겠는가!"라거나, "'음악이다, 음악이다라고 말하지만, 그것이 종과 북을 말하는 것이겠는가!"라고 말해야 한다. 이것을 끌어와 살펴보면, 또한 마땅히 "'상례이다, 상례이다라고 말하지만, 그것이 상복을 말하는 것이겠는가!' 그렇기 때문에 공자는 새로운 왕의 도를 세워서, 그 도가 뜻을 귀하게 여김으로써 이익을 반대하는 것을 밝혔으며,50) 그 도가 성실함을 좋아함으로써 거짓을 없애는 것을 드러내었다. 공자는 주나라의 폐단을 이어받았기 때문에 이와 같이 말한 것이다.51)

이것은 『춘추』를 근거로 삼아서, '문식과 질박함이 조화를 이룬다'(文質彬彬)52)는 공자의 말을 확대해서 논한 것이다. 『춘추』는 신왕新王의 법에 해당되기 때문에 비록 주나라의 문식을 따르기는 하지만, 그것은 단지 당시 왕의 예법을 존중하는 것에 지나지 않는다. 그 실질을 따져 보면, 주나라의 문식을 덜어 내고 은나라의 질박함을 사용한 것이다. 따라서 "예법이다, 음악이다, 조회하다, 상례이다"라는 탄식은 사람들이 질박함을 귀하게 여기게 만들고자 한 것이다.

인仁은 질박함이고, 예禮는 문식이다. 『논어』에서 인과 예의 관계를 논한 내용을 살펴보면, 모두 이러한 뜻에서 벗어나지 않는다. "사람이면서 어질지 않으면 예禮를 어떻게 하며, 사람이면서 어질지 않으면 음악을 어떻게 하겠는가?'53) 그리고 공자는 임방林放이 예의 근본에 대해 물은 것을 훌륭하게 여겨서, "예禮는 사치스럽기보다는 차라리 검소해야 하고, 상喪은 형식적으로 잘 치르기보다는 차라리 슬퍼해야 한다"54)고 했다. 또한 공자는 자하子夏가 "예禮는 바탕보다 뒤라는 말씀입니까?'라고 말한

---

50) 역자 주: 이 구절은 원문이 "明其貴志以反利"인데, '利'는 '利'자의 오자라고 한 蘇興의 주에 따라 해석했다.
51) 『春秋繁露』, 「玉杯」.
52) 『論語』, 「雍也」.
53) 『論語』, 「八佾」.
54) 『論語』, 「八佾」.

것을 가지고 "비로소 시詩를 함께 말할 수 있겠다"고 말했다.55) 이러한 사례들은 모두 공자가 인仁을 귀하게 여기고 질박함을 숭상했다는 것을 의미하며, 『춘추』의 이론과 상통한다.

동중서는 또 말했다.

> 예禮라는 것은 인仁에 가까우며, 문식과 질박함이 갖추어져서 예의 본체를 이룬다. 지금 사람들로 하여금 서로 잡아먹도록 한다면 그 인仁을 크게 잃은 것이니, 어찌 그 예를 드러낼 수 있겠는가? 그 질박함을 구제하려고 할 때에 어찌 그 문식을 걱정하겠는가? 따라서 "인을 행할 때에는 양보하지 않는다"(『논어』, 「위령공」)고 하니, 이것을 말한 것이다.56)

초나라 사마司馬 자반子反이 경卿의 신분으로 제후 나라의 일을 걱정하고, 안으로는 정사를 제멋대로 독단하고 밖으로는 명성을 독점함으로써 크게 예禮에서 벗어난 짓을 했다. 그런데도 『춘추』에서는 그를 칭찬하였으니, 그가 예의 근본을 얻었기 때문이다.57) 이것도 또한 『춘추』의 문식을 덜어 내고 질박함을 사용한 것이다.

하휴는 『춘추공양전해고』를 지었는데, 이 책은 사실상 양한 이래의 문질文質 개제改制와 관련된 이론을 집대성한 것이다. 그는 『공양전』의 "적자嫡子를 세울 때는 나이로써 하지 현명함으로써 하지 않고, 서자庶子를 세울 때는 존귀함으로써 하지 나이로써 하지 않는다"58)는 말을 다음과 같이 해석했다.

---

55) 『論語』, 「八佾」.
56) 『春秋繁露』, 「玉杯」.
57) 역자 주: 『춘추』 선공 15년에 "송나라 사람이 초나라 사람과 화평을 맺었다"(宋人及楚人平)는 기록이 보인다. 초나라가 송나라를 정벌했을 때, 초나라의 대부인 子反이 송나라의 대부인 華元과 화평을 맺은 사건이다. 대부들이 화평을 맺는 것은 월권이지만, 『공양전』에서는 "외국 나라들 사이의 화평은 기록하지 않는데, 여기에서는 무엇 때문에 기록했는가? 그들이 화평을 맺은 것을 크게 여긴 것이다"(外平不書, 此何以書? 大其平乎已也)라고 해석했다. 즉 그들이 비록 월권을 행사했지만, 백성을 위해 화평을 맺은 것을 잘한 일이라고 칭찬했다는 것이다.
58) 『公羊傳』, 隱公 원년.

질박함을 중시하는 왕가는 친한 이를 친애하여, 먼저 조카딸의 자식을 세우며, 문식을 중시하는 왕가는 존귀한 이를 높여서, 먼저 여동생의 자식을 세운다. 적자嫡子가 손자를 두고서 죽으면, 질박함을 중시하는 왕가는 친한 이를 친애하여 동생의 자식을 먼저 세우고, 문식을 중시하는 왕가는 존귀한 이를 존중하여 손자를 먼저 세운다. 쌍둥이가 태어나면 질박함을 중시하는 왕가는 직접 본 사실에 근거하여 먼저 태어난 자를 세우고, 문식을 중시하는 왕가는 본래의 뜻에 근거하여 뒤에 태어난 자를 세운다.[59]

문식을 중시하는 왕가는 주나라 왕실이고, 질박함을 중시하는 왕가는 은나라 왕실이니, 『춘추』가 임금 자리를 계승하는 법도를 세운 것은 주나라를 따른 것이다.

또한 『춘추』 환공 11년, "정나라 홀이 위나라로 도망쳤다."(鄭忽出奔衛) 『공양전』에서 "『춘추』는 백伯·자子·남男이 같은 호칭이다"[60]라고 했는데, 하휴는 다음과 같이 말했다.

『춘추』는 주나라의 문식을 고쳐서 은나라의 질박함을 따랐으니, 백伯·자子·남男을 같은 호칭으로 삼았다.…… 왕자가 흥기하면 반드시 질박함과 문식을 고치는 까닭은 쇠란한 시대를 이어서 앞선 사람의 잘못을 구제하기 위해서이다. 하늘의 도는 아래를 근본으로 삼으니, 친한 이를 친애하여 질박함이 뚜렷하다. 땅의 도는 위를 존경하니, 존귀한 이를 존중하여 문식이 번거롭다. 따라서 왕자가 처음 흥기하면, 먼저 하늘의 도를 근본으로 삼아서 천하를 다스리니, 질박하면서 친한 이를 친애한다. 그러나 그 왕조가 쇠퇴함에 이르면, 그 폐단은 친한 이를 친애하되 존중하지 않는다. 따라서 그 뒤에 왕이 흥기하면 땅의 도를 본받아서 천하를 다스리니, 문식을 중시하면서 존귀한 이를 존중한다. 그런데 그 왕조가 쇠퇴함에 이르면, 그 폐단은 존귀한 이를 존중하되 친애하지 않는다. 따라서 다시 질박함으로 돌아간다. 질박함을 중시하는 왕가가 작위를 3등급으로 정한 것은 하늘에 삼광三光에 있는 것을 본받은 것이다. 문식을 중시하는 왕가가 작위를 5등급으로 정한

---

59) 『公羊傳』, 隱公 원년, 何休 注.
60) 『公羊傳』, 桓公 11년.

것은 땅에 오행五行이 있는 것을 본받은 것이다. 백백伯·자子·남男 세 작위를 합쳐서 자子를 따르는 것은 제도가 중간의 것을 말미암기 때문이다.[61]

이것은 문질文質을 번갈아 사용하는 까닭이 모두 앞 왕조의 폐단을 바로잡기 위한 것임을 밝힌 것이다.

또한 은공 7년, 제나라 임금이 그 동생 년年으로 하여금 노나라에 빙문하게 했다.(齊侯使其弟年來聘)『공양전』에서 말했다. "어머니가 같은 동생은 제弟라고 부르고, 어머니가 같은 형은 형兄이라고 부른다."[62] 하휴는 다음과 같이 말했다.

어머니가 같은 형제를 분별하는 것은 『춘추』가 주나라의 문식을 바꾸어서 은나라의 질박함을 따른 것이다. 질박함을 중시하는 왕조는 친한 이를 친애하니, (어머니가 같은 형제는) 마땅히 친하고 정이 두터워서 (어머니가 다른) 여러 공자公子들과는 달라야 함을 밝힌 것이다.[63]

그런데 은공 11년, 봄, 등滕나라 임금과 설薛나라 임금이 노나라에 와서 조회했다. (滕侯·薛侯來朝) 하휴가 말했다.

등나라를 설나라보다 위에 서열을 둔 것은 『춘추』가 주나라의 문식을 바꾸어서 은나라의 질박함을 따르기 때문이니, 질박함을 중시하는 왕조는 친한 이를 친애하여, 동성同姓의 제후를 먼저 봉해 준다.[64]

이 두 단락은 모두 『춘추』가 은나라의 질박함을 따른 것을 밝힌 것이다. 따라서 『춘추』의 개제改制는 삼대三代의 제도의 차이에서 드러난다. 혹은 은나라

---

61) 『公羊傳』, 桓公 11년, 何休 注.
62) 『公羊傳』, 隱公 7년.
63) 『公羊傳』, 隱公 7년, 何休 注.
64) 『公羊傳』, 隱公 11년, 何休 注.

의 질박함을 따르고, 혹은 주나라의 문식을 숭상하며, 혹은 주나라의 문식을 덜어 내고 은나라의 질박함을 따르고, 혹은 은나라의 질박함을 고쳐서 주나라의 문식을 사용한다. 이것은 사실 모두 쇠퇴한 나라의 뒤를 이어서 그 폐단을 구제하는 것에 지나지 않는다. 대체로 고대의 학자들은 고원함을 보존하는 데 뜻을 두어서, 삼대三代를 마음속으로 그리워했다. 따라서 항상 당대의 대인大人을 포폄하고, 변혁을 통해서 시대의 변고를 구제하려고 생각했으니, 공자가 『춘추』를 지어 난리를 바로잡아서 올바른 데로 되돌린 것과 같다. 한대 사람들은 공자의 『춘추』가 신왕新王에 해당되며, 한 시대의 법도를 남겨서 후세를 구제했다고 주장하였다. 후세의 학자들은 당세 정치의 폐단을 살펴서, 법도를 바꾸어 무엇인가를 진작시키려고 생각하지 않는 자가 없었으니, 이것이 또한 개제改制의 은미한 뜻이다. 학자라면 또한 개제를 즐거워 하지 않을 수 있겠는가!

4. 왕노王魯와 신왕新王

하휴는 "주나라를 새로운 나라로 여기고, 송나라를 옛 나라로 여기고, 『춘추』를 신왕에 해당시킨다"(新周, 故宋, 以『春秋』當新王)[65]는 것을 삼통의 소통(通三統)으로 삼았다. 삼통의 소통(通三統)의 의미는 개정改正을 통해서 드러날 수도 있고, 문질文質의 손익損益을 통해서 드러날 수도 있다. 그 이치는 본래 매우 분명한데, 단지 공양가만의 전유물이 아니며, 『논어』와 『예기』 등의 여러 책에서 볼 수 있다. 그런데 그 이론 중에는 또한 주나라를 축출한다(黜周)는 이론과 노나라를 왕으로 삼는다(王魯)는 이론이 있다. 이것은 한대 사람들의 견해로, 『춘추』를 한 명의 왕의 법에 해당시켜서 진나라를 정통의 제위帝位에서 제외하고자 한 것이다. 또한 공자는 덕은 있지만 지위가 없기 때문에 공양학에서는 출주黜周와 왕노王魯 이론을 만들지 않을 수 없었고, 이 이론을 빌어서 당대 대인들의 지위를 강등하거나 높이는 일을 시행하였다.

---

65) 『公羊傳』, 莊公 17년, 何休 注.

바로 이 때문에 공양학이 '일상적이지 않은 이상한 의리와 괴이하게 여길 만한 논의'(非常異義可怪之論)로 여겨진 것이다.

그런데 이 이론의 의미는 비록 명확하지만, 그 서법書法이 너무 왜곡되어 더욱 지나치게 분수를 넘어서 망령스럽게 되었다. 또한 『공양전』의 문장에는 보이지 않기 때문에 후대 사람들은 이 이론을 강하게 비난하였다. 이에 대해 진晉나라 왕접王接(267~305)이 처음으로 비판하여, "출주黜周와 왕노王魯는 대체大體가 어그러지고 장애가 있다"[66]고 했다. 그 후에 송대의 소식蘇軾과 진진손陳振孫은 모두 왕접의 주장을 받들어서, 『공양전』에 분명한 문장이 없다고 말하고, 심지어 하휴를 『공양전』의 죄인으로 여겼다. 청대 소여蘇輿도 하휴는 사실상 동중서와는 다르다고 말하고, 동중서는 "『춘추』의 '기자杞子'를 끌어와서, 그것을 빌어서 예禮를 일으키는 뜻을 증명한 것"이지, 주나라를 축출하고자 한 것은 아니라고 했다.[67] 역대로 학자들은 대부분 하휴의 이 이론을 강하게 비난했는데, 이에 대한 변론은 다음과 같다.

1) 주나라를 새로운 나라로 여김(新周)

'주나라를 새로운 나라로 여긴다'는 '신주新周' 이론은 오직 『공양전』에만 보인다.[68] 동중서의 「삼대개제질문」에는 '주나라를 친하게 여긴다'(親周)[69]와 '적통을

---

66) 『晉書』, 「王接傳」.
67) 역자 주: 『춘추』 장공 27년, "杞나라 임금이 노나라에 와서 조회하였다"(杞伯來朝)는 기록에 대해, 『공양전』에는 별다른 해석이 없다. 그런데 동중서의 『춘추번로』 「삼대개제질문」에서는 다음과 같이 해석했다. "아래로 우임금의 후손을 杞나라에 보존하였고, 탕임금의 후손을 宋나라에 보존해서, 사방 백리의 나라에 公의 작위를 주었으니, 모두 자신들의 의복을 입고 자신들의 예악을 행하도록 하여, 앞선 왕조의 손님이라고 하며 조회하도록 한 것이다." 그런데 하휴는 이와는 다르게 해석했다. "杞나라는 하나라의 후예인데도 公이라고 말하지 않은 것은 『춘추』가 기나라를 축출하며, 주나라를 새로운 나라로 여기고 송나라를 옛 나라로 여기며, 『춘추』를 새로운 왕에 해당시킨 것이다. 기나라를 축출했는데 侯라고 부르지 않은 것은 이후에 杞子라고 부르는 것이 폄하가 된다고 말하기 전에 미리 杞伯이라고 부르는 것이 축출한다는 의미라는 것을 제기한 것이다."
68) 역자 주: 『춘추』 선공 16년, "주나라 수도의 동쪽에 있는 성주의 선사에 화재가 발생했다."(成周宣謝災) 『공양전』에서 말했다. "成周는 무엇인가? 주나라 왕도의 동쪽에

친하게 여긴다'(親赤統), '흑통을 친하게 여긴다'(親黑統)는 문장이 보인다. 여기에 근거하여 노문초盧文弨는 '신주新周'는 당연히 '친주親周'가 되어야 한다고 주장하였다. 또한 『사기』에서 말했다.

공자가 역사 기록에 근거하여 『춘추』를 지었는데, 위로는 은공隱公으로부터, 아래로는 애공哀公 14년에 이르기까지 12명의 임금이다. 노魯나라를 근거로 삼고, 주周나라를 친하게 여기며, 은殷나라를 옛 나라로 여겨서, 그것을 삼대三代에 운용했다. 그 문장을 요약해서 기록했지만, 가리키는 뜻은 넓다.[70]

여기에서 알 수 있듯이, 사마천도 또한 '친주親周'라고 기록했다.

'친주親周'는 하휴의 '신주新周'와 비교하면, 그 뜻이 더욱 명확한 것 같다. 사마천이 말한 "노나라를 근거로 삼고, 주나라를 친하게 대하며, 은나라를 옛 나라로 여긴다"는 것은 삼세이사三世異辭와 마찬가지이니, 자신과의 친소親疏와 원근遠近에 따라서 대우하는 방식이 같지 않기 때문이다. 사마정司馬貞의 『사기색은史記索隱』에서 말했다. "공자의 때에 주나라가 비록 미세하지만, 주나라 왕을 친하게 대한 것은 그로써 천하에 종주宗主가 있다는 것을 보여 준 것이다."[71] 이에 근거하면, 친주親周라는

있는 東周이다. 宣謝는 무엇인가? 주나라 宣王의 사당 안에 있는 사방이 트인 건물이다. 무엇 때문에 성주의 선사에 화재가 발생했다고 말했는가? 선왕이 주나라의 중흥을 이루었을 때 만든 악기들이 그곳에 보관되어 있었기 때문이다. 이 사건을 무엇 때문에 기록했는가? 재해를 기록한 것이다. 외국의 재해는 기록하지 않는데, 여기에서는 무엇 때문에 기록했는가? 주나라를 새로운 나라로 여겼기 때문이다."

69) 역자 주: 『춘추번로』 「삼대개제질문」편에 "노나라를 왕자로 삼으며, 검은색을 숭상하고, 하나라를 (왕조의 계열에서) 축출하여 시대가 먼 나라로 취급하며, 주나라를 친하게 여기는 대상으로 삼고, 송나라를 옛 나라로 여긴다"(王魯, 尚黑, 紐夏, 親周, 故宋)는 기록이 보인다.

70) 『史記』, 「孔子世家」.
역자 주: 張守節의 『史記正義』에서는 '故殷'에서 '殷'을 은나라로 보지 않고, 다음과 같이 해석하였다. "殷은 중간(中)이라는 뜻이다. 또한 중간에 夏·殷·周의 일을 운용했다."

71) 역자 주: 『사기색은』에서 "공자가 『춘추』를 지을 때 노나라를 위주로 했기 때문에 노나라를 근거로 삼았다(據魯)고 말했다. 親周는 공자의 때에 주나라가 비록 미세하

것은 공자가 노나라 사람이고, 또한 노나라의 일에 근거하여 『춘추』를 기록했기 때문에 주나라에 대해서는 친한 대상으로 여긴 것이다. 심지어 주나라를 여전히 종주宗主로 삼을 수 있다고 했으니, 주나라를 축출하고 노나라를 왕으로 삼는다는 뜻은 결코 없다.

이 이론은 비록 공자의 존왕尊王 의리와 합치되지만, 『춘추』를 존중하는 한대 사람들의 요지를 제대로 이해한 것이라고 볼 수 없다. 또한 동중서에게는 출주黜周라는 문장이 분명히 있다. 「삼대개제질문」에 의하면, 이미 『춘추』를 신왕에 해당시켰다면 주나라를 축출하지 않을 수 없다. 또한 단지 주나라만 축출의 대상이 될 뿐만 아니라, 상고시대의 오제五帝 · 삼왕三王도 각각 차등적으로 축출하여, 육십사민六十四民까지 가서야 끝이 난다. '앞선 두 왕조의 후손을 보존한다'(存二王後)는 후세의 법칙을 살펴보면, 매번 새로운 왕조가 건립되면 반드시 앞선 왕조를 축출하는 일이 생긴다. 지금 『춘추』를 신왕에 해당시키면 주나라를 마땅히 축축해야 하니, 또한 무슨 의문이 있겠는가!

따라서 '친주親周'라는 문장에 입각해서 말하면, 공자는 여전히 주나라를 존중하여 왕으로 삼는다. 그런데 만약 '신주新周'라는 문장에 입각해서 말하면, 주나라는 다시는 왕이 되지 않고, 『춘추』에 의해 대국으로 봉해진다. 이것은 바로 "마치 다른 제후국들을 처우할 때와 마찬가지의 문장을 기록하여, 주나라를 축출하여 새로운 나라로 여긴 것이다"[72]라는 하휴의 이론이니, '신주新周'는 곧 '출주黜周'이다. 이로써 알 수 있듯이, '친주親周'와 '신주新周'는 그 뜻이 정반대인데, 한대 사람들이 이와 같이 서로 뒤섞어서 사용했을 리가 없다.

2) 송나라를 옛 나라로 여김(故宋)

'고송故宋' 두 글자는 『공양전』에는 나오지 않고, 『곡량전』의 문장에 나온다.

지만, 주나라 왕을 친하게 대한 것은 그로써 천하에 종주가 있다는 것을 보여 준 것이다"라고 했다.

72) 『公羊傳』, 宣公 16년, 何休 注.

그에 대해 이름을 말하지 않은 것은 공자가 조상을 위해 숨겨서 기록하지 않은 것이다. 공자는 옛 송나라의 사람이다.[73]

범녕의 주에서 "공자는 옛 송나라의 사람이다"라고 했다. 이 주장은 확실히 『공양전』의 이론과는 같지 않다.

『곡량전』의 또 다른 곳에서 말했다.

외국의 재해는 기록하지 않는데, 여기에서 그것을 기록한 것은 무엇 때문인가? 공자의 선조는 송나라 사람이기 때문이다.[74]

양사훈의 소에서 서막徐邈의 말을 인용하여 말했다. "『춘추』는 노나라를 왕으로 삼고, 주공周公을 왕의 후예로 삼으며, 송나라를 옛 나라로 삼았다." 서막은 『공양전』의 '주나라를 축출하고 노나라를 왕으로 삼는다(黜周王魯)는 이론을 사용했는데, 범녕은 그것을 비난하여, "고故는 선先과 같으니, 공자의 선조는 송나라 사람이다"라고 풀이하였다.

이로써 알 수 있듯이, 『곡량전』의 '고송故宋'이라는 말은 사실 공양가의 '앞선 두 왕조의 후손을 보존한다(存二王後)는 뜻이 결코 없다. 따라서 장태염章太炎은 공양가가 '고송'을 말한 것은 사실 『곡량전』의 문장을 잘못 독해한 데에서 초래된 것이라고 여겼다.

이 외에 『사기』 「공자세가」에는 또 '고은故殷'이라는 두 글자가 있는데, 장수절張守節의 『사기정의史記正義』에서 말했다. "은殷은 중간(中)이라는 뜻이다. 또한 중간에 하夏 · 은殷 · 주周의 일을 운용했다." 여기에서도 또한 『공양전』에서 말한 뜻은 없다. 또한 사마천은 "노나라를 근거로 삼고, 주나라에 대해서는 친하게 여기고, 송나라에 대해서는 옛 나라로 여긴다"고 말했으므로 공자의 입장에서 주나라를 이미 친하게 여기는 대상으로 삼았으니, 송나라에 대해서는 소원하게 여긴 것이 바로 '고故'이다.

---

73) 『穀梁傳』, 桓公 2년.
74) 『穀梁傳』, 襄公 9년.

따라서 신주新周와 고송故宋 이론은 상례喪禮에서 새로운 귀신을 친하게 여기고 먼 조상의 예를 강등하는 것과 같다.

공양가의 '삼통의 소통'(通三統) 이론은 비록 그 말이 허황되고 괴이하며, 근거가 될 만한 글이 없지만, 사실 '앞선 두 왕조의 후손을 보존한다'(存二王後)는 옛 법칙으로부터 왔기 때문에 전혀 근거가 없다고 말할 수는 없다. 그 의미는 대체로 두 가지가 있다.

첫째, 왕자는 반드시 어진 이를 높이는데, 어진 이를 높이는 것은 옛것을 본받는 것이다. 그리고 옛것을 본받는 것은 하늘을 받드는 것이다. 따라서 과거의 옛일을 보존하여 후대 왕의 법도로 삼을 것을 대비한다. 이것이 그 하나이다. 둘째, 왕자가 어진 이를 높이는 것은 단지 3대에 지나지 않는다. 따라서 앞선 두 왕조의 후손을 봉해서 대국으로 삼으므로 자연히 친하게 여기는 대상(親)·옛 나라로 여기는 대상(故)·축출하는 대상(絀)이 있게 된다. 공양가는 『춘추』를 새로운 왕에 해당시키므로 주나라는 앞선 시대의 국가가 된다. 그것은 주나라의 입장에서는 축출을 당한 것(黜)이 되고, 주나라가 노나라의 종주宗主라는 측면에서는 노나라가 친하게 여기는 대상(親)이 되며, 삼통의 순서에서는 『춘추』가 새로운 나라로 여기는 대상(新)이 된다. 송나라의 경우는 은나라의 후손이 다스리는 대국이다. 공자의 입장에서 선조(故)가 되고, 새로운 나라로 봉해진 주나라의 입장에서 옛 나라(故)가 되며, 삼통의 순서에서 『춘추』가 옛 나라로 여기는 대상(故)이 된다. 하나라의 경우는 축출되어 소국이 되었기 때문에 사법師法으로 삼지 않는 대상이다.

3) 새로운 왕(新王)

'신왕新王'은 본래 세속의 왕을 가리키지만, 공양가는 『춘추』를 거기에 해당시켰으니, 이것은 진실로 '일상적이지 않은 이상한 의리와 괴이하게 여길 만한 논의'(非常異義可怪之論)이다. 그런데 공양가의 본의는 단지 공자가 『춘추』를 지어서 후세가 그것을 굳게 따름으로써 마침내 『춘추』가 한 세대의 왕법王法이 되는 것이다. 따라서 '『춘추』

를 신왕에 해당시킨다'(以『春秋』當新王)는 이론을 만든 것이다. 이 이론은 사실 괴이하게 여길 만한 것이 없고, 진실로 이치에 가깝다. 한대 사람들이 그것을 삼통三統·오덕五德 이론과 서로 혼합하여, 진나라의 흑통黑統을 빼앗아서 『춘추』에 주었으니, 그것이 바로 괴이하게 여길 만한 것이다. 더욱 괴이하게 여길 만한 것은 한대 사람들이 도참圖讖 이론을 함께 채용한 것이다. 예를 들어 하휴는 공자가 "미래를 보고서 무궁한 것을 미리 예측하여"[75] 마침내 『춘추』를 지었다고 말한다. 이러한 논리는 경經의 뜻을 드러내 밝히는 데 무익할 뿐만 아니라, 도리어 상식적이고 이치에 맞는 부분까지도 사라져서 드러나지 않게 만들고, 또한 사람들에게 비방하는 구실만을 줄 뿐이다.

'『춘추』를 신왕에 해당시킨다'는 이론은 『공양전』에 분명한 문장이 없지만, 동중서의 이론에서 증명할 수 있으며, 그 의미도 또한 『공양전』의 문장에서 찾을 수 있다. 애공 14년, 봄, 서쪽으로 사냥을 나갔다가 기린을 잡았다.(春, 西狩獲麟) 『공양전』에서 말했다.

군자는 어째서 『춘추』를 지었는가? 어지러운 세상을 바로잡아서 올바른 데로 되돌리는 것은 『춘추』보다 가까운 것이 없다. 그런데 잘 모르겠지만, 공자가 이 『춘추』를 지은 것이 어지러운 세상을 바로잡을 수 있어서 지은 것인가? 아니면 공자가 요순의 도를 좋아하여 그것을 서술하여 말한 것인가? 아마도 후세에 요순과 같은 덕을 가진 성인이 공자 자신이 『춘추』를 지은 뜻을 알아줄 것을 즐거워한 것이 아니겠는가? 『춘추』의 의리를 지어서 후세의 성왕이 그것을 법도로 삼기를 기다린 것이니, 군자가 『춘추』를 지은 이유는 또한 『춘추』의 도가 영원히 법도가 될 수 있음을 기뻐했기 때문이다.[76]

여기에서 "『춘추』의 의리를 지어서 후세의 성왕이 그것을 법도로 삼기를 기다린

---

75) 『公羊傳』, 哀公 14년, 何休 注.
76) 『公羊傳』, 哀公 14년.

것"이라고 한 것은 곧 한대 사람들이 공자가 후세를 위해 법을 제정했다고 말한 의미이며, 또한 ''춘추」를 신왕에 해당시킨다'는 이론이다. 그 전에 맹자는 『춘추』가 곧 '천자의 일이라고 말했고, 또 후대에 나를 알아주거나 나를 죄주는 것이 『춘추』때문 일 것이라는 말이 있으니, 모두 신왕 이론의 복선이 된다.

동중서는 『춘추』 신왕의 뜻을 더욱 명백하게 드러내 밝혔다. 『춘추번로』에서 다음과 같이 말했다.

> 공자가 말했다. "내가 지나간 일을 근거로 삼아서, 우리 왕의 마음을 더했다."
> 왕의 지위와 호칭을 빌어서 인륜을 바로잡았으며, 일의 성패를 근거로 삼아서
> 이치를 따르는 것과 어기는 것을 밝힌 것이다. 따라서 『춘추』에서 좋게 여긴
> 것은 제나라 환공과 진나라 문공이 시행하여 완수한 것이고, 『춘추』에서 미워한
> 것은 어지러운 나라가 시행하여 마침내 패망한 것이다.77)
>
> 그러므로 공자는 새로운 왕의 도를 세워서, 그 도가 뜻을 귀하게 여김으로써
> 이익을 반대하는 것을 밝혔으며,78) 그 도가 성실함을 좋아함으로써 거짓을 없애는
> 것을 드러내었다.79)

이로써 알 수 있듯이, 동중서는 『춘추』를 신왕에 해당시킨 것에 대해 매우 분명하고도 상세하게 말했다. 따라서 『춘추』를 고대의 오제五帝 · 삼왕三王의 제통帝統 에 견주었다.

사마천은 동중서에게 배웠기 때문에 이 뜻을 매우 명확하게 논의하였다. "따라서 공자는 왕도王道를 밝혔다.…… 의리와 법도를 제정하니, 왕도王道가 구비되고 인간의 일이 다 갖추어졌다."80) "폄하하거나 비판한 의리를 이후에 왕자가 들어서 시행하였

---

77) 『春秋繁露』, 「俞序」.
78) 역자 주: 이 구절은 원문이 "明其貴志以反和"인데, '和'는 '利'자의 오자라고 한 蘇輿의 주에 따라 해석했다.
79) 『春秋繁露』, 「玉杯」.
80) 『史記』, 「十二諸侯年表」.

다. 『춘추』의 의리가 행해지자 천하의 난신적자가 두려워하였다."[81] "242년간의 노나라 역사 속의 사건에 대해 시비를 따져서 천하의 본보기로 삼았다. 천자를 비판하고 제후를 깎아내리고 대부를 필주함으로써 왕의 일을 달성하고자 했을 뿐이다."[82] 또한 호수壺遂의 말을 인용해서 말했다. "공자가 『춘추』를 지어서, 추상적인 말을 남겨서 예의禮義를 결단하고, 한 명의 왕의 법에 해당시켰다."[83] 그리고 또 말했다. "따라서 역사 기록을 근거로 삼아서 『춘추』를 지어서, 왕법王法에 해당시켰다. 그 말은 은미하지만 가리키는 뜻은 넓었다."[84] 사마천은 비록 순수한 학자는 아니지만, 그가 '『춘추』를 신왕에 해당시킨다'는 것을 논한 것은 사실상 동중서의 이론과 딱 들어맞는다.

그 후에 양한시대 수백 년간 『춘추』를 신왕에 해당시킨다는 이론은 거의 공통의 인식이 되었다. 『회남자淮南子』에서 말했다. "공자는…… 오직 효도孝道만을 실행함으로써 소왕素王이 되었으니, 그가 한 일은 또한 적었다. 『춘추』의 242년의 역사에서, 나라가 망한 것이 52번, 임금을 시해한 것이 36번이다. 좋은 것을 가려 뽑고 추한 것을 없앰으로써 왕도를 이루었으니, 논의도 또한 매우 폭넓다."[85] "은나라는 하나라를 바꾸었고, 주나라는 하나라를 바꾸었으며, 『춘추』를 주나라를 바꾸었다."[86] 그리고 『설원說苑』에서 말했다. "공자가 말했다. '하夏나라의 도가 사라지지 않았으면 상商나라의 덕德이 일어나지 않았고, 상나라의 덕이 사라지지 않았으면 주나라의 덕이 일어나지 않았으며, 주나라의 덕이 사라지지 않았으면 『춘추』가 지어지지 않았을 것이다. 『춘추』가 지어진 이후에 군자는 주나라의 도가 사라진 것을 알게 되었다.'"[87] 『논형』에서 말했다. "공자는 『춘추』를 지어 왕자의 뜻을 보여 주었다.

81) 『史記』, 「孔子世家」.
82) 『史記』, 「太史公自序」.
83) 『史記』, 「太史公自序」.
84) 『史記』, 「儒林傳」.
85) 『淮南子』, 「主術訓」.
86) 『淮南子』, 「氾論訓」.
87) 『說苑』, 「君道」.

그렇다면 공자의 『춘추』는 소왕素王의 사업이며, 제자諸子가 전한 글은 소상素相의 일이다.88) 『춘추』를 봄으로써 왕자의 뜻을 살펴볼 수 있고, 제자의 글을 읽음으로써 재상이 지향하는 것을 볼 수 있다."89) 또 말했다. "공자가 말했다. '봉황이 오지 않으며, 황하에서 하도河圖가 나오지 않으니, 내가 그만인가 보구나!' 공자는 왕이 되지 못함을 스스로 슬퍼한 것이다. 자신이 왕이 된다면 태평을 이룰 수 있고, 태평을 이루면 봉황이 오고 황하에서 하도가 나올 것이다. 지금 왕이 될 수 없기 때문에 상서로운 조짐이 오지 않아서 상심하여 스스로 슬퍼했기 때문에 '내가 그만인가 보구나!'라고 말한 것이다."90) "공자가 『춘추』를 지은 것은 주나라 백성의 폐단을 바로잡기 위해서였다. 따라서 털끝만한 작은 선善을 찾고, 부스러기 같은 악惡을 폄하하여, 어지러운 세상을 바로잡아서 올바른 데로 되돌려서, 왕도王道가 구비되고 인간의 일이 다 갖추어졌다. 사치스럽고 경박한 풍속을 단속하는 방법이 그 치밀함을 다 갖추고 있다. 제방이 터졌는데도 방비하지 않으면 홍수의 피해가 생긴다. 그물이 풀어졌는데도 묶지 않으면 짐승이 빠져나가는 우환이 생긴다. 이 때문에 주나라의 도가 피폐해지지 않았다면 백성들은 화려하게 꾸미거나 천박하게 되지 않았을 것이다. 백성들이 화려하게 꾸미거나 천박해지지 않았다면 『춘추』는 지어지지 않았을 것이다."91) "공자는 왕이 되지 못했기 때문에 『춘추』를 지어서 뜻을 밝혔다. 『춘추』에 문자상으로 기록되어 있는 왕의 일92)을 살펴보면, 공자가 왕이 될 수 있는 덕이 있다는 것을 알 수 있다. 공자는 성인이다.…… 공자는

---

88) 역자 주: 素相은 素王과 대구가 되는 말로, 승상이 될 자질과 능력이 있지만 당시에 승상이 되지 못한 사람을 말한다. 『논형주석』에서 왕충이 桓譚을 素丞相으로 여겼다고 하니, 여기에서 諸子는 환담을 가리킨다. 『논형』 「정현」 편에서 "공자는 왕 노릇을 하지 않았으니, 소왕의 사업은 『춘추』에 남아 있다. 그렇다면 환담은 재상 노릇을 하지 않았으니, (素丞相의) 자취는 『新論』에 남아 있다"(孔子不王, 素王之業在于 『春秋』. 然則桓君山不相, 素丞相之迹存于 『新論』者也)라고 했다.

89) 『論衡』, 「超奇」.

90) 『論衡』, 「問孔」.

91) 『論衡』, 「對作」.

92) 역자 주: 虛文은 『논형주석』에 의하면, 실행될 수는 없으면서 단지 문자상으로만 보이는 정치 주장이다. 따라서 虛文業은 문자상으로 기록되어 있는 왕의 일을 말한다.

왕이 되지 못했지만 소왕素王의 업적은 『춘추』에 있다."[93] 이로써 알 수 있듯이, 신왕 이론은 단지 공양가만 주장한 것이 아니라, 한대 사람들의 보편적인 견해였다.

따라서 하휴가 이 이론을 취하여 『공양전』에 주석을 단 것은 진실로 그럴 만한 이유가 있었던 것이다. 『춘추』 장공 27년, 기杞나라 임금이 노나라에 와서 조회하였다.(杞伯來朝) 하휴가 말했다

『춘추』는 기杞나라를 축출하고, 주周나라를 새로운 나라로 여기며, 송나라를 옛 나라로 여기고, 『춘추』를 새로운 왕에 해당시켰다.[94]

『춘추』 선공 16년, 주나라 수도의 동쪽에 있는 성주의 선사에 화재가 발생했다.(成周宣謝災) 하휴가 말했다.

공자는 『춘추』를 신왕에 해당시켰는데, 위로 기杞나라를 축출하며, 아래로 주周나라를 새로운 나라로 여기고 송宋나라를 옛 나라로 여겼다.[95]

이로써 알 수 있듯이, 하휴는 분명히 한대 사람들의 의견을 취하여 『공양전』에 주석을 단 것이다.

그 후에 송대 학자들이 『춘추』를 연구할 때, 비록 하나의 경전을 전문으로 연구하는 것을 높게 보지는 않았지만, 그래도 이 뜻을 이해한 사람이 있었다. 주렴계周濂溪가 말했다. "『춘추』는 왕도王道를 바로잡고 대법大法을 밝혔다. 공자가 후세의 왕자를 위해서 손질한 것이다."[96] 정자程子가 말했다. "공자는 주나라의 말세에 성인이 다시는 흥기하지 않아서, 하늘을 따르고 때에 순응하는 정치가 결코 있지 않을 것이라고 여겼다. 이에 『춘추』를 지어서 수많은 왕들의 바뀌지 않는 법도로

---

93) 『論衡』,「定賢」.
94) 『公羊傳』, 莊公 27년, 何休 注.
95) 『公羊傳』, 宣公 16년, 何休 注.
96) 『性理大全書』, 권3,「通書二·孔子上」.

삼았다."97) 이들의 논의는 '『춘추』를 신왕에 해당시켰다'는 한대 학자들의 뜻을 제대로 이해한 것이다.

4) 소왕素王

'소왕素王'이라는 말은 『장자』 「천도天道」편에 처음 보인다.98) 공양가가 말한 공자가 소왕이라는 이론은 『공양전』 애공 14년 '서수획린西狩獲麟'이라는 문장으로부터 유래한다. 그 뜻은 공자의 개제와 '『춘추』를 신왕에 해당시킨다'는 의미로부터 찾아낼 수 있다. 한대 사람들은 이미 『춘추』를 한 시대의 왕법王法에 해당시켰으므로 공자는 당연히 왕이 된다. 그런데 공자는 덕은 있지만 지위가 없기 때문에 단지 소왕에 지나지 않는다. 후대의 학자들은 소왕 이론을 비난했는데, 『공양전』에 소왕과 관련된 문장이 없고, 또 공자에게 신분을 뛰어넘어 월권한 혐의가 있기 때문이다. 그런데 동중서의 책을 살펴보면, 이와 관련된 분명한 문장이 확실하게 보인다.

동중서의 「거현량대책」에서 말했다.99) "공자가 『춘추』를 지을 때, 먼저 왕자의 일을 바로잡고, 온갖 일들을 그 아래에 이어서 기록했으니, 소왕素王의 문장을 보여주었다." 또 말했다. "따라서 『춘추』가 천명을 받고 가장 먼저 제정한 것은 정삭을 바꾸고 복색을 고친 것이니, 이로써 하늘의 뜻에 호응하였다." 그리고 『춘추번로』에서 말했다. "사람의 힘으로 불러들일 수 없지만 저절로 이르는 일이 있는데, 노나라의 서쪽에서 사냥을 하다가 기린을 잡은 것이 천명을 받은 징표라고 하는 것이 그것이다. 그런 이후에 옳고 그름을 판단하는 『춘추』에 가탁하여 제도 개혁의 의의를 밝혔다."100) 그리고 동중서는 「삼대개제질문」편에서 은殷·주周가 천명을 받아서 왕이 된 일을 일일이 진술하고, 또 『춘추』를 거기에 이어 놓았다. 따라서 『춘추』는 왕이 되고, 『춘추』가 천명을 받은 것은 은·주의 신왕과 다름이 없다. 이러한 여러 이론들은

---

97) 『河南程氏經說』, 卷第4, 「春秋傳」, '序'.
98) 『莊子』, 「天道」, "夫虛靜恬淡, 寂漠無爲者, 萬物之本也.……以此處下, 玄聖素王之道也."
99) 『漢書』, 「董仲舒傳」.
100) 『春秋繁露』, 「符瑞」.

모두 공자가 소왕으로서 개제의 일을 시행한 것으로 여긴 것이다.

『춘추』를 신왕에 해당시켰으므로 공자가 천명을 받은 것도 또한 진짜 왕과 마찬가지이기 때문에 반드시 천명을 받은 부험符驗이 있다. 따라서 서수획린西狩獲麟이 바로 천명을 받은 부험이다. "공자가 옷소매를 돌려 얼굴을 닦으니, 흐르는 눈물이 옷깃을 적셨고", "누구를 위해 왔는가!"라고 말하니,101) 스스로 소왕임을 자처한 것이다. 후세에는 공자가 신분을 뛰어넘어 제도를 만드는 월권을 피했다고 말한다. 따라서 공자가 소왕이라고 하는 것은 단지 한대 사람들이 공자를 높이는 데에서 초래된 것이며, 사실 공자가 스스로 소왕을 자처한 적은 없다고 주장하였다. 그런데 공자의 행적과 말을 살펴보면, 소왕의 의지가 없었다고 말할 수는 없다. 지금 『논어』의 문장에 의하면, 공자가 송나라를 지나다가 스스로 "하늘이 나에게 덕德을 부여했는데, 환퇴桓魋가 나를 어찌 하겠는가?"102)라고 말한 적이 있다. 그리고 곤란한 지경에 빠졌을 때는 스스로 "문왕文王이 이미 죽었으니, 주나라의 문화 제도가 여기 나에게 있지 않겠는가? 하늘이 장차 이 문화 제도를 없애 버리려고 했다면 문왕보다 뒤에 죽는 내가 이 문화 제도에 동참할 수 없었겠지만, 하늘이 이 문화 제도를 아직 없애지 않았으니, 광匡 땅 사람들이 나를 어떻게 하겠는가?"103)라고 말했다. 그리고 맹자는 공자에 대해 서술하면서 다음과 같이 말했다. "세상이 쇠퇴하고 도가 미미해져서 사악한 학설과 포악한 행실이 일어나, 신하로서 자기 임금을 시해하는 자가 있고, 자식으로서 자기 부모를 시해하는 자가 있었다. 공자가 이를 두려워하여 『춘추』를 지었다. 『춘추』는 천자의 일이다."104) 이로써 알 수 있듯이, 공자는 이미 왕자의 개제를 실제로 시행했으며, 또한 왕자로서의 의지가 있었다.

소왕 이론은 또한 위서緯書에도 보인다. "증자가 경전의 차이점을 가려 뽑아서 물었다. '『효경』은 경전의 문장입니까? 내용이 뒤섞여서 경전과 같지 않은 것은

---

101) 『公羊傳』, 哀公 14년.
102) 『論語』, 「述而」.
103) 『論語』, 「子罕」.
104) 『孟子』, 「滕文公下」.

무엇 때문입니까?' 공자가 대답했다. '내가 『효경』을 지은 것은 소왕素王으로서 관작이나 봉록으로 상을 주거나 형벌로 주살할 수 있는 권한이 없기 때문에 현명한 왕자의 도에 가탁하여 말한 것이다.' 증자가 자리에서 약간 벗어났다가 다시 제자리에 앉았다. 공자가 말했다. '앉거라. 내가 너에게 말해 주겠다. 『효경』은 순종하고 겸손함으로써 재앙을 피하니, 선왕에게 권도를 주어 가탁했다.'"105) "기린이 출현하자 주나라가 멸망했다. 따라서 『춘추』를 세워서 소왕의 법을 제정하여, 장차 흥기할 왕자에게 전해 주었다."106) 이것은 모두 위서의 이론이다.

고문가의 경우에도 익숙하게 이와 관련된 논의를 전개하였다. 가규賈逵의 『춘추』 서序에서 말했다. "공자가 역사 기록을 보고서, 시비是非의 이론에 입각하여 소왕의 법도를 세웠다." 또 정현의 『육예론六藝論』에서 말했다. "공자는 서쪽에서 사냥을 하다가 기린이 잡히자, 스스로를 소왕이라고 부르고, 후세의 천명을 받을 임금을 위하여 밝은 왕의 법도를 제정했다."107) 금문가와 고문가가 소왕을 말한 것이 이와 같다. 또한 후한시대의 서간徐幹(170~217)이 말했다. "중니仲尼는 평범한 남자인데, 소왕이라고 불렀다."108) 『풍속통風俗通』에서 말했다. "『춘추』의 의리를 제정하여, 소왕의 법도를 드러내었다."109) 왕충王充이 소왕을 말한 것은 매우 많다. "공자는 왕이 되지 못했지만 소왕의 업적은 『춘추』에 있다."110) "공자가 말했다. '봉황이 오지 않으며, 황하에서 하도河圖가 나오지 않으니, 내가 그만인가 보구나!' 공자는 왕이 되지 못함을 스스로 슬퍼한 것이다. 자신이 왕이 된다면 태평을 이룰 수 있고, 태평을 이루면 봉황이 오고 황하에서 하도가 나올 것이다. 지금 왕이 될 수 없기 때문에 상서로운 조짐이 오지 않아서 상심하여 스스로 슬퍼했기 때문에

---

105) 『孝經緯・鈎命訣』.
106) 『春秋緯・元命苞』.
107) 역자 주: 가규와 정현의 글은 모두 魏了翁의 『春秋左傳要義』 卷首의 「序」 조목에 실려 있는 「賈逵鄭玄盧欽等謂孔子立素王」에 보인다.
108) 『中論』, 「貴驗」.
109) 『風俗通』, 「窮通」.
110) 『論衡』, 「定賢」.

'내가 그만인가 보구나!라고 말한 것이다."111) 이로써 알 수 있듯이, 공자를 소왕으로 여긴 것은 단지 공양가만이 아니라 한대 사람들의 보편적인 견해였다. 두예에 이르러 처음으로 이 이론이 통론이 아니라고 의심하였다.

한대 사람들에게는 또한 소신素臣·소상素相·소공素功의 이론도 있다. 두예에 의하면, 한대 사람들은 공자를 소왕으로 삼고, 좌구명左丘明을 소신素臣으로 삼았다고 한다.112) 예를 들어 "자하子夏가 말했다. '공자는 소왕素王이고, 안연顏淵은 사도司徒이다.'"113) 또 『논형』에서 말했다. "공자는 『춘추』를 지어 왕자의 뜻을 보여 주었다. 그렇다면 공자의 『춘추』는 소왕素王의 사업이며, 제자諸子가 전한 글은 소상素相의 일이다. 『춘추』를 봄으로써 왕자의 뜻을 살펴볼 수 있고, 제자의 글을 읽음으로써 재상이 지향하는 것을 볼 수 있다."114) 또 『한서』에 의하면, 매복梅福은 『곡량전』을 공부했지만, '삼통三統' 이론을 근본으로 삼아 상소를 올렸는데, 공자에게 '소공素功'이 있기 때문에 그 자손을 마땅히 은나라의 후손으로 봉해야 한다고 말했다.115) 『곡량전』에는 소왕 이론이 전하지 않지만, 한대의 곡량가도 또한 익숙하게 이러한 논의를 한 것이다.

두예 이후에 공자가 소왕이라는 이론을 의심하는 자들이 매우 많았다. 공영달孔穎達의 『춘추좌전정의春秋左傳正義』에서 말했다.

『공자가어孔子家語』에서 말하기를, "제齊나라 태사太史 자여子餘가 공자를 찬미하여, '하늘이 공자를 소왕으로 삼았도다!'라고 했다." 소素는 비었다(空)는 의미이니,

---

111) 『論衡』, 「問孔」.
112) 『春秋左傳集解』, 「序」.
113) 孫㲄, 『古微書』, 「論語緯」.
    역자 주: 『古微書』는 명나라 때 孫㲄이 최초로 讖緯만을 전문적으로 집일하여 편찬한 책이다. 『사고전서』에는 「經部」의 「五經總義類」에 부록으로 『고미서』 36권이 수록되어 있다. 『사고전서총목제요』에 의하면, 이 책 속에는 『상서』 11종류, 『춘추』 16종류, 『역』 8종류, 『예』 3종류, 『악』 3종류, 『시』 3종류, 『논어』 4종류, 『효경』 9종류, 『하도』 10종류, 『낙서』 5종류가 집일되어 있다.
114) 『論衡』, 「超奇」.
115) 『漢書』, 「梅福傳」.

지위가 없어서 가짜로 왕 노릇 했음을 말한 것이다. 저 자여는 공자의 깊은 덕을 찬미하면서 하늘의 뜻을 근원으로 삼았기 때문에 이러한 말을 했을 뿐이니, 공자가 스스로를 소왕이라고 부른 것은 아니다. 앞선 학자들은 이로 인해 잘못 이해하여, 마침내 『춘추』가 소왕의 법도를 세웠다고 말했다.116)

한대 학자들은 공자가 실제로 스스로를 소왕이라고 불렀다고 말한 경우가 많은데, 두예와 공영달은 그 주장을 강하게 반박하였다. 피석서皮錫瑞(1850~1908)는 비록 공양학을 위주로 연구했지만, 그도 또한 이 이론이 스스로 난신적자의 길을 밟을 혐의가 있다고 주장했다.

그런데 소왕 이론에 대해, 후대의 학자들이 대부분 하휴에게 비난의 화살을 퍼부었고, 이 이론이 한대 학자의 옛 이론에 근본을 두고 있을 뿐만 아니라, 위로는 동중서까지 미루어 갈 수 있다는 것을 누구도 알지 못했다. 청대 말기의 강유위는 마침내 동중서를 빌어서 개제의 뜻을 다음과 같이 밝혔다.

한대 이전부터 공자를 소왕으로 여기지 않거나, 『춘추』를 제도개혁의 책이라고 여기지 않은 사람이 없었다. 그 외에도 여전히 믿기 힘든 내용이 있지만, 동중서는 순수한 유학자로 불리는데, 어찌 도리에 어긋나고 거짓되겠는가? 그런데도 『춘추』 를 드러내어 신왕新王으로 만들거나 신왕에 해당시킨 것은 이루 다 헤아릴 수가 없다. 만약 구전으로 전수된 것이 아니라면 동중서가 어떻게 그것을 크게 드러낼 수가 있었겠는가? 동중서로부터 나온 이론은 또한 믿을 수 있다.117)

이로써 알 수 있듯이, 공자가 소왕이라는 이론은 공자의 『춘추』가 개제改制의 공적이 있어서 한 시대의 왕법王法에 해당한다고 여긴 것이다.

---

116) 『春秋左傳正義』, 「序」, 孔穎達 疏.
117) 康有爲, 『春秋董氏學』, 권5(『康有爲全集』 제2, 366쪽).

5) 노나라를 왕으로 삼음(王魯)

'삼통의 소통'(通三統)의 여러 가지 뜻 중에서 후대 학자들에게 가장 비난을 받는 것은 노나라를 왕으로 삼고 주나라를 축출한다(王魯黜周)는 이론이다. 노나라는 본래 제후국이고 주나라는 실제로 천자이다. 그런데 『춘추』는 예의禮義의 대종大宗이기 때문에 만약 이 이론을 만들었다면 신분을 벗어난 월권이 이보다 심한 것이 없다.

살펴보건대, '왕노王魯' 이론은 『공양전』에 분명한 문장이 없고, 하휴의 『춘추공양전해고』에서 많이 언급하였다. 노나라는 본래 제후국인데, 『춘추』가 노나라에 가탁하여 천명을 받은 왕으로 삼은 것이다. 따라서 주루邾婁·등縢·설薛·숙宿·형邢 등의 여러 나라가 이로 인해서 노나라와 조회와 빙문, 회합과 맹약의 예를 수행했다. 따라서 노나라의 입장에서 그들의 행동을 칭찬했으니, 그들이 노나라를 천자로 잘 섬겼기 때문이다. 여기에서 왕노王魯를 말한 뜻은 매우 분명하다. 그리고 또 다음과 같이 말했다.

> 『춘추』 소공 31년, 흑굉이 람읍을 가지고 노나라로 도망쳐 왔다.(黑肱以濫來奔) 『춘추공양전해고』에서 말했다. "『공양전』에서 주로 기록한 것은 『춘추』 이전의 일이니, 왕자가 흥기하면 마땅히 공적이 있는 자를 추급하고, 덕이 있는 자를 드러내며, 멸망한 나라를 일으키고, 끊어진 세대를 이어준다는 것을 보여 준 것이다."[118]

여기에서는 노나라의 입장에서 신왕新王이 선한 자를 상주고 악한 자를 벌주는 것을 말했다. 또 말했다.

> 『춘추』 환공 14년, 정나라 임금이 자기 동생 어를 노나라에 보내 맹약했다.(鄭伯使其弟 語來盟) 『춘추공양전해고』에서 말했다. "노나라가 다른 나라에 가서 맹약에 참여하

---

118) 『公羊傳』, 昭公 31년, 何休 注.

거나 다른 나라가 노나라에 와서 맹약을 맺을 경우 모두 계절을 기록하는 것이
범례이다. 계절을 기록하는 것은 노나라가 왕이라는 뜻을 따른 것이니, 왕자는
마땅히 지극한 믿음으로써 천하에 솔선수범함을 밝힌 것이다."119)

『예기』에서 말했다. "은나라 사람들이 맹서하는 글을 짓자 백성들이 배반하기
시작하였고, 주나라 사람들이 회합하는 일을 하자 백성들이 의심하기 시작하였다."120)
이것은 성인이 회맹을 비난한 것이다. 그런데 『춘추』에서는 선한 사람을 좋게
여길 때는 최대한 길게 칭찬하고, 악한 사람을 미워할 때는 최대한 짧게 비판한다.121)
불신하는 가운데에서 그 신뢰를 드러낸다. 따라서 크게 신뢰할 때는 계절을 기록하고,
작게 신뢰할 때는 달을 기록하며, 신뢰하지 않을 때는 날짜를 기록하는 범례가
있다. 또한 정규 전쟁(偏戰)에는 날짜를 기록하고, 기습 전쟁(詐戰)에는 날짜를 기록하지
않는 범례가 있다. 이것은 모두 신뢰를 귀하게 여기고 거짓을 천하게 여기는 것이니,
왕자는 마땅히 신뢰로써 천하를 다스려야 함을 밝힌 것이다. 또 말했다.

『춘추』 성공 2년, 계손행보·장손허·숙손교여·공손영제가 군대를 이끌고 진나라
극극·위나라 손양부·조나라 공자수와 회합하여, 제나라 임금과 안案 땅에서
싸웠다.(季孫行父·臧孫許·叔孫僑如·公孫嬰齊師師, 會晉郤克·衛孫良夫·曹公子手, 及齊侯
戰于鞌)『춘추공양전해고』에서 말했다. "제후 중에 왕자를 따라서 불의한 자를

---

119) 『公羊傳』, 桓公 14년, 何休 注.
120) 『禮記』, 「檀弓下」.
역자 주: 노나라 哀公이 周豊이라는 사람에게 "有虞氏는 백성들에게 신뢰하라고 하지
도 않았는데 백성들이 믿었고, 夏后氏는 백성들에게 공경하라고 하지도 않았는데 백
성들이 공경했으니, 어떻게 해야 백성들에게 신의와 공경을 얻는가?'라고 물었다.
그러자 그가 대답했다. "폐허가 된 무덤 사이에서는 백성들에게 슬퍼하라고 하지
않아도 백성들은 스스로 슬퍼하고, 사직과 종묘의 가운데에서는 백성들에게 공경하
라고 하지 않아도 백성들은 스스로 공경한다. 은나라 사람들이 맹서하는 글을 짓자
백성들이 배반하기 시작하였고, 주나라 사람들이 회합하는 일을 하자 백성들이 의심
하기 시작하였다. 만일 禮義와 忠信과 정성스러운 마음으로써 백성을 대하지 않으면,
비록 백성들과 굳게 약속을 맺는다고 하더라도 백성들이 어찌 풀어지지 않겠는가?'
121) 『公羊傳』, 昭公 20년.

정벌하여, 승리하여 공적이 있으면 마땅히 칭찬해야 함을 밝힌 것이다. 따라서 조나라 대부를 인정한 것이다. 대부가 임금과 대적한 것을 폄하하지 않은 것은 왕자를 따르면 대부도 제후와 대적할 수 있기 때문이다."[122]

『춘추』 장공 31년, 제나라 임금이 노나라에 와서 산융의 전리품을 바쳤다.(齊侯來獻戎捷) 『춘추공양전해고』에서 말했다. "『춘추』는 노나라를 왕으로 삼기 때문에 왕의 의리를 드러낸다. 옛날에 방백方伯이 무도한 자를 정벌하거나, 제후들이 서로 대적하여 전쟁할 경우, 그 나라를 주살하여 멸망시키고 왕자에게 전리품을 바쳤다."[123]

이것은 제후가 왕자를 따라서 정벌할 경우는 마땅히 칭찬하고, 방백이 무도한 자를 정벌할 경우는 마땅히 왕에게 전리품을 바쳐야 함을 밝힌 것이다. 또 말했다.

『춘추』 은공 2년, 은공이 잠에서 융과 회합했다.(公會戎於潛) 『춘추공양전해고』에서 말했다. "『춘추』는 노나라를 왕으로 삼으므로 마땅히 먼저 스스로가 올바름을 지키면서, 스스로에 대한 책망을 엄중하게 하고, 남에게는 가볍게 책망해야 함을 밝혔다. 따라서 외국의 일은 간략하게 기록했다."[124]

『춘추』 은공 2년, 9월, 기나라 이수가 노나라에 와서 여인을 맞이해 갔다.(九月, 紀履緰來逆女) 『춘추공양전해고』에서 말했다. "노나라에서 여인을 맞이해 갈 경우에는 항상 기록하고, 외국에서 여인을 맞이해 갈 경우에는 단지 처음으로 그 일을 한 것을 미워할 뿐 항상 기록하지 않는 것은 마땅히 먼저 스스로가 올바름을 지키면서, 스스로에 대한 책망을 엄중하게 하고, 남에게는 가볍게 책망해야 함을 밝힌 것이다. 따라서 외국의 일은 간략하게 기록했다."[125]

이것은 왕자는 마땅히 스스로에 대한 책망을 엄중하게 하고, 남에게는 가볍게

---

122) 『公羊傳』, 成公 2년, 何休 注.
123) 『公羊傳』, 莊公 31년, 何休 注.
124) 『公羊傳』, 隱公 2년, 何休 注.
125) 『公羊傳』, 隱公 2년, 何休 注.

책망해야 함을 밝힌 것이다. 또 말했다.

『춘추』 은공 3년, 송나라 임금 화가 죽었다.(宋公和卒)『춘추공양전해고』에서 말했다. "홍薨이라고 말하지 않은 것은『춘추』는 노나라를 왕으로 삼으니, 노나라의 임금이 죽으면 당연히 왕의 죽음을 기록하는 문장을 기록해야 한다. 그러나 성인이 문장을 짓는 것은 겸손하고 도리에 맞아서, (노나라 임금의 죽음을) 붕崩이라고 말할 수 없기 때문에 외국 군주의 죽음을 낮추어 졸卒이라고 말함으로써 노나라를 높인 것이다."[126]

천자가 죽으면 붕崩이라고 하고, 제후가 죽으면 홍薨이라고 하며, 대부가 죽으면 졸卒이라고 한다. 송나라 임금은 본래 제후이므로 마땅히 '홍'이라고 말하는 것이 올바르다. 그런데『춘추』는 노나라를 왕으로 삼기 때문에 노나라 임금에 대해서는 당연히 '붕'이라고 말하는 것이 올바르다. 그런데 문사는 겸손하지 않을 수 없기 때문에 외국을 낮추어 '졸'이라고 함으로써 노나라를 높인 것이니, '왕노王魯'의 뜻을 밝힌 것이다. 또 말했다.

『춘추』 은공 11년, 등나라 임금과 설나라 임금이 노나라에 와서 조회했다.(滕侯·薛侯 來朝)『춘추공양전해고』에서 말했다. "노나라가 외국으로 갔을 때는 갔다(如)고 말하고, 외국이 노나라에 왔을 때는 조회·빙문이라고 말하니, 외국을 구별하여 노나라를 높인 것이다."[127]

『춘추』 장공 25년, 겨울, 공자 우가 진나라로 갔다.(冬, 公子友如陳)『춘추공양전해고』에서 말했다. "노나라의 조회와 빙문을 갔다(如)고 말한 것은 노나라를 높인 것이다."[128]

---

126)『公羊傳』, 隱公 3년, 何休 注.
127)『公羊傳』, 隱公 11년, 何休 注.
128)『公羊傳』, 莊公 25년, 何休 注.

이것은 노나라와 외국이 서로 조회하고 빙문한 것을 통해 노나라와 외국을 구별함으로써 왕자는 제후를 조회하는 의리가 없음을 밝힌 것이다. 또 말했다.

『춘추』 은공 10년, 6월, 임술일, 은공이 송나라 군대를 관에서 패배시켰다.(六月, 壬戌, 公敗宋師于菅) 『춘추공양전해고』에서 말했다. "전쟁했다(戰)고 말하지 않은 것은 노나라에 왕을 가탁했기 때문에 (노나라와 다른 나라가) 대적했다는 의미의 말(戰)을 하지 않음으로써 왕의 의리를 강화하였다."[129]

『춘추』 환공 10년, 제나라 임금·위나라 임금·정나라 임금이 군대를 이끌고 와서 낭에서 전쟁했다.(齊侯·衛侯·鄭伯來戰於郞) 『춘추공양전해고』에서 말했다. "『춘추』는 노나라에 왕을 가탁하였다. 전쟁했다(戰)는 것은 (노나라와 다른 나라가) 대적했다는 의미의 문장이다. 왕자의 군대는 제후와 대적하지 않으니, 전쟁했다고 말하면 이미 패배했다는 의미의 문장이 된다."[130]

왕자는 제후와 대적하지 않기 때문에 노나라가 제후를 패배시켰을 때는 전쟁했다 (戰)고 말하지 않고, 제후에게 패배를 당했을 때는 그 사실을 숨겨서 전쟁했다고 기록한다. 이것은 왕자에게는 대적할 상대가 없음을 보여 준 것이다. 또 말했다.

『춘추』 양공 30년, 천왕이 자기 동생 연부를 죽였다.(天王殺其弟年夫) 『춘추공양전해고』에서 말했다. "『춘추』의 의리에서는 비록 주나라를 축출하고 노나라를 왕으로 삼는다고 말하지만, 사실상 천자가 상중(喪中)에 동생을 죽였기 때문에 이것은 매우 악한 것이다. 그런데 무엇 때문에 존귀한 자를 위해 숨겨 주지 않고 기록했는가? 연부가 죄가 있었기 때문에 왕자의 악이 조금 경감되었으므로 『춘추』에서는 다시 숨겨 주지 않은 것이다."[131]

---

129) 『公羊傳』, 隱公 10년, 何休 注.
130) 『公羊傳』, 桓公 10년, 何休 注.
131) 『公羊傳』, 襄公 30년, 何休 注.

『춘추』는 노나라를 왕으로 삼기 때문에 주나라를 축출하지 않을 수 없다. 그러나 하휴는 여기에서 오히려 주나라를 축출하는 문장을 따르지 않았으니, 하휴가 주나라를 진정으로 축출한 것이 아니다.

이상에서 '왕자王者'를 말한 것은 모두 노나라의 입장에서 말한 것이고, 주나라 천자를 가리킨 것이 없으므로 하휴가 확실히 '노나라를 왕으로 삼는' 이론이 있었다는 것을 알 수 있다.

공양가는 또한 연호를 고치는 개원改元의 이론을 별도로 둠으로써 왕노의 의리를 증명하였다. 그런데 공영달孔穎達의 『춘추좌전정의』에서는 유현劉炫이 하휴를 비판한 말을 다음과 같이 인용하였다.

오직 왕자가 된 이후에 연호를 고치고 호칭을 세우니, 『춘추』가 신왕이 천명을 받은 것을 노나라에 가탁했기 때문에 그로 인해서 즉위를 기록하였다. 만약 그렇다 면 신왕이 천명을 받으면 정삭을 반드시 고치니, 노나라는 원元이라고 말할 수 있고, 또한 그 정삭을 고칠 수 있는데, 주나라의 정삭을 그대로 사용한 것은 무엇 때문인가? 노나라에 왕을 가탁했으니, 이는 문왕을 섬기지 않는 것인데, 여전히 왕의 정삭을 받드는 것은 무엇 때문인가? [132]

하휴는 오직 왕자王者라야만 연호를 고칠 수 있다고 분명하게 말했는데, 『춘추』는 노나라를 왕으로 삼았으므로 연호를 고칠 수 있음에도 불구하고, 정삭을 고치지 못하고 주나라의 역법을 그대로 받들었다. 피석서에 의하면, 노나라의 개원改元은 사실상 가탁한 것이지 실제의 일이 아니다. 그런데 공영달의 『춘추좌전정의』에서는 유현을 비판했을 뿐만 아니라 공양가의 이론도 비판하면서, "제후는 봉토 내에서 각각 개원할 수 있 수 있으며", "제후의 개원은 일상적인 법도이므로 왕에 가탁하여 개원했다고 말하는 것은 망령된 주장이다"라고 했다. [133] 몽문통蒙文通은 여기에

---

132) 『左氏傳』, 隱公 원년, 孔穎達 疏.
133) 『左氏傳』, 隱公 원년, 孔穎達 疏.

근거하여, 마침내 제후가 개원하여 사직社稷을 받드는 것은 천자가 개원하여 천지天地를 받드는 것과 같다고 주장하였다.134)

그런데 왕노 이론은 본래 동중서로부터 나온 것이다.

따라서 『춘추』가 하늘에 호응하여 신왕의 일을 만드니, 책력은 흑통黑統으로 바로잡는다. 노나라를 왕으로 삼고, 검은 색을 숭상하며, 하나라를 축출하고, 주나라를 새로운 나라로 여기며, 송나라를 옛 나라로 여긴다.135)

지금 『춘추』는 노나라에 의거하여 왕의 의리를 말했다. 은공隱公·환공桓公에 대해 대우를 줄여서 먼 조상으로 삼고, 정공定公·애공哀公을 높여 부모로 삼아서 지극히 존중하고 높였으며, 지극히 드러내고 밝혔다.136)

이로써 알 수 있듯이, 왕노 이론은 공양가의 옛 의리를 근본으로 한 것이다. 동중서 이후, 한대 사람들은 왕노의 의리를 많이 말했다. 왕충이 말했다. "주장생周長生은 가장 글을 잘 쓰는 사람이어서 문인들이 모두 으뜸으로 존중하여, 오로지 그의 글만을 기록했으니, 『춘추』가 노나라에 가탁하여 왕을 기록한 뜻과 같다."137) 또 『월절서越絶書』에서 말했다. "공자가 『춘추』를 지어 노나라에게 원元을 기록했으니, 대의大義가 확립되고 미언微言이 담겼다."138) 또 말했다. "공자가 『춘추』를 지어서 노나라에 의거하여 왕 노릇을 하였다. 따라서 제후들의 죽음은 모두 졸卒이라고 말하고 홍薨이라고 말하지 않았으니, 노나라가 죽은 임금에게 추증하는 시호를 피한 것이다."139) 허신許愼이 말했다. "지금 『춘추공양』의 이론에서는 제후가 죽은 것을 홍薨이라고 하고, 이웃 나라에 부고를 보낼 때도 또한 당연히 홍薨이라고

---

134) 蒙文通, 『古史甄微』, 「自序」.
135) 『春秋繁露』, 「三代改制質文」.
136) 『春秋繁露』, 「奉本」.
137) 『論衡』, 「超奇」.
138) 『越絶書』, 「德序外傳」.
139) 『越絶書』, 「吳人內傳」.

말해야 한다. 그런데 경문에서 제후의 죽음을 기록하면서 졸후이라고 말한 것은 『춘추』의 문장이 노나라를 왕으로 삼았기 때문에 졸후이라고 말함으로써 노나라보다 낮춘 것이다."[140] 이처럼 한대 사람들은 왕노 이론을 괴이한 것으로 여기지 않았다.

한대 이후 왕노 이론을 비판하는 사람들이 매우 많았다. 진나라 두예는 다음과 같이 말했다.

> 『춘추』에서 기록한 왕은 바로 평왕平王이고, 사용한 역법은 바로 주나라의 역법이며, 호칭한 임금은 바로 노나라 은공이니, 주나라를 축출하고 노나라를 왕으로 삼았다는 것이 어디에 있는가?[141]

당나라 육순陸淳은 다음과 같이 말했다.

> 하휴가 주나라의 문식(文)을 바꾸고 선대의 질박함(質)을 따른다고 말했다. 비록 그 말을 이해하지만, 사용한 것이 올바른 곳이 아니다. 성정性情의 차원에서 그것을 사용하지 않고 명위名位의 차원에서 그것을 사용하여, 가리키는 뜻을 잃어버려서 천박하고 수준이 낮으니, 높은 수준의 학문으로 들어가지 못한 자이다.…… 오직 왕王은 위대하여 아득하게 숭고한데, 도리어 주나라를 축출하고 노나라를 왕으로 삼는 것이 『춘추』이 핵심 요지라고 여겼다. 양한시대에 경전을 전문적으로 연구한 학문이 지금까지 전해졌는데, 예법을 어기고 성인을 모함하며, 경經을 위배하고 전傳을 훼손하여, 사람들에게 이치에 거스르는 것을 가르치니, 죄가 이보다 더 큰 것이 없다.[142]

그런데 왕노 이론은 본래 신왕新王 이론에서 나온 것이다. 유봉록劉逢祿이 말했다.

---

140) 許愼, 『五經異義』.
141) 杜預, 『春秋左傳集解』, 「序」.
142) 陸淳, 『春秋集傳纂例』, 권1, 「春秋宗指議」.

노나라를 왕으로 삼는다(王魯)는 것은 『춘추』를 신왕에 해당시킨다(以『春秋』當新王)는 것이다. 공자가 천명을 받아서 제도를 만들 때, 추상적인 말에 가탁하는 것이 실제 일을 통해 드러내는 것이 깊고 절실하고 분명하고 밝은 것만 못하다고 여겼다. 따라서 역사 기록을 끌어와서 거기에 왕의 마음을 담았다. 맹자가 말했다. "『춘추』는 천자의 일이다." 신왕의 법을 제정하여 후세의 성왕을 기다리는데, 무엇 때문에 반드시 노나라인가? 대답했다. 노나라 역사서의 문장을 근거로 삼아서, 제도를 만드는 월권을 피한 것이다. 조부의 세대가 전해 들어서 알 수 있었던 일은 노나라가 가장 가깝기 때문에 노나라를 근거로 삼아서 경사京師로 삼고서 정치의 근본을 펼친 것이다.[143]

『춘추』를 신왕에 해당시키는 것은 그 뜻이 매우 분명하다. 그렇다면 무엇 때문에 노나라의 입장에서 왕노와 같은 괴이한 말을 한 것인가? 유봉록은 다음과 같이 생각했다. "추상적인 말에 가탁하는 것이 실제 일을 통해 드러내는 것이 깊고 절실하고 분명하고 밝은 것만 못한 것"이 그 첫 번째 이유이다. 그리고 "노나라 역사서의 문장을 근거로 삼아서, 제도를 만드는 월권을 피한 것"이 그 두 번째 이유이다.

또한 『예기』에서 말했다. "사대四代의 의복과 기물, 관직을 노나라가 겸하여 사용했다. 그러므로 노나라는 왕의 예법을 사용했고, 천하에 그것이 전해진 것이 오래되었다."[144] 이로써 알 수 있듯이, 노나라가 왕의 예법을 신분에 맞지 않게 사용한 것이 오래되었고, 노나라의 군신과 상하는 모두 거기에 익숙해져서 살피지 않았으니, 노나라는 실제로 왕의 예법을 많이 보존하고 있었다.

왕노王魯와 『춘추』를 신왕에 해당시키는 것(以『春秋』當新王), 그리고 공자소왕孔子素王 이론은 그 뜻이 비록 서로 관련되어 있지만, 그 요지는 같지 않다. 『춘추』를 신왕에 해당시키는 것은 공자 개제改制의 본래 뜻이니, 『논어』에서 공자가 사대四代의 손익損益을 갖추어 기술한 것이 바로 그 의미이다. 소왕素王 이론은 비록 한대 사람들이

---

143) 劉逢祿, 『春秋公羊經何氏釋例』, 「王魯例」.
144) 『禮記』, 「明堂位」.

공자를 높임으로써 진나라의 제통帝統을 빼앗으려고 한 데서 나온 것이지만, 공자가 주나라 문화의 수호자로서 자임했으므로 『논어』를 살펴보면 이 말을 신뢰할 수 있다. 그런데 노나라를 왕으로 삼고 주나라를 축출한다(王魯黜周)는 이론은 비록 "노나라가 한 번 변해서 도道에 이른다"는 공자의 말이 있지만, 노나라의 입장에서 주나라를 계승한다는 뜻은 결코 없다. 『춘추』가 노나라의 작위와 칭호를 빌린 이유는 왕을 가탁하여 의리를 밝히기 위해서이다. 또한 노나라 역사서를 근거로 삼아서 왕의 의리를 밝혔으므로 왕노는 사실상 서법書法의 방편에 지나지 않으며, "실제 일을 통해 드러내는 것이 깊고 절실하고 분명하고 밝은 것만 못한 것"일 뿐이다. 따라서 『춘추』는 한편으로는 노나라를 왕으로 삼고, 다른 한편으로는 주나라가 실제로 천자임을 인정하였다. 『춘추』에서 제나라 환공과 진나라 문공을 칭찬한 것은 그들이 주나라 천자를 존중했기 때문이다. 또한 노나라가 월권한 것을 숨겨서 기록하지 않은 문장이 자주 나온다. 따라서 유봉록은 다음과 같이 말했다. "『춘추』가 왕에 가탁한 것이 지극히 넓은데, 칭호稱號나 명의名義는 그대로 주나라와 연계시키고, 강한 나라를 누르고 약한 나라를 돕는 것은 항상 제나라 환공과 진나라 문공과 연계시켰으니, 어찌 진정으로 주나라를 축출했겠는가?"[145] 피석서도 또한 말했다. "『춘추』가 노나라에게 왕의 지위를 빌어서 왕의 의리를 가탁하였다. 그러나 은공의 작위를 높여서 왕王이라고 부르지 않았고, 주나라 왕의 호칭을 낮추어서 공公으로 삼지 않았다." 이로써 알 수 있듯이, 하휴는 주나라를 진짜로 축출한 것이 아니다. 설사 노나라를 왕으로 삼았더라도 굳이 주나라를 축출할 필요가 없었던 것이다.

유봉록이 또 말했다.

교郊제사와 체禘제사의 일에 대해, 『춘추』는 법도를 남길 수 있지만, 노나라는 신분을 벗어난 월권이기 때문에 큰 악이다. 12명의 임금에 대해 논한다면, 환공과 선공이 임금을 시해한 것은 마땅히 주살해야 하고, 소공이 외국으로 도망친 것은

---

145) 劉逢祿, 『劉禮部集』, 「三科例」.

마땅히 지위를 박탈해야 하며, 정공이 나라를 훔친 것은 마땅히 지위를 박탈해야 하고, 장공이 원수와 소통하고 외국에서 간음한 것은 마땅히 지위를 박탈해야 하며, 민공이 시해를 당한 것은 마땅히 지위를 박탈해야 하고, 희공이 왕의 예법을 제멋대로 사용한 것과 딸인 계희季姬를 제멋대로 놓아두고 사위인 증자鄫子를 화를 당하게 한 것, 문공이 순서를 바꾸어 거꾸로 제사를 지낸 것과 상중에 장가를 든 것, 그리고 종묘宗廟에 초하루를 고하고서 그달의 정사를 논의하는 예법을 행하지 않은 것, 성공과 양공이 (郊제사를 지내지 않아서) 하늘에 바칠 희생을 훔쳐서 바치지 않은 것, 애공이 제후를 사로잡은 것과 중국을 비워놓고 강한 오나라를 섬긴 것, 이것은 모두 비록 주살을 하거나 지위를 박탈할 잘못은 아니지만, 『춘추』의 폄하나 축출을 받지 않은 경우는 드물다. 어찌 진정으로 노나라를 왕으로 삼았겠는가?[146)

만약 유봉록이 말한 것과 같다면, 왕노는 단지 왕을 가탁한 것일 뿐이며, 진정으로 왕노를 기필한 것은 아니다. 피석서는 "주나라를 축출하고 노나라를 왕으로 삼은 이론은 진짜가 아니다"라고 한 유봉록의 말이 바로 가차假借의 뜻을 밝힌 것이라고 주장하였다.

제2절 삼세의 확장(張三世)

삼세三世 이론은 『공양전』에 분명한 문장이 있다. 『춘추』 은공 원년, "공자 익사가 죽었다."(公子益師卒) 『공양전』에서 말했다. "무엇 때문에 날짜를 기록하지 않았는가? 시대가 멀기 때문이다. 직접 본 시대에 대해 말을 달리하고, 직접 들은 시대에 대해 말을 달리하며, 전해들은 시대에 대해 말을 달리한다."[147) 또 환공 2년, "3월, 환공이 제나라 임금·진나라 임금·정나라 임금과 직땅에서 회합하여,

---

146) 劉逢祿, 『劉禮部集』, 「三科例」.
147) 『公羊傳』, 隱公 원년.

송나라의 난리를 이루어 주었다."(三月, 公會齊侯·陳侯·鄭伯于稷, 以成宋亂) 『공양전』에서 말했다. "노나라의 큰 악은 숨겨서 기록하지 않는데, 여기에서는 지목하여 말한 것은 무엇 때문인가? 시대가 멀기 때문이다. 직접 본 시대에 대해 말을 달리하고, 직접 들은 시대에 대해 말을 달리하며, 전해들은 시대에 대해 말을 달리한다."[148] 애공 14년, "봄, 서쪽에서 사냥하다가 기린을 잡았다."(春, 西狩獲麟) 『공양전』에서 말했다. "『춘추』는 무엇 때문에 은공에서 시작하는가? 조부의 세대가 전해 들어서 알 수 있었던 일이기 때문이다. 직접 본 시대에 대해 말을 달리하고, 직접 들은 시대에 대해 말을 달리하며, 전해들은 시대에 대해 말을 달리한다."[149] 삼세 이론은 『공양전』에 앞뒤로 모두 세 번 나오니, 그 중요성을 알 수 있다.

동중서가 처음으로 노나라 12명의 임금을 삼세三世에 배치하였다.

『춘추』는 12세대를 세 등급으로 나누었다. 직접 본 세대가 있고, 직접 들은 세대가 있으며, 전해들은 세대가 있다. 직접 본 세대가 3세대이고, 직접 들은 세대가 4세대이며, 전해들은 세대가 5세대이다. 따라서 애공·정공·소공은 공자가 직접 본 세대이다. 양공·성공·문공·선공은 공자가 직접 들은 세대이다. 희공·민공· 장공·환공·은공은 공자가 전해들은 세대이다. 직접 본 세대는 61년이고, 직접 들은 세대는 85년이며, 전해들은 세대는 96년이다.[150]

그 후에 하휴는 삼세 이론을 '일과삼지一科三旨'에 해당시켰는데, 더욱 상세한 내용이 갖추어져 있다. 그는 '삼세이사三世異辭'를 다음과 같이 해석했다.

직접 본 것은 소공·정공·애공의 시대로, 자기와 부모 때의 일이다. 직접 들은 것은 문공·선공·성공·양공의 시대로, 조부 때의 일이다. 전해들은 것은 은공·환 공·장공·민공·희공의 시대로, 고조와 증조 때의 일이다. 말을 달리한다는 것은

---

148) 『公羊傳』, 桓公 2년.
149) 『公羊傳』, 哀公 14년.
150) 『春秋繁露』, 「楚莊王」.

은혜에 두텁고 얇음이 있고, 의리에 깊고 얕음이 있음을 드러낸 것이다. 당시에 은혜가 쇠퇴하고 의리가 사라져서, 장차 『춘추』로써 인간의 윤리를 다스리고 인간의 무리를 차례 매김으로써 치란治亂의 법도를 제정하였다. 따라서 직접 본 세대에는 자기와 부모 시대의 신하에 대한 은혜가 더욱 깊기 때문에 대부가 죽으면 죄의 유무에 상관없이 모두 날짜를 기록하니, "병신일, 계손은여가 죽었다"(丙申, 季孫隱如卒, 정공 5년)는 것이 그것이다. 직접 들은 세대에는 조부 시대의 신하에 대한 은혜가 조금 감소하기 때문에 대부가 죽으면 죄가 없는 자는 날짜를 기록하고, 죄가 있는 자는 날짜를 기록하지 않고 간략하게 기록하니, "숙손득신이 죽었다"(叔孫 得臣卒, 선공 5년)는 것이 그것이다. 전해들은 세대에는 고조와 증조 시대의 신하에 대한 은혜가 얇기 때문에 죄의 유무와 상관없이 모두 날짜를 기록하지 않고 간략하게 기록하니, 공자公子 익사益師와 무해無駭가 죽은 것이 그것이다.(은공 원년·8년) 전해들은 세대에서는 다스림이 쇠란衰亂의 가운데에서 일어나서, 마음을 쓰는 것이 여전히 거칠다는 것을 보여 준다. 따라서 자기 나라를 안으로 여기고 제하諸夏를 밖으로 여긴다. 먼저 노나라를 상세하게 다스린 이후에 외국을 다스린다. 큰일을 기록하고 작은 일을 생략하며, 노나라의 작은 악은 기록하고 외국의 작은 악은 생략해서 기록하지 않는다. 대국에 대해서는 대부大夫를 기록하고 소국에 대해서는 인人이라고 간략하게 기록하며, 노나라가 다른 나라와 제삼국에서 회합한 것은 기록하고 외국의 두 나라가 제삼국에서 회합한 것은 기록하지 않는 것이 그것이다. 직접 들은 세대에서는 다스림이 승평升平임을 보여 주니, 제하를 안으로 여기고 이적을 밖으로 여긴다. 외국의 두 나라가 제삼국에서 회합한 것을 기록하고, 소국에 대해서 대부를 기록하니, 선공 11년 "가을, 진나라 임금이 찬함에서 이적과 회합했다"(秋, 晉侯會狄於攢函)는 기록과 양공 23년, "주루나라의 비아가 노나라로 도망쳐 왔다"(邾婁 鼻我來奔)는 기록이 그것이다. 직접 본 세대에서는 다스림이 태평太平임을 보여 주니, 이적이 나아가서 작위를 받는 데 이르고, 천하에서 멀거나 가까운 지역과 작거나 큰 나라가 모두 하나같다. 마음을 쓰는 것이 더욱 깊고 상세하기 때문에 인의仁義를 숭상하고, 두 글자로 된 이름을 비난했으니, 진晉나라 위만다魏曼多(애공 13년)와 중손하기仲孫何忌(정공 6년)가 그것이다. 따라서 삼세三世라는 것은 예법에서 부모를 위해서 3년상을 하고, 조부모를 위해서 1년상을 하며, 증조부모를 위해서 재최齊衰 3개월상을 하니, 사랑을 세우는 것은 부모로부터 시작하는 것이다. 따라서

『춘추』에서는 애공 시대를 근거로 삼아서 은공 시대를 기록하여, 위로 조상의 질서를 바로잡았다.[151] 이로써 242년 12명의 임금에게서 법도를 취한 것은 천수天數를 본받아서 백성을 다스리는 법식法式을 드러내고자 한 것이며, 또한 주나라의 도가 혜공과 은공 사이에 무너지고 끊어지기 시작했기 때문이다.[152]

이 말에 근거하면, '삼세이사三世異辭'라는 것은 두 가지 이유에서 나왔다. 첫째, 존귀한 자를 위해 숨겨 주고 은혜를 높여서 대우하는 것(諱尊隆恩)이다. 둘째, 『춘추』를 신왕에 해당시켜서, 『춘추』가 세상을 다스리는 데에는 시대의 멀고 가까움에 따라 기록의 상세함과 간략함의 차이가 있다는 것이다.

삼세의 원근이 같지 않으므로 은혜는 두터움과 얇음의 차이가 있다. 따라서 칭찬과 비난, 은미한 문장과 드러난 문장이 모두 이로부터 생기는 것이다. 『춘추』 환공 2년에 "환공이 제나라 임금 · 진나라 임금 · 정나라 임금과 직땅에서 회합하여, 송나라의 난리를 이루어 주었다."(公會齊侯 · 陳侯 · 鄭伯于稷, 以成宋亂) 하휴가 말했다. "『공양전』에서 삼세이사三世異辭를 다시 드러낸 것[153]은 익사益師는 신하이기 때문에 신하에 대한 은혜의 얇음과 깊음을 드러낸 것이고, 여기에서는 임금이기 때문에 임금에 대한 은혜의 얇음과 깊음을 드러낸 것이니, 신하와 임금에 대한 의리가 다를까 의심할 혐의가 있기 때문이다. 직접 본 세대에는 신자臣子의 그 군부君父에 대한 은혜가 더욱 두텁기 때문에 은미한 말이 많은 것이 그것이다. 직접 들은 세대에는 왕부王父에 대한 은혜가 다소 감소하기 때문에 양궁煬宮을 세웠을 때 날짜를 기록하지 않은 것(정공 원년)과 무궁武宮을 세웠을 때 날짜를 기록한 것(성공 16년)이

---

151) 역자 주: 『예기』 「大傳」편에서 다음과 같이 말했다. "위로 조상의 질서를 바로잡는 것은 존귀한 자를 높이는 것이고, 아래로 자손을 바로잡는 것은 친한 이를 친애하는 것이며, 옆으로 형제를 바로잡는 것은 음식의 예절로 친족을 단합시키고, 소목의 일로 질서를 정하는 것이다."(上治祖禰, 尊尊也, 下治子孫, 親親也, 旁治昆弟, 合族以食, 序以昭)

152) 『公羊傳』, 隱公 원년, 何休 注.

153) 역자 주: 『춘추』 은공 원년, "公子益師卒"의 『공양전』에 '三世異辭', 즉 "所見異辭, 所聞異辭, 所傳聞異辭"라는 말이 이미 있는데, 여기의 『공양전』에서 다시 반복해서 이 말을 한 이유를 묻는 것이다.

그것이다. 전해들은 세대에는 고조高祖와 증조曾祖에 대한 은혜가 또 조금 감소하기 때문에 자적子赤이 죽었을 때 날짜를 기록하지 않은 것(문공 18년)과 자반子般이 죽었을 때 날짜를 기록한 것(장공 32년)이 그것이다."154) 청나라 진립陳立의 『공양의소公羊義疏』에서 말했다. "시대가 가까운 경우는 친근하고, 시대가 먼 경우는 소원하며, 친근한 경우는 은혜가 깊고, 소원한 경우는 은혜가 감소한다. 두터움과 얕음의 이유, 가벼움과 무거움의 의리, 선함과 악함의 드러남, 칭찬과 비판의 드러남, 은미하고 드러난 문장이 모두 여기로부터 생겨난다." 즉 존귀한 자를 위해 숨겨 주고 은혜를 높여서 대우하는(諱尊隆恩) 뜻을 밝힌 것이다.

하휴는 또한 "중국을 안으로 여기고 제하를 밖으로 여기며, 제하를 안으로 여기고 이적을 밖으로 여긴다"(內中國而外諸夏, 內諸夏而外夷狄)는 것을 끌어와서 '일과삼지一科三旨'에 해당시켜서, 그것으로써 삼세 이론을 해석함으로써 통치 방법의 차이를 구별하였다. 따라서 전해들은 쇠란세衰亂世에는 중국을 안으로 여겨서 중국을 다스리는 데 상세하다. 직접 들은 승평세升平世에는 제하를 안으로 여겨서 제하를 다스리는 데 상세하다. 직접 본 태평세太平世에는 천하가 대동大同으로 하나가 되어 먼 지역과 가까운 지역, 큰 나라와 작은 나라가 하나같으므로 통치 방법이 더욱 깊고 상세하다. 『춘추』 은공 2년, 은공이 잠에서 융과 회합했다.(公會戎於潛) 하휴가 말했다. "전해들은 세대에는 외국의 두 나라가 제삼국에서 회합한 것은 기록하지 않고, 노나라가 다른 나라와 제삼국에서 회합한 것은 기록하는 것은 『춘추』가 노나라를 왕으로 삼으므로 마땅히 먼저 스스로가 올바름을 지키면서, 스스로에 대한 책망을 엄중하게 하고, 남에게는 가볍게 책망해야 함을 밝힌 것이다. 따라서 외국의 일은 간략하게 기록했다."155) 환공 5년, 제나라 임금과 정나라 임금이 기紀나라로 갔다.(齊侯鄭伯如紀) 하휴가 말했다. "『춘추』에서 처음으로 노나라의 작은 악을 기록했으니, 노나라가 다른 나라와 제삼국에서 회합한 것을 기록한 것이다. 외국의 작은 악은 생략해서

---

154) 『公羊傳』, 桓公 2년, 何休 注.
155) 『公羊傳』, 隱公 2년, 何休 注.

기록하지 않으니, 외국의 두 나라가 제삼국에서 회합한 것은 기록하지 않는다. 직접 들은 세대에는 다스림이 승평升平임을 드러내니, 제하를 안으로 여겨서 상세하게 기록하므로 외국의 두 나라가 제삼국에서 회합한 것을 기록한다. 외국의 두 나라가 제삼국에서 회합한 것을 항상 기록한다고 의심할 혐의가 있기 때문에 문장을 변형하여 뜻을 보여 줌으로써 혐의를 변별하고 의심을 해명했다."156) 희공 26년, 가을, 초나라 사람이 외나라를 멸망시키고, 외나라 임금을 데리고 돌아갔다.(秋, 楚人滅隗, 以隗子歸) 하휴가 말했다. "이름을 기록하지 않은 것은 전해들은 세대에서는 다스림이 처음으로 일어난 것을 드러내니, 소국에 대한 책망을 간략하게 기록하여, 다만 지위를 박탈할 뿐 필주지는 않는다."157) 문공 9년, 겨울, 초나라 임금이 초를 노나라로 보내 빙문하도록 했다.(冬, 楚子使椒來聘) 하휴가 말했다. "문공 시대에 들어가서, 직접 본 세대에서는 승평升平의 법도를 드러내니, 제하를 안으로 여기고 이적을 밖으로 여긴다."158) 선공 11년, 진나라 임금이 찬함에서 이적과 회합하였다.(晉侯會狄於攢函) 하휴가 말했다. "외국의 두 나라가 제삼국에서 회합한 것은 회합했다(會)고 말하지 않는데, 여기에서 회합했다고 말한 것은 직접 들은 세대에서는 다스림이 승평升平에 가깝다는 것을 드러내니, 제하를 안으로 여겨서 상세하게 기록하고, 이적과 차별화하였다."159) 양공 23년, 주루나라의 비아가 노나라로 도망쳐 왔다.(邾婁鼻我來奔) 하휴가 말했다. "전해들은 세대에서는 다스림이 처음으로 일어난 것을 드러내니, 제하를 밖으로 여겨서, 큰일을 기록하고 작은 일을 생략해서 기록하지 않으며, 대국에 대해서는 대부大夫를 기록하고 소국에 대해서는 인人이라고 간략하게 기록한다. 직접 들은 세대에서는 제하를 안으로 여겨서, 작은 일을 다스리기를 큰일과 같이 하니, 늠름하게 승평에 가깝기 때문에 소국에 대해서도 대부를 기록하니, 다스림이 점진적으로 나아가는 것이다. 주루나라를 드러낸 것은 노나라와 가까운 곳으로부터

---

156) 『公羊傳』, 桓公 5년, 何休 注.
157) 『公羊傳』, 僖公 26년, 何休 注.
158) 『公羊傳』, 文公 9년, 何休 注.
159) 『公羊傳』, 宣公 11년, 何休 注.

시작한 것이다. 단지 한 나라만을 거론한 것은 당시의 난리가 사실상 대부에게 책임이 있지 않았고, 치란治亂이 그 실질을 잃지 않았기 때문에 삼세의 확장(張三世)의 법을 취하기에 충분하기 때문이다."160) 소공 3년, 북연나라 임금 관이 제나라로 도망쳤다.(北燕伯讚出奔齊) 하휴가 말했다. "이름을 기록한 것은 직접 본 세대에서는 다스림이 태평太平임을 드러내니, 작은 나라에 대한 책망이 상세하여, 도망친 경우는 마땅히 주살해야 함을 기록한 것이다."161) 6년, 봄, 왕의 정월, 기나라 임금 익고가 죽었다.(春, 王正月, 杞伯益姑卒) 하휴가 말했다. "날짜를 기록하지 않은 것은 행동이 미약했기 때문에 생략한 것이다. 직접 본 세대에 들어가면, 소국에 대한 책망이 상세하니, 처음으로 국내에서의 행실을 기록한다. 제후의 국내에서의 행실에서 작은 잘못을 이루 다 기록할 수 없기 때문에 마지막에 그것을 간략하게 책망하여 그 의미를 드러낸 것이다."162) 정공 6년, 계손사와 중손하기가 군대를 이끌고 운을 포위했다.(季孫斯・仲孫忌率師圍運) 하휴가 말했다. "『춘추』의 정공과 애공 시대는 문장으로 태평太平을 이루어, 왕자의 다스림이 안정됨을 드러내고자 했으니, 다시는 비난하는 일이 없고, 오직 두 글자로 된 이름이 있어서 비난한 것이다. 이것은 『춘추』의 제도이다."163) 애공 3년, 겨울, 10월, 계묘일, 진나라 임금이 죽었다.(冬, 十月, 癸卯, 秦伯卒) 하휴가 말했다. "애공의 시대에는 다스림이 태평太平의 마지막임을 드러냈으니, 소국의 임금의 죽음과 장례에 대해 애공 시대가 끝날 때까지 모두 죽은 날짜와 장례지낸 달을 기록하였다."164) 이것은 모두 다스리는 방법에 상세함과 간략함이 있기 때문에 『춘추』의 문장도 그로 인해서 차이가 있는 것이다.

또 『춘추』 애공 14년, 봄, 서쪽에서 사냥을 하다가 기린을 잡았다.(春, 西狩獲麟)

---

160) 『公羊傳』, 襄公 23년, 何休 注.
161) 『公羊傳』, 昭公 3년, 何休 注.
162) 『公羊傳』, 昭公 6년, 何休 注.
163) 『公羊傳』, 定公 6년, 何休 注.
　　역자 주: 『공양전』에서 "여기의 사람은 仲孫何忌인데, 어째서 仲孫忌라고 말했는가? 두 글자로 된 이름을 비난한 것이니, 두 글자로 된 이름은 예에 맞지 않는다"(此仲孫何忌也, 曷爲謂之仲孫忌? 譏二名, 二名非禮也)고 했다.
164) 『公羊傳』, 哀公 3년, 何休 注.

하휴가 말했다.

고조高祖 이래의 일은 묻거나 또는 듣고서 알 수 있는 범위의 일이니,[165] 거기에 가탁하여 기록한 것은 마치 "나는 다만 선인들에게 들은 일을 기록했을 뿐이다"라고 말하는 것과 같다. 이것은 책을 제작한 해악을 피하고자 하는 것이다.[166]

말을 달리한 것(異辭)은 화를 피하려고 했기 때문이다. 따라서 『공양전』 정공 원년에서 "정공定公이나 애공哀公 시대의 기록에는 미묘한 말이 많기 때문에[167] (기록된) 당사자가 그 경문을 읽고 전傳의 풀이를 물어보더라도 자신에게 죄가 있는지를 알지 못한다"[168]고 했는데, 하휴가 말했다. "위로는 존귀한 자를 위해 숨겨 주고 은혜를 높여서 대우했고, 아래로는 해를 피해서 몸을 보존한 것이다."[169] 이를 통해서 보면 삼세이사 이론은 이 두 가지 실마리로 종합할 수 있다.

동중서는 "의로워서 윗사람을 비방하지 않고, 지혜로워서 자기 몸을 높게 하지 않는다"[170]고 했는데, 하휴의 이론은 이것을 근본으로 삼았다. 동중서와 다른 점은

---

165) 역자 주: 서언의 소에 의하면, 다음과 같은 의미이다. "자신이 부친에게 물어서 소공·정공·애공 시대의 이야기를 들을 수 있고, 부친은 조부에게 물어서 문공·선공·성공·양공 시대의 이야기를 들을 수 있으며, 조부는 고조에게 물어서 은공·환공·장공·민공·희공 시대의 이야기를 들을 수 있다."

166) 『公羊傳』, 哀公 14년, 何休 注.

167) 역자 주: 예를 들어 『춘추』 정공 원년은 "元年, 春, 王"이라고만 기록되어 있다. 일반적으로 王자 뒤에 正月을 함께 기록하는데, 여기에서 기록하지 않았다. 이에 대해 『공양전』에서는 당시 정공의 앞 임금인 昭公의 喪輿가 국외에 있었는데, 그것이 국내로 들어올 수 있을지 없을지 알 수 없어서 즉위가 뒤로 미루어졌기 때문이라고 했다. 이와 같이 정공과 애공의 시대에 대한 기록에는 그 의미를 파악하기 힘든 미묘한 말이 많다고 했다.

168) 역자 주: 『공양전』의 "主人習其讀而問其傳"에 대해, 하휴의 주에서 讀은 經을 말하고, 傳은 訓詁를 말하며, 主人은 定公과 哀公을 말한다고 했다. 비록 정공과 애공이 그 경문을 익혀서 읽고, 그 傳의 풀이를 물어보더라도 자기에게 죄가 있는지를 알지 못한다는 것이다. 이것은 공자가 당시의 군주를 두려워하여, 위로는 존귀한 이의 악행을 숨겨서 은혜를 두텁게 하고, 아래로는 해를 피하여 몸을 보존한 것이니, 지극히 신중한 것이라고 했다.

169) 『公羊傳』, 定公 원년, 何休 注.

하휴가 다시 세상의 치란治亂의 차이로써 쇠란衰亂·승평升平·태평太平의 삼세三世를 구분하고, 그것을 나누어 소전문所傳聞·소문所聞·소견所見의 삼세三世와 서로 배합함으로써 마침내 삼세이사三世異辭의 이론이 나오게 된 것이다. 동중서는 비록 분명하게 말하지는 않았지만, 『춘추』의 뜻은 난세를 바로잡아 바른 데로 되돌리는 것에 있으므로 혼란으로부터 점점 다스려지는 데로 나아가는 것은 삼세 이론이 당연히 가지고 있는 뜻이다.

사마천의 책에도 또한 '삼세이사' 이론이 있다. 『사기』에서 말했다. "공자가 『춘추』를 지었는데, 은공隱公과 환공桓公의 시대는 드러내어 기록하고, 정공定公과 애공哀公의 시대는 은미하게 기록했으니, 자신과 가까운 시대의 일을 글로 기록할 때는 칭찬하는 말이 없고, 꺼려서 피하고 숨기는 말로 기록했기 때문이다."171) 또 말했다. "70명의 제자들이 공자가 전한 요지를 입으로 전수받았는데, 풍자하거나 비난한 글, 칭찬하거나 숨기는 글, 비판하거나 폄하하는 글이 있어서 기록해서 드러낼 수 없었기 때문이다.172) 그 후에 반고의 『한서』에서도 이 뜻을 드러내었다. "『춘추』에는 칭찬하거나 숨기거나 비판하거나 폄하하는 말이 있어서, 기록해서 드러낼 수 없었기 때문에 제자들에게 입으로 전수하였다."173) 또 말했다. "『춘추』가 비판하거나 폄하한 대인이나 당세의 군신들은 위세와 권력, 세력이 있었는데, 그들과 관련된 사실들이 모두 전傳에 드러난다. 따라서 이 책을 숨기고 세상에 내놓지 않았으니, 당시의 곤란을 피하기 위해서이다."174) 사마천과 반고는 모두 『춘추』의 은미한 말이 공자가 화를 두려워한 데에서 나온 것이라고 여겼다.

따라서 하휴의 삼세 이론은 사실상 세 가지 뜻을 겸하고 있다. 첫째, 『춘추』는 포폄으로써 통치 방법을 펼치므로 천자를 폄하하고 제후를 강등하고 대부를 토벌함으로써 당시의 금기를 많이 어겼다. 따라서 화를 피하고 몸을 보존하기 위해서 말을

---

170) 『春秋繁露』, 「楚莊王」.
171) 『史記』, 「匈奴列傳·贊」.
172) 『史記』, 「十二諸侯年表」.
173) 『漢書』, 「藝文志」.
174) 『漢書』, 「藝文志」.

달리한 것이다. 둘째, 세대에는 멀고 가까움이 있고, 은혜에는 두텁고 박함이 있으며, 감정에는 친함과 소원함이 있다. 따라서 『춘추』의 글이 굽히고 펴거나 숨기거나 드러내는 차이가 있다. 혹은 그 말을 가지고 존귀한 자를 위해 숨겨 주고, 혹은 은혜를 높여서 대우한다. 셋째, 왕자의 정치는 가까운 데로부터 먼 곳에 이르고, 안으로부터 밖으로 미치며, 먼저 자신을 바르게 한 이후에 남을 바로잡는다. 따라서 통치 방법에는 상세함과 간략함, 거침과 세밀함의 차이가 있다.

또한 『춘추』 정공 6년, 계손사와 중손하기가 군대를 이끌고 운을 포위했다.(季孫 斯 · 仲孫忌率師圍運) 하휴가 말했다.

> 『춘추』의 정공과 애공 시대는 문장으로 태평太平을 이루어, 왕자의 다스림이 안정됨
> 을 드러내고자 했으니, 다시는 비난하는 일이 없고, 오직 두 글자로 된 이름이
> 있어서 비난한 것이다. 이것은 『춘추』의 제도이다.175)

서언의 소에서 말했다. "하휴가 '『춘추』의 정공과 애공 시대는 문장으로 태평을 이루었'고 말한 것은 실제로는 태평이 아니지만, 태평과 관련된 문장을 만든 것일 뿐이다. 따라서 '문장으로 태평을 이루었'고 말한 것이다."176) 정공과 애공 시대는 직접 들은 세대이므로 그 당시에는 가신들이 국가의 정권을 장악하여 예악의 붕괴가 극에 달했기 때문에 실제로는 태평이 아니다. 그러나 『춘추』의 문장을 살펴보면, 원근과 내외의 구별이 없고, 큰 악은 기록하지 않았으며, 작은 악도 또한 기록하지 않았다. 오직 두 글자로 된 이름을 지은 것을 비난하였다.177) 이것은 '문장으로 태평을 이룬 것'이지, 역사적 진실이 아니다. 따라서 유봉록은 그 뜻을 논하면서, "노나라가 쇠퇴하면 할수록 『춘추』의 교화는 더욱 넓어지며", "세상이

---

175) 『公羊傳』, 定公 6년, 何休 注.
176) 『公羊傳』, 定公 6년, 徐彦 疏.
177) 역자 주: 『공양전』에서 "여기의 사람은 仲孫何忌인데, 어째서 仲孫忌라고 말했는가? 두 글자로 된 이름을 비난한 것이니, 두 글자로 된 이름은 예에 맞지 않는다"(此仲孫 何忌也, 曷爲謂之仲孫忌? 譏二名, 二名非禮也)고 했다.

혼란하면 할수록 『춘추』의 문장은 더욱 잘 기록된다"고 여겼다.

또한 노나라의 242년의 역사라는 측면에서 말하면, 전해들은 세대로부터 시작하여, 직접 본 세대에서 끝이 나므로 "노나라가 더욱 쇠퇴하고", "세상이 더욱 혼란해졌다"고 말할 수 있으니, 이것이 역사의 진실이다. 그러나 『춘추』의 문장으로 말하면, 쇠란세衰亂世에서 시작하여 태평세太平世로 끝이 나므로 왕자가 세상을 다스린 효과를 드러낸 것이다.

제3절 내외의 구별(異內外)

하휴는 '중국을 안으로 여기고 제하를 밖으로 여기며, 제하를 안으로 여기고 이적을 밖으로 여긴다'(內中國而外諸夏, 內諸夏而外夷狄)는 것을 '일과삼지一科三旨'에 해당시켰다. 그리고 송균宋均의 『춘추설春秋說』 주석에는 또한 '내외의 구별'(異內外)이라는 예例가 있는데,[178] 그 뜻은 마찬가지이다.

'내외의 구별'(異內外) 예는 『공양전』에 분명한 문장이 있다. 『춘추』 성공 15년, 숙손교여가 진나라 사섭 · 제나라 고무구 · 송나라 화원 · 위나라 손림보 · 정나라 공자추 · 주루나라 사람과 회합하고, 종리에서 오나라와 회합하였다.(叔孫僑如會晉士燮 · 齊高無咎 · 宋華元 · 衛孫林父 · 鄭公子鰌 · 邾婁人, 會吳于鍾離) 『공양전』에서 말했다.

어째서 오나라와의 회합을 구별했는가? 오나라를 밖으로 여긴 것이다. 어째서 밖으로 여겼는가? 『춘추』는 노나라를 안으로 여기고 제하諸夏를 밖으로 여기며, 제하를 안으로 여기고 이적夷狄을 밖으로 여긴다. 왕자는 천하를 하나로 통일하고자 하는데, 어째서 내외를 구별하는 말을 했는가? 가까운 곳으로부터 시작함을 말한 것이다.[179]

---

178) 『公羊傳』, 隱公 원년, 徐彦 疏, "按宋氏之注『春秋說』, '三科者, 一曰張三世, 二曰存三統, 三曰異外內, 是三科也. 九旨者, 一曰時, 二曰月, 三曰日, 四曰王, 五曰天王, 六曰天子, 七曰譏, 八曰貶, 九曰絶. 時與日月, 詳略之旨也. 王與天王天子, 是錄遠近親疏之旨也. 譏與貶絶, 則輕重之旨也.'"

하휴가 말했다.

마땅히 먼저 경사京師를 바로잡고서 제하를 바로잡아야 하며, 제하가 바로잡혀야 이적을 바로잡음으로써 점진적으로 다스릴 수 있음을 밝힌 것이다.[180]

먼저 동중서도 내외의 구별(異內外)의 요지를 많이 언급했다. "따라서 자기 나라를 안으로 여기고 제하를 밖으로 여기며, 제하를 안으로 여기고 이적을 밖으로 여기니, 가까운 곳으로부터 시작함을 말한 것이다."[181] 또 말했다. "따라서 『춘추』는 정규 전쟁(偏戰)에 대해서도 오히려 제하에 동일하게 적용했다. 제하를 끌어와서 노나라와 연관을 지을 때는 제하를 밖이라고 말했고, 제하를 끌어와서 이적과 연관을 지을 때는 안이라고 말했다."[182] 『논어』에서도 이러한 뜻을 많이 언급했는데, 예를 들어 공자가 관중管仲을 인정하면서, "관중이 아니었으면, 우리는 머리를 풀어헤치고, 옷깃을 왼쪽으로 여미었을 것이다"[183]라고 했으니, 구별(異)이라는 말이 원수라는 의미로 간주된다. 공자는 이적夷狄과 제하諸夏를 구분하여, "이적에게 임금이 있는 것이 제하에 임금이 없는 것만 못하다"[184]라고 했으니, 예의禮義에 의거하여 이적과 제하의 우열을 논하였다.

'내외의 구별'(異內外) 이론은 후세 학자들이 대부분 의심을 가지지 않았다. 역대 조정에서는 이 의리를 따랐는데, 한나라와 송나라가 외세에 저항한 것을 물론, 호인胡人이 중국의 주인이 되었을 때에도 모두 정치를 시행하는 근본이 여기에 있다고 생각했다. 심지어 유학자들은 평소에 그 말을 크게 확대하여 민족의 절조를 분발시키기를 좋아했다. 예를 들어 호안국은 『춘추전』을 저술하여 전문적으로

---

179) 『公羊傳』, 成公 15년.
180) 『公羊傳』, 成公 15년, 何休 注.
181) 『春秋繁露』, 「王道」.
182) 『春秋繁露』, 「竹林」.
183) 『論語』, 「憲問」.
184) 『論語』, 「八佾」.

이 의리에 의거하여 복수의 의론을 드러내기도 했다. 청나라 말기의 당인黨人들이 혁명을 제창할 때도 이 의리에 의거하여 "만주 오랑캐를 쫓아내고 중화를 회복하자"는 기치를 내걸었다.

1. 노나라를 안으로 여김(內魯)

『춘추』는 노나라 역사를 근거로 지어졌기 때문에 서법은 항상 노나라를 위주로 삼는다. 이것이 바로 노나라를 안으로 여기는 이유이다. 또한 노나라는 공자의 부모 고향이기 때문에 노나라와 제후의 일을 서술할 때 자연히 노나라를 위주로 한다. 이것도 또한 노나라를 안으로 여기는 의리이다. 그런데 『춘추』는 신왕에 해당되고, 노나라에는 "한 번 변해서 도에 이르는" 실질이 있으므로 왕자의 정치 법도는 노나라로부터 나온다. 따라서 『춘추』는 노나라를 빌어서 경사京師로 삼으니, 노나라를 왕으로 삼는 것도 또한 노나라를 안으로 여기는 것이다.

『춘추』 은공 원년, "은공이 주루나라 의보와 멸에서 맹약을 맺었다."(公及邾婁儀父盟 於眛) 『공양전』에서 말했다. "급及은 급하게 하는 것(汲汲)과 같다. 기暨는 어쩔 수 없이 하는 것(暨暨)과 같다. 급及은 내가 원했다는 의미이다. 기暨는 부득이해서 그렇게 했다는 의미이다. 의보는 누구인가? 주루나라의 임금이다. 무엇 때문에 이름을 불렀는가? 자字이다. 어째서 자字를 불렀는가? 그를 칭찬한 것이다. 어째서 그를 칭찬했는가? 그가 은공과 맹약을 맺었기 때문이다."[185] 하휴가 말했다.

나(我)는 노나라를 말하니, 노나라를 안으로 여기기 때문에 나(我)라고 말했다.……
『춘추』는 노나라를 왕으로 삼으니, 은공에 가탁하여 처음 천명을 받은 왕으로 삼는다. 의보가 가장 먼저 은공과 맹약을 맺었기 때문에 노나라를 빌어서 포상의 법도를 드러낼 수 있다. 따라서 그렇게 말한 것이다.[186]

---

185) 『公羊傳』, 隱公 원년.
186) 『公羊傳』, 隱公 원년, 何休 注.

이로써 알 수 있듯이, 하휴는 확실히 왕노王魯의 의리에 근거하여 '내노內魯'를 해석하였다.

또 『춘추』는 노나라와 제후가 서로 접촉하는 상황에서, 예를 들어 제후가 노나라로 조회를 오거나 대부가 노나라에 빙문을 올 때, 그리고 제후의 군대가 노나라와 가까운 땅에서 전쟁할 때, 땅을 잃은 임금이나 대부가 노나라로 도망쳐 올 때, 모두 '왔다'(來)라고 기록한다. '왔다'라는 것은 노나라를 안으로 여긴 말이다. 그런데 유독 소릉召陵의 맹약에서는 "초나라 굴완이 와서 제후들의 군대가 있는 곳에서 맹약을 맺고, 소릉에서 맹약을 맺었다"(楚屈完來盟于師, 盟于召陵)[187]고 기록했으니, 제나라 환공을 위주로 하는 것을 인정한 것이며, 또한 안으로 여긴다(內)는 의미의 말이다. 이것은 내노內魯의 또 다른 의리이다.

또 노나라는 공자의 조국이기 때문에 『춘추』에서는 항상 노나라의 큰 악은 숨기고, 노나라의 작은 악은 기록한다. 외국의 큰 악은 곧바로 기록하고 숨기지 않는다. 노나라를 위해 숨기는 것도 또한 내노內魯의 의리이다. 이 외에도 『춘추』는 노나라 역사 기록을 근거로 삼아서 문장을 기록했기 때문에 노나라의 모든 일은 대체로 내노內魯의 말로 되어 있다.

2. 제하를 안으로 여김(內諸夏)과 제하를 밖으로 여김(外諸夏)

『춘추』는 전해들은 세대에 대해서는 중국을 안으로 여기고 제후를 밖으로 여긴다. 그것을 서법을 통해서 체현하면, 안을 상세하게 기록하고 밖을 간략하게 기록한다. 따라서 외국의 작은 악은 기록하지 않고, 외국의 두 나라가 제삼국에서 회합하는 것은 기록하지 않는다. 외국에서 시집가는 여인을 맞이하는 것은 기록하지

---

187) 『春秋』, 僖公 4년.
역자 주: 『춘추』 경문에서 사용한 '來'자는 대부분 외국의 제후나 사신이 노나라로 왔다는 의미이다. 그런데 여기에서는 제나라 환공이 군대를 연합하여 소릉에서 맹약을 맺었는데, 제후들이 그곳으로 간 것을 來자로 사용하였다. 이것은 노나라로 왔다는 의미가 아니라, 제나라 환공에게로 왔다는 의미이다.

않고, 외국 대부의 죽음은 기록하지 않는다. 외국에서 읍을 취한 것은 기록하지 않고, 외국의 두 나라가 서로 왕래하는 것은 기록하지 않는다. 외국의 나라들이 화평을 맺는 것은 기록하지 않고, 외국 부인의 죽음과 장례를 기록하지 않는다. 외국의 재해는 기록하지 않는다. 이처럼 제하의 일을 기록하지 않는 까닭은 밖을 간략하게 기록하기 때문이다.

또한 중국과 제하의 사이에는 간혹 은혜의 두터움과 박함으로 인해서 기록에 차별을 두거나, 혹은 꺼리거나 숨기는 것이 다름으로 인해서 기록에 차이를 둔다. 따라서 전해들은 세대에서는 중국을 안으로 여기고 제하를 밖으로 여긴다. 안으로 여기는 경우에는 작은 악을 기록하고 큰 악을 기록하지 않으며, 밖으로 여기는 경우에는 큰 악을 기록하고 작은 악을 기록하지 않는다. 기록하는지의 여부는 존귀한 자를 위해 숨겨 주거나 은혜를 높여서 대우하는 것에 따라서 결정된다. 동중서가 말한 것이 바로 그것이다. "이 때문에 외국의 일에 대해서는 말했지만 분명하게 드러나지 않고, 노나라의 일에 대해서는 숨겼지만 감추지 않는다. 존귀한 사람에 대해서도 또한 그렇게 하고, 현명한 사람에 대해서도 또한 그렇게 하였으니, 이것은 내외內外를 구별하고 현명함과 불초함을 차별하며 존귀함과 비천함을 차등하는 것이다."[188]

제하는 노나라에 대해서는 밖이지만 『춘추』에는 "가까운 사람은 가깝게 대하고 먼 사람은 멀게 대하며, 친한 사람은 친근하게 대하고, 소원한 사람은 소원하게 대한다"[189]는 의리가 있기 때문에 노나라에 입장에서 친근한 대상이면 그 나라를 안으로 여긴다. 직접 들은 세대에는 제하를 안으로 여기니, 제하가 안이 될 수 있는 것은 『춘추』가 제하와 함께 이적을 막기 때문이다. 단희중段熙仲이 말했다.

제나라 환공桓公과 진나라 문공文公이 사라지자, 이적을 물리치고 중국을 구제할 사람이 없었으니, 제하諸夏를 끌어와서 가깝게 대하고, 중국을 합하여 이적을

---

188) 『春秋繁露』, 「楚莊王」.
189) 『春秋繁露』, 「楚莊王」.

막을 수밖에 없었다. 이것이 직접 들은 세대에서 제하를 안으로 여기고 이적을 밖으로 여긴 이유이니, 또한 형세가 그렇게 할 수밖에 없었기 때문이다.[190]

전해들은 세대에 대해서, 『춘추』가 안으로 여기는 말(內辭)로써 제나라 환공과 진나라 문공을 인정한 것은 혹 현명한 이를 존중하는 의리를 적용했기 때문이다. 안으로 여기는 말로써 주루邾婁나라·등滕나라·설薛나라·숙宿나라의 임금을 높여 준 것은 그들이 우리 노나라에게 먼저 조회했기 때문이다. 직접 들은 세대의 경우에는 남쪽에서 형荊이 발흥하여 중국을 자주 위태롭게 만들었으니, 『춘추』가 제하를 안으로 여긴 것은 제하를 하나로 합쳐서 이적과 대항하고자 한 것에 지나지 않는다. 근세의 강유위康有爲와 손문孫文 등의 무리들이 중국과 일본을 합방하고자 했는데, 그 뜻은 구미와 대항하는 데 있었으며, 『춘추』에서 제하를 안으로 여긴 뜻과 같다.

『춘추』에서 이미 제하를 안으로 여겼다면, 그들에 대해서도 또한 숨기는 서법을 사용한다. 『춘추』 양공 2년, 겨울, 중손멸이 진나라 순앵·제나라 최저·송나라 화원·위나라 손림보·조나라 사람·주루나라 사람·등나라 사람·설나라 사람·소주루나라 사람과 척에서 회합하고, 마침내 호뢰에 성을 쌓았다.(冬, 仲孫蔑會晉荀罃·齊崔杼·宋華元·衛孫林父·曹人·邾人·滕人·薛人·小邾人於戚, 遂城虎牢) 『공양전』에서 말했다. "호뢰를 탈취했는데, 어째서 탈취했다고 말하지 않았는가? 중국을 위해서 숨긴 것이다. 어째서 중국을 위해서 숨겼는가? 상중喪中에 있는 정나라를 정벌한 것을 숨긴 것이다. 어째서 호뢰를 정나라와 연결지어 정나라 읍이라고 하지 않았는가? 중국을 위해 숨긴 것이다."[191] 양공 7년, 12월, 양공이 진나라 임금·송나라 임금·진나라 임금·위나라 임금·조나라 임금·거나라 임금·주루나라 임금과 위에서 회합하였다. 정나라 임금 곤원이 회합에 갔지만, 제후들과 만나지 못했다. 병술일, 조에서 죽었다.(十有二月, 公會晉侯·宋公·陳侯·衛侯·曹伯·莒子·邾子於鄔. 鄭伯髡原如會, 未見諸侯. 丙戌, 卒於操) 『공양전』에서 말했다. "어째서 정나라 대부가 그 임금을 시해했다고

---

190) 段熙仲, 『春秋公羊學講疏』, 526쪽.
191) 『公羊傳』, 襄公 2년.

말하지 않았는가? 중국을 위해서 숨긴 것이다. 어째서 중국을 위해서 숨겼는가? 정나라 임금이 장차 위에서 제후들과 회합하려고 하자, 그 대부가 간언하였다. '중국의 제후는 귀의하기에 부족합니다. 초나라에 귀의하는 것만 못합니다.' 정나라 임금이 대답했다. '안 된다.' 그 대부가 말했다. '중국의 제후를 의리를 지킬 대상으로 삼았는데, 우리의 상중에 정벌했습니다. 중국의 제후를 강한 구원자로 여겼는데, 초나라만 못합니다.' 이에 정나라 임금을 시해하였다."[192] 양공 8년, 여름, 정나라 희공을 장례지냈다.(夏, 葬鄭僖公)『공양전』에서 말했다. "시해한 도적이 아직 토벌되지 않았는데, 무엇 때문에 장례지냈다고 기록했는가? 중국을 위해서 숨긴 것이다."[193] 여기에서 말한 '중국中國'은 모두 제하諸夏를 가리킨다. 『춘추』가 제하를 안으로 여기므로 제하를 하나로 합쳐서 모두 중국이 된다. 만약 이와 같이 하지 않으면, 이적과 대항하기에 부족하게 된다.

『춘추』가 제하를 안으로 여긴 것은 단지 이적에 대항하기 위한 목적에서 나온 것만이 아니라, 또한 왕자가 제하를 다스린 것을 상세하게 기록한 것을 통해서도 드러난다. 하휴가 말했다. "외국의 두 나라가 제삼국에서 회합한 것을 기록하고, 소국에 대해서 대부를 기록하니, 선공 11년 '가을, 진나라 임금이 찬함에서 이적과 회합했다'(秋, 晉侯會狄於欑函)는 기록과 양공 23년, '주루나라의 비아가 노나라로 도망쳐 왔다'(邾婁鼻我來奔)는 기록이 그것이다."[194] 소국은 본래 대부가 없는데, 직접 들은 세대에서는 대국과 다르지 않으니, 왕법이 베풀어져서 이미 소국과 대국의 차이가 없음을 드러낸 것이다.

3. 중국中國과 이적夷狄

『춘추』 242년 동안, 이적夷狄은 자주 중국中國에 화를 입혀서, 중국을 가는 실처럼

---

192) 『公羊傳』, 襄公 7년.
193) 『公羊傳』, 襄公 8년.
194) 『公羊傳』, 隱公 원년, 何休 注.

끊어질 듯 위태로운 상태로 만들어 버렸다. 『춘추』에서 이적과 중국의 구분을 엄격히 한 이유는 바로 여기에 있다. 『춘추』 희공 4년, 초나라 굴완이 군대가 있는 곳으로 와서 맹약을 맺고, 소릉에서 맹약을 맺었다.(楚屈完來盟於師, 盟於召陵) 『공양전』에서 말했다.

(초나라는) 이적이면서 자주 중국을 괴롭혔다. 남쪽 오랑캐와 북쪽 오랑캐가 번갈아 가면서 중국을 괴롭히니, 중국은 가는 실이 끊어질 듯 위태로운 상태였다. 환공이 중국을 구제하고 이적을 물리쳐서, 마침내 초나라를 굴복시켰다. 『춘추』에서는 이것을 왕자의 일로 여긴 것이다.[195]

하휴가 말했다. "천왕天王이라고 말한 것은 당시에 오나라와 초나라가 신분을 뛰어넘어 스스로를 왕이라고 불렀지만, 왕자가 바로잡지 못하고 왕자 스스로가 위로 하늘과 연결시킨 것이다."[196] 주나라 왕을 천왕天王이라고 부르고, 오나라와 초나라의 임금을 자子라고 낮추어 부른 것은 모두 왕을 높이고 이적을 물리친 것이다. 따라서 『춘추』에서 제나라 환공과 진나라 문공의 패업을 인정한 것은 비록 그들이 제멋대로 제후를 봉하거나 제멋대로 토벌한 죄를 순수하게 다 면죄해 준 것은 아니더라도, 사실상 그들이 왕을 존중하고 이적을 물리쳐서, 왕자의 일을 시행했기 때문이다.

살펴보건대, 소릉召陵의 맹약은 전해들은 세대에 있었던 일이므로 범례의 측면에 서는 마땅히 노나라를 안으로 여기고 제하를 밖으로 여겨야 한다. 그러나 경문에서 "군대가 있는 곳으로 왔다"(來盟於師)고 하여, '래來'자를 쓴 것은 안으로 여기는 말(內辭)이다. 따라서 『공양전』에서 "'왔다'(來)고 말한 것은 무엇 때문인가? 환공이 맹약의 주체가 된 것을 인정한 것이다"[197]라고 했으니, 제나라 환공은 본래 밖으로

---

195) 『公羊傳』, 僖公 4년.
196) 『公羊傳』, 隱公 원년, 何休 注.
　　역자 주: 이 말은 『춘추』 은공 원년 "秋, 七月, 天王使宰咺來歸惠公仲子之賵"에서 '天王'이라고 기록한 이유를 해석한 것이다.

여기는 대상이지만, 그가 중국을 합쳐서 이적을 물리쳤기 때문에 내노內魯의 범례에 따라서 안으로 여긴 것이다. 『춘추』의 일반적인 서법은 마땅히 노나라를 안으로 여기는데, 이적과 서로 비교할 때는 제하를 끌어와서 노나라와 마찬가지로 안으로 여겨서 중국中國이라고 말했다. 따라서 『시』에서 "할미새가 고원에 있는데, 형제가 위급한 난리에 처한 듯하도다"라고 했고, 또 "형제가 담 안에서는 싸울지라도 밖으로는 남들의 업신여김을 막아 주네"라고 했다.198) 동중서도 말했다. "따라서 『춘추』는 정규 전쟁(偏戰)에 대해서도 오히려 제하에 동일하게 적용했다. 제하를 끌어와서 노나라와 연관을 지을 때는 제하를 밖이라고 말했고, 제하를 끌어와서 이적과 연관을 지을 때는 안이라고 말했다."199) 이것은 모두 제하는 마땅히 하나가 되어 함께 밖의 이적을 물리쳐야 한다고 여긴 것이다.

그런데 『춘추』에서 이적을 밖으로 여기는 말은 전해들은 세대에 많이 보인다. 『춘추』 은공 7년, 겨울, 천왕이 범백으로 하여금 노나라에 와서 빙문하게 했다. 융이 초구에서 범백을 정벌하여 데리고 돌아갔다.(冬, 天王使凡伯來聘. 戎伐凡伯于楚丘以歸) 『공양전』에서 말했다.

> 범백凡伯은 누구인가? 천자의 대부이다. 이 경우는 빙문이었는데 정벌했다고 말한 것은 무엇 때문인가? 그를 붙잡았기 때문이다. 그를 붙잡았는데 정벌했다고 말한 것은 무엇 때문인가? 이 일을 크게 여겼기 때문이다. 어째서 이 일을 크게 여겼는가? 이적이 중국의 대부를 붙잡는 것을 용납하지 않기 때문이다. 그 땅을 기록한 것은 무엇 때문인가? 크게 여겼기 때문이다.200)

하휴가 말했다. "중국은 예의禮義의 나라이다. 붙잡았다(執)는 것은 다스렸다는 의미의 글자이다. 군자는 예의가 없는 나라로 하여금 예의가 있는 나라를 다스리도록

---

197) 『公羊傳』, 僖公 4년.
198) 『詩』, 「小雅·常棣」.
199) 『春秋繁露』, 「竹林」.
200) 『公羊傳』, 隱公 7년.

하지 않는다. 따라서 절대로 붙잡았다고 말하지 않고, 그것을 바로잡아서 정벌했다고 말한 것이다. 천자의 대부를 붙잡았는데, 중국의 입장에서 바로잡은 것은 중국의 대부를 붙잡는 것도 오히려 안 되는데, 하물며 천자의 대부는 말할 것이 있겠는가? 이적을 낮추고 천자를 높이는 것을 순리에 맞는 말로 삼은 것이다."201) 하휴의 뜻은 붙잡았다(執)는 글자를 다스렸다는 의미의 글자로 여겼으니, 오직 예의가 있어야만 예의가 없는 나라를 다스릴 수 있다. 따라서 이적이 아직 예의로 나아가지 않았는데, 어찌 관과 띠를 두른 중국을 다스릴 수 있겠는가! 동중서가 말했다. "천자의 대부를 붙잡을 수 없으니, 천자의 대부를 붙잡는 것은 나라를 정벌한 것과 같은 죄이기 때문에 범백을 붙잡은 것을 정벌했다(伐)고 말한 것이다."202) 또 말했다. "『춘추』는 말을 신중하게 사용하니, 무리의 귀천에 따라 명칭을 정하고 사물의 대소에 따라 등급을 매기는 데 신중하였다. 이 때문에 작은 이적의 전쟁은 정벌했다(伐)고 말하되 전쟁했다(戰)고 말할 수 없으며, 큰 이적의 전쟁은 전쟁했다고 말하되 사로잡았다(獲)고 말할 수 없다. 그리고 중국에 대해서는 사로잡았다고 말하되 붙잡았다(執)고 말할 수 없으니, 각각의 지위에 맞는 말이다. 작은 이적은 큰 이적을 피해서 전쟁했다고 말할 수 없고, 큰 이적이 중국을 피해서 사로잡았다고 말할 수 없으며, 중국은 천자를 피해서 붙잡았다고 말할 수 없다. 무리의 귀천에 따라 명칭을 정하는 것을 인정하지 않으면 서로 신하로 삼는다는 의미의 말이 아닌가 의심할 혐의가 있기 때문이다. 이 때문에 크고 작은 사물이 등급을 넘지 않고, 귀함과 천함이 그 무리와 같은 것이 의리의 올바름이다."203) 이것은 모두 이적이 천자의 대부를 붙잡을 수 없기 때문에 그것을 바로잡아서 정벌했다고 말한 의미를 풀이한 것이다.

『춘추』는 또 이적이 중국의 제후를 붙잡을 수 없다고 말한다. 희공 21년, 가을, 송나라 임금·초나라 임금·진나라 임금·채나라 임금·정나라 임금·허나라 임금·

---

201) 『公羊傳』, 隱公 7년, 何休 注.
202) 『春秋繁露』, 「王道」.
203) 『春秋繁露』, 「精華」.

조나라 임금이 우에서 회합하고, 송나라 임금을 붙잡고서 송나라를 정벌했다.(秋, 宋公·楚子·陳侯·蔡侯·鄭伯·許男·曹伯會於盂, 執宋公以伐宋)『공양전』에서 말했다. "누가 송나라 임금을 붙잡았는가? 초나라 임금이 붙잡았다. 어째서 초나라 임금이 붙잡았다고 말하지 않았는가? 이적이 중국의 제후를 붙잡는 것을 용납하지 않기 때문이다"[204] 희공 27년, 겨울, 초나라 사람·채나라 임금·정나라 임금·허나라 임금이 송나라를 포위했다.(冬, 楚人·陳侯·蔡侯·鄭伯·許男圍宋)『공양전』에서 말했다. "이것은 초나라 임금인데, 초나라 사람이라고 말한 것은 무엇 때문인가? 폄하한 것이다. 어째서 폄하했는가? 송나라 임금을 붙잡았기 때문에 폄하한 것이다. 따라서 「희공」편이 끝날 때까지 초나라 임금을 폄하하였다."[205]

『춘추』는 이적을 밖으로 여기고, 또 폄하하여 예의가 없는 나라로 여겨서, "이적에게 임금이 있는 것이 제하에 임금이 없는 것만 못하다"[206]고 여겼다. 따라서 이적이 중국의 제후를 붙잡는 것을 용납하지 않는다. 중국과 이적이 회합하는 경우에는 특별히 회합한 것(殊會)으로 여기니, 이적과 함께 회합의 대열에 배열된 것을 부끄럽게 여겼기 때문이다. 성공 15년, 겨울, 11월, 숙손교여가 진나라 사섭·제나라 고무구·송나라 화원·위나라 손림보·정나라 공자 추·주루나라 사람과 종리에서 회합하고, 또 오나라와 종리에서 회합하였다.(叔孫僑如會晉士燮·齊高無咎·宋華元·衛孫林父·鄭公子鰌·邾婁人, 會吳于鍾離)『공양전』에서 말했다.

어째서 오나라와 회합한 것을 따로 구별했는가? 오나라를 밖으로 여겼기 때문이다. 어째서 밖으로 여겼는가? 『춘추』는 자기 나라를 안으로 여기고 제하諸夏를 밖으로 여기며, 제하를 안으로 여기고 이적夷狄을 밖으로 여긴다.[207]

또 선공 11년, 진나라 임금이 찬함에서 이적과 회합하였다.(晉侯會狄於攢函) 하휴가

---

204)『公羊傳』, 僖公 21년.
205)『公羊傳』, 僖公 27년.
206)『論語』, 「八佾」.
207)『公羊傳』, 成公 15년.

말했다. "외국의 두 나라가 제삼국에서 회합한 것은 회합했다(會)고 말하지 않는데, 여기에서 회합했다고 말한 것은 직접 들은 세대에서는 다스림이 승평升平에 가깝다는 것을 드러내니, 제하를 안으로 여겨서 상세하게 기록하고, 이적과 차별화하였다."[208] 공광삼孔廣森이 말했다. "제후들이 회합한 문장이 이적과 회합한 문장보다 앞에 있는 것은 이적과 차별화한 것이니, 이른바 제하를 안으로 여긴 것이다." 이적을 특별히 회합했다고 한 것은 그들을 천하게 여겨서, 이적이 중국과 대등한 예법으로 상대하는 것을 용납하지 않는 것이다.

제후가 서로 회합할 경우, 단지 이적과 특별히 회합한 것을 인정하지 않을 뿐만 아니라, 이적이 회합의 주체가 되는 것은 더더욱 인정하지 않는다. 애공 13년, 애공이 황지에서 진나라 임금 및 오나라 임금과 회합했다.(公會晉侯及吳子于黃池) 『공양전』에서 말했다.

> 오吳나라는 무엇 때문에 자작(子)이라고 불렀는가? 오나라가 회합을 주관했기 때문이다. 오나라가 회합을 주관했다면 어째서 진晉나라 임금을 먼저 말했는가? 이적이 중국의 회합을 주관하는 것을 용납하지 않기 때문이다. '및 오나라 임금'(及吳子)이라고 말한 것은 무엇 때문인가? 진나라와 오나라 두 명의 패자와 회합했다는 의미의 말이다. 이적이 중국의 회합을 주관하는 것을 용납하지 않는다면 어째서 두 명의 패자와 회합했다는 의미의 말을 했는가? 오나라를 중시했기 때문이다. 어째서 오나라를 중시했는가? 오나라가 회합에 참여하니, 천하의 제후들 중에서 감히 오지 않는 자가 없었기 때문이다.[209]

제나라 환공과 진나라 문공이 제후와 회합할 때는 그들이 회합의 주체가 될 수 있다. 지금 오나라는 거짓과 폭력으로 억지로 중국과 회합하니, 제후가 회합에 달려가는 것도 이미 충분히 수치스러운데, 하물며 그들이 회합의 주체가 되는

---

208) 『公羊傳』, 宣公 11년, 何休 注.
209) 『公羊傳』, 哀公 13년.

것을 용납하겠는가!

또 『춘추』는 내노를 일상적인 말로 삼는데, 환공과 문공이 주체가 되는 것을 허락한 것은 사실 그들이 중국을 구제하고 이적을 물리쳤기 때문이다. 희공 4년, 초나라 굴완이 군대가 있는 곳으로 와서 맹약을 맺고, 소릉에서 맹약을 맺었다.(楚屈完來 盟於師, 盟於召陵) 『공양전』에서 말했다. "환공이 중국을 구제하고 이적을 물리쳐서, 마침내 초나라를 굴복시켰다. 『춘추』에서는 이것을 왕자의 일로 여긴 것이다. '왔다' (來)고 말한 것은 무엇 때문인가? 환공이 맹약의 주체가 된 것을 인정한 것이다."210) 그리고 『논어』에서 관중의 공적을 칭찬하여, "관중이 아니었으며, 우리는 머리를 풀어헤치고, 옷깃을 왼쪽으로 여미었을 것이다"211)고 하였다. 『춘추』에서는 이러한 경우에 환공과 문공이 회합의 주체가 되는 것을 인정했는데, 지금 이적이 회합의 주체가 된 것은 무엇을 하고자 한 것인가?

이 때문에 환공과 문공이 중국을 구제하지 못한 경우가 있다면, 그것을 숨기고 부끄러워하였다. 희공 원년, 봄, 제나라 군대·송나라 군대·조나라 군대가 섭북에 주둔하여 형나라를 구원하였다.(齊師·宋師·曹師次于聶北, 救邢) 『공양전』에서 말했다. "제때 구원하지 못하였다. 제때 구원하지 못했다는 것은 무슨 의미인가? 형나라가 이미 망했기 때문이다. 누가 멸망시켰는가? 오랑캐가 멸망시켰다. 어째서 오랑캐가 멸망시켰다고 말하지 않았는가? 환공을 위해서 숨겨서 기록하지 않은 것이다. 어째서 환공을 위해 숨겨서 기록하지 않았는가? 위로는 천자가 없고 아래로는 방백方伯이 없는데, 천하의 제후들 중에 서로 멸망시키는 경우가 있었다. 환공은 그것을 구제하지 못하면 환공 자신의 치욕으로 여겼다."212) 희공 2년, 초구에 성을 쌓았다.(城楚丘) 『공양전』에서 말했다. "오랑캐가 위나라를 멸망시켰다고 말하지 않은 것은 환공을 위해서 숨겨서 기록하지 않은 것이다."213) 희공 14년, 제후가 연릉에 성을 쌓았다.(諸侯

---

210) 『公羊傳』, 僖公 4년.
211) 『論語』, 「憲問」.
212) 『公羊傳』, 僖公 원년.
213) 『公羊傳』, 僖公 2년.

城緣陵)『공양전』에서 말했다. "서徐나라와 거邑나라가 기紀나라를 위협했다고 말하지 않은 것은 환공을 위해서 숨겨서 기록하지 않은 것이다."214) 환공과 문공이 비록 제멋대로 제후를 봉하거나 제멋대로 토벌한 혐의는 있지만, 그들이 중국을 구제했기 때문에『춘추』에서는 실제로는 용납하고 문장으로는 용납하지 않았으니, 그들이 제하를 합쳐서 중국으로 만들어 이적과 저항했기 때문이다

사람과는 다른 금수禽獸의 경우에도『춘추』에서는 중국과 이적에 사는 금수의 차이를 구별하였다. 소공 25년, "구욕새가 와서 둥지를 틀었다."(有鸜鵒來巢)『공양전』에서 말했다. "무엇 때문에 기록했는가? 이변을 기록한 것이다. 어째서 이변인가? 중국에 사는 새가 아니기 때문이다."215) 애공 14년, 봄, 서쪽에서 사냥을 하다가 기린을 잡았다.(春, 西狩獲麟)『공양전』에서 말했다. "무엇 때문에 기록했는가? 이변을 기록한 것이다. 어째서 이변인가? 중국의 짐승이 아니기 때문이다." 이에 대해 단희중은 다음과 같이 개탄하였다.

> 아! 금수와 같은 미미한 존재도 오히려 그것이 중국에 사는 것이 아니라는 이유로 밖으로 여기고, 그것의 출현을 이변이라고 기록하였다.『춘추』242년 사이에 기록할 만한 일이 또한 많은데, 기록된 일은 또한 조금밖에 없다. 중국에 살지 않는 새 한 마리 짐승 한 마리를 군자는 반드시 삼가 조심하여 기록하니, 이적과 제하의 큰 경계를 밝힌 것이 또한 엄격하다. 원대와 청대에 저들이 이적을 섬겨서 중국에 화를 입힌 것이 일찍이 금수만 못하였다. 세상에 군자가 있었다면, 마땅히 구별하여 밖으로 여기는 것을 기필하였을 것이다.216)

만청시기 도함道咸 연간 이후로, 이적의 화가 이루 말할 수 없을 정도로 많았는데, 의관·정치·문화 등의 부류가 추악하고 혼탁하지 않는 것이 없었다. 그런데 오랑캐에게 아부하는 관습이 점점 형성되어, 썩은 냄새를 마치 향기로운 향기와 같이 쫓아서,

---

214)『公羊傳』, 僖公 14년.
215)『公羊傳』, 昭公 25년.
216) 段熙仲,『春秋公羊學講疏』, 527~528쪽.

마침내 우리나라의 인종人種이 백인만 못하고, 스스로 야만野蠻의 상태에 있다고 폄하하는 지경에 이르렀다. 잘못되어 어긋남이 이와 같으니, 진실로 개탄스럽구나!

4. 안(內)을 상세하게 기록하고 밖(外)을 간략하게 기록함

왕자가 세상을 다스리는 것은 당연히 가까운 곳으로부터 시작하니, 안을 상세하게 기록하고 밖을 간략하게 기록한다. 은공 원년, 공자 익사가 죽었다.(公子益師卒) 하휴가 말했다.

전해들은 세대에서는 다스림이 쇠란衰亂의 가운데에서 일어나서, 마음을 쓰는 것이 여전히 거칠다는 것을 보여 준다. 따라서 자기 나라를 안으로 여기고 제하諸夏를 밖으로 여긴다. 먼저 노나라를 상세하게 다스린 이후에 외국을 다스린다. 큰일을 기록하고 작은 일을 생략하며, 노나라의 작은 악은 기록하고 외국의 작은 악은 생략해서 기록하지 않는다. 대국에 대해서는 대부大夫를 기록하고 소국에 대해서는 인人이라고 간략하게 기록하며, 노나라가 다른 나라와 제삼국에서 회합한 것은 기록하고 외국의 두 나라가 제삼국에서 회합한 것은 기록하지 않는 것이 그것이다. 직접 들은 세대에서는 다스림이 승평升平임을 보여 주니, 제하를 안으로 여기고 이적을 밖으로 여긴다. 외국의 두 나라가 제삼국에서 회합한 것을 기록하고, 소국에 대해서 대부를 기록하니, 선공 11년 "가을, 잔나라 임금이 찬함에서 이적과 회합했다"(秋, 晉侯會狄於攢函)는 기록과 양공 23년, "주루나라의 비아가 노나라로 도망쳐 왔다"(邾婁鼻我來奔)는 기록이 그것이다. 직접 본 세대에서는 다스림이 태평太平임을 보여 주니, 이적이 나아가서 작위를 받는 데 이르고, 천하에서 멀거나 가까운 지역과 작거나 큰 나라가 모두 하나같다. 마음을 쓰는 것이 더욱 깊고 상세하기 때문에 인의仁義를 숭상하고, 두 글자로 된 이름을 비난했으니, 진晉나라 위만다魏曼多와 중손하기仲孫何忌가 그것이다. (애공 13년·정공 6년)[217]

---

217) 『公羊傳』, 隱公 원년, 何休 注.

삼세三世의 정치 방법이 같지 않으니, 전해들은 세대에는 왕자가 중국을 안으로 여기고 제하를 밖으로 여기며, 그 정치가 오직 중국에만 베풀어진다. 따라서 안의 작은 악을 기록함으로써 왕자가 혼란을 바로잡은 공적을 드러내고, 밖의 작은 악을 기록하지 않음으로써 왕자가 제하를 다스릴 겨를이 없음을 드러낸다. 직접 들은 세대에는 왕자가 처음으로 제하에 마음을 기울이기 때문에 밖의 리회離會, 즉 외국의 두 나라가 제삼국에서 회합하는 것을 기록하고 소국에 대해서도 대부를 기록하지만, 여전히 이적을 다스릴 겨를은 없다. 직접 본 세대에는 모든 나라가 같기 때문에 원근과 내외의 사이가 없고, 왕자의 치세가 성공하므로 오직 두 글자로 된 이름을 비난할 뿐이니, 흰 옥의 작은 티와 같은 것이다.

그런데 안을 상세하게 기록하고 밖을 간략하게 기록하는 의리는 실제로는 『공양전』의 문장에 근본을 둔 것이다. 성공 15년, 숙손교여가 진나라 사섭·제나라 고무구·송나라 화원·위나라 손림보·정나라 공자추·주루나라 사람과 회합하고, 종리에서 오나라와 회합하였다.(叔孫僑如會晉士燮·齊高無咎·宋華元·衛孫林父·鄭公子鰌·邾婁人, 會吳于鍾離)『공양전』에서 말했다.

> 어째서 오나라와의 회합을 구별했는가? 오나라를 밖으로 여긴 것이다. 어째서
> 밖으로 여겼는가? 『춘추』는 노나라를 안으로 여기고 제하諸夏를 밖으로 여기며,
> 제하를 안으로 여기고 이적夷狄을 밖으로 여긴다. 왕자는 천하를 하나로 통일하고자
> 하는데, 어째서 내외를 구별하는 말을 했는가? 가까운 곳으로부터 시작함을 말한
> 것이다.[218]

하휴가 말했다. "마땅히 먼저 경사京師를 바로잡고서 제하를 바로잡아야 하며, 제하가 바로잡혀야 이적을 바로잡음으로써 점진적으로 다스릴 수 있음을 밝힌 것이다. 섭공葉公이 공자에게 정치에 대해 묻자, 공자가 '가까이 있는 자들이 기뻐하고, 먼 곳에 있는 자들은 오는 것이다'고 대답했다.(『논어』, 「자로」) 그리고 계강자季康子가

---

218) 『公羊傳』, 成公 15년.

공자에게 정치에 대해 묻자, 공자가 '정치란 바르게 하는 것이니, 그대가 바름으로써 솔선수범한다면 누가 감히 바르지 않겠는가?'라고 대답한 것(『논어』, 「안연」)이 그것이다."[219] 가까운 곳으로부터 시작한다는 것은 왕자는 마땅히 먼저 안을 다스리는 데 상세해야 함을 말한 것이다.

고대 정치의 특징은 『논어』에서 말한 것과 같이, 먼저 자신을 바르게 한 이후에 남을 바르게 하니, 이것이 진실로 나라를 다스리는 도이다. 천하를 태평하게 하는 경우도 이와 같은 것에 지나지 않으니, 안이 안정되지 않으면서 밖을 물리칠 수 있는 경우는 없다.

이보다 앞서 동중서는 이 의리에 대해 많이 언급하였다. 동중서는 인仁과 의義를 구분하여, 자기를 바르게 한 이후에 남을 바르게 하는 의리를 밝혔다. 동중서의 주장은 공자가 정치를 논한 것과 맹자가 선善의 단서를 논한 것에서 그 연원을 찾을 수 있으니, 이러한 논의들은 모두 정치의 법도가 당연히 처음을 삼가는 것임을 말했다. 하휴는 이 의리를 더욱 상세하고 명확하게 드러내 밝혔다. 은공 2년, 은공이 잠에서 융과 회합했다.(公會戎於潛) 하휴가 말했다. "전해들은 세대에는 외국의 두 나라가 제삼국에서 회합한 것은 기록하지 않고, 노나라가 다른 나라와 제삼국에서 회합한 것은 기록하는 것은 『춘추』가 노나라를 왕으로 삼으므로 마땅히 먼저 스스로가 올바름을 지키면서, 스스로에 대한 책망을 엄중하게 하고, 남에게는 가볍게 책망해야 함을 밝힌 것이다. 따라서 외국의 일은 간략하게 기록했다. 왕자는 이적을 다스리지 않는데, 여기에서 융戎을 기록한 것은 오는 자는 막지 않고, 가는 자는 쫓지 않기 때문이다."[220] 양공 9년, 봄, 송나라에 화재가 발생했다.(春, 宋火) 하휴가 말했다. "『춘추』는 안을 천하의 법으로 삼으니, 움직일 때 마땅히 먼저 스스로를 책망할 수 있어야 한다. 따라서 작게 화재가 발생했지만, 마치 크게 재화가 발생한 것처럼 기록한 것이다."[221] 애공 13년, 진나라 위다가 군대를 이끌고 위나라를 침략했다.(晉魏

---

219) 『公羊傳』, 成公 15년, 何休 注.
220) 『公羊傳』, 隱公 2년, 何休 注.
221) 『公羊傳』, 襄公 9년.

多率師侵衛) 『공양전』에서 말했다. "어째서 위만다魏曼多를 위다魏多라고 말했는가? 두 글자로 된 이름을 비난한 것이다. 두 글자로 된 이름은 예법에 맞지 않는다."[222] 하휴가 말했다. "다시 진晉에서 이 일을 드러낸 것은 먼저 스스로를 바르게 한 이후에 남을 바르게 해야 함을 밝힌 것이다. 남을 바르게 하는 것은 마땅히 먼저 큰 나라를 바르게 함으로써 작은 나라를 이끌어야 한다."[223] 이것은 왕자가 세상을 다스리는 것은 마땅히 안을 먼저 하고 밖을 뒤로 하며, 스스로 책망하기를 후하게 하고 남을 책망하기를 박하게 해야 한다는 뜻이다.

5. 이적과 제하의 진급과 강등

『춘추』는 이적夷狄과 제하諸夏의 경계를 엄격하게 하면서도, 또한 7등급의 작위를 세워서 이적을 점진적으로 진급시킴으로써 왕자는 밖이 없음을 밝혔다. 장공 10년, 가을, 9월, 형나라가 신에서 채나라 군대를 패배시키고, 채나라 임금 헌무를 데리고 돌아갔다.(秋, 九月, 荊敗蔡師于莘, 以蔡侯獻舞歸) 『공양전』에서 말했다.

> 형荊나라는 무엇인가? 주州의 이름이다. 주州의 이름을 부르는 것은 나라國 이름을 부르는 것만 못하고, 나라 이름을 부르는 것은 성씨姓氏를 부르는 것만 못하며, 성씨를 부르는 것은 사람人이라고 부르는 것만 못하고, 사람이라고 부르는 것은 이름을 부르는 것만 못하며, 이름을 부르는 것은 자字를 부르는 것만 못하고, 자를 부르는 것은 자子라고 부르는 것만 못하다.[224]

---

222) 『公羊傳』, 哀公 13년.
223) 『公羊傳』, 哀公 13년, 何休 注.
 역자 주: 이 기록에 앞서 정공 6년, "중손기가 군대를 이끌고 운을 포위하였다"(仲孫 忌帥師圍運)에 대한 『공양전』에서 "이 사람은 仲孫何忌인데, 어째서 그를 仲孫忌라고 말했는가? 두 글자로 된 이름을 비난한 것이다. 두 글자로 된 이름은 예법에 맞지 않는다"고 했다. 앞에서 이미 노나라의 중손하기를 비난했는데, 여기에서 진나라의 위만다를 다시 중복해서 기록한 것은 노나라가 먼저 스스로를 바르게 해야만 남을 바르게 할 수 있다는 것을 보여 주기 위해서이다. 노나라에서 이미 두 글자로 된 이름을 사용함으로써 잘못을 저질렀기 때문에 남을 바르게 할 수 없었다는 의미이다.

하휴가 말했다. "『춘추』는 사건을 빌어서 왕법을 드러낸다. 성인이 글을 지을 때는 겸손하면서 이치를 따르고, 선한 이를 좋게 여기고 악한 이를 싫어하지만, 그 죄를 똑바로 말할 수가 없다. 주나라에는 본래 작위를 박탈하고 국國·씨氏·인人·명名·자字를 부르는 절차가 있다. 따라서 거기에 주州라는 글자를 더하여 7등급을 갖추어서 진급시키거나 강등시켰다."225) 『춘추』는 포폄으로써 법도를 삼지만, 화를 피하고 몸을 보존해야 하기 때문에 당세 대인의 죄를 올바르게 말할 수 없었다. 따라서 7등급의 절차를 설치함으로써 포폄의 은미한 뜻을 담아 놓았다.

비록 그렇기는 하지만, 중국은 주나라 말기의 쇠퇴한 때에 또한 '새로운 이적'(新夷狄)이 되었다. 따라서 『춘추』에서는 중국을 예의禮義가 있다고 인정하지 않고 이적을 인정하는 경우가 항상 있다. 소공 23년, "가을, 7월, 무진일, 오나라가 돈나라·호나라·심나라·채나라·진나라·허나라의 군대를 계보에서 패배시켰다. 호나라 임금 곤과 심나라 임금 영이 죽었고, 진나라 하열을 사로잡았다."(秋, 七月, 戊辰, 吳敗頓·胡·沈·蔡·陳·許之師於雞父. 髡子髡·沈子楹滅, 獲陳夏齧) 『공양전』에서 말했다. "이것은 정규 전쟁인데, 어째서 기습 전쟁을 의미하는 말로 말했는가? 이적이 중국을 주관하는 것을 용납하지 않기 때문이다. 그렇다면 어째서 중국으로 하여금 주관하도록 하지 않았는가? 중국도 또한 새로운 이적이 되었기 때문이다."226) 선공 12년, 여름, 6월, 을묘일, 진나라 순림보가 군대를 거느리고 초나라 임금과 필에서 전쟁했다. 진나라가 군대가 크게 패배하였다.(夏, 六月, 乙卯, 晉荀林父帥師, 及楚子戰于邲, 晉師敗績) 『공양전』에서 말했다. "대부는 임금을 대적할 수 없는데, 여기에서는 대부인 순림보荀林父의 이름과 성씨를 부르고 초나라 임금과 동등하게 대적시킨 것은 무엇 때문인가? 진晉나라를 인정하지 않고 초楚나라가 예의禮義가 있다고 인정했기 때문이다."227) 따라서 동중서가 말했다.

---

224) 『公羊傳』, 莊公 10년.
225) 『公羊傳』, 莊公 10년, 何休 注.
226) 『公羊傳』, 昭公 23년.
227) 『公羊傳』, 宣公 12년.

『춘추』의 일반적인 문장은 이적을 인정하지 않고, 중국은 예의禮義가 있다고 인정한다. 그런데 필邲의 전쟁에서 뒤집어서 반대로 기록한 것은 무엇 때문인가? 대답했다. 『춘추』는 어디에나 통용되는 문장은 없으니, 사건의 변화에 따라서 문장이 바뀐다. 지금 진晉나라는 변하여 이적이 되었고, 초楚나라는 변하여 군자가 되었다. 따라서 그 문장을 바꾸어서 그 일을 따른 것이다.[228]

이로써 알 수 있듯이, 이적과 중국의 변별은 단지 종족의 차이에만 있는 것이 아니라, 또한 예법을 행할 수 있는가의 여부에도 있다. 이적이 예의에 의해 교화되어, 점차 제하의 수준에 이르니, 2천여 년간 중화민족이 끊임없이 확대된 것은 결국 이러한 동화同化의 힘 덕분이다.

따라서 피석서의 『경학통론 · 춘추통론』에서 말했다.

『춘추』에서 의리를 세우는 핵심은 모두 지금 말하는 문명과 야만을 포폄襃貶과 여탈予奪의 의리로 삼는 것이다. 후대 사람들은 이 요지를 제대로 이해하지 못하고, 단지 종족의 변별을 엄격하게 할 뿐이었기 때문에 종족의 같고 다름을 다투는 화가 치열하였다. 『춘추』의 의리에 가탁했지만, 사실은 『춘추』의 의리와 크게 부합되지 않는다.

피석서의 논의는 청나라 말기 장태염의 만주족을 배척하는 논의(排滿論)의 편협됨을 비판한 것이다. 지금 종족주의가 초래한 재앙이 이루 말할 수 없을 정도로 강렬하다. 그런데 이러한 종족주의를 포용적이고 광대한 『춘추』의 이적과 제하의 논의와 비교해 보면, 단지 진흙과 싸라기눈을 구분하는 것과 같다.

---

228) 『春秋繁露』, 「竹林」.

제4절 시월일時月日의 예例

『춘추』에서는 다양한 예例를 말했는데, 그 중에서도 특히 시월일時月日의 예例가 가장 번잡하고, 이에 대한 삼전三傳의 시각도 서로 같지 않다. 『공양전』·『곡량전』은 모두 시월일時月日의 예를 위주로 해석하는데, 『곡량전』에서 말한 것이 더욱 세밀하다. 『좌씨전』은 경의 죽음(卿卒)과 일식日食을 제외하고는 모두 일월日月로 예를 삼지 않는다. 『공양전』에는 시월일의 예가 매우 많고, 하휴는 거기에 또 다양한 기록법을 추가하였다. "『공양전』에서 언급하지 않은 것은 모두 하나하나 모든 경문을 조사하여 보완하였고, 또 이론을 만들었다."[229]

시월일의 예는 비록 번잡하지만 일정한 규칙이 있는데, 대략 정正과 변變 두 가지의 단서로 압축된다. 큰일을 기록할 때는 상세하게 기록하고 날짜를 기록한다. 작은 일은 간략하게 기록하고 계절을 기록한다. 이것은 국사國史에서 일을 기록하는 일반적인 방법이며, 개인의 일을 기록할 경우에도 이와 마찬가지이다. 정례正例 이외에 또 변례變例가 있다. 정례에서 날짜를 기록하면 변례에서는 계절을 기록한다. 정례에서 계절을 기록하면 변례에서는 날짜를 기록한다. 그리고 계절과 날짜 사이에서 상황에 따라 달을 기록하거나 하지 않는 것도 또한 변례이다. 이로써 알 수 있듯이, 시월일의 예는 기록하는 과정에서 자연스럽게 형성된 것이지, 천박한 학자가 경전을 해석하면서 제멋대로 만든 것이 아니다.

하휴의 시월일의 예에 대해, 청대 유봉록劉逢祿 및 최근의 단희중段熙仲이 매우 상세하게 변론했는데, 그 주요 내용을 간략하게 분석해 보면 다음과 같다.

1. 조회(朝)·빙문(聘)·회합(會)·맹약(盟)

『공양전』에서 말했다. "옛날에 제후들은 항상 회합하는 일과 서로 조회하고

---

229) 段熙仲, 『春秋公羊學講疏』, 253쪽.

빙문하는 제도가 있었는데, 서로 부르거나 말할 때 반드시 선군先君을 언급함으로써 서로 만났다."230) 또 말했다. "제후는 정해진 시기에 천자를 조회하는데, 천자 관할의 교외에 제후들은 모두 조회할 때 숙박하는 읍이 있다."231) 하휴가 말했다.

정해진 시기에 조회한다(時朝)는 것은 사계절을 따라서 조회하는 것이니, 신자臣子의 마음이 매일 아침과 저녁으로 조회하고자 하지 않음이 없음에 연유한 것이다. 왕자는 제후와 정치를 달리하기 때문에 형편상 제후 스스로가 직접 조회할 수는 없다. 따라서 즉위한 이후에 매년 대부大夫를 보내서 작은 규모로 빙문하고, 3년 만에 상경上卿을 보내서 큰 규모로 빙문하며, 4년 만에 또 대부를 보내서 작은 규모로 빙문하고, 5년에 한 번 조회한다.232) 왕자는 또한 천하의 환심을 얻어서 그 선왕을 섬기는 것을 귀하게 여기기 때문에 제후들은 선왕의 제사를 도와서 각자의 직책을 충실히 수행한다. 따라서 사방의 제후를 오부五部로 나누고, 부部에는 사배四輩를 두고, 각 배輩가 한 계절의 제사를 주관한다. 『효경』에서 "사해 안의 제후들이 각각 자기 직책에 따라 제사를 도우러 온다"고 했고, 『상서』「순전舜典」에서 "여러 제후들은 네 곳에서 조회하니, 제후들에게 말로 진술하여 보고하게 하고, 그 공적이 실제로 있는지 분명히 시험하였으며, 수레와 의복으로 그 공적을 표창하였다"고 한 것이 그것이다.233)

이것은 옛 시대에 조회(朝) · 빙문(聘) · 회합(會) · 맹약(盟)의 제도가 있었던 까닭이다.

조회 · 빙문 · 회합 · 맹약의 일은 모두 계절을 기록하는 것이 예例다. 옛날에는 교통이 불편하여, 임금과 대부가 출행할 때 오랜 시간이 걸리기 때문에 계절을 기록하는 것을 상례常例로 삼았다. 구체적으로 말하면 다음과 같다.

---

230) 『公羊傳』, 莊公 4년.
231) 『公羊傳』, 桓公 원년.
232) 역자 주: 『예기』「왕제」에서 "제후는 천자에게 매년 한 번씩 小聘을 하고, 3년마다 大聘을 하며, 5년마다 한 번씩 朝會에 나가 알현한다"고 했다. 그리고 정현의 주에서 "소빙은 대부를 사절로 보내고, 대빙은 경을 사절로 보내며, 조회에 나가 알현할 때에는 군주가 직접 간다"고 했다.
233) 『公羊傳』, 桓公 원년, 何休 注.

조회(朝). 예법에 의하면, 제후가 서로 만나보는 것을 조회라고 한다. 그런데 『춘추』는 노나라를 왕으로 삼기 때문에 천자 및 제齊나라와 진晉나라 두 패자를 조회하는 것만 '조회'(朝)라고 기록하는 것이 아니라, 외국의 제후가 노나라에 왔을 때에도 또한 모두 '조회'(朝)라고 기록한다. 조회에는 계절을 기록하는 것이 상례常例인데, 달과 날짜를 기록한 경우는 변례變例이다.

빙문(聘). 대부가 오는 것을 빙문이라고 한다. 하휴가 말했다. "옛날에 제후는 천자를 조회하고, 조회가 끝나면 빙문하니, 어진 이를 사모하고 예법을 고찰하여, 하나의 법도를 세우고 천자를 존중하는 것이다."234) 이로써 알 수 있듯이, 대부가 임금의 명령을 받들고 대국으로 사신을 가는 것은 옛날의 예법이다. 그런데 노나라의 대부가 다른 나라로 사신을 가면, 빙문(聘)이라고 말하지 않고 '갔다'(如)라고 기록하니, 노나라를 안으로 여겨서 높인 것이다. 빙문은 계절을 기록하는 것이 상례인데, 달과 날짜를 기록한 경우는 모두 변례이다.

회합(會). 『춘추』에서는 제후의 회합을 비판한다. 은공 2년, 은공이 잠에서 융과 회합했다.(公會戎於潛) 하휴가 말했다. "대체로 회합을 기록한 것은 국내의 일은 내팽개치고 외국과의 우호관계만을 믿는 것을 미워한 것이다. 옛날에 제후들은 천자를 조회할 때가 아니면 국경을 넘을 수가 없다."235) 정공 14년, 주루나라 임금이 노나라에 와서 정공과 회합했다.(邾婁子來會公) 하휴가 말했다. "옛날에 제후는 장차 천자를 조회할 때, 반드시 먼저 인접한 나라와 국경 중간에 비워진 땅에서 회합하여, 덕행德行을 살피고, 하나의 형법刑法을 세우며, 예의禮義와 겸양謙讓을 강론하고, 전장 제도를 바로잡으며, 천자의 의식을 익히고, 경사京師를 존중하며, 법도를 중시하고, 과오를 조심한다."236) 여기에 근거하면, 제후는 오직 천자를 조회할 때 잠간의 시간 동안에만 서로 조회할 수 있다. 조회는 계절을 기록하는 것이 상례인데, 달과 날짜를 기록한 경우는 변례이다.

---

234) 『公羊傳』, 隱公 7년, 何休 注.
235) 『公羊傳』, 隱公 2년, 何休 注.
236) 『公羊傳』, 定公 14년, 何休 注.

맹약(盟). 『춘추』는 회합과 맹약을 비판하는데, 서로간의 신뢰가 없어서 회합하고 맹약하는 것으로 여기기 때문이다. 그러나 신뢰가 없는 자가 맹약을 통해 신뢰가 생기기 때문에 『춘추』에서는 맹약을 통해 서로 약속하는 것을 좋게 여긴다. 또한 계절을 기록한 것, 달을 기록한 것, 날짜를 기록한 것의 차이로써 크게 믿을 수 있는 맹약, 작게 믿을 수 있는 맹약, 믿을 수 없는 맹약을 구별하였다. 맹약의 의리는 본래 믿지 않았다가 서로 믿음을 가지는 것이기 때문에 춘추시대의 제후들 중에 맹약을 하지 않는 경우는 없었다. 그러나 맹약을 하고도 여전히 신뢰하지 못하는 일이 있었기 때문에 『춘추』에서는 또한 크게 믿는 경우, 작게 믿는 경우, 믿지 않는 경우를 구별하였다.

2. 붕崩 · 훙薨 · 졸卒 · 장葬

『공양전』에서 말했다. "천자天子가 죽으면 붕崩이라고 하고, 제후諸侯가 죽으면 훙薨이라고 하며, 대부大夫가 죽으면 졸卒이라고 하고, 사士가 죽으면 불록不祿이라고 한다."[237] 『예기』에서 말했다. "천자가 죽으면 붕崩이라고 하고, 제후가 죽으면 훙薨이라고 하며, 대부가 죽으면 졸卒이라고 하고, 사가 죽으면 불록不祿이라고 하며, 서인庶人이 죽으면 사死라고 한다."[238] 이 기록에 의하면, 제후가 죽었을 때는 마땅히 훙薨이라고 기록해야 한다. 그런데 하휴가 말했다. "훙薨이라고 말하지 않는 것은 『춘추』가 노나라를 왕으로 삼았지만 노나라 임금의 죽음을 붕崩이라고 말할 수는 없다. 따라서 외국 제후의 죽음을 낮추어 졸卒이라고 말함으로써 노나라를 높이는 것이다."[239] 이 때문에 『춘추』에서는 오직 노나라 임금에 대해서만 훙薨이라고 기록하며, 외국의 제후는 낮추어서 졸卒이라고 기록하여 노나라 대부의 죽음을 기록하는 범례를 따랐다.

---

237) 『公羊傳』, 隱公 3년.
238) 『禮記』, 「曲禮」.
239) 『公羊傳』, 隱公 3년, 何休 注.

천왕天王의 죽음. 천왕이 죽었을 때는 날짜를 기록한다. 만약 아직 해를 넘기지 않은 임금이라면 졸卒이라고 기록하고 달을 기록한다. 천왕의 장례는 기록하지 않는데, 반드시 정해진 때에 장례를 지내기 때문이다. 장례를 기록한 경우는 변례이다. 혹은 달을 기록하고 혹은 날짜를 기록한다.

노나라 임금의 죽음과 장례. 노나라 임금의 죽음은 날짜를 기록하고, 또한 장소를 기록한다. 만약 시해를 당해서 죽었다면 날짜를 기록하고, 장소를 기록하지 않는다. 만약 한 해를 넘기지 않은 임금이라면 졸卒이라고 기록하고, 날짜를 기록하되 장소를 기록하지 않는다. 노나라 임금이 죽었을 경우에는 '우리 임금 모공을 장례지냈다'(葬我君某公)고 기록하고, 계절을 기록하니, 환공·장공·희공·문공·선공·성공·양공·소공과 같은 경우가 그것이다. 만약 시해를 당한 임금이라면 장례를 기록하지 않는다. 은공·민공과 같은 경우가 그것이다.

부인의 죽음과 장례. 노나라 임금의 어머니와 처의 죽음은 모두 날짜를 기록하고 장소를 기록하지 않는다. 만약 외부에서 죽었을 경우, 예를 들어 애강哀姜과 같은 경우에는 죽은 장소를 기록하고 날짜를 기록한다. 노나라 임금의 어머니와 처의 장례는 또한 날짜를 기록한다.

외국 제후의 죽음과 장례. 대국의 경우에는 죽음은 날짜를 기록하고 장례는 달을 기록하는 것이 정례正例이다. 그런데 죽은 날짜를 기록하지 않는 경우도 있는데, 그것은 변례이다. 장례는 때에 맞게 하는 경우와 때에 맞지 않는 경우, 날짜를 기록하는 경우와 날짜를 기록하지 않는 경우의 차이가 있다. 또한 장례에 계절을 기록하는 경우와 날짜를 기록하는 경우도 있다. 소국은 백伯·자子·남男의 국가인데, 죽음은 달을 기록하고 장례는 계절을 기록하는 것이 정례이다.

대부의 죽음과 장례. 『춘추』는 국내의 대부와 외국의 대부을 구별한다. 국내의 대부는 삼세三世에 따라서 구별하니, 전해들은 세대에는 대부의 죽음은 기록하지만 날짜를 기록하지 않는다. 직접 들은 세대에는 대부가 죄가 없을 경우에 죽은 날짜를 기록하고, 죄가 있을 경우에는 날짜를 기록하지 않는다. 직접 본 세대에는 대부의 죽음에 모두 날짜를 기록한다. 외국의 대부는 죽음을 기록하지 않는 것이 정례이지만,

또한 죽은 날짜를 기록하거나 죽은 달을 기록하는 경우가 있다. 국내 대부의 장례는 기록하지 않는 것이 정례이고, 외국의 대부도 또한 그러하다. 그런데 정공 4년 '유문공을 장례지냈다'(葬劉文公)와 같이, 외국 대부의 장례를 기록한 경우는 그가 노나라와 제후들의 회합을 주도한 은혜가 있었기 때문이다.[240]

3. 침략(侵)·정벌(伐)·전쟁(戰)·멸망(滅)·침입(入)·포위(圍)·읍의 탈취(取邑)

침략(侵)은 계절을 기록한다. 또한 달을 기록하는 경우도 있는데, 그것은 변례이다. 정벌(伐)은 계절을 기록한다. 또한 달을 기록하거나 날짜를 기록하는 경우도 있는데, 그것은 변례이다.

전쟁(戰)은 계절을 기록한다. 정규 전쟁(偏戰)의 경우에는 항상 "모 나라와 모 나라가 모 땅에서 전쟁했는데, 모 군대가 크게 패배했다"(某國及某國戰於某地, 某師敗績)고 기록하고, 또한 날짜를 기록한다. 기습 전쟁(詐戰)의 경우에는 항상 "모 나라가 모 땅에서 모 나라를 패배시켰다"(某國敗某國於某地)고 기록하고, 또한 달을 기록한다.

포위(圍)는 계절을 기록하는 것이 정례이다. 달을 기록한 경우가 있는데, 그것은 변례이다.

침입(入)은 계절을 기록하는 것이 정례이며, 상해가 클 경우에는 달을 기록한다. 또한 날짜를 기록한 경우가 있는데, 그것은 변례이다.

멸망(滅)은 달을 기록하는 것이 정례이다. 또한 계절을 기록하거나 날짜를 기록한 경우가 있는데, 그것은 모두 변례이다. 그러나 정공·애공 때에는 멸망에 대해 날짜를 기록하는 것이 정례이다. 또한 멸망을 '옮겼다'(遷)라고 글자를 바꾸어 기록한

---

240) 역자 주: 『춘추』 정공 4년에 "유권이 죽었다"(劉卷卒)는 기록이 보이는데, 『공양전』에서 "劉卷은 누구인가? 천자의 대부이다. 외국 대부는 죽음을 기록하지 않는데, 여기에서는 무엇 때문에 죽음을 기록했는가? 그가 우리나라와 제후들의 회합을 주재했기 때문이다"라고 했다. 그리고 또 4년에 "유문공을 장례 지냈다"(葬劉文公)의 『공양전』에서 "외국 대부는 장례를 기록하지 않는데, 여기에서는 무엇 때문에 기록했는가? 우리나라와 제후들의 회합을 주재했기 때문에 기록하였다"고 했다.

경우도 있는데, 대국은 달을 기록하고 소국은 계절을 기록한다.

읍의 탈취(取邑)는 계절을 기록하는 것이 정례이다. 달을 기록하거나 날짜를 기록한 경우도 있으니, 그것은 변례이다.

4. 시해(弑) · 살해(殺) · 체포(執) · 도적 토벌(討賊)

시해(弑)는 신하가 임금을 시해하거나 자식이 부친을 살해하는 것을 막론하고, 모두 비천한 사람이나 아랫사람이 존귀한 사람이나 윗사람을 죽이는 것이다. 신하가 자기 임금을 시해했을 경우 날짜를 기록하는 것이 정례이다. 달을 기록하거나 계절을 기록한 경우도 있는데, 그것은 변례이다. 아직 한 해를 넘기지 않은 임금을 시해한 경우에는 달을 기록하는 것이 정례이다. 세자가 자기 임금을 시해하는 경우는 친친親親의 정을 더욱 해친 것이기 때문에 차마 그 날짜를 말하지 못하니, 날짜를 기록하지 않는 것이 정례이다. 이적夷狄의 자식이 부친을 시해한 경우에는 그 날짜를 대놓고 기록한다.

신자臣子가 군부君父를 시해한 것은 도적인데, 도적을 토벌(討賊)한 경우에는 계절을 기록하는 것이 정례이다. 그런데 도적을 토벌했는데 달을 기록한 경우가 있는데, 그것은 변례이다.

대부를 살해했을(殺) 때의 정례는 국내에서 대부를 살해한 경우와 외국에서 대부를 살해한 경우, 대부가 서로 살해한 경우로 구분한다. 임금이 국내의 대부를 살해했을 경우, 유죄일 경우에는 날짜를 기록하지 않고, 무죄일 경우에는 날짜를 기록하는 것이 정례이다. 외국에서 대부를 살해한 경우에는 마땅히 계절을 기록하는 것이 정례이다. 대부가 서로 살해한 경우에도 또한 계절을 기록한다.

체포(執)는 제후가 서로 체포하는 것과 대부를 체포하는 것으로 구분한다. 제후가 서로 체포할 경우 계절을 기록하는 것이 정례이고, 또한 달을 기록한 경우도 있다. 대부를 체포하는 경우도 계절을 기록하는 것이 정례이며, 달을 기록한 경우는 변례이다.

5. 출국(出)·입국(入)·도망(奔)·귀국(歸)

대국의 임금이 도망쳤을(奔) 때는 달을 기록하는 것이 정례이다. 그런데 계절을 기록하거나 날짜를 기록한 경우도 있는데, 그것은 변례이다. 소국의 임금이 도망쳤을 때는 계절을 기록하는 것이 정례이다. 달을 기록한 경우도 있는데, 그것은 변례이다.

국내의 대부가 도망쳤을 때는 죄가 없을 경우에는 날짜를 기록하고, 죄가 있으면 달을 기록한다. 외국의 대부가 도망쳤을 때는 계절을 기록하는 것이 정례이다. 달을 기록하는 경우도 있는데, 그것은 변례이다.

임금이 다시 돌아올(歸) 경우에는 계절을 기록하는 것이 정례이다. 날짜를 기록하는 경우도 있는데, 그것은 변례이다. 대부가 다시 돌아올 때도 계절을 기록하는 것이 정례이다. 달을 기록할 경우에는 변례이다.

제5절 이름(名)의 예(例)

『춘추』는 이름(名)을 중시하니, 『춘추』는 위로는 왕공王公을 비판하고, 아래로는 경대부卿大夫를 비난하며, 사土와 서인庶人에 이르기까지 그 포폄의 의리는 항상 여기에 담겨 있다. 옛날에 자로子路가 정치하는 방법을 물었을 때, 공자는 "반드시 이름을 바로잡겠다"(正名)고 했다. 즉 이름이 바르지 않으면 정사政事가 이루어지지 않고, 예악禮樂이 일어나지 않으며, 형벌刑罰이 알맞지 않는다고 했다.241) 그러므로 이름을 변별하고 명분을 바로잡는 것은 『춘추』보다 더 잘 드러나는 것이 없으니, 이것이 바로 명례名例가 있는 이유이다.

---

241) 『論語』, 「子路」.

1. 천왕天王

문왕文王. 『춘추』 은공 원년, 봄, 왕의 정월.(春, 王正月) 삼전三傳은 모두 이 '왕王'이 주공周王을 가리킨다고 했다. 그런데 『공양전』은 주나라에서 처음으로 천명을 받은 왕은 문왕文王이라고 여겼다. 심지어 공자孔子를 가리킨다고 주장하는 사람도 있었다. 『곡량전』·『좌씨전』 두 전에는 별다른 내용이 없으며, 두예杜預는 주나라 평왕平王을 가리킨다고 했고, 양사훈楊士勛도 이 주장을 따랐다.242)

왕王·천왕天王·천자天子. 『춘추』 경문에서 주나라 왕을 기록할 때 '왕王'이라고 부른 경우도 있고, '천왕天王'이라고 부른 경우도 있으며, 또한 '천자天子'라고 부른 경우도 있는데, 그 뜻은 같지 않다. 하휴가 말했다. "혹은 왕王이라고 말하고, 혹은 천왕天王이라고 말하고, 혹은 천자天子라고 말하는데, 모두 서로 통하며, 이로써 비난과 비판, 옳고 그름을 드러낸 것이다. 왕王은 호칭이다. 덕德이 원기元氣와 합치될 경우는 황皇이라고 부르며, 덕이 하늘과 합치될 경우에는 제帝라고 부르니, 이때에는 하도河圖와 낙서洛書가 나와서, 그 상서祥瑞를 받아서 천하에 시행할 수 있다. 행동이 인의仁義에 합치될 경우는 왕王이라고 부르고, 부서符瑞가 거기에 호응하고, 천하가 귀의하여 돌아간다. 천자天子는 작위의 호칭이다. 성인이 천명을 받으니, 하늘이 낳은 사람이므로 천자天子라고 부른다. 여기에서 작명爵命을 하사할 때 천자天子라고 부른 것은 연장자가 연소자를 사랑하는 왕자의 의리로, 나이 어린 임금을 권면하고자 하는 의미이니, 마땅히 위로하여 현명하고 어진 스승과 함께하도록 하는 것을 마치 아버지가 자식을 가르치듯이 해야지, 작명을 하사해서는 안 된다."243)

---

242) 杜預, 『春秋經傳集解』, 「序」 및 楊士勛 疏.
243) 『公羊傳』, 成公 8년, 何休 注.
　　　역자 주: 문공 원년에서는 "천왕이 모백을 보내 와서 문공의 爵命을 하사하였다"(天王使毛伯來錫公命)고 했는데, 여기 성공 8년에서는 "천자가 소백을 보내 와서 성공의 爵命을 하사하였다"(天子使召伯來錫公命)고 하여, 天王과 天子라는 서로 다른 호칭을 사용하였다. 하휴에 의하면, 문공은 나이가 많기 때문에 天王이라고 호칭했지만, 성공은 나이가 어리기 때문에 마치 아버지가 자식을 가르치듯이 해야지 공식적인 작명을 하사해서는 안 된다는 것이다.

천왕의 세자世子와 아들 및 동생. 천자의 세자는 세자라고 부르고, 이름을 기록하지 않는다. 그 나머지 여러 자식들은 '왕자 아무개'(王子某)라고 부르니, 왕자호王子虎와 같은 경우가 그것이다. 천자의 친동생은 자字를 부르니, 왕계자王季子와 같은 경우가 그것이다. 부모가 다른 형제의 경우에는 관례冠禮를 치렀으면 또한 자字를 부르니, 왕찰자王札子와 같은 경우가 그것이다.

2. 천자天子의 신하

삼공三公. 천자天子의 재상으로서 채읍采邑을 씨氏로 삼고 관작을 부르니, 주공周公·채공祭公과 같은 경우가 그것이다. 은공 5년에 처음으로 육우六羽의 춤을 추었다.(初獻六羽)『공양전』에서 말했다. "천자의 삼공三公을 공公이라고 부르고, 하나라와 은나라 왕의 후손을 공公이라고 부른다. 그 나머지 중에 큰 나라를 후侯라고 부르고 작은 나라를 백伯·자子·남男이라고 부른다. 삼공三公은 천자의 재상이다. 섬陝의 동쪽은 주공周公이 주관했고, 섬陝의 서쪽은 소공召公이 주관했으며, 나머지 한 명의 재상은 조정에 있었다."244) 삼공三公의 직위 호칭은 본래 두 가지 이론이 있다. 『오경이의五經異義』에서 인용한 『주례』의 이론에서는 삼공이 태사太師·태보太保·태부太傅이다. 또한 『상서』에서 인용한 대소하후大小夏侯·구양생歐陽生의 이론에서는 삼공이 사도司徒·사마司馬·사공司空이다. 하휴도 또한 말했다. "천자에게는 대사도大司徒·대사마大司馬·대사공大司空이 있으며, 모두 삼공三公의 관직 명칭이다."245)

또 구경九卿이 있지만, 『춘추』에는 특별한 내용이 없다. 『춘추번로』「관제상천官制象天」편에 의하면, "천자天子는 스스로를 삼공三公으로 보좌하게 하고, 삼공三公은 스스로를 구경九卿으로 보좌하게 한다"라고 했고, 『백호통』「봉공후封公侯」편에서는 "한 명의 공公마다 세 명의 경卿을 두기 때문에 구경九卿이 된다"라고 했다.246)

---

244) 『公羊傳』, 隱公 5년.
245) 『公羊傳』, 文公 8년, 何休 注.
246) 『五經異義』에 의하면, 천자는 三公과 三孤를 세운다. 또한 冢宰, 司徒, 宗伯, 司馬, 司寇,

대부大夫는 상대부上大夫·중대부中大夫·하대부下大夫로 구분된다. 천자의 상대부는 채읍采邑을 씨로 삼고 자字를 부르니, 채백祭伯과 같은 경우가 그것이다. 중대부는 채읍을 씨로 삼고 자를 부르니, 가보家父와 같은 경우가 그것이다. 하대부는 관직과 씨명氏名을 연결짓고, 또 자를 부르니, 재거백규宰渠伯糾와 같은 경우가 그것이다.

사士는 상사上士·중사中士·하사下士로 구분된다. 상사는 명씨名氏로써 통용되니, 석상石尙과 같은 경우가 그것이다. 중사는 관직으로써 기록하니, 재훤宰咺과 같은 경우가 그것이다. 하사는 인人이라고 약칭하니, 왕인王人과 같은 경우가 그것이다.

제후는 경사京師에 들어가서는 천자의 대부가 되니, 그가 받은 천자의 채읍을 씨氏로 삼고, 자子라고 부른다.

3. 제후諸侯

노나라 임금. 노나라는 비록 후侯의 작위이지만, 『춘추』는 노나라를 안으로 여기기 때문에 노나라 임금에 대해서는 모두 공公이라고 부른다. 예를 들어 노나라 임금이 즉위하거나 다른 나라로 갈 경우, 노나라 임금이 회합하거나 맹약할 경우, 노나라 임금이 밖으로 나갔다가 돌아올 경우, 노나라 임금이 죽었거나 장례를 지냈을 경우 등에 모두 공公이라고 부른다.

외국의 제후. 『춘추』에서는 외국의 제후를 기록할 때, 각각 그의 본래 작위에 의거한다. 예를 들어 송공宋公·제후齊侯·진후晉侯·정백鄭伯·진백秦伯·거자莒子·허남許男이 그것이다. 오직 장례를 지낼 때 공公이라고 부를 수 있으니, 신자臣子의 마음을 이루어 준 것이다. 초나라와 오나라의 임금은 비록 신분을 뛰어넘어 제멋대로 스스로를 왕王이라고 부르지만, 『춘추』에서는 다만 그들을 칭찬할 경우에만 자子라고 부를 뿐이다. 그러나 장례에 공公이라고 부르지 않는 경우가 있으니, "채蔡나라 환후桓侯를 장례지냈다"(葬蔡桓侯, 환공 17년)고 기록한 경우가 그것이다.

司空의 六卿을 두니, 六卿과 少師·少傅·少保의 三孤를 합치니, 이것이 九卿이다. 『漢書』「百官公卿表」의 이론도 또한 동일하다.

제후는 살아 있을 때는 이름을 기록하지 않는다. 그런데 이름을 기록한 경우는 항상 비판하는 말이 되니, 변례를 따른 것이다. 첫째, 동성同姓의 나라를 멸망시킬 경우 이름을 기록한다. 하휴가 말했다. "선조先祖의 혈통을 끊어버린 것이 더욱 위중하기 때문에 이름을 기록한 것이니, 심하다고 여긴 것이다."[247] 둘째, 살아서 사로잡힐 경우에 이름을 기록한다. 『공양전』에서 말했다. "채蔡나라 임금 헌무獻舞는 무엇 때문에 이름을 기록했는가? 지위를 박탈한 것이다. 어째서 지위를 박탈했는가? 사로잡혔기 때문이다."[248] 셋째, 외국으로 도망쳤을 때 이름을 기록한다. 예를 들어 위衛나라 임금 형珩이나 채蔡나라 임금 주朱가 외국으로 도망쳤을 때 이름을 기록한 것이 그것이다. 넷째, 땅을 잃어버린 임금은 이름을 기록한다. 『공양전』에서 말했다. "모두 무엇 때문에 이름을 기록했는가? 땅을 잃어버린 임금이기 때문이다."[249] 임금이 죽었을 때는 항상 이름을 부르고, 장례를 지낼 때는 오히려 이름을 부르지 않는다.

한 해를 넘기지 않은 임금은 자子라고 부르니, 자반子般·자야子野와 같은 경우가 그것이다. 외국의 제후도 또한 이 정례를 사용한다. 만약 한 해를 넘기지 않은 임금이 거상居喪 중에 군대를 사용하면 자식으로 여기지 않는다.

4. 부인夫人

노나라 부인이 노나라로 시집을 때는 혹은 여인(女)이라고 부르고, 혹은 부인(婦)이라고 부르고, 혹은 부인夫人이라고 부른다. 은공 2년, "9월, 기나라 이수가 노나라에 와서 여인을 맞이하였다."(九月, 紀履緰來逆女) 『공양전』에서 말했다. "여인은 어째서 혹은 여인(女)이라고 부르고, 혹은 부인(婦)이라고 부르고, 혹은 부인夫人이라고 부르는가? 여인이 자기 나라에 있을 때는 여인(女)이라고 부르고, 시집가는 길에 있으면

---

247) 『公羊傳』, 僖公 25년, 何休 注.
248) 『公羊傳』, 莊公 10년.
249) 『公羊傳』, 桓公 7년.

부인(婦)이라고 부르고, 남편의 나라에 들어가면 부인夫人이라고 부른다."250) 이것이 그 정례이다.

자기 나라에 있을 때는 여인(女)이라고 부른다. 노나라가 다른 나라에 가서 여인을 직접 맞이하는 경우, 혹은 다른 나라가 노나라에 와서 친영親迎하는 경우는 모두 "여인을 맞이했다"(逆女)고 기록한다. 그런데 여인이 부모의 나라에 있으면 자字를 부르니, 여자를 국내의 사람으로 여기는 말이다. 여자가 이미 다른 나라로 들어가면, 『춘추』는 질박함을 숭상하므로 여전히 국내의 여인으로 간주한다. 천자가 여인을 맞이할 경우에는 비록 국내에 있더라도 왕후王后라고 부를 수 있다.

시집가는 도중에 있을 때는 부인(婦)이라고 부른다. 그런데 여인을 맞이할 때도 부인(婦)이라고 부르는 경우가 있는데, 그것은 변례이다.

시집가는 나라에 들어가면 부인夫人이라고 부른다. 여자가 이미 시집가는 나라에 들어가면 모두 부인이라고 부른다. 만약 부인이 죽으면 "부인 모씨가 죽었다"(夫人某氏薨)고 하는데, 첩모妾母도 마찬가지이다. 부인의 장례는 "우리 소군 휘호 모씨를 장례지냈다"(葬我小君諡某氏)고 하며, 첩모도 그렇다. 혹 부인이라고 부르지 않는 경우가 있는데, 맹자孟子·사씨姒氏와 같은 경우가 그것이다.

5. 공자公子·공손公孫

임금의 자식은 공자公子라고 부르고, 임금의 손자는 공손公孫이라고 부른다. 은공 원년, "공자 익사가 죽었다."(公子益師卒) 하휴가 말했다. "제후의 자식은 공자公子라고 부르고, 공자의 자식은 공손公孫이라고 부른다."251) 공자라고 부른 것은 현재 임금과는 어머니가 다른 동생이면서 선군先君과 연결되어 있기 때문이다. 선군의 손자의 경우, 적손嫡孫을 제외하고는 모두 공손公孫이라고 부른다. 예를 들어 계우季友와 같은 경우, 장공莊公의 입장에서는 마땅히 동생(弟)이라고 불러야 하고, 희공僖公의

---

250) 『公羊傳』, 隱公 2년.
251) 『公羊傳』, 隱公 원년, 何休 注.

입장에서 공자公子라고 불러야 한다. 그런데 변례도 있으니, 자규子糾·위주우衛州吁와 같은 경우가 그것이다.

어머니가 같은 형제는 제弟라고 부른다. 은공 7년, 제나라 임금이 그 동생 년으로 하여금 노나라에 빙문하게 했다.(齊侯使其弟年來聘)『공양전』에서 말했다. "동생 이라고 부른 것은 무엇 때문인가? 어머니가 같은 동생은 제弟라고 부르고, 어머니가 같은 형은 형兄이라고 부른다."[252] 하휴가 말했다. "어머니가 같은 형제를 분별하는 것은 『춘추』가 주나라의 문식을 바꾸어서 은나라의 질박함을 따른 것이다. 질박함을 중시하는 왕조는 친한 이를 친애하니, (어머니가 같은 형제는) 마땅히 친하고 정이 두터워서 (어머니가 다른) 여러 공자公子들과는 달라야 함을 밝힌 것이다."[253] 그런데 변례도 있다. 은공 원년, "정나라 임금이 언에서 단을 이겼다."(鄭伯克段於鄢)『공양전』에서 말했다. "단段은 누구인가? 정나라 임금의 동생이다. 무엇 때문에 동생이라고 부르지 않았는가? 나라를 차지하려고 했기 때문이다."[254]

6. 대부大夫

『예기禮記』「왕제王制」편에서 말했다.

천자에게는 삼공三公과 구경九卿, 27명의 대부大夫와 81명의 원사元士가 있다. 대국大 國은 삼경三卿이니, 모두 천자에게서 임명을 받고, 하대부下大夫가 5명이고, 상사上士 가 27명이다. 그 다음 나라는 삼경三卿이니, 두 명의 경은 천자에게서 임명을 받고, 한 명의 경은 그 군주에게서 임명을 받으며, 하대부가 5명이고, 상사가 27명이다. 소국小國은 두 명의 경이니, 모두 그 군주에게서 임명을 받으며, 하대부가 5명이고 상사가 27명이다.

---

252) 『公羊傳』, 隱公 7년.
253) 『公羊傳』, 隱公 7년, 何休 注.
254) 『公羊傳』, 隱公 원년.

이것은 천자와 제후의 관직 제도이다. 또 동중서가 말했다.

왕자가 관직을 제정할 때, 삼공三公과 구경九卿, 27명의 대부大夫와 81명의 원사元士를 두어, 모두 120명이니, 모든 신하들이 완전히 갖추어졌다.······ 천자는 스스로를 삼공으로 보좌하게 하고, 삼공은 스스로를 구경으로 보좌하게 하며, 구경은 스스로를 대부로 보좌하게 하고, 세 명의 대부는 스스로를 세 명의 사士로 보좌하게 하였다.255)

동중서의 이 이론은 사실 한대 경사經師에게서 많이 보인다. "옛날에 천자天子는 삼공三公을 두었는데, 한 명의 공公마다 삼경三卿으로 보좌하게 하고, 한 명의 경卿마다 세 명의 대부로 보좌하게 했으며, 한 명의 대부마다 세 명의 원사元士로 보좌하게 했다."256) 그리고 『설원說苑』에서 말했다. "탕湯이 이윤伊尹에게 말했다. '삼공三公, 구경九卿, 27명의 대부大夫, 81명의 원사元士를 둔다.'"257) 또 말했다. "삼공三公은 오사五事를 보좌하는 것이고, 구경九卿은 삼공을 보좌하는 것이며, 대부大夫는 구경을 보좌하는 것이며, 열사列士는 대부를 보좌하는 것이다."258) 『백호통白虎通』에서도 말했다. "성인이 비록 만인萬人보다 뛰어난 덕을 가지고 있더라도, 반드시 뛰어나고 현명한 삼공과 구경, 27명의 대부와 81명의 원사를 두어서 하늘에 순응하여 그 도를 완성해야 한다."259) 하휴도 말했다. "천자는 삼공과 구경, 27명의 대부와 81명의 원사를 두니, 120명의 관직은 아래로 12진辰에 호응하는 것이다."260)

이것은 왕자의 관직 제도를 말한 것이다. 또한 『백호통』에서 말했다.

제후가 삼경三卿을 두는 것은 세 가지 일을 나눈 것이다. 5명의 대부를 둔 것은

---

255) 『春秋繁露』, 「官制象天」.
256) 『尙書大傳』, 「夏傳」.
257) 『說苑』, 「臣道」.
258) 『說苑』, 「臣術」.
259) 『白虎通』, 「封公侯」.
260) 『公羊傳』, 桓公 8년, 何休 注.

천자보다 인원을 낮추어야 하기 때문이다. 「왕제王制」에서 말했다. "대국大國은 삼경三卿이니, 모두 천자에게서 임명을 받고, 하대부下大夫가 5명이고, 상사上士가 27명이다. 그 다음 나라는 삼경三卿이니, 두 명의 경은 천자에게서 임명을 받고, 한 명의 경은 그 군주에게서 임명을 받는다. 소국小國은 두 명의 경이니, 모두 그 군주에게서 임명을 받는다." 대부의 숫자는 모두 동일하게 5명이다. 『예禮』 「왕도기王度記」에서 말했다. "자子와 남男의 제후는 삼경三卿을 두는데, 그 중 1명의 경은 천자에게서 임명을 받는다."261)

이것은 제후의 관직 제도를 말한 것이다.

삼경三卿은 제후의 재상이다. 양공 11년, 봄, 왕의 정월, 삼군을 만들었다.(春, 王正月, 作三軍) 『공양전』에서 말했다. "삼군三軍은 무엇인가? 삼경三卿이다. 삼군을 만든 것을 무엇 때문에 기록했는가? 비난한 것이다. 무엇 때문에 비난했는가? 옛날에는 상경上卿과 하경下卿, 상사上士와 하사下士만을 두었다."262) 하휴가 말했다. "옛날에 제후는 사도司徒·사공司空을 두고, 상경上卿 각각 1명, 하경下卿 각각 2명이다. 사마司馬는 일을 줄여서 상경과 하경 각각 1명이다. 상사上士는 상경上卿을 돕고, 하사下士는 하경下卿을 도와서, 충분히 다스릴 수가 있었다."263) 삼경三卿은 사도司徒·사공司空·사마司馬이다. 이때 노나라에서 삼군三軍을 만들었는데, 사도·사공·사마가 삼군을 통솔하도록 했다. 이것이 세 명의 상경上卿이다. 사도·사공은 각각 2명의 소경小卿이 보좌하고, 사마는 일을 줄여서 1명의 소경이 보좌한다. 모두 합쳐서 5명의 하경이니, 이들이 곧 5명의 대부이다. 따라서 『백호통』에서 "제후가 삼경三卿을 두는 것은 세 가지 일을 나눈 것이다. 5명의 대부를 둔 것은 천자보다 인원을 낮추어야 하기 때문이다"라고 하였다. 지금 노나라가 삼군을 만들었으므로 사마도 2명의 하경이 보좌하였다.

또한 서언徐彦이 인용한 『대사마大司馬』에 의하면, "대사마大司馬는 경卿 1인,

---

261) 『白虎通』, 「封公侯」.
262) 『公羊傳』, 襄公 11년
263) 『公羊傳』, 襄公 11년, 何休 注.

소사마小司馬는 중대부中大夫, 군사마軍司馬는 하대부下大夫"264)라고 하였다. 그리고 『예기』에서 말했다. "제후는 상대부인 경卿과 하대부, 상사·중사·하사, 모두 5등급이다."265) 또 말했다. "대국 다음 나라의 상경上卿은 지위가 대국의 중경中卿에 해당되고, 중경은 대국의 하경下卿에 해당되며, 하경은 대국의 상대부上大夫에 해당된다. 소국의 상경은 지위가 대국의 하경에 해당되며, 중경은 대국의 상대부에 해당되며, 하경은 대국의 하대부에 해당된다."266) 여기에 근거하면, 경卿과 대부大夫는 서로 통할 수 있다. 경卿과 그 보좌는 모두 경이라고 명명하는데, 그것은 상경과 하경이 된다. 상대부는 경이고 중대부·하대부도 경인데, 모두 하경이다.

또 『예기』에서 공영달孔穎達이 말했다.

> 『춘추좌전』에서 계손季孫이 사도司徒가 되고, 숙손叔孫이 사마司馬가 되고, 맹손孟孫이 사공司空이 되었다고 했는데, 이것이 삼경三卿이다.…… 사도司徒의 아래에는 소경小卿 2인을 두니, 한 명은 소재小宰이고, 다른 한 명은 소사도小司徒이다. 사공司空의 아래에도 또한 두 명의 소경小卿을 두니, 한 명은 소사구小司寇이고, 다른 한 명은 소사공小司空이다. 사마司馬의 아래에는 오직 한 명의 소경小卿을 두니, 소사마小司馬이다.267)

사도司徒의 소경小卿이 소재小宰와 소사도小司徒이고, 사마司空의 소경이 소사구小司寇와 소사공小司空이며, 사마司馬의 소경이 소사마小司馬이다. 이것이 5명의 대부를 두는 제도이다.

또 문공 8년, 송나라 사람이 그 대부 사마를 죽였다.(宋人殺其大夫司馬) 하휴가 말했다.

---

264) 『公羊傳』, 襄公 11년, 徐彦 疏.
265) 『禮記』, 「王制」.
266) 『禮記』, 「王制」.
267) 『禮記』, 「王制」, 孔穎達 疏.

제후에게는 사도司徒·사마司馬·사공司空이 있으며, 모두 경卿의 관직이다. 송나라가 사공司空을 사성司城으로 바꾼 것은 선군인 무공武公의 이름을 피한 것이다.[268]

송나라의 삼경三卿은 사도司徒·사마司馬·사성司城이다.

제후의 대부는 임명을 받는 경우와 임명을 받지 않는 경우로 구별된다. 「왕제」에서 말했다. "대국은 삼경三卿이니, 모두 천자에게서 임명을 받고, 하대부下大夫가 5명이고, 상사上士가 27명이다. 그 다음 나라는 삼경三卿이니, 두 명의 경은 천자에게서 임명을 받고, 한 명의 경은 그 군주에게서 임명을 받으며, 하대부가 5명이고, 상사가 27명이다. 소국은 두 명의 경이니, 모두 그 군주에게서 임명을 받으며, 하대부가 5명이고 상사가 27명이다." 정현이 말했다. "천자에게 임명을 받는 자는 천자가 그를 선발해서 등용하니, 마치 현재 조서를 내려서 관리를 임명하는 것과 같다."[269] 여기에 근거하면, 제후가 관직을 둘 때 오직 경卿만 천자로부터 임명을 받을 수 있다. 그러나 소국의 경은 여전히 천자의 임명을 받을 수 없다.

그런데 정현은 또 말했다. "소국도 또한 삼경三卿이니, 1경은 천자에게서 임명을 받고, 2경은 그 군주에게서 임명을 받는다. 이 문장은 오탈자가 있는 듯하다. 혹자가 기내畿內의 나라에 2경을 두는 것을 드러내고자 한 것이 아닌가?"[270] 「왕제」에서도 말했다. "대국 다음 나라의 상경上卿은 지위가 대국의 중경中卿에 해당되고, 중경은 대국의 하경下卿에 해당되며, 하경은 대국의 상대부上大夫에 해당된다. 소국의 상경은 지위가 대국의 하경에 해당되며, 중경은 대국의 상대부에 해당되며, 하경은 대국의 하대부에 해당된다." 그리고 『백호통』「봉공후」편에서 『예禮』「왕도기王度記」를 인용해서, "자子와 남男의 제후는 삼경三卿을 두는데, 그 중 1명의 경은 천자에게서 임명을 받는다"고 했다. 소국도 또한 삼경이 있었는데, 오직 1경만이 천자에게서 임명을 받았던 것 같다. 이에 근거하면, 「왕제」에서 소국의 2경은 모두 자기 임금에게

---

268) 『公羊傳』, 文公 8년, 何休 注.
269) 『禮記』, 「王制」, 鄭玄 注.
270) 『禮記』, 「王制」, 鄭玄 注.

서 임명을 받는다고 말한 것은 경기京畿 내의 제후를 가리켜서 말한 것이다.

하휴가 말했다.

> 예禮에, 제후는 3년에 한 번 천자에게 사士를 천거하고, 천자는 그를 임명하여
> 제후와 보조하여 정사를 행함으로써 현명한 이와 함께 나라를 다스리도록 하였다.
> 홀로 정사를 독단하지 않음을 보여 준 것이니, 백성을 중시하는 지극함이다. 대국은
> 3인을 추천하고, 그 다음 나라는 2인을 추천하며, 소국은 1인을 추천한다.[271]

제후가 천거하는 사士는 곧 명대부命大夫이다. 제후는 비록 3명의 경과 5명의
대부가 있지만, 최대 2·3명 정도만 천자에게서 임명을 받을 수 있다.

또「왕제」에서 말했다.

> 대국의 경卿은 세 명 이상 임명을 받을 수가 없고, 하경下卿은 두 명이 임명을
> 받는다. 소국의 경과 하대부는 한 명이 임명을 받는다.

정현이 말했다. "대국 다음 나라의 경을 드러내지 않은 것은 대국의 아래는
서로 밝힐 수 있기 때문이다. 이러한 경에 대한 명命은 다르지만, 대부는 모두
같다. 『주례』에서 공公·후侯·백伯의 경卿은 세 명이 임명을 받고, 그 대부는 두
명이 임명을 받는다. 자子·남男의 경은 두 명이 임명을 받고, 그 대부는 한 명이
임명을 받는다."[272] 여기에 근거하면, 대국의 경과 대부는 모두 임명을 받는다.
소국의 경과 대부는 한 명씩만 임명을 받는다. 대국 다음 나라의 경은 정현과
공영달의 견해에 의하면, 두 명이 임명을 받고, 하경은 한 명만 임명을 받을 뿐이다.
하대부는 한 명이 임명을 받으니, 제후의 모든 사士는 임명을 받지 않는다.

또『춘추』성공 17년, 임신일, 공손 영제가 이진에서 죽었다.(壬申, 公孫嬰齊卒於貍軫)

---

271)『公羊傳』, 莊公 원년, 何休 注.
272)『禮記』,「王制」, 鄭玄 注.

『공양전』에서 말했다.

이 달(11월)의 임신일이 아닌데, 어째서 이 달(11월)의 임신일에 죽었다고 기록했는가?
임금의 임명을 기다린 이후에 대부의 죽음을 기록했기 때문이다.…… 성공이
진晉나라 임금과 회합했을 때, 진나라 임금이 성공을 붙잡으려고 했다. 그러자
영제嬰齊가 성공을 위해 진나라 임금에게 요청했고, 성공은 돌아가서 그를 대부로
삼기로 약속했다. 귀국하면서 영제가 이진貍胗에서 죽었다. 임금의 임명이 없으면
감히 대부로서의 죽음을 기록할 수 없다. 성공이 돌아와서 말했다. "내가 본래
돌아와서 대부로 삼기로 약속했다." 그래서 그의 죽음을 기록한 것이다.[273]

하휴가 말했다. "나라 사람들은 영제가 임금의 임명을 받지 않았기 때문에
감히 그가 대부의 예법을 따르도록 할 수가 없었다."[274] 또 말했다. "돌아와서
대부로 삼기로 약속했으니, 곧 임명을 받은 것이다. 그가 감히 제멋대로 대부의
예법을 따르지 않은 것을 좋게 여겼기 때문에 그가 죽은 날짜를 끌어다가 성공이
돌아온 달 뒤에 두고서 그의 죽음을 기록하여, 영제가 임명을 약속받은 일을 부각시킴
으로써 당시의 교만한 신하들을 분발시켰다."[275] 여기에 근거하면, 공손 영제가
대부가 된 것은 자기 임금에게서 임명을 받은 것이며, 천자에게 임명을 받은 것이
아니다. 비록 대부의 신분으로 죽었지만, 천자에게 임명을 받는 명대부命大夫는
될 수 없는 것이다.

제후의 명대부命大夫는 당연히 채읍采邑을 씨氏로 삼고 자字를 부른다. 임명을 받지
않은 대부는 씨를 기록하지 않고 이름을 부를 뿐이다. 은공 9년, 협이 죽었다.(俠卒)

---

273) 『公羊傳』, 成公 17년.
274) 『公羊傳』, 成公 17년, 何休 注.
275) 『公羊傳』, 成公 1년, 何休 注.
　　　역자 주: 영제가 죽은 사건은 성공이 귀국하기 전인 10월 壬申에 벌어진 일인데,
　　　『춘추』 경문에는 성공이 귀국했다는 기록(十有一月, 公至自伐鄭) 다음에 영제가 죽었
　　　다는 기록(壬申, 公孫嬰齊卒于貍胗)이 배치되어 있다. 하휴는 『춘추』에서 영제의 사건
　　　을 부각시키기 위해서 사건의 시간적인 순서를 바꾸어서 기록했다고 해석했다.

『공양전』에서 말했다. "협俠은 누구인가? 우리 대부 중에서 임명을 받지 못한 자이다."276)
하휴가 말했다. "씨氏가 없이 죽음을 기록했기 때문이다. 임명을 받지 않았는데
죽음을 기록한 것은 상賞이 의심스러우면 무거운 쪽을 따르기 때문이다. 씨氏가
없는 것은 생략한 것이다."277) 임명을 받지 않은 대부는 씨를 기록하지 않고, 죽음을
기록하지 않는다. 또한 환공 11년, 유가 송나라 임금ㆍ진나라 임금ㆍ채나라 임금과
회합하여 절에서 맹약을 맺었다.(柔會宋公ㆍ陳侯ㆍ蔡叔盟於折)『공양전』에서 말했다.
"유柔는 누구인가? 우리 대부 중에서 임명을 받지 못한 자이다."278) 하휴가 말했다.
"유柔의 죽음을 기록하지 않는 것은 환공桓公을 깊이 핍박하여, 그가 대부에게 은혜의
예법을 두는 것을 인정하지 않기 때문이다."279) 서언이 말했다. "대체로 노나라의
대부에 대해 씨氏를 기록하지 않는 것은 두 가지 의미가 있다. 만약 임명을 받지
않은 대부라면 또한 씨氏가 없으니, 이 경우와 협俠이 그것이다. 폄하할 경우에도
또한 씨가 없으니, 무해無駭와 휘翬가 그것이다."280) 협俠의 죽음을 기록한 것은
은공이 내린 상賞임을 밝힌 것이고, 유柔의 죽음을 기록하지 않은 것은 환공이
은혜가 없다는 것을 핍박한 것이다.

노나라의 대부 중에 천자에게 임명을 받은 경우는 자字를 부리니, 선백單伯과
같은 경우이다. 만약 임명을 받지 않았으면 씨가 없으니, 협俠ㆍ유柔와 같은 경우가
그것이다. 사士는 미천하기 때문에 인人이라고 부른다. 외국의 대부는 항상 이름을
부르는데, 자字를 부른 경우는 칭찬한 것이다.

대부의 씨氏는 공자公子ㆍ공손公孫이라고 부르는 경우가 있는데, 공자계우公子季

---

276)『公羊傳』, 隱公 9년.
277)『公羊傳』, 隱公 9년, 何休 注.
    역자 주:『서』「대우모」에 "죄가 의심스러운 경우에는 가벼운 쪽을 따르고, 공적이
    의심스러운 경우에는 무거운 쪽을 따른다"(罪疑惟輕, 功疑惟重)고 했다. 그리고 공안
    국의 傳에서 "형벌이 의심스러우면 가벼운 쪽을 따르고, 상이 의심스러우면 무거운
    쪽을 따르는 것은 충후함의 지극함이다"(刑疑惟輕, 賞疑從重, 忠厚之至)라고 했다.
278)『公羊傳』, 桓公 11년.
279)『公羊傳』, 桓公 11년, 何休 注.
280)『公羊傳』, 桓公 11년, 徐彦 疏.

友·공손영제公孫嬰齊와 같은 경우가 그것이다. 자字를 씨氏로 삼는 경우가 있는데, 중수仲遂·중영제仲嬰齊와 같은 경우가 그것이다. 채읍采邑을 씨氏로 삼는 경우가 있는데, 선백單伯과 같은 경우가 그것이다. 이것은 모두 일상적인 정례이다. 또한 국國을 씨로 삼는 경우가 있는데, 송독宋督과 같은 경우에 하휴가 그는 "임명을 받지 않은 대부이기 때문에 나라 이름을 씨로 삼았다"281)고 했다. 위주우衛州吁와 같은 경우, 『공양전』에서 "나라의 임금이 되려고 했다"고 여겼다.282) 그런데 이 사례들 모두 실제로는 나라 이름으로 씨를 삼은 적이 없으며, 『춘추』에서 이 사례를 빌어서 의리를 밝힌 것이다.

『춘추』에서 씨氏를 없앤 경우는 항상 비난한 말이다. 은공 4년, 휘가 군대를 이끌고 송나라 임금·진나라 임금·채나라 사람·위나라 사람과 회합하여 정나라를 정벌했다.(翬率師會宋公·陳侯·蔡人·衛人伐鄭) 『공양전』에서 말했다. "휘翬는 누구인가? 공자公子 휘翬이다. 무엇 때문에 공자公子라고 말하지 않았는가? 폄하한 것이다. 어째서 폄하했는가? 은공을 시해하는 데 참여했기 때문이다."283)

『춘추』에서는 또한 대부를 기록하면서 '인人'이라고 부르는 경우가 있는데, 이것도 또한 비난한 말이다. 문공 7년, 진나라 사람이 진나라 사람과 영호에서 전쟁했다. 진나라 선멸이 군대를 데리고 진나라로 도망쳤다.(晉人及秦人戰於令狐, 晉先眜以師奔秦) 『공양전』에서 말했다. "이 사람은 진晉나라 선멸先眜인데, 진나라 사람이라고 말한 것은 무엇 때문인가? 폄하한 것이다. 어째서 폄하했는가? 외국으로 도망쳤기 때문이다."284) 양공 30년, 진나라 사람·제나라 사람·송나라 사람·위나라 사람·정나라 사람·조나라 사람·거나라 사람·주루나라 사람·등나라 사람·설나라 사람·기나라 사람·소주루나라 사람이 전연에서 회합했는데, 송나라의 화재 때문이었다.

---

281) 『公羊傳』, 桓公 2년, 何休 注.
282) 역자 주: 『춘추』 은공 4년, "위나라 주우가 그 임금 완을 시해했다"(衛州吁弑其君完)에 대해, 『공양전』에서 "어째서 나라 이름을 氏로 삼았는가? 주우가 나라의 임금이 되려고 했기 때문이다"라고 했다.
283) 『公羊傳』, 隱公 4년.
284) 『公羊傳』, 文公 7년.

(晉人・齊人・宋人・衛人・鄭人・曹人・莒人・邾婁人・滕人・薛人・杞人・小邾婁人會于澶淵, 宋災故)
『공양전』에서 말했다. "경卿인데 사람(人)이라고 부른 것은 무엇 때문인가? 폄하한
것이다. 어째서 폄하했는가? 경卿은 제후의 일을 근심할 수 없기 때문이다.[285]
『춘추』에서 사士를 기록할 때는 항상 인人이라고 부르는 것이 정례인데, 지금 대부를
인人이라고 불렀기 때문에 비난하는 말이 된다.

　　『춘추』에서 대부를 기록할 때 당연히 이름을 불러야 하니, 공자아公子牙・조순趙盾
과 같은 경우가 그것이다. 자字를 부른 경우는 칭찬한 것이니, 공보孔父・기계紀季와
같은 경우가 그것이다. 씨氏를 기록하고 이름을 부르지 않은 경우도 또한 항상
비난한 말이다. 은공 3년, 윤씨가 죽었다.(尹氏卒) 하휴가 말했다. "경대부를 세습하는
것은 아버지가 죽으면 자식이 계승하는 것이다. 이름을 없애고 씨氏를 불러서 비판한
것은 그가 세습한 것을 부각시켰다는 말이니, '대대로 세습한 윤씨'(世世尹氏)라고
말하는 것과 같다. 예禮에 의하면, 공경대부公卿大夫나 사士는 모두 현명한 자를
선발하여 등용한다. 경대부卿大夫는 책임이 막중하고 직책이 크기 때문에 대대로
세습해서는 안 되니, 그가 오랫동안 정권을 잡고 있으면 은덕이 광대해지기 때문이다.
소인이 그 자리에 있으면 반드시 임금의 위엄과 권위를 빼앗게 된다. 따라서 윤씨尹氏가
대대로 세습하여 왕자王子 조朝를 천자로 세웠고, 제齊나라 최씨崔氏도 대대로 세습하여
자기 임금인 광光을 시해했으니, 군자는 그 말단을 싫어하기 때문에 근본을 바로잡는
다."[286] 선공 10년, 제나라 최씨가 위나라로 도망쳤다.(齊崔氏出奔衛) 『공양전』에서
말했다. "최씨崔氏는 누구인가? 제나라의 대부이다. 최씨라고 말한 것은 무엇 때문인
가? 비판한 것이다. 어째서 비판했는가? 경대부의 세습을 비판한 것이다. 경대부의
세습은 예가 아니다."[287]

---

285) 『公羊傳』, 襄公 30년.
286) 『公羊傳』, 隱公 3년, 何休 注.
　　　역자 주: 윤씨와 관련된 일은 『춘추』소공 23년에 "尹氏立王子朝"라는 말이 보인다.
　　　최씨와 관련된 일은 『춘추』선공 10년의 "齊崔氏出奔衛"와 양공 25년의 "齊崔杼弑其
　　　君光"이라는 말이 보인다. 한편 선공 10년의 『공양전』에서 "崔氏者何? 齊大夫也. 其稱
　　　崔氏何? 貶. 曷爲貶? 譏世卿. 世卿, 非禮也"라는 말이 보인다.

제6절 칭찬(襄)·비난(譏)·폄하(貶)·지위박탈(絶)의 예例

사마천은 『춘추』가 "천자를 폄하하고 제후를 강등하고 대부를 토벌한다"고 했고, 또 『춘추』가 "선한 사람을 좋게 대하고 악한 사람을 미워하며, 어진 사람을 어질게 대하고 불초한 사람을 천하게 대한다"고 했다.288) 『춘추』는 포폄襄貶을 의리로 삼아서 혹은 칭찬하고 혹은 폄하했는데, 그 필법이 각각 다르기 때문에 『춘추』에 예例가 있는 것이다.

1. 칭찬(襄)

『논어』를 살펴보면, 공자가 춘추시대 제후국의 경대부의 현명함에 대해 논평한 적이 있는데, 예를 들어 위나라의 영유甯俞, 제나라의 관중管仲과 안영晏嬰, 정나라의 자산子産 등이다. 『춘추』는 법도를 만세에 남겼으니, 특히 칭찬한 것이 더욱 광대하고 상세하게 갖추어져 있다. 지금 몇 가지 사례를 들어서 밝혀 보자.

다른 나라가 노나라를 조회한 것을 칭찬하였다. 『춘추』은공 원년, "은공이 주루나라 의보와 멸에서 맹약을 맺었다."(公及邾婁儀父盟於眛) 『공양전』에서 말했다. "의보는 누구인가? 주루나라의 임금이다. 무엇 때문에 이름을 불렀는가? 자字이다. 어째서 자字를 불렀는가? 그를 칭찬한 것이다. 어째서 그를 칭찬했는가? 그가 은공과 맹약을 맺었기 때문이다. 은공과 맹약을 맺은 사람은 많은데, 어째서 유독 그를 칭찬했는가? 칭찬할 만하기 때문에 칭찬한 것이다. 그가 칭찬할 만하다는 것은 어째서인가? 점차 선善으로 나아갔기 때문이다."289) 하휴가 말했다. "『춘추』는 노나라를 왕으로 삼으니, 은공에 가탁하여 처음 천명을 받은 왕으로 삼는다. 의보가 가장 먼저 은공과 맹약을 맺었기 때문에 노나라를 빌어서 포상의 법도를 드러낼

---

287) 『公羊傳』, 宣公 10년.
288) 『史記』, 「太史公自序」.
289) 『公羊傳』, 隱公 원년.

수 있다. 따라서 그렇게 말한 것이다." 또 말했다. "비유컨대 만약 은공이 천명을 받아서 왕이 되었는데, 제후들 중에 앞장서서 먼저 귀의한 자가 있다면, 마땅히 진급시켜서 봉해 줌으로써 뒤에 오는 제후들을 이끌어야 한다."290)

패자覇者의 공적을 인정하였다. 춘추시대에는 예악이 붕괴되었기 때문에 제후들 중에 그것을 진작시킨 자가 있었다. 비록 천자의 권한을 월권한 혐의가 있지만, 『춘추』에서는 그래도 그 패업을 인정하였으니, 제齊나라 환공桓公과 진晉나라 문공文公, 초楚나라 장왕莊王과 같은 경우이다. 송宋나라 양공襄公의 경우에는 의지는 있었지만 패업에는 미치지 못했는데, 『춘추』에서는 그래도 인정하였다. 제나라 환공의 공적은 이적을 물리치고 초나라를 굴복시킨 것보다 더 큰 것이 없는데, 『춘추』에서는 그것을 왕자의 일로 여겼다. 진나라 문공은 초나라를 굴복시킨 공적이 제나라 환공보다 더 위에 있다. 따라서 『춘추』에서는 진나라 문공의 패업을 칭찬했으니, 단지 진나라 문공의 찬탈만을 숨겨서 기록하지 않았을 뿐만 아니라, 또한 문공에 앞서 혜공惠公·회공懷公의 찬탈까지도 숨겨서 기록하지 않았다.291) 송나라 양공의 경우에는 비록 패업을 도모하다가 이루지는 못했지만, 『춘추』에서는 그래도 그의 패업의 의지를 인정하였다.

나라를 양보한 것을 현명하게 여겼다. 『춘추』에서는 나라를 양보한 것을 현명하게 여겼기 때문에 은공의 덕을 가장 먼저 칭찬하였다. 은공이 나라를 양보한 것은 그 자취가 은미하여 드러나지 않았기 때문에 결국 공자公子 휘揮의 모함을 초래하였다. 따라서 『춘추』에서 이 사건을 빌어서 "은공의 뜻을 이루어 주니",292) 은공의 뜻을 드러내 밝혔을 뿐만 아니라, 또한 환공이 시해한 죄를 단죄하였다. 나라를 양보한 것을 칭찬한 대상은 채계蔡季, 오나라 계찰季札, 위나라 숙무叔武, 조나라 희시喜時, 주루邾婁나라 숙술叔術 등이 있다.

사직을 보존한 것을 칭찬하였다. 『춘추』는 사직을 매우 중요하게 여기고, 국가는

---

290) 『公羊傳』, 隱公 원년, 何休 注.
291) 『公羊傳』, 僖公 10년, 何休 注.
292) 『公羊傳』, 隱公 원년.

그 다음이고, 군왕과 토지와 인민은 오히려 그 다음에 있다. 이것은 곧 봉건제도의 정신이다. 환공 11년, 송나라 사람이 정나라 채중을 사로잡다.(宋人執鄭祭仲) 살펴보건대, 『춘추』의 대의는 군신간의 명분을 바로잡는 것보다 더 큰 것이 없다. 따라서 임금을 시해하거나 임금을 쫓아내는 것을 큰 악으로 여긴다. 그런데 채중이 임금을 쫓아내고 권도權道를 행사한 것은 후세에서도 누구도 해서는 안 될 일인데도 『춘추』가 인정한 것은 사실상 나라를 중하게 여기고 군주를 가볍게 여기기 때문이다. 이 때문에 채중이 나라와 군주의 무게를 저울질하여 천하의 큰 악을 감행한 것은 그 마음이 매우 높고, 그 행적은 밝히기 어려우니, 이윤伊尹과 같은 성인이 아니라면 실행할 수가 없는 것이다.

임금을 따라 죽은 세 명의 신하를 표창했다. 『춘추』에서는 공보孔父·구목仇牧·순식荀息의 죽음에 대해, 모두 임금을 따랐기 때문에 '및'(及)이라고 기록하여 그들이 임금을 따라 죽은 것을 칭찬하였다. 임금과 신하는 일체이므로 임금이 죽으면 신하는 죽지 않을 수 없으니, 그것을 충성이라고 여기기 때문이다.

일민逸民을 높여 칭찬했다. 공자는 옛날의 일민逸民을 칭찬하여, 백이·숙제가 주나라의 곡식을 먹지 않고, "인仁을 구하여 인을 얻었다"고 칭찬하였다.[293] 춘추시대에는 임금의 동생인 숙힐叔肸이 있다. 숙힐은 선공宣公의 동생인데, 선공이 찬탈하여 즉위하였다는 이유로 그의 봉록을 먹지 않고, 빈천하게 일생을 마감했다. 『춘추』에서는 자字를 불러서 칭찬하니, 그가 천자의 상대부上大夫가 되는 것이 마땅하다는 것을 부각시킨 것이다.[294]

2. 비난(譏)

악惡에는 크고 작음이 있으니, 폄하에도 또한 가볍고 무거움이 있다. 비난(譏)은 폄하(貶) 중에서 가벼운 것으로 항상 노나라에만 적용되는데, 거의 노나라 국내의

---

293) 『論語』, 「述而」.
294) 『穀梁傳』, 宣公 17년.

일과 관련된 말이다. 『춘추』는 국내의 큰 악은 숨기고 작은 악은 기록하기 때문에 비난은 그것을 통해 『춘추』가 악을 토벌한다는 것을 보여 주는 것이다. 이것은 안과 밖의 구별을 두는 것과 같은 의미이다.

이익을 탐할 경우. 은공 5년, 은공이 당에서 물고기 잡는 것을 구경했다.(公觀魚於棠) 하휴에 의하면, 여기에서 실제로는 은공이 물고기를 그물로 잡은 것을 비판한 것인데, 구경했다(觀)고 말하고 멀리 간 것을 비판한 것은 은공이 임금의 자리를 벗어나서 아래로 백성들과 이익을 다투어, 필부와 다름이 없음을 부끄럽게 여긴 것이다. 따라서 숨겨서 마치 멀리 가서 구경한 것을 비판한 것처럼 만든 것이다.[295]

백성을 걱정하지 않을 경우. 선공 15년, 처음으로 밭이랑에 세금을 부과하였다.(初稅畝) 『공양전』에 의하면, 처음으로 밭이랑에 세금을 부과한 것을 비판한 이유는 대체로 옛날에는 수확량의 10분의 1을 세금으로 거두는 조세법(什一)이었는데, 십일(什一)은 천하의 공정하고 올바른 법도였다. 십일보다 많은 것은 대걸大桀·소걸小桀과 같은 폭군이며, 십일보다 적은 것은 대맥大貉·소맥小貉과 같은 오랑캐이다. 십일은 천하에서 가장 공평하고 정확한 제도이다. 십일의 제도가 시행되면 임금을 찬양하는 소리가 일어날 것이다.[296] 그 후에 노나라는 십일의 조세법을 폐지하고, 10에서 2를 세금으로 거두는 제도를 시행했는데, 애공哀公은 그래도 국가의 재용이 부족하다고 여겼다. 이 때문에 공자의 제자 유약有若이 애공에게 다음과 같이 대답했다. "백성이 풍족하면 군주가 어찌 부족하겠는가? 백성이 부족한데, 군주가 어찌 풍족할 수 있겠는가?"[297] 이로써 유가가 백성을 걱정하는 것이 이와 같음을 알 수 있다. 국가가 백성들의 힘을 함부로 사용하는 것도 『춘추』에서 비난한다. 노나라가 자주 밖으로 나가서 회합하고 군대를 동원하는 경우도 또한 백성을 걱정하지 않는 것이다.

예법에 벗어난 월권을 행할 경우. 『춘추』는 명분을 말한 경전이므로 명분이 바르지 않으면 마침내 대부가 제후의 지위를 월권하고, 제후가 천자의 지위를

---

295) 『公羊傳』, 隱公 5년, 何休 注.
296) 『公羊傳』, 宣公 15년.
297) 『論語』, 「顔淵」.

월권하며, 가신이 국정을 장악하는 일이 초래된다. 이 때문에 공자는 다음과 같이 말했다. "천하에 도가 있으면 예악과 정벌이 천자로부터 나오고, 천하에 도가 없으면 예악과 정벌이 제후로부터 나온다. 제후로부터 나오면 열 세대 만에 정권을 잃지 않는 자가 드물고, 대부로부터 나오면 다섯 세대 만에 정권을 잃지 않는 자가 드물고, 가신이 권세를 잡으면 세 세대 만에 정권을 잃지 않는 자가 드물다. 천하에 도가 있으면 정치가 대부에게 있지 않고, 천하에 도가 있으면 일반 백성들이 의론하지 않는다."298) 이것이 바로 『춘추』가 예법에 벗어난 월권을 비난한 이유이다.

교郊제사와 조상 제사에서 예법을 어긴 경우. 공자는 "제사를 지내되 조상이 있는 듯이 하며, 신을 제사지내되 신이 있는 듯이 하였다."299) 또 말했다. "조상 제사(禘)에서 이미 술을 부어 신을 부른 뒤로는 내가 보고 싶지 않다."300) 또 말했다. "조상 제사(禘)의 이론을 아는 자는 천하에 대해서 이 손바닥을 보는 것과 같을 것이다."301) 이로써 알 수 있듯이, 공자는 교제사와 조상 제사의 예법을 중시했다. 『춘추』에는 노나라의 군신이 교제사와 조상 제사의 예법을 어긴 일을 많이 기록하고 있다.

혼례의 예법을 어긴 경우. 혼례에는 여섯 가지가 있는데, 납채納采, 문명問名, 납길納吉, 납징納徵, 청기請期, 친영親迎이다. 그런데 노나라의 혼례를 보면, 항상 그 올바름을 어겼기 때문에 『춘추』에서는 노나라가 예법을 어긴 것을 자주 비판하였다.

3. 폄하(貶)

폄하(貶)는 비난(譏)보다 무겁기 때문에 그것을 서법에 드러낼 때는 항상 작위(爵位)와 명씨名氏를 올리거나 내리는 형식에 가탁하였다.

---

298) 『論語』, 「季氏」.
299) 『論語』, 「八佾」.
300) 『論語』, 「八佾」.
301) 『論語』, 「八佾」.

부인에 대한 폄하. 노나라에 대해서는 임금을 폄하할 수 없기 때문에 폄하가 심한 대상은 임금의 부인이다. 왜냐하면 신자臣子는 임금을 폄하할 수가 없고, 임금은 부인과 일체이므로 부인에 대한 폄하에 가탁함으로써 임금의 악행을 드러내기 때문이다. 그리고 노나라의 임금에 대해서는 폄하할 수 없기 때문에 그 악에 대해 비난만 할 뿐이다.

외국 제후에 대한 폄하. 외국의 임금에 대해 혹 폄하하여 인人이라고 부르는 경우가 있는데, 장공 30년 "제나라 사람이 산융을 정벌했다"(齊人伐山戎)는 것이 그것이다. 또 폄하하여 자字를 부르는 경우가 있는데, 환공 11년 "유가 송나라 임금·잔나라 임금·채나라 임금과 회합하여 절에서 맹약을 맺었다"(柔會宋公·陳侯·蔡叔盟於折)는 것이 그것이다. 살펴보건대, 주루邾婁나라의 의보儀父는 본래 작위를 잃었는데, 그의 자字를 부른 것은 칭찬한 것이다.302) 그런데 여기에서 채숙蔡叔에 대해 자字를 부른 것은 그가 고모와 자매를 바로잡지 못하여, 그들로 하여금 진타陳佗와 음란한 짓을 하도록 했기 때문에 비판한 것이다.303)

대부에 대한 폄하. 『춘추』는 다음과 같은 몇 가지 일에 대해 항상 대부를 폄하하였다. 첫째, 『춘추』는 처음으로 다른 나라를 멸망시킨 것을 미워한다. 예를 들어 무해無駭가 군대를 이끌고 극極나라로 쳐들어가자, 폄하하여 그의 씨氏를 삭제해 버렸다. 둘째, 임금을 시해한 도적은 혹은 인人이라고 부르고, 혹은 명씨名氏를 부른다. 셋째, 대부들이 서로 죽일 경우에는 인人이라고 부르고, 미천한 자는 도적(盜)이라고 부른다. 넷째, 대부는 임금을 대적할 수 없는데, 춘추시대에는 대부들이 항상 제후의 지위를 월권하였기 때문에 폄하하여 인人이라고 부르니, 그들을 소원하게 대하는 것을 꺼리지 않는다. 다섯째, 이적이 자주 중국을 침범하였다. 이적은 본래 대부가 없기 때문에 당연히 인人이라고 부르는 것이 정례이다. 직접 들은 세대의

302) 『公羊傳』, 隱公 원년.
303) 『公羊傳』, 桓公 11년, 何休 注.
    역자 주: 『공양전』 환공 6년에, 陳나라 임금인 佗가 蔡나라에 가서 음란한 짓을 했다
    가 채나라 사람들에 의해 죽임을 당한 사건이 있다.

경우, 소국에 대해서 대부를 기록하였다. 초나라의 경우 비록 이적이지만, 또한 매우 뛰어난 군자의 행동이 있었기 때문에 또한 당연히 대부를 기록하였다. 예를 들어 성공 2년, 성공이 초나라 사람·진나라 사람 등과 촉에서 맹약을 맺었다.(公及楚人·秦人·宋人·陳人·衛人·鄭人·齊人·曹人·邾婁人·薛人·鄫人盟于蜀) 여기에서 초나라 사람(楚人)은 초나라 공자公子 영제嬰齊인데, 그를 초나라 사람(人)이라고 불렀다. 이에 대해 하휴가 말했다. "영제嬰齊는 초나라에서 정치를 농단한 교만하고 건방진 신하이다. 자주 자기 임금을 인도하여 제후들을 이끌고 중국을 침략했다. 따라서 유독 가장 앞에 기록하여 폄하하였다. 근본적인 원인이 영제에게 있기 때문에 마땅히 그 근본을 먼저 필주하고서 그 말단에 미쳐야 함을 밝힌 것이다."[304] 여섯째, 『춘추』는 대대로 경대부卿大夫의 자리를 세습하는 세경世卿을 비판했기 때문에 그러한 대부를 폄하하여 씨氏를 불렀다. 대체로 대부에 대해 씨氏를 부르고 이름을 부르지 않은 경우는 대대로 경을 세습하는 것이 당연히 폄하의 대상임을 드러낸 것이다. 일곱째, 대부가 제멋대로 일을 처리하는 것. 전통적인 군주국가에서 권력은 당연히 임금에게 집중된다. 그런데 만약 대부가 국가의 권력을 잡으면 자기 임금을 제멋대로 부리게 된다. 예를 들어 경卿이 제후들의 일을 걱정하는 것,[305] 대부가 제멋대로 다른 나라 대부를 붙잡는 것,[306] 대부가 제멋대로 임금을 폐하거나 세우는 것,[307] 대부가

---

304) 『公羊傳』, 成公 2년, 何休 注.

305) 역자 주: 『춘추』 양공 30년, "진나라 사람·제나라 사람·송나라 사람·위나라 사람·정나라 사람·조나라 사람·거나라 사람·주루나라 사람·등나라 사람·설나라 사람·기나라 사람·소주루나라 사람이 전연에서 회합했는데, 송나라의 화재 때문이었다."(晉人·齊人·宋人·衛人·鄭人·曹人·莒人·邾婁人·滕人·薛人·杞人·小邾婁人會于澶淵, 宋災故) 『공양전』에서 말했다. "이것은 중대한 일인데, 어째서 미천한 자를 시켜서 회합했는가? (미천한 자들이 아니라) 卿이다. 卿인데 사람(人)이라고 부른 것은 무엇 때문인가? 폄하한 것이다. 어째서 폄하했는가? 卿은 제후의 일을 근심할 수 없기 때문이다."

306) 역자 주: 『춘추』 정공 원년, "진나라 사람이 경사에서 송나라 중기를 붙잡았다."(晉人執宋仲幾于京師) 『공양전』에서 "패자가 토벌한 것인데, 사람(人)이라고 부른 것은 무엇 때문인가? 폄하한 것이다. 어째서 폄하했는가? 대부가 제멋대로 다른 나라의 대부를 붙잡는 것을 용납하지 않기 때문이다.…… 대부의 의리는 제멋대로 다른 나라의 대부를 붙잡을 수 없다"고 했다.

제멋대로 화평을 맺는 것308) 등과 같은 부류가 모두 이것이다.

4. 주살(誅)과 지위박탈(絶)

주살(誅)과 지위박탈(絶)은 폄하 중에서 지극히 무거운 것이다. 주살은 그 대상자를
주살하는 것이다. 혹은 죄를 견책하고 혹은 형벌이나 주륙을 행하는데, 모두 그
대상자에게 가하는 것이다. 지위박탈은 그 세대를 끊어 버리는 것이다. 혹은 대상자가
국가를 소유하지 못하게 하고, 혹은 자손이 그 국가를 소유하지 못하게 한다.

임금을 시해한 경우 주살한다. 신하가 자기 임금을 시해한 경우는 당연히 그
당사자를 주살한다. "신하가 임금을 시해하면 관직에 있는 자들이 그를 죽이고
용서하지 않는다"309)는 것이 그것이다. 은공 4년, "위나라 사람이 복에서 주우를
죽였다."(衛人殺州吁於濮) 『공양전』에서 말했다. "사람이라고 말한 것은 무엇 때문인가?
도적을 토벌했다는 의미의 말이다."310) 하휴가 말했다. "토벌했다는 것은 제거했다는
뜻이다. 나라 사람 누구나 그를 토벌할 수 있다는 것을 밝힘으로써 충효忠孝의
길을 넓힌 것이다. 기록한 것은 좋게 여긴 것이다."311) 『춘추』에서는 도적을 토벌했다
는 의미의 말을 드러냄으로써 임금을 시해하면 마땅히 주살해야 함을 밝혔다.
비록 그렇기는 하지만, 『춘추』는 당사자의 마음을 따져서 죄를 정하기 때문에

---

307) 역자 주: 『춘추』 문공 14년, "진나라 사람이 접치를 주루나라에 들여보내려고 했는
　　데, 들여보내지 못했다."(晉人納接菑于邾婁, 弗克納) 『공양전』에서 말했다. "여기에서
　　는 진나라 郤缺인데, 사람(人)이라고 부른 것은 무엇 때문인가? 폄하한 것이다. 어째
　　서 폄하했는가? 대부가 제멋대로 임금을 폐하거나 세우는 것을 용납하지 않기 때문
　　이다.…… 대부의 의리는 제멋대로 임금을 폐하거나 세울 수 없다."
308) 역자 주: 『춘추』 선공 15년, "송나라 사람이 초나라 사람과 화평하였다."(宋人及楚人
　　平) 『공양전』에서 말했다. "여기에서 화평한 사람은 모두 대부인데, 사람(人)이라고
　　부른 것은 무엇 때문인가? 폄하한 것이다. 어째서 폄하했는가? 화평이 (임금이 아니
　　라) 아래 대부들에 의해 이루어졌기 때문이다."
309) 『禮記』, 「檀弓」.
310) 『公羊傳』, 隱公 4년.
311) 『公羊傳』, 隱公 4년, 何休 注.

조순趙盾이나 허나라 지止가 임금을 시해한 경우에 대해서는 용서하는 말이 있다.

찬탈하여 즉위한 경우는 지위를 박탈한다. 『춘추』에 찬탈과 관련된 말이 있는 것은 그 당사자가 즉위해서는 안 된다는 것을 밝힌 것이니, 그의 임금 지위를 박탈할 것이다. 입立·납納·입入이라고 기록한 것은 모두 찬탈과 관련된 말이다.

출국하여 도망친 경우 지위를 박탈한다. 아직 임금이 되지 않았지만 부정한 방법으로 나라를 얻은 경우에 『춘추』는 지위를 박탈한다. 이미 임금이 된 경우에 중요한 종묘와 사직을 버리고 다른 나라로 도망친 경우도 또한 마땅히 지위를 박탈한다. 따라서 다시 돌아와서 나라를 얻으면 『춘추』는 찬탈과 관련된 말을 더해서 기록함으로써 그가 임금이 되는 것이 마땅하지 않다는 것을 밝혔다. 제후는 살아 있을 때는 이름을 기록하지 않는데, 출국하여 도망치면 이름을 기록한다. 제후가 될 수 없기 때문에 제후 지위를 박탈한 것이다.

동성同姓의 나라를 멸망시킨 경우 지위를 박탈한다. 『예기』에서 "동성同姓의 나라를 멸망시키면 이름을 부른다"[312]고 했다. 희공 25년, 위나라 임금 훼가 형나라를 멸망시켰다.(衛侯燬滅邢) 『공양전』에서 말했다. "위나라 임금 훼에 대해 무엇 때문에 이름을 기록했는가? 지위를 박탈한 것이다. 어째서 지위를 박탈했는가? 동성同姓의 나라를 멸망시켰기 때문이다." 하휴가 말했다. "선조先祖의 혈통을 끊어 버린 것이 더욱 위중하기 때문에 이름을 기록한 것이니, 심하다고 여긴 것이다."[313] 동성이 아닌 경우에는 이름을 기록하지 않으니, 제나라 사람이 래萊를 멸망시킨 것, 초나라가 외隗를 멸망시킨 것, 진나라가 하양下陽을 멸망시킨 경우가 그것이다.

왕위 계승자의 지위를 박탈한 경우. 앞의 경우는 모두 부정한 방법으로 나라를 얻은 것이기 때문에 당사자의 지위를 박탈하여, 그가 임금이 되어서는 안 됨을 밝힌 것이다. 비록 그렇기는 하지만, 임금이 혹은 찬탈하고 혹은 시해하여, 그것을 통해 나라를 얻었더라도 『춘추』에서 항상 그 세대를 끊어 버리는 것은 아니니,

---

312) 『禮記』, 「曲禮」.
313) 『公羊傳』, 僖公 25년, 何休 注.

자손은 그래도 자리를 계승하여 임금이 될 수 있다고 여겼기 때문이다. 따라서 공자진龔自珍이 "시해한 자를 시해하면, 시해를 당한다"고 한 것이 그것이다. 만약 그 세대를 그대로 남겨 두지 않으면, 계속해서 서로 원수가 되어 복수가 끝나지 않으므로 결국은 군신간의 의리가 어그러지게 된다.

산채로 사로잡히면 지위를 박탈한다. 장공 10년, "형나라가 신에서 채나라 군대를 패배시키고, 채나라 임금 헌무를 데리고 돌아갔다."(荊敗蔡師于莘, 以蔡侯獻舞歸) 『공양전』에서 말했다. "채나라 임금 헌무에 대해 무엇 때문에 이름을 기록했는가? 지위를 박탈한 것이다. 어째서 지위를 박탈했는가? 사로잡혔기 때문이다."[314] 채나라 임금 헌무獻舞에 대해 이름을 기록한 것은 그가 임금이 되는 것이 마땅하지 않음을 드러낸 것이다. 따라서 제齊나라 임금이 진晉나라와 안鞍땅에서 전쟁하다가, 포로로 사로잡혔다가 도망친 일에 대해,[315] 『춘추』에서는 제나라 임금을 여전히 천하게 여겼으니, 그가 임금이 될 수 없다고 지위를 박탈한 것이다

성인과 현자의 자손은 지위를 박탈하지 않는다. 성인의 자손에 대해서는 주살은 있지만 지위 박탈은 없다. 희공 23년, "기나라 임금이 죽었다."(杞子卒) 하휴가 말했다. "죽었다(卒)고 기록한 것은 제나라 환공桓公이 왕자의 후예인 기나라를 보존하여, 공적이 더욱 아름다웠기 때문에 그것을 표창하여 소국이지만 그 죽음을 기록한 것이다. 처음에 보일 때는 기백杞伯이라고 불렀는데(장공 27년), 죽었을 때 유독 기자杞子라고 부른 것은 기나라의 세력이 미약해져서 서徐나라와 거莒나라의 위협을 받고서 자기 자리에서 죽지 못했기 때문이다. 『춘추』는 백伯·자子·남男이 같은 호칭이며, 그 말을 기록할 때 비판의 의미가 없다. 그런데 비판하여 자子라고 불렀다는 주장이 있는데, 그것이 『춘추』에서 기나라를 축출하여 강등한 것인지는 분명하지 않다. 따라서 같은 등급인 백伯과 자子로써 비판한 것은 왕자의 후예가 본래 백伯이 아니라 공公임을 밝힌 것이다. 또한 이를 통해서 성인의 자손은 주살은 있되 지위 박탈은

---

314) 『公羊傳』, 莊公 10년.
315) 『公羊傳』, 成公 2년.

없기 때문에 비판하되 작위를 없애지 않음을 드러낸 것이다."316) 대체로 왕자는 앞선 두 왕조의 후손을 보존해 주는데, 그것은 단지 선성先聖을 존중한 것일 뿐만 아니라 후대의 왕이 법도를 취할 수 있도록 대비한 것이다. 기杞나라는 하夏나라의 후손이기 때문에 『춘추』에서는 기나라에 대해, 혹은 백伯이라고 부르고 혹은 자子라고 불러서, 모두 비판하면서도 작위를 없애지는 않았다. 그 자손이 대대로 그 땅을 소유해야 함을 기록한 것이다. 현자賢者의 자손도 그 세대를 끊지 않는다. 조曹나라 공손회公孫會와 주루邾婁나라의 흑궁黑弓에 대해, 도적이나 반란(盜畔)이라는 말을 드러내지 않은 것이 이 때문이다.

　대부를 죽인 경우 주살한다. 임금은 대부를 제멋대로 죽일 수 없기 때문에 『춘추』에 대부를 죽였다고 기록한 경우는 그 임금을 주살한 것이다. 그러나 이 주살은 그 몸에 형벌을 가하는 것이 아니라 그를 책망한 것이다. 천자는 대부를 제멋대로 죽일 수 있다. 양공 30년, "천왕이 자기 동생 연부를 죽였다."(天王殺其弟年夫) 하휴가 말했다. "왕자는 제멋대로 죽일 수 있다. 그런데 기록한 것은 친친親親의 도를 잃어버린 것을 미워한 것이다. 아직 앞선 영왕靈王이 죽은 지 3년이 지나지 않았는데도 왕王이라는 호칭을 제거하지 않은 것은 그가 부친을 사모하지 않고 동생을 죽인 것을 미워했기 때문이니, 그의 자식으로서의 행동을 용납하지 않은 것이다. 곧바로 임금이라고 부르는 필법을 따르지 않은 것은 더욱 중요한 점을 거론한 것이다."317) 천자는 제멋대로 죽일 수 있지만, 그럼에도 천자를 죄주는

---

316) 『公羊傳』, 僖公 23년, 何休 注.
317) 『公羊傳』, 襄公 30년, 何休 注.
　　역자 주: 서언의 소에 의하면, 천왕은 대부를 제멋대로 죽일 수 있기 때문에 여기에서 기록하지 않는 것이 마땅하지만, 그가 아직 왕이 되지 않았는데도 친동생을 죽였기 때문에 미워해서 기록했다. 천왕은 선군이 죽은 지 3년이 지난 이후에 王이라고 부른데, 당시 靈王은 양공 28년에 죽어서 아직 3년이 지나지 않았기 때문에 지금 천왕을 왕이라고 불러서는 안 된다. 그런데도 왕이라고 부른 것은 그가 부친의 상중에 있으면서 마땅히 부친을 사모하는 마음을 가져야 하는데, 친동생을 죽인 것이 자식의 도리가 아님을 책망한 것이다. 한편 희공 5년, "진나라 임금이 그 세자 신생을 죽였다"(晉侯殺其世子申生)는 기록에 대해, 『공양전』에서 "어째서 곧바로 진나라 임금이라고 부르고서 죽였다고 기록했는가? 세자와 친동생을 죽였을 때 곧바로 임

것은 『춘추』가 친친親親을 숭상하기 때문이다. 왕자王子는 선군先君과 이어져 있고, 지금 천자는 아직 3년이 지나지 않았음에도 불구하고 선군이 남긴 자식을 죽였기 때문에 불효가 더욱 심하다. 따라서 『춘추』에서는 왕王이라고 기록함으로써 그 죄를 바로잡았다. 공자公子와 대부大夫의 경우에도 임금과는 팔다리나 피부와 같은 존재이기 때문에 『춘추』에서 책망한 경우는 모두 친친親親의 대상을 죽인 것을 미워한 것이다.

제후가 서로 죽인 경우 주살한다. 선공 18년, "주루나라 사람이 증나라에서 증나라 임금을 찢어 죽였다."(邾婁人戕鄫子於鄫) 『공양전』에서 말했다. "증나라에서 증나라 임금을 찢어 죽였다는 것은 무슨 뜻인가? 잔인하게 해쳐서 죽인 것이다."[318] 하휴가 말했다. "증나라 임금의 사지를 찢어서 죽였기 때문에 죽였다(殺)는 말을 바꾸어서 찢어 죽였다(戕)고 말했다. 찢어 죽인 것은 잔인하게 해치는 것이니, 무도함을 미워한 것이다."[319] 『춘추』에서 이 사건을 기록한 것은 주루나라의 무도함을 미워한 것이다. 이적이 서로 죽인 경우는 비록 미워하더라도 기록을 생략한다.

제7절 송균宋均의 삼과구지三科九旨 이론

송균宋均은 제남濟南 사람으로, 그에 대한 자세한 기록은 보이지 않는다. 『수서隋書』 「경적지」에서는 송균이 위魏나라 박사라고 했고, 『진서晉書』 「유림전」에서는 진나라 서묘徐苗·서가徐賈 형제가 박사 송균에게 배웠다고 했다. 또 『수서』 「경적지」와

금이라고 부른 것은 심하게 여긴 것이다"고 했다. 이 사건에서 '天王'이라고 기록한 것은 '晉侯'라고 기록한 필법을 따른 것으로 보이는데, 하휴는 그렇지 않다고 주장하였다. 즉 천왕이 동생을 죽인 점보다는 부친의 상중에 부친을 사모할 생각은 하지 않고, 도리어 부친의 아들인 동생을 죽인 것이 더욱 중요한 핵심이라고 파악했다. 즉 여기에서 '천왕'이라고 기록한 것은 '진후'를 기록한 필법을 따른 것이 아니라, 그가 자식으로 한 행위를 용납하지 않는 필법이라는 것이다.

318) 『公羊傳』, 宣公 18년.
319) 『公羊傳』, 宣公 18년, 何休 注.

『구당서』·『신당서』 「경적지」에서 정현(鄭玄)과 송균이 함께 위서(緯書)의 주를 달았다고
했다. 따라서 송균은 아마도 후한 말기의 사람으로, 일찍이 정현의 제자였고, 위나라로
가서 박사가 되었으며, 서진(西晉) 초기에 죽은 것 같다.

송균은 참위(讖緯)에 폭넓게 주를 지었다. 『수서』 「경적지」에 의하면, 그의 저서는
『시위(詩緯)』 18권(梁나라 때는 10권), 『악위(樂緯)』 3권, 『춘추위(春秋緯)』 30권(양나라 때 여전히
남아 있었다.), 『효경구명결(孝經勾命訣)』 6권, 『효경원신계(孝經援神契)』 7권, 『효경잡위(孝經雜
緯)』 10권, 『예기묵방(禮記默房)』 2권(양나라 때 3권이 있었다.), 『논어참(論語讖)』 8권이다.
그리고 『신당서』·『구당서』 「경적지」에 그의 저서가 수록되어 있다. 『역위』 9권,
『시위』 10권, 『예위』 3권, 『악위』 3권, 『춘추위』 38권, 『논어위』 10권, 『효경위』
5권, 그리고 『제보세본(帝譜世本)』 7권이 있다. 송대의 『숭문총목(崇文總目)』에는 오직
『역위』 9권만 있고, 남송시대에는 그것도 남아 있지 않았다.

'삼과구지(三科九旨)' 이론은 『공양전』을 공부하는 핵심 요령이다. 그런데 이 이론은
본래 『공양전』의 문장에는 보이지 않고, 『춘추위(春秋緯)·연공도(演孔圖)』에 "『춘추』에
삼과구지(三科九旨)를 두었다"320)는 분명한 문장이 보인다. 그 이후에 하휴의 『문시례(文
諡例)』에서 그것을 말했다. 그런데 『문시례』는 지금 이미 전하지 않고, 오직 서언(徐彦)의
소(疏)에서 인용한 문장에서만 보인다. 서언의 소에 '삼과구지'에 대해 다음과 같이
말했다.

> 하휴의 생각은 삼과구지(三科九旨)가 바로 하나의 사물이라고 여겼다. 만약 종합해서
> 말한다면 그것을 삼과(三科)라고 하니, 과(科)는 조목(段)이다. 만약 나누어서 말한다면
> 그것을 구지(九旨)라고 하니, 지(旨)는 뜻(意)이다. 세 개의 조목 안에 이러한 아홉
> 종류의 뜻이 있다는 것이다. 따라서 하휴는 『문시례(文諡例)』를 지어서, "삼과구지(三科
> 九旨)는 주나라를 새로운 나라로 여기고, 송나라를 옛 나라로 여기며, 『춘추』를
> 새로운 나라에 해당시킨다"(新周, 故宋, 以春秋當新王)고 했는데, 이것이 첫 번째 조목의
> 세 가지 뜻(一科三旨)이다. 또 "직접 본 세대에 대해 말을 달리하고, 직접 들은

---

320) 『公羊傳』, 隱公 원년, 徐彦 疏.

세대에 대해 말을 달리하며, 전해들은 세대에 대해 말을 달리한다"(所見異辭, 所聞異辭, 所傳聞異辭)고 했는데, 이것이 두 번째 조목의 세 가지 뜻(二科六旨)이다. 또 "노나라를 안으로 여기고 제하를 밖으로 여기며, 제하를 안으로 여기고 이적을 밖으로 여긴다" (內其國而外諸夏, 內諸夏而外夷狄)고 했는데, 이것이 세 번째 조목의 세 가지 뜻(三科九旨)이다.[321]

하휴의 삼과구지와 관련된 논의는 지금 그 원래의 모습을 볼 수 있는 방법이 없다. 그렇지만 서언의 소에 의하면, 삼과三科와 구지九旨는 "바로 하나의 사물"이니, 곧 "세 개의 조목 안에 이러한 아홉 종류의 뜻이 있다." 그런데 서언의 문장에 담긴 뜻을 자세하게 살펴보면, 그것은 거의 서언이 추론한 "하휴의 생각"일 뿐이며, 하휴가 이러한 설명을 했는지는 알 수 없다.

또한 서언의 소에서 『문시례』의 말을 인용하여 다음과 같이 말했다.

이것은 『춘추』의 오시五始, 삼과三科, 구지九旨, 칠등七等, 육보六輔, 이류二類의 의리이니, 이로써 굽은 것을 곧게 하고 난리를 바로잡아서, 천명을 받아서 도를 배열하는 단서와 덕을 바로잡는 기강으로 삼는다.[322]

오시五始·삼과三科·구지九旨·칠등七等·육보六輔·이류二類의 예例를 함께 나란히 나열한 이상, 삼과와 구지는 분명히 같지 않다. 이 때문에 송균이 『춘추설春秋說』에 주를 달면서 삼과와 구지를 해석했는데, 둘은 확연히 다르다. 서언의 소에서 인용한 문장은 다음과 같다.

삼과三科는 첫째 장삼세張三世, 둘째 존삼통存三統, 셋째 이내외異外內, 이것이 삼과이다. 구지九旨는 첫째 시時, 둘째 월月, 셋째 일日, 넷째 왕王, 다섯째 천왕天王, 여섯째 천자天子, 일곱째 기譏, 여덟째 폄貶, 아홉째 절絕이다. 시時와 일월日月은 상세하게

---

321) 『公羊傳』, 隱公 원년, 徐彦 疏.
322) 『公羊傳』, 隱公 원년, 徐彦 疏.

기록하거나 간략하게 기록하는 요지이다. 왕王과 천왕天王·천자天子는 원근遠近과 친소親疏를 기록하는 요지이다. 기譏와 폄貶·절絶은 일의 경중輕重을 재는 요지이다.[323]

송균은 삼세의 확장(張三世)·삼통의 보존(存三統)·내외의 구별(異外內)을 '삼과三科'로 삼았다. 그 중에서 삼세의 확장(張三世)은 하휴의 "직접 본 세대에 대해 말을 달리하고, 직접 들은 세대에 대해 말을 달리하며, 전해들은 세대에 대해 말을 달리한다"는 것이고, 삼통의 보존(存三統)은 곧 "주나라를 새로운 나라로 여기고, 송나라를 옛 나라로 여기며, 『춘추』를 새로운 나라에 해당시킨다"는 것이며, 내외의 구별(異內外)은 곧 "노나라를 안으로 여기고 제하를 밖으로 여기며, 제하를 안으로 여기고 이적을 밖으로 여긴다"는 것이다. 하휴가 '삼과'를 논한 것은 분명한 문장이 있으며, 송균과 다르지 않다. 그런데 송균의 '구지九旨'는 시時·월月·일日과 왕王·천왕天王·천자天子, 기譏·폄貶·절絶이다. 이것은 하휴가 말한 '구지'와는 크게 다르다는 것을 알 수 있다.

서언은 "삼과구지는 바로 하나의 사물"이라고 하고, 비록 그것이 "하휴의 생각"이라고 말했지만, 이 이론은 사실상 『춘추공양전해고』의 의례義例를 포괄하기에는 부족하다. 따라서 또 "『춘추』 안에 이 두 가지 이치를 갖추고 있다. 따라서 송균이 또 주장한 이러한 이론을 현명한 자들은 잘 선택해야 한다"[324]고 말했다. 서언의 관점에서 보면, 송균의 이론이 예例 측면에서 장점이 있기 때문에 후세에 『공양전』의 예를 공부하는 학자들은 대부분 송균의 이론을 취했고, 심지어 구지를 삼과보다 더 중요하게 생각했다. 청대 공광삼孔廣森은 별도로 '삼과구지'를 만들었는데, 송균의 이론을 잡다하게 채용한 것이다.

『춘추』라는 책은 위로는 천도天道를 근본으로 삼고, 중간으로는 왕법王法을 사용하

---

323) 『公羊傳』, 隱公 원년, 徐彦 疏.
324) 『公羊傳』, 隱公 원년, 徐彦 疏.

며, 아래로는 인정人情을 다스린다. 천도를 받들지 않으면 왕법이 올바르게 되지 않는다. 인정에 합치되지 않으면 왕법이 시행되지 않는다. 천도天道는 첫째 시時, 둘째 월月, 셋째 일日이다. 왕법王法은 첫째 기譏, 둘째 폄貶, 셋째 절絶이다. 인정人情은 첫째 존尊, 둘째 친親, 셋째 현賢이다. 이러한 삼과구지三科九旨가 이미 펼쳐져 있는데, 내외內外에 대한 서로 다른 예例, 원근遠近에 대한 서로 다른 말을 하나로 재량하고, 종합하고 조합하여 서로 합하여 한 몸이 된 것이 그것이다.325)

이로써 알 수 있듯이, 공광삼이 비록 "삼과구지는 바로 하나의 사물"이라고 여겼지만, 그 내용은 송균의 이론을 많이 취하고 하휴의 예例를 사용하지 않았다.

청대 가소민柯劭忞은 다음과 같이 주장했다. 송균의 삼과구지 이론은 실제로 옛 이론이고, 하휴가 별도로 조례條例를 만들면서 옛 이론 중에서 오직 삼과三科 이론만을 취하고 구지九旨 이론은 버리고 사용하지 않았다는 것이다. 그리고 송균의 이론은 『곡량전』에서 나온 것이라고 여겼다.326)

제8절 오시五始, 칠등七等, 육보六輔, 이류二類, 칠결七缺

1. 오시五始

하휴의 『문시례文諡例』에 의하면, 『춘추』의 예例는 삼과 · 구지 이외에 또 오시五始 · 칠등七等 · 육보六輔 · 이류二類라는 조목이 있다.

『공양전』은공 원년에서 말했다. "원년元年은 무엇인가? 임금이 즉위한 첫 해이다. 봄(春)은 무엇인가? 한 해의 시작이다." 이것은 '오시五始'의 뜻이 근본으로 삼는 것이다. 『춘추위 · 원명포元命苞』에는 '오시'의 이론이 분명히 있다. "황제黃帝가 하도河

---

325) 孔廣森, 『春秋公羊經傳通義』, 「敍」.
326) 柯劭忞, 『春秋穀梁傳注』, 「序」 참조.

圖를 받아서 오시五始를 세웠다"고 했고, 또 그 뜻을 다음과 같이 해석했다. "원元은 원기元氣의 시작하고, 춘春은 사시四時의 시작이며, 왕王은 천명을 받는 것의 시작이고, 정월正月은 정교政教의 시작이며, 공즉위公卽位는 한 국가의 시작이다."327) 이로써 알 수 있듯이, 위서緯書의 이론은 실제로 『공양전』의 뜻을 해석한 것이며, 하휴의 이론은 여기로부터 나왔다.

서언의 소에서 인용한 『문시례』에서 말했다.

> 오시五始는 원년元年, 춘春, 왕王, 정월正月, 공즉위公卽位가 그것이다.328)

이것은 오시를 개괄적으로 말한 것이다. 서언은 또 말했다.

> 물었다. "'원년元年, 춘春, 왕王. 정월正月, 공즉위公卽位'는 사실상 『춘추』의 다섯 가지 시작(五始)인데, 『공양전』에서 단지 '원년'과 '춘' 아래에서만 시작(始)에 대해 말하고, '왕'과 '정월' 아래에서는 시작을 말하지 않은 것은 무엇 때문인가?" 대답했다. "원元은 천지天地의 시작이고, 춘春은 사시四時의 시작이며, '왕정월王正月, 공즉위公卽位'는 인사人事의 시작이니, 천도天道를 존중하고, 인사人事를 간략하게 기록한다는 것을 드러내고자 했기 때문이다."329)

오시五始라는 것은 천지의 시작, 사시의 시작과 인사의 시작을 겸하고 있다. 그 중에서 원元은 천지의 시작이고, 춘春은 사시의 시작이며, '왕정월王正月, 공즉위公卽位'는 인사의 시작이다. 그런데 『공양전』에서 오직 천지와 사시의 시작만을 말하고,

---

327) 역자 주: 『공양전』의 주소에는 이 내용이 보이지 않는다. 『곡량전』 은공 원년 양사훈의 소에서 "元年, 春, 王正月"을 해석하면서 다음과 같이 말했다. "하휴가 『공양전』에 주석을 달면서 『春秋緯』의 '黃帝受圖, 立五始'를 취하여, 元은 元氣의 시작하고, 春은 四時의 시작이며, 王은 천명을 받는 것의 시작이고, 正月은 政教의 시작이며, 公卽位는 한 국가의 시작이라고 여겼다. 다섯 가지가 같은 날짜에 함께 보이고, 서로 합하여 이루어졌다."
328) 『公羊傳』, 隱公 원년, 徐彦 疏.
329) 『公羊傳』, 隱公 원년, 徐彦 疏.

인사의 시작을 말하지 않은 것은 "천도天道를 존중하고, 인사人事를 간략하게 기록하고 자" 했기 때문이다.

이로써 알 수 있듯이, 오시의 요지는 하늘을 존중하는 데 있다. 하휴는 이 요지를 더욱더 확대하여 '오사'와 관련된 글을 지었으니, 인사人事에 근거하여 하늘을 존중하는 뜻을 밝힘으로써 '인사의 시작'을 밝히고자 한 것이다. 이 때문에 은공이 비록 나라를 양보한 덕이 있지만 끝내 화를 얻어 시해를 당한 것은 사실상 인사가 바르지 않았기 때문이다.

2. 칠등七等

칠등七等은 주州, 국國, 씨氏, 인人, 명名, 자字, 자子이다. 장공 10년, "가을, 9월, 형나라가 신에서 채나라 군대를 패배시키고, 채나라 임금 헌무를 데리고 돌아갔다." (秋, 九月, 荊敗蔡師于莘, 以蔡侯獻舞歸)『공양전』에서 말했다. "형荊나라는 무엇인가? 주州의 이름이다. 주州의 이름을 부르는 것은 나라(國) 이름을 부르는 것만 못하고, 나라 이름을 부르는 것은 성씨(氏)를 부르는 것만 못하며, 성씨를 부르는 것은 사람(人)이라고 부르는 것만 못하고, 사람이라고 부르는 것은 이름(名)을 부르는 것만 못하며, 이름을 부르는 것은 자字를 부르는 것만 못하고, 자를 부르는 것은 자子라고 부르는 것만 못하다."330) 위서緯書에도 '칠등'의 이론이 있는데, 예를 들어 『설제사說題辭』에서 "북두칠성에 정치가 있으니, 『춘추』도 칠등七等으로 교화를 펼친다"고 했고, 『운두추 運斗樞』에서 "『춘추』는 칠등七等의 문장을 설치하고, 폄절貶絶로써 인간의 행동을 기록하여, 북두칠성의 굴신屈伸에 호응한다"고 한 것이 그것이다. 따라서 서언의 소에서 "칠등의 법도를 반드시 갖추는 까닭은 바로 북두칠성이 상벌을 주관하여 법도를 보여 주기 때문이다. 『춘추』는 상벌을 시행하는 책이기 때문에 북두칠성을 본받는다"고 하였다.331) 『춘추』가 북두칠성을 본받아서 상벌을 시행했다는 것이다.

---

330) 『公羊傳』, 莊公 10년.
331) 『公羊傳』, 莊公 10년, 徐彦 疏.

3. 육보六輔

육보六輔는 『문시례』에 의하면, 임금(公)은 천자天子를 돕고, 경卿은 임금을 도우며, 대부大夫는 경을 돕고, 사士는 대부를 도우며, 경사京師는 임금(君)을 돕고, 제하諸夏는 경사를 돕는 것이다. 『춘추공양전해고』를 살펴보면, 이 예例의 의미는 그다지 명료하지 않다.

4. 이류二類

이류二類는 『문시례』에 의하면, 인사人事와 재이災異이다. 전한시대의 공양가는 음양陰陽과 재이災異를 즐겨 말하고, 천상天象과 인사人事를 서로 비교했는데, 그 뜻은 단지 두 가지에 지나지 않는다. 위로는 천도天道를 이어서 따르고, 아래로는 임금을 경계하고 두렵게 하는 것이다. 이류의 뜻은 『공양전』과 하휴의 주에 많이 보이는데, 이와 관련된 내용이 어디에나 다 있다고 말할 수 있다.

5. 칠결七缺

칠결七缺의 이론은 본래 『춘추설春秋說』에서 나온 것이다. 서언이 그 예例를 다음과 해석했다.

> 칠결七缺은 노나라 혜공惠公의 배우자가 올바르지 않아서 은공隱公과 환공桓公의 화가 생겼으니, 이것은 남편의 도가 결여된 것이다. 문강文姜이 음탕하여 남편을 해친 것은 부인의 도가 결여된 것이다. 대부가 죄가 없는데도 주륙을 당한 것은 임금의 도가 결여된 것이다. 신하로서 임금을 해친 것은 신하의 도가 결여된 것이다. 희공 5년, "진나라 임금이 그 세자 신생을 죽였다"(晉侯殺其世子申生), 양공 26년, "송나라 임금이 그 세자 좌를 죽였다"(宋公殺其世子痤). 이것은 자기 자식을 잔악하게 잘못 죽인 것이니, 아버지의 도가 결여된 것이다. 문공 원년, "초나라

세자 상신이 그 임금 곤을 시해했다"(楚世子商臣弑其君髠), 양공 30년, "채나라 세자 반이 그 임금 고를 시해했다"(蔡世子般弑其君固). 이것은 자식의 도가 결여된 것이다. 환공 8년, "정월, 기묘일, 중제사를 지냈다"(正月, 己卯, 烝), 환공 14년, "8월, 을묘일, 상제사를 지냈다"(八月, 乙亥, 嘗), 희공 31년, "여름, 4월, 교제사의 날짜를 정하는 점을 네 번 쳤지만 불길하여 지내지 않고, 희생을 놓아주었다. 삼망 제사는 그대로 지냈다"(夏, 四月, 四卜郊, 不從, 乃免牲. 猶三望). 교제사를 지내지 않은 것은 주공周公의 예禮가 결여된 것이다. 이것이 일곱 가지 결여된 것(七缺)이다.332)

공자는 예법을 회복하는 과정에서 정명正名을 가장 우선으로 삼았다. 이른바 정명이란 임금은 임금답고 신하는 신하다우며 아버지는 아버지답고 자식은 자식다운 것이다. 결缺이라는 것은 사실 명분이 바르지 않은 것이다. 따라서 남편의 도가 결여된 것은 남편이 남편답지 않는 것이며, 부인의 도가 결여된 것은 부인이 부인답지 않은 것이다. 신하의 도가 결여된 것은 신하가 신하답지 않은 것이며, 임금의 도가 결여된 것은 임금이 임금답지 않은 것이다. 아버지의 도가 결여된 것은 아버지가 아버지답지 않은 것이며, 자식의 도가 결여된 것은 자식이 자식답지 않은 것이다. 임금이 임금답지 않고 신하가 신하답지 않으며, 아버지가 아버지답지 않고 자식이 자식답지 않으며, 남편이 남편답지 않고 부인이 부인답지 않기 때문에 비판(譏)·폄하(貶)·주살(誅)·지위박탈(絶)의 예例가 생긴 것이다.

'주공周公의 예禮가 결여된 것'은 당시의 임금이 귀신을 공경스럽게 섬기지 못한 것을 말한다. 공자는 "제사를 지내되 조상이 있는 듯이 하며, 신을 제사지내되 신이 있는 듯이 하였다"333)고 했고, "내가 제사에 참여하지 않으면, 제사를 지내지 않은 것과 같다"334)고 했다. 또 "귀신을 공경하되 멀리해야 한다"335)고 했다. 이것은 모두 사람이 귀신을 받들어 섬길 때는 공경해야 함을 말한 것이다. 그 당시의

---

332) 『公羊傳』, 隱公 원년, 徐彦 疏.
333) 『論語』, 「八佾」.
334) 『論語』, 「八佾」.
335) 『論語』, 「雍也」.

제후와 대부, 그리고 가신들이 교만하고 방자하게 윗사람의 자리를 월권했는데, 그 발단은 귀신을 섬기는 것에서 맹아가 보인다. 따라서 공자는 체禘 제사에 대해 논할 때, "조상 제사(禘)의 이론을 아는 자는 천하에 대해서 이 손바닥을 보는 것과 같을 것이다"[336]라고 했고, 증자曾子는 상제喪祭를 논할 때, "상례를 신중하게 치르고 멀리 돌아가신 선조를 추모하면 백성의 덕이 후한 데로 되돌아갈 것이다"[337]라고 했다. 이것은 모두 귀신을 받들고 따르는 것을 정교政敎의 기본으로 삼은 것이다.

그런데 『춘추설』에는 또 '팔결八缺'이라는 조목이 있는데, 서언의 소에서는 별다른 이론이 없다. 이에 대해 청대 황석黃奭은 다음과 같이 주장했다. "은공 원년의 사건 중에, 즉위를 기록하지 않은 것(春, 王正月)은 임금의 도가 결여된 것이다. 채백이 노나라에 온 것(祭伯來)은 왕명王命이 아니니, 신하의 도가 결여된 것이다. 정나라 임금이 언에서 단을 죽인 것(鄭伯克段于鄢)은 형제의 도가 결여된 것이다. 혜공과 중자를 기록한 것(天王使宰咺來歸惠公仲子之賵)은 부부의 도가 결여되고, 부자의 도가 결여된 것이다. 이것이 여덟 가지 결여된 것(八缺)의 뜻이 아닌가?"[338]

---

336) 『論語』, 「八佾」.
337) 『論語』, 「學而」.
338) 黃奭, 『漢學堂經解』 冊下, 1741쪽.

제5장 『좌씨전』의 홍성과 육조六朝 · 수隋 · 당唐시대의 춘추학

　『좌씨전』은 좌구명左丘明이 지었다고 전해지며, 한대 초기에 처음으로 전수하여 익힌 학자가 있었다. 그리고 그 학자들 중에는 명망이 있고 지위가 높은 인물도 있었지만, 『좌씨전』은 학관에서 통행되지 못하고 단지 민간의 학문에 지나지 않았다. 애제哀帝 시기에 유흠劉歆이 『좌씨전』을 연구했는데, 『좌씨전』의 문장을 끌어와서 『춘추』 경문을 해석하여, 경문과 전문을 서로 드러내 밝힘으로써 장구章句의 의리가 갖추어졌다.[1] 유흠이 처음으로 조례條例와 장구章句로써 『좌씨전』을 연구했을 때, 의례義例가 매우 정밀하여 마치 박사의 학문과 같았다. 옛날에 훈고訓詁로써 『좌씨전』을 연구할 때는 마치 어린아이가 와우고 읽는 수준에 지나지 않았기 때문에 대의大義를 대충 통하고 있을 뿐이었다. 그 후에 좌씨학이 공양학과 다투면서 논쟁할 수 있었던 것은 바로 유흠 때문이다.

　고문으로 된 경전들은 처음에 산속의 바위굴이나 집의 벽속에서 발견되었는데, 여전히 진나라 때의 문자로 기록되어 있었다. 따라서 대부분이 옛날 글자와 옛날 말이었기 때문에 당시 사람들 중에 이해할 수 있는 사람이 없었다. 예를 들어 신공申公은 『시』를 연구했는데, "『시』의 뜻을 훈고하여 가르쳤을 뿐 저술한 전傳은 없었으며, 의심스러운 것은 빼놓고 전수하지 않았다."[2] 따라서 옛날의 경전을 연구하는 자는 훈고를 우선시할 수밖에 없었고, 대의를 대충 통할 뿐이었다. 이것이 경전을 연구한 초기의 단계이다. 학문의 규모가 이미 작은 데다가 경전의 뜻을 깊이 연구하지 못했으므로 경세치용의 큰 학문과 비교해 보면 그 거리가 너무

---

1) 『漢書』, 「楚元王傳」.
2) 『漢書』, 「儒林傳」.

멀었으니, 또한 어찌 금문학이 강의하던 자리를 빼앗을 수 있었겠는가!

후세에 학문을 논하는 자들은 단지 고문학의 초기 단계의 모습에만 현혹되어, 마침내 금문학의 번잡하고 자잘한 폐단을 비판하고, 고문학이 금문학을 대신하여 흥기한 것이 바로 바로 여기에 있다고 여겼다. 그러나 유흠劉歆·가규賈逵·두예杜預의 연구를 살펴보면, 그들도 또한 금문학과 같이 번잡하고 자잘한 학문을 만들지 않은 적이 없다. 만약 그렇지 않다면, 한낱 순박하고 촌스러운 민간 학술로써 어찌 절차탁마하는 학자들의 마음을 만족시킬 수 있겠는가! 따라서 유흠 이후 고문학을 연구한 후세의 학자들은 금문학의 연구 방법을 본받지 않은 사람이 없었고, 서로 경쟁적으로 장구章句와 의례義例의 학문에 힘을 쏟았다. 이와 같이 연구했기 때문에 깊이 감추어져 있던 고문 경전의 의리가 비로소 모두 드러날 수 있었으니, 그 결과 학자들을 진심으로 깊이 만족시켰을 뿐만 아니라, 조정의 정치 도리에도 매우 큰 도움이 되었다. 그 후 『좌씨전』이 수백 년 동안 흥성함으로써 이러한 학풍이 학문적 토대를 형성하였다.

제1절 가규賈逵가 『좌씨전』의 장점과 의리를 논함

유흠이 『공양전』의 여러 스승들을 모방하여 장구章句와 조례條例의 학문을 만들었고, 그 후에 그의 무리인 정흥鄭興과 가휘賈徽 등도 모두 이러한 학문에 정통하였다. 정흥은 정중鄭衆이라는 아들이 있었는데, 조례條例에 매우 뛰어났다. 가휘는 가규賈逵라는 아들이 있었는데, 장구章句에 매우 정밀했다. 가규는 또한 황제의 마음을 잘 살펴서, 『좌씨전』의 의리가 『공양전』보다 뛰어나다고 주장했는데, 황제에게 채용되기를 기대한 것이다. 이때부터 『좌씨전』은 처음으로 『공양전』과 맞설 수 있게 되었다.

당시에 장제章帝는 유학에 큰 관심을 보였으며, 특히 『고문상서』·『좌씨전』을 좋아하였다. 건초建初 원년(76), 장제는 조서를 내려 가규에게 북궁北宮의 백호관白虎觀과 남궁南宮의 운대雲臺에 들어와서 경전을 강론하도록 했다. 장제는 가규의 이론을 좋아하여, 『공양전』·『곡량전』보다 뛰어난 『좌씨전』의 대의大義를 찾아내라고 시켰다. 이에 가규는 조목별로 갖추어 다음과 같이 상주하였다.

신이 삼가 『좌씨전』에서 가장 드러난 30가지 일을 발췌했는데, 그것은 모두 군신의 올바른 의리와 부자의 기강입니다. 그 나머지는 『공양전』과 6~7할이 같고, 혹 문장이 조금 다르기는 하지만 전체적인 의미에는 해가 되지 않습니다. 채중祭仲·기계紀季·오자서伍子胥·숙술叔術과 같은 부류의 경우, 『좌씨전』은 군부君父에 대해 의리가 깊고, 『공양전』은 대부분 임기응변의 권도權道에 치중하고 있습니다. 서로간의 차이가 본래 매우 크지만, 비슷하다는 누명이 오래 누적되어 구별하려고 하지 않습니다.[3]

신이 영평永平 연간에 『좌씨전』에서 도참圖讖과 부합하는 내용을 상주했는데, 앞선 임금인 명제明帝께서는 미천한 사람을 버리지 않으시고 신의 말을 살펴 받아주셨고,[4] 제가 『좌씨전』을 훈고訓詁한 책을 옮겨 적어서 궁중의 비관秘官에 보관하셨습니다. 애제哀帝 건평建平 연간에 시중侍中 유흠은 『좌씨전』을 박사관에 세우려고 하면서, 『좌씨전』의 대의大義를 먼저 강렬하게 논하지 않고, 태상박사太常博士에게 경박하게 편지를 보냈으며, 『좌씨전』의 의리가 뛰어나다는 것을 믿고서 많은 학자들을 꾸짖고 욕보이니, 많은 학자들이 속으로 불복하는 마음을 품고서 서로 함께 유흠을 배척했습니다. 애제께서도 많은 학자들의 마음을 거슬린 것을 엄중하게 여겼기 때문에 유흠을 하내태수河內太守로 내보냈습니다. 이로부터 『좌씨전』을 공격하는 자들이 결국 더욱더 많아졌습니다. 광무제에 이르러, 뛰어난 독자 견해를 펼쳐서 『좌씨전』과 『곡량전』의 학관 설립을 흥기시켰지만, 두 학문의 선사先師들이 도참圖讖을 알지 못했기 때문에 두 학문이 중도에서 폐지되게 만들어 버렸습니다. 대체로 선왕의 도를 보존하는 이유는 그 요점이 윗사람을 편안하게 하고 백성을 다스리는 데 있습니다. 지금 『좌씨전』은 군부君父를 숭상하고 신자臣子를 낮추어

---

3) 『後漢書』, 「賈逵傳」.
4) 역자 주: 蒭蕘는 꼴을 베고 나무를 하는 사람으로, 보잘것없고 미천한 사람을 말한다. 『시경』 「板」 편에 "先賢들이 '꼴 베고 나무하는 사람에게도 물어 보라'고 말했다"는 구절이 보인다.

보며, 줄기를 강하게 하고 지엽을 약하게 하며, 선을 권장하고 악을 경계하며, 지극히 밝고 지극히 절실하며, 지극히 곧고 지극히 이치에 맞습니다. 또 삼대三代가 제도를 달리하는 것은 제도를 더하거나 빼서 시대에 맞게 시행했기 때문입니다. 따라서 앞선 임금께서는 여러 다른 학파를 널리 살펴서, 각각마다 채택한 것이 있습니다. 『역』은 시수·맹희가 있는데, 다시 양구하를 학관에 세웠습니다. 『상서』 는 구양생이 있는데, 다시 대·소하후를 두었습니다. 지금 『춘추』 삼전의 차이도 또한 이와 같습니다. 또한 오경의 학문에서는 모두 도참圖讖을 가지고 유씨劉氏가 요堯의 후예라는 것을 증명한 내용이 없지만, 『좌씨전』에는 유독 분명한 문장이 있습니다. 오경의 학문에서는 모두 전욱顓頊이 황제黃帝의 뒤를 이었고, 요堯는 화덕火德이 될 수 없다고 말했습니다. 그런데 『좌씨전』에서는 소호少昊가 황제의 뒤를 이었다고 했으니, 그것은 곧 도참에서 말한 제선帝宣입니다. 만약 요가 화덕이 될 수 없다면, 한나라도 적덕赤德이 될 수 없습니다. 『좌씨전』에서 드러내 밝힌 것이 한나라에 보탬이 되는 것이 실로 많습니다.5)

장제는 가규의 상주문을 좋다고 여겨서, 가규에게 『공양전』의 엄팽조嚴彭祖·안 안락顔安樂 학파의 학생들 중에서 우수한 인재 20명을 직접 선발하여, 『좌씨전』을 가르치라고 명령하였다.

건초建初 4년, 장제는 조서를 내려, 학자들에게 백호관白虎觀에서 오경五經의 동이同異를 논의하라고 했는데, 가규는 이육李育 등과 서로 논쟁하였다. 8년에 또 다음과 같이 조서를 내렸다. "오경五經이 나누어진 후, 성인과의 거리가 더욱 멀어지자, 장구章句의 남긴 말들이 어그러지고 의심스러워 바로잡기가 어려워졌다. 아마도 선사先師의 미언微言이 마침내 없어지고 끊어진다면, 옛것의 상고를 중시하여 도의 진면목을 구할 방법이 없어질 것이다. 여러 박사들로 하여금 각각 우수한 학생을 선발하여 『좌씨전』·『곡량춘추』·『고문상서』·『모시』를 교육함으로써 은미한 학 문을 일으켜 세우고, 경전의 서로 다른 의리를 널리 연구하도록 하라."6) 이 조치를

---

5) 『後漢書』, 「賈逵傳」.
6) 『後漢書』, 「章帝紀」.

통해서, 네 가지 경전이 마침내 세상에 유통되었으니, 가규의 공적이 매우 크다고 할 수 있다.

여기에서는 가규가 공격한 『공양전』의 네 가지 일에 대해, 하나하나 분석하여 살펴보겠다.

1. 채중祭仲의 권도權道 시행

『춘추』 환공 11년, 가을, 7월, 송나라 사람이 정나라 채중을 사로잡았다. 돌이 정나라로 돌아왔다. 정나라 홀이 위나라로 도망쳤다.(秋, 七月, 宋人執鄭祭仲. 突歸于鄭. 鄭忽出奔衛) 『공양전』에서 말했다.

채중은 누구인가? 정나라의 재상이다. 무엇 때문에 이름을 기록하지 않았는가? 현명하게 여긴 것이다. 무엇 때문에 채중을 현명하게 여겼는가? 그가 권도權道를 안다고 여긴 것이다. 그가 권도를 안다는 것은 어째서인가?…… 송나라 사람이 그를 체포하고서, "우리나라를 위해서 홀忽을 축출하고 돌突을 세우라"고 하였다. 채중이 그 말을 따르지 않으면 정나라 임금은 반드시 죽게 되고 나라는 반드시 망하게 되며, 그 말을 따르면 임금은 죽지 않고 살 수 있고 나라는 망하지 않고 보존될 수 있다. 그 시기를 조금 늦추면 돌突을 본래대로 쫓아낼 수 있고, 홀忽을 본래대로 돌아오게 할 수 있다. 이 계책을 실행하지 못하면 자신은 임금을 축출한 죄로 고통을 받게 되지만, 돌을 쫓아낸 이후에 정나라를 보존할 수 있다. 옛날 사람 중에 권도를 아는 자가 있었으니, 채중의 권도가 이것이다. 권도(權)라는 것은 무엇인가? 권도라는 것은 일반적인 법도에는 위배되지만, 나중에는 좋은 결과가 있는 것이다. 권도가 시행되는 것은 임금이 죽고 나라가 망하는 경우 이외에는 시행되지 않는다. 권도를 시행하는 데에는 방법이 있으니, 스스로를 깎아 내리면서 권도를 시행하지, 다른 사람에게 해를 입히면서 권도를 시행하지 않는다. 다른 사람을 죽여서 스스로를 살리고, 다른 나라를 망하게 해서 자신의 나라를 보존케 하는 짓을 군자는 하지 않는다.[7]

하휴가 말했다. "권權은 저울(稱)로, 경중輕重을 구별하는 것이니, 채중이 나라의 무거움과 임금의 가벼움을 안 것을 비유한 것이다. 군자는 나라를 보존했기 때문에 임금을 축출한 죄를 용서하였다. 비록 그 혼란을 방어하지는 못했더라도, 죄는 벌을 주기에 부족하고 공적은 상을 주기에 충분하기 때문에 현명한 행동이 될 수 있는 것이다."[8] 또 말했다. "자기는 비록 임금을 축출한 죄로 고통을 받고 돌을 쫓아낸 일로 토벌을 받았지만, 그런 이후에 정나라를 보존할 수 있었으니, 그래도 나라가 망하는 것보다는 낫다."[9] 공양가는 채중이 국가와 임금의 경중을 헤아릴 줄 안 것을 인정하였다. 그가 비록 임금을 축출한 죄는 있지만, 그래도 공적과 죄가 서로 덮어질 수 있기 때문에 자字를 불러서 그를 칭찬하였다.

『좌씨전』은 채중의 사건에 대해 별도의 포폄이 없는 것 같다. 그런데 가규의 『좌씨장의左氏長義』에서는 이 사건을 다음과 같이 논평했다. "만약 신자臣子에게 권도權道를 행할 수 있도록 한다면 군신의 도리를 폐기하고, 찬탈하고 시해하는 길을 열어놓는 것이다."[10] 이에 근거하면, 가규는 『좌씨전』이 "군부君父에 대해 의리가 깊고", "군부君父를 숭상하고 신자臣子를 낮추어 보며, 줄기를 강하게 하고 지엽을 약하게 하며, 선을 권장하고 악을 경계한다"고 말했기 때문에 채중 사건에 대한 논평은 자연히 좌씨학의 정론에 속한다. 그런데 『공양전』도 『춘추』의 대의가 난신적자를 토벌하는 데 있다고 주장했기 때문에 그 요지는 사실상 다르지 않다.

그 후에 두예는 이 주제를 가지고 『공양전』을 강하게 공격하였다. 양공 11년, 초나라 사람이 정나라 행인行人 양소良霄를 붙잡았다.(楚人執鄭行人良霄) 『좌씨전』에서 말했다. "경문에 행인行人이라고 기록한 것은 그들이 사인使人이었음을 말한 것이다." 두예는 이를 근거로 '행인行人'의 범례를 드러내 밝혔다. 즉 채중이 붙잡혔을 때

---

7) 『公羊傳』, 桓公 11년.
8) 『公羊傳』, 桓公 11년, 何休 注.
9) 『公羊傳』, 桓公 11년, 何休 注.
10) 『公羊傳』, 桓公 11년, 徐彦의 疏에서 인용.
　　역자 주: 이 내용은 현재 馬國翰의 『玉函山房輯佚書』 二(文海出版社, 中和堂 影印本, 12337쪽)의 『春秋左氏長經章句』라는 조목 속에 보인다.

"행인行人이라고 부르지 않은 것은 협박을 받아 임금을 축출하였기 때문에 그를 징벌한 것이다."11) 또한 『공양전』에서는 중仲을 자字로 여겼는데, 두예는 이름으로 여겨서, 채중을 죄준 것이라고 해석했다. 이로써 알 수 있듯이, 두예는 채중의 이름을 부른 것과 행인行人이라고 기록하지 않은 두 가지 범례를 근거로, 『춘추』는 실제로 채중을 죄준 것이지 그의 권도 행사를 인정한 것이 아니라고 주장했다. 따라서 『춘추석례春秋釋例』에서 말했다. "채중이 송나라에 간 것은 회합도 아니고 빙문도 아니며, 유인을 당한 것과 관련이 있다. 그런데 행인行人으로서 명에 응해서, 절개를 지켜서 죽지 못하고, 속임수를 가지고 자기 임금의 자리를 빼앗았다. 따라서 경문에서 행인이라고 부르지 않음으로써 그를 죄준 것이다." 또 말했다. "백伯·중仲·숙叔·계季는 본래 일반적인 사람의 자字에 사용한다. 그런데 고금에 또한 그것을 이름으로 삼는 경우가 있는데도 『공양전』은 일반적인 사용법을 고집하여, 채씨祭氏가 중仲을 자字로 삼았다고 주장하였다. 이미 그것을 자字라고 말했는데, 그를 좋게 여길 만한 내용이 없기 때문에 권도를 시행했다고 가탁한 것이다. 신하로서 권도를 시행하여 임금을 축출하기를 좋아한다면, 그것은 인륜을 어지럽히고, 큰 가르침을 무너뜨리는 것이다."12)

청대 피석서는 이 사건에 대해 다음과 같이 변론했다. "『좌씨전』에서는 채祭의 국경을 지키는 관리(封人) 중족仲足이라고 분명하게 말했고, 또 정鄭나라 채족祭足이라고 자주 거론했다. 이것은 이름이 족足이고 자字가 중仲이라는 것이 매우 분명한데, 어찌 백伯·중仲·숙叔·계季로서 이름을 삼음이 있겠는가!"13) 이로써 알 수 있듯이, 채중의 '중仲'은 자字이지 이름이 아니며, "이름을 기록하여 그를 죄준 것이다"는 두예의 주장은 사실상 잘못된 것이다.

맹자는 "백성이 귀하고, 사직은 그 다음이며, 임금은 가볍다"14)고 했고, 『공양전』

11) 『左氏傳』, 桓公 11년, 杜預 注.
12) 『左氏傳』, 桓公 11년, 孔穎達 疏.
13) 皮錫瑞, 『經學通論·春秋通論』.
14) 『孟子』, 「盡心下」.

에서는 채중이 국가와 임금의 경중을 잘 헤아렸다고 인정했으니, 그 요지는 사실상 동일하다. 비록 그렇지만, 임금을 쫓아내고 권도를 시행하는 것을 후세에 그 누구도 행하지 못했기 때문에 성인은 채중의 권도를 가볍게 인정하지는 않는다. 대체로 권도 시행의 어려움은 그 뜻을 선하게 가지는 것이 어렵다는 데 있는 것이 아니라, 선을 행하는 도가 어렵다는 데 있다. 현대인이 추구하는 절차적 정의(Procedural justice)와 마찬가지이다. 『공양전』은 "스스로를 깎아 내리면서 권도를 시행하지, 다른 사람에게 해를 입히면서 권도를 시행하지 않는다"는 것을 권도를 시행하는 방법으로 여겼다. 만약 그것을 끝까지 미루어 나가면, 채중이 임금을 쫓아낸 경우는 이윤(伊尹)이 태갑太甲을 추방한 일에 비견될 수 있으니, 신중하지 않을 수 있겠는가! 후대 사람들이 이윤을 성인으로 여기는 것은 바로 그 일 이후의 공적을 가지고 애초에 그가 임금을 추방했을 때의 뜻을 밝혔기 때문이다. 이 때문에 채중이 만약 끝내 돌을 축출하고 홀을 제자리로 되돌리지 못했다면, 비록 선한 의지가 있었다고 하더라도 그것을 누가 믿겠는가? 채중의 행적은 거의 찬탈이나 시해에 가깝기 때문에 그의 의지는 아주 미세한 부분에서 판별할 수 있을 뿐이다. 따라서 『공양전』에서 채중을 인정한 것은 또한 권도의 행사를 가볍게 말해서는 안 된다는 것을 후세에 경계하고자 한 것이다.

2. 기계紀季가 제齊나라로 들어감

『춘추』 장공 3년, 기계가 휴 땅을 가지고 제나라로 들어갔다.(紀季以酅入於齊) 4년, 기나라 임금이 자기 나라를 영원히 떠났다.(紀侯大去其國) 『공양전』에서 말했다.

기계는 누구인가? 기紀나라 임금의 동생이다. 무엇 때문에 이름을 기록하지 않는 가? 어질게 여긴 것이다. 무엇 때문에 기계를 어질게 여겼는가? 기나라를 위해 죄를 받았기 때문이다. 그가 기나라를 위해 죄를 받았다는 것은 무슨 의미인가? 노자魯子가 말했다. "기계가 기나라 시조와 임금 네 명의 후손들이 제사를 지낼 수 있도록 고모와 자매를 살려줄 것을 요청했다."15)

영원히 떠났다는 것은 무슨 의미인가? 기紀나라가 멸망한 것이다. 누가 멸망시켰는
가? 제나라가 멸망시켰다. 어째서 제나라가 멸망시켰다고 말하지 않았는가? 제나라
양공襄公을 위해 숨겨서 기록하지 않은 것이다. 『춘추』는 어진 사람을 위해 숨겨서
기록하지 않는다. 무엇 때문에 양공을 어질다고 여겼는가? 먼 조상의 원수를
복수했기 때문이다.16)

하휴가 말했다. "기紀나라는 제齊나라와 원수였지만, 단지 제나라는 크고 기나라
는 작을 뿐만 아니라, 기나라가 반드시 망할 것임을 기계는 알고 있었기 때문에
휴 땅을 가지고 죄를 자복하였다. 선조 중에서 제나라에 죄를 지은 사람이 있으므로
시조와 임금 네 명의 후손들이 휴 땅을 가지고 제사를 받들 수 있도록 고모와
자매를 살려줄 것을 요청하였다. 자字를 불러서 현명하게 여긴 것은 선조의 공적을
보존했기 때문이니, 도망친 죄를 용서하여 그가 권도를 알았다는 것을 밝혔다.
제나라로 들어갔다(入)고 말한 것은 곤란했다는 의미의 말이다. 형兄을 떠나 제나라로
들어가는 것을 어렵게 여기는 마음이 있었던 기계를 어질게 여겼기 때문에 그것을
드러낸 것이다." 기계의 죄는 나라를 훔치고 또한 배반한 것이 아닌가 하는 의심이
든다. 그런데 『춘추』에서 그를 인정한 것은 이미 양공이 복수한 뜻을 어질게 여겼을
뿐만 아니라, 또한 종묘와 사직을 보존하려는 기계의 마음을 가련하게 여긴 것이다.
　그런데 『좌씨전』에서는 말했다. "기나라 임금은 제나라를 섬길 수 없었기 때문에
나라를 기계에게 주었다. 여름에 기나라 임금이 그 나라를 영원히 떠났으니, 제나라의
난리를 피해서 간 것이다."17) 이 기사는 『공양전』과는 완전히 다르며, 또한 기계가
제나라에 들어간 것에 대해서도 별도의 포폄이 없는 것 같다. 그런데 두예는 『공양전』
의 주장을 따라서 다음과 말했다. "몸을 낮추고 굽혀서 제나라를 섬길 수 없었으므로

---

15) 『公羊傳』, 莊公 3년.
16) 『公羊傳』, 莊公 3년.
17) 『左氏傳』, 莊公 4년.

나라를 기계에게 다 주었으니, 기계가 배반하지 않았다는 것을 밝힌 것이다."18)
또 말했다. "제나라가 기나라를 멸망시키려고 했기 때문에 기계가 휴 땅을 가지고
제나라로 들어가 부용국이 되니, 선조의 제사가 없어지지 않고 사직이 받들어졌다.
따라서 자字를 기록하여 그를 귀하게 여긴 것이다."19) 『춘추석례』에서는 그 사례事例
를 더욱 상세하게 말했다. "제나라 임금과 정나라 임금이 거짓으로 기나라 임금에게
조회를 갔다가 기나라를 습격하자, 기나라 사람들이 크게 두려워하여 노나라에
난리의 계책을 도모하고, 노나라 환공에게 주나라로 가서 왕명을 받아 제나라와
화친하게 해 달라고 요청했는데, 환공이 할 수 없다고 기나라에 보고했다.20) 제나라가
마침내 기나라를 핍박하여 기나라 세 읍의 백성들을 이주시켰다.21) 나라에 매우
절박한 위험이 있지만, 스스로 제나라의 부용국으로 들어갈 수는 없었기 때문에
기계에게 휴 땅을 나누어 주고, 그에게 제나라를 섬기도록 요청하였다. 기나라
임금이 기나라를 영원히 떠난 이후에 기계는 제나라의 부용국이 되었다. 선조의
제사가 없어지지 않고, 사직이 받들어진 것은 기계의 힘이었다. 따라서 자字를
기록하고 이름을 기록하지 않았으며, 제나라로 들어갔다고 기록하고 기나라를 배반
했다고 기록하지 않았다."22) 또 말했다. "기나라 임금은 힘이 약하고 계책이 없었는데,
스스로 열국으로서 차마 제나라에 굽혀서 신하가 될 수 없었기 때문에 기계에게
휴읍을 가지고 안정을 구하도록 하고, 자신은 기나라에서 벗어나 외국에 기거하였다.
기계는 마침내 제나라의 부용국이 되어서 사직이 받들어질 수 있었기 때문에 기나라가

---

18) 『左氏傳』, 莊公 4년, 杜預 注.
19) 『左氏傳』, 莊公 3년, 杜預 注.
20) 역자 주: 『춘추』 환공 6년에 "겨울, 기나라 임금이 노나라에 와서 조회하였다"(冬,
   紀侯來朝)는 기사가 보이는데, 『좌씨전』에서 "겨울, 기나라 임금이 와서 조회하고,
   노나라 환공에게 주나라로 가서 왕명을 받아 제나라와 화친하게 해 달라고 요청했
   는데, 환공이 할 수 없다고 기나라에 보고했다"(冬, 紀侯來朝, 請王命以求成于齊, 公告
   不能)고 했다.
21) 역자 주: 『춘추』 장공 원년에 "제나라 군대가 기나라의 병·자·오읍의 백성들을
   이주시켰다"(齊師遷紀邢·鄑·郚)는 기사가 보인다.
22) 『左氏傳』, 莊公 3년, 孔穎達 疏.

멸망했다고 말하지 않았다."[23] 봉건제도의 측면에서 말하면, 임금이 비록 자신의 토지와 백성을 떠나더라도, 만약 종묘와 사직이 그대로 존재한다면 멸망했다고 말할 수 없다. 이것이 『춘추』에서 기계를 어질게 여기고 그의 배반을 죄주지 않은 이유이다.

비록 그렇지만, 이 일은 사실 지극히 험하고 실행하기 어렵다. 진한시대 이후로 중국이 마침내 하나로 통일된 세상을 이루었지만, 그 당시에 만약 기계와 같은 행위를 한 자가 있었다면, 거의 나라를 배반한 자로 지목받았을 것이다. 근래 왕정위汪精衛(1883~1944)[24]의 배반이 있었는데, 비록 나라를 구하기 위한 행동이었다는 변명으로 해명했지만, 국민들 중에서 그를 매국노라고 비난하지 않는 사람이 없었다.

두예는 비록 『공양전』의 해석을 지지했지만, 가규는 『공양전』과는 다른 주장을 하였다. "기계는 형제가 마음을 합쳐 나라를 보존하지 못하고, 형을 배반하고 원수의 나라로 귀순했으니, 기록하여 그를 비난한 것이다."[25] 이로써 가규와 두예의 해석 차이를 알 수 있다.

3. 오자서伍子胥의 복수復讎

『춘추』 정공 4년, 채나라 임금이 오나라 임금을 데리고 초나라 사람과 백거에서 전쟁하여, 초나라 군대가 크게 패배했다.(蔡侯以吳子及楚人戰于伯莒, 楚師敗績) 『공양전』에서 말했다.

오자서伍子胥의 부친이 초나라에서 주살을 당하자, 오자서는 활을 끼고 초나라를 떠나서, 오吳나라 합려闔廬에게 벼슬을 구했다.…… 어떤 사람이 말했다. "그대는 임금을 섬기는 것이 부모를 섬기는 것과 같다고 말했다. 그런데 지금은 복수를

23) 『左氏傳』, 莊公 3년, 孔穎達 疏.
24) 역자 주: 汪精衛는 1940년대에 일본군이 중국의 점령지에 세운 친일 괴뢰정권의 주석을 맡았던 사람이다.
25) 『後漢書』, 「賈逵傳」, 李賢 注.

하는 것이 괜찮다고 하니, 어찌된 일인가?' 대답했다. "부친이 죄를 지어 주살된 경우가 아니면 자식이 복수하는 것이 옳다. 그러나 죄를 지어 주살되었는데도 자식이 복수하면 그것은 복수가 반복되는 길을 여는 것이다. 복수는 당사자에게 그쳐야지 자기에게 해가 될까 두려워서 그 자식까지 해쳐서는 안 된다. 친구는 서로 보호해 주어야 하지만, 친구가 당사자보다 먼저 앞서서 공격해서는 안 된다. 이것이 예부터 내려오는 도리이다."26)

하휴가 말했다. "『효경孝經』에서 말했다. '아버지를 섬기는 도리로 임금을 섬김에 그 공경함이 같다.' 본래 아버지를 섬기는 공경함을 취하여 임금을 섬기는데, 아버지가 죄가 없는데도 임금에게 살해를 당했다. 이때 제후인 임금은 왕자와는 다르니, 의리의 측면에서 그 임금을 떠날 수 있고, 군신의 관계가 끊어졌기 때문에 복수할 수 있다. 『효경』에서 말했다. '아버지를 섬기는 도리로 어머니를 섬긴다.' 노나라 장공莊公이 어머니인 문강文姜에게 아버지를 죽인 복수를 하지 못한 것은 어머니가 낳아 주었기 때문이다. 어머니는 비록 아버지보다는 가볍지만, 임금보다는 무겁다. 『역』『계사』에서 말했다. '천지天地의 큰 덕을 낳은 것(生)이라고 한다.' 따라서 어머니와의 관계를 끊을 수는 있지만 죽일 수는 없다."27) 봉건시대에 신하에게는 임금을 떠날 수 있는 이치가 있었고, 옛 임금에 대한 의리도 있었다. 또한 『춘추』는 질박함(質)을 숭상하고, 친친親親의 정을 중시하기 때문에 부자父子는 군신君臣보다 중요하게 여겼다. 『공양전』에서 오자서의 복수를 인정한 것은 바로 이러한 봉건시대의 관념에서 나온 것이다. 후세에 천하가 통일된 시대가 되자, 신하가 임금을 섬기는 것이 자식이 아버지를 섬기는 것과 같아져서 의리상 임금을 떠나서 도망갈 수가 없었다. 따라서 자식은 부모를 위해서 임금을 원수로 삼을 수가 없었다.

---

26) 『公羊傳』, 定公 4년.
27) 『公羊傳』, 定公 4년, 何休 注.
　　역자 주: 하휴가 인용한 『효경』은 모두 「士章」편에 나온다. 원래의 출전은 『예기』 「喪服四制」인데, "아버지를 섬기는 도리로 임금을 섬김에 그 공경함이 같다"(資於事 父以事君而敬同)는 말과 "아버지를 섬기는 도리로 어머니를 섬김에 그 사랑함이 같 다"(資於事父以事母而愛同)는 말이 보인다.

『좌씨전』에서는 오상伍尚이 오자서에게 한 말을 기록하고 있다.

너는 오나라로 가라. 나는 장차 초나라로 돌아가서 죽겠다. 나의 지혜가 너에
미치지 못하니, 나는 아버지를 위해 죽을 수 있을 뿐이지만, 너는 아버지를 위해
원수를 갚을 수 있다. 아버지를 사면하겠다는 초나라 임금의 명을 들었으니 달려가
지 않을 수 없고, 친척이 주륙을 당했다면 원수를 갚지 않을 수 없다. 아버지를
사면하기 위해 달려가 죽은 것은 효孝이고, 일의 성공을 헤아려 행하는 것은
인仁이며, 임무를 선택해서 가는 것은 지知이고, 죽을 줄 알면서도 피하지 않는
것은 용勇이다. 아버지를 포기할 수도 없고, 명예를 버릴 수도 없으니, 너는 복수에
힘쓰라! 둘이 함께 가서 죽는 것보다 낫다.[28]

오상의 말을 살펴보면, 아버지를 섬기는 것은 효도이지만, 오자서의 복수는
아버지를 위한 것이 아니라 사실상 종족을 위한 것이다. "임금은 사직을 위해
죽고, 대부는 임금의 군대를 위해 죽으며, 선비는 임금의 명령에 죽는다."[29] 대체로
대부에게는 종족이 있으니, 제후에게 나라 사람이 있는 것과 같다. 따라서 제후는
의리상 마땅히 사직을 위해서 죽으며, 대부는 의리상 마땅히 종족을 위해서 죽는다.
지금 오자서의 종족은 모두 자기 임금에게 죽임을 당했다. 즉 "오자서는 종족이
초나라에 의해 죽임을 당했기 때문에 그 원수를 갚으려고 하는 것"이니, 오자서가
이전에 임금으로 삼았지만, 의리상 당연히 복수해도 된다.

또한 예법에 예전에 섬기던 임금을 위한 상복이 있으니, 대부는 의리상 지금의
임금을 떠날 수 있다. 대부가 쫓겨나기를 기다렸다가 아직 떠나지 않을 경우에
옛 임금을 위하여 재최齊衰 3개월복을 입는 것이 예법이다. 그리고 임금은 대부를
위해 그 종묘를 청소해 주는 것도 또한 예법이다. 이때 종족이 여전이 남아 있으면
임금은 당연히 그 종족을 잘 대해 주고, 신하는 임금을 위해 복상하니, 피차간에

---

28) 『左氏傳』, 昭公 20년.
29) 『禮記』, 「曲禮」.

여전히 예법이 있는 것이다. "나라를 떠난 지 삼대가 지나도 종족의 작록爵祿이 본국의 조정에 올라 있고, 출입할 때에 본국에 통고하며, 형제나 종족이 아직 본국에 남아있으면 돌아가 종손에게 고한다."[30] 대부가 비록 본국을 떠났지만 종족이 가지 않았다면, 임금은 그 제사를 끊지 않고 그대로 그들을 위해 후손을 세워 주니, 이것은 제후가 대부의 종족을 잘 대해 주는 것이다. 이 때문에 공손公孫 귀보歸父가 제나라로 도망갔을 때 그의 종족은 가지 않았는데, 그 후에 노나라가 영제嬰齊를 세워 주었으니, 또한 종족이 있었기 때문에 그로 하여금 귀보貴父의 후손이 되도록 한 것이다. 따라서 자사子思가 옛 임금을 위해 복상하지 않은 것과 맹자가 임금을 원수로 여긴 것은 그들 자신이 예우를 받지 못했기 때문이 아니라, 사실은 임금이 그들의 종족을 잘 대해 주지 않았기 때문이다. 이 때문에 초나라의 신공中公 무신巫臣이 집안사람들을 데리고 진나라로 도망가자, 자중子重과 자반子反이 그의 종족을 죽였다. 이에 무신이 복수하고자 하여, 진晉나라를 섬기면서 오나라와 연합하니, 다만 자중과 자반을 명을 받고 전쟁에 달려가서 지치게 만들었을 뿐만 아니라, 초나라가 거의 멸망하게 된 것도 또한 사실상 여기에서 시작되었다. 이로써 알 수 있듯이, 봉건시대의 복수 관념은 사실 종족과 매우 큰 관계가 있다. 만약 후세에 종족이 없어졌다면, 비록 부모와 형제를 위해 복수하는 의리가 있더라도 임금에게 복수하는 이치는 결코 없다. 종족의 원수에 대해서는 단지 "병기를 잡고 뒤에서 도울" 뿐이다.[31]

또한 『좌씨전』에서 말했다.

---

30) 『禮記』, 「曲禮」.

31) 역자 주: 『예기』 「檀弓上」에 다음과 같은 내용이 보인다. "子夏가 공자에게 '부모의 원수에 대처하려면 어떻게 해야 합니까?'라고 물으니, 공자가 말했다. '거적을 깔고 방패를 베개 삼아서 자고, 벼슬을 하지 않으며, 원수와 천하를 함께 공유하지 않으며, 시장과 조정에서 만나면 병기를 가지러 집으로 돌아가지 않고 항상 병기를 지니고 다니면서 싸운다.' 자하가 '묻겠습니다. 형제의 원수에 대처하려면 어떻게 해야 합니까?'라고 하니, 공자가 말했다. '벼슬을 할 때에는 원수와 같은 나라에서 함께하지 않고, 군주의 명령을 받고 사신을 갈 때는 비록 길에서 만나더라도 싸우지 않는다.' 자하가 '묻겠습니다. 從父나 從兄弟의 원수에 대처하려면 어떻게 해야 합니까?'라고 하니, 공자가 말했다. '앞장서지 않고, 주인이 원수를 갚을 수 있으면 병기를 잡고 뒤에서 돕는다.'"

초나라 소왕昭王이 운鄖 땅으로 도망가니, 종건鍾建은 계미季羋를 업고 뒤따라갔다. 운공鄖公 신辛의 아우 회懷가 초나라 소왕을 시해하려고 하면서 말했다. "평왕平王이 우리 아버지를 죽였으니, 내가 평왕의 아들을 죽이는 것이 또한 가능하지 않습니까?" 신이 말했다. "임금이 신하를 죽였는데, 누가 감히 임금을 원수로 여길 수 있겠는가? 임금의 명령은 바로 하늘의 명령이다. 만약 하늘의 명령에 따라 아버지가 죽었다면, 너는 장차 누구를 원수로 여기겠는가? 『시』에서 말했다. '부드러워도 또한 삼키지 않고, 강해도 또한 뱉지 않는다. 홀아비와 과부를 업신여기지 않고, 강한 힘을 가진 자를 두려워하지 않는다.' 이것은 오직 인자仁者만이 할 수 있다. 강한 자를 피하고 약한 자를 능멸하는 것은 용勇이 아니며, 남의 곤궁한 처지를 이용하는 것은 인仁이 아니며, 종족을 멸망시켜서 제사를 없애는 것은 효孝가 아니며, 행동에 아름다운 명성이 없는 것은 지知가 아니다. 네가 기어코 이것을 어기고 초나라 소왕을 시해한다면, 나는 장차 너를 죽일 것이다."[32]

운공鄖公의 입장에서 소왕昭王은 아버지를 죽인 원수이지만, 운공이 자신의 아우가 복수하는 것을 허락하지 않은 것은 또한 종족을 귀중하게 여겼기 때문이다. 그래서 "종족을 멸망시켜서 제사를 없애는 것은 효孝가 아니다"라고 하였다. 이로써 알 수 있듯이, 봉건시대에 종족은 가정보다 귀중했으며, 임금이 아버지를 죽이더라도 임금에게 복수할 수가 없었다. 만약 자기 종족을 멸망시킨다면 임금에게 복수할 수 있는 의리가 있다.

이에 근거하면, 가규가 오자서의 복수를 인정하지 않고, 군신의 올바른 의리를 어긴 것이라고 주장한 것은 사실 통일된 세상에 의거하여 논의한 것이다. 후세의 학자들이 오자서의 일을 논할 때, 대부분 이러한 이치를 제대로 알지 못한다. 피석서의 『경학통론·춘추통론』에서는 이 일에 대해 다음과 같이 논했다. "오자서의 아버지는 충성을 다하다가 죄를 얻었다. 그러므로 죄를 지어 주살을 당하지 않았기 때문에 마땅히 복수할 수 있는 경우이다. 『공양전』에서는 오자서의 복수를 허락하지 않은 적이 없다. 그런데 가규는 앞 구절에서 일과 부합되는 내용은 인용하지 않고, 뒤

---

32) 『左氏傳』, 定公 4년.

구절에서 일과 부합되지 않는 내용을 인용하여, 제멋대로 『공양전』이 부모에 대한 의리가 깊지 않다고 단정해 버리니, 하급 관리가 제멋대로 문서를 작성하는 것과 같지 않은가!" 피석서는 고금의 변천에 밝지 못하고, 단지 『공양전』의 이론에 빠져 있을 뿐이다.

4. 숙술叔術의 나라 양보

『춘추』 소공 31년, 흑굉이 람읍을 가지고 노나라로 도망쳐 왔다.(黑肱以濫來奔) 『공양전』에서 말했다.

> 경문에 무엇 때문에 주루邾婁나라라는 기록이 없는가? 람읍을 나라로 간주했기 때문이다. 어째서 람읍을 나라로 간주했는가? 현명한 자의 자손은 마땅히 땅이 있어야 하기 때문이다. 현명한 자는 누구를 말하는가? 숙술叔術을 말한다. 무엇 때문에 숙술을 현명하다고 여겼는가? 나라를 양보했기 때문이다.…… 람읍을 나라로 간주했다면 경문에 무엇 때문에 주루나라라는 기록이 없는가? 천하에 람이라는 나라가 없기 때문이다. 천하에 람이라는 나라가 없다면 경문에 '람읍을 가지고 노나라로 도망쳐 왔다'고 말한 것은 무엇 때문인가? 숙술은 현명한 대부이다. 그 후손인 흑굉과 주루나라의 지위를 박탈해 버리자니, 숙술을 위해 그 후손의 지위를 박탈하고 싶지 않다. 그렇다고 지위를 박탈하지 않는다면, 그 후손이 대대로 세습한 대부가 되어 버린다. 대부의 의리는 대대로 세습할 수 없다. 따라서 람읍을 밀어 올려서 나라로 간주한 것이다.[33]

숙술의 일은 『춘추』 이전에 있었기 때문에 『좌씨전』에는 기록되어 있지 않는데, 『공양전』은 그 일을 상세하게 서술하였다. 『춘추』는 나라를 양보한 것을 칭찬하기 때문에 숙술이 형수를 처로 삼은 일과 안공顔公을 죽인 죄를 면제해 주었을 뿐만 아니라, 또한 람읍을 하나의 나라로 간주해 주었다. 이를 통해 그 자손이 읍을

---

33) 『公羊傳』, 昭公 31년.

훔친 죄를 면제해 준 것이다.

『좌씨전』에는 비록 이 일을 기록하지 않았지만, 흑굉을 매우 천하게 여겨서 그가 임금을 배반했다고 바로 지적하였다. 『좌씨전』에서 말했다.

주邾나라 흑굉이 람읍을 가지고 노나라로 도망쳐 왔다. 비천한데도 이름을 기록한 것은 땅을 귀중하게 여겼기 때문이다. 군자는 말했다. "이름을 얻는 일을 삼가지 않아서는 안 되는 것이 이와 같으니, 땅을 소유하고 이름을 소유한 것이 그것이 없는 것만 못한 경우가 있기 때문이다. 땅을 가지고 반란을 일으키면, 비록 비천한 사람이라고 하더라도 반드시 그 땅을 기록하고 그 사람의 이름을 기록하니, 끝내 의롭지 못하여 오명을 없앨 수가 없다.…… 주邾나라 서기庶其와 거莒나라 모이牟夷, 주邾나라 흑굉黑肱이 토지를 가지고 도망쳐 나온 것은 먹고 살기를 구한 것일 뿐이고 명성을 구한 것이 아니지만, 비천한데도 반드시 그 이름을 기록하였다.[34]

흑굉은 본래 칭찬할 수 없는 사람이지만, 그 선조인 숙술叔術이 나라를 양보한 공적이 있기 때문에 그 자손인 흑굉의 악을 덮을 수 있다. 그런데 숙술은 왕명을 어기고 노나라의 어진 신하를 살해했고, 자기 형수를 아내로 삼았으므로 또한 칭찬할 수가 없다. 그런데 숙술은 자신의 아들인 우盱와 부인의 전 남편의 아들인 하보夏父가 음식을 두고 다투는 것을 보고서 느낀 점이 있어서 하보에게 나라를 양보하였다.[35] 공자는 말세에 권력과 이익을 다투는 것을 징계했기 때문에 숙술이 나라를 양보한 것을 칭찬했으니, 군왕의 최상의 덕이라고 여겼기 때문이다.

군부君父를 높이고 신자臣子를 낮추는 가규賈逵의 의리에 대해, 『후한서』 이현李賢은 다음과 같이 말했다.

『좌씨전』에서 말했다. "천자를 도와서 받들어 모시되, 공경함을 더한다." 또 말했다. "임금의 명령은 하늘이니, 하늘을 원수로 삼을 수 있겠는가? 신하의 명부名簿에

---

34) 『左氏傳』, 昭公 31년.
35) 『公羊傳』, 昭公 31년.

이름을 올리고 군주에게 예물禮物을 바치고서 두 마음을 품는 것은 큰 죄를 짓는 것이다. 아버지가 자식에게 두 마음을 품도록 가르친다면 무엇으로 임금을 섬기겠는가?"(희공 23년) 또 말했다. "아버지의 명을 버리면 어찌 자식이라 할 수 있는가? 천하에 아비 없는 나라가 있다면 그곳으로 도망가겠다."(환공 16년) 이것은 군신君臣을 높이고, 부자父子를 낮춘 것이다. 『좌씨전』에서는 왕인王人이 비록 지위가 미천하더라도, 제후들보다 앞에 서열을 매긴다. 또 말했다. "신분이 귀한 다섯 종류의 사람은 변방에 있게 하지 않고, 신분이 천한 다섯 종류의 사람은 조정에 있게 하지 않는다. 나무의 가지가 크면 반드시 밑동이 부러지고, 짐승의 꼬리가 크면 흔들 수 없다."(소공 11년) 이것은 줄기를 강하게 하고 가지를 약하게 하는 것이다.[36]

하휴의 『춘추공양전해고』「서」에서 말했다. "가규는 엄팽조嚴彭祖와 안안락顏安樂이 말한 의리에 부족한 부분이 있었기 때문에 붓을 떨쳐 『좌씨장의左氏長義』를 짓고서, 『공양전』의 자리를 빼앗을 수 있고 『좌씨전』을 흥기시킬 수 있다고 여겼다."[37] 가규는 앞의 네 가지 일에 근거하여 『좌씨전』 의리의 장점을 말했다. 가규의 『춘추좌씨장의春秋左氏長義』 20권은 현재 없어졌기 때문에 그가 발췌한 30가지 일도 살펴볼 수가 없다. 여기에서 논한 네 가지 일에 대해, 피석서의 『경학통론·춘추통론』에서는 "모두 『좌씨전』이 군부君父에 대해 의리가 깊고 『공양전』이 임기응변의 권도權道에 치중하고 있다는 증거가 되기에 부족하다"고 했다. 또 『좌씨전』은 단지 사실을 기록한 역사서에 지나지 않기 때문에 가규가 거론한 네 가지 일 중에서 오직 흑굉의 일에서만 의리를 찾아볼 수 있다고 했다. 이로써 가규는 단지 자신이 정한 의리를 가지고 덧붙여 주장했을 뿐이며, 『좌씨전』 자체에는 사실상 포폄이 있지 않다는 것을 알 수 있다.

사실상 군부君父에 대한 의리는 『공양전』의 장점이기도 하다. 맹자는 공양학의 선사先師로서, 그는 『춘추』의 요지를 다음과 같이 논했다. "세상이 쇠퇴하고 도가 미미해져서 사악한 학설과 포악한 행실이 일어나, 신하로서 자기 임금을 시해하는

---

36) 『後漢書』,「賈逵傳」, 李賢 注.
37) 『公羊傳』,「序」(何休).

자가 있고, 자식으로서 자기 부모를 시해하는 자가 있었다. 공자가 이를 두려워하여 『춘추』를 지었다.…… 공자가 『춘추』를 완성하자 난신적자亂臣賊子가 두려워하였다."[38] 그 후에 『공양전』은 군부君父의 대의大義를 자주 논했다. 예를 들어 "왕자는 밖이 없다"(王者無外)[39]고 했고, "왕자는 적이 없으니, 감히 대적할 수 없다"(王者無敵, 莫敢當也)[40]고 했다. 또한 제후는 제멋대로 나라를 봉할 수 없고, 제멋대로 토지를 나누어 줄 수 없으며, 제멋대로 토벌할 수 없다. 그리고 "대부는 제멋대로 결정하여 일을 처리할 수 없다"[41]라고 했고, "대부의 의리는 제멋대로 임금을 폐하거나 세울 수 없다"[42]고 했다. 이로 인해서 한대 말기에 하휴가 『좌씨고황左氏膏肓』을 지어서 『좌씨전』이 군부의 대의에 있어서 단점이 있다고 공격하였으니, 가규의 『공양전』 비난에 대답한 것이다.

그리고 『좌씨전』에서 말했다. "겨울, 조曹나라 태자가 노나라에 와서 조회하였다. 상경上卿의 예로 접대했으니, 예에 맞았다."[43] 공영달이 하휴의 『좌씨고황』을 인용하여 다음과 같이 말했다.

> 『좌씨전』에서는 자식이 아버지의 자리에 편안하게 거처했다고 여겼는데, 특히 쇠퇴한 세상에서 잘못을 구제하는 마땅함이 아니니, 의리의 측면에서 『좌씨전』의 단점이다.[44]

그런데 정현의 『잠고황箴膏肓』에서 말했다. "아버지가 늙고 병들었는데, 누가 마땅히 그 정사를 다스려서 왕의 일에 참여해야 하는가?"[45] 청대 유봉록은 『잠고황평

---

38) 『孟子』, 「滕文公下」.
39) 『公羊傳』, 隱公 원년.
40) 『公羊傳』, 成公 원년.
41) 『公羊傳』, 桓公 8년.
42) 『公羊傳』, 文公 14년.
43) 『左氏傳』, 桓公 9년.
44) 『左氏傳』, 桓公 9년, 孔穎達 疏.
45) 『左氏傳』, 桓公 9년, 孔穎達 疏.

箴膏肓評』을 지어서, 하휴의 뜻을 다음과 같이 다시 진술하였다.

세자世子가 빙문을 가는 것도 괜찮고, 상경上卿을 대신하여 빙문을 가는 것도 괜찮다. 늙어서 임금 자리를 피하여, 나라를 천자에게 넘겨주면, 천자는 세자에게 명하여 조회의 예법을 행하도록 하는 것도 괜찮다. 어찌 왕의 일을 폐기했다고 말할 수 있겠는가? 그런데 조曹나라 임금이 재위에 있는데도 세자가 조회의 예법을 행했으니, 한 나라에 두 명의 임금이 있는 것이자 왕을 무시하고 아버지를 무시한 것인데도 알지 못한 것이 아니겠는가?

정현은 "아버지가 늙으면 자식이 대신 정치에 종사한다"는 것으로 말했는데, 『공양전』에서는 "『춘추』에서는 아버지가 늙으면 자식이 대신 정치에 종사하는 것을 비난하였다"46)고 말했다. 그리고 하휴는 "『춘추』에서 이 사건을 기록한 이유는 세자의 불효가 심한 것을 거듭 미워한 것이다"47)고 말했고, 유봉록은 이 행동이 한 나라에 두 임금이 있는 것이자 왕을 무시하고 아버지를 무시한 것이라고 곧바로 말했다. 이로써 공양가의 시각에서 보면, 『좌씨전』은 사실상 군부의 의리에 단점이 있다.
또 『좌씨전』에서 말했다. "육권鬻拳이 초나라 임금에게 강하게 간언했지만, 초나라 임금은 따르지 않았다. 무기를 들고 위협하니, 초나라 임금이 두려워하면서 그의 말을 따랐다.…… 군자가 말했다. '육권은 임금을 사랑했다고 말할 수 있다.'"48)
공영달이 『좌씨고황』을 인용해서 말했다.

신하가 임금에게 간언할 때, 죽을 만큼의 위급한 상황이 아닌데도 무기를 들고 임금을 위협했으니, 찬탈과 시해의 길을 연 것이다. 그런데 『좌씨전』에서는 임금을 사랑한 것이라고 여겼으니, 의리의 측면에서 『좌씨전』의 단점이다.49)

---

46) 『公羊傳』, 桓公 9년.
47) 『公羊傳』, 桓公 9년, 何休 注.
48) 『左氏傳』, 莊公 19년.
49) 『左氏傳』, 莊公 19년, 孔穎達 疏.

육권이 무기를 들고 임금에게 간언했는데도 『좌씨전』은 임금을 사랑한 것이라고 여겼으니, 군부의 대의와는 더욱 어긋난다. 이로써 가규가 『좌씨전』이 군부에 대해 의리에 깊다고 여겼지만, 사실은 반드시 그렇지는 않다는 것을 알 수 있다.

『좌씨전』은 또 임금의 시해와 관련된 범례를 만들었다. 선공 4년, 정나라 공자 귀생이 자기 임금 이夷를 시해하였다.(鄭公子歸生弑其君夷) 『좌씨전』에서 말했다.

> 범례에 의하면, 임금의 시해를 기록할 때 임금의 이름을 말한 것은 임금이 무도했기 때문이며, 신하의 이름을 말한 것은 신하의 죄이다.[50]

두예가 말했다. "나라 이름을 말하면서 시해했다고 기록한 것은 대중이 함께 그와의 관계를 끊어버렸다는 말이다."[51] 두예의 『춘추석례春秋釋例』에서 이에 대해 다음과 같이 자세히 논했다.

> 하늘이 백성을 낳아서 그들의 임금을 세우고, 백성을 맡아서 기르도록 했기 때문에 모든 사물이 임금의 명령과 연결되어 있다. 따라서 백성은 임금을 천지天地와 같이 받들고, 부모父母와 같이 친애하며, 일월日月과 같이 우러러보고, 신명神明과 같이 섬긴다. 백성들이 혹 임금의 눈서리 같은 준엄함과 우레 같은 위엄을 받더라도, 몸을 바쳐 명령을 받들고, 죽음은 있되 두 마음을 품지 않는다. 따라서 『좌씨전』에서 "임금은 하늘이니, 하늘을 피할 수 있겠는가!"(선공 4년)라고 했으니, 이것이 신하들이 지켜야 할 법도이다. 그런데 군신의 사이는 근본적으로 부자父子 사이와 같은 자연스러운 은혜가 없고, 말단적으로 집안사람들 사이와 같은 익숙한 사랑도 없으며, 지위의 고하에 현격한 차이가 있고, 온갖 것으로 꽉 막혀 소통이 되지 않는다. 따라서 윗자리에 있는 사람은 겸손하게 마음을 낮추어 아랫사람을 살피고, 정성을 드러내어 그들을 감동시켜야 한다. 그런 이후에야 서로 친해질 수 있다. 만약 윗사람이 오만하고 방자하면 아랫사람들은 절망하게 되어, 사람 사이의

---

50) 『左氏傳』, 宣公 4년.
51) 『左氏傳』, 宣公 4년, 杜預 注.

마음과 의리가 무너지고 벌어지니, 이것은 길에서 지나가는 남이지 군신君臣이 아니라고 한다. 사람의 마음이 만약 떠나 버리면, 신하의 지위와 칭호가 비록 있더라도 그것을 굳건하게 지킬 방법이 없다.[52]

이 논의에 의하면, 군신의 사이에는 본래 자연적인 은혜가 없기 때문에 이치상 군신은 서로 현격하게 거리가 있는 관계이다. 따라서 공영달이 말했다. "유현劉炫·가규賈逵·허신許愼·영용穎容은 임금의 악이 나라의 조정에 미치면 나라 이름을 말하고 임금을 시해했다고 기록하고, 악이 나라의 사람들에 미치면 사람(人)이라고 말하고 시해했다고 기록한다고 주장했다."[53] 또 말했다. "임금을 시해한 사람은 본래 큰 죄이며, 임금의 무도함을 드러내고자 하는 것도 그 죄가 또한 시해와 마찬가지이다. 이로써 장래의 임금을 징계했으니, 그 뜻을 두 가지 측면에서 드러낸 것이다."[54] 이로써 한대와 진대의 좌씨학자들은 모두 무도한 임금을 시해할 수 있다고 여겼음을 알 수 있다.

청나라 말기에 유봉록이 한때 잘못된 길로 들어서서 그릇된 이론에 빠져서, 결국 이 사례를 과장하여 『좌씨전』이 "임금을 책망한 것이 특히 무겁고, 백성을 책망한 것이 특히 가벼우며", "임금이 예의를 잃으면 그가 임금이 된 이유를 잃게 된다"고 말했다. 또 맹자의 '한 명의 사내'(獨夫) 이야기[55]를 증거로 삼아 다음과 같이 말했다. "'임금의 시해를 기록할 때 임금의 이름을 기록한 것은 임금이 무도하기 때문이다'는 뜻을 충분히 증명할 수 있으니, 『좌씨전』의 이 구절의 뜻은 임금의

---

52) 『左氏傳』, 宣公 4년, 孔穎達 疏.
53) 『左氏傳』, 宣公 4년, 孔穎達 疏.
54) 『左氏傳』, 宣公 4년, 孔穎達 疏.
55) 역자 주: 『맹자』 「梁惠王下」에 다음과 같은 내용이 보인다. "齊宣王問曰, '湯放桀, 武王伐紂, 有諸?' 孟子對曰, '於傳, 有之.' 曰, '臣弑其君, 可乎?' 曰, '賊仁者, 謂之賊, 賊義者, 謂之殘, 殘賊之人, 謂之一夫, 聞誅一夫紂矣, 未聞弑君也.'" 『맹자』에서는 '一夫'라고 했고, '獨夫'라는 말은 『서』 「泰誓下」편에 보인다. 『맹자집주』에서 주자는 "一夫는 민중이 배반하고 친척이 떠나가서 다시는 군주로 여기지 않음을 말한 것이다"라고 했다. 그리고 『서경집전』에서 蔡沈은 "獨夫는 천명이 이미 끊기고 인심이 이미 떠나서 단지 한 명의 사내일 뿐임을 말한 것이다"라고 했다.

책망에 무게를 둔 것이지 신하를 책망한 것이 아니다. 공영달의 소에서 그 뜻을 두 가지 측면에서 드러낸 것도 또한 견강부회한 것이다. 후세에 천박한 학자들이 명분名分과 존비尊卑의 이론에 빠져서, 이 이론이 마침내 사라져 버렸다." 또한 루소(Rousseau, 1712~1778)와 몽테스키외(Montesquieu, 1689~1755)의 주장을 인용하여, 『좌씨전』의 이 의리는 "민권民權 이론과 많이 부합되고", 『공양전』에서 "거나라가 그 임금 서기를 시해하였다"(莒弒其君庶其)를 해석한 것56)과 마치 부절이 합치하는 것과 같다고 주장했다. 또 말했다. "어째서 멍청한 학자의 좁은 논의처럼 임금을 지고무상의 존귀한 존재로 볼 것인가? 또한 『좌씨전』에 실려 있는 순수한 말들이 대부분 민권의 이론과 부합된다."57) 장태염章太炎도 이와 같은 부류의 주장을 펼쳤다. 그는 "『춘추』는 임금이 임금답지 않고 신하가 신하답지 않으며, 아버지가 아버지답지 않고 자식이 자식답지 않은 것을 기록했으니, 이것은 하루아침에 벌어진 일이 아니라 점진적으로 진행된 것이다"는 자하子夏의 말을 인용하여, "그 뜻은 임금을 비난하는 데 있으니, 신하가 임금을 시해한 것은 임금이 평소에 신하에게 은혜를 베풀지 않아서 초래된 일임을 말한 것이다"라고 했다.58) 이로써 알 수 있듯이, 유봉록·장태염은 사실상 서양인들의 그릇된 이론을 견강부회함으로써 마침내 성인의 경전을 이처럼 곡해했으니, 그 해악이 홍수나 맹수와 같은 것이다.

이로 인하여, 가규가 『공양전』을 공격한 4가지 일에 관해 피석서의 『경학통론·춘추통론』에서는 다음과 같이 주장했다. "『춘추』의 대의는 난신적자를 토벌하는 데 있다. 가규가 군부에 대한 의리가 깊은 것을 중요하게 여긴 것은 그 자체로는 정론이지만, 그가 거론한 몇 가지 사례는 부합되는 것이 하나도 없다."

---

56) 역자 주: 『공양전』에서 이 문장을 다음과 같이 해석했다. "나라 이름을 말하고 시해했다고 기록한 것은 무엇 때문인가? 나라 이름을 말하고 시해했다고 기록한 것은 그 나라의 대중이 임금을 시해했다는 의미의 말이다."

57) 劉師培, 『讀左劄記』(『劉申叔遺書』, 293쪽).

58) 章太炎, 『春秋左傳讀』, 宣公 4년(『章太炎全集』 제2책, 374쪽).

제2절 두예杜預와 『좌씨전』의 성립

양한시대의 박사는 『좌씨전』을 가지고 『춘추』를 해석하지 않았고, 또한 스승과 제자의 전수 과정에서도 『좌씨전』을 전문적으로 전수한 사람이 없었다. 유흠에 이르러 『좌씨전』을 학관에 세우려고 했고, 『공양전』·『곡량전』을 본받아 장구章句·조례條例로써 『좌씨전』을 연구했다. 그 목적은 『좌씨전』이 『춘추』의 전傳이 되도록 하는 데 있었다. 『좌씨전』의 장구·조례의 학문은 사실상 유흠으로부터 시작되었으며, 그 후에 정흥鄭興·가휘賈徽 및 그들의 자식인 정중鄭衆·가규賈逵는 모두 그 학문을 전수하였다. 그런데 한대 학자들의 『좌씨전』 연구는 대부분 『공양전』·『곡량전』의 이론이 뒤섞여 있다. 두예杜預는 좌구명의 전傳을 전문적으로 연구하여 경전을 해석했는데, 장구는 『춘추좌씨경전집해春秋左氏經傳集解』가 있고, 조례도 『춘추석례春秋釋例』가 있다. 두예에 이르러 『좌씨춘추』는 마침내 『춘추좌씨전』이 되었고, 『공양전』·『곡량전』과 나란히 『춘추』를 보좌하는 전傳이 되었다.

1. 일생 및 학술

후한시대 이후 『좌씨전』을 전수한 주요한 학자로는 정흥과 가규가 있는데, 그 이후에 정흥의 학문은 쇠퇴하고 가규의 학문이 성행하였다. 후한 말기에 또한 복건服虔이 『좌씨전』을 연구하여 대가로 불렸으며, 가규와 함께 세상의 존경을 받았다. 위진남북조시대에 이르러, 앞에는 왕숙王肅이 있고 뒤에는 두예杜預가 있어서, 마침내 가규·복건과 서로 필적하였다.

두예杜預(222~284)는 자字가 원개元凱이고, 경조京兆 두릉杜陵 사람이다. 위魏나라 고귀향공高貴鄕公 정원正元 2년(255), 사마사司馬師가 죽고 동생인 사마소司馬昭가 그 뒤를 이었다. 두예는 사마소의 누이동생 고육공주高陸公主와 혼인하여, 집안을 일으키고 상서랑尙書郎에 제수되었다. 감로甘露 2년(257), 하동河東의 악상樂詳이 90여 세였는데, 두예의 조부인 두기杜畿의 공적을 찬양한 상소를 올렸는데, 조정에서 감동하여

두예에게 조서를 내려 두기의 작위를 세습하여 풍락정후豐樂亭侯로 삼았다.[59] 진류왕
陳留王 조환曹奐 경원景元 4년(263), 종회鍾會가 촉蜀을 정벌할 때, 두예는 진서장군鎭西將軍
종회의 장사長史가 되었다. 종회가 반란을 일으켰을 때 종회의 속료들이 모두 숙청되었
으나, 두예만 지혜롭다는 이유로 면죄되었다. 진晉 무제武帝 태시泰始 초에 두예는
거기장군車騎將軍 가충賈充과 법률 개정 작업을 진행했는데, 완성된 이후에 두예가
또 그 주해注解를 지어서 천하에 반포하여 시행하였다. 태시泰始 연간에 두예는
하남윤河南尹이 되었다. 이에 앞서 진晉의 정남대장군征南大將軍 양호羊祜가 오吳를
정벌할 계획을 은밀히 진언했는데, 조정의 의론이 대부분 반대했고, 오직 두예
및 장화張華 등이 오나라 정벌을 강력하게 주장하였다. 양호羊祜가 죽자, 두예를
진남대장군鎭南大將軍 도독형주제군사都督荊州諸軍事로 임명하였다. 태강太康 원년(280),
왕준王濬과 함께 군대를 이끌고 오吳를 멸망시키고 당양현후當陽縣侯로 책봉되었다.
태강 5년, 사예교위司隸校尉에 임명되었고, 특진特進의 지위를 가했다. 얼마 뒤에
세상을 떠나자, 정남대장군征南大將軍 개부의동삼사開府儀同三司에 추증되었고, 성成이
라는 시호를 받았다.

두예의 조부 두기杜畿와 부친 두서杜恕는 모두 학문을 좋아하였고, 두예는 그러한
가풍을 이어받았다. 춘추학은 악상樂詳 및 숙부인 두관杜寬의 영향을 많이 받았을
것이다. 악상은 좌씨학에 능통하여 『좌씨악씨문左氏樂氏問』을 지었다. 이후에 두기에
의해 발탁되었고, 만년에는 또 두서를 위해 송사를 진행했으니, 악상과 두씨의
관계가 매우 깊었다는 것을 알 수 있다. 두예가 악상에게 학문을 배운 것은 당연한
일인 듯하다. 또한 『두씨신서杜氏新書』에서 말했다. "두서의 동생 두관杜寬은 자가
무숙務叔이다. 마음이 깨끗하고 깊고 고요하며, 민첩하면서 옛것을 좋아하였다.
명신名臣 문호로서 어려서부터 서울에서 성장했지만, 뜻이 독실하고 학문이 넓었으며,
세상의 일과는 단절했으니, 그 뜻은 깊숙이 감추어진 진리를 찾아내고자 하였다.
그로 인해서 이름이 널리 알려져서, 요로要路를 담당한 선비들과 많이 교유하였다.

---

59) 『三國志·魏書』, 「杜恕傳」.

효렴孝廉에 천거되어 낭중을 제수받았는데, 42세의 나이에 죽었다. 경전經傳의 뜻을 논박한 것이 많은데, 모두 시작만 하고 완성하지는 못하였다. 오직 『예기』 및 『춘추좌씨전해春秋左氏傳解』를 손질하여 편집했는데, 지금 세상에 남아 있다."[60] 두관이 『좌씨전』에 정통했으므로 조카인 두예가 두관에게 배운 것도 또한 자연스러운 결과이다.

두예는 또한 상례喪禮에도 매우 정통했다. 『진서晉書』「두예전杜預傳」 및 「예지禮志」에 의하면, 태시泰始 10년(274), 무제武帝의 황후인 무원양황후武元楊皇后가 죽었을 때 두예가 다음과 같이 상주하였다. "옛날에 천자와 제후가 삼년상을 치를 때, 처음에는 재최복齊衰服과 참최복斬衰服을 똑같이 입었고, 장례를 지내고 난 뒤에는 상복을 벗습니다. 그리고 양암諒闇에 거처하면서 심상心喪을 하면서 복상 기간을 마쳤습니다. 이것은 선비나 일반백성들과는 예법이 같지 않습니다. 한나라는 진나라를 계승하여 온 천하가 천자를 위해 삼년 동안 복상했습니다. 한나라 문제文帝는 그것이 아래로 오래 지속될 수 없다는 것을 알았지만, 옛 제도를 몰랐기 때문에 다시 자기 뜻대로 상제祥祭와 담제禫祭를 제정하여 상복을 벗으면 곧바로 길복吉服을 입었습니다. 위씨魏氏는 단지 장사葬事가 끝나는 것을 장례의 절차로 삼았고, 뒤를 이은 임금들은 모두 다시는 양암諒闇을 하면서 복상기간을 마치는 절차를 진행하지 않았으니, 학자들이 그것을 비난한 것이 오래되었습니다. 그러나 그들도 끝내 경전經傳을 미루어 연구하여 그 속에 담긴 일들을 살펴보지 않고, 오로지 왕자의 삼년상은 마땅히 최마복衰麻服을 입고 25개월에 끝이 난다고 말했습니다. 뒤를 이은 임금들이 진실로 이와 같이 한다면, 천자와 신하들은 모두 상복을 벗을 수가 없습니다. 비록 뜻은 돈독함에 거하는 데 있지만, 아무리 강요하더라도 시행할 수 없습니다. 지금의 임금들은 모두 한나라 문제의 가벼운 법도를 따르고 있으니, 상황에 따라 제정한 것은 제도가 아닙니다. 마땅히 옛 제도를 회복하여, 졸곡卒哭한 이후에 최마복衰麻服을 벗고, 양암諒闇에 거처하면서 3년의 복상 기간을 마쳐야 합니다. 의리의 측면에서

---

60) 『三國志 · 魏書』, 권16, 裴駰의 注에서 인용.

상복을 벗지 않을 수가 없는 데다가 또 한나라 문제의 법도를 취하지 말아야 하니, 이것이 상례喪禮를 독실하게 치르는 방법입니다." 그 당시에 안팎에서 별안간 두예의 이의異議를 대부분 괴이하다고 여겼고, 혹자는 그가 예법을 어겨서 시류에 맞추었다고 말했다. 두예는 박사 단창段暢을 시켜서 전적을 널리 수집하여 그 증거를 제시하여, 대의가 밝게 드러나도록 했으니, 충분히 장래에 가르침을 보여 주었다. 『수서』 「경적지」에 『상복요집喪服要集』 2권이 수록되어 있는데, 아마도 이 책일 것이다. 그런데 『신당서』와 『구당서』 「경적지」에는 『상복요집의喪服要集議』로 수록되어 있으며, 지금은 없어졌다.

오吳를 평정한 이후, 두예는 양양襄陽의 군진으로 돌아와서, 처음으로 『춘추좌씨경전집해春秋左氏經傳集解』 30권 및 『춘추석례春秋釋例』 15권 등의 책을 저술하였다. 이 외에 『수서』 「경적지」에 또한 『춘추좌씨전평春秋左氏傳評』 2권, 『춘추좌씨전음春秋左氏傳音』 3권이 수록되어 있다. 또 『춘추두씨주춘추좌전春秋杜氏注春秋左傳』 10권(注에서 殘缺이라고 했는데, 『구당서』 「경적지」에는 30권으로 수록되어 있으니, 잔결되지 않은 것 같다.)이 있다. 『신당서』와 『구당서』 「경적지」에는 『춘추좌씨전음』 3권, 『춘추좌씨전례春秋左氏傳例』(『신당서』에는 『釋例』 15권으로 되어 있다.)가 수록되어 있다. 또한 주이존의 『경의고』에 의하면, 『춘추경전장력春秋經傳長曆』도 있는데, 「자서自序」만 남아 있다. 그런데 지금 세상에 전하는 것은 단지 『춘추좌씨경전집해』와 『춘추석례』 두 책뿐이다.

> 태강太康 원년 3월, 오吳나라 도적이 비로소 평정되자, 나는 강릉江陵에서 양양襄陽으로 돌아와서, 무관의 관직을 그만두고 옛 뜻을 진술하여 『춘추석례』 및 『춘추좌씨경전집해』를 완성하였다. 비로소 일을 끝마쳤는데, 때마침 급군汲郡 급현汲縣에서 그 지역 내의 옛 무덤을 발굴하는 자가 옛 책을 대량으로 입수했는데, 모두 과두문자로 된 책이었다.[61]

두예 스스로가 오나라를 평정한 이후에 처음으로 『춘추좌씨경전집해』와 『춘추

---

61) 『春秋左氏經傳集解』, 「後序」(吳萊).

석례』를 손질했다고 말했지만, 그가 태강 3년에 죽었으므로 두 책은 당연히 태강 연간에 완성된 것이다. 급현의 옛 무덤이 태강 2년에 발굴되었는데, 「후서」에서는 『춘추좌씨경전집해』와 『춘추석례』가 무덤을 발굴하기 전에 완성되었다고 했다. 따라서 두 책의 완성이 오나라를 평정한 후 1년 사이에 이루어졌으므로 매우 신속하게 진행되었다고 할 수 있다. 그런데 「후서」 중에 '옛 뜻을 진술하였다'는 말은 두예가 『좌씨전』을 깊이 연구한 것이 오래되었지만, 군대의 일 때문에 저술을 하지 못하다가, 이때에 이르러서야 죽백에 저술할 수 있었던 것이므로 일시에 시작해서 완성한 것은 아니다.

『춘추석례』라는 책은 조례條例로써 『좌씨전』을 연구한 것이다. "또한 여러 가지 예例 및 지명地名・보제譜第・역수曆數를 따로 모아 분류하여 각 부분으로 만든 것이 모두 40부에 15권이다. 그리고 의례義例의 같고 다름을 모두 드러내어 해석하고 『석례』라고 명명하였다."[62] 이로써 알 수 있듯이, 『춘추석례』라는 책은 모두 15권이 지만, 오래吳萊가 쓴 「후서」에서 『춘추석례』가 40권이라고 말했으므로 아마도 당시에 전해진 판본을 가지고 40부에 근거하여 권수를 나눈 것 같다. 공영달은 이 책에 대해 다음과 같이 말했다.

『춘추』는 일을 기록한 책이다. 앞사람과 뒷사람이 행한 일들이 서로 비슷한 종류가 있으니, 그 일들을 기록할 때 비례比例가 있지 않을 수 없다. 그런데 그 일들이 서로 다른 해에 산재해 있기 때문에 서로 비교하지 않으면 선악이 드러나지 않고, 포폄이 밝혀지지 않는다. 따라서 두예가 여러 가지 예例를 모아 해석하여, 장차 학자들로 하여금 같이 모아둔 예를 보고서 그 같고 다름을 살피도록 하였으니, 그 학문에 대해 밝히기 쉽기 때문이다.[63]

이것은 『춘추석례』라는 책이 지어진 이유를 말한 것이다. 『춘추석례』라는 책은

---

62) 『春秋左氏經傳集解』, 「序」(杜預).
63) 『春秋左氏經傳集解』, 杜預 「序」의 孔穎達 疏.

송나라 때에도 여전히 도서의 수록 목록에 보인다. "진나라 두예의 주注, 전체 40부, 『좌씨전』의 여러 가지 예例 및 지명地名·보제譜第·역수曆數를 모아서, 그 같고 다름을 드러내어 해석하니, 드러내 밝힌 것이 더욱 많다."[64] 진진손陳振孫의 『직재서록해제直齋書錄解題』도 대략 같은데, 당나라 유분劉賁이 쓴 「서序」가 있다고 했다. 『숭문총목崇文總目』에서는 이 책에 기록된 예例가 모두 53개라고 했다.

명대 이후에 『춘추석례』는 이미 사라진 내용이 많았다. 청대 건륭 연간에 사고관신四庫館臣이 『영락대전』 속에서 그 문장을 모아서 기록하고, 또 공영달의 『춘추좌전정의』 및 여러 책에서 인용한 『춘추석례』를 취하고, 빠진 문장을 보충하고 잘못된 것을 교정하여 46편으로 정리했는데, 『수서』「경적지」와 『당서』「경적지」를 그대로 따라서 15권으로 나누었다. "명대 이후 이 책은 오랫동안 사라져 있었고, 오직 『영락대전』 속에 30편이 그나마 남아 있었으며, 당나라 유분劉賁이 쓴 원래 「서序」가 함께 있었다. 그 중의 6편에 『춘추석례』가 있는데 경전經傳이 없고, 나머지도 빠진 문장이 많다. 삼가 편에 따라 모으고, 공영달의 『춘추좌전정의』 및 여러 책에서 인용한 『춘추석례』의 문장을 취하여 보완하고 잘못된 것을 교정하여, 46편으로 정리하고 옛 모습 그대로 15권으로 나누었다."[65] 이후에 손성연孫星衍·장술조莊述祖의 보완 간행을 거쳐서 『대남각총서岱南閣叢書』로서 세상에 유통되었다.

2. 좌구명의 전傳을 전문적으로 연구하여 경經을 해석함

『한서』에서 『좌씨전』에 대해 다음과 같이 말했다.

원래 『좌씨전』에는 옛 글자와 옛말이 많아서 학자들은 그 훈고訓詁만을 전할 뿐이었다. 그런데 유흠이 『좌씨전』을 연구하면서 『좌씨전』의 문장을 끌어와서 『춘추』의 경문을 해석하고, 경문과 전문을 서로 드러내 밝힘으로써 장구章句의

---

64) 晁公武, 『郡齋讀書志』, 권3.
65) 『四庫全書總目提要』, 「經部·春秋類」, '春秋釋例' 조목.

의리가 갖추어졌다.[66]

유흠劉歆 이전에 『좌씨전』은 한 학파의 책에 지나지 않았으며, 좌구명을 국사國史로 여겼으므로 믿을 만한 역사를 전한 책에 지나지 않았다. 유흠에 이르러 『좌씨전』을 인용하여 『춘추』를 해석하고, 『좌씨전』을 경전을 해석한 전傳으로 세우려고 하였다. 성인의 뜻이 단지 『공양전』·『곡량전』에서만 드러나는 것이 아니라, 『좌씨전』을 빌어서도 밝힐 수 있게 된 것이다. 『좌씨전』이 『춘추』의 전傳이 되어서 『공양전』·『곡량전』과 다름이 없게 되자, 『좌씨전』을 박사로 세우는 것도 또한 자연히 정당한 일이 되었다.

유흠의 이러한 노력은 『좌씨전』 흥성의 관건이 되었다고 할 수 있다. 따라서 이후 『좌씨전』을 연구한 자들은 유흠의 지혜로운 방법을 따르지 않는 자가 없었다. 두예가 『춘추좌씨경전집해』를 지은 것도 그 뜻이 유흠과 다르지 않다.

> 예부터 지금까지 『좌씨춘추』를 말한 자가 많지만, 오늘날 그 남겨진 문장이 전해져서 볼 수 있는 것은 10여 사람의 이론에 지나지 않는다. 그러나 대체로 서로서로 이어서 서술했기 때문에 적극적인 측면에서는 경문을 종합적으로 모아서 그 문장의 변화를 다 설명하지도 못했고, 소극적인 측면에서는 좌구명의 전傳을 지키지도 못했다. 그리고 좌구명의 전에서 통하지 않는 내용이 있으면 모두 숨겨서 설명하지 않고, 더욱이 『공양전』·『곡량전』의 이론을 제멋대로 인용하여 『좌씨전』을 해석했으니, 다만 스스로를 혼란스럽게 할 뿐이었다. 지금 나의 책이 이전의 이론과 다른 이유는 오로지 좌구명의 전을 연구하여 경문을 해석했기 때문이다. 경문의 조리는 반드시 전에서 나오고, 전의 의례義例는 모두 여러 가지 범례(凡)로 귀결되니, 변례變例를 추론하여 포폄褒貶을 바로잡고, 『공양전』·『곡량전』 두 전에서 골라서 취하되 이단적인 내용을 버렸다. 이것이 좌구명의 본의이다.[67]

---

66) 『漢書』, 「楚元王傳」.
67) 『春秋左氏經傳集解』, 「序」(杜預).

두예가 『좌씨전』을 끌어와서 『춘추』를 해석한 것은 유흠·정현·가규·복건 등의 한대 학자들과 동일하다. 다만 그 차이는 한대 학자들이 대부분 "좌구명의 전을 지키지 못하고", 『공양전』·『곡량전』을 제멋대로 인용한 데 비해, 두예의 춘추학은 "오로지 좌구명의 전을 연구하여 경문을 해석한 것"에 그 핵심 요지가 있다는 점이다. 후세에 두예를 『좌씨전』의 충신忠臣으로 지목한 것은 바로 이 때문이다. 이에 대해 진진손은 다음과 같이 말했다. "오로지 좌구명의 전을 연구하여 경문을 해석했기 때문에 후세에 두예를 『좌씨전』의 충신으로 여겼다. 그 폐단은 혹 경문을 버리고 『좌씨전』을 믿는 것이니, 『좌씨전』에 충성한다면 경문은 어디에 쓰겠는가?"

원대의 황택黃澤(1260~1346)도 말했다. "두예의 『춘추』 해석이 비록 『좌씨전』을 곡진하게 따르지만, 경문의 요지와 위배되는 곳이 많다. 그러나 천착한 곳은 오히려 적다." 또 말했다. "두예는 좌구명의 전을 전문적으로 연구하여 경문을 해석했는데, 이것이 『춘추』에 대한 가장 큰 공적이다. 다만 『좌씨전』은 틀리거나 잘못된 곳이 있어서 반드시 힘써 변별하여 밝혀야만 거의 경문의 요지와 어긋나지 않을 것이다. 이것이 이른바 사랑하면서도 그 악함을 아는 것이다. 그러나 두예는 일체 『좌씨전』을 곡진하게 따르니, 이것이 그 폐단이다."[68] 이로써 두예 주석의 폐단도 또한 그가 『춘추』를 이해했다고 한 부분에 있다는 것을 알 수 있다.

이에 근거하면, 한대 좌씨학자들은 이미 삼전三傳을 함께 통하는 풍조가 있었다. 『춘추』 소공 9년, 진나라에 화재가 발생했다.(陳火) 가규가 말했다. "진陳나라를 근심하고 (진나라를 멸망시킨) 초나라를 용납하지 않는다. 따라서 진나라를 존속시켜서 기록했으니, 진나라가 여전히 나라임을 말한 것이다." 이 해석은 『공양전』·『곡량전』 두 전에서 취한 것이다. 살펴보건대, 『공양전』에서 말했다. "진나라는 이미 멸망했는데, 진나라에 화재가 발생했다고 말한 것은 무엇 때문인가? 진나라를 존속시킨 것이다."[69] 그리고 『곡량전』에서 말했다. "국도의 화재는 재災라고 하고, 읍의

---

68) 朱彝尊, 『經義考』, 권173에서 인용.

화재는 화火라고 한다. 화火는 기록하지 않는데, 여기에서는 무엇 때문에 기록했는가? 진나라를 불쌍하게 여겨서 존속시킨 것이다."70) 이로써 알 수 있듯이, 가규가 경전을 해석하는 과정에서 『공양전』·『곡량전』에서 채용할 만한 것을 모두 취하여 해석했고, 오로지 한 학파만을 위주로 하지 않았다.

사실 좌씨학자들만 두 전을 함께 채용한 것이 아니라, 공양학자들도 마찬가지이다. 따라서 하휴가 엄팽조嚴彭祖·안안락顏安樂의 무리들이 "다른 경전을 끌어들여서 그 구두句讀를 잃어버렸다"71)고 공격한 것이 바로 이것을 말한다. 이 때문에 하휴와 두예의 경전 연구는 모두 한 학파를 숭상하였다. 하휴는 오직 『공양전』에 근거하였고, 두예도 또한 오로지 『좌씨전』을 연구하여 『춘추』를 해석하였다. 따라서 두예의 책이 비록 '집해集解'라는 명칭이 붙어있지만, 여러 사람들의 해설을 잡다하게 뒤섞은 범녕范甯의 『춘추곡량전집해春秋穀梁傳集解』와는 전혀 같지 않고, 사실은 "경經의 연대(年)를 나누어서 전傳의 같은 연대에 붙이고, 경과 전의 뜻을 종류별로 모아서 각각의 사항에 따라 해석하였다."72) 따라서 육덕명의 『경전석문經典釋文』에서 말했다. "옛날에 공자의 경經과 좌구명의 전傳이 각각의 책이었는데, 두예가 합쳐서 해석했기 때문에 '경전집해經傳集解'라고 하였다. 두예가 『춘추좌씨경전집해』를 지은 것은 그 요지가 『좌씨전』을 『춘추』의 전傳으로 만드는 데 있었다. 심지어 경經을 굽혀서 전傳을 따르는 것도 애석하게 여기지 않았으니, 그의 「서문」에서 "경문을 종합적으로 모아서 그 문장의 변화를 다 설명했다"고까지 말한 것이 아마도 이것을 말한다. 이로 인해서 경과 전이 서로 어긋날 때, 두예는 완전히 전의 입장에 서서 해석했다.

그런데 두예가 "오로지 좌구명의 전을 연구하여 경문을 해석했는데", 원나라 사람인 황택黃澤은 그것이 "『춘추』에 가장 큰 공적이 있다"고까지 칭찬하였다. 장태염章太炎도 이에 대해 지극히 높여서, 유사배劉師培에게 보낸 편지에서 다음과

---

69) 『公羊傳』, 昭公 9년.
70) 『穀梁傳』, 昭公 9년.
71) 『公羊傳』, 「序」(何休).
72) 『左氏傳』, 「序」(杜預).

같이 말했다. "진남鎭南 지방에서 많은 학자들이 배출되었는데, 처음으로 전문적으로 50개의 범례凡例를 표지로 삼아서, 『공양전』·『곡량전』두 전을 다시는 잡다하게 끌어들이지 않았으니, 이것은 후대의 학자가 선사先師보다 뛰어난 것이다." 장태염은 청나라 말기에 활활 타오른『공양전』의 불꽃에 느끼는 바가 있었기 때문에 두예와 같은 뜻을 둔 것이다.

3. 주공周公과 공자孔子

유흠 이후로『주관周官』을 높이고, 또 그것을 주공周公의 작품으로 여겼는데, 그 의도는『주관』을 박사로 세우는 데 있었다.『좌씨전』의 경우에 유흠은 여전히 공자의『춘추』와 연결시켰지만, 두예는 주공을 더욱 존중하여『춘추』를 주공이 남긴 법도로 여겼다.

두예는 주공 및 제후들이 모두 사관史官을 두어서 국가의 큰일과 작은 일을 기록한 것이『춘추』라고 여겼다. 공자가 노나라의 역사 기록을 근거로 삼아『춘추』를 지은 것은 진실로 주공이 남긴 제도를 따른 것이기 때문에 공자가 손질한 것은 "그 진위眞僞를 고찰하고, 그 전례典禮를 기록함"으로써 주공의 뜻을 밝힌 것에 지나지 않는다. 공양가는『춘추』를 개제改制의 책으로 여겼는데, 그 의도는 주례周禮가 피폐했기 때문에 대부분의 제도는『춘추』에서 빼거나 더할 것일 뿐이다. 그러나 두예의 입장에서 보면, 공자의『춘추』는 단지 옛 전장제도를 그대로 따른 것에 지나지 않으며, 주나라에서 진나라로 변천하는 큰 형세에 대해서는 전혀 알지 못했다. 두예는 문호의 견해를 견지한 채, 단지『공양전』과 싸워서 이기려는 마음을 품고 있었으며, 그것이 바로 주공을 존중한 이유이다. 후세에『좌씨전』을 종주로 삼는 학자들이 비록 모두가 문호의 견해만을 제시한 것은 아니지만, 그들이 모두 성인의 개제의 요지를 이해하지 못했다는 측면에서는 마찬가지이다.

이로써 알 수 있듯이, 두예는 공자가 노나라 사관이 책에 기록한 문장을 근거로 삼아서『춘추』를 지었기 때문에 "『춘추』의 경문이 옛 역사서를 이어받아서 기록한 것"이라고 여겼다. 노나라 역사서 기록의 자료 출처는 사관이 기록한 본국의 사건 이외에, 그 나머지 여러 나라의 일은 "보고하면 기록하고, 그렇지 않으면 기록하지 않는" 원칙에 근거하여, 혹은 기록하고 혹은 기록하지 않았다. 따라서 "사관이 외국의 보고를 이어받아서 기록한 것"일 뿐이지 특별히 깊은 뜻이 있는 것은 아니다. 만약 이 주장과 같다면, 『춘추』에는 언급할 만한 의례義例가 없는 것 같고, 단지 "붓을 잡고 있는 그대로 기록한" 역사에 지나지 않을 뿐이다.

그 후에 피석서의 『경학통론·춘추통론』에서는 『춘추』가 경전인지 역사서인지에 관한 후세의 논쟁은 사실상 "경문이 옛 역사를 이어 받아서 기록했고, 사관이 외국의 보고를 이어 받아서 기록한 것"이라는 두예의 주장에 기인한 것이라고 주장했다. 또한 후세에 공자의 도가 존중받지 못한 것도 두예의 그릇된 주장이 그것을 막아 버렸기 때문이라고 말했다. 그런데 피석서의 이러한 논의를 살펴보면, 그 또한 두예를 깊이 아는 자가 아니다. 두예는 『춘추』를 단지 "사실에 근거하여 있는 그대로 기록한" 역사로 간주한 것이 아니라, 사실은 공자의 의례義例를 빼앗아서 주공에게 준 것에 지나지 않는다. 이와 같이 주공이 이미 만세에 법도를 남겼고, 공자는 "서술하되 짓지 않았으므로" 공자의 개제의 공적도 또한 사라지게 된다.

4. 『좌씨전』의 범례凡例

공양가의 입장에서 보면, 『좌씨전』은 일을 기록한 역사이지 『춘추』의 전傳은 아니다. 따라서 『좌씨춘추』를 『춘추좌씨전』으로 성립시키고자 한다면 반드시 두 가지 사항을 완성해야 한다. 첫째, 경문經文을 나누어서 전문傳文에 붙이는 것, 이것은 곧 두예가 장구章句로써 경문을 해석한 것이다. 둘째, 범례凡例를 증설하는 것, 이것은 곧 두예의 『춘추석례』이다.

『춘추』는 문장이 간략하고 의리가 풍부하며, 심지어 '글자 하나하나마다 포폄'(一字襃貶)이라는 서법이 있다. 따라서 『춘추』를 연구하는 자는 반드시 예例를 통해서 들어가야 한다. 한나라 초기에 『공양전』을 연구한 사람들은 이미 예를 많이 언급했다.

예를 들어 호무자도胡母子都는 『조례條例』가 있었고, 동중서는 비록 "『춘추』는 어디에 나 통용되는 문장(通辭)은 없으니, 사건의 변화에 따라서 문장이 바뀐다"[73]고 했지만, 또한 "『시』는 어디에나 통용되는 훈고(達詁)가 없고, 『역』은 어디에나 통용되는 점(達占)이 없고, 『춘추』는 어디에나 통용되는 문장(達辭)이 없다"[74]고 했으니, 그가 조례條例에 매우 능통했음을 알 수 있다. 후한 말기에 이르러, 하휴는 『문시례文諡例』가 있었고, 또한 호무생胡母生의 『조례』에 근거하여 『춘추공양전해고』를 지었으니, 공양가가 경전을 연구하는 실마리라고 할 수 있다. 『곡량전』의 여러 스승들, 예를 들어 범녕의 『곡량전』 해석에 예例가 있고, 별도로 『약례略例』를 만들었다. 또한 『곡량전』에서 말한 일월례日月例는 『공양전』보다 더욱 정밀하다.

따라서 유흠 이후로 『좌씨전』을 공부한 자들도 조례를 숭상하지 않는 사람이 없었다. 예를 들어 유흠은 『춘추좌씨전조례春秋左氏傳條例』 20권이 지었고, 가휘賈徽는 『좌씨조례左氏條例』 21편을 지었다. 정중鄭衆은 『춘추좌씨전조례春秋左氏傳條例』 9권과 『첩례장구牒例章句』 9권을 지었고, 영용潁容은 『춘추석례春秋釋例』 10권이 지었는데, 두예는 사실상 이 책들을 집대성했을 뿐이다. 이 외에 『수서』 「경적지」에 진晉나라 유식劉寔의 『춘추조례春秋條例』 11권, 방범方範의 『춘추경례春秋經例』 12권이 수록되어 있고, 저자의 이름이 없는 것 중에 『춘추좌씨전조례春秋左氏傳條例』 25권, 『춘추의례春秋 義例』 10권, 『춘추좌씨례원春秋左氏例苑』 19권, 『춘추오십범의소春秋五十凡義疏』 25권 등은 모두 조례로써 『좌씨전』을 연구한 책이다.

유흠 이후 모두가 『좌씨전』의 조례를 증설하려고 했으며, 이것은 실제로 『좌씨전』 경전 해석의 관건이 된다. 두예가 『좌씨전』을 『춘추』의 전으로 세우려고 했는데, 이를 위해서는 반드시 『좌씨전』의 범례를 증설해야 한다. 두예는 『춘추』의 '경문이 옛 역사서를 이어 받아서 기록한 것이고, 옛 역사는 주공의 '옛 전장제도와 예경禮經에 지나지 않는다고 여겼다. 그리고 『좌씨전』은 『춘추』의 역사적 사실을 상세하게 기록하

---

73) 『春秋繁露』, 「竹林」.
74) 『春秋繁露』, 「精華」.

고 있을 뿐만 아니라, 또한 "'범凡자'를 써서 예例를 말했기" 때문에 주공으로부터 나온 것이라고 주장했다. 두예의 의하면,[75] 『좌씨전』의 예例는 세 가지가 있다.

첫째, 50개의 범례(凡). 이것은 '주공이 전한 법과 사서史書의 옛 전장典章'이다. 『좌씨전』에서 말했다. "범례(凡)에 의하면, 제후는 동맹을 맺어야만 이에 이름을 부른다. 따라서 죽으면 이름을 기록하여 부고한다. 이것은 임금의 죽음과 계승자를 보고함으로써 우호관계를 계속하고 백성을 편안하게 하기 위해서이니, 이것을 예경禮經이라고 한다."[76] 이것은 『좌씨전』에서 처음으로 범례를 드러낸 것이다. 두예는 "이것은 범례가 바로 주공이 지은 예경임을 말한 것이다"[77]고 풀이했다. 또 『좌씨전』에서 말했다. "범례(凡)에 의하면, 제후에게 큰일이 발생했을 때, 보고하면 기록하고 보고하지 않으면 기록하지 않는다."[78] 두예는 "명命은 국가의 중대한 일에 관한 정치 명령이다. 그 나라가 보고한 말을 이어 받아서 사관이 사책史策에 기록하고, 만약 떠도는 말을 전해들은 것이지 그 나라 임금이 사신을 보내 보고한 것이 아니라면 그 일은 간판簡牘에 기록할 뿐 전책典策에는 기록하지 않는다. 이것은 주례의 옛 제도이다."[79] 이로써 알 수 있듯이, '범凡'이라고 말한 것은 모두 나라를 경영하는 일정한 제도이지, 공자가 처음으로 책서策書를 만들어 예법을 스스로 제작한 것이 아니다.

둘째, 변례變例. '서書', '불서不書', '선서先書', '고서故書', '불언不言', '불칭不稱' 및 '서왈書曰' 등의 7종류가 있다. 50개의 범례는 정례正例이고, 이 7종류는 변례變例이다. 정례는 주공으로부터 나왔으므로 옛날의 예例이고, 변례는 공자로부터 나왔으므로 새로운 예例이다.

셋째, 새로운 뜻(新意). 공영달이 말했다. "공자가 『춘추』를 손질한 것은 위로는 주나라의 제도를 따르고, 아래로는 세상의 가르침을 밝히고자 했기 때문이다. 옛

---

75) 『左氏傳』, 「序」(杜預).
76) 『左氏傳』, 隱公 7년.
77) 『左氏傳』, 隱公 7년, 杜預 注.
78) 『左氏傳』, 隱公 11년.
79) 『左氏傳』, 隱公 11년, 杜預 注.

역사서에 잘못이 있으면 손질하여 바로잡을 수 있었기 때문에 그것을 변례變例로 삼았다. 옛 역사에 기록되어 있지 않으면 손질하여 바로잡을 수 있는 것이 없기 때문에 이것도 또한 변별하였다. 또 역사서에 기록되어 있지 않는 것 중에서 공자의 생각과 딱 맞는 것이 있으면, 공자가 곧바로 그것을 의리로 삼았다. 옛 역사서를 고친 것 및 역사서에 기록되지 않은 것, 이 두 가지가 『춘추』의 새로운 뜻(新意)이다. 따라서 『좌씨전』에서도 '범凡'이라고 말하지 않고, 매 사건을 나누어 해석하고, 자세하게 그 뜻을 통하게 하였다."80) 예를 들어 선공 10년 "최씨가 위나라로 도망쳤다."(崔氏出奔衛) 공영달이 말했다. "최저崔杼가 아직 죄를 짓지 않았는데, 제齊나라 사람들이 그 일을 의심하였다. 따라서 그의 이름을 말하지 않고, 간략하게 최씨崔氏라고 말했으니, 온 가족이 도망친 것을 드러냈을 뿐이다. 공자가 문장을 손질할 때, 대부가 도망쳤을 때 죄가 없으면 이름을 기록하지 않았다. 이름을 기록하지 않으면 곧 죄가 없는 것이다. 따라서 제나라에서 보고할 때 씨氏를 말한 것을 그대로 따라서 씨氏를 기록하여 죄가 없음을 드러냈다."81) 이것은 제나라의 보고에서 이름을 기록하지 않았으니, 옛 역사서에도 또한 이름이 없는 것이다. 공자가 경문을 손질할 때, 최씨가 죄도 없이 쫓겨났기 때문에 이름을 기록하지 않는 것이 범례라고 여겼다. 이것은 옛 역사서의 문장이 공자의 뜻과 딱 들어맞았기 때문에 그대로 따라서 사용한 것이다. 그렇지만 그 뜻은 새롭기 때문에 이것이 새로운 뜻(新意)이 된다.

이 외에 또 의례義例가 없는 경우도 있다. 나라에 큰일이 있으면 사관이 반드시 기록한다. 그러나 그 일에 아무런 득실이 없으면 『좌씨전』에서도 선악을 드러내지 않고, 그 결과를 있는 그대로 기록할 뿐이다. 예를 들어 은공 원년 "송나라 사람과 숙에서 맹약을 맺었다"(及宋人盟於宿)에 대해, 『좌씨전』에서 "비로소 우호를 통하였다"고 했고, 두예는 "경문에 의례義例가 없기 때문에 『좌씨전』에서 그 결과를 있는 그대로 말했을 뿐이다. 다른 것도 모두 이와 마찬가지이다"82)라고 했다.

---

80) 『左氏傳』, 杜預 「序」의 孔穎達 疏.
81) 『左氏傳』, 宣公 10년, 孔穎達 疏.
82) 『左氏傳』, 隱公 원년, 杜預 注.

『좌씨전』 그 자체로 예(例)가 있는데, 양한시대 박사들은 이에 대해 반드시 부인한 것은 아니다. 그러나 좌씨학자들의 뜻은 여전히 거기에 그치지 않고, 그 예를 공자에게 가탁하고자 했다. 두예는 심지어 공자의 예(例)를 없애고 주공의 '50개 범례'라는 이론을 만들었다. 따라서 피석서는 다음과 같이 말했다. "두예 이전에는 예를 들어 가규·복건 등 『좌씨전』을 연구한 학자들은 범례를 주공의 작품이라고 여긴 적이 없다."[83] 여기에 이르러 『좌씨전』은 단지 『공양전』·『곡량전』과 견줄 수 있을 뿐만 아니라 『공양전』·『곡량전』을 능가하게 되었다.

그런데 두예가 주공을 존중한 것이 근거가 없는 것은 아니다. 『좌씨전』의 기록에 의하면, 한선자(韓宣子)가 노(魯)나라에 가서, "태사씨(太史氏)의 집에 가서 도서를 구경할 때, 『역상(易象)』과 『노춘추(魯春秋)』를 보고서 '주례(周禮)가 모두 노나라에 있구나. 나는 오늘에야 주공의 덕과 주나라가 왕이 된 까닭을 알게 되었다'고 했다."[84] 두예의 주에서 말했다. "『역상』은 상하경(上下經)의 상사(象辭)이다. 『노춘추』는 역사를 기록한 책서(策書)이다. 『춘추』는 주공의 전법(典法)에 따라 일을 서술하였기 때문에 '주례가 모두 노나라에 있다'고 말한 것이다." 또 말했다. "『역상』과 『춘추』는 문왕과 주공이 지은 것이다."[85] 이에 근거하면, 주공이 지은 것이 모두 노나라에 있었으며, 공자가 노나라 역사를 기록한 책서(策書)에 근거하여 『춘추』를 손질했으므로 당연히 주공의 전법(典法)이다. 이것이 바로 두예가 주공을 높이는 이유이다.

또한 공자는 "서술하되 짓지는 않았다"고 스스로 겸손하게 말했으니, 주공의 전법을 서술하고 고치지 않은 것이다. 진실로 이 주장과 같다면, 공자와 후세의 사관은 사실상 큰 차이가 없고, 기껏해야 "옛 역사서의 문장에 근거하여 주공의 법을 다시 닦은 것"에 지나지 않는다. 이로 인해서, 청대 학자들이 두예를 강력하게 비판했을 때, 장태염은 두예의 학문을 칭송하는 것을 꺼리지 않았는데, 그 의도는 비록 『공양전』을 비판하는 데 있었지만, 그 폐단은 결과적으로 공자를 사마천·반고

---

83) 皮錫瑞, 『經學通論·春秋通論』.
84) 『左氏傳』, 昭公 2년.
85) 『左氏傳』, 昭公 2년, 杜預 注.

와 같은 뛰어난 사관의 수준으로 강등시키는 데까지 이르렀다.

두예는 『춘추』의 예例는 정례正例·변례變例·신례新例·구례舊例가 있다고 말했다. 이것은 이제까지 없었던 두예의 새로운 발견이라고 할 수 있다. 공영달이 말했다. "앞선 학자들 중에 『춘추』를 말한 사람이 많은데, 모두가 좌구명이 자신의 뜻에 따라 전傳을 지어서 공자의 경經을 해설했다고 말했으니, 범凡자를 쓴 것이 구례舊例이고 범凡자를 쓰지 않은 것이 신례新例라는 구별이 없었다." 또 말했다. "두예 이전에는 신례新例와 구례舊例의 차이점이 있는지 알지 못했다."86) 두예 이전의 고학古學에서는 『좌씨전』을 전傳으로 세우려고 했기 때문에 반드시 좌구명이 "공자를 직접 보았다"는 것을 근거로 삼아서 말했다. 그런데 두예는 새로운 길을 개척하여 주공을 존중하고 공자를 억눌렀다. 따라서 공자에게 가탁한 『공양전』·『곡량전』은 그 자체로 『좌씨전』에 비견될 수 없었다.

중당中唐 이후에 처음으로 "주공이 범례를 드러냈다"는 두예의 주장을 반박하는 학자가 있었다. 조광趙匡이 다음과 같이 말했다.

두예가 말했다. "범례凡例는 모두 주공의 옛 전장제도와 예경禮經이다." 『좌씨전』의 범례를 살펴보면 다음과 같다. "범례에 의하면, 임금의 시해를 기록할 때 임금의 이름을 말한 것은 임금이 무도했기 때문이며, 신하의 이름을 말한 것은 신하의 죄이다."(『좌씨전』, 선공 4년) 그렇다면 주공이 임금을 시해하는 의례義例를 먼저 설치한 것인가? 또 말했다. "범례에 의하면, 군대를 크게 사용하면 멸망시켰다(滅)고 말하고, 땅을 점유하지 않으면 들어갔다(入)고 말한다."(『좌씨전』, 양공 13년) 또한 주공이 서로 멸망시키는 의례義例를 먼저 설치한 것인가? 또 말했다. "범례에 의하면, 제후들이 동맹을 맺으면, 죽었을 때 이름을 기록하여 부고한다."(『좌씨전』, 은공 7년) 이것은 주공이 선군先君의 이름을 불러서 이웃 나라에 보고하도록 한 것인가? 비록 이적夷狄이라고 하더라도 이러한 지경에 이를 리는 없다. 또 말했다. "범례에 의하면, 평지에 눈이 한 자가 쌓이면 큰 눈(大雪)이다."(『좌씨전』, 은공 9년)

---

86) 『左氏傳』, 杜預 「序」의 孔穎達 疏.

이것을 재앙으로 여긴 것인가? 한 자의 눈은 풍년의 징험이다. 아니면 일상적인 예例로써 마땅히 기록해야 한다고 여긴 것인가? 242년 동안 큰 눈이 두 차례만 내렸을 리가 없다. 이와 같은 종류는 같은 부류의 범례로 묶어서 말할 수가 없다.[87]

유종원柳宗元도 말했다. "두예는 예例가 주공의 상법常法이라고 말했는데, 침侵·벌伐·입入·멸滅의 예例를 주나라가 흥성했을 때 그 법을 미리 세웠을 리가 없다는 것을 모른 것이다." 조광과 유종원의 반박과 비판이 매우 명쾌하니, 설령 황천에서 일어난다고 하더라도 두예가 어떻게 해명할지 모르겠다.

피석서의 『경학통론·춘추통론』에서 다음과 같이 말했다.

만약 주공의 시대에 의례義例가 이미 있었다면, 공자가 어찌 주공을 말하지 않고 훔쳐서 자기의 작품으로 삼을 수 있겠는가!……『주례』에 비록 사관史官이 있지만, 사관에게 범례가 있다고 말한 적이 없다. 두예는 한선자韓宣子와 관련된 애매모호한 문장에 전적으로 의거했으니, 앞선 사람들이 만들어 놓은 규칙을 뒤집고서 『좌씨전』에서 드러낸 범례 50개를 주공의 옛 범례로 삼았다. 주나라가 쇠퇴하여 사관의 직책이 혼란스러워져서 주공의 옛 제도를 어기는 경우가 많으니, 공자가 조금 손질하여 바로잡고, 나머지는 모두 옛것을 그대로 따라서 고치지 않았다.…… 두예는 이것이 새로운 발견이며 진실로 앞선 학자들과 다르다고 말하는데, 사실은 크게 어긋난 것이다.

주공이 범례를 드러냈다는 주장은 비록 믿을 만한 것이 못되지만, 『좌씨전』에 범례가 있는 것도 또한 가릴 수 없는 사실이다. 이 때문에 후세의 학자들이 『공양전』과 『좌씨전』의 차이를 논할 때, 경문의 범례(經例)와 사법史法을 근거로 삼아서 논하는 경우가 많았다. 『좌씨전』이 비록 그 일을 있는 그대로 기록했지만, 포폄이나 시비를 따지는 경우가 많다. 그때 근거한 것이 바로 주나라의 사람의 법도와 전법典法이며, 그것이 바로 두예가 말한 범례이다. 이것은 진실로 『춘추』의 의리가 있는 곳이기

---

87) 陸淳, 『春秋集傳纂例』, 권1, '趙氏損益義'.

때문에 후세의 역사가들이 모두 어길 수 없으며, 경經과 사史의 동일함이 바로 여기에 있는 것이다. 그런데 경과 사의 차이는 공자가 주나라 문화의 쇠퇴함을 거울삼아서, 실제로 제도를 개혁하여 후세에 법도를 남기고자 한 데 있다. 이것이 바로 공자가 『춘추』를 지은 은미한 뜻이며, 『공양전』에서 포착한 경례經例이다.

5. 일월日月을 범례로 삼지 않음

두예는 『공양전』·『곡량전』의 예例를 크게 비판하고, 항상 두 전이 견강부회하여 의례義例를 제멋대로 만들었다고 주장했다. 『공양전』·『곡량전』이 예를 말한 것의 부당함에 대해 두예가 비판한 내용은 여러 곳에서 볼 수 있다.

『공양전』·『곡량전』은 모두 시월일례時月日例에 상세하지만, 『좌씨전』은 일식日食과 대부졸大夫卒을 기록한 것 이외에 그 나머지는 모두 범례로 여기지 않는다. 은공 원년, 공자 익사가 죽었다.(公子益師卒) 『좌씨전』에서 말했다. "중보衆父가 죽었다. 은공이 소렴小斂에 참여하지 않았기 때문에 경문에 죽은 날짜를 기록하지 않았다."[88] 환공 17년, 겨울, 10월, 초하루, 일식이 있었다.(冬, 十月, 朔, 日有食之) 『좌씨전』에서 말했다. "날짜를 기록하지 않은 것은 사관이 빠뜨린 것이다."[89] 희공 15년, 5월, 일식이 있었다.(五月, 日有食之) 『좌씨전』에서 말했다. "초하루와 날짜를 기록하지 않은 것은 사관이 빠뜨린 것이다."[90] 이것이 『좌씨전』에서 시월일례時月日例를 말한 것이다. 따라서 두예는 『공양전』·『곡량전』의 시월일례에 대해 크게 비판하고, "『춘추』에서는 모두 일월日月을 범례로 삼지 않는다"[91]고 주장하였다.[92]

그런데 한나라 때 유흠이 신의新義를 처음으로 말한 이후, 홍薨·졸卒에 대해 일월日月을 상세하게 기록하거나 기록을 생략하는 범례가 생겨났다. "일월의 기록이

---

88) 『左氏傳』, 隱公 원년.
89) 『左氏傳』, 桓公 17년.
90) 『左氏傳』, 僖公 15년.
91) 『左氏傳』, 隱公 원년, 杜預 注.
92) 杜預, 『春秋釋例』, 권1, '大夫卒例'.

상세한 것은 조문할 때 부의 물품이 갖추어진 것이며, 일월의 기록이 생략된 것은 조문할 때 빠뜨린 것이 있는 것이다."93) 그 후에 가규賈逵·허숙許淑·영용穎容이 서로 계승하여, 회맹盟會·출분出奔·전戰·시삭視朔 등의 여러 일에 대해서도 모두 시월일례를 두었다. 『좌씨전』의 공영달 소와 『공양전』의 서언 소 등에서도 가규의 시월일례와 관련된 주장을 많이 인용했다. 이로써 한대 좌씨학자들이 여전히 『공양전』·『곡량전』의 영향에서 벗어나지 못했다는 것을 알 수 있다. 두예는 비록 유흠이 "대의大義를 밝게 통했고", 가휘와 가규 부자·허숙이 "앞선 학자들 중에 뛰어난 사람들이며", 영용의 경우에는 "비록 학식이 얕지만 또한 명가名家였다"고 칭찬했지만,94) 이런 학자들의 폐단은 『공양전』·『곡량전』 두 전에 빠져서 일월日月과 포폄襃貶의 범례를 제멋대로 만든 데 있다.

시월일례에 대해, 후대의 학자들이 『공양전』·『곡량전』을 강력하게 비판하여, 그것이 대부분 견강부회와 천착이라고 주장했고, 심지어 『춘추』의 시時·월月·일日 기록에는 절대 의례義例가 없다고 말했다. 이러한 의론은 사실상 정상을 참작하지 않은 것이다. 예를 들어 대부가 죽었을 때, 혹은 날짜를 기록하고 혹은 달수를 기록하는데, 날짜를 기록한 것은 군주의 은혜를 드러낸 것이고, 날짜를 기록하지 않은 것은 죄가 있어서 생략한 것이므로 사실상 자연스러운 이치이다. 장례의 경우, 혹은 달수를 기록하고 혹은 계절을 기록하므로 졸卒에 관한 기록에 비해서는 다소 소략하다. 그런데 오늘날의 부고를 보더라도, 졸卒에 대해서는 항상 몇 분 몇 초까지 상세하게 기록하지만, 장례는 단지 시일時日을 기록할 뿐이므로 이것도 또한 자연스러운 이치이다. 또 성을 증축하거나 새로 쌓는 것(城築)에 대해 계절을 기록하는 범례는 지금도 또한 마찬가지이다. 어떤 건축물의 준공을 보면, 아무 날(某日)에 준공했다고 기록할 가능성은 거의 없기 때문에 항상 해를 기록하거나 기껏해야 시월時月을 기록할 뿐이다. 또한 시해(弒)는 날짜를 기록하는 것이 범례이다.

---

93) 杜預, 『春秋釋例』, 권3.
94) 『左氏傳』, 「序」(杜預).

이것은 큰 악이기 때문에 당연히 삼가서 기록하는 것이 일상적인 이치이며, 사실상 이상하게 여길 만한 것이 없다.

6. 후세에 두예를 바로잡음

두예의『춘추좌전경전집해』가 세상에 유통된 후에, 그 책의 잘못을 지적하여 진술한 사람이 어느 시대에나 다 있었다. 양梁나라 때 좌씨학을 전수받았던 학자들은 모두 가규와 복건의 뜻을 가지고 두예를 비난하고 반박했으며, 그것은 모두 180조목이다. 또 최영은崔靈恩은 복건이 해석한『좌씨전』을 먼저 공부했는데, 강동江東 지역에 그 해석이 통행되지 않자 두예의 뜻을 바로잡아서 설명했다. 매 문구마다 항상 복건의 해석을 진술하면서 두예를 비판했으며, 마침내『좌씨조의左氏條義』를 저술하여 그 뜻을 밝혔다.95) 또 유현劉炫은『춘추규과春秋規過』3권을 지어서 두예 주의 잘못을 전문적으로 바로잡았는데,『옥함산방집일서玉函山房輯佚書』에 150여 조목이 남아 있다. 악손樂遜은 복건의『춘추』를 종주로 삼아서『춘추서의春秋序義』를 지었으며, 가규와 복건의 이론을 통합하여 두예의 잘못을 드러내었다.96)

청대에는 학자들이 두예의 주를 보완하여 바로잡거나 비판하는 것이 거의 유행처럼 일반화되었다. 고염무顧炎武가『좌전두해보정左傳杜解補正』을 지은 것을 시작으로, 그 후에 고사기高士奇의『춘추지명고략春秋地名考略』, 진후요陳厚耀의『춘추장력春秋長曆』과『춘추씨족보春秋氏族譜』, 혜사기惠士奇의『춘추설春秋說』, 혜동惠棟의『좌전보주左傳補注』, 강영江永의『춘추지리고실春秋地理考實』, 고동고顧棟高의『춘추대사표春秋大事表・두주정위표杜注正僞表』, 홍량길洪亮吉의『춘추좌전고春秋左傳詁』, 양리승梁履繩의『좌통보석左通補釋』, 초순焦循의『춘추좌전보소春秋左傳補疏』, 심흠한沈欽韓의『좌전보주左傳補注』, 정안丁晏의『좌전두해집정左傳杜解集正』, 마종련馬宗璉의『좌전보주左傳補注』, 이이덕李貽德의『춘추좌씨전가복주집술春秋左氏傳賈服注輯述』, 유문기劉文淇

---

95)『南史』,「儒林傳」참고.
96)『周書』,「儒林傳」참고.

의 『춘추좌씨전구주소증春秋左氏傳舊注疏證』, 유월兪樾의 『춘추좌전평의春秋左傳平義』,
유사배劉師培의 『춘추좌씨전고례전징春秋左氏傳古例詮徵』 등 10여 종류의 책이 있다.

지금 청대 학자들의 논의를 종합해 보면, 두예 주의 잘못은 크게 다섯 가지로
압축될 수 있다.

첫째, 『좌씨전』에 대한 믿음이 너무 지나쳐서, 심지어 경문을 억지로 끌어다가
전문에 맞춘다. 장공 6년, "제나라 사람이 노나라로 와서 위나라 포로를 주었다"(齊人來
歸衛俘)는 경문에 대해, 『좌씨전』 전문에는 "제나라 사람이 노나라로 와서 위나라
보물을 주었다"(齊人來歸衛寶)로 되어 있다. 경문의 부俘자와 전문의 보寶자의 차이에
대해 두예는 "아마도 경문의 부俘자가 오자인 듯하다"[97]고 했다. 양공 3년, "6월,
무인일, 숙손표가 제후의 대부 및 진나라 원교와 맹약을 맺었다."(六月, 戊寅, 叔孫豹及諸侯
之大夫及陳袁僑盟) 두예가 말했다. "『좌씨전』에 근거하면, 맹약은 가을에 있었으므로
『장력長曆』으로 추산하면, 무인일은 7월 13일이다. 경문에서 6월이라고 기록한 것은
오류이다."[98] 두예가 『좌씨전』을 존중하고 믿는 것이 이와 같았기 때문에 결국
전문을 근거로 경문을 의심하는 지경에까지 이르렀다.

청대 정안丁晏이 주자의 주장을 인용하여 다음과 같이 말했다. "두예의 『좌씨전』
해석은 경문을 보지 않고 자기 스스로 책을 만든 것이다." 또 말했다. "내가 살펴보건대,
주자는 두예가 경문을 보지 않았다고 말했는데, 그 주장이 가장 정확하다. 두예는
경문에 맞추어 해석하려고 했지만, 사실상 『춘추』 경문의 요지에 대해서는 전혀
이해하지 못했다."[99] 원대의 황택黃澤(1260~1346)이 말했다. "두예의 『춘추』 해석이
비록 『좌씨전』을 곡진하게 따르지만, 경문의 요지와 위배되는 곳이 많다. 그러나
천착한 곳은 오히려 적다."[100] 또 말했다. "두예는 좌구명의 전傳을 전문적으로
연구하여 경문을 해석했는데, 이것이 『춘추』에 대한 가장 큰 공적이다. 다만 『좌씨전』

---

97) 『左氏傳』, 莊公 6년, 杜預 注.
98) 『左氏傳』, 襄公 3년, 杜預 注.
99) 丁晏, 『左傳杜解集正』, 권1.
100) 趙汸, 『春秋師說』, 卷上.

은 틀리거나 잘못된 곳이 있어서 반드시 힘써 변별하여 밝혀야만 거의 경문의 요지와 어긋나지 않을 것이다. 이것이 이른바 사랑하면서도 그 악함을 아는 것이다. 그러나 두예는 일체 『좌씨전』을 곡진하게 따르니, 이것이 그 폐단이다."101) 황택은 비록 두예를 존중했지만, 두예가 경문을 의심한 잘못을 숨기지 않고 지적했다. 『사고전서총목제요』에서 말했다. "두예의 주는 대부분 경문을 억지로 끌어다가 전문에 맞추었고, 공영달의 소도 대부분 두예를 높이고 유현劉炫을 낮추었다. 이것은 모두 자기 학파의 학설만을 독실하게 믿은 잘못이니, 하나의 잘못이라고 말하지 않을 수 없다."102) 이처럼 『사고전서총목제요』에서도 또한 두예를 옹호하지 않았다.

둘째, 훈고訓詁·명물名物·제도制度·지리地理의 잘못. 홍량길洪亮吉이 말했다. "나는 젊었을 때 스승으로부터 『춘추좌씨전』을 배웠는데, 곧바로 두예의 훈고訓詁·지리地理의 학문이 너무 엉성하다고 느꼈다. 장성하여 한대 학자들이 경전을 해석한 여러 책들을 널리 살펴보고서, 더욱더 두예의 주석이 경문을 제대로 이해하지 못하여 옛 훈고에 미치지 못한 것이 열 중에 대여섯임을 깨달았다. 그런데 또한 두예가 비록 스승에게 전수한 것이 없었지만, 이상한 점은 그 당시에 여지輿地에 정통한 학자, 예를 들어 배수裴秀·경상번京相璠·사마표司馬彪 등의 무리들이 여전히 안팎으로 포진하고 있었다는 점이다. 훈고訓詁의 측면에서 논한다면, 『좌씨전』이라는 경전은 진원陳元·정중鄭衆·가규賈逵·마융馬融·연독延篤·복건服虔 등 여러 사람들의 이론이 모두 존재한다. 만약 심혈을 기울여 그 이론들을 찾아 모아서, 참조하여 헤아려 보면 정확하게 훈고할 수 있는데, 어찌 자기만 옳다고 고집하여 제멋대로 해석한 것이 이러한 지경에 이르렀는가?"103) 심흠한沈欽韓도 또한 말했다. "내가 나의 천박함을 헤아리지도 못하고 『춘추좌씨전보주春秋左氏傳補注』12권을 지었다.

101) 趙汸, 『春秋師說』, 卷下.
102) 『四庫全書總目提要』, 「經部·春秋類 一」, '春秋左傳正義' 조목.
　　역자 주: 『사고전서총목제요』의 原注에서 "살펴보건대 劉炫이 『杜解規過』를 지어 두예의 해석을 공격했는데, 그가 반박하여 바로잡은 모든 내용을 공영달의 소에서는 잘못이라고 여겼다"고 했다.
103) 洪亮吉, 『春秋左傳詁』, 「自序」.

두예의 주에서 경문을 위배하고 전문을 왜곡한 것에 대해, 잘못을 살펴서 드러냈으니, 모두 유현劉炫 · 위기륭衛冀隆이 미치지 못하는 바이다. 두예 주의 전장典章 · 명물名物 · 훈고訓詁는 그 잘못되었거나 빠진 것을 모두 보완했다. 10여 년 동안 마음을 다하여 지금에서야 비로소 책을 완성하였다."104)

셋째, 역법曆法의 잘못에 관하여. 유흠 이후로『좌씨전』학자들은 대부분 역술曆術에 정통했는데, 두예도 또한『춘추장력春秋長曆』이라는 저술이 있다. 청대의 진후요陳厚耀 · 고동고顧棟高는 두예가 기록한 역법曆法의 잘못을 많이 논했다.

『춘추』희공 5년, 봄, 진나라 임금이 그 세자 신생을 죽였다.(春, 晉侯殺其世子申生) 그런데『좌씨전』에서는 이 기사를『좌씨전』희공 4년 "12월, 무신일, 태자가 신성에서 스스로 목매어 죽었다"(十二月, 戊申, 縊於新城)라는 기사 뒤에 이어 놓았다. 그리고 두예는 "춘春이라고 기록한 것은 진나라가 보고한 그대로 따른 것이다"105)고 풀이했다. 고동고顧棟高는 다음과 같이 주장했다.『춘추』를 살펴보면, 춘春이라고 기록하고 달수를 기록하지 않은 것은 대체로 2월이다. 진晉나라는 하나라의 역법을 사용했으므로 진나라의 12월은 주나라의 봄 2월이다. 진나라는 12월로 보고했는데, 노나라 사관이 주나라의 역법을 사용하여 봄이라고 고쳐서 기록했을 뿐이다. 두예가 진나라 사람이 보고한 날짜를 따라서 기록했다고 한 것은 잘못이다.

넷째, 이전 학자들의 주장을 그대로 표절하고 출처를 밝히지 않았다. 두예의 주는 한漢 · 위魏 여러 학자들의 이론을 많이 취했는데도 항상 출처를 밝히지 않았기 때문에 결국 청대 학자들의 비난을 초래했다. 심흠한沈欽韓이 말했다. "가규 · 복건의 주注는 지금 이미 전하지 않지만, 그 핵심적인 내용은 두예에 의해 선택적으로 몰래 취해졌다. 공영달의 소에서는 그들의 주에서 자질구레한 내용을 발췌하여 빈정거리며 비웃었다. 그런데 다른 경전, 예를 들어『주례』·『의례』의 소에서 인용한 복건의 주는 여전히 예전 경사經師의 강습을 상상해 볼 수 있어서,『좌씨전』의

---

104) 沈欽韓,『左傳地名補證』.
105)『左氏傳』, 僖公 5년, 杜預 注.

모습처럼 뒤집히고 변질된 지경에까지는 이르지 않았다." 정안丁晏이 말했다. "두예가
『춘추좌씨경전집해』「서」를 쓸 때, 유흠劉歆·가휘賈徽와 가규賈逵 부자·허숙許淑·영
용穎容을 갖추어 거론했는데, 모두 한대의 학자들 중에 유명한 사람들이다. 그런데
유독 복건服虔의 이름을 빠뜨리고 말하지 않았다. 공영달은 복건이 여러 학자들보다
수준이 떨어지기 때문에 버려두고 논하지 않았다고 했는데, 이것은 두예를 비호한
잘못된 주장이다. 복건의 학문은 당시에 매우 성행하였고, 동진시대에 이미 박사가
설치되었으니, 그의 이름을 빠뜨려서는 안 된다. 거듭 살펴본 뒤에 두예가 복건의
이론을 몰래 훔쳐서 자기의 주로 삼았다는 것을 확실히 알게 되었다. 따라서 고의로
그의 이름을 없앴으니, 두예가 속여서 숨긴 마음씀이 너무나 천박하다. 지금 복건의
주에서 그나마 남아 있는 것은 그 이론이 두예와 같으니, 삼가 『춘추좌전정의』에서
인용한 복건의 주를 근거로 삼아서, 시험 삼아 하나하나 진술해 보겠다." 정안은
두예가 비록 유흠·가규·허숙·영용의 이름을 거론했지만, 당시에 성행하던 복건의
주에 대해서는 의도적으로 그 이름을 없앴기 때문에 두예가 복건의 주를 몰래
훔친 것이 틀림없다고 주장하였다.

다섯째, '양암諒闇에 거처하면서 복상 기간을 마친다'는 예법에 관하여. 『의례儀禮』
「복상喪服」편에 의하면, 제후가 천자를 위해, 신하가 임금을 위해 모두 참최斬衰
3년의 상복을 입는 것은 본래 의심할 여지가 없다. 그런데 한대 문제文帝가 장사葬事를
지낸 후 상복을 벗고 길복으로 바꾸어 입는 상복 제도를 제정한 이후로, 후세에
임금을 위한 상복은 모두 단상短喪이 관습이 되었고, 삼년의 예법으로 돌아가지
않았다. 위무제魏武帝 조조曹操가 죽었을 때, 살아 있을 때 단상短喪을 하라고 명을
남겼는데, 1개월이 지나지 않아서 장례를 지내고, 장례가 끝나자 상복을 벗었다.[106]
사마소司馬昭가 죽었을 때, 진晉 무제武帝 사마염司馬炎도 한漢·위魏시대의 전례에

---

106) 『좌씨전』 소공 15년에 다음과 같은 기록이 보인다. "晉나라 荀躒이 周나라에 가서,
穆后를 장례지낼 때, 籍談이 副使로 따라갔다. 장례를 마치자 주나라 왕은 상복을
벗었다." 이 기록에 근거하면, 漢魏시대에 장례를 마치면 상복을 벗는 제도는 또한
『좌씨전』에 근본을 둔 것이다.

따라서 장례가 끝나자 상복을 벗었는데, 그래도 심의深衣를 입고 소관素冠을 썼으며, 연회를 중지하고 선식膳食을 폐했으며, 이 예법으로 삼년상을 마쳤다. 그 후에 무제武帝가 태후太后의 거상에서도 또한 그와 같이 하였다. 그 당시에 많은 신하들은 상소를 올려 간언하여, 무제를 저지하고 한·위 시대의 옛 제도를 회복하고자 하였다.

후대의 학자들이 두예의 '단상短喪' 주장을 강하게 비판한 것은 모두 이 때문이다. 그런데 한·위시대의 옛 제도는 단지 장례를 끝마치고 상복을 벗는 것에 지나지 않는데, 지금 두예는 상복을 벗은 이후에도 여전히 양암諒闇 3년을 다하고 상사喪事를 끝낸다고 여겼다. 이 주장에 근거하면, 두예의 의론은 사실상 단상이 아니다. 그런데 두예는 또한 박사 진규陳逵의 의론을 공격하여, 「상복」편에서 말한 3년은 일반 백성이 3년에 복상을 마치는 것과는 같지 않다고 여겼는데, 그것이 사실 양암 3년의 의미이다. 두예의 '단상'의 주장은 바로 이것을 말한다.

따라서 두예는 이 주장을 취하여 『좌씨전』을 해석했다. 『좌씨전』 은공 원년에서 말했다. "살아 있는 자를 조문하되 슬퍼할 때에 미치지 못한다."(吊生不及哀) 두예가 말했다. "제후 이상은 장례를 지내고 나면 최복衰服을 벗고 곡위哭位를 없애고서 양암諒闇에서 3년의 상례를 마친다."[107] 또 『좌씨전』 문공 원년에서 말했다. "범례에 의하면, 임금이 즉위하면 경卿이 나가서 여러 나라를 두루 빙문하여 옛 우호를 지속하고, 외국과 원조 조약을 체결한다."(凡君卽位, 卿出並聘, 踐修舊好, 要結外援) 두예가 말했다. "『좌씨전』에서 이 일로 인해 범례를 말하여 제후가 양암諒闇, 즉 상중喪中에 있어도 국사에는 모두 길례吉禮를 사용한다는 것을 밝혔다."[108] 양암諒闇은 순흉純凶이 아니기 때문에 길례吉禮를 사용해도 지장이 없다. 이로써 두예는 모두 '양암諒闇 삼년三年'의 뜻을 취하여 왕자의 '삼년상'을 해석했다는 것을 알 수 있다. 청대 주대소朱大韶는 『좌씨단상설左氏短喪說』이라는 글이 지었는데, 두예의 단상短喪 이론이 『좌씨전』에서 나왔다고 주장하였다.

---

107) 『左氏傳』, 隱公 원년, 杜預 注.
108) 『左氏傳』, 文公 원년, 杜預 注.

이로 인해서 고동고顧棟高는 두예 '단상短喪' 이론의 잘못을 다음과 같이 극론하였다.

두예는 대대로 벼슬한 것이 지극히 오래되었고, 책을 읽은 것도 지극히 깊으며, 당시에 삼년상을 행하는 자들이 대부분 술을 마시고 고기를 먹으며, 연회를 베풀고 결혼을 하여, 법도를 따르지 않는 것을 직접 보았다. 하물며 천자의 상喪이라는 이유로 천하의 선비와 백성들에게 모두 무거운 쪽을 따라서 상복을 입도록 강제로 명을 내린다면, 지금의 형세로 보면 반드시 소인들은 모두 법도를 위반하고, 군자는 모두 명분을 따르고 실질을 잃어서 제도가 실정에 걸맞지 않는다고 여길 것이다. 『춘추』를 읽고서 상을 당한 제후의 예例를 보면, 모두 장례를 지낸 후에 임금이 되고, 제후들과의 회합과 맹약에 참여한다. 이것은 그 자체로 당시에 예법을 잃은 것이며, 선왕의 본래 제도가 아니라는 것을 모른 것이다. 이러한 제도를 가지고 정제定制로 삼아서 상하로 하여금 통행할 수 있도록 한다면, 단상短喪을 주장하는 자들이 손쉽게 승리하도록 하는 것이다. 비난하는 자들이 두예가 명교名敎에 죄를 얻었다고 말한 것이 어찌 지나친 비난이겠는가? 아! 두예가 『춘추』를 해석하면서 단상短喪을 제창하는 지경에 이르렀고, 구양수가 『의례儀禮』를 끌어다가 두 개의 계통과 두 명의 부친(兩統二父)을 제창하는 지경에 이르렀다. 경술經術의 잘못이 정사政事에 해를 끼치는 것은 옛날에도 똑같이 병통으로 여겼으니, 경계하지 않을 수 없다.[109]

심흠한沈欽韓도 또한 다음과 같이 공격하였다.

삼년상은 천하에 통용되는 예법이다. 두예는 천자와 제후는 장례를 치른 뒤에는 상복을 입지 않는다고 말했다. 이것은 성인을 비난하고 법을 무시하는 것이니, 옛날과 지금의 죄인이다.[110]

이로써 알 수 있듯이, 청대 학자들의 두예에 대한 공격은 대부분 두예의 주가

---

109) 顧棟高, 『春秋大事表』, 「春秋左傳杜注正譌表敍」.
110) 沈欽韓, 『左傳地名補注』.

명교名敎에 해가 되는 것이 많다고 여긴 것이다.

7. 시군례弑君例의 옳고 그름

두예는 위魏·진晉시대 교체기에 말하기 어려운 일들이 많았고, 또 사마씨司馬氏가 자기 부친인 두서杜恕의 원수였기 때문에 그 스스로가 혐의를 받는 상황에 처해 있었다. 따라서 당시에 꺼리고 피하는 것이 많았기 때문에 두예가 『좌씨전』을 연구할 때도 항상 사마씨司馬氏를 위해 숨겨서 기록하지 않았고, 또한 그로 인해서 옛 사람을 깊이 무고하는 것을 꺼리지 않았다.

『좌씨전』에는 본래 시군례弑君例가 있다. 『좌씨전』선공 4년에서 말했다. "범례에 의하면, 임금의 시해를 기록할 때 임금의 이름을 말한 것은 임금이 무도했기 때문이며, 신하의 이름을 말한 것은 신하의 죄이다." 이 기록에 근거하면, 군신君臣 사이는 그 친애함이 부자父子만 못하므로 만약 임금이 무도하면 군신의 의리를 끊어버릴 수 있기 때문에 시군弑君의 의리가 있을 수 있다. 두예는 이것을 빌어서 범례로 만들고, 또한 『좌씨전』에 폭넓게 주를 달았는데, 모두 7개의 사건이 있다.

　① 『춘추』문공 16년, 송나라 사람이 그 임금 저구를 시해했다.(宋人弑其君杵臼) 『좌씨전』에서 말했다. "경문에 '송나라 사람이 그 임금 저구를 시해했다'고 기록했으니, 임금이 무도했기 때문이다." 두예의 주에서 말했다. "임금의 이름을 말한 것은 임금이 무도했기 때문이다. 그 예는 선공 4년에 있다." 또 말했다. "시례始例가 신하의 죄에서 출발했다. 그런데 지금은 '송나라 사람'이라고 나라 사람을 불렀기 때문에 거듭 임금의 죄임을 밝힌 것이다."[111]

---

111) 역자 주: 孔穎達의 疏에서 다음과 같이 풀이하였다. "宣公 4년, '정나라 공자 귀생이 그 임금 이를 시해했다'(鄭公子歸生弑其君夷)의 『좌씨전』에서 말했다. '범례에 의하면, 임금의 시해를 기록할 때 임금의 이름을 말한 것은 임금이 무도했기 때문이며, 신하의 이름을 말한 것은 신하의 죄이다.' 이것이 弑君의 큰 例이다.…… 宣公 4년의 例가 비록 이번 문공 16년의 뒤에 있지만, 이 例의 처음이기 때문에 '始例'라고 말한 것이다. 저 선공 4년에 歸生이 임금을 시해한 사건으로 인해서 『좌씨전』의 例를 일

② 『춘추』 문공 18년, 제나라 사람이 그 임금 상인을 시해했다.(齊人弒其君商人) 두예의 주에서 말했다. "도적이 시해했다고 말하지 않은 것은 상인에게 죄를 돌린 것이다."

③ 『춘추』 문공 18년, 거나라가 그 임금 서기를 시해했다.(莒弒其君庶其) 두예의 주에서 말했다. "임금의 이름을 말한 것은 임금이 무도했기 때문이다."

④ 『춘추』 성공 18년, 진나라가 그 임금 주포를 시해했다.(晉弒其君州蒲) 두예의 주에서 말했다. "시해한 신하의 이름을 기록하지 않은 것은 임금이 무도했기 때문이다."

⑤ 『춘추』 양공 31년, 거나라 사람이 그 임금 밀주를 시해했다.(莒人弒其君密州) 두예의 주에서 말했다. "시해를 주도한 자의 이름을 말하지 않은 것은 임금이 무도했기 때문이다."

⑥ 『춘추』 소공 27년, 오나라가 그 임금 료를 시해했다.(吳弒其君僚) 두예의 주에서 말했다. "료僚가 전쟁을 자주 일으켜서 백성들이 피폐해졌는데도 또 국상國喪을 당한 초나라를 정벌하였다. 따라서 광光, 즉 합려闔廬가 기회를 틈타 움직여서 료를 시해했다. 나라 이름을 말하고서 시해했다고 기록한 것은 죄가 료에 있었기 때문이다."

⑦ 『춘추』 정공 13년, 설나라가 그 임금 비를 시해했다.(薛其弒君比) 두예의 주에서 말했다. "임금의 이름을 말한 것은 임금이 무도했기 때문이다."

여기에서 알 수 있듯이, 역사적 사건에 대한 두예의 평가는 완전히 『좌씨전』의 시군례弒君例에 의거하였다.

그런데 단지 『좌씨전』만이 아니라 『공양전』·『곡량전』도 이와 유사한 주장이 있다. 『공양전』에서 말했다. "나라 이름을 말하고 시해했다고 기록한 것은 무엇 때문인가? 나라 이름을 말하고 시해했다고 기록한 것은 그 나라의 대중이 임금을 시해했다는 의미의 말이다."[112] 『곡량전』에서 말했다. "나라 이름을 말하고 그

으켰으니, '始例'가 신하의 죄에서 출발한 것이다. 여기에서는 '宋人弒其君'이라고 말해서, 문장이 저 선공 4년과 다르기 때문에 임금의 죄임을 거듭 밝힌 것이다."
112) 『公羊傳』, 文公 18년.

임금을 시해했다고 기록한 것은 임금의 악행이 심했기 때문이다."113) 대체로 삼전은
모두 선진시대에 나왔기 때문에 다소간에 공통된 사상 경향을 드러내고 있다.
그런데 문제는 진한 시대 이후의 유가 중에 이러한 논조를 드러낼 수 있었던 사람이
적었다. 가규賈逵는 심지어 『좌씨전』이 "군부君父에 대해 의리가 깊다"고 말하고, 이것을
근거로 『공양전』・『곡량전』이 "임기응변의 권도權道에 치중하였다"고 비난하였
다.114) 그렇다면 두예는 무엇 때문에 시군례弑君例를 크게 드러내었고, 또한 걸핏하면
임금의 악을 곧바로 지적했는가? 그것은 추측하기 어렵지 않으니, 바로 사마소司馬昭의
고귀향공高貴鄕公 시해와 관련이 있다. 사마소는 군주를 시해한 자신의 행동을 변호할
때 고귀향공의 악행을 많이 지적했다. 따라서 두예는 『좌씨전』에 주를 달 때,
혹 사마씨가 위나라를 찬탈한 것을 변호하기 위해 경전의 의리에서 그 근거를
제공했을 뿐이다.

앞에서 서술한 7개의 사건 이외에, 두예는 『춘추』에 기록된 역사적 사건을
평가할 때도 시군례의 영향을 많이 받았다. 『춘추』 환공 2년, 송나라 독이 자기
임금 여이를 시해하고, 그 대부인 공보에게까지 미쳤다.(宋督弑其君與夷, 及其大夫孔父)
『공양전』과 『곡량전』은 모두 공보孔父에 대해 자字를 불렀다고 여겨서, 그가 군부君父
를 지킬 수 있었던 것을 현명하게 여겼다. 그런데 두예는 다음과 같이 말했다.

> 공보孔父에 대해 이름을 부른 것은 안으로는 그 가정을 잘 다스리지 못하고, 밖으로는
> 백성들에게 원망을 사서, 자신도 죽고 화가 그 임금에게까지 미치게 하였기
> 때문이다.115)

두예는 공보孔父의 충성을 인정하지 않았을 뿐만 아니라, 그가 임금까지 연루시켜
죽였다고 곧바로 지적하였다. 유현劉炫 이후의 학자들은 이 주장에 대해 매우 많은

---

113) 『穀梁傳』, 成公 18년.
114) 『後漢書』, 「賈逵傳」.
115) 『左氏傳』, 桓公 2년, 杜預 注.

비평이 있었다. 청대 왕부지王夫之와 혜동惠棟은 모두 공보孔父가 자字이지 이름이 아니라고 여겨서, 『공양전』·『곡량전』의 주장을 따랐다. 따라서 심흠한沈欽韓이 말했다. "『공양전』·『곡량전』 두 학파가 모두 공보를 찬미했기 때문에 두예는 다른 이론을 세우고자 했다. 따라서 공보의 이름을 부른 것이라고 주장하여 그를 죄주었다."[116] 제소남齊召南은 두예의 주장을 곧바로 지적하여, 그가 "공보孔父와 구목仇牧을 폄하함으로써 이치를 어기고 가르침을 해쳤다"[117]고 비판하였다. 피석서 皮錫瑞도 다음과 같이 말했다. "성인은 그 사람이 임금을 위해 죽는 것을 달게 여긴 것이 곧 큰 충성이라고 여겼다. 비록 작은 허물, 예를 들어 『좌씨전』에서 기록한 공보孔父와 순식荀息의 사례와 같은 일이 있더라도, 굳이 따질 필요가 없다. 그 사람이 임금을 시해하는 일을 차마 저지른 것은 곧 큰 악이다. 비록 작은 공적, 『좌씨전』에서 기록한 조순의 일과 같은 것이 있더라도 말할 필요가 없다. 마음가짐은 매우 너그럽지만, 법도를 세우는 것이 매우 엄격하다."[118]

공보孔父 이외에 또 구목仇牧과 순식荀息이 모두 임금의 난리에 죽었다. 『좌씨전』은 세 대부의 죽음에 대해, 모두 칭찬하는 말이 없고, 두예의 『춘추석례春秋釋例』에서는 또한 다음과 같이 말했다.

공보孔父는 국정을 운영할 때는 백성들에게 원망을 샀고, 그 집안을 다스릴 때는 가정의 가르침이 없었으므로 자신이 먼저 살해를 당하고, 화가 마침내 임금에게까지 미쳤으니, 이미 드러낼 만한 선善이 없었다. 구목仇牧은 경계하지 않고 있다가 역적을 만났는데, 또한 죽어서도 충성스러운 일이 없었다. 진晉나라의 순식荀息은 말을 실천하고자 했으나, 본래 큰 절개가 없었다. 앞선 학자들이 모두 이어서 선善을 드러낸 사례로 여겼지만, 또한 적절하지 않다.

두예는 세 대부가 절개를 지키다 죽은 것을 칭찬하지 않고, 도리어 그들의

---

116) 沈欽韓, 『左傳地名補注』.
117) 齊召南, 『春秋左傳注疏考證』, 권6.
118) 皮錫瑞, 『經學通論·春秋通論』.

작은 허물을 미워했으니, 바로 사마씨司馬氏가 왕경王經을 주살한 것과 같다.

또 『좌씨전』에서 말했다. "가을에 왕이 제후를 거느리고 정나라를 정벌하였다. …… 정나라 군대가 합세하여 왕의 군대를 공격하니, 왕의 군대가 대패하였다. 축담祝聃이 왕에게 활을 쏘아 어깨에 부상을 입혔지만, 왕은 그래도 군대를 잘 지휘하였다. 축담이 추격하기를 요청하니, 정나라 장공은 '군자는 남보다 올라가기를 바라지 않는 것인데, 하물며 감히 천자를 능멸할 수 있겠는가? 스스로를 구제하여 나라가 망하지 않으면 이것으로 만족한다'고 말했다. 밤에 정백이 채족蔡足을 보내 왕을 위로하고 또 좌우에게도 안부를 묻도록 했다."[119] 이에 대해 두예가 말했다.

> 왕을 위로하고 그 좌우에게도 안부를 묻도록 한 것은 정나라 임금의 뜻이 화난을 면하고자 하는 데 있었다는 것을 말한다. 그런데도 왕이 그를 정벌한 것은 잘못이다.[120]

확실히 두예가 이 뜻을 드러낸 것은 사마소司馬昭를 위해 그의 죄를 벗겨 주려는 혐의가 다분히 있다. 두예의 이론에서 보면, 사마소가 임금을 죽인 것은 정나라 임금이 왕의 군대와 대적한 것과 마찬가지이다. 왕에게 활을 쏘아 어깨에 부상을 입힌 경우도 모두 부득이한 상황에서 나온 것이므로 "정나라 임금의 뜻은 화난을 면하고자 하는 데 있을" 뿐이다.

두예가 『좌씨전』의 경의經義를 드러낸 것이 그의 품격에 대한 청대 학자들의 회의와 비평을 초래했다고 말할 수 있다. 정안丁晏이 말했다. "경학經學이라는 것은 성학聖學의 종주이다. 마음을 부리는 것이 기울어지고 사악한데도 경의經義를 드러내어 밝힐 수 있다고 말한다면 결코 그렇지 않다. 당대 공영달孔穎達이 소疏를 지으면서 두예의 이론을 비호한 이후로, 천여 년 동안 그 잘못을 바로잡지 못하였다. 대의大義가 어두워져서 마치 어두운 방안으로 들어간 것과 같았다. 내가 두예의 집해集解를

---

119) 『左氏傳』, 桓公 5년.
120) 『左氏傳』, 桓公 5년, 杜預 注.

바로잡은 것은 앞선 학자를 비난하기를 좋아해서가 아니다. 올바른 학문을 북돋우고 도와서, 세상의 가르침을 홍성시키고자 한 것이다. 반드시 이와 같이 한 이후에 『좌씨전』의 전문은 읽혀질 수 있고, 『춘추』의 경문은 밝혀질 수 있을 것이다. 아! 경학이 밝혀지지 않아서 마침내 정교政教와 윤리에 해를 끼치고, 유술儒術이 그 때문에 날로 갈라지니, 그 걱정이 결코 작지 않다. 내가 두예의 잘못을 바로잡는 것은 후세의 학자들이 세상의 도를 바로잡음으로써 인심을 바로잡고, 삼가 경학經學과 리학理學을 갈라서 둘로 나누어, 자기 유파에 따라 상대를 위학僞學으로 삼지 말 것을 바라는 것이다."121) 심흠한이 말했다. "두예는 이익을 챙기는 무리로서, 어리석 게 예문禮文을 알지 못하는 자인데, 용감하게 『좌씨전』을 해석해서 당당하게 세상에 유통시켰다. 인심을 해치고 천리를 없애 버렸으니, 『좌씨전』의 큰 좀벌레이다. 후생들은 일찍이 그것을 살피지 않고, 두예의 뜻을 전하여 『좌씨전』의 결점을 퍼뜨렸다. 『좌씨전』을 공부하면서 또한 그 거칠고 거친 위진시대의 한 명의 망령된 사람을 만났는데도 전혀 깨닫지 못했으니 고학古學에 무슨 도움이 되겠는가?' 심지어 두예의 주는 『좌씨전』의 재앙이라고 말하고, "(두예는) 귀족의 집안을 일으키고, 찬탈하고 시해하는 풍속을 익혔으며, 왕숙王肅과 같은 재능과 학문도 없다. 그런데도 건강부회하는 것을 흠모하여, 지혜를 끊고 제방을 터서, 사납게 날뛰는 주장을 거리낌 없이 말했다. 그는 『좌씨전』에 대해서는 마치 게가 옻칠을 녹여 버리고, 파리가 흰 것을 더럽히는 것과 같다.122) 그 의리는 모래사장의 암초 속에 사라졌는데, 두예의 요망한 불꽃이 닭이 되고 개가 되었으며,123) 또한 관청에서 기세가 등등하였

121) 丁晏, 『左傳杜注集正』, 「序」.
122) 역자 주: 『天中記』 권57 「蟹」편에 다음과 같은 말이 보인다. "게의 성질은 옻칠을 녹여 버리는데, 그 게를 불에 태우면 쥐들이 모여든다. 게를 옻칠 속에 넣어 두면 옻칠이 물로 변하는데, 이것을 복용하면 장생불사한다."(蟹性敗漆, 燒之致鼠. 以蟹投 於漆中, 化爲水, 服之長生) 그리고 『시』 「靑蠅」편에 "앵앵거리는 쇠파리가 울타리에 앉았네. 화락하신 군자시여, 참언을 믿지 마시기를"(營營靑蠅, 止于樊, 豈弟君子, 無信 讒言)이라는 구절에 대해, 정현의 『毛詩箋』에서 "파리라는 곤충은 흰 것을 더럽혀서 검게 만들고 검은 것을 더럽혀서 희게 만든다"(蠅之爲蟲, 汙白使黑, 汙黑使白)고 했다.
123) 역자 주: 『사기』 「孟嘗君列傳」에 의하면, 맹상군의 식객 중에 개 흉내를 내고 닭 울음

다."[124] 유문기劉文淇는 심흠한에게 보낸 편지에서 말했다. "『좌씨전』의 의리는 두예의 의해 깎이고 침식된 것이 이미 오래되었다.…… 두예의 주를 자세히 다시 살펴보면,…… 진짜 온갖 명이 여기저기에 생겼는데, 그나마 볼만한 것은 모두 가규와 복건의 옛 이론이다."[125]

그러한 평가 중에서 가장 영향력이 큰 것은 두예에 대한 초순의 비평보다 더한 것이 없다. 초순은 『좌씨전』이 좌구명의 작품이 아니라고 하고, 또 다음과 같이 말했다.

예를 들어 '임금의 시해를 기록할 때 임금의 이름을 말한 것은 임금이 무도했기 때문이다(『좌씨전』, 선공 4년)고 말한 것은 공자가 『춘추』를 지어서 난신적자를 두렵게 만든 뜻과는 확실히 어긋난다. 그런데 두예는 이것을 끌어와서 자기의 주장을 자세히 설명하고, 군신관계가 아니라 길을 가던 사람처럼 아무런 관계도 없는 사람으로 여기니, 그 망령되고 어긋남이 심하다. 유흠劉歆과 왕망王莽의 관계는 두예와 사마소의 관계와 같다. 유흠은 좌씨左氏가 좋아하고 싫어하는 것이 공자와 같다고 말해서 좌씨를 드러내었는데, 두예는 결국 좌씨를 소신素臣으로 여겨서 그를 높였다. 두예가 두서杜恕를 배반하고 사마소에게 아부한 것과 유흠이 유향劉向을 배반하고 왕망에게 아부한 것은 그 실정이 사실상 같다. 그들이 좌씨를 끌어와서 난신적자가 활동하는 터전으로 삼은 것은 그 실정이 사실상 같다. 학자들은 모두 유흠에 대해 말하기를 부끄러워했는데, 두예에게 복종하는 것에 대해서는 달가워하였다. 어찌 왕망은 한나라에 의해 주살되고 왕망을 따르던 유흠은 국적國賊이 되었는데, 사마씨는 끝내 위나라에게 나라를 선양받았고 사마씨를 따르던 두예는 끝내 사마씨를 도와 정권을 세운 신하가 되었는가?[126]

이것은 두예를 유흠에 비교할 수 있다고 말한 것이니, 한 명은 왕망을 섬겼고

소리를 내는 하찮은 재주로 맹상군에게 도움을 준 이야기가 보인다.
124) 沈欽韓, 『春秋左傳補注』, 「序」.
125) 劉文淇, 『春秋左氏傳舊注疏證』, 「附錄 一」(日本 京都: 中文出版社, 1979).
126) 焦循, 『春秋左傳補疏』.

한 명은 사마소를 섬겨서, 두 사람 모두 정치적 품격이 매우 좋지 않았다. 초순은
또 말했다.

내가 젊은 시절 『춘추』를 읽을 때, 『좌씨전』을 좋아했지만 오랫동안 의문을 가지고
있었다. 그런데 두예의 『춘추좌전경전집해』와 그가 지은 『춘추석례』를 읽고 난
뒤에는 의문이 더욱 심해졌다. 공자는 당시의 사악한 학설과 포악한 행실 때문에
두려워하였고, 그 두려움 때문에 『춘추』를 지었다. 『춘추』가 완성되자 난신적자가
두려워하였다.(『맹자』, 「등문공하」) 『춘추』는 난신적자를 토벌하는 책이다. 그런데
『좌씨전』에서는 "임금의 시해를 기록할 때 임금의 이름을 말한 것은 임금이 무도했
기 때문이며, 신하의 이름을 말한 것은 신하의 죄이다."(『좌씨전』, 선공 4년)고 하였다.
두예는 또 그 말을 들어서 더욱 자세히 설명하니, 맹자의 주장과는 크게 어긋나서
『춘추』의 의리가 마침내 밝혀지지 않았다.

얼마 지나지 않아서 『삼국지三國志·위지魏志』「두기전杜畿傳」의 주를 읽고 나서야
두예가 사마의司馬懿의 사위라는 것을 알게 되었다. 『진서』「두예전」에서 말했다.
"조부인 두기杜畿는 위魏의 상서복야尙書僕射였고, 부친인 두서杜恕는 유주자사幽州
刺史였다. 그의 부친은 선제宣帝(司馬懿)와 사이가 좋지 못해서 마침내 유폐되어
죽었다. 그래서 두예는 오랫동안 등용되지 못했다. 문제文帝(司馬昭)가 자리를 계승한
뒤, 두예는 문제의 누이동생인 고육공주高陸公主와 혼인하여, 집안을 일으키고
상서랑尙書郎에 제수되었다. 4년 뒤에는 상부相府의 참군사參軍事로 전임되었다."
두예는 부친이 사마의에게 죄를 짓고 유폐되어 등용되지 못했던 일 때문에 애를
태운 것이 오래되었다. 사마소는 찬탈과 시해의 마음을 가지고, 재주가 뛰어난
선비들을 거두어 들여서, 마침내 누이동생을 두예의 처로 삼고 상부相府의 참군사參
軍事를 시켰다. 두예는 의외라고 여겼기 때문에 부친의 원한을 잊어버리고 사마씨에
게 충성을 다했다. '성제成濟의 사건'을 목격한 이후에, 사마소司馬昭를 위해 그
잘못을 좋게 포장해준 적도 있고, 사마의司馬懿와 사마사司馬師를 위해 그 잘못을
좋게 포장해준 적도 있었다. 이것은 바로 그것으로써 자신을 위해 좋게 포장하기
위한 것이다. 이것이 『춘추좌전경전집해』가 지어진 이유이다.

사마의司馬懿·사마사司馬師·사마소司馬昭는 난신적자이다. 사마소에 있어서 가충
賈充·성제成濟는 정鄭나라 장공莊公에 있어서 축담祝聘·채족祭足, 그리고 조순趙盾

에 있어서 조천趙穿이다. 왕릉王凌·관구검毌邱儉·이풍李豐·왕경王經은 구목仇牧·
공보가孔父嘉와 같은 부류이다. 사마소가 고귀향공高貴鄕公을 시해하고 성제成濟에
게 죄를 돌리고, 자기는 당당하게 대의大義에 가탁하여, 돌아와서 도적을 토벌하지
않았다는 비난에서 벗어나려고 생각했다. 사마사가 임금을 좇아내고 사마소가
임금을 시해한 것은 모두 태후太后의 조칙을 빌어서 임금의 죄라고 말했으니,
사광師曠이 "그 임금이 실제로 너무 심했다"(『좌씨전』, 양공 14년)고 말한 것과 사묵史墨
이 "임금과 신하 사이에 그 지위가 영원히 고정된 적이 없었다"(『좌씨전』, 소공
32년)고 말한 것은 본래 사마씨의 찬탈과 시해를 열어주는 실마리가 있다. 그런데
두예가 그 이론을 빌어서 널리 펼침으로써 사마씨의 은혜에 보답하고, 사마의·사마
사·사마소의 악행을 해소해 주었으니, 또한 무슨 의심의 여지가 있는가?
도리어 정鄭나라 장공莊公의 신하인 축담祝聃이 주나라 왕에게 활을 쏘아 어깨에
부상을 입힌 것은 바로 창을 들고 천자의 수레를 침범한 행위이다. 그런데 두예는
정나라 장공의 뜻이 화란을 면하고자 하는 데 있었기 때문에 주나라 왕이 그를
토벌한 것은 잘못이라고 주장하였다.(『좌씨전』, 환공 5년) 이것은 단지 고귀향공이
사마소의 잘못을 토벌하고 사마소가 그것을 막았는데, 사마소의 뜻이 화란을
면하고자 하는 데 있었다고 말하는 것이다. 공보가孔父嘉는 의리가 안색에 드러났고
(『공양전』, 환공 2년), 구목仇牧은 포악한 자를 두려워하지 않았는데(『공양전』, 장공 12년),
두예는 모두 죄를 억지로 만들어서 덮어씌우고서 칭찬할 만한 선善이 없다고
주장하였다. 이것은 이풍李豐의 충성을 간사함이라고 지적할 수 있었고, 왕경王經의
절개를 두 마음을 품은 것이라고 지적할 수 있었던 것과도 확실히 비슷한 사례이다.
사마사와 사마소 이후, 유유劉裕·소도성蕭道成·소연蕭衍·진패선陳覇先·고환高
歡·고양高洋·우문태宇文泰·양견楊堅·양광楊廣, 그 밖에 석호石虎·염민冉閔·부
견苻堅 등과 같은 사람들의 경우, 찬탈과 시해가 습관이 되어 나쁜 풍조가 조성되었
다. 『좌씨전』과 두예의 『춘추좌전경전집해』는 바로 그들에게 적합한 논리였기
때문에 그의 학설은 진晉·송宋·제齊·양梁·진陳 시대에 크게 유행하였다. 당나라
고조도 수 왕조에 비해 위진 시대의 남겨진 습속을 따랐기 때문에 두예의 이론을
사용하여 『춘추좌전정의』를 지었고, 가규와 복건 등 여러 학자들의 이론은 이로
말미암아 폐기되었다.
나는 좌씨의 이론에 대해, 그가 육국六國시대의 사람으로서 전제田齊와 삼진三晉을

위해 내용을 포장한 것이라고 믿는다. 좌씨가 전제와 삼진을 위해 내용을 포장한 것은 두예가 사마씨를 위해 내용을 포장한 것과 앞뒤로 궤를 같이 하는데, 그로 인해서 공자가 『춘추』를 지은 의리가 어그러져 버렸다.

사명四明의 만사대萬斯大는 『학춘추수필學春秋隨筆』을 지어서 『좌씨전』의 바르지 못한 점을 지적하였다. 또한 오중吳中의 혜사기惠士奇는 『춘추설春秋說』을 지어서 두예의 잘못을 바로잡았다. 그리고 무석無錫의 고동고顧棟高는 『춘추대사표春秋大事表』를 지어서 두예 주의 오류를 특별히 바로잡았다. 그러나 두예가 『춘추좌전경전집해』를 지은 숨은 뜻에 대해, 그 간악함을 지적하고 그 감추어진 의도를 드러낸 것은 없었다. 가규와 복건의 옛 주는 애석하게도 전체를 볼 수 없고, 근세의 학자들이 『좌씨전』을 보완한 주도 다만 훈고訓詁와 명물名物을 상세하게 갖추고 있을 뿐이다. 나는 두예가 부친의 원한을 잊어버린 채 원수를 섬기고, 성인의 경전에서 벗어나 세상을 속인 것을 매우 괴이하게 여겼다. 따라서 그의 주장 중에서 크게 잘못된 것을 발췌하여, 그것을 어느 정도 찾아서 드러내고, 『춘추』에 조예가 깊은 자들에게 질정함으로써 천하의 후세 사람들이 두예가 사마씨의 사인私人이자 두서杜恕의 불초자不肖子이며, 우리 공자가 지은 『춘추』의 해충임을 알도록 하겠다.[127]

초순의 말은 정치와 도덕의 측면에서 두예 학술의 잘못을 논한 것이다. 매우 뛰어난 웅변이며, 주장의 근거도 분명하다. 진풍陳澧의 『동숙독서기東塾讀書記』에서 이 주장을 크게 인정하여, "천년 이후에 초순의 주장이 있으니, 유현劉炫의 주장이 비록 없어졌지만 마치 있는 것 같다"고 하였다. 이자명李慈銘의 『월만당독일기越縵堂讀日記』에서는 더욱더 격찬하여, "『춘추좌전경전집해』를 지은 두예의 사사로운 마음을 지적하였으니, 매우 통쾌한 논의이다"라고 했고, 또 "깊은 생각에서 나온 탁월한 견해이니, 더욱이 성인이 만든 바꿀 수 없는 논의이다"라고 했다.

신하가 자기 임금을 시해하고 자식이 자기 부친을 시해하는 것은 예부터 지금까지 인류의 참극이 아닐 수 없다. 그런데 서리가 내리면 두꺼운 얼음이 얼게 되니,

---

127) 焦循, 『春秋左傳補疏』, 「序」.

시해와 반역의 재앙은 모두 그 유래가 점진적인 조짐이 있다. 지금 높은 언덕이 골짜기가 되고 깊은 골짜기가 언덕이 된다는 사묵史墨의 이론을 가지고, 군신 사이에 그 지위가 영구히 고정된 적이 없다고 주장하였으니, 그 죄는 권력을 가진 간사한 신하와 악당들의 사악한 음모를 열어준 데 있다. 그 후에 2천여 년 동안, 비록 "아랫사람으로서 윗사람을 꺾어 누르는" 일이 우연히 발생하더라도, 그것을 반역이라고 지적하지 않은 적이 없었다. 지금 세상에서 혁명의 정의라고 높이는 것과는 같지 않다.

그런데 두예의 이론은 사실상 사마씨를 위해 변론한 사심私心을 포장한 것에 지나지 않기 때문에 『춘추』의 대의에 대해 두예의 책에서는 그 사심을 끝내 가릴 수가 없었다. 따라서 선공 2년, 조순趙盾이 자기 임금을 시해한 일(晉趙盾弑其君夷皞)에 대해, 두예는 "신하를 말한 것은 시해한 자의 이름을 기록함으로써 후세에 끝내 불의가 됨을 보여 준 것이다"[128]라고 했다. 『춘추석례』에서는 조순과 허나라 세자 지止가 임금을 시해한 일을 다음과 같이 논했다. "두 사건에 대해 비록 그들의 본심에 근원하여 죄를 따졌지만, 『춘추』에서는 용서하지 않았으니, 멀리 대비하는 가르침으로 삼은 것이다." 또 말했다.

그런데 임금이 비록 임금답지 않더라도 신하는 신하답지 않아서는 안 된다. 따라서 송나라 소공昭公의 악행은 그 죄가 나라 사람들에게까지 미쳐서, 진晉나라 순림보荀林父가 송나라를 토벌하면서, "무엇 때문에 임금을 시해하였느냐"고 꾸짖고서도 오히려 문공文公을 송나라의 임금으로 세우고서 돌아왔다.(『좌씨전』, 문공 17년) 이것은 폄삭貶削을 깊이 드러낸 것이다. 적란賊亂을 마음속에 품은 사람은 본래 주살을 받아도 용서받지 못한다. 정鄭나라의 귀생歸生, 제齊나라 진흘陳乞, 초楚나라 공자公子 비比는 비록 본래는 그러한 마음이 없었지만, 『춘추』의 의리에서는 또한 모두 큰 죄에 해당된다. 따라서 군자는 임금을 세우는 것을 신중하게 생각한다.

---

128) 『左氏傳』, 宣公 4년, 杜預 注.

공영달의 소에는 "그 뜻을 두 가지 측면에서 드러낸 것이다"는 주장이 있다.[129] 문공 16년, 송나라 사람이 그 임금 저구를 시해하였다.(宋人弒其君處曰) 두예의 주에서는 "임금의 이름을 말한 것은 임금이 무도했기 때문이다"[130]고 하였다. 그런데 17년에 이르러, 송나라 사람이 임금을 시해했다는 이유로, 진나라 사람·위나라사람·진나라 사람·정나라 사람이 송나라를 정벌하였다.(晉人·衛人·陳人·鄭人伐宋) 이 사건에 대해 두예는 다음과 같이 말했다. "송나라 소공昭公이 비록 무도하다는 이유로 시해되었지만, 송나라 문공文公도 임금을 시해했다는 이유로 토벌을 당하는 것이 마땅하다. …… 임금이 비록 임금답지 못하더라도 신하는 신하답지 않아서는 안된다는 것을 밝힘으로써 큰 가르침을 권면한 것이다." 『춘추』에서는 임금의 무도함을 죄줄 뿐만 아니라, 또한 임금을 시해한 도적은 마땅히 주살해야 한다고 여긴다. 이것이 바로 "그 뜻을 두 가지 측면에서 드러낸 것"이다. 이를 통해서 두예와 공영달이 결국은 임금의 시해를 불의한 일으로 여긴다는 것을 알 수 있다.

그런데 "그 뜻을 두 가지 측면에서 드러낸 것"이라는 주장은 끝내는 난신적자를 위해 그들의 죄를 벗겨 주는 혐의가 있다. 따라서 청대 학자들은 두예를 집단적으로 비난하여, 난신적자를 돕고 명교名敎를 위배했다고 주장했으니, 진실로 그럴 만한 이유가 있는 것이다. 청대 학자들이 두예의 주를 공격한 것이 매우 많지만, 두예에 대한 유감을 풀기가 어려운 것은 바로 이 때문이다.

제3절 육조六朝·수隋·당唐시대의 춘추학

육조六朝시대에는 『공양전』·『곡량전』이 쇠퇴하였고, 이 시대의 춘추학은 주로

---

129) 역자 주: 『좌씨전』 선공 4년, 공영달 소에서 다음과 같이 말했다. "임금을 시해한 사람은 본래 큰 죄이며, 임금의 무도함을 드러내고자 하는 것도 그 죄가 또한 시해와 마찬가지이다. 이로써 장래의 임금을 징계했으니, 그 뜻을 두 가지 측면에서 드러낸 것이다."

130) 『左氏傳』, 文公 16년, 杜預 注.

『좌씨전』의 복건服虔 주와 두예杜預 주의 투쟁이라는 큰 흐름으로 표현된다. 복건 주는 조위曹魏시대에 처음 통행되었고, 진晉나라 때 두예가 별도로 주를 만들었다. 그리고 동진東晉 원제元帝 때에 두예 주와 복건 주가 함께 학관에 세워졌다.[131] 수나라 때에 이르러서는 두예 주가 성행하였고, 복건 주는 점점 쇠미하였다.

복건 주와 두예 주의 투쟁은 대체로 동진시대 전후에 시작되었다. 『북사北史』에서 다음과 같이 말했다.

남북지역에서 장구章句를 공부할 때, 좋아하고 숭상하는 것이 같지 않았다. 강좌江左에서는 『주역』은 왕필王弼, 『상서』는 공안국孔安國, 『좌씨전』은 두예杜預이며, 하락河洛에서는 『좌씨전』은 복건服虔, 『상서』 · 『주역』은 정현鄭玄이다.[132]

영가永嘉 이후, 진晉나라 왕실이 남쪽으로 옮겨가자 학술도 점점 남북의 차이가 생겨났다. 그것은 『좌씨전』에 대한 태도에서 드러났는데, 북방은 복건 주를 숭상하였고, 남방은 두예 주를 좋아하였다.

다만 남방이 비록 두예를 종주로 삼았지만, 복건의 학문을 연구하는 자도 적지 않았다. 『남사南史』의 기록에 의하면, 양梁나라 학자들은 "모두 가규와 복건의 의리를 가지고 두예를 비난하고 논박하였다."[133] 그러나 왕원규王元規의 '증거를 인용하여 해석한 것'을 거쳐서, 비로소 두예의 주를 '다시는 의문과 막힘이 없도록' 하였다. 북방도 이와 같았다. 비록 대체적으로 복건을 종주로 삼았지만, 두예를 따르는 학자도 매우 많았다. 『북사』에서 말했다. "진晉나라 시대에 두예가 『좌씨전』의 주를 달았다. 두예의 현손이 두탄杜坦이고 두탄의 동생이 두기杜驥인데, 송조宋朝에 이르러 모두 청주자사靑州刺史가 되었고, 자신들의 가업을 전수하였다. 따라서 제齊 지역에서 두예의 주를 많이 공부했다."[134] 이 외에 북방에서는 여전히 복건과

---

131) 『晉書』, 「荀崧傳」 참조.
132) 『北史』, 「儒林傳 · 序」.
133) 『南史』, 「儒林傳」.
134) 『北史』, 「儒林傳」.

두예를 함께 공부하는 학자들이 있었다. 『북사』에 의하면, 장오귀張吾貴가 "두예와 복건을 함께 읽고, 두 사람의 주를 살펴서 같고 다름을 모두 거론하였다"고 했다. 또 말했다. "요문안姚文安과 진도정秦道靜이라는 사람은 처음에는 복건의 학문을 배웠는데, 나중에는 두예의 주를 겸해서 함께 강론하였다."[135]

그런데 수나라에 이르러서는 남북이 하나로 뒤섞였는데, 남조南朝가 비록 정치적인 측면에서는 북조에게 굴복했지만, 경의經義는 남조의 학문을 많이 사용하였다. 『좌씨전』을 놓고 보면 두예의 주가 최종적으로 복건의 주를 대신했는데, 그것은 대체로 몇 가지 원인이 있다.

첫째, 두예 주는 뛰어난 이론들을 한 곳에 모두 모아두었다. 비록 다른 사람의 뛰어난 이론을 훔쳤다는 비난을 면할 수 없지만.

둘째, 두예 주는 간략하지만 복건 주는 번잡하다. 『북사』에서 말했다. "대체로 남북에서 장구章句를 공부할 때, 좋아하고 숭상하는 것이 같지 않았다.…… 남방 사람들은 간략하여 그 정화精華를 얻었고, 북방 사람들은 복잡하여 그 지엽枝葉을 탐구하였다."[136] 이것이 바로 두예의 주가 사람들의 마음을 얻을 수 있었던 큰 이유 중의 하나이다.

셋째, 두예는 "오로지 좌구명의 전傳을 연구하여 경전을 해석하였다." 그는 『좌씨전』의 성립에 가장 관건이 되는 인물이다. 또한 주공周公을 지극히 높여서 공자와 대적시켰고, 강렬한 문호 의식을 가지고 있었기 때문에 『좌씨전』이 『공양전』·『곡량전』의 위에서 압박하는 데 매우 중요한 역할을 하였다. 따라서 공영달은 다음과 같이 말했다. "진나라 때의 두예는 또한 『춘추좌전경전집해』를 지었는데, 오로지 좌구명의 전傳을 취하여 공자의 경經을 해석하였다. 그것은 자식이 어머니에 호응하고, 아교를 옻에 던지는 것과 같으니, 비록 합치지 않으려고 하더라도 떨어질 수 있겠는가? 지금 앞선 학자들의 우열을 비교해 보면, 두예가 최고이다."[137] 이것이

---

135) 『北史』, 「儒林傳」.
136) 『北史』, 「儒林傳」.
137) 『左氏傳』, 「序」, 孔穎達 疏.

진실로 두예의 주가 가규·복건의 주보다 나은 점이다.

1. 삼국三國시대

양한시대 이후, 금문학의 지위는 더욱 쇠락하였다. 위진시대에 세운 19박사 중에 오직 『예기』·『공양전』·『곡량전』 삼가만이 금문학이고, 나머지는 모두 고문학이었다. 따라서 "한대 400년 학관의 금문학의 전통은 이미 고문가에 의해 대체되었다."[138] 이 시기에 이르러, 양한시대에 민간에 엎드려 있던 고문학이 마침내 금문학을 대신하였다. 그 중에서 『공양전』은 안안락顏安樂·하휴何休 두 사람이 있었고, 『곡량전』은 후한시대에 학관에 세워지지 않았는데, 오히려 위魏나라 때 세워졌다. 정시正始 연간에 또 『좌씨전』 박사를 세웠고, 그 후에 복건服虔·왕숙王肅이 모두 박사가 되었다. 그런데 『공양전』·『곡량전』이 비록 학관에 있었지만, 그 경전을 연구하는 자들은 절대적으로 적었다. 단지 위나라의 병원邴原·엄간嚴幹·서흠徐欽, 오나라의 당고唐固, 촉나라의 장예張裔·맹광孟光 등 매우 적은 몇 사람만 있었을 뿐이다.

좌씨학자는 매우 많았는데, 예를 들어 위나라의 왕랑王朗·왕숙王肅·종요鍾繇· 동우董遇·가홍賈洪·악상樂詳·이전李典·미신糜信·두관杜寬 등이 있었다. 그 중에서 왕숙을 가장 저명하다고 여겨서, 그의 『좌씨전』 주가 학관에 한 번 세워진 적이 있다.

왕숙王肅(195~256)은 자字가 자옹子雍이다. 그의 부친인 왕랑王朗이 『좌씨전』을 연구했으며, 『수서』「경적지」에 그가 지은 『춘추좌씨전春秋左氏傳』 11권, 『춘추좌씨석박春秋左氏釋駁』 1권이 수록되어 있다. 『신·구당서』「경적지」에는 그가 주를 단 『춘추전春秋傳』 10권이 수록되어 있다. 왕숙은 18세 때 송충宋忠에게 『태현경太玄經』을 배웠고, 그 해석서를 지었다. 정시正始 연간에 시중侍中에 제수되었고, 태상太常으로 승진하였다. 이후에 중령군中領軍으로 승진하였고, 산기상시散騎常侍의 가관加官을 받았다. 왕숙의

---

138) 王國維, 『漢魏博士考』(『觀堂集林』, 권4) 참조.

여식이 사마소司馬昭에게 시집을 가서 사마염司馬炎을 낳았는데, 그가 이후의 진무제晉武帝이다. "애초에 왕숙은 가규와 마융의 학문을 잘했고 정현을 좋아하지 않았으며, 각 학설의 같고 다른 점을 모아서『상서』·『시』·『논어』·삼례·『좌씨전』의 해석을 저술하였다. 그리고 부친인 왕랑이 지은『역』해석서를 새로 편찬했는데, 모두 학관에 세워졌다."[139] 그의 학문도 또한 금고문학을 종합했지만, 정현과 이견을 세우는 것을 좋아하여 또한 여러 경전에 두루 주석을 달았다. 정현이 금문학에 근거한 것에 대해서는 왕숙은 고문학 이론을 끌어와서 반박하였고, 정현이 고문경학을 꺼내면 왕숙은 금문학 이론을 끌어와서 지적하였다. 왕숙과 정현의 논쟁은 그 시대에 끼친 영향이 매우 컸다. 감로甘露 원년, 위제魏帝 고귀향공高貴郷公이 태학에 직접 행차하여 여러 학자들과『역』·『상서』등을 강론했는데, 조모曹髦가 정현과 왕숙의 이론이 다른 것에 대해 여러 박사들에게 질의하였다. 왕숙은 또한『좌씨전』의 주석을 달았으며, 일찍이 박사에 세워졌다. 그런데 지금은 이미 남아 있지 않고, 다만 수십 조목만 보일 뿐이다. 그 주석은 대부분 두예의『춘추좌전경전집해』에서 채록한 것이다.『수서』「경적지」에 그의『춘추좌씨전』30권이 수록되어 있고,『당서』「경적지」에도 그 책이 그대로 수록되어 있다. 그런데 송대 조공무晁公武와 진진손陳振孫의 책에 이르러 수록 목록에 보이지 않으므로 대체로 이때에 없어진 것이다.『옥함산방집일서玉函山房輯佚書』에『춘추좌전왕씨주春秋左傳王氏注』1권이 집일되어 있다.『수서』「경적지」에는 또 그의『춘추외전장구春秋外傳章句』1권이 수록되어 있고, 그 주에서 "양梁 22권"이라고 했는데, 이미 잔결되었다. 그런데『구당서』「경적지」에 그가 주석한『춘추외전국어장구春秋外傳國語章句』22권(『신당서』「경적지」에는『國語章句』22권으로 되어 있다.)이 있는데, 당나라 때 이르러 오히려 완전한 판본이 되었다. 또한『성증론聖證論』12권이 있다.(『신·구당서』「경적지」에는 11권으로 되어 있다.) 왕숙의 학문은 당시에 한때 매우 극성했지만, 후세에는 칭찬은 적고 비판이 많았다. 피석서는 그를 유흠에 비유해서, "양한시대에 경학이 극성했는데, 전한 말기에는 유흠이 출현했고, 후한

---

139)『三國志·魏書』,「王肅傳」.

말기에는 왕숙이 나와서, 경학의 큰 해악이 되었다.…… 두 사람은 찬탈과 반역에 편을 들었으니, 어찌 성인의 경전을 알 수 있겠는가!"[140]

오吳나라에서 『좌씨전』을 연구한 자는 장소張昭 · 장굉張紘 · 징숭徵崇 · 제갈근諸葛瑾 · 고대高岱 · 심형沈珩 등이 있다.

촉蜀나라에서 『좌씨전』을 연구한 자는 내민來敏 · 윤묵尹默 · 이선李譔 등이 있다. 촉 지역은 본래 금문학을 숭상했는데, 유비劉備가 촉으로 들어갔을 때 유비 · 관우 등이 모두 『좌씨전』을 좋아하였고, 윤묵 · 내민 · 이선 등이 크게 발전시켜서 『좌씨전』 은 마침내 촉 지역에서 크게 유행하였다.

2. 양진兩晉시대

서진西晉은 조위曹魏의 옛 제도를 계승하여 19박사를 두었으며, "진나라 초기에 위魏의 제도를 계승하여 박사 19인을 두었다. 함녕咸寧 4년에 이르러, 무제武帝가 국자학國子學을 세우고, 정식으로 국자좨주國子祭酒와 박사 각 1인, 조교助敎 15인을 두고 생도를 가르쳤다."[141]

또 『진서晉書』에 의하면, 태상太常 순숭荀崧이 다음과 같이 상소하였다.

세조世祖 무황제武皇帝가 천명에 따라 선양禪讓으로 제위에 올라서, 유학을 높이고 학문을 흥기시켰다.…… 태학太學에 석경石經 고문古文이 있었는데, 앞선 학자들의 경전, 가규 · 마융 · 정현 · 두보 · 복건 · 공영달 · 왕숙 · 하휴 · 안안락 · 윤경시 등의 장구章句와 전주傳注, 여러 전문가들의 학문 등 박사 19인을 두었다.[142]

이 기록에 의하면, 서진西晉 무제武帝 때에 『좌씨전』은 이미 복건 · 왕숙과 두예

---

140) 皮錫瑞, 『經學歷史』, 159쪽.
141) 『晉書』, 「職官志」.
142) 『晉書』, 「荀崧傳」.

세 사람을 학관에 세웠고, 『공양전』은 하휴·안안락, 『곡량전』은 윤경시를 세웠다.

동진東晉시대는 영가永嘉의 난을 이어서 모든 일을 새로 시작했으며, 원제元帝 초기에는 단지 박사 15인을 세웠을 뿐이다. 이후에 9인을 더 늘여서, 『주역』의 왕필王弼, 『상서』의 정현鄭玄, 『고문상서』의 공안국孔安國, 『모시』의 정현, 『주관』과 『예기』의 정현, 『춘추좌전』의 두예杜預와 복건服虔, 『논어』와 『효경』의 정현 등 9인을 두었다. 『의례』·『공양전』·『곡량전』 및 정현의 『역』은 모두 설치하지 않았다.143) 이때의 『춘추』 박사는 오직 『좌씨전』의 복건과 두예 두 사람뿐이었다.

「순숭전荀崧傳」에 의하면, 이후에 순숭의 건의로 정현의 『역』과 『의례』, 『공양전』 각 1인을 더해서 세웠다. 그런데 왕돈王敦의 난리 때문에 이 건의는 결국 시행되지 못했다. 한편 『진서』「직관지職官志」에서는 또 다음과 같이 말했다. "원제 말기에 『의례』와 『춘추공양』 박사 각 1인을 더해서, 모두 11인이 되었다. 후에 또 16인으로 늘었는데, 오경을 나누지 않고 그들을 태학박사太學博士라고 불렀다." 이 말은 「순숭전」과 정확하게 일치하지는 않는다.

또 원제 때, 태상太常 하순賀循이 다음과 같이 상소하였다. "『춘추』 삼전은 모두 성인으로부터 나왔는데, 의리의 귀착점이 같지 않아서 앞 시대의 통유通儒 중에서도 그 득실을 함께 겸해서 배운 사람이 없었다. 하물며 지금은 그 학문의 의리가 더욱 무너졌기 때문에 한 사람에게 그것을 통괄하게 해서는 안 된다. 지금 마땅히 『주례』와 『의례』 두 경전에 각각 박사 2인을 두고, 『춘추』 삼전에 박사 3인을 두며, 그 나머지는 1인을 두어서, 모두 합쳐서 8인이 되어야 한다." 태상 거윤車胤도 상소를 올렸다. "지금 박사 8인인데, 제가 생각하기로는 마땅히 위魏나라의 옛 일에 의거하여, 경학에 가장 뛰어난 조신朝臣 1인을 선발하여, 지위의 고하에 얽매이지 않고 항상 그 일을 담당하도록 해야 한다. 태상太常을 등용할 때마다 그 안에서 함께 따져 보고, 나머지 7인은 일상적인 절차에 따라 골라서 뽑아야 한다."144)

---

143) 『晉書』, 「荀崧傳」.
144) 杜佑, 『通典』, 권53.

이로써 동진 초기에는 단지 8인의 박사가 설치되었다는 것을 알 수 있으니, 「직관지」·「순숭전」에서 말한 9인과는 같지 않다.

이상을 종합하면, 서진의 박사 인원은 초기에는 위나라의 제도를 계승하여 19인을 세웠으며, 동진 초기에는 5인을 세우고 이후에 증가하여 9인에 이르렀으며, 또 증가하여 11인에 이르렀고, 최후에는 16인에 달했다. 그 중에 『공양전』은 그나마 박사에 세워질 수 있었지만, 『곡량전』은 학문의 수준이 얕다는 이유로 계속해서 세워지지 못했다. 『수서』「경적지」에서 "『공양전』·『곡량전』은 점점 쇠미해져서 지금은 사설師說이 거의 없다"고 했고, 『석문서록釋文序錄』에서는 『공양전』·『곡량전』 두 전은 최근에는 강론하는 자가 없다"고 하였다. 이것은 비록 육조시대 말기의 상황이지만, 두 전이 쇠미하게 된 조짐은 동진시대 박사의 폐지와 설립을 통해서 알 수 있다.

『진서』에는 「예문지」를 두지 않았는데, 청대 학자 정국균丁國鈞이 『보진서補晉書·예문지藝文志』을 지었다. 그 중에 공양류公羊類의 수록에는 왕접王接의 『공양춘추주公羊春秋注』, 왕건기王愆期의 『춘추공양경전春秋公羊經傳』 13권과 『춘추공양론春秋公羊論』 2권(庾翼이 묻고 왕건기가 답한 것), 고룡高龍의 『춘추공양전春秋公羊傳』 12권,[145] 공연孔衍의 『춘추공양전집해春秋公羊傳集解』 14권, 유의劉義의 『공양춘추달의公羊春秋達義』 3권, 이궤李軌와 강순江淳 각각의 『춘추공양음春秋公羊音』 1권이 있다. 또 유조劉兆의 『춘추공양곡량전春秋公羊穀梁傳』 12권, 강희江熙의 『춘추공양곡량이전평春秋公羊穀梁二傳評』 3권, 왕장문王長文의 『춘추삼전春秋三傳』 12편, 사육氾毓의 『춘추삼전집해春秋三傳集解』, 호눌胡訥의 『춘추삼전평春秋三傳評』 10권과 『춘추집삼사난春秋集三師難』 2권, 그리고 『춘추집삼전경해春秋集三傳經解』 10권[146]이 있는데, 이것은 이전二傳과 삼전三傳을 종합한 저술이다.

이 시기에 『공양전』을 연구한 학자 중에 가장 두드러진 사람은 왕접王接과

---

145) 『신당서·구당서』「경적지」에 "『春秋公羊傳記』 12권, 高襲 注"가 수록되어 있는데, 아마도 같은 사람의 같은 책인 듯하다.
146) 『구당서』「경적지」에는 『春秋三傳經解』 11권으로 되어 있다.

왕건기王愆期 부자보다 더 뛰어난 사람은 없다.

왕접王接(263~302)은 자가 조유祖遊이고, 하동河東 의씨猗氏 사람이다. 그는 "많은 책들을 두루 보았고, 다른 뜻을 많이 제시하였다"147)고 한다. 그리고 『예』와 『공양전』에 정통했고, 일찍이 『공양전』의 '삼누三累' 의리에 근거하여 혜소嵇紹의 죽음을 현양했다. 『진서』에서 또 말했다.

> (왕접은) 항상 다음과 같이 말했다. 『좌씨전』은 글의 뜻이 매우 풍부하여 그 자체로 일가一家의 책이 되니, 경문의 뜻을 드러내는 것을 위주로 하지 않는다. 『공양전』은 경문에 붙여서 전문을 세웠기 때문에 경문에서 기록하지 않은 것을 전문에서 제멋대로 일으키지 않았으며, 문장에 있어서는 절제되어 있지만, 경문을 소통시키는 것이 장점이다.148)

이 주장은 경經·사史로 『공양전』과 『좌씨전』을 나눈 것이며, 후세에 『춘추』를 연구하는 학자들에게 매우 큰 영향을 끼쳤다. 청대 중엽에 공양학이 발흥하자, 유봉록劉逢祿 등은 오로지 이 의리만을 가지고 『좌씨전』을 배척했다.

그런데 왕접은 하휴에 대해서도 크게 비평하였다. "임성任城 하휴의 훈석訓釋은 매우 상세하지만, 주나라를 축출하고 노나라를 왕으로 삼은 이론은 대체로 어긋나고 막혀 있다. 또한 『공양전』의 뜻을 통하게 하는 데 뜻을 두었지만, 도리어 종종 『공양전』의 병통이 되었다."149) 왕접은 『공양춘추』에 다시 주석을 달았는데, 대부분 새로운 뜻을 제시하였다.

왕접은 또한 급총서汲冢書를 많이 채집하여 여러 학자들과 변론을 벌였다. "당시 비서승秘書丞 위항衛恒이 급총서를 고증하여 바로잡았는데, 일을 마치지 못한 채 난리를 만났다. 좌저작랑佐著作郎 속석束晳이 이어서 서술하여 완성했으며, 그 일은

---

147) 『晉書』, 「王接傳」.
148) 『晉書』, 「王接傳」.
149) 『晉書』, 「王接傳」.

대부분 이의異義를 증명한 것이다. 당시 동래태수東來太守였던 진류陳留의 왕정견王庭堅이 그것을 비난했는데, 또한 증거가 있었다. 속석이 또 그 비난에 대해 해명했는데, 왕정견이 이미 죽고 없었다. 산기시랑散騎侍郎 반도潘滔가 왕접에게 말했다. '경卿의 재능과 학문으로 따지고 의론하여, 두 사람의 분쟁을 충분히 풀 수 있으니, 시험 삼아 논할 수 있을 것이다.' 왕접이 마침내 그 득실을 상세하게 의론하였다. 지우摯虞와 사형謝衡은 모두 박학다식한 사람들인데, 두 사람이 모두 타당하다고 여겼다."[150] 왕접은 또한 『열녀후전列女後傳』 72인을 저술하였다.

왕건기王愆期는 왕접의 큰 아들이다. 『진서』에서는 그가 "부친의 본의에 따라서 다시 『공양전』의 주석을 달았다"고 했다. 『수서』 「경적지」에 그가 주석한 『춘추공양경전春秋公羊經傳』 13권 및 유익庾翼이 묻고 왕건기가 답한 『춘추공양론春秋公羊論』 2권이 수록되어 있다. 『구당서』 「경적지」에는 『춘추공양』 12권, 『춘추공양론』 2권으로 되어 있다. 『신당서』 「경적지」에는 『공양주公羊注』 12권, 『난답론難答論』 1권으로 되어 있다.

따라서 양진兩晉시대 춘추학의 특징은 삼전三傳을 종합한 것이다. 두예가 오로지 『좌씨전』만을 연구하고, 범녕이 『곡량전』으로 돌아간 것을 제외하면, 그 나머지 『춘추』를 연구한 학자들은 대부분 『좌씨전』을 위주로 하되 삼전을 널리 채택하였다. 예를 들어 유익庾翼·사육氾毓·범륭范隆·동경도董景道·유식劉寔·서막徐邈·우부虞溥·공연孔衍 등은 모두 이러한 학풍을 계승하였다.

3. 북조北朝시대

북조시대 경학의 흥성은 조정이 앞장서서 주도한 것과 막대한 관련이 있다. 그 중에서도 북위北魏 효문제孝文帝와 북주北周 무제武帝가 가장 큰 관계가 있다.

---

150) 『晉書』, 「王接傳」.

위魏 도무道武 연간 초에 중원을 안정시켜서, 비록 날마다 눈코 뜰 사이 없이 바빴지만, 처음 도읍을 세우자마자 경술經術을 가장 급선무로 삼았다. 태학을 세우고 오경박사를 설치했는데, 생원이 천여 명이나 되었다. 천흥天興 2년 봄, 국자태학國子太學의 생원을 증원하여 삼천여 명에 이르렀다. 어찌 천하를 말 위에서 얻을 수 있지만 말 위에서 다스릴 수 없는 것이 아니겠는가? 성상聖上이 국가 경영에 있어서 멀리까지 내다본 것이다.[151]

이로써 알 수 있듯이, 북제의 국가 토대 구축은 곧 경학을 중시하는 것이니, 말 위에서 천하를 다스릴 수 없다는 의미이다.

그 후에 태종太宗 탁발사拓拔嗣와 세조世祖 탁발도拓拔燾가 모두 경학을 중시하여, "이에 사람들 중에 덕행을 연마하고 마음을 고상하게 가지는 자들이 많아져서, 유술儒術이 점점 더 흥성하였다."[152] 『위서魏書』에서 말했다.

태종太宗이 국자國子를 중서학中書學으로 바꾸고, 교수박사敎授博士를 세웠다. 세조世祖 시광始光 3년(426) 봄, 성동城東에 태학을 별도로 세웠으며, 그 후에 노현盧玄·고윤高允 등을 불러들이고, 주군州郡에서 각각 재학才學을 천거하도록 하였다.[153]

현조顯祖 탁발홍拓拔弘 때 처음으로 주군州郡에 학교를 세웠고, "대안大安 초에 조칙을 내려 향학鄕學을 세웠으며, 군郡에 박사 2인, 조교助敎 2인, 학생 60인을 두었다."[154] 고조高祖 탁발굉拓拔宏(孝文帝)이 즉위하자, 정사가 모두 태후太后 풍씨馮氏에 의해 결정되었다. 풍태후馮太后는 한인漢人으로서 경전에 능통했고 유술儒術을 매우 중시하였다. 연흥延興 3년(473), "조칙을 내려 공자孔子의 28세손인 노군魯郡의 공승孔乘을 숭성대부崇聖大夫로 삼았다."[155] 태화太和 10년(486), "조칙을 내려 명당明堂

---

151) 『北史』, 「儒林傳」.
152) 『北史』, 「儒林傳」.
153) 『魏書』, 「儒林傳」.
154) 『魏書』, 「儒林傳」.
155) 『魏書』, 「高祖紀」.

과 벽옹辟雍을 세웠다."156) 이것은 모두 풍씨의 생각에서 나온 것이다. 14년(490), 풍태후가 죽고 나서 고조가 직접 정치를 했을 때도 경학을 중시하였다. 16년, "황제가 황종학皇宗學에 행차하여, 박사에게 경의經義를 직접 물었다." 19년, 노魯에 이르러 공자묘孔子廟에서 직접 제사를 지내고, 조칙을 내려 공씨孔氏 4인, 안씨顏氏 2인에게 관직을 제수하였다. 또 조칙을 내려 제공諸孔 종자宗子 1인을 선발하여 숭성후崇聖侯로 봉하고, 공자묘를 손질하였다. 21년, "황제가 직접 군신들을 위해 청휘당淸徽堂에서 「상복喪服」편을 강론하였다."157) 『위서』에서 말했다.

> 태화太和 연간에 중서학中書學을 국자학國子學으로 바꾸고, 명당明堂과 벽옹辟雍을 세웠으며, 삼로오경三老五更을 존중하였고 또 황자지학皇子之學을 열었다. 낙읍洛邑 으로 천도하자, 조칙을 내려 국자태학國子太學·사문소학四門小學을 세웠다. 고조高 祖는 공경하고 밝게 옛것을 상고하고, 경서를 독실하게 좋아하였다.…… 이에 사문斯文이 번창하여 주한周漢시대와 그 융성함을 겨루었다.158)

그 후에 세조世宗 원각元恪이 왕위를 계승했는데, 그도 여전히 경학을 숭상하였다. 정시正始 3년(506), "황제가 경조京兆의 왕유王愉, 청하淸河의 왕역王懌, 광평廣平의 왕회王 懷, 여남汝南의 왕열王悅을 위해 식건전式乾殿에서 『효경』을 강론하였다." 4년, 유사有司 에게 조칙을 내려 이전의 방식을 본받아서, "국자國子를 설치하고 태학太學을 세우며, 사문四門에 소학小學을 세우도록 했다."159) 이때에 이르러 북조의 경학은 가장 흥성했 다고 말할 수 있다. 그런데 그 이후로 국정이 날로 쇠퇴하고 전란이 빈번히 발생했기 때문에 경학은 마침내 쇠미해졌다.

북제의 여러 황제들 중에 오직 문선제文宣帝 고양高洋만이 유학을 가장 숭상하였다. 즉위 초에 숭성후崇聖侯 공장孔長을 공성후恭聖侯로 다시 봉하고, 읍邑 100호戶를 주어

---

156) 『北史』, 「魏本紀」.
157) 『魏書』, 「高祖紀」.
158) 『魏書』, 「儒林傳」.
159) 『魏書』, 「世宗紀」.

공자 제사를 받들도록 했으며, 또한 노군魯郡에 하명하여 공자 제사를 위해 사당을 보수하도록 했다. 천보天保 원년(551), 군국郡國에 조칙을 내려 학교를 세우고, 뛰어난 선비를 널리 초빙했으며, 유학의 기풍을 크게 밝히도록 하였다. 국자國子 학생들은 옛 제도에 따라 선발되어 보충되었으며, 스승의 이론을 마음속에 새기고 『예경禮經』을 연구하고 익혔다. 또한 문양제文襄帝 고징高澄이 가져 놓았던 채옹蔡邕의 석경石經 50매枚를 학관學館으로 옮겨두고, 차례대로 손질하여 세웠다.160) 7년, 조신문학자朝臣文學者 및 예학관禮學官을 궁연회宮宴會에 소집하여 경의經義를 서로 질문하도록 하고, 황제가 직접 참여하여 들었다. 애석하게도 고양高洋은 이후에 공업功業을 이루었다고 자만하고, 대신들을 일상적으로 주륙함으로써 경술의 쇠퇴를 초래하였다. 그 뒤를 이은 고연高演과 고담高湛은 비록 경학을 번창시키려는 뜻은 있었지만 결국은 넓히지 못했으며, 경학도 날이 갈수록 상황이 더욱 악화되었다.

북주北周는 북제시대에 비해 유학을 더욱 존숭하였다. 태조太祖 우문태宇文泰는 "경술을 매우 좋아하였고", 대통大統 연간에 소작蘇綽·노변盧辯에게 명하여 『주례』의 제도에 의거하여 육관六官을 설치하도록 하였다. 공제恭帝 3년(556), "처음으로 『주례』를 통행시키고 육관六官을 세웠다."161) 이 일은 "위진魏晉의 제도를 축출하고, 희단姬旦(周公)의 성대한 의식을 회복한 것"162)으로, 경학이 진실로 실용에 도움이 된다는 것을 알 수 있다. 이 일은 단지 북조 경학의 흥성을 추동했을 뿐만 아니라, 이후 수隋나라가 천하를 통일한 것도 또한 여기에 토대를 두고 있다.

그 후에 고조高祖 우문옹宇文邕이 즉위했는데, 그도 또한 주례의 복원에 급급하였다. 즉위 초에 다음과 같이 조서를 내렸다.

따라서 주문공周文公의 상성上聖의 지혜를 가지고 저 희씨姬氏의 주나라를 도왔으니, 이에 육전六典을 만들어서 그로써 700년을 밝혔다. 그 이후로 대대로 그 실마리를

---

160) 『北齊書』, 「文宣帝紀」.
161) 『北史』, 「周本紀上」.
162) 『周書』, 「儒林傳」.

잃어버려서, 높고 높은 교화를 길고 긴 세월 동안 전해지지 못하게 만들었고, 성대한 풍속을 수많은 왕들이 끝날 때까지 영원히 타락하도록 만들었다. 우리 태조 문황제文皇帝는 순순하고 온화한 기운을 품수하고, 선천적으로 뛰어나고 특출한 분이다. 덕은 건원乾元과 짝하고, 공적은 조물주와 맞먹는다. 따라서 말세의 좋지 못한 풍속을 버리고, 융성한 주나라의 밝은 육전六典을 시행하며, 백관을 크게 밝힘으로써, 그 쓰임을 성취할 수 있었다. 이른바 건곤乾坤이 바뀌어서 다시 중수重修하였으니, 어찌 제왕의 홍범洪範일 뿐이겠는가! 짐이 임금 자리를 이어받아서 아름다운 공적을 선양할 것을 생각하였다.163)

이 글을 통해서 무제武帝가 주례周禮를 계승할 뜻이 있었음을 알 수 있다. 따라서 보정保定 원년(561), "태묘太廟에서 제사를 지내고, 태조가 밝혔던 육관六官을 반포하였다." 3년에 직접 태학에 행차하여, "임금이 친히 옷소매를 걷고 희생을 베서 시동에게 먹이고, 술잔을 올려서 시동에게 입가심을 하게 했다. 이것은 본래 한 시대의 성대한 일이다."164) 태화天和 원년(566)에, "황제가 정무전正武殿에서 제사를 지내고, 군신들을 모아놓고 직접『예기』를 강론하였다." 3년, 대덕전大德殿에서 "백료百僚 및 사문沙門·도사道士 등을 모아놓고, 직접『예기』를 강론하였다." 건덕建德 원년(572), 공경公卿과 도속道俗의 토론을 거쳐서, 무제가 삼교三敎의 선후를 확정하였다. 유교儒敎가 가장 먼저이고, 도교道敎가 그 다음, 불교佛敎가 가장 뒤였다. 6년, 제齊를 멸망시키고, 산동山東에서 경술經術을 공부하는 선비들을 초빙하라고 수차례 조서를 내렸다.165) 『북사北史』에서 말했다.

따라서 천하가 사모하여 그에게 향하니, 문교文敎가 멀리까지 미쳤다. 유자儒者의 의복을 입고, 선왕의 도를 마음에 품으며, 학교를 열어서 학생을 끌어들이는 자들이 인산인해를 이루었다. 스승을 따르는 뜻을 권면하고, 전문적인 학업을 고수하며,

---

163)『周書』,「武帝紀上」.
164)『周書』,「儒林傳」.
165)『周書』,「武帝紀下」.

친척들과 하직하고 힘든 공부를 감내하는 자가 문전성시를 이루었다. 비록 통유通儒
의 성대한 학업이 위진魏晉시대의 신하들에게는 미치지 못했지만, 풍속의 변화는
또한 최근의 아름다움이다.166)

이를 통해 북조의 경학이 흥성했음을 알 수 있다.

남북조시대의 경학은 지역에 따라 남북의 차이가 있었다. 『북사』에서 말했다.

대체로 남북에서 장구章句를 공부할 때, 좋아하고 숭상하는 것이 같지 않았다.……
남방 사람들은 간략하여 그 정화精華를 얻었고, 북방 사람들은 복잡하여 그 지엽枝葉
을 탐구하였다.167)

『춘추』에 대해 말하면, 남북의 차이는 주로 『좌씨전』의 복건과 두예의 차별에서
드러난다. 대체로 복건 주는 하북河北에서 유행하였고, 두예 주는 강남江南에서
유행하였다. 『수서』「경적지」에서 "진晉나라 때, 두예는 또한 『춘추좌전경전집해』를
지었다. 『좌씨전』의 복건과 두예 주가 모두 국학에 세워졌다"고 하니, 서진西晉
초기에 복건 주와 두예 주가 모두 박사가 되어서 처음으로 서로 맞섰다. 진나라가
남쪽으로 천도한 이후, 두예 주는 강좌江左에서 유행하였고, 복건 주는 하락河洛에서
유행하였다. 『북사』에서 말했다.

하북河北의 학자들 중에 『춘추』에 능통한 자는 복건의 주를 함께 공부했다. 장매노張
買奴 · 마경덕馬敬德 · 형치邢峙 · 장사백張思伯 · 장조張雕 · 유주劉晝 · 포장훤鮑長暄 ·
왕원칙王元則은 복건의 정미함을 함께 이해하였다. 또 요문안姚文安 · 진도정秦道靜
도 처음에는 복건의 주를 공부하였고, 나중에 두예의 주를 겸해서 강론하였다.
하외河外의 유생들은 모두 두예를 신봉하였다.168)

---

166) 『北史』, 「儒林傳」.
167) 『北史』, 「儒林傳」.
168) 『北史』, 「儒林傳」.

이것은 북조에서 『좌씨전』을 전수하고 익힌 학자들이다. 그 당시 『공양전』·『곡량전』 두 전은 쇠퇴하였다. 『북사』 「유림전」에서 "하외河外의 유생들은 모두 두예를 신봉하였다. 『공양전』·『곡량전』 두 전은 학자들이 대부분 마음에 두지 않았다"고 했다. 『수서』 「경적지」에서는 다음과 같이 말했다. "『곡량전』의 범녕 주, 『공양전』의 하휴 주, 『좌씨전』의 복건·두예 주가 모두 국학에 세워졌다. 그러나 『공양전』·『곡량전』은 단지 문장을 익히고 읽을 뿐 그 뜻을 이해하지는 못했다. 이후에 삼전을 배워서 함께 강론했지만, 『좌씨전』만 유일하게 복건의 해석이 전해졌다. 수나라 때에 이르러 두예가 성행하였고, 복건의 해석과 『공양전』·『곡량전』은 점점 쇠퇴하여 지금은 스승의 이론이 거의 없어졌다." 단지 『공양전』·『곡량전』만 쇠퇴한 것이 아니라, 수나라 때에는 복건의 주도 또한 쇠퇴하였다.

그 당시 『공양전』을 연구한 학자는 북조에 최호崔浩·고윤高允·양조梁祚·선우영복鮮于靈馥·유방劉芳 등 몇 사람이 있을 뿐이다. 『곡량전』을 연구한 학자는 더욱 적어서 오직 유방劉芳이 지은 범녕 주注 『곡량음穀梁音』 1권밖에 없었다. 이 외에 최영은崔靈恩의 『공양곡량문구의公羊穀梁文句義』 10권이 있다. 『좌씨전』을 연구한 학자는 매우 많았다. 유헌지劉獻之·장오귀張吾貴·유란劉蘭·손혜울孫惠蔚·서준명徐遵明·동징董徵·이업흥李業興·가사동賈思同·소관蘇寬 등이 대표적이다. 그 중에서 서준명은 위나라 말기 최고의 춘추학자이다.

서준명徐遵明(475~529)은 자가 자판子判이고, 화음華陰 사람이다. 젊었을 때 혼자서 공부하기를 좋아했고, 둔유屯留의 왕총王聰을 처음으로 스승으로 삼아서 『모시』·『상서』·『예기』를 배웠다. 1년 후에 왕총을 떠나 연조燕趙에 가서 장오귀張吾貴를 스승으로 섬겼다. 수개월 동안 그를 신봉했지만, 자기 마음에 차지 않자 마침내 범양范陽의 손가덕孫買德에게 가서 수업하였다. 1년 후에 또 다시 그곳을 떠났다. 일찍이 자신의 마음을 가리켜서, "나는 지금 진정한 스승이 있다는 것을 아니, 바로 여기 내 마음에 있다"고 말했다. 자신의 마음을 스승으로 삼아서 스스로 터득하고자 한 것이다. 그리고 마침내 『효경』·『논어』·『모시』·『상서』·삼례를 읽었는데, 6년 동안 집밖을 나오지 않았다. 또 양평陽平 관도館陶의 조세업趙世業의 집안에 복건의 『춘추』,

곧 진晉나라 영가永嘉의 옛 판본이 있다는 것을 알고서 그곳으로 가서 그 책을 읽었다. 다시 수년이 지나서 『춘추의장春秋義章』 30권을 지었다. 그런데 『수서』「경적지」에는 이 책이 수록되어 있지 않다. 『북제서北齊書』「유림전」에서 "제齊나라 때, 유사儒士들이 드물게 『상서』 연구를 전했는데, 서준명이 그것을 겸통하였다"고 했다. 삼례의 경우는 대부분 서준명의 문하에서 나왔다. 그 후에 서준명은 20여 년 동안 학생들을 가르쳐서 천하에서 그를 받들지 않는 사람이 없었다. 그런데 『위서』「유림전」에서는 그가 "취렴聚斂을 매우 좋아하여 유학자의 풍격을 깎아먹었다"고 했다. 『북사』「유림전」에서도 말했다. 그의 학문이 매우 편벽되었지만, 유헌지劉獻之 · 장오귀張吾貴가 더욱 심하였다. 영안永安 2년, 원호元顥가 낙양洛陽에 들어가자 서준명은 반란군에게 해를 당했는데, 당시의 나이가 55세였다. 『좌씨전』을 연구하는 자들이 대부분 복건의 주를 종주로 삼았는데, 그들 중에 태반이 서준명의 문하에서 나왔다. 그의 제자는 이현李鉉 · 이업흥李業興 · 장매노張買奴 · 마경덕馬敬德 · 악손樂遜 · 웅안생熊安生 등이 있다.

4. 남조南朝시대

남조시대의 경학은 거의 동진東晉의 옛것을 계승했으며, 앞뒤로 송宋 · 제齊와 양梁 · 진陳 두 시기로 나누어진다. 송 · 제의 경학은 이전 사람들이 대부분 볼만한 것이 없다고 여겼다. 『양서梁書』에서 말했다.

강좌江左 지역은 모든 일이 처음 시작되었기 때문에 날마다 바쁘고 여가가 없는 상태에서 송 · 제시대에 이르렀다. 국학을 때때로 혹 열어두기는 했지만 폭넓게 수업을 권면하지는 않았다. 국학을 세운 지 10년에 미치지 못하여 대체로 형식적이었고, 오랫동안 폐지되어 버려두고서 소홀하게 대했다. 향리에서는 혹시라도 학교를 연 적이 없고, 공경들 중에 경술에 능통한 사람이 드물었다. 조정의 큰 학자들은 혼자서 공부할 뿐 무리를 기르려고 하지 않았다. 후생들은 고루하여 경전을 끌어안

고서 강습하지 않았다. 삼덕三德과 육예六藝는 폐기된 지가 오래되었다.[169]

『남사南史』에서는 이 내용을 그대로 답습하여, 남조南朝시대의 경술이 밝혀지지 않은 이유가 강좌江左 지역의 정치가 초창기였기 때문이라고 했다. 청대 사람들은 위진魏晉 이후 사림士林의 현학玄學 풍조로 그 원인을 돌렸다. 청대 사람들은 한학漢學을 숭상했기 때문에 "왕필王弼의 허무(玄虛)의 학문, 공안국孔安國의 거짓 저술(僞撰), 두예杜預의 억지 해석(臆解)"[170]에 대해, 극도로 반감을 가지고 있었으므로 그러한 주장을 한 것이다. 그런데 남조의 경학은 양무梁武 천감天監 이후로 조금씩 옛 모습을 회복하였다.

남조의 춘추학은 대부분 『좌씨전』을 종주로 삼았고, 『좌씨전』을 연구하는 자들에 대해, 혹자는 "오직 복건의 해석만을 전수하였다"고 주장했고, 혹자는 "지금은 두예의 주를 사용한다"고 주장하였다. 『수서隋書』에서 말했다.

> 진晉나라 때 두예는 또 『춘추좌씨경전집해』를 지었다. 『곡량전』의 범녕 주, 『공양전』의 하휴 주, 『좌씨전』의 복건·두예 주가 모두 국학에 세워졌다. 그러나 『공양전』· 『곡량전』은 단지 문장을 익히고 읽을 뿐 그 뜻을 이해하지는 못했다. 이후에 삼전을 배워서 함께 강론했지만, 『좌씨전』만 유일하게 복건의 해석이 전해졌다. 수나라 때에 이르러 두예가 성행하였고, 복건의 해석과 『공양전』·『곡량전』은 점점 쇠퇴하여 지금은 스승의 이론이 거의 없어졌다.[171]

이 내용에 근거하면, 두예의 주는 비록 서진 시기에 국학에 세워졌지만, 그 후에 『좌씨전』은 오히려 복건의 주를 위주로 하였고, 두예의 주는 수나라 때에 이르러야 비로소 성행하였다.

또 육덕명陸德明의 『경전석문經典釋文』「서록序錄」에서 말했다.

---

169) 『梁書』, 「儒林傳」.
170) 皮錫瑞, 『經學歷史』, 118쪽.
171) 『隋書』, 「經籍志」.

화제和帝 흥원興元 11년, 정흥鄭興 부자가『좌씨전』을 상주하자 학관에 세워졌고, 세상에 통행되다가 지금에 이르러 마침내 성행하였으며,『공양전』·『곡량전』 두 전은 점점 쇠퇴하였다.『좌씨전』은 지금 두예의 주를 사용하고,『공양전』은 하휴의 주를 사용하며,『곡량전』은 범녕의 주를 사용한다.

살펴보건대,『경전석문』은 진陳나라 때에 지어졌으므로 여기에 근거하면 육덕명은 진나라 때 이미 두예 주를 사용했다고 여긴 것이다.

또 양梁나라 천감天監 12년, 최영은崔靈恩이 돌아와서 복건 주를 강론했지만, "강동江東에서 유행하지 못했다." 따라서 양나라 때 이미 두예 주가 많이 유행했다는 것을 알 수 있다.

그리고『남제서南齊書』에 의하면, 육징陸澄이 왕검王儉에게 보낸 편지에서 다음과 같이 말했다. "『좌씨전』은 태원太元 연간에 복건服虔을 취했고, 가규賈逵의 경문을 함께 취했다. 복건의 전傳에는 경문이 없고, 비록 주注 속에 있더라도 전傳에 또한 경문이 없는 경우가 있었기 때문이다. 지금 복건을 남겨 두고 가규를 제거하면 경문에 빠진 부분이 있게 된다." 왕검이 대답했다. "두예가 전傳에 주를 단 것은 앞선 학자들을 뛰어넘는데, 만약 학관에 세워지지 않으면 폐기될 수 있을 것이다."[172] 이에 근거하여, 마종곽馬宗霍은 다음과 같이 말했다. "완륙玩陸과 왕서의王書意는 태원泰元 시기에서 송宋·제齊에 이르기까지 반드시 모두 복건만을 세울 것을 알았다. 제齊에 이르러 육징陸澄의 말을 채용하여 처음으로 두예를 세웠다."[173] 살펴보건대, 태원太元은 동진東晉 효무제孝武帝의 연호이니, 원제元帝 때 두예 주와 복건 주는 여전히 박사에 세워졌고, 효무제에 이르러 오로지 복건 주만을 취한 것이다. 소제蕭齊에 이르러서 두예 주가 다시 박사로 세워졌다.

육징의 편지에서 또 말했다. "『곡량전』은 태원太元 연간에는 미신糜信의 주가 오랫동안 있었는데, 안연지顔延之가 범녕范甯의 주를 더해 넣었지만, 미신의 주는

---

172)『南齊書』,「陸澄傳」.
173) 馬宗霍,『中國經學史』, 77쪽.

여전히 옛날과 같았다." 왕검이 대답했다. "『곡량전』은 작은 책이기 때문에 두 가지 주를 기다릴 필요가 없으며, 미신 주를 남겨 두고 범녕 주를 생략하는 것이 대체로 옛날의 방식을 따르는 것이다." 살펴보건대, 서진 초기에 『곡량전』 박사는 윤경시尹更始를 채용했고, 동진에서는 『곡량전』을 폐지했다. 지금 여기에 근거하면, 태원太元 이후에 『곡량전』이 학관에 세워졌고, 미신의 주를 사용하였다. 송宋 원가元嘉 연간에 안연지가 좨주祭酒가 되어 범녕 주를 더해 넣었다. 소제蕭齊 영명永明 연간에 이르러 학관에 세워졌고, 또 미신 주를 남겨 두고 범녕 주를 제거했다. 육덕명이 또 말했다. "안연지가 범녕 주를 첨가하여 나누었는데, 자신과 의견이 같은 자를 친숙하게 대하는 것이 당연하다. 그는 항상 말하기를, 『곡량전』은 열등하고, 『공양전』에 주를 단 것은 또한 완전하지 않다. 그러나 결국 『공양전』에 하휴가 있는 것에는 미치지 못하기 때문에 아마도 하휴와 안안락 두 가지를 다 세울 수는 없을 것이다. 기어코 범녕의 주가 좋다고 말한다면, 미신의 주는 당연히 제거해야 할 것이다." 잔나라 초기에 『공양전』은 하휴와 안안락의 주를 사용하였고, 동진 초기에는 『공양전』을 폐지하였다. 다시 세워진 것이 아마도 태원太元 연간인 것 같은데, 안안락의 주를 사용했는지 하휴의 주를 사용했는지 알 수가 없다. 지금 육징의 편지에 근거하면, 『공양전』은 두 가지 주가 함께 세워진 적이 없고, 오직 안안락의 주만 사용한 것 같다.

남조南朝시대에 『공양전』을 연구한 자는 북조시대에 비해 적었던 것 같다. 『남사』「유림전」에 의하면, 최영은崔靈恩이 『공양곡량문구의公羊穀梁文句義』 10권을 지었고, 심문아沈文阿가 삼전에 능통했는데, 모두가 『공양전』의 전문가는 아니다. 또 송宋의 주속지周續之가 『공양전』에 주석을 달았다. 이 외에 『구당서』「경적지」에 남제南齊 왕검王儉의 『춘추공양음春秋公羊音』 2권이 수록되어 있다. 『곡량전』을 연구한 학자는 오직 송宋의 공묵지孔默之가 『곡량춘추』에 주석을 단 것뿐이다.

송宋·제齊 시기에는 조정에서도 경학의 시행을 선도하였다. 송 영초永初 3년(422), 무제武帝는 조서를 내려, "왕실과 경대부의 적자嫡子를 널리 초빙하고, 동몽童蒙을 기르고 권면하며, 유관儒官을 선발하여 갖추어서 국학을 널리 진작시켜라"고 하였다.

원가元嘉 15년(438), 문제文帝는 뇌차종雷次宗을 경사京師로 불러들여서 계룡산雞籠山에 유학관儒學館을 열고, 교수를 모으고 100여 명의 학생을 두었다. 16년에 명을 내려, 단양윤丹陽尹 하상지何尙之에게 현학玄學을 세우도록 하고, 저작좌랑著作佐郎 하승천何承天에게 사학史學을 세우도록 했으며, 사도참군司徒參軍 사원謝元에게 문학文學을 세우도록 했다. 이처럼 유儒·현玄·사史·문文의 사학四學을 두고서 각각 개관하여 학생들을 가르쳤다. 19년에 조서를 내려 국자학을 세웠는데, 27년에 이르러 폐지되었다. 심약沈約이 무제武帝와 문제文帝 두 조정의 학술에 대해 다음과 같이 논했다.

학교에 선비를 두고서 경전을 전수하고 학도를 모으는 일은 황초黃初 연간에서 진晉나라 말기에 이르기까지, 백여 년 동안 유학의 가르침이 다 시행되었다. 고조高祖가 임금이 되어 국학을 열 것을 의론했으나, 너무 일찍 죽어서 시행되지 못하였다. 원가元嘉 연간에 이르러서 겨우 그 일이 성취되어 아름다운 풍속이 성대하였으니, 지난 시절에는 미지지 못했지만 매우 훌륭하여 앞선 왕이 남긴 법도가 많이 남아 있었다.[174]

심약의 논의는 비록 찬양하는 어조가 없지는 않지만, 무제와 문제가 학문 홍기의 기틀을 마련했다는 점은 사실이다. 애석하게도 문제 이후로 골육상잔이 벌어지고, 조정에 변란이 발생하여, 학술도 또한 다시 쇠퇴하였다.

소제蕭齊에 이르러, 건원建元 4년(482), 태조太祖가 조서를 내려 국학을 세우고, 학생 150명을 두었다. 그런데 "태조가 죽자 바로 중지되었다." 영명永明 3년(485), 무제武帝가 조서를 내려 학교를 세웠는데, 새롭게 학교를 세우고 건물을 지었으며, 공경公卿의 자제 및 원외랑員外郎의 맏아들을 불러서 학생 200명을 두었다. 태자 장무長懋가 어려서부터 태조의 총애를 받았는데, 『좌씨전』에 능통하였고 숭정전崇正殿에서 『효경』을 강론하였다. 5년, 태자가 직접 국학에 가서 제생들을 대상으로 시험을 쳤다. 『남제서南齊書』에서는 "태자가 오랜 세월 동안 학문에 임했는데, 또한 전대에

---

174) 『宋書』, 권55.

없던 일이다"라고 하였다. 그리고 그 풍조가 파급되어, "이로 말미암아 가정에서 공자의 가르침을 연구하고, 사람들은 유교의 서적을 암송하면서 매우 즐겁게 책을 읽으니, 이에 더욱 흥성하였다." 영명永明 11년(493), 태자가 죽자 국학은 폐지되었다. 건무建武 4년(497), 명제明帝가 다시 조서를 내려 학교를 세웠다. 영태永泰 원년(498), 동혼후東昏侯가 즉위하자, 태자가 없으면 학교를 세우지 않았던 영명永明 연간의 사례에 의거하여, 학교를 폐지하였다.

그 당시의 춘추학자 중에 비교적 중요한 인물은 송宋에는 주속지周續之·공묵지孔默之·뇌차종雷次宗·하시진何始眞·사장謝莊이 있고, 제齊에는 왕검王儉·두건광杜乾光·왕연지王延之·오략吳略·소자무蕭子懋·관강지關康之·장영서臧榮緖·심인사沈驎士 등이 있다.

소양蕭梁시대 경학의 흥성은 실제로 무제武帝 소연蕭衍(464~549)이 경학을 크게 제창한 것과 관련이 있다. 남제 시기 무제가 제생諸生이었을 때, 동각좨주東閣祭酒였던 왕검王儉이 그를 매우 소중하고 기특하게 여겼다. 또한 소연은 심약沈約·사조謝脁·왕융王融·소침蕭琛·범운范雲·임방任昉·육수陸倕 등과 함께 경릉왕竟陵王 소자량蕭子良의 문하에서 교유했는데, 이들을 '팔우八友'라고 불렀다.

천감天監 4년(505), 무제는 조칙을 내려 오관五館을 개설하고 국학을 건립하여, 모두 오경으로써 가르치고 오경박사를 각각 한 사람씩 두게 하였다. 이에 평원平原의 명산빈明山賓, 오군吳郡의 육련陸璉, 오흥吳興의 심준沈峻, 건평建平의 엄식지嚴植之, 회계會稽의 하창賀瑒이 가장 먼저 발탁되어, 각각 일관一館씩 주관하게 하였으며, 관마다 수백의 학생이 있었다. 북조에서 귀의한 최영은崔靈恩·손상孫詳·장현蔣顯·노광盧廣 등도 고관高官에 제수하였다. 대통大同 연간에, 또 대서臺西에 사림관士林館을 세웠으며, 국학과 함께 세워 학자를 초빙하고 모아서, 제유들에게 번갈아 가면서 서로 강론하고 가르치게 하였다. 태자太子와 황자皇子, 그리고 종실宗室과 왕후王侯에게도 모두 취학하여 수업하도록 했다. 무제가 직접 수레를 타고 와서 선사선성先師先聖에게 석전례釋奠禮를 행하였다.[175] "이에 사방의 군현郡縣이 학문으로 달려가는 풍조가 형성되었다."[176] 동진 이래로 주군州郡의 학문이 모두 폐기되었고, 이때에 이르러 박사와 좨주를 주군에 나누어 파견하여 학교를 세웠다.

무제는 또 이록利祿으로 경학을 장려했다. 천감天監 4년(505), 조서를 내려, "지금부터 구류九流를 항상 선발하되. 나이가 30세가 아직 되지 않고 하나의 경전을 능통하지 않으면 관직에 나아갈 수 없다. 만약 감甘·안顔과 같은 재능이 있으면 나이의 차이를 제한하지 말라."[177] 또 가난하고 문벌이 없는 집안을 차별하지 않고, 모두 경전에 능통한가의 여부를 선비 선발의 표준으로 삼았다. 천감 8년(509), 조서를 내려, "하나의 경전에 능통하면서 시종일관 게으르지 않는 자가 있으면, 실정을 따져본 후에 충분한 인원을 선발하여 차례대로 기록하라. 비록 소나 양을 파는 저자거리나 변변치 못한 가문이나 출신이라고 하더라도, 모두 재능에 따라 관리로 시험을 볼 수 있도록 하여, 빠뜨리거나 차별하는 일이 없도록 하라."[178] 그 뒤에 "10여 년간 경전을 가슴에 품고 책 상자를 짊어진 자가 서울에 구름처럼 모여들었다."[179]

무제는 또한 대신들과 항상 질의와 응답을 주고받았고, 경의經義가 담긴 책을 많이 저술했다. 『주역강소周易講疏』·『모시답문毛詩答問』·『춘추답문春秋答問』·『상서대의尙書大義』·『중용강소中庸講疏』·『공자정언孔子正言』 등 모두 2백여 권이다. 그 후에 양梁나라의 여러 임금들도 대부분 유학을 중시하였다. 따라서 양나라 무제 때 유학의 흥성은 진실로 남조시대에는 없었던 현상이다. 애석하게도 무제 말년에 허황된 말을 숭상하고 석노釋老에 빠짐으로써 결국 국가의 멸망을 초래하였다. 그 후에 진陳나라가 양梁나라를 대신했는데, 지역이 편소하고 국운이 짧아서 이 시대의 경학은 양나라의 뒤를 조금 계승한 것에 지나지 않으며, 양나라 무제의 옛 규모를 회복하지는 못하였다.

양나라와 진나라 때에 춘추학에 정통한 자는 엄식지嚴植之, 하창賀瑒, 소연蕭衍, 최영은崔靈恩, 심문아沈文阿, 심수沈洙, 왕원규王元規, 육경陸慶, 유지린劉之遴, 심굉沈宏,

---

175) 『梁書』, 「儒林傳」.
176) 『南史』, 「梁本紀中」.
177) 『南史』, 「梁本紀上」.
178) 『梁書』, 「武帝紀中」.
179) 『梁書』, 「儒林傳」.

하도양賀道養, 전원휴田元休, 장충張沖 등이 있다.

5. 수隋나라시대

수隋나라는 주周나라를 대신하여 진陳나라를 멸망시켰는데, 정치가 통일되었을 뿐만 아니라 경학도 통일되는 추세였다. 그러나 애석하게도 수나라는 통치 기간이 길지 않았으며, 그 학술은 단지 남북조의 옛것을 계승하는 데 지나지 않았다. 비록 그렇지만, 문제文帝·양제煬帝가 모두 유학을 공부하는 선비들을 장려하였고, 학교를 열어서 국자國子와 군현郡縣의 학교를 세움으로써 마침내 경학이 육조보다 크게 흥성하도록 하였다. 그러나 만년에는 무너지지 않은 것이 없으니, 진실로 개탄스럽다.

수나라 초기에, 조정에서는 사방의 학자들을 초빙했고, 남·북의 학자들이 모두 중시되었다. 그래서 정치상으로는 비록 남쪽이 북쪽에 통합되었지만, 학술상으로는 오히려 북쪽이 남쪽에 통합되었다. 춘추학의 측면에서 논한다면, 또한 북방의 복건服虔의 학문이 남방의 두예杜預의 학문에 통합되었다. 그 원인에 대해 피석서는 다음과 같이 말했다.

> 남조南朝의 의관衣冠과 예악禮樂, 문채文采와 풍류風流는 북쪽 사람들이 항상 칭찬하고 선망하였다. 고환高歡이 "강남江南의 양梁 무제武帝 소연蕭衍이 전문적으로 의관과 예악에만 종사했기 때문에 중원의 사대부들이 그것을 선망하여 정삭正朔이 있는 곳이라고 여겼다. 이것이 당시에 북쪽 사람들이 남조를 칭찬하고 선망한 증거이다. 경학은 본래 질박한 학문이며, 전문가가 아니면 이해할 수 없기 때문에 세속 사람들의 안목으로 보면 애초에 즐거워할 만한 것이 없다. 북쪽 사람들은 한학漢學을 독실하게 지켜서 본래 질박한 모습에 가깝다. 그런데 남쪽 사람들은 명리名理를 말하기를 좋아했고, 화려한 말로 꾸몄으며, 안팎으로 볼 만 했고, 고상함과 비속함을 함께 감상할 수 있었다. 따라서 망국의 남은 습속일지라도 한때의 기풍을 바꾸어서 북쪽 사람들로 하여금 옛것을 버리고 따르게 할 수 있었다.[180]

이와 같았기 때문에 "수나라 때에 이르러 두예가 성행하고, 복건의 해석 및 『공양전』·『곡량전』은 점점 쇠미해져서, 지금은 사설師說이 거의 없다."

수나라 때의 춘추학자로는 원선元善·하타何妥·소해蕭該·방휘원房暉遠·유작劉焯·유현劉炫·장충張沖·육덕명陸德明 등이 있다. 그런데 이들은 모두 앞 왕조에서 남겨진 사람들이다.

유현劉炫(546?~613?)은 자가 광백光伯이고, 하간河間 경성景城 사람이다. 일찍이 신도信都의 유작劉焯과 함께 문을 걸어 잠그고 독서하면서, 10년 동안 밖을 나오지 않았다. 그는 "눈동자가 총명하고 밝으며, 해처럼 광채가 나서 어둡지 않으며, 기억력이 좋고 묵묵히 이해하여, 그와 더불어 짝할 만한 자가 없었다"[181]고 한다. 유현은 유작劉焯과 함께 유궤사劉軌思에게 『시』를 배웠고, 곽무郭懋에게 『좌씨전』을 배웠으며, 웅안생熊安生에게 『예』를 물었는데, 모두 학업을 끝내지 않고 떠났다. 수나라 개황開皇 연간에 칙령을 받들어 저작랑著作郞 왕소王劭와 함께 국사國史를 손질했다. 얼마 있다가 문하성門下省을 맡아서 임금의 고문顧問에 대비하였다. 이부상서吏部尙書 위세강韋世康이 잘하는 학문이 무엇인지 물은 적이 있는데, 유현은 스스로 다음과 같이 글을 올렸다. "『주례』·『예기』·『모시』·『공양전』·『좌씨전』·『효경』·『논어』의 공영달·정현·왕숙·하휴·복건·두예 등 13명의 주석은 비록 그 뜻에 정밀함과 거침이 있지만, 모두 강론하고 가르칠 수 있습니다. 『주역』·『의례』·『곡량전』은 노력을 들인 것이 다소 적습니다. 사자문집史子文集의 가언嘉言과 고사故事는 모두 마음속에 외고 있습니다. 천문天文과 율력律曆은 미묘한 부분까지 자세히 연구하였습니다. 공적이고 사적인 문서는 다른 사람의 손을 빌린 적이 없습니다." 유현의 학식이 해박했다는 것을 알 수 있다. 당시 우홍牛弘이 천하에서 없어진 일서逸書를 찾아서 구매할 것을 상주했는데, 유현은 100여 권의 책을 위조하여 『연산역連山易』·『노사기魯史記』 등으로 제목을 붙여서 책으로 기록하고, 그것을 관원에게 보내서 상을 받고

---

180) 皮錫瑞, 『經學歷史』.
181) 『北史』, 「儒林傳」.

떠났다. 뒤에 어떤 사람이 소송을 제기하여, 사면이 되어 죽음은 면했지만 제명되었다. 그 후에는 집으로 돌아와서 학생을 가르치는 것을 일로 삼았다. 뒤에 여러 학자들과 오례五禮를 손질하여 바로잡았고, 여기위旅騎尉에 제수되었다. 개황開皇 20년, 국자國子·사문四門 및 주현州縣의 학교를 폐지하고, 오직 태학太學에 박사 2인, 학생 72인만 두었다. 유현은 학교를 폐지해서는 안 된다고 상소를 올렸는데, 그 마음과 도리가 매우 절실했지만 황제는 받아들이지 않았다. 납언納言의 벼슬에 있던 양달楊達이 유현이 박학하고 문장에 뛰어나다고 천거하였고, 책문策問에 응시하여 장원을 하여 태학박사에 제수되었다. 1년 남짓 동안 있다가 품계가 낮다는 이유로 관직을 떠났다. 나중에 추위와 굶주림에 떨다가 죽었는데, 문인들이 선덕선생宣德先生이라는 휘호를 지어주었다. 유현은 성격이 조급하고 경쟁적이며, 해학을 매우 좋아하였다. 스스로 자랑하고 뽐내는 경우가 많았고, 당세를 경시하고 깔보기를 좋아하여 집정자의 미움을 쌓기 때문에 벼슬길이 제대로 풀리지 않았다. 『북사』에서는 유현이 "학문은 실로 통유通儒였고, 재능은 천하의 일을 완수할 수 있었으며, 제자백가의 모든 분야를 두루 다 열람하지 않은 것이 없었다"[182]고 했다.

유현의 저술은 매우 많다. 『수서』「경적지」에 의하면, 그의 『춘추』 관련 저작은 『춘추공매春秋攻昧』 10권(『신·구당서』「경적지」에는 12권으로 수록되어 있다.), 『춘추술의春秋述議』 40권(『신·구당서』「경적지」에는 37권으로 수록되어 있다.), 『춘추좌전두예서집해春秋左傳杜預序集解』 1권이 있다. 『신·구당서』「경적지」에는 『춘추규과春秋規過』 3권도 수록되어 있다. 이 외에 『오경정명五經正名』 12권, 『논어술의論語述議』 10권, 『효경술의孝經述議』 5권, 『춘추술의春秋述議』 40권, 『상서술의尙書述議』 20권, 『모시술의毛詩述議』 40권, 『시서詩序』 주석 1권, 『산술算術』 1권이 있고, 그가 저술한 문집도 모두 세상에 유통되었다. 유현의 저작 대부분이 사라졌는데, 마국한馬國翰의 집록에는 『춘추술의』 146조목, 『춘추규과』 174조목, 『춘추공매』 10조목이 남아 있다.

그의 경소經疏는 모두 '술의述義'라고 명명했는데, 『수서』「경적지」 및 『효경孝經』

---

182) 『北史』, 「儒林傳」.

소疏에 의하면, "술의逑義라는 것은 그 뜻을 풀이하여 의론한 것이다." 그런데 유현의 『춘추술의春秋逑義』는 공영달의 『춘추좌전정의』가 근본으로 삼은 책이다. 『춘추좌전정의』「서序」에서 유현에 대해 다음과 같이 논했다. "유현은 여러 학자들 중에서 실로 탁월하다. 총명하고 지혜로우며 언변이 좋고 박식했지만, 본래 또한 다른 사람보다 특별히 대우를 받은 경우는 드물었다. 그리고 깊은 이치를 탐구하고 연구하였지만, 멀리까지 이르지는 못했다. 또한 상대를 공격하는 데 뜻을 두었고, 성격이 비난하고 헐뜯는 것을 좋아하여, 두예의 실수 150여 조목을 바로잡았다. 그런데 두예의 뜻을 익혀서 두예를 공격하니, 마치 좀벌레가 나무에서 생겨났는데 도리어 그 나무를 갉아 먹는 것과 같으니, 의리가 아니다. 그러나 다른 의소義疏와 비교해 보면, 그나마 볼만한 것이 있다. 지금 칙령을 받들어 손질하고 바로잡아서, 그 책에 근거하여 저본으로 삼았다. 그 중의 빠진 내용은 심문아沈文阿를 가지고 보완했다." 피석서가 말했다. "유현이 두예의 이론을 바로잡았는데, 두예의 잘못을 대부분 지적하였다. 그런데 공영달의 『춘추좌전정의』에서는 유현을 반박하고 두예를 풀이하여, 억지로 말을 꾸며냈다. 일찍이 『춘추좌전정의』를 읽을 때, 그 수미가 일관되지 않는 것을 이상하게 여겨서, 반드시 거짓과 누락이 있을 것이라고 생각하였다. 살펴보건대 각 판본을 살펴보아도 모두 이와 같았기 때문에 의혹을 풀 수가 없었다. 그 후에 유문기劉文淇의 『좌전구소고증左傳舊疏考證』을 보고서, 이에 유현이 두예를 바로잡을 때 먼저 두예의 이론을 풀이한 이후에 바로잡았다는 것을 알게 되었다. 그런데 『춘추좌전정의』에서는 그 문장은 잘라내 버리고, 유현이 두예의 이론을 풀이한 것을 뒤에 가져다 놓고서 도리어 그것을 가지고 유현을 반박하였다. 또 그 문장의 뜻을 제대로 살펴보지 않았기 때문에 서로 이어지지 않는 상황이 초래된 것이다. 그 수미가 일관되지 않은 것은 주로 이 때문이었다."[183] 장수림張壽林의 『속사고전서총목제요續四庫全書總目提要』에서 유현은 "두예와 잘못을 충고해 주는 친구로 자처했을" 뿐이라고 했다. 이로써 알 수 있듯이, 유현의 『춘추술의』는 비록

---

183) 皮錫瑞, 『經學歷史』, 143쪽.

두예를 바로잡은 문장이 있지만, 그 요지는 두예를 풀이하는 데 있다. 『춘추공매春秋攻昧』의 경우는 『공양전』·복건·하휴·가규의 잘못을 공격한 것이다.

유작劉焯(544~610)은 자가 사원士元이고, 신도信都 창정昌亭 사람이다. 『북사』에서 그는 "무소의 이마에 거북의 등을 가지고, 높이 바라보고 멀리 내다보며, 총명하고 민첩하고 깊고 심오하며, 어렸을 때부터 장난을 좋아하지 않았다"[184]고 했다. 젊었을 때 하간河間의 유현劉炫과 맹세를 맺고서 친구가 되었으며, 함께 같은 군의 유궤사劉軌思에게 『시』를 배우고, 광평廣平의 곽무郭懋에게 『좌씨전』을 배웠다. 그리고 부성阜城의 웅안생熊安生에게 『예』를 배운 적이 있는데, 모두 학업을 다 끝내지 않고 떠났다. 무강武強 교진교交津橋의 유지해劉智海의 집안에 평소에 옛날 전적이 많았는데, 유작이 그 집으로 가서 책을 읽었다. 10년이 지나면서 비록 의식衣食이 부족했지만, 안정되고 편안하였다. 마침내 유학儒學으로 이름이 알려져서 주州의 박사가 되었다. 수나라 개황開皇 연간에, 유작은 수재秀才로 천거되어, 시험을 쳐서 갑과甲科에 합격했다. 저작랑著作郞 왕소王劭와 함께 국사國史를 손질했고, 참의율력參議律曆을 겸직했다. 문하성門下省을 맡아서 임금의 고문顧問에 대비하였다. 나중에 좌복야左僕射 양소楊素, 이부상서吏部尙書 우홍牛弘, 국자좨주國子祭酒 소위蘇威, 원선元善, 박사 소해蕭該, 하타何妥, 태학박사太學博士 방휘원房暉遠, 최숭덕崔崇德, 진왕문학晉王文學 최색崔賾 등과 함께 국자國子에서 고금에 막힌 뜻과 앞선 학자들이 이해하지 못했던 것을 논의하였다. 매번 자리에 올라가 논란을 제기하면 모두가 굴복시킬 수 없었다. 양소楊素 등 대부분의 사람들 중에 그의 정밀함과 박식함을 인정하지 않는 사람이 없었다. 6년, 낙양洛陽의 『석경石經』을 서울로 운반했는데, 글자가 마멸되어 알아볼 수 있는 자가 없었다. 칙령을 받들어 유현과 함께 두 사람이 논의하여 그 글자를 알아내자, 여러 학자들이 깊이 좌절하여 모두가 질투하고 원망하는 마음을 품었다. 마침내 비장飛章, 즉 그를 무고하는 상주문에 의해 비난을 받아서 제명되었다. 이에 향리에서 한가하게 지내면서 오로지 학생을 가르치는 것과 저술로 일을 삼아서, 게을리하지

---

184) 『北史』, 「儒林傳」.

않고 부지런히 힘을 썼다. 가규·마융·왕숙·정현이 전한 장구章句에 대해 시비를 따진 것이 많았다. 『구장산술九章算術』·『주비周髀』·『칠요역서七曜曆書』 등 10여 부의 책은 해와 달의 운행을 추산하고 산과 바다와 관련된 술수를 헤아렸는데, 근본을 조사하고 깊은 이치를 연구하지 않은 것이 없었다. 유현의 총명하고 박학다식함은 그 명성이 유작에 버금갔기 때문에 당시 사람들은 두 사람을 이유二劉라고 불렀다. 천하의 유명한 학자들과 후진들이 질의를 하고 학문을 배웠으며, 천 리를 멀다하지 않고 온 자들을 이루 다 셀 수가 없었다. 논평하는 자들은 수백 년 이래로 박학한 통유通儒 중에 그보다 더 뛰어난 자가 없다고 여겼다. 양제煬帝가 즉위하자 태학박사로 천거되었는데, 얼마 후에 품계가 낮다는 이유로 자리를 떠났다. 수년 동안 다시 초빙되어 임금의 고문顧問에 대비하였다. 『북사』에서 그는 "마음속에 품은 생각이 넓지 않았고, 또 재물에 인색했다. 속수束脩의 예를 행하지 않은 자는 일찍이 가르친 적이 없었다. 그 때문에 당시 사람들은 그를 경시하였다"[185]고 하였다. 『수서』와 『북사』에서는 『오경술의五經述議』라는 저술이 있어서 세상에 유통되었다고 했는데, 『수서』「경적지」에 수록되어 있지 않다.

6. 당唐나라시대

남북 경학의 통일은 당唐나라에 이르러 최종적으로 완성되었다. 그 중에 안사고顔師古의 『오경정본五經定本』과 공영달孔穎達의 『오경정의五經正義』는 실로 통일의 상징적인 저작이다.

당나라 초기의 여러 황제들은 유교를 매우 중시하였다. 고조高祖는 비록 무력으로 천하를 얻었지만 유신儒臣을 매우 좋아하였다. 그는 또 국자학國子學에 주공周公과 공자孔子의 사당을 세우라고 명하고, 사계절마다 제사를 지냈다. 조정에서 이처럼 유교를 좋아했기 때문에 "학자들이 유교를 흠모하여, 유교가 빠르게 흥성하였다."[186]

---

185) 『北史』, 「儒林傳」.
186) 『舊唐書』, 「儒學傳」.

태종太宗은 본래 경술에 확고한 뜻을 두고 있었다. 옛날 번왕藩王의 저택(藩邸)에 있을 때 문학관文學館을 열어서, 유명한 학자 18인을 불러서 학사學士로 삼고, 그들과 천하의 일을 의론하였다. 즉위 초에 홍문관弘文館을 설치하고, 문장에 뛰어난 선비인 우세남虞世南 · 저량褚亮 · 요사렴姚思廉 등을 선발하여, 본 관직과 함께 학사學士를 겸직하게 했으며, 날짜를 교대하면서 숙직하게 하였다. 조정의 일을 보고 나서 틈이 날 때마다 내전으로 불러들여 경의經義를 토론하고 정사를 상의했는데, 때로는 한밤중이 되어서야 자리를 마치기도 했다. 또 3품 이상의 훈신勳臣과 현신賢臣의 자손을 홍문관弘文館 학생으로 삼으라고 조칙을 내렸다. 또 천하의 유사儒士를 널리 모아서 학관을 만들었다. 국학國學에 자주 행차하여, 좨주祭酒와 박사博士로 하여금 학문을 강론하게 하였다. 그리고 국학 안에 학사學舍 1,200칸을 증축하여, 태학太學과 사문박사四門博士도 생원을 증원했으며, 서학書學 · 산학算學에도 각각 박사와 학생을 배치하여 여러 기예들을 완비했는데, 모두 3,260원員이었다. 이 당시에 사방의 수많은 유생들이 책을 짊어지고 찾아와서 서울에 운집하였다. 정관貞觀 14년, 조칙을 내렸다. "양梁나라 황간皇侃 · 저중도褚仲都, 주周나라 웅안생熊安生 · 심중沈重, 진陳나라 심문아沈文阿 · 주공정周弘正 · 장기張譏, 수隋나라 하타何妥 · 유현劉炫 등은 모두 지난 시대의 유명한 유학자로서 그들의 경술은 기록할 만큼 뛰어나다. 이에 더하여 그들이 활동하던 지역의 학도들이 대부분 그들의 해석을 유통시켰으니, 마땅히 특별히 우대함으로써 후생을 권면해야 한다. 그들의 자손 중에서 현재 남아 있는 자들을 찾아서, 이름을 기록하여 보고하고 마땅히 발탁해야 할 것이다." 21년에 또 조칙을 내렸다. " 좌구명左丘明, 복자하卜子夏, 공양고公羊高, 곡량적穀梁赤, 복승伏勝, 고당생高堂生, 대성戴聖, 모장毛萇, 공안국孔安國, 유향劉向, 정중鄭衆, 두자춘杜子春, 마융馬融, 노식盧植, 정현鄭玄, 복건服虔, 하휴何休, 왕숙王肅, 왕필王弼, 두예杜預, 범녕范甯 등 21인에 대해, 그들의 책을 모두 채택하여, 제왕과 귀족의 자제들을 교육시키고 있고, 이미 그들의 학설을 시행하고 있으므로 마땅히 포상하고 존숭해야 한다. 지금부터 태학에 제사를 거행하는 일이 있으면, 그들을 안자顏子와 함께 모두 공자의 사당에 배향하도록 하라." 태종이 유학을 존숭하고 유학의 도를 중시함이 이와 같았다. 따라서 『구당서』

「유학전儒學傳」에서 "유학의 홍성함이 옛날 이후로 이와 같은 적이 없었다"고 하였다.

정관貞觀 4년, 태종은 경적經籍이 성인의 시대로부터 멀리 떨어져 문자에 오류가 많다고 여겨서, 전前 중서시랑中書侍郎 안사고顔師古에게 조칙을 내려 오경을 교정하여 바로잡도록 하였다. 정관 7년에 이르러 천하에 반포하였다. 그 후에 태종은 유학에 학파가 많아서 장구가 번잡하다고 여겨서, 국자감 좨주 공영달孔穎達과 여러 학자들에게 조칙을 내려 오경의 의소義疏를 골라서 바로잡도록 했는데, 모두 170권이었다. 이것을 『오경정의五經正義』라고 명명하고, 천하에 전해서 익히도록 명했다.[187]

그 중에 『좌전정의』는 모두 36권이다. 『신당서』「예문지」에 의하면, 공영달孔穎達·양사훈楊士勛·주장재朱長才가 조칙을 받들어 기록했고, 마가운馬嘉運·왕덕소王德韶·소덕융蘇德融·수덕소隋德素가 다시 한 번 살펴보았다. 그런데 『좌전정의』가 완성된 이후에 많은 비평을 받았다. 예를 들어 마가운이 "공영달의 『좌전정의』가 번잡하기 때문에 그 잘못을 지적했는데, 당시의 학자들이 그 정밀함을 인정하였다." 태종은 다시 명령을 내려 상세하게 바로잡도록 했다. 다음 해에 공영달은 관직을 사퇴하고, 정관 22년에 죽었기 때문에 수정하여 바로잡는 일이 여전히 이루어지지 못했다.

고종高宗 영휘永徽 2년, 다시 조서를 내려 『오경정의』를 수정하도록 했다. 『신당서』에서 말했다.

> (태종 때) 다시 고쳐서 바로잡으라는 조칙이 있었지만, 일이 이루어지지 않았다. 영휘永徽 2년, 조칙을 내려 중서문하中書門下와 국자삼관박사國子三館博士·홍문관학사弘文館學士에게 살펴서 바로잡도록 했다. 이에 상서좌복야尙書左僕射 우지녕于志寧·우복야右僕射 장행성張行成·시중侍中 고수보高季輔가 더하거나 빼는 작업을 하여, 책이 비로소 반포되었다.[188]

또 장손무기長孫無忌의 「진오경정의표進五經正義表」에 의하면, 이 수정 작업에 참여

---

187) 『舊唐書』, 「儒學傳」.
188) 『新唐書』, 「儒學傳」.

한 사람은 또한 장손무기長孫無忌 · 저수량褚遂良 · 유상柳奭 · 곡나율穀那律 · 유백응劉伯
應 · 왕덕소王德韶 · 가공언賈公彦 · 범의군范義頵 · 유선柳宣 · 제위齊威 · 사사굉史士宏 ·
이원식李元植 · 왕진유王眞儒 등이 있었다. 영휘 4년(653)에 이르러, 『오경정의』는 비로소
정식으로 반포되어 통행되었고, "3월, 임자壬子 초하루에, 공영달의 『오경정의』를
천하에 반포하고, 매년 명경明經에 이 책에 의거하여 시험을 치도록 명하였다."189)

공영달孔穎達(574~648)은 자가 충원沖遠 또는 중달仲達이고, 기주冀州 형수衡水 사람
이다. 『신당서』 「유학전」에 의하면, 공영달은 8세 때 학문에 뜻을 두었고, 하루에
1천여 마디의 글을 외우고, 『삼계의종三禮義宗』을 암기하였다. 장성한 이후에는 복건
의 『춘추전』, 정현의 『상서』 · 『시』 · 『예기』, 왕필의 『역』을 밝혔다. 이로써 공영달의
『좌씨전』 연구는 복건을 종주로 삼았음을 알 수 있다. 수나라 대업大業 초기에,
명경明經 고제高第로 천거되어 하내군박사河內郡博士에 제수되었고, 태학조교太學助敎에
임명되었다. 태종太宗 평락平洛 연간에, 문학관학사文學館學士로 제수되었고, 국자박사
國子博士로 승진하였다. 정관 초에 곡부현남曲阜縣男에 봉해졌고, 급사중給事中으로
직책을 옮겼으며, 국자사업國子司業에 제수되었다. 여러 학자들과 역법曆法 · 명당明堂
과 관련된 일을 논의했는데, 대부분 그의 주장을 따랐다. 『오경정의』를 지은 공로로
산기상시散騎常侍가 더해졌고, 자子의 작위를 받았다. 죽은 이후에는 당태종의 묘인
소릉昭陵에 모셔서 장례지냈고, 태상경太常卿에 추증되었으며, 시호를 헌憲이라고
하였다.

그런데 『좌전정의』는 두예의 주를 종주로 삼았다. 공영달의 「서」에서 말했다.

전한시대에 『좌씨전』을 전한 사람은 장창張蒼 · 가의賈誼 · 윤함尹咸 · 유흠劉歆이 있
고, 후한시대에는 정중鄭衆 · 가규賈逵 · 복건服虔 · 허혜경許惠卿 등이 있는데, 각각
고훈詁訓을 지었다. 그런데 『공양전』 · 『곡량전』을 잡다하게 취하여 『좌씨전』을
해석했는데, 이것은 신발을 머리에 쓰고, 명주실을 삼베 실패에 감아 놓은 것이니,
네모난 구멍에 둥근 자루가 들어갈 수 있겠는가! 진나라 때의 두예는 또한 『춘추좌전

---

189) 『舊唐書』, 「高宗本紀」.

경전집해』를 지었는데, 오로지 좌구명의 전傳을 취하여 공자의 경經을 해석하였다. 그것은 자식이 어머니에 호응하고, 아교를 옻에 던지는 것과 같으니, 비록 합치지 않으려고 하더라도 떨어질 수 있겠는가? 지금 앞선 학자들의 우열을 비교해 보면, 두예가 최고이다. 따라서 진晉·송宋 때 전수하여 지금에까지 이르렀다.[190]

또한 육조시대 학자들의 의소義疏를 많이 취했는데, 특히 유현劉炫의 의소가 많다. 공영달이 말했다.

의소義疏를 지은 자는 심문아沈文阿·소관蘇寬·유현劉炫이 있다. 그런데 심문아는 의례義例 방면은 그나마 괜찮지만 경전經傳에는 지극히 소략하다. 소관은 본문을 전혀 체계화하지 못했고, 오직 가규賈逵와 복건을 공격하여 후세의 학자들이 연구하더라도 성과가 없도록 만들었다. 유현은 여러 사람들 중에서 사실상 가장 뛰어나다.……(유현의 풀이는) 다른 의소義疏와 비교해 보면, 그나마 볼만한 것이 있다. 지금 칙령을 받들어 손질하고 바로잡아서, 그 책에 근거하여 저본으로 삼았다. 그 중의 빠진 내용은 심문아沈文阿를 가지고 보완했다. 만약 두 사람의 뜻이 모두 틀리면, 특별히 나의 짧은 견해를 진술했다.[191]

그런데 『좌전정의』에서는 유현에 대해서도 불만이 매우 크다. 공영달이 말했다.

유현은 여러 학자들 중에서 실로 탁월하다. 총명하고 지혜로우며 언변이 좋고 박식했지만, 본래 또한 다른 사람보다 특별히 대우를 받은 경우는 드물었다. 그리고 깊은 이치를 탐구하고 연구하였지만, 멀리까지 이르지는 못했다. 또한 상대를 공격하는 데 뜻을 두었고, 성격이 비난하고 헐뜯는 것을 좋아하여, 두예의 실수 150여 조목을 바로잡았다. 그런데 두예의 뜻을 익혀서 두예를 공격하니, 마치 좀벌레가 나무에서 생겨났는데 도리어 그 나무를 갉아 먹는 것과 같으니, 의리가 아니다. 비록 두예의 잘못을 바로잡았지만, 뜻이 또한 얕고 평범하다. 이른바

---

190) 『左氏傳』, 「序」, 孔穎達 疏.
191) 『左氏傳』, 「序」, 孔穎達 疏.

사마귀가 앞에 있는 우는 매미를 잡으려고 했지만, 참새가 그 뒤에 있다는 것을 모른 것이다.[192]

『좌전정의』「서문」에서 공영달은 또 희공 33년과 양공 21년 등 여러 가지 기사를 인용하여, 유현이 바로잡은 두예의 잘못을 드러내 밝혔다.

그러나 『좌전정의』는 두예를 종주로 삼을 뿐만 아니라, 공영달의 소疏에서 두예의 주注를 논파하지도 않았으며, 곳곳에서 오직 두예만을 따랐다. 가규·복건의 주가 두예와 서로 어긋날 경우에는 모두 일괄적으로 가규·복건을 배척하고 두예의 뜻을 진술하였다. 심흠한沈欽韓은 두예의 주를 『좌씨전』의 두 번째 재앙으로 여겼을 뿐만 아니라, 공영달의 소를 『좌씨전』의 세 번째 재앙으로 여겼다.

공영달은 나라를 팔아먹은 아첨꾼이다. 한학漢學에서 터득한 것이 전혀 없고, 쇠똥구리 정도의 지혜를 가지고 가짜 공씨孔氏와 두예를 받들어서 달고도 맛있게 먹었다. 정현과 복건을 배격하는 데 여력을 다 쏟아 부었기 때문에 복건의 학문이 처음에는 밝게 드러났지만 결국은 없어져 버렸으며, 두예의 뜻은 하늘에 환하게 떠 있는 밝은 태양이 되었다.[193]

이 외에도 심흠한은 주보서周保緒에게 보낸 편지에서 다음과 같이 말했다. "『좌씨전』을 연구하여 성인의 경전에 죄를 지은 것은 두예보다 더 한 사람은 없다. 가규와 복건의 주석은 지금 이미 전하지 않는데, 그 중의 정미한 것은 두예에 의해 몰래 취해졌고, 공영달의 소에는 오직 그 중의 자질구레한 것만을 뽑아서 비웃음거리로 삼았다.…… 따라서 경학이 망한 것은 당나라 초기에 『오경정의』를 편찬하여, 황하 이북 지역(河朔)의 박학樸學을 배척하고, 양자강 동쪽 지역(江左)의 허황된 학문을 숭상한 것에 의해서 망한 것이니, 너무나도 탄식할 만하도다!" 그가 동금남董琴南에게

---

192) 『左氏傳』, 「序」, 孔穎達 疏.
193) 沈欽韓, 『春秋左傳補注』, 「序」.

답신한 편지에서도 말했다. "공영달 등은 원래 학술이 없어서 사람에 맞추어서 일을 하는데, 『오경정의』가 어느 정도 윤리가 있는 것은 모두 남북조시대 학자들이 남긴 옛것이니, 그들의 고루한 습속이 가장 믿을 만하다는 것을 볼 수 있다.······ 경학을 표장했다고 명분을 붙였지만, 사실은 유학에 큰 상처를 주고 망하게 하였으니, 너무나도 한스럽구나!" 그는 유문기劉文淇의 『좌전구소고증左傳舊疏考證』「서문」에서 말했다. "공영달 등이 칙령을 받들어 『오경정의』를 손질하여 바로잡았는데, 늙어서 정신이 혼미한 나이에 손질하여 서술하는 임무에 응하여, 양자강 동쪽 지역(江左)의 허황된 학문을 숭상하고 황하 이북 지역(河朔)의 박학樸學을 배척하여, 『서』·『역』은 정현을 버리고, 『춘추』는 복건의 뜻을 다시 폐기했음을 볼 수 있다. 더욱이 앞의 잘못을 수호하는 데 집중하고, 개인적으로 좋아하는 것에 의거하여, 정현과 복건을 공격하는 데 여력을 다 쏟아 부었다. 그러나 두예의 학문이 확실히 이론이 궁색하다는 것은 자세하게 부연할 필요도 없다." 심흠한의 주장은 두예 주와 공영달 소에 대한 청대 사람들의 일반적인 의견을 대표한다고 말할 수 있다.

당나라 초기의 춘추학자 중에서 『좌씨전』에 뛰어났던 공영달 이외에, 또한 양사훈楊士勛의 『곡량전소穀梁傳疏』가 가장 중요하다. 양사훈은 정관貞觀 때의 사람으로, 그에 대한 사적은 이미 고찰할 수가 없다. 공영달의 『좌전정의』「서문」에 의하면, 그 내용 중에 사문박사四門博士 양사훈 등과 "함께 참여하여 바로잡았다"는 언급이 있으므로 양사훈은 일찍이 『좌전정의』를 살펴서 바로잡는 데 참여하였다. 또 양사훈의 『곡량전』소疏에 의하면, 장공 27년에서 "선사先師 유현劉炫이 그것을 비난했다"라고 말했으니, 양사훈은 유현의 제자이다. 양사훈의 소는 범녕 주의 의리를 드러내 밝히는 것을 위주로 하였고, 문자의 훈고와 전장典章·문물文物을 교정하여 바로잡은 것은 비교적 적다. 『사고전서총목제요』에서는 양사훈의 소가 『좌씨전』의 공영달 소가 "두루 갖추고 있는 것"만 못하다고 하였다.194) 양사훈의 소가 당대에 어떤 영향을 끼쳤는지 알 수 없지만, 송대에 이르러 『숭문총목崇文總目』에

---

194) 『四庫全書總目提要』, 「經部·春秋類」, '春秋穀梁傳註疏' 조목.

서 "형병邢昺 등이 조칙을 받들어 바로잡고, 태학에서 전수하도록 했다"고 하니, 양사훈의 소는 송대에 이미 학관에 세워졌다. 『곡량전』 소는 지금도 세상에 통행되는데, 『신당서』 「경적지」에는 12권으로 수록되어 있고, 『구당서』 「경적지」에서는 13권으로 수록되어 있다. 그러나 지금 전하는 것은 20권이다.

공영달·양사훈 이외에, 당나라 초기에 『춘추』로 이름난 사람은 서광徐曠·왕덕소王德韶·주자사朱子奢·개문달蓋文達 등이 있다. 당나라 중기와 말기 이후에는 학풍이 크게 변했는데, 그 당시 『춘추』를 연구한 사람은 담조啖助·조광趙匡·육순陸淳 이외에, 풍항馮伉·은유殷侑·한황韓滉·노동盧仝·유가劉軻·진악陳嶽 등이 있다.

제6장 서언徐彦과 『공양전』 疏疏

『수서』「경적지」에 의하면, "『춘추공양전』 12권"으로 수록되어 있는데, 저술한 사람이 기록되어 있지 않고, 그 권수도 지금 서언徐彦의 疏疏와는 합치되지 않는다. 『신·구당서』「경적지」에는 모두 수록되어 있지 않다. 북송의 왕요신王堯臣 등이 편찬한 『숭문총목崇文總目』에는 "『춘추공양소春秋公羊疏』 30권"으로 수록되어 있다. 또 "저술한 사람의 이름이 기록되어 있지 않다. 인용한 증거가 수준이 낮으며, 근세에 나온 것이다. 혹자는 서언이 지었다고 말했다." 이것은 『춘추공양소』의 작자가 서언이라고 확정한 가장 이른 시기의 최초의 기록이다. 조금 뒤에 조공무晁公武의 『군재독서지郡齋讀書志』 권3에 "『춘추공양소』 30권"이라고 수록되어 있는데, 또한 "저술한 사람이 기록되어 있지 않다. 이헌신李獻臣은 서언이 지었다고 했지만, 어느 시대 사람인지 자세하지 않다"고 하니, 조공무도 『춘추공양소』의 작자를 확정하지 못했다. 여기에서 말한 이헌신은 아마도 북송 휘종徽宗 정화政和 시대의 사람으로, 조공무가 당시의 주장 중의 하나를 보존해 둔 것일 뿐이다. 이 주장은 당시에 매우 유행하여, 이헌신과 동시대 사람인 동유董逌는 그의 『광천장서지廣川藏書志』에서 다음과 같이 말했다. "세상에는 서언이 지은 것이라고 전해지지만, 그 근거가 무엇인지 모르겠다. 그가 어느 시대 사람인지 알 수 없으며, 아마도 정원貞元·장경長慶시대 이후인 것 같다."[1] 서언을 당나라 덕종德宗·목종穆宗 이후의 사람으로 여긴 것이다. 남송시대 왕응린王應麟의 『소학감주小學紺珠』에서도 『춘추공양소』가 서언의 작품이라고 말했다. 이 주장이 마침내 계속 이어져서, 원대 사람이 편찬한 『송지宋志』에서 "서언의 『공양소』 30권"이라고 바로 언급했다. 『사고전서총목제요』에서도

---

1) 陳振孫, 『直齋書錄解題』, 권3에서 인용.

이 주장을 그대로 따라서 서언이 만당晚唐시대 사람이라고 확정하였다.

그러나 송나라 사람들의 주장을 살펴보면, 그들의 말은 대부분 근거가 없고 추측에서 나온 것에 지나지 않는다. 만약 "스스로 문답을 설정하였고, 문장이 번잡하고 말이 복잡하다"는 것을 근거로 삼아서, 그것이 만당시대의 문체라고 말한다면 이는 제멋대로 단정한 혐의가 있는 듯하다. 그들은 "장공 3년, '환왕을 장례지냈다'(葬桓王)라는 조목이 전부 양사훈의 『곡량전』소를 베껴서 사용했으므로 서언이 정관 연간 이후의 사람이라는 것을 알 수 있다'고 말했다. 이에 대해 피석서의 『경학통론·춘추통론』에서는 다음과 같이 반박했다. "만약 '환왕을 장례지냈다'(葬桓王)라는 조목이 양사훈의 『곡량전』소와 같다는 이유로, 서언이 양사훈의 소를 베꼈다고 말한다면, 역으로 양사훈이 서언의 소를 베낀 것이 아니라는 것을 어떻게 알 수 있는가?' 따라서 후인들은 대부분 사고관신四庫館臣의 이 주장에 동의하지 않는다. 왕명성王鳴盛은 "『공양소』는 반드시 서준명徐遵明의 작품이다'라고 주장했다.(『蛾術編·公羊傳疏』) 완원阮元은 왕명성의 이 주장이 "일리가 없는 것은 아니다'라고 하였고, 또 서언의 "그 문장은 육조시대 사람의 작품인 것 같고, 당대 사람이 지은 것은 아닌 것 같다"고 지적했다.[2] 엄가균嚴可均은 「서공양소후書公羊疏後」에서 한 걸음 더 나아가 "이 소疏는 북제北齊 사람이 지은 것"이라고 지적했다.(『鐵橋漫稿』, 권8) 또 홍이훤洪頤煊의 『독서총록讀書叢錄』권6 '공양소公羊疏' 조목에서는 "『공양전』의 소疏에서 『이아爾雅』 손염孫炎의 주注, 곽박郭璞의 『음의音義』, 「서서書序」, 『장의長義』, 『효경소孝經疏』 등의 여러 가지 글을 인용했는데, 모두 당나라 이전의 판본이다. '사공연司空掾'에 대해 '지금의 삼부연三府掾과 같은 것이 그것이다'라고 소를 달았는데,[3] 삼부연도 또한

---

2) 阮元, 『春秋公羊傳注疏校勘記序』. 최근 사람인 陸寶千도 다음과 같이 말했다. "北朝의 徐遵明이 「춘추공양전해고」에 疏를 지었지만, 쓸데없는 말로 견강부회하여 드러내 밝힌 것이 없다."(陸寶千, 『淸代思想史』, 221쪽) 그런데 피석서는 이 주장이 의심스럽다고 여겼다. 『北史』의 기록에 근거하면, 서준명은 정현의 『역』·「상서」·삼례와 복건의 『춘추』를 전했는데, 하휴의 『공양전』을 전했다고는 들어 보지 못했으며, 그의 제자도 또한 공양학을 연구한 자가 없다.

3) 『公羊傳』, 「序」, 徐彦 疏.

육조시대에 있었고 당나라 이후로 이러한 명칭이 없다. 이 소가 양梁·제齊 사이의 옛날 책이라는 것은 틀림없다." 두 주장이 대략 같으며, 모두 서언을 육조시대 사람으로 여긴 것이다.

최근 사람인 반중규潘重規가 쓴 「춘추공양소작자고春秋公羊疏作者考」에서는 여섯 가지 증거를 들어서, 『공양전』 소의 작자가 당나라 사람이 아닐 뿐만 아니라, 제·양 사이 경사經師의 작품도 아니며, 북위北魏의 거유巨儒 고윤高允으로부터 나왔다고 밝혔다.[4] 이에 대해 조백웅趙伯雄은 반중규의 주장을 상세하게 검토하고, "그가 얻은 결론이 믿을 만하다"고 말했다. 그러나 반중규가 『공양전』 소의 작자가 고윤이라고 추정한 것은 "반드시 그렇지는 않다"고 말했다.[5] 단희중段熙仲은 서언이라는 사람에 대해 상세하게 고찰하고, "그 사람은 아래로는 수나라까지 내려가지 않고, 위로는 송나라를 넘어가지 않는다. 따라서 남쪽의 선비라면 마땅히 제齊·양梁 시대 이후의 사람이며, 북쪽 사람이라면 북제北齊 시대의 인물이다."[6] 일본인 시게자와 도시로(重澤俊郎)는 『공양전』 소의 작자는 당연히 "위魏·제齊 사이의 사람"이라고 했다.[7]

대략적으로 말하면, 지금 사람들은 대부분 『공양전』 소의 작자가 남북조시대 사람이라고 생각한다. 그러나 어떤 학자들은 옛 주장을 따라서 서언을 당나라 사람이라고 주장하는 경우도 있는데, 간박현簡博賢·대유戴維·공붕정龔鵬程 등이다. 이 외에 두 주장을 절충하는 경우도 있는데, 일본 사람 가노 나오키(狩野直喜)와 스기우라 도요지(杉浦豐治) 등이 대표적이다. 이들은 이 책이 당나라 사람이 위진과 육조시대의 옛 소를 저본으로 삼아서 그것을 증보하여 책을 만든 것이며, 실제로는 새로운 이론과 옛날의 이론이 융합된 주소注疏라고 주장하였다.[8]

---

4) 潘重規, 「春秋公羊疏作者考」 참조. 이 글은 원래 『志林』 1940년 제1기에 간행되었고, 이 내용은 晁嶽佩, 『春秋學硏究』 下冊, 805~826쪽에 실려 있다.
5) 趙伯雄, 『春秋學史』, 355쪽.
6) 段熙仲, 『春秋公羊學講疏』, 25~28쪽 참조.
7) 重澤俊郎, 「公羊傳疏作者時代考」. 이 글은 원래 『學術季刊』 제4권 제2기에 간행되었고, 이 내용은 『中國期刊彙編』(臺北: 成文出版社, 1986) 제7책, 47쪽에 실려 있다.

이상을 종합하면, 『공양전』 소의 작자와 관련해서는 두 가지의 큰 문제가 있다. 첫째, 작자가 서언인가의 여부, 둘째, 책이 완성된 시기이다. 첫째 문제에 대해서는, 비록 여러 가지 주장이 분분하지만, 사실상 정론이 없다. 둘째 문제에 대해서는, 이 책이 본래 육조시대 경학의 색채가 비교적 강하기는 하지만, 그것에 근거하여 이 책이 완성된 시대를 육조시대로 확정해 버리면, 다소 제멋대로 단정한 혐의가 있다. 사실 『공양전』 소의 작자와 책이 완성된 시기에 관해, 학술사의 측면에서 말한다면 물론 중요한 문제이다. 그러나 『공양전』 속에 있는 의례義例의 이해라는 측면에서 말한다면 오히려 실질적인 의의가 반드시 있는 것은 아니다. 따라서 여기에서는 이 문제를 잠시 놓아두고, 옛 주장에 따라 『공양전』 소를 서언의 작품으로 확정하여 논의를 전개하고자 한다.

제1절 하휴何休를 진술함―하휴 주의 총결과 해석

서언의 『공양전』 소는 하휴何休의 주注를 소통시키는 것을 그 요지로 한다. 따라서 이 책의 주요 내용은 하휴를 서술하는 데 있다. 즉 하휴의 의례義例를 전하여 상세하게 서술하고, 나아가 귀납하고 정리하며, 증거를 들어 자세하게 해석하였다.

1. '삼과구지三科九旨' 등의 의례義例에 대한 진술과 부연

서언의 소에 의하면, 하휴의 저작 중에 『문시례文諡例』라는 책이 있다. 이 책은 지금 전하지 않지만, 그 대체적인 내용은 서언 소에서 기록한 덕분에 보존될 수 있었다. 서언은 『공양전』 소의 권수卷首에서, "춘추공양경전해고 은공제일春秋公羊經傳

---

8) 狩野直喜, 「公羊疏作者年代考」 참조.(이 글은 『中國文哲研究通訊』 제12권 제2기에 실려 있음) 杉浦豐治, 「關於公羊疏」 참조.(이 글은 『中國文哲研究通訊』 제12권 제2기에 실려 있음)

解詁 隱公第一"이라는 편제篇題 아래에, 자문자답의 형식으로『춘추』및『공양전』의 의법義法과 범례凡例에 대해 토론하였다. 그 중에서『문시례』를 인용하여 다음과 같이 말했다.

> 물었다.『춘추설春秋說』에서 '『춘추』에 삼과구지三科九旨를 두었다'고 했는데, 그 뜻이 어찌되는가? 대답했다. 하휴의 생각은 삼과구지三科九旨가 바로 하나의 사물이 라고 여겼다. 만약 종합해서 말한다면 그것을 삼과三科라고 하니, 과科는 조목(段)이 다. 만약 나누어서 말한다면 그것을 구지九旨라고 하니, 지旨는 뜻(意)이다. 세 개의 조목 안에 이러한 아홉 종류의 뜻이 있다는 것이다. 따라서 하휴는『문시례文謚例』를 지어서, "삼과구지三科九旨는 주나라를 새로운 나라로 여기고, 송나라를 옛 나라로 여기며,『춘추』를 새로운 나라에 해당시킨다"(新周, 故宋, 以春秋當新王)고 했는데, 이것이 첫 번째 조목의 세 가지 뜻(一科三旨)이다. 또 "직접 본 세대에 대해 말을 달리하고, 직접 들은 세대에 대해 말을 달리하고, 전해들은 세대에 대해 말을 달리한다"(所見異辭, 所聞異辭, 所傳聞異辭)고 했는데, 이것이 두 번째 조목의 세 가지 뜻(二科六旨)이다. 또 "노나라를 안으로 여기고 제하를 밖으로 여기며, 제하를 안으로 여기고 이적을 밖으로 여긴다"(內其國而外諸夏, 內諸夏而外夷狄)고 했는 데, 이것이 세 번째 조목의 세 가지 뜻(三科九旨)이다.[9]

또 말했다.

> 물었다.『문시례文謚例』에서 "이것은『춘추』의 오시五始, 삼과三科, 구지九旨, 칠등七等, 육보六輔, 이류二類의 의리이니, 이로써 굽은 것을 곧게 하고 난리를 바로잡아서, 천명을 받아서 도를 배열하는 단서와 덕을 바로잡는 기강으로 삼는다"고 했다. 그렇다면 삼과구지三科九旨의 의리는 이미 이전의 이론에 힘입어 알 수 있지만, 오시五始·육보六輔·이류二類·칠등七等의 의리는 어떠한지 자세하지 않다. 대답했 다.『문시례』의 그 다음 문장에서 말했다. "오시五始는 원년元年, 춘春, 왕王, 정월正月,

---

9)『公羊傳』, 隱公 원년, 徐彦 疏.

공즉위公卽位가 그것이다. 칠등七等은 주州, 국國, 씨氏, 인人, 명名, 자字, 자子가
그것이다. 육보六輔는 임금(公)은 천자天子를 돕고, 경卿은 임금을 도우며, 대부大夫는
경을 돕고, 사士는 대부를 도우며, 경사京師는 임금(君)을 돕고, 제하諸夏는 경사를
돕는 것이 그것이다. 이류二類는 인사人事와 재이災異가 그것이다."10)

'삼과구지三科九旨'와 오시五始·육보六輔·칠등七等·이류二類의 의리는 사실상
하휴가 해석한 『공양전』의 기본 원칙이며, 시종일관 하휴의 『춘추공양전해고』
천체를 관통하고 있다. 이와 마찬가지로, 서언이 『춘추공양전해고』를 해석할 때도
이 의리를 가지고 하휴를 이해했고, 아울러 이것에 대해 문장마다 진술한 것이다.
『춘추』 소공 3년, 북연나라 임금 관이 제나라로 도망쳤다.(北燕伯款出奔齊) 하휴의
주에서 말했다. "이름을 기록한 것은 직접 본 세대에서는 다스림이 태평太平임을
드러내니, 작은 나라에 대한 책망이 상세하여, 도망친 경우는 마땅히 주살해야
함을 기록한 것이다."11) 서언의 소에서 말했다.

『춘추』의 의리 중에 세 세대에 대해 말을 달리하는 것이 있다. 직접 본 세대로
들어가면, 소국의 임금이 도망쳤을 때 그 이름을 기록하기 때문에 의리가 그렇다는
것은 알 수 있다. 즉 장공 10년의 "담나라 임금이 거나라로 도망쳤다"(譚子奔莒),
희공 5년의 "현나라 임금이 황나라로 도망쳤다"(弦子奔黃)와 10년의 "온나라 임금이
위나라로 도망쳤다"(溫子奔衛), 성공 12년의 "주공이 진나라로 도망쳤다"(周公出奔晉)
등의 부류는 모두 이름을 기록하지 않았다. 그런데 여기의 문장에서 '북연나라
임금 관'(北燕伯款)이라고 한 것과 아래 소공 30년 겨울의 "서나라 임금 장우가
초나라로 도망쳤다"(徐子章禹出奔楚) 등의 부류는 모두 그 이름을 기록한 것이 그것이
다. 외국으로 도망친 경우는 마땅히 주살해야 한다고 말한 것은 태평의 시대에
백성들이 모두 예禮가 있는데, 하물며 제후가 사직에서 죽지 않고 나라를 버리고
외국으로 도망갔으니, 마땅히 주살하여 멸망시키는 것이 합당함을 말한 것이다.12)

---

10) 『公羊傳』, 隱公 원년, 徐彦 疏.
11) 『公羊傳』, 昭公 3년, 何休 注.
12) 『公羊傳』, 昭公 3년, 徐彦 疏.

하휴의 의례義例에 의하면, 소국의 군주가 외국으로 도망치면, 전해들은 세대 및 직접 들은 세대에는 모두 기록하지 않고, 오직 직접 본 세대에는 "다스림이 태평임을 드러내기" 때문에 "마음을 쓰는 것이 더욱 깊으면서 상세하여", 소국에 대한 요구도 또한 대국과 마찬가지이다. 따라서 소국의 임금이 외국으로 도망친 것을 기록하고, 또 그 이름을 기록함으로써 마땅히 주살해야 함을 드러낸 것이다. 이로써 알 수 있듯이, 서언은 하휴의 삼세례三世例에 대해, 한 단계 더 나아가 진술하고 해설하였다.

또 장공 6년, "제나라 사람이 노나라로 와서 위나라 보물을 주었다."(齊人來歸衛寶) 하휴의 주에서 말했다. "주요하게 기록한 것은 노나라가 명을 어기고 다시 이익을 탐한 것을 지극히 미워했기 때문이다. 큰 악이 되지 않는 것은 위衛나라 삭朔을 위나라로 들여보낸 것은 본래 뇌물을 받고 시행한 것이 아니며, 일이 끝나고 나서 삭이 감사의 표시를 드러낸 것일 뿐이기 때문이다."[13] 살펴보건대, 그 당시 위나라 임금 삭朔이 나라를 얻고 나서 사람을 보내 제나라에 뇌물을 주었는데, 제나라 임금은 그 공적을 노나라로 돌렸기 때문에 위나라 사람이 보물을 가지고 와서 노나라에 뇌물로 준 것이다. 하휴는 『춘추』가 여기에서 비록 노나라 장공이 이익을 탐한 것을 견책했지만, 오히려 큰 악으로 여기지는 않았으니, "위衛나라 삭朔을 위나라로 들여보낸 것은 본래 뇌물을 받고 시행한 것이 아니며, 일이 끝나고 나서 삭이 감사의 표시를 드러낸 것일 뿐이기 때문"이라고 해석했다. 이것은 단지 일에 나아가서 일을 논한 것일 뿐이다. 서언의 소에는 하휴의 삼세례三世例에 근거하여, 한 단계 더 나아가 다음과 같이 해석했다.

전해들은 세대에는 노나라의 큰 악은 숨겨서 기록하지 않는다. 지금 여기에서 기록해서 드러내었기 때문에 큰 악이 아니라는 것을 알 수 있다.[14]

이와 같은 측면에서 말하면, 하휴의 삼세례에 대한 서언의 운용은 심지어 하휴

---

13) 『公羊傳』, 莊公 6년, 何休 注.
14) 『公羊傳』, 莊公 6년, 徐彦 疏.

본인에 비해서도 더욱 철저하다. 따라서 조공무는『군재독서지』권3에서 서언의 소가 "하휴의 삼과구지를 종지로 삼았다"고 말했는데, 정확한 말이라고 할 수 있다.

2. 하휴의 예例에 대한 증거 제시와 귀납적 설명

하휴가『공양전』을 해석할 때 가장 큰 특색은 "대략적으로 호무생胡母生의『조례條例』에 의거함"(『춘추공양전해고』, 「서」)으로써『춘추』해독의 예학例學을 세운 데 있다. 『춘추』의 측면에서 말하면, 예例는 먼저 역사를 기재하는 일종의 서법書法으로 표현되는데, 예를 들어 '문장을 모아서 연결하고 사례를 비교하는 형식'(屬辭比事)과 같은 부류이다. 따라서 정이천은 "『춘추』의 대체적인 기록은 일이 같으면 말이 같기(事同辭同) 때문에 후대 사람들은 그것을 예例라고 말했다"[15]고 했다. 사실상 하휴가 세운 예는 대부분 속사비사屬辭比事와 사동사동事同辭同의 각도에서 추론하여 구한 것이다. 그렇지만 하휴 본인은 이 일을 할 겨를이 없었던 것 같다. 이 때문에 서언의 소가 하휴의 주에 대해 한 중요한 일 중의 하나는 바로 모든 경문을 관통하는 기초 위에서, 속사비사의 원칙에 근거하여 하휴의 예例에 대한 예증例證을 제공하고, 아울러 변례變例에 대해 설명한 것이다.

『춘추』은공 4년, 하휴는 다음과 같은 예例를 두었다. "대국이 찬탈할 경우에는 달을 기록하는 것이 예例이고, 소국은 계절을 기록하는 것이 예例이다."[16] 서언의 소에서는 이에 대한 증거를 들어서 다음과 같이 말했다.

대국이 찬탈할 경우에는 달을 기록하는 것이 예라는 것은 곧 은공 4년, "겨울, 12월, 위나라 사람이 진을 세웠다"(冬, 十二月, 衛人立晉)는 문장, 장공 6년, "여름, 6월, 위나라 임금 삭이 위나라로 들어갔다"(夏, 六月, 衛侯朔入於衛)는 문장, 애공

---

15) 『程氏經說』, 卷4.
16) 『公羊傳』, 隱公 4년, 何休 注.

6년, "가을, 7월, 제나라 양생이 제나라로 들어갔다"(秋, 七月, 齊陽生入於齊)는 문장 등이 그것이다. 그런데 장공 9년, "여름, 제나라 소백이 제나라로 들어갔다"(夏, 齊小白入於齊)는 문장에서 달을 기록하지 않은 것에 대해, 하휴의 주에서 "달을 기록하지 않은 것은 노나라로 악惡을 옮겨갔기 때문이다"라고 했다. 소국에 대해서는 계절을 기록하는 것은 곧 희공 25년, "가을, 초나라 사람이 진나라를 포위했다. 돈나라 임금을 돈나라로 들여보냈다"(秋, 楚人圍陳, 納頓子於頓)는 문장과 소공 원년, "가을, 거나라 거질이 제나라에서 거나라로 들어갔다"(秋, 莒去疾自齊入於莒)는 문장 등이 그것이다.[17]

『공양전』 소 전체 내용 중에서, 이와 같이 증거를 들어서 설명한 사례는 어디나 모두 마찬가지라고 할 수 있다. 나아가 서언은 하휴의 예를 종합하여 귀납적으로 설명한 것이 매우 많은데, 여기에서 몇 가지 사례를 들어서 살펴보자.

첫째, 처음을 가탁하지 않는 의리, 즉 해당 사건이 처음 발생했기 때문에 처음에 가탁하여 의리를 드러낸 것이 아닌 의리는 모두 네 가지가 있다. ①경문을 통해 드러내되 처음을 가탁하지 않는다. 은공 2년 하휴 주에서 "전쟁과 정벌은 처음을 가탁하지 않는 것과 납폐納幣는 처음을 가탁하지 않는 것 등에 근거한 것이다"라고 말한 것이 그것이다. ②큰 악은 처음을 가탁하지 않는다. 은공 5년, "처음으로 육우六羽의 춤을 추었다"(初獻六羽)에 대한 『공양전』에서 말했다. "처음으로 분수에 맞지 않게 제공諸公의 권한을 침해한 것이 여기에서 처음인가? 이전에도 있었다. 이전에도 있었다면 어째서 여기에서 처음을 가탁했는가? 제공諸公의 권한을 침해한 것은 그래도 말할 수 있지만, 천자의 권한을 침해한 것은 말할 수 없기 때문이다."[18] 하휴의 주에서 말했다. "『공양전』에서 말한 것은 처음을 가탁하지 않았다는 것을 해설한 것이다."[19] ③문장을 생략할 경우에는 처음을 가탁하지 않으니, 바로 은공 4년, "거나라 사람이 기나라를 정벌하여, 모루를 취했다"(莒人伐杞, 取牟婁)는 경우이다.

17) 『公羊傳』, 隱公 4년, 徐彥 疏.
18) 『公羊傳』, 文公 11년.
19) 『公羊傳』, 文公 11년, 何休 注.

④처음을 가탁할 만한 것이 없는 경우이다. 환공 7년, "함구를 불태웠다"(焚咸丘)에 대한 하휴의 주에서 "『공양전』에서 처음을 가탁하지 않은 것은 이 일이 이전에는 없어서 가탁할 바가 없기 때문이다'라고 한 것이 그것이다.(『공양전』, 은공 4년, 서언 소)

둘째, 노나라 대부에 대해 씨氏를 기록하지 않는 것은 두 가지 의리가 있다. 만약 아직 명을 받지 않은 대부라면 또한 씨가 없는데, 환공 11년, "유가 송나라 임금·진나라 임금·채숙과 절에서 맹약하였다"(柔會宋公·陳侯·蔡叔盟于折)는 기록과 은공 4년, "협이 죽었다"(俠卒)는 기록이 그것이다. 비난한 경우에도 또한 씨가 없는데, 은공 2년, "무해가 군대를 이끌고 극으로 들어갔다"(無駭帥師入極)는 기록과 은공 4년, "휘가 군대를 이끌고 송나라 임금·진나라 임금·채나라 사람·위나라 사람과 회합하여 정나라를 정벌했다"(翬帥師會宋公·陳侯·蔡人·衛人伐鄭)는 기록이 그것이다.(『공양전』, 환공 11년, 서언 소)

셋째, 주살(誅)에는 두 종류가 있다. 하나는 죄를 물어서 꾸짖는 유형의 주살이다. "임금의 수레를 끄는 말의 나이를 헤아리면 처벌을 받는다"[20]거나, "재여에 대하여 어찌 나무랄 것이 있겠느냐?"[21]와 같은 부류이다. 다른 하나는 죄를 물어서 지위를 박탈하는 형태의 주살이다. "무왕武王이 주紂를 주살했다"(『맹자』, 「등문공하」)거나, "임금을 주살하고 찬탈한 자의 아들은 임금이 될 수 없다"(『공양전』, 소공 11년)와 같은 부류이다. 지위박탈(絶)도 또한 두 가지 종류가 있다. 하나는 자기 몸을 버린 경우에 지위를 박탈한다. 다른 하나는 자기 나라를 멸망시킨 경우에 지위를 박탈한다.
(『공양전』, 희공 26년, 서언 소)

이상과 같이 서언은 하휴의 예例에 대해 증거를 들어서 설명하고, 귀납적인

---

20) 역자 주: 『예기』 「곡례」에 다음과 같은 내용이 보인다. "임금의 수레를 끄는 말을 조련하여 걷게 할 때에는 반드시 길의 가운데로 가며, 임금의 수레를 끄는 말에게 먹일 마초를 발로 차면 처벌을 받으며, 임금의 수레를 끄는 말의 나이를 헤아리면 처벌을 받는다."(步路馬, 必中道, 以足蹙路馬芻 有誅, 齒路馬有誅)

21) 역자 주: 『논어』 「공야장」에 다음과 같은 내용이 보인다. 공자의 제자 재여가 낮잠을 자자, 공자가 말했다. "썩은 나무로는 조각할 수 없고, 썩은 흙으로는 담장은 손질할 수 없다. 재여에 대하여 어찌 나무랄 것이 있겠느냐?"(朽木不可雕也, 糞土之牆不可杇也, 於予與何誅?)

설명을 통해 종합하였다. 그 결과 하휴의 예例가 귀납법이라는 측면에서 최소한의 논리적인 합리성을 얻음으로써 더욱 설득력을 갖출 수 있도록 하였다. 그와 동시에 공양학을 연구하는 학자의 입장에서 말한다면, "하휴의 주를 전면적으로 장악하는 데 매우 큰 도움이 되었다."[22)]

3. 하휴의 예例에 대한 의미 독해

공양가의 입장에서 말하면, 예例는 단지 서법書法으로만 한정되는 것이 아니라, 이 서법을 빌어서 『춘추』 경전經傳 속의 미언대의微言大義를 드러내 밝히는 것이다. 따라서 예例가 있으면 곧 예의 의미에 대한 해석이 있게 된다.

하휴가 이미 예의 의미에 대해 많은 해석을 제시하였다. 예를 들어 환공 14년, "정나라 임금이 자기 동생 어를 노나라에 보내 맹약했다."(鄭伯使其弟語來盟) 하휴가 말했다. "노나라가 다른 나라에 가서 맹약에 참여하거나 다른 나라가 노나라에 와서 맹약을 맺을 경우 모두 계절을 기록하는 것이 범례이다. 계절을 기록하는 것은 노나라가 왕이라는 뜻을 따른 것이니, 왕자는 마땅히 지극한 믿음으로써 천하에 솔선수범해야 함을 밝힌 것이다."[23)] 하휴의 범례를 살펴보면, 맹약과 회합은 대상 국가를 크게 신뢰할 때는 계절을 기록하고, 작게 신뢰할 때는 달을 기록하며, 신뢰하지 않을 때는 날짜를 기록한다. 따라서 노나라가 다른 나라에 가서 맹약에 참여하거나 다른 나라가 노나라에 와서 맹약을 맺을 경우 모두 '계절'을 기록하는 것은 그 의미가 큰 신뢰가 있다는 것을 말한 것이다. 이른바 "맹약에 참여한다"는 것은 노나라 임금이 다른 나라에 가서 외국의 제후와 맹약을 맺는 것을 가리킨다. "노나라에 와서 맹약을 맺는다"는 것은 외국의 제후가 노나라와 와서 노나라 임금과 맹약을 맺는 것이다. 두 가지는 모두 노나라와 외국 제후가 맹약을 맺는 것에 속하는데, 이 맹약이 큰 신뢰라고 여긴 이유에 대해, 하휴는 "노나라가 왕이 되는 뜻을 따른

---

22) 趙伯雄, 『春秋學史』, 341쪽.
23) 『公羊傳』, 桓公 14년, 何休 注.

것이다"라고 하였다. 그 의미는 『춘추』가 노나라를 왕으로 삼는다는 입장에 서서, "왕자는 마땅히 지극한 믿음으로써 천하에 솔선수범해야 함을 밝힌 것이다."

그런데 하휴의 『춘추공양전해고』에서 범례를 해석한 것이 대부분 너무 간단하고, 심지어 분명하게 말하지 않은 경우도 있다. 서언은 하휴 범례의 의미를 해석하는 것을 매우 중시하였다. 이에 대해 성공 15년에서 다음과 같이 말했다.

> 말하자면, 『춘추』 경經과 전傳의 수만 글자는 그 각각이 가리키는 뜻을 따져 보면 사실상 무궁하다. 그런데 그 상하 경문의 예例는 서로 기다려서 거론되고, 그 상하의 뜻은 서로 기다려서 이루어진다.[24)

서언은 하휴가 다 해석하지 못한 뜻에 대해, 한 단계 더 나아간 해석을 많이 했다는 것을 알 수 있다.

은공 11년, 겨울, 11월, 임진일, 은공이 죽었다.(冬, 十有一月, 壬辰, 公薨) 『공양전』에서 말했다. "『춘추』에서는 임금이 시해되었는데 도적이 토벌되지 않으면 장례를 기록하지 않으니, 신자臣子가 없다고 여기기 때문이다."[25) 하휴가 말했다. "『춘추』의 통례通例는 문왕·무왕과는 다름을 말한 것이다."[26) 하휴의 설명은 그다지 명료하지 않은 것 같다. 이에 대해 서언은 다음과 같이 해석했다.

> 말하자면, 문왕·무왕의 시대는 주나라의 덕이 성했기 때문에 제후들 중에 서로 어기는 자들이 없었으니, 하물며 신자臣子가 군부君父를 시해하는 일이 있었겠는가? 따라서 옛 전적에는 신자臣子의 도적 토벌을 책망하는 의리는 없다. 『춘추』는 난리에 근거하여 지어졌고, 때때로 군부를 시해하는 일이 있었기 때문에 그 법도를 둔 것이다. 따라서 문왕·무왕과는 다르다고 말한 것이다.[27)

---

24) 『公羊傳』, 成公 15년, 徐彦 疏.
25) 『公羊傳』, 隱公 11년.
26) 『公羊傳』, 隱公 11년, 何休 注.
27) 『公羊傳』, 隱公 11년, 徐彦 疏.

살펴보건대, 서언의 뜻은 문왕·무왕의 시대에는 주나라의 도가 찬란했기 때문에 "신자가 군부를 시해하는" 현상이 있은 적이 없었다. 따라서 신자에게 도적 토벌의 의무를 책망하지도 않았다. 공자가 『춘추』를 지었을 때는 왕도가 크게 무너졌기 때문에 공자는 혼란으로 인해 법도를 설치하여, "임금이 시해되었는데 도적이 토벌되지 않으면 장례를 기록하지 않는다"는 서법을 드러낸 것이다. 이것은 『춘추』의 통례通例'이며, 주나라의 제도와는 같지 않다.

은공 6년, 하휴의 주에서 말했다. "전쟁의 범례에서, 정규 전쟁(偏戰)은 날짜를 기록하고, 기습 전쟁(詐戰)은 달을 기록한다." 여기에서 하휴는 범례의 뜻에 대해 분명하게 해석하지 않았다. 이에 대해 서언은 다음과 같이 해석했다.

> 『춘추』의 의리에서 정규 전쟁은 날짜를 기록하고 기습 전쟁은 달을 기록한다. 그렇게 하는 이유는 바로 그 행위의 거짓을 미워하여, 간략하게 기록했기 때문이다.[28]

살펴보건대, 날짜를 기록하는 것은 상세하게 기록한 것이고, 달을 기록한 것은 간략하게 기록한 것이니, 이것이 자연스러운 서법이다. 서언은 이러한 서법을 끌어와서 정규 전쟁과 기습 전쟁이 같지 않다는 것을 해석했다. 기습 전쟁은 달을 기록하는 것이 간략하게 기록한 것이라고 여긴 것은 바로 "그 행위의 거짓을 미워하기" 때문이다. 이와는 반대로, 정식 전쟁에 대해 날짜를 기록하는 것은 그 기록을 상세하게 함으로써 거짓을 행하지 않은 것을 칭찬한 것이다.

정공 13년, "가을, 진나라 조앙이 진양으로 들어가서 반란을 일으켰다. 겨울, 진나라 순인 및 사길석이 조가로 들어가서 반란을 일으켰다. 진나라 조앙이 진나라로 돌아왔다."(秋, 晉趙鞅入于晉陽以叛. 冬, 晉荀寅·士吉射入于朝歌以叛. 晉趙鞅歸於晉) 『공양전』에서 말했다. "이것은 반란을 일으킨 것인데, 돌아왔다고 말한 것은 무엇 때문인가?

---

28) 『公羊傳』, 哀公 9년, 徐彦 疏.

진양 땅을 가지고 나라를 안정시켰기 때문이다. 진양 땅을 가지고 나라를 안정시켰다는 것은 무슨 말인가? 진나라 조앙이 진양의 군대를 취하여 순인과 사길석을 축출했다는 뜻이다. 순인과 사길석은 누구인가? 임금 측근의 악인이다. 여기에서는 임금 측근의 악인을 축출했는데, 어째서 반란을 일으켰다고 말했는가? 임금의 명령이 없었기 때문이다."[29] 하휴가 말했다. "임금의 명령이 없었다는 것은 병기를 잡고 나라로 향했기 때문에 애초에는 그것을 반란이라고 말했다. 뒤에는 그 뜻이 임금 측근의 악인을 축출하고자 한 것임을 알았기 때문에 그가 병기를 내려놓은 것을 기록하고, 돌아갔다고 기록하여 그를 사면했으니, 군자는 의도를 주벌하지 일을 주벌하지 않는다."[30] 살펴보건대, 『공양전』에서 드러낸 범례에서 "다시 돌아왔다(復歸)는 것은 나갈 때는 악함이 있었지만 돌아올 때는 악함이 없었다는 의미이다. 다시 들어왔다(復入)는 것은 나갈 때는 악함이 없었지만 들어올 때 악함이 있었다는 의미이다. 들어왔다(入)는 것은 나가고 들어올 때 악함이 있었다는 의미이다. 돌아왔다(歸)는 것은 나가고 들어올 때 악함이 없었다는 의미이다."[31] 이것을 범례로 삼는다면, 경문에서 "진나라 조앙이 진나라로 돌아왔다"(晉趙鞅歸於晉)고 기록해서는 안 되며, 서언이 말한 것과 같이 "그렇다면 반란을 일으켰다고 기록한 것은 나가고 들어올 때의 악함이 똑같기 때문에 '돌아왔다'(歸)고 기록하여, 나가고 들어올 때 악함이 없었다는 의미의 문장을 만들어서는 안 된다." '돌아왔다'(歸)고 기록한 것은 조앙이 실제로는 배반한 것이 아니고, 단지 "임금의 명령이 없었는데", "병기를 잡고 나라를 향한 것"에 지나지 않으며, 그 목적은 "임금 측근의 악인을 축출하고자 한 것"일 뿐이다. 이 때문에 조앙이 실제로 반란을 일으키지 않았는데, "반란을 일으켰다"고 기록한 것에 대해, 하휴는 "의도를 주벌하지 일을 주벌하지 않는다"고 주장하였다. 그런데 "의도를 주벌하지 일을 주벌하지 않는다"는 말에 대해, 하휴 자신은 다른 해설이 없고, 서언은 다른 곳에서 다음과 같은 말을 했다.

---

29) 『公羊傳』, 定公 13년.
30) 『公羊傳』, 定公 13년, 何休 注.
31) 『公羊傳』, 桓公 15년.

조앙趙鞅이 채지采地의 군대로써 임금 측근의 악인을 축출함으로써 그 나라를 바로잡았다. 그 뜻이 사실 선하지만 『춘추』에서 기어코 반란을 일으켰다는 문장을 기록한 것은 바로 신하의 의리에서는 본래 제멋대로 일을 처리하는 도리가 없기 때문이다. 만약 그것을 용납한다면, 도리에 어긋나는 짓을 하는 신하가 밖으로는 의리를 빙자하여 일으킨 군대를 가탁하고, 안으로는 야심을 품고 틈을 노리는 뜻을 가질까 두렵다. 이 때문에 비록 선하더라도 그것을 용납할 수 없는 것이다.[32]

다시 말하면, 조앙이 실제로는 반란을 일으키지 않았는데도 "반란을 일으켰다" (叛)고 기록했으니, 실제로 그가 신하로서 제멋대로 군대를 일으켰기 때문이다. 그 의도는 비록 선하더라도, 후세에 '도리에 어긋나는 짓을 하는 신하'가 그것을 구실로 삼아서, "밖으로는 의리를 빙자하여 일으킨 군대를 가탁하고, 안으로는 야심을 품고 틈을 노리는 뜻을 가지는" 계기를 열어주게 된다. 이로써 『춘추』에서 "반란을 일으켰다"(叛)고 기록한 것은 그 뜻이 나쁜 일의 조짐을 사전에 방지하는 데 있다는 것을 알 수 있다.

제2절 하휴何休를 확장함—하휴 주를 근거로 확대 부연하여 예例를 완성함

서언 소의 『공양전』에 대한 최대 공헌은 사실상 결코 '하휴를 서술한 것'에 있지 않다. 설령 하휴가 이미 상당히 완비되고 체계화된 『공양전』 의례義例 계통을 건립했다고 하더라도, 여전히 엄밀성이 부족한 곳이 있기 때문이다. 더욱 중요한 것은 『춘추』 경전에 대한 하휴의 주석은 항상 개별 안건이라는 방식으로 문장에 따라 주석하였지, 서법으로써 명확하게 그것을 보여 주지는 못했다. 따라서 서언의 소에서는 하휴의 뜻에 근거하여 확대와 부연, 보충하는 경우가 많았고, 거기에다 더 많은 새로운 '예例'를 세웠다. 이것은 『공양전』 '예학例學' 분야에서 서언의 가장

---

32) 『公羊傳』, 襄公 원년, 徐彦 疏.

큰 공헌이라고 말할 수 있다. 여기에서 몇 가지 사례를 들어서 밝혀 보겠다.

첫째, 『춘추』 경문 전체에서 노나라 임금이 외국의 대부와 맹약할 경우, 모두 숨겨서 공公이라고 말하지 않는다.

『춘추』 은공 원년, "은공이 주루나라 의보와 멸에서 맹약을 맺었다."(公及邾婁儀父盟 於眛) 『공양전』에서 말했다. "의보는 누구인가? 주루나라의 임금이다." 하휴의 주에서 말했다. "'공이 누구와'(公及)라고 말하여 숨기지 않고 기록했으니, 의보가 임금임을 알 수 있다." 서언의 소에서 말했다.

> 『춘추』 경문 전체에서 노나라의 임금이 외국의 대부와 맹약을 맺으면 모두 숨겨서
> 공公이라고 말하지 않는다. 따라서 장공 22년, "가을, 7월, 병신일, 제나라 고혜와
> 방에서 맹약을 맺었다"(秋, 七月, 丙申, 及齊高傒盟於防)의 『공양전』에서 말했다. "장공
> 이 맹약을 맺었는데, 어째서 공公이라고 말하지 않았는가? 대부와 맹약을 맺은
> 것을 숨긴 것이다." 지금 여기에서는 '공公'이라는 글자를 없애지 않았기 때문에
> 의보儀父가 임금이라는 것을 알 수 있다. 장공 9년의 "장공이 제나라 대부와 기에서
> 맹약을 맺었다"(公及齊大夫盟于曁)와 같이 '공公'이라는 글자를 없애지 않은 경우는
> 『공양전』의 하휴 주에서 모두 분명하게 밝혔으므로 번거롭게 다시 설명하지 않는
> 다.[33]

『공양전』은 의보儀父를 주루邾婁나라의 임금이라고 여기면서 그 근거를 말하지 않았다. 그런데 하휴는 경문에서 '공이 누구와'(公及)라고 말하여 숨기지 않고 기록한 것에 근거하여, 의보가 임금이라는 사실을 알게 된 것이다. 『춘추』의 서법을 살펴보면, '누가 누구와'(某及某)라고 말한 것은 항상 쌍방의 지위가 서로 대등한 것을 의미한다. 따라서 경문에서 '공이 누구와'(公及)라고 기록한 것은 의보와 은공의 지위가 대등하다는 것을 표명하므로 의보는 임금이 되는 것이다.

서언은 여기에서 한 단계 더 나아가 하휴의 뜻을 더욱 드러내 밝혔다. 노나라

---

33) 『公羊傳』, 隱公 원년, 徐彦 疏.

임금과 맹약한 자가 지위가 대등하지 않을 경우, 노나라 임금이 임금의 존귀함으로 대부와 맹약을 맺으면 그것은 노나라 임금의 수치이기 때문에 그것을 숨겨서 기록하지 않는다고 생각하였다. 서법의 측면에서 표현하면, 마땅히 '공公'자를 없애고 기록하지 않는 것이다. 예를 들어 장공 22년, "가을, 7월, 병신일, 제나라 고혜와 방에서 맹약을 맺었다"(秋, 七月, 丙申, 及齊高傒盟於防)에서, 고혜는 제나라 대부인데, 장공이 그와 맹약을 맺었으므로 사실은 장공의 수치가 된다. 따라서 『공양전』에서 "장공이 맹약을 맺었는데, 어째서 공公이라고 말하지 않았는가? 대부와 맹약을 맺은 것을 숨긴 것이다"라고 하였다. 여기에 근거하여 서언은 예例를 세워서, "『춘추』 경문 전체에서 노나라의 임금이 외국의 대부와 맹약을 맺으면 모두 숨겨서 공公이라고 말하지 않는다"고 말했다.

둘째, 『춘추』의 의리에서는 회합과 맹약이 함께 진행되는 과정에서 그 사이에 다른 일이 있으면 참가한 제후를 중복해서 말한다.

『춘추』소공 13년, "가을, 소공이 유나라 임금·진나라 임금·제나라 임금·송나라 임금·위나라 임금·정나라 임금·조나라 임금·거나라 임금·주루나라 임금·등나라 임금·설나라 임금·기나라 임금·소주루나라 임금과 평구에서 회합했다. 8월, 갑술일, 평구에서 동맹을 맺었다."(秋, 公會劉子·晉侯·齊侯·宋公·衛侯·鄭伯·曹伯· 莒子·邾婁子·滕子·薛伯·杞伯·小邾婁子于平丘, 八月, 甲戌, 同盟于平丘) 하휴의 주에서 말했다. "(동맹을 맺을 때) 유나라 임금 및 이하의 제후들을 말하지 않은 것은 중간에 다른 일이 없었다는 것을 알 수 있다." 서언의 소에서 말했다.

『춘추』의 의리에서는 회합과 맹약이 함께 진행되는 과정에서 그 사이에 다른 일이 있으면 참가한 제후를 중복해서 말한다. 즉 정공 4년, "3월, 정공이 유나라 임금·진나라 임금 등등과 소릉에서 회합하고, 초나라를 침략했다"(公會劉子·晉侯· 宋公·蔡侯·衛侯·陳子·鄭伯·許男·曹伯·莒子·邾婁子·頓子·胡子·滕子·薛伯·杞伯· 小邾婁子·齊國夏于召陵, 侵楚), "여름, 4월, 경진일, 채나라 공손 귀생이 군대를 거느리고 삼나라를 멸망시키고, 삼나라 임금 가를 잡아서 채나라로 돌아가서, 그를 죽였다"(夏,

四月, 庚辰, 蔡公孫歸生帥師滅沈, 以沈子嘉歸, 殺之), "5월, 정공이 제후와 호유에서 맹약을 맺었다"(五月, 公及諸侯盟于浩油). 그렇다면 저들은 중간에 다른 일이 있어서, 유나라 임금 및 제후들이 맹약에 참여하지 않았기 때문에 다시 '제후諸侯'라는 말을 드러내어 기록한 것이다. 지금은 중간에 다른 일이 없고, 유나라 임금이 다시 맹약에 참여했기 때문에 번거롭게 유나라 임금 및 제후들을 중복해서 다시 드러내어 기록할 필요가 없었다. (기록하지 않아도) 알 수 있다는 것을 드러낸 것이다.[34]

하휴는 제후들이 평구平丘에서 회합한 이후로부터, 8월 갑술일에 평구에서 맹약을 맺을 때까지, 그 사이에 기록할 만한 특별한 일이 없었기 때문에 경문에 "평구에서 동맹을 맺었다"(同盟于平丘)는 문장 앞에 '유나라 임금 및 제후들'을 다시 기록하지 않았다고 여겼다. 반면에 서언은 만약 회합과 맹약의 사이에 다른 일이 있으면 마땅히 제후라는 말을 중복해서 말해야 한다고 여겼다. 예를 들어 정공 4년, 3월에 소릉의 회합이 있고, 5월에 제후들이 호유에서 맹약을 맺었는데, 그 사이에 "채나라 공손 귀생이 군대를 거느리고 심나라를 멸망시키고, 심나라 임금 가를 잡아서 채나라로 돌아가서, 그를 죽였다"(夏, 四月, 庚辰, 蔡公孫歸生帥師滅沈, 以沈子嘉歸, 殺之)는 일이 있었기 때문에 호유의 맹약에서 "정공이 제후들과 호휴에서 맹약을 맺었다"(公及諸侯盟于浩油)고 기록한 것이다. 따라서 서언은 예例를 세워서, "『춘추』의 의리에서는 회합과 맹약이 함께 진행되는 과정에서 그 사이에 다른 일이 있으면 참가한 제후를 중복해서 말한다"고 하였다.

셋째, 『공양전』의 의리에서는 이웃 나라의 제후 및 이웃 나라의 제후 부인의 상喪에 모두 노나라 임금이 직접 장례에 참여한다.

『춘추』 소공 3년, "여름, 숙궁이 등나라로 갔다. 5월, 등나라 성공을 장례지냈다."(夏, 叔弓如滕. 五月, 葬滕成公) 하휴의 주에서 말했다. "달을 기록한 것은 노나라 양공襄公을 장례지낼 때, 제후들은 정해진 예법보다 한 등급 올려서 예우하려고 하지 않았는데, 유독 등나라 임금만이 노나라와 와서 장례식에 참여하였다. 따라서 은혜롭게 여겨서

---

34) 『公羊傳』, 昭公 13년, 徐彦 疏.

기록하고, 소공이 마땅히 직접 가야지 대부를 보내서는 안 됨을 밝힌 것이다. 예禮를 어긴 것이 더욱 심하기 때문에 노나라를 책망한 것이다." 서언의 소에서 말했다.

『공양전』의 의리에서는 이웃 나라의 제후 및 이웃 나라의 제후 부인의 상喪에 모두 노나라 임금이 직접 장례에 참여한다. 따라서 『오경이의五經異義』에서 "공양학의 이론에서 '양공 30년, 숙궁이 송나라가 갔다. 송나라 공희를 장례지냈다(叔弓如宋, 葬恭姬)는 기록에서, 노나라 양공이 직접 가지 않은 것에 대해 의론하였다'"는 것이 그것이다. 그렇다면 모든 제후의 장례식에 노나라 임금이 직접 가는데, 하물며 자기에게 정해진 예법보다 한 등급 올려서 예우한 제후는 어떻게 해야 하는가? 따라서 예를 어긴 것이 더욱 크기 때문에 노나라를 책망한 것이라고 말했다.[35]

살펴보건대, 『공양전』의 상례常例는 소국의 임금이 죽었을 때는 달을 기록하고 장례식은 날짜를 기록한다. 그런데 "5월, 등나라 성공을 장례지냈다"(五月, 葬滕成公)에서는 달을 기록했으므로 변례變例이다. 이에 대해, 하휴는 이 사건 이전에 노나라 양공의 장례식 때, 제후들은 양공의 사람됨을 업신여겨서 정해진 예법보다 한 등급 올려서 예우하려고 하지 않았다. 그런데 유독 등나라 임금만이 노나라에 와서 장례식에 참여하였기 때문에 달을 기록함으로써 그를 은혜롭게 여겨서 기록하였다. 그것을 통해 소공이 등나라 임금의 장례식에 마땅히 직접 참여해야 한다고 책망하였다.

또 정공 15년, "임신일, 정공이 고침高寢에서 죽었다.…… 주루邾婁의 임금이 상례에 급히 달려왔다."(壬申, 公薨于高寢.……邾婁子來奔喪) 『공양전』에서 "상례에 급히 달려오는 것은 예禮가 아니다"라고 했다. 하휴의 주에서 말했다. "예법에 의하면, 천자가 죽으면 제후는 상례에 급히 달려오고 장례에 참여한다. 제후가 죽으면 상복을 입는 자는 상례에 급히 달려오고, 상복을 입지 않는 자는 장례에 참여한다. 주루나라는 노나라와는 상복을 입는 관계가 아니기 때문에 예가 아니라고 기록한

---

35) 『公羊傳』, 昭公 3년, 徐彦 疏.

것이다." 서언의 소는 여러 가지 이론의 기초 위에서 하나의 신례新例를 파생해냈다. "『공양전』의 의리에서는 이웃 나라의 제후 및 이웃 나라의 제후 부인의 상喪에 모두 노나라 임금이 직접 장례에 참여한다." 이곳에서 부인을 언급한 것은 서언이 『오경이의五經異義』에서 인용한 "양공 30년, 숙궁이 송나라가 갔다. 송나라 공희를 장례지냈다(叔弓如宋. 葬恭姬)는 기록에서, 노나라 양공이 직접 가지 않은 것에 대해 의론하였다"36)는 공양학의 이론에 근거한 것이다. 즉 제후 부인의 장례에 노나라 임금도 마땅히 직접 가야한다는 의미이다.

넷째, 노나라 임금이 살해를 당했을 때 죽은 땅을 거론하지 않는 것이 예例이다.

『춘추』 환공 18년, "여름, 4월, 병자일, 환공이 제齊나라에서 죽었다."(夏, 四月, 丙子, 公薨于齊) 하휴의 주에서 말했다. "죽은 땅을 기록한 것은 외부에서 대국에 의해 살해되었기 때문에 나라의 입장에서 더욱 위태롭다. 나라가 중요하기 때문에 측은하게 여길 겨를이 없다." 서언의 소에서 말했다.

노나라 임금이 살해를 당했을 때는 땅을 거론하지 않는 것이 예例이다. 따라서 은공隱公과 민공閔公은 단지 죽었다고 말했을 뿐이다. 지금 여기에서 '제齊나라'라고 땅을 말했기 때문에 이와 같이 해석한 것이다.37)

살펴보건대, 『춘추』의 12명의 임금 중에 시해를 당한 것은 은공隱公·환공桓公·민 공閔公 세 임금이다. 은공과 민공은 단지 죽었다고만 기록하고 시해를 당한 지역을 기록하지 않았다. 『공양전』에서는 "은공이 죽었는데 무엇 때문에 땅을 기록하지 않는가? 차마 말하지 못한 것이다"38)라고 했고, "민공이 죽었는데 무엇 때문에

---

36) 살펴보건대, 『춘추』 양공 30년, "숙궁이 송나라가 갔다. 송나라 공희를 장례지냈다" (叔弓如宋. 葬恭姬)는 조목은, 『춘추』의 傳과 注 및 서언의 疏에서 모두 이러한 뜻을 드러내 밝히지 않았으니, 아마도 『오경이의』에서 한나라 때 공양학자의 이론을 인용 한 듯하다.
37) 『公羊傳』, 桓公 18년, 徐彦 疏.
38) 『公羊傳』, 隱公 11년.

땅을 기록하지 않았는가? 측은하게 여긴 것이다. 무엇을 측은하게 여긴 것인가? 시해되었기 때문이다"[39]라고 했다. 임금이 시해되었기 때문에 측은하여 차마 땅을 기록하지 못한 것이다. 하휴는 환공도 또한 시해를 당했는데도 죽은 지역을 기록한 것은 사실상 외부에서 시해되었기 때문에 나라의 입장에서 더욱 위태로워서 측은하게 여길 겨를이 없다고 여겼다. 『공양전』에서 비록 은공·민공이 죽었을 때 땅을 기록하지 않은 이유를 해석했고, 하휴가 환공의 경우에 땅을 기록한 이유를 해석했지만, 모두가 이 사건을 통해 예例를 드러내지 않았다. 그런데 서언의 소에서는 예를 두어서, "노나라 임금이 살해를 당했을 때는 땅을 거론하지 않는 것이 예例이다"라고 하였다.

다섯째, 『춘추』 경문 전체에서 노나라 여인이 시집가서 제후의 부인이 된 경우에는 기록하지 않음이 없다.

『춘추』 선공 16년, "가을, 담나라에 시집갔던 백희가 노나라로 돌아왔다."(秋, 郯伯姬來歸) 하휴의 주에서 "시집갔을 때 기록하지 않은 것은 잉첩媵妾이었기 때문이다." 서언의 소에서 말했다.

바로 『춘추』 경문 전체에서 노나라 여인이 시집가서 제후의 부인이 된 경우에는 기록하지 않음이 없다. 즉 "숙희가 기나라에서 돌아왔다"(叔姬歸於紀, 은공 7년)와 "백희가 송나라에서 돌아왔다"(伯姬歸於宋, 성공 9년)와 같은 부류가 그것이다.[40]

살펴보건대, 담나라에 시집갔던 백희의 출가를 기록하지 않은 것에 대해, 하휴의 주에서는 그녀가 출가하여 외국 제후의 잉첩이 되었기 때문이라고 해석하였다. 그러나 노나라 여인이 외국으로 시집가는 것에 대한 예例를 두지는 않았다. 서언은 "숙희가 기나라에서 돌아왔다"(叔姬歸於紀)와 "백희가 송나라에서 돌아왔다"(伯姬歸於宋)는 기록에 근거하여, 『춘추』에는 노나라에서 시집간 여인에 대해 기록한 문장이

---

39) 『公羊傳』, 閔公 2년.
40) 『公羊傳』, 宣公 16년, 徐彦 疏.

모두 있기 때문에 이것을 가지고 예를 드러내어, "노나라 여인이 시집가서 제후의 부인이 된 경우에는 기록하지 않음이 없다"고 하였다.

여섯째, 『춘추』의 예例에서는 대부가 도망친 이후에는 대부의 지위에서 박탈해 버리고, 그의 죽음을 다시 기록하지 않는다.

『춘추』 문공 14년, "9월, 갑신일, 공손오公孫敖가 제齊나라에서 죽었다."(九月, 甲申, 公孫敖卒于齊) 하휴의 주에서 말했다. "이미 지위를 박탈해 버렸는데 그의 죽음을 기록한 것은 뒤에 제나라가 노나라를 위협하여 그의 상구를 돌려보내서 수치를 주었기 때문에 노나라를 위해 숨겨서, 마치 여전히 대부인 것처럼 한 것이다." 살펴보건대, 문공 8년에 공손오가 거莒나라로 도망을 갔기 때문에 하휴의 주에서 "이미 지위를 박탈해 버렸다"고 하였다. 대체로 도망쳤기 때문에 "지위를 박탈해 버림"으로써 공손오가 다시 나타나더라도 그의 죽음을 기록하지 않는 것이 마땅하다. 그런데 경문에서 그의 죽음을 기록한 것은 노나라를 위해서 숨겼기 때문이다.[41] 하휴의 주는 대부가 도망치면 당연히 그 지위를 박탈해 버리고, 다시는 기록하지 않는다는 뜻이 있는 듯하다. 그러나 그와 관련된 문장을 분명하게 기록하여 예例를 두지 않았기 때문에 서언이 예를 드러내어 말한 것이다. "『춘추』의 예例에서는 대부가 도망친 이후에는 대부의 지위에서 박탈해 버리고, 그의 죽음을 다시 기록하지 않는다."

일곱째, 『춘추』의 경문 속에 잉첩滕妾을 기록하지 않는 것이 예例이다.

『춘추』 은공 7년, "봄, 왕의 2월, 숙희가 기나라로 시집갔다."(春, 王二月, 叔姬歸於紀) 하휴의 주에서 말했다. "잉첩滕妾은 천박한데도 기록한 것은 뒤에 적처嫡妻가 되어,

---

41) 당시에 子叔姬가 齊나라로 시집갈 때 單伯이 전송했는데, 叔姬와 음란한 짓을 했다. 제나라 사람이 그를 미워하여, 마침내 公孫敖의 시신을 수레 안에 두고서, 전송하여 노나라에 보냈고, 또 노나라를 위협하여 그것을 받도록 했다. 노나라는 어쩔 수 없이 그것을 받았으니, 이것이 수모를 당한 것이 된다. 따라서 公孫敖를 다시 기록한 것이다. 만약 공손오가 아직 지위가 박탈되지 않고, 여전히 노나라의 대부로서 다른 나라에서 객사했다면, 당연히 그 시신이 돌아오는 것을 맞이해야 하니, 이것은 노나라를 위해 숨긴 것이다.

결국은 어진 행실이 있었기 때문이다." 살펴보건대, 기紀나라 숙희叔姬는 백희伯姬의 잉첩이다. 하휴는 숙희가 어진 행실이 있었고, 또 뒤에 기紀나라 임금의 적처嫡妻가 되었기 때문에 그녀의 신분이 비록 낮았지만, 『춘추』에서는 그래도 기록하였다고 생각했다. 하휴는 여기에서 단지 기나라로 시집간 숙희가 잉첩임에도 불구하고 기록한 이유만을 설명했지만, 서언은 하휴의 뜻에 근거하여 예例를 드러내어, "『춘추』의 경문 속에 잉첩媵妾을 기록하지 않는 것이 예例이니, 그 신분이 비천하기 때문이다"라고 하였다.

여덟째, 『춘추』의 의리에서 첩妾의 자식이 임금이 될 경우에 그의 어머니는 시호諡號를 부를 수 있다.

『춘추』은공 원년, "가을, 7월, 천왕이 총재 훤을 노나라에 보내 혜공과 중자의 부의 물품을 보내주었다."(秋, 七月, 天王使宰咺來歸惠公仲子之賵) 『공양전』에서 말했다. "중자仲子는 누구인가? 환공桓公의 어머니이다." 하휴의 주에서 말했다. "시호諡號가 없기 때문이다." 하휴의 주장에 의하면, 중자는 환공의 부친인 혜공惠公의 잉첩媵妾으로서 그녀가 죽었을 때 시호가 없었으므로 중자가 환공의 어머니라는 것을 추정할 수 있다. 그런데 환공이 이 당시에 아직 임금이 되지 않았기 때문에 그의 어머니도 또한 시호를 부를 수가 없었다. 서언은 하휴의 뜻에 근거하여, 모친이 만약 시호가 있으면 그 아들은 당연히 이미 임금이 된 것이다. 문공 9년, "진나라 사람이 와서 희공과 성풍의 수의를 주었다."(秦人來歸僖公成風之襚) 성풍成風은 희공僖公의 어머니로서 '성成'은 그녀의 시호이다. 아들인 성공成公이 이미 임금이었기 때문에 그 어머니가 자연히 시호가 있다는 것을 알 수 있다. 이를 통해 서언은 다음과 같이 예例를 두었다. "『춘추』의 의리에서 첩妾의 자식이 임금이 될 경우에 그의 어머니는 시호諡號를 부를 수 있다. 즉 문공 9년, '진나라 사람이 와서 희공과 성풍의 수의를 주었다'(秦人來歸僖公成風之襚)는 것이 그것이다. 지금 환공이 아직 임금이 되지 않았기 때문에 그 어머니는 시호를 부를 수 없다. 그러므로 시호를 부르지 않은 것을 보고서 그녀가 환공의 어머니임을 알 수 있다."

이상으로 8개의 예例를 대략 거론해 보았다. 이것은 모두 서언이 하휴의 뜻을 연역하여 예例를 둔 것이다. 이를 통해 알 수 있듯이, 서언의 확대 해석과 부연을 거쳐서, 원래부터 매우 완비되어 있던 하휴의 『공양전』 의례義例는 더욱더 다양한 형태로 끊임없이 생겨남으로써 더욱 방대하고 세밀한 의례義例의 계통을 형성하였다.

제3절 하휴何休를 바로잡음—하휴 주에 대한 수정과 보완

서언의 『공양전』 소에서 하휴의 뜻을 확대하고 부연했는데, 그것은 대체로 "소疏가 주注를 논파하지 않는다"는 원칙에 근본하고 있다. 그러나 서언은 하휴의 주를 완전히 묵수한 것은 아니며, 심지어 비평 혹은 수정한 경우도 있다. 구체적으로 다음과 같은 몇 가지 항목으로 드러난다.

첫째, 『좌씨전』・『곡량전』의 주장을 인용하였다.

하휴는 대체로 『공양전』의 가법을 엄격하게 지키고, 『좌씨전』・『곡량전』의 학문을 배척했는데, 이것이 『공양묵수公羊墨守』・『좌씨고황左氏膏肓』・『곡량폐질穀梁廢疾』을 지은 이유이다. 그런데 서언의 소는 삼가三家의 학문에 대해, 비록 『공양전』을 위주로 하고 『좌씨전』・『곡량전』을 많이 비평했지만, 『좌씨전』・『곡량전』의 주장을 완전히 부정하지는 않았다. 그것을 인용하여 『춘추』의 경문과 전문, 하휴의 주를 해석하였고, 심지어 『좌씨전』・『곡량전』에 근거하여 하휴의 주를 비평하기도 하였다.

『춘추』 문공 12년, "진나라 임금이 수로 하여금 노나라에 와서 빙문하도록 했다."(秦伯使遂來聘) 서언이 말했다. "『좌씨전』・『곡량전』은 모두 '술術'로 되어 있고, 경문도 '술術'자로 된 경우가 있는데, 아마도 '수遂'자는 오자인 것 같다."[42] 이것은 『좌씨전』・『곡량전』 두 전을 가지고 『공양전』 본문의 잘못을 교정한 것이다.

장공 22년, "우리 소군 문강을 장례지냈다."(葬我小君文姜) 서언이 말했다. "『곡량전』에서 '소군小君은 임금이 아닌데, 군君이라고 말한 것은 무엇 때문인가? 임금의

---

42) 『公羊傳』, 文公 12년, 徐彦 疏.

짝이기 때문에 소군이라고 말할 수 있다고 한 것이 그것이다."43) 이것은『곡량전』을 가지고『춘추』를 해석한 것이다.

민공 원년,『공양전』에서 말했다. "등호락鄧扈樂이 궁중에서 음란한 짓을 하였다." 서언이 말했다. "『좌씨전』장공 32년에서 '우제雩祭를 지내기 위해 장공이 양씨梁氏 집에서 그 의식을 연습할 때, 여공자女公子가 구경하고 있었는데, 어인圉人 락犖이 담 밖에서 여공자를 희롱하였다'는 것이 이 경우와 부합될 수 있다."44) 이것은 『좌씨전』을 가지고『공양전』을 증명한 것이다.

은공 원년『공양전』에서 말했다. "혜공惠公은 누구인가? 은공隱公의 선친이다." 하휴의 주에서 말했다. "살아계실 때는 부친(父)이라고 부르고, 죽었을 때는 선친(考)이 라고 부르며, 사당에 들어갔을 때는 선친(禰)이라고 부른다." 서언이 말했다. "즉 양공 12년『좌씨전』에서 '동족의 상喪에는 선친의 사당(禰廟)에서 곡한다'고 말한 것이 그것이다."45) 또 은공 3년 하휴의 주에서 말했다. "예법에, 천자는 7개월 만에 장례를 지내니 수레바퀴 사이의 척도가 같은 제후들이 다 오고, 제후는 5개월 만에 장례를 지내니 동맹국이 온다. 대부는 3개월 만에 장례를 지내니 작위가 같은 관원이 오고, 선비는 달을 넘겨 장례를 지내니 외부의 인척이 온다." 서언이 말했다. "모두 은공 원년『좌씨전』의 문장이다."46) 이것은 모두『좌씨전』을 가지고 하휴의 주를 증명한 것이다.

소공 22년, "우리 소군 제귀를 장례지냈다."(葬我小君齊歸) 하휴의 주에서 말했다. "귀씨歸氏는 호胡의 여인이니, 양공襄公의 적부인嫡夫人이다." 서언이 말했다. "모두 『사기』의 문장이다. 그런데 처음 왔을 때 기록하지 않은 것은 세자 때 장가를 들었기 때문이다. 그렇다면 사수沙隨의 회합 때 성공成公이 태어났고, 성공의 시대에 이미 장가를 들어 부인이 있었다. 그런데『공양전』의 문장을 살펴보면, 어렸을

---

43)『公羊傳』, 莊公 22년, 徐彦 疏.
44)『公羊傳』, 閔公 원년, 徐彦 疏.
45)『公羊傳』, 隱公 원년, 徐彦 疏.
46)『公羊傳』, 隱公 3년, 徐彦 疏.

때의 글이 전혀 없으니, 하휴가 『좌씨전』을 믿지 않기 때문이다."⁴⁷⁾ 하휴는 『좌씨전』을 믿지 않았지만, 서언은 다소 완곡하게 표현하였다.

둘째, 하휴 주의 의례義例를 해독한 것 중에 차이가 있다.

서언의 소는 하휴 주의 의례를 해독하는 것을 요지로 삼고 있다. 그런데 그 해독 중에 하휴의 주와 서로 괴리되는 것도 적지 않게 보인다. 비록 직접적으로 하휴의 주를 비평한 것은 아니지만, 그가 하휴의 주를 인정하지 않는다는 것은 매우 분명히 알 수 있다.

『춘추』 환공 6년, "채나라 사람이 진나라의 타를 죽였다."(蔡人殺陳佗) 하휴의 주에서 말했다. "날짜를 쓰지 않고 장례를 기록하지 않은 것은 천한 사람을 기록하는 형식의 문장을 따른 것이다." 서언이 말했다.

> 임금이 외국에서 살해될 경우에는 신자臣子가 도적을 토벌하지 않은 것을 책망하지 않으니, 장례를 기록하는 것이 의례義例에 합치된다. 즉 환공 18년 "우리 임금 환공을 장례지냈다"(葬我君桓公)는 것이 그것이다. 지금 날짜를 쓰지 않고 장례를 기록하지 않은 것은 천한 사람을 기록하는 형식의 문장을 따랐기 때문이다.⁴⁸⁾

이 조목은 진陳나라 임금이 채蔡나라에서 음란한 짓을 하여, 채나라 사람에 의해 살해되는 결과를 초래했는데, 『춘추』에서 날짜를 쓰지 않고 장례를 기록하지 않은 것에 대해 논한 것이다. 이에 대해 하휴는 진타를 천하게 여기기 때문에 날짜와 장례를 기록하지 않았다고 해석했다. 살펴보건대, 『공양전』에서 말했다. "『춘추』에서는 임금이 시해되었는데 도적이 토벌되지 않았으면 장례를 기록하지 않는다. 신자臣子가 없다고 여기기 때문이다."⁴⁹⁾ 이것은 상례常例이다. 그런데 서언은 다음과 같이 말했다. "임금이 외국에서 살해된 경우에는 신자臣子가 도적을 토벌하지

---

47) 『公羊傳』, 昭公 22년, 徐彦 疏.
48) 『公羊傳』, 桓公 6년, 徐彦 疏.
49) 『公羊傳』, 隱公 11년.

않은 것을 책망하지 않으니, 장례를 기록하는 것이 의례義例에 합치된다." 이것은 변례變例이다. 서언이 논한 것은 노나라 환공이 제나라 양공에게 시해되었는데도 장례를 기록한 것을 근거로 삼은 것이다. 그런데 환공 18년, "우리 임금 환공을 장례지냈다"(葬我君桓公)의 『공양전』에서 말했다. "도적이 토벌되지 않았는데, 무엇 때문에 장례를 기록했는가? 원수가 외국에 있기 때문이다. 원수가 외국에 있으면 무엇 때문에 장례를 기록하는가? 군자가 부득이하여 기록한 말이다." 하휴의 주에서 말했다. "당시 제나라는 강하고 노나라는 약했기 때문에 바로 보복할 수가 없었다. 따라서 군자는 힘을 헤아려서, 장례를 지낸 것으로 가정하여 기록한 것이다." 여기에 근거하면 노나라 환공이 제나라에서 피살되었는데도 장례를 기록한 것은 단지 '군자가 부득이하여 기록한 말'(君子辭)일 뿐이다. 즉 제나라가 강하고 노나라가 약했기 때문에 노나라의 입장에서는 복수할 방법이 없었으니, 신자가 도적을 토벌하지 않은 것을 책망하지 않았다. 따라서 "군자는 힘을 헤아려서, 장례를 지낸 것으로 가정하여 기록한 것이다"라고 말했다. 이로써 알 수 있듯이, 노나라 환공에 대해 장례를 기록함으로써 신자가 도적을 토벌하지 않은 것을 책망하지 않은 까닭은 사실 부득이한 상황에서 나온 것이다. 이에 근거하면, 임금이 외국에서 살해되었을 때, 실제로는 신자가 도적을 토벌하지 않은 것을 책망하여 장례를 기록하지 않는 것이 마땅하다. 다시 말하면, 서언이 세운 "임금이 외국에서 살해될 경우에는 신자가 도적을 토벌하지 않은 것을 책망하지 않으니, 장례를 기록하는 것이 의례에 합치된다" 는 의례는 결코 하휴의 뜻에 부합되지 않는다.

장공 30년, "8월, 계해일, 기나라 숙희를 장례지냈다."(八月, 癸亥, 葬紀叔姬) 『공양전』 에서 말했다. "외국의 부인은 장례를 기록하지 않는데, 여기에서는 무엇 때문에 기록했는가? 측은하게 여긴 것이다. 무엇을 측은하게 여겼는가? 시집간 나라가 망해서 어쩔 수 없이 시숙(媤叔)이 소유한 땅에서 장례를 지낼 수밖에 없었기 때문이다." 서언이 말했다.

말하자면, 남편과 함께 합장할 수 없었기 때문에 어쩔 수 없이(徙)이라고 한 것이다.

도徒는 겨우(空)라는 뜻이다. 살펴보건대 장공 4년 "제나라 임금이 기나라 백희를 장례지냈다"(齊侯葬紀伯姬)의 『공양전』에서 "외국의 부인은 장례를 기록하지 않는데, 여기에서는 무엇 때문에 기록했는가? 측은하게 여긴 것이다. 무엇을 측은하게 여겼는가? 어쩔 수 없이 제나라에서 장례를 지냈기 때문이다"라고 했는데, 여기에서 다시 드러낸 것은 저쪽은 제나라에서 장례지냈고, 이쪽은 시숙이 소유한 땅에서 장례를 지냈기 때문에 다시 말한 것이다.50)

살펴보건대, "외국의 부인은 장례를 기록하지 않는다"는 것은 『공양전』의 상례常例이니, 기나라 숙희의 장례를 기록한 것은 변례變例이다. 『공양전』의 해석에 의하면, "시집간 나라가 망해서 어쩔 수 없이 시숙이 소유한 땅에서 장례를 지낼 수밖에 없었기 때문에" 그녀를 위해 측은하게 여긴 것일 뿐이다. 그런데 "어쩔 수 없이 시숙이 소유한 땅에서 장례를 지낼 수밖에 없었다"는 말에 대해, 하휴는 해석을 하지 않았고, 서언은 "남편과 합장할 수 없었기 때문이다"라고 해석하고, 또 『공양전』 장공 4년의 "어쩔 수 없이 제나라에서 장례를 지냈다"는 기록을 인용하여 증명하였다. 또 살펴보건대, 장공 4년, "제나라 임금이 기나라 백희를 장례지냈다"(齊侯葬紀伯姬)의 『공양전』에서 말했다. "외국의 부인은 장례를 기록하지 않는데, 여기에서는 무엇 때문에 기록했는가? 측은하게 여긴 것이다. 무엇을 측은하게 여겼는가? 어쩔 수 없이 제나라에서 장례를 지냈기 때문이다." 이 내용은 장공 30년의 『공양전』과 완전히 일치한다. 이를 통해 알 수 있듯이, 이것을 가지고 저것을 예로 삼은 것은 정당하기 때문에 하휴는 장공 4년에 주를 단 이후에, 장공 30년에서는 다시 주를 달지 않은 것이다. 그런데 서언의 소는 장공 4년 하휴의 주와는 완전히 다르다. "도徒라는 것은 신자臣子가 없다는 말이다. 나라가 멸망하여 신자가 없으므로 어쩔 수 없이 제나라 임금에 의해 장례가 치러졌기 때문에 측은하게 여겨서 기록한 것이다. 따라서 노나라가 마땅히 마음 아프게 여겨서 장례에 참여해야 함을 밝힌 것이다."51) 하휴의 입장에서 보면, "어쩔 수 없이 시숙이 소유한 땅에서 장례를

---

50) 『公羊傳』, 莊公 30년, 徐彦 疏.

지낼 수밖에 없었던 것"이지, "남편과 합장할 수 없었기 때문"이 아니니, 사실상 "신자가 없다는 말이다." 확실히 이곳의 서언 소는 하휴 주와는 매우 큰 차이가 있다.

셋째, 하휴의 주에서 인용하여 증거로 삼은 사실史實과 문헌의 오류를 비평하였다.

『춘추』 양공 16년, "양공이 진나라 임금·송나라 임금·위나라 임금·정나라 임금·조나라 임금·거나라 임금·주루나라 임금·설나라 임금·기나라 임금·소주루나라 임금과 격량에서 회합하였다. 무인일, 대부들이 맹약을 맺었다."(公會晉侯·宋公·衛侯·鄭伯·曹伯·莒子·邾婁子·薛伯·杞伯·小邾婁子于湨梁. 戊寅, 大夫盟) 『공양전』에서 말했다. "제후들이 모두 여기에 있는데, 대부가 맹약했다고 말한 것은 무엇 때문인가? 신표가 대부에게 있었기 때문이다." 하휴의 주에서 말했다. "(대부가 맹약을 맺었다고 말한 것은 무엇 때문인가라고 질문한 것은) 규구葵丘의 맹약에서 제후들이 다 있었고 대부들도 있었는데, 대부들이 맹약했다고 말하지 않은 것에 근거한 질문이다." 서언은 다음과 같이 반박하였다.

> 『춘추』 희공 9년 경문에서 "여름, 희공이 천자의 총재 주공·제나라 임금·송나라의 새로 즉위한 임금·위나라 임금·정나라 임금·허나라 임금·조나라 임금과 규구에서 회합하였다"(夏, 公會宰周公·齊侯·宋子·衛侯·鄭伯·許男·曹伯于葵丘)라고 했고, "9월, 무진일, 제후들이 규구에서 맹약을 맺었다"(九月, 戊辰, 諸侯盟于葵丘)고 했다. 살펴보건대, 저 경전經傳에서 말한 내용 중에, 하휴가 말한 "대부들이 있어서 맹약했다"는 문장은 보이지 않는다. 오직 희공 15년에서 말했다. "3월, 희공이 제나라 임금·송나라 임금·진나라 임금·위나라 임금·정나라 임금·허나라 임금·조나라 임금과 회합하여 모구에서 맹약을 맺고, 마침내 광에 주둔하였다. 공손오가 군대를 이끌고 와서, 제후의 대부들과 함께 서나라를 구원하였다."(三月, 公會齊侯·宋公·陳侯·衛侯·鄭伯·許男·曹伯盟于牡丘, 遂次于匡. 公孫敖率師, 及諸侯之大夫救徐) 그렇다면 모구牡丘의 맹약에는 대부가 있었다는 것을 알 수 있다. 하휴의

---

51) 『公羊傳』, 莊公 4년, 徐彦 疏.

주에서 '규구葵丘의 맹약이라고 말한 것은 오류이니, 마땅히 '모구牡丘'라는 글자가 되어야 한다.[52]

서언은 희공 9년 규구葵丘의 맹약에서는 대부의 맹약이 있었다는 기록이 보이지 않는 것에 근거하여, 하휴의 주에서 "규구葵丘의 맹약에서 제후들이 다 있었다는 것에 근거하였다"는 말이 역사적 사실에 부합하지 않는다고 여겼다. 또한 희공 15년 모구牡丘의 맹약에 대부가 있었다는 것에 근거하여, 마침내 하휴의 주에서 말한 '규구의 맹약'은 마땅히 '모구의 맹약'이 되어야 한다고 말했다.

하휴의 역사적 사실에 대한 착오를 비평한 것 이외에, 서언은 또 하휴가 문헌을 인용하여 증거로 삼은 것에 오류가 있다는 점도 비평하였다. 『공양전』 양공 16년에, "임금들이 깃대 끝에 달린 술 같은 장식품이 되었다"(君若贅旒然)의 하휴 주에서 말했다. "『예기』「옥조玉藻」편에서 '천자는 깃대 끝에 달린 술이 12개이고, 제후는 9개, 경대부는 7개, 사는 5개이다'고 했다." 이에 대해 서언이 말했다. "살펴보건대, 지금 『예기』「옥조」에는 이 문장이 없다. 오직 『예설계명징禮說稽命徵』 및 『함문가含文嘉』에서 모두 '천자의 깃발은 9인刃이고, 12개의 류旒이며, 땅에 끌린다. 제후는 7인刃이고 9류旒이며, 수레의 뒤턱 나무에 닿는다. 경대부는 5인刃이고, 7류旒이며, 수레의 귀에 닿는다. 사士는 3인刃이고, 5류旒이며, 말의 머리에 닿는다'고 했으니, 「옥조」라고 말한 것은 오류이다."[53]

넷째, 하휴의 주에서 불충분한 내용을 보완하였다.

앞에서 서술한 하휴의 주에 대한 공개적인 비평 이외에, 서언은 하휴의 주에서 불충분한 내용을 보완하려고 노력하였다. 그런데 이러한 보완은 하휴의 주에 대한 눈에 보이지 않는 비평으로 간주될 수 있다.

선공 12년, "봄, 진나라 영공을 장례지냈다."(春, 葬陳靈公) 『공양전』에서 말했다. "영공靈公을 시해한 도적을 토벌한 것은 진陳나라의 신자臣子가 아닌데, 무엇 때문에

---

52) 『公羊傳』, 襄公 16년, 徐彦 疏.
53) 『公羊傳』, 襄公 16년, 徐彦 疏.

장례를 기록했는가? 군자가 부득이해서 한 말이다. 초나라가 이미 그 도적을 토벌했기 때문에 진나라의 신자는 그 도적을 토벌하고자 하더라도 토벌할 대상이 없기 때문이다." 하휴의 주에서 말했다. "다시 토벌할 대상이 없다는 것은 (선공 9년에 도적인) 설야泄冶를 죽이고도 장례를 기록하지 않은 서법을 따르지 않은 것은 설야가 죄가 있기 때문이다. 따라서 도적이 도벌되면 장례를 기록한다는 서법을 따르면, 군자가 부득이해서 한 말이라는 것과 설야의 죄 두 가지 모두 드러난다." 서언이 말했다.

살펴보건대, 하휴가 『좌씨고황』을 지어서 설야泄冶는 죄가 없다고 했는데, 이 주에서는 죄가 있다고 말했으니, 하휴가 두 가지로 해석한 것인가? 바로 『춘추』의 의리에서 죄가 없는 대부를 죽일 경우에 그 장례 기록을 제거하여 죄가 없음을 드러내는 것이 예例이다. 지금 경문에서 영공의 장례를 기록했으니, 설야가 분명히 죄가 있다는 것을 알 수 있다. 그런데 『좌씨고황』에서 죄가 없다고 여긴 것은 임금에게 간언하는 사람에게 죄주는 문장은 없는데, 『좌씨전』에서 그를 죄주었기 때문에 죄가 없다고 하휴가 말한 것이다. 그런데 하휴가 여기에서는 죄가 있다고 여긴 것은 설야에게 다른 죄가 더 있기 때문이 아니겠는가?[54]

살펴보건대, 설야는 간언을 올렸다는 이유로 영공에게 살해되었다. 서언의 말에 근거하면, 하휴의 『좌씨고황』에서는 설야가 무죄라고 여겼다. 그것은 "임금에게 간언하는 사람에게 죄주는 문장이 없기" 때문이다. 이에 서언은 이것을 근거로 삼아서 『좌씨전』의 주장을 반박하였다. 그런데 하휴는 선공 12년의 주에서 도적이 토벌되면 장례를 기록하는 예에 근거하여, 영공이 설야를 살해했는데도 장례를 기록했으므로 설야에게 죄가 있다고 여겼다. 이처럼 하휴의 주장에는 실제로 서로 모순되는 곳이 있다. 서언은 도적이 토벌되면 장례를 기록한다는 예例를 고집하지 않고, 그것을 다음과 같이 보완하였다. "하휴가 여기에서는 죄가 있다고 여긴 것은 설야에게 다른 죄가 더 있기 때문이 아니겠는가?"

---

54) 『公羊傳』, 宣公 12년, 徐彦 疏.

또 양공 26년, "가을, 송나라 임금이 그 세자 좌를 죽였다."(秋, 宋公殺其世子痤) 하휴의 주에서 말했다. "좌痤는 죄가 있었기 때문에 송나라 평공平公의 장례를 기록하였다." 그런데 서언은 "『춘추』의 예例에 임금이 죄가 없는 대부를 죽이거나 세자를 억울하게 죽인 경우에 모두 장례를 기록하지 않는다"는 것을 근거로 삼아서, 소공 11년 경문에 "송나라 평공을 장례지냈다"(葬宋平公)는 말을 가지고 좌가 실제로 죄가 있었다는 것을 증명할 수 있다고 여겼다. 그런데 좌가 비록 죄가 있어서 주살을 당했더라도, '세자世子' 두 글자를 제거하여 비판하지는 않았다. 이에 대해 서언은 좌는 단지 경미한 죄를 저질렀기 때문에 "세자라는 글자를 제거하기에는 부족하고, 다만 죄의 조목에 합치할 뿐이기 때문에 그의 장례 기록을 보존해 둘 수 있다"고 하였다. 여기에서도 서언의 소는 분명히 하휴의 주장을 보완하려고 시도하였다.

그러나 만약 경미한 죄로 피살되었다면, 억울하게 죽은 것이나 거의 다름이 없다. 서언은 위서緯書인 『춘추설春秋說』을 상당히 중시하여, 『춘추』에는 '칠결七缺'의 이론이 있다고 말했다. 그 중에서 첫 번째 '결여(缺)는 '아버지의 도가 결여된 것'이다. 즉 "양공 26년, 송나라 임금이 그 세자 좌를 죽었다.(宋公殺其世子痤) 이것은 자기 자식을 잔악하게 잘못 죽인 것이니, 아버지의 도가 결여된 것이다."[55] 이에 근거하면, 『춘추설』도 또한 "송나라 임금이 자기 자식을 잔악하게 잘못 죽인 것"이라고 여겼으니, 송나라 평공에게 죄를 준 것이지 세자 좌에게 죄를 준 것이 아니다.[56] 그런데 주의해야 할 점은 서언이 『춘추설』의 '칠결七缺'·'오시五始'·'칠등七等'·'육보六輔'·'이류二類' 등의 이론을 지극히 중시하여, 그것을 하휴의 '삼과구지三科九旨'와 나란히 두었는데, 이 이론들은 사실상 서언이 『공양전』과 하휴의 주를 해석한 기본 원칙이다.

그러나 서언이 비록 하휴의 주를 비평하고 수정한 것이 많지만, 서언의 소가 상대적으로 하휴 주를 해석했다는 측면에서 말하면, 여전히 하휴의 예例를 개별적으로 살펴본 것이다. 그런데 종합적으로 말하면, 서언의 소는 여전히 '소疏는 주注를

---

55) 『公羊傳』, 隱公 원년, 徐彦 疏.
56) 청대 何若瑤도 또한 "疏와 注가 어긋나는 것 같다"고 여겼다.(『春秋公羊注疏質疑』, 卷下)

논파하지 않는다'는 원칙을 잘 준수하여, 하휴의 학문을 상세하게 진술하는 것을
위주로 하였다.

제4절 한漢·진晉·남북조南北朝 공양학의 남겨진 이론의 보존

공양학사 전체에서 말하면, 오직 동중서와 하휴의 학문만이 후세에 전해졌으며,
한진漢晉시대 이후의 기타 『공양전』 경사經師의 이론은 기본적으로 사라져서 존재하지
않는다. 그러나 그나마 다행스러운 점은 서언의 『공양전』 소 안에 한진시대 이후
공양학의 남겨진 이론이 어느 정도 담겨 있는데, 이것은 사실상 매우 진귀한 것이다.
그것을 구체적으로 말하면, 이하 몇 가지 방면으로 드러난다.

1. 양한兩漢 공양학의 남겨진 이론의 보존

한대는 공양학의 최전성기였다. 『공양전』이 장기간 학관에 세워져서 경사經師가
배출되었고, 공양학을 전수하거나 공부한 자들도 많았다. 그러나 동중서와 하휴를
제외하면, 한대 경사의 학문은 대부분 전해지지 않는다. 지금 서언의 소를 고찰해
보면, 그나마 엄팽조嚴彭祖·안안락顔安樂·송균宋均 및 대굉戴宏 등이 남긴 약간의
이론이 있을 뿐이다.

첫째, 엄팽조와 안안락 공양학의 남겨진 이론.

동중서의 학문은 영공嬴公·휴맹眭孟을 거쳐서 다시 전수되어 엄팽조·안안락에
이르렀다. 이로부터 전한의 공양학은 마침내 엄팽조·안안락이라는 두 학자가 있게
되었고, 두 사람 모두 박사로 세워졌다. 엄팽조의 학문은 기본적으로 후대로 전수되지
않았고, 오직 서언의 『공양전』 소에 그 자료가 남아 있다.

『공양전』의 경經·전傳은 본래 주나라의 왕을 하늘에 죄를 지은 쇠미해진 왕(天王)으

로 여기는 의리는 없다. 그런데 『공양설公羊說』 및 장팽조莊彭祖·안안락顔安樂의
무리들이 주나라의 왕을 천수天囚로 여겼기 때문에 하휴가 "없는 것을 있는 것으로
삼았다"고 말한 것이다.[57]

장팽조莊彭祖·안안락顔安樂의 무리는 곧 엄팽조嚴彭祖·안안락顔安樂의 무리이니,
후한 명제明帝 유장劉莊의 이름을 피해서 말한 것이다. 이로써 '천수天囚' 이론은
엄팽조·안안락 두 학자의 공통적인 견해임을 알 수 있다.

엄팽조의 이론과 비교하면, 서언의 소에 남아 있는 안안락의 이론은 비교적
많은 편이다. 서언의 소에서 "안안락의 무리가 『공양전』을 해석했는데, 다른 경전을
취하여 뜻으로 삼았다"고 했다. 이것은 안안락의 학문이 완전히 『공양전』의 전문적인
학문은 아니라는 것을 알 수 있다. 안안락의 학문 중에서 매우 중요한 점은 서언의
소에서 『공양전』 '삼세三世'의 특이한 이론에 대해 기재하고 있다. 서언은 『춘추공양전
해고』「서문」에서 "안안락은 『춘추』 양공 21년, 공자가 태어난 이후부터를 공자가
직접 본 세대라고 생각했다"고 하고, 또 다음과 같이 말했다.

> 안안락은 다음과 같이 생각했다. 『춘추』 양공 23년, "여름, 주루邾婁나라의 비아가
> 노나라로 도망쳐 왔다"(夏, 邾婁鼻我來奔)의 『공양전』에서 말했다. "주루邾婁나라는
> 대부가 없는데, 여기에서 무엇 때문에 기록했는가? 가까운 시대의 일이기 때문에
> 기록하였다." 또 소공 27년, "주루나라의 쾌가 노나라로 도망쳐 왔다"(邾婁快來奔)의
> 『공양전』에서 말했다. "주루나라는 대부가 없는데, 여기에서 무엇 때문에 기록했는
> 가? 가까운 시대의 일이기 때문에 기록하였다." 두 문장은 다름이 없기 때문에
> 두 사건 모두 마땅히 한 세대이다. 만약 두 세대로 나눈다면 이치상 불편할 것
> 같다. 또 공자는 양공 21년에 태어났으므로 태어난 이후로는 이치상 직접 들은
> 세대(所聞之世)라고 말할 수는 없다. 안안락의 뜻은 여기에서 다했다.[58]

---

57) 『春秋公羊傳解詁』, 「序」, 徐彦 疏.
58) 『春秋公羊傳解詁』, 「序」, 徐彦 疏.

이로써 알 수 있듯이, 안안락은 공자의 출생 연도에 근거하여 양공襄公의 시대를 공자가 직접 본 세대(所見之世)와 직접 들은 세대(所聞之世)로 나누었다. 그가 근본으로 삼은 것은 양공 23년의 "주루나라의 비아가 노나라로 도망쳐 왔다"와 소공 27년의 "주루나라의 쾌가 노나라로 도망쳐 왔다"는 두 개의 경문에 대해, 『공양전』에서 모두 "가까운 시대의 일이기 때문에 기록하였다"고 말한 것이다. 따라서 안안락은 양공 21년에 공자가 출생한 이후부터는 공자가 직접 볼 수 있었던 세대로 여겼다. 이와 같이 안안락은 한 명의 임금인데, 두 개의 세대로 나누었다.

둘째, 송균宋均의 '삼과구지三科九旨' 이론.

'삼과구지'에 관해서는 서언의 소에서 비록 하휴의 이론을 정통으로 삼았지만, 이와는 다른 송균의 이론을 기재하고 있다.

> 삼과三科는 첫째 장삼세張三世, 둘째 존삼통存三統, 셋째 이내외異外內, 이것이 삼과이다. 구지九旨는 첫째 시時, 둘째 월月, 셋째 일日, 넷째 왕王, 다섯째 천왕天王, 여섯째 천자天子, 일곱째 기譏, 여덟째 폄貶, 아홉째 절絶이다. 시時와 일월日月은 상세하게 기록하거나 간략하게 기록하는 요지이다. 왕王과 천왕天王·천자天子는 원근遠近과 친소親疏를 기록하는 요지이다. 기譏와 폄貶·절絶은 일의 경중輕重을 재는 요지이다.[59]

하휴의 이론과 비교하면, 송균의 이론이 확실히 그 내용이 더욱 넓은데, 『공양전』의 기타 조례條例도 또한 그 안에 집어넣었다.

셋째, 대굉戴宏 공양학의 남겨진 이론.

대굉은 후한의 공양학자로서 『해의론解疑論』을 저술했는데, 이 책은 전하지 않는다. 서언의 소에서 그의 『해의론解疑論』 「서序」를 인용하여 다음과 같이 말했다.

> 자하子夏가 공양고公羊高에게 전해 주었고, 공양고가 자기 아들 공양평公羊平에게

---

59) 『春秋公羊傳解詁』, 「序」, 徐彦 疏.

전해 주었으며, 공양평이 자기 아들 공양지公羊地에게 전해 주었고, 공양지가 자기 아들 공양감公羊敢에게 전해 주었으며, 공양감이 자기 아들 공양수公羊壽에게 전해 주었다. 한나라 경제景帝 때에 이르러, 공양수가 제齊나라 사람 호무자도胡毋子都와 함께 책에 기록했는데, 동중서와 함께 모두 도참圖讖에 보인다.[60]

이것은 선진시대 『공양전』의 가장 완비된 전수 계보의 기록이며, 후세의 학자들은 대부분 이 이론을 채택하였다.

서언은 또한 "대굉이 『해의론解疑論』을 지어서 『좌씨전』을 비판했는데, 『좌씨전』의 이치를 이해하지 못하여 올바른 뜻으로 결정하지 못했다"고 비평하였다. 또 "다른 경전을 인용하여 그 구두를 잘못하였고", "『공양전』의 문장을 가지고 『좌씨전』을 논했다"고 비판하였다. 이로써 대굉의 공양학 이론도 또한 다른 이론을 인용하는 것을 좋아했고, 거의 안안락의 계통에 속했으며, 하휴가 크게 만족하지 못했다는 것을 알 수 있다.

2. 육조六朝 공양학 옛 해석의 채용

위진남북조 시대에는 의소학義疏學이 매우 성행하여 한진漢晉시대 학자들의 고주古注를 모두 해석함으로써 당나라 때 『오경정의』가 근거로 삼았다. 하휴의 『춘추공양전해고』에 대한 옛 해석(舊疏)이 있었는지의 여부는 알 수 없다. 조백웅趙伯雄은 "인정할 수 있는 점은 서언 이전에 『공양전』에 대한 해석(疏)이 있었다는 점이다"라고 했다.[61] 그러나 『수서』 「경적지」에 의하면, "수나라 때에 이르러 두예가 성행하자, 복건의 해석 및 『공양전』·『곡량전』은 점점 쇠미해졌고, 지금은 사설師說이 거의 없다." 따라서 반중규潘重規는 "따라서 육덕명의 『경전석문』이 다른 경전에서는 옛날의 이론을 인용한 것이 매우 많지만, 『공양전』·『곡량전』에 대해서는 옛 이론을 인용한

---

60) 『春秋公羊傳解詁』, 「序」, 徐彦 疏.
61) 趙伯雄, 『春秋學史』, 343쪽.

것이 극히 드물다"고 했다.[62] 반중규는 『경전석문』에서 『공양전』의 옛 해석 한 조목만을 찾았을 뿐인데, 서언의 『공양전』 소에서는 "인용한 옛 이론이 많게는 40여 조목에 이르렀다."[63] 조백웅은 서언의 소에서 말한, '옛날에 말하기를'(舊云) · '옛 해석'(舊解) · '옛 이론'(舊說) 등에서 적어도 일부분은 『공양전』의 옛 해석(舊疏)이라고 생각했다.

『공양전』의 첫 편의 제목인 '춘추공양경전해고 은공제일春秋公羊經傳解詁 隱公第一' 아래의 서언 소에서 다음과 같이 말했다.

> 살펴보건대, 옛날에 '춘추은공경전해고제일공양하씨春秋隱公經傳解詁第一公羊何氏' 라고 제목이 달려 있었다. 이것은 다음을 말한다. 『춘추』는 책 한 권 전체의 명칭이다. 은공隱公은 노나라 임금의 시호이다. 경전經傳은 잡다하고 번잡하다는 말이다. 해고解詁는 하휴가 스스로 붙인 제목이다. 제일第一은 이보다 앞선 것이 없다는 말이다. 공양公羊이라는 것은 전傳의 별명別名이다. 하씨何氏는 소공邵公의 성姓이다.[64]

분명하게 알 수 있듯이, 여기에 보이는 '해고解詁' · '하씨何氏'에 대한 해석은 당연히 하휴의 주에 대한 옛날의 해석에서 인용한 것이다.

또 예를 들어 『공양전』 은공 원년의 "원년元年이라는 것은 무엇인가?"의 하휴 주에서 "의심할 근거가 있는 모든 것에 대해, 모르는 것을 물었기 때문에 '~라는 것은 무엇인가'(者何)라고 했다." 이에 대해 서언은 '옛 해석'(舊解)을 인용하여 다음과 같이 말했다.

> 살펴보건대, 『춘추』 경문 전체에서 단지 '어째서 ~라고 하는가'(曷爲)와 '~무엇인 가'(何)라고 말한 것은 모두 질문한 근거가 있는 것이다. 따라서 하휴가 말한 '의심할

62) 潘重規, 「春秋公羊疏作者考」(晁嶽佩 編, 『春秋學研究』 下冊, 820쪽에 실려 있음).
63) 潘重規, 「春秋公羊疏作者考」(晁嶽佩 編, 『春秋學研究』 下冊, 818쪽에 실려 있음).
64) 『公羊傳』, 隱公 원년, 徐彦 疏.

근거가 있는 모든 것'은 모두 근거가 없이 나온 말이기 때문에 "모르는 것을 물었기 때문에 '~라는 것은 무엇인가'(者何)라고 했다"고 말한 것이다.[65]

확실히 여기에서 인용한 '옛 해석'(舊解)은 또한 "의심할 근거가 있는 모든 것에 대해, 모르는 것을 물었기 때문에 '~라는 것은 무엇인가'(者何)라고 했다"는 하휴 주를 해석하기 위해 지어진 옛 해석이다.

서언의 소에서 인용한 40여 조목의 옛날 해석을 살펴보면, 대체로 두 가지 종류로 나누어진다.

첫째, 옛 해석을 인용하여 하휴의 주를 해석한 것.

『춘추』소공 21년, "송나라 화해·상녕·화정이 진나라에서 송나라의 남리로 들어가 반란을 일으켰다."(宋華亥·向寗·華定自陳入于宋南里以畔)『공양전』에서 말했다. "송나라의 남리南里는 무엇인가? 죄수들을 가두어 놓는 지역(囚諸)을 말한다." 하휴의 주에서 말했다. "죄수들을 가두어 놓는 지역(囚諸)이란 죄인이 있던 제나라의 옛날 지역이다." 그런데 '인제囚諸'가 무엇 때문에 '죄인이 있던 제나라의 옛날 지역인지에 대해 하휴는 해석하지 않았다. 이에 대해 서언은 '옛 이론'(舊說)으로 해석했다.

옛 이론(舊說)에서 말했다. 『박물지博物志』에서 "(옛날의 감옥을) 주나라는 영어囹圄라고 했고, 제나라는 인제囚諸라고 했다"고 말한 것이 그것이다.[66]

또 예를 들어, 희공 31년, "여름, 4월, 교제사의 날짜를 정하는 점을 네 번 쳤지만 불길하여 지내지 않고, 희생을 놓아주었다. 삼망 제사는 그대로 지냈다."(夏, 四月, 四卜郊, 不從, 乃免牲. 猶三望)『공양전』에서 말했다. "천자는 근교에서 사방의 여러 신에게 제사를 지내는 일(方望)이 있다." 하휴의 주에서 말했다. "방망方望은 근교에서 제사를 지낼 때 사방의 여러 신, 일월성신日月星辰, 풍백우사風伯雨師, 오악사독五嶽四瀆

---

65) 『公羊傳』, 隱公 원년, 徐彦 疏.
66) 『公羊傳』, 昭公 21년, 徐彦 疏.

및 나머지 산천 등 모두 36개 장소에서 제사를 지내는 것을 말한다." 서언은 '옛 이론'(舊說)을 인용하여 다음과 같이 말했다.

옛 이론(舊說)에서 말했다. 사방의 여러 신이 4곳이 되고, 해와 달을 합쳐서 6곳이 되며, 별은 오성五星으로 11곳이 되고, 신辰은 12신辰으로 23곳이 되며, 풍백風伯과 우사雨師는 25곳이 되고, 오악五嶽은 30곳이 되고, 사독四瀆은 34곳이 되고, 나머지 산천은 2곳이니, 이것이 36곳이다.[67]

살펴보건대, 하휴는 '36곳'이라고 말했지만, 그 구체적인 내용을 자세히 말하지 않았다. 서언의 소에서는 '옛 이론'을 인용하여 그것을 상세하게 말했다.

또 성공 14년, "숙손교여가 제나라에 가서 여인을 맞이했다."(叔孫僑如如齊逆女) 하휴의 주에서 말했다. "장가드는 것의 빠르고 느림을 모두 비난하지 않는 것은 기紀나라 이수履緰에 대해 한 번 비난한 것을 따른 것일 뿐이다." 서언은 하휴의 주를 해석한 이후에 또 '옛 해석'(舊解)을 인용하여 다음과 같이 말했다.

옛 해석(舊解)에서 말했다. 은공 2년 '이수履緰 아래의 하휴 주에서 말했다. "노나라에 서 여인을 맞이할 경우에는 항상 기록하고, 외국의 나라에서 여인을 맞이할 경우에 는 다만 그러한 행위를 처음으로 한 것을 미워할 뿐 항상 기록하지 않는 것은 마땅히 먼저 스스로가 공평무사해야 하며, 스스로 자책하기를 후하게 하고 남을 책하기를 적게 해야 하기 때문이다. 따라서 외국의 일을 생략해서 기록하지 않는다." 그렇다면 외국에서 장가드는 것의 빠르고 늦음은 따지지 않고, 임금이 직접 맞이하 러 가지 않은 것을 모두 다시 기록하지 않았지만, 그들을 비난하는 것은 모두 이수履緰의 경문에서 한 번 비난한 것을 따른 것일 뿐이다.[68]

여기의 '옛 해석'에서는 하휴의 주를 인용하여 주장으로 삼았으니, 아마도 또한

---

67) 『公羊傳』, 僖公 31년, 徐彦 疏.
68) 『公羊傳』, 成公 14년, 徐彦 疏.

하휴 주를 해석한 소疏일 것이다.

둘째, 옛 해석에 대한 비평.

서언은 옛 해석을 인용했지만, 옛 해석을 반박하거나 바로잡은 것이 더욱 많다. 『공양전』장공 7년에서 말했다. "손질하지 않은 『춘추』에서 '별이 비처럼 내리다가 땅의 한 자쯤 떨어진 곳에 미치지 못해서 다시 위로 올라갔다'고 했다." 하휴의 주에서 말했다. "손질하지 않은 『춘추』는 역사 기록을 말한다. 옛날에 역사 기록을 『춘추』라고 했다." 서언이 말했다.

여기 『공양전』 및 하휴의 주에서 말한 것에 근거하면, 공자가 『춘추』를 손질하기 전에 이미 그것을 『춘추』라고 했다. 옛 해석에서 "공자가 그것을 손질하여, 봄에 짓기 시작하여 가을에 완성되었기 때문에 그것을 『춘추』라고 했다"라고 말한 것은 너무 잘못되었다.[69]

서언은 『공양전』의 '손질하지 않은 『춘추』'라는 말에 근거하여, 옛 해석에서 '봄에 짓기 시작하여 가을에 완성된 갓을 가지고 '춘추'라는 이름이 지었다고 해석한 것을 반박하였다.

또 양공 3년, "6월, 양공이 선나라 임금 · 진나라 임금 · 송나라 임금 · 위나라 임금 · 정나라 임금 · 거나라 임금 · 주루나라 임금 · 제나라 세자 광과 회합하였다. 기미일, 계택에서 동맹을 맺었다."(公會單子 · 晉侯 · 宋公 · 衛侯 · 鄭伯 · 莒子 · 邾婁子 · 齊世子光, 己未, 同盟于雞澤) 하휴의 주에서 말했다. "맹약에 날짜를 기록한 것은 신뢰가 세자 광에게 있었기 때문이다." 서언이 말했다.

말하자면, 신뢰가 세자 광에게 있다는 것은 마치 맹약 날짜의 확정 여부를 세자 광이 그렇게 정한 것처럼 한 것이다. 따라서 날짜를 기록하여 그 사실에 가깝게 만든 것이다. 예를 들어 문공 14년의 하휴 주에서 "맹약에 날짜를 기록한 것은

---

69) 『公羊傳』, 莊公 7년, 徐彦 疏.

제후가 미약한 것을 비난하고, 신뢰가 조순趙盾에게 있었기 때문이다'라고 말한 것과 같은 부류이다. 하휴는 무엇 때문에 '신뢰가 ~에게 있다(信在)는 말을 자주 했는가? 바로 아래 문공 16년의 『공양전』에서 "제후들이 모두 여기에 있었는데, 대부가 맹약했다고 말한 것은 무엇 때문인가? 신뢰가 대부에게 있었기 때문이다'라 고 말했기 때문이다. 옛 해석에서는 제齊나라 광光을 제후의 예법으로 예우했고, 진晉나라 임금은 대국을 초치하는 것을 귀하게 여겨서, 사람들이 그것을 두려워하였 다. 따라서 날짜를 기록하여 대우하였다고 했는데, 잘못된 것이다.[70]

이것은 또한 하휴 및 『공양전』의 예例에 근거하여 옛 해석을 반박한 것이다.

이상을 종합하면, 서언의 『공양전』 소는 한진 이래 공양학의 남겨진 이론을 보존하고, 후세에 공양학을 연구하는 데 있어서 매우 귀중한 자료이다.

『춘추』에는 의義도 있고 예例도 있다. 하휴는 『춘추공양전해고』를 짓고서, "대체 로 호무생胡母生의 『조례條例』에 의거했다"고 스스로 말했다. 또 『문시례文諡例』도 지었는데, 이로부터 『공양전』을 연구하는 학자들은 예例를 중시하지 않는 사람이 없었다. 예를 중시하는 이러한 전통은 서언의 『공양전』 소에서 더욱더 확대 발전하였 으며, 유봉록劉逢祿의 『춘추공양경하씨석례春秋公羊經何氏釋例』에 의해 최고조에 도달 하였다. '하휴-유봉록'의 계보가 거의 공양학의 정통 계열로 간주될 수 있을 것이다.

그런데 학계에서는 역대로 대부분 서언의 『공양전』 소를 그다지 중시하지 않았고, 평가도 또한 높지 않았다. 먼저 『숭문총목崇文總目』에서는 서언이 "증거를 인용한 것이 얕고 국한되었다"고 했고, 청대 능서凌曙의 『공양예소公羊禮疏』에서는 서언의 소가 "예例에는 상세하지만 예禮에는 소략하여, 공영달과 가규처럼 두루 갖추지 못했다"고 하였다. 근대 이후로 양계초梁啓超는 이 책이 "하휴의 의리를 드러내 밝힌 것이 하나도 없다"고 하였고,[71] 마종곽馬宗霍은 『오경정의五經正義』의 심원함만 못하다고 여겼다.[72] 바로 이와 같은 이유로, 현대 학자들 중에서 서언에

---

70) 『公羊傳』, 襄公 3년, 徐彥 疏.
71) 梁啓超, 『淸代學術槪論』 22(朱維錚 編, 『梁啓超論淸學史二種』, 61쪽에 실려 있음).
72) 馬宗霍, 『經學通論』, 283쪽.

주목하는 사람은 극히 적고, 관련된 연구도 비교적 적다. 그 연구도 또한 서언이라는 인물 및 그의 활동 연대를 고증한 것이 대부분이고, 그의 학술 자체에 대해 깊이 파고들어서 토론하는 경우는 매우 드물다.

한대 이후로 공양학은 점점 쇠미해져서 마치 끊어질 것 같은 실과 같았고, 당나라 중엽에 이르러 이미 "『공양전』과 『곡량전』은 거의 끊어졌다"고 말하는 사람이 있었다. 그런데 공양학은 결국 후대로 전승되었고, 또 크게 빛날 수 있었던 것은 실로 서언이 하휴의 이론을 서술한 공로에 기인한 것이다. 하휴의 『춘추공양전해고』는 그 문자가 오래되고 심오하며 글이 너무 어려워서 독해하기가 쉽지 않지만, 서언의 소가 있은 덕분에 소통될 수 있었다.[73] 더욱 중요한 점은 하휴가 예例를 가지고 『공양전』을 설명했는데, 그 예는 사실상 서언 소의 해설과 증거 제시, 그리고 부연 설명에 힘입어 마침내 크게 밝혀질 수 있었다. 또한 서언은 하휴의 주를 더욱 확대 해석하여 그 뜻을 드러내 밝혔고, 하휴가 소홀히 했던 수많은 신례新例를 파생시킴으로써 『공양전』의 조례條例를 더욱 방대하고 세밀하게 만들었다. 이것이 바로 서언의 가장 큰 공헌이라는 것은 의심할 여지가 없다. 그렇기 때문에 왕명성王鳴盛은 "『공양전』에 서언의 소가 없으면, 자취도 없이 모두 사라져 버릴 것이다"(『蛾術編·公羊傳疏』)라고 했으니, 아마도 과장된 말은 아닐 것이다.

---

73) 진실로 盧文弨가 말한 것과 같다. "하휴의 문필이 좋지 않기 때문에 그 말 중에 꽉 막혀서 잘 통하지 않은 부분이 많은데, 서언의 소에서만 유독 그것을 통하게 하였다."(『抱經堂文集·書公羊注疏後』)

제7장 담조啖助·조광趙匡·육순陸淳의 새로운 춘추학

당대唐代 이래로『좌전정의』가 반포되어 유행함에 따라,『좌씨전』은『공양전』·『곡량전』보다 앞서는 지위를 확립하였다. 그래서『신당서』에서는 다음과 같이 말했다.

『예기』·『춘추좌씨전』은 큰 경전(大經)이고,『시』·『주례』·『의례』는 중간 경전(中經)이며,『역』·『상서』·『춘추공양전』·『곡량전』은 작은 경전(小經)이다. 두 개의 경전을 능통하는 경우는 큰 경전·작은 경전 각각 1개, 중간 경전일 경우에는 2개이다. 세 개의 경전을 능통하는 경우는 큰 경전·중간 경전·작은 경전 각각 1개이다. 오경을 능통하는 경우는 큰 경전은 모두 능통하고, 나머지 중간 경전과 작은 경전은 각각 1개이다.『효경』·『논어』는 모두 함께 능통해야 한다.[1]

대경大經 중에서『예기』의 편폭은『좌씨전』에 비해 작지만, 명경과明經科에서는 또한 첩경貼經·묵의墨義를 시험의 형식으로 삼았으므로 그 결과 "지금 명경과에서 익히는 책은 그 책이 어디에 속하는지에 힘쓰니, 모두가『예기』의 문장이 적다는 이유로 사람마다 앞 다투어 읽었다." 그래서『좌씨전』을 익히는 사람이 앞 세대에 비해 적어지는 결과를 초래했다. 개원開元 16년(728), 국자좨주國子祭酒 양창楊瑒이 상소를 올려서, "지금의 명경明經은『좌씨전』을 익히는 자가 10명 중에 2, 3명이 안 됩니다. 만약 이러한 상황이 오래 지속된다면, 신은 좌씨학이 머지않아 곧 폐지될까 두렵습니다."[2]

그런데 단지『좌씨전』만 이와 같은 것이 아니었다.『공양전』·『곡량전』도 비록 과거시험의 목록에는 있었지만, 그것을 연구하고 익히는 자들은 적었다. 장경長慶

---

1) 『新唐書』,「選擧志」.
2) 『舊唐書』,「良吏傳下」.

2년(822), 은유상殷侑上의「청시삼전주請試三傳奏」에서 말했다. "삼가 살피건대, 『좌씨전』 서적의 문자는 『예기』에 비해 한 배가 많고, 『공양전』·『곡량전』은 『상서』·『주역』에 비해 5배가 많습니다.…… 사람의 일상적인 감정은 분량이 적고 내용이 쉬운 쪽으로 나아가므로 삼전은 다시는 배우는 자가 없습니다. 주공의 은미한 요지와 공자의 새로운 뜻, 사관의 옛 전장제도가 장차 땅에 떨어질까 두렵습니다."3) 『공양전』·『곡량전』 쇠락의 원인도 또한 『좌씨전』과 마찬가지로 문자가 많아서 기억하고 외우기 어렵기 때문이라는 것을 알 수 있다. 이로 인해서, 과거제도에서 대·중·소 경전에 관한 규정이 삼전 연구의 쇠락을 초래한 중요한 원인이 되었다.

당나라 중엽 이전에, 『춘추』 연구는 대부분 『공양전』·『곡량전』·『좌씨전』 삼전을 전문적으로 연구하는 것, 즉 전傳에 근거하여 경經을 해석하는 것에 지나지 않았다. 그러나 "삼전이 문호를 나누어 대치하면서 서로 다툰 것이 이미 오래되었다. 담조啖助·조광趙匡·육순陸淳은 삼전을 하나로 귀결시키고자 했고, 마침내 그 울타리를 전부 걷어냈다. 이것은 또한 추세가 반드시 그렇게 될 수밖에 없는 것이다."4) 따라서 대종代宗 대력大曆 연간(766~779)에 이르러서, 담조·조광·육순이 개창한 새로운 춘추학이 '삼전을 함께 채용함'(兼採三傳)을 가지고 그 학문을 명명하였고, 당나라 중기와 말기의 『춘추』 연구에 직접적인 영향을 끼쳤다. 심지어 후세 의고疑古의 풍조를 열어서, 송대 리학理學의 흥기에 중요한 추동 작용을 하였다.

제1절 범녕范甯의 『춘추곡량전집해春秋穀梁傳集解』와 삼전三傳을 함께 채용하는 풍조

한나라 무제가 오경박사를 세운 이후로, 하나의 경전에 능통한 것으로써 박사로

---

3) 『唐會要』, 권76.
4) 陳澧, 『東塾讀書記』, 권10.

삼았는데, 이것이 지금 학문에서 전문 분야를 귀하게 여기는 이유이다. 또한 박사는 단지 한 사람의 가법家法에 능통한 것에 지나지 않지만, 그 이후에 스승과 제자가 서로 주고받으면서 대대로 학관에 세워질 수 있었는데, 이것이 지금 학문에서 가법을 숭상하는 이유이다. 고학古學의 경우는 그렇지 않다. 박사가 되려는 희망을 품지 않았기 때문에 여러 경전의 많은 스승의 이론을 함께 채용할 수 있었다. 학술은 조정과 민간이 다른 점이 있었기 때문에 금문학과 고문학은 그로 말미암아서 마침내 나누어졌다.

한나라 초기에 노魯의 신공申公은 『시』를 연구했을 뿐만 아니라, 한대 사람들이 전한 『곡량전』의 최초의 창시자였다. 한영韓嬰은 『시』와 『역』을 함께 능통했고, 맹경孟卿은 『예』와 『공양전』을 함께 공부했다. 무제 때, 위태자衛太子가 『공양전』을 배웠지만, 개인적으로 『곡량전』을 묻고 배우고서 좋다고 여겼다. 그 후에 윤경시尹更始 · 윤함尹咸 · 적방진翟方進 · 호상胡常 등이 비록 『좌씨전』에 능통했지만, 본래는 『곡량전』을 연구하였다. 유향劉向은 처음에는 『공양전』을 연구했고, 또 조칙을 받아서 『곡량전』을 연구했다. 그리고 『논형論衡』에서는 유향이 『좌씨전』을 좋아하여, 심지어 동복僮僕들도 모두 『좌씨전』을 소리 내어 읊조릴 수 있었다고 하니, 유향은 사실상 삼전을 함께 능통하였다. 또한 하후시창夏侯始昌이 오경에 능통했고, 『제시齊詩』 · 『상서尚書』를 가르쳤다. 이로써 전한시대에 이미 여러 경전을 함께 익힌 학자들이 있었음을 알 수 있다.

후한시대에 이르러, 고학古學의 여러 스승들 중에 겸통兼通을 숭상하지 않는 사람이 없었다. 예를 들어 가규賈逵는 『춘추삼가경본훈고春秋三家經本訓詁』를 지었고, 마융馬融은 『춘추삼전이동설春秋三傳異同說』이라는 저술이 있는데, 이것은 아마도 삼전을 함께 채용한 가장 이른 시기의 책일 것이다. 그 나머지 경전도 또한 그러했다. 예를 들어 환담桓譚은 "학문이 넓고 두루 능통하여 오경을 두루 익혔으며, 모두 대의大義를 훈고하고 장구章句를 하지 않았다. 문장을 잘 지었고, 특히 고학古學을 좋아하였다."[5] 가규는 "비록 고학古學을 공부했지만, 오가五家의 『곡량전』 이론을 겸통하였고", 또한 "대 · 소하후大 · 小夏侯의 『상서』를 가르쳤다."[6] 허신許愼은 『오경이의五經異義』를 지었고, 당시 사람들은 그를 '오경에 관하여 대적할 사람이 없는 허숙중'(五經無雙許叔重)이라고 불렀다. 정현鄭玄은 더 나아가 금·고문을 섞어서 함께 연구하고 제자백가를 망라했으며, 여러 경전에 두루 주석을 달아서 마침내 집대성의 학문이 되었다.

그 당시에 금문학은 이미 다른 이론을 함께 채택하는 사람이 많았다. 예를 들어 장해張楷는 『엄씨춘추嚴氏春秋』에 능통했고, 『고문상서』에도 능통했다.7) 윤민尹敏은 "처음에는 『구양상서歐陽尙書』를 익혔고, 나중에 고문을 공부하여 『모시』·『곡량전』·『좌씨춘추』를 모두 잘했다."8) 장순張馴은 "『춘추좌씨전』을 잘 외웠고, 『대하후상서大夏侯尙書』를 가르쳤다."9) 유우劉佑는 "『엄씨춘추』·『소대례』·『고문상서』를 공부했다."10) 『공양전』의 묵수를 자기의 임무로 삼았던 하휴도 또한 『곡량전』·『좌씨전』을 함께 익혀서, 마침내 『잠고황箴膏肓』·『기폐질起廢疾』 등의 책을 완성하였다.

이로써 알 수 있듯이, 한나라 말기에는 금문학·고문학을 막론하고, 모두 삼전을 함께 채용하는 것이 유행이었기 때문에 마침내 하휴·두예와 같이 한 가지 학문을 전문적으로 연구하는 데로 회귀하는 움직임이 있었다. 범녕范甯의 『춘추곡량전집해』는 단지 후한시대 경전 연구의 말단적인 관습을 답습한 것일 뿐이다. 따라서 『곡량전』은 끝내 다시 흥기하지 못했으니, 그것은 아마도 범녕의 주에 의해 초래된 결과일 수도 있다.

『공양전』의 하휴 주와 『좌씨전』의 두예 주는 본래 전문적으로 『춘추』를 연구한 것이다. 하휴는 엄팽조·안안락의 무리가 "다른 경전을 인용하여, 그 구두句讀를 잃어버렸다"고 지적했고, 정남征南은 한대 학자들이 "『공양전』·『곡량전』을 천박하게 인용하여 『좌씨전』을 해석했으니, 다만 스스로 어지럽혔을 뿐이다"라고 하였다.

---

5) 『後漢書』, 「桓譚傳」.
6) 『後漢書』, 「賈達傳」.
7) 『後漢書』, 「張霸傳」.
8) 『後漢書』, 「儒林傳」.
9) 『後漢書』, 「儒林傳」.
10) 『後漢書』 「黨錮傳」 注에서 인용한 謝承의 『後漢書』.

범녕이 『곡량전』에 주석을 단 것에 대해서도, "『곡량전』을 해석한 사람이 비록 10명에 가깝지만, 또한 『좌씨전』·『공양전』을 인용하여 『곡량전』을 해석하니, 문장의 의미가 어긋나서 이에 해가 될 뿐이다"라고 하였다. 이로써 알 수 있듯이, 범녕이 경전을 연구한 태도는 하휴·정남과 본래 다르지 않았으며, 모두가 다른 이론을 축출하고 전문적인 분야를 귀하게 만들고자 했다. 그렇지만 범녕은 또한 삼전이 "장점과 단점이 같지 않고, 포폄襃貶이 일치하지 않는다"고 생각하여 삼전을 모두 비판하는 말을 했다.

좌씨左氏는 초나라 육권鬻拳이 무기를 들고 초나라 임금에게 간언한 것을 임금을 사랑한 것이라고 여겼고(장공 19년), 문공文公이 납폐納幣한 것을 예禮에 맞다고 여겼다 (문공 2년). 곡량씨穀梁氏는 위衛나라 첩輒이 아버지를 막은 것을 조상을 존중한 것이라고 여겼고(애공 2년), 제나라 자규子糾를 들여보내지 않은 것을 노나라의 잘못으로 여겼다(장공 9년). 공양씨公羊氏는 채중祭仲이 임금을 쫓아낸 것을 권도權道를 시행한 것이라고 여겼고(환공 11년), 첩모妾母를 부인夫人이라고 부르는 것을 올바른 이치에 합치된다고 여겼다(은공 원년). 무기를 들고 임금에게 간언한 것을 임금을 사랑한 것이라고 여기게 되면, 이는 임금을 위협할 수 있는 것이다. 납폐納幣한 것을 예에 맞다고 여기게 되면, 이는 거상居喪 중에도 혼인할 수 있는 것이다. 아버지를 막은 것을 조상을 존중한 것이라고 여기게 되면, 이는 자식이 반역할 수 있는 것이다. 자규子糾를 들여보내지 않은 것을 노나라의 잘못으로 여기게 되면, 이는 원수를 용납할 수 있는 것이다. 임금을 쫓아낸 것을 권도를 시행한 것이라고 여기게 되면, 이는 왕위를 엿볼 수 있는 것이다. 첩모妾母를 부인夫人으로 삼게 되면, 이는 적자嫡子와 서자庶子가 동등해질 수 있는 것이다. 이와 같은 부류는 가르침을 손상시키거나 의리를 해치는 것으로, 강제로 통하지 못하게 해야 한다. 대체로 전傳이란 경經을 통하게 하는 것을 위주로 삼아야 하며, 경經은 반드시 합당한 것을 이치로 삼아야 한다. 지극히 합당한 것은 두 가지가 없다. 삼전이 이론을 달리하지만, 어찌 그 막힌 것을 버리고 좋은 것을 가려서 따르지 않을 수 있겠는가? 이미 모두가 합당하지 않다면 본래 모두가 잘못되었을 가능성이 있다. 만약 지극한 말이 감추어지고 끊겼다면, 좋은 것을 선택하여 따를 수가 없으니, 어찌 삼전을 함께 버려두고서 으뜸이 되는 것을 찾고, 이치에 근거하여 경전을 통하게 하지 않을 수 있겠는가? 비록 내가 옳다고 여기는 것이 이치상 완전히 합당하지는 않더라도, 어찌 합당함을 얻는 것이 어렵다는 이유로 드물게 통하게 된 것을 스스로 끊어버릴 수 있겠는가?[11]

이것은 삼전三傳의 의리에 각각 단점이 있다고 여긴 것이다. 또 말했다.

『좌씨전』은 문장이 화려하고 풍부하지만, 그 단점은 터무니없는 내용이 있다는 것이다. 『곡량전』은 문장이 깨끗하고 완곡하지만, 그 단점은 단편적이라는 것이다. 『공양전』은 문장이 분별적이고 결단적이지만, 그 단점은 비속적이라는 것이다. 만약 문장이 풍부하면서도 터무니없는 내용이 없고, 깨끗하면서도 단편적이지 않으며, 결단적이면서도 비속적이지 않다면, 그 도를 깊이 터득한 자이다.[12]

이것은 또한 삼전의 경문 해석에 각각 우열이 있음을 말한 것이다. 『좌씨전』의 문장의 화려하고 풍부함은 당연히 그 문채文采의 아름다움과 서사敍事의 상세함을 가리킨다. 터무니없는 내용이 있다는 것은 『좌씨전』이 괴력난신怪力亂神을 많이 말했기 때문이다. 『곡량전』의 깨끗하고 완곡함은 아마도 그 문사文辭의 간략함을 가리키는 것이다. 단편적이라는 것은 혹 간략함으로 인해서 거칠고 소략하기 때문이다. 『공양전』이 분별적이고 결단적이라는 것은 아마도 변별을 잘하고 재단에 뛰어난 것을 가리키는 것이다. 비속적이라는 것은 혹 당시의 유행에 맞추기 때문이다. 삼전 각각 이와 같은 장단점이 있기 때문에 만약 도로써 하나로 귀결시키고자 한다면 마땅히 단점을 버리고 장점을 모아서 삼전을 절충해야 한다. 따라서 다음과 같이 말했다.

대체로 전傳이란 경經을 통하게 하는 것을 위주로 삼아야 하며, 경經은 반드시

---

11) 『春秋穀梁傳集解』, 「序」(范甯).
12) 『春秋穀梁傳集解』, 「序」(范甯).

합당한 것을 이치로 삼아야 한다. 지극히 합당한 것은 두 가지가 없다. 삼전이 이론을 달리하지만, 어찌 그 막힌 것을 버리고 좋은 것을 가려서 따르지 않을 수 있겠는가?[13]

이 때문에 범녕의 경전 해석은 『공양전』·『좌씨전』 두 전의 이론을 많이 사용하였다. 은공 원년, "정나라 임금이 언에서 단을 이겼다."(鄭伯克段於鄢) 『곡량전』에서 말했다. "그렇다면 정나라 임금과 같은 경우에는 마땅히 어떻게 해야 하는가? 천천히 쫓아서 도적을 놓아주는 것이 친한 이를 친애하는 친친親親의 도리이다." 범녕이 말했다. "임금과 부모에 대해서는 장차 죽이려고 해서도 안 되니, 장차 죽이려고만 해도 반드시 필주한다. 이것이 신자臣子의 도리인데, 그것을 어긴 것이 자기에게 있었기 때문에 형제간의 은혜로 확장해서 해석한 것이다."[14] 살펴보건대, 『곡량전』의 "천천히 쫓아서 도적을 놓아주는 것이 친한 이를 친애하는 친친親親의 도리이다"라는 말은 『공양전』 민공 원년의 문장을 베낀 것이다. 그리고 범녕의 주에서도 『공양전』 장공 32년의 "임금과 부모에 대해서는 장차 죽이려고 해서는 안 되니, 장차 죽이려고만 해도 반드시 필주한다"는 말을 사용하였다.

범녕은 또한 『좌씨전』의 기사를 채용하여 『곡량전』의 문장을 해석하는 경우가 많았다. 『곡량전』 민공 2년에서 말했다. "정나라가 자기 군대를 버린 것은 그 장수를 미워했기 때문이다. 아울러 그 군대를 돌아오지 못하게 했으니, 이것은 그 군대를 버린 것이다." 범녕은 『좌씨전』을 채용하여 말했다. "장수는 고극高克을 말한다. 고극이 이익을 좋아하고 그 임금을 돌보지 않았으므로 정나라 문공文公이 그를 미워하였으나 멀리할 수가 없어서, 고극에게 군대를 거느리고 국경에서 오랑캐를 방어하도록 하였다. 그 군대를 진을 치고 황하 가에서 주둔했는데, 오래되어도 부르지 않자 군사와 장수들이 흩어져 버렸다." 범녕은 또 두예의 주를 자주 채용했는데, '일식日食'을 해석할 때, "해의 운행이 더뎌지고, 달의 운행이 빨라진다"(『좌씨전』,

---

13) 『春秋穀梁傳集解』, 「序」(范甯).
14) 『穀梁傳』, 隱公 원년, 范甯 注.

은공 3년)는 두예의 주를 사용한 것이 그것이다.

범녕은 또 『곡량전』의 부당한 부분을 많이 공격하였다. 회공 원년, "공자 우가 군대를 이끌고, 여에서 거나라 군대를 무찌르고, 거나라의 나를 붙잡았다."(公子友帥師, 敗莒師于麗, 獲莒挐) 범녕의 주에서 "『곡량전』에 혹 빠진 내용이 있는 것 같다"는 강희江熙의 말을 인용하였고, 양사훈의 소에서는 "유독 『곡량전』을 믿지 못하는 것이 아니라, 경문도 믿지 못한 것이다"라고 했다. 또 장공 9년, "여름, 장공이 제나라를 정벌하고 규를 들여보냈다."(夏, 公伐齊, 納糾) 『곡량전』에서 말했다. "들여보낼 수 있을 때 들여보내지 않고, 제나라에 변고가 생긴 이후에 제나라를 정벌했다. 따라서 간시乾時의 전쟁에 대해, 노나라가 패배한 것을 숨기지 않고 기록했으니, 노나라를 미워한 것이다." 범녕의 주에서는 하휴와 정현의 이론을 근거로 삼아서, "노나라를 미워했다는 말은 『곡량전』에 혹 빠진 내용이 있는 것 같다"고 했다.

이와 같이 범녕은 만약 "가르침을 손상시키거나 의리를 해치는" 경우가 있으면, 단지 삼전을 가지고 절충했을 뿐만 아니라, 심지어 전傳을 버리고 경經에서 구해야 한다고 주장하였다.

> 이미 모두가 합당하지 않다면 본래 모두가 잘못되었을 가능성이 있다. 만약 지극한 말이 감추어지고 끊어졌다면, 좋은 것을 선택하여 따를 수가 없으니, 어찌 삼전을 함께 버려두고서 으뜸이 되는 것을 찾고, 이치에 근거하여 경전을 통하게 하지 않을 수 있겠는가?[15]

따라서 피석서의 『경학통론·춘추통론』에서 말했다. "범녕은 삼전을 함께 채용하고, 한 학파만을 위주로 하지 않았으므로 당대의 담조·조광·육순의 선하를 열었고, 한 분야의 전문적인 학파를 형성했던 한나라의 학자들과는 달랐다." 범녕의 주가 후세 춘추학에 미친 거대한 영향을 볼 수 있다.

범녕이 『공양전』·『좌씨전』 두 전을 함께 채용한 것에 대해, 후세 사람들 중에

---

15) 『春秋穀梁傳集解』, 「序」(范甯).

칭찬하는 자가 많았다. 조열지晁說之가 말했다. "『곡량전』은 한나라 때에 늦게 세상에 나왔기 때문에 『좌씨전』·『공양전』의 잘못을 살펴서 바로잡을 수 있었다. 그 내용의 정밀함과 깊음, 원대함은 자하子夏가 전수한 것을 곧바로 받은 것인가? 범녕은 또한 여러 학자들을 근거로 삼아서 그것을 널리 변별하고, 『곡량전』의 뜻을 진술하였다. 그는 시비에 대해서는 또한 공정함이 적었지만, 오로지 『좌씨전』만을 진술하고 허둥지둥하면서 감히 같고 다름을 구별하지 못한 두예와는 같지 않았다." 왕석王晳이 말했다. "한대에 학교를 숭상한 이후로 삼전이 번갈아 가면서 흥성했는데, 가의賈誼의 재능과 동중서의 문장, 유향·유흠의 학문을 가지고도 오히려 사설師說에 빠져서 두루 능통하지 못했는데, 하물며 그 나머지 학자들은 어떠했겠는가? 스승의 학문만을 오로지 연구하여 스스로 일가를 이룬 것은 하휴·두예·범녕뿐이다. 하휴는 터무니없는 주장으로 기만했고, 두예는 『좌씨전』의 문장만을 굳게 고집했는데, 그나마 스스로 깨우친 사람은 오직 범녕뿐이었다." 황진黃震이 말했다. "두예는 『좌씨전』에 주석을 달고, 오로지 『좌씨전』만을 위주로 하였다. 하휴는 『공양전』에 주석을 달고, 오로지 『공양전』만을 위주로 하였다. 오직 범녕만이 사사로이 『곡량전』만을 위주로 하지 않았고, 삼가의 잘못을 공평하게 처리하였다." 가현옹家鉉翁이 말했다. "하휴는 『공양전』을 연구한 이외에, 지엽적인 것을 많이 만들어서 『공양전』의 본지를 잃어버렸다. 범녕과 같은 경우는 『곡량전』을 연구하여 『곡량전』의 잘못을 잘 알고 있었으니, 하휴에 비해 뛰어나다."[16] 송대 학자들은 삼전을 함께 채용하는 것에 익숙했기 때문에 범녕의 주를 숭상하는 것이 또한 이와 같았다.

그런데 청나라 중엽 이후에 『공양전』이 발흥하고, 한 분야를 전문으로 연구하는 학문을 귀하게 여기게 되자, 범녕의 주를 비판하는 자들이 점점 많아졌다. 청대의 장침章梫이 말했다. "범녕은 진대晉代에 떨치고 일어나 『춘추곡량전집해』를 지었다. …… 그의 뜻은 『곡량전』의 가학家學을 완성하고자 하는 것이다. 그런데 범녕의 학문은 정현을 사숙함으로써 하휴처럼 한 가지 학문을 묵수하지 못했다. 따라서

---

16) 朱彝尊, 『經義考』, 권174에서 재인용.

그가 10명의 전문가를 비판했지만, 『춘추곡량전집해』 속에서 그들의 폐단을 그대로 답습한 것이 여전히 적지 않다." 범녕은 비록 『곡량전』만을 전문적으로 연구하려는 뜻이 있었지만, 삼전을 하나로 혼합한 정현을 흠모함으로써 끝내 한나라 학자들의 겸통兼通의 폐단을 스스로 답습한 것이다.

따라서 범녕 이전에는 삼전을 함께 공부한 학자들이 본래부터 있었지만, 단지 "하나의 분야를 전문적으로 연구하되, 간간히 다른 두 분야의 이론을 취함으로써 그 뜻을 보완한 것"에 지나지 않았다. 그런데 범녕이 삼전의 득실을 논할 때는 사실상 『춘추』 경문을 위주로 하였고, 삼전에 대해서는 "좋은 것을 가려서 따르고", 그 단점을 버리고 그 장점을 모았으므로 이후 담조·조광·육순의 선하를 열었다. 심지어 삼전이 모두 잘못되었으면 "삼전을 함께 버려두고서 으뜸이 되는 것을 찾고, 이치에 근거하여 경전을 통하게 해야 한다"고 말했다. 따라서 후세에 전傳을 의심하거나 전傳을 버리거나 전傳을 조작하는 습속이 또한 아마도 범녕에게 거슬러 올라갈지도 모르겠다. 따라서 양한 이후 천여 년 동안, 처음에는 단지 여러 경전을 널리 통하는 공부를 하는 것에 지나지 않았다. 그 후에 정현·왕숙이 고문학과 금문학을 하나로 합치는 경향이 있었다. 범녕에 이르러서는 삼전을 절충하였고, 심지어 전傳을 버리고 경經을 구하는 데에 이르렀다. 그런데 성인의 경전은 끝내 전傳을 폐기해서는 안 되기 때문에 마침내 송대 사람들이 앞 다투어 일어나서 전傳을 거짓으로 만들거나 전傳을 조작하는 풍조가 있게 되었다.

제2절 담조啖助·조광趙匡·육순陸淳의 일생과 저술

당나라 정관貞觀 연간에 공양고公羊高·하휴何休가 비록 공묘孔廟에 배향되었지만, 『공양전』을 연구하는 학자는 매우 적었다. 당나라 사람이라고 전해지는 서언徐彦이 『춘추공양전소春秋公羊傳疏』를 저술했는데, 하휴의 『춘추공양전해고』 이후 가장 중요한 공양학 저술이라고 할 수 있다. 서언 이외에는 오직 당나라 사람 은유殷侑가 지은 『춘추공양주春秋公羊注』가 있을 뿐이다.

그런데 『공양전』은 본래부터 쇠퇴했지만, 『좌씨전』을 전문적으로 연구하는 학자들도 점점 줄어들었다. 대체로 과거제도의 영향을 받아서 학풍이 크게 변화함으로써 학자들은 점점 삼전을 종합적으로 연구하는 것을 숭상하였다. 대력大曆 연간, 담조啖助·육순陸淳·조광趙匡을 대표로 한 학자들은 삼전을 절충하고 한 가지 학문만을 위주로 연구하지 않았으며, 심지어 "경經을 믿고 전傳을 믿지 않음"으로써 마침내 아래로 송대 춘추학 연구의 길을 열었다. 따라서 『신당서』「유학전」에서는 담조·조광·육순이 『춘추』를 가지고 "자신의 학문을 스스로 이름 붙였다"고 하였다. 이에 대해, 송대의 조공무晁公武는 다음과 같이 말했다.

> 대체로 담조·조광 이전에는 학자들이 모두 한 분야의 전문가로서, 만약 통하지 않는 부분이 있으면 차라리 경문經文의 오류라고 말했으니, 그 폐단은 고루함이다. 담조·조광 이후에는 학자들이 경문經文을 끌어와서 전문傳文을 공격하기를 좋아하였다. 혹 분명하지 않으면 개인적인 억측에 기대어 결정했으니, 그 폐단은 천착이다. 두 가지 모두 성인의 요지를 잃어버렸지만, 천착한 자의 폐해가 더욱 심하다.[17]

또한 담조·조광·육순은 『좌씨전』에 대해서도 비평한 경우가 많다. 예를 들어 육순은 『좌씨전』이 "일을 서술한 것이 비록 많지만 경문을 해석한 것은 매우 적으니, 오히려 경문의 해석에 정밀한 『공양전』과 『곡량전』보다 못하다"[18]고 했다. 이와 같은 논의들은 직접적으로 『좌씨전』의 독립적인 지위를 동요시켰고, 오히려 『공양전』·『곡량전』 연구를 어느 정도 회복시키는 역할을 하였다.

『사고전서총목제요』에 의하면, 유창劉敞은 『춘추전春秋傳』 15권이 있고, "그 포폄褒貶과 의례義例는 대부분 『공양전』·『곡량전』에서 취했으며", "그 경문은 삼전을 섞어서 채용했고, 한 학파만을 위주로 하지 않았다." 손각孫覺은 『춘추경해春秋經解』

---

17) 晁公武, 『郡齋讀書志』, 권3.
18) 陸淳, 『春秋集傳纂例』, 권10.

13권이 있는데, 그 「자서自序」에서 "『좌씨전』은 사적을 많이 말했고, 『공양전』·『곡량전』은 대략적인 내용은 담고 있다. 지금 삼가의 이론을 가지고 그 합당함의 여부를 비교해 보면, 『곡량전』이 가장 정밀하고 깊기 때문에 또한 『곡량전』을 근본으로 삼았다"고 하였다. 진부량陳傅良은 『춘추후전春秋後傳』 12권이 있는데, 조방趙汸은 진부량이 "『공양전』·『곡량전』의 이론을 가지고 『좌씨전』에 대조했는데, 경문에 기록되어 있지 않은 것을 가지고 기록되어 있는 것을 실증하고, 기록되어 있는 것을 가지고 기록되어 있지 않는 것을 추론하여 드러냈으니, 『춘추』를 공부하는 요점을 이해하였다"19)고 말했다. 이로써 송대 학자들의 『공양전』·『곡량전』 중시가 육조와 수당시대보다 훨씬 더했다는 것을 알 수 있다.

청대 공양학이 부흥하자, 담조·조광·육순의 이론을 근거로 삼아서 논의한 학자들이 많았는데, 담조·조광·육순에 대한 평가는 일치하지 않는다. 예를 들어 유봉록劉逢祿은 다음과 같이 말했다.

> 육순·담조의 부류는 혹은 사법師法을 버려두고, 경문經文 본래의 뜻을 왜곡함으로써 무지의 망령됨을 열었다. 혹은 전傳의 뜻에 합치시키려고 경문을 단장취의함으로써 갈림길을 만들어 버렸다. 갈라지고 막히고 이리저리 뒤섞여서 어그러졌으며, 천 개의 입이 시끄럽게 떠들어 대니, 성인의 미언대의微言大義가 전부 어두워져버렸다.20)

유봉록의 이 말은 담조·육순을 매우 심하게 비판한 것이라고 할 수 있다. 그런데 피석서는 다음과 같이 말했다.

> 『좌씨전』은 본래 역사 서적이기 때문에 그 속에 『춘추』의 은미한 뜻이 결코 없으며, 단지 감상할 만한 사실事實과 문채文采가 있을 뿐이다. 한대 이후로, 육조

---

19) 趙汸, 『春秋集傳』, 「序」.
20) 劉逢祿, 『公羊何氏釋例』, 「敘」.

및 당대에는 모두 즐겨 문사文辭를 숭상하고 경술經術을 중시하지 않았다. 따라서
『좌씨전』만이 오로지 세상에 유행하였고, 『춘추』의 경의經義는 황폐해져 버렸다.
담조·조광·육순이 처음으로 삼전을 함께 채용함으로써 『좌씨전』만을 위주로
하지 않았고, 공자의 포폄襃貶의 예例를 미루어 밝혔으며, 범례凡例를 주공周公에
배속하지 않았다. 비록 미언微言까지 접근하지는 못했지만, 『춘추』가 문장을 기록한
것일 뿐 미언과는 관계가 없다고 여긴 두예·공영달에 비해서는 그 소견이 매우
탁월하다.[21]

따라서 담조·조광의 학문은 『좌씨전』의 사실事實과 문채文采를 중시했던 이전
사람들에 비해서, 유독 공자의 포폄襃貶의 예例를 미루어 밝혔으므로 『춘추』 연구에
있어서 매우 큰 공적이 있다고 말할 수 있다.

1. 담조啖助

담조啖助(724~770)는 자가 숙좌叔佐이고, 본적은 조주趙州이며, 나중에 관중關中으로
옮겼다. 육순陸淳의 『춘추집전찬례春秋集傳纂例』 「수전시말기修傳始末記」에 의하면, 현
종玄宗 천보天寶 말기에, 담조는 강동江東에서 객지살이를 했으며, 문학文學으로 벼슬길
로 들어가서 태주임해위台州臨海尉가 되었고, 다시 윤주潤州 단양현丹陽縣 주부主簿가
되었다. 숙종肅宗 상원上元 신축년(761)에, 처음으로 삼전을 모아서 『춘추』를 해석했는
데, 대종代宗 대력大曆 경술년(770)에 이르러 작업을 마쳤다. 『신당서』에서 그가 "『춘추』
를 잘하여, 삼가의 장단점을 고찰하고, 빠진 부분을 보완하여 『집전集傳』이라고
불렀는데, 10년 만에 완성하였다. 다시 그 강령과 조목을 정리하여 『예통例統』을
지었다"[22]고 했다. 그런데 두 책은 지금 모두 없어졌고, 오직 육순의 책 속에서
그나마 그의 이론을 살펴볼 수 있다.

---

21) 皮錫瑞, 『經學通論·春秋通論』.
22) 『新唐書』, 「儒學傳」.

당대 이후, 삼전을 뒤섞어 채용하는 학풍은 거의 담조로부터 시작되었다. 담조는 당·송 이후의 춘추학을 개창한 공적이 있다. 그러나 『신당서』에서는 그의 학문을 크게 비판하였다.

> 좌씨左氏는 공자와 동시대의 사람으로, 『노사魯史』에 붙은 『춘추』를 가지고 『좌씨전』을 지었는데, 공양고公羊高·곡량적穀梁赤은 모두 자하子夏의 문인으로부터 나왔다. 삼가三家가 경經을 말한 것이 각각 어긋나는 부분이 있지만, 그래도 모두 성인에 근본하고 있기 때문에 그 득과 실이 대체로 열 중에 다섯이고, 의리가 혹 잘못되었더라도, 앞선 학자들은 성인을 두려워하여 감히 고치지 못했다. 담조는 당나라 시대에 『춘추』 연구로 유명한데, 삼가를 싸잡아 비판하고, 자신이 계승한 학문을 근본으로 삼지 않았으며, 스스로 자기 학문에 이름을 붙여서 개인적인 견해에 따라 제멋대로 결단하고, 그것을 높여서 "공자의 뜻이다"라고 하였다. 조광·육순이 그것을 따라서 제창함으로써 마침내 한 시대에 이름을 날렸다. 아! 공자가 죽은 지 수천 년이 지났는데, 담조가 드러낸 것이 과연 공자의 뜻이겠는가? 반드시 그렇다고 할 수는 없을 것이다. 반드시 그렇다고 할 수는 없는 것을 가지고 반드시 그렇다고 하니, 완고한 것이다. 자기 개인의 고집을 가지고 이 세상에서 외치니, 세상을 속이는 것이다. 세상을 속이고 완고한 것은 군자가 취할 행동이 아니니, 담조는 과연 옳다고 말하겠는가? 다만 후세의 학자들로 하여금 궤변을 천착하고, 앞 사람을 비난하며, 기존의 정설을 버리고서 논의가 분분하게 만들었으니, 이것은 담조가 그 계기를 만든 것이다.[23]

담조는 자신의 뜻을 "공자의 뜻"에 해당시켰으니, 그것은 송나라 학자들이 경전을 버려두고 성인의 뜻을 구한 것과 똑같다. 왕석王晳의 주장도 또한 이와 같다.

담조·조광 두 사람이 서로 이어서 성인의 도를 드러내 밝히고, 삼전의 오류를

---

23) 『新唐書』, 「儒學傳」.

지적한 점에서는 본래 공적이 있다. 그러나 성인의 뜻을 찾은 것이 혹은 정밀하지 않고, 삼전의 오류를 지적한 것이 혹은 너무 지나치게 자세하니, 성인의 문으로 들어가서 집안의 마당 사이에서 거닌 자들로, 그 안방의 깊숙한 곳은 알지 못했다고 말할 수 있다.[24]

송대 학문의 정신이 이와 같았기 때문에 송대 사람들 중에 담조와 조광을 숭상하는 자들도 적지 않았다. 육상산陸象山이 말했다.

담조·조광이 말한 것 중에 좋은 것이 많기 때문에 사람들은 담조·조광이 『춘추』에 공적이 있다고 말한다.[25]

진진손陳振孫의 『직재서록해제直齋書錄解題』에서 말했다.

한대 학자들 이후로, 『춘추』를 말한 자들은 오직 삼전을 종주로 삼았다. 삼전 이외에, 천 년 이후에 탁월한 견해가 있을 수 있었던 것은 담조로부터 시작되었다는 것은 숨길 수 없는 사실이다.

『사고전서총목제요』에서는 칭찬과 비판을 함께했다.

담조의 『춘추』 이론은 삼전의 득실을 따지고, 빠진 부분을 보완하는 데 힘썼다. 따라서 그 논의가 대부분 앞선 학자들과는 다르다.…… 대체로 전傳을 버리고 경經의 뜻을 구한 것은 사실상 송나라 사람들의 선하를 열었다. 억단의 폐단을 만든 것은 그 과오를 가릴 수 없으며, 견강부회의 잘못을 깨뜨린 것은 그 공적도 또한 없앨 수 없다.[26]

---

24) 朱彛尊, 『經義考』, 권176에서 재인용.
25) 朱彛尊, 『經義考』, 권176에서 재인용.
26) 『四庫全書總目提要』, 「經部·春秋類 一」, '春秋集傳纂例' 조목.

청나라 말기에 피석서는 담조의 공적을 극론하여, "당·송 이후, 『춘추』는 한 가지 경전을 전문적으로 연구하는 학문이 없었다. 따라서 전문적인 경전 연구의 좋은 점을 알지 못했고, 도리어 그것을 그릇된 것으로 여겼다." 그 당시에는 『공양전』·『곡량전』 두 전이 폐기되어 끊어졌을 뿐만 아니라, 『좌씨전』을 공부하는 자들도 열 중에 둘 셋이 안 되었다. 이 때문에 "담조는 바로 경학이 폐기되고 추락하는 그러한 시대에, 온 세상 사람들 모두가 하지 않는 일을 함으로써 『공양전』·『곡량전』 두 전이 세상에 다시 밝혀지도록 했다. 비록 가법을 지키지는 않았지만, 미약한 학문을 일으켜서 세운 공적이 없다고는 말할 수 없다."[27] 다시 말해서 담조는 삼전을 함께 채용하여 서로 표방함으로써 비록 양한시대의 전문적인 학문에는 미치지 못했지만, 결국 세상의 학자들에게 『공양전』·『곡량전』의 학문이 있다는 것을 알도록 만든 것이다. 따라서 『공양전』·『곡량전』의 부흥은 사실상 담조에게 그 근원을 거슬러 올라간다고 할 수 있다. 담조가 미약한 학문을 일으켜서 세운 공적은 진실로 없앨 수 없는 사실이다.

2. 조광趙匡

조광趙匡은 자가 백순伯循이고, 하동河東 사람이며, 양주자사洋州刺史를 역임하였다. 조광의 사적은 『신당서』「유학전」에만 보이는데, 몇 마디의 말밖에 없다. 『신당서』에 의하면, "천보天寶 초에, 소영사蕭潁士가 비서정자秘書正字에 임용되었다.…… 사명使命을 받들고서 조趙·위衛 사이에서 남겨진 책들을 감독했는데, 오랫동안 보고를 하지 않아서, 담당 관리에 의해 탄핵 파면되어 복양濮陽에 머물렀다. 이에 윤징尹徵·왕항王恒·노이盧異·노사무盧士武·가옹賈邕·조광趙匡·염사화閻士和·유병柳並 등이 모두 제자의 예를 행하고 차례로 수업을 받았으며, 그를 소부자蕭夫子라고 불렀다."[28] 조광은 또한 소영사蕭潁士를 스승으로 섬겼다. 소영사도 『춘추』에 능통했으며, "노나

---

27) 皮錫瑞, 『經學通論·春秋通論』.
28) 『新唐書』, 「蕭潁士傳」.

라 역사서의 편년에 의거하여 『역대통전歷代通典』을 지었는데, 공자·좌구명을 일으켜 세워 중흥시키고, 사마천·반고가 명령을 어겼다고 축출하였다." 그런데 『신·구당서』에는 모두 조광이 담조의 뛰어난 제자라고 했는데, 명확한 증거는 없는 듯하다.

> 조광은 당시에 선흡宣歙의 사부使府에서 벼슬했는데, 절중浙中에 갔다가 돌아오면서, 도중에 단양丹陽을 지나다가, 담조의 집으로 가서 그를 방문하였다. 경經의 뜻에 대해 깊이 대화를 나누었는데, 일마다 대부분 메아리처럼 합치되었다. 되돌아오는 날에 다시 토론하기로 기약하였다.29)

대력大曆 5년(770), 조광이 단양丹陽을 지나가다가 마침내 담조를 방문하였다. 피차간에 단지 "경經의 뜻에 대해 깊이 대화를 나누었는데, 일마다 대부분 메아리처럼 합치되어서", 다시 토론하기로 약속한 것에 지나지 않았다. 그런데 스승과 제자 사이의 우의는 없었던 것 같다.

『송사』「예문지」에 의하면, 조광은 『춘추천미찬류의통春秋闡微纂類義統』 12권을 지었다. 이 책에 관해서는 조광의 「자술自述」에 의하면, "담조 선생이 삼전의 장점을 모아서 『춘추』를 해설했는데, 그 중에 미진한 것은 자신의 뜻을 진술하였다. 조례條例가 매우 명백하고 분명하니, 진실로 통현通賢이 한 일이다. 그러나 애석하게도 경經의 대의大義를 혹 밝게 드러내지 못하고, 전傳의 취사선택도 혹 잘못된 점이 있지만, 찬술纂述을 겨우 끝내서 상세하게 살피지는 못했다. 내가 찾아서 살피던 차에, 마음에 들지 않는 내용이 있었기 때문에 그것을 풀이하였다."30) 그러나 이 글 속에서는 책 이름을 거론하지 않았는데, 아마도 『춘추천미찬류의통』이라는 책인 듯하며, 그 요지는 담조의 『춘추집전집주春秋集傳集注』라는 책을 해석하여 그 내용을 통하게 하는 데 있었던 것 같다.

이 외에 『춘추찬례春秋纂例』 권4 「회맹례盟會例 제16第十六」의 육순의 주에 "조자趙子

---

29) 陸淳, 『春秋集傳纂例』, 권1, 「修傳始終記」.
30) 陸淳, 『春秋集傳纂例』, 권1, 「趙氏損益義」.

는『오경변혹五經辨惑』을 저술했고,『주관周官』이 후대 사람들이 덧붙인 것이라고 말했다"는 말이 있으니, 조광에게는『오경변혹』이라는 저술도 있었다. 또『통전通典』 권17「선거選擧 5」에 의하면, 조광에게는「거선의擧選議」라는 상주문도 있다.

3. 육순陸淳

육순陸淳은 자가 백충伯沖이고, 오군吳郡 사람이다. 7세조인 육징陸澄이 양梁나라에 서 벼슬한 유명한 학자이다. 헌종憲宗 이순李純의 휘를 피해서 이름을 질質로 개명하였 다. 왕소유陳少遊가 양주揚州를 다스리고 있을 때, 그의 재주를 아껴서 종사從事로 삼았다. 뒤에 조정에 천거하여 좌습유左拾遺에 제수되었다. 태상박사太常博士로 옮겼 고, 다시 좌사랑중左司郎中으로 승진했는데, 작은 일에 연루되어 국자박사國子博士로 다시 옮겼다. 순종順宗이 즉위하자 급사중給事中ㆍ황태자시독皇太子侍讀으로 불러들였 다. 그가 죽자, 문인들은 그가 성인의 글을 지을 수 있어서 후세와 통한다고 여겨서 문통선생文通先生이라고 시호를 지어주었다.『구당서』「유학전」에 의하면, 육순은 경학을 연구했으며, 그 중에서도『춘추』를 더욱 깊이 연구하였다. 젊었을 때 조광趙匡 을 스승으로 섬겼는데, 조광은 담조啖助를 스승으로 섬겼다.『신당서』「육순전」에서도 이 말을 따르고 있고, 또 "육질陸質은 담조와 조광 두 사람의 학문을 모두 전수했다"고 하였다.

『당서』「경적지」에 의하면, 육순의 저술은『춘추집전찬례春秋集傳纂例』10권, 총 40편이 있다. 이 책은 담조의『춘추통례春秋統例』를 근본으로 삼았으며, 또한 담조가 남긴 문장을 모아서 기록하고, 조광의 손질을 거쳐서 완성되었다. 육순의 「자술自述」에서 말했다.

담조가 지은『춘추통례』3권을 모두 조목별로 나누어 해석하고, 그 뜻을 널리 통하도록 했다. 조광이 손질하여 드러내 밝힌 것이 많은데, 지금 옛 모습대로 편집하여 그것을 합쳤다. 말의 뜻을 이해하기 어려운 것은 주석을 붙였으며, 본 조목 안에 경문을 함께 갖추어 실어놓음으로써 학자들이 종류별로 뜻을 구하여 환하게 알기 쉽도록 하였다. 삼전의 의례義例에서 취사선택할 만한 것은 담조와 조광이 이미 가려 놓았는데, 그것도 또한 조목별로 편집하여 붙여 둠으로써 의심나 거나 막힌 것을 없앴으며, 『춘추집전찬례』라고 책 이름을 붙였다. 모두 40편인데, 10권으로 나누었다.31)

또 「수전시종기修傳始終記」에서 다음과 같이 말했다.

육순은 스승의 학문이 밝혀지지 않은 것을 애통하게 여겨서, 선생의 아들 담異담異와 함께 직접 필사하고 함께 기재하여 조광에게 보냈는데, 조광이 그것을 손질하고 육순이 그대로 편집하고 모았다. 대력大曆 을묘년(775)에 이르러 책이 완성되었다.32)

이로써 알 수 있듯이, 『춘추집전찬례』는 담조의 『춘추통례』와 조광의 손질이 합쳐져서 완성된 것이다.

이 책은 육순의 가장 중요한 춘추학 저작이다. 사고관신四庫館臣은 『춘추집전찬례』 의 "논의가 한쪽으로 치우쳤다"고 했고, 또 "억단의 폐단을 만든 것은 그 과오를 가릴 수 없으며, 견강부회의 잘못을 깨뜨린 것은 그 공적도 또한 없앨 수 없다"고 했다. 그리고 "정자程子는 이 책이 다른 사람들의 책에 비해 월등히 뛰어나며 이단을 물리치고 바른 길을 연 공적이 있다고 하였다. 대체로 전傳을 버리고 경經의 뜻을 구한 것은 사실상 송나라 사람들의 선하를 열었다"고 했다.33)

또 다른 저술로는 『집주춘추集注春秋』 20권이 있다. 육순의 「진집주춘추표進集注春秋表」(呂溫이 대신하여 지음)에서 말했다.

신이 어리석고 비천함을 헤아리지 못한 채 망령되이 뜻을 가지고서, 성인의 깊은

---

31) 陸淳, 『春秋集傳纂例』, 「自述」.
32) 陸淳, 『春秋集傳纂例』, 권1, 「修傳始終記」.
33) 『四庫全書總目提要』, 「經部·春秋類 一」, '春秋集傳纂例' 조목.

이치를 엿보고서 문채나고 밝음을 우러러 받들고자 합니다. 옛 윤주潤州 단양현丹陽縣 주부主簿 담조啖助를 엄한 스승으로 삼고, 옛 양주자사洋州刺史 조광趙匡을 유익한 벗으로 삼아서, 『좌씨전』의 소략함과 정밀함을 살피고, 『공양전』·『곡량전』의 장단점을 변별하여, 이단을 제거함으로써 본의를 밝히려고 힘을 쏟았습니다. 담조에게 혹 미진한 부분이 있으면 감히 사양하지 않고 제가 직접 썼고, 조광에게 사용할 만한 것이 있으면 또한 그 중에 뛰어난 것을 뽑아서 사용했습니다. 『춘추』 경문을 모아 주석을 달아서 10권의 책을 완성하였습니다.[34]

이 책은 지금 남아 있지 않으며, 하작何焯의 『의문독서기義門讀書記』에서는 『집주춘추』가 『춘추집전찬례』와 같은 책으로 이름이 다를 뿐이라고 하였다.

육순의 저술은 또한 『춘추집전변의春秋集傳辨疑』 10권이 있는데, 담조와 조광 두 사람이 삼전을 공격한 말을 기술한 것이다. 『사고전서총목제요』에서는 다음과 같이 말했다. "육순이 저술한 『춘추집전찬례』라는 책은 담조의 『춘추통례春秋統例』에서 조목별로 배열한 것에 대해 그 필삭의 요지를 드러내고, 담조가 삼전을 공격한 것에 대해 큰 의미를 종합적으로 거론한 것일 뿐이다. 『춘추집전변의』는 전문傳文 중에서 『춘추집전찬례』에 들어가지 않은 것을 들어서 그 잘못을 자세하게 나열하고, 한 글자 한 구절마다 비판한 것이기 때문에 '변의辨疑'라고 했다."[35] 사고관신은 비록 담조와 조광의 잘못을 크게 비난했지만, 그래도 다음과 같이 평가했다. "『춘추집전변의』와 『춘추미지春秋微旨』가 나온 이후, 삼전의 결점이나 잘못을 지적한 것이 종종 그 요점에 들어맞았다. 비록 장점과 단점이 함께 보이지만, 그 핵심적인 부분은 실로 한대 이후 학자들이 드러내지 못한 것이 있다. 따라서 공리공담으로 글을 짓거나 새로운 이론을 제멋대로 천착하는 것과는 다르다."[36] 담조와 조광이 삼전을 공격한 내용 중에 그 요점에 들어맞은 것은, 예를 들어 "『좌씨전』의 논단은 엉성한 것이 많고", "『공양전』·『곡량전』은 매번 왜곡된 이론이 많다"와 같은 종류이다.

---

34) 呂溫, 『呂衡州集』, 권4.
35) 『四庫全書總目提要』, 「經部·春秋類 一」, '春秋集傳辨疑' 조목.
36) 『四庫全書總目提要』, 「經部·春秋類 一」, '春秋集傳辨疑' 조목.

그런데 청대 이자명李慈銘은 다음과 같이 말했다. "이 책의 많은 부분이 억설이다. 그러나 이 책에서 『좌씨전』을 반박한 것은 대부분 망령되지만 『공양전』·『곡량전』을 반박한 것은 매우 사실에 가까우니, 『공양전』·『곡량전』도 또한 억설이 많기 때문이다. 문필이 날카롭고 간명하니, 송대 이후에는 나올 수 없는 책이다."[37] 또 다른 저작으로 『춘추미지春秋微旨』 1권이 있는데, 혹은 2권 또는 3권으로 된 판본도 있다. 『사고전서총목제요』에서는 "이 책은 삼전의 같고 다름을 먼저 나열하고, 담조와 조광의 이론을 참조하여 그 옳고 그름을 결단하였다"[38]고 했다.

『집주춘추』·『춘추집전변의』와 『춘추미지』 세 책의 관계에 대해 『춘추집전변의』 「범례凡例」에서 다음과 같이 말했다.

『춘추집전』은 삼전의 뜻에서 조례條例로 넣을 수 있는 것을 취사선택했는데, 『춘추집전찬례』의 여러 편에서 그것을 상세하게 말했다. 그런데 문장을 따라서 해석하면서 거론할 만한 예例가 아닌 것이 있으면, 아마도 의심스럽거나 판단하기 어려운 점이 있을 것이다. 따라서 담조와 조광의 이론을 모아서 『춘추집전변의』를 지었다.

『숭문총목崇文總目』에서 말했다.

처음에 육순은 삼가三家의 삼전三傳이 같지 않다고 여겨서, 각각의 장점을 가려 뽑고, 담조·조광의 이론을 참조하여, 『춘추집전찬례』를 지었다. 또 포폄의 뜻을 근본으로 삼아서, 다시 『춘추미지』를 지어서 삼가를 조목별로 나누고, 주묵朱墨으로 그 장단점을 기록했다. 삼가의 득실과 올바르거나 그릇된 점을 모으고, 담조와 조광의 이론으로 교정하여 바로잡아서 『춘추집전변의』를 지었다.

육순의 학문에 대해, 후대 사람들의 평가는 일치하지 않는다. 화찰華察의 『춘추변의春秋辨疑』 「후서後序」에서 말했다. "한대 이후로 『춘추』를 말하는 자들은 대체로

---

37) 李慈銘, 『越縵堂讀書記』, 83쪽.
38) 『四庫全書總目提要』, 「經部·春秋類 一」, '春秋微旨' 조목.

삼전을 고수했을 뿐이다. 그 뒤 천여 년 뒤에 탁월한 견해가 있을 수 있었던 것은 당나라 때의 담조와 조광 두 사람으로부터 시작된다. 육순은 두 사람의 이론을 모아서 『춘추집전찬례』 및 『춘추집전변의』 수십 편을 지었는데, 경전에 대한 공적이 매우 크다." 조공무晁公武는 육순의 『춘추미지』에 대해 다음과 같이 기록하였다. "나는 일찍이 『춘추』를 배우면서 고금의 여러 학자들의 이론을 많이 보았다. 대체로 담조와 조광 이전의 학자들은 모두 하나의 경전 분야의 전문가였다. 만약 통하지 않는 부분이 있으면, 차라리 경문의 오류를 말할지언정 전문에 대해서는 말하지는 않았으니, 그 잘못은 고루하다는 점이다. 담조와 조광 이후의 학자들은 경문을 인용하여 전문을 공격하기를 좋아했는데, 혹 분명하지 않으면 자신의 억측에 기대어 결단하니, 그 잘못은 천착하는 것이다. 모두 성인의 요지를 잃어버렸지만, 천착하는 것의 해로움이 더욱 심하다."[39] 청대의 『사고전서총목제요』에서 말했다. "『좌씨전』의 사실 기록은 근본이 있지만, 논단이 엉성한 것이 많다. 『공양전』・『곡량전』은 매번 왜곡된 이론이 많은데, 『공양전』이 더욱 심하다. 한대 이후로 각자가 전문적인 학문을 고수하여, 단 것을 논한 자는 신 것을 꺼려하고, 붉은 것을 옳다고 여기는 자는 흰 것을 그르다고 여겼다. 『춘추집전변의』와 『춘추미지』가 나온 이후, 삼전의 결점이나 잘못을 지적한 것이 종종 그 요점에 들어맞았다. 비록 장점과 단점이 함께 보이지만, 그 핵심적인 부분은 실로 한대 이후 학자들이 드러내지 못한 것이 있다. 따라서 공리공담으로 글을 짓거나 새로운 이론을 제멋대로 천착하는 것과는 다르다."[40] 육순의 학문에 대해 긍정하는 부분이 많다.

육순의 제자는 한태韓泰・한엽韓曄・능준凌准・여온呂溫・유종원柳宗元 등이 있는데, 모두 순종順宗 대 영정집단永貞集團의 중요 성원들이다. 육순 본인도 또한 시독태자侍讀太子로 있을 때의 기회를 빌려서, 정치에 적극적으로 참여하였다.

---

39) 晁公武, 『郡齋讀書志』, 권3.
40) 『四庫全書總目提要』, 「經部・春秋類 一」, '春秋集傳辨疑' 조목.

제3절 삼전三傳의 장단점을 논함

중당中唐 이전에 『춘추』를 연구하는 자들은 전傳을 근거로 삼아서 경經을 이해하지 않는 경우가 없었다. 그런데 담조·조광·육순 등에 이르러서 본래의 경문을 직접 탐구하는 것을 연구의 목적으로 삼았으며, 심지어 전傳을 버리고 경經을 탐구하였다. 따라서 그들이 삼전三傳의 득실을 논할 때, 항상 경에 근거하여 전을 반박했는데, 각자가 비판하는 말을 하더라도 공평한 의론을 찾으려고 노력했다. 비록 그렇기는 하지만, 그들이 논한 것을 살펴보면, 항상 『공양전』·『곡량전』 두 전의 편을 들고, 『좌씨전』을 불만족스럽게 여기는 경우가 대부분이었다. 따라서 청대 공양가들이 이들의 이론을 자신의 주장을 뒷받침하는 이론으로 인용한 것은 전혀 이상할 것이 없다.

1. 입으로의 전수와 책으로의 저술

금문학은 구설口說을 신뢰하고 고문학은 전기傳記를 근거로 삼았는데, 각자가 스스로에게 자긍심을 가지고 있었기 때문에 서로를 꺾을 수가 없었다. 『공양전』·『곡량전』은 본래 입과 귀로 서로 전수하다가 한대에 이르러 책에 기록되었다는 것은 의심할 여지가 없다. 그런데 담조啖助가 말했다.

> 옛날의 경전 해설은 모두 입으로 전수했으며, 한대 이후로 장구章句를 만들었다. 예를 들어 『본초本草』는 모두 후한시대 군국郡國의 일을 기록한 것인데, 신농神農으로 제목을 달았다. 『산해경山海經』은 은나라 때의 일을 폭넓게 말했는데, 하나라 우임금 때의 기록이라고 말한다. 나머지 서적들도 이런 경우가 매우 많다. 이로써 삼전의 뜻이 본래는 모두 구전되었으며, 후대의 학자들이 책에 기록하면서 최초의 스승을 가지고 책의 제목을 붙였다는 것을 알 수 있다.…… 좌씨는 몇 나라의 역사서를 입수하여, 그것을 가지고 문인들을 가르쳤다. 의리는 입으로 전수하되 책에는 드러내지 않았다.…… 『공양전』·『곡량전』은 처음에는 또한 입으로 전수했으며,

후인들이 그 대의大義에 근거하여 경문經文 아래에 전문傳文을 분산하여 배치하였다.[41]

『공양전』·『곡량전』만이 처음에 입으로 전수한 것이 아니라, 『좌씨전』도 또한 마찬가지였다.

금문학은 또한 구설口說이 성인의 대의를 이해했으며, 전기傳記는 오직 역사적 사건만을 기록했을 뿐이라고 말한다. 그러나 담조는 『좌씨전』도 대의가 있어서 서로 입으로 전수했으며, "후대의 학자들이 그것을 풀이하여 통하게 하고 종합하여 합쳤으며, 연월의 순서에 따라 편집하여 전기傳記로 만들었다"고 하였다.[42] 따라서 『좌씨전』은 서사敍事가 비록 상세하지만, 성인의 의리도 자세하게 설명하였다. 이로써 알 수 있듯이, 금문학과 고문학의 입장은 그 형세가 서로를 용납하지 못하고 서로 조화할 수 없지만, 지금 담조는 삼전이 본래 모두 구전되다가 이후에 모두 전기傳記가 되었다고 여겼다. 담조는 이와 같이 금문과 고문의 논쟁을 해소시켰다.

2. 『좌씨전』은 사건 서술이 비록 많지만 의미 해석이 매우 적음

비록 그렇다고 하더라도 삼전은 결국 같지 않다. 『좌씨전』도 대의를 전하기는 했지만, 결국 사건을 서술한 서사敍事가 더욱 상세하다. 담조가 말했다.

내가 『좌씨전』을 살펴보니, 주周·진晉·제齊·송宋·초楚·정鄭 등 나라들의 일이 가장 상세하게 기록되어 있다. 진晉나라는 매번 군대를 출동할 때마다 장군과 보좌관을 갖추어 배치하였다. 송宋나라는 매번 흥폐興廢에 따라서 육경六卿을 갖추어 거론하였다. 따라서 사책史策의 문장은 매 국가마다 각각 다르다는 것을 알 수 있다. 좌씨는 이러한 여러 국가의 사책을 입수하여, 그것으로 문인들을 가르치고,

---

41) 陸淳, 『春秋集傳纂例』, 권1, 「三傳得失議」.
42) 陸淳, 『春秋集傳纂例』, 권1, 「三傳得失議」.

의리는 입으로 전수하되 책에는 드러내지 않았다. 후대의 학자들이 그것을 풀이하여 통하게 하고 종합하여 합쳤으며, 연월의 순서에 따라 편집하여 전기傳記로 만들었다. 또한 당시의 서적을 널리 모았기 때문에 자산子產·안자晏子 및 여러 나라 공경公卿의 집안에서 전하던 문서도 모두 포함하고 있다. 아울러 복서卜書·몽서夢書 및 잡점서 雜占書, 종횡가縱橫家의 소설小說, 풍간諷諫 등도 그 속에 잡다하게 포함되어 있다. 따라서 서사敍事는 비록 많지만 뜻을 해석한 것이 매우 적으며, 시비가 서로 뒤섞여 있고 복잡하여 증명하기 어렵다. 그 대략적인 내용은 모두 좌씨의 옛 뜻이기 때문에 다른 전에 비하여 그 공적이 가장 크다. 그리고 여러 사람들을 널리 채집하여 서사가 매우 잘 갖추어져 있기 때문에 백 세대 이후에도 사건의 본말을 보고 그 의미를 찾아서 경문을 알 수 있도록 하였다.[43)

『좌씨전』은 서사敍事가 유독 상세한데, 좌구명이 여러 나라의 서적을 입수했고, 또 당시의 문서를 널리 모았기 때문이다. 그 장점은 "백 세대 이후에도 사건의 본말을 보고 그 의미를 찾아서 경문을 알 수 있도록 하는" 데 있으므로 경을 연구하는 데 많은 도움이 된다.

그런데 담조는 또한 다음과 같이 주장했다. 『좌씨전』은 본래 구설口說이므로 지금 보이는 전기傳記는 실제로 좌씨의 문인과 제자들이 기록한 것이다. 따라서 "공자를 직접 보았다"는 것으로 주장을 삼아서는 안 된다. 또한 "시비가 서로 뒤섞여 있고 복잡하여 증명하기 어렵거나", "제멋대로 더하거나 덧붙였기 때문에 사리에 맞지 않게 황당무계한 내용이 많은" 폐단이 크다. 이와 같이 『좌씨전』은 서사의 상세함이 그 장점이지만, 잘못이나 오류가 많은 것이 또한 그 단점이다.

담조는 다음과 같이 생각했다. 『좌씨전』의 특징은 "사건 서술은 비록 많지만, 의미 해석이 너무 적은" 데 있다. 그러나 결국 입으로 전수한 대의가 그 속에 있다고 하더라도, "『좌씨전』을 공부하는 자들은 모두 경經을 의심하여 전傳만을 남겨둔 채, 전傳의 사적을 담론하고 전傳의 문체를 완미하면서, 『좌씨전』 공부를

---

43) 陸淳, 『春秋集傳纂例』, 권1, 「三傳得失議」.

마치 사적을 열람하듯이 하니, 『춘추』의 은미한 뜻이 있다는 것을 다시는 알지 못했다."⁴⁴⁾ 이러한 주장은 진晉대 왕접王接 이후에 경經과 사史로써 삼전三傳을 나누는 관점으로 이어졌을 뿐만 아니라, 청대 공양가들이 인용하여 『좌씨전』을 비평하는 구실이 되었다. 예를 들어 유봉록劉逢祿은 "경經은 일을 기다리지 않고 드러난다"고 했고, 요평廖平은 "경經의 해석은 마땅히 근엄해야 한다. 지금 경에 빠진 내용이 많은데, 『좌씨전』에서 잡다하고 자질구레한 일을 많이 늘어놓았지만, 경經과는 대부분 아무런 관계가 없다"고 한 것 등이 그것이다. 그러나 담조의 주장을 종합적으로 살펴보면, 그는 『좌씨전』이 처음에는 입으로 전해졌기 때문에 또한 성인의 대의를 얻었다고 말했으니, 이것은 『좌씨전』을 두둔하는 말이다. "『춘추』의 은미한 뜻이 있다는 것을 다시는 알지 못했다"고 말한 것은 사실 후학들의 잘못이지 『좌씨전』의 잘못은 아니다.

3. 『공양전』·『곡량전』은 경문經文의 의리를 깊이 탐색했지만 조례條例를 너무 세세하게 만듦

담조는 『공양전』·『곡량전』이 경經에 전傳을 단 것은 진실로 금문가가 말한 것과 같이 『좌씨전』보다 뛰어난 점이지만, 그 폐단은 경문의 의리를 깊이 탐색했지만 조례를 너무 세세하게 만든 것에 있다고 여겼다. 그는 말했다.

> 『공양전』·『곡량전』은 처음에는 또한 입으로 전수했으며, 후인들이 그 대의大義에 근거하여 경문經文 아래에 전문傳文을 분산하여 배치하였다. 따라서 어긋나거나 잘못된 것이 많고, 그 강령의 계통을 잃어버렸다. 그러나 그 큰 뜻은 또한 자하子夏가 전수한 것이기 때문에 두 전이 경經에 전傳을 단 것이 『좌씨전』보다는 엄밀하다. 『곡량전』은 뜻이 깊고, 『공양전』은 말이 분명하니, 문장에 따라 해석하여 종종 깊은 곳에서 경문의 뜻을 탐색하였다. 다만 글을 고수하여 단단하게 막혀 있고,

---

44) 陸淳, 『春秋集傳纂例』, 권1, 「啖氏集傳集注義」.

어려움에 빠져서 통하지 않으며, 일월日月을 끌어 붙여서 조례를 너무 자세하게 만들었다. 의리가 부합하지 않는 것이 있으면 다시 억지로 통하게 하고, 뒤섞어서 조리가 없어서 혹은 모순에 이르니, 너그럽고 도량이 큰 성인의 체제와는 거리가 멀다. 『춘추』의 문장은 글자 하나하나를 포폄으로 삼으니, 진실로 그러하다. 그 중에는 또한 문장은 다른데 의리가 다르지 않는 것도 있는데, 두 전이 천착하여 모두 포폄을 가지고 그것을 말했다. 그 때문에 번잡하고 자질구레함이 『좌씨전』보다 심한 것이다.[45]

『공양전』·『곡량전』이 전傳을 단 큰 요지는 자하子夏에 근본하고 있으니, 그것이 경에 전을 달 수 있었던 이유이다. 그런데 "후인들이 그 대의大義에 근거하여 경문經文 아래에 전문傳文을 분산하여 배치하였다. 따라서 어긋나거나 잘못된 것이 많고, 그 강령의 계통을 잃어버렸다." 따라서 두 전의 폐단은 또한 후학들이 초래한 것이다.

담조는 또 『공양전』·『곡량전』의 예例를 강하게 부정하였다. 『춘추』의 일자포폄 一字褒貶의 법칙의 경우, 『공양전』·『곡량전』에서는 천착이 많고, 번잡하고 자질구레 한 폐단이 있다. 담조는 『공양전』·『곡량전』이 일월日月을 예例로 삼은 것을 더욱 반대하면서 다음과 같이 말했다.

『공양전』·『곡량전』은 일日·월月을 가지고 예例로 삼는 경우가 많다. 혹은 날짜를 기록한 것을 좋은 의미로 여기기도 하고, 혹은 그것을 나쁜 의미로 여기기도 한다. 대체로 좋은 의미와 나쁜 의미는 일 그 자체에 있기 때문에 그 문장을 보면 그에 대한 포폄을 충분히 알 수 있다. 일월日月의 예例가 무엇 때문에 다시 필요하겠는가? 가령 "봄, 왕의 정월, 반역했다"(春王正月, 叛逆)고 기록하는 것과 "갑자일, 반역했다"(甲子之日, 叛逆)고 말하는 것이 무엇이 다른가? 따라서 모두가 천착이고 망령된 이론임을 알 수 있다. 그런데도 만약 그것을 사용한다면 뒤섞어서 조리가 없는 것이 너무 심하여, 제대로 이해되는 사건이 하나도 없을 것이니,

---

45) 陸淳, 『春秋集傳纂例』, 권1, 「三傳得失議」.

확실히 『춘추』의 뜻이 아님이 분명하다.[46]

『좌씨전』은 오직 경卿이 죽었을 때 일월日月을 기록하는 것을 예例로 삼았는데, 담조는 그것도 부정하였다.

『좌씨전』은 오직 경卿이 죽었을 때 일월日月을 기록하는 것을 예例로 삼았는데, 이것도 또한 어긋난다. 두예가 말했다. "대체로 조회와 빙문(朝聘), 회합과 만남(會遇), 침략과 정벌(侵伐), 군대 사용(用兵), 체포와 살해(執殺), 토목공사(土功) 등의 부류는 날짜를 기록하지 않는 것이 예이다. 맹약(盟), 전쟁(戰), 패배(敗), 침입(入), 멸망(滅), 죽음(崩·薨·卒), 장례(葬), 임금 시해(弒君), 일식日食 등의 부류는 대부분 날짜를 기록하는 것이 예이다." 『춘추』 「문공」 이전에 날짜를 기록한 것은 모두 149회이고, 선공宣公 이후로 날짜를 기록한 것은 432회이다. 연수는 대략 같은데, 날짜를 기록한 횟수는 두 배가 된다. 따라서 시간이 오래되고 멀어서 빠뜨렸기 때문에 가까운 시대와 같지 않음을 알 수 있다. 나는 『공양전』에서 말한 "날짜를 기록하지 않은 것은 시대가 멀기 때문이다"거나, "직접 본 세대에 대해 말을 달리하고, 직접 들은 세대에 대해 말을 달리한다"는 것도 또한 시간이 오래되고 멀어서 빠뜨린 것이 많다고 생각한다. 대체로 예例의 측면에서 마땅히 기록해야 하는데도 기록하지 않은 경우는 모두 옛 사관의 문장이므로 확실히 포폄이 요구되는 문장이 아니다. 예의 측면에서 마땅히 날짜를 기록해야 되는데도 기록하지 않은 경우는 빠뜨리고 기록하지 않은 것이다. 예의 측면에서 날짜를 기록하지 않아야 하는데도 기록한 경우는 특별한 뜻이 있는 것이다. 의리는 각각 본래의 전傳에서 드러난다. 두예가 말했다. "경문에 사시四時의 첫 달 밑에 왕王이라고 기록하지 않은 것은 왕실에서 역법을 반포하지 않았기 때문에 왕王이라고 기록하지 않은 것이다." 『좌씨전』에 기록된 242년의 여러 글들을 찾아보면, 모두 일월日月을 예例로 삼지 않았는데, 어찌 유독 경卿이 죽었을 때만 특별히 이러한 문장을 만들었는가? 따라서 망령됨을 알 수 있다.[47]

---

46) 陸淳, 『春秋集傳纂例』, 권9, 「日月爲例義」.
47) 陸淳, 『春秋集傳纂例』, 권9, 「日月爲例義」.

한대의 좌씨학자들은 『공양전』·『곡량전』을 본받아서, 일월日月의 예例를 위주로 삼는 경우가 많았다. 두예는 『좌씨전』을 근거로 옛 이론을 반박했는데, 오직 경졸卿卒과 일식日食 두 사건에 대해서만 여전히 일월례日月例를 남겨 두었다. 지금 담조는 경졸卿卒의 예例를 부정하였고, 또 『좌씨전』을 반박하였다.

이로써 알 수 있듯이, 담조는 삼전에 대해 각각 칭찬과 비판을 하였다. 따라서 피석서의 『경학통론·춘추통론』에서는 다음과 같이 말했다. "담조가 『좌씨전』에 대해 말한 것은 남다른 식견을 가지고 있지만, 『공양전』·『곡량전』에 대해 말한 것은 그 득실이 반반이다."

제4절 삼전三傳의 통합과 『춘추』의 새로운 예例

담조의 『춘추』 연구는 경문의 이해를 위주로 했기 때문에 삼전의 장단점을 취사선택했다. 담조가 말했다.

따라서 삼전이 나누어져서 전해졌지만, 그 원류는 같다는 것을 알 수 있다. 장점을 선택하여 따른다면 또한 반절은 넘을 것이다. 타당한 데로 귀결되는데 또한 무슨 일정하게 정해진 스승이 있겠는가? 지금 『공양전』·『곡량전』 두 전은 거의 끊어졌고, 『좌씨전』을 공부하는 자들은 모두 경經을 의심하여 전傳만을 남겨둔 채, 전傳의 사적을 담론하고 전傳의 문채를 완미하면서, 『좌씨전』 공부를 마치 사적을 열람하듯 이 하니, 『춘추』의 은미한 뜻이 있다는 것을 다시는 알지 못했다. 아! 상자만 사고 그 속에 든 진주는 돌려주니, 너무 괴이하지 않은가? 내가 삼전을 살펴서 단점을 버리고 장점을 취했으며, 또 선현들의 주석을 모았다. 또한 나의 생각으로 빠진 부분을 보완하고, 득실을 고려하고 검토했으며, 자세히 연구하여 드러내 펼침으로써 널리 통하기를 기대한다. 공자의 뜻을 거의 볼 수 있을 것이다.[48]

---

48) 陸淳, 『春秋集傳纂例』, 권1, 「啖氏集傳集注義」.

담조는 삼전이 그 원류가 같으며, 모두 성인으로부터 나왔다고 생각하였다. 따라서 그가 삼전을 두루 채택한 것은 각각의 장점을 선택함으로써 '공자의 뜻'을 이해하고자 한 것일 뿐이다.

삼전을 취사선택한 원칙에 대해, 담조는 다음과 같이 말했다.

나의 경전經傳 주석은 만약 옛날 주석의 이치가 통하면 그것에 의거하여 기록했다. 다소 통하지 않는 부분이 있으면 경문을 따라서 고쳤다. 이치가 다 드러나지 않은 것은 자세히 설명하여 소통시켰다. 이치가 통하지 않는 것은 전부 삭제하고 별도로 주를 달았다. 상세하게 알 수 없는 것은 옛 이론을 근거했을 뿐이다.[49]

조광이 말했다.

담조 선생이 삼전의 장점을 모아서 『춘추』를 해설했는데, 그 중에 미진한 것은 자신의 뜻을 진술하였고, 조례條例가 매우 명백하고 분명하니, 진실로 통현通賢이 한 일이다. 그러나 애석하게도 경經의 대의大義를 혹 밝게 드러내지 못하고, 전傳의 취사선택도 혹 잘못된 점이 있지만, 찬술纂述을 겨우 끝내서 상세하게 살펴지는 못했다.[50]

이것은 모두 담조가 삼전을 절충한 원칙이다.

한진漢晉시대에 『춘추』를 연구한 자들은 예例를 숭상하지 않는 사람이 없었다. 담조와 조광도 또한 그랬는데, 오직 새로운 예例를 별도로 만들었을 뿐이다. 조광은 그 예가 "대체로 세 가지가 있으며, 구분하면 열 가지가 된다"고 말했다. 조광은 그것을 '체體'라고 명명했는데, 실제로는 예例이다. 『춘추집전찬례』 권1 「조씨손익의 趙氏損益義」에 의하면, 그 예는 다음과 같다.

일반적인 전장제도는 모두 기록했다. 즉위即位·붕훙崩薨·졸장卒葬·조빙朝聘·

---

49) 陸淳, 『春秋集傳纂例』, 권1, 「啖氏集傳義例」.
50) 陸淳, 『春秋集傳纂例』, 권1, 「趙氏損益義」.

회맹盟會의 부류 등은 일반적인 전장제도에 속하기 때문에 당연히 모두 기록하고, 그것의 옳고 그름에 따라 포폄을 가했다.

국가의 큰일은 항상 기록한다. 제사祭祀·혼인婚姻·부세賦稅 및 군대와 관련된 일과 사냥 등의 부류는 모두 국가의 큰일이므로 마땅히 기록해야 한다. 그것이 예법에 합치되는 경우에는 기록하지 않으니, 『공양전』·『곡량전』에서 '일상적인 일은 기록하지 않는다'(常事不書)고 말한 것과 같다. 예법에 맞지 않거나 변례變例 중에서 올바름에 합치하는 것은 취하여 기록하고, 그 문장을 더하거나 빼는 형식으로 포폄의 뜻을 드러냈다.

일상적이지 않은 일은 마땅히 기록한다. 경서慶瑞·재이災異 및 임금의 피살과 체포, 도망치거나 추방되는 것, 달아나거나 배반하는 것, 나라로 돌아오거나 들어오는 것, 나라로 들여놓거나 임금으로 세우는 것 등의 부류는 모두 일상적이지 않은 일이기 때문에 공자가 포폄을 가했다.

조광은 이 세 가지를 "술작述作의 큰 범례(大凡)"라고 하고, 또 그것을 열 가지로 구분하였다. '모두 기록함으로써 사실을 표시하는 것'(悉書以志實), '일상적인 것을 생략함으로써 예禮를 밝히는 것'(略常以明禮), '말을 생략함으로써 간략함을 따르는 것'(省辭以從簡), '문장을 바꿈으로써 의리를 보여 주는 것'(變文以示義), '말을 곧바로 함으로써 뜻을 드러내는 것'(卽辭以見意), '옳은 것을 기록함으로써 그름을 드러내는 것'(記是以著非), '숨기는 것을 보여 줌으로써 예禮를 보존하는 것'(示諱以存禮), '노나라의 일을 상세하게 기록함으로써 외국과 차별화하는 것'(詳內以異外), '빠지거나 생략된 내용은 옛 역사를 따른 것'(闕略因舊史), '말을 덜어 내거나 더함으로써 말을 완성하는 것'(損益以成辭)이다.

그런데 담조와 조광이 말한 것은 모두 매우 간략하다. 육순의 『춘추집전찬례』에서는 권2 「공즉위례公卽位例」부터 권9 「일월위례日月爲例」까지 모두 26조목에 걸쳐, 『춘추』의 예例를 상세하게 논하였다.

담조·조광·육순은 『춘추』의 새로운 예例 규정을 통해서, 자신들의 『춘추』 해석을 삼전을 대신하는 새로운 전傳이 되도록 하였다. 『신당서』에서 "자신이 계승한 학문을 근본으로 삼지 않았으며, 스스로 자기 학문에 이름을 붙였다"51)고 말한 것은 바로 이 때문이다.

주이존朱彝尊의 『춘추집전찬례春秋集傳纂例』「서序」에서 다음과 같이 말했다.

위진魏晉시대 이전에 『춘추』를 말한 자들은 대의大義를 통하기 시작했을 뿐이다. 통하지 않는 내용이 있으면 죽을 때까지 말하지 않았고, 혹은 자기 스스로가 그 뜻을 혼란스럽게 만들었다. 두예로부터 예例를 가지고 『좌씨전』을 해석하였다. 그 이론은 정례正例·변례變例·비례非例의 구분이 있고, 오체五體로 구별하여 경전經傳의 은미한 뜻을 찾았다. 『춘추』를 말하는 자들이 그것을 종주로 삼았지만, 여전히 간략하여 다 갖추지 못했다. 담조·조광·육순의 책이 나오자, 예例가 크게 갖추어졌다. 거의 명주실과 삼실로 짠 신발처럼 문란하지 않으니, 『춘추』에 대한 공적이 매우 크다.

주이존은 담조·조광·육순의 새로운 예例를 매우 존숭하였고, 또한 그들의 예例가 두예의 뜻을 이어서 크게 잘 갖추어졌다고 생각하였다.

제5절 조광趙匡의 "좌씨左氏는 구명丘明이 아니다"라는 주장

금고문 논쟁의 초점은 『좌씨전』이 경전을 해석한 책인가의 여부, 혹은 『춘추』의 전傳인가의 여부에 있다. 전한의 박사 이후에 이 문제는 끊임없는 토론의 대상이었다. 먼저 한대의 유흠劉歆이 "좌구명左丘明은 좋아하고 싫어하는 것이 성인과 같았고, 공자를 직접 보았다"52)고 했는데, 범승范升은 "『좌씨전』은 공자를 조술祖述하지 않았고, 구명丘明으로부터 나왔다"53)고 말했다. 진晉나라 왕접王接은 "『좌씨전』의

---

51) 『新唐書』, 「儒學傳」.
52) 『漢書』, 「楚元王傳」.
53) 『晉書』, 「王接傳」.

언사와 의리는 매우 풍부하여, 그 자체로 일가一家의 책이니, 『춘추』 경전을 드러내는 것을 위주로 하지 않았다"[54]고 했다. 이것은 모두 금고문 논쟁과 관련된 대답이다. 조광에 이르러 좌씨左氏와 『논어』에 보이는 좌구명左丘明이 결코 같은 사람이 아니라고 했으니, 운무를 활짝 걷어내는 주장이라고 할 수 있다.

좌구명左丘明이라는 사람에 관한 기록은 『논어』에 가장 먼저 보인다.

> 말을 듣기 좋게 하고, 얼굴빛을 곱게 하며, 공손을 지나치게 함을 옛날 좌구명左丘明이 부끄러워했는데, 나 또한 이것을 부끄러워하노라. 원망을 감추고 그 사람과 사귀는 것을 좌구명이 부끄러워했는데, 나 또한 이것을 부끄러워하노라.[55]

단지 이 몇 마디의 글자만을 가지고 말한다면, 사실 좌구명과 『춘추』가 어떠한 관계가 있는지 보이지 않으며, 좌구명은 단지 공자가 말했던 노팽老彭·백이伯夷와 같은 부류의 현자일 뿐이며, 또 활동한 시대도 공자보다 뒤가 될 수 없다.

좌구명과 『좌씨춘추』를 연계하기 시작한 것은 주요하게 다음의 기록들에서 보인다.

> 이 때문에 공자는 왕도를 밝히기 위해 70여 명의 군주에게 요구했지만 등용되지 못했다. 따라서 서쪽으로 가서 주나라 왕실의 전적을 살펴보고, 역사기록과 전해들은 옛이야기를 논술했는데, 노나라에서 떨치고 일어나서 『춘추』를 편찬하였다. …… 70명의 제자들이 공자가 전한 요지를 입으로 전수받았는데, 풍자하거나 비난한 글, 칭찬하거나 숨기는 글, 비판하거나 폄하하는 글이 있어서 기록해서 드러낼 수 없었기 때문이다.[56]

『엄씨춘추嚴氏春秋』에서 인용한 「관주편觀周篇」에서 말했다. "공자가 『춘추』를 손

---

54) 『晉書』, 「王接傳」.
55) 『論語』, 「公冶長」.
56) 『史記』, 「十二諸侯年表」.

질하려고 할 때, 좌구명과 함께 수레를 타고 주나라로 가서, 주나라 사관에게서 책을 보았다. 돌아와서 『춘추』의 경經을 손질했고, 좌구명은 그 전傳을 지었으니, 두 가지가 서로 표리가 된다."57)

좌구명左丘明은 노魯나라 태사太史이다.58)

공자는 앞선 성인의 사업을 보존하려고 생각했다.…… 공자는 노나라가 주공周公의 나라이므로 예의와 문물을 갖추고 있고, 사관史官은 법도가 있었다고 여겼다. 따라서 좌구명左丘明과 함께 그 역사 기록을 밝게 관찰하여, 일을 근거하고 인도人道를 그대로 따르며, 흥성한 것으로 인해 공적을 세우고, 패배에 입각하여 벌을 이루었다. 일월日月을 빌려 역수曆數를 정하고, 조빙朝聘의 예법을 빌려 예악禮樂을 바로잡았다. 칭찬하거나 숨기거나 비판하거나 폄하하는 경우는 책에 드러낼 수가 없어서 제자들에게 입으로 전수했는데, 제자들이 물러나와 서로 말을 다르게 하였다. 좌구명은 공자의 제자들이 제각기 자신의 생각에 안주하여 진실을 잃어버릴까 염려하였다. 따라서 『춘추』에 기록된 본래의 일을 논해서 전傳을 지어서, 공자가 공허한 말로 경전을 말한 것이 아님을 밝혔다.59)

유흠은 생각하기에, 좌구명은 좋아하고 싫어하는 것이 성인과 같았고, 공자를 직접 보았지만, 공양公羊과 곡량穀梁은 공자의 70명의 제자의 후학이기 때문에 전해들은 것과 직접 본 것에서 좌구명과 공양·곡량의 상세함과 간략함이 같지 않다고 여겼다.60)

『춘추』는 좌구명左丘明이 손질했는데, 모두 고문古文으로 된 옛 책이며, 많게는 20여 편이나 되었다. 황실의 비부秘府에 보관된 채, 숨겨져서 발견되지 못했다.…… 좌씨가 『춘추』에 전傳을 달지 않았다고 말하니, 어찌 슬프지 않겠는가!61)

---

57) 『左氏傳』 「序」, 孔穎達 疏에서 인용한 陳나라 沈文阿의 말.
58) 『漢書』, 「藝文志」.
59) 『漢書』, 「藝文志」.
60) 『漢書』, 「楚元王傳」.

좌구명左丘明이 중니仲尼에게 경經을 전수받고서 경經은 삭제할 수 없는 글이라고 여겼다.…… 좌구명은 노나라의 사관史官의 신분으로서 직접 많은 서적들을 보고서, 반드시 널리 기록하고 자세하게 갖추어 말했다.[62]

중니仲尼가 위衛나라부터 노魯나라로 돌아와서, 『춘추』를 손질하여 소왕素王이 되었고, 좌구명左丘明은 소신素臣이 되었다.[63]

좌구명左丘明은 『춘추』 경經의 전傳을 지었다. 따라서 중니에게 경經을 전수받았다고 말하더라도, 반드시 직접 경經을 주고받으면서 좌구명에게 전傳을 짓도록 한 것은 아니다.[64]

이 외에 사마천은 또 좌구명이 『국어國語』를 지었다고 말했고, 「보임안서報任安書」 및 『사기』「태사공자서太史公自序」에서 모두 "좌구左丘는 실명하자 『국어』를 지었다"고 했다. 반고의 「사마천전司馬遷傳」에서는 또 "공자가 노나라의 역사 기록을 근거로 삼아서 『춘추』를 지었으며, 좌구명은 『춘추』에 실려 있는 본래의 일을 논하고 편집하여 『춘추』의 전傳을 지었고, 또 그것과 같거나 다른 일을 모아서 『국어』를 지었다"고 했다. 후대 사람들은 마침내 『좌씨전』과 『국어』를 『춘추』의 내전內傳·외전外傳으로 삼았고, 모두 좌구명 한 사람의 작품이라고 여겼다. 청대 유봉록에 이르러 다시 『좌씨전』은 곧 『고문춘추국어古文春秋國語』라고 지적했고, 강유위는 심지어 『좌씨전』은 유흠이 『국어』에서 떼어내어 만든 위작이라고까지 했다.

『좌씨전』의 작자에 관한 조광의 견해는 주로 『춘추집전찬례』권1「조씨손익의趙氏損益義」라는 글 속에 보인다. 조광은 비록 삼전을 함께 채용했지만, 이 글에서는 주로 『좌씨전』의 견해를 물리치고 있다. 따라서 "좌씨左氏는 구명丘明이 아니다"라는

---

61) 『漢書』, 「楚元王傳」.
62) 『左氏傳』, 「序」(杜預).
63) 『左氏傳』, 「序」(杜預).
64) 『左氏傳』, 「序」, 孔穎達 疏.

주장을 제시하니, 또한 후세 공양가가 매우 즐겨 말하는 주장이 되었다. 조광이 그렇게 주장한 이유는 주로 다음과 같은 몇 가지 항목이 있다.

첫째, 『좌씨전』은 역사서이고, 『공양전』·『곡량전』은 경經을 고수하여, 그 문체가 같지 않다. 한편 『좌씨전』의 문체로 말하면, 구명丘明은 당연히 공자 문하의 후대 사람이다. 다른 한편으로 『논어』에서 구명에 대한 공자의 칭찬을 가지고 말하면, 마땅히 공자 이전의 현인이다. 이에 근거하면, 좌씨와 구명은 결코 한 사람이 아니다.

조광은 자신의 주장을 증명하고자 『사기』의 역사 기록에 관한 기재에 대해 질의하였다. 예를 들어 여불위呂不韋가 『여씨춘추呂氏春秋』를 손질한 시간, 「여불위전呂不韋傳」과 「보임안서」의 설법이 같지 않다. 이로써 『사기』에는 본래 의심스러운 곳이 있기 때문에 『사기』에서 구명의 일을 말한 것도 또한 다 믿을 수는 없다.

둘째, 반고의 『한서』 「예문지」가 유흠의 『칠략七略』의 오류를 그대로 따르고 있다고 비평하였다. 조광이 말했다. "유흠은 개인적인 생각에서 좋아하는 것을 가지고 『칠략』을 편찬했다. 반고는 그것을 그대로 따라서 고치지 않았고, 후세에는 마침내 그것을 진실로 여겼다. 이것은 이른바 거짓을 전하고 잘못을 그대로 답습한다 거나, 가서 돌아오지 않는 것이다." 청대 사람들이 『한서』를 공격한 것도 대부분 조광의 이 주장을 채용한 것이다.

셋째, 『좌씨전』의 범례가 주공周公을 근본으로 한다고 여긴 두예의 오류를 비평하였다. 두예는 『좌씨전』 성립의 관건을 주공에게 가탁함으로써 범凡자를 드러내어 예例를 말했다. 그런데 조광은 다음과 같이 말했다.

두예가 말했다. "범례凡例는 모두 주공의 옛 전장제도와 예경禮經이다." 『좌씨전』의 범례를 살펴보면 다음과 같다. "범례에 의하면, 임금의 시해를 기록할 때 임금의 이름을 말한 것은 임금이 무도했기 때문이며, 신하의 이름을 말한 것은 신하의 죄이다."(『좌씨전』, 선공 4년) 그렇다면 주공이 임금을 시해하는 의례義例를 먼저 설치한 것인가? 또 말했다. "범례에 의하면, 군대를 크게 사용하면 멸망시켰다(滅)고 말하고, 땅을 점유하지 않으면 들어갔다(入)고 말한다."(『좌씨전』, 양공 13년) 또한 주공이 서로 멸망시키는 의례義例를 먼저 설치한 것인가? 또 말했다. "범례에 의하면, 제후들이 동맹을 맺으면, 죽었을 때 이름을 기록하여 부고한다."(『좌씨전』, 은공 7년) 이것은 주공이 선군先君의 이름을 불러서 이웃 나라에 보고하도록 한 것인가? 비록 이적夷狄이라고 하더라도 이러한 지경에 이를 리는 없다. 또 말했다. "범례에 의하면, 평지에 눈이 한 자가 쌓이면 큰 눈(大雪)이다."(『좌씨전』, 은공 9년) 이것을 재앙으로 여긴 것인가? 한 자의 눈은 풍년의 징험이다. 아니면 일상적인 예例로써 마땅히 기록해야 한다고 여긴 것인가? 242년 동안 큰 눈이 두 차례만 내렸을 리가 없다. 이와 같은 종류는 같은 부류의 범례로 묶어서 말할 수가 없다. 유흠과 두예의 말은 너무나 천근하다. 좌씨가 결코 공자와 동시대의 인물이 아니라는 것은 너무나 분명하다.[65]

여기에서의 조광의 비평은 매우 설득력이 있다. 그 후에 유종원柳宗元 · 피석서皮錫瑞가 모두 이 주장을 답습하였다.

넷째, 『죽서기년竹書紀年』의 오류를 비평하여, 좌씨가 공자로부터 직접 『춘추』를 전수받았다는 근거로 삼기에 부족하다고 주장하였다. 조광은 『죽서기년』이 『좌씨전』보다 뒤에 나왔기 때문에 『죽서기년』과 『좌씨전』이 서로 부합하는 내용을 가지고 좌씨가 공자로부터 나왔다는 증거로 삼기에는 부족하다고 주장하였다.

다섯째, 『춘추』와 『국어』는 한 사람의 작품이 아니라고 주장했다. 조광이 말했다. "『좌씨전』과 『국어』는 문체가 같지 않고, 사건의 서술도 많이 다르기 때문에 결코 한 사람의 작품이 아니다. 좌씨는 여러 나라의 역사 서적을 널리 모아서 『춘추』를 해석했다. 『좌씨전』이 성립된 이후에, 그 집안의 자제와 문인들은 나라를 다스리는 좋은 계책이나 사적事蹟이 『좌씨전』 속에 많이 들어가 있지 않거나 혹은 비록 『좌씨전』 속에 들어 있기는 하지만 내용이 결코 같지 않다는 것을 발견하였다. 따라서 각각 나라별로 편집하여 『국어』라는 책을 만들어서 이문異聞을 넓힌 것일 뿐이다. 예부터

---

65) 陸淳, 『春秋集傳纂例』, 권1, '趙氏損益義'.

어찌 성이 좌左씨로서 이름이 구명丘明인 사람이 한 사람뿐이겠는가? 어찌 좌씨左氏라고 책의 제목을 붙인 것을 보고서 그 사람을 모두 구명丘明이라고 부르는가?'

여섯째, 육덕명陸德明이 기술한 『좌씨전』 전수 원류源流를 비평하였다. 조광이 말했다. "최근의 학자들은 또한 망령되이 다음과 같이 기록하였다. '좌구명左邱明이 노魯나라 증신曾申에게 전수했고, 증신은 오기吳起에게 전수했다. 오기는 자기 아들 오기吳期에게 전수했고, 오기는 초楚나라 사람 탁초鐸椒에게 전수했다. 탁초는 우경虞卿에게 전수했고, 우경은 순황荀況에게 전수했다. 순황은 장창張蒼에게 전수했고, 장창은 가의賈誼에게 전수했다.'66) 이것은 최근의 학자들이 『좌씨전』을 숭상하고자 하여, 제멋대로 이렇게 기록한 것이다. 『좌씨전』의 전수관계가 분명히 이와 같다면, 『한서』의 「장창전張蒼傳」·「가의전賈誼傳」 및 「유림전」에는 무슨 이유로 기록하지 않았는가? 그것이 거짓임을 알 수 있다." 이것은 육덕명의 망령됨을 비난한 것이다.

조광은 "좌씨左氏는 구명丘明이 아니다"는 주장을 제시했는데, 그 영향이 매우 컸다. 사마천·반고 이래의 고정관념을 완전히 뒤집어 버렸고, 후대 사람들 중에 그 주장을 계승하여 발전시킨 사람들이 많았다. 예를 들어 송대 진진손陳振孫의 『직재서록해제直齋書錄解題』, 유안세劉安世의 『원성어록元城語錄』, 원대 정단학程端學의 『춘추본의春秋本義』, 청대 최술崔述의 『수사고신록洙泗考信錄』, 유봉록劉逢祿의 『좌씨춘추고증左氏春秋考證』, 양계초梁啓超의 『고서진위급기연대古書眞僞及其年代』 등은 모두 이 주장을 근거로 삼아서 논의를 확장시킨 것이다.

그런데 구명丘明이 두 명이라는 주장에 대해, 장태염章太炎은 매우 강하게 비판했다. 그는 조광이 명확한 근거도 없이 단지 억설한 것에 지나지 않는다고 주장했다. 또한 『좌씨전』에 노나라 도공悼公 때의 일을 기록하고 있다. 이때의 구명의 나이를 추산해 보면, 80세에 지나지 않기 때문에 이때의 구명과 공자를 직접 보았다는 구명이 반드시 동일인이 될 수 없는 것도 아니다.67)

---

66) 『經典釋文』, 「敘錄」.
67) 章太炎, 『春秋左傳讀敘錄』(『章太炎全集』 제2책, 828~829쪽).

담조·조광·육순의 새로운 춘추학은 양한시대에 하나의 경전을 전문적으로 연구하는 학문의 반동이며, 삼전을 함께 채용하는 자세로 본래의 경經을 직접 탐구하였다. 그뿐만 아니라 후한시대에 점점 성행한 좌씨학에 대한 반동이기도 했기 때문에 『공양전』·『곡량전』 두 전을 많이 취했고, 『좌씨전』에 대해서 더욱 많이 배척하였다. 이 때문에 『신당서』에서는 담조가 "『공양전』·『곡량전』 두 학파를 좋아했고, 『좌씨전』의 경의經義는 오류가 많다고 여겼다"고 했다. 이러한 두 가지 태도는 송대 이후의 춘추학 연구에 직접적인 영향을 끼쳤다.

담조·조광·육순 이후 그들을 계승하여 홍기한 자들이 매우 많았다. 노동盧仝이 『춘추적미春秋摘微』 4권을 지었는데, 한유韓愈가 시를 지어 노동에게 보내서 말하기를, "『춘추』 삼전은 높은 누각에 묶어두고, 혼자서 남겨진 경經을 껴안고 끝까지 연구하네." 이것은 또한 담조 학파에 대한 평설로 볼 수 있다. 이 외에도 『신당서』「경적지」에 의하면, 풍항馮伉의 『삼전이동三傳異同』 3권, 유가劉軻의 『삼전지요三傳指要』 15권이 있으며, 위표미韋表微의 『춘추삼전총례春秋三傳總例』 20권, 왕원감王元感의 『춘추진체春秋振滯』 20권, 한황韓滉의 『춘추통례春秋通例』 1권이 있다. 이 책들은 모두 삼전의 조화를 종지로 삼고 있다.

그 후 송대 학자들이 당대 사람들의 경학 성과를 계승하여, 전傳을 버리고 경經으로 나아갔으며, 경經을 중시하고 전傳을 경시하여 경經으로 경經을 탐구하는 데 이르렀다. 따라서 주자는 담조 등을 높이 숭상하여, "조광·담조·육순은 모두 말한 내용이 좋다"고 했고, 원대의 오징吳澄은 "당대의 담조·조광·육순 세 사람은 경經을 믿고 전傳을 논박했으며, 성인의 서법을 모아서 예例를 만들어서 그 의리의 열 가지 중에 일곱에서 여덟 가지를 얻었다. 한대 이래로 누군가 그들보다 앞선 자가 있다는 것을 듣지 못했다"고 말했다. 피석서의 『경학통론·춘추통론』에서는 "송대 사람들이 『춘추』를 말할 때, 담조·조광·육순 일파를 근본으로 삼았지만, 담조·조광·육순만큼 공평하고 타당하지는 못했다"고 했다. 이것은 모두 담조·조광의 학문을 크게 칭찬한 것이다.

그런데 그들을 비평한 사람도 있었다. 예를 들어 구양수歐陽修는 다음과 같이 말했다.

담조는 당나라시대에 『춘추』 연구로 유명한데, 삼가를 싸잡아 비판하고, 자신이
계승한 학문을 근본으로 삼지 않았으며, 스스로 자기 학문에 이름을 붙여서 개인적
인 견해에 따라 제멋대로 결단하고, 그것을 높여서 "공자의 뜻이다"라고 하였다.
조광·육순이 그것을 따라서 제창함으로써 마침내 한 시대에 이름을 날렸다.
아! 공자가 죽은 지 수천 년이 지났는데, 담조가 드러낸 것이 과연 공자의 뜻이겠는가?
반드시 그렇다고 할 수는 없을 것이다. 반드시 그렇다고 할 수는 없는 것을 가지고
반드시 그렇다고 하니, 완고한 것이다. 자기 개인의 고집을 가지고 이 세상에서
외치니, 세상을 속이는 것이다. 세상을 속이고 완고한 것은 군자가 취할 행동이
아니니, 담조는 과연 옳다고 말하겠는가? 다만 후세의 학자들로 하여금 궤변을
천착하고, 앞 사람을 비난하며, 기존의 정설을 버리고서 논의가 분분하게 만들었으
니, 이것은 담조가 그 계기를 만든 것이다.[68]

청대 사고관신四庫館臣은 담조·조광·육순이 "전傳을 버리고 경經의 뜻을 구한
것은 사실상 송나라 사람들의 선하를 열었으며", "견강부회의 잘못을 깨뜨린 것은
그 공적도 또한 없앨 수 없다"[69]고 했다. 또 "그 정미하고 핵심적인 곳을 간추려
보면, 실로 한대 이래의 학자들이 드러내 밝히지 못한 것이 있다"[70]고 했으니,
진실로 공평하고 타당한 논의이다.

---

68) 『新唐書』,「儒學傳」.
69) 『四庫全書總目提要』,「經部·春秋類 一」, '春秋集傳纂例' 조목.
70) 『四庫全書總目提要』,「經部·春秋類 一」, '春秋集傳辨疑' 조목.

제8장 양송兩宋시대의 춘추학 연구

전한시대 이후, 학자들의 경전 연구는 하나의 경전을 전문적으로 연구하였고, 각각 자신의 가법을 지키는 것을 자랑스러워하지 않는 사람이 없었다. 오직 고훈古訓만을 법도로 삼고, 사제지간은 단지 옛것을 그대로 답습할 뿐이었다. 그런데 중당시대 이후로, 담조·조광·육순이 삼전三傳의 절충을 학문의 요지로 삼았고, 심지어 전傳을 버리고 경經을 탐구하였다. 이때에 이르러 학자들은 하나의 경전만을 전문적으로 연구하지 않고, 다양한 경전을 소통하는 학문으로 서로를 존중했다. 그러한 유풍의 여운은 송대까지 이어져서, 경을 의심하고 경을 고치는 망령됨이 남아 있었다. 그러나 항상 마음속의 생각을 곧바로 말했을 뿐, 성인의 본지를 진정으로 깊이 탐구하지는 못했다.

당시의 풍조가 비록 그렇기는 했지만, 송대 초기의 경학은 여전히 옛 뜻을 돈독하게 지킴으로써 한·당시대 주소注疏의 학풍을 계승하였다. 경력慶曆 연간에 이르러서는 그 학문적 풍토가 크게 변화하였다.[1] 이 상황에 대해, 왕응린王應麟은 다음과 같이 말했다. "한대 학자들로부터 경력 연간에 이르기까지, 경經을 담론하는 자들은 훈고訓故를 지키면서 천착하지 않았다. 『칠경소전七經小傳』이 나오자 새롭고 기발한 것을 조금씩 숭상하기 시작하였다. 『삼경의三經義』가 유행하자 한대 학자들의 학문을 마치 흙으로 만든 인형처럼 하찮고 쓸모없는 것으로 간주하였다."[2] 육유陸游도 또한 말했다. "당대 및 송대 초기에는 학자들이 감히 공안국孔安國·정현鄭玄을 비난하지 못했는데, 하물며 성인은 어떠하겠는가! 경력 연간 이후, 학자들은 경經의 요지를

---

1) 皮錫瑞, 『經學歷史』, 156쪽 참조.
2) 王應麟, 『困學紀聞』, 권8, 「經說」.

드러내 밝혔는데, 앞 시대의 사람들이 미칠 수 있는 수준이 아니었다. 그러나 「계사전繫辭傳」을 배척하고 『주례周禮』를 훼손했으며, 『맹자孟子』를 의심하고 『서書』의 「윤징胤徵」과 「고명顧命」을 비난했으며, 『시詩』의 서序를 축출하였다. 경經에 대한 평론을 어렵게 여기지 않았으니, 하물며 전傳과 주注는 어떻겠는가!" 이로써 당시의 학문적 풍토를 엿볼 수 있다.

이러한 학문적 풍토는 사실상 담조·조광의 춘추학으로 그 근원을 거슬러 올라갈 수 있다. 조공무는 일찍이 이에 대해 다음과 같이 논한 적이 있다.

담조와 조광 이후의 학자들은 경문을 인용하여 전문을 공격하기를 좋아하였다. 혹 분명하지 않으면 자신의 억측에 기대어 결단하니, 그 잘못은 천착하는 것이다.[3]

송대 학자들의 경전 해석은 비록 위로 담조·조광의 학풍을 계승했지만, 사실상 그것을 뛰어넘는 점이 있다.

당시의 상황에 대해 사고관신은 다음과 같이 말했다.

대체로 삼전三傳의 이론을 믿지 않는 것은 담조와 조광으로부터 시작된다. 그 후에 세 개의 유파로 나누어졌다. 손복孫復의 『존왕발미尊王發微』 이후로 전傳을 버려두고서 전傳을 반박하지 않는 유파이다. 유창劉敞의 『춘추권형春秋權衡』 이후로 삼전의 의례義例를 반박하는 유파이다. 섭몽득葉夢得의 『춘추언春秋讞』 이후로 삼전의 전고典故를 반박하는 유파이다. 정단학程端學에 이르러서는 이 세 유파를 겸해서 채용했을 뿐만 아니라, 또한 『좌씨전』을 위조된 책으로 여겼는데, 상황이 더욱 격화되어 사람들이 어떻게 여기는지는 전혀 신경을 쓰지 않았다. 이때에는 제멋대로 해석하는 것이 극에 달했다.[4]

피석서는 송대 학자들의 『춘추』 연구가 모두 담조·조광 일파에서 나왔다고

---

3) 晁公武, 『郡齋讀書志』, 권3.
4) 『四庫全書總目提要』, 「經部·春秋類 三」, '春秋三傳辨疑' 조목.

주장했다. 사고관신은 양송시대 춘추학이 비록 손복·유창·섭몽득 등의 세 유파가 있지만, 그 근원을 따져 보면 사실상 담조·조광으로부터 흘러나온 것이라고 말했다.

제1절 손복孫復

손복孫復(992~1057)은 자가 명복明復이고, 진주晉州 평양平陽 사람이다. 진사 시험에 응시했다가 낙방하자, 물러나 태산泰山에 거주하면서 책을 짓고 강학하였다. 뒤에 범중엄范仲淹·부필富弼에 의해 천거되어 국자감직강國子監直講이 되었다.

손복은 『춘추』를 공부하여 『춘추존왕발미春秋尊王發微』 12편을 저술했는데, 『송사』 「유림전」에서 이 책이 "대체로 육순陸淳에 근본하면서 새로운 뜻을 더했다"고 했다. 또 구양수歐陽修의 「손선생묘지명孫先生墓誌銘」에 의하면, 추밀사樞密使 한기韓琦가 천자에게 아뢰어, 서리書吏를 선발하여 종이와 붓을 주고서, 손복의 문인인 조무택祖無擇에게 손복의 집에 가서 그의 책 15권을 입수하여 기록하고, 그 책을 비각秘閣에 보관하도록 명했다. 그런데 여기서 말한 편수는 『송사』와 합치되지 않는다. 『사고전서총목제요』에 의하면, 『춘추존왕발미』는 "실제로는 12권이다. 『중흥서목中興書目』을 살펴보면, 손복의 『춘추총론春秋總論』 3권이 별도로 있으니, 그것을 합치면 모두 15권이 된다. 지금 『춘추총론』은 이미 없어졌고, 오직 이 책만 아직까지 남아 있다."5) 『춘추존왕발미』·『춘추총론』 이외에, 정단학程端學은 손복에게 『삼전변실해三傳辨失解』라는 저술이 있다고 했으며, 주이존의 『경의고』에서는 정단학의 말에 의거하여 그 서목을 기록하였다. 그런데 『사고전서총목제요』에서는 다음과 같이 말했다. "『삼전변실해』는 역사서 분야에 수록되어 있지 않고, 학자들 중에 이 책을 말하거나 인용한 경우도 드물다. 『송사』 「예문지」 및 『중흥서목』을 살펴보면, 두 곳에 모두 왕일휴王日休가 지은 『춘추손복해삼전변실春秋孫復解三傳辨失』 4권이 수록되어 있다. 혹 이 책은

---

5) 『四庫全書總目提要』, 「經部·春秋類 一」, '春秋尊王發微' 조목.

왕일휴의 책인데, 정단학이 손복의 작품으로 잘못 생각한 것이 아닌가? 그렇다면 이 책은 손복을 논박한 책이지 손복이 지은 책이 아니다."[6]

손복의 『춘추』 연구는 거의 담조·조광 일파를 계승했는데, 오히려 그보다 더 뛰어난 부분이 있다. 구양수歐陽修의 「손선생묘지명孫先生墓誌銘」에서 손복의 학문을 다음과 같이 칭찬하였다.

> 선생의 『춘추』 연구는 전傳과 주注에 미혹되지 않았고, 왜곡된 이론을 만들어 경經을 어지럽히지 않았다. 그 말은 간단하고 쉬우며, 제후와 대부의 공적과 죄과를 밝힘으로써 시대의 성쇠盛衰를 고찰하고, 왕도의 치란治亂을 미루어 보니, 경經의 본의를 제대로 이해한 것이 많다.[7]

손복이 "전傳과 주注에 미혹되지 않은 것"은 전傳을 버리고 경經을 탐구한 것이다. 그가 경을 연구한 체례體例를 살펴보면, 앞 사람들과는 같지 않다. 육순의 『춘추집전찬례』·『춘추집전변의』·『춘추미지』 등의 책은 모두 먼저 삼전의 글을 인용한 이후에 자신의 뜻을 기록하였다. 『춘추존왕발미』는 삼전의 글을 말하거나 인용한 것이 거의 없고, 또 경문에 대한 해석도 항상 삼전의 밖으로 벗어나 있으며, 곧바로 자기의 뜻으로 재단할 뿐이다.

손복은 당오대唐五代의 혼란한 국면에 대해 경계했기 때문에 존왕尊王 사상을 발휘한 것이 더욱 깊고 절실하다. 『춘추』 은공 원년 '춘왕정월春王正月'을 해석한 조목에서 다음과 같이 말했다.

> 공자가 『춘추』를 지은 것은 천하에 왕王이 없었기 때문에 지은 것이지, 은공隱公을 위해 지은 것이 아니다. 그렇다면 『춘추』가 은공에서 시작한 것은 다른 이유가 아니라, (은공이 즉위할 당시) 평왕平王이 왕으로서의 역할이 끝나 버렸기 때문이다.

---

6) 『四庫全書總目提要』, 「經部·春秋類 一」, '春秋尊王發微' 조목.
7) 孫復, 『春秋尊王發微』, 「附錄」 참조.

무슨 의미인가? 옛날 유왕幽王은 화를 만났고 평왕平王은 동쪽으로 천도하였다. 평왕은 이미 왕 노릇을 하지 못했고, 주나라의 도는 끊어져 버렸다.……『춘추』가 은공으로부터 시작되는 것은 천하에 다시는 왕이 없었기 때문이다. 대체로 그 말단을 다스리고자 하는 자는 반드시 그 근본을 먼저 바로잡고, 그 끝을 엄중하게 하고자 하는 자는 반드시 그 시작을 먼저 바르게 한다. 원년元年에 왕王이라고 기록한 것은 근본을 바로잡은 것이고, 정월正月을 기록한 것은 시작을 바르게 하는 것이다. 그 근본이 이미 바로잡히고, 그 시작이 이미 바르게 된 이후에 대중大中의 법도로써 주살하거나 상을 준다. 따라서 '원년춘왕정월元年春王正月'이라고 말한 것이다. 은공은 어째서 즉위를 기록하지 않았는가? 올바르기 때문이다. 5등급의 제도에서, 비록 대를 이은 임금이라고 하더라도 모두 천자에게 재가를 요청한다. 은공이 혜공惠公을 계승한 것은 천자의 명령이다. 따라서 즉위를 기록하지 않음으로써 올바름을 보인 것이다.[8]

살펴보건대, 삼전에서는 모두 즉위를 기록하지 않은 것을 은공이 임금이 된 것이 아니라고 여긴다. 그러나 손복은 은공의 즉위를 기록하지 않은 것은 천자에게 요청했기 때문에 올바른 것이며, 은공이 적자인지 서자인지의 여부와는 무관하다고 주장했다. 따라서 은공의 뒤를 이은 환공桓公의 즉위를 기록한 것은 곧 "환공이 은공을 시해하고 스스로 즉위했으니, 천자가 명한 것이 아니기 때문이다."[9] 장공의 즉위를 기록하지 않은 것도 "장공은 환공을 계승했으니, 천자가 명했기 때문이다."[10] 이로써 알 수 있듯이, 손복이 밝힌 즉위卽位의 예例는 그의 존왕尊王사상을 크게 드러내고 있다.

손복이 주장하는 존왕사상의 큰 요지는 이와 같다. 그런데 그가 역사적 사건을 논한 것을 살펴보면, 삼전을 전부 버린 채 근본으로 삼은 것이 없으며, 온전히 자기 마음속의 생각에 근거하고 있을 뿐이다. 소철蘇轍의 『춘추집전春秋集傳』에서는

---

8) 孫復, 『春秋尊王發微』, 권1.
9) 孫復, 『春秋尊王發微』, 권2.
10) 孫復, 『春秋尊王發微』, 권3.

손복이 "삼전을 전부 버리고 결코 취하지 않았다"고 비평했고, 섭몽득葉夢得은 다음과 같이 더욱 심하게 비판하였다. "손복의 『춘추』는 오로지 전傳을 폐기하고 경經을 따른다. 그러나 경經의 예例를 다 통달한 것도 아니고, 또 예학禮學에 깊은 조예가 있는 것도 아니다. 따라서 그 말이 대부분 스스로 모순되고, 경經에 큰 해를 끼친 경우도 있다. 비록 예禮를 가지고 당시의 잘못된 세태를 의론했지만, 예禮와 관련된 제도를 제대로 알지 못했기 때문에 그 의론이 매우 천박하다."11) 그런데 구양수歐陽修는 그가 '경經의 본의'를 제대로 이해했다고 말하니, 또한 너무 허황되고 미화된 말이 아니겠는가!

손복의 『춘추』 연구는 또한 엄격하고 각박한 의론을 좋아하였다. 조공무의 『군재독서지』 권3에 상질常秩의 다음과 같은 말이 실려 있다. "손복의 『춘추』 저술은 마치 상앙商鞅의 법에서 길에 재를 버리는 자는 형벌을 받고, 지적地積의 단위인 보步가 6척尺을 넘어가는 자에게 형벌을 준 것과 같다."12) 호안국胡安國도 상질의 말이 옳다고 여겼고, 가현옹家鉉翁은 손복의 이론이 '법가法家의 말이라고까지 했다.

원대의 황택黃澤(1260~1346)이 말했다. "손복은 『춘추』에는 비판만 있고 칭찬은 없다고 말했다. 만약 여기에 근거하여 경經을 해석하면, 잘못되고 어긋남을 감당할 수 없을 것이다."13) 『사고전서총목제요』에서는 상질의 말을 적절한 평론이라고 여기고, 손복의 『춘추』 연구는 "비난만 있고 칭찬이 없으니, 대체로 엄격하고 각박한 것을 위주로 한다"고 하였으며, 또한 이를 통해 송대 학자들을 다음과 같이 비판하였다.

> 송대 학자들은 즐겨 엄격하고 각박한 의론을 하면서도 도리어 서로서로를 추켜세웠으며, 그러한 논의가 끝없이 확장되어 마침내는 공자가 필삭한 『춘추』를 무고한 자를 얽어매는 법으로 바꾸어 버렸다. 『춘추』를 잘 아는 것은 맹자보다 더한 사람이 없는데, 그는 단지 "『춘추』가 완성되자 난신적자가 두려워하였다"고 말했을

---

11) 朱彛尊, 『經義考』, 권179.
12) 역자 주: 商鞅은 주나라 때의 地積 단위가 8尺을 1步로 삼은 것을 6척으로 바꾸어서 토지의 세수를 올리려고 하였다.(『사기』, 「李斯列傳」 참조)
13) 朱彛尊, 『經義考』, 권179.

뿐이다. 가령 240년의 역사 중에 난신적자가 아닌 사람이 없다면 손복의 주장이
타당하다. 만약 모두가 난신적자인 것은 아니라면, 성인도 반드시 가려서 취할
만한 것이 있을 것이니, 어찌 천자로부터 제후와 대부에게 이르기까지 주살과
지위 박탈을 가하지 않는 사람이나 일이 하나도 없는 지경에 이르겠는가? 지나치게
깊이 파고들어서 도리어 『춘추』의 본지를 잃는 것이 사실상 손복으로부터 시작되었
다.…… 후대에 『춘추』를 말하는 자들 중에서 각박하고 신랄한 글로 죄를 판결하는
학문을 한 자들은 대체로 손복의 이 책을 근거로 삼은 것이다.14)

진실로 이 주장과 같다면, 송대 학자들이 천리天理 · 인욕人欲을 분별하고, 은미한
하나의 생각에 대해서조차 도끼와 칼로 베거나 잘라서, 이처럼 참혹하게 하지
않음이 없는 것도 혹 손복의 『춘추』에 그 근본을 두고 있을 수도 있다. 그 후에
주희는 "천리天理를 보존하고 인욕人欲을 없앤다"는 이론을 드러냈기 때문에 손복을
크게 존숭하여 다음과 같이 말했다.

근래에 『춘추』를 말하는 자들은 모두가 이로움과 해로움을 따지고 헤아리기 때문에
대의大義는 도리어 드러난 적이 없다. 예를 들어 당대 육순이나 송대 손복의 무리들은
그들이 비록 성인의 경전을 깊이 이해하지는 못했지만, 그들이 정치의 도리를
미루어 밝힌 것을 보면 위엄이 있어서 두려워할 만하기 때문에 결국은 성인의
생각을 이해한 것이다.15)

여기에서 알 수 있듯이, 리학理學은 송대 초기의 세 선생에게 취한 것이 있었는데,
이것이 바로 그 하나의 단서이다.

손복과 동시대의 인물로는 호원胡瑗과 석개石介가 있다. 두 사람은 모두 『춘추』를
연구하여, 송대 리학理學의 선하를 열었다.

---

14) 『四庫全書總目提要』, 「經部 · 春秋類 一」, '春秋尊王發微' 조목.
15) 『朱子語類』, 권83.

제2절 유창劉敞

유창劉敞(1019~1068)은 자가 원보原父이고, 임강臨江 신유新喩 사람이다. 경력慶曆 연간에 진사 시험에 응시하여 정시廷試에서 장원을 차지했다. 인종仁宗・영종英宗 두 조정에서 벼슬을 했으며, 관직은 집현원학사集賢院學士에 이르렀다. 유창은 항상 영종을 모시고 강독했는데, 매번 다루는 일마다 경經을 근거로 삼아서 풍간諷諫하였다. 구양수歐陽修의 「묘지명墓誌銘」에 의하면, 유창의 학문은 깊고 넓어서, "육경六經・백씨 百氏・고금전기古今傳記로부터, 아래로는 천문天文・지리地理・복의卜醫・수술數術・부 국浮國・노장老莊의 이론에 이르기까지 통하지 않는 것이 없었다."[16] 따라서 조정에서 매번 예악禮樂과 관련된 일이 있을 때마다 반드시 그의 집으로 가서 의견을 물어서 결정했다.

유창은 경학 분야의 유명한 전문가로서,『송사』에서는 그가 "『춘추』에 뛰어났고, 40권의 책을 저술하여 당시에 통행되었다"[17]고 했다. 유창의『춘추』저술은 매우 많은데,『춘추전春秋傳』15권,『춘추권형春秋權衡』17권,『춘추의림春秋意林』2권,『춘추 문권春秋文權』5권,『춘추설례春秋說例』1권이 있다. 그 중에서『춘추문권』은 없어진 지 오래되었다.『춘추설례』1권은『경의고』에서는 없어졌다고 했는데, 사고관신은 『영락대전』에 그나마『춘추설례』의 문장을 잡다하게 인용하였고, "그것을 모두 모아 편집하여 1권으로 정리하였다"고 말했다.

유창의『춘추』연구는 중당 이후의 '경經의 요지를 곧바로 탐구하는' 학풍을 계승하였다. 따라서 매번 스스로 새로운 뜻을 제출했으며, 삼전의 해석과는 같지 않았다. 손복이 전傳을 폐기한 것과 비교하면, 유창은 삼전에서 절충하여 그 득실을 찾은 이후에 자신의 뜻으로 결단했을 뿐이다. 섭몽득葉夢得이 말했다.

---

16) 歐陽修,「集賢院學士劉公墓誌銘」(『全宋文』, 권756).
17) 『宋史』,「劉敞傳」.

유창은 경經을 알면서도 전傳을 폐기하지 않았으며, 또한 전傳만을 따르지도 않고 의리에 근거하여 예例를 고찰하여 절충하니, 경經과 전傳이 더욱더 서로 드러내 밝혔다. 비록 간간이 그렇지 않은 경우도 있지만, 그 연원이 매우 올바른 해석이었다. 지금 학자들은 경전 연구가 정밀하지 못한데, 소철蘇轍·손각孫覺의 학문은 비근하면서 알기 쉽고, 그 잘못을 금방 발견할 수 없기 때문에 모두가 신뢰한다. 그런데 유창은 그 학문으로 들어가기가 어렵기 때문에 혹 비난하면서 유창의 생각이 너무 지나쳐서 그의 해석이 천착에서 나왔다고 여긴다. 저들 학자들은 경經을 알지 못했기 때문에 그렇게 여기는 것도 이상할 것이 없다.[18]

『사고전서총목제요』에 의하면, 섭몽득은 『석림춘추전石林春秋傳』을 지었고, 여러 학자들의 의소義疏를 대부분 배척했다. 그 중에서도 특히 손복의 『춘추존왕발미』를 비난하면서, 손복이 "예학禮學에 깊은 조예가 있는 것도 아니다. 따라서 그 말이 대부분 스스로 모순되고, 경經에 큰 해를 끼친 경우도 있다. 비록 예禮를 가지고 당시의 잘못된 세태를 의론했지만, 예禮와 관련된 제도를 제대로 알지 못했기 때문에 그 의론이 매우 천박하다"[19]고 했다. 그런데 유창에 대해서는 "그 연원의 올바름을 미루어 보면, 유창은 예禮에 깊은 조예가 있었다. 따라서 유창의 『춘추권형』에서 여러 이론들을 취사선택하면서, 종종 경經에 의거하여 의리를 세웠으니, 손복孫復이 자기의 뜻대로 결단한 것과는 같지 않다"[20]고 했다. 원대의 우집虞集은 다음과 같이 말했다. "청강淸江의 유창은 삼전을 잘 저울질하여, 터득한 것이 매우 많다. 그가 지은 『춘추전春秋傳』은 마음을 쓴 것이 매우 깊기 때문에 전례典禮와 관련된 옛 글에 두루 박식한 자가 아니라면 그 내용을 다 이해할 수가 없을 것이다. 따라서 그의 책을 제대로 아는 자가 드물다."[21]

이로써 알 수 있듯이, 유창과 손복은 모두 담조·조광의 유풍을 답습했지만,

---

18) 劉敞, 『春秋傳』, 「春秋傳原序」(朱彛尊, 『經義考』, 권180에서 인용).

19) 朱彛尊, 『經義考』, 권179.

20) 『四庫全書總目提要』, 「經部·春秋類 一」, '春秋權衡' 조목.

21) 虞集, 『春秋胡傳纂疏』, 「序」.

두 사람은 크게 다른 점이 있다. 따라서 『사고전서총목제요』에서는 다음과 같이 말했다. "손복은 담조·조광의 영향을 받아서 삼전을 거의 다 폐기하였다. 유창은 전傳만을 다 따르지도 않았고, 또한 전傳을 다 폐기하지도 않았다. 따라서 그의 해석은 손복보다 크게 뛰어나다."22) 또 『춘추권형』은 "여러 이론들을 취사선택하면서, 종종 경經에 의거하여 의리를 세웠으니, 손복孫復이 자기의 뜻대로 결단한 것과는 같지 않다"23)고 하고, "유창의 『춘추』 해석은 새로운 뜻을 많이 제시했는데, 문체는 『공양전』·『곡량전』을 많이 모방하였다. 그가 지은 여러 책들이 모두 그러하다"24)고 했다. 따라서 유창의 『춘추』 해석은 비록 새로운 뜻을 많이 제시했지만, 사실상 삼전을 함께 종합하여 드러낸 것이다.

1. 『춘추전春秋傳』·『춘추권형春秋權衡』·『춘추의림春秋意林』

유창의 『춘추』 저술은 『춘추전春秋傳』·『춘추권형春秋權衡』·『춘추의림春秋意林』을 위주로 한다. 세 책의 관계에 대해 진진손陳振孫은 다음과 같이 말했다.

> (유창이) 처음으로 『춘추권형』을 지어서 삼가三家의 득실을 평론하였다. 이후에 여러 이론을 모아 자기의 생각으로 결단하여 『춘추전』을 지었다. 『춘추전』에서 다하지 못한 것은 『춘추의림』에 보인다. 그러므로 『춘추전』의 저술은 『춘추의림』 이전이며, 『춘추권형』은 또 『춘추전』 이전이다. 유창의 춘추학은 이것이 그 근본이다.25)

『춘추권형』의 저술이 가장 앞서고, 다음으로 『춘추전』을 저술했으며, 『춘추의림』이 가장 뒤이다.

---

22) 『四庫全書總目提要』, 「經部·春秋類 一」, '春秋傳' 조목.
23) 『四庫全書總目提要』, 「經部·春秋類 一」, '春秋權衡' 조목.
24) 『四庫全書總目提要』, 「經部·春秋類 一」, '春秋傳說例' 조목.
25) 『直齋書錄解題』, 권3.

여러 책 중에서『춘추권형』은『좌씨전』·『공양전』·『곡량전』의 득실을 평론했으며, 가장 중요한 책이기 때문에 유창 춘추학의 근본이라고 할 수 있다. 유창은 『춘추』가 삼전의 차이가 있으며, 그것을 저울질할 줄 모르면 경중輕重을 잃게 된다고 여겼기 때문이다. 따라서 그가『춘추권형』을 지은 것은 사실상 삼가三家의 득실을 평론하여, 하나로 모아 귀결시키고자 한 것이다.『춘추권형』은 모두 17권이다. 앞의 일곱 권은『좌씨전』및 두예 주를 논했고, 중간의 여섯 권은『공양전』및 하휴 주를 논했으며, 마지막 네 권은『곡량전』을 논했다.『사고전서총목제요』에서는 다음과 같이 말했다. 이 책이 "삼가三家를 절충하되, 널리 인용하고 자세하게 증명하여 경의 뜻을 분석하였다. 진실로 저울이 경중을 잃지 않고 저울이 균형을 얻음이 있는 것이다."26)

『춘추전』은 모두 15권이며,『춘추』에 대한 새로운 전傳이다. 유창은 삼전 각각에 대해 다음과 같이 비평하였다. "『좌씨전』은 다른 나라에서 보고하는 부고赴告에 구애되었고,『공양전』은 참위讖緯에 얽매여 있으며,『곡량전』은 일월日月에 막혀 있다."27) 따라서 이 책은 삼전을 함께 채용하면서,『좌씨전』에서는 그 일을 취하되 그 의리를 취하지 않았다.『공양전』·『곡량전』두 전에 대해서는 논박하여 바로잡거나 혹은 그 의리를 전부 취했다.『공양전』과『곡량전』의 뜻이 다른 경우에는 대부분 『공양전』을 취했다. 따라서『사고전서총목제요』에서는『춘추전』이 "삼전의 사적事蹟을 발췌하여 수록하고, 자기의 견해로 결단하였다. 그 포폄褒貶의 의례義例는 대부분 『공양전』과『곡량전』에서 취했으며", "그 경문은 삼전을 섞어서 사용하고 하나의 전傳을 위주로 하지 않았다"고 했다. 또 이 책은 "여러 이론을 모아서 자신의 견해로 결단했으며, 문장은『공양전』·『곡량전』과 같은 형식이다"라고 했다.28)『공양전』·『곡량전』이 스스로 묻고 답하는 형식으로, 의리를 따지고 이치를 밝히는 것을

---

26) 역자 주: 이 내용은 劉敞의『春秋傳』「春秋傳原序」(朱彝尊,『經義考』, 권180에서 인용) 에 보인다.『사고전서총목제요』에는 이 내용이 보이지 않으므로 저자가 잘못 인용 한 것으로 보인다.
27) 王應麟,『困學紀聞』, 권6.
28)『四庫全書總目提要』,「經部·春秋類 一」, '春秋傳' 조목.

위주로 했는데, 유창의 『춘추전』도 또한 이와 마찬가지이다.

『춘추의림』 2권에 대해, 원대 오래吳萊는 이 책이 "여전히 원고를 완성하지 않았기 때문에 빠진 내용이 많다"고 하였다. 『사고전서총목제요』에서는 다음과 같이 말했다. "지금 이 책을 살펴보면, 어떤 부분은 단지 경문 몇 글자만을 기록한 채 한마디 말도 하지 않았고, 어떤 부분은 대충 몇 마디 말한 했을 뿐 문장이 서로 이어지지 않는데도 그 아래에 '운운云云'이라는 두 글자를 주注로 달아 놓았다. 어떤 부분은 한 조목 아래에 별도로 다른 제목 한두 글자를 기록했는데, 본문과는 전혀 상관이 없다. 어떤 부분은 글이 너무 난삽하고 어려워서 구두를 끊어 읽을 수가 없다. 어떤 부분은 단지 첫 부분만을 인용해 놓아서 말이 끝나지 않은 듯하다. 이를 통해서 이 책이 붓이 가는대로 기록하여 원고가 완성되지 않은 책이라는 것을 분명하게 증명할 수 있다. 오래吳萊가 말한 것은 진실로 거짓이 아니다."29) 하교신何喬新은 "유창의 『춘추의림』이라는 책이 세상에 나오자, 『공양묵수公羊墨守』· 『좌씨고황左氏膏肓』과 관련된 논의가 상세해졌다"30)고 했는데, 무슨 뜻인지 모르겠다.

이 외에 또 『문권文權』과 『춘추설례春秋說例』 두 권이 있는데, 다만 책 이름만 있고 전해지는 책이 전혀 없다. 사고관신이 『영락대전』에 있는 문장을 모아서 『춘추설례』 1권을 편집하고, 또 "이 책은 범례凡例를 드러내고 요점을 들었으며, 또한 경經을 해설한 강령이다"라고 했다. 진진손의 『직재서록해제』에 의하면, 『춘추설례』는 본래 49조목이 있지만, 지금 취합한 것은 겨우 25조목이다. 또한 떨어져 나간 편과 끊어진 구절이 많아서 전체가 모두 완전한 문장은 아니다. 또한 오직 공즉위례公卽位例·우례遇例·사래례使來例·사행례師行例·대부분례大夫奔例·살대부례殺大夫例·불부례弗不例 7조목에만 원래 책의 제목이 실려 있고, 나머지는 내용은 남아 있으나 제목이 없어졌다. 『사고전서총목제요』에서는 이 책이 "대체로 정밀하고 자세하며, 경經의 의미를 제대로 이해하였다"고 하고, 『춘추』 연구자들이 마땅히

---

29) 『四庫全書總目提要』, 「經部·春秋類 一」, '春秋意林' 조목.

30) 朱彝尊, 『經義考』, 권180.

소중하고 귀하게 여겨야 할 책이라고 하였다.[31]

유창은 또 『칠경소전七經小傳』 3권을 지었는데, 송대 학자들의 학문에 많은 영향을 끼쳤다. 왕응린王應麟이 말했다. "한대 학자들로부터 경력 연간에 이르기까지, 경經을 담론하는 자들은 훈고訓詁를 지키면서 천착하지 않았다. 『칠경소전』이 나오자 새롭고 기발한 것을 조금씩 숭상하였다."[32] 오증吳曾이 말했다. "경력 연간 이전에는 학자들이 문사文辭를 숭상하여, 대부분 장구章句와 주소注疏의 학문을 고수했는데, 유창이 『칠경소전』을 지어서 처음으로 여러 학자들의 이론과 달리하였다. 왕안석王安石이 경의經義를 연구할 때 유창을 근본으로 삼았다."[33] 『칠경소전』은 "경의經義를 다양하게 논의한 말"로, 체재는 차기箚記와 유사하고, 경문의 한 글자 한 구절 혹은 하나의 의리를 분석함으로써 앞선 학들의 주장을 바로잡는 것을 위주로 하였다. 그런데 유창은 경전의 글자를 제멋대로 고치는 병통이 있었기 때문에 『사고전서총목제요』에서는 그가 "삼전의 자구字句를 축약하는 것을 좋아하여, 종종 제멋대로 문장을 고쳐서 진실을 잃어버렸다. 예를 들어 『좌씨전』의 '애석하구나! 국경을 넘었더라면 죄를 면했을 것이다'(惜也, 越竟乃免, 선공 2년)는 구절에 대해, 후인들은 그것이 공자의 말이 아닐 것이라고 본래부터 의심했는데, 유창은 '도적을 토벌했으면 죄를 면했을 것이다'(討賊則免)라고 고치고, '공자왈孔子曰' 세 글자를 그대로 이 문장에 앞에 두었으니, 너무나 어긋나 버렸다.…… 송대에 경문經文을 고치는 폐단은 유창이 선도했으니, 그가 전문傳文을 고치는 것을 아무렇지도 않게 생각한 것은 너무나 당연하다." 또 말했다. "대체로 자기의 뜻대로 경을 고치기를 좋아하여, 앞선 학자들의 진실된 학풍을 바꾸어 놓은 것은 사실상 유창으로부터 시작되었다." 또 말했다. "유창의 경전 해설이 경을 제멋대로 억단하는 남송시대의 폐단을 열었다고 말하더라도, 유창은 변명할 수 없을 것이다. 그러나 왕안석의 학문이 유창으로부터 왔다고 말한다면, 아마도 공연한 의심이 될 것이다."[34] 이것은 모두 유창 학문의 잘못을

---

31) 『四庫全書總目提要』, 「經部·春秋類 一」, '春秋傳說例' 조목.
32) 王應麟, 『困學紀聞』, 권8.
33) 吳曾, 『能改齋漫錄』, 권2, '注疏之學' 조목.

논박한 것이다.

2. 『춘추春秋』 필삭筆削과 노魯나라 역사서의 옛 문장

한대 이후 『좌씨전』을 연구한 학자들은 모두 『좌씨전』이 구명丘明으로부터
나왔고, 구명이 좋아하고 싫어하는 것이 공자와 같다고 여겼다. 또한 사마천의
말을 즐겨 인용하여, 『좌씨전』이 지어진 것은 사실 좌구명이 "공자의 제자들마다
다른 이론을 제기하고, 제각기 자신의 생각에 안주하여 진실을 잃어버릴까 염려하였
기" 때문이라고 말했다.35) 이와 같이 구명도 공자로부터 경經을 전수받았고, 『좌씨전』
은 본래 『춘추』에 전傳을 단 것이다. 그런데 유창은 구명이 공자로부터 경經을
전수받았다는 주장을 부인하였다.

> 전한시대의 학자들이 좌씨학을 연구하려고 하지 않은 것은 좌씨학의 시비是非가
> 성인과 어긋나기 때문이다. 따라서 "『좌씨전』은 『춘추』에 전傳을 단 것이 아니다"라
> 고 말한다. 이것은 의심의 여지가 없다 그런데 『좌씨전』을 연구하는 자들은 그것을
> 부끄러워하여, 모두가 "구명丘明이 중니仲尼에게 경經을 전수받았다"고 변호한다.
> 이것은 책임에서 벗어나고자 한 것일 뿐이며, 사실은 잘못된 주장이다. 무엇 때문에
> 그렇게 말하는가? 중니의 시대에 노나라의 현자들 중에서 공자를 따라 천하를
> 돌아다니지 않은 자가 없었는데, 유독 구명만이 제자의 명부에 있지 않았다. 만약
> 구명이 진실로 경經을 전수받아서 전傳을 지은 자라면, 어찌 제자의 명부에 있지
> 않을 수 있겠는가? 어찌 경經을 전수받아서 공자의 도道를 전했는데도 제자가
> 아니란 말인가? 이로써 보건대, 중니는 구명에게 경을 전수한 적이 없으며, 구명은
> 중니에게 경을 전수받은 적이 없다. 그렇다면 구명이 전傳을 지은 까닭은 자기
> 뜻대로 경經을 해설하여, 옛 전장제도의 상례常例를 사책史策에 폭넓게 소통시키면
> 그 성패를 드러낼 수 있기 때문이다. 『춘추』의 포폄의 뜻을 구명이 모두 이해한

---

34) 『四庫全書總目提要』, 「經部・五經總義類」, '七經小傳' 조목.
35) 『史記』, 「十二諸侯年表序」.

것은 아니니, 그가 경經을 전수받은 것이 아니기 때문이다. 학자들은 이것을 생각하지 않을 수 있겠는가![36]

이로써 알 수 있듯이, 유창은 『좌씨전』의 성격에 대해 사실상 공양가와 동일하게 인식하고 있다.

유창은 구명이 공자에게 경을 전수받지 않았다고 여겼을 뿐만 아니라, 또한 더 나아가 『좌씨전』은 단지 사책史策에 지나지 않으며, 『춘추』와는 사실상 같지 않다고 말한다. 유창이 말했다.

대체로 『좌씨전』의 경전 해석의 폐단은 세 가지가 있다. 다른 나라의 보고를 따르는 것이 첫째이다. 옛 역사서를 채용한 것이 둘째이다. 경문經文에 궐문闕文이 있다는 것이 셋째이다. 흑백을 뒤섞어 놓았기 때문에 살펴서 조사할 수가 없다. 살펴보건대, 사관史官이 비록 다른 나라의 보고를 기다려서 기록하지만, 사관이 기록한 문장은 다른 나라에서 보고한 말이 아니다. 『춘추』는 비록 옛 역사서에 근거하여 지어졌지만, 그 의리는 옛 역사서의 문장이 아니다. 간독簡牘이 비록 빠지거나 없어진 내용이 있지만, 그 역사서는 성인이 남긴 것이 아니다. 만약 역사서의 기록이 외국의 보고에 따라 그대로 기록한 것일 뿐이라고 말한다면, 난신적자를 무슨 이유로 기록했는가? 만약 『춘추』가 옛 역사서를 사용한 것일 뿐이라고 말한다면, 성인의 필삭을 어째서 귀하게 여기는가?[37]

이로써 알 수 있듯이, 유창은 왕접王接·조광趙匡의 이론을 종주로 삼아서, 경사經史의 구별을 거듭 진술하였다. 유창은 성인이 비록 옛 역사서를 근거로 『춘추』를 지었지만, 그 의리는 옛 역사서 속에 없으며, 성인의 필삭을 기다려야 한다고 주장했다.

한편 유창은 『좌씨전』의 잘못을 논박했는데, 주로 두예에 대한 반박을 위주로 하였다. 두예는 『공양전』을 비판하려고 했기 때문에 결국 공자와 『춘추』가 옛

---

36) 劉敞, 『春秋權衡』, 권1.
37) 劉敞, 『春秋權衡』, 권7.

역사서의 문장을 답습하고, 주공周公이 남긴 제도를 그대로 따른 것에 지나지 않는다고 주장했다. 이에 대해 유창이 다음과 같이 말했다.

구명의 뜻을 살펴보면, 또한 반드시 그런 것은 아니다. 살펴보건대, 은공隱公의 초기가 처음으로 『춘추』의 기록 속에 들어가 있는데, 구명의 경전 해석도 매우 정성스럽고 근실하다. 따라서 '언에서 단을 이겼다'(克段於鄢)에 대한 『좌씨전』의 해석에서 "도망쳤다고 말하지 않은 것은 말하기 곤란한 점이 있었기 때문이다"라고 했다.(은공 원년) 랑郎에 성을 쌓은 것을 기록하지 않은 것은 "은공의 명령이 아니기 때문이다"라고 했다.(은공 원년) 경문에 기록하지 않은 예例를 원년 1년 중에 모두 7번 드러내 밝혔는데, 이것은 공자가 경經을 지으면서 크게 손질하고 고친 것이 있다는 것을 의미하니, 어찌 오로지 옛 역사서만을 사용했겠는가?[38]

유창의 뜻을 살펴보면, 구명이 비록 공자에게 경經을 전수받지는 않았지만, 『좌씨전』을 지은 것은 『좌씨전』을 해석하면서 오직 "자기 뜻대로 경經을 해설하고자 했기" 때문이다. 구명이 은공 원년에 '불서不書'의 예例를 자주 드러낸 것을 통해서도 공자의 『춘추』가 옛 역사서를 완전히 답습한 것이 아니라, 실제로 크게 손질하고 고친 것이 있음을 알 수 있다.

유흠 이후로, 좌씨학자들은 대부분 조례條例를 연구했지만, 『공양전』의 예例에 대해서는 대부분 불만족스럽게 여기는 경우가 많았으며, 항상 『공양전』의 예를 단지 '다른 나라의 보고를 따른 것'일 뿐이라고 주장했다. 은공 6년, 겨울, 송나라 사람이 장갈을 탈취했다.(冬, 宋人取長葛) 그런데 『좌씨전』에는 '겨울'(冬)이 '가을'(秋)로 되어 있다. 이에 대해 두예는 "가을에 탈취했는데, 겨울에 와서 보고하였다"고 풀이하였다. 유창이 이에 대한 다음과 논했다.

역사서의 기사는 비록 다른 나라의 보고에 근거하여 기록하지만, 그 날짜와 월수는

---

38) 劉敞, 『春秋權衡』, 권1.

그래도 당연히 선후의 차례에 의거한다. 가령 송宋나라와 정鄭나라가 함께 2월에 군대를 출동했는데, 송나라는 즉시 와서 보고하고 정나라는 시간이 지난 이후에 와서 보고했다면, 보고한 시점이 비록 늦었더라도 보고할 때의 말은 여전히 2월이라고 말한다. 국사國史가 어찌 보고한 시점에만 근거하여, 그 일을 여름에 편집해서 넣을 수 있겠는가? 두예처럼 기어코 그렇게 말한다면, 그것이 어찌 사실을 크게 혼란스럽게 하는 것일 뿐이겠는가! 또한 천시天時를 뒤집어 놓는 것이다. 그런데 『좌씨전』의 일월日月 기록은 경문과 같지 않은 경우가 많다. 이것은 혹시 구명이 책을 지을 때 당시 제후들의 사책史策을 잡다하게 취했는데, 사책 중에는 하나라의 역법을 사용한 것도 있고 주나라의 역법을 사용한 것도 있어서, 문장의 날짜가 뒤죽박죽 어긋나서 종종 헷갈렸기 때문에 경문에서 말한 겨울을 전문에서 가을이라고 말한 것이 아닌가?[39]

이것은 유창이 "사관이 다른 나라의 보고를 받아서 기록했다"는 두예의 주장을 반박한 것으로, 구명이 사책에서 잡다하게 취했기 때문에 초래된 결과라고 여겼다.

또 유창이 생각하기에, 『좌씨전』에서는 본래 공자의 서법書法에 속하는 것을 노나라 역사서의 옛 문장으로 돌려서, 그 문장은 주공이 남긴 제도이지 공자가 만든 제도가 아니라고 간주하는 경우가 많았다. 민공 2년, 민공이 죽었다.(公薨) 두예의 주에서 말했다. "사실은 시해되었는데, 죽었다고 기록하고 또 죽은 지역을 기록하지 않은 것은 모두 사책史策에서 숨긴 것이다." 이에 대해 유창이 말했다.

그렇다면 두예의 뜻은 다음과 같이 말하는 것이다. 사관이 마땅히 나라의 악을 숨겨야 하니, 임금이 죽었다고 말한 기록은 모두 당시 사관의 문장을 공자가 그대로 따라 기록한 것이다. 그런데 이 주장은 잘못된 것이다. 옛날에는 국가의 악을 숨기지 않았다. 국가의 악을 기록하지 않을 경우에 그 사관은 죄를 지어 죽임을 당하게 되니, 사관은 곧바로 기록하는 것을 직책으로 삼는 자이다.[40]

---

39) 劉敞, 『春秋權衡』, 권1.
40) 劉敞, 『春秋權衡』, 권3.

유창은 또 진晉나라 동호董狐가 조순趙盾의 임금 시해를 기록한 것, 제齊나라 태사太史가 최저崔杼의 임금 시해를 기록한 것을 예로 들어서, 사관史官은 나라의 악을 숨겨서는 안 된다는 것을 증명하였다. "제나라와 진나라는 모두 대국이고, 사관은 모두 뛰어난 선비들로서 성현에게 칭찬을 받았으니, 나라의 악을 숨기지 않고 기록하는 것을 옳다고 여겼다. 이로써 노나라의 사관도 나라의 악을 숨기지 않고 기록했다는 것을 알 수 있다. 노나라의 사관이 나라의 악을 숨기지 않고 기록했으니, 숨겨서 기록하지 않은 것은 공자로부터 나온 새로운 뜻이지 사책의 옛 문장이 아니다."[41] 유창의 이 주장은 한편으로는 경經과 사史의 구별을 강조하여, 주공의 옛 전장제도 일부분을 사관의 기록법으로 귀결시킨 것이니, 예를 들어 나라의 악을 숨기지 않는 것이다. 다른 한편으로는 다른 일부분을 공자가 새롭게 만든 것으로 귀결시킨 것이다.

이를 근거로 유창은 경經과 사史가 같지 않다는 것을 다음과 같이 논했다.

위衛나라 영식甯殖이 죽음에 즈음하여, 자기 아들에게 말했다. "내가 임금에게 죄를 얻었으니 내 이름이 제후의 사책史策에 '손림보孫林父와 영식甯殖이 자기 임금을 축출하였다'고 기재되어 있다."(『좌씨전』, 양공 20년) 영식이 말한 제후의 사책은 제후의 역사서이다. 제후는 제나라와 노나라가 그것이다. 지금 『춘추』를 조사해 보면, 손림보와 영식이 임금을 축출했다고는 결코 말하지 않고, 위나라 임금이 도망쳤다(衛侯衎出奔齊, 양공 14년)고 말한 것은 공자가 고친 것인데, 사책에서 숨겨서 기록하지 않았다고 말할 수 있겠는가? 그렇다면 노나라 역사서에는 사실 "임금이 시해되었다"(公弒)고 기록되어 있었는데, 공자가 "죽었다"(薨)고 고친 것이다. 노나라 역사서에는 사실 "손림보와 영식이 임금을 축출하였다"(孫·甯出君)고 기록되어 있었는데, 공자가 '위나라 임금이 도망쳤다'(衛侯出奔)고 고친 것이다. 노나라 역사는 한 명의 사관이 지키는 것이고, 『춘추』의 법은 성인의 뜻이니, 이것이 사史와 경經이 같지 않은 이유이다.[42]

41) 劉敞, 『春秋權衡』, 권3.
42) 劉敞, 『春秋權衡』, 권3.

이로써 공자가 노나라 역사서의 옛 문장을 손질하여 『춘추』를 지었다는 것을 알 수 있다. 유창은 또 다음과 같이 진술하였다.

따라서 『춘추』라는 것은 하나인데, 노나라 사람이 기록한 것은 역사서(史)이고, 공자가 손질한 것은 경전(經)이다. 경전은 역사서에서 나왔지만, 역사서가 경전은 아니다. 역사서는 경전이 될 수 있지만, 경전은 역사서가 아니다. 비유하면, 돌을 다듬어서 옥을 만드는데, 옥이 돌에서 만들어지는 것은 필연이지만, 돌을 옥이라고 말할 수는 없다. 모래를 헤집어서 금을 채취하는데, 금이 모래에서 만들어지는 것은 필연이지만, 모래를 금이라고 말할 수는 없다. 노나라의 역사서는 현인賢人의 기록이며, 모래와 돌이다. 『춘추』의 법은 공자가 기록한 것이며, 금과 옥이다. 금과 옥은 반드시 제련과 손질을 기다린 이후에 드러나며, 『춘추』도 필삭과 수정을 기다린 이후에 완성된다. 『춘추』의 문장이 모두 옛 역사서의 기록이며 공자의 필삭과 수정이 필요 없다고 말하는 것은 금과 옥을 제련과 손질을 기다리지 않고 얻는다고 말하는 것이니, 두 가지는 같은 종류가 아니다.[43]

여기에서 경經·사史의 관계를 논한 것은 지극히 정밀하다고 말할 수 있다. 이러한 논의는 모두 유창이 『공양전』의 이론에서 취했다는 것을 알 수 있다. 따라서 피석서는 그의 주장을 높이 추앙하여 다음과 같이 말했다. "유창이 경經과 사史를 분별하니, 뜻이 지극히 정밀하고 정확하다. 『좌씨전』의 의리를 가지고 경經이 옛 역사서에서 나왔다는 두예의 잘못을 반박했는데, 두예의 입을 막기에 충분하다. …… 후대에 경전을 읽는 자들은 성인이 지은 것이 경經이라는 것을 몰라서, 사법史法을 가지고 경전을 잘못 규정하였다. 이 때문에 경의經義가 혼란스러워졌다. 예를 들어 유지기劉知幾의 「혹경惑經」·「신좌申左」와 같은 부류들이다. 후대에 역사서를 작성하는 자들은 또한 성인이 아니면 경전을 지을 수 없다는 것을 몰라서, 역사서를 가지고 경전을 잘못 모방하였다. 이 때문에 역사서의 기록법도 또한 혼란스러워졌다."

---

43) 劉敞, 『春秋權衡』, 권4.

『좌씨전』의 '경문經文에 궐문闕文이 있는' 폐단에 대해, 유창은 "간독簡牘이 비록 빠지거나 없어진 내용이 있지만, 그 역사서는 성인이 남긴 것이 아니다"라고 말했다. 또 "만약 경문의 궐문이 모두 성인이 남긴 것이라고 말하고, 만약 전문에 있는 내용이 경문과 같지 않을 경우에 경문에 그 잘못을 모두 돌릴 수 있다면, 경문을 해석한 전문을 어떻게 신뢰할 수 있겠는가!"44) 『춘추』 희공 원년, 부인씨의 상구喪柩가 제나라로부터 왔다.(夫人氏之喪至自齊) 『공양전』과 『곡량전』에서는 모두 '강씨姜氏'라고 기록하지 않은 것은 비판한 것이라고 했는데, 두예의 주에서는 "강씨姜氏라고 말하지 않은 것은 궐문闕文이다"라고 했다. 이미 경문을 궐문이라고 여겼으므로 포폄의 의리를 경문에서는 볼 방법이 없다. 따라서 유창은 두예의 해석을 다음과 같이 반박하였다.

> 『춘추』의 의리는 글자 하나하나를 포폄으로 삼는다. 그런데 만약 통하지 않는 것을 궐문이라고 말한다면, 『춘추』에 궐문이 아닌 문장이 어디에 있겠는가! "부인이 제나라로 도망쳤다"(夫人孫於齊, 장공 원년)에서 강씨姜氏라고 부르지 않은 것도 또한 궐문인가? 강씨姜氏라고 부르지 않은 것이 비판이라는 것만 알고, 강씨姜氏라고 부른 것이 비판이라는 것은 모르니, 두 개의 5가 얼마가 되는지는 알면서도 10은 모르는 것과 같다.45)

여기에서 말한 "부인이 제나라로 도망갔다"는 것은 장공 원년의 경문인데, 이 문장에서도 또한 '강씨姜氏'라고 부르지 않았다. 그런데 『좌씨전』에서는 "제나라와의 관계가 단절되어 친속으로 여기지 않은 것이다"라고 하여, 비난하여 관계를 단절한 의리를 분명하게 드러냈다. 이로써 희공 원년에 '강씨'라고 기록하지 않은 것을 단지 궐문으로만 간주해서는 안 된다는 것을 알 수 있다.

---

44) 劉敞, 『春秋權衡』, 권7.
45) 劉敞, 『春秋權衡』, 권4.
　　역자 주: 『사기』「越王句踐世家」에 "且王之所求者, 鬪晉楚也, 晉楚不鬪, 越兵不起, 是知二五而不知十也"라는 말이 보인다.

3. 『좌씨전』의 50개 범례(五十凡)에 대해 논함

유창은 『좌씨전』에 대해 매우 불만이 많았으며, 좌구명이 공자에게 경經을 전수받았다는 것을 부정할 뿐만 아니라, 두예가 총결한 주공周公의 '50개 범례凡例'에 대해서도 비평하였다.

유창은 '50개 범례'는 두 종류로 나눌 수 있다고 주장했다. 하나는 '사서史書의 옛것'으로, 본래 옛 역사서를 해석한 것이다. 다른 하나는 구명이 자신의 뜻에 따라 경을 해석하면서 더해 놓은 것이다. 두예는 '50개 범례'를 '주공周公이 전한 법과 역사서의 옛 전장제도'로 여겼는데, 유창은 그 중의 일부분을 구명이 자신의 뜻에 따라 만든 것으로 간주했고, 또 그 중에는 주공의 전장제도나 공자의 뜻과 부합하지 않는 것이 있다고 생각했다. 확실히 유창의 이 주장은 '50개 범례'의 지위를 크게 하락시켰다.

두예는 주공의 예例를 '범례'로 삼았는데, 유창은 '50개 범례' 중에도 예例를 벗어난 형태가 많이 있다고 주장했다. 예를 들어 선공 7년, 선공이 제나라 임금과 회합하여 래나라를 정벌하였다.(公會齊侯伐萊) 『좌씨전』에서 말했다. "범례에 의하면, 군대가 출동할 때, 모의에 참여했으면 '및'(及)이라고 기록하고, 모의에 참여하지 않았으면 '회합했다'(會)라고 기록한다." 이에 대해 유창은 다음과 같이 말했다.

잘못된 해석이다. 옛날에 군대를 출동할 때 기이한 기술이나 비밀스러운 계책으로 상대를 속이지 않는 경우가 없었다. 제후가 서로 이끌어서 죄인을 토벌하고 배반한 자를 정벌하는 것이 곧 모의에 참여하는 것이니, 어찌 군대를 연합하여 임금이 직접 이끌었는데도 모의에 참여하지 않았다고 말하는 경우가 있겠는가? 또 『좌씨전』을 가지고 고찰해 보면, 대체로 먼저 모의한 이후에 정벌할 경우에 회합했다(會)고 말한 것이 대부분이며, 및(及)이라고 굳지 말하지 않았다. 이것은 그 자체로 서로 상반된다는 것을 내가 이미 말했다.[46]

---

46) 劉敞, 『春秋權衡』, 권5.

두예는 『좌씨전』이 본래 시월일례時月日例를 위주로 하지 않고, 오직 대부졸大夫卒과 일식日食에 대해서만 이러한 예例를 드러낸다고 말했다. 그 후에 담조는 심지어 대부졸례大夫卒例도 강하게 부정했으며, 유창도 그것을 인정하지 않았다. 은공 원년, 공자 익사가 죽었다.(公子益師卒) 『좌씨전』에서 말했다. "은공이 소렴小斂에 참여하지 않았기 때문에 날짜를 기록하지 않았다." 그런데 유창은 그것을 반박하여 말했다. "공손오公孫敖·숙손야叔孫婼·공손영제公孫嬰齊는 모두 노나라 임금이 소렴에 참여했는가? 무엇 때문에 날짜를 기록할 수 있었는가?"

유창은 『좌씨전』의 대부졸례大夫卒例를 비판했을 뿐만 아니라, 『공양전』·『곡량전』의 일월례日月例를 불만족스럽게 여겼다는 것을 알 수 있다. 일식日食도 예例를 말할 수가 없으니, 다른 것은 논할 필요가 없는 것이다. 유창은 일월례를 근본적으로 반대하였다.

4. 『공양전』·『곡량전』에 대한 비평

유창은 『공양전』에 대해서도 비평했는데, 주요하게 세 가지 내용이다.

『공양전』이 다른 두 전과 다른 점은 그 핵심이 세 가지이다. 첫째, 『춘추』가 120개국의 귀중한 책을 근거로 삼아서 지어졌다는 것이다. 둘째, 삼세의 확장.(張三世) 셋째, 주나라를 새로운 나라로 여기고, 송나라를 옛 나라로 여기고, 『춘추』를 신왕에 해당시킨다(新周, 故宋, 以『春秋』當新王)는 것이다. 나는 이 세 가지가 모두 틀렸다고 생각한다.[47]

'120개국의 귀중한 책'과 관련된 주장은 본래 『공양전』에는 나오지 않고, 위서緯書와 관련이 있다. 『공양전』의 서언徐彦 소疏에서 인용한 민인閔因의 「춘추서春秋敍」에서 말했다. "옛날에 공자가 단문端門의 명을 받고 『춘추』의 의리를 지을 때, 자하子夏

---

47) 劉敞, 『春秋權衡』, 권8.

등 14인에게 주나라의 역사 기록을 구하도록 하고, 120개국의 귀중한 책을 얻었다. 9개월 이후에 경전이 완성되었다. 『감정부感精符』·『고이우考異郵』·『설제사說題辭』에 그 문장을 갖추고 있다."48) 이에 대해, 유창은 소공 12년 "제나라 고언이 군대를 거느리고 가서 북연의 백우양을 들여보냈다"(齊高偃帥師, 納北燕伯于陽)는 조목을 증거로 삼아서, 공자가 만약 근거로 삼은 책이 '120개국의 귀중한 책'이라면, '백우양伯于陽'으로 잘못 기록할 리가 없다고 주장했다. 이로써 공자는 단지 노나라의 역사서만을 근거로 삼았을 뿐이며, 120개국의 귀중한 책과 같이 많은 책을 근거로 삼지 않았다는 것을 알 수 있다.

삼세三世 학설은 본래 『공양전』의 문장에 보이고, 또 앞뒤로 세 번 출현한다. 그 뒤에 동중서와 하휴가 모두 삼세 이론을 말했다. 그런데 유창은 삼세 이론을 부정하였다.

또한 들자하니, 삼세의 확장(張三世)이라는 것은 본래 경經에 아무런 도움이 되지 않는다. 무엇 때문에 그렇게 말하는가? 『공양전』에서 "직접 본 세대에 대해 말을 달리하고, 직접 들은 세대에 대해 말을 달리하고, 전해들은 세대에 대해 말을 달리한다"(所見異辭, 所聞異辭, 所傳聞異辭)고 하였다. 이것은 공자가 경을 지을 때 전해들은 것을 가탁하여 기록했다는 것을 말한 것일 뿐이다. 해설하는 자들이 『춘추』의 연도를 나누면서 들쭉날쭉 같지 않자, 『공양전』의 그 말을 크게 과장하여, 자신들의 사적인 학문에 유리하도록 힘쓴 것이다. 가령 일월日月의 예例를 추론하여, 그것을 상세하게 기록하고 그 의리에 맞추어 놓고는 마땅히 이와 같다고 말하는 것과 같다. 마침 의리에 맞지 않으면, 이것은 전해들은 것이라거나 직접 들은 것이라거나, 직접 본 것이기 때문에 간략하게 기록하거나 자세하게 기록했다고 구차하게 말한다. 이 이론으로 소통시키고 이 이론으로 떠받쳐서, 어디를 간들 들어가지 않는 곳이 없다. 결국 경에는 아무런 도움이 되지 않고 자신들의 사적인 학문에만 유리할 뿐이다. 삼세 이론을 버려두고서 『춘추』를 말하면, 어찌 분명해지지 않겠는가?49)

---

48) 『公羊傳』, 隱公 원년, 徐彦 疏.

유창이 보기에, 삼세 이론은 단지 '자신들의 사적인 학문'에만 유리할 뿐이며, 사실상 경經에는 아무런 도움이 되지 않는다.

'주나라를 새로운 나라로 여기고, 송나라를 옛 나라로 여기고, 『춘추』를 신왕에 해당시킨다'(新周, 故宋, 以『春秋』當新王)는 이론은 동중서의 책에서 크게 드러내 밝혔고, 하휴도 누차 밝혀서 설명하였다. 그런데 유창은 『춘추』라는 책은 시비를 포폄하는 것일 뿐이며, 공양가의 개제改制 이론은 성인을 크게 왜곡하는 것이라고 주장했다.

한편 유창은 『곡량전』의 경전 해석에 대해서도 많은 불만을 가지고 있었다. 『곡량전』의 시월일례時月日例는 더욱 강하게 비판하였다. 은공 3년, 계미, 송나라 목공을 장례지냈다.(癸未, 葬宋繆公)『곡량전』에서 말했다. "장례에 날짜를 기록한 것은 변고가 있었기 때문이다. 당시 송나라가 위태로워서 장례를 치를 수가 없었다." 유창이 말했다. "잘못된 해석이다. 송나라 목공의 장례에 무슨 위태로운 일이 있었는가? 『춘추』에서는 장례에 날짜를 기록하는 경우가 많으니, 모두가 반드시 위태로운 일이 있었던 것은 아니다. 다만 일월日月으로써 예例를 삼고자 했기 때문에 이치상 그럴 수 없다는 것을 모른 것이다."[50] 또 문공 2년, 잔나라 처보와 맹약을 맺었다.(及晉處父盟)『곡량전』에서 말했다. "처보가 문공과 맹약을 맺었다는 것을 어떻게 아는가? 날짜를 기록했기 때문이다." 유창이 말했다. "잘못된 해석이다. 노나라 임금의 맹약에 날짜를 기록하지 않는 경우가 많은데, 어떻게 반드시 그렇다고 할 수 있겠는가?"[51] 이것은 모두 『곡량전』의 해석이 잘못되었다고 여긴 것이다.

제3절 손각孫覺

손각孫覺(1028~1090)은 자가 신로莘老이고, 고우高郵 사람이다. 젊었을 때 호원胡瑗

---

49) 劉敞, 『春秋權衡』, 권8.
50) 劉敞, 『春秋權衡』, 권14.
51) 劉敞, 『春秋權衡』, 권16.

(993~1059)에게 학문을 배웠다. 『송사』에서 다음과 같이 말했다. "호원의 제자 수천 명 중에 학문이 성숙된 자를 구별하여 경사經社로 삼았는데, 손각은 나이가 가장 어렸지만 당당하게 그 사이에 있었으며, 제자들이 모두 높이 받들고 복종하였다."[52] 진사에 합격하여 관직은 어사중증御史中丞에 이르렀다. 손각은 처음에는 왕안석王安石과 사이가 좋았지만, 나중에는 왕안석에 의해 쫓겨났다. 주린지周麟之(1118~1164)의 『춘추경해春秋經解』「발문」에 의하면, "처음에 왕안석이 『춘추』를 해석하여 천하에 간행하고자 했는데, 손각의 전傳이 이미 세상에 나와 있었다. 그 책을 한 번 보고는 질투심이 생겼지만, 자신이 이 책을 뛰어넘을 수 없다는 것을 스스로 알고서, 마침내 성인의 경전을 비난하여 폐기시키면서 '『춘추』는 끊어지고 해어진 온전하지 못한 조정의 기록(斷爛朝報)이다'라고 했다." 『춘추』가 학관에 서지 못하고 과거시험에 사용되지 못한 것은 이 때문이다. 그런데 사람들이 이 책을 중시했다는 것도 또한 이를 통해 알 수 있다.

『송사』「손각전」에 『춘추전春秋傳』15권을 저술했다고 했으며, 『송사』「경적지」에는 『춘추경사요의春秋經社要義』6권, 『춘추경해春秋經解』15권, 『춘추학찬春秋學纂』12권이 수록되어 있다. 지금 남아 있는 것은 『춘추경해』라는 책뿐이다.

손각의 『춘추』연구는 『곡량전』을 위주로 하였다. 손각이 말했다.

삼전三傳의 이론은 그 선후를 따질 수 없지만, 다만 『좌씨전』은 사적事蹟을 많이 말했고, 『공양전』도 대략적인 내용을 보존하고 있다. 육순陸淳은 의리의 결단은 두 전이 모두 『곡량전』의 정밀함만 못하다고 하였다. 지금 삼가三家의 이론을 가지고 그 타당성 여부를 비교해 보면, 『곡량전』이 가장 정밀하고 깊기 때문에 『곡량전』을 근본으로 삼았다. 시비와 포폄을 설명할 때는 삼전 및 역대 여러 학자들, 그리고 당대의 담조·조광·육순 등의 이론 중에서 장점을 두루 취하여 따랐으며, 들어 보지 못한 것은 안정安定 선생, 즉 호원에게 들었던 이론을 가지고 해석하였다.[53]

---

52) 『宋史』,「孫覺傳」.

손각은『곡량전』이 가장 정밀하고 깊다고 여겼고, 또 삼전 및 역대 여러 학자들의
이론을 두루 취하였다. 이로써 손각의 『춘추』 연구도 "삼전을 두루 채용하는"
노선이라는 것을 알 수 있다.

따라서 그는 「자서」에서 『좌씨전』과 『공양전』의 무리들을 크게 공격했는데,
두예는 단지 "공자는 한 명의 사관일 뿐"이라고 간주했고, 하휴는 그 병통이 "주나라를
물리치고 노나라를 왕으로 삼는"(黜周王魯) 이론에 있다. 따라서 두 사람 모두『춘추』의
존왕尊王의 요지를 잃어버렸으므로『춘추』를 깊게 아는 자들이 아니라고 하였다.

손각은 호원을 스승으로 삼아서 그의 춘추학을 전수받았으며,『사고전서총목제
요』에서는 그 "큰 요지는 패자霸者를 억누르고 왕자王者를 높이는 것을 위주로 한다"[54]
고 했다. 따라서 그의『춘추』 연구는 비록 여러 이론을 잡다하게 취했지만, "들어
보지 못한 것은 안정安定 선생, 즉 호원에게 들었던 이론을 가지고 해석하였다."[55]
『춘추경해』 소집邵輯의 「서문」에서 다음과 같이 말했다.

> 용학손공龍學孫公[56]은 일찍이 안정安定 호원胡瑗 선생을 따라 공부했으며, 경사經祀
> 안에서 가장 큰 명성이 있었고, 특히『춘추』에 깊은 조예가 있었다. 만년에 많은
> 학자들이 경전을 천착하고, 피차간에 검을 차고서 논쟁을 벌이면서 우리 성인의
> 경전을 좀먹는 것을 두려워하여, 스스로 터득한 것을 진술하여 傳을 만들었다.
> 대체로 앞선 학자들의 옳은 이론은 따르고 잘못된 것은 절충하였다. 의례義例가
> 한 번 정해지자 큰 요지와 세목이 분명해지니, 진실로 후학들이 공부하는 지침이다.

---

53)『春秋經解』, 「自序」.
54)『四庫全書總目提要』, 「經部・春秋類 一」, '春秋傳經解' 조목.
55) 孫覺,『春秋經解』, 「自序」.
56) 역자 주:『사고전서총목제요』에 의하면,『春秋經解』「原序」와 「後跋文」에 '龍學孫公'이
라고 기록되어 있는데, 아마도 손각이 벼슬을 그만둘 때 龍圖閣의 學士였기 때문에
이러한 명칭이 있었던 것으로 보인다. 용도각은 북송 眞宗 때 세워진 건물로, 太宗의
御書・御製文集・書畵・世譜 등을 보관하였고, 學士・直學士・待制・直閣 등의 관원들
이 상주하였다.

호원은 『춘추구의春秋口義』라는 저술이 있지만, 남아 있는 내용이 많지 않다. 따라서 손각이 호원을 계승한 것에 대해서는 사실상 고증할 수가 없다.

그 후에 호안국胡安國의 『춘추』 연구가 혹 손각의 영향을 받았을 가능성도 있다. 주린지周麟之의 『춘추경해』 「발문」에서 말했다.

몇 년 뒤에 호안국이 『춘추전春秋傳』을 지어서 진상했고, 학자들이 모두 그 책을 전했지만 선군先君은 보지 못했다. 내가 최근에 그 책을 입수하여, 그 뜻을 반복해서 보았는데, 손각의 이론과 합치되는 것이 열 가지 중에 여섯 일곱 가지였다. 그런데 손각은 성인의 심오한 뜻을 드러내 밝히고, 삼전을 들어서 그 득실을 결단하였으며, 반복해서 절충하여 통론을 지었다. 그 뜻은 상세하면서도 분명하고 깊으면서도 합당하여 이설異說이 논파할 수 없으니, 이러한 심오한 부분은 호안국이 미치지 못할 것 같다.

당시 사람들은 손각의 학문에 대해, 혹은 칭찬하고 혹은 비판하여 양극단의 평가가 없지 않았다. 예를 들어 양시楊時는 손각이 "학문이 뛰어난 대학자로서 세상에서 스승으로 추앙하니, 비록 몇 마디 말이나 글이라고 하더라도 모두 세상과 후세에 널리 전해질 수 있다"고 하였다. 또한 "후학들이 난잡한 말을 가지고 그를 흠칠해 버렸다"[57]고 하였다. 섭몽득葉夢得은 "지금 학자들은 경전 연구가 정밀하지 못한데, 소철蘇轍·손각孫覺의 학문은 비근하면서 알기 쉽고, 그 잘못을 금방 발견할 수 없기 때문에 모두가 신뢰한다."[58] 섭몽득이 손각의 학문은 "비근하면서 알기 쉽다"고 했으니, 또한 폄하한 말이다. 따라서 소집邵輯과 주린지周麟之가 손각의 학문이 사라져서 드러나지 않는 것을 탄식한 것도 또한 이 때문이 아니겠는가!

---

57) 楊時, 『春秋經解』, 「序」.
58) 劉敞, 『春秋傳』, 「春秋傳原序」(朱彝尊, 『經義考』, 권180에서 인용).

제4절 정이程頤

정이程頤(1033~1107)는 자가 정숙正叔이고, 세상에서는 이천선생伊川先生이라고 불렀다. 대대로 중산中山에 거처했고, 후에 개봉開封에서 하남河南으로 옮겼다. 젊었을 때 형인 정호程顥와 함께 여남汝南 주돈이周敦頤를 찾아가 학문을 논했다. 결국 과거시험을 위한 공부에 염증을 느끼고, 분연히 도를 구하는 데 뜻을 두었다. 제가백가를 넘나들고, 노장과 불교에 출입한 것이 거의 10여 년이었으며, 유학으로 돌아와서 육경에서 구한 이후에 도를 체득했다. 일찍이 태학에서 공부하면서 「안자소호하학론顔子所好何學論」으로 호원胡瑗에게 대답했는데, 호원이 그를 크게 남다르게 여겨서 학직學職을 맡겼다. 치평治平·원풍元豐 연간에 대신들이 그를 자주 천거했지만 응하지 않았다. 철종哲宗 때, 비서성교서랑秘書省校書郎과 숭정전설서崇政殿說書에 발탁되어, 수시로 진강進講하면서 풍간諷諫의 뜻을 담았다.

정이는 읽지 않은 책이 없었다. 『송사』에서 말했다. "그의 학문은 성誠에 근본을 두었으며, 『대학』·『논어』·『맹자』·『중용』을 지표로 삼아서 육경에 통달하였다. 행동이나 말은 성인을 스승으로 삼았으며, 성인의 경지에 이르지 않으면 그만두지 않았다."[59] 장재張載는 정이程頤·정호程顥 형제가 14~15세 때부터 용맹한 정신으로 성인을 배우고자 했고, 마침내 공자와 맹자가 미처 전하지 못한 학문을 터득함으로써 많은 유학자들의 영수가 되었다고 말했다.

정자程子는 『춘추』를 매우 숭상하여, "오경은 도를 담고 있는 글이며, 『춘추』는 성인의 작용이다. 오경에 『춘추』가 있는 것은 법률에 판례가 있는 것과 같다"고 했다. 또 말했다. "『춘추』는 한 구절이 곧 하나의 사건이니, 시비가 곧 여기에서 드러난다. 이것은 또한 이치를 탐구하는 요체이다. 학자는 단지 『춘추』만 잘 살펴보더라도 도를 다 터득할 수 있다."[60] 저서는 『춘추전春秋傳』 1권이 세상에 전해진다.

---

59) 『宋史』, 「道學傳」.
60) 『河南程氏遺書』, 卷第2上(胡安國, 『春秋胡氏傳』, 「述綱領」에서 인용).

이 책은 빠진 내용이 매우 많은 것 같은데, 「양공」과 「소공」 조목 이후는 더욱 그렇다. 또 「자서」가 있는데, 숭녕崇寧 2년에 지어진 듯하며, 당시 정이는 이미 71세였고 4년이 지나서 죽었기 때문에 만년의 논의라고 할 수 있다.

정자의 『춘추』 연구는 성인의 뜻을 구하고자 할 뿐이다. 그는 생각하기를, 『춘추』는 경經과 사史의 구분이 있으며, 공자는 자신의 도가 천하에 시행되지 않았기 때문에 『춘추』를 통해서 "수많은 왕들의 바뀌지 않는 대법(百王不易之大法)을 세웠다."[61] 그것이 바로 『춘추』의 대의大義이다. 당세의 일을 포폄하는 것은 역사가의 일이지 성인의 일이 아니다. 따라서 유영지劉永之는 "정자의 『춘추전』은 포폄褒貶과 여탈予奪을 내버려 두고 논의를 세운 것이 있으니, 앞선 학자들이 미칠 수준이 아니다"[62]라고 했다. 이로써 정자가 포폄으로 『춘추』를 본 것이 아니라는 것을 알 수 있다.

그런데 『춘추』의 은미한 말과 숨은 의리, 때에 맞추어 조치한 것과 시의時宜에 따른 것은 비록 알기가 어렵다고 하더라도, 성인의 마음씀은 바로 그것을 통해 볼 수 있다. 따라서 『춘추』를 배우는 자들은 마땅히 거기로 나아가서 연구해야 한다. 또한 송대 사람들의 학문 연구는 삼대三代를 숭상하지 않음이 없었다. 정자의 「자서」를 보면, 그가 『춘추전』을 지은 것도 또한 이 책을 통해 성인의 뜻을 밝히고, 삼대의 옛것으로의 회복을 기약하고자 한 것이다.

정자의 『춘추』 연구도 "전傳을 버리고 경經에서 구하는" 노선이다. 책의 체제는 모두 경문을 먼저 나열하고, 그 아래에 자기의 뜻으로 결단했으며, 삼전 및 옛 스승의 이론은 절대 인용하지 않았다. 은공 원년, "봄, 왕의 정월"(春, 王正月)에 대해 정자는 다음과 해석했다.

'춘왕정월春王正月'이라고 기록한 것은 군주는 마땅히 위로는 하늘의 때(天時)를 받들고, 아래로는 왕의 올바름(王正)을 계승해야 함을 드러낸 것이다. 이 의리를 밝게 안다면, 왕이 하늘과 의리를 같이한다는 것을 알아서 인도人道가 세워질

---

61) 『河南程氏經說』, 卷第4, 「春秋傳」, '序'.
62) 朱彛尊, 『經義考』, 권182.

것이다. 주나라의 정월은 봄이 아니니, 천시天時를 빌어서 뜻을 세웠을 뿐이다. 평왕平王의 때에 왕도王道가 끊어지니, 『춘추』는 주나라를 빌어서 왕의 법도를 바로잡았다. 은공隱公에 대해 즉위를 기록하지 않은 것은 『춘추』의 시작에서 대법大法을 밝힌 것이다. 제후의 즉위는 반드시 왕명王命을 말미암아야 하는데 은공은 스스로 즉위하였기 때문에 즉위를 기록하지 않았으며, 그가 임금이 되는 것을 인정하지 않은 것이다. 대법이 이미 세워지면, 여러 임금들에 대해 혹은 즉위를 기록하고 혹은 즉위를 기록하지 않는 것은 그 의리가 각각 같지 않다. 이미 천자로부터 명을 받지 않았는데도 선군先君의 명령에 따라 대를 이은 경우는 그 시작을 올바르게 여기니, 문공文公 · 성공成公 · 양공襄公 · 소공昭公 · 애공哀公이 그 경우이다. 대를 이은 것이 이미 왕의 명이 아닐 뿐만 아니라 선군의 명령도 아닌 경우는 즉위를 기록하지 않아서 그 시작을 올바르게 여기지 않으니, 장공莊公 · 민공閔公 · 희공僖公이 그 경우이다. 환공桓公 · 선공宣公 · 정공定公에 대해 즉위를 기록한 것은 환공은 임금을 시해하고서 즉위하였고, 선공은 임금을 시해한 도적에 의해 세워졌으며, 정공은 임금을 쫓아낸 자에 의해 세워졌기 때문에 모두 왕도 무시하고 임금도 무시했으니, 누구로부터 무슨 명을 받겠는가? 따라서 그들이 스스로 즉위했다는 것을 기록한 것이다. 정공定公은 선공宣公과 비교하면, 또한 차이가 있다.[63]

정자가 말한 '즉위'의 예例는 지극히 정밀하다고 할 수 있다. 그러나 근거로 삼은 옛 이론은 없는 듯하다. 정자는 또 "주나라의 정월은 봄이 아니니, 천시天時를 빌어서 뜻을 세웠을 뿐이다"라고 말했는데, 호안국의 '하나라의 계절(春)을 주나라의 달(正月) 앞에 두었다'(以夏時冠周月)는 이론이 근본으로 삼은 것이다.

송대 사람들은 존왕尊王 의식이 있었기 때문에 신랑이 직접 신부의 집에 가서 신부를 맞이해서 오는 '친영親迎'의 예법을 위주로 하지 않는다. 은공 2년, "9월, 기나라 열수가 와서 여인을 맞이하였다."(九月, 紀履綸來逆女) 정자가 말했다.

앞선 학자들은 모두 제후가 마땅히 친영親迎해야 한다고 말한다. 친영은 머무는

---

63) 程頤, 『春秋傳』(『二程集 · 河南程氏經說』).

곳에서 맞이하는 것이기 때문에 신랑이 신부를 데리고 올 때에 신부가 수레에 타면 신랑이 말고삐를 주는 수유授綏의 예법을 직접 거행하니, 어찌 종묘와 사직을 버려두고, 멀리 다른 나라에 가서 부인을 맞이한단 말인가? 제후만이 아니라 경대부 이하도 모두 그러하다. 『시』에서 문왕文王이 위수渭水에서 친영親迎했다(「大雅·大明」)고 했는데, 일찍이 국경을 나간 적이 없다.[64]

삼전三傳은 모두 제후 이하는 친영親迎할 수 있고, 오직 천자의 친영에 대해서만 차이가 있을 뿐이라고 말한다. 그러나 정자는 경대부도 오히려 친영하지 않는데, 하물며 천자와 제후는 어떻겠느냐고 반문하였다. 친영이라는 것은 부인이 머무는 곳에서 맞이하는 것일 뿐 부인의 집에서 맞이하는 것이 아니다. 또 은공 7년, "제나라 임금이 그 아우 년을 노나라로 보내 빙문하였다."(齊侯使其弟年來聘) 정자가 말했다.

대체로 공자公子라고 말하지 않고 아우(弟)라고 말한 것은 혹 형제의 의리를 잃어버린 것을 책망한 것일 수도 있고, 혹 제나라 임금이 아우에 대한 사랑 때문에 총애하여 신임한 것이 너무 지나침을 죄준 것일 수도 있다. 『좌씨전』·『공양전』에서는 모두 년年은 제나라 희공僖公과 같은 어머니 소생의 동생(母弟)이라고 했다. 같은 어머니 소생의 동생(母弟)이라는 앞선 학자들의 주장은 예禮와 관련된 글에서 적자嫡子의 동모제同母弟를 세운다는 이론에서 연유한 것이다. 같은 어머니(同母)라는 것은 적자嫡子라는 것일 뿐이며, 같은 어머니라는 이유로 친함을 더한다는 것이 아니다. 만약 같은 어머니라는 이유로 친함을 더한다면, 이것은 사람의 이치를 모르는 것이며, 금수의 도에 가깝다. 천하에서 이 의리를 밝히지 못한 것이 오래되었다.[65]

『공양전』에서는 공자가 질박함을 숭상하였기 때문에 '모제母弟'의 주장이 있었다고 했는데, 정자는 그것을 "사람의 이치를 모르는 것이며, 금수의 도에 가깝다"고

---

64) 程頤, 『春秋傳』(『二程集·河南程氏經說』).
65) 程頤, 『春秋傳』(『二程集·河南程氏經說』).

반박했다.

정자는 스스로 '천리天理'를 체득했다고 말했기 때문에 그의 『춘추』 해석은 즐겨 '천리'를 가지고 당세의 잘못을 질책하였다. 예를 들어 환공 7년, "곡나라 임금 수가 와서 조회하였다. 등나라 임금 오리가 와서 조회하였다"(穀伯綏來朝, 鄧侯吾離來朝)에 대해, 정자는 "(환공이) 신하이면서 임금을 시해했으니, 천리天理가 사라진 것이며, 마땅히 천하에서 용납될 수 없다"고 하였다. 문공 5년, "왕이 영숙을 보내 무궁주無窮珠와 부의물품을 주었다"(王使榮叔歸含且賵)에 대해, 정자는 "천자가 첩모妾母를 부인夫人으로 만들었으니, 윤리를 어긴 것이 심하고 천리를 잃어버린 것이다"라고 했다. 정자는 또 학자들에게 말했다. "또한 먼저 『논어』·『맹자』를 읽고, 다시 하나의 경전을 읽은 뒤에 『춘추』를 보라. 먼저 의리義理를 알아야만 비로소 『춘추』를 볼 수 있다."[66] 이로써 알 수 있듯이, 정자의 『춘추』 연구는 리학理學의 측면에서 사람에 대해 알고 일에 대해 의론하는 것일 뿐, 전문적인 경전 연구를 숭상하지는 않았다.

주자는 정자의 춘추학에 대해, "정이천의 『춘추전』 중에는 간간이 이해하기 어려운 곳이 있으니, 또한 확실하게 논의한 것은 아니다"라고 하였다. 주자의 리학理學이 비록 정이를 종주로 삼지만, 그의 춘추학에 대해서는 그다지 존숭하지 않는 듯하다. 원대의 이렴李廉은 정자가 "처음으로 광대하고 정미한 학문으로써 『춘추』의 심오한 뜻을 드러내 밝혔다. 진정으로 공자가 필삭한 마음을 터득함이 있고, 담조·조광에게 깊이 취한 것이 있으니, 참으로 그 이유가 있었다"[67]고 했다. 정자의 학문이 담조·조광으로부터 얻은 것이 많다고 여긴 것이다. 명대의 호거인胡居仁은 "『춘추』의 전傳을 지은 자가 적지 않지만, 오직 정자만 『춘추』를 드러내 밝혔다"[68]고 했다. 최근 사람인 감붕운甘鵬雲은 다음과 같이 말했다. "정이천이 『춘추전』을 짓자 세상에서 많이 칭송했는데, 결국 고항高閌이 근본으로 삼는 학문이 되었고, 유현劉絢·나종언

---

66) 『近思錄』, 권3.
67) 李廉, 『春秋諸傳會通』, 「自序」.
68) 朱彝尊, 『經義考』, 권182.

羅從彥이 모두 그 학문을 전수하였다."[69] 이들은 모두 정이천 춘추학의 후예들이다.

청대 손승택孫承澤은 『춘추정전보春秋程傳補』 20권을 지었는데, 정자의 『춘추전』이 완전한 책이 아니기 때문에 여러 학자들의 이론을 모아서 보완하는 데 뜻을 둔 책이다. 이 책은 환공 9년 이전에는 정자의 『춘추전』 전체를 싣고, 10년 이후에는 경설經說로 보완하였다. 경설에 없는 것은 여러 이론을 모아서 보완했으며, 그 내용 중에서 왕극관汪克寬의 『춘추호전부록찬소春秋胡傳附錄纂疏』에서 취한 것이 많은 부분을 차지한다.

제5절 호안국胡安國

호안국胡安國(1074~1138)은 자가 강후康侯이고, 건영建甯 숭안崇安 사람이다. 태학에 들어가서 정이程頤의 친구인 주장문朱長文 및 영천穎川 근재지靳裁之를 스승으로 삼았다. 철종哲宗 소성紹聖 4년(1097), 진사 시험에 합격하여 태학박사에 제수되었고, 형호남로학사荊湖南路學事에 발탁되었다. 숭녕崇寧 4년(1105), 채경蔡京은 호안국이 자기를 위해 일하지 않는 것을 미워했는데, 결국 거인擧人이 불선하다는 이유로 무고하여 제명하였다. 그 후에 자주 병을 핑계로 출사하지 않고, 형산衡山 자개봉紫蓋峰 아래에서 독서하면서 『춘추』 연구에 온 마음을 쏟았다. 호안국은 젊어서부터 『춘추』에 뜻을 두었으며, 매번 다음과 같이 말했다. "앞선 성인이 손수 필삭한 책인데, 군주가 강설을 들을 수 없도록 하고 학사가 서로 전하여 익힐 수 없도록 했으니, 윤리를 어지럽히고 이치를 없애 버리며, 오랑캐의 도로써 중하中夏를 변하게 한 것은 거의 여기에서 말미암은 것이다."[70] 또한 왕안석이 『춘추』를 폐기한 것을 경계했기 때문에 온 마음으로 진력하여 앞선 학자들의 이론을 갖추어 두었고, 비록 하나의 의리나

---

69) 甘鵬雲, 『經學源流考』, 권6.
70) 『宋史』, 「胡安國傳」.

한마디 말이라도 합당하거나 좋은 것이 있으면 채집하여 넣지 않은 것이 없었다. 호안국은 20여 년 동안 『춘추』를 깊이 파고들어 연구하여, 천하의 사물이 『춘추』에 갖추어져 있지 않은 것이 없다고 여기면서 다음과 같이 탄식했다. "이 책은 마음을 전하는 핵심 법도이다. 자신의 사욕을 극복하고 덕을 닦는 방법을 미루어 밝힘으로써 군부君父를 존중하고 난신적자를 토벌하며, 천리天理를 보존하고 인심人心을 바로잡는 내용은 반드시 다시 쓰고 재차 기록하여 간절하게 자세함을 다했다. 이에 성인의 웅대하고 훌륭한 대용大用이 환하게 밝혀지고 드러날 것이다."71) 이로써 알 수 있듯이, 호안국은 『춘추』와 심성心性의 학문이 서로 통한다고 생각하였다.

흠종欽宗 때 호안국은 중서사인中書舍人에 제수되었다. 일찍이 다음과 같이 상소하였다. "밝은 임금은 학문에 힘쓰는 것을 급선무로 삼고, 성인의 학문은 마음을 바로잡는 것을 핵심으로 삼는다. 마음은 모든 일의 종주이니, 마음을 바로잡는 것은 사물을 관장하고 주재하는 저울이다."72) 경남중耿南仲에게 미움을 받아서 지통주知通州로 전출되었다. 고종高宗 건염建炎 3년(1129), 장준張浚이 호안국이 크게 사용될 수 있다고 추천하여, 급사중給事中으로 임명되었으나 나가지 않았다. 소흥紹興 원년(1131), 호안국은 「시정론時政論」 21편을 바쳤는데, 고종高宗이 "반드시 중원을 회복하여 능침陵寢을 공손히 받드는 데 뜻을 두고, 반드시 원수를 소탕하여 양궁兩宮을 맞아 복위하는 데 뜻을 두도록" 하고자 했다. 호안국은 "부지런히 배우고 힘써 실천함으로써 성인을 목표로 삼았으며, 시국의 어려움을 구제하는 데 뜻을 두었다. 중원이 몰락하여 남은 백성들이 도탄에 빠진 것을 보고서 항상 자신의 몸에서 통절함을 느끼듯이 하였다."73)

호안국은 매번 『춘추』의 대의大義를 가지고 당시의 일을 강론하였다. 건염建炎 2년, 묘부苗傅와 유정언劉正彦이 변란을 일으키자 고종高宗이 강요에 못 이겨 자리에서 물러났고, 주승비朱勝非가 잠깐 재집宰執이 되었는데, 그 사이에서 마음의 결정을

---

71) 胡寅, 「先公行狀」(『斐然集』, 권25).
72) 胡寅, 「先公行狀」(『斐然集』, 권25).
73) 『宋史』, 「胡安國傳」.

하지 못하고 주저하고 있었다. 뒤에 고종이 다시 왕위로 돌아오자, 주승비는 잘못에 책임을 지고 자리를 떠났다. 소흥紹興 연간에 조정에서는 주승비를 동도독강·회·형·절제군사同都督江·淮·荊·浙諸軍事로 등용하려고 했다. 그 당시 호안국은『춘추』를 인용하여 다음과 같이 상주문을 올렸다.

하물며 주승비는 죄를 하나하나 따져야 할 사람인데, 지금 조정에서는 주승비가 묘부와 유정언의 변란에 처하여 임금의 몸을 보호했다고 말합니다. 옛날 공양씨公羊氏는 채중祭仲이 임금을 폐한 것이 권도權道를 시행한 것이라고 말했는데, 앞선 학자들은 그 주장을 강력하게 배척했습니다. 사람을 폐기할지 존치할지 권도로써 처리하는 것은 군부君父에게 시행되는 것이 아니니, 『춘추』의 대법은 이 점에 대해 더욱 근엄합니다. 건염建炎 연간에 절개를 잃은 자들에 대해, 지금 비록 특별히 놓아주고 불문에 붙이고, 또한 거기에 더해 선발하여 발탁하기까지 하니, 이러한 습속이 이루어진다면 군부에게 크게 이익이 되지 않습니다. 신은『춘추』로써 임금을 알현했는데, 주승비와 함께 신하의 대열이 선다면, 경전의 가르침을 어기는 것입니다.[74]

『공양전』에서 채중의 권도 시행을 인정한 것은 역대로 후대 학자들의 많은 비난과 지탄을 받았다. 그런데 주승비가 비록 고종이 다시 왕위로 돌아오는 데 혹 공적이 있었다고 하더라도, 결국은 군부君父를 폐기하거나 존치한 혐의가 있기 때문에 그 자취가 채중과 유사하다. 따라서 호안국은『공양전』의리의 잘못을 논함으로써 주승비를 축출하려고 했다. 후세에 존왕尊王을 첫 번째 의리로 삼았지만, 사실상 채중과 같이 권도를 시행할 만한 신하가 없었다.

그런데 주승비는 마침내 재상이 되었고, 호안국은 결국 사직하고 돌아왔다. 그 후에 또 조칙을 내려 호안국을 제거강주태평관提擧江州太平觀에 제수하고, 그가 지은『춘추전』을 엮어서 편찬하라고 명하였다. 책이 완성되자 고종은 이 책이

---

74)『宋史』,「胡安國傳」.

좋다고 누차 칭찬하면서, "성인의 뜻을 깊이 터득했으니, 다른 학자들이 미칠 수준이
아니다"라고 하였다. 당시 조정의 신하 중에서 호안국의 "학술이 너무 편벽되었다"고
비판하는 자들이 많이 있었지만, 황제는 경전을 교훈삼아 간언을 올린 호안국의
충심을 생각하여, 관직을 한 등급 올려 보문각직학사寶文閣直學士를 제수하였다.
죽었을 때 시호는 문정文定이다.

호안국은 40년 동안 관직에 있었지만, 관직 생활은 6년을 미치지 못했다. 사람됨이
강직하고 정직하여, 권세가 있고 존귀한 자에게 아부하지 않았다. 흠종欽宗이 중승中丞
허한許翰에게 호안국에 대해 아는지 물은 적이 있는데, 허한이 대답했다. "채경蔡京이
정사를 맡은 이후, 사대부 중에 그에게 농락당하지 않은 사람이 없었는데, 호안국과
같이 초연하게 멀리 거리를 두고서 부패에 물들지 않은 자는 실로 드뭅니다."
『송사』에서는 "중흥中興 이래로 진퇴가 의리에 부합하는 학자는 호안국과 윤돈尹焞을
최고로 꼽는다"고 했다. 이를 통해 호안국이 "부지런히 배우고 힘써 실천했다"는
것을 충분히 알 수 있다.

호안국의 저서는 『춘추전春秋傳』 30권이 있다. 『송사』 「호안국전」에 의하면,
소흥紹興 5년(1135) 4월, 조서를 내려서 "그가 지은 『춘추』을 엮어서 편찬하라고
명하였다." 또 호안국의 「진춘추전표進春秋傳表」에 의하면, 문장의 끝에 '소흥紹興
6년(1136) 12월'이라고 기록되어 있으므로 작업 기간이 2년이 되지 않아서 이미
책을 완성하였다. 또 『옥해玉海』의 기록에 의하면, 소흥 5년(1135) 4월, 호안국에서
조서를 내려서 "그가 지은 『춘추전』을 엮어서 편찬하여 책을 만들어서 바치라고
했는데, 10년(1140) 3월에 책이 완성되어 상주하였다"고 하였다. 따라서 『서고전서총목
제요』에서는 호안국의 책이 오래 전에 이미 초고가 완성되었는데, 칙령을 받들어
저술하여 올리는 과정에서 또 다시 5년 동안 수정한 이후에 완성되었다고 했다.
『송사』에서 말했다.

　고종高宗이 말했다. "경卿이 『춘추』에 깊은 조예가 있는데, 이제 강론하기를 원한다
　고 들었소." 마침내 호안국에게 『좌씨전』의 구두점과 정음正音을 맡겼다. 호안국이

상주하면서 "『춘추』는 경세經世의 대전大典이니, 실제 일을 통해 드러내는 것이 추상적인 말로 기재하는 것에 비할 바가 아닙니다. 지금 어려움을 구제하려고 생각하는데, 『좌씨전』은 번잡하기 때문에 공연히 시간을 허비하면서 문채를 즐기기 에는 마땅하지 않으며, 성인의 경전을 깊이 생각하는 것만 못합니다." 고종이 좋다고 칭찬하였다. 얼마 후에 호안국을 겸시독兼侍讀에 제수하고, 『춘추』를 전문적 으로 강독하도록 했다. 당시 강관講官 4명이 호안국의 사례를 들어 각각 하나의 경전을 전문적으로 강독할 것을 요청하였다. 고종은 "다른 사람들이 경전을 이해하 는 것이 어찌 호안국과 비할 수 있겠는가!"라고 하고, 허락하지 않았다.[75]

호안국의 『춘추』 연구는 중당中唐시대 이후 전傳을 버리고 경經을 탐구한 계통을 계승한 것이다.

호안국은 일찍이 자신의 학문이 대부분 정이천의 책에서 얻었다고 말한 적이 있으니, 그는 정이천의 사숙제자私淑弟子이다. 일찍이 자신이 정이천程伊川 문하의 뛰어난 제자였던 양시楊時와는 다르다고 논하면서, "만약 그 전수관계를 논한다면, 오히려 나 스스로는 내력이 있다. 양시가 본 것이 『중용』에 있다는 점에 근거하면, 명도明道선생이 전수한 것에서 온 것이다. 내가 들은 것은 『춘추』에 있으니, 이천伊川선 생이 드러내 밝힌 것에서 온 것이다." 원대 이렴李廉은 『춘추제전회통春秋諸傳會通』 「자서」에서 호안국 『춘추전』의 "일은 『좌씨전』에 의거했고, 의리는 『공양전』·『곡량 전』의 정밀함을 취했으며, 큰 강령은 맹자를 근본으로 삼고 정자程子를 위주로 하여 집대성했다"고 했다. 왕극관汪克寬의 『춘추호전부록찬소春秋胡傳附錄纂疏』 「자서」 에서도 말했다. "정자程子의 경우, 처음으로 남겨진 경전에서 천리天理를 구하여 『춘추전』을 지음으로써 성인의 뜻을 밝혔는데, 대의大義가 해와 별처럼 밝게 빛나게 하였고, 은미한 말과 심오한 뜻이 마치 손바닥 위에서 환하게 보듯이 하였다. 호안국은 또 정자의 이론을 미루어 넓혀서, 10여 만 마디의 말을 저술했다. 그런 이후에 성인이 천리天理를 보존하고 인욕人欲을 물리친 본의가 마침내 후세에 환하게 밝혀졌

---

75) 『宋史』, 「胡安國傳」.

다." 단지 호안국 본인뿐만 아니라, 세상 사람들도 모두 호안국의 춘추학이 정이程頤로부터 나왔다고 생각하였다. 그런데 호인胡寅의 「선공행장先公行狀」에 의하면, 호안국은 젊어서부터 『춘추』를 연구했고, 휘종徽宗 정화政和 6년(1116)에 "처음으로 이천伊川선생이 지은 『춘추전』을 입수했는데, 그 책 속의 대의大義 10여 조목이 선공先公의 글과 마치 부절이 들어맞는 것처럼 일치했기 때문에 선공이 더욱 자신감을 가졌다"고 했다. 호안국의 『춘추』 연구는 매우 이른 시기에 시작되었기 때문에 그의 이론 전체가 모두 정이로부터 얻은 것이 아니다.

호안국은 젊을 때 주장문朱長文을 스승으로 섬겼다. 주장문은 손복에게 『춘추』를 배웠고, 『춘추통지春秋通志』 20권을 지었다. 그 「자서」에 의하면, 이 책은 "삼전을 함께 취하여 옳은 것을 절충했으며, 담조·조광·육순 등 여러 사람들의 뜻을 두루 참고하되 손복의 말을 미루어 연역했는데, 스스로 터득한 이론을 많이 이어 놓았다." 이로써 알 수 있듯이, 주장문의 『춘추』 연구는 비록 스스로 터득한 것이 많지만, 사실상 손복으로부터 나온 것이다. 이에 근거하면, 호안국의 『춘추』 연구는 정이와 손복의 학문을 함께 전수한 것이다.

호안국은 여러 경전 중에서도 『춘추』를 더욱 존숭하여, '역사 밖의 마음을 전하는 핵심 법도'(史外傳心之要典)[76]라고 하면서 다음과 같이 말했다.

『춘추』에서 실제 일을 통해 드러낸 것이 추상적인 말로 기재하는 것에 비할 바가 아니다. 호오好惡를 공평하게 표출한 것은 『시詩』의 감정을 드러낸 것이며, 고금을 헤아린 것은 『서書』의 일을 관통한 것이다. 떳떳한 법도를 흥기한 것은 『예禮』의 규범을 체득한 것이며, 충서忠恕를 근본으로 삼은 것은 『악樂』의 조화를 이끌어 낸 것이며, 권도權道의 제도를 드러낸 것은 『역易』의 변화를 다한 것이다. 수많은 왕들의 법도와 만세의 표준이 모두 이 책에 있다. 따라서 군자는 오경에 『춘추』가 있는 것은 법률에 판례가 있는 것과 같다고 했다. 이 경전을 배우는 자들은 궁리窮理의 요체를 믿을 것이며, 이 경전을 배우지 않고서 큰일을 처리하거나 큰 사건을

---

76) 胡安國, 『春秋胡氏傳』, 「序」.

판결하면 의혹하지 않는 자가 드물 것이다.77)

그의 『춘추』 연구도 또한 담조·조광과 같은 계통이며, 삼전을 함께 절충하는 것을 큰 요지로 삼았다. 그는 스스로 자신의 책에 대해 다음과 같이 말했다.

『춘추』에 전傳을 단 것은 삼가三家인데, 『좌씨전』은 일을 서술하여 본말을 드러냈고, 『공양전』과 『곡량전』은 말이 변별력이 있고 의리가 정밀하다. 경經을 배우는 것은 전傳을 의거해야 하므로 마땅히 『좌씨전』을 읽어야 한다. 말을 음미하는 것은 의리를 위주로 해야 하므로 마땅히 『공양전』·『곡량전』을 익혀야 한다.……따라서 지금 내가 전傳을 단 것은 일은 『좌씨전』에 의거했고, 의리는 『공양전』·『곡량전』에서 정밀한 것을 채택했으며, 큰 강령은 맹자를 근본으로 삼았고, 은미한 말은 대부분 정자의 이론을 가지고 증명하였다.78)

주장문朱長文의 『춘추통지春秋通志』에도 이러한 말이 실려 있다. "일은 『좌씨전』보다 더 잘 갖추어진 것이 없고, 예例는 『공양전』보다 더 밝은 것이 없으며, 의리는 『곡량전』보다 더 정미한 것이 없다." 후세에 호안국의 책에 대해 논할 때, 이 말을 언급하는 경우가 많다. 조공무의 『군재독서지』 권3에서 말했다. "호안국은 정이程頤를 스승으로 삼았고, 그가 『춘추』에 전傳을 달 때, 일은 『좌씨전』에 의거하였고, 의리는 『공양전』·『곡량전』에서 정밀한 것을 취했으며, 맹자孟子·장주莊周·동중서董仲舒·왕통王通·소요부邵堯夫·정명도程明道·장횡거張橫渠·정정숙程正叔의 이론을 채택하여 윤색하였다."79) 진진손도 말했다. "일은 『좌씨전』에 의거하였고, 의리는 『공양전』과 『곡량전』에서 정밀한 것을 채택했으며, 큰 강령은 맹자를 근본으로 삼았고, 은미한 뜻은 대부분 정자의 이론을 가지고 증명했다. 근세에 『춘추』를 배우는 자들이 모두 종주로 삼았다."80)

---

77) 胡安國, 『春秋胡氏傳』, 「序」.
78) 胡安國, 『春秋胡氏傳』, 「敍傳授」.
79) 胡安國, 『春秋胡氏傳』, 「附錄 二」.

이로써 알 수 있듯이, 호안국의 『춘추전』은 단지 삼전을 절충했을 뿐만 아니라, 그 은미한 요지는 정이程頤의 이론을 가지고 증명하였다. 호안국이 말했다.

유독 정자程子가 『춘추』의 전傳을 지었지만, 그 이론이 너무 간략하고, 뜻은 끌어오기는 했지만 드러내 밝히지 않았으니, 후학들로 하여금 신중하게 생각하고 밝게 변별하여, 이목耳目이나 견문見聞의 밖에서 스스로 터득하도록 하고자 한 것이다. 따라서 지금 내가 전傳을 단 것은…… 은미한 말은 대부분 정자의 이론을 가지고 증명하였다.[81]

정자의 『춘추』 해설은 대부분 다 구체적으로 설명하지 않고 간략한데, 호안국은 정자의 이론을 펼쳐서 진술하려고 하였다.

또한 호안국의 책은 항상 『춘추』 경전의 이론을 빌어서 당시의 일을 논한 경우가 대부분이다. 그의 「여양시서與楊時書」에서 말했다.

『춘추』를 살펴보건대, 안鞍 땅의 전쟁(성공 2년)에서, 제나라 군대가 대패하자 제나라는 국좌國佐를 진晉나라로 보내 뇌물을 주고 맹약을 요청하였다. 진晉나라 극극郤克이 소동蕭同의 조카딸을 인질로 잡고, 제나라 농지의 밭이랑을 모두 남북에서 동서 방향으로 향하도록 바꾸려고 하였다. 국좌國佐가 크게 노하여, 패잔병을 수합해 성을 등지고 최후의 일전을 치르겠다고 요청하였다. 극극이 두려워하여 도리어 국좌와 맹약을 맺고 감히 보복하지 못했다. 따라서 성인이 "국좌와 맹약하였다"고 특별히 기록함으로써 국좌가 한 번 분노하여 극극을 굴복시켰음을 밝히고, 천하 후세의 충신忠臣과 의사義士에게 적을 이기고 승리하는 것은 곡직曲直에 달려 있는 것이지 힘의 강약으로 승부를 나누는 것이 아님을 보여 준 것이다. 금金나라 사람들이 조정을 능멸하고 욕되게 하여 사람들이 마음으로 함께 미워하니, 극극이 제나라에 한 짓에 그치지 않는다. 사진四鎭·삼관三關을 혹 모두 떼어서 버리니,

---

80) 陳振孫, 『直齋書錄解題』, 권3.
81) 胡安國, 『春秋胡氏傳』, 「敍傳授」.

어찌 다만 농지의 밭이랑을 모두 동쪽으로 향하도록 하는 것일 뿐이겠는가! 굴욕적인 맹약을 채결하고, 친왕親王이 나가서 인질이 되니, 세력이 강하지 못함이 심하도다!……『춘추』를 살펴보면, 양梁나라를 멸망시킨 것은 진秦나라이다.(희공 19년) 성인이 '진나라가 멸망시켰다'(秦滅)고 쓰지 않고, '양나라가 망했다'(梁亡)고 기록한 것은 양나라가 사방의 이웃나라로부터 나라를 지키지 못하고, 공궁公宮 밖에 해자를 팠으니, 망한 것은 자기 스스로 초래한 것이기 때문이다. 지금 임금에게 충성하는 무리들이 적을 격퇴하지 않고 성의 해자를 손질하고 있다. 금과 비단 등의 물품이 전사를 모으는데 사용되지 않고 적국에 뇌물로 바쳐졌다. 당당한 대송大宋, 만리 국토, 어찌 업신여김과 짓밟힘을 당하는 것이 이처럼 심한 지경에 이르렀는가!82)

이로써 알 수 있듯이, 호안국의 『춘추전』은 사실상 이유가 있어서 지은 것이다. 후인들 중에 이 점을 언급한 경우가 많은데, 원대의 오래吳萊가 말했다.

호안국이 『춘추』에 전傳을 지을 당시에, 광요光堯, 즉 송 고종高宗이 남쪽으로 천도하고 부모의 원수를 아직 갚지 않았는데, 나라의 운명은 날로 위축되고 있었다. 장상대신將相大臣들은 전쟁을 없애고 화친을 주장하고, 동경東京(開封)의 궁궐宮闕과 서경西京(洛陽)의 능침陵寢을 점점 잊어버리고 소유하지 않는 자들이다. 이 때문에 특별히 『춘추』의 이론을 빌어서 경연에 나아갔고, 또 중하中夏를 안으로 여기고 이적夷狄을 밖으로 여기는 것이 이와 같이 엄격하고, 임금이 욕을 당하면 신하는 임금을 위해 죽는 것이 이와 같이 엄혹함을 보여 주어서, 임금의 귀를 한 번 깨우치기를 기대했다. 장강長江과 회수淮水가 스스로 한계를 긋는 데 이르지 않았는데, 장강의 동쪽에서 끝내 유지할 수 없다. 이것은 본래 후세에 『춘추』를 공부하는 통론通論은 아니다. 그렇지만 호안국 『춘추전』의 문장은 대체로 정이程頤에 근본을 둔 것이다.83)

따라서 『사고전서총목제요』에서는 "다만 이 책이 송나라가 남쪽으로 수도를

---

82) 胡寅, 「先公行狀」(『胡氏春秋傳』, 附錄 三).
83) 吳萊, 『春秋通旨』 後題(『春秋胡氏傳』, 附錄 二).

옮긴 이후에 지어졌기 때문에 당시의 일에 대해 감정을 가지고 종종 『춘추』를 빌어서 자신의 뜻을 집어넣었으니, 하나하나가 모두 경經의 요지에 반드시 부합되는 것은 아니다"84)라고 했다. 주자가 "호안국의 『춘추전』은 견강부회한 곳이 있지만, 의론에 포용의 정신이 있다"85)고 했으니, 아마도 이것을 말한 것이다.

호안국은 또 『춘추』를 '역사 밖의 마음을 전하는 핵심 법도'(史外傳心之要典)로 여겼다. 그런데 이 주장은 사실 왕접王接·조광趙匡이 일관되게 경經과 사史를 구별한 견해를 근본으로 삼은 것이며, 또한 천년 이후까지 남겨진 경전에서 성인의 마음을 구하는 송대 학자들의 기본 입장이기도 하다. 호안국의 학술은 두 가지 방면의 연원이 있다. 첫째는 위로 이정二程의 계통을 계승하고, 아래로 호상湖湘 심성心性의 학문을 열었다. 둘째는 담조·조광이 남긴 것을 조술하여 『춘추』의 새로운 논의를 만들었다. 이 두 가지 연원은 그의 『춘추전』 속에 모두 체현되었다. 예를 들어 맹자와 한대 사람들은 『춘추』의 대의大義가 난신적자를 토벌하는 데 있다고 말했는데, 호안국은 다음과 같이 말했다.

> 주나라의 도가 쇠미해지고 천하의 기강이 해이해지자, 난신적자들이 연이어 일어나서 당세에 인욕人欲이 제멋대로 자행되어 천리天理가 사라져 버렸다.…… 공자를 알아주는 자들은 이 책이 인욕이 제멋대로 흐르는 데에서 인욕을 막고, 천리가 이미 사라진 데에서 천리를 보존하여, 후세를 위한 염려가 지극히 심원하다고 말한다. 공자를 죄주는 자들은 천자로서의 지위가 없으면서도 242년의 천자의 권세에 가탁하여, 난신적자로 하여금 그 욕심을 금지하여 제멋대로 펴지 못하게 하였으니, 그 정성이 애처롭다고 말한다.86)

양송시대의 도학道學은 오로지 심성心性의 측면에서 공부했는데, 호안국은 그것을 끌어와서 『춘추』의 외왕外王 사업을 논했고, 그 요지는 단지 '천리를 보존하고 인욕을

---

84) 『四庫全書總目提要』, 「春秋類」, '春秋傳' 조목.
85) 『朱子語類』, 권83, 「春秋」.
86) 胡安國, 『春秋胡氏傳』, 「序」.

없애는 것'에 지나지 않는다고 여겼다. 이로써 알 수 있듯이, 호안국의 『춘추』 연구는 결국 손복·유창과는 다른 점이 있다. 그는 항상 송대 사람들의 의리를 가지고 경전을 해석했다.

호안국의 『춘추전』은 이후에 과거시험의 정식 교과서가 되었다. 『원사元史』 「선거지選擧志」를 살펴보면, 연우延祐 2년, 경의經義·경의經疑 부분에서 선비를 선발하는 법규를 정할 때, 『춘추』에서는 삼전 및 『춘추호씨전』을 채용하였다. 『춘추호씨전』이 학관에 세워진 것은 이때부터 시작되었다. 명대에는 그 제도를 답습했고, 거기에 장흡張洽의 『춘추집주春秋集注』를 더했지만, 장흡의 책은 점차 쇠퇴하였다. 영락永樂 연간에 호광胡廣의 『춘추대전春秋大全』이 나왔는데, 주로 『춘추호씨전』을 위주로 했으며, 이때부터 『춘추호씨전』이 마침내 홀로 통행되었다. 이에 대해 『사고전서총목제요』에서는 다음과 같이 말했다.

> 명나라 초기에 과거제도를 정할 때, 대체로 원나라의 옛 방식을 계승하여 정주程朱를 종법으로 삼았다. 그런데 정자程子의 『춘추전春秋傳』은 단지 2권으로 되어 있고, 빠지고 생략된 것이 너무 심했으며, 주자도 또한 완성된 책이 없었다. 호안국의 학문이 정자로부터 나왔고, 장흡張洽의 학문이 주자로부터 나왔기 때문에 『춘추』는 두 사람의 책으로 정하여 사용하였다. 대체로 그 연원을 중시한 것이지 반드시 호안국의 책 자체만 가지고 정한 것은 아니다. 나중에 장흡의 『춘추전』이 점점 통행되지 않았기 때문에 마침내 호안국의 책을 단독으로 사용하였다. 점차 경經을 폐기하고 읽지 않게 되자, 오직 호안국의 『춘추전』만을 위주로 삼았다. 당시에 경의經義라고 하는 것은 사실상 호안국 『춘추전』의 의리일 뿐이었다. 따라서 명나라 한 시대의 『춘추』 학문이 가장 폐단이 심했다. …… 청대에 이르러 경학을 크게 숭상했는데, 『흠정춘추전설휘찬欽定春秋傳說彙纂』에서 호안국의 옛 이론에 대해 처음으로 논박하여 바로잡은 것이 많았다. 단점을 버리고 장점을 취했으며, 그 정수를 발췌하였기 때문에 호안국의 원래 책을 충분히 종합적으로 포괄할 수 있었다.[87]

---

87) 『四庫全書總目提要』, 「春秋類」, '春秋傳' 조목.

이로써 알 수 있듯이, 원·명대 두 왕조의 과거시험에서 호안국의『춘추전』을 위주로 한 것은 호안국과 이정二程의 연원 관계를 중시했기 때문이며, 호안국의 지위도 날로 높아졌다. 원대 지정至正 22년(1362), 호안국은 태사太師로 추증되었고, 초국공楚國公으로 추봉追封되었다. 명대 정통正統 2년(1437), 공자의 묘정廟庭에 종사從祀되었다. 성화成化 3년(1467), 건영백建寧伯으로 추봉되었다. 가정嘉靖 9년(1530), 선유호자先儒胡子로 개칭되었다. 그런데 청대 강희康熙 이후에 과거시험에서 호안국의 책을 점차 버려두었고, 학자들이 이 책을 비평하는 것이 일종의 관행이 됨으로써 호안국의『춘추호씨전』은 결국 폐기되는 결과를 초래하였다.

1. 존왕尊王

송대에『춘추』를 연구한 학자들은 당·오대에 번진藩鎭이 할거했던 폐단에 대해, 마음에 사무친 것이 매우 깊었기 때문에『춘추』해석의 큰 요지가 모두 '존왕尊王'을 위주로 하였다. 단지 호안국만이 그런 것은 아니었다.

먼저 정자程子는 '춘왕정월春王正月'에 대해, 제후의 즉위는 반드시 왕명으로 말미암아야 하며, 혹 천자에게 명을 받지 않으면 마땅히 선군에게 명을 받아야 하기 때문에『춘추』에 '공즉위公卽位'를 기록한 것은 제후의 시작을 바로잡는 것이라고 해석하였다. 호안국은 유독 이 의리를 중시하여, 자기 책의 가장 앞부분에 '처음을 삼가는 예'(謹始例)를 두고서 존왕尊王의 요지를 밝혔다. 살펴보건대, 삼전三傳에 모두 '공즉위'의 예例가 있지만, 모두 은공隱公이 적자嫡子가 아닌 것에 근거하여 논의를 세웠다. 그 중에서도『공양전』의 '대거정大居正' 관련 논의가 가장 심하다. 그런데 정이·호안국의 논의를 살펴보면, 이 점에 대해서는 그다지 마음을 두고 있지 않은 것 같다. 그들은 오로지 왕명王命과 군명君命을 받았는지의 여부로써 그 일을 논했으며, 이 사례를 빌어서 '존왕'의 의리를 드러내고자 하는 데 뜻을 두었다는 것을 알 수 있다.

호안국은 또 '왕정월王正月' 이론을 빌어서『춘추』 '대일통大一統'의 뜻을 다음과 같이 드러내 밝혔다.

'왕정월王正月'이 하나(一)에서 정해진다는 것은 무슨 의미인가? 하늘에는 두 개의
태양이 없고, 땅에는 두 명의 왕이 없으며, 집안에는 두 명의 주인이 없고, 존귀함에는
두 명의 윗사람이 없다.[88] 그리고 도道에는 두 개의 이치가 없고, 정치에는 두
개의 문門이 없다. 따라서 항상된 법칙을 의론하는 자는 제자백가를 축출하고
공자를 높이며, 육예六藝의 학과에 속하지 않은 모든 학술을 나란히 함께 나아가지
못하도록 하니, 이것이 도술道術이 하나로 귀결되는 것이다. 정치를 완성하는
이치를 의론하는 자는 정사가 모두 중서성中書省에서 나오도록 하고자 하기 때문에
예악을 바꾸고 제도를 개혁한다. 따라서 유배를 보내고 주살하는 형벌이 그 뒤를
따르게 되니, 이것이 국정國政이 하나로 귀결되는 것이다. 만약 사사로운 문호를
열어두고 공평하고 올바른 도리를 폐지하여, 각각이 편의대로 일을 행하도록
한다면, 이것은 사람이 제멋대로 정치를 하는 것이며, '대일통大一統'의 의리와는
어긋나는 것이다.[89]

『공양전』에 '대일통' 이론이 있는데, 그 요지는 '하늘을 받드는 것'(奉天)에 있다.
호안국의 경우에는 오로지 상하 정령政令의 통일만을 취했으므로 그 의도는 '존왕'에
있었지만, 그것이 한쪽으로 편벽되었다는 것도 또한 알 수 있다.
제후가 왕을 존중하지 않는 경우에는 모두 비판하여 축출하였다. 은공 3년,
천왕이 죽었다.(天王崩) 호안국이 다음과 같이 해석했다.

지금 천왕이 죽자 주나라 사람이 와서 부고를 했는데도 은공이 가지 않았으니,
이것은 임금을 무시하는 것이다. 그 죄는 마땅히 필주해야 하니, 기록하지 않았더라
도 죄가 저절로 드러난다.[90]

---

88) 역자 주: 『예기』 「방기坊記」에 "天無二日, 土無二王, 家無二主, 尊無二上"이라는 말이 보인다.
89) 『春秋胡氏傳』, 隱公 11년.
90) 『春秋胡氏傳』, 隱公 3년.

호안국은 천왕이 죽으면 제후는 예법에 따라 마땅히 상喪에 달려와야 한다. 그런데 지금 은공은 오지 않았으니, 그 죄는 임금을 무시한 데 있다.

제후가 제멋대로 독단하는 경우에는 윤리를 더욱더 혼란스럽게 만든다. 희공 28년, 희공이 진나라 임금·제나라 임금·송나라 임금·채나라 임금·정나라 임금·위나라 임금·거나라 임금과 회합하고, 천토에서 맹약을 맺었다.(公會晉侯·齊侯·宋公·蔡侯·鄭伯·衛子·莒子, 盟于踐土) 호안국이 다음과 같이 해석했다.

> 천토踐土의 회합은 천왕이 아래로 진晉나라 임금을 위로한 것인데, 삭제하고 기록하지 않은 것은 무엇 때문인가? 주나라 왕실이 동쪽으로 천도하니, 남아 있는 것은 천왕이라는 칭호와 하늘에 지내는 제사뿐이었다. 그것은 사실상 소국의 한 명의 제후에도 미치지 못하는 것이다. 진晉나라 문공文公의 작위는 비록 후백侯伯이라고 하지만, 거의 천하를 호령하여 정삭正朔을 고치고 복색을 바꾸는 제도개혁에 가까운 일을 했으므로 사실상 천자의 일을 행한 것이다. 이것이 『춘추』에서의 이름과 실제이다. 이름은 존재하지만 실제는 없는 것이 그나마 이름과 실제가 모두 없는 것보다는 낫다. 이 때문에 천왕은 아래로 천토에서 진나라 임금을 위로했는데, 그 사실을 삭제하여 기록하지 않은 것은 그 실제를 제거함으로써 이름을 온전히 한 것이다. 이른바 "임금의 도이며, 부모의 도이다"는 것이다. 진나라 임금은 신하로서 임금을 불렀기 때문에 "천왕이 하양에서 사냥을 하였다"(天王狩於河陽)고 기록하여, 그 이름을 바로잡음으로써 실제를 통괄한 것이다. 이른바 "신하의 도이며, 자식의 도이다"는 것이다. 그래서 천하의 큰 윤리는 여전히 존재하면서 없어지지 않았다.[91]

호안국의 명실론名實論은 그 의리가 지극히 정밀하며, 『공양전』의 "실제로는 인정하지만 문장으로는 인정하지 않는다"(實與而文不與)는 이론을 근본으로 삼은 것이다. 공자가 "너는 그 양羊을 아까워하는가? 나는 그 예禮를 아까워한다"[92]고 말한

---

91) 『春秋胡氏傳』, 僖公 28년.
92) 『論語』, 「八佾」.

것도 그 의미가 이와 같으니, 모두 군신君臣의 예법을 온전히 하고자 한 것이다.

호안국의 존왕 이론이 이와 같기 때문에 천자의 친영親迎 예법에 대해서도 부정하였다. 『춘추통지春秋通旨』에 그 논의를 다음과 같이 기록하고 있다.

혹자가 말했다. 천자는 반드시 친영親迎을 한다고 하는데, 맞는 말인가? 대상大上은 천하에 대적할 상대가 없으니, 비록 제부諸父와 곤제昆弟도 신하가 아닌 자가 없다. 사방에 갔을 때도 제후들이 감히 자기 집을 소유하지 못하니, 만약 만승萬乘의 존귀함을 굽혀서 멀리 가서 친영親迎의 예법을 행한다면 천하에 대적할 상대가 없다는 것이 어디에 있겠는가? 혹자가 말했다. 왕후王后는 천자와 함께 천지天地와 종묘宗廟를 받들어 만세를 계승하는 중요한 사람인데, 그 예법이 마땅히 어찌해야 하는가? 동성同姓의 제후에게 그 예법과 관련된 언사를 주관하도록 하고, 경卿에게 가서 맞이하도록 명하며, 공公은 그 일을 감독한다. 부모 나라의 제후가 왕후가 될 여식을 천자의 수도까지 전송하여 관사에 머물러 있고, 그 이후에 천자가 직접 맞이해서 들어가니, 이것이 왕후를 맞이하는 예법일 것이다.[93]

살펴보건대, 『예기』에서 애공哀公이 면류관을 쓰고 친영하는 것이 너무 엄중하지 않느냐고 질문한 것에 대해 다음과 같이 대답했다. "두 성씨를 합하여 옛 성인의 후사를 잇고, 천지와 종묘와 사직의 주인이 되는 것인데, 임금께서는 어찌 너무 엄중하다고 하십니까?"[94] 『공양전』과 『곡량전』은 모두 천자의 친영을 위주로 하니, 혹 『예기』에서 나온 것인가? 『좌씨전』은 이 이론을 위주로 하지 않는다. 그 뜻은 임금을 높이고 신하를 비천하게 여기는 데 있으니, 호안국의 의론은 『좌씨전』과 그 요지가 같다.

임금을 존중하면 신하를 낮추기 때문에 호안국은 권신權臣의 발호와 농단에 대해 더욱 크게 경계하였다. 문공 9년, 모백이 와서 금을 요구했다.(毛伯來求金) 호안국이 다음과 같이 해석했다.

---

93) 胡寧, 『春秋通旨』(『春秋胡氏傳』, 附錄 三).
94) 『禮記』, 「哀公問」.

모백毛伯은 천자의 대부인데, 무엇 때문에 사신(使)이라고 말하지 않았는가? 주나라가 상중喪中이어서 아직 천자가 없었기 때문이다. 1년이 지나서 즉위하는데, 무엇 때문에 아직 천자가 없다고 말하는가? 옛날에는 천자가 양암諒陰에서 3년 동안 있으면, 백관들이 자신의 직책을 총괄하여 총재家宰에게 명을 들었다. 백관들이 자신의 직책을 총괄하여 명을 들으면, 이것은 총재가 국정을 전담하는 때이므로 왕명을 가탁하여 천하에 호령을 내리는 것이 어찌 안 되겠는가? 그런데도 사신이라고 말하지 않은 것은 『춘추』의 요지가 은미한 것이니, 단지 천하에 통용되는 상례喪禮를 신중하게 처리하는 것만 아니라, 이로써 후세의 대신大臣 중에서 정권을 잡은 자들로 하여금 제멋대로 농단해서는 안 된다는 법계法戒를 보여 준 것이다. 발호한 신하는 군주의 권위를 빌어 손에 쥐고서, 안과 밖을 위협하고 억누르며, 행동을 할 때마다 걸핏하면 조서詔書를 가지고 일을 실행하니, 『춘추』의 이 의리로써 그를 꺾어 누른 적이 없었기 때문이다.[95]

살펴보건대, 삼전은 모두 천자가 제후에게 공물을 요구하는 것이 부당하다고 말하니, 천자를 비난한 것이다. 모백毛伯을 사신이라고 말하지 않은 것은 단지 천자가 상중에 있어서 아직 임금이 되지 않았기 때문이다. 호안국의 해석에 의하면, 천자가 양암에 있을 때는 총재가 왕명을 빌어서 천하에 호령을 내릴 수 있으므로 예법에 있어서는 모백을 사신이라고 부를 수 있다. 그러나 『춘추』에서 사신이라고 부르지 않은 것은 사실 별도로 은미한 뜻이 있다. 그것은 후세의 대신들에게 "군주의 권위를 빌어 손에 쥐고서 안과 밖을 위협하고 억누르지" 못하도록 경계한 것이다.

송나라 초기에는 위세를 자만하는 군대와 사나운 장수를 경계하는 풍습이 남아 있었기 때문에 손복 등이 존왕의 요지를 밝힌 것은 그래도 이야기할 만한 상황이었다. 그러나 남쪽으로 옮긴 이후에는 조정에서 대신들에게 국정을 전담시켜서 처음에는 공적이 있었다. 그러나 고종은 겁이 많고 자질이 나약하여, 장수들을 시기하고 의심하였다. 그런데 호안국이 다시 이 기치를 내걸었으니, 임금의 악惡에 영합하여 국가를 수복하려는 노력을 무너뜨려 버렸다는 비난을 면치 못했다. 그

---

95) 『春秋胡氏傳』, 文公 9년.

후에 선산船山 왕부지王夫之는 이 점에 대해 다음과 같이 호안국을 비판했다.

일찍이 호안국의 『춘추전』을 읽고서 유감스러운 점이 있었다.…… 호안국이 경전을
해석할 때, 공자 휘翬가 정나라를 정벌한 일(은공 4년), 공자 경보慶父가 어여구於餘丘를
정벌한 일(장공 2년)에 대해, 두 가지 사건에서 임금의 병권을 다른 사람에게 빌려주어
서는 안 된다는 주장을 펼쳤다. 불행하게도 휘와 경보는 시해와 반역으로 끝을
맺어서 그 주장이 더욱 확장되었다. 그런데 옛일을 상고하여 오늘날을 징험해
보면, 임금이 장군을 부리는 도가 어찌 그렇겠는가!…… 호안국의 말이 이와 같았기
때문에 호안국과 진회秦檜는 현명함과 간사함이 너무 다른데도 그 뜻이 합치되어
서로 권면하였으니, 사람을 알아보는 밝음이 지극하지 않아서가 아니라, 호안국이
주장하여 도道로 삼은 것이 잘못되었기 때문이다.…… 아! 호안국이 악후岳侯와
한탁주韓侂冑를 의심하고, 기세가 하늘까지 넘쳐흐르던 진회秦檜를 신임하여, 그
자제들이 그를 위해 허물을 덮고자 했지만, 단지 노여움만 산 채 귀향을 가서
죽는데도 끝내 말리지 못할 것을 어찌 알았겠는가!96)

살펴보건대, 은공 4년, 가을, 휘가 군대를 이끌고, 송나라 임금·진나라 임금·채
나라 사람·위나라 사람과 회합하여 정나라를 정벌했다.(秋, 翬帥師, 會宋公·陳侯·蔡人·
衛人伐鄭) 호안국이 다음과 같이 해석했다.

신하가 자기 임금을 시해하고, 자식이 자기 아버지를 시해하는 것은 하루아침의
이유 때문이 아니라 그 유래는 점진적인 것이니, 변별하기를 일찍 변별하지 못했기
때문이다. 송나라 사람이 와서 군대를 요청하자 은공이 사절하였다. 우보羽父가
군사를 거느리고 가서 제후의 군대와 연합하기를 요청했는데, 은공은 허락하지
않았다. 은공이 송나라의 요청을 사양하고 우보의 요청을 허락하지 않은 것은
의리에 맞는 것이다. 휘翬는 불의不義로써 자기 임금에게 강요했고, 또 강하게
요청하여 갔으니, 임금을 무시하는 마음이 그 조짐을 보인 것이다. 공자公子와

---

96) 王夫之, 『宋論』, 권10.

공손公孫은 임금의 인척 중에서 경卿의 자리에 오른 자이다. 그 뿌리내린 것이 견고하여 이성異姓의 경卿보다 제어하기가 어려운데, 하물며 휘와 같이 이미 군주의 군대를 부려서 군주의 명을 어긴 경우는 어떠하겠는가! 은공이 일찍 그것을 판별하여 그의 병권을 박탈하지 못했으니, 그에게 군대를 이끌도록 한 것이나 마찬가지이다. 이 때문에 은공이 종무鍾巫의 재앙으로 시해를 당하는 지경에 이른 것이다. 『춘추』는 여기에서 휘翬의 '공자公子'라는 호칭을 제거함으로써 재앙을 미리 대비하는 경계를 삼간 것이다.[97]

살펴보건대, 『공양전』과 『곡량전』에서는 모두 휘翬를 공자公子라고 부르지 않은 이유가 은공을 시해한 그의 죄를 비판한 것이라고 했다. 그런데 『좌씨전』에서는 휘가 자기 임금에게 강요하여 군대를 출동시켰기 때문에 '공자'라고 기록하지 않음으로써 비판한 것이라고 풀이했다. 호안국은 거의 『좌씨전』의 의리를 그대로 진술하였고, 또 은공이 "일찍 그의 병권을 박탈하지 못했기" 때문에 결국 시해와 반역의 화를 초래했다고 한스럽게 말했다.

피석서의 『경학통론·춘추통론』에서는 왕부지의 주장을 근본으로 삼아서, 또한 다음과 같이 말했다.

송나라 학자들은 옛 뜻을 믿지 않고, 반박하고 비난하기를 좋아했는데, 이것은 한 시대의 풍조이기 때문에 이상하게 여길 필요는 없다. 그 중에서 가장 이해할 수 없는 것은 의심하여 방비하거나 시기하는 당시의 습속을 잘못 답습하여, 도리어 옛 가르침을 반란을 돕는 수단으로 만들어 버림으로써 위로는 옛 사람들을 무고할 뿐만 아니라, 또한 아래로 후세를 속일까 두렵다. 호안국의 『춘추전』은 남송 초기에 존왕양이尊王攘夷의 의리를 드러내 밝혀서 시대의 추세에 딱 들어맞았는데, 휘翬의 군대 통솔을 해석한 부류에서는 권신權臣의 군대 주도를 크게 경계하였다. 왕부지는 그에 대해 다음과 같이 논했다. "왕을 높이는 것은 왕에게 공손하게 대답하거나 그 앞을 종종걸음으로 지나가거나 앞에 엎드림으로써 높일 수 있는

---

97) 『春秋胡氏傳』, 隱公 4년.

그런 것이 아니다. 이적을 물리치는 것은 몸뚱이와 두 팔을 뻗으로써 물리칠수 있는 그런 것이 아니다. 악후岳侯의 죽음에 있어서, 호안국의 주장이 어리석은 군주의 마음에 가장 먼저 들어맞았다." 왕부지가 호안국의 『춘추전』을 반박한 것은 진실로 신랄한 논의는 아니다. 송나라는 정변을 일으켜 정권을 장악하는 일을 경계하여, 가장 먼저 장수의 권력을 빼앗았고, 자손들은 가법으로 전수했기 때문에 현자들은 그러한 습속에 제한을 받았다. 남송 초기에 국가의 수치를 설욕하고자 하여, 왕은 용맹한 군대와 온힘을 다하는 신하들에 의지하였다. 그래서 여러 장수들이 점점 떨쳐 일어났는데, 진회秦檜는 그들의 군대를 빼앗고 장수들을 죽이거나 유폐시켰다. 호안국은 진회의 무리들과는 여전히 같지 않은데도 잘못하여 추천을 받았으니, 그의 논의가 우연히 합치되었기 때문이었다. 그렇지만 사실은 경전의 뜻을 제대로 밝히지 못했기 때문이다. 악후의 죽음에 대해 비록 호안국을 탓할 수는 없지만, 경전 해석이 정밀하지 못하여 나라를 그르치는 사태를 초래했으니, 또한 그 허물을 변명할 수 없는 점도 있다.

호안국의 존왕尊王 논의는 앞서 고종高宗과 진회秦檜의 마음에 들어맞았기 때문에 악비岳飛의 죽음에 대해 혹 호안국의 허물이 없을 수는 없다. 피석서는 왕부지의 주장을 이와 같이 진술하여 연역했는데, 그 논의가 매우 정밀하다.

이로써 알 수 있듯이, 군주는 존귀하고 신하는 비천하여, 상하의 경계가 이와 같기 때문에 분수를 넘는 신하의 참람된 마음을 막아야 한다. 그런데 호안국은 또 임금은 마땅히 신하를 예의禮義로써 대해야 한다고 주장했다. 선공 8년, 임오일, 그대로 이튿날 거행하는 역 제사를 지냈다. 방패를 들고 추는 만무萬舞는 추고 피리를 불면서 추는 약무籥舞는 버리고 쓰지 않았다.(猶繹, 萬入去籥) 호안국이 다음과 같이 해석했다.

지금 중수仲遂는 나라의 경卿인데, 그가 죽었는데도 이튿날 거행하는 역 제사를 그대로 지냈으니, 대신을 총애하여 대우하는 예법을 잃은 것이다. 『춘추』는 비록 임금을 높이고 신하를 누르지만, 대신의 체모體貌를 더욱 예우하였으니, 임금은 더욱 높아지고 신하는 절조를 가다듬는다. 후세의 법가法家는 오로지 임금을 높이고

자 하였지만 그 도를 얻지 못했는데, 심지어 임금은 신하를 개나 말처럼 취급하고, 신하는 임금을 길거리의 사람처럼 보아서, 큰 인륜이 사라져 버렸다. 성인의 서법書 法이 이와 같으니, 군신君臣의 의리를 보존한 것이다.[98]

호안국의 이 주장은 삼전과 같으니, 모두 선공宣公이 군신의 은혜가 없고 대신大臣에 대한 예법을 잃었다고 여긴 것이다.

또 호안국은 후세에 비천한 신하를 높이는 실수에 대해 비난하기도 했다. 장공 11년, 왕희가 제나라로 시집갔다.(王姬歸於齊) 호안국이 다음과 같이 해석했다.

주나라의 제도를 살펴보면, 왕희王姬가 제후에게 시집을 가면 수레와 복장을 그 남편의 신분에 관계치 않고 왕후王后보다 한 등급 낮게 하니, 예禮가 또한 융성하다. 『춘추』의 의리는 임금을 높이고 신하는 낮추는데, 왕희가 시집하는 것을 기록할 때 어째서 열국의 여인이 시집하는 것과 그 말을 동일하게 하고 다르게 하지 않았는가? 대답했다. 양陽이 부르면 음陰이 화답하고, 남편이 앞서고 부인이 뒤따르는 것이 천리天理이다. 천리를 서술하여 후세를 가르치니, 비록 왕희가 존귀하기는 하지만 마땅히 부인의 도리를 행해야 하니, 공후公侯나 대부大夫, 사士와 서인庶人의 여식과 무엇이 다르겠는가? 따라서 순舜임금이 필부의 신분으로서 제왕의 두 여식을 아내로 맞이했는데, "우씨虞氏 집에서 부인의 도리를 행하게 했네"(『書』, 「堯典」)라고 기록하였다. 서주西周의 왕희王姬가 제나라 임금에게 시집가는 것도 또한 부인의 도리를 행하여, 엄숙하고 조화로운 덕을 이루는 것이다. 따라서 그 시詩에서 "어찌 엄숙하고 조화롭지 않으리오, 왕희의 수레로다"(『詩』, 「召南·何彼襛矣」)라고 하였다. 진秦나라 이후로 더욱더 임금을 높이고 신하를 낮추어서 정치를 하려고 했는데, 그 도를 올바로 얻지 못했다. 심지어 열후列侯가 공주公主에게 장가를 들어서, 남자에게 여자를 섬기도록 하고, 남편이 부인에게 굽히도록 함으로써 음양陰陽의 자리가 뒤바뀌었다고까지 말한다.(『資治通鑑綱目』) 따라서 한대의 왕길王吉이 세상의 일을 조목별로 상주하면서, 이것이 잘못이라고 지적했고(『漢書』, 「王吉傳」), 송대의 장락長樂 사람 왕회王回도 그 폐단이 부모가 감히 자식을 기르지

---

98) 『春秋胡氏傳』, 宣公 8년.

못하고, 시부모가 감히 그 며느리를 기르지 못하는 지경에 이르렀다고 하였다. 그 뜻의 근원을 살펴보면, 비록 임금을 높이고 신하를 억눌러서 정치하고자 한 것이지만, 인륜이 위에서 어긋나게 하고 풍속이 아래에서 무너지게 하였으므로 또한 어찌 이로써 정치를 하겠는가? 그 폐단이 여기에 이른 이후에야 『춘추』에서 왕희와 제후의 여식이 시집가는 것을 기록할 때 그 말을 동일하게 하고 다르게 하지 않은 것이 그 가르침을 드리운 의리가 크다는 것을 알 수 있다.[99)]

제후의 여식이 시집갈 때, 예를 들어 "기나라 숙희가 휴로 시집갔다"(紀叔姬歸於鄲)와 같은 종류는 그 말이 "왕희가 제나라로 시집갔다"(王姬歸於齊)와 같으니, 모두 음양陰陽의 역순逆順의 의리를 밝힌 것이다. 호안국의 이 논의는 인륜과 풍속을 지극히 중요하게 여긴 것이니, 고염무顧炎武가 말한 '세상을 망하게 하는 것'(亡天下)[100)]이라는 것과 그 의미가 같다.

2. 복수復讎

양송시대에 때마침 요遼·금金·원元 세 왕조가 발흥한 것은 진실로 저항할 수 없는 운명이었다. 그 형세가 이미 막을 수 없었기 때문에 송나라 사람들은 오직 오랑캐와 중국의 경계를 엄격하게 지킴으로써, 스스로 정신을 가다듬는 수밖에 없었다. 따라서 위로 조정으로부터 아래로 서민에 이르기까지 모두 양이攘夷를 서로 고양하는 데 힘썼다. 이 때문에 호안국의 『춘추』 연구가 비록 경經의 요지를 벗어나서 시대를 분개하는 말이 많았지만, 그가 시대의 일에 깊이 격분한 것은 바로 해와 달이 하늘에 걸려 있는 것과 같아서, 사실상 가릴 수가 없는 것이다.

은공 7년, 겨울, 천왕이 범백으로 하여금 노나라에 와서 빙문하도록 하였다. 융이 초구에서 범백을 정벌하여 데리고 돌아갔다.(冬, 天王使凡伯來聘. 戎伐凡伯於楚丘以歸)

---

99) 『春秋胡氏傳』, 莊公 11년.
100) 역자 주: 『日知錄』 권13 「周末風俗」에 "仁義充塞, 而至於率獸食人, 人將相食, 謂之亡天下"라는 말이 보인다.

『공양전』에서 말했다. "범백凡伯은 누구인가? 천자의 대부이다. 이 경우는 빙문이었는데 정벌했다고 말한 것은 무엇 때문인가? 그를 붙잡았기 때문이다. 그를 붙잡았는데 정벌했다고 말한 것은 무엇 때문인가? 이 일을 크게 여겼기 때문이다. 어째서 이 일을 크게 여겼는가? 이적이 중국의 대부를 붙잡는 것을 용납하지 않기 때문이다. 그 땅을 기록한 것은 무엇 때문인가? 크게 여겼기 때문이다."[101] 이것은 이적이 중국의 대부를 붙잡은 것을 배척한 것이다. 그런데 호안국은 다음과 같이 말했다

데리고 돌아갔다(以歸)는 것은 범백이 절도를 잃어서, 자기 자리에서 죽지 못한 것을 죄준 것이다.[102]

살펴보건대, 삼전은 모두 범백을 죄주는 뜻이 없는데, 호안국은 그가 절도를 잃어서 자리 자리에서 죽지 못한 것을 죄준 것이라고 해석하였다. 정강靖康 이후에 장방창張邦昌·유예劉豫의 무리들이 여진족에게 몸을 낮추어 섬기니, 조야에서 그들을 매국노라고 미워하지 않는 사람이 없었다. 여기에서 혹 송대 사람들의 보편적인 견해를 볼 수 있다.

신하는 절도를 잃으면 마땅히 죽어야 하며, 임금의 경우도 마찬가지이다. 장공 10년, 가을, 9월, 형나라가 신에서 채나라 군대를 패배시키고, 채나라 임금 헌무를 데리고 돌아갔다.(秋, 九月, 荊敗蔡師于莘, 以蔡侯獻舞歸) 『공양전』에서 말했다. "채蔡나라 임금 헌무獻舞는 무엇 때문에 이름을 기록했는가? 지위를 박탈한 것이다. 어째서 지위를 박탈했는가? 사로잡혔기 때문이다. 어째서 그가 사로잡혔다고 말하지 않았는가? 이적이 중국의 임금을 사로잡는 것을 용납하지 않기 때문이다."[103] 『곡량전』의 해석도 대체로 이와 유사하다. 그런데 호안국은 채나라 임금의 지위를 박탈해 버린 두 전의 의리를 더욱더 확대해서 진술하였다.

---

101) 『公羊傳』, 隱公 7년.
102) 『春秋胡氏傳』, 隱公 7년.
103) 『公羊傳』, 莊公 10년.

채蔡나라 임금은 무엇 때문에 이름을 기록하여 지위를 박탈했는가? 대체로 패배했다고 기록하거나 멸망했다고 기록하거나 침입했다고 기록하면서, 그 임금을 데리고 돌아갔을 경우에 모두 이름을 기록하는 것은 그가 굴복하여 포로가 되었기 때문에 지위를 박탈한 것이다.…… 임금이 사직을 위해 죽는 것은 올바름이다. 도망치는 것은 비록 죄가 되기는 하지만 그래도 수치심이 있다. 그런데 포로는 심한 것이다. ……『춘추』의 법은 제후에 대해 살아 있을 때 이름을 기록하지 않는데, 땅을 잃으면 살아 있더라도 이름을 기록하여 비천한 자에 견주는 것은 나라를 소유한 임금에게 전전긍긍하도록 함으로써 부귀富貴를 길이 지키고, 위태로우면서 도가 넘치는 행위가 없도록 하고자 하는 것이다.[104]

임금이 적의 포로가 되면, 단지 자신을 욕보이는 데 그치지 않고, 신하를 욕보이고 국가를 욕보이는 데 이르기 때문에 수치가 이보다 심할 수는 없다. 정강靖康의 수치는 송나라 사람들에게 휘종徽宗과 흠종欽宗이 금金에 잡혀간 사건에 대해 두 황제가 북쪽으로 사냥을 갔다(二帝北狩)고 숨겨서 말하도록 했으니, 호안국이 혹 그로 인해서 휘종과 흠종이 사직을 위해 죽지 못한 것을 책망한 것이 아닌가?

따라서 장공 4년, 기나라 임금이 자기 나라를 영원히 떠난 사건(紀侯大去其國)에 대해, 삼전은 모두 비판한 말이 없지만, 호안국은 다음과 같이 논박하였다.

영원히 떠났다(大去)는 것은 토지土地와 인민人民, 의장儀章과 기물器物을 모두 그 나라에 버려두고 돌아보지 않은 것이다. 혹자가 말했다. 임금 자리를 놓고 다투는 것은 작은 일인데도 하지 않고, 나라를 영원히 떠나는 것은 큰일인데도 그것을 한 것이다. 천자의 영토를 지키고 선조의 제사를 받드는 데 있어서, 의리가 무엇보다 중요한데, 그것을 버리고 떠나는데도 비판이 없는가? 대답했다. 국가를 소유하는 것은 의리로써 말하면 대대로 지켜온 것이며, 자신이 마음대로 할 수 있는 것이 아니니, 마땅히 목숨을 바쳐서 지켜야지 버리고 떠나서는 안 된다. 도리로써 말하면 그가 사람을 기른 방법이 사람을 해치는 것이 아니라면 또한 떠나서 지키지 않아도

---

104)『春秋胡氏傳』, 莊公 10년.

된다. 이 두 가지에 대해서 선택이 어떠한가를 돌아볼 뿐이다. 그렇다면 태왕太王이 빈邠 땅을 버리고 떠난 일과 견주어 보면, 기나라 임금은 부끄러움이 없을 수도 있다. 대답했다. 태왕이 빈 땅을 떠나자 그를 따르는 자들이 마치 시장에 돌아가듯이 했다. 그런데 기나라 임금이 나라를 떠나자 기나라는 날마다 조금씩 멸망했으니, 어찌 기나라 임금을 태왕에 견줄 수가 있겠는가? 따라서 성인은 그가 임금 자리를 놓고 다투지 않고 떠난 것은 용납하지만, 그가 떠나서 나라를 보존하지 못한 것은 용납하지 않는다. 임금 자리를 놓고 다투지 않고 떠난 것을 용납하기 때문에 땅을 잃은 임금과는 달리하여 이름을 기록하지 않았다. 떠나서 나라를 보존하지 못한 것을 용납하지 않기 때문에 "기나라 숙희가 휴로 시집갔다"(紀叔姬歸酅)고 기록하되, 그녀의 남편인 기나라 임금의 죽음을 기록하지 않았으니, 그가 임금 중에서 말단임을 밝힌 것이다.[105]

살펴보건대, 『공양전』에서는 나라를 멸망시킨 것을 큰 악으로 여긴다. 따라서 '영원히 떠났다'(大去)고 기록한 것은 기紀나라를 멸망시킨 제나라 양공襄公을 현명하게 여겨서, 그를 위해 숨겨서 기나라가 멸망했다고 기록하지 않은 것이라고 풀이했다. 기나라 임금이 나라를 떠난 것에 대해 『곡량전』에서는 다음과 같이 말했다. "영원히 떠났다는 것은 한 사람도 남기지 않았다는 의미이다. 말하자면, 백성들 중에 기나라 임금을 따르는 자들이 4년이 지난 이후에 모두 떠났다. 기나라 임금은 어진데도 제나라 임금이 멸망시켰다. 경문에서 멸망시켰다고 말하지 않고 그 나라를 영원히 떠났다고 말한 것은 소인들이 군자의 위로 올라오지 않도록 한 것이다." 『곡량전』에서는 기나라 임금을 현명하게 여겼을 뿐만 아니라, 태왕이 빈 땅을 버리고 떠난 것과 비교하였다. 이 해석은 호안국의 이론과 정반대이다. 호안국의 이론은 송나라가 남쪽으로 옮겨서 땅을 잃은 것을 징계했는데, 기나라 임금이 목숨을 바쳐 나라를 지키지 못한 것을 비판함으로써 임금은 마땅히 나라를 지키는 것을 막중한 임무로 여겨야 함을 밝힌 것이다.

---

105) 『春秋胡氏傳』, 莊公 4년.

중국은 예부터 오랑캐와 화친하는 정책이 있었지만, 당나라 고조高祖가 돌궐突厥에게 스스로를 신하라고 자처하고, 석진石晉은 거란契丹을 아버지로 섬기는 지경에 이르러서는 수치심이 이보다 심한 것이 없었다. 애공 13년, 애공이 진나라 임금 및 오나라 임금과 황지에서 회합하였다.(公會晉侯及吳子於黃池) 호안국이 말했다.

> 황지黃池의 회합에 대해, 성인의 서법이 이와 같은 것은 후세에 중국을 다스리고 사방 오랑캐를 방어하는 도리를 가르친 것이다. 이 의리를 분명히 알았다면, 한나라 선제宣帝가 선우單于를 대우하여 제후왕諸侯王보다 윗자리에 서도록 했을 때 소망지蕭望之의 의론이 잘못되었고(『한서』, 「선제기」 및 「소망지전」), 당나라 고조高祖가 돌궐突厥에게 스스로를 신하로 자청하여, 그들에게 의지해서 도움을 구했을 때 유문정劉文靖의 계책이 잘못되었다는 것(『資治通鑑』, 「隋紀」)을 알 수 있다. 하물며 오랑캐를 아버지로 섬긴 석진石晉과 같은 경우는 장차 나라를 보전하고 그들의 침범이나 포악한 행위에서 벗어나고자 했으니, 그래서야 되겠는가? 혹자가 말했다. 만약 이와 같이 하지 않으면 나라가 망하는 데 이르는데, 어찌해야 하는가? 대답했다. 존망存亡은 하늘에 달려 있고, 득실得失은 사람에게 달려 있으며, 어겨서는 안 되는 것은 이치이다. 사람으로서 하늘을 이기는 경우는 일이 나에게 달려 있을 경우에 해당한다. 그런데 기어코 만약 앞뒤 순서를 뒤바꾸어 천하를 얻는다면, 하루아침이라도 그 자리를 차지할 수 있겠는가? 따라서 난리를 바로잡아 올바른 데로 되돌리는 책인 『춘추』를 폐기해서는 안 된다.[106]

송나라 왕실이 남쪽으로 옮긴 이후에 마침내 금나라의 신하로 자처하니, 이적을 막는 『춘추』의 도리를 크게 어긴 것이다. 호안국의 의론을 살펴보면, 사실상 느끼는 것이 있어서 드러낸 것이다.

은공 2년, 은공이 융과 당에서 맹약을 맺었다.(公及戎盟於唐) 호안국이 말했다.

> 중국의 제후이면서 이적과 같은 짓을 하면 이적으로 취급하고, 이적이 중국을

---

106) 『春秋胡氏傳』, 哀公 13년.

어지럽히면 응징하니, 이것이 『춘추』의 요지이다. 그런데 융과 피를 마시고 맹약을 체결하니, 의리가 아니다.107)

호안국의 논의를 살펴보면, 중국이 오랑캐와 화친하는 모든 정책에 대해, 배척하면서 잘못되었다고 여기지 않는 경우가 없다. 이것은 당시 조야의 주류 의견이지만, 그 이후에 남송이 경솔하게 전쟁의 단서를 열어서 다시 이적에게 멸망을 당했으니, 이러한 의견이 그 사태를 초래한 것이 아니라고는 말할 수 없다.

조송趙宋은 앞서 거란契丹과 화친하였고, 이어서는 여진女眞에게 스스로를 신하로 자처했으니, 치욕이 이보다 심할 수는 없다. 따라서 호안국은 『춘추』를 빌어서 복수의 요지를 자주 드러냈다. 장공 원년, 왕희를 맞이하기 위한 처소를 궁 밖에 지었다.(築王姬之館於外) 호안국이 말했다.

지금 장공莊公은 아버지의 원수가 있는데도 (원수를 갚지 않고) 부모의 상을 치르고 있으니, 이것은 예禮의 큰 변고이다. 그런데도 왕희王姬를 위해 혼주가 되었으니, 인륜人倫을 폐기하고 천리天理를 없애 버린 것이다. 『춘추』에서 이 일에 대해, 한 번 기록하고 두 번 기록했으며, 또다시 기록한 것은 그 의리가 복수를 중하게 여긴 것이니, 천하 후세의 신자臣子가 군친君親을 잊어서는 안 되는 뜻을 보여 주기 위해서이다. 따라서 비록 궁 밖에 왕희를 맞이하기 위한 처소를 지었지만, 예법에 맞다고 여기지 않았기 때문에 특별히 기록한 것이다.108)

또 장공 4년, 겨울, 장공이 제나라 사람과 작에서 사냥하였다.(冬, 公及齊人狩於禚) 호안국이 말했다.

지금 장공은 제나라 임금과 하늘을 함께 일 수 없는 원수이니, 그 어느 때라도 소통해서는 안 되는데도 그와 함께 사냥을 하였다. 이것은 어버이를 잊고 원한을

---

107) 『春秋胡氏傳』, 隱公 2년.
108) 『春秋胡氏傳』, 莊公 원년.

풀어 버린 것이니, 사람의 자식이 아니다.[109)

장공에 대한 호안국의 비판은 실로 남송의 군신들이 부형의 원수를 잊어버린 것에 대한 비판이다.

비록 그렇지만, 호안국은 그래도 이적이 제하로 나아갈 수 있다고 말했다. 장공 23년, 형나라 사람이 노나라에 와서 빙문하였다.(荊人來聘) 호안국이 말했다.

형荊나라는 장공 10년부터 경문에 처음으로 보인다. 14년에 채蔡나라를 침입했고, 15년에 정鄭나라를 정벌했는데, 모두 주州의 명칭인 형荊으로 거론한 것은 형나라가 화하華夏를 어지럽히고도 공손하지 않았기 때문에 이적으로 여긴 것이다. 이번에 노나라에 와서 빙문한 일에 이르러서 마침내 '사람'(人)이라고 말한 것은 그들이 의리를 흠모하고 스스로 소통한 것을 가상하게 여겼기 때문에 지위를 올려 준 것이다. 조회와 빙문은 중국 제후들의 일이다. 비록 오랑캐이지만 중국 제후들의 일을 잘 수행하면, 그 나라가 화하를 어지럽히고도 공손하지 않았던 것을 염두에 두지 않고 마침내 지위를 올려 주니, 성인의 마음은 남이 선을 행하도록 도와주는 것을 즐긴다는 것을 볼 수 있다. 후세의 임금이 성인의 마음을 자신의 마음으로 삼을 수 있다면, 천지天地와 더불어 서로 같아질 것이다. 대체로 이적에서 중화로 변한 나라는 반역하면 그들의 불성실함을 징계하여 형벌로써 위엄을 보여 주며, 중화로 오면 의리를 흠모하는 그들의 뜻을 가상하게 여겨서 예로써 대우한다. 가까이 있는 사람이 편안하면 멀리 있는 자가 복종한다.[110)

살펴보건대, 『공양전』에서 말했다. "형나라는 무엇 때문에 사람(人)이라고 말했는가? 처음으로 빙문했기 때문이다." 하휴의 주에서 말했다. "『춘추』는 노나라를 왕으로 삼으니, 형나라가 처음으로 노나라에 와서 빙문한 것을 계기로, 이적이 왕의 교화를 흠모하고 빙문의 예법을 닦고 중국의 정삭正朔을 받을 수 있다면 마땅히

---

109) 『春秋胡氏傳』, 莊公 4년.
110) 『春秋胡氏傳』, 莊公 23년.

지위를 올려 주어야 함을 밝힌 것이다. 따라서 사람(人)이라고 부르도록 한 것이다."111)
『곡량전』에서 말했다. "선행이 많이 쌓인 뒤에야 지위를 올려 준다. 사람(人)이라고
말한 것은 무엇 때문인가? 선한 도리를 거행하는 것은 두 번을 기다리지 않는다."
범녕의 주에서 말했다. "빙문의 예법과 조회의 도리는 이적이 할 수 있는 것이
아니다. 따라서 한 번 거행했을 때 지위를 올려 준 것이다."112) 이에 근거하면,
호안국은 『공양전』과 『곡량전』의 이론을 따른 것이다.

이로써 알 수 있듯이, 호안국의 『춘추전』은 사실상 복수를 큰 요지로 삼고
있다. 그러나 결국 그것이 『춘추』의 큰 단서는 아니다. 따라서 명대의 우동尤侗은
호안국의 잘못을 다음과 같이 논했다. "호안국의 『춘추전』은 오로지 복수만을
의리로 삼아서, 경經의 의리를 쪼개서 자기의 주장을 따르게 했으니, 이것은 송대의
『춘추』이지 노나라의 『춘추』가 아니다."113)

3. 하나라의 계절(春)을 주나라의 달(正月) 앞에 둠(以夏時冠周月)

후세의 제왕들 중에 개원改元하지 않은 자가 없었으며, 왕조가 처음 세워지면
그 시작이 각각 같지 않은 것은 말할 필요도 없다. 이것이 『춘추』에서 시작을
바로잡은 이유이다. 『공양전』에는 또 '삼정三正'의 이론이 있다. 하夏나라는 북두칠성
의 자루가 인방寅方을 가리키는 달(斗建寅之月)을 정월正月로 삼으니, 바로 지금 하력夏曆
의 정월이다. 은殷나라는 북두칠성의 자루가 축방丑方을 가리키는 달(斗建丑之月)을
정월로 삼으니, 하력夏曆의 12월에 해당된다. 주周나라는 북두칠성의 자루가 자방子方
을 가리키는 달(斗建子之月)을 정월로 삼으니, 하력의 11월에 해당된다. 이로써 알
수 있듯이, 삼대三代에서 처음 시작하는 달은 각각 같지 않다. 당시 사람들이 사건을
기록할 때 항상 하나라의 역법을 사용했기 때문에 『춘추』에서 계절과 달을 기록할

---

111) 『公羊傳』, 莊公 23년, 何休 注.
112) 『穀梁傳』, 莊公 23년, 范甯 注.
113) 朱彝尊, 『經義考』, 권185에서 인용.

때 혹은 주나라의 역법을 사용하고, 혹은 하나라의 역법을 사용한 것에 대해 서로
다른 주장이 있을 수밖에 없다.

『춘추』의 문장을 살펴보면, 당연히 주나라의 역법을 사용했으므로 달을 고친
것이다. 따라서 '원년, 봄, 왕의 정월'(元年, 春, 王正月)은 사실상 하나라 역법의 11월이다.
환공 14년 "봄, 정월, 얼음이 없었다"(春, 正月, 無冰), 성공 원년 "봄, 2월, 얼음이
없었다"(春, 二月, 無冰), 양공 28년, "봄, 얼음이 없었다"(春, 無冰)는 기록은 모두 주나라
역법으로 말한 것이다. 그런데 만약 이것을 하나라 역법으로 삼는다면, 이 시기의
천기天氣가 점점 따뜻해져서 얼음이 없는 것을 괴이하게 여길 것이 없는데, 어찌
기록할 것이 있겠는가? 또 정공 원년, "겨울, 10월, 서리가 내려 콩을 죽였다."(冬,
十月, 隕霜殺菽) 만약 여기의 10월이 하나라 역법에서의 달에 속한다면, 이 시기에
콩을 죽이는 것은 괴이하게 여길 것이 없고, 또 반드시 콩이 있는 것도 아니다.
따라서 분명히 주나라의 역법을 사용해서 기록했으며, 이 시기는 하나라의 8월에
해당된다. 이를 통해 알 수 있듯이, 『춘추』의 사건 기록은 주나라의 역법을 사용하였다.
이런 측면에서 말하면, 역대 학자들은 별다른 주장이 없는 것 같다. 예를 들어
공영달은 "달이 바뀌는 것은 봄이 옮겨지는 것이다"라고 말했다. '춘정월春正月'에
대해, 단지 정월만을 주나라 역법의 정월로 삼은 것이 아니라, 봄도 또한 주나라
역법의 봄으로 삼았다는 것이다. 그런데 호안국이 이와 다른 점은 『춘추』에서
기록한 계절이 하나라의 역법을 사용했다는 것이다.

은공 원년, 봄, 왕의 정월(元年, 春, 王正月)에 대해, 호안국은 다음과 같이 해석했다.

살펴보건대, 『좌씨전』에서 '주나라 왕의 정월'(王周正月)이라고 했다. 주나라 사람은
건자建子로 세수를 삼으니, 겨울 11월이 그것이다. 주나라에 앞선 왕조는 건축建丑으
로 정월을 삼으니, 처음 즉위를 기록할 때 '원사 12월'(惟元祀十有二月)이라고 했으니,
달이 바뀌지 않았음을 알 수 있다. 주나라의 뒤를 이은 왕조는 건해建亥를 정월로
삼으니, 처음 건국을 기록할 때, '원년 겨울 10월'(元年冬十月)이라고 했으니, 계절이
바뀌지 않음을 알 수 있다. 건자建子가 봄이 아님은 또한 분명하니, 하나라의

계절로 주나라의 달 앞에 둔 것이다. 어째서인가? 성인이 안회顔回에게 정치를 하는 방법을 말할 때 '하나라의 역법을 시행한다'고 했는데, 『춘추』를 지어서 세상을 경영하면서 '봄, 왕의 정월'(春, 王正月)이라고 말했다. 여기에서 정치를 시행하는 증거를 드러내 보인 것이다. 혹자는 말한다. 천자가 아니면 예禮를 의론하지 않는다. 공자에게 성인의 덕은 있지만 천자의 지위는 없는데, 정삭正朔을 고치는 것이 가능한가? 대답했다. 이러한 말이 있다. 『춘추』는 천자의 일이다라고 말하지 않았는가? 하나라의 계절을 주나라의 달 앞에 두어서 후세에 법을 남기고, 주나라의 정월로 일을 기록하여 지위가 없어서 감히 자기 마음대로 하지 않음을 보였으니, 그 뜻이 은미하다.114)

호안국의 이론을 살펴보면, '주나라에 앞선 왕조'는 은나라 사람들이 건축建丑을 세수歲首로 삼은 것을 말한다. 그런데 사건을 기록할 때는 달을 바꾸지 않았으니, 예를 들어 태갑太甲이 즉위하여 개원할 때 '원사 12월'(惟元祀十有二月)이라고 말함으로써 여전히 하나라의 책력을 사용하였다. '주나라의 뒤를 이은 왕조'는 진秦나라가 건해建亥를 정월로 삼은 것을 가리키니, 진나라가 처음 건국을 기록할 때 '원년 겨울 10월'(元年冬十月)이라고 말함으로써 또한 하나라의 책력을 사용하였다. 이에 근거하여, 주나라 사람들이 비록 건자建子를 정월로 삼았지만, 사건을 기록할 때 예를 들어 제후의 즉위와 같은 경우는 마땅히 '원년 겨울 11월'(元年冬十有一月)이라고 기록했다. 비록 주나라의 달을 사용했지만, 봄이라는 계절로 고치지 않고 그대로 겨울이라는 계절을 사용하였다. 그런데 지금의 『춘추』를 살펴보면, 모두 '원년, 봄, 왕의 정월'(元年, 春, 王正月)로 되어 있는데, 이것은 공자가 '특별히 기록한 것'이니, 바로 "하나라의 계절을 주나라의 달 앞에 둔 것"이다. 그 뜻은 공자가 "지위가 없어서 감히 자기 마음대로 하지 않은" 뜻을 표명하는 데 있다.

사시四時는 각각 만물의 상태를 드러내는 고정된 특징이 있다. 12월을 정월로 삼거나, 아니면 혹 11월을 정월로 삼거나 무엇을 막론하고, 그것이 겨울이라는

---

114) 『春秋胡氏傳』, 隱公 원년.

계절의 속성이라는 것은 모두 변하지 않는다. 따라서 호안국은 다음과 같이 말했다. "한나라 때 하나라의 역법으로 고쳐서 사용하여, 수천 년이 지나서 지금에 이르기까지 끝내 바뀔 수 없는 것을 '수많은 왕들의 바뀌지 않는 대법'(百王不易之大法)이라고 말하니, 이 한 가지를 가리켜서 말한 것임을 알 수 있다."[115] 이 때문에 공자가 『춘추』를 지을 때, 11월을 정월로 바꾸고, 또 그 앞에 '춘春'이라는 글자를 더해서 이어 놓았으니, "천시天時를 빌어서 뜻을 세웠을" 뿐이다. 이로 인해서, 하나라의 봄은 당연히 주나라의 3·4·5월을 가리키는데, 지금은 하나라의 봄을 주나라의 정월에 더했으니, 이것이 "하나라의 계절을 주나라의 달 앞에 둔 것"이다.

그 후에 주자는 호안국의 이 이론을 크게 비평하여, "『춘추』는 노나라의 역사인데, 당시 왕의 달을 함께 사용하였다"거나 "공자는 주나라의 신하이니, 주나라의 정삭을 고치지 않았다"고 했다.[116] 공자의 『춘추』가 주나라의 역법을 사용했다고 여긴 것이다. 주자는 또 말했다.

내가 직접 호안국의 주장을 보았는데, 호안국의 『춘추』에서는 공자가 하나라의 계절을 주나라의 달 앞에 두었고, 주나라의 역법으로 사건을 기록했다고 주장했다. 예를 들어 '공이 즉위했다'(公卽位)는 것은 여전히 11월인데, 공자가 '봄, 정월'로 개정했다고 말한다. 나는 감히 믿을 수 없다. 호안국의 주장대로 했을 때, 242년에 대해 공자의 말 중에서 다만 "하나라의 역법을 시행한다"라는 네 글자만 증거로 삼을 수 있다. 지금 『주례』에 정월正月이 있고 정세正歲가 있는 것에 근거하면, 주나라는 사실 원래부터 '봄 정월'로 개정하였다. 공자가 말한 "하나라의 역법을 시행한다"는 것은 다만 주나라의 역법이 자연 현상과 맞지 않았기 때문에 건인建寅의 역법을 다시 따르고자 한 것이다. 예를 들어 맹자가 "7~8월 사이에 가물다"고 한 것은 확실히 5~6월이고, "11월에 사람들이 건너갈 수 있는 조그만 다리를 완성하고, 12월에는 수레가 다닐 수 있는 큰 다리를 완성한다"고 한 것은 분명히 9~10월이다. 만약 정말 11~12월 때라면, 추위가 자연스럽게 지나가는데 무엇

---

115) 『春秋胡氏傳』, 隱公 원년.
116) 朱彛尊, 『經義考』, 권185에서 인용.

때문에 다시 다리를 만들겠는가? 옛날 사람들은 단지 추울 때만 다리를 만들어 사람들을 건너게 했고, 따뜻한 때에는 항상 그들에게 스스로 물을 건너게 했다.[117]

호안국은 주나라 사람들이 비록 주나라 역법을 사용했지만, 사건 기록은 여전히 하나라의 역법을 사용하여 결코 달을 고치지 않았으며, 『춘추』에서 달을 기록한 것은 사실 공자가 고친 것이라고 주장하였다. 그런데 주자는 『춘추』에서 달을 고친 것은 본래 주나라 사람들이 한 것이며, 공자는 단지 주나라 사책史策의 옛 문장에 근거하여 기록했을 뿐이라고 여겼다.

이후에 호안국을 공격한 사람들은 대부분 주자의 이 주장을 답습하였다. 황중염黃仲炎이 말했다. "공자가 비록 안연의 질문 때문에 하나라의 역법을 취하기는 했지만, 『춘추』를 손질하면서 갑자기 역법을 고쳤을 리가 없다. 호안국은 『춘추』에서 하나라의 계절을 주나라의 달 앞에 두었다고 말했는데, 주희가 그것을 비판한 것은 당연한 것이다. 공자는 『춘추』에서 옛날의 예禮를 서술한 사람이다. 예를 들어 제후의 강성함을 미워하고 천자를 높이거나, 대부의 핍박을 미워하고 제후를 보존하거나, 오나라와 초나라의 횡행에 분노하고 중국을 귀하게 여기는 것, 이것은 모두 신하된 자가 할 수 있는 것이지 공자가 감히 말할 수 없는 것이다. 당대의 왕의 제도를 고치는 것, 예를 들어 하나라의 계절을 주나라의 달 위에 두거나, 천자의 상벌 제도를 몰래 사용하는 것은 결코 공자의 뜻이 아니다. 공자가 『춘추』를 손질하여, 장차 당세에 신분을 뛰어넘는 짓을 바로잡고자 했는데, 자기 스스로가 신분을 뛰어넘는 짓을 할 수 있었겠는가?" 황진黃震이 말했다. "호안국의 『춘추』 해석에서 춘春을 하나라 역법의 춘春으로 여기고, 그것이 건인建寅이지 건자建子가 아니라고 주장한 것은 괜찮다. 그런데 달은 주나라의 달로 여기니, 계절과 달이 달라서 또한 의문이 남지만 해결되지 않는다. 따라서 주자는 만약 호안국의 학설과 같다면 달과 계절의 일이 항상 2개월의 차이가 나기 때문에 아마도 성인이 경전을 지을

---

117) 『朱子語類』, 권83, 「春秋」.

때 이처럼 어수선하게 고치지는 않았을 것이라고 주장하였다."118) 여대규呂大圭가 말했다. "『춘추』에서 기록한 정월은 주나라의 정월이다. 춘春이라고 말한 것은 곧 주나라 정월의 춘春이다."119) 모기령毛奇齡이 말했다. "정삭을 고치면 반드시 달을 고치고, 달을 고치면 반드시 계절을 고치니, 또한 의심할 만한 것이 없다."120)

그렇지만 주자는 주나라 사람이 계절을 고치지 않았다는 호안국의 주장을 찬동하여, 다음과 같이 말했다.

맹자가 말한 7~8월은 지금의 5~6월이고, 11~12월은 지금의 9~10월이니, 주나라 는 본래부터 이미 달을 바꾸었다. 다만 천시天時는 고칠 수 없기 때문에 『서』에서 "가을에 풍년이 들었지만 아직 수확하지 않았다"고 한 것은 곧 지금 계절의 가을이 다. 대개 유酉·술戌의 달이 아니라면, 풍년이 들었으나 아직 수확하지 않는 상황을 볼 수가 없다. 이로써 고찰해 보면, 지금 『춘추』의 달수는 노나라 역사서의 옛 문장이고, 사시四時의 계절 순서는 공자의 은미한 뜻이다. 정이천이 말한 "천시에 가탁하여 뜻을 세웠다"는 것이 바로 이것을 말한다.121)

호안국은 주나라 사람이 계절을 고치지 않았을 뿐만 아니라, 달도 고치지 않았다 고 주장했다. 그런데 주자는 주나라 사람이 달은 고쳤지만 계절은 고치지 않았다고 말했다. 원대의 황택黃澤은 호안국의 주장을 다음과 같이 크게 공격하였다.

'원년元年, 춘春, 왕정월王正月'과 같은 경우, 옛날부터 하나라 역법을 사용했다고 주장하는 사람이 없었는데, 정자程子 이후의 학자들이 처음으로 하나라 역법을 사용했다는 이론을 제기하여, 그것을 『춘추』의 첫 번째 의리로 여기고 『좌씨전』을 믿지 않았다. 계절과 달을 이미 믿을 수 없다면, 『좌씨전』에 기록된 사실事實을 모두 허망한 것이라고 지적할 수 있으니, 어찌 다만 전체를 믿을 수 없는 것일

---

118) 朱彝尊, 『經義考』, 권185에서 인용.
119) 呂大圭, 『春秋或問』, 권1.
120) 毛奇齡, 『春秋毛氏傳』, 권2.
121) 『朱子文集』, 권3, 「答吳晦叔」.

뿐이겠는가! 또한 삼전三傳은 모두 주나라 역법인데, 만약 하나라의 계절을 사용했다면 삼전을 모두 폐기할 수 있으니, 단지 『좌씨전』만이 아니다.[122]

『춘추』라는 경전은 책을 펼치자마자 곧 서로 다른 이론이 있다. 예를 들어 '원년元年, 춘春, 왕정월王正月'을 기록하고, 즉위卽位를 기록하지 않은 것에 대해, 『공양전』과 『곡량전』의 견해가 서로 다르다. 근세에 이르러 또한 공자가 "하나라의 계절을 주나라의 달 앞에 두었다"고 말하니, 성인의 경전에 해를 끼친 것이 이보다 더 심한 것이 없다.[123]

황택은 "하나라의 계절을 주나라의 달 앞에 두었다"는 이론이 정이천程伊川으로부터 나왔다고 여겼다. 그리고 "성인의 경전에 해를 끼친 것"은 삼전三傳을 폐기하려고 한 것을 말한다.

청대의 만사동萬斯同은 『주정변周正辨』 4편을 지었는데, 여기에서도 호안국의 이론을 다음과 같이 공격하였다.

송대 경력慶曆·황우皇祐 연간 이후로, 진정한 유학자들이 계속해서 나오고, 경술經術이 크게 밝혀지니, 후학들이 실로 거기에 힘을 입었다. 그런데 사사로운 지혜로 스스로를 옳다고 여기거나 경經과 전傳을 위배하는 자들도 적지 않았으니, 다른 경전의 경우도 모두 그러했지만 『춘추』는 더욱 심했다. 즉 '춘왕정월春王正月'이라는 한마디 말에서, 성인은 춘春이라고 말했는데, 송대 사람들은 춘春이 아니라 동冬이라고 말했다. 성인은 정월正月이라고 말했는데, 송대 사람들은 정월正月이 아니라 11월이라고 말했다. 단지 전傳을 믿지 않았을 뿐만 아니라, 경經도 결코 믿지 않았으니, 이것은 성인의 말을 업신여긴 것이 아니겠는가? 그러면서 한당漢唐시대 여러 학자들의 경전 해석에 대해 말하니, 이렇게 잘못되고 망령됨이 있는가? 이러한 주장은 결국 정자程子로부터 유래하였고, 채침蔡沈이 다시 바꾸었으며, 유현劉絢·호안국胡安國·진부량陳傅良·항안세項安世·위료옹魏了翁이 모두 정자를

---

122) 趙汸, 『春秋師說』, 卷中, '論漢唐宋諸儒得失'.
123) 趙汸, 『春秋師說』, 卷中, '論漢唐宋諸儒得失'.

계승하여 부화뇌동한 자들이다. 섭시葉時·대계戴溪·진칙통陳則通·황진黃震·가
현옹家鉉翁·진심陳深·양각陽恪·정단학程端學·주홍모周洪謨는 채침을 계승하여
부화뇌동한 자들이다. 변론이 비록 상세하지만 이치가 부족하니, 내가 어찌 감히
그것을 믿을 수 있겠는가!124)

이로써 알 수 있듯이, 이 주장은 정이천에 근본하며, 그 후에 송대 사람들
중에 부화뇌동한 자들이 많았다. 따라서 성여재盛如梓는 다음과 같이 말했다. "'춘왕정
월'에 대해, 호안국이 하나라의 계절을 주나라의 달 앞에 두었고, 주나라 책력으로
사건을 기록했다고 말했는데, 주자는 그렇지 않다고 여겼다. 그렇지만 호안국을
종주로 삼는 자들이 많았다."125) 사고관신은 다음과 같이 말했다. "정자程子가 '행하지
시行夏之時'라는 한마디 말에 얽매인 이후로부터, 정자의 뛰어난 명성 때문에 찬동하는
자들이 많았다. 호안국이 마침내 '하시관주월夏時冠周月'이라는 이론으로 현실화시켰
다."126)

4. 일자포폄一字褒貶

후대의 학자들은 호안국의 『춘추전』이 『공양전』·『곡량전』을 존중하고 믿었다
고 말했다. 예를 들어 양인梁寅은 호안국이 "『공양전』·『곡량전』을 믿는 것이 지나쳐
서, 상세하게 포폄을 탐구함으로써 앞선 학자들의 잘못을 답습하였으니, 이것이
호안국의 실수이다"라고 했다. 그리고 하교신何喬新도 호안국의 "실수는 『공양전』·
『곡량전』을 지나치게 믿어서 포폄褒貶을 너무 상세하게 탐구한 것인데, 대부분
『춘추』의 본래 뜻이 아니다"라고 했다.127) 이처럼 호안국은 일자포폄一字褒貶을
위주로 『춘추』를 해석했으며, 그것은 대체로 『공양전』·『곡량전』의 예例를 답습한

---

124) 萬斯同, 『周正辨二』(『群書疑辨』, 권5, 嘉慶 21년 판각본).
125) 朱彛尊, 『經義考』, 권185에서 인용.
126) 『四庫全書總目提要』, 「經部·春秋類 三」, '春王正月考' 조목.
127) 朱彛尊, 『經義考』, 권185에서 인용.

것이다. 따라서 피석서는 그의 "일자포폄이 『공양전』·『곡량전』에 근본을 둔 것이므로 모두가 그의 잘못이라고 말할 수는 없다"[128]고 했다.

은공 7년, 제나라 임금이 그 동생 년年으로 하여금 노나라에 빙문하게 했다.(齊侯使其弟年來聘) 호안국이 말했다.

형제는 돌아가신 부친의 자식인데, '공자公子'라고 부르지 않은 것은 비판한 것이다. '맹약을 맺다'(盟)라고 기록하거나 '군대를 이끌다'(帥師)라고 기록하면서 형제를 말한 경우는 총애의 사사로움이 있는 것을 죄준 것이다. '도망쳤다'(出奔)라고 기록하거나 '돌아왔다'(歸)라고 기록하면서 형제를 말한 경우는 형은 우애하고 동생은 공손한 의리가 적음을 책망한 것이다. 사건을 통해 고찰해 보면 『춘추』의 실정을 볼 수 있다. 년年은 제나라 희공僖公의 모제母弟이다. 정자程子가 말했다. "같은 어머니 소생의 동생(母弟)이라는 앞선 학자들의 주장은 예禮와 관련된 글에서 적자嫡子의 동모제同母弟를 세운다는 이론에서 연유한 것이다. 같은 어머니(同母)라는 것은 적자嫡子라는 것일 뿐이며, 같은 어머니라는 이유로 친함을 더한다는 것이 아니다. 만약 같은 어머니라는 이유로 친함을 더한다면, 이것은 사람의 이치를 모르는 것이며, 금수의 도에 가깝다. 천하에서 이 의리를 밝히지 못한 것이 오래되었다."[129] 희공은 자신과 같은 어머니의 동생을 사랑하여, 총애가 다른 동생들과는 달랐으며, 그 은혜가 그 자식인 공손公孫 무지無知에까지 미쳐서 그를 대우한 등급이 적자嫡子와 같았다. 그런데 양공襄公이 그를 축출하여 마침내 찬탈과 시해의 화를 조성하였다.(장공 8년) 따라서 성인은 년年이 노나라에 빙문한 것에 대해, 특별히 문장을 바꾸어 '동생'(弟)이라고 기록함으로써 비판을 보인 것이다.[130]

살펴보건대, 『공양전』과 『곡량전』에서는 모두 '년年'자에 근거하여 의리를 밝혔는데, 정이천은 『공양전』의 친친親親의 논의를 강하게 비판하고, "인간의 이치를 모르고 금수에 가깝다"고 여겼다. 호안국은 그 주장을 다소 답습하여, 『춘추』에서

---

128) 皮錫瑞, 『經學歷史』, 179쪽.
129) 程頤, 『春秋傳』(『二程集·河南程氏經說』).
130) 『春秋胡氏傳』, 隱公 7년.

'동생'(弟)이라고 기록한 것은 희공이 부당하게 모제母弟를 총애한 것을 비판한 것이라고 해석하였다. 이에 근거하면, 정이천과 호안국은 모두 『춘추』에 일자포폄의 법칙이 있다고 여긴 것이다.

또 환공 11년, 송나라 사람이 정나라 채중을 붙잡았다.(宋人執鄭祭仲) 호안국이 말했다.

> 채중祭仲은 정나라의 재상이다. 송나라에 체포되어, 자기 임금을 축출하고 올바르지 않은 임금을 세우도록 만들었으니, 그 죄가 명백하다. 무엇 때문에 이름을 기록하지 않았는가? 천자의 명을 받아서 임명된 명대부命大夫이기 때문이다. 명대부인데 자字를 호칭한 것은 그를 현명하게 여긴 것이 아니다. 그것은 왕명을 높이고 정경正卿을 귀하게 여기고, 채중의 죄를 크게 여김으로써 그를 깊이 책망한 것이다. 그 뜻은 다음과 같다. 천자가 명한 대부를 제후의 재상으로 삼는데, 그 정권을 잡고서 일을 시행하는 권한이 매우 무겁다. 본래 아래로는 자신을 보호하고, 위로는 자기 임금의 편안함과 부유함, 존귀함과 영화로움을 지키도록 만든 자리이다. 그런데 지금 붙잡히는 지경에 이르러, 자기 임금을 축출하고, 임금에 올라서는 안 되는 사람을 세웠으니, 또한 너무 심하지 않은가? 임무가 무거운 자는 책임이 깊으니, 채중은 자신의 죄에서 도망칠 수가 없다.[131]

살펴보건대, 삼전은 모두 채중祭仲의 '중仲'자에 근거하여 그를 칭찬하거나 비판하였다. 『공양전』은 '중仲'을 자字로 여겼기 때문에 채중의 권도權道 행사를 칭찬하였다. 『좌씨전』과 『곡량전』은 '중仲'을 이름으로 여겼기 때문에 채중이 임금을 축출하고 악한 사람을 세운 잘못을 비판하였다. 호안국은 비록 '중仲'을 자字로 여겼지만, 그를 현명하다고 여기지 않았으며, 도리어 그가 명대부로서 죄가 심하고 악이 무거움을 책망하였다.

그 후에 정초鄭樵는 일자포폄의 법칙에 대해 다음과 같이 비판했다.

---

131) 『春秋胡氏傳』, 桓公 11년.

여러 학자들이 『춘추』를 말할 때, 한 글자를 가지고 포폄으로 삼는 경우가 있고, 비판(貶)은 있지만 칭찬(褒)은 없다고 여기는 경우도 있으며, 포폄이 모두 없다고 여기는 경우도 있다. 『춘추』가 한 글자를 포폄으로 삼는다고 말한 것은 그 의도가 성인을 높이는 데 있다. 이 주장은 태사공太史公으로부터 나왔는데, 그는 "공자가 『춘추』를 손질하자, 자하子夏와 자유子游의 무리들이 한 글자도 거들 수가 없었다"고 했다. 따라서 학자들은 이 말을 근거로 이와 같은 주장을 하게 되었다. 『춘추』에는 비판만 있고 칭찬은 없다고 말하는 것은 그 의도가 열국의 군신君臣을 비판하는 데 있다. 이 주장은 맹자로부터 나왔는데, 그는 "『춘추』에는 의로운 전쟁이 없으니, 이것이 저것보다 나은 것은 있다"고 했다. 따라서 학자들은 이 말을 근거로 이와 같은 주장을 하게 되었다. 『춘추』에는 포폄이 없다고 말하는 것은 그 의도가 한나라 학자들을 바로잡는 데 있다. 이 주장은 『죽서기년竹書紀年』의 기록에 나온다.[132]

정초의 이 주장은 당나라 유지기劉知幾로부터 나온 것이다. 살펴보건대, 일자포폄이라는 것은 『공양전』·『곡량전』의 옛 이론에 근본을 둔 것이며, 호안국이 그것을 이용한 것이다. 비판만 있고 칭찬은 없다는 것은 손복孫復의 새로운 의리이다. 포폄이 모두 없다는 것은 『좌씨전』 학자의 이론이다. 사실 공자가 『춘추』를 손질하기 이전에는 예를 들어 "정나라가 자기의 군대를 버렸다"(鄭棄其師, 민공 2년)거나 "제나라 사람이 수나라에서 몰살당했다"(齊人殲於遂, 장공 17년)와 같은 부류는 본래 일자포폄의 법칙이 있었다. 따라서 피석서는 다음과 같이 말했다.

일자포폄의 이론에 매몰되면, 그것은 『춘추』라는 두 글자가 모두 칼을 차고서 바람과 서리를 찌르는 것이니, 성인의 뜻은 그처럼 힘들고 애쓰지 않는다. 비판만 있고 칭찬은 없다는 이론에 매몰되면, 그것은 『춘추』가 곧 율령律令을 기록한 형관刑官의 법전法典이 되니, 성인은 그처럼 잔인하거나 각박하지 않다. 포폄이 없다는 이론에 매몰되면, 그것은 『춘추』가 자질구레한 말이나 작은 이야기가 되어 버리니, 성인은 또한 아무 이유도 없이 경전을 지은 적이 없다.[133]

---

132) 皮錫瑞, 『經學通論·春秋通論』에서 인용.

피석서의 이 주장은 공평하고 타당한 말이라고 할 수 있다. 그렇다고 해서 『춘추』를 단지 일을 기록한 책으로서 포폄의 의리가 없다고 여긴다면, 그것은 진실로 왕안석이 논한 것처럼 거의 '단란조보斷爛朝報'가 될 뿐이다.

비록 그렇기는 하지만, 『춘추』에는 진실로 궐문闕文이 존재한다. 예를 들어 "하夏, 오五"(환공 14년)나 "백우양伯于陽"(소공 11년)과 같은 부류가 그것이다. 만약 이러한 부류를 근거로 삼아서 『춘추』는 곧 '단란조보'라고 논단한다면, 그것은 잘못된 것이다. 그러나 호안국은 "구부러진 것을 바로잡으려다가 정도를 지나쳐서 오히려 잘못됨으로써 결국 성인의 경전에서 끊어지거나 빠져서 온전하지 않은 내용 전체를 모두 정밀한 의리가 존재하는 것으로 여겼다."[134] 이것은 있지도 않는 의리를 꾸며서 억지로 끌어다 맞추는 폐단을 면치 못한 것이다.

제6절 주희朱熹의 『춘추』 논의

주희朱熹(1130~1200)는 자가 원회元晦이고, 다른 자는 중회仲晦이며, 호는 회암晦庵·회옹晦翁·고정선생考亭先生·운곡노인雲谷老人·창주병수滄洲病叟·둔옹遯翁이고, 세상에서는 주자朱子라고 불렀다. 휘주徽州 무원婺源 사람이다. 부친은 주송朱松으로, 자는 교년喬年이고, 정자程子 문하의 오전제자五傳弟子이다. 소흥紹興 18년에 진사시험에 합격하였다. 처음에 호헌胡憲·유면지劉勉之·유자휘劉子翬 세 선생을 스승으로 섬겼고, 나중에 이통李侗을 스승으로 섬겼다. 일찍이 형호남노안무사荊湖南路安撫使를 역임했고, 관직은 환장각대제煥章閣待制·시강侍講에 이르렀다. 『송사』 「도학전道學傳」에서 주자는 "급제한 이후 50년 동안 외지에서 지방관으로 벼슬한 것이 겨우 9년이고, 입조한 것은 겨우 40일이었다"고 했다.

---

133) 皮錫瑞, 『經學通論·春秋通論』에서 인용.
134) 皮錫瑞, 『經學通論·春秋通論』.

주자학은 이정二程을 종주로 삼고, 거경궁리居敬窮理와 격물치지格物致知를 핵심으로 삼는다. 주자의 저술은 매우 많다. 『주역본의周易本義』, 『시집전詩集傳』, 『대학중용장구大學中庸章句』, 『서명해西銘解』, 『논어맹자집주論語孟子集注』, 『초사집주楚辭集注』, 『의례경전통해儀禮經傳通解』 등이 있다. 또한 『중용집략中庸輯略』, 『자치통감강목資治通鑑綱目』, 『가례家禮』, 『효경간오孝經刊誤』, 『근사록近思錄』, 『하남정씨유서河南程氏遺書』, 『이락연원록伊洛淵源錄』 등을 편찬했으며, 모두 세상에 통행되었다. 후인들이 편집한 책으로는 『주자어류朱子語類』와 『주자문집朱子文集』이 있으며, 세상에서 그의 학문을 연구하는 학자들에게 중시되었다.

영종寧宗 때, 주자는 경원慶元의 당금黨禁 때문에 '위학僞學'이라는 무고를 받았다. 뒤에 당금이 조금 완화되자 문文이라는 시호를 얻었고, 보모각직학사寶謨閣直學士에 추증되었다. 이종理宗 때 태사太師에 추증되었고, 휘국공徽國公으로 추봉되었다. 순우淳祐 초에 이종이 조서를 내려 주자를 공묘孔廟에 종사하였다. 원대 이후 주자의 『대학』·『논어』·『맹자』·『중용』의 훈설訓說이 학관에 세워졌다. 그의 제자 황간黃幹은 일찍이 주자의 학문을 다음과 같이 논했다. "도道의 정통은 사람을 기다린 이후에 전해진다. 주나라 이후로 도를 전하는 책임을 맡은 자가 몇 사람에 지나지 않았으며, 이 도를 밝게 드러나도록 한 것은 한두 사람에 그칠 뿐이다. 공자 이후로 증자曾子와 자사子思가 그 은미한 학문을 계승하였고, 맹자孟子에 이르러서 비로소 드러났다. 맹자 이후에 주자周子·정자程子·장자張子가 그 끊어진 학문을 계승하였고, 주희朱熹에 이르러 비로소 드러났다." 이로써 유학의 전승 과정에서 주자학의 지위를 알 수 있다.

주자는 리학理學의 집대성자이며, 또한 여러 경전을 두루 해석하였다. 그러나 유독 『춘추』에 대해서는 전문적인 찬술이 없다. 비록 그렇지만, 주자가 『춘추』에 대해 논한 이론이 매우 많이 있고, 후세에 끼친 영향도 매우 크다. 남송 이후에 마침내 주자를 종주로 삼는 춘추학의 일파가 형성되었다.

1. 『춘추』 서법書法

호안국의 『춘추』 연구는 '일자포폄'의 서법書法을 위주로 하는데, 이에 대해 주자는 강하게 부정하였다. 주자는 『춘추』는 단지 그 일을 있는 그대로 기록한 것일 뿐이라고 여겼다. 주자가 말했다.

> 『춘추』에 대해 물었다. 대답했다. "이것은 성인이 노나라의 역사에 근거하여 그 일을 기록하여, 사람들로 하여금 스스로 보고서 경계를 삼도록 한 것일 뿐이다. 그 일은 제나라 환공과 진나라 문공의 일 중에서 충분히 말할 만한 것이 있고, 그 의리는 난신적자를 토벌하는 것이다. 만약 한 글자의 사이에서 미루어 구하고자 하여, 성인이 선善을 칭찬하고 악惡을 비난한 것이 오로지 여기에 있다고 여긴다면, 그것은 아마도 성인의 뜻이 아닐 것이다. 예를 들어 즉위卽位를 기록한 것은 노나라 임금이 즉위의 예禮를 거행한 것이다. 시해를 당한 임금을 계승한 경우에 즉위를 기록하지 않은 것은 즉위의 예를 거행하지 않은 것이다. 예를 들어 환공桓公에 대해 즉위를 기록한 경우는 환공이 스스로 그 즉위의 예법을 바로잡은 것일 뿐이다. 기타 붕崩·홍薨·졸卒·장葬도 또한 특별한 의미가 없다."[135]

주자는 『춘추』에서 노나라 임금의 즉위를 기록하거나 기록하지 않은 것에 별도로 예例가 있는 것이 아니라고 여겼다. 그것은 단지 국사國史의 옛 기록에 근거한 것뿐이며, 당시 임금이 즉위의 예법을 시행했는지의 여부에 따른 것이라고 말했다. 붕崩·홍薨·졸卒·장葬의 경우도 그 일을 있는 그대로 기록한 것일 뿐이며, 『공양전』·『곡량전』과 같이 힘써 심각하게 해석할 것이 아니라고 주장했다.

이와 같은 주자의 논법은 『주자어류』 속에 매우 많이 보인다. 삼전三傳에서는 모두 공자가 옛 역사서를 필삭하여 완성한 책이 『춘추』이므로 옛 역사서와 『춘추』의 내용이 같지 않은 것이 바로 '성인의 뜻'이 있는 곳이라고 여겼다. 그러나 주자는

---

135) 『朱子語類』, 권83, 「春秋」.

다음과 같이 생각했다. 노나라 역사서의 옛 문장은 지금 이미 존재하지 않기 때문에 공자의 『춘추』와 비교할 방법이 없다. 그런데 어찌 공자의 필삭의 법칙을 알 수 있겠는가? 또한 어떻게 그것을 근거로 삼아서 '성인의 뜻'을 찾을 수 있겠는가? 따라서 지금 사람들의 『춘추』 연구는 오직 『춘추』에 기록된 사실史實을 근거로 삼아서 그 선악善惡과 시비是非를 밝힐 뿐이다.

주자는 '일자포폄一字襃貶'의 이론을 반대할 뿐만 아니라, 삼전三傳이 조례條例로써 『춘추』를 연구하는 것도 비판하였다.

> 『춘추』의 전傳에 있는 의례義例는 대부분 믿을 수가 없다. 성인이 일을 기록하는데, 어찌 허다한 의례가 있을 수 있겠는가! 예를 들어 나라의 정벌을 기록한 것은 제후가 제멋대로 흥기한 것을 미워한 것이다. 산의 붕괴와 지진, 메뚜기와 누리와 같은 부류를 기록한 것은 재해가 저절로 닥침이 있었다는 것을 알 수 있다.[136]

주자는 『춘추』의 의례義例는 사실 후대의 학자들이 만든 것이지 성인이 만든 것이 아니라고 주장했다. 즉 공자가 『춘추』를 지을 때 어찌 조례條例를 마음에 두었겠는가? 따라서 후대의 학자들이 조례로써 경전의 뜻을 찾는 것은 허튼 소리에 지나지 않을 뿐이다.

『공양전』·『곡량전』의 시월일례時月日例에 대해서, 주자는 더욱 큰 불만을 드러냈다.

> 혹 『춘추』를 해석한 자들 중에 오로지 일월日月로써 포폄襃貶을 삼아서, 계절과 달을 기록하면 비판한 것이라고 여기고, 날짜를 기록하면 칭찬한 것이라고 여긴다. 그것은 전혀 의리가 없는 것을 천착한 것이다.[137]

이로써 알 수 있듯이, 주자는 조례條例로써 경문을 연구하는 것을 반대했고,

---

136) 『朱子語類』, 권83, 「春秋」.
137) 『朱子語類』, 권83, 「春秋」.

그것이 『공양전』·『곡량전』의 후학으로부터 나온 것이지, 공자가 스스로 만든 것이 아니라고 주장했다.

주자는 이미 조례를 반대했기 때문에 『좌씨전』의 입장을 위주로 삼아 『춘추』를 역사로 간주하였다.

사람들은 『춘추』가 이해하기 어렵다고 말하는데, 내가 알기로는 이해하기 어려운 곳이 없다. 단지 거기에 있는 일에 근거할 뿐이요, 거기에 그렇게 기록된 것에 근거할 뿐이다. 다만 올해 무슨 일이 있었고 내년에 무슨 일이 있었는지를 보고서, 예악禮樂과 정벌征伐이 천자로부터 나왔는지 제후로부터 나왔는지 대부로부터 나왔는지 알 수는 없다. 단지 그럴 뿐인데도 지금 오히려 글자 하나하나에서 포폄褒貶을 알아 성인의 뜻을 구하려고 하니, 그대가 어떻게 성인의 마음속 일을 알 수 있겠는가!138)

물었다. "『춘추』는 어떻게 보아야 합니까?" 대답했다. "단지 역사를 보듯이 보아야 한다."139)

주자는 『춘추』가 이해하기 어려운 것은 경문經文이 너무 간략하고, 삼전三傳이 너무 번잡하기 때문이라고 말했다. 그런데 여기에서 또 이해하기 쉽다고 말한 것은 『춘추』가 단지 일을 기록한 책에 지나지 않기 때문에 일에 근거하여 뜻을 밝힐 수 있기 때문이다. 이로써 주자도 또한 "전傳을 버리고 경經을 탐구하는" 노선임을 알 수 있다.

따라서 주자는 다음과 같이 말했다. "『춘추』는 단지 다른 나라에서 보고한 것에 근거하여 기록했고, 공자는 단지 옛 역사서에 따라서 『춘추』를 지었으니, 복잡하게 얽힌 사연이 많지 않다."140) 그리고 "은공과 환공의 시대가 이미 멀고,

---

138) 『朱子語類』, 권83, 「春秋」.
139) 『朱子語類』, 권83, 「春秋」.
140) 『朱子語類』, 권83, 「春秋」.

사책史冊도 또한 간략한 곳이 있는데, 공자는 단지 역사서에 근거하여 기록했을 뿐이다."141) 확실히 이러한 입장은 "사관史官은 다른 나라에서 보고한 것을 받아서 기록하였고, 경문經文은 옛 역사서를 받아서 기록하였다"는 두예의 주장과 사실상 동일하다.

그런데 주자는 또 『춘추』의 서법에 대해 논한 내용도 있다. 예를 들어 성인 경전의 서법의 오묘함은 다른 사람이 미칠 바가 아니다"142)고 하였고, 또 "계찰季札이 나라를 사양했으나 변란이 일어났고(『좌씨전』, 양공 14년), 공자는 계찰이 노나라에 와서 빙문한 것을 근거로, 그를 비판하여 이름을 기록함으로써 법도를 보였으니, 『춘추』는 대의大義를 밝힐 때 그 서법이 매우 엄격함을 볼 수 있다"143)고 하였다. 이러한 말들은 『주자어류』의 문장과는 매우 다른 것 같다.

이 외에 주자는 또 『자치통감강목資治通鑑綱目』이라는 책을 지었는데, 모두 59권이 다. 이 책에서 서법에 대해 말한 것이 모두 3,300여 차례이다. 이 책의 '강綱'은 『춘추』를 본뜬 것이고, '목目'은 『좌씨전』을 본뜬 것이다. 대체로 "큰 글자로 요점을 제시하고, 분주分注로 상세히 설명하였다." 그런데 주자의 생전에 원고를 완성하지 못했고, 그 제자인 조사연趙師淵이 이어서 완성하였다. 주자의 『춘추』 해석은 "그 일을 있는 그대로 기록하면 선악善惡이 저절로 드러난다"는 입장이다. 그런데 『자치통 감강목』은 정통正統과 윤통閏統을 엄격하게 나누고, 삼강三剛과 오상五常을 명확하게 변별함으로써 포폄襃貶의 서법을 주요 내용을 삼았다. 이로써 알 수 있듯이, 주자는 『춘추』를 역사로 보지만, 『춘추』의 경經을 자신이 지은 『강목』으로 간주했기 때문에 그가 비록 『춘추』를 해석하지는 않았지만, 사실상 『춘추』를 자신이 지은 『강목』에 견주었다.

---

141) 『朱子語類』, 권83, 「春秋」.
142) 朱熹, 「九江彭蠡辨」(『晦庵集』, 권72).
143) 朱熹, 「溫公疑孟下」(『晦庵集』, 권73).

2. 삼전=傳의 장단점을 논함

주자는 조례條例를 믿지 않았고, 조례의 연구에 뜻을 둘 겨를도 전혀 없었다. 일찍이 다음과 같이 말했다. "『춘추』 의례義例는 때때로 한두 가지 큰 것을 엿보기는 했지만, 끝내 마음에서 자신할 수가 없었다. 따라서 감히 한마디 말도 남긴 적이 없다."144) 이 말을 통해 그의 『춘추』 연구 태도를 알 수 있다.

이러한 태도에 기초하여, 주자는 삼전 중에서도 『좌씨전』을 가장 중시하였다. 주자는 다음과 같이 말했다.

> 『춘추』라는 책은 또한 『좌씨전』에 근거하였다. 당시의 천하가 크게 혼란스러웠기 때문에 성인도 또한 사실에 근거하여 기록하고, 그 시비와 득실은 후세의 공론에 부쳤으니, 말 밖의 뜻이 있을 것이다.145)

중당시대 이후로 학자들은 비록 『좌씨전』이 역사서라고 비판했지만, 『춘추』의 입장에서는 여전히 경經으로 삼는다. 지금 주자는 더 나아가 『춘추』를 평범하게 역사라고 함으로써 왕안석의 '단란보조'라는 주장을 계승하였다. 이것은 확실히 당시 춘추학의 주류와는 배치된다.

『춘추』가 이미 역사인데, 『좌씨전』은 사건 기록이 상세하므로 이것이 바로 주자가 『좌씨전』을 중시하는 이유이다. "『좌씨전』이 전傳을 단 『춘추』의 사건은 아마도 80~90%가 옳을 것이다."146) 그러나 『좌씨전』의 의리에 대해서는 대부분 비판적으로 평가하였다.

> 좌씨의 결점은 일의 성패成敗로 시비是非를 논하고, 의리의 바름에 근본을 두지

---

144) 『朱子文集』, 「書臨漳所刊四經後」.
145) 『朱子語類』, 권83, 「春秋」.
146) 『朱子語類』, 권83, 「春秋」.

않은 것이다. 내가 일찍이 좌씨는 교활하면서 일에 능숙하고, 권세 있는 사람에게 나아가 아부하는 사람이라고 말한 적이 있다.[147)

좌씨의 식견이 매우 천박하니, 예를 들어 조순趙盾이 임금을 시해한 일에 대해, "공자가 그 일을 듣고서, '애석하다! 만약 국경을 넘었더라면 죄를 면했을 것이다'라고 하였다"고 말했다. 이와 같다면 오로지 책임을 회피하고 편의에 따라 행동하는 것이 옳은 계책이 된다. 성인이 어찌 이러한 뜻을 가졌겠는가! 성인이 『춘추』를 짓자 난신적자들이 두려워했는데, 어찌 도리어 그들이 죄를 벗어나도록 그런 말을 했겠는가!148)

주자는 또 『공양전』·『곡량전』의 기사는 비록 『좌씨전』의 정밀하고 상세함만 못하지만, 도리를 설명한 것은 『좌씨전』보다 뛰어나다고 항상 말했다. 『주자어류』에 이러한 형태의 말이 많이 실려 있다.

삼전三傳으로 말한다면, 『좌씨전』은 사학史學이고, 『공양전』과 『곡량전』은 경학經學이다. 사학자들은 일의 기록은 상세하지만, 도리의 측면에서는 수준이 떨어진다. 경학자들은 의리의 측면에서는 공적이 있지만, 일의 기록에는 오류가 많다.149)

『좌씨전』은 견문이 넓고 기억력이 뛰어난 사람이 지었지만, 다만 세속의 식견으로 그 일을 판단하니, 모두 공리功利를 주장하는 이론이다. 『공양전』과 『곡량전』은 비록 비루하지만, 또한 옳은 곳도 있다. 다만 모두가 전해들은 지식이기 때문에 대부분 틀리고 잘못되었다.150)

이로써 『좌씨전』과 『공양전』·『곡량전』이 사실 각각 장단점이 있음을 알 수

147) 『朱子語類』, 권83, 「春秋」.
148) 『朱子語類』, 권83, 「春秋」.
149) 『朱子語類』, 권83, 「春秋」.
150) 『朱子語類』, 권83, 「春秋」.

있다.

주자는 또 삼전은 모두 공자로부터 나왔다고 말했다. 『주자어류』에서 말했다.

공자가 『춘추』를 지을 때, 당시에는 분명히 문인들과 강설했기 때문에 공양·곡량·좌씨가 각각 원류를 형성했지만, (후대로 전수되는 과정에서) 점점 틀리고 잘못되었다. 당초에 만약 전혀 전수된 내용이 없었다면 어떻게 제멋대로 책을 지을 수 있었겠는가?[151]

물었다. "『공양전』과 『곡량전』은 대체적인 내용이 모두 같습니까?" 대답했다. "(질문한 이유가) 임률林栗이 두 전傳의 저자가 한 사람이라고 말했기 때문인데, 단지 그 문장을 살펴보면 아마도 한 사람의 손에서 나온 것은 아닌 것 같다." 어떤 이가 말했다. "아마도 당시에는 모두 전수한 내용이 있었는데, 그 이후에 문인과 제자들이 처음으로 책에 그것을 기록했을 것입니다." 대답했다. "모두 제齊나라와 노魯나라 사이의 학자들이라고 여겨지는데, 그들이 지은 책은 아마도 전수받은 내용이 있었을 것이다. 다만 모두가 자신의 생각을 잡다하게 섞어 놓았기 때문에 대부분 어긋나고 틀리게 되었다. 그 중에 도리에 부합되는 내용도 있으니, 그것은 아마도 성인이 남긴 옛날의 내용일 것이다."[152]

삼전三傳의 원류가 같다는 주장은 아마도 임률林栗에서 나온 것 같다. 만약 이 주장과 같다면, 후세에 삼전이 다른 점이 있는 이유는 다만 "점점 틀리고 잘못된 것"에 의해 초래된 결과일 뿐이다. 그러나 주자는 또 "삼가三家는 모두 공자를 직접 본 것이 아니다"[153]고 말하고, 좌씨左氏는 초楚나라 좌사左史 의상倚相의 후예라고 하여, 앞의 주장과 같지 않는데, 아마도 제자의 기록에 오류가 있는 듯하다.

그런데 주자는 또 『공양전』·『곡량전』의 입장에 선 경우도 있다. 『주자어류』에 다음과 같은 내용이 실려 있다.

---

151) 『朱子語類』, 권83, 「春秋」.
152) 『朱子語類』, 권83, 「春秋」.
153) 『朱子語類』, 권83, 「春秋」.

임률林栗이 말했다. "『좌씨전』의 '군자왈君子曰'은 유흠劉歆의 말입니다. 호胡 선생이 『주례』는 유흠이 지은 것이라고 했는데, 잘 모르겠지만 어떻습니까?' "『좌씨전』의 '군자왈'은 가장 무의미한 것이다."154)

『좌씨전』은 매우 천박하고 비루한 곳이 있는데, 예를 들어 '군자왈君子曰'과 같은 종류는 잘못된 곳이 매우 많다. 임률이 일찍이 그것을 의심했는데, 오히려 옳게 본 것이다.155)

주자는 『좌씨전』의 '군자왈君子曰'을 부정하고, 그것이 유흠의 위작이라고 여겼다. 그 주장은 임률과 같으며, 또한 청대 금문학가들이 주장하는 말이다.

중당시대 이후로 학자들은 대부분 경經·사史로 삼전三傳을 구분했으며, 주자도 또한 마찬가지이다. 이것은 반드시 "삼전을 함께 채용하는" 이유이고, 삼전의 장단점도 또한 여기에 있다. 이러한 측면에서 말하면, 주자의 『춘추』 해석은 또한 중당시대 이후 춘추학의 주류에 속한다. 그가 『춘추』를 역사로 보고, 또 조례條例를 위주로 경經을 탐구하지 않는 것이 각별할 뿐이다.

3. 호안국胡安國 『춘추전春秋傳』의 장단점을 논함

주희는 비록 리학理學에서 정이천程伊川의 정통 전수자이지만, 『춘추』에서는 정이천에 그다지 만족하지 않은 듯하다. 따라서 정이천의 『춘추전』을 종주로 삼은 호안국에 대해 크게 비평하였다. 처음에 호안국이 『춘추전』을 짓고서 재전 제자인 장식張栻에 이르렀을 때 이미 호안국의 해석에 대한 장식의 이의異議가 많이 있었다. 주자는 『남헌집南軒集』을 편찬할 때 그것을 그대로 두고 삭제하지 않았으니, 주자가 사실상 장식의 주장을 옳다고 여겼다는 것을 알 수 있다. 『주자어류』에 다음과

---

154) 『朱子語類』, 권83, 「春秋」.
155) 『朱子語類』, 권83, 「春秋」.

같은 내용이 실려 있다.

> 물었다. "여러 학자들의 『춘추』 해석은 어떻습니까?" 대답했다. "내가 다 믿을
> 수는 없다. 예를 들어 호안국의 『춘추』는 나도 믿을 수 없으니, 성인의 의중이
> 그와 같이 말했는지의 여부를 알 수 있겠는가? 지금 단지 눈앞의 조정 관보에
> 벼슬을 제수한 것을 기록했더라도 조정의 뜻이 어떠한지 여전히 모르지 않는가?
> 하물며 수천 년 후에 태어나서 수천 년 전 성인의 마음을 거슬러 올라가서 추측하고
> 자 함에 있어서랴! 하물며 나 자신의 마음이 또한 성인의 마음과 같지 않은데,
> 어떻게 성인의 마음속의 일을 알 수 있겠는가! 그렇기 때문에 내가 여러 학자들의
> 해석을 모두 믿을 수 없는 것이니, 공자가 다시 살아나서 직접 이야기해 주지
> 않고서는 어떠한지 알 수 없을 것이다."[156]

주자의 관점에서 보면, 삼전도 "성인 마음속의 일"을 알 수 없는데, 하물며
호안국은 성인과의 시간적 거리가 더욱 멀기 때문에 어찌 그것을 알 수 있겠는가?
그런데 삼전은 그 자체로 『춘추』에 전傳을 단 것으로 여겨지고, 본래 성인이 입으로
전수한 것으로부터 나왔기 때문에 '성인의 뜻'을 이해할 수 있다. 리학理學도 또한
남겨진 경전에서 성인의 도를 구한다고 스스로 말하지만, 한대 유학자들이 근거할
만한 스승의 전수가 있었던 것과 비교해 보면 더욱더 억설일 뿐이다. 따라서 청대
사람들이 송학宋學은 곧 "공벽孔壁을 마주하고 허구를 날조한 것"이라고 말한 것도
이상하게 여길 것이 없다.

주자는 호안국 『춘추전』의 구체적인 해석에 대해서도 많은 비평을 가했다.
그런데 호안국의 해석이 비록 합당하지 않은 부분이 있지만, 그것은 단지 "말한
것이 너무 깊은 것"일 뿐이다.[157] 주자는 그 의리의 대강은 올바르다고 여겼다.
『주자어류』에서 말했다.

---

156) 『朱子語類』, 권83, 「春秋」.
157) 『朱子語類』, 권55, 「孟子」.

호안국의 해석은 의리로 천착했기 때문에 볼만하다.158)

『춘추』의 제도에 관한 대강은 『좌씨전』이 비교적 근거로 삼을 만하지만, 『공양전』과 『곡량전』은 비교적 증거로 삼기가 어렵다. 호안국의 의리는 정당하지만, 그러한 곳은 대부분 억측해서 말한 것이다.159)

호안국의 『춘추전』에는 견강부회한 부분이 많지만, 그 의론에는 포용 정신이 있다.160)

주자의 관점에서 보면, 호안국의 학술도 리학理學의 노선이다. 따라서 호안국이 가진 의리는 그 자체로 정당하지 않음이 없다. 그러나 그가 근거로 삼아 『춘추』의 역사적 사건을 논한 의리는 대부분 견강부회와 천착이 많아서, "정도가 지나친" 잘못이 있다.

호안국의 『춘추』 연구는 대부분 정이천에 근본하고 있고, 주자의 경우도 정이천을 리학理學의 종주로 삼았다. 따라서 주자가 비록 호안국에게 만족하지는 않지만, 정이천을 위해 두둔하지 않을 수 없었다. 예를 들어 정이천은 환공桓公이 임금을 시해한 것을 미워하였기 때문에 마침내 「환공」 조목에서 2년 동안 추秋와 동冬을 기록하지 않은 것에 대해, "천리天理가 사라지고" "한 해의 공적이 이루어지지 않은 것"으로 여겼다. 또한 『춘추』에서 '등나라 자작'(滕子)이라고 기록한 것을 그가 환공을 조회한 것을 비판한 것이라고 여겼다.161)

---

158) 『朱子語類』, 권83, 「春秋」.
159) 『朱子語類』, 권83, 「春秋」.
160) 『朱子語類』, 권83, 「春秋」.
161) 역자 주: 『춘추』 환공 2년에 "등나라 자작이 노나라에서 와서 조회하였다"(滕子來朝)는 기록이 보인다. 이에 대해 정이천의 『程氏經說』 권5 「춘추」에서 "등나라는 본래 侯의 작위인데, 뒤에 초나라에 복속했기 때문에 강등하여 子라고 불러서, 이적으로 여긴 것이다. 가장 먼저 환공을 조회한 죄는 저절로 드러난다"(滕本侯爵, 後服屬于楚. 故降稱子, 夷狄之也. 首朝桓公之罪自見矣)고 했다. 노나라 환공은 은공을 시해하고 임금에 올랐기 때문에 그를 가장 먼저 조회한 것은 죄가 된다는 말이다.

당시 여러 학자들의 『춘추』해석에 대해, 주자는 대체적으로 비판적인 입장을 취하였다. 『주자어류』에서 그와 관련된 말이 기록되어 있다.

지금 『춘추』를 연구하는 자들은 모두 수많은 권모술수와 거짓으로 속이는 것만을 이론으로 삼았고, 기상이 좁아서 성인의 뜻을 알지 못한다. 왕도王道의 득실得失을 논하지 않고 패업霸業의 성쇠盛衰를 말하니, 그 종지를 너무 크게 잃어버렸다.162)

『춘추』는 본래 도리를 밝히고 정의를 바르게 하는 책이다. 그런데 지금 사람들은 다만 제나라와 진나라 패업의 우열만을 비교하고, 도리어 이로움만을 꾀하니, 대의大義가 모두 어두워져 버렸다. 지금 사람들이 만든 의리는 또한 제나라 환공과 진나라 문공의 우열에 대한 논의를 만든 것이다.163)

그 후에 피석서는 주자가 호안국의 『춘추전』을 비난한 것에 대해 불만족스럽게 생각하였다. 즉 주자가 두예와 공영달의 이론에 현혹됨으로써 결국 『춘추』를 역사로 보았으며, 맹자·정이천의 이론과 부합되지 않는다고 주장하였다. 금문학의 입장에 서서, 피석서는 호안국 『춘추전』이 비록 가혹하고 자질구레한 폐단이 있지만, 주자의 이론처럼 『춘추』와 어긋나지는 않는다고 생각했다. 청대 유봉록劉逢祿의 『춘추론春秋論』에서 전대흔錢大昕의 '선악이 저절로 드러난다'(善惡自見)는 이론을 배척했는데, 그것은 사실상 주자를 비평한 것이다.

주자는 본래 『춘추』에 뛰어나지 않았지만, 리학理學에서의 그의 지위 때문에 그의 춘추학 이론은 후세에 적지 않은 영향을 끼쳤다. 따라서 송·명대 『춘추』를 연구하는 자들 중에서 주자로부터 나온 자들이 많이 있었다. 청대 금문학이 크게 흥성함에 이르러서야 비로소 주자를 비난하는 자가 있었다. 청대 종문증鍾文烝은 주자의 잘못을 다음과 같이 지적하였다.

---

162) 『朱子語類』, 권83, 「春秋」.
163) 『朱子語類』, 권83, 「春秋」.

『춘추』를 단지 일에 따라 있는 그대로 기록하여, 별도의 서법書法이 없는 책으로 만들었으니, 한 명의 뛰어난 사관史官이 잘 만든 책이 『춘추』일 뿐이다. 그렇다면 무엇 때문에 자하子夏와 자유子游의 무리들이 한마디도 거들지 못했는가? 무엇 때문에 제나라와 노나라의 스승과 학자들이 번갈아 가면서 전수했는가? 무엇 때문에 『맹자』가 공자의 『춘추』 저작에 대해 말하고, 『춘추』 저작이 천하가 혼란한 이후에 한 번 다스려지는 것이라고 말했는가? 무엇 때문에 순자가 그 책의 은미함을 말하고, 그 뜻이 간략하여 금방 이해할 수 없다고 말했는가? 어찌 이 모든 것을 믿을 수 없다는 것인가?[164]

이로써 알 수 있듯이, 주자가 『춘추』를 논한 것은 사실상 역사가의 입장을 견지하고 있었다. 따라서 그가 『좌씨전』을 칭찬한 것은 단지 그 책이 역사 기록에 상세했기 때문이다. 그런데 주자는 또 리학가로서 항상 '천리天理' 두 글자를 가지고 역사적 사건의 좋고 나쁨을 판단하였다. 따라서 그가 『공양전』·『곡량전』을 칭찬한 것은 두 전의 서법書法을 칭찬한 것이 아니라, 사실은 그 의리가 올바르면서 '천리天理'에 부합되었기 때문이다.

제7절 기타 『춘추』 연구 학자

1. 왕석王晳

왕석王晳은 스스로를 태원太原 사람이라고 했는데, 그의 생애는 자세히 알 수가 없다. 대체로 진종眞宗·인종仁宗 연간에 활동했다. 일찍이 태상박사太常博士·한림학사翰林學士를 역임했다. 『송사』, 「예문지」에 그의 저서 『춘추통의春秋通義』 12권, 『춘추이의春秋異義』 12권, 『춘추황강론春秋皇綱論』 5권이 수록되어 있다. 『문헌통고文獻通考』

---

164) 鍾文烝, 『春秋經傳補注』, 「論經」.

에는 『춘추명례은괄도春秋明例隱括圖』 1권이 수록되어 있다. 지금은 오직 『춘추황강론』
만 남아 있고, 나머지 책은 모두 없어졌다.

『사고전서총목제요』에서는 『춘추황강론』이 "모두 공자의 필삭의 요지를 드러내
밝혔고, 삼전 및 담조·조광의 장단점을 고찰하여 변별하였다. 그 말이 대부분
분명하고 평이하며, 천착하고 견강부회하는 습속이 없다"고 평가하였다. 그는 삼전三
傳에 대해 다음과 같이 논했다.

> 『좌씨전』은 옛 역사를 잘 살폈고, 많은 이론들을 두루 갖추고 있으며, 『춘추』의
> 사적들을 매우 잘 완비하고 있다. 그러나 이 책이 비록 經에 붙어서 지어졌지만,
> 경을 벗어나 그 자체로 하나의 책이 된다. 따라서 특이한 이론에 지나치게 빠져
> 들거나 모아 놓은 내용이 정도를 지나치는 경우도 있다. 성인의 은미한 요지에
> 대해서는 또한 너무 소략하지만 대체적으로는 본말이 있으니, 한 사람이 서술한
> 것으로부터 나왔기 때문이다. 『공양전』과 『곡량전』의 학문은 의론하는 데 근본을
> 두었고, 여러 학자들의 이론을 취사선택하여 경문에 연결해 두었다. 따라서 비록
> 그 사적을 자세히 갖추지는 않았지만, 성인의 은미한 요지를 탐구하여 찾은 것이
> 많다. 그러나 쓸 때 없는 의리를 지나치게 자세히 변별하고, 내용이 비천하고
> 난잡한 폐단이 있으니, 여러 학자들이 강설한 것으로부터 나왔기 때문이다.[165]

> 『좌씨전』은 기린을 잡은 사건(獲麟, 애공 14년) 이후에 경문經文에 '공구가 죽었다'(孔丘
> 卒, 애공 14년)라는 말을 이어 놓았으니, 거짓이다. 또 즐겨 한때의 말이나 모습의
> 공손함과 오만함, 복서卜筮와 꿈풀이를 가지고 화복禍福을 추정하여 들어맞지 않은
> 경우가 없으니, 이것이 『좌씨전』의 폐단이다.…… 또 잡다하고 복잡하면서 실증되
> 지 않은 말을 광범위하게 기록하여 책 속에 뒤섞어 놓았으니, 『좌씨전』의 문장을
> 취사선택하여 經의 뜻을 소통시키는 것이 마땅하다. 마치 옥에 흠이 있으면
> 단지 그 흠만 버리고 옥을 사용해야 그 옥까지도 함께 버려서는 안 되는 것과
> 같다. 『공양전』과 『곡량전』도 그러하니, 그 대의를 비록 잃었더라도 그 내용

---

165) 『春秋皇綱論』, 권5, 「傳釋異同」.

중에 사용할 만한 구절들은 또한 취사선택하여 사용함으로써 넓게 소통하는 군자의
의리를 따라야 한다.[166]

이것은 삼전三傳 각각 장단점이 있음을 말한 것이다. 『사고전서총목제요』에서는
"삼전三傳을 모두 폐기한 손복孫復 등의 이론을 충분히 논파할 수 있고, 송대 사람들이
『춘추』를 해석한 것 중에 옛 뜻을 잃지 않았다고 말할 만하다"[167]고 평가했다.
왕석은 또 삼전의 주석에 대해서도 다음과 같이 논했다.

> 스승의 학문을 전문적으로 연구함으로써 스스로 일가를 이룬 자는 하휴何休·두예杜
> 預·범녕范甯뿐이다. 하휴는 터무니없는 말로 남을 속였고, 두예는 『좌씨전』의
> 문장을 융통성 없이 고집했으며, 조금이라도 스스로 터득한 것은 오직 범녕뿐이다.
> 그러나 그도 또한 경經의 뜻을 두루 통달하여 이해하지는 못했다.[168]

하휴와 두예는 모두 문호를 엄격하게 지키는 것으로 자임했기 때문에 왕석의
환영을 받지 못했다. 범녕은 삼전을 함께 절충했기 때문에 좋은 평가를 받았다.
따라서 왕석은 담조와 조광의 학문을 존중하여 다음과 같이 말했다.

> 두 사람은 서로 계승하여, 현명하면서도 결단력이 있었으니, 성인의 뜻을 드러내
> 밝히고 삼전의 오류를 지적한 것은 본래 공적이 있다. 그러나 성인의 뜻을 찾은
> 것이 혹은 정밀하지 않고, 삼전의 오류를 지적한 것이 혹은 너무 자세하였다.
> 성인의 문으로 들어가서 집 마당 사이에서 거닌 자들로, 안방의 깊숙한 곳은
> 알지 못했다고 할 수 있다. 그렇지만 다른 사람들보다는 매우 뛰어났다.[169]

또 말했다.

---

166) 『春秋皇綱論』, 권5, 「傳釋異同」.
167) 『四庫全書總目提要』, 「經部·春秋類 一」, '春秋皇綱論' 조목.
168) 『春秋皇綱論』, 권5, 「傳釋異同」.
169) 『春秋皇綱論』, 권5, 「傳釋異同」.

만약 (『춘추』가) 오로지 난신적자를 주살하여 그들로 하여금 두려워할 줄 알도록 하는 책이라면, 어진 이를 높이고 선善을 드러내는 요지는 빠진 것이다.170)

『사고전서총목제요』에서는 왕석의 이러한 주장이 "삼전三傳을 모두 폐기한 손복孫復 등의 이론을 충분히 논파할 수 있다"고 여겼다.

2. 소철蘇轍

소철蘇轍(1039~1112)의 자는 자유子由이고, 미주眉州 미산眉山 사람이다. 원우元祐 연간에 우사간右司諫이 되었다. 뒤에 상서우승尚書右丞에 제수되었고, 문하시랑門下侍郎으로 승진했다. 철종哲宗 때 외부의 군郡으로 자주 귀향을 갔다. 효종孝宗 순희淳熙 연간에 문정文定이라는 시호를 받았다. 『송사』「소철전」에서 "군자는 편당을 짓지 않는데, 소철에게서 그것을 볼 수 있다"고 했다.

소철의 저서는 『춘추집해春秋集解』 12권이 있다. 『송사』「예문지」에는 『춘추집전春秋集傳』으로 되어 있고, 지금도 남아 있다. 소철의 『춘추』 연구는 손복孫復과는 같지 않다고 스스로 말했다. 그 책의 「자서」에서 말했다.

나는 젊어서부터 『춘추』를 연구했는데, 당시 사람들은 대부분 손복孫復을 스승으로 삼아서 말하기를, 공자가 『춘추』를 지어서 한 시대의 일을 대략 다 기록하였기 때문에 다시는 사관史官의 기록을 믿지 않는다고 했다. 따라서 삼전三傳을 모두 버리고 다시 취한 것이 없었다. 나는 생각하기에, 좌구명은 노나라의 사관이고, 공자는 본래 사관의 기록에 의거하여 『춘추』를 지었기 때문에 일은 반드시 좌구명을 근본으로 삼았다.…… 공자가 일에 대해 평가한 것에 관해서는 좌구명도 분명히 다 알지는 못했기 때문에 마땅히 공양씨·곡량씨·담조·조광 등 여러 사람들을 참조해야 한다.171)

---

170) 『春秋皇綱論』, 권1, 「孔子修傳春秋」.
171) 蘇轍, 『春秋集解』, 「春秋集解引」.

이로써 알 수 있듯이, 소철의 춘추학도 중당시대 이후 삼전을 함께 채용한 사조와 그 맥락을 같이하며, 또 사史와 경經으로써 『좌씨전』과 『공양전』·『곡량전』을 구별하였다.

아울러 손복은 『춘추』에서 "사관의 기록을 다시는 믿지 않았다"고 여겼기 때문에 삼전을 전부 폐기했는데, 소철은 『좌씨전』이 '사관의 기록'이라는 점과 『좌씨전』의 경전 해석의 중요성을 더욱더 강조하였다.

> 대체로 『춘추』에 기록된 일은 당연히 사관의 기록을 따른 것이다. 『좌씨전』은
> 사관의 기록이고, 『공양전』·『곡량전』은 모두 거기에 의미를 붙인 것이다. 공자가
> 지은 『춘추』는 또한 간략하니, 그것을 사관의 기록으로 삼을 수는 없으며, 사관의
> 기록을 기다린 이후에야 충족될 수 있다. 자기 뜻대로 『춘추』에 전傳을 달면서
> 사관의 기록을 믿지 않는 것은 공자의 뜻을 잃어버린 것이다.172)

『좌씨전』을 중시하는 소철의 경향에 대해, 후대 사람들은 많은 언급이 있었다. 조공무晁公武가 말했다. "소철의 큰 뜻은 다음과 같다. 세상 사람들이 대부분 손복孫復을 스승으로 삼아서 사관의 기록을 다시는 믿지 않았다. 따라서 두 전을 모두 폐기하고 오로지 『좌씨전』을 근본으로 삼았으며, 거기에서 통하지 않는 경우에 비로소 두 전이나 담조·조광을 취했다." 섭몽득葉夢得이 말했다. "소철은 오로지 『좌씨전』에 근거하여 경經을 말했다. 그런데 『좌씨전』에서 경을 해석한 것은 얼마 되지 않으며, 그 범례凡例는 경을 다 포괄하지 못할 뿐만 아니라 그 기록도 잘못되거나 어긋난 것이 많다. 『좌씨전』은 아마도 작자가 스스로 자기의 뜻으로 만든 책이지, 전수받은 내용이 있는 것이 아닌 듯하다. 『공양전』·『곡량전』이 경에 부합되는 것과는 같지 않다. 따라서 소철은 단지 『좌씨전』의 일을 가지고 경의 문장을 해석했을 뿐이며, 『좌씨전』의 일 중에서 오류가 있는 것은 다시는 감히 의론하지 못했다. 그래서 경을 옮겨다가 자기 이론을 만든 것도 경의 뜻을 통해서 범례凡例를 다 세우지는

---

172) 蘇轍, 『春秋集解』, 권1.

못했으니, 모든 사람들이 지나치게 탐구한 것이라고 여겼다." 진진손陳振孫이 말했다. "이 책은 오로지『좌씨전』에서만 취했고, 부득이할 경우에는『공양전』·『곡량전』과 담조·조광에서 취했다. 한때 경經을 담론하는 자들이 사관의 기록을 다시는 믿지 않아서 혹 사실事實을 잃어버렸다고 여겼기 때문이다."173)

청대 진홍서陳弘緒의「발문」에서는 다음과 같이 더욱 상세하게 논했다.

『춘추집전』12권은 송대 영빈선생潁濱先生 소철蘇轍이 지었다. 그 당시에 왕안석王安石이『춘추』를 단란조보斷爛朝報로 여겨서 학관에 배열하지 않았기 때문에 소철이 세속을 바로잡기 위해서 이 책을 지었다. 그의 이론은『좌씨전』을 위주로 하였고, 『공양전』·『곡량전』두 전에 대해서는 때때로 많은 비판을 하였다. 소철이 다음과 같이 말했다. "대체로『춘추』에 기록된 일은 당연히 사관의 기록을 따른 것이다. 『좌씨전』은 사관의 기록이고,『공양전』·『곡량전』은 모두 거기에 의미를 붙인 것이다. 공자가 지은『춘추』는 또한 간략하니, 그것을 사관의 기록으로 삼을 수는 없으며, 사관의 기록을 기다린 이후에야 충족될 수 있다. 자기 뜻대로『춘추』에 전傳을 달면서 사관의 기록을 믿지 않는 것은 공자의 뜻을 잃어버린 것이다." 12권 중에서 대부분이 이 요지를 드러내 밝혔다.……『공양전』·『곡량전』은 비록 억측으로 경을 해석했지만, 장단점이 함께 보인다.…… 이와 같은 종류는『공양전』· 『곡량전』의 이론이 성인의 정미함에 오묘하게 부합되는 것 같다. 그런데 소철은 신랄한 글로 일괄적으로 비판하니, 목이 멘다고 먹기를 그만두는 것이라고 할 수 있다. 독자들은 그 단점은 버려두고 그 장점을 취하는 것이 좋다.174)

『사고전서총목제요』에서는 진홍서陳弘緒가 "이 책에 대해 논한 것이 매우 타당하다"175)고 평가했다. 소철은 공자의『춘추』문장이 간략하기 때문에 반드시『좌씨전』을 기다린 이후에야 충족될 수 있다고 여겼다.『공양전』·『곡량전』은 그 기사가 모두 자기 뜻대로 해석한 것일 뿐이다. 이것이 바로 소철이『좌씨전』을 중시하고,

---

173) 朱彝尊,『經義考』, 권182에서 인용.
174) 朱彝尊,『經義考』, 권182에서 인용.
175)『四庫全書總目提要』,「經部·春秋類 一」, '春秋集解' 조목.

심지어 신랄한 글로 『공양전』·『곡량전』의 경전 해석을 비난한 까닭이니, 그것은 단지 "목이 멘다고 먹기를 그만두는 것"에 지나지 않는다.

소철의 경전 해석은 사실史實을 중시했기 때문에 『공양전』·『곡량전』의 서법書法과 의례義例에 대해서는 대부분 그다지 뜻을 두지 않았다. 그리고 『좌씨전』의 "외국의 보고를 따른 것이다"(從赴告)거나 "사관의 궐문이다"(史闕文)와 같은 주장에 대해서도 매번 찬동하였다. 비록 그렇다고 하더라도, 소철의 경전 해석 중에서 『공양전』·『곡량전』을 취한 경우도 있다. 예를 들어 은공 3년, "봄, 왕의 2월, 기사일, 일식이 있었다"(春, 王二月, 己巳, 日有食之)에 대해, 소식의 해석은 『공양전』과 동일하다. 또 환공 원년, "환공이 즉위하다"(公卽位)에 대한 소식의 해석도 『곡량전』과 거의 같다.

『사고전서총목제요』에서는 이 책에 대해 다음과 같이 논평했다.

> 앞서 유창劉敞이 『춘추의림春秋意林』을 지어서 새로운 뜻을 많이 제시했고, 손복孫復이 『춘추존왕발미春秋尊王發微』를 지어 전傳을 버려두고 경經을 탐구하였다. 옛날 이론이 이 때문에 점점 폐기되었다. 이후에 왕안석王安石이 『춘추』를 단란조보斷爛朝報라고 비난하여, 이 책을 폐기하여 학관에 배열하지 않았다. 소철은 당시에 경經과 전傳이 모두 폐기되었다고 생각했기 때문에 이 책을 지어서 바로잡았다.[176]

이로써 소철의 『춘추집해』가 특별한 이유가 있어서 지어졌다는 것을 알 수 있다.

3. 최자방崔子方

최자방崔子方은 자가 언직彦直 또는 백직伯直이고, 서주거사西疇居士라고 불렸으며, 부릉涪陵 사람이다. 이도李燾의 『건염이래계년요록建炎以來繫年要錄』에 의하면, 소성紹聖 연간(1094~1097)에, 최자방이 세 차례 상소를 올려서 『춘추』 박사의 설치를 요청했

---

176) 『四庫全書總目提要』, 「經部·春秋類 一」, '春秋集解' 조목.

다. 그런데 조정에서 아무런 답변이 없자, 진주眞州 육합현六合縣에 은거하여, 30여 년 동안 두문불출하면서 책을 저술하였다.

소흥紹興 연간에 학림학사翰林學士 주진朱震이 「진서차자進書劄子」를 상주하여, 최자방의 저작을 강력하게 추천하였다.

> 옛 동천東川의 포의布衣 최자방은 희녕熙寧 연간에 재상 왕안석이 권력을 행사할
> 때 『춘추』의 학문을 좋아하지 않아서 정경正經인 삼전三傳을 학관에 배열하지
> 않은 시대를 맞이했다. 이때 영음穎陰의 처사 상질常秩은 다음과 같이 통곡하였다.
> 『춘추』를 아는 자도 자신의 학문을 모두 숨기고 시대의 유행을 쫓아가는데, 하물며
> 『춘추』를 모르는 자는 어떻겠는가? 원풍元豐 연간에 이르러, 습속이 이미 풍속이
> 되어버려서 그 누구도 그 잘못을 감히 의론하는 자가 없었다. 그런데 최자방이
> 홀로 남겨진 경전을 껴안고, 문을 잠그고 연구하여 『춘추경해春秋經解』·『춘추본례
> 春秋本例』·『춘추예요春秋例要』세 책을 저술하니, 서로 표리가 되어 자연스럽게
> 일가의 말을 이루었다.[177]

살펴보건대, 최자방이 책을 저술할 때, 왕안석의 주장이 막 성행하였기 때문에 그의 책을 세상에 드러낼 수가 없었고, 송나라가 남쪽으로 옮긴 이후에 비로소 이 책이 세상에 드러났다.

『송사』「예문지」에는 그의 『춘추경해』 12권, 『춘추본례』와 『춘추예요』 20권이 수록되어 있다. 『춘추경해』라는 책은 『경의고』에서는 없어졌다고 했는데, 사고관신이 『영락대전』에서 모아 편집하여 각각 그 옛 모습으로 되돌려 놓았다. 『춘추본례』와 『춘추예요』는 『송사』「예문지」에서 합쳐서 20권이라고 했다.

최자방의 춘추학은 대체로 전傳을 버리고 경經을 탐구하는 노선이다. 최자방이 처음 『춘추』를 연구할 때는 삼전三傳으로부터 시작했지만, 마지막에서는 삼전을 믿기에 부족하다고 여겼다. 그는 "『좌씨전』의 잘못은 천박함이고, 『공양전』의 잘못은

---

177) 崔子方, 『春秋經解』, 卷首.

기이함이며, 『곡량전』의 잘못은 우활함"이라고 하고, 마침내 "삼가三家의 논의가 제거되지 않으면" "성인의 경전이 끝내 다시 드러나지 않을 것"이라고 주장했다.[178]

그런데 『춘추』의 문사가 간략하기 때문에 만약 삼전을 버려두고 그것을 통하지 않는다면 또한 어떻게 성인의 뜻을 알 수 있는가? 이에 대해 최자방은 다음과 같이 말했다.

> 옛날과 지금이 비록 때를 달리하지만, 실정이 귀결되는 것은 한 가지이다. 성현聖賢은 비록 작용을 달리하지만, 이치가 이르는 것은 한 가지이다. 실정과 이치를 합하여, 그것을 들어서 천하의 일에 조치하면 어려움이 없을 것이다. 또한 일찍이 성인의 말은 지극히 간략하지만, 후인들의 의혹을 두려워하지 않는다고 말한 것은 무엇 때문인가? 실정과 이치를 믿고서 스스로 그 말에 가탁하여 후세에 전한다면, 후세의 현명하고 재능 있는 자들도 또한 실정과 이치를 믿고서, 천여 년 전의 성인에 대해 알 수 있어서 의심하지 않을 것이다. 육경六經의 전수는 이러한 도리에 말미암은 것이다.…… 따라서 당시의 일을 실정으로써 헤아리고, 성인의 말을 이치로써 고찰하면, 실정과 이치가 어긋나지 않은 이후에 말은 밝혀질 수 있고, 예例는 통할 수 있다.[179]

최자방이 보기에, 옛날과 지금의 실정과 도리는 서로 통하기 때문에 후인들이 실정과 이치를 근거로 성인의 뜻을 탐구할 수 있다. 이러한 관점은 당시 리학가들이 남겨진 경전 중에서 성인의 도를 찾은 정신과 비교해 보면, 거의 동일하다고 할 수 있다.

바로 이와 같기 때문에 최자방은 오로지 말과 예例에 근거하여 경을 밝히는 『공양전』·『곡량전』의 방법을 비판하였다.

성인은 말과 예例로써 그 책을 완성하고, 실정과 이치로써 그 말을 가탁했으니,

---

178) 崔子方, 『春秋經解』, 「自序」.
179) 崔子方, 『春秋經解』, 「自序」.

후세를 생각하는 것이 또한 지극하다. 말과 예는 그 형식이며, 실정과 이치는 그 실질이다. 형식과 실질이 갖추어지지 않으면 군자는 완전한 인간이 될 수 없다. 형식과 실질이 갖추어지지 않으면 『춘추』는 완전한 경전이 될 수 없다. 세상의 학자들이 실정과 이치를 버려두고 오로지 말과 예 사이에서만 탐구하니, 이 때문에 의혹이 많아서 잘못에 이르는 것이다.[180]

최자방은 형식과 실질을 들어서 비유로 삼았으니, 말·예와 실정·이치 두 가지는 실로 한쪽만을 폐기할 수는 없는 것이다.

최자방이 비록 말과 예에 편중된 『공양전』·『곡량전』의 경전 해석 방법을 반대했지만, 그가 말과 예를 중시했다는 것도 또한 분명하다. 최자방은 『춘추본례』의 「자서」에서 다음과 같이 말했다.

또한 일찍이 성인의 책을 논할 때, 연대순으로 엮어서 체재로 삼고, 사시四時를 들어서 이름으로 삼았으며, 일월日月을 드러내어 예例로 삼았다. 『춘추』는 본래 예例가 있는데, 일월日月의 예例가 그 근본이 된다. 따라서 이 책을 '본례本例'라고 불렀다.[181]

최자방은 공자의 『춘추』에 본래 예例가 있었기 때문에 『공양전』·『곡량전』에서 공연히 예를 설치한 것이 아니며, 일월의 예가 또한 모든 예의 근본이라고 여겼다. 『사고전서총목제요』에서는 이것이 바로 『춘추본례』라는 책의 큰 요지라고 말했다.

최자방은 또 말했다.

『춘추』의 법은 천하에는 안과 밖이 있고, 제후국에는 큰 나라와 작은 나라가 있으며, 지위에는 존귀함과 비천함이 있고, 감정에는 소원함과 친함이 있으니, 똑같이 취급할 수는 없다는 것이다. 따라서 중하中夏를 상세하게 기록하고 이적夷狄

---

180) 崔子方, 『春秋經解』, 「自序」.
181) 崔子方, 『春秋本例』, 「自序」.

을 간략하게 생략하며, 대국을 상세하게 기록하고 소국을 간략하게 생략하며, 안을 상세하게 기록하고 밖을 간략하게 생략하며, 임금을 상세하게 기록하고 신하를 간략하게 생략하니, 이것이 『춘추』의 의리이며, 일월日月의 예例는 이로부터 생겨난 것이다. 날짜를 드러내어 상세하게 기록하는 형식으로 삼고, 계절을 드러내어 간략하게 생략하는 형식으로 삼으며, 또한 상세함과 간략함의 중간으로써 달을 드러내니, 이것이 예例의 일상적인 형식이다. 그러므로 일에는 본래 가볍고 무거움이 있는데, 어찌 무거운 일을 상세하게 기록하고 가벼운 일을 간략하게 생략하지 않을 수 있겠는가? 대체로 무거운 일은 날짜를 기록하고, 그 다음은 달을 기록하고, 또 그 다음은 계절을 기록하니, 이것은 또한 밝히기가 매우 쉽다.[182]

『춘추』의 기사는 자연스럽게 상세함과 간략함의 구분이 있으니, 이것은 상식이다. 그런데 최자방은 이러한 상세하고 간략한 문장을 통해서 『춘추』의 의리를 볼 수 있고, 또 일월日月의 예例도 이로 말미암아서 생겨난 것이라고 주장했다. 즉 "날짜를 드러내어 상세하게 기록하는 형식으로 삼고, 계절을 드러내어 간략하게 생략하는 형식으로 삼으며, 또한 상세함과 간략함의 중간으로써 달을 드러내니, 이것이 예例의 일상적인 형식이다." 일월례日月例에 대한 이와 같은 긍정은 매우 쉬우면서도 이치에 가깝다고 할 수 있다.

일상적인 형식의 상례常例 이외에 변례變例가 있다. 최자방이 말했다.

그런데 일의 경중輕重으로써 국가의 대소大小, 신분의 존비尊卑, 감정의 친소親疏의 사이에 조치해 두면, 또한 변례變例라고 말할 수 있는 것이 있다. 이것은 일월日月의 예例가 어긋나서 맞지 않는 데 이른 것이며, 그로 인해서 후세의 논의가 합치될 수 없는 것이다.[183]

이와 같이 최자방은 일월례日月例를 중시했는데, 『춘추본례』라는 책에서 『춘추』

---

182) 崔子方, 『春秋本例』, 「自序」.
183) 崔子方, 『春秋本例』, 「自序」.

의 모든 사항을 일日·월月·시時에 따라 분류하고, 매 예例마다 또 '저례著例'·'변례變例' 두 종류로 구분하였다. 책 전체를 16분야(門)로 나누고, 매 하나의 분야마다 또 날짜를 기록하는 예(例日)·달을 기록하는 예(例月)·계절을 기록하는 예(例時)로 나누었다. 예를 들면 내대부문內大夫門에서, 날짜를 기록하는 예(例日)는 분奔·자刺·졸卒이 있고, 달을 기록하는 예(例月)는 맹盟·집執이 있으며, 계절을 기록하는 예(例時)는 리맹蒞盟·회會·여如·지至·래來·래귀來歸 등 25항목이 있다. 매 항목 아래에 『춘추』의 문구를 모아서 기록하고, 혹은 저례著例로 삼고, 혹은 변례變例로 삼았다. 이것은 최자방이 일월례日月例로써 『춘추』를 통섭한 방법이라고 할 수 있으며, 그의 이전에도 이후에도 이런 사례는 없었다고 말할 수 있다.

후대 사람들은 최자방의 이와 같은 일월례의 방법에 대해, 많은 비평을 하였다. 진진손의 『직재서록해제』에서 다음과 같이 말했다.

> 그의 학문은 삼전三傳의 옳고 그름을 변별하면서, 오로지 일월日月을 예例로 삼았으니, 바로 삼전三傳의 잘못을 답습하면서도 깨닫지 못한 것이다.

역대로 삼전을 공격한 자들은 대부분 최자방의 예例를 공격하였고, 특히 일월례日月例를 근거가 없는 것으로 여겼다. 그런데 최자방은 이와는 상반되게 삼전을 공격했을 뿐만 아니라, 또한 일월례를 가지고 경전을 해석했으니, "삼전의 잘못을 답습하면서도 깨닫지 못한" 것이다. 이에 대해 『사고전서총목제요』에서 다음과 같이 논평하였다.

> 일월日月을 예例로 삼는 것은 이미 두 전傳의 이전에 있었으니, 아마도 그 시기가 성인으로부터의 시간적 거리가 멀지 않아서, 반드시 전수한 바가 있었기 때문이다. 다만 공자가 사건을 평가한 여탈予奪의 필삭은 그 뜻을 담은 것이 매우 넓고 깊기 때문에 일월日月은 단지 그 중의 하나의 예일 뿐이다. 따라서 『공양전』과 『곡량전』이 말하는 것이 때때로 경문과 합치되는 경우도 있지만, 그것을 미루어 경전 전체에 적용하면 지리멸렬하고 혼란스러워서 통하게 할 수 없다. 결코 통하게 할 수 없는 경우에는 왜곡하거나 억지로 꿰맞추어서 변례變例가 만들어졌다. 이것은

일월을 가지고 예로 삼은 잘못이 아니라, 온전히 일월만을 가지고 예를 만든 잘못이다.[184]

상주常州 금문학이 부흥하기 이전에, 사고관신이 오히려 『춘추』에 본래 예例가 있었다는 주장에 찬동하였고, 또한 오직 사고관신만이 최자방이 일월례를 사용하여 경전을 해석한 것을 비판하였으니, 공평하고 타당한 논의라고 할 수 있다.

가경嘉慶·도광道光 연간 이후에, 금문학이 점점 거대한 파도를 이루자, 피석서는 마침내 최자방을 극도로 추숭하였다.

최자방의 『춘추본례春秋本例』는 일월日月을 근본으로 삼았는데, 송나라 학자들 중에서 홀로 『공양전』·『곡량전』을 미루어 밝혔다. 그리고 그가 지은 『춘추경해春秋經解』는 삼전三傳을 함께 바로잡았으며, 오로지 한 가지 전傳만을 위주로 하지 않았다.[185]

다만 최자방이 오로지 일월례日月例만을 근거로 삼아서 경전을 해석한 것은 『춘추』에 본래 예例가 있었기 때문에 가능했던 것이지, 반드시 『공양전』·『곡량전』을 진짜로 미루어 밝힌 것은 아니다.

4. 섭몽득葉夢得

섭몽득葉夢得(1077~1148)은 자가 소온少蘊이고, 호는 석림石林이며, 소주蘇州 오현吳縣 사람이다. 소성紹聖 4년(1097), 진사시험에 합격했다. 휘종·고종의 조정에서 벼슬을 했으며, 관직은 용도각직학사龍圖閣直學士·호부상서戶部尙書에 이르렀다.

『송사』「예문지」에 의하면, 섭몽득은 『춘추언春秋讞』 30권, 『춘추고春秋考』 30권,

---

184) 『四庫全書總目提要』, 「經部·春秋類 二」, '春秋本例' 조목.
185) 皮錫瑞, 『經學歷史』, 179쪽.

『춘추전春秋傳』 20권, 『석림춘추石林春秋』 8권, 『춘추지요총례春秋指要總例』 2권의 저술이 있다. 그 중에 『춘추전』은 전질이 있고, 『춘추언』과 『춘추고』는 사고관신이 『영락대전』에서 편집한 것이다. 뒤의 『석림춘추』와 『춘추지요총례』 두 책은 지금 이미 없어졌다.

섭몽득의 여러 책에 대해 『남창기담南窗記談』에서 다음과 같이 말했다.

석림공石林公이 『춘추』 관련 서적을 저술했는데, 네 가지 종류가 있다. 음의音義를 해석한 책이 『춘추전春秋傳』이고, 사실事實을 바로잡아 증명한 책이 『춘추고春秋考』이며, 삼전三傳을 배격한 책이 『춘추언春秋讞』이고, 범례凡例를 배열한 책이 『춘추지요총례春秋指要總例』이다.186)

그런데 『사고전서총목제요』에서는 이 말이 "소설가小說家의 견강부회한 말로, 근거로 삼기에는 부족하다"고 했다. 섭몽득의 『춘추고』 「서문」에서 다음과 같이 말했다.

『춘추언』으로부터 미루어 보고서 내가 바로잡은 것이 망령되지 않다는 것을 안 이후에 나의 『춘추고』를 제대로 볼 수 있을 것이다. 『춘추고』로부터 미루어 보고서 나의 선택이 거짓되지 않다는 것을 안 이후에 나의 『춘추전』을 제대로 볼 수 있을 것이다.187)

『춘추언』이라는 책은 『송사』 「예문지」에 30권으로 수록되어 있는데, 사고관신은 단지 22권만을 집록하였다. 그 중에 『좌전언』 10권, 『공양언』 6권, 『곡량언』 6권은 정단학程端學의 『춘추변의春秋辨疑』를 참조해 보면 『좌씨전』은 90조목이 빠져 있고, 『공양전』은 65조목이 빠져 있으며, 『곡량전』은 90조목이 빠져 있어서 이미 완전한

---

186) 『南窗記談』, '葉石林問徐惇濟' 조목.
187) 陳振孫, 『直齋書錄解題』, 권3에서 인용.

책이 아니다.

이 책의 종지에 대해 진덕수眞德秀는 다음과 같이 말했다. "『춘추언』은 절학絶學의 상황에서 지어졌는데, 사설邪說을 배척하고 이단異端을 축출했으며, 천리天理를 크게 밝히고 인욕人欲을 막았으니, 세상의 가르침에 도움이 되는 것이 적지 않다."[188] 『사고전서총목제요』에서는 다음과 같이 말했다. "『춘추언』은 삼전三傳의 옳고 그름을 들추어냈으며, 경經을 믿고 전傳을 믿지 않는 것을 위주로 하였다. 여전히 담조·손복의 영향을 받아서 『공양전』·『곡량전』에 대해 반박하고 비판한 내용이 많다."[189] 즉 중당시대 이후 춘추학의 주류라고 할 수 있다. 또한 섭몽득에 대해 다음과 같이 비평하였다.

비록 폭넓은 변론을 스스로 자랑하고 있지만, 종종 너무 지나치게 말을 함부로 하는 병폐가 있다. 경經의 요지에 대해서는 혹은 부합되고 혹은 괴리되어, 하나하나가 다 정밀하고 정확하지는 않지만, 지향하는 것은 뜻대로 하지 않은 것이 없으니, 결국 문장이 호탕하다. 옛날에 『춘추』를 인용하여 재판을 판결했지만, 재판을 판결하는 법으로서 『춘추』를 연구했다고 말하지는 않는다. 책의 이름을 '언讞'이라는 명명한 것은 의리의 측면에서도 타당하지 않을 뿐만 아니라, 좌씨·공양·곡량이 모두 앞 시대의 경사經師들로서 그들의 공적이 전적에 보존되어 있는데도 ('春秋左傳讞'·'春秋公羊傳讞' 등과 같이) 재판의 심문에 해당되는 제목을 더해 놓았으니, 명칭의 측면에서도 더욱 적절하지 못하다. 이것은 송대의 학자들이 앞선 학자들을 경시하는 고질적인 습관이기 때문에 교훈을 삼아서는 안 된다.[190]

살펴보건대 『남창기담南窓記談』에 섭몽득이 서돈제徐惇濟에게 한 말이 실려 있다. "내가 이 명칭으로 책 이름을 지은 것은 이전에는 없던 이름이다." 이로써 섭몽득은 자신의 책 이름을 스스로 만든 것이라고 생각했지만, 사고관신은 전혀 그렇게

---

188) 朱彝尊, 『經義考』, 권183에서 인용.
189) 『四庫全書總目提要』, 「經部·春秋類 二」, '春秋讞' 조목.
190) 『四庫全書總目提要』, 「經部·春秋類 二」, '春秋讞' 조목.

여기지 않았으며, 이 책을 근본적으로 부정하는 뜻을 가지고 있는 듯하다.

또 섭몽득의 『춘추언』「서문」에서 다음과 같이 말했다.

담조·조광이 삼전三傳의 잘못을 논하여 『춘추집전변의春秋集傳辨疑』를 지었고, 유창이 담조·조광이 남긴 이론을 넓혀서 『춘추권형春秋權衡』을 지었으며, 두 책을 합쳐서 그 잘못을 바로잡고 그 소략한 부분을 보완하여 『춘추언春秋讞』이라고 제목을 붙였다.[191]

이로써 알 수 있듯이, 섭몽득의 『춘추언』은 사실 담조·조광과 유창의 뒤를 계승하여, 비록 삼전의 잘못을 논하는 것을 요지로 삼아서 "내가 『춘추언』을 지은 것은 삼가三家의 잘못을 바로잡는 것"[192]이라고 했지만, 또한 삼전을 함께 채용하는 노선에 해당되며, 전傳을 버리고 경經을 탐구한 손복과는 사실상 같지 않다.

『춘추고春秋考』라는 책은 『송사』「예문지」에 30권으로 수록되어 있는데, 이후에 없어졌다. 사고관신은 『영락대전』에 그 문장이 많이 실려 있어서 그것을 모아서 16권으로 만들었다고 했고, "그래도 80~90%를 얻을 수 있었다"고 말했다. 이 책의 요지에 관해서는 『사고전서총목제요』에서 다음과 같이 말했다.

이 책의 큰 요지는 삼전을 공격하고 배척한 이유가 사실은 주나라가 법도를 제작했다는 사실에 근본을 두고 판단한 것이지, 삼전 자체 내에서 억측한 것이 전혀 아님을 거듭 밝히는 데 있다. 따라서 말한 내용은 모두 주나라의 법도를 차례대로 논하여 『춘추』에 부합되는 법을 구한 것이다. 그 문장은 종횡으로 폭넓게 변론하면서도 말에 근원이 있기 때문에 대체로 글 전체가 모두 잘 갖추어져 있다.[193]

이로써 알 수 있듯이, 『춘추언』과 비교해 보면 사고관신은 이 책을 크게 칭찬하였

---

191) 陳振孫, 『直齋書錄解題』, 권3에서 인용.
192) 葉夢得, 『春秋考』, 「原序」.
193) 『四庫全書總目提要』, 「經部·春秋類 二」, '春秋考' 조목.

다. 그리고 진진손의 『직재서록해제』에도 이 책이 "변론하여 확정하고 고찰하여 연구한 것이 정밀하고 상세하지 않음이 없다"고 하였다.

『춘추전春秋傳』이라는 책은 『송사』「예문지」에 20권으로 수록되어 있다. 이 책의 요지에 관해서는 『사고전서총목제요』에서 다음과 같이 말했다.

> 섭몽득은 손복孫復의 『춘추존왕발미春秋尊王發微』가 전傳을 폐기하고 경經을 따르는 것을 위주로 하였고, 소철蘇轍의 『춘추집해春秋集解』가 『좌씨전』을 따르고 『공양전』 · 『곡량전』을 폐기하는 것을 위주로 한 것이 모두 폐단이 있다고 여겼다. 따라서 이 책에서는 삼전을 참고하여 경經을 탐구하였다.194)

이로써 알 수 있듯이, 섭몽득의 『춘추전』은 손복 · 소철이 삼전을 편파적으로 폐기한 것과는 같지 않으며, 사실상 삼전을 함께 채용하는 노선이다.

『춘추전』「자서」에서 말했다.

> 『춘추』는 역사이며, 『춘추』를 지은 이유는 경학이다. 따라서 천하와 더불어 통할 수 있는 것을 일(事)이라고 하고, 천하와 더불어 통할 수 없는 것을 의리(義)라고 한다. 『좌씨전』은 일을 전했고 의리를 전하지 않았다. 이 때문에 역사에는 상세하지만 일이 반드시 실질에 맞는 것은 아니니, 경학을 모르기 때문이다. 『공양전』 · 『곡량전』은 의리를 전했고 일을 전하지 않았다. 이 때문에 경학에는 상세하지만 의리가 반드시 합당한 것은 않으니, 역사를 모르기 때문이다. 100세대 이후에 행해졌지만, 100세대 이전에 나왔기 때문에 누가 일의 실질을 조사하고 의리의 합당함을 살필 수 있겠는가?…… 일에서 이해하지 못하면 의리에서 고찰하고, 의리에서 이해하지 못하면 일에서 고찰하니, 일과 의리가 서로 드러내 밝힌다.…… 삼가三家를 참작하여 역사와 경학을 탐구하고, 시험 삼아 그와 관련된 말을 만들어서 후세의 군자를 기다려 그 중도中道를 선택하도록 하는 것, 이것이 또한 마땅하겠는가? 마땅하지 않겠는가?

---

194) 『四庫全書總目提要』, 「經部 · 春秋類 二」, '春秋傳' 조목.

이로써 알 수 있듯이, 섭몽득은 담조·조광 이래의 춘추학의 주류를 계승하였으니, 또한 사史와 경經으로써 『좌씨전』과 『공양전』·『곡량전』을 구별하였다. 따라서 삼전을 함께 채용하여 "일과 의리가 서로 드러내 밝혀야 한다"고 주장한 것이다.

5. 진부량陳傅良

진부량陳傅良(1137~1203)은 자가 군거君擧이고, 호는 지재止齋이며, 온주溫州 서안瑞安 사람이다. 관직은 중서사인中書舍人·보모각대제寶謨閣待制에 이르렀고, 시호는 문절文節이다. 일찍이 영가永嘉의 정백웅鄭伯熊·설계선薛季宣을 스승으로 모셨고, 설계선의 학문에서 얻은 것이 많다. 진부량은 태학에 있을 때, 장식張栻·여조겸呂祖謙과 서로 사이가 좋았고, 또한 두 사람에게 학문을 배운 적도 있다. 진부량은 영가학파永嘉學派의 대표적인 인물로, 『송사宋史』「유림전」에서는 "진부량의 학문은 삼대三代와 진한秦漢시대 이후로 연구하지 않은 것이 없으니, 하나의 일이나 하나의 물건도 반드시 끝까지 생각한 이후에 그만두었다"고 했다.

진부량의 『춘추』 저술에 대해, 「유림전」에서 『춘추후전春秋後傳』 12권, 『좌씨장지左氏章指』 30권이 있고, 모두 세상에 유통되었다고 했다. 누약樓鑰의 「서문」에서 말했다.

> 비록 직접 가르침을 받았던 자들이 무릎을 꿇고 요청했지만, "이 책은 내가 죽은 이후에 나와야 할 책이다"라고 하였다. 얼마 후에 불행하게도 가태嘉泰 3년에 죽었는데, 이 책이 처음으로 상자 속에서 나와서 그의 사위인 임자연林子燕이 마지막으로 전수받을 수 있었다. 또 4년이 지난 이후에 큰 아들 진사철陳師轍과 그의 문도 왕용우汪龍友가 두 책을 가지고 왔다. 내가 늙었지만, 마치 보기 드문 보물을 얻은 것 같아, 다른 책은 제쳐 두고 밤낮을 가리지 않고 읽어서, 비로소 그 큰 뜻을 다 이해하였다.[195]

---

195) 陳傅良, 『春秋後傳』, 「春秋後傳左氏章指原序」.

이로써 알 수 있듯이, 진부량의 생전에는 『춘추후전』과 『좌씨장지』 두 책이 모두 간행되지 않았다.

또 『경의고』에서 『좌씨장지』는 보이지 않는다고 말했는데, 사고관신은 "『영락대전』에 여전히 대략적인 내용이 남아 있지만, 이미 빠지고 없어져서 책으로 만들수가 없었기 때문에 다시 모아서 기록하지 않았다"[196]고 했다. 두 책이 비록 나중에 간행되었지만, 오직 『춘추후전』만이 완전한 책으로 볼 수 있을 뿐이다.

『좌씨장지』에 대해, 누약의 「서문」에서 그 요지를 다음과 같이 말한 적이 있다.

> 『좌씨전』에 대해, 혹자는 경전을 위해 지어진 것이 아니라고 여겼다. 진부량은 "『춘추』에 기록하지 않은 것을 드러냄으로써 『춘추』에 기록한 것을 보여 준 것은 모두 『좌씨전』의 공적이다"라고 했다. 『좌씨장지』라는 책은 처음부터 끝까지 오로지 이 뜻을 밝힌 것이다.[197]

『좌씨전』과 『춘추』의 문장은 '경문經文이 없는 전문傳文'도 있고, '전문傳文이 없는 경문經文'도 있다. 역대로 『좌씨전』이 경문을 해석하지 않았다고 공격한 자들은 대부분 이것을 인용하여 유력한 증거로 삼았다. 그런데 진부량은 그것에 대해 자세하게 해명하면서, '경문이 없는 전문'은 좌구명이 공자의 필삭의 서법을 드러내 밝힌 것이고, '전문이 없는 경문'은 좌구명이 공자가 보았던 책을 다 보지 못했기 때문에 삼가고 조심하여 빼놓고 기록하지 않은 것에서 나온 것이다. 이로써 알 수 있듯이, 『좌씨전』은 "『춘추』에서 기록하지 않은 것을 드러내었기" 때문에 『춘추』에 공적이 있는 것이다. 따라서 『좌씨전』은 여전히 성인 경전의 전傳이 될 수 있다.

『춘추후전』에 대해서는 제자인 주면周勉이 이 책의 「발문」을 지어서 말했다.

> 선생이 『춘추후전』을 지을 때 장차 탈고하려고 했는데 병이 났고, 1년이 되었을

---

196) 『四庫全書總目提要』, 「經部 · 春秋類 二」, '春秋後傳' 조목.
197) 陳傅良, 『春秋後傳』, 「春秋後傳左氏章指原序」.

때 병세가 악화되었다. 학자들은 그 책을 속히 입수하여, 사람을 고용하여 옮겨 적도록 하고자 했다. 그가 이미 삭제한 내용 중에 어떤 것은 책 속에 그의 친필을 남겨 두었고, 더해 넣어 바로잡은 내용 중에 어떤 것은 없애 버리고 남겨 두지 않은 것도 있다. 내가 강릉江陵의 벼슬살이에서 돌아와서야 비로소 그 책을 친구에게 입수하여 교정하고 바로잡았다. 그러나 이미 삭제된 내용 중에 책 속에 남아 있던 친필은 간행할 수 있었지만, 더해 넣어 바로잡은 내용 중에 남겨 두지 않은 것은 다시 찾을 수가 없었으니, 애석하도다!198)

이로써 알 수 있듯이, 지금 보이는 『춘추후전』은 비록 제자의 교정을 거쳤지만, 진부량의 본의를 완전하게 얻었다고는 할 수 없다.

원대의 증진曾震이 『춘추오전春秋五傳』을 지었는데, 삼전 및 호안국의 『춘추전』과 진부량의 『춘추후전』을 '오전五傳'으로 삼았다. 진부량의 『춘추후전』에 대한 그의 존숭을 엿볼 수 있다. 이기李祁의 『춘추오전』 「서문」에서는 다음과 같이 말했다. "진부량이 『춘추』에 대해 드러내 밝힌 것이 많으니, 왕도王道와 패도霸道의 성쇠盛衰를 꿰뚫어서 통하고, 제하諸夏와 이적夷狄의 소장消長을 반복해서 살폈다. 또한 『좌씨전』 에 기록되지 않은 요지를 미루어 밝힘으로써 『춘추』에 기록된 것을 드러냈다."199)

원대 조방趙汸의 『춘추』 연구에서는 진부량을 가장 높이고 존중하였다.

영가永嘉의 진부량이 일어나서 처음으로 『공양전』·『곡량전』의 이론을 사용하여 『좌씨전』 연구에 참조하였다. 『춘추』에 기록하지 않은 것을 가지고 기록한 것을 실증하였고, 기록한 것을 가지고 기록하지 않은 것을 미루어 드러내니, 『춘추』를 배우는 요점을 터득하여, 삼전 이후의 탁월한 명가名家가 되었다. 그러나 그의 폐단은 결국 『좌씨전』의 기록을 노나라 사관의 옛 문장으로 여기면서도, 책서策書에 체제가 있어서 공자가 그것을 근거로 삼아서 필삭을 가한 것을 좌씨도 또한 보지 못했다는 것을 모른 것이다. 좌씨의 책머리에 기록된 불서不書의 예例는 모두

---

198) 陳傅良, 『春秋後傳』, 「春秋後傳左氏章指原序」.
199) 朱彛尊, 『經義考』, 권195에서 인용.

사관의 필법이지 필삭의 요지가 아니다.『공양전』·『곡량전』에서 매번 불서不書를 가지고 뜻을 드러내는 것에 대해 비난하고 의심을 품었으니, 사실은『좌씨전』과 스승이 달랐기 때문이다. 진부량은 삼전을 합쳐서 탐구했으니, 그 근본을 잃어버린 것이다. 따라서『좌씨전』에는 기록되어 있는데 경문에는 기록되어 있지 않는 것을 모두 공자가 삭제한 것이라고 여겼으니, 성인과 부합되지 않는 것도 많다. 그것은 맹자를 고찰하지 않아서 공자가『춘추』를 제작한 근원에 대해 제대로 알지 못했기 때문이다.[200]

조방은 그래도 진부량이 "성인에 부합되지 않는 것도 많다"고 했다.『사고전서총 목제요』에서는 진부량을 위해 다음과 같이 변호하였다.

고찰하건대, 좌씨는『춘추』의 전傳을 지은 것이지 책서策書의 전傳을 지은 것이 아니다.『좌씨전』에서 '어떠했기 때문에 기록하지 않았다'(某故不書)[201]고 말한 것 중에 경문의 뜻을 이해하지 못한 경우가 간혹 있는데, 좌씨는 그것이 반드시 사관의 예例를 별도로 드러낸 것이라고 여기니,[202] 사실이 아닌 것 같다. 하물며 '손질하지 않은『춘추』'(不修春秋)와 관련된 두 조목은『공양전』에도 오히려 전해들은 내용을 기록한 것(『공양전』, 장공 7년)이 있는데,『좌씨전』에 도리어 보이지 않을 리가 없다. 아마도 모두 진부량의 병통으로 여길 수는 없을 것이다.『공양전』·『곡량 전』을 가지고『좌씨전』에 맞춘 것이 바로 그의 실수일 뿐이다.[203]

사고관신은 또 진부량의 공적을 치켜세워서 "진부량은 억설이 봉기하던 때에, 홀로 옛 문장을 근거로 삼아서 성인의 은미한 뜻을 연구하였다"고 하였다. 이로써

---

200) 趙汸,『春秋集傳』,「序」.
201) 역자 주: 예를 들어『춘추』은공 원년, "3월, 은공이 주의보와 멸에서 맹약을 맺었다"(三月, 公及邾儀父盟于蔑)에 대해,『좌씨전』에서 "주나라 왕의 명을 받지 못했기 때문에 작위를 기록하지 않았다"(未王命, 故不書爵)고 해석했다.
202) 역자 주:『좌씨전』두예의「서문」에서 "然亦有史所不書, 卽以爲義者, 此蓋『春秋』新意"라고 했다.
203)『四庫全書總目提要』,「經部·春秋類 二」, '春秋後傳' 조목.

알 수 있듯이, 진부량은 중당시대 이후의 춘추학에서 홀로 색다른 기치를 내걸고, 전傳에 근거하여 경經을 탐구함으로써 한학漢學의 원류를 어느 정도 얻었다고 할 수 있다.

이 외에 중당시대 이후 『춘추』를 연구하는 자들은 대부분 『좌씨전』을 사실을 기록한 역사로 여겼는데, 지금 진부량은 『좌씨전』도 또한 경전 해석을 위해 지어졌다는 것을 강조했으니, 출중한 사람이라고 말할 수 있다.

6. 장흡張洽

장흡張洽(1161~1237)은 자가 원덕元德이고, 청강淸江 사람이다. 일찍이 백록서원장白鹿書院長이 되었고, 관직은 저작좌랑著作佐郎에 이르렀다. 시호는 문헌文憲이다. 장흡은 젊었을 때 남달리 총명하였고, 주자학을 공부하였다. 『송사』「도학전」에 의하면, 장흡은 "육경의 전주傳注로부터 모든 책에서 그 귀결점을 연구했고, 제자백가나 산경山經·지지地志 등의 각종 지리지地理誌, 노자와 불교의 이론 등 읽지 않은 것이 없었다." 그는 젊었을 때부터 경敬공부에 힘을 쏟아서 '주일主一'로 집의 이름을 명명했으며, 주자는 그의 돈독한 의지를 가상하게 여겨서, "유학의 도를 길이 전수하기를 바란다"고 했다. 주자가 일찍이 장흡의 편지에 답장을 보냈는데, 주자 스스로 "『춘추』는 내가 아직 배우지 못했기 때문에 감히 억지로 그 이론을 제시할 수 없다"[204]고 했으니, 장흡의 『춘추』 연구는 주자의 뜻을 계승한 것이다. 그의 책은 『춘추집전春秋集傳』 26권,[205] 『춘추집주春秋集注』 12권 및 『강령綱領』 1권, 『춘추역대군현지리연혁표春秋歷代郡縣地理沿革表』 27권 및 『목록目錄』 2권이 있다.

『춘추집주』 앞부분에 있는 장흡의 「진서장進書狀」에서 말했다.

---

204) 朱彝尊, 『經義考』, 권189에서 인용한 納蘭性德의 「序」.
205) 張壽林의 『續四庫提要』에 의하면, 이 책은 이미 殘闕되었고, 오직 권1에서 권17 및 권21, 권22 등 모두 19권만이 남아 있다.

제가 생각하기에, 『춘추』라는 책은 성인이 지은 것이니, 모두 당시 군주의 행사行事를 근거로 삼아서, 시비의 공정함으로 결단하여 만세에 보여 준 것입니다. 그리고 백성의 큰 인륜과 정치를 완성하는 큰 법도가 이에 힘입어 사라지지 않고 보존된 것입니다. 일찍이 사우師友로부터 전수하여 익히고 강론했는데, 모두 242년의 행사行事와 한당시대 이래 여러 학자들의 의론을 자세하게 살펴 연구하고, 그 차이점과 공통점을 모아서 들어맞는지의 여부를 조사하지 않은 것이 없습니다. 세월이 쌓인 지 오래되자 조그마한 이로움을 얻은 것이 있는 듯합니다. 너무도 스스로의 능력을 헤아리지 못한 채, 성인의 뜻을 드러내 밝힐 수 있는 것을 취하여, 매 사건 기록의 왼쪽에 부기하여 그것의 전傳으로 삼고, 『춘추집전』이라고 명명했습니다.[206)]

이것은 『춘추집전』의 요지를 장흡 스스로가 말한 것이다. 그는 또 말했다.

얼마 후에 또 이 책이 엉성하게 갖추어졌기 때문에 다시 선사先師인 주자朱子의 『논어』와 『맹자』라는 책을 본떠서, 그 정미한 뜻을 모으고 그 이론을 배열하여, 『춘추집주』를 지었습니다. 그리고 간간히 어리석은 제가 우연히 깨우친 견해가 있으면 여러 현자들의 이론 뒤에 슬쩍 붙여 두었습니다. 비록 평생의 모든 생각을 이 책에 집중했지만, 지혜와 견식이 흐릿하고 어두우며, 학문에 대한 소양이 깊지 않으니, 어찌 감히 성인의 필삭의 큰 요지를 다 이해했다고 스스로 말할 수 있겠습니까?…… 중간에 갑신년甲申年의 대차待次와 경인년庚寅年의 봉사奉祠를 한 이후에 겨우 『춘추집주』라는 책을 정리하여 거칠게 편집하였습니다.[207)]

이로써 알 수 있듯이, 『춘추집주』는 주자의 『논맹집주論孟集注』를 모방하였고, 또 스스로 "평생의 모든 생각을 이 책에 집중했다"고 여겼다. 따라서 여러 책 중에서 『춘추집주』에 가장 많은 노력을 쏟았다.

또한 증손인 장정견張庭堅의 「후서後序」에 의하면, 세 종류의 책이 처음에는

---

206) 朱彛尊, 『經義考』, 권189에서 인용.
207) 朱彛尊, 『經義考』, 권189에서 인용.

비각秘閣에 예속되었다. 그 후에 『춘추집주』는 군부郡의 학교에서 간행되었는데, 경정景定 원년(1260)에 훼손되었다. 원대 성종成宗 대덕大德 5년(1301)에 『춘추집주』 3권만을 겨우 판각했고, 『춘추집전』은 글자가 잘못되어 읽을 수가 없었으며, 『춘추역대군현지리연혁표』도 완성되지 않았다. 인종仁宗 연우延祐 원년(1314)에 과거시험을 시행하라는 조서가 내려지자, 『춘추집전』은 그 기회에 장정견의 교정과 보간補刊을 거쳐서 처음으로 완전한 책이 되었다. 7년에 『춘추집주』가 간행되었다.[208]

장흡의 춘추학은 주자朱子를 종주로 삼았다. 호안국이 '하시관주월夏時冠周月'이라는 이론을 주장했는데, 장흡은 주자의 이론을 드러내어 호안국의 『춘추전』을 반박하였다. 따라서 청대 육원보陸元輔는 "'춘왕정월春王正月'에 대한 해석을 살펴보면, 주자의 이론을 근본으로 삼았다. 『춘추』에서 달을 고치고 계절을 고쳤다는 이론을 올바르다고 여겼으니, 호안국의 '하시관주월夏時冠周月'의 의미보다 훨씬 뛰어나다"[209]고 하였다.

장흡은 또 삼전三傳의 장단점에 대해 다음과 같이 말했다.

『좌씨전』의 경전 해석은 비록 간략하지만, 여러 역사를 널리 통하여 서사敍事가 더욱 상세하며, 백대 이후에도 사건의 본말을 볼 수 있도록 하니, 『춘추』에 대한 공적이 많다. 『공양전』·『곡량전』의 경전 해석은 그 의리가 모두 정밀하다.…… 난신亂臣을 주살하고 적자賊子를 토벌하는 성인의 뜻을 깊이 이해하였다. 그 원류를 살펴보면, 반드시 단서가 있으므로 잘못된 이론이 미칠 수 있는 바가 아니다. 담조와 조광이 다음과 같이 말했다. "삼전의 기록이 본래 모두 틀리지 않았고, 의리는 입으로 전해져서 책에 기록되지 않았다. 후대의 학자들이 제멋대로 더해 넣고 이리저리 서로 전수함으로써 점점 본래의 진면목을 잃어버렸다. 따라서 일은 대부분 사리에 맞지 않고, 이치는 간혹 잘못되었다." 담조와 조광의 말이 믿을 만하도다! 그러므로 학자들은 삼전에 대해, 갑자기 익히지 않게 되었으니, 경經을 알 방법이 없는 것이다. 익히더라도 자세히 살피지 않고, 선별하더라도 정밀하지 않으니, 『춘추』의 넓은 뜻과 큰 요지는 간단하고 쉬우면서 매우 분명하지

---

208) 朱彛尊, 『經義考』, 권189에서 인용한 것을 참조.
209) 朱彛尊, 『經義考』, 권189에서 인용.

만, 편벽된 이론에 의해 혼란스러워져서 더욱더 어두워져 드러나지 않게 되었다.[210)]

이로써 알 수 있듯이, 장흡은 경經과 사史로써 『공양전』·『곡량전』과 『좌씨전』을 구별했으니, 중당시대 이후 춘추학의 주류라고 할 수 있다.

명 태조 홍무洪武 초기에 오경五經과 사서四書를 학관에서 분리하였고, 전주傳注는 주자를 종주로 삼았는데, 오직 『역』만이 정자程子와 주자朱子의 이론을 함께 사용했다. 『춘추』는 호안국의 『춘추전』과 장흡의 『춘추집주』가 함께 존재했는데, 호안국의 『춘추전』은 정자로부터 나왔고, 장흡의 『춘추집주』는 주자로부터 나왔기 때문이다. 납란성덕納蘭性德은 장흡의 『춘추집주』가 크게 옳다고 여겨서, "내가 그 책을 읽어 보니, 제가諸家의 장점을 모으고, 그것을 절충하여 지극히 타당한 곳으로 귀결시켰다. 호안국처럼 억지로 꿰어 맞추는 폐단이 없으니, 마땅히 학관에 반포해야 한다"[211)]고 하였다. 그런데 성조成祖 영락永樂 연간에 이르러서, 호광胡廣 등이 『춘추대전春秋大全』을 편수하면서 왕극관汪克寬의 『춘추호전부록찬소春秋胡傳附錄纂疏』를 그대로 베껴서 사용하였다. 그 이론은 오로지 호안국의 『춘추전』을 위주로 하였고, 과거 시험장에서 도 그 책을 표준 양식으로 사용하니, 장흡의 책은 결국 폐기되어 통행되지 않았다.

7. 조붕비趙鵬飛

조붕비趙鵬飛는 자가 기명企明이고, 호는 목눌木訥이며, 금주綿州 사람이다. 저서는 『춘추경전春秋經筌』 16권이 있으며, 지금 여전히 남아 있다. 『사고전서총목제요』에서 다음과 같이 말했다. "그 저술의 의도는 경전을 해석하는 자들이 삼전에 구속되고, 각각 스승의 이론을 고수하여, 대부분 성인의 본래 요지를 잃어버렸기 때문에 이 책을 지어서 경經에 근거하여 경經을 해석하는 것을 위주로 하였다."[212)] 『춘추경전』

---

210) 張洽, 『春秋集注』, 卷首, 「綱領」 注.
211) 朱彝尊, 『經義考』, 권189에서 인용.
212) 『四庫全書總目提要』, 「經部·春秋類 二」, '春秋經筌' 조목.

「자서」에서 말했다.

> 물고기는 통발을 가지고 잡을 수 있지만, 경전은 통발을 가지고 탐구할 수 없다.
> 성인의 도는 경전에 깃들여 있다. 예를 들어 하늘과 땅, 해와 달과 별은 그 형상을
> 본뜰 수 없는데, 통발이 어떻게 그것을 가둘 수 있겠는가? 내가 말하는 통발은
> 마음이다. 물고기를 잡는 이른바 통발은 그릇이다. 도道는 그릇을 가지고 가둘
> 수 없으며, 마음을 가지고 탐구할 수 있다. 경전을 탐구하는 것은 마땅히 성인의
> 마음을 탐구해야 하니, 이것이 나의 『춘추경전』이 지어진 이유이다.[213]

조붕비의 『춘추』 연구는 성인의 마음을 탐구하는 것을 목표로 삼았으며, 이것은
양송시대 도학道學의 요지와 서로 깊이 부합한다. 살펴보건대, 정이천이 「명도선생묘
표明道先生墓表」를 지어 자신의 형을 높이 추존하고, "1,400년 뒤에 태어나서 남겨진
경전에서 전하지 않던 학문을 터득했다"고 하였다. 이 말은 "전傳을 버리고 경經을
탐구하는" 도학道學의 정신을 가장 잘 보여 준다. 뒤에 나온 학자들의 주석은 근거로
삼을 수가 없기 때문에 오직 남겨진 경전에서 '성인의 마음'을 찾을 뿐이다.

따라서 조붕비는 또 '경으로써 경을 밝힌다'(以經明經)는 논의를 제기하였다.
「자서」에서 또 다음과 같이 말했다.

> 『춘추』를 잘 배운 자들은 마땅히 나의 마음을 우선 고르게 해야 한다. 경經으로써
> 경經을 밝히고 이단에 의혹되지 않으면 포폄褒貶은 자연스럽게 드러난다. 그런데
> 세상에서 『춘추』를 말하는 자들은 대부분 전傳이 아니면 경經을 이해할 수 없다고
> 여긴다. 아! 성인이 경을 만들었을 당시에 어찌 후세에 삼가三家라는 자들이 있어서
> 경經을 해석한 전傳을 만들 것이라고 생각했겠는가? 만약 삼전三傳이 지어지지
> 않았다면, 경經은 결국 밝혀질 수 없는 것인가?…… 나는 일찍이 학자라면 마땅히
> 전傳이 없이 『춘추』를 밝혀야지 전傳을 가지고 『춘추』를 탐구해서는 안 된다고
> 말했다. 『춘추』에 전이 없었을 때에는 『춘추』의 요지가 어디에 있었는가? 묵묵히

---

213) 趙鵬飛, 『春秋經筌』, 「序」.

마음으로 이해하여 터득해야 한다.[214]

이로써 조붕비의 춘추학은 사실상 중당시대 이후 경학의 극단적인 표현이라는 것을 알 수 있다.

조붕비는 삼전이 『춘추』를 탐구하기에는 부족하며, 후세 주석가들의 해석은 더욱 말할 필요도 없다고 생각했다. 「자서」에서 말했다.

> 오경五經은 이론異論이 드물지만, 『춘추』는 이설異說이 많다. 『춘추』가 완성되자 삼가三家가 대립하였고, 한대 동중서董仲舒의 『춘추번로春秋繁露』와 진晉대 유조劉兆의 『춘추조인春秋調人』 등이 복잡하게 출현하여 거의 소송을 할 정도로 논쟁하니, 후학들은 무엇을 의거하고 따라야 하는가? 하휴何休와 두예杜預의 주석이 성행하자, 또한 각각 스승으로 삼는 것을 고수하고 경經을 알지 못했다. 예를 들어 계씨季氏와 같은 배신陪臣에 대해, 계씨가 있는지만 알고 노나라가 있는지는 모르니, 이른바 스승에게 충성하는 자가 아니다. 저들이 배우는 것은 자신이 고수하는 학문을 '태관太官'으로 높이거나 '묵수墨守'하는 가르침이 있을 뿐이다. 저들이 배우지 않는 것은 자신이 배우는 학문을 '과자 가게'라고 비유하는 비판을 흥기하는 것이다.[215] 각자가 개인적인 뜻을 품고 개인적인 학문을 수호하며, 서로 창과 방패를 들고서 한마디 말이나 단편적인 논의에서의 승리를 다투니, 성인의 경전에 무슨 필요가 있겠는가![216]

조붕비는 삼전을 버려두고 보지 않았는데, 더욱이 하휴와 두예의 주를 논한

---

214) 趙鵬飛, 『春秋經筌』, 「序」.
215) 역자 주: 『三國志·魏書』 「裴潛傳」의 裴松之의 注에 의하면, 삼국시대 魏나라의 鍾繇는 『좌씨전』을 좋아하여 황제의 음식(太官)에 비유하고, 『공양전』을 싫어하여 과자 가게(賣餠家)에 비유하였다고 한다. 太官은 제왕이 먹는 음식과 연향을 관장하던 관직이고, 賣餠은 과자 부스러기처럼 자질구레하다는 의미이다. 한편 하휴는 『공양전』을 마치 墨子가 성을 굳게 지키듯이 고수하겠다는 의미를 담은 『公羊墨守』라는 책을 지었다.
216) 趙鵬飛, 『春秋經筌』, 「序」.

겨를이 있었겠는가! 그는 하휴와 두예가 한 분야의 전문적인 학문에 힘써서, "각각 스승으로 삼는 것을 고수하고 경經을 알지 못했다"고 비판했다. 그가 그나마 조금이라고 해석을 취한 것은 오직 범녕范甯의 주注뿐이다. 「자서」에서 말했다.

> 오직 범녕만이 공평함에 가깝다. 범녕은 삼가를 평가할 때 모두 그 단점을 들어서, 『좌씨전』은 "그 단점이 내용이 터무니없다는 데 있고", 『공양전』은 "그 단점이 비속하다는 데 있으며", 『곡량전』은 "그 단점이 내용이 단편적이라는 데 있다"고 하여, 자신이 배운 학문을 사사로이 고수하지 않았다. 스승의 단점도 또한 그대로 경계하였기 때문에 곡량자穀梁子의 전傳은 사실상 범녕에게 힘입은 것이 많다.……
> 내가 『춘추』를 배울 때는 매번 범녕의 뜻을 숭상하였다.[217]

범녕이 『곡량전』에 주를 단 것은 사실 삼전을 함께 채용하는 학풍을 선도한 것이며, 전傳을 버리고 경經을 탐구한 기원이 되니, 이것이 조붕비가 범녕을 깊이 인정하는 이유이다.

그렇다면 성인의 마음은 어떻게 탐구해야 하는가? 조붕비는 전傳을 근거로 삼아서는 안 되며, 또 통발을 마음으로 삼아야 한다고 주장했다. 그의 이러한 주장은 바로 도학 일파의 "마음으로 마음을 구한다"(以心求心)는 것일 뿐이다. 「자서」에서 말했다.

> 경經을 표적으로 간주하여, 몸(身)을 활로 삼고 마음(心)을 화살로 삼아, 마음을 안정시켜 활을 쏘아 표적에 적중할 것을 기필하니, 기러기나 오리가 앞에서 날아오르더라도 눈을 움직이지 않는다. 삼전의 다양한 논의가 어찌 내 마음을 어지럽게 할 수 있겠는가!…… 『춘추』는 천하를 공평하게 하는 책이니, 학자들은 마땅히 천하를 공평하게 하는 마음을 가지고 『춘추』를 탐구해야 한다.[218]

---

217) 趙鵬飛, 『春秋經筌』, 「序」.
218) 趙鵬飛, 『春秋經筌』, 「序」.

이것은 심성心性공부를 경전 연구에 사용했다는 데 큰 의미가 있다. 청양靑陽 몽염夢炎의 「서문」에서 "그의 이론은 성리학을 벗어나지 않았으며, 『춘추』 본래의 실정을 잘 해석하고, 전주傳注에 구애받지 않았다"[219]고 한 것이 바로 그 점을 말한 것이다. 청대 유학에서는 송학을 강하게 반대했기 때문에 조붕비에 대해서도 크게 비난하였다. 『사고전서총목제요』의 언급에 의하면, 조붕비의 "경經에 근거하여 경經을 해석하는" 학문을 매우 싫어했으며, 송대 학자들의 '격물치지格物致知'의 논의에 대해서도 함께 비난하였다.

8. 여대규呂大圭

여대규呂大圭는 자가 규숙圭叔이고, 호는 박경樸卿이며, 남안南安 사람이다. 학자들은 그를 박향선생樸鄕先生이라고 불렀다. 관직은 조산대부朝散大夫에 이르렀고, 상서이부원외랑尙書吏部員外郞·국자편수國子編修·실록검토관實錄檢討官을 겸직했다. 덕우德祐 초에 지장주知漳州로 옮겼는데, 떠나가 전에 원나라 군대가 이르자 여대규는 굽히지 않고 저항하다가 해를 당했다. 청대의 납란성덕納蘭性德이 그를 칭송하여, "나라가 이미 멸망하여 사람들은 앞 다투어 북쪽으로 향하는데, 여대규는 홀로 그런 잘못된 선택을 따르지 않고, 달갑게 해도海島로 달려가서, 도끼에 맞아 죽는 것을 꺼리지 않았으니, 큰 절개가 어찌 그리도 늠름한가!"[220]라고 했다. 『사고전서총목제요』에서도 그의 "입신의 근본과 말단이 영원토록 밝고 분명하니, 『춘추』의 의리를 깊이 알았다고 말할 수 있다"[221]고 하였다.

여대규는 젊어서부터 학문을 좋아하여, 고향의 선생인 왕소王昭를 스승으로 섬겼다. 왕소는 진순陳淳의 제자이고, 진순은 주자의 가장 뛰어난 제자이므로 여대규는 주자의 삼전 제자이다. 그의 저서로는 『춘추오론春秋五論』·『춘추집전春秋集傳』·『춘

---

219) 朱彝尊, 『經義考』, 권191에서 인용.
220) 朱彝尊, 『經義考』, 권191에서 인용.
221) 『四庫全書總目提要』, 「經部·春秋類 二」, '春秋或問' 조목.

추혹문春秋或問』이 있다. 『춘추집전』은 이미 없어졌고, 『춘추오론』 1권과 『춘추혹문』 20권이 아직까지 남아 있다.

『춘추혹문』이라는 책은 『춘추집전』의 뜻을 설명한 것이다. 그의 제자 하몽신何夢申이 『춘추혹문』의 「발문」을 지었는데, 다음과 같이 말했다.

> 여대규 선생이 조주潮州의 선비들에게 은혜를 베풀었는데, 여러 선비들 중에 『춘추』를 가지고 질문하는 자가 있자, 선생이 『춘추오론春秋五論』을 꺼내서 보여 주었다. 모두가 들어 보지 못한 것에 놀라워했고, 원고 전체를 모두 보여 줄 것을 요구하였다. 선생은 또 『춘추집전春秋集傳』과 『춘추혹문春秋或問』이라는 두 권의 책을 꺼냈는데, 주자의 이론을 근본으로 삼아서 그것을 드러내 밝힌 것이다. 『춘추오류』를 가지고 그 발단을 열었고, 『춘추집설春秋集說』[222]을 가지고 그 의리를 상세하게 설명했으며, 또 『춘추혹문』을 가지고 그 변난辨難의 지향을 끝까지 밝혔으니, 『춘추』의 요지가 밝고 분명해졌다.[223]

이로써 세 책의 관계를 볼 수 있으며, 모두 주자의 『춘추』 이론을 근본으로 삼고 있다는 것을 알 수 있다.

하몽신의 「발문」에서 또 말했다.

> 『춘추』에 전傳을 단 것은 수백 명인데, 그 이론은 대체로 포폄褒貶과 상벌賞罰을 위주로 한다. 삼전三傳이 그것을 제창하였고, 학자들이 그것에 화답하였다. 오직 주자朱子만이 그렇지 않다고 여겼다. 지금 문인들의 기록 속에 실려 있는 내용이 대략 한두 가지 보이는데, 유독 책을 짓는 데까지 미치지 못한 것이 한스러울 뿐이다.…… 공자의 마음은 주자에 이르러 밝혀졌고, 주자의 논의는 선생에 이르러 갖추어졌으니, 선생도 또한 세상의 가르침에 공적이 있는 것이다.[224]

---

222) 살펴보건대, 『春秋集說』은 당연히 『春秋集傳』이 되어야 한다.
223) 何夢申, 「春秋或問跋」.
224) 何夢申, 「春秋或問跋」.

주자의 학술은 본래 『춘추』로 인해서 유명한 학자가 된 것이 아니다. 따라서 그 학술의 단점이 또한 『춘추』에 있다. 주자의 『춘추』 논의가 설령 당송시대 이후로 특이한 부류에 속한다고 하더라도, 본래 크게 칭찬할 만한 것이 없다. 그런데 그 사이에 여러 명의 노둔한 제자가 있어서, 선생의 이론이 밝혀지지 않는 것을 한스럽게 여겨서 주자의 뒤를 이어 더욱 발전시켰고, 주자가 포폄을 공격한 뜻을 『춘추』 해석의 지향으로 삼았으니, 여대규와 같은 무리들이 바로 그와 같은 사람들이다.

『춘추오론』이라는 책은 모두 5편의 글이 있다. 첫째, 공자가 『춘추』를 지은 것에 대해 논함. 둘째, 일월포폄日月褒貶의 예例를 변론함. 셋째, 특별히 기록한 것(特筆). 넷째, 삼전三傳의 장단점을 논함. 다섯째, 세상의 변화(世變).

첫째, 공자가 『춘추』를 지은 것에 대해 논함. 여대규는 『춘추』가 "천리天理를 떠받치고 인욕人欲을 막는 책"이라고 했다. 또 『춘추』와 노나라 역사서의 옛 문장의 관계를 논하면서, "노나라 역사서에 기록된 된 것을 성인도 또한 기록했으니, 그 일은 노나라의 역사서와 다르지 않지만 그 의리는 다르다"225)고 했다. 여대규는 생각하기를, 공자가 『춘추』를 지어서, 단지 "시비是非의 이치를 밝힘으로써 천하와 후세를 가르친 것"일 뿐인데, 후세의 학자들은 대부분 『춘추』가 선한 이를 상주고 악한 이를 벌주는 책이라고 여겼다. 따라서 여대규는 주자의 이론에 근거하여 그 잘못을 논하고, 『춘추』는 단지 일을 기록한 책으로, 본래 노나라 역사서와 다르지 않으며, 성인이 『춘추』를 손질한 것은 단지 그것을 빌어서 시비是非의 공평한 천리天理를 밝혔을 뿐이라고 여겼다.

둘째, 일월포폄日月褒貶의 예例를 변론함. 『춘추』는 비록 일을 기록한 책이지만, 또한 노나라 역사서를 다 따르지는 않았다. 여대규는 생각하기를, "사관의 붓이 있고 공자의 붓이 있다. 사관의 붓은 그 일을 말했고, 공자의 붓은 그 의리를 말했다."226) 『춘추』의 의리에 관해서, 삼전은 대부분 포폄褒貶을 통해 그 의리를

---

225) 呂大圭, 『春秋五論』, 「論一」.
226) 呂大圭, 『春秋五論』, 「論二」.

드러냈고, 『공양전』·『곡량전』은 특히 일월례日月例로써 『춘추』 포폄의 법칙을 말하기를 좋아한다. 그런데 여대규는 그것을 강하게 부정하였다. 『춘추』에서 날짜를 기록하고 달을 기록하고 계절을 기록한 것은 사실에 근거하여 있는 그대로 기록한 것일 뿐이며, 포폄의 뜻을 별도로 담아 놓은 것은 아니라고 주장하였다.

셋째, 특별히 기록한 것(特筆). 여대규는 공자가 경經의 뜻을 표현하는 방법은 '특별히 기록한 것'이라고 생각했다. 『춘추』는 사실에 근거하여 기록했으며, 이것은 '통용되는 예'(達例)이다. 그런데 "그 중에 혹 역사에 없는 내용을 기록함으로써 의리를 드러내고, 역사에 있는 내용을 삭제함으로써 경계를 보였으니",227) 이것이 '특별히 기록한 것'이다. 확실히 여대규는 『춘추』가 경經이 되는 이유는 노나라 역사서의 옛 문장과 다름이 있기 때문이라고 인식하였다. 예를 들어 오나라와 초나라 군주의 장례를 기록하지 않은 것은 성인이 삭제한 것이니, 이것이 바로 '특별히 기록한 것'(特筆)이다. "천왕이 하양에서 사냥했다"(天王狩於河陽)거나 "위나라 임금이 도망쳤다"(衛侯出奔)와 같은 부류도 또한 특별히 기록한 것이다. 여대규는 다음과 같이 생각했다. "학자들이 『춘추』를 볼 때, 『춘추』에 통용되는 예(達例)가 있다는 것을 반드시 알아야 하니, 일월이나 명칭에 대해 후세의 여러 학자들처럼 천착하는 것과는 결코 같지 않다. 성인이 특별히 기록한 것이 있다는 것을 반드시 알아야 하니, 의리가 나누어지는 사이, 명실名實의 변별, 기미가 드러나는 사이 등 큰 이치나 의리와 관련이 있는 것은 깊이 살피지 않으면 안 된다."228) 이로써 말한다면, 여대규는 경經과 사史의 구분을 주장했으니, 또한 중당시대 이후 춘추학의 주류이다.

넷째, 삼전三傳의 장단점을 논함. 여대규의 삼전에 대한 태도는 주자와 거의 같다. "『좌씨전』은 일에 자세하고, 『공양전』·『곡량전』은 의리에 깊다. 좌씨가 일찍이 국사國史를 직접 보았기 때문에 비록 일의 측면에서는 자세하지만 의리는

---

227) 呂大圭, 『春秋五論』, 「論三」.
228) 呂大圭, 『春秋五論』, 「論三」.

밝지 않았다. 『공양전』·『곡량전』은 경생經生이 전수한 데에서 나왔기 때문에 비록 이치의 측면에서는 깊지만 일은 오류가 많다. 두 가지를 합쳐서 보는 것이 좋을 것이다. 그런데 『좌씨전』이 비록 일을 잘 갖추고 있다고는 하지만, 그 내용 중에는 그 일의 진실을 얻지 못한 것도 있다. 『공양전』·『곡량전』이 비록 이치를 잘 말했다고 는 하지만, 그 내용 중에는 이치의 올바름을 해치는 것도 있으니, 이 점을 잘 알지 않으면 안 된다."229) 여대규는 또 삼전은 모두 잘못이 있다고 말하고, 『공양전』 및 하휴 주에 대해서 특히 불만스러워했다. "일찍이 삼전이 모두 사실과 부합하지 않는 것이 있다고 생각했는데, 잘못이 많은 것은 『공양전』만한 것이 없다. 하휴·범녕· 두예 세 사람은 각각 스스로의 이론을 주장했는데, 이론의 오류는 하휴보다 더 심한 것이 없다."230) "범녕은 『곡량전』의 충신이고, 하휴는 『공양전』의 죄인이다."231) 따라서 『사고전서총목제요』에서는 『춘추혹문』의 요지는 또한 "대부분 『좌씨전』·『곡 량전』을 위주로 하고, 『공양전』을 깊이 배척했으며, 하휴의 『춘추공양전해고』에 대해서는 더욱 강력하게 배척하였다"232)고 하였다.

다섯째, 세상의 변화(世變). 여대규는 『춘추』 연구의 요지가 두 가지라고 말했다. 첫째, '대의를 밝히는 것', 둘째, '세상의 변화를 살피는 것'이다. 『춘추』의 처음과 끝은 세상 변화의 힘줄과 마디이다. 『춘추』는 은공 원년에서 시작되는데, 이때의 천자는 열국으로 강등되었고, 제후는 제멋대로 나라를 봉하고 제멋대로 다른 나라를 토벌하는 국면이 이미 형성되었다. 『춘추』는 획린獲麟에서 끝이 나는데, 제후들의 권한은 아래로 대부들에게 옮겨가서 대부들에 의해 국정이 장악되니, 이것도 또한 세상의 상황이 새롭게 변화된 것이다. 여대규는 『춘추』의 시대를 몇 개의 단계로 나누었다. 즉 은공·환공·장공·민공, 희공·문공·선공·성공, 양공·소공·정 공·애공 등 3개의 단계이다. "『춘추』라는 경전을 살펴보면, 대체로 달려가면 갈수록

---

229) 呂大圭, 『春秋五論』, 「論四」.
230) 呂大圭, 『春秋五論』, 「論四」.
231) 呂大圭, 『春秋五論』, 「論四」.
232) 『四庫全書總目提要』, 「經部·春秋類 二」, '春秋或問' 조목.

점점 더 수준이 낮아지고, 오래되면 될수록 점점 각박해진다. 위로 거슬러 올라가면, 문왕·무왕·성왕·강왕의 전성기에는 요·순이 전한 것을 접할 수 있었다. 그런데 아래로 내려가면, 전국시대 칠웅七雄의 극한 분열이 진秦나라에 이르지 않으면 그치지 않았다."233)

『사고전서총목제요』에서는 여대규의 춘추학에 대해, "경전의 뜻과는 매우 차이가 크다. 대체로 지론持論은 강점이지만, 사실의 고증은 약점이다"라고 했고, 또 그가 "본분과 의리를 밝히고 명분과 실제를 바로잡으며, 기미를 드러내는 것이 성인의 특필이라고 말한 것234)은 차분하게 추론하여 그 대의大義가 당당하며, 강상綱常의 도리를 유지하고 명교名敎를 지키기에 충분하니, 또한 장구章句의 학문을 가볍게 가늠할 수는 없다"235)고 하였다. 그 장단점이 함께 보이니, 호안국의 『춘추전』과 마찬가지이다.

9. 가현옹家鉉翁

가현옹家鉉翁(1213~?)은 호가 칙당則堂이고, 사천四川 미주眉州 사람이다. 관직은 단명전학사端明殿學士·첨서추밀원사簽書樞密院事에 이르렀다. 송나라가 망하자, 가현옹은 하루 종일 통곡하면서 수개월 동안 음식을 먹지 않았다. 원나라에서 그에게 관직을 주고자 했지만 받지 않았다. 『송사』「가현옹전」에 의하면, 그의 모습은 매우 특이하고 웅장했으며, 옷차림이 의젓하고 우아하였다. 가현옹은 『춘추』에 조예가 깊었다. 원나라 때 하간河間에서 『춘추』를 가르쳤으며, 제생들에게 송나라 때의 일과 송나라의 흥망과 관련된 일을 자주 이야기했다고 한다. 저서로는 『춘추집전상설春秋集傳詳說』 30권이 있다.

---

233) 呂大圭, 『春秋五論』, 「論五」.
234) 역자 주: 『春秋五論』 「論三」에 다음과 같은 내용이 보인다. "大旨有三, 一曰明分義, 二曰正名實, 三曰著幾微, 所謂明分."
235) 『四庫全書總目提要』, 「經部·春秋類 二」, '春秋或問' 조목.

『춘추집전상설』「자서」에 의하면, 가현옹은 송나라 말기에 이 책을 저술했으며, 뒤에 송나라 왕실을 따라 북쪽으로 옮겨 가서, "옛날에 들었던 것을 깊이 생각해 보았지만, 열 가지 중에 다섯에서 여섯 가지를 잃어버렸다." 영주瀛州에 거처한 후에 "답문答問한 것을 근거로 나의 뜻을 기술하여", 이 책을 저술하였다.236) 또 공숙襲璹의 「발문」에 의하면, "송나라가 망하자, 칙당선생則堂先生이라는 이름으로 영주瀛州로 돌아와서 10년 만에 이 책을 완성하였다. 책이 완성되자, 영주에서 선주宣州로 보내서 친구인 숙재肅齋 심종대潘從大에게 부탁하여 이 책을 보관하였다."237) 그렇다면 가현옹은 영주에 10년 동안 거처했고, 그 사이에 『춘추집전상설』을 완성한 것이다.

공숙의 「발문」에서 또 말했다. "선생의 조부인 가대유家大酉가 성도부교수成都府教授로서 주문공朱文公 학당學黨의 명부에 배열되어 있으니, 가현옹의 학문적 연원은 근원이 있다."238) 여기에 근거하면, 가현옹의 학문은 주자의 일파인 듯하다. 그런데 가현옹의 「자서」를 보면, 그가 젊은 시절에 "오직 선배들의 훈석訓釋을 따랐다"고 하니, 이때는 거의 주자를 종주로 삼은 듯하다. 중년 이후에는 "옛 이론을 버렸으며", 이때에는 "스스로의 소견이 있었는데", 그것은 「자서」에 근거하면 두 가지이다.

> 하나라의 역법을 밝혀서 『춘추』에서 천시天時를 받든 뜻을 밝혔으니, 공자가 안연顏淵에게 고한 것을 근본으로 삼았다. 시작을 가탁한 것에 근원을 두고서 『춘추』에서 난신적자를 토벌한 마음을 밝혔으니, 맹자가 공도자公都子에게 고한 것을 근본으로 삼았다.239)

앞의 주장은 확실히 정자程子와 호안국胡安國의 이론에서 나온 것이다. 가현옹이 말했다.

---

236) 家鉉翁, 『春秋集傳詳說』, 「原序」.
237) 家鉉翁, 『春秋集傳詳說』, 「原跋」.
238) 家鉉翁, 『春秋集傳詳說』, 「原跋」.
239) 家鉉翁, 『春秋集傳詳說』, 「原序」.

이때 이후로 천여 년 동안, 많은 학자들의 의론이 고착되어서 이 문제에 대해 변론하지 못했다. 하남河南의 정이천程伊川 선생이 "『춘추』는 천시天時를 빌어서 뜻을 세웠다"고 말한 것에 이르러, '하시관주월夏時冠周月'의 이론이 나왔다. 호안국이 『춘추』에 전傳을 달면서 그 이론을 조술하였고, 일관되게 하시夏時와 주월周月로 결단하였다.[240]

이로써 알 수 있듯이, 가현옹의 『춘추』 연구는 정자와 호안국의 이론을 조술했으며, 주자를 종주로 삼지 않았다.

뒤의 주장은 더더욱 호안국에서 나온 것이다. 가현옹이 말했다.

『춘추』라는 작품은 후대에 왕법王法을 드리운 것이다. 군신君臣의 본분을 밝히고, 난신적자의 토벌을 바로잡는 것이 왕법의 큰 것이니, 이 때문에 『춘추』는 이로부터 시작한다. 노나라는 은공隱公 이후로부터 신하가 그 임금을 시해하고, 동생이 그 형을 시해하며, 아내가 그 남편을 해쳤으니, 찬탈과 시해의 일이 여러 세대에 걸쳐 네 번이나 보였기 때문에 성인이 남모르게 근심하였다. 따라서 노나라의 역사서를 근거로 삼아서 『춘추』를 손질할 때, 가장 먼저 난신적자에 대해 왕법을 바로잡았다. 맹자가 그것을 알았기 때문에 "『춘추』가 완성되자 난신적자가 두려워하였다"고 말한 것이다. 이것이 바로 성인이 은공에서 그 시작을 가탁한 뜻이다. 비록 그렇지만, 『춘추』는 천자의 일로써 하나의 왕법을 밝혀서 후세에 보여 주는 것이니, 노나라를 위해 시작되었지만, 그것은 또한 주나라를 위해 시작된 것이다.[241]

주자는 『춘추』가 상벌賞罰과 포폄褒貶의 책이 아니며, '일자포폄一字褒貶'과는 전혀 관계가 없다고 말했다. 그런데 가현옹은 『춘추』가 한 명의 왕자의 법도에 해당되고, 공자가 『춘추』를 빌어서 신왕新王으로 삼았으며, 왕법에 근거하여 당세의 난신적자를 포폄한 것이 바로 맹자의 뜻을 얻은 것이라고 주장했다.

---

240) 家鉉翁, 『春秋集傳詳說』, 「綱領」.
241) 家鉉翁, 『春秋集傳詳說』, 「綱領」.

「자서」에서 또 말했다.

『춘추』는 역사가 아니니, 『춘추』를 역사라고 말하는 것은 후대 학자들의 천박한 견해이며, 『춘추』에 밝지 못한 자들이다. 옛날 공자가 노나라 역사서에 근거하여 『춘추』를 손질하여, 왕법을 담아서 후세에 보여 주었다. 노나라 역사서는 역사이고, 『춘추』는 하나의 왕법인데, 어찌 그것을 역사라고 말하는가? 천박한 학자들이 학문을 왜곡하여 『춘추』를 역사로 보고서, 그 내용 중에 혹은 기록하고 혹은 기록하지 않았으며, 혹은 기록한 것이 상세하고 혹은 기록한 것이 생략되었으며, 혹은 작은 일인데도 기록하였고 큰일인데도 기록이 빠졌다고 말함으로써 결국 그런 이유로 『춘추』를 의심하였다. 더더욱 꺼릴 것이 없는 자들은 심지어 『춘추』를 단란조보斷爛朝報라고 지목하고, 그로써 천하 후세를 미혹되게 하여, 죽이는 것으로는 부족한 큰 죄를 지었다. 그것은 성인이 경전을 지은 뜻을 제대로 이해하지 못하고, 망령되이 『춘추』를 한 시대의 역사를 기록한 책으로 여긴 데에서 말미암은 결과이다.…… 대체로 『춘추』 기록은 모두 여탈予奪이나 억양抑揚과 관련된 기록이며, 큰 강령과 깊은 뜻은 언어와 문자의 밖으로 나와 있다. 이것은 모두 성인의 심법心法이 담겨 있는 것인데, 어찌 그것을 역사라고 말하는가? 진나라의 『승乘』과 초나라의 『도올檮杌』, 그리고 노나라의 『춘추』는 역사이다. 성인이 그것을 손질하여 경經이 되었는데, 어리석은 자들은 역사로써 경經을 탐구하고서 망령되이 의심하고 비난한다. 마치 흙속에 엎드려 있는 지렁이와 같으니, 어찌 우주의 광대함이나 깊은 강과 바다의 깊음을 알겠는가? 이것은 가련한 것이지 깊이 책망할 것이 못 된다.242)

주자는 왕안석에 대해 항상 장려하는 말을 했고, 피차간의 학술에서도 항상 서로 부합되는 것이 있었다. 두 사람은 모두 『춘추』를 연구하지 않았는데, 주자는 『춘추』를 역사를 기록한 책으로 간주했으므로 사실상 『춘추』를 역사로 여긴 것이다. 그것을 극단적으로 말하면, 왕안석의 '단란조보'의 주장이다. 이 때문에 가현옹은

---

242) 家鉉翁, 『春秋集傳詳說』, 「原序」.

왕안석을 드러내놓고 배척하였고, 주자를 은밀하게 바로잡았다.

『사고전서총목제요』에서는 "그의 논의는 공평하고 올바르며 두루 통달했기 때문에 신랄한 이론에 힘쓴 손복이나 호안국 등의 여러 사람들이 미칠 수준이 아니다"[243]고 평가했다. 가현옹은 송나라 말기와 원나라 초기에, 위로는 정자와 호안국의 학문을 계승하였지만, 경經과 사史가 서로 보완된다는 입장을 취하지 않고, 오직 경經의 법도로써 『춘추』를 연구했으니, 송나라 사람들 중에서 크게 뛰어나고 출중한 사람이고 할 수 있다. 이러한 측면에서 말한다면, 가현옹은 사실상 아래로 황택黃澤과 조방趙汸의 춘추학을 열었다고 할 수 있다.

주중부周中孚는 가현옹의 학문이 "또한 손복·호안국의 지류이자 후예인데, 두 사람과 같은 가혹하고 신랄한 습속은 없다. 그 사람됨이 본래 근심 걱정으로 여생을 보내면서 평정심을 가지고 『춘추』를 연구할 수 있었기 때문이다"[244]라고 여겼다. 이러한 평가는 그의 주장이 모두 포폄褒貶 이론을 위주로 했다는 것을 근거로 논한 것이다.

---

243) 『四庫全書總目提要』, 「經部·春秋類 二」, '春秋詳說' 조목.
244) 周中孚, 『鄭堂讀書記』, 권10.

제9장 황택黃澤·조방趙汸과 원대元代의 춘추학

원나라 초기에 과거를 한 번 시행했지만 곧바로 폐지되었고, 인종仁宗 황경皇慶 2년(1313)에 비로소 정식으로 과거를 시행하였다. 그 시험의 표준 규정은 『춘추』에서는 삼전三傳 및 호안국胡安國의 『춘추전春秋傳』을 사용했지만, 이후에 삼전을 점점 버리고 오로지 호안국의 『춘추전』만 사용하였다. 또한 호안국의 『춘추전』은 단지 과거 시험에서 존중을 받았을 뿐만 아니라, 원대元代 한 시대의 춘추학도 거의 호안국의 『춘추전』을 이어서 전개되었다. 양송시대의 리학理學이 비록 정자와 주자를 병칭했지만, 『춘추』의 측면에서 말하면 정자와 주자는 실제로 크게 다른 점이 있었으며, 호안국의 『춘추전』은 바로 정자로부터 나온 것이다. 이 외에 원대에는 여전히 주자의 『춘추』 이론을 존중하는 일파가 있었다. 예를 들면 오징吳澄·정단학程端學 등이 대표적인 인물이다.

중당시대 이후로 춘추학은 담조啖助·조광趙匡·육순陸淳이 그 단서를 열었고, 그 후의 『춘추』 연구자들은 본래의 경전을 바로 탐구하는 것을 학문적 지향으로 삼지 않는 자가 없었다. 그런데 자세히 따져 보면, 이 시기의 춘추학은 대체로 두 종류의 서로 다른 경향이 보인다. 조방趙汸의 『춘추집전春秋集傳』「자서」에서 다음과 같이 말했다.

> 삼전三傳을 함께 채용한 자들은 억측으로 결단하여 근거가 없고, 회피하려고 말을 꾸며서 중도中道를 잃어버렸다. 다른 이론을 찾아 연구하는 데 빠진 자들은 삼전三傳을 모두 버리고 남겨진 경經을 바로 탐구하니, 서로 나누어지고 괴리되어 통일적인 규칙을 알지 못한다.[1]

담조·조광·육순은 삼전三傳을 함께 채용한 학문이고, 유창劉敞·손각孫覺 이후는 대부분 이 학문을 계승하였다. 손복孫復·정이程頤·조붕비趙鵬飛 등은 삼전을 모두 버린 학문을 한 자들이다.

황택黃澤은 또 위로 삼대三代 이후로 거슬러 올라가서, 『춘추』를 연구하는 학자들이 혹은 경經을 위주로 하고 혹은 전傳을 위주로 하여, 이 두 종류의 경향을 벗어나지 않는다고 말했다. 만약 이 주장을 더욱 확대 해석하면, 먼저 "오로지 좌구명의 전傳만을 연구한" 두예杜預뿐만 아니라, 엄팽조嚴彭祖·안안락顏安樂 두 박사를 최고로 꼽는 양한시대의 『춘추』 전문 연구도 모두 경經을 억누르고 전傳을 펼치지 않은 사람이 없다. 그리고 전傳을 억누르고 경經을 펼친 경우는 호안국胡安國 등의 여러 사람이 이와 같이 했을 뿐만 아니라, 중당시대 이후의 춘추학, 그리고 원·명시대를 거쳐서 청대 중엽 이전에 이르기까지 모두 전傳을 억누르고 경經을 펼치지 않은 사람이 없다.

중당시대 이후의 춘추학은 비록 경經을 펼치는 것을 위주로 했지만, 대체적으로 모두 경經과 사史로써 『공양전』·『곡량전』과 『좌씨전』을 구분하였다. 대체로 『공양전』·『곡량전』은 성인의 필삭의 의리를 얻었고, 『좌씨전』은 국사國史가 기록한 일의 상세함을 얻었다고 여겼다. 이것은 거의 중당시대 이후 춘추학의 주류였지만, 왕안석王安石의 '단란조보斷爛朝報'라는 주장이 일어난 이후로, 주자가 그 뒤를 이었다. 이들은 단지 『좌씨전』의 기사를 좋게 여겼을 뿐만 아니라, 『춘추』는 단지 역사적 사실을 기록한 책에 지나지 않는다고 주장하였다. 『춘추호씨전』을 종주로 삼은 자들은 포폄褒貶으로써 경經의 요지를 설명했으며, 주자를 종주로 삼은 자들은 성인의 경전은 실록實錄에 지나지 않고 선악善惡은 저절로 드러난다고 생각하였다. 그런데 이러한 두 가지 경향은 모두 맹자가 논한 『춘추』의 요지를 잃어버린 것이다. 그런데 원대의 춘추학도 이러한 영향을 받아서 이와 같은 두 가지 경향을 띠고 있다.

그 중에 오직 황택·조방의 무리들이 삼전三傳으로의 복귀를 큰 요지로 삼고, 당·송 이래의 춘추학을 모두 배척함으로써 아래로 청대 공양학을 열었으니, 그

---

1) 趙汸, 『春秋集傳』, 「原序」.

공적은 매우 크다. 비록 그렇기는 하지만, 그 이론은 여전히 『좌씨전』을 위주로 하고, 『공양전』 · 『곡량전』으로써 소통시키니, 담조 · 조광이 삼전을 회통시킨 것과 같은 부류이다. 따라서 청대 사람들이 비록 하나의 경전을 전문적으로 연구하는 것을 존중했지만, 그래도 황택 · 조방을 존중한 것은 이상하게 여길 만하다. 송대 사람들이 비록 삼전을 함께 연구했다고 하더라도, 또한 경經과 사史의 차이를 구별할 것을 강조하였다. 그런데 황택과 조방은 더 나아가 이러한 구별을 탐구하여 예例로써 경을 탐구할 것을 주장하였고, 심지어 일월日月의 예例를 위주로 삼았으니, 이것은 모두 청대 학자들의 학술과 동일한 계열이다. 이와 같은 영향 하에서 공광삼孔廣森 · 장존여莊存與 등 청대 학자들은 예例에 대한 연구를 중시하지 않은 사람이 없었다.

황택과 조방의 춘추학에 대해 『사고전서총목제요』에서 다음과 같이 논평하였다.

> 조방은 황택의 이론을 존중하여, 『춘추』는 『좌씨전』을 위주로 하였고, 주석은 두예를 종주로 삼았다. 『좌씨전』에서 언급하지 않은 것은 『공양전』 · 『곡량전』 두 전으로써 소통시켰다. 두예가 언급하지 않은 것은 진부량陳傅良의 『좌전장지左傳章旨』로써 소통시켰다.[2]

이로써 알 수 있듯이, 황택 · 조방은 삼전 이하 여러 학자들의 이론 중에서 오직 진나라 두예와 송나라 진부량 두 사람을 채용했을 뿐이다.

제1절 일생과 학술

1. 황택黃澤

황택黃澤(1260~1346)은 자가 초망楚望이다. 「행장」에 의하면, 황택은 태어날 때부터

---

2) 『四庫全書總目提要』, 「經部 · 春秋類 三」, '春秋左氏傳補注' 조목.

특출했으며, 경전을 밝히고 옛것을 공부하고, 뜻을 돈독히 하고 실천에 힘쓰는 것으로 스스로 권면하였다. 깊이 생각하는 것을 좋아하여 자주 병이 들었는데, 병이 나으면 다시 생각에 몰두하였다. 황택은 꿈에서 자주 공자를 보았을 뿐만 아니라 또한 공자에게 직접 육경을 전수받았다. 이에 고향으로 돌아가 쉬면서 끊어진 육경의 학문을 자기 임무로 삼기로 결심하였다. 또「사고음思古吟」10장을 지어서 성인의 덕스러운 용모의 성대함을 지극히 말함으로써 성인을 자나 깨나 잊지 못하고 그리워하는 자신의 뜻을 드러냈다.[3]

　　황택의『춘추』연구는 사실事實을 우선으로 삼았고, 서법書法을 통달하는 것을 위주로 삼았다. 큰 요점은 삼전을 고찰하고 살펴서, 최상의 진리로 향해가는 공부를 추구하는 데 있다. 그 공부의 맥락은 모두『좌씨전』에 있다고 여겼으며,『삼전의례고三傳義例考』를 지었다. 그는『춘추』에는 노나라 사관의 서법이 있고 공자의 서법이 있는데, 근래의 '하시관주월夏時冠周月'이라는 주장은 사관의 서법과 성인의 서법이 모두 상실된 것이라고 여겨서『원년춘왕정월변元年春王正月辯』이라는 책을 지었다. 또『춘추』는 실의實義가 있고 허사虛辭가 있다고 생각했다. 역사를 버려두고 일을 논하지 않고, 전傳과 떨어져서 경經을 탐구하지 않으며, 오로지 포폄褒貶만으로 성인을 더럽히지 않고, 시의時宜를 참작하여 중도中道를 취하는 것, 이것이 바로 실의實義이다. 왕자王者를 귀하게 여기고 패자霸者를 천하게 여기며, 임금을 높이고 신하를 낮추며, 제하諸夏를 안으로 여기고 이적夷狄을 밖으로 여기는 것은 모두 고금에 통용되는 의리이다. 그런데 학자들이 학문을 하고 책을 지었지만,『춘추』는 아직까지 정론이 없기 때문에 일체를 모두 허사虛辭라고 단정하고,『필삭본지筆削本旨』를 지었다. 황택은 허사虛辭가 경전 해설에는 아무런 도움이 되지 않는다고 생각하였다. "『춘추』를 해설할 때는 성인의 기상을 가장 먼저 알아야 하니, 각박하고 자질구레한 모든 이론은 자연스럽게 물러날 것이다.『춘추』가 단지 실록實錄일 뿐이라고 여기면 『춘추』는 줄곧 손질할 만한 역사일 뿐이니, 성인을 제대로 알지 못하는 것이다.

---

3) 趙汸,『春秋師說』,「附錄下・黃楚望先生行狀」.

또한 노나라 사관이 일을 기록하는 방법은 사실 주공이 남긴 제도가 있어서 다른 나라와 같지 않다. 한선자韓宣子의 말을 살펴보면, 성인이 노나라 역사서를 근거로 삼아서 『춘추』를 손질했는데, 기록할 것은 기록하고 삭제할 것은 삭제하여, 자유子游와 자하子夏의 무리들이 한마디도 거들지 못했으므로 반드시 사관의 필법과는 크게 다른 점이 있다는 것을 알 수 있다. 그런데 『맹자』에서 『춘추』의 문장은 사관의 글이라고 했으니, 경經은 본래 사관으로부터 나오지 않았다. 지금 노나라 역사서의 옛 문장을 다시 볼 수 없기 때문에 주자는 무엇이 성인이 기록한 것이고 무엇이 성인이 삭제한 것인지 알 수 없다고 하였다. 그래서 『춘추』의 서법도 또한 역대로 이해되지 않는 의리가 되었다."4) 이에 『춘추지요春秋指要』를 지어서 단서를 탐구하여 노력을 기울이는 방법을 제시하였다.

황택의 『춘추』 연구는 호원胡瑗과 손각孫覺의 영향을 많이 받았는데, 『사고전서총목제요』에서는 황택이 "손각의 책을 읽었고, 호원의 의리를 이해한 자이다"라고 했다.5) 원대의 학자 오징吳澄은 일찍이 그의 책을 보고서, 평생 동안 본 명경시明經試를

---

4) 趙汸, 『春秋師說』, 「附錄下·黃楚望先生行狀」.
5) 『四庫全書總目提要』, 「經部·春秋類 三」, '春秋師說' 조목.
역자 주: 이 책의 필자는 『사고전서총목제요』의 "是亦讀孫覺之書, 得見胡瑗之義者矣"라는 문장에 근거하여, 황택의 『춘추』 연구가 호원과 손각의 영향을 많이 받았다고 주장했다. 그런데 『사고전서총목제요』에서는 趙汸의 『春秋師說』을 해설하면서, 조방의 스승인 黃澤에 대해 "주이존의 『경의고』에 또한 황택의 『삼전의례고』를 수록하고 있는데, 지금은 모두 전하지 않는다. 오직 조방의 『춘추사설』이라는 책에 힘입어서 그나마 황택의 종지를 알 수 있다. 그것은 또한 손각의 책을 읽고서 호원의 뜻을 알 수 있는 것(과 같다)"(朱彝尊『經義考』又載有『三傳義例考』, 今皆不傳. 惟賴汸此書, 尙可識黃氏之宗旨. 是讀孫覺之書, 得見胡瑗之義者矣)고 했다. 『사고전서총목제요』의 의미를 분석해 보면, 황택의 저술이 전해지지 않기 때문에 그의 춘추학 이론은 오직 그의 제자인 조방이 지은 『춘추사설』을 통해서만 알 수 있을 뿐이며, 그것은 손각과 호원의 관계와 같다는 것이다. 즉 송대의 손각은 『春秋經解』를 지었는데, 그의 스승인 호원은 전하는 책이 없다. 『사고전서총목제요』 「經部·春秋類 一」 '春秋經解' 조목에 의하면, 『춘추경해』 「자서」에서 "들어 보지 못한 내용은 호원의 이론을 가지고 해석했다"(其所未聞, 則以安定先生之說解之)고 했고, 사고관신은 "지금 호원의 『口義』 5권은 이미 없어졌으며, 호원의 남아 있는 논의를 전한 것은 오직 손각의 이 책에 보인다"(今瑗『口義』五卷已佚, 傳其緒論, 惟見此書)고 했다. 이상의 내용을 종합하면, 원대 황택의 『춘추』 이론은 오직 제자인 조방의 책을 통해서만 알 수 있는데, 그것

본 선비들 중에 그에게 미칠 수 있는 사람이 없었다고 했다. 그리고 그에 대해 평가하기를 "양주楊朱와 묵적墨翟을 막겠다고 말할 수 있는 자는 성인의 무리라고 맹자가 했는데, 황택이 진정으로 그러한 사람일 것이다!"[6]고 했다. 그런데 황택의 책 중에서 세상에 남아 있는 것은 열 가지 중에 두세 가지뿐이며, 그의 문인은 오직 조방이 가장 뛰어난 제자로서 황택의 『역』과 『춘추』의 학문을 이해하였다. 조방은 『춘추사설春秋師說』을 지었으며, "스승의 이전 여러 책에서 『춘추』를 해설한 모든 내용을 취하고, 평소에 스승에게 들었던 것으로 참조하여, 그 중에 중복된 것을 없애고, 종류별로 차례를 매겨서 11편으로 만들고, 3권으로 분류하여 『춘추사설』 이라고 제목을 달았다."[7] 조방의 『춘추사설』을 통해 황택의 춘추학을 살펴볼 수 있다.

황택의 선조는 촉蜀 사람인데, 황택도 촉학蜀學의 장점을 겸비하였다. 『원사元史』 에서 말했다. "촉蜀 사람들의 경전 연구는 반드시 옛 주소注疏를 앞세운다. 황택은 명물도수名物度數에 대해서는 고찰하고 살핀 것이 정밀하고 자세하지만, 의리는 한결같이 정자程子와 주자朱子를 종주로 삼았다."[8] 그의 『춘추』 연구가 『좌씨전』을 종주로 삼아 일의 실정을 고찰한 것이 혹 이것과 관련이 있을 것이다.

황택은 또 『역』에도 정통하였다. 그는 『춘추』와 『역』이 서로 통한다고 했고, 또 그것이 여러 경전과 두루 통한다고 여겼다. 또한 그의 『춘추』 연구는 일의 실정을 탐구하는 것을 중시하였고, "최상의 진리로 향해가는 공부를 추구했으므로" 결국 리학理學으로 그 근본이 귀결된다. 황택의 학문은 정밀하게 생각하여 스스로 깨닫는 것을 위주로 하였기 때문에 『원사』에서는 "최근에 깊이 생각하는 학문은

은 송대 호원의 『춘추』 이론을 제자인 손각의 책을 통해서만 알 수 있는 것과 같다 는 의미로 이해된다. 그런데 이 책의 저자는 『사고전서총목제요』의 문장을 황택이 손각과 호원의 영향을 받은 것으로 해석하였다. 해석에 오류가 있는 것으로 보이지 만, 번역문은 일단 저자의 의도에 맞추어 번역하였다.

6) 趙汸, 『春秋師說』, 「附錄下·黃楚望先生行狀」.
7) 趙汸, 『春秋師說』, 「自序」.
8) 『元史』, 「儒學傳」.

황택이 첫 번째이다"[9]라고 했다. 황택의『춘추』연구는 송나라 사람들의 "전傳을 버리고 경經을 탐구하는" 노선에 크게 불만을 가졌지만, 그는 곳곳에서 성인의 요지를 탐구하는 것을 지향으로 삼았기 때문에 송학과는 그 정신이 서로 통하는 곳이 있다. 이로써 그의 춘추학의 리학적理學的 특징을 볼 수 있다.

청대의 진례陳澧는 황택의 학문이 매우 옳다고 여겨서 다음과 같이 말했다. "황택의 이론은 가장 순수하고 올바르다. 또한 임금을 높이고 신하를 낮추는 부류와 같이 사람들이 아는 것을 모두 허사虛事라고 함으로써 사실을 고찰하지 않고 큰 소리 치기 좋아하는 자들이 말참견을 하지 못하도록 했으니, 더욱 탁월한 식견이다."[10]

2. 조방趙汸

조방趙汸(1319~1369)은 자가 자상子常이다.『명사』「유림전」에 의하면, 조방은 태어날 때부터 자질이 탁월하였다. 처음에는 바깥의 스승에게 나아가서 공부했으며, 주자의 사서四書를 읽다가 의심스럽고 어려운 부분이 많이 나오자, 주자의 책을 모두 가져다 읽었다고 한다. 구강九江의 황택黃澤이 학식과 행실이 뛰어나다는 말을 듣고, 그에게 가서 교유하였다. 황택의 학문은 정밀하게 생각하여 스스로 깨닫는 것을 위주로 하였다. 그가 사람을 가르치는 방법은 단지 공부하는 방법만을 알려주고, 깊은 뜻은 스스로 깨닫도록 하였다. 조방은 한두 번 황택을 방문하여 육경의 의심스러운 뜻 천여 조목을 터득하고 돌아왔다. 그 후에 다시 가서 2년간 머무르면서 64괘의 대의와『춘추』를 공부하는 요점을 직접 전수받았다. 뒤에 다시 임천臨川의 우집虞集과 교유하면서 오징吳澄의 학문을 얻어 들었다. 이에 동산정사東山精舍를 짓고서 그 안에서 독서와 저술 활동을 하였다. 닭이 새벽에 처음 울면 일어나서, 마음을 밝히고 묵묵히 앉아 있었다. 이로 말미암아 학문의 경지가 정밀하고 깊어서, 모든 경전을 통달하지 않은 것이 없었는데, 특히『춘추』에 조예가 깊었다. 명나라 초기에 조칙을

---

9)『元史』,「儒學傳」.
10) 陳澧,『東塾讀書記』, 권10.

내려『원사元史』를 찬수할 때, 조방을 불러서 그 일에 참여하게 했다. 책이 완성되자 사직하고 돌아갔는데, 얼마 안 돼서 죽었다. 학자들은 그를 동산선생東山先生이라고 불렀다.

조방의『춘추』연구는 모두 그의 스승 황택이 서법書法과 사법史法을 구별한 요지를 근본으로 삼았고, 또 황택을 맹자 이후의 유일한 한 사람이라고 찬양하였다. 조방은 황택에게 들었던 것을 가지고『춘추사설春秋師說』3권을 지었고, 다시 그것을 확대하여『춘추집전春秋集傳』15권을 지었다. 또 학자들이 전해들은 이론에 구속되어 비천한 것을 그대로 따라서 대충 공부함으로써 서로 관계되는 의리를 제대로 알지 못하는 것을 걱정하였다. 이에『예기禮記』「경해經解」편에 "속사비사屬辭比事는『춘추』의 가르침이다"라는 말이 있는 것에 근거하여, 경經의 구두를 떼서 의리를 분석하여 8종류로 나누고, 그것을 변별하고 해석하여『춘추속사春秋屬辭』8편, 모두 15권을 저술했다.11)『춘추속사』는 삼전三傳 및 두예杜預와 진부량陳傅良의 책을 절충하여 만든 것이다.

『춘추집전』과『춘추속사』의 관계에 대해서는, 문인인 예상의倪尙誼의『춘추집전春秋集傳』「후서後序」에서 다음과 같은 조방의 말을 기록하고 있다. "『춘추속사』는 필삭筆削의 권한을 때에 맞게 추론하였고,『춘추집전』은 경세經世의 뜻을 크게 밝혔으니, 반드시 두 책이 서로 표리가 된 이후에야『춘추』의 요지가 완성될 것이다."12)

또『춘추』를 배우는 자는 반드시『좌씨전』의 사실事實 고찰을 우선으로 삼아야 한다고 여겼다. 두예·진부량이 이 분야에서 터득한 것이 있지만, 각각 폐단이 있기 때문에 이에 다시『춘추좌씨전보주春秋左氏傳補注』10권을 저술하였다. 조방의「자서」에서 말했다. "진부량의『좌씨장지左氏章指』를 취하여 두예 주의 아래에 부기하고, 둘의 단점을 제거하고 둘의 장점을 모았으며, 둘이 미치지 못한 것을 보충하였다."13) 김거경金居敬의『춘추사설春秋師說』「발문」에서 말했다. "(조방은) 일찍이『춘추』

---

11) 趙汸,『春秋師說』,「附錄下·金居敬跋」.
12) 趙汸,『春秋集傳』,「後序」.
13) 趙汸,『春秋左氏傳補注』,「序」.

분야의 유명한 학자 수십 명에 대해 그들이 필삭筆削에 대해 논한 내용 중 근거가 있는 것을 찾았는데, 진부량보다 뛰어난 자가 없다고 여겼다. 결국 두예의 해석과 함께 고찰하여, 전주傳注에 장단점이 있는 이유를 모두 깨달았다. 그 이후에 필삭의 의례義例가 동일한 범주별로 관통되고 종횡으로 종합되어, 각각 조리가 있게 되었다. 이것이 『춘추좌씨전보주春秋左氏傳補注』가 지어진 까닭이다."14) 『사고전서총목제요』에서는 이 책의 요지를 다음과 같이 논했다.

> 이 책은 진부량의 이론을 채록하여 두예의 『좌전집해左傳集解』에서 미치지 못한 것을 보완한 것이다. 그 큰 요지는 다음과 같이 말했다. 두예는 『좌씨전』에 치우쳤고 진부량은 『곡량전』에 치우쳤으므로 만약 진부량의 장점으로써 두예의 단점을 보완하고, 『공양전』·『곡량전』의 옳은 것으로써 『좌씨전』의 잘못을 바로잡으면 양쪽을 모두 이해할 수 있다는 것이다. 필삭筆削의 의례義例는 동일한 범주별로 관통되고, 전주傳注의 장단점은 변별하고 분석한 것이 모두 타당하다. 단지 두예의 해석만을 보완했을 뿐만 아니라 『좌씨전』에도 공적이 있으니, 성인이 말하지 않은 요지를 환하게 볼 수 있다. 또한 『춘추』 연구자의 공평한 논의이다.15)

황택과 조방, 스승과 제자의 학문은 모두 『좌씨전』을 위주로 하였지만, 후세의 학자 중에서는 단지 두예와 진부량 두 사람만을 취했을 뿐이다. 그 과정에서의 자세한 사정은 여기에서 모두 볼 수 있다.

이 외에 조방의 저술로는 『춘추금쇄시春秋金鎖匙』1권이 있다. 『사고전서총목제요』에서 말했다. "이 책은 성인의 특필特筆과 『춘추』의 대례大例를 발췌하여 들고, 비슷한 부류의 일을 서로 규명하고 헤아려서 그 차이점과 공통점을 고찰하여 연구했으며, 그 정례正例와 변례變例를 거듭 밝혔으니, 비사比事와 속사屬辭를 합쳐서 하나로 만든 것이다. 큰 요지는 『춘추』의 처음에는 제후를 억누를 것을 위주로 하였고,

---

14) 趙汸, 『春秋師說』, 「附錄下·金居敬跋」.
15) 『四庫全書總目提要』, 「經部·春秋類 三」, '春秋左氏傳補注' 조목.

『춘추』의 끝에는 대부를 억누르는 것을 위주로 하였다. 중간에는 제나라와 진나라가 맹약을 주관했으므로 그들이 천왕을 존중하는 지의 여부를 보고서 칭찬하거나 비판하였다. 그 중에 예를 들어 다음과 같이 말했다. 성인이 기杞나라의 작위를 깎아내려서 후작侯爵을 자작子爵으로 강등한 것(희공 23년, "杞子卒")과 모백毛伯이 천자의 명을 전할 때 천왕天王이라고 부르면서 '하사하였다'(錫)라고 말한 것(성공 8년, "天王使毛伯 來錫公命")은 천자가 임금으로서 신하에게 준다는 의미의 말이다. 소백召伯이 하사할 때는 '천자天子'라고 말하고 '하사하였다'(賜)고 말한 것(성공 8년, "天子使召伯來賜公命")은 소백과 노나라 임금 피차간에 서로 준다는 의미의 말이라는 것이다. 비록 옛 이론의 천박함을 그대로 따랐지만, 서법을 드러내 밝힌 것은 조리가 정연하다. 정자程子가 '『춘추』의 대의大義가 수 십 가지인데, 해와 별처럼 빛난다'고 말한 것이 또한 거의 올바른 이치에 가깝다."16) 『사고전서총목제요』에서 또 말했다. "고찰해 보면, 송나라 때 심비沈棐가 『춘추비사春秋比事』라는 책을 지었는데, 조방의 이 책과 큰 요지가 서로 비슷하다. 아마도 조방이 그 책을 보지 못했기 때문에 이 책을 지은 것 같다. 그러나 책의 체례는 서로 다른데, 심비의 책은 상세하면서도 다 갖추어졌고, 조방의 책은 간략하면서도 명확하다."17)

앞에서 서술한 저작은 지금 모두 남아 있다. 왕원석汪元錫의 『춘추집전春秋集傳』 「후서後序」에서 조방의 학문에 대해 다음과 같이 논했다.

아! 『춘추』는 성인의 형서刑書이다. 공자는 혼란한 말세에 태어나서, 덕은 있었지만 자리가 없었기 때문에 노나라의 역사서를 빌어서 경전을 손질하여, 선한 이를 칭찬하고 악한 이를 비판하여, 만세에 법도를 남겼다. 동산선생東山先生 조방은 성인의 무리이다. 원나라의 혼란이 춘추시대보다 심한 것에 분노하여 동산東山에 집을 짓고 살았는데, 『춘추집전』 등의 여러 저작은 본래 우리 공자가 경전을 손질했던 뜻이다.18)

---

16) 『四庫全書總目提要』, 「經部·春秋類 三」, '春秋金鎖匙' 조목.
17) 『四庫全書總目提要』, 「經部·春秋類 三」, '春秋金鎖匙' 조목.

조방의 『춘추』 연구는 사실 경세經世의 뜻이 있었다. 탁이강卓爾康이 말했다.

자상子常 조방의 『춘추집전』과 『춘추속사』는 문장이 풍부하고 일은 핵심을 찔렀으며, 규모가 크고 구상이 정밀하니, 진정으로 『춘추』를 집대성하여 한 경전의 거대한 체제를 이루었다고 말할 수 있다. 중간에 또한 천착이 다소 지나치고, 자질구레하여 형용하기 어려운 부분도 있으며, 일월日月 등의 여러 의리는 더욱더 그러한 이치는 없다. 그러나 백옥의 작은 티는 흠을 잡을 수가 없다.[19]

전겸익錢謙益이 말했다.

자상子常 조방은 『춘추』에서 스승의 이론을 드러내 밝혔으며, 경經을 근본으로 삼고 전傳을 잘 이해하였다. 한대와 송대의 학자들보다 탁월하니, 마땅히 본 왕조 유림儒林 중에서 첫 번째이다.[20]

조방이 당시 사람들에게 이처럼 존경받았다는 것을 알 수 있다.

제2절 삼전三傳으로의 회귀

당나라 대력大曆 연간에, 담조·조광·육순의 『춘추』 연구는 "삼전三傳을 함께 채용하는 것"을 요지로 삼았고, 송나라 때 이르러서는 "전傳을 버리고 경經을 탐구하는" 습속으로 흘렀는데, 심지어 경經을 의심하고 경經을 고치는 것도 꺼리지 않았다. 정이程頤의 「명도선생묘표明道先生墓表」에서 자신의 형인 정호程顥를 추존하면서 다음과 같이 말했다.

---

18) 趙汸, 『春秋集傳』, 「後序」(朱彝尊의 『經義考』, 권198에도 보임).
19) 朱彝尊, 『經義考』, 권198에서 인용.
20) 朱彝尊, 『經義考』, 권198에서 인용.

주공周公이 죽자 성인의 도가 행해지지 않았다. 맹가孟軻가 죽자 성인의 학문이 전해지지 않았다.…… 선생은 1,400년 뒤에 태어나서 전해지지 않던 학문을 남겨진 경전에서 터득하였다.[21]

송나라 학자들은 성인과의 거리가 오래되고 멀어서, 결코 구설口說에 의존할 수가 없었다. 따라서 남겨진 경전에서 성인의 도를 추론하여 밝히니, 이것이 진실로 도학道學의 정신이며, 또한 송학에서 경전을 연구하는 습성이다. 이러한 유풍이 파급되어 『춘추』를 연구하는 학자들도 대부분 삼전三傳을 버리고, 경經의 요지를 곧바로 탐구하는 것을 목표로 삼았다.

그 사이에 오직 황택黃澤·조방趙汸이라는 스승과 제자가 있어서 옛날로 돌아갈 것을 제창하였다. 황택의 제자 김거경金居敬이 말했다. "자중資中의 황 선생은 육경의 복고復古라는 주장을 가지고 구강九江에서 설교하였다." 또 말했다. "황 선생은 여러 이론을 힘써 배척하고 복고의 논리를 만들었다."[22] 그런데 황택·조방이 주장하는 복고는 송대 사람들의 복고와는 같지 않다. 송대 사람들은 한당시대 장구章句의 학문을 즉시 없애 버리고 본래의 경전으로 곧바로 달려가는 것을 큰 요지로 삼았다 황택·조방의 경우는 오직 삼전의 옛것을 회복하고자 했을 뿐이다. 황택·조방의 관점에서 보면, 삼전이 비록 각각 단점이 있지만, 옛날과의 거리가 멀지 않기 때문에 마땅히 여기에 근거하여 성인의 뜻을 고찰해야 한다. 그 뒤에 청대 사람들의 복고는 혹은 후한시대의 옛것으로의 복고이고, 혹은 전한시대의 옛것으로의 복귀였는데, 모두 한대 학자들의 전주傳注의 학문을 중시하였다. 이에 전주傳注를 도구로 삼고, 이것을 빌어서 육경의 요지를 탐구하고자 하였다. 송대 사람들은 전傳을 버리고 경經을 탐구함으로써 결국 터무니없는 생각을 한다는 비난을 받았기 때문에 황택·조방의 춘추학은 실로 청대 사람들이 리학理學을 반대하는 실마리를 열었다.

---

21) 程頤, 『二程文集』, 권12, 「伊川文集·明道先生墓表」.
22) 趙汸, 『春秋師說』, 「附錄下·金居敬跋」.

삼전三傳 중에서 황택·조방은 또한 『좌씨전』을 위주로 하였다. 황택이 말했다.

『춘추』 공부는 마땅히 삼전三傳을 위주로 해야 하고, 삼전 중에서는 또한 『좌씨전』의 사실 기록을 근거로 삼아서 성인의 뜻이 귀결되는 바를 탐구해야 한다. 그 속에 찾을 만한 맥락이 자연스럽게 있는데, 다만 사람들이 스스로 세심하게 탐구하려고 하지 않을 뿐이다.[23]

공자가 국사國史를 직접 보고 『춘추』를 지었으므로 『춘추』는 본래 역사를 기록한 책이다. 그러나 공자가 혹은 기록하고 혹은 삭제하여, 난리를 바로잡는 의리를 담아 두었기 때문에 그것이 경經이 되었다. 좌구명은 스스로가 국사였기 때문에 그의 『좌씨전』이 사건 기록에 상세한 것은 본래 국사에 근본을 둔 부류이기 때문이다. 따라서 『춘추』를 연구하는 자들은 마땅히 『좌씨전』을 우선 대상으로 삼고, 사실의 고증을 빌어서 성인이 필삭한 요지를 탐구해야 한다.

삼전과 『춘추』의 관계에 대해, 유흠劉歆·두예杜預 이후로 『좌씨전』을 숭상하는 자들은 모두 좌구명이 "좋아하고 싫어하는 것이 성인과 같으며", 공자와 사우師友의 관계라고 여겼다. 그런데 『좌씨전』을 비난하는 자들은 좌구명이 성인의 무리가 아니기 때문에 공자가 입으로 은밀하게 전수한 요지를 알 수 없었다고 주장했다. 지금 황택은 삼전을 절충하였고, 좌구명의 신분에 대해서도 두 가지의 주장을 함께 채택하였다. 즉 좌구명은 "당시의 사관史官으로서 성인을 독실하게 믿은 자"이며, "좌씨는 사관으로서 공자의 문하에서 공부했다"고 했다. 따라서 좌구명은 단지 국사였던 것만이 아니라 공자에게 직접 『춘추』를 전수받았으므로 사실은 제자의 부류에 포함된다. 진실로 이 말과 같다면, 좌구명이 전傳을 지은 것은 70명의 제자와 후학의 무리들에 비해 더욱 근거할 만한 것이 된다. 황택의 이 주장은 『좌씨전』의 지위를 높이 끌어올렸는데, 그 의도는 유흠·두예의 무리들과는 다르며, 사실상 삼전을 보호하고자 한 것이다.

---

23) 趙汸, 『春秋師說』, 卷下, 「論學『春秋』之要」.

『좌씨전』이 경經을 더 이어서 기록했다는 공양가들의 비판에 대해서도 황택은 다음과 같이 변호하였다.

좌씨는 사관이었고, 또한 대대로 사관을 지냈기 때문에 그가 말년에 지은 전문傳文도 마땅히 그의 자손이 이어서 기록한 것이다. 따라서 그것을 통틀어서 『좌씨전』이라 고 말하는 것이 이치상 혹 당연할 것이다.24)

좌씨가 대대로 『좌씨전』을 손질한 것은 공양과 곡량이 대대로 『공양전』을 전한 것과 같다. 진실로 이와 같다면 『좌씨전』이 경經을 더 이어서 기록했다는 것이 어찌 문제삼을 것이 있겠는가!

황택은 의리는 마땅히 사실에 대한 고증에서 나와야 한다고 여겼기 때문에 그가 『좌씨전』에 주석을 단 이유도 바로 여기에 있다. 『공양전』·『곡량전』 두 전은 그 의리는 비록 볼만한 것이 있지만, 사실 기록은 오류가 많다. 이에 대해 황택이 말했다.

『공양전』·『곡량전』에서 근거로 삼은 일은 대부분 세상에 전하는 이야기에서 나온 것이지 국사國史를 본 것이 아니다. 따라서 두 전의 기록은 대부분 천박하여 믿기에 부족하다. 다만 그 사이에 오히려 뛰어난 스승과 학자들이 서로 전수한 격언이 있는데, 이 두 전에 힘입어 세상에 전해질 수 있었고, 그것을 변별하는 것도 또한 쉽다. 『좌씨전』의 기사에 본말이 있는 것과 비교해 보면, 진실로 성인의 경전을 드러내 밝힐 수 있으니, 서로 하늘과 땅처럼 큰 차이가 난다.25)

『공양전』·『곡량전』의 의리 중에서 틀린 것이 있는 것은 항상 당시의 사정을 보지 않고 억측했기 때문이다. 황택은 은공隱公이 나라를 양보한 일을 들어서, 『곡량전』의 오류는 당시의 사정을 직접 보지 못한 데 있다고 했다. 은공이 비록 환공에게

---

24) 趙汸, 『春秋師說』, 卷上, 「論三傳得失」.
25) 趙汸, 『春秋師說』, 卷上, 「論三傳得失」.

자리를 양보하고자 했지만, 양보하기 전에 결국 시해를 당했다. 『공양전』·『좌씨전』은 모두 은공이 마땅히 자리를 양보해야 한다고 여겼지만, 『곡량전』의 의론은 유독 같지 않다. 『곡량전』은 혜공이 환공에게 임금자리를 주는 것은 올바름이 아니기 때문에 은공의 양보는 부친의 악을 이루어 주는 것에 지나지 않을 뿐이라고 여겼다. 황택이 근거로 삼은 당시의 사정은 혜공이 이미 환공의 모친인 중자仲子를 부인으로 삼았으니, 환공은 이미 태자의 자리에 올랐고, 은공은 사실 부친의 명령을 받들어 섭정의 자리에 있었을 뿐이다. 따라서 은공의 양보는 단지 부친의 뜻을 이루어 주는 것일 뿐만 아니라, 주례周禮에도 합치된다. 또 환공은 태자로서 올바른 자리에 올랐고, 외가인 송나라의 지원을 받았을 뿐만 아니라 국내에서도 나라 사람들이 귀의하는 마음도 얻었기 때문에 당시의 정세로 논한다면 또한 은공은 양보하지 않을 수가 없었다. 따라서 『곡량전』의 논단은 실로 당시 사정을 모른 것이며, 대부분 억측에서 나온 말이다.

단지 『곡량전』만 이와 같은 것이 아니라, 『공양전』도 이러한 폐단이 많으니, 모두 국사國史를 보지 못했기 때문이다. 『좌씨전』의 경우에는 국사로부터 나왔기 때문에 당시의 사정을 고찰해 볼 수 있다. 만약 사실을 앞세우지 않는다면 의론은 오류가 있을 수밖에 없으니, 황택이 『좌씨전』을 중시한 것은 바로 이런 이유 때문이다. 그런데 『좌씨전』의 기사가 비록 근거로 삼을 만하지만, 그 의리에 대해서는 황택이 오히려 비판의 말을 많이 하였다. 예를 들어 제나라 사람이 애강哀姜을 죽인 일(희공 원년)에 대해 황택은 다음과 같이 논했다.

『좌씨전』에서 말했다. "군자는 제齊나라 사람이 애강哀姜을 죽인 것을 너무 심하다고 여겼다."(희공 원년) 이 말은 또한 잘못된 것이다. 애강은 음란함 때문에 경보慶父의 화를 초래하여, 두 임금이 시해를 당하고, 나라는 거의 망하는 지경에 이르렀다. 노나라에서 받아들이지 않아서 주邾나라로 도망쳤는데(민공 2년), 어찌 그 쌓인 죄악을 토벌하지 않고 그대로 내버려 둘 수 있겠는가? 자반子般과 민공閔公은 모두 그녀의 아들인데, 아들이 모친을 토벌하는 이치는 없다. 그렇다면 그 마땅함을 헤아려서 당연히 그녀를 제나라에 맡겨야 한다. 따라서 제나라 사람이 애강을 죽인 것은 잘못이 되지 않는다. 대체로 『좌씨전』의 잘못은 이와 같은 종류이다. 그런데 그 사건 기록은 오히려 근거로 삼을 만하니, 목이 멘다고 먹기를 그만두어서는 안 된다. 그래야만 『좌씨전』을 잘 읽는 것이다.[26]

애강은 경보慶父와 숙아叔牙 두 숙부에게 음란한 짓을 하였고, 결국 임금은 시해되고 나라는 혼란스러워지는 사태를 초래하였다. 애강의 죄가 이와 같은데도 『좌씨전』에서는 제나라가 애강을 죽여서는 안 된다고 말했다. 따라서 황택은 『좌씨전』의 의리 진술이 잘못되었다고 주장한 것이다.

이로써 삼전이 모두 장단점이 있다는 것을 알 수 있다. 황택이 말했다.

범례凡例에 근거하고 국사國史를 고찰하여, 세 명의 반역한 사람의 이름을 기록한 것에 대해 설명한 부류[27]는 『좌씨전』이 경經에 유익한 점이다. 대의大義를 거론하고 명분名分을 바로잡아서, 군자는 크게 바름에 거처해야 한다고 해석한 부류[28]는 『공양전』이 경經에 유익한 점이다. 환공桓公은 왕을 무시했다거나 정공定公은 올바름이 없다고 말한 부류[29]는 『곡량전』이 경經에 유익한 점이다.[30]

황택은 『좌씨전』이 사실에 뛰어나고 『공양전』·『곡량전』이 의리에 뛰어나므로

26) 趙汸, 『春秋師說』, 卷上, 「論三傳得失」.
27) 역자 주: 『좌씨전』 소공 31년에 "『春秋』書齊豹曰'盜', 三叛人名, 以懲不義, 數惡無禮, 其善志也. 故曰, 『春秋』之稱微而顯, 婉而辨"이라고 하여, 『춘추』의 기록 중에 세 명의 반역한 사람의 이름을 기록한 내용이 보인다. 襄公 21년, "邾婁庶其以漆閭丘來奔"; 昭公 5년,"莒牟夷以牟婁及防玆來奔"; 昭公 31년, "黑弓以濫來奔." 『좌씨전』에서는 이들의 지위가 미천한 대부였지만, 『춘추』에서 기록한 것은 그들의 불의를 징계하고 악행과 무례를 꾸짖은 것으로, 『춘추』에서 기록을 잘한 것이라고 해석하였다.
28) 역자 주: 『공양전』 은공 3년에 "君子大居正. 宋之禍, 宣公爲之也"라는 기록이 보인다.
29) 역자 주: 『곡량전』 환공 원년에 "桓無王, 其曰王, 何也, 謹始也"라는 기록과 정공 원년에 "不言正月, 定無正也, 定之無正, 何也, 昭公之終, 非正終也. 定之始, 非正始也, 昭無正終, 故定無正始, 不言卽位, 喪在外也"라는 기록이 보인다.
30) 趙汸, 『春秋師說』, 卷上, 「論三傳得失」.

삼전을 함께 채택할 것을 주장하였다. 황택은 또 삼전이 "성인과의 거리가 멀지 않기" 때문에 이것을 근거로 삼을 수 있는 이유라고 말했다. 그런데 당송시대 이후의 『춘추』 연구자들은 모두 이 이치를 회피하여 말하지 않고, "삼전은 높은 다락 위에 묶어놓고"[31], 도학가의 "마음으로 마음을 탐구한" 심오하고 텅 빈 것을 조술했으며, 심지어 "전傳을 버리고 경經을 탐구한" 논의까지 있었다. 이에 대해 황택은 그것은 모두 '허사虛辭'라고 비판하였다. 또한 『좌씨전』이 당나라 때 이르러 지극히 존중을 받았지만, 중당시대 이후로 『춘추』를 연구하는 자들 중에 『좌씨전』을 공격하는 사람이 많았다. 이에 대해 황택은 복고復古를 요지로 삼아서, 당송시대 춘추학을 '허사虛辭'라고 공격했으니, 이것은 진실로 그가 『좌씨전』의 기사를 중시하였기 때문이다. 이로써 알 수 있듯이, 황택은 『좌씨전』을 근거로 삼아서 송대 춘추학을 공격하였다.

황택은 단지 당송시대 춘추학만 부정한 것이 아니라, 심지어 한대 유학자들의 『춘추』 해석도 '허사虛辭'라고 지목하였다. 황택이 말했다.

> 동중서董仲舒가 『춘추』의 대의大義를 말한 것은 진실로 볼 만하지만, 나의 입장에서는 단지 허사虛辭로 볼 뿐이다. 동중서는 『공양전』을 배운 자이니, 어찌 『공양전』의 잘못을 고칠 수 있겠는가? 이미 『공양전』의 잘못을 고칠 수 없으므로 경經의 요지와도 또한 거리가 멀다. 말한 것이 비록 좋지만, 어찌 허사에 가깝지 않겠는가?[32]

동중서는 한대 유학자의 종주인데도 '허사'라는 비판을 면치 못하니, 하물며 한漢나라와 진晉나라 이후의 여러 학자들은 말할 필요가 있겠는가?

삼전三傳은 본래 장단점이 있는데, 공자가 『춘추』를 지은 이후에는 오직 맹자만이 성인의 요지를 얻었다. 맹자가 죽자 성인의 도가 밝혀지지 않았다는 것이 도학가들의

---

31) 역자 주: 韓愈의 『韓昌黎集』 권5 「古詩」의 '寄盧仝'이라는 시에 "『춘추』 삼전은 높은 다락 위에 묶어 놓고, 성인이 남긴 經만 끌어안고서 시종 연구한다"(『春秋』三傳束高閣, 獨抱遺經, 究終始)는 말이 보인다.
32) 趙汸, 『春秋師說』, 卷中, 「論漢唐宋諸儒得失」.

논리이다. 황택도 맹자를 추숭하여, 오직 맹자만이 『춘추』의 대의를 보았다고 주장했다. 도학가들은 맹자를 계승하여 성인의 도를 밝히고자 했으며, 황택도 맹자를 계승하여 『춘추』의 요지를 밝히고자 하였다.

맹자 이후 채택할 말한 『춘추』 해석은 오직 두예杜預와 진부량陳傅良 두 사람뿐이다. 황택·조방의 관점에서 보면, 두예는 오로지 『좌씨전』만을 연구하여 『춘추』를 해석했고, 진부량은 『좌씨전』을 위주로 하여 나머지 두 전을 함께 채택했는데, 대체로 『공양전』·『곡량전』의 장점을 가지고 『좌씨전』의 단점을 보완하였다. 그 요지는 황택·조방과 동일하다.

황택·조방은 또 정이程頤와 주희朱熹를 추숭했는데, 자신들의 춘추학이 정이·주희와 서로 통하기 때문이다. 정이·주희는 『춘추』의 전문적인 저술이 없었다. 따라서 황택은 자신의 춘추학이 정이·주희가 "하고자 했지만 미처 하지 못한" 일이므로 그들의 "끝내지 못한 일"을 보완하여 이은 것이라고 스스로 말했다. 사실 정이·주희의 『춘추』 이론은 서로 같지 않지만, 황택·조방은 두 사람의 학문을 구별하지 않은 듯하다. 또한 주자의 뜻을 계승하는 것을 자신들의 임무로 삼았다. 주자는 『춘추』를 사건을 기록한 책으로 여겼기 때문에 『좌씨전』을 신뢰하였다. 황택도 『좌씨전』을 존중하고 신뢰했지만, 또한 너무 지나쳤다. 황택이 말했다.

> 나의 어리석은 생각에 의하면, 『좌씨전』의 사실 기록은 온전히 믿어야 하지만, 사실보다 과장된 것과 의리가 잘못된 곳을 뺀 이후에야 『춘추』를 이야기할 수 있다. 이것은 간략하면서도 절실한 말이니, 만약 반신반의한다면 무익할 것이다.[33]

황택은 다음과 같이 생각했다. 두예는 경經을 억누르고 전傳을 펼쳤는데, 『좌씨전』을 지극히 존중하였다. 그러나 "그가 다른 사람보다 나은 점이 있다는 것을 보지 못한 것은 리학理學이 정밀하지 못하기 때문이다. 지금은 이정二程과 주희朱熹 등

---

33) 趙汸, 『春秋師說』, 卷下, 「論學『春秋』之要」.

여러 대학자들의 뒤에 살면서 리학理學이 밝게 드러나 있다. 만약 이러한 리학으로써 『춘추』를 공부하고, 거기에 더해서 좌구명과 두예의 공적을 이용한다면, 경經의 요지는 당연히 월등하게 밝혀질 것이다."[34] 이로써 알 수 있듯이, 황택은 정자와 주자의 리학을 가지고 『춘추』 연구를 보조했기 때문에 정자와 주자의 춘추학을 구별하지 않았다.

황택은 또 『춘추』를 연구하는 자들은 마땅히 한대와 송대의 학문을 함께 겸해야 한다고 말했다. 한대와 당대 사람들은 고고考古에 뛰어나서 일의 실질적인 실정을 이해했고, 송대 사람들은 의리에 뛰어나다. 만약 한대와 송대의 학문을 함께 채택할 수 있으면, 『춘추』의 도가 환하게 다시 밝혀질 것이다. 이러한 주장을 통해 황택·조방 춘추학의 지향을 더욱 분명하게 볼 수 있다.

황택이 『좌씨전』을 중시한 것은 『좌씨전』이 당시의 일의 실정을 잘 파악했기 때문이다. 그런데 만약 일의 실정을 잘 파악하지 못했더라도 황택은 또 '최상의 진리로 향해 가는 공부'가 있다고 주장함으로써 일의 실정을 추론하고자 하였다. 이에 대해 황택은 스스로 다음과 같이 자부하였다. "내가 『춘추』를 추론하는 것은 마치 일력日曆을 추산해서 따지는 것과 같으니, 조금이라고 어긋나거나 틀려서는 안 된다. 끝까지 추론하면 자연스럽게 성인의 마음을 볼 수 있다. 그렇지만 끝까지 추론할 수 없는 것도 있으니, 그것은 깨우쳐서 알아야 한다. 예를 들어 제齊나라 환공桓公 자규子糾의 일은 깨닫지 못하면 본받을 수 없고, 본받을 수 없으면 끝내 이치가 막히게 된다."[35] 이로써 알 수 있듯이, 황택의 학문은 정주程朱 심성心性의 학문에서 터득한 점이 있다.

그런데 황택은 주자를 비평하기도 했는데, 단지 드러내놓고 말하지 않았을 뿐이다. 예를 들어 주자는 학자들의 전주傳注를 믿지 않았는데, 황택은 다음과 같이 비판했다.

---

34) 趙汸, 『春秋師說』, 卷下, 「論學『春秋』之要」.
35) 趙汸, 『春秋師說』, 卷中, 「論漢唐宋儒得失」.

회암晦庵 선생은 학자들의 전주傳注를 믿지 않고, 또한 『춘추』는 설명하기 어려워서 이 경전을 해석하지 않기로 마음을 정했다고 스스로 말했다. 나의 어리석은 생각으로는 다양한 이론들이 잡다하고 혼란스러워서 믿기 어렵기 때문에 진실로 회암의 말과 같다고 생각한다. 그러나 만약 결코 통할 수 없다고 생각한다면 그것은 또한 너무 지나치다. 단점 중에서 장점을 취하면 통하지 않은 적이 없었다.[36]

또한 주자는 『춘추』가 실록實錄이라고 주장하고, 포폄褒貶의 이론을 반대했는데, 황택은 사실 그러한 주장을 만족스럽게 생각하지는 않았다. 그래도 곡진하게 주자를 위해 비판을 피하고, 주자가 "여러 학자들의 잘못을 바로잡는 것"에 지나지 않는다고 생각했다.[37]

제3절 사법史法과 서법書法

전한前漢시대의 박사들은 처음에는 공자의 『춘추』와 좌구명의 책을 구별하였다. 진晉나라의 왕접王接에 이르러, 『좌씨전』은 말과 의리가 매우 풍부하여 그 자체로 일가의 책이지, 경문을 드러내 밝히는 것을 위주로 한 것이 아니라고 주장하였다. 당唐나라 대력大曆 연간에 조광趙匡이 "좌씨左氏는 구명丘明이 아니다"는 주장을 제기하였다. 이것은 모두 『좌씨전』이 경經을 해석한 책이 아니라고 여긴 것이다.

그런데 유흠劉歆 이후로 고문가들은 항상 『좌씨전』이 『춘추』의 전傳이라고 여겨서, 경문經文을 나누어 거기에 전문傳文을 부기하고, 범례凡例를 증설하여 『좌씨전』을 경經으로 세우려고 하였다. 당나라 초기에 공영달孔穎達이 칙령을 받들어 『오경정의五經正義』를 찬수했는데, 삼전三傳 중에서 오직 『좌씨전』만을 채택하여 정의正義로 삼았다. 이때 『좌씨전』에 대한 존중이 또한 최고조에 이르렀다. 비록 그렇기는

---

36) 趙汸, 『春秋師說』, 卷下, 「論學『春秋』之要」.
37) 趙汸, 『春秋師說』, 卷中, 「論漢唐宋諸儒得失」.

하지만, 그 당시에도 어떤 학자들, 예를 들어 유지기劉知幾는 자신의 저서인 『사통史通』에서 『춘추』와 『좌씨전』을 별도의 두 가지 책으로 구별했는데, 『좌씨전』을 역사서로 간주한 것이다.

송대 이후 주자를 대표로 하여 『춘추』는 사실 기록이라고 주장했는데, 이것도 또한 『춘추』를 역사서로 간주한 것이다. 이러한 흐름은 모두 황택黃澤과 조방趙汸이 경經과 사史를 구별한 근원이 된다. 따라서 황택과 조방은 삼전을 모두 공부의 귀결처로 여겼으며, 삼전 중에서도 『좌씨전』을 우선으로 삼았다. 좌씨는 국사國史를 직접 보았고, 그 기사는 명확하게 근거로 삼을 수 있기 때문에 성인의 요지를 구하고자 한다면 마땅히 역사적 사실로부터 미루어서 탐구해야 한다는 것이다.

황택은 경經과 사史가 같지 않다는 것을 다음과 같이 논했다.

> 『춘추』를 공부할 때는 『좌씨전』과 국사國史의 사실을 고증하는 것을 위주로 해야 한다. 그런 이후에 서법書法을 탐구할 수 있다. 사실을 고증했는데도 서법을 이해할 수 없는 경우도 여전히 있지만, 사실을 고증하지 않고서 서법을 이해할 수 있는 경우는 없다.[38]

그런데 사관史官의 역사 기록은 본래 기록의 방법이 있으며, 그것이 곧 사법史法이다. 황택이 말했다.

> 『춘추』를 말할 때는 반드시 역사가가 기록하는 방법을 함께 살펴야 하며, 오로지 경문만을 근거로 삼아서는 안 된다. 만약 오로지 경문만을 근거로 삼는다면 '항나라를 멸망시켰다'(滅項, 희공 17년)와 같은 부류를 어떻게 이해할 수 있겠는가?[39]

이 말에 근거하면, 두예가 주공周公이 드러낸 '50개의 범례'(五十凡)라고 말한

---

38) 趙汸, 『春秋師說』, 卷下, 「論學『春秋』之本」.
39) 趙汸, 『春秋師說』, 卷上, 「論魯史策書遺法」.

것은 단지 『춘추』의 사법史法에 지나지 않는다. 그런데 춘추시대에 예악이 붕괴되고, "부고赴告와 책서策書, 모든 기주記注가 대부분 옛 법도와 어긋났다." 이때 사관의 역사 기록은 주공周公의 법을 반드시 모두 따를 수가 없었기 때문에 오직 그 일을 있는 그대로 기록할 뿐이었다. 이러한 사관의 사법史法은 공자가 노나라 역사서를 필삭한 서법書法과는 결코 같지 않다.

황택은 두예를 특히 존중하였다. 역대의 공양가들 중에서 『좌씨전』을 공격한 자들은 『공양전』은 경經이고 『좌씨전』은 사史라고 강조하였다. 따라서 유흠 이후로 좌씨학자들은 모두 『좌씨전』의 서법書法을 증설함으로써 『좌씨전』을 경經으로 만들었다. 두예에 이르러 『좌씨전』의 예例를 주공이 지은 것으로 여겼다. 공자는 옛 법도를 그대로 따랐기 때문에 공자의 서법은 주공이 범례로 드러낸 정례正例와 비교하면 단지 변례變例일 뿐이라고 주장하였다. 진실로 이와 같다면, 『좌씨전』의 예例는 공자의 예例보다 더 높은 위치를 차지하게 된다. 황택에 이르러, 공양가처럼 경經과 사史를 나누는 것을 위주로 하였을 뿐만 아니라, 또한 두예의 『좌씨전』에서 예例를 말한 요지를 취하였다. 비록 『좌씨전』을 경經으로 삼기는 했지만, 『좌씨전』은 역사 기록에 뛰어나고, 그 예例는 노나라 사관의 사책史策에 보이는 옛날의 예例, 즉 사관이 계승한 사법史法을 답습한 것이다. 그렇지만 이 예例가 주공으로부터 나왔는지의 여부는 알 수 없다. 또한 공자가 필삭한 『춘추』를 경經으로 삼았으므로 그 자체로 성인의 서법書法이 있기는 하지만, 이 서법이 『공양전』의 예例와 같은지의 여부도 알 수 없다고 말했다.

그 후에 조방이 황택의 뜻을 기술하여 『춘추속사春秋屬辭』를 저술하여, 『좌씨전』에 포함된 15개의 책서策書의 예例를 발굴하였다. 조방이 말했다. "내가 젊을 때부터 자중資中의 초망楚望 황 선생이 오경의 요지를 논한 것을 들었는데, 『춘추』에 대해 서법을 탐구하는 것을 우선으로 삼았다. 노나라 역사서의 서법이 있고 성인의 서법이 있기 때문에 그 오묘한 이치는 배우는 자가 스스로 생각하여 이해해야만 곧 좋은 것이다."40)

『좌씨전』의 기사에 예例가 있는지의 여부는 사실상 알 수가 없다. 유흠이 범례를 증설한 것을 시작으로, 역대로 좌씨학자들 중에서 그의 뒤를 이어서 범례를 일삼지 않는 자가 없었다. 두예에 이르러서, '50개의 범례'를 『좌씨전』의 예例로 삼았는데, 그로 인해서 예例가 갖추어졌다고 말할 수 있으며, 『좌씨전』의 경전 해석은 바로 여기로부터 나온 것이다. 그런데 황택·조방의 시각에서 보면, 두예의 공적은 "사관의 예(史例)에 대해 추론한 것이 매우 상세한 것"에 있으며, 그 잘못은 "사법史法을 경문의 서법書法으로 여긴 것"에 있다. 그런데 『공양전』·『곡량전』은 성인의 필삭의 법칙을 밝히고, 경經과 사史를 엄격하게 변별했는데, 그 폐단은 『춘추』의 기사도 또한 사법史法이 있다는 것을 알지 못한 데 있다. 진부량陳傅良에 이르러, 삼전三傳을 합쳐서 예例를 논했다. 그 공적이 매우 크다고 말할 수 있으며, 그 결과 황택과 조방에게 존중을 받았다.

그런데 진부량도 또한 사법史法과 서법書法을 구분하지 못했기 때문에 황택과 조방은 서법과 사법의 차이에 대해 다음과 같이 논했다.

> 역사서의 기사는 사실을 따라서 기록하더라도 시비是非가 저절로 드러난다. 비록 숨기고 피하더라도 시비는 또한 끝내 존재한다. 공자의 『춘추』는 대부분 옛 역사서를 근거로 삼았으니, 시비는 또한 역사서와 같다. 다만 은미하게 옛 역사서를 고친 곳이 있으니, 애당초 성인이 뜻을 기울였기 때문에 그런 것이며, 또한 단지 옛 문장을 사용했을 뿐인데도 저절로 의미가 있는 경우도 있다. 대체로 성인은 포폄을 하지 않은 적이 없지만, 후세 여러 학자들의 논의처럼 자잘하게 일마다 상세함을 구하는 데까지는 이르지 않았다. 맹자가 말했다. "그 의리는 내가 잠시 취했다."[41]

이 말에 근거하면, 황택은 옛 역사서에는 본래 주공이 남긴 법이 있다고 여긴 것이다. 그는 또 말했다.

---

40) 趙汸, 『春秋集傳』, 「原序」.
41) 趙汸, 『春秋師說』, 卷上, 「論『春秋』述作本旨」.

『춘추』 이전에는 예법禮法이 폐기되지 않았기 때문에 사관이 기록한 것은 단지 임금의 즉위, 임금의 죽음과 장례, 부인을 맞이하는 일, 부인의 죽음과 장례, 대부의 죽음, 풍년과 흉년, 천시天時의 변고, 교묘郊廟의 예법, 제후의 죽음과 장례, 교제와 빙문, 회합과 조회 등뿐이었다. 단지 이와 같았을 뿐이며, 나라를 정벌하거나 성을 포위하는 일, 어떤 나라나 어떤 읍을 침입하는 일이 없었다. 그 후에 예법이 붕괴되자, 사법史法이 처음으로 혼란스럽게 되었으니, 예를 들어 은공 원년에 은공이 주루나라와 맹약한 일(公及邾婁儀父盟于眛), 송나라와 맹약한 일(及宋人盟于宿), 공자 익사가 죽은 일(公子益師卒)을 기록한 것을 제외하고, 그 나머지는 모두 예법을 잃은 일이다. 예를 들어 즉위를 기록하지 않은 것(元年, 春, 王正月)은 노나라의 선군先君이 예법을 잃어버려서 노나라에 난리가 일어난 근본 원인이 되었고, 정鄭나라 임금이 단段을 이긴 것(鄭伯克段于鄢)은 형이 형답지 않고 아우가 아우답지 않은 것이며, 천왕이 중자仲子의 부의 물품을 보낸 것(天王使宰咺來歸惠公仲子之賵)은 예법을 잃어버린 것이 분명하며, 채백祭伯이 왔을 때는 사신(使)이라고 말하지 않았다(祭伯來). 은공 1년 전체가 이와 같으니, 242년이 어떠했는지 알 수 있다. 이와 같은데, 공자의 『춘추』가 어찌 지어지지 않을 수 있겠는가?[42]

"예법禮法이 붕괴되자 사법史法이 처음으로 혼란스럽게 되었다", 이것이 공자가 『춘추』를 지은 이유이며, 공자의 서법書法과 주공의 사법史法의 차이는 바로 여기에 있다. 다만 피석서는 그 주장이 육순陸淳・유종원柳宗元 등의 이론과 같으며, 두예의 이론에 빠져서, '반은 밝고 반은 어두운' 이러한 논리가 생기게 되었다고 여겼다.

조방이 말했다.

옛날 열국에는 모두 사관史官이 있어서 한 나라의 일을 기록하는 것을 관장했다. 『춘추』는 노나라 사관의 사책策書이다. (어떤) 일을 기록할지의 여부는 주공周公이 남긴 법도에 따르니, 태사씨太史氏가 그것을 관장했으며, 사람들이 의론할 수 있는 것이 아니었다. 내가 노나라의 사구司寇인데, 어느 날 태사씨의 직책을 맡아서

---

42) 皮錫瑞의 『經學通論・春秋通論』에서 재인용.

사책史策을 손질한다면, 노나라의 군신들이 그 의도에 의혹을 품지 않을 수 있겠는 가? 그렇다면 장차 어떻게 해야 하는가? 대체로 사관이 기록한 내용 중에서는 내가 기록한 것도 있고 삭제한 것도 있지만, 사관이 기록하지 않은 내용은 내가 더해 넣지 않는다. 따라서 "그 문장은 사관의 글이다"(其文則史)라고 말한 것이니, 사관은 사실의 기록을 주관할 뿐이다. 『춘추』의 뜻은 난리를 바로잡는 데 두었으니, 기록할 것은 기록하고 삭제할 것은 삭제했기 때문에 자유와 자하가 한마디도 거들지 못했고, 사관이 미칠 바가 아니다. 따라서 "그 의리는 내가 잠시 취했다"고 말한 것이다. 이것이 『춘추』가 제작된 원리이다.[43]

대체로 "사관의 기사는 사실을 따라 기록하더라도 시비是非가 저절로 드러난다" 는 것은 주자가 『춘추』에 대해 말한 것이다. 그런데 황택 · 조방은 공자가 『춘추』의 사법史法을 근거로 삼았고, 또 『춘추』를 빌어서 난리를 바로잡으면서 별도의 뜻을 가지고 있었다고 말했다. 주자는 또 『춘추』는 포폄襃貶의 책이 아니라고 말했다. 그런데 황택은 "성인은 포폄을 하지 않은 적이 없다"고 말했고, 조방은 "성인은 의론하되 변별하지 않으니, 시비是非를 따지는 마음을 사람마다 모두 가지고 있기 때문이다. 좋은 일인데 기록으로 드러내면 칭찬(襃)이 되고, 나쁜 일인데 기록으로 드러내면 비판(貶)이 된다. 그 포폄襃貶은 천만 년 동안 사람 마음속의 공정함을 가지고 판단하는 것일 뿐, 성인이 어찌 마음에 두겠는가!"[44] 이것은 황택 · 조방이 주자와 다른 점이다.

다만 황택은 또 경經과 사史를 분별한 자신의 논의가 주자에게 얻은 것이 많다고 말했다. 황택은 생각하기를, 주자가 이미 『좌씨전』이 "일을 고찰한 것이 매우 정밀하 다"고 믿었지만, 또한 『좌씨전』은 사학史學이고 『공양전』 · 『곡량전』은 경학經學이라 고 여겼다는 것이다. 이것이 바로 황택 · 조방이 근본으로 삼는 것이다.

사법史法과 서법書法은 같지 않기 때문에 사법史法을 통해서 『춘추』를 탐구해서는

---

43) 趙汸, 『春秋集傳』, 「原序」.
44) 趙汸, 『春秋集傳』, 「原序」.

안 된다. 지금 『춘추』를 연구하는 자들은 대체로 『춘추』를 역사서로 지목하고, 대체로 사법史法으로 『춘추』를 탐구하기 때문에 『춘추』를 폄하하는 것이 극에 이르렀다. 이에 대해 황택이 말했다.

공자의 『춘추』는 사법史法으로써 보아서는 안 된다. 후세에 역사서를 짓는 자들은 단지 사법만을 사용해야지 성인을 모방해서는 안 된다. 마음속에 헤아리는 것이 성인만 못하니, 여탈予奪의 판단이 올바름을 얻을 수 없다. 따라서 역사서를 짓는 것은 오직 있는 그대로 기록하는 것을 역사서의 체제를 얻은 것으로 여겨야 한다. 공자의 『춘추』는 단지 242년의 일을 빌어서 천하에 대경대법大經大法을 보여 주었기 때문에 사법으로써 그것을 보아서는 안 된다. 혜공惠公 이전의 춘추시대는 전례典禮에 부합하지 않은 것이 여전히 적었다. 따라서 공자가 혜공에서 끊어서 그 이후로 기록한 것은 난리를 바로잡기 위해서이다.[45]

춘추시대에 위로 천자로부터 아래로 사士와 서인庶人에 이르기까지, 그 말이나 행동이 대부분 전례典禮에 부합되지 않았다. 따라서 사관이 비록 그 일을 있는 그대로 기록하더라도 선악이 저절로 드러나도록 할 수 있었다. 그런데 공자는 『춘추』를 지어서, 난세를 바로잡아서 올바른 데로 되돌림으로써 "천하에 대경대법大經大法을 보여 주었으니", 이것은 사관이 할 수 있는 일이 아니다. 따라서 난리를 바로잡은 『춘추』의 요지를 탐구하려고 한다면, 마땅히 성인의 서법書法을 가지고 그것을 탐구해야 한다.

이 때문에 공자가 『춘추』를 지을 때의 서법書法은 당연히 사법史法과 다를 수밖에 없다. 조방이 말했다.

『좌씨전』은 역사를 보았기 때문에 거기에서 드러낸 것은 모두 사례史例이다. 따라서 항상 역사를 위주로 경經을 해석하므로 필삭筆削에 의리가 있다는 것을 모른다.

---

45) 趙汸, 『春秋師說』, 卷上, 「論魯史策書遺法」.

『공양전』·『곡량전』은 경經을 보았기 때문에 거기에서 전한 것은 그래도 없어진 경經의 의리가 있다. 따라서 경經에 근거하여 의리를 만들었기 때문에 그 문장이 사관의 글이라는 것을 모른다. 후세 학자들의 삼전三傳 연구는 스승으로부터 계승한 것이 없었기 때문에 『좌씨전』을 위주로 하면 『공양전』·『곡량전』을 비난했고, 『공양전』·『곡량전』을 위주로 하면 『좌씨전』을 비난했으니, 둘은 서로 통일되지 못하였다.46)

춘추시대 이전에는 사관史官이 주공周公이 남긴 법을 지켜서 그 일을 기재할 수 있었다. 그러나 춘추시대 이후에는 "왕정王政의 기강이 없어진 이후에 기괴하고 허황된 일이 수없이 발생하였고, 부모와 임금을 시해하는 경우도 있었다. 기강과 법도가 모두 완전히 없어져 버렸다. 경계를 이미 넘어서자, 옛날에 합치되는 것이 하나도 없었기 때문에 마침내 사법史法으로써 기재하는 것이 어렵게 되었다. 따라서 공자는 사법으로써 난세의 일을 기재할 수 없다고 여겼기 때문에 별도로 서법書法을 만들어 그 일을 기재한 것이다.

이 때문에 황택은 경經과 사史의 변별을 더욱 중시했으며, 이것이 아니면 『춘추』를 이해할 수 없다고 여겼다. 황택이 말했다.

『춘추』는 본래 경經이지만, 본래 일을 기록한 것이기도 하기 때문에 또한 먼저 역사로부터 보아야 한다. 이와 같이 말하는 이유는 사람들에게 일의 실정을 고찰하여 서법書法을 미루어 비교하도록 하고자 하는 것이다. 일의 실정이 이해되고 서법이 밝혀진 이후에야 무엇 때문에 그것을 경經이라고 말하는지, 무엇 때문에 사史라고 말하는지 분별할 수 있다. 경經과 사史의 분별이 결정되면 『춘추』를 비로소 이해할 수 있다.47)

이로써 알 수 있듯이, 공자의 『춘추』라는 책은 그 속에 이미 일을 기록한

---

46) 趙汸, 『春秋集傳』, 「自序」.
47) 趙汸, 『春秋師說』, 卷下, 「論學『春秋』之要」.

사관의 사법史法이 있고, 또 성인의 마음으로 홀로 재단한 서법書法이 있으므로 마땅히 이 두 가지를 함께 보아야 한다. 황택이 또 말했다.

먼저 사법史法을 깨달은 이후에 서법書法을 탐구할 수 있다. 사법은 정밀하고 정통해야 하며, 서법은 자세하고 소상하게 살펴야 하니, 그 중간에서 합치점을 구해야 한다.[48]

황택·조방이 『좌씨전』을 위주로 한 것은 그 기사가 상세하기 때문이다. 먼저 사법을 깨우친 이후에 서법을 탐구해야 한다. 그런데 성인이 옛 역사서를 필삭한 뜻은 『좌씨전』을 통해 다 알 수 있는 것이 아니므로 마땅히 서법으로부터 미루어 연구해야 한다. 다만 『공양전』·『곡량전』은 본래 서법에 상세하지만, 일의 실정을 고찰해 볼 수는 없으므로 그 서법도 또한 반드시 모두 옳다고 할 수 없다. 따라서 황택·조방은 삼전을 함께 채택해야만 비로소 성인이 필삭한 요지를 밝힐 수 있다고 주장하였다. 황택이 말했다.

『춘추』의 서법은 전후 기록의 같고 다름, 상세함과 생략됨을 고찰함으로써 성인이 필삭한 요지를 보아야 한다. 일이 같은데도 서법이 다르고, 서법이 같은데도 일이 다른 것이 바로 성인이 특별히 기록한 곳이다.[49]

황택은 서법書法을 중시했기 때문에 그의 『춘추』 연구는 예例를 사용하지 않을 수 없었다. 후한시대 이후로 『좌씨전』을 연구한 자들은 『공양전』·『곡량전』을 모방했기 때문에 또한 예例를 가지고 경經을 탐구하였다. 그 후에 왕접王接·조광趙匡의 무리들이 비록 경經·사史로써 『공양전』·『곡량전』과 『좌씨전』을 구별했지만, 결국은 단지 『공양전』·『곡량전』은 성인의 은미한 뜻을 전했고, 『좌씨전』은 다만 그 사실을

---

48) 趙汸, 『春秋師說』, 卷下, 「論學『春秋』之要」.
49) 趙汸, 『春秋師說』, 卷下, 「論學『春秋』之要」.

기록한 것이라고 주장했을 뿐이다. 황택·조방의 무리들은 양쪽을 모두 옳다고 여겼다. 한편으로는 『좌씨전』을 일을 기록한 책으로 여겼지만 그 기사에는 또한 예例가 있으니, 그것이 바로 사법史法이라고 생각했다. 다른 한편으로는 『공양전』·『곡량전』은 필삭의 체제라고 여겼으니, 비록 일의 실정에는 단점이 있지만 성인과의 거리가 멀지 않다고 생각했다. 황택·조방은 『좌씨전』과 『공양전』·『곡량전』을 보호하고자 했으므로 삼전을 똑같이 성인의 경전을 보좌하는 책으로 여겼다. 이 주장은 비록 어느 쪽도 편들지는 않았지만, 그 실마리는 사실상 왕접·조광의 주장에 근본하며, 심지어 멀리 전한시대 박사들이 경經·사史를 구별한 논의까지 거슬러 올라간다. 이것은 이후 청대 공양가들이 즐겨 말하는 주제가 되었다.

또한 당송시대 이후로, 『춘추』를 연구한 많은 학자들은 대부분 예例를 사용하지 않았는데, 이에 대해 황택은 다음과 같이 생각했다. 진실로 이 논의와 같다면, 공자가 『춘추』를 지은 것은 단지 "일에 따라서 기록한 것"일 뿐이며, "단지 지금 사람들이 일기 장부를 기록하는 것과 같으니, 무슨 의의가 있겠는가?"[50] 극단적으로 말하면, 그것은 단지 왕안석王安石의 '단란조보斷爛朝報'의 주장에 지나지 않는다. 황택의 이 논의는 당송시대 이래 춘추학에 대한 전면적인 반동이며, 그 중에서도 특히 "선악善惡이 저절로 드러난다"는 주자의 주장을 겨냥한 것이다. 따라서 사람을 크게 깨우쳐 주는 논의이며, 대단히 큰 기백이 없으면 할 수 없는 일이다.

제4절 속사비사屬辭比事와 『춘추』의 예例

황택·조방은 경經과 사史의 분리를 주장하였다. 사史는 사법史法이 있고, 경經은 서법書法이 있는데, 모두 예例이다. 따라서 『춘추』의 요지를 탐구하고자 한다면 마땅히 예例로써 경經을 탐구해야 한다. 『좌씨전』은 국사國史로부터 나왔기 때문에

---

50) 趙汸, 『春秋師說』, 卷上, 「論『春秋』述作本旨」.

일의 실정을 잘 기록하고 있다. 그러나 그 기사는 또한 그 자체로 법칙이 있는데, 단지 이 사법에만 의거한다면 실로 『춘추』를 다 이해하기는 부족하다. 따라서 황택·조방은 또한 『공양전』·『곡량전』의 이론을 사용하였다. 성인이 지은 『춘추』는 사관이 일을 기록하는 체제와는 같지 않아서, 혹은 기록하고 혹은 삭제했으니, 이것이 바로 성인의 서법이다. 이로써 알 수 있듯이, 황택·조방이 말한 예例는 삼전을 겸해서 말한 것이니, 사관이 일을 기록한 사례史例도 있고, 성인이 필삭한 경례經例도 있다.

조방은 『춘추속사春秋屬辭』를 지었는데, "두예의 『춘추석례春秋釋例』와 진부량의 『춘추후전春秋後傳』을 근본으로 삼았지만, 또한 보충하고 바로잡은 것이 많다."[51] 중당시대 이후로 『춘추』를 연구한 자들은 대부분 예例를 숭상하지 않았으며, 이러한 풍조는 송나라 학자들이 더욱 심했다. 『좌씨전』의 사법史法은 조방이 말한 '책서의 예'(策書之例)로, 두예의 '50개의 범례'(五十凡)와 같다. 『춘추속사』는 그 예를 총괄하여 15개를 두었으니, 곧 노나라 역사서에 기록된 옛 문장의 사법史法이다. 성인은 또한 노나라 역사서의 옛 문장을 근거로 하여, 필삭을 가함으로써 왕王의 뜻을 드러냈다. 즉 사례史例 이외에 또 경례經例가 있으니, 이것이 바로 『춘추』의 서법書法이다.

조방은 '문장을 모아서 연결하고 사례를 비교하는 형식'(屬辭比事)을 가지고 『춘추』의 경례經例를 소통시켰다. 이른바 속사비사는 『예기』에서 인용한 공자의 말에서 "속사비사는 『춘추』의 가르침이다"[52]라고 하였다. 옛날에 '비례比例'라는 말이 있었으며, 속사비사가 곧 비례이다. 『한서』「형법지」의 안사고의 주에서 "비比는 예例를 가지고 서로 비유하는 것이다"라고 했고, 『후한서』「진총전陳寵傳」의 주에서 "비比는

---

51) 『四庫全書總目提要』, 「經部·春秋類 三」, '春秋屬辭' 조목.
52) 『禮記』, 「經解」.
　　역자 주: 『예기정의』에 의하면, "屬은 合의 의미로, 『춘추』에는 제후의 朝聘이나 會盟 등의 기록이 많은데, 서로 연결되어 있는 말이 있다"고 하였다. 즉 '事'는 『춘추』에 기록된 일이나 사건을 말하고, '辭'는 그러한 일이나 사건을 연결하는 기록법을 의미한다. 따라서 '속사비사'는 『춘추』의 기록법을 모아서 일이나 사건을 비교하여 『춘추』의 의리를 밝히는 일종의 『춘추』 해석 방식이다.

예(例)이다"라고 했다. 『춘추』는 문장이 간단하고 뜻이 복잡하기 때문에 만약 비례比例로써 소통시키지 않으면, 반드시 사람마다 각각 주장을 다르게 하여 크게 혼란스러워지기 때문에 그 뜻을 이해할 수 없게 된다. 따라서 『예기』「경해」에서는 또 "『춘추』의 단점은 혼란스러움이다"라고 했으니, 비례가 없으면 혼란스럽게 되는 것이다. 황택·조방의 무리들은 모두 "서법書法의 탐구가 우선이다"라고 여겨서, 『춘추』 연구의 요점은 여기에 있다고 주장하였다. 따라서 『좌씨전』에 있는 사법史法 이외에, 성인이 옛 역사서를 필삭한 서법書法을 더욱 중시하였다. 조방의 『춘추집전春秋集傳』「서문」에 의하면, 성인의 서법은 8가지가 있다.

첫째, 책서策書의 큰 체제를 보존하는 것이다. 서주시대에 아직 천하가 혼란하지 않았을 때, 사관史官이 사책史策에 기록한 것은 단지 임금의 즉위, 부인을 맞이하는 것, 조회와 빙문, 회합과 화동, 붕崩·홍薨·졸卒·장葬 등 죽음과 관련된 일, 화복禍福과 고명誥命, 우雩·사社·체禘·상嘗 등 제사와 관련된 일, 사냥과 성城의 축성, 그리고 예법에 맞지 않는 일과 때에 맞지 않는 일, 재이災異와 상서慶祥의 감응 등과 같은 부류이다. 그리고 한 국가의 기강의 본말이 대략 갖추어져 있었기 때문에 선악善惡도 또한 그 가운데에 있었다. 그러나 주나라가 동쪽으로 천도한 이후, 왕실이 더욱 미약해지자 제후들이 배반하고 패업도 쇠퇴했으며, 외국의 변방 오랑캐가 제멋대로 설치고 대부가 정권을 독점하고 배신陪臣이 제멋대로 명을 내렸다. 이에 나라를 정벌하거나 나라를 멸망시키는 일, 포위와 침입, 수도를 옮기거나 읍을 탈취하는 일 등의 화가 번갈아 일어났으며, 임금을 시해하고 대부를 죽이는 일, 도망치고 쫓아내거나 다른 나라의 임금을 들여놓는 등의 변고가 계속 이어졌기 때문에 책서策書의 일상적인 법칙만으로는 당시 선악의 실정을 다 기록할 수가 없었다. 따라서 공자가 은공隱公 이전까지 끊고 은공부터 기록하거나 삭제함으로써 자신의 발란반정撥亂反正의 뜻을 담아 두었다. 이른바 책서策書의 큰 체제는 한 국가의 본말을 갖춘 것이 모두 기록되고 삭제한 것이 없기 때문에 노나라의 일정한 정사政事가 없어지지 않도록 하였다. 따라서 공자가 비록 『춘추』를 지었지만, 책서의 큰 체제를 보존하지 않을 수 없었으니, 이것은 곧 공자가 보존해 둔 옛 역사서의 법칙이다. 이 때문에 후세에 『춘추』를 고찰하는 자들은 그 속에 있는 사법史法도 마땅히 주목해야 하니, 그것이 곧 『좌씨전』의 장점이다.

둘째, 필삭筆削을 빌어 권력을 행하는 것이다. 공자는 주나라가 쇠퇴한 때를 만나서 난리를 바로잡는 데 뜻을 두었다. 그러나 덕은 있었지만 지위가 없었기 때문에 불안하고 다급하여 열국을 분주하게 돌아다녔다. 결국 그 뜻이 당세에 행해지지 않을 것을 알고서 『춘추』를 지어 그 발란撥亂의 뜻을 담아둔 것이다. 공자는 비록 국사國史를 볼 수 있어서 『춘추』를 지을 때 책서策書의 큰 체제를 답습하기는 했지만, 또한 국사에는 일정한 체제가 있어서 별도의 문장을 붙여서 기록할 수가 없었다. 따라서 국사國史에 기록된 것과 기록되지 않은 것을 빌어서 그 뜻을 서로 드러냈다. 즉 기록된 것은 기록하고, 기록되지 않은 것은 삭제하니, 이것이 곧 필삭을 빌어서 성인의 권력을 행한 것이다. 조방은 필삭의 예例가 세 가지가 있다고 했다. 불서不書, 변문變文, 특필特筆이다. 그 중에서 불서不書의 의리는 다섯 가지가 있다. 첫째, 같은 것을 생략함으로써 다른 것을 드러내는 것이다. 임금이 외부로 행차했다가 돌아왔을 때는 돌아왔다(至)는 것을 기록하지 않는 부류53) 이다. 둘째, 일정한 것을 생략함으로써 바뀐 것을 밝히는 것이다. 정월正月 삭일朔日에 종묘에 제사를 지내지 않은 이유를 해석한 것54)이나, 노나라에서 시집간 여인이 친정 부모님을 문안하러 노나라에 오는 알55)과 같은 부류이다. 셋째, 저것을 생략함으

---

53) 역자 주: 『춘추』 환공 2년, "겨울, 환공이 당에서 돌아왔다"(冬, 公至自唐)는 기사에 대해, 『좌씨전』에서 "종묘에 고한 것이다. 범례에 의하면, 임금이 출행할 때에 종묘에 아뢰고, 출행에서 돌아옴에 종묘에 아뢰고서 술을 마시고, 술잔을 내려놓음에 공훈을 사책에 기록하는 것이 예이다"(告于廟也. 凡公行, 告于宗廟, 反行, 飮至, 舍爵, 策勳焉, 禮也)고 풀이했다.

54) 역자 주: 『춘추』 양공 29년, "봄, 왕의 정월, 양공이 초나라에 있었다"(春, 王正月, 公在楚)는 기사에 대해, 『좌씨전』에서 "정월 삭일에 종묘에 제사를 지내지 않은 이유를 해석한 것이다"(釋不朝正於廟)고 풀이했다.

55) 역자 주: 『춘추』 장공 27년, "겨울, 기나라로 시집간 백희가 왔다"(冬, 杞伯姬來)는 기사에 대해, 『좌씨전』에서 "부모에게 문안을 온 歸寧이다. 범례에 의하면, 제후의 딸이 귀녕하는 것을 '왔다'(來)라고 하고, 쫓겨 나온 것을 '돌아왔다'(來歸)고 한다"고 풀이했다.

로써 이것을 드러내는 것이다. 시집간 여인이 쫓겨서 돌아온 일(來歸)56)에 의미를 부여했다면 그녀가 시집간 일(歸)을 기록하지 않거나, 외국으로 도망친 일(出奔)에 의미를 부여했다면 그를 죽인 일(殺)을 기록하지 않는 부류가 그것이다. 넷째, 옳은 것을 생략함으로써 그른 것을 드러내는 것이다. 죄가 있는 자를 죽인 것은 모두 기록하지 않고, 물러났던 임금을 다시 왕위로 복귀시키는 일에 진력하는 것은 기록하지 않는 종류가 그것이다. 다섯째, 가벼운 것을 생략함으로써 무거운 것을 밝히는 것이다. 천하의 큰 변고와 관계되는 것이 아니면 모두 기록하지는 않는 것이 그것이다.57) 이것은 공자가 기록하지 않는 불서不書의 서법으로 삼은 것이다. 공자가 『춘추』를 지어서 친히 『춘추』를 전수하여 사관에게 주고 뛰어난 제자에게 주었다. 비록 그렇지만, 『좌씨전』에서는 여전히 성인에게 불서不書의 서법이 있다는 것을 몰랐다. 『공양전』·『곡량전』은 매번 불서不書한 이유를 묻는 질문을 두었는데, 『춘추』를 공부하는 요점은 이해했지만 고증하지는 못했다. 조방은 근세에 『춘추』를 말하는 자들 중에 오직 주자만이 『춘추』에 불서不書의 법칙이 있다는 것을 알았고, 또 영가永嘉의 진부량은 "경전經傳을 참고하고 살펴서, 그 기록한 것으로써 기록하지 않은 것을 미루어 보고, 그 기록하지 않은 것으로써 그 기록한 것을 미루어 본 자"이므로 『춘추』의 불서不書의 뜻을 이해한 것이다.

셋째, 문장을 바꾸어 의리를 드러내는 것이다. 이것도 공자의 필삭의 예例이다. 『춘추집전春秋集傳』 「서문」에서 말했다. "『춘추』는 비록 기록한 것도 있고 삭제한 것도 있지만, 기록한 것은 모두 주인主人 즉 당사자의 말(辭)을 따른 것이다. 그러나 일이 같은데도 문장이 다른 경우도 있고, 문장이 같은데도 일이 다른 경우도 있으니, 여탈予奪의 판단이 나타나지 않고 시비是非가 드러나지 않는다. 이에 문장을 바꾸는 방법을 사용함으로써 학자들에게 그 문장의 같고 다름과 상세하고 간략함에 따라

---

56) 역자 주: 『춘추』 문공 15년, "제나라 사람이 노나라에 와서 자숙희를 돌려보냈다"(齊人來歸子叔姬)는 기사에 대해, 『좌씨전』에서 "주나라 왕의 명령이 있었기 때문이다"(王故也)라고 풀이했다.

57) 趙汸, 『春秋屬辭』, 권8, 「假筆削以行權 第二」.

여탈과 시비를 탐구하도록 했으니, 혐의를 구별하고 시비를 밝힐 수 있을 것이다."
이 외에 명분과 실제(名實) 사이를 변별하는 것과 안과 밖(內外)의 변별을 삼가는
것도 모두 문장을 바꾸는 변문變文의 의리이다.

넷째, 명분과 실제(名實) 사이를 분별하는 것이다. 이것도 또한 변문變文이다.
『춘추집전春秋集傳』「서문」에서 말했다. "정월正月 앞에 반드시 왕王이라고 기록하고,
제후는 작위를 호칭하며, 대부는 이름이나 성씨(名氏)를 호칭하고, 사방의 오랑캐
중에서 큰 나라는 자子라고 호칭하니, 이것이 『춘추』의 명분(名)이다. 제후가 왕을
무시하자 패자가 흥기하였고, 중국에 패자가 없자 이적이 횡행했으며, 대부가 병권을
장악하자 제후가 흩어졌으니, 이것이 『춘추』의 실제(實)이다. 『춘추』의 명실이 이와
같으니, 어찌 변별이 없을 수 있겠는가! 이에 명분을 버림으로써 실질을 온전히
유지하는 경우가 있으니, 정벌이 제후에게 있으면 대부에 대해 장차 명씨名氏를
호칭하지 않고, 중국에 패자가 있으면 초나라 임금의 침략과 정벌에 대해 임금이라고
호칭하지 않는다. 또 명분을 버림으로써 실질을 책망하는 경우가 있으니, 제후가
왕을 무시하면 정월正月 앞에 왕王자를 기록하지 않고, 중국에 패자가 없으면 제후를
임금의 자리에 배열하지 않으며, 대부에 대해 그 일반적인 호칭을 생략하고자
할 때는 사람(人)이라고 호칭한다."

다섯째 안과 밖(內外)의 변별을 삼가는 것이다. 이것도 또한 변문變文이다. 『춘추집
전春秋集傳』「서문」에서 말했다. "초나라는 동주시대에 이르러, 사방의 오랑캐보다
강했고, 제멋대로 왕을 참칭하여 중국을 어지럽혔다. 따라서 패자가 흥기했을 때,
초나라를 물리친 것을 공적으로 삼았다. 그런데 진晉나라 임금이 중간에 쇠퇴하자,
초나라는 더욱더 중국을 침략하고 능멸했으며, 갑자기 진陳나라를 침입하고 정鄭나라
를 포위하고 송宋나라와 화평을 맺었다. 촉蜀에서 맹약을 맺고, 송宋에서 맹약을
맺었으며, 신申에서 회합했다. 심지어 오吳나라를 정벌하고 진陳나라를 멸망시키고
채蔡나라를 멸망시켰다. 도적 토벌이라는 의리를 빌어서 천하를 호령하니, 천하에서
는 초나라가 있다는 것만 알 뿐이었다. 따라서 『춘추』에서는 초나라의 일을 기록할
때는 그 문장이 일치하지 않는 적이 없었으며, 엄중한 경우에는 오吳나라·월越나라와

서徐나라도 기록했다. 그 기록은 또한 중국의 제후국을 기록한 말과는 달랐으니, 천하에 대의大義를 믿도록 하기 위해서이다."

여섯째, 특별히 기록하여 명분을 바로잡는 것이다. 이것도 또한 공자가 필삭한 예例다. 『춘추집전春秋集傳』「서문」에서 말했다. "필삭筆削이 의리를 다 드러내기에 부족할 경우, 그 이후에 변문變文을 둔다. 그런데 화란禍亂이 이미 극에 달하여, 큰 본분이 밝혀지지 않고, 일에 일상적이지 않은 사태가 있으며, 실정에 특이한 이변이 있으면, 비록 문장을 바꾸더라도 여전히 의리를 다 드러내기에는 부족하다. 그런 이후에는 성인이 특별히 기록하여 잘못된 것을 바로잡으니, 그것이 바로 명분을 바로잡는 방법이다. 변문變文은 비록 손익損益이 있더라도, 사관이 사용하는 일정한 말과 마찬가지이다. 그런데 특필特筆의 경우에는 그 말의 뜻이 매우 뛰어나기 때문에 결코 사관이 사용하는 일정한 말이 아니다." 변문變文 이외에 또 특필特筆이 있으니, 그 요지는 명분을 바로잡고, 혐의를 결정하고, 삼강오상三綱五常의 올바름을 회복하는 데 있다. 춘추시대에 세상의 변화가 극에 달하니, 부자와 군신 사이에 대해, 사람들이 말하기 어려운 것을 사관이 사용하는 일정한 말로 그 뜻을 다 드러내기 어렵다. 오직 성인의 특필特筆에 힘입어서 그것을 바로잡을 수 있다. 따라서 특필特筆은 성인의 서법書法과 사관의 사법史法이 같지 않다는 것을 더욱 잘 보여 준다.

일곱째, 일월日月을 근거로 종류별 분류를 밝히는 것이다. 사법史法은 그 자체로 일월日月의 예例가 있다. 예를 들어 하루에 끝나는 일은 날짜(日)에 연결하고, 한 달에 끝나는 일은 달(月)에 연결하며, 한 달이 넘는 일은 계절(時)에 연결하는 부류이다. 주나라 왕실이 쇠퇴하자, 옛 사관의 일월례日月例는 이미 선악과 시비를 구별하기에는 부족하였다. 예를 들어 대부가 죽었을 때 혹은 날짜를 기록하고 혹은 날짜를 기록하지 않음으로써 예禮의 두터움과 박함을 드러냈다. 『좌씨전』은 그래도 그 예例를 기재했지만, 『공양전』은 이러한 예例를 빌어서 임금의 은혜가 있고 없음, 혹은 대부가 죄가 있고 없음을 바로 지적하였다. 이것은 세상의 변화가 급박했기 때문에 공자가 『춘추』를 손질할 때 일월日月의 새로운 예例를 두지 않을 수 없었던 이유이다.

조방은『공양전』・『곡량전』의 시월일時月日의 예例를 지극히 존숭하여, 비록 두 전이 "일에 따라 천착하고, 추론하여 찾지 못한 병통"이 있기는 하지만, 후세에 『춘추』를 연구하는 자들이 마침내 일월의 예를 말하기를 꺼린 것은 또한 잘못이라고 여겼다. 당송시대 이후 오직 최자방崔子方의『춘추경해春秋經解』만이 전문적으로 일월례에 근거하여『춘추』를 설명했는데, "일월日月에 근본하여 의리를 세웠지만, 속류비사屬辭比事가 정밀하지 않고, 종류별 예例가 대부분 어그러졌다."58) 이 때문에 조방의 일월례는 사실상 멀리『공양전』・『곡량전』에 이어지지만, 가깝게는 최자방을 계승하였으며, 청대 공양학이 부흥했을 때는 대부분 일월례를 위주로 하였다. 따라서 『사고전서총목제요』에서 조방의 "일월례日月例는『공양전』・『곡량전』의 상투적인 형식에서 벗어나지 못했다"59)고 평가한 것은 대체로 옳은 말이다.

여덟째, 말(辭)이 주인主人, 즉 당사자를 따르는 것이다. '주인主人'이라는 말은 진부량의 책과『공양전』의 "주인이 자신과 관련된 기록을 보고, 그 내용의 의미를 묻는다"(정공 원년)는 문장에서 나왔으며, 대체로 노나라 임금을 가리킨다.『공양전』에 본래 있는 주인의 말은 그 의미가 성인이 정공定公과 애공哀公의 시대에 살면서 노나라의 악惡을 숨겨서 기록하지 않고, 항상 두 임금을 위해 곡진하게 했다는 것이다. 그런데 조방은『공양전』의 이론을 만족스럽게 여기지 않은 것 같다. 그는 다음과 같이 생각했다. 말이 주인을 따른다는 것은 단지 "『춘추』가 노나라 역사를 근본으로 삼아 책을 만들었기 때문에 비록 공자가 경經을 지었지만, 또한 반드시 임금의 명령을 품수받은 이후에 필삭을 시행할 수 있었다. 따라서 자연히 시정된 것이 없이 모두 사관의 옛 문장을 따랐으며, 시정한 것도 대부분 드러나지 않기 때문에 말이 주인을 따랐다고 말한 것이다.

따라서 조방은『춘추』의 여덟 가지 법칙을 잣대로 삼았으니, 성인이 이 여덟 가지 법칙을 가지고 천하 사관史官의 일을 헤아린 것이다. 당송시대 이후『춘추』를

---

58) 趙汸,『春秋屬辭』, 권14, 「因日月以明類 第七」.
59) 『四庫全書總目提要』, 「經部・春秋類 三」, '春秋屬辭' 조목.

말하는 자들이 혹은 포폄을 위주로 하고, 혹은 사실 기록을 위주로 했는데, 두 가지가 모두 『춘추』를 모두 설명하기는 부족하였다. 이 여덟 가지 법칙에 의하면, 공자의 『춘추』는 혹은 책서策書의 큰 체제를 보존하였고, 혹은 필삭을 빌어 권력을 시행했다. 노나라 역사서의 옛 문장을 그대로 다 따른 것도 아니고, 모두 다 포폄이 되는 것도 아니다. 손복이 『춘추』를 형법 서적으로 간주한 경우는 "그 각박하고 신랄하며 따지고 조급한 주장은 모두 공격하지 않아도 저절로 논파되는 것"[60]이니, 더욱더 『춘추』를 논하는 방법이 아니다.

조방은 예例로써 경經을 탐구해야 한다고 주장하였고, 스스로를 매우 높게 인정하였다. 그의 제자 예상의倪尙誼는 더 나아가 조방이 "진실로 논쟁에서 해결되지 않은 의심을 논파하기에 충분하고, 천년 동안 전해지지 않던 비밀을 드러내었다"[61]고 칭찬하였다. 송렴宋濂은 조방의 춘추학이 "천년의 위에서 성인의 마음을 직접 탐구했다"[62]고 말했다. 사고관신은 그러한 논의를 인정하였지만, 또한 다음과 같이 완곡하게 비평했다.

지금 이 책을 살펴보면, 번쇄한 것을 빼 버리고 여덟 가지의 분야로 구별했으니, 여러 학자들의 책과 비교하면 질서가 있다. 그러나 항목이 많은 것은 복잡한 폐단이 있고, 항목이 적은 것은 억지로 끼워 맞춘 폐단이 있으니, 그 병통은 또한 대략 비슷하다. 일월日月의 예例와 같은 경우에는 『공양전』·『곡량전』의 상투적인 형식에서 벗어나지 못하여 더욱 번거로운 혐의가 있다. 따라서 여전히 탁이강卓爾康의 (『春秋辨義』에서) 비난을 받은 것이다.[63]

그런데 청대 가정嘉靖·도광道光 이후에 공양학이 발흥하자, 조방의 학문에 대한 평가가 점점 높아졌다. 공광삼孔廣森의 『춘추』 연구는 조광의 책을 깊이 채택하였다.

---

60) 趙汸, 『春秋集傳』, 「原序」.
61) 倪尙誼, 『春秋集傳』, 「後序」.
62) 宋濂, 『春秋屬辭』, 「序」.
63) 『四庫全書總目提要』, 「經部·春秋類 三」, '春秋屬辭' 조목.

장존여莊存與는 그의 『춘추정사春秋正辭』「서목敍目」에서 다음과 같이 말했다. "나는 조방 선생의 『춘추속사』를 읽고서 좋다고 여겼다. 문득 나 자신의 역량을 헤아리지 못한 채, 그 책의 조목을 수정하고, 그 책의 의리를 바르게 나열하여, '정사正辭'라고 이름을 고치고 그 책이 없어질 것에 대비하였다. 성인을 존중하고 현인을 높이며 옛것을 믿음으로써 혼란해지지 않기를 혹 바란다." 피석서의 『경학통론·춘추통론』에서는 "조방은 책서策書와 필삭筆削을 분별했는데, 말이 대부분 거의 옳다"고 했다. 이를 통해 청대 한 시대의 춘추학에 끼친 조방의 영향을 충분히 엿볼 수 있다.

제5절 오징吳澄과 정단학程端學의 춘추학

원대의 과거시험에서는 호안국의 『춘추전』으로 선비를 선발하였다. "원대 연우延祐 연간 이후 『춘추』를 말하는 자들은 힘써 호안국의 『춘추전』을 존숭하는 것을 위주로 하여, 과거 시험의 길에서 이익을 추구함으로써 견강부회하는 폐단이 마침내 날마다 심해졌다."[64] 그 당시에 호안국의 『춘추전』을 연구한 학자들도 많았으며, 가장 대표적인 인물은 유고兪皐·이렴李廉·왕극관汪克寬 등이다.

유고兪皐는 자가 심원心遠이고, 신안新安 사람이다. 『춘추집전석의대성春秋集傳釋義大成』 12권을 지었다. 오징吳澄의 「서문」에 의하면, 그의 고향 사람인 조양균趙良鈞이 고향에서 『춘추』를 가르칠 때 유고는 그에게 배웠다. 전수한 것을 충실히 지키고, 여러 학자들의 이론을 통하게 하였다. 이 책은 경문 아래에 삼전 및 호안국의 『춘추전』을 갖추어 배열하고, 가장 뒤에는 자신의 '석의釋義'를 배열하였다. 또한 정이程頤의 이론을 많이 말하고 인용했으니, 대체로 정자의 『춘추전』으로 그 근본이 귀결된다. 이 책은 또 정자에 근거하여 의義와 예例의 이론을 분별하고, 16조목의 범례凡例를 세웠다. 유고는 비록 예例를 높이기는 했지만, 또한 예例에 구애받지는

---

64) 『四庫全書總目提要』, 「經部·春秋類 四」, '春秋平義' 조목.

않았다.

이렴李廉은 자가 행간行簡이고, 여릉廬陵 사람이다. 『춘추제전회통春秋諸傳會通』 24권을 지었으며, 이 책은 여러 학자들의 이론을 모아서 책을 만든 것이다. 『사고전서총목제요』에서 말했다. "이 책은 비록 호안국을 위주로 했지만, 반박하여 바로잡은 것도 매우 많다. 또한 여러 학자들을 참고하고, 아울러 그 중의 뛰어난 뜻을 모아두었다. 의심스러운 일 한 가지, 서로 다른 말 한 마디도 모두 경문 전체와 일관되도록 만들어서 절충하였다."[65] 청대에 『흠정춘추전설휘찬欽定春秋傳說彙纂』을 편찬할 때 이 책에서 많이 채록하였다.

왕극관汪克寬(1304~1372)은 자가 덕보德輔 또는 덕일德一이고, 신안新安 사람인데, 혹은 기문祁門 사람으로 되어 있다. 왕극관은 은거하면서 벼슬하지 않았고, 10년간의 노력을 다하여 『춘추호전부록찬소春秋胡傳附錄纂疏』 30권을 지었다. 『명사』에서 그의 "조상인 왕화汪華가 쌍봉雙峰 요로饒魯에게 수업을 받았고, 면재勉齋 황간黃榦의 학문을 전수받았다"[66]고 하니, 그의 가학의 연원은 주자朱子로 거슬러 올라갈 수 있다. 왕극관은 또한 오중우吳仲迂로부터 『춘추』를 배웠고, 오중우는 주자를 종주로 삼았다. 비록 그렇지만, 왕극관의 춘추학은 사실 호안국의 『춘추전』을 종주로 삼는다. 주이존朱彝尊의 『경의고經義考』에 의하면, 왕극관은 일찍이 『춘추제전제요春秋諸傳提要』·『좌전분기左傳分紀』·『춘추작의요결春秋作義要訣』 등의 책을 지었는데, 모두 없어졌으며, 지금은 오직 『춘추호전부록찬소』만 세상에 전해진다. 그 「범례凡例」에서 말했다.

근대 학자들 중에 오직 호안국胡安國이 정자程子의 뜻을 드러내 밝힌 것이 가장 상세하니, 주자는 그 의리가 정당하다고 말했다. 따라서 나라에서 과거시험 과목을 설정할 때, 삼전과 호안국의 『춘추전』을 전용하였다. 그런데 삼전은 그 자체로 주소注疏가 있는 완전한 글이기 때문에 지금 『춘추호전부록찬소』는 호안국을 위주로 하여, 경문經文 아래에 주注를 나누어서 삼전의 핵심적인 내용 및 정자의

---

65) 『四庫全書總目提要』, 「經部·春秋類 四」, '春秋諸傳會通' 조목.
66) 『明史』, 「儒林傳」.

『춘추전』을 부록하였다. 아울러 지제止齊 진부량의 『춘추후전春秋後傳』을 함께
채록하여, 기록한 일의 사태 변화의 전말을 경문의 아래에 덧붙였다.[67]

이 책은 "호안국이 의심스러워서 빼놓은 것을 보완하고자"[68] 지은 것이므로
왕극관이 호안국의 『춘추호씨전』을 존중했다는 것을 알 수 있다. 우집虞集의 「서문」에
서 이 책이 "호안국의 이론을 가지고 호안국이 인용한 출처를 고찰했고, 종류별
예例를 처음 드러낸 것을 근원으로 삼아서 끝까지 다 규명하였다"[69]고 했다. 그리고
오국영吳國英의 「서문」에서 말했다. "호안국의 『춘추전』은 여러 경經·자子·사史를
지극히 폭넓게 다루고 있기 때문에 박식한 자가 아니면 그가 인용하여 근거로
삼은 내용의 출처와 음독音讀이 합당한지 알 수 없다. 선생은 상세하게 탐구하고
정밀하게 고찰하여, 하나하나마다 주석을 붙였다. 이에 이 경전을 읽은 자는 호안국이
『춘추전』을 지은 뜻을 충분히 알 수 있을 뿐만 아니라, 또한 그 근원을 거슬러
올라가 찾아서, 성인이 경전을 지은 큰 요지를 알 수 있을 것이다."[70] 『사고전서총목제
요』에서도 이 책이 "호안국 『춘추전』에 대해 인용한 출처를 하나하나 고찰했으니,
마치 주注에 소疏가 있는 것과 같다. 호안국의 학문을 상세하게 다 기록했다고
말할 수 있다."[71] 왕극관의 『춘추호전부록찬소』는 진실로 호안국 『춘추전』의 공신功
臣이다.

명대 영락 연간에 호광胡廣 등이 칙령을 받들어 『춘추대전春秋大全』을 찬수했는데,
그 「범례凡例」에서 말했다. "기년紀年은 왕극관의 『춘추호전부록찬소』에 의거했고,
지명地名은 이렴李廉의 『춘추제전회통春秋諸傳會通』에 의거했으며, 경문經文은 호안국
을 근거로 삼았고, 예例는 임요수林堯叟에 의거하였다." 『춘추대전』은 사실상 왕극관의
『춘추호전부록찬소』을 전부 베낀 것에 지나지 않으니, 왕극관의 책이 후세에 끼친

---

67) 汪克寬, 『春秋胡傳附錄纂疏』, 卷首, 「凡例」.
68) 『四庫全書總目提要』, 「經部·春秋類 三」, '春秋胡傳附錄纂疏' 조목.
69) 汪克寬, 『春秋胡傳附錄纂疏』, 「原序」.
70) 朱彝尊, 『經義考』, 권199, 「春秋」, '汪氏春秋胡傳附錄纂疏' 조목.
71) 『四庫全書總目提要』, 「經部·春秋類 三」, '春秋胡傳附錄纂疏' 조목.

영향을 알 수 있다.

이 외에 원대에 몇 명의 학자들이 있는데, 예를 들어 오징吳澄과 정단학程端學 등은 주자의 『춘추』 이론을 종주로 삼았으며, 매우 특출하여 뭇사람과 다르다고 말할 수 있다.

1. 오징吳澄

오징吳澄(1249~1333)은 자가 유청幼淸이고, 학자들이 초려선생草廬先生이라고 불렀다. 무주撫州 숭인崇仁 사람이다. 일찍이 국자사업國子司業·한림학사翰林學士를 역임했다. 죽었을 때 임천군공臨川郡公으로 추봉되었고, 시호는 문정文正이다.

그의 학문은 쌍봉雙峰 요로饒魯의 문하인 정약용程若庸으로부터 나왔는데, 주자의 사전四傳 제자이다. 이후에 또 정소개程紹開를 스승으로 모시고 배웠는데, 육상산陸象山의 일파이다. 이 때문에 오징의 리학理學은 주자와 육상산의 사이를 절충한 것 같았기 때문에 당시 사람들은 "오징의 학문을 육상산의 학문으로 여겼다."[72] 전조망全祖望도 그의 학문이 "주자와 육상산을 화회和會시켰다"고 여겼지만, 또 "초려草廬 오징의 저서는 결국 주자에 가깝다"고 했다. 『원사』에서는 그의 학문을 다음과 같이 논했다. "『역』·『춘추』·『예기』에 대해 각각 찬언纂言이 있는데, 전주傳注의 천착을 모두 논파함으로써 그 심오한 뜻을 드러내 밝혔다. 조목별로 귀결하고 계통별로 서술했으며, 정밀하고 밝고 간결하여, 높게 일가의 말을 이루었다."[73]

오징의 저서는 『춘추찬언春秋纂言』 12권, 『총례總例』 7권이 있다. 그의 『춘추』 연구는 하나의 전傳만을 위주로 하지 않고, 삼전의 장점을 함께 취했다. 또한 경經·사史로써 『공양전』·『곡량전』과 『좌씨전』을 분명하게 나누었다. 오징은 또 당송시대 이후 춘추학자들의 장점을 절충하여 다음과 같이 말했다.

---

72) 『元史』, 「吳澄傳」.
73) 『元史』, 「吳澄傳」.

삼전三傳의 경문 해석이 어찌 성인의 뜻과 다 합치될 수 있겠는가! 나도 일찍이 이 경전을 공부했는데, 처음에 『좌씨전』을 읽고서 그것이 경문과 다른 것을 보고 의혹을 가졌다. 이어서 『공양전』·『곡량전』을 읽고서 그것이 『좌씨전』과 다른 것을 보고서 의혹이 더욱 심해졌다. 범녕范寧의 『곡량전』「서문」을 보고서 삼전의 시비是非를 공정하게 따진 것을 좋아하였다. 주자의 『주자어록朱子語錄』을 보고서 삼전의 우열優劣을 공평하게 평가한 것을 알게 되었다. 담조啖助와 조광趙匡의 『춘추집전찬례春秋集傳纂例』와 『춘추집전변의春秋集傳辨疑』를 보고서 삼전의 취사 선택이 마땅함에 탄복하였다. 그렇지만 여전히 미진한 점이 있었다. 송대 여러 학자들의 책을 두루 보았는데, 손복孫復과 유창劉敞에서 시작하여 조붕비趙鵬飛와 여대규呂大圭로 끝나며, 그 사이에 각각 장점이 있었지만 하나로 통일할 수는 없었다.[74]

따라서 이 책을 '찬언纂言'이라고 명명했으니, 여러 해석과 이론을 모으려고 한 것이다. 『사고전서총목제요』에서는 "이 책이 여러 학자들의 전주傳注를 모으고, 간간이 자기의 뜻으로 논단하였다"[75]고 했다.

『춘추찬언』의 앞에 『총례總例』 7권이 있는데, 오징이 말한 예例는 『춘추』의 예例를 7강綱·81목目으로 나눈 것이다. 그 중에 '천도天道'와 '인기人紀' 두 가지 예例는 스스로 만들었고, 또 길吉·흉凶·군軍·빈賓·가嘉 다섯 가지 예例는 오례五禮의 항목에 근거한 것이다. 다만 오례五禮를 근거로 삼아서 『춘추』의 예例를 포괄한 것은 이보다 앞서 북송 말기에 장대형張大亨의 『춘추오례례종春秋五禮例宗』 7권이 있으니, 아마도 오징의 책은 혹 장대형을 답습한 것일지도 모른다. 그러나 『사고전서 총목제요』에서는 오징이 장대형의 책을 보지 않았고, 우연히 그 책과 합치된 것에 불과할 뿐이라고 말했다. 주중부周中孚는 오징의 책이 "장대형의 책과 서로 차이가 많지만, 세밀하게 나누고 조목별로 나눈 것은 또한 장대형의 책에 비해 더욱 정밀하다"[76]고 평가했다.

---

74) 吳澄, 「春秋備忘序」(『吳文正集』, 권18).
75) 『四庫全書總目提要』, 「經部·春秋類 三」, '春秋纂言' 조목.

오징은 『춘추찬언』 「서문」에서 "사실事實과 사문辭文의 선악善惡은 반드시 드러나
니, 성인이 어찌 마음을 두겠는가? 넓고 커서 천도天道와 같다"고 했다. 오징이
쓴 제이겸齊履謙(1263~1329)의 『춘추제국통기春秋諸國統紀』 「서문」에서 "주자는 『춘추』
가 일에 근거하여 사실 그대로 기록하여 선악이 저절로 드러난다고 했으니, 그
요지는 한 가지이다"[77]라고 했다. 이로써 알 수 있듯이, 오징의 『춘추』는 소옹邵雍과
주자의 이론을 종주로 삼았으니, 곧 『춘추』는 그 일을 있는 그대로 기록하여 선악이
저절로 드러난다고 여긴 것이다. 그는 또 말했다.

> 그런데 포폄褒貶의 폐단은 여전히 다 없어지지 않았으니, 반드시 송나라 말기의
> 이렴李廉과 여대규呂大圭를 기다린 이후에야 크게 의혹되지 않았다. 이른바 포폄이
> 라는 것은 계절을 기록하거나 달을 기록하거나 날짜를 기록한 것으로써 그 일을
> 상세하게 기록하거나 생략한 것으로 생각한 것이고, 작위를 기록하거나 사람(人)이
> 라고 기록하거나 나라 이름을 기록한 것으로써 그 임금을 영광스럽게 여기거나
> 욕되게 여긴 것으로 생각한 것이며, 자字를 기록하거나 씨氏를 기록하거나 이름을
> 기록하거나 인人이라고 기록한 것으로써 그 신하를 가볍게 여기거나 중하게 여긴
> 것으로 생각한 것일 뿐이다. 아! 일에 대해 혹은 계절, 혹은 달수, 혹은 날짜를
> 기록하고, 임금에 대해 혹은 작위, 혹은 사람(人), 혹은 나라 이름을 기록하고,
> 신하에 대해 혹은 자字, 혹은 이름, 혹은 사람(人)이라고 기록함으로써 법칙이
> 일정하여 바뀌지 않는다. 그런데 어찌 성인이 그것에 대해 비난하고 칭찬하거나
> 주거나 빼앗는 데 뜻을 두었겠는가![78]

공자는 사실 포폄褒貶에 마음을 두지 않았고, 그 서법書法은 뒤의 학자들이
더해서 설치한 것이다. 또한 송대 학자들이 포폄을 위주로 한 것은 대체로 시월일례時月
日例를 숭상했기 때문이며, 오징은 끝내 그것을 거절하였다.

---

76) 周中孚, 『鄭堂讀書記』, 권10.
77) 吳澄, 「春秋諸國統紀序」(『吳文正集』, 권20).
78) 吳澄, 「春秋諸國統紀序」(『吳文正集』, 권20).

오징은 또 공자의 필삭筆削의 법칙에 대해 다음과 같이 논했다.

『춘추』는 노나라의 역사 기록이며, 성인이 그것을 따라 손질하여, 기록할 것은
기록하고 삭제할 것은 삭제하니, 자유子游와 자하子夏가 한마디도 거들지 못했다.
손질했다는 것은 그 문장을 간략하게 정리하는 것이니, 덜어 내는 것은 있지만
더한 것은 없다. 전례典禮에 어긋나는 것이 있으면 기록하고, 훈계訓戒와 무관한
것은 삭제하였다.79)

오징은 공자가 『춘추』를 지을 때, 옛 역사서를 삭제한 것은 있어도 더해 넣은
것은 없다고 말했는데, 이 주장은 너무 이상하다.

호안국의 『춘추전』에서 주장한 '하시관주월夏時冠周月' 이론에 대해, 오징은 다음과
같이 생각했다. "상商나라와 주周나라가 비록 월수를 고쳤지만, 하늘의 사시四時는
고칠 수 없었다." 그런데 노나라의 역법은 오히려 계절을 고쳤으니, "노나라의 역법이
비록 주왕周王의 정삭正朔을 따랐지만, 봄(春)을 한 해의 시작으로 삼았다. 이에 건자建子·
건축建丑·건인建寅의 달을 고쳐서 봄으로 삼고, 건묘建卯·건진建辰·건사建巳의 달을
여름으로 삼았으며, 건오建午·건미建未·건신建申의 달을 가을로 삼고, 건유建酉·건술
建戌·건해建亥의 달을 겨울로 삼았으니, 이것은 노나라 역법에서 일상적인 것을
변화시킨 것이다. 대체로 하나라의 역법을 사용하면, 봄을 한 해의 시작으로 삼고,
주나라의 역법을 사용하면 한 해의 시작이 봄이 아니니, 노나라가 주나라의 한
해의 시작을 봄으로 삼고, 번갈아 가면서 한 해 12개월의 계절을 옮겼기 때문에
사시四時가 문란해졌다. 이 때문에 공자가 그것을 기록했으니, 비난한 것이다."80)
노나라가 계절을 고쳤기 때문에 공자가 그것을 기록함으로써 노나라가 '일상적인
것을 변화시킨 것'을 비난한 것이다. 이것은 또한 오징이 주자를 종주로 삼았다는
것을 보여 준다.

---

79) 吳澄, 「春秋備忘序」(『吳文正集』, 권18).
80) 吳澄, 『春秋纂言』, 권1(『吳文正集』, 권18).

다만 『사고전서총목제요』에서는 그의 춘추학에 대해 크게 비평하였다. "경문의 배열과 형식은 대부분 뒤죽박죽되어 있다. 경문의 궐문闕文도 모두 네모로 된 빈 칸으로 채워서, 체례體例의 측면에서 너무나 조화롭지 못하다. 오징은 여러 경전을 제멋대로 고쳤으며, 유독 『춘추』만 그런 것이 아니다."81) 그런데 주자는 『대학장구』를 지을 때, 경經을 옮겼을 뿐만 아니라 전傳도 보충함으로써 고치지 않은 것이 없었으니, 오징은 송대 학자들이 경전을 연구하는 습관을 답습했을 뿐이다.

2. 정단학程端學

정단학程端學(1280~1336)은 자가 시숙時叔이고, 호는 적재積齋이며, 절강浙江 경원慶元 사람이다. 일찍이 국자감조교國子監助敎를 역임했고, 태상박사太常博士로 승진하였다.

『원사』「유학전」에 의하면, 정단학은 『춘추』를 연구했고, 저술은 『춘추본의春秋本義』30권과 『춘추삼전변의春秋三傳辨疑』20권, 『춘추혹문春秋或問』10권이 있는데, 지금 모두 남아 있다. 세 책의 관계에 대해서는 그의 『춘추본의』「자서」에서 다음과 같이 말했다.

> 여러 전傳에서 경經에 합치되는 것을 모아서 『춘추본의春秋本義』라고 하고, 끝부분에 간간히 나의 뜻을 덧붙였다. 다시 『춘추삼전변의春秋三傳辨疑』를 지어서 삼전三傳의 애매모호한 부분을 정정하였다. 『춘추혹문春秋或問』을 지어서 여러 학자들의 같고 다름을 비교했는데, 20년 만에 비로소 완성하였다.82)

이로써 알 수 있듯이, 정단학의 『춘추』 관련 세 저술은 각각 중점을 둔 부분이 있지만, 사실은 하나의 전체를 이루고 있다.

장천우張天佑의 「서문」에 의하면, 『춘추본의』는 정단학이 "『춘추』라는 경전에

---

81) 『四庫全書總目提要』, 「經部·春秋類 三」, '春秋纂言' 조목.
82) 程端學, 『春秋本義』, 「原序」.

대해, 여러 학자들의 의론이 일치하지 않아서 성인이 경전을 지은 최초의 뜻과
다 합치되지 못했다. 이에 정자와 주자의 논의를 근본으로 삼아서, 평생 동안의
노력을 다하여 여러 이론 중에서 경經의 요지에 합치되는 것을 모아『춘추본의』를
지어서 그것을 드러냈다."83) 정단학은 또한 스스로 다음과 같이 말했다. "이 책은
주자의 '집주集註'의 뜻을 모방했다. 훈고訓詁를 먼저하고 사실을 뒤에 기록했으며,
또 의론을 그 뒤에 기록했으니, 의론이 곧 '본의本義'이다."84) 이 책은 여러 사람들의
주장을 많이 모았는데, 담조啖助·조광趙匡·육순陸淳·진악陳嶽·손복孫復·유창劉
敞·섭몽득葉夢得 등 여러 사람에 대해, 그들이 "삼전의 잘못을 변별한 것"을 따르지만,
또한 그들이 "포폄褒貶과 범례凡例의 폐단을 벗어나지 못한 것"을 불만으로 여겼다.
그가 깊이 인정한 것은 정자程子·주자朱子·정초鄭樵·여대규呂大圭 등의 몇 사람들뿐
이다.

　정단학의『춘추』연구는 주자를 종주로 삼았다.『사고전서총목제요』에서는
그가 "호안국의『춘추전』을 크게 바로잡았다"고 했고, 또 그가 "모은 176명의 학자들
중에 그 책이 없어진 것이 열에 아홉이니, 이 책에서 그나마 그 책들의 대강을
대략적으로 볼 수 있다"고 했다. 이로써 알 수 있듯이,『춘추본의』는 채집의 광범위함
이 또한 이 책의 가장 큰 가치가 아니겠는가? 그런데 정단학은 또한 크게 손복을
위주로 삼았는데,『사고전서총목제요』에서는 이 책의 큰 요지를 다음과 같이 말했다.
"일상적인 일을 기록하지 않는 의리, 그리고 비판은 있지만 칭찬은 없다는 의리를
위주로 하였다. 따라서 인용한 것이 대부분 손복 이후의 주장이다. 뒤섞이고 지리멸렬
하며, 제멋대로 부연하여, 기록한 일마다 비판한 이유를 탐구하였다."85)

　『춘추혹문』이라는 책은 여러 가지 이론의 옳고 그름을 일일이 들고, 취사선택한
뜻을 밝혔다. 따라서『춘추본의』와 서로 보완하여 간행한 것이다.『춘추혹문』은
자문자답의 형식을 사용했는데, 여대규의『춘추혹문』과 마찬가지이다. 이 책은

---

83)　朱彝尊,『經義考』, 권195에서 인용.
84)　『四庫全書總目提要』,「經部·春秋類 三」, '春秋本義' 조목.
85)　『四庫全書總目提要』,「經部·春秋類 三」, '春秋本義' 조목.

앞 사람들을 많이 비평했으며, 『사고전서총목제요』에서는 이 책이 "삼전三傳을 지나치게 의심하여 『춘추』 연구의 법도를 어겼고", "여러 이론을 공격하면서 그른 것이 많고 옳은 것이 적으며, 장흡張洽의 전傳을 더욱 강력하게 공격하였다"고 했는데, 사실상 호안국의 『춘추전』을 배격한 책이다. 그런데 『춘추혹문』은 '주나라가 하나라 의 역법을 사용했다'(周用夏正)는 주장을 견지하면서, 반복해서 인용하고 비유를 들어서 1만여 마디의 말에 이르렀다. 『사고전서총목제요』에서는 "견강부회하지 않은 것이 하나도 없고", "그 천박함은 변론할 가치도 없다"고 평가했다. 그리고 손복의 주장을 따랐기 때문에 "매 일마다 반드시 그 문장을 천착함으로써 성인이 비판한 이유를 힘써 탐구했다." 그런데 그 이외의 논설은 "오히려 그가 지은 『춘추본의』보다 낫다"고 『사고전서총목제요』에서는 평가했다.[86]

『춘추삼전변의』라는 책은 뒷부분에 없어진 내용이 있는데, 사고관신은 『영락대 전』의 기록을 가지고 그 문장을 교정하고 보완하여, 마침내 다시 온전한 책이 되었다고 했다. 이 책은 삼전을 크게 공격하고 반박했는데, 특히 일월포폄日月襃貶의 이론을 공격하는 것을 위주로 하였다. 정단학은 다음과 같이 생각했다. 성인에게는 본래 시월일례時月日例가 없고, 단지 옛 역사서에 본래 상세함과 간략함이 있고 궐문闕文이 있었기 때문에 시월일의 차이가 있을 수밖에 없다. 따라서 "성인이 어찌 먼저 범례凡例를 정하고 『춘추』를 손질했겠는가?······『춘추』는 자연적인 법칙이 있다. 이 일을 근거로 이 이치를 드러내고, 그것으로 천하에서 법도를 삼았으니, 어찌 범례를 설치하고서 그 일을 기다려서 기록했겠는가!"[87] 이로써 알 수 있듯이, 범례는 사실상 후대 학자들이 더해서 설치한 것이다.

정단학은 다음과 같이 생각했다. 앞선 학자들 중에 『춘추』를 연구한 사람들은 평소에 두 가지 폐단이 있다. 첫째, 『춘추』를 포폄襃貶의 책으로 보는 것이다. 둘째, 범례凡例로 경문을 해석하는 것이다. 따라서 그는 말했다. "『춘추』가 밝혀지지

---

86) 『四庫全書總目提要』, 「經部·春秋類 三」, '春秋或問' 조목.
87) 程端學, 『春秋本義』, 「通論」.

않은 것은 범례와 포폄이 해를 끼쳤기 때문이다." 또 말했다. "범례와 포폄의 이론이
일어난 이후로 성인의 마음이 세상에 분명하게 드러나지 않았으니, 그 책이 비록
존재하지만, 그 쓰임은 사라져 버렸다. 이것은 사소한 일이 아니니, 이것이 『춘추』를
말할 때의 큰 폐단이다."[88]

정단학은 대체로 주자를 따랐으며, '일자포폄一字褒貶'의 이론을 반대하고, 선악善
惡이 저절로 드러난다고 주장하였다. 그가 말했다.

> 『춘추』는 일상적인 일을 기록하지 않고, 문장을 모아서 연결하고 사례를 비교함[屬辭
> 比事]으로써 사람들이 그 의리를 스스로 보도록 할 뿐이다.…… 소옹邵雍이 실사實事
> 를 기록하여 선악善惡이 그 가운데에서 드러난다고 말했고, 주자가 그 일을 있는
> 그대로 기록하면 선악이 저절로 드러난다고 말한 것은 공자가 필삭筆削한 뜻을
> 알았기 때문이다.[89]

정단학은 『춘추』가 '포폄褒貶의 책'이 아니며, '극기복례克己復禮의 책'이라고
생각했다. 그가 말했다.

> 그렇다면 공자가 다만 그 죄를 따졌을 뿐인가? 대답했다. 아니다. 그 죄를 따진
> 것은 장차 그로써 그 악惡을 징계한 것이며, 그 악을 징계한 것은 장차 그들로
> 하여금 그들이 악이 없던 상태로 되돌리도록 한 것일 뿐이다. 따라서 극기복례克己復
> 禮라고 말한 것이다. 자신의 사욕을 극복하는 것(克己)은 예를 회복하는(復禮) 방법이
> 다. 극기克己를 하지 못하면 복례復禮를 할 수 없으며, 악惡을 징계하지 않으면
> 선善으로 옮겨갈 수 없다. 따라서 『춘추』는 극기복례의 책이다. 후세에는 단지
> 성인이 사람의 죄악을 따진 줄로만 아니. 그 때문에 범례凡例와 포폄褒貶이 일어난
> 것이다.[90]

---

88) 程端學, 『春秋本義』, 「通論」.
89) 程端學, 『春秋本義』, 「自序」.
90) 程端學, 『春秋本義』, 「通論」.

이 말에 근거하면, 정단학은 『춘추』에 포폄褒貶의 문장이 있다는 것을 결코 다 반대하지는 않았다. 그러나 그는 『춘추』를 '극기복례克己復禮의 예禮'로 여겼다. 심지어 손복의 논의를 따라서 『춘추』가 비판만 있고 칭찬은 없다고 여겼다. 『사고전서총목제요』에서 정단학의 책을 다음과 같이 크게 비판하였다.

대체로 삼전三傳의 이론을 믿지 않는 것은 담조啖助·조광趙匡에서 시작되었고, 그 이후에 세 개의 학파로 나누어졌다. 손복孫復의 『춘추존왕발미春秋尊王發微』 이후로 전傳을 버려두고서 전傳을 반박조차 않는 학파이다. 유창劉敞의 『춘추권형春秋權衡』 이후로 삼전三傳의 의례義例를 반박한 학파이다. 섭몽득葉夢得의 『춘추언春秋讞』 이후로 삼전三傳의 전고典故를 반박한 학파이다. 정단학에 이르러서는 이 세 학파를 겸해서 채용했고, 또한 『좌씨전』을 위조된 책으로 여겼다. 그리고 더욱더 심해져서 어떠한 이론도 그 타당함을 돌아보지 않았으니, 여기에 이르러 혼란이 극에 달했다.[91]

살펴보건대, 『좌씨전』은 기사紀事에 상세하고, 『공양전』·『곡량전』은 의례義例에 정밀하다. 그런데 정단학은 일괄적으로 그것을 반박하였다. 이로써 알 수 있듯이, 정단학의 춘추학은 양송시대 이후의 의고疑古 이론을 집대성한 것이라고 말할 수 있다.

---

91) 『四庫全書總目提要』, 「經部·春秋類 三」, '春秋三傳辨疑' 조목.

찾아보기

지은이 **증역曾亦**

湖南省 新化縣 사람이다. 同濟大學 철학과 교수·박사지도교수이며, 中國思想文化研究院 및 經學研究院 원장이다. 학술 연구의 주요 방향은 先秦儒學, 宋明理學, 淸代 經學과 社會理論 분야이다. 저술로는 『本體與工夫—湖湘學派硏究』, 『共和與君主—康有爲晚期政治思想硏究』, 『春秋公羊學史』, 『儒家倫理與中國社會』, 『拜禮硏究』 등 다수가 있다. 그 외에 학술 논문 100여 편을 발표하였다.

곽효동郭曉東

福建省 霞浦縣 사람이다. 철학박사이고, 復旦大學 철학학원 교수·박사지도교수이며, 中國哲學敎硏室 주임교수이다. 학술 연구의 주요 방향은 宋明理學, 儒家經學, 先秦儒學 분야이다. 저술로는 『識仁與定性: 工夫論視域下的程明道哲學硏究』, 『經學·道學與經典詮釋』, 『戴氏注論語小疏』 등 다수가 있다. 그 외에 학술 논문 수십 편을 발표하였다.

옮긴이 **김동민金東敏**

성균관대학교 유학대학에서 학부, 석사, 박사를 졸업했다. 성균관대학교 대우전임교수 및 국립한밭대학교 교수를 역임했고, 현재는 성균관대학교 유학대학 교수로 있다. 저서로는 『춘추논쟁』이 있고, 번역서로는 『孔子改制考』(전5권), 『국가와 백성 사이의 漢』, 『동양의 고전과 역사, 비판적 독법』, 『중국고전명언사전』(공역), 『王夫之, 『大學』을 논하다』(공역), 『王夫之, 『中庸』을 논하다』(공역) 등이 있다. 그 외에 중국 및 조선조 춘추학 관련 다수의 논문이 있다.